CONTINENTAL CIRCUS

1949
2000

für die Deutsche Ausgabe :

Heel Verlag GmbH
Gut Pottscheidt
53639 Königswinter
Tel: 0 22 23 / 92 30-0
Fax: 0 22 23 / 92 30 26

© 2001, CHRONOSPORTS S.A.
ISBN 3-89365-782-7

Druck und Verarbeitung: Canale SpA / Torino, Italia
Alle Rechte vorbehalten.

for the English Edition :

© 2001, CHRONOSPORTS S.A.
ISBN 2-940125-76-7

Printed and bound in the EC by Canale SpA / Torino, Italia
All rights reserved. This book is sold subject to the condition that it shall not, by way of
trade or otherwise, be lent, re-sold, hired out or otherwise circulated in any form of
binding or cover other than that in wich it is published and without a similar condition
including this condition being imposed on the subsequent purchaser.

pour l'édition française :

© 2001, CHRONOSPORTS S.A.
ISBN 2-940125-32-5

Jordils Park, Chemin des Jordils 40, CH-1025 St-Sulpice, SUISSE
Tel: (+4121) 694 24 44 - Fax: (+4121) 694 24 46
E-mail: info@chronosports.com
Internet: www.chronosports.com

Imprimé en Union Européenne par Canale SpA / Torino, Italia
Tous droits réservés. Reproduction, même partielle, interdite pour tous pays, sous
quelques formes ou quelques supports que ce soit, sans l'accord écrit de l'éditeur.

CONTINENTAL CIRCUS

1949
2000

**Photos - Pictures - Fotografen
Résultats - Results - Resultate
Maurice Büla**

**Texte - Text
Jean-Claude Schertenleib**

Mise en page - Layout
Cyril Davillerd (i)(om . i*commedesign*

Maurice Büla

Note de l'historien
Historical note
Anmerkung des Historikers

Lors des premières années du championnat du monde, les "pole positions" n'étaient pas enregistrées par les organisateurs. Tous les pilotes inscrits prenaient part à la course, les essais leur permettant de reconnaître le tracé et d'adapter leur machine pour la course. Ce n'est que plus tard que les qualifications sont devenues importantes, car déterminantes pour l'établissement de la grille de départ.

Autres données manquantes, dues elles à la négligence: les noms et les temps des auteurs des tours les plus rapides en Yougoslavie, en Argentine et en Finlande ne figurent sur aucun document. Plus grave encore: les responsables du fameux TT hollandais n'ont jamais mentionné les temps au-delà du quatrième classé, cela dans pratiquement toutes les catégories, entre 1972 et 1980. Les Néerlandais sont pourtant les organisateurs les plus anciens du championnat du monde, dotés d'un bureau permanent et reconnus (même redoutés, à l'époque...) pour leur rigueur inflexible. Certaines années, les responsables du GP de Belgique n'ont pas été plus précis, quand bien même à la même période, des organisateurs nouveaux affichaient déjà des temps complets, au millième de seconde.

Maurice Büla

In the early years of the world championship, organisers did not keep a record of the pole positions. All riders entered took part in the race and practice allowed them to learn the track and adapt their machines for the race. It was only later that qualifying became important and used to decide grid positions.

Other statistics that are missing due to negligence are the names and the times of those who set the fastest laps in Yugoslavia, Argentina and Finland. More serious still, the organisers of the famous Dutch TT never gave times for those lower than fourth place, in almost all the categories from 1972 to 1980. This despite the fact that the Dutch are the most well established organisers of a world championship event, with a permanent office. They were famous, not to say infamous even, for their inflexible nature. In some years, the Belgian organisers did not fare much better, at a time when much less experienced organisers published full lists of times.

Maurice Büla

Während der ersten Jahre der Weltmeisterschaft wurden die Pole Positions von den Veranstaltern nicht erfaßt. Alle eingeschriebenen Fahrer nahmen am Rennen teil, das Training erlaubte ihnen, die Strecke kennenzulernen und ihre Maschinen für das Rennen abzustimmen. Erst viel später wurde die Qualifikation wichtig und entscheidend für das Einrichten einer Startaufstellung.

Weitere Daten fehlen aus Nachlässigkeit: die Namen und die Zeiten der Fahrer der schnellsten Runden in Jugoslawien, Argentinien und Finnland beruhen nicht auf offiziellen Dokumenten. Und was noch viel schlimmer ist: die Verantwortlichen der berühmten holländischen TT haben nur die Zeiten bis zum viertplazierten Fahrer angegeben und das in fast allen Kategorien zwischen 1972 und 1980. Die Niederländer sind jedoch die ältesten Veranstalter der Weltmeisterschaft. Sie haben ein permanentes Büro und sind bekannt (und zur damaligen Zeit auch gefürchtet) für ihre eiserne Strenge. Einige Jahre waren die Verantwortlichen des Grand Prix von Belgien auch nicht genauer, obwohl zur gleichen Zeit neue Veranstalter schon sämtliche Zeiten bis zur tausendstel Sekunde genau angaben.

Maurice Büla

Remerciements
Acknowledgements
Danksagung

Nous remercions toutes les personnes qui, par leurs renseignements et la mise à notre disposition de leurs documents, nous ont aidé à la réalisation de cet ouvrage. Nous pensons tout particulièrement aux anciens pilotes:

Hans Haldemann, Carlo Ubbiali, Max Deubel, Claude Lambert, Jean-Claude Castella, Albert Bertholet, René Progin et Jürg Egli.

Merci aussi aux historiens italiens Maurizio Mazzoni et Benito Magazini, ainsi qu'aux collectionneurs Werner Haefliger, Max Rech, Eduard Zellweger et Bennie Pinners.

Un merci particulier à MM. Sironi et Tobaldo, responsables du futur Musée MV-Agusta à Gallarate, créé par le "Gruppo dei Lavatori Anziani d'Azienda Agusta".

We thank everyone who helped us in the production of this book, by providing information and putting their documents at our disposal. In particular we thank former riders:

Hans Haldemann, Carlo Ubbiali, Max Deubel, Claude Lambert, Jean-Claude Castella, Albert Bertholet, Rene Progin et Jürg Egli.

Thanks also to the Italian historians Maurizio Mazzoni and Benito Magazini, as well as the collectors Werner Haefliger, Max Rech, Eduard Zellweger and Bennie Pinners.

Special thanks to Messrs. Sironi and Tobaldo, in charge of the future MV-Agusta museum at Gallarate, created by the "Gruppo dei Lavatori Anziani d'Azienda Agusta".

Wir bedanken uns bei allen, die uns bei der Verwirklichung dieses Buches mit Auskünften unterstützt haben und uns ihre Unterlagen zur Verfügung gestellt haben. Dabei danken wir besonders den ehemaligen Piloten:

Hans Haldemann, Carlo Ubbiali, Max Deubel, Claude Lambert, Jean-Claude Castella, Albert Bertholet, René Progin und Jürg Egli.

Außerdem bedanken wir uns bei den italienischen Historikern Maurizio Mazzoni und Benito Magazini, sowie den Sammlern Werner Haefliger, Max Rech, Eduard Zellweger und Bennie Pinners.

Unser besonderer Dank gilt den Herren Sironi und Tobaldo, den Verantwortlichen des zukünftigen MV-Agusta Museums in Gallarate, das durch die "Gruppo dei Lavatori Anziani d'Azienda Agusta" gegründet wurde.

Les auteurs　　　　　　　　The authors　　　　　　　　Die Verfasser

Sommaire
Contents
Inhalt

• Note de l'historien / Historical note / Anmerkung des Historikers	9
• Remerciements / Acknowledgements / Danksagung	10
• Sommaire / Contents / Inhalt	11
• De la moto de grand-papa aux GP modernes	12
• From grandpa's machine to the modern GP bike	18
• Vom Motorrad aus Großvaters Zeiten zum modernen Grand Prix	23
• Pays / Länder / Countries	30
• L'attribution des points / Points awarded / Die Verteilung der punkte	31
• Circuits / Rennstrecken	32
• 1949-2000 > RESULTATS / RESULTS / ERGEBNISSE	42

- 1949	44	- 1962	166	- 1975	322	- 1988	470
- 1950	50	- 1963	178	- 1976	334	- 1989	480
- 1951	56	- 1964	190	- 1977	346	- 1990	490
- 1952	66	- 1965	202	- 1978	358	- 1991	498
- 1953	76	- 1966	214	- 1979	370	- 1992	506
- 1954	86	- 1967	226	- 1980	384	- 1993	514
- 1955	96	- 1968	238	- 1981	396	- 1994	522
- 1956	106	- 1969	250	- 1982	408	- 1995	530
- 1957	116	- 1970	262	- 1983	420	- 1996	538
- 1958	126	- 1971	274	- 1984	430	- 1997	546
- 1959	136	- 1972	286	- 1985	440	- 1998	552
- 1960	146	- 1973	298	- 1986	450	- 1999	558
- 1961	156	- 1974	310	- 1987	460	- 2000	564

• STATISTIQUES / STATISTICS / STATISTIKEN	570
- Titres mondiaux par pays / World titles by countries/ Länder-Weltmeistertiteln	572
- Victoires en GP par pays / Countries GP Victories / Länder-GP-Siege	573
- Titres mondiaux par pilotes / Riders World Titles / Fahrer-Weltmeistertiteln	574
- Victoires en GP par pilotes / Riders GP Victories / Fahrer-GP-Siege	575
- Titres mondiaux constructeurs / Constructors World Titles / Marke-Weltmeistertiteln	578
- Victoires en GP par marques / Constructors GP Victories / Marken-GP-Siege	579
- Les polyvalents / The polyvalent / Die Vielseitigen	580
- Quelles familles! / What Families! / Was für Familien!	581
- Drôles de records / The odd-beat records / Merkwürdige Rekorde	582
• LES AUTEURS / THE AUTHORS / DIE AUTOREN	586
• Déjà parus… / Other works… / Bereits erschienen…	588

De la moto de grand-papa aux GP modernes

Si le championnat du monde des courses sur route a été officiellement créé en 1949, succédant ainsi au championnat d'Europe, les premières épreuves mettant aux prises différentes motos, le plus souvent dans des courses mixtes ouvertes également aux automobiles, datent du début du XXe siècle. Voici donc un voyage de cent ans d'émotions et d'inventions. Ou l'histoire de la moto de grand-papa aux Grands Prix de l'ère moderne…

1. Les inventions des pionniers

La première moto officiellement recensée, la "Hildebrand & Wolfmüller", a reçu son certificat de naissance en 1894. On notera toutefois qu'un habitant de Philadelphie, nommé Copeland, avait déjà, dix ans plus tôt, équipé une bicyclette ordinaire d'une machine à vapeur, avant de produire 200 exemplaires d'un tricycle propulsé par le même système. Quant au Français Perreaux, il avait, dès 1869, adapté une machine à vapeur à un cycle Michaux, inventant ainsi le premier véhicule à deux roues muni d'un moteur.

En France toujours, c'est en 1883 que le Comte Albert De Dion, qui avait rencontré totalement par hasard un jeune mécanicien, Georges Bouton — il construisait des machines à vapeur en modèles réduits avec son beau-frère, Trépardoux -, réalisa son premier véhicule, un quadricycle à vapeur, avant d'emboîter le pas à Gottlieb Daimler une dizaine d'années plus tard, pour produire des moteurs à explosion qu'on allait retrouver dans différentes motos de l'époque.

Mais revenons à nos moutons : si l'on réserve l'appellation "motocyclette" à un véhicule équipé d'un moteur à combustion interne, on a alors le choix entre l'engin allemand à deux roues de Gottlieb Daimler (1885), le premier "vélo à moteur" de l'Italien Bernardi, le trois-roues de Karl Benz ou celui de l'Anglais Edward Butler, dont les plans furent exposés au Stanley Cycle Show de Londres, en 1884. Quatre ans avant une autre invention qui fera date : celle du pneumatique, par un certain John Boyd Dunlop.

C'est en 1884 que Gottlieb Daimler fit homologuer un brevet de moteur à combustion interne à cycle à 4 temps et cylindre horizontal ; non seulement son moteur était beaucoup plus léger et moins encombrant, mais il disposait d'un régime de rotation plus élevé et pouvait être alimenté aussi bien au gaz qu'à l'essence. Dans cette dernière version, Daimler fut le premier à adopter un carburateur à léchage. Un courant d'air chaud, fourni par le moteur, pénétrait dans un ample réservoir et "léchait" le carburant, produisant un mélange d'air et de vapeurs d'essence introduit ensuite dans le cylindre, où l'allumage était provoqué par un petit tube incandescent.

En 1885, il construisit un moteur plus perfectionné, toujours monocylindrique, mais cette fois avec un refroidissement à air : il allait le monter sur un cadre en bois à deux roues principales, auxquelles s'ajoutaient deux roulettes latérales pour assurer l'équilibre. L'idée de Daimler n'était pas, à proprement parler, de construire la première moto mais — et la grossièreté du cadre, très lourd, très peu fonctionnel, le prouve — de proposer une structure dont le seul but était de tester le premier moteur à explosion. Avant qu'il n'invente l'automobile moderne !

2. La saga des courses de villes en villes

Pour ce qui est de la compétition, il est tout aussi difficile de désigner avec certitude la date exacte des premières courses. Jusqu'au début du vingtième siècle, les pionniers exerçaient dans des épreuves mixtes, ouvertes aussi bien aux voitures qu'aux "motocycles", à l'image du fameux Paris-Rouen de 1894, de Paris-Dieppe en 1897 et de Paris-Amsterdam l'année suivante. Selon le Dr Helmut Krackowizer, illustre historien autrichien de la moto, la première "véritable" compétition ouverte uniquement aux "motocycles" qui étaient encore, à cette époque, des véhicules à trois roues, serait la course de côte d'Exel, aux portes de Vienne, en Autriche, course disputée le 21 mai 1899. Son vainqueur, Arnold Spitz, au guidon d'une De Dion Bouton, avait signé son exploit à la moyenne de 28,8 km/h !

En Grande-Bretagne, on trouve dès 1897 les traces d'une course opposant un vélo traditionnel à un cycle propulsé par une moto : "Sur son vélo, W.J. Stocks a couvert 27 miles et 300 yards (41,694 km) en une heure ; et même si la bicyclette à moteur avait parfaitement réussi sa mise en marche, le véhicule ralentit peu après le départ, le public étant persuadé que la mort du moteur était proche. En fait, surpris par le bruit de la foule, le pilote croyait qu'un problème technique était survenu, et c'est volontairement qu'il s'arrêta pour demander aux spectateurs de se tenir tranquilles !"

Le premier grand champion de l'époque fut assurément le Français Bucquet, qui remporta, au guidon d'une Werner de fabrication nationale (elle avait été présentée pour la première fois au Salon du Cycle de 1897, salle Wagram, à Paris), Paris-Vienne en 1901 et Milan-Gênes en 1902. Lors du tristement célèbre Paris-Madrid de 1903, Bucquet était largement en tête de la catégorie "motocycles", lorsque la course fut définitivement arrêtée à Bordeaux, en raison de trop nombreux accidents. Jusque-là, il avait été le plus rapide des 49 pilotes "moto" qui avaient pris le départ, parcourant 546 kilomètres à 61 km/h de moyenne.

Déjà, des deux côtés de la Manche, des hommes commençaient à se battre pour l'honneur national, notamment sur la piste du vélodrome de Canning Town. C'est là que l'Anglais Barden et le Français Fournier se lancèrent un défi, 1000 ú en jeu, sur cinq courses : vainqueur des trois premières, Maurice Fournier allait pouvoir rentrer glorieusement au pays !

Les marques, elles, allaient se multiplier. En Belgique FN (Fabrique Nationale), l'entreprise nationale d'armes de guerre créée en 1889 et établie à Herstal, va s'écarter rapidement de ses activités d'origine et, dès 1901, FN met sur le marché sa première "bicyclette à moteur", très en avance sur son temps, avec un réservoir de carburant étroit suspendu sous le tube supérieur du cadre, le moteur monocylindre de 133 cmc étant fixé en avant du pédalier. La transmission s'effectuait par la roue arrière, grâce à une courroie.

3. La naissance des Fédérations

Fondé en 1903, le "Motocycle-Club de France" allait attribuer le premier titre officiel de champion "national" au vainqueur du "Critérium des quarts de litre", organisé entre les 16 et 20 septembre de la même année sur le vélodrome du Parc des Princes, à Paris. 87 pilotes, représentant huit marques différentes, allaient s'affronter, la victoire revenant à Mignard, au guidon d'une "Georgia Knab", qui couvrit 100 km en 1 h 31 min 11.4. Déjà, en Grande-Bretagne, des annonces publicitaires affirmaient qu'il était possible de rouler 18'000 miles (près de 29'000 km) en moto, avec une paire de pneumatiques Dunlop!

Douze mois plus tard, au lendemain de la "Coupe Internationale du Motocycle-Club de France" (des équipes de trois pilotes provenant du Danemark, d'Allemagne, de France, de Grande-Bretagne et d'Autriche se retrouvent pour ce premier "Grand Prix", remporté par le Français Demester, sur Griffon), la Fédération Internationale des Clubs Motocyclistes, FICM, va officiellement voir le jour les 21 et 22 décembre 1904, dans les salles du restaurant Le Doyen, avenue des Champs-Élysées, à Paris.

Si une première Commission internationale avait été formée afin de conserver des contacts permanents entre les différentes associations nationales ; pour également apporter des solutions communes aux problèmes qui surgissent lors de l'organisation des courses, l'"Auto-Cycle Club of Great Britain and Ireland" et le "Deutsche Motorradfahrer Vereinigung" de Stuttgart suggérèrent, par un courrier commun daté du 8 décembre, que les Français organisent une réunion dans le cadre du Salon de l'Automobile et du Cycle de Paris, afin d'offrir des bases à une véritable fédération internationale.

La France, la Grande-Bretagne, l'Allemagne, l'Autriche, la Belgique et le Danemark furent les membres fondateurs effectifs de la Fédération, qui va tenir sa première séance le 21 décembre 1904, dès 15 heures. Sont présents :
- Messieurs Schmolz et Hein, pour le "Deutsche Motorradfahrer Vereinigung Stuttgart" (M. Schmolz dispose en plus d'une procuration de M. Brauneck, de la "Deutsche Motorradfahrer Vereinigung München")
- Monsieur Libotte, pour l'"Association Motocycliste d'Autriche"
- Le Baron De Crawhez, pour l'"Automobile Club de Belgique"
- Messieurs Deckert, De Lahausse et Deroclès, pour le "Motocycle-Club de France".

En l'absence des délégués britanniques et danois, le Congrès va élire un premier président (M. De Lahausse) et un premier Secrétaire du meeting (M. Deroclès), acceptant le principe de la fondation d'une Fédération des clubs motocyclistes européens, la FIMC, "Fédération Internationale des Motocycles-Clubs", dont le nom sera déjà modifié le deuxième jour de ce Congrès historique, pour devenir "Fédération Internationale des Clubs Motocyclistes", dont le premier siège sera à Paris.

4. La multiplication des courses

Une première structure fédérale existe — même si elle est rapidement mise en veilleuse — et les records de vitesse sont régulièrement battus : en 1904, l'Italien Alessandro Anzani, qui s'était établi en France dès son adolescence, atteint la vitesse étonnante de 88 km/h, au guidon d'une Alcyon à moteur Buchet 333 cmc... qui n'est autre que le premier prototype du moteur qui sera utilisé en 1909 par un certain Louis Blériot, pour traverser la Manche en avion !

Les courses, elles, se multiplient. Le 25 juin 1905, lors de la deuxième "Coupe Internationale", l'Autrichien Vaclav Vondrich (Laurin & Clement) l'emporte à 87,7 km/h de moyenne, sur un parcours de 270 kilomètres où les pilotes étaient lâchés toutes les deux minutes.

Le 8 juillet 1906, le troisième "GP d'Europe" se déroule à Patzau, dans l'ancien Empire austro-hongrois et, vexés d'avoir été battus par un Autrichien sur leurs terres douze mois plus tôt, Peugeot et Griffon, les deux principales marques françaises, boycottent la manifestation ! Dix pilotes sont au départ (trois Français, trois Anglais, trois Autrichiens et un Allemand), ils ne sont que quatre à l'arrivée (victoire de Nikodem, au guidon d'une Puch, à 77 km/h de moyenne).

5. La naissance du Tourist Trophy

Étonnamment, ce nouveau succès autrichien va avoir des effets dont on ne mesure pas encore les répercussions à l'époque : les Anglais viennent de comprendre que, s'ils entendent battre en brèche cette domination, ils doivent à leur tour organiser une course routière sur leur territoire. En 1907, le Tourist Trophy de l'île de Man voit le jour. La même année, on inaugure le circuit de grande vitesse de Brookland, près de Londres — le premier circuit du monde spécialement créé pour les courses -, un tracé fait de paraboliques qui abritera rapidement des matches qui feront l'histoire. On se rappelle ainsi du premier duel Grande-Bretagne — États Unis de 1911, avec Charlie Collier (le fondateur de la marque Matchless, qui avait établi le record du monde de l'heure en octobre 1908 sur ce même circuit) affrontant l'Américain Jake De Rosier (Indian).

Car si l'Europe en est encore à ses balbutiements en matière de compétition et de technique motocyclistes, les Américains exercent déjà depuis quelques années sur le sable dur. En 1903 en effet, sur la plage californienne de Ormond Beach, un certain Hestrom avait établi le record du mile à 96 km/h, au guidon d'une Indian, quelques jours avant que Glenn Curtiss, sur une machine de sa propre fabrication, passe le mur des 100 km/h (56"4 pour un mile, soit 102,700 km/h).

Mais revenons à Brookland. Les frères Charlie et Harry Collier, accompagnés de leur bras droit, Bert Colver, ont parfaitement mis au point leurs machines, alors que les mécaniciens américains de Jack De Rosier, pour éviter toute surprise de carburation, ont emmené leur propre essence depuis les Amériques ! La première course (deux tours) est remportée par De Rosier à

Continental Circus

129,5 km/h de moyenne ; Charlie Collier n'est battu que de 2 dixièmes de seconde ! La deuxième manche, plus longue — cinq tours, soit près de 18 km — revient à Collier, qui profite de l'abandon (crevaison du pneu avant) de son rival américain. La dernière manche — dix tours — est dominée par De Rosier, à 126,5 km/h. L'Amérique a gagné, mais la Grande-Bretagne tient sa revanche en fin d'année, lorsque Collier pulvérise le record du mile, à 147 km/h !

6. Les premières limitations de carburant

Le règlement du premier Tourist Trophy ne manque pas de particularités : avec 1 gallon (4,5 litres) de carburant, les concurrents doivent couvrir un minimum de 144 km pour la catégorie mono-cylindre et 120 pour les machines à deux cylindres. Toutes les motos doivent être équipées d'un échappement fonctionnant, d'une selle normale, de pare-boue et de pneus 2 pouces. Le premier circuit mesure 25,6 km et Charlie Collier l'emporte avec une Matchless de 3,5 CV (on ne parlait pas encore de cylindrée à cette époque), à la moyenne de 61,6 km/h. Avec son gallon de carburant, il a couvert 150 kilomètres. Le vainqueur dans la catégorie 2 cylindres, Ron Fowler, atteint la distance de 139 km, au guidon d'une Norton équipée d'un moteur Peugeot. Le record du tour est signé W.H. Bashall : avec sa Bat britannique (Bat Motor Manufacturing Company avait commencé à construire des motocyclettes dès 1902, à Penge, au sud-est de Londres, avant de devenir une des premières marques à commercialiser des machines spécialement destinées à la compétition), il atteint la moyenne de 68 km/h.

En 1911, le TT se déroule pour la première fois sur un circuit d'une soixantaine de kilomètres, avec les côtes de Snaeffel-Mountain. Les machines doivent désormais être équipées de véritables boîtes à vitesses. On assiste en fait à la véritable naissance de la moto "moderne".

En quelques années, les Britanniques sont devenus les maîtres absolus de la course, ils dominent le GP de Fontainebleau, près de Paris, en 1913. Sur les routes anglaises, on compte déjà près de 180'000 motos, contre 50'000 en France, un peu plus de 20'000 en Allemagne et 5'000 en Autriche. L'ancienne nation dominante de la course vient même d'être dépassée par l'Italie (8'000 motos et l'on note qu'un premier "TT" à la sauce transalpine est organisé cette année-là).

En 1914, quelques semaines après le Tourist Trophy, éclate la Première Guerre mondiale. L'Europe, désormais, a des soucis bien plus dramatiques...

7. 1920-1939 : des noms nouveaux

L'immédiat après-guerre est celui d'une grande misère. Mais aussi de projets ambitieux : en Saxe allemande, un Danois nommé Jörgen Skafte Rasmussen fonde la marque qui deviendra le premier constructeur de motos au monde dans les années trente : DKW. Derrière ces trois lettres se cache "Das kleine Wunder", ce qui signifie "le petit miracle", coup d'oeil au petit moteur dessiné par Hugo Ruppe et destiné à être monté sur une bicyclette ordinaire, avec un entraînement de la roue arrière par une courroie. En août 1922, 25'000 exemplaires ont déjà été vendus. Le "petit miracle" est en route et, dès 1925, la marque va se lancer dans la compétition. Elle y apportera quelques révolutions qui ne resteront que beaux projets, comme le compresseur centrifuge qui devait être entraîné par une chaîne depuis le vilebrequin, mais qui ne pourra jamais être utilisé en course, la Fédération interdisant, après la Deuxième Guerre, l'utilisation des compresseurs.

Après les quatre ans de combats de la "Grande Guerre", comme on l'appelle au soir de 1918, dans une Europe en pleine désolation, les courses devront attendre 1920 pour retrouver un semblant de droit de cité (le Tourist Trophy et une course de 6 heures au Mans, en France). Mais on ne retient pas plus longtemps le progrès. L'Anglais Alec Bennett, qui gagnera plus tard le TT à cinq reprises, remporte le GP du Mans 1921. La Belgique organise son premier GP en août à Francorchamps, sur un circuit qui était encore fait d'un mélange de gravier, de sable et d'argile ; étroit et bordé d'arbres, il comprenait de nombreux virages en épingle à cheveux. Distance de l'épreuve : 300 km ! En Italie, le circuit de Monza est inauguré, alors que les courses se multiplient également en Suisse. Au sud des Alpes, des noms nouveaux apparaissent : Moto Guzzi et Bianchi pour les motos, Tazio Nuvolari, Achille Varzi (ils seront plus tard de grands champions automobiles) et Ghersi pour les pilotes.

La FICM, qui a repris elle aussi vie après la Guerre, décrète que le pilote qui remporte une des courses du "GP d'Europe" aura droit au titre de "champion d'Europe", l'appellation "GP d'Europe" étant attribuée chaque année à une course différente.

En 1922, le Français Eugène Mauvre, qui était alors président de l'AAMM (l'Amicale des anciens motocyclistes militaires), organise la première édition du Bol d'Or, course d'endurance de 24 heures, qui reprend le nom d'une classique cycliste de l'avant-guerre. Le samedi 27 mai, à 9 heures du matin, dix-sept motocyclettes sont ainsi rassemblées près du fort de Vaujours, au nord de Paris ; le circuit est en terre battue et un seul pilote est autorisé à piloter la moto pendant les deux tours de l'horloge ! Zind l'emporte au guidon d'une Motosacoche, en parcourant 1'255 kilomètres en 24 heures : les courses de longue haleine viennent de naître.

La même année, en Espagne, les frères Rabasa ouvrent les portes de leur première usine — plutôt un simple atelier ! -, à Mollet, près de Barcelone, avec l'intention de monter des bicyclettes et de les réparer. Très rapidement, ils étendent leurs activités à la location de cycles, puis à la construction de cadres originaux. Derbi vient de naître, même si cette dénomination ne devient officielle qu'en 1955, la première moto commercialisée par "Nacional Motor SA", en 1951, étant baptisée SRS, soit les initiales du fondateur, Simeon Rabasa Singla.

Le 7 septembre 1924, le premier "GP d'Europe" est organisé à Monza ; en 500 cmc, l'Italien Guido Mentasti, au guidon d'une Moto Guzzi, couvre plus de 400 kilomètres en 3 heures et 3 minutes, soit à la moyenne très respectable de 130,6 km/h. Le premier championnat international officiel est né, il se poursuivra selon cette formule jusqu'en 1937, avec les 250, les 350 et les 500 cmc, plus les 175 de 1925 à 1933, une fois les 125, les 750 et les 1000 et, à sept reprises, une catégorie side-cars.

En 1925, l'Allemagne organise à son tour son premier Grand Prix, sur la version initiale du circuit de l'Avus, aux portes de Berlin : pour tracer "leur" circuit, les Allemands ont tout simplement utilisé un tronçon d'autoroute de 9,6 km, fermé d'un côté par un virage serré et de l'autre par une courbe beaucoup plus rapide ! Pour la première fois, les Italiens passent les Alpes et ils dominent l'épreuve, seule la catégorie 250 revenant à un pilote local, Paul Köpper, qui offre à une marque encore inconnue sa première grande victoire : BMW !

8. "De groote dag is voorbij"

1925 est marqué par un autre événement : le premier "Dutch TT" se déroule aux Pays-Bas le 11 juillet sur un circuit de 28,4 kilomètres, formant une sorte de triangle, et qui relie les localités de Rolde, Borger et Schoonlo. Dans l'édition du 13 juillet du journal régional, le "Provinciale Drentsche en Asser Courant", l'équipe rédactionnelle titre à la une "De groote dag is voorbij", le grand jour est arrivé !

À 14 h 30, ce 11 juillet 1925, M. J.T. Linthorst Homan, commissaire de Sa Majesté la Reine dans la Province de Drenthe, donne très officiellement le départ de la première course motocycliste de vitesse sur le territoire des Pays-Bas. Ils sont trente-cinq au départ, à rêver de la prime de 5'000,00 florins et, à des moyennes qui varient entre 67,3 et 91,4 km/h, Arie Wuring (BSA 250), Hajo Bieze (New Imperial 350) et Piet van Wijngaarden (Norton 500) sont les premiers à figurer dans un palmarès sur lequel, chaque année, de nouveaux faits d'armes glorieux sont ajoutés.

En Belgique, on assiste à un premier affrontement entre pilotes et pouvoir : la FMB, la Fédération belge, interdit les pilotes de la marque nationale, FN, de prendre le départ du GP de Francorchamps, car ils se sont montrés coupables d'avoir participé à une course "pirate", sans autorisation officielle ; l'affaire se terminera devant les tribunaux, qui donneront raison aux pilotes… mais trop tard. La course, par ailleurs endeuillée par la mort de Bill Hollowell, s'est déroulée sans les Belges !

Deux ans plus tard, six semaines après l'inauguration du circuit — les 18 et 19 juin, 85'000 spectateurs s'étaient rendus dans l'Eifel pour l'événement ! —, le GP d'Europe se déroule sur le fameux Nürburgring, sur des distances allant de 396 (125) à 509 kilomètres pour les 500, les pilotes restant plus de 6 heures en selle ! 55'000 spectateurs sont présents, 130 pilotes provenant de huit nations sont en piste et le vainqueur de la catégorie "reine" des 500 cmc, l'Anglais Graham W. Walker (Sunbeam), décrira ainsi ce nouveau monument des sports mécaniques : "Le parcours du TT de l'île de Man mis à part, le Nürburgring est assurément le circuit de course le plus difficile de notre époque. Ainsi, il est plus exigeant pour les pilotes que pour les machines. L'attention doit y être extrême et continue, puisque les virages s'enchaînent sans discontinuer ; les rares lignes droites sont si courtes qu'il est pratiquement impossible de se reposer quelques instants."

Non seulement les courses sont toujours plus nombreuses, elles sont également toujours plus sérieusement organisées (le circuit de Francorchamps a enfin reçu un revêtement en asphalte !).

Désormais, les catégories sont respectées, on ne lance plus en même temps sur la piste des motos de cylindrées différentes, les pilotes commencent à prendre plusieurs départs lors de la même manifestation. Les années vingt, les années d'or pour les précurseurs de la course, se terminent.

9. Les courses et la politique

Au début des années trente, la situation économique, en Europe, devient particulièrement difficile. En Allemagne et en Italie, avec la montée des mouvements totalitarismes, les pouvoirs politiques découvrent un intérêt soudain pour la compétition automobile et motocycliste. Les dignitaires veulent voir "leurs" marques s'imposer, puisque les victoires en course ne sont, à leurs yeux, que l'illustration des progrès techniques réalisés et voulus par le pouvoir nouveau. En un mot : la victoire d'une moto allemande est celle du système allemand nouveau et le moindre succès est utilisé pour convaincre le peuple.

Sur les pistes, les exploits se multiplient. En 1934, au guidon d'une FN à compresseur, le Belge René Milhoux bat le record du kilomètre lancé en 500 cmc, à 214,6 km/h !

Les équipes, aussi, s'organisent. Les teams officiels, comme ceux de Norton, se déplacent en train, les pilotes pouvant ainsi dormir avant et après la course dans un confort relatif. Le matériel est pris en charge, dans les différents pays, par les distributeurs nationaux qui se multiplient et qui sont heureux de pouvoir participer activement au triomphe de leur marque. Mieux : aux Pays-Bas et en Suisse notamment, l'usine Norton met à la disposition de ses distributeurs, des machines officielles pour que des pilotes nationaux puissent briller lors de "leur" Grand Prix.

10. Le premier héros, Jimmy Guthrie

Entre 1934 et 1937, Jimmy Guthrie et sa Norton dominent la scène, remportant neuf GP de suite, avant qu'il ne soit victime d'une chute mortelle sur le circuit du Sachsenring, roue arrière bloquée à moins de deux kilomètres de l'arrivée. C'est la mort du plus grand pilote des années trente, relatée dans le livre "Motorradrennen auf dem Sachsenring" : "Au début du dernier tour, Guthrie passe sur la ligne au milieu d'une marée humaine. Il doit s'y reprendre à deux fois pour dépasser un attardé — l'Allemand Mansfeld — lorsque, à moins de deux kilomètres de l'arrivée, on voit la Norton qui commence à virevolter à droite et à gauche. Un premier contact avec un arbre, la roue arrière est arrachée, la moto et son pilote s'envolent. La roue est restée sur le côté gauche de la route, avec une des bottes de Guthrie et la chaîne de la machine ; le pilote est étendu sur le bas-côté, une vingtaine de mètres après l'impact. Stanley Woods, qui revenait au ralenti en direction de la ligne d'arrivée, moto en panne, est le témoin de l'accident. Il laisse sa moto, il court vers Guthrie pour l'aider, mais l'infortuné pilote est inconscient. Sur la ligne d'arrivée, le silence est pesant, Karl Gall ne peut pas fêter son succès et le commandant Hühnlein décide de remettre le prix d'honneur au pilote le plus rapide du jour, Jimmy Guthrie. Le premier diagnostic fait état de nombreuses et sérieuses blessures à la tête et à la cheville. Quelques heures plus tard, la triste vérité est rendue public : le meilleur pilote du monde est décédé des suites de ses blessures le même soir. Que s'est-il passé ? Alors que certains montrent Mansfeld du doigt, que d'autres croient à un blocage du moteur, une analyse précise de la machine accidentée semble prouver que c'est une rupture de l'axe arrière qui a provoqué l'accident, des spécialistes de l'époque estimant même que Norton a été trop loin dans sa recherche du poids minimum…" Soixante-deux ans plus tard, dans les forêts de Saxe, une stèle commémorative rappelle toujours l'endroit où Guthrie a perdu la vie.

En 1937, de l'autre côté de l'Atlantique, c'est l'année des premiers "200 Miles de Daytona", sur un circuit ovale de 4'800 mètres, constitué par la plage elle-même et une route au milieu des dunes. Petite précision : pour améliorer la surface de la piste et essayer d'y retenir le sable, on a répandu de la terre dans les virages, la partie située en bordure de mer recevant un nouveau surfaçage au rythme des marées de l'Atlantique ! Ils sont 98 au départ, la victoire revenant à Ed Kretz, au guidon d'une Indian, à la moyenne très respectable de 199 km/h.

11. 1938 : le premier "vrai" championnat

1938 marque un tournant historique dans l'organisation même de la compétition motocycliste puisque, désormais, tous les "Grands Prix" organisés comptent pour le championnat d'Europe, avec attribution des points. Huit courses sont au programme : les GP des Pays-Bas, de Belgique, de France, de Suisse, d'Allemagne, d'Ulster, d'Italie et le Tourist Trophy.

En 1939, Stanley Woods remporte son dixième TT — un record qui ne sera battu que par Mike Hailwood, dans les années soixante -, même si c'est un Allemand qui crée l'événement, Schorsch Meier (BMW) devenant le premier pilote étranger à s'imposer en 500 sur l'île de Man (à l'étonnante moyenne de 143,843 km/h). Le premier vainqueur étranger d'un TT fut l'Italien Omobono Tennu, sur Moto Guzzi, vainqueur de la course 250 en 1937 à 120,250 km/h. La saison ne se terminera pas. Quelques jours après le GP de l'Ulster, les canons tonnent sur l'Europe : c'est le début de la Deuxième Guerre Mondiale.

12. La renaissance

Si les Allemands doivent attendre 1951 pour avoir à nouveau l'autorisation de se rendre à l'étranger, les Italiens participent dès 1946 aux premières courses de l'après-guerre. Comme au lendemain de 1918, la situation économique et n'est de loin pas idéale pour le développement de la compétition. Beaucoup de matières premières restent rationnées, le taux d'octane de la benzine ne dépasse pas les 72, les nouvelles machines sont rares. Il faut dire que les entreprises commencent seulement à repasser de la production de guerre à celle de paix et que le temps, comme l'argent, ne sont pas suffisants pour se lancer dans des projets de construction de nouvelles motos de course.

Corollaire de cette situation, le premier Congrès FICM d'après-guerre, tenu en 1946 à Londres, prend des décisions importantes :
1. On ne pourra désormais utiliser en course que du carburant que l'on trouve normalement à la pompe. C'est un changement technique capital, si l'on se souvient qu'avant la guerre, on utilisait des mélanges formés de 50 % de benzine et 50 % de benzol, mélanges qui atteignaient des taux de 100 octanes !
2. L'utilisation des compresseurs pour augmenter la puissance des moteurs, est interdite.

En janvier 1947, Norton présente sa nouvelle équipe officielle. Le premier pilote en est Harold Daniell, qui est accompagné des Irlandais Artie Bell et Ernie Lyons. La moto est pratiquement la même que le modèle 1939, si ce n'est que le taux de compression a été diminué, pour permettre l'utilisation du carburant 72 octanes ; la puissance, de plus de 50 CV avant la guerre, est désormais de 40 CV.

La complexité de la situation politique et économique laisse encore des traces. Même si l'on retrouve dès 1947 — année de la véritable renaissance — les classiques du calendrier, le championnat d'Europe comme on l'a connu avant l'interruption de 1939 n'a pas encore été réactivé. Pire, il y a presque collision de dates entre le Tourist Trophy et le GP de Suisse, à Berne, tant et si bien que si les Britanniques se rendent bien sûr à l'île de Man, les Italiens sont absents du grand rendez-vous, puisqu'engagés dans les forêts du Bremgarten !

Comme on pouvait s'y attendre, les performances sont nettement moins bonnes que huit ans plus tôt : vainqueur du TT 500 à la moyenne de 132,5 km/h, Harold Daniell est presque 10 km/h moins rapide que Meier et sa BMW à compresseur en 1939. Et le tour le plus rapide du vainqueur (134,5 km/h) est bien loin du record absolu, signé par le même Harold Daniell en 1938 (145,6). Au GP de Suisse, l'Italien Luigi Cavanna l'emporte en side-cars, quelques semaines avant de mettre un terme à sa carrière de façon très inattendue, puisqu'il décide d'entrer au couvent !

D'une façon générale, les Anglais bénéficient de l'interdiction du compresseur et du fait que les Italiens sont occupés à développer de nouveaux modèles. Comme évoqué un peu plus haut, les priorités des marques vont vers la production de motos de série, alors que le rationnement de l'acier provoque des conséquences en cascade, les machines-outils ne pouvant que difficilement être produites. Pire : conséquence directe de la guerre, l'industrie manque désormais de main d'oeuvre qualifiée.

13. Vers le championnat du monde

En Grande-Bretagne, la benzine est toujours rationnée fin 1947. On ose rouler en moto sur routes ouvertes que si l'on peut justifier l'utilisation du véhicule sur un plan professionnel. Et même si la situation s'améliore de manière notable en 1948 dans toute l'Europe, les entraves sont encore nombreuses (en Angleterre, on a droit à 9 gallons, soit une quarantaine de litres pour six mois, si l'on est détenteur d'une 250 ; d'un demi-gallon — 2,3 litres — par semaine, pour les plus de 250 cmc !)

Pourtant, les nouvelles motos de course, les premières de l'après-guerre, arrivent sur le marché, notamment la fameuse AJS "Boy Racer" 350 7R. On note aussi la présence, pour la première fois, d'un certain Geoffrey Duke sur l'île de Man… mais comme simple participant au motocross organisé dans le cadre du TT. Au GP de Belgique 350, Bob Foster (Velocette) est le premier à battre un record d'avant guerre, malgré la baisse du taux d'octane (144,59 km/h contre 143,19 km/h à Stanley Woods en 1939).

Fin 1948, au Congrès de Londres, la FICM décide pour la première fois d'attribuer, dès la saison 1949, un titre officiel de "champion du monde". Les six classiques du calendrier comptent pour l'obtention des points, le pilote qui aura réalisé le tour le plus rapide en course recevant un point supplémentaire. C'est le début d'une autre histoire…

14. Les années cinquante : Grande-Bretagne contre Italie

Le lancement d'un championnat du monde officiel en 1949 coïncide avec l'arrivée de nouvelles marques : l'Anglaise AJS et son pilote Leslie Graham (un ancien aviateur de la RAF), mais aussi l'Italienne Gilera, la moto la plus rapide en piste, même si elle n'est pas toujours la plus fiable. Norton ne remporte qu'un seul succès — le Tourist Trophy — et les premiers observateurs prédisent une mort prochaine de la technique du monocylindre…

En 1950, Norton revient pourtant en force avec sa Manx-Featherbed, un châssis original créé par Cromie "Rex" McCandless, dans lequel Joe Craig a installé son dernier moteur. C'est aussi l'arrivée de Geoff Duke, qui avait commencé sa carrière en trial et en motocross et qui, dans son cuir noir en une pièce, personnalise une nouvelle génération de pilotes, lui qui est le plus rapide de tous dans les virages. Au GP de Belgique, une seconde marque italienne participe à son premier GP en 500 : MV-Agusta. Copie de la Gilera avec un moteur 4 cylindres et deux arbres à cames en tête, la MV illustre parfaitement l'avance technologique des Transalpins, pendant que Duke et Norton perdent le titre sur des problèmes récurrents de pneumatiques. Ainsi, à Assen, les Norton et les AJS sont éliminées après quelques tours déjà et en Ulster, on découvre sur les Norton officielles des pneus Avon !

Pour la traditionnelle marque britannique, ce n'est pas encore la fin du flirt avec la gloire : en 1951, Duke est champion du monde en 350 en dominant les Velocette jusque-là imbattables dans la catégorie et Eric Oliver remporte son troisième titre en side-cars, lui aussi avec une Norton. La résistance des Britanniques, pourtant, ne va pas perdurer : Moto Guzzi joue les révolutionnaires en présentant une 250 cmc avec boîte à cinq vitesses et, surtout, les responsables des usines italiennes comprennent enfin qu'il leur coûtera certainement moins cher de s'assurer les services des meilleurs pilotes britanniques, plutôt que de continuer leur lutte technologique. 1952 est l'année des premiers transferts retentissants, Graham passe chez MV-Agusta, mais Duke résiste aux chants des sirènes de Gilera ; malheureusement pour lui, sa saison sera marquée par une blessure (il se fracture un bras lors d'une course internationale à Schotten, en Allemagne) et douze mois plus tard, il rejoint Gilera, emmenant avec lui Reginald Armstrong.

Norton doit donc reconstruire une équipe, les Allemands sont de retour (NSU en 125 et en 250, BMW avec une moto à injection en 500), les Italiens inventent : Moto Guzzi débarque avec un 4 cylindres longitudinal à refroidissement liquide et distribution par cardan… mais la moto s'avère inconduisible et se retrouve rapidement au rancart. Au TT, c'est le drame lorsque Leslie Graham perd le contrôle de sa MV à Bray Hill et qu'il se tue. La course, pourtant, continue, celle de la recherche aussi, avec cette fois Norton dans le rôle du révolutionnaire, la marque anglaise présentant la première machine de course sur laquelle le pilote est à genoux, ses bras s'appuyant sur deux réservoirs latéraux ; mais comme Guzzi avec son moteur longitudinal, Norton est allé trop loin et, mis à part aux essais du GP des Pays-Bas 350 cmc, on ne verra jamais cette machine en course, même si elle bat toute une série de records du monde à Montlhéry en fin d'année (213,5 km en une heure, 232 km/h pour le record de l'ovale). C'est l'époque des carénages complets, qui privilégient la vitesse de pointe, mais qui provoquent de sérieux soucis de manœuvrabilité. Où s'arrêteront les ingénieurs ? En 1954, la folie du développement des carénages intégraux a de telles incidences sur les prix de production que Norton, AJS et Matchless changent totalement leur philosophie et proposent désormais des machines de course de série. C'est la fin de la période britannique…

Les Italiens, eux, insistent : alors que les pilotes observent leur première grève à Assen (ils estiment avec raison qu'ils ne reçoivent pas assez de primes et des sanctions sévères seront infligées, notamment à Duke et Armstrong), Moto Guzzi débarque avec un 8 cylindres à refroidissement liquide, la boîte à vitesses pouvant contenir, selon le désir du pilote et le type de tracé, 4, 5 ou 6 rapports. Fin 1957, la Fédération internationale ayant interdit les carénages intégraux, Gilera, Moto Guzzi et Mondial se retirent du championnat du monde (MV-Agusta a longuement hésité) et alors que les records tombent (McIntyre passe pour la première fois la moyenne des 100 miles au tour au TT, à 161,79 km/h ; à Hockenheim, la moyenne est de 207,28 km/h, une valeur qui ne sera battue que onze ans plus tard par Giacomo Agostini, à Spa-Francorchamps), le mondial sombre dans une certaine lassitude. On est à l'aube des années soixante et la menace japonaise se profile…

15. L'invasion japonaise

Des motos japonaises au TT : l'annonce a fait l'effet d'une bombe. En 1959, Honda débarque sur l'île de Man avec une 125 cmc qui ressemble étrangement à une copie en plus petit de la NSU 250 qui a quitté la scène cinq ans plus tôt. Si Naomi Taniguchi offre à Honda son premier point mondial, les Japonais sont battus, mais ils repartent au Pays du soleil levant riches d'une nouvelle expérience. Ils reviendront, avec de toutes nouvelles machines et des pilotes qui connaissent le terrain : Jim Redman, Tom Phillis et l'infortuné Bob Brown, qui trouvera la mort lors des essais du GP d'Allemagne à la Solitude. Malgré les efforts japonais, les petites cylindrées sont encore dominées par MV-Agusta et Carlo Ubbiali, qui remporte ses couronnes numéro 8 et 9 avant de se retirer, fin 1960. MV vient d'ouvrir une brèche, Honda va s'y engouffrer, notamment avec le Suisse Luigi Taveri et un jeune Britannique qui répond au nom de Stanley Michael "Mike" Hailwood. C'est le triomphe, Suzuki va suivre l'exemple, bientôt imité par Yamaha. Les Japonais, à leur tour, se lancent dans la folie technologique : la Honda 50 2 cylindres développe sa puissance maximale à 19'700 tours/minutes, la 125 5 cylindres passe la barrière des 250 km/h, la 250 6 cylindres de 1964 développe 53 CV à 16'500 tours/minute.

MV-Agusta réagit pourtant en choisissant une moto légère et compacte et en engageant celui qui deviendra le pilote le plus titré de toute l'histoire : Giacomo Agostini. Le sport motocycliste vient d'entrer dans l'ère moderne, avec les 122 victoires en GP d'Agostini, la montée en efficacité des moteurs deux-temps, le retrait des Japonais de la compétition, leur retour dans les années soixante-dix, l'arrivée des pilotes américains qui inventent un nouveau style de pilotage, l'arrivée des sponsors et de la professionnalisation du Continental Circus. Une histoire longue de 50 années que nous vous proposons de redécouvrir par les résultats et par les images… ■

From grandpa's machine to the modern GP bike

Continental Circus

The road racing world championship started officially in 1949, following on from the European Championship, but the first motorcycle races dated back to the start of the twentieth century, when they were open to different types of bike as well as cars. So this is a journey though one hundred years of excitement and innovation, from grand's machine to the modern day Grands Prix.

1. The inventive pioneers

Officially, the first motorcycle was a "Hildebrand & Wolfmuller" which was given its birth certificate in 1984. However, it is worth noting that a man named Copeland, from Philadelphia had ten years earlier already fitted an ordinary bicycle with a steam engine, going on to produce 200 tricycles powered by the same device. Back in 1869, Frenchman Perreaux had adapted a steam engine to a Michaux cycle, thus inventing the first powered two wheeler.

Still in France, in 1883, Count Albert De Dion, who had by chance bumped into a young mechanic, Georges Bouton, who built scale models of steam engines with his brother in law, Trepardoux, built his first machine, a steam powered quadricycle, and ten years later, Gottlieb Daimler produced combustion engines which would power several motorcycles of the period.

But if we go back to first principles and apply the name "motorcycle" to a machine fitted with an internal combustion engine, we are then faced with the choice between the Gottlieb Daimer two wheeler (1885), the first motorised bicycle produced by the Italian Bernardi, Karl Benz's three wheeler or the machine built in England by Edward Butler, the plans of which were shown at the Stanley Cycle Show in London in 1884. An important invention was made four years earlier with the arrival of a tyre produced by one John Boyd Dunlop.

In 1884, Gottlieb Daimler applied for a patent for an internal combustion 4-stroke engine with a horizontal cylinder. Not only was this engine much lighter and more compact, but it also ran at a higher speed and could operate on gas or petrol. In this latter version, Daimler was the first to use a carburettor. A jet of hot air, supplied by the engine would penetrate the large tank and would "lick" the fuel, producing a mix of air and fuel vapour which then went into the cylinder, where it was ignited by a small incandescent tube.

In 1885, he perfected the system, still with a single cylinder, but this time with air cooling. He fitted it to a wooden frame with two main wheels, to which were attached small lateral stabilisers to maintain balance. Daimler was not really thinking about building the first proper motorcycle, rather, as could be seen by the crude and heavy nature of the frame, build a means of testing the first combustion engine, before he went on to invent the modern motor car!

2. The story of racing from town to town

It is just as hard to be precise about the date of the first races. Up to the start of the twentieth century, pioneers would take part in mixed races open to cars as well as motorcycles, such as the famous Paris-Rouen of 1894, Paris-Dieppe in 1897 and Paris-Amsterdam the following year. According to Dr Helmut Krackowizer, a famous Austrian motorcycle historian, the first true competition open only to motorcycles, which in those days still had three wheels, was the hillclimb at Exel, outside Vienna, Austria and it was held on 21 st May 1899. The winner was Arnold Spitz, on a De Dion Bouton at an average speed of 28,8 km/h!

In England in 1897 there are records of a race between a bicycle and one powered with an engine. "WJ Stocks on his bike covered 27 miles and 300 yards in one hour. The motorised bike had started perfectly but then slowed after the start and the crowd believed the engine had died. In fact, surprised at the noise of the crowd, the rider though there was a problem and stopped the machine to ask the crowd to be quiet! The first major champion of the era was undoubtedly Bucquet from France who won the Paris-Vienna in 1901 and the Milan-Genoa in 1902. He was ridging a French Werner, which had first been seen at the 1897 Cycle Show in Paris. Bucquet was easily in the lead of the motorcycle class when the race was stopped at Bordeaux, because there had been too many accidents. Up to that point, he had been fastest of the 49 riders, covering 546 kilometres at an average of 61 km/h.

Already, men from both sides of the Channel were fighting for national honour, in particular at the Canning Town cycle track. The Englishman Barden and France's Fournier had a bet for a one thousand pounds over five races. Winning the first three, Fournier was the toast of France when he returned home.

More marques would enter the fray. In Belgium, FN which had made weapons from 1889 in Herstal, but it rapidly moved away from this business and from 1901, FN launched its first motorised bicycle, which was very advanced for the time with a narrow fuel tank slung under the top tube of the frame with the single cylinder 133 cm^3 engine situated ahead of the pedals. Transmission drove the rear wheel with a belt.

3. The birth of the Federations

Established in 1903, the "Motocycle Club de France" would award the first official national champion title to the winner of the "Quarter Litre

Criterium, organised from 16 to 20 September at the Parisian Parc des Princes Velodrome. 87 riders took part, representing eight different makes and the winner was Mignard riding a Georgia Knab, covering 100 km in 1 h 31 min 11.4. At this time in the UK, a Dunlop advertisement claimed it was possible to ride for 18,000 miles on one set of Dunlop tyres.

Twelve months later, the Coupe Internationale du Motocycle Club de France, featured teams of three riders from Denmark, Germany, France, Great Britain and Austria took part in this first Grand Prix, won by France's Demester on a Griffon. The FICM, the International Federation of Motorcycle Clubs was formed on 21 st and 22nd December 1904 in the Le Doyen Restaurant, on the Champs Elysees.

Thus the first International Commission was formed to keep all the national associations in touch with one another. And to resolve problems linked to race organisation. Then the Auto Cycle Club of Great Britain and Ireland and the Deutsche Motorradfaher Vereinigung in Stuttgart suggested in a joint letter dated 8th December that the French should organise a meeting at the Salon de l'Automobile et du Cycle in Paris, to form the basis of a truly international federation.

France, Great Britain, Germany, Austria, Belgian and Denmark were the founding members of the Federation which met for the first time on 21 st December 1904 at three in the afternoon. Present were Schmolz and Hein from Germany, Libotte from Austria, Baron De Crawhez from Belgium and Deckert, De Lahausse and Derocles from France.

In the absence of British and Danish delegates, the Congress elected De Lahausse as the first President and Derocles as the first Secretary of the Meeting and formed a federation uniting European motorcycle clubs the FIMC, "Federation Internationale des Motocycles-Clubs, but by the second day of the meeting the name had already been changed to the Federation Internationale des Clubs Motocyclistes. It would be based in Paris.

4. More races

A first federation thus existed, although it did very little and the speed records began to tumble. In 1904, Italy's Alessandro Anzani, who had lived in France sine he was a teenager, hit the astonishing speed of 88 km/h riding an Alcyon with a 333 cc Buchet engine. This was actually the prototype for the engine which Louis Bleriot would use to cross the Channel in 1909 by plane!

There were more and more races. On 25th June 1905, at the second International Cup, Austria's Vaclav Vondrich (Laurin & Clement) won at an average of 87,7 km/h, over 270 kilometres with riders starting every two minutes.

On 8th July 1906, the third European Grand Prix is held at Patzau in the Austro-Hungarian Empire and, angry at being beaten by an Austrian on home soil twelve months earlier, Peugeot and Griffon, the two main French makes boycott the event. Ten riders start (three French, three English, three Austrians and one German) but only four finished with Nikodem winning on a Puch at an average of 77 km/h.

5 The birth of the Tourist Trophy

Surprisingly, this additional Austrian success would have repercussions which were hard to spot at the time. The English had understood that if they were to fight tooth and nail against this domination, they would have to organise a road race on home soil. In 1907, the Tourist Trophy was born on the Isle of Man. The same year would see the opening of the high speed circuit of Brooklands, near London, the first purpose built race track in the world, made up of banked sections which would play host to some great races. There was the great Great Britain -USA duel in 1911, with Charlie Collier, the founder of Matchless, who had set the one hour speed record in October 1908 on this track, up against the American Jake De Rosier on an Indian.

While Europe was a relative novice in terms of technology and competition for motorcycles, the Americans had been at it for some time on hard sand. In fact, in 1903, at Ormond Beach in California, Hestrom had set the mile record at 96 km/h, riding an Indian, a few days before Glen Curtiss on a home built machine broke the 100 km/h barrier (56.4 over the mile, or 102,700 km/h.)

Back at Brooklands, the Collier brothers Charlie and Harry, along with their right hand man Bert Colver had perfected their machines. Jack De Rosier's American mechanics had even brought along their own fuel from the States to avoid any surprises. The first race, over two laps, was won by De Rosier at 129,5 km/h. Charlie Collier was beaten by just two tenths of a second. The second longer leg over five laps, almost 18 km was won by Collier, who made the most of the retirement of his American rival who had a front wheel puncture. The final leg over ten laps was dominated by De Rosier, at 126,5 km/h. America won, but Great Britain took its revenge at the end of the year, when Collier pulverised the mile record at 147 km/h!

6. The first fuel restrictions

The regulations for the first Tourist Trophy were strange to say the least. The single cylinder machines had to cover a minimum of 144 km on 1 gallon of fuel, 120 for the twin cylinders. All the machines had to have a working silencer, a normal saddle, mudguards and 2 inch tyres. The first circuit measured 35,6 km and Charlie Collier won on a 3.5 horsepower Matchless (machines were not rated in terms of their cubic capacity in those days) at an average of 61,6 km/h. With his gallon of fuel, he covered 150 kilometres. The winner of the twin cylinder class, Ron Fowler, managed 139 km, riding a Peugeot powered Norton. The lap record went to W.H. Bashall with his British Bat. Bat Motor Manufacturing Company had stared to build motorcycles in 1902, in Penge, South East London, before becoming one of the first companies to sell bikes specifically for competition. He hit an average speed of 68 km/h.

In 1911, the TT was held for the first time over a 60 km circuit, running alongside Snaeffel mountain. The bikes now have real gearboxes. It is in fact the birth of the modern motorcycle.

In the space of a few years, the British had become the real masters of racing, dominating the Fontainbleau GP near Paris in 1913. On English roads there were already 180,000 motorcycles, against 50,000 in France and just over 20,000 in Germany and 5000 in Austria. The nation which had dominated the sport had even been overtaken by Italy, with 8000 machines. The Italians even organised their own TT that year. Just a

Continental Circus

Continental Circus

few weeks after the 1914 TT, the First World War began and Europe therefore had more important things to worry about.

7. 1920 -1939 : new names

The immediate post-war period was a time of misery, but also a time of ambitious projects. In Saxony, a Dane called Jorgen Skafte Rasmussen founded DKW, the marque which would be the leading brand through the Thirties. Those three letters hid Das Kleine Wunder, meaning the little miracle, which refers to the little Hugo Ruppe designed engine which would be fitted to a bicycle, driving the rear wheel through a belt. By August 1922, 25,000 had already been sold. The little miracle was on its way and from 1925, the marque entered competition. Some of DKW's ideas never got past the development stage, such as the centrifugal compressor driven off the crank by a chain, which was never used in a race, banned as it was by the Federation, who banned compressors after the Second World War.

After four years of the Great War, Europe lay in ruins and it was not until 1920 that things returned to normal. There was a Tourist Trophy run as a six hour race at Le Mans. But it is hard to halt progress. England's Alec Bennett, who would go on to win the TT five times, won the GP at Le Mans in 1921. Belgium organised its first GP in August at Francorchamps, on a track that was still a mix of gravel and sand, narrow and lined with trees, comprising several hairpin bends. The race was 300 km long. Monza was opened and racing was catching on in Switzerland.

In Italy, new names sprung up: Moto Guzzi and Bianchi for bikes, Tazio Nuvolari, Achille Varzi and Gherzi as riders, the first two going on to be four wheeled champions. The FICM also came back to life after the war and decreed that whoever one that year's European Grand Prix — it was a title that switched races from year to year — would be named European Champion.

In 1922, France's Eugene Mauvre, then president of the AAMM (Amicale des anciens motocyclistes militaires) organised the first running of the Bol d'Or, an 24 hour endurance race which took over the name of a classic pre-war cycle race. On Saturday 27th May at nine in the morning, 167 machines assembled near the Vaujours fort to the north of Paris. The circuit was earth and only one rider was allowed per machine for the entire race. It was won by Zind on a Motosacoche, covering 1255 kilometres in 24 hours. Endurance racing was born.

The same year, in Spain, the Rabasa brothers opened their first factory, or rather a simple workshop, at Mollet, near Barcelona with the intention of assembling and repairing bicycles. Soon they extended their business to bicycle hire and then to building their own frames. Thus Derbi was born, even if it was only given that name in 1955. The first motorcycle in 1951, was called the Nacional Motor SA SRS, based on the initials of the founder Simeon Rabasa Singla.

On 7th September 1924, the first European GP was held at Monza for 500cc machines. Italy's Guido Mentasti, riding a Moto Guzzi covered over 400 kilometres in 3 hours and 3 minutes, at a very respectable average of 130,6 km/h. The first international championship was born and would stick to the following formula until 1937 with 250, 350 and 500 cc, as well as 175 from 1925 to 1933. For one year there was also a class for 125 and 750 and 1000, while the side cars featured on seven occasions.

In 1925, it was Germany's turn to organise its first Grand Prix on the initial version of the Avus circuit outside Berlin. They made their track by using 9,6 km of motorway rounded off with a tight corner at one end and a fast turn at the other. It was the first time the Italians had ventured abroad and they dominated the event, with the only the 250 category going to a local rider, Paul Kopper who gave an unknown marque its first win: BMW !

8. "De groote dag is voorbij"

1925 saw another first, the Dutch TT, which was held in the Netherlands on 11th July on a 28.4 kilometre track in a triangular shape, linking the areas of Rolde, Borger and Schoonlo. In the 13th July issue of the regional paper, "Provinciale Drentsche en Asser Courant, the editors came up with the title "De groote dag is voorbij, the big day has arrived! At 14 h 30 on 11th July 1925, J.T. Linthorst Homan, representative of Her Majesty the Queen in the Province of Drenthe, gave a very official start to the first road race to be held in the Netherlands. Thirty five started, dreaming of the 5000 florins prize and with average speeds varying from 67.3 to 91,4 km/h, Arie Wuriing (BSA 250), Hajo Bieze (New Imperial 350) and Piet van Wijngaarden (Norton 500) were the first to cross the line, putting their names at the top of a glorious list that would see so many names added to it over the years. In Belgium, the first confrontation between riders and authority took place: the FMB, the Belgian Federation banned the FN riders from starting the Francorchamps GP, because they took part in a rebel race without official authorisation. The matter went to a tribunal, which found in favour of the riders, but too late. The race was also marred by the death of Bill Hollowell and took place without the Belgians.

Two years later, on 18th and 19th June, six weeks after the track was opened, 85,000 spectators headed for the Eifel mountains for the big event; the European GP was held on the famous Nurburgring over distances ranging from 396 (125) to 509 kilometres for the 500s, with the riders spending over six hours in the saddle. 55,000 spectators were present as well as 130 riders from eight countries. The winner of the blue riband 500 category was England's Graham W. Walker (Sunbeam) and this is what he said about the track: "Apart from the Isle of Man TT course, the Nurburgring is definitely the toughest track we race on. It is more demanding for the rider than the machine. You need to concentrate all the time as the corners follow one another and the odd straight is so short that you hardly get a second to rest." Not only are there now more and more races, they are also better organised and even Spa-Francorchamps is surfaced with tarmac.

From now on, the capacities are adhered to and machines of different capacity are not all sent out at the same time. Riders begin to enter more than one race at the same meeting. The Twenties, the golden years for the precursors of racing had come to an end.

9. Racing and politics

At the start of the Thirties, the economic situation in Europe was getting difficult. In Germany and Italy, with the rise of totalitarianism, the political powers suddenly developed an interest in two and four wheeled sport. The men in power wanted their makes to win, as race wins in their eyes were no less than an illustration of the technical progress which the new powers wanted so much. In a word, a win for a German machine was a win for the new Germany and the least success is used as propaganda. On the track, progress never stops. In 1934, on a FN Compressor, Belgium's Rene Milhoux beat the flying kilometre record for the 500 cc class at 214,6 km/h.

The teams were also getting organised. The works teams, like Norton move around by train so that the riders can sleep before and after the race in relative comfort. All the equipment is looked after by the increasing numbers of distributors in the various countries, who are happy to take an active part in the triumph of their marque. Better still, in Holland and Switzerland, the Norton factory makes bikes available, so that local riders can star in their home event.

10. The first hero. Jimmy Guthrie

From 1934 to 1937, Jimmy Guthrie and his Norton dominated the scene, winning nine grands prix in a row, before suffering a fatal fall at the Sachsenring when his rear wheel locked up less than two kilometres from the finish. It was the death of the greatest rider of the decade and it was related in the book "Motorradrennen auf dem Sachsenring." "At the start of the final lap, Guthrie crosses the line through a sea of people. It takes him two attempts to pass a backmarker, the German, Mansfield. Then with less than two kilometres to go, one sees the Norton go into a tank slapper. First it hits a tree, the rear wheel is torn off, the machine and rider are launched into the air. The wheel stayed on the left side of the track, along with one of Guthrie's boots and the chain. The rider is lying on the side, twenty metres further down the road. Stanley Woods who was cruising to the finish line with mechanical problems witnesses the accident. He gets off his bike, runs to Guthrie to help him, but the unfortunate rider is unconscious.

At the finish line there is a heavy silence. Karl Gall does not celebrate his win and Commandant Huhnlein decides to give the trophy to the quickest rider on the day, Jimmy Guthrie. The first diagnosis shows several serious injuries to the head and the ankle. A few hours later the sad news is made public. The best rider in the world has died as a result of his injuries that same evening. What happened ? While some blamed Mansfield, others reckon the engine seized. An examination of the damaged bike seems to show that the rear axle broke, causing the accident. Experts at the time reckoned that Norton had gone too far in its search for lightness." Sixty two years later in the Saxe forests, a plaque remains at the spot where Guthrie lost his life.

In 1937, on the other side of the Atlantic, it was time for the first Daytona 200 Miles on an oval track measuring 4800 metres made up of the beach itself and a road through the dunes. One small detail : to improve the track surface and to contain the sand, earth was thrown down in the corners, while the part nearest the sea would be brushed smooth by the turning of the Atlantic tides. 98 started and Ed Kretz was the winner riding an Indian at the very respectable average speed of 199 km/h.

11. 1938 : the first real championship

1938 marked the turning point in the organisation of motorcycle competition as, from now on, all the grands prix counted towards the European championship with points up for grabs. There were eight races on the calendar : grands prix in Holland, Belgium, France, Switzerland, Germany, Ulster, Italy and the Tourist Trophy.

In 1939, Stanley Woods won his tenth TT, a record which would only be beaten by Mike Hailwood in the Sixties. But it was a German rider, Schorsch Meier (BMW) made the headlines as the first foreign rider to win the 500 class in the Isle of Man at the astonishing average speed of 143,843 km/h. The first foreign winner of a TT was the Italian Omobono Tennu with a Moto Guzzi, winner of the 250 race in 1937 at 120,250 km/h.

The season was not completed as a few months after the Ulster GP, the guns rang out over Europe, signalling the start of the Second World War.

12. The renaissance

The Germans had to wait until 1951 to be allowed to go abroad, while the Italians took part as from 1946 in the first post-war races. Just as after the first conflict, the economic situation is far from ideal for racing. Many basic materials are still rationed and the octane rating of fuel is no higher than 72 and new machines are thin on the ground. It has to be said that factories are only just beginning to switch from wartime to peacetime production and both money and time are thin on the ground when it comes to building new racing motorcycles.

As a result, the first FICM Congress after the war, held in London in 1946, takes some important decisions.
1. From now on, only commercially available pump fuel can be used. It is a major technical change, as one recalls that before the war, a mix of 50 % benzine and 50 % benzol was used, giving an octane rating of 100.
2. The use of superchargers to increase engine power is banned.

In January 1947, Norton launched its new official team. The first rider is Harold Daniell, partnered by Irishmen Artie Bell and Ernie Lyons. The machine is almost the same as the 1939 model, with a reduced compression ratio to allow for the use of 72 octane fuel. Before the war it put out 50 horsepower, now it is down to 40.

The complexity of the political and economic situation continues to have repercussions. However, from 1947, the year when the renaissance really took off, the classic events on the European calendar, interrupted in 1939 are still not back. Worse still, there is almost a date clash between the Tourist Trophy and the Swiss GP in Berne. So, the English went ot the Isle of Man of course and the Italians missed the big meeting as they were busy in the Bremgarten forests.

As was to be expected, the performance levels had dropped in comparison with eight years earlier. Harold Daniell won the 500 TT at an average speed of 132,5 km/h, which was almost 10 km/h slower than Meier and his supercharged BMW in 1939. The winner's fastest lap (134,5 km/h) was well off the outright record set also by Daniell in 1938 (145.6.).

Italy's Luigi Cavanna won the side car

Continental Circus

class in the Swiss Grand Prix, a few weeks before ending his career in the strangest way, when he decided to join a monastery.

In general, the English benefited from the ban on superchargers and from the fact the Italians were busy developing new models. As mentioned earlier, the manufacturers were concentrating on building road machines, while the rationing of steel had severe consequences as machinery was hard to produce. Worse still, as a direct consequence of the war, there was a lack of skilled workers for industry.

13. Towards the world championship

Petrol was still rationed in Great Britain at the end of 1947. One only went out on the open road on a motorcycle if one could justify it on a professional basis. Then, although the situation was much improved in 1948 all over Europe, restrictions still applied. In England, one was allowed 9 gallons for six months if one owned a 250, and around half a gallon a week for machines over 250 cc.

Nevertheless, new racing bikes did appear, notably the famous AJS Boy Racer 350 7R. Also of note was the first appearance of a certain Geoffrey Duke at the Isle of Man. But he was only taking part in a motocross event organised alongside the TT.

In the 350 Belgian GP, Bob Foster (Velocette) was the first to beat a pre-war record, despite the drop in octane (144,59 km/h against 143,19 km/h for Stanley Woods in 1939).

At the end of 1948, the FICM met in London and decided that in 1949, for the first time they would award a world championship title. The six classics on the calendar counted for points. The rider setting the fastest race lap would get an additional point. It was a start of a new chapter.

14. The Fifties: Great Britain versus Italy

The launch of the world championship in 1949 coincided with the arrival of new names: from England, AJS and its rider Leslie Graham, a former RAF pilot, and the Italian Gilera marque, the quickest bike on the track, even if it wasn't always reliable. Norton only took one win, the Tourist Trophy and experts predicted the death of the single cylinder machine.

In 1950, Norton nevertheless came back strongly with its Manx-Featherbed, an original chassis created by Cromie "Rex" McCandless, in which Joe Craig installed his latest engine. This year also marked the arrival of Geoff Duke, who had begun his career in trials and motocross and who, in his one piece black leathers, typified a new generation of rider and was also the quickest man through the corners. At the Belgian GP, a second Italian team appeared for the first time in the 500 GP: MV-Agusta. A copy of the Gilera with its four cylinder engine and two overhead camshafts, the MV was a perfect example of the technological advance coming out of Italy, while Duke and Norton lost the championship through recurring tyre problems. Thus, at Assen, the Nortons and the AJS were eliminated after just a few laps and in Ulster, the Nortons turned up with Avon tyres!

The famous British marque had not finished flirting with glory. In 1951, Duke is world champion in the 350 class, dominating the Velocettes which, until then, had been unbeatable in the category and Eric Oliver takes his third side car title, also with a Norton. The British rearguard action will not last long however. Moto Guzzi come up with a revolutionary 250 featuring a five speed box and the Italian companies finally understand it would cost them less to hire the best British riders rather than continue the technological battle. 1952 is the first year of the major transfers. Graham moves to MV-Agusta, but Duke resists the siren song of Gilera. Unfortunately for him, his season is spoilt by an injury (he fractures an arm during an international event at Schotten in Germany) and twelve months later, he joins Gilera, taking Reginald Armstrong with him.

Norton therefore had to rebuild its team, the Germans are back (NSU in 125 and 250, BMW with a injected 500, the Italians are being inventive: Moto Guzzi unveils a longitudinal four with liquid cooling, but the machine is unrideable and is soon put out to grass. Tragedy strikes at the TT, when Les Graham loses control of his MV on Bray Hill and is killed. Racing goes on and so does the research and this time it is Norton which comes up with something revolutionary. The English company produces the first machine which the rider controls in a kneeling position, his arms resting on two side tanks. But as with Guzzi and its longitudinal engine, Norton has gone too far and, apart from practice for the 350 cc Dutch Grand Prix, the machine will never see the light of day in a race, even if it picked up a whole string of records at Montlhery at the end of the year (213,5 km/h in one hour, 232 km/h a new record for the oval.) It is the era of the totally enclosing fairing, which favours top speed, but produces serious manoeuverability problems. Where will the engineers stop? In 1954, the fad for all enclosing bodywork impacts so much on production costs, that Norton, AJS and Matchless change their philosophy totally and come up with production racing bikes. It is the end of the period of British dominance.

For their part, the Italians continue. The riders hold their first strike, at Assen, feeling quite rightly that they do not get enough prize money. Severe sanctions are imposed, notably on Duke and Armstrong. Moto Guzzi turns up with a liquid cooled 8 cylinder, the gearbox being able to take either 4, 5, or 6 gears, according to the rider's preference for the track. At the end of 1957, the international Federation bans all enclosed bodywork. Gilera, Moto Guzzi and Mondial pull out of the world championship, while MV-Agusta thought about it for a long time. The records continue to tumble: for the first time, McIntyre breaks the 100 mph average at the TT at 161,79 km/h: at Hockenheim the average speed is 207,28 km/h, a record which will only be beaten eleven years later by Giacomo Agostini at Spa-Francorchamps. The world championship seems to be in the doldrums and the Japanese threat is on the horizon.

15. The Japanese invasion

Honda arrives in the Isle of Man with a 125 cc which looks strangely like a smaller copy of the NSU 250 which had retired from the scene five years earlier. Naomi Taniguchi offers Honda its first world championship point, but the Japanese are beaten and they return to the land of the Rising Sun with plenty of new experiences to think about. They will return with brand new machines and riders who know the course: Jim Redman, Tom Phillis and the unfortunatel Bob Brown, who died during practice for the German GP at Solitude. Despite the best efforts of the Japanese, the smaller classes are still dominated by MV-Agusta and Carlo Ubbiali, who took his eighth and ninth titles before retiring at the end of 1960. MV had opened the door a touch and that was enough for Honda to get its foot in, notably with Switzerland's Luigi Taveri and a young Briton who goes by the name of Stanley Michael "Mike" Hailwood. It was a triumph. Suzuki would follow the example, as would Yamaha. It was now the Japanese turn to come up with some radical inventions. The twin cylinder Honda 50 develops maximum power at 19,700 rpm, the 5 cylinder 125 passes the 250 km/h mark, the 1964 six cylinder 250 develops 53 ps at 16,500 rpm.

MV-Agusta nevertheless fights back, choosing a light and compact machine and by engaging the driver who would go on to win more titles than anyone else in the history of the sport, Giacomo Agostini. Motorcycle sport has just entered the modern era, with Agostini's 122 GP wins, the increased efficiency of the two stroke engines, the withdrawal from competition of the Japanese and their return in the Seventies and the arrival of the American riders, who invent a new riding style. Sponsors arrive and the Continental Circus gets professional. It is a history that is now over 50 years old and we invite you to relive it by results and pictures. ■

Vom Motorrad aus Großvaters Zeiten zum modernen Grand Prix

Auch wenn die Weltmeisterschaft der Straßenrennen erst 1949 offiziell als Nachfolger der Europameisterschaft ins Leben gerufen wurde, kam es schon zu Beginn des 20. Jahrhunderts zu ersten Wettkämpfen zwischen verschiedenen Motorrädern, oftmals in gemischten Rennen, an denen auch Autos teilnahmen. Hier ist ein Streifzug durch einhundert Jahre Emotionen und Erfindungen; man könnte auch sagen: die Geschichte vom Motorrad aus Großvaters Zeiten bis zu den Grand Prix von heute…

1. Die Erfindungen der Pioniere

Das erste offiziell erfaßte Motorrad, ein "Hildebrand & Wolfmüller", erblickte im Jahr 1894 das Licht der Welt. Dabei muß man allerdings berücksichtigen, daß ein Mann namens Copeland aus Philadelphia schon zehn Jahre zuvor ein normales Fahrrad mit einer Dampfmaschine ausgerüstet hatte, ehe er 200 Exemplare eines Dreirads herstellte, das mit dem gleichen System angetrieben wurde. Der Franzose Perreaux hatte aber bereits 1869 eine Dampfmaschine an einem Fahrrad von Michaux angebracht und somit das erste motorgetriebene Zweirad erfunden.

Ebenfalls in Frankreich, traf 1883 Graf Albert De Dion zufälligerweise den jungen Mechaniker Georges Bouton, der mit seinem Schwager Trépardoux kleine Dampfmaschinen produzierte. Der Graf entwickelte sein erstes Fahrzeug, ein durch Dampf angetriebenes Vierrad, ehe er zehn Jahre später Gottlieb Daimlers Idee imitierte, Explosionsmotoren zu entwickeln, die man zu der Zeit in verschiedenen Motorrädern fand.

Aber kehren wir zurück zu unserem eigentlichen Thema: wenn man den Begriff "Motorrad" auf Fahrzeuge beschränkt, die mit einem Verbrennungsmotor ausgerüstet sind, dann hat man die Wahl zwischen der deutschen Maschine mit zwei Rädern von Gottlieb Daimler (1885), dem ersten "Motor-Fahrrad" des Italieners Bernardi, den Dreirädern von Karl Benz oder dem Engländer Edward Butler, dessen Pläne 1884 auf der Stanley Cycle Show in London vorgestellt wurden. Vier Jahre zuvor wurde eine andere Erfindung registriert, die des aufblasbaren Reifens, von einem gewissen John Boyd Dunlop.

1884 wurde Gottlieb Daimler ein Patent für einen Verbrennungsmotor mit vier Arbeitstakten und waagerecht liegendem Zylinder erteilt. Sein Motor war nicht nur viel leichter und weniger sperrig, sondern er hatte auch ein besseres Drehverhalten und konnte sowohl mit Gas als auch mit Benzin angetrieben werden. Bei dieser neuesten Version verwendete Daimler erstmals einen Oberflächenvergaser. Im Motor vorgewärmte Luft gelangte in einen großen Behälter und kam mit dem Treibstoff in Berührung, wodurch ein Treibstoff-Luft-Gemisch entstand, das danach in den Zylinder geleitet wurde. Hier wurde die Zündung durch eine kleines glühendes Röhrchen ausgelöst. 1885 konstruierte er einen ausgereifteren Motor, immer noch einen Einzylinder, aber diesmal mit Luftkühlung. Er montierte ihn auf einen Holzrahmen mit zwei großen Rädern und zusätzlichen seitlich angebrachten Stützrädern, um das Gleichgewicht zu halten. Daimler hatte nicht vor, das erste Motorrad zu bauen, sondern er brauchte einen Aufbau, dessen einzige Aufgabe es war, den ersten Explosionsmotor zu testen — das beweist auch der plumpe Rahmen, der sehr schwer und wenig funktionell war. Anschließend hat er das moderne Automobil erfunden!

2. Die Saga der Rennen von Stadt zu Stadt

Bei den Wettkämpfen ist es schwierig mit Gewißheit das genaue Datum der ersten Rennen anzugeben. Bis zum Beginn des zwanzigsten Jahrhunderts fuhren die Pioniere in gemischten Wettkämpfen, die sowohl für Autos als auch für Motorräder offen waren, so wie das berühmte Rennen Paris-Rouen 1894, Paris-Dieppe 1897 und Paris-Amsterdam im folgenden Jahr. Dem berühmten österreichischen Motorrad-Historiker Dr Helmut Krackowizer zufolge, war der erste "richtige" Wettkampf, der nur für Motorräder, die zu dieser Zeit noch Fahrzeuge mit drei Rädern waren, offen war, ein Rennen am Exelberg vor den Toren Wiens in Österreich. Dieses Rennen wurde am 21. Mai 1899 ausgetragen. Dem Sieger Arnold Spitz, am Lenkrad eines De Dion Bouton, gelang seine hervorragende Leistung mit einer Durchschnittsgeschwindigkeit von 28,8 km/h!

In England findet man 1897 die ersten Spuren eines Rennens. Es trat ein traditionelles Fahrrad gegen ein motorbetriebenes Fahrrad an. "Auf seinem Fahrrad fuhr W.J. Stocks 27 Meilen und 300 Yards (41, 694 km) in einer Stunde; und obwohl das motorbetriebene Fahrrad einen guten Start hatte, wurde das Fahrzeug kurze Zeit später langsamer. Die Zuschauer waren davon überzeugt, daß das Ende des Motors nahe war. Tatsächlich dachte auch der Fahrer, der von dem Lärm der Menschenmenge überrascht war, daß ein technisches Problem aufgetreten sei und hielt deshalb an, um die Zuschauer zu bitten, leise zu sein!

Der erste große Champion dieser Zeit war sicherlich der Franzose Bucquet, der am Lenker seines "Werner" nationaler Herstellung (das Motorrad wurde zum ersten Mal auf dem Fahrrad-Salon 1897 im Wagram Saal in Paris vorgestellt) Paris-Wien 1901 und Mailand-Genua 1902 gewann. Während des berühmt-berüchtigten Rennens Paris-Madrid von 1902 war Bucquet in der Kategorie der Motorräder weit in Führung, als das Rennen in Bordeaux abgebrochen wurde, da sich zu viele Unfälle ereignet hatten. Bis dahin war er der Schnellste der 49 gestarteten Motorradfahrer und legte 546 Kilometer mit einer Durchschnittsgeschwindigkeit von 61 km/h zurück.

Auf beiden Seiten des Ärmelkanals begann man, sich um die nationale Ehre zu streiten, speziell auf der Radrennbahn von Canning Town. Dort ließen sich der Engländer Barden und der Franzose Fournier auf einen Zweikampf ein: es ging bei fünf Rennen um ingesamt 1000 £. Der Sieger der ersten drei Rennen Maurice Fournier konnte ruhmreich in sein Land zurückkehren!

Die Zahl der Marken nahm zu. In Belgien entfernte sich FN (Fabrique Nationale), das 1889 in Herstal gegründete nationale Kriegswaffen-Unternehmen, rasch von seinen ursprünglichen Aufgaben und brachte ab 1901 das erste "Motor-Fahrrad" auf den Markt. Mit seinem schmalen Treibstofftank, der unter dem oberen Rohr des Rahmens aufgehängt war, war es seiner Zeit voraus. Der 133 ccm Einzylindermotor war vor dem Tretlager befestigt. Die Kraftübertragung erfolgte mittels eines Riemens auf das Hinterrad.

3. Die Entstehung der Clubs und Kommissionen

Der 1903 gegründete "Motocycle-Club de France" verlieh den ersten offiziellen nationalen Meistertitel an den Sieger des "Critérium des quarts de litre" das vom 16. bis 20. September des selben Jahres auf der Radrennbahn im Parc des Princes in Paris abgehalten wurde. 87 Fahrer und 8 verschiedene Hersteller nahmen daran teil. Der Sieg ging an Mignard mit einem "Georgia Knab", der 100 km in 1h 31 min114 zurücklegte. In England behaupteten Werbeplakate bereits, daß es möglich sei, auf einem Motorrad 18.000 Meilen (etwa 29 000 km) mit einem Satz Dunlop Reifen zurückzulegen!

Zwölf Monate später, am Tag nach dem "Coupe Internationale du Motocycle-Club de France" (Mannschaften mit jeweils drei Fahrern aus Dänemark, Deutschland, Frankreich, England und Österreich trafen sich zu diesem ersten Grand Prix, der von dem Franzosen Demester auf Griffon gewonnen wurde), erblickte die internationale Vereinigung der Motorradfahrer FICM (Fédération Internationale des Clubs Motocyclistes) am 21. und 22. Dezember 1904 in den Räumen des Restaurants Le Doyen, an den Champs-Elysées in Paris offiziell das Licht der Welt.

Eine erste internationale Kommission wurde gegründet, um dauernden Kontakt zwischen den verschiedenen nationalen Vereinigungen zu halten. Außerdem sollten gemeinsame Lösungen für die Probleme gefunden werden, die bei der Organisation der Rennen auftraten. Der "Auto-Cycle Club of Great Britain and Ireland" und die "Deutsche Motorradfahrer Vereinigung" in Stuttgart schlugen in einem gemeinsamen Brief vom 8. Dezember vor, daß die Franzosen ein Treffen im Rahmen des "Salon de l'Automobile et du Cycle de Paris" organisieren sollten, um die Basis für eine echte internationale Vereinigung zu schaffen.

Frankreich, Großbritannien, Deutschland, Österreich, Belgien und Dänemark waren die Gründungsmitglieder der Vereinigung, die ihre erste Sitzung am 21. Dezember 1904 ab 15 Uhr abhält. Anwesend waren:
- die Herren Schmolz und Hein für die "Deutsche Motorradfahrer Vereinigung Stuttgart" (Herr Schmolz hat außerdem eine Vollmacht von Herrn Brauneck von der "Deutschen Motorradfahrer Vereinigung München")
Herr Libotte für die "Association Motocycliste d'Autriche"
- Baron De Crawhez für den "Automobile Club de Belgique"

Continental Circus

- Die Herren Deckert, De Lahausse und Deroclès für den "Motocycle-Club de France".

In Abwesenheit der britischen und dänischen Abgeordneten wählte der Kongreß den ersten Präsidenten (Herr De Lahausse) und den ersten Sekretär der Versammlung (Herr Deroclès) und stimmte im Prinzip der Gründung einer Vereinigung der Motorradfahrer-Clubs Europas zu, der FIMC, "Fédération Internationale des Motocycles-Clubs", deren Name schon am zweiten Tag dieses historischen Kongresses abgeändert wurde in "Fédération Internationale des Clubs Motocyclistes", deren erster Sitz in Paris war.

4. Die Anzahl der Rennen steigt

Damit existierte eine erste Organisations-Struktur, die allerdings bald auf Sparflamme gesetzt wurde. Gleichzeitig purzelten die Geschwindigkeitsrekorde. 1904 erreichte der Italiener Alessandro Anzani, der sich schon in seiner Jugend in Frankreich einen Namen gemacht hatte, die erstaunliche Geschwindigkeit von 88 km/h, am Lenker eines Alcyon mit einem 333 ccm Motor von Buchet... Der war nichts anderes als der erste Prototyp des Motors, der 1909 von Louis Blériot verwendet wird, um den Ärmelkanal mit dem Flugzeug zu überqueren.

Die Anzahl der Rennen stieg. Am 25. Juni 1905 gewann der Österreicher Vaclav Vondrich (Laurin & Clement) die zweite "Coupe Internationale" mit einer Durchschnittsgeschwindigkeit von 87,7 km/h, auf einer Strecke von 270 Kilometern, wo die Fahrer im Zwei — Minuten — Abstand starteten.

Am 8. Juli 1906 fand der dritte "Grand Prix von Europa" in Patzau statt, im alten österreich-ungarischen Reich. Gekränkt, daß sie zwölf Monate zuvor auf ihrem eigenen Grund und Boden von einem Österreicher geschlagen wurden, boykottierten Peugeot und Griffon, die beiden größten französischen Hersteller die Veranstaltung! Zehn Fahrer waren am Start (drei Franzosen, drei Engländer, drei Österreicher und ein Deutscher), aber es kamen nur vier ins Ziel (Sieger war Nikodem am Lenker eines Puch mit einer Durchschnittsgeschwindigkeit von 77 km/h).

5. Die Geburt der Tourist Trophy

Erstaunlicherweise hatte dieser erneute österreichische Erfolg Folgen, deren Ausmaße man noch nicht erkannte. Die Engländer hatten begriffen, daß sie selbst ein Straßenrennen auf ihrem Grund und Boden ausrichten mussten, wenn sie diese Vorherrschaft attackieren wollten. 1907 erblickte die Tourist Trophy der Isle of Man das Licht der Welt. Im gleichen Jahr wurde der Hochgeschwindigkeitskurs von Brookland in der Nähe von London eröffnet. Es war die erste Strecke der Welt, die speziell für Rennen geschaffen wurde. Eine Kurs mit parabelförmiger Streckenführung, auf der bald geschichtsträchtige Wettkämpfe stattfinden sollten. Man erinnert sich an das erste Duell Großbritannien — USA von 1911, als Charlie Collier (der Gründer der Marke Matchless, der im Oktober 1908 auf genau dieser Strecke den aktuellen Weltrekord aufgestellt hatte) gegen den Amerikaner Jake De Rosier (Indian) antrat.

Denn während Europa beim Wettkampf und bei der Motorrad-Technik noch am Anfang stand, waren die Amerikaner schon seit einigen Jahren auf Sandpisten aktiv. 1903 hatte ein gewisser Hestrom am Strand des kalifornischen Ormond Beach den Rekord über eine Meile mit 96 km/h am Lenker eines Indian aufgestellt. Einige Tage später überschritt Glenn Curtiss mit einer Maschine aus eigener Herstellung die magische Grenze von 100 km/h (56"4 für eine Meile ergeben 102,700 km/h).

Aber kehren wir zurück nach Brookland. Die Brüder Charlie und Harry Collier, begleitet von ihrer rechten Hand, Bert Colvert, hatten ihre Maschinen perfekt abgestimmt, während die Mechaniker von Jack De Rosier, um Überraschungen mit dem Treibstoff zu vermeiden, sogar ihr eigenes Benzin aus Amerika mitbrachten! Das erste Rennen (zwei Runden) wurde von De Rosier mit einer Durchschnittsgeschwindigkeit von 129,5 km/h gewonnen. Charlie Collier wurde um nur 2 Zehntel Sekunden geschlagen! Der zweite, längere Lauf über fünf Runden, etwa 18 km, ging an Collier, der vom Ausscheiden seines amerikanischen Gegners (durch Defekt am Vorderreifen) profitierte. Den letzten Lauf über 10 Runden entschied De Rosier mit 126,5 km/h für sich. Amerika hatte gewonnen, aber Großbritannien erhielt seine Revanche am Jahresende, als Collier mit 147 km/h einen neuen Rekord über eine Meile aufstellte!

6. Die ersten Kraftstoffvorschriften

Dem Reglement der ersten Tourist Trophy mangelte es nicht an Besonderheiten: mit einer Gallone (4,5 Litern) Treibstoff mussten die Konkurrenten der Einzylinder-Kategorie mindestens 144 km weit fahren können, die Zwei-Zylinder Maschinen mindestens 120 km. Alle Motorräder mussten über einen funktionierenden Auspuff, einen normalen Sattel, Kotflügel und 2 Zoll breite Reifen verfügen. Die erste Strecke war 25,6 km lang und Charlie Collier gewann auf einem Matchless mit 3,5 CV (damals sprach man noch nicht von Zylindern) und einer Durchschnittsgeschwindigkeit von 61,6 km/h. Mit seiner Gallone Treibstoff hatte er 150 km zurückgelegt. Der Sieger der Zwei-Zylinder-Kategorie Ron Fowler legte mit einem Norton mit Peugeot Motor die Entfernung von 139 km zurück. Der Rundenrekord wurde von W.-H. Bashall erzielt: mit seinem britischen Bat erreichte er die Durchschnittsgeschwindigkeit von 68 km/h. (Die Bat Motor Manufracturing Company hatte 1902 in Penge, südöstlich von London, damit begonnen Motorräder zu konstruieren, ehe sie als einer der ersten Hersteller anfing, speziell für den Wettkampf bestimmte Maschinen zu vertreiben)

1911 fand die TT zum ersten Mal auf einer Strecke von etwa 60 km Länge an den Hängen der Snaeffel-Mountains statt. Die Maschinen mussten von nun an mit einem richtigen Schaltgetriebe ausgestattet sein. Dies war die Geburtsstunde des "modernen" Motorrads.

In wenigen Jahren waren die Briten die absoluten Herrscher der Rennen geworden. 1913 dominierten sie den Grand Prix von Fontainebleau in der Nähe von Paris. Auf den englischen Straßen zählte man schon etwa 180 000 Motorräder, gegen 50 000 in Frankreich, etwas mehr als 20 000 in Deutschland und 5 000 in Österreich. Die ehemals führende Renn-Nation wurde sogar von Italien überholt (8000 Motorräder und man stellt fest, daß in diesem Jahr eine erste TT südlich der Alpen veranstaltet wurde).

Continental Circus

1914, einige Wochen nach der Tourist Trophy brach der Erste Weltkrieg aus. Europa hatte andere Sorgen...

7. 1920-1939 : neue Namen

Die Zeit nach dem Krieg war von großem Elend gekennzeichnet. Aber auch von ehrgeizigen Projekten: in Sachsen gründete der Däne Jörgen Skafte Rasmussen die Marke, die in den 30er Jahren weltweit der bedeutendste Motorradhersteller werden sollte: DKW. Hinter diesen drei Buchstaben verbarg sich "das kleine Wunder": ein von Hugo Ruppe entworfener kleiner Motor, der auf ein normales Fahrrad montiert wurde und der das Hinterrad über einen Riemen antrieb. Im August 1922 wurden bereits 25 000 Exemplare verkauft. Das kleine Wunder war gestartet und ab 1925 tauchte die Marke bei den Wettkämpfen auf. Sie sorgte für einige revolutionäre Erfindungen, die aber nur schöne Pläne blieben. So zum Beispiel der Zentrifugalkompressor, der durch eine Kette mit der Kurbelwelle verbunden war, aber nie im Rennen verwendet werden konnte, da die Sportkommission nach dem Zweiten Weltkrieg die Verwendung von Kompressoren verbot.

Nach den vier Jahre dauernden Kämpfen während des "großen Krieges", wie man ihn Ende 1918 nannte, mussten die Rennen in einem trauernden Europa bis 1920 warten, bevor es mit der Tourist Trophy und einem 6 Stunden Rennen in Le Mans in Frankreich wieder Wettkämpfe gab. Aber der Fortschritt ließ sich nicht mehr lange aufhalten. Der Engländer Alec Bennett, der später die TT fünf Mal in Folge gewann, gewann 1921 den Grand Prix von Le Mans.

Belgien organisierte im August seinen ersten Grand Prix in Francorchamps, auf einer Strecke, die noch eine Mischung aus Kies, Sand und Ton war. Schmal und von Bäumen eingefaßt, hatte sie viele Haarnadelkurven. Länge des Rennens: 300 km! In Italien wurde die Strecke von Monza eröffnet und auch in der Schweiz fanden immer mehr Rennen statt.

Südlich der Alpen tauchten neue Namen auf: Moto Guzzi und Bianchi bei den Motorrädern, Tazio Nuvolari, Achille Varzi (sie werden später große Champions im Automobilsport werden) und Ghersi auf Seiten der Fahrer.

Die FICM, die nach dem Krieg auch wieder ins Leben gerufen wurde, bestimmte, daß der Fahrer, der einen "Grand Prix von Europa" gewinnt, den Titel "Europameister" verliehen bekommen sollte. Die Bezeichnung "Grand Prix von Europa" wurde jedes Jahr einem anderen Rennen zugeordnet.

1922 organisierte der Franzose Eugène Mauvre, Präsident der AAMM (Amicale des anciens motocyclistes militaires), die erste Ausgabe des Bol d'Or, ein 24 Stunden Langstreckenrennen, das den Namen eines klassischen Vorkriegs-Radkurses übernahm. Am Samstag, den 27. Mai, waren um 9 Uhr morgens 17 Motorräder in der Nähe des Fort Vaujours, im Norden von Paris, versammelt. Die Strecke besaß einen Aschebelag und nur ein einziger Fahrer hatte das Recht während zwei Umläufen der Uhr das Motorrad zu steuern! Zind gewann mit einem Motosacoche. Er fuhr 1255 Kilometer in 24 Stunden: die Endurance-Rennen waren geboren.

Im selben Jahr in Spanien öffneten die Brüder Rabasa in Mollet bei Barcelona die Tore ihrer ersten Fabrik, eigentlich mehr einer einfachen Werkstatt, um Fahrräder zu bauen und zu reparieren. Sehr schnell weiteten sie ihre Aktivitäten auf den Verleih von Rädern aus, dann auf die Konstruktion von Originalrahmen. Derbi war geboren, auch wenn diese Bezeichnung erst ab 1955 offiziell verwendet wurde. Das erste, 1951 von "Nacional Motor SA" vertriebene Motorrad, wurde SRS genannt, nach den Initialen des Gründers Simeon Rabasa Singla.

Am 7. September wurde in Monza der erste "Grand Prix von Europa" organisiert. In der 500 ccm Klasse fuhr der Italiener Guido Mentasti mit einem Moto Guzzi mehr als 400 Kilometer in 3 Stunden und 3 Minuten, bei einer sehr respektablen Durchschnittsgeschwindigkeit von 130,6 km/h. Die erste offizielle internationale Meisterschaft war geboren und lief bis 1937 mit 250 ccm, 350 ccm und 500 ccm Maschinen, von 1925 bis 1933 mit 175 ccm, je einmal mit 125 ccm, 750 ccm und 1000 ccm und insgesamt siebenmal mit Seitenwagen.

1925 organisierte Deutschland seinen ersten Grand Prix auf der ursprünglichen Version der Avus, vor den Toren Berlins. Um eine Rennstrecke zu haben, wurde ein 9,6 km langer Autobahnabschnitt auf einer Seite mit einer engen Kurve und auf der anderen Seite mit einer viel schnelleren Kurve begrenzt! Zum ersten Mal kamen die Italiener über die Alpen und sie beherrschten das Rennen. Nur in der 250 ccm Klasse gewann ein einheimischer Fahrer, Paul Köpper, der einer noch unbekannten Marke den ersten wichtigen Sieg bescherte: BMW!

8. "De groote dag is voorbij"

1925 stand ein anderes großen Ereignis im Mittelpunkt: am 11. Juli fand in den Niederlanden die erste "Dutch TT" statt, auf einer 28,4 Kilometer langen Strecke, die eine Art Dreieck bildete und die Orte Rolde, Borger und Schoonlo verband. In der Ausgabe des 13. Juli der Regionalzeitung "Provinciale Drentsche en Asser Courant" titelte die Redaktion "De groote dag is voorbij", der große Tag ist da!

Am 11. Juli 1925 um 14.30 Uhr startete J.T. Linthorst Homan, Kommissar Ihrer Majestät der Königin in der Provinz Drenthe, ganz offiziell das erste Motorradrennen der Niederlande. Am Start träumten 35 Fahrer von der Prämie von 5 000 florins. Mit Durchschnittsgeschwindigkeiten von 67,3 und 91,4 km/h trugen sich Arie Wuring (BSA 250), Hajo Bieze (New Imperial 350) und Piet van Wijngaarden (Norton 500) als erste in die Siegerliste ein, in die in jedem folgenden Jahr neue Helden aufgenommen wurden.

In Belgien fand ein erster Kräftevergleich zwischen Fahrern und Verantwortlichen statt. Die belgische Vereinigung FMB verbot den Fahrern der nationalen Marke FN am Grand Prix von Francorchamps teilzunehmen, da sie an einem "Piratenrennen", ohne offizielle Genehmigung, teilgenommen hatten. Die Angelegenheit endete vor Gericht, das den Fahrern Recht gab... allerdings zu spät. Das Rennen, das vom Tod Bill Hollowells überschattet wurde, fand ohne die Belgier statt!

Zwei Jahre später, sechs Wochen nach der Einweihung der Strecke — am 18. und 19. Juni hatten sich 85 000 Zuschauer zu diesem Ereignis in die Eifel begeben — fand der Grand Prix von Europa auf dem berühmten Nürburgring statt. Die Distanzen variierten von 396 (125 ccm) bis zu 509 Kilometern für die 500 ccm Klasse, wobei die Fahrer mehr als sechs Stunden im Sattel sassen! 55 000 Zuschauer waren anwesend und sahen 130 Fahrer aus acht Nationen. Der Sieger der Königsklasse 500 ccm, der Engländer Graham W. Walker (Sunbeam) beschrieb diesen neue Tempel des Rennsports: "Von der Strecke der TT auf der Isle of Man abgesehen ist der Nürburgring sicherlich die schwierigste Rennstrecke unserer Zeit. Er ist anstrengender für die Fahrer als für die Maschinen. Man muß ständig hoch konzentriert sein, denn die Kurven folgen ohne Unterbrechung. Die wenigen Geraden sind so kurz, daß es praktisch unmöglich ist, sich einen Moment auszuruhen."

Es gab nicht nur immer mehr Rennen, sie wurden auch immer besser organisiert (die Strecke von Francorchamps hatte endlich eine Asphaltdecke erhalten!).

Von nun an wurden die Kategorien respektiert. Man ließ keine Motorräder mit unterschiedlicher Zylinderzahl mehr gleichzeitig fahren. Die Fahrer gingen während einer Veranstaltung in mehreren Rennen an den Start. Die 20er Jahre, die goldenen Jahre für die Anfänge der Rennen, gingen zu Ende.

9. Die Rennen und die Politik

Zu Beginn der 30er Jahre wurde in Europa die wirtschaftliche Situation besonders schwierig. Mit dem Aufstieg der totalitären Bewegung in Deutschland und Italien entdeckten die politischen Mächte ein plötzliches Interesse für den Automobil — und Motorrad-Wettkampf. Die Politiker wollten "ihre" Marken siegen sehen, da Rennsiege in ihren Augen die Darstellung des technischen Fortschrittes der neuen Macht waren. Oder um es anders zu sagen: der Sieg eines deutschen Motorrades war ein Sieg des
deutschen Systems und der kleinste Erfolg wurde genutzt, um das Volk zu überzeugen.

Auf der Strecke explodierten die Leistungen. 1934 brach der Belgier René Milhoux mit einem FN mit Kompressor den Rekord über eine Kilometer in der 500 ccm Klasse mit 214,6 km/h!

Es wurden auch Werksteams gebildet. Diese, wie z.B. Norton, reisten mit dem Zug, wodurch die Fahrer vor und nach dem Rennen relativ komfortabel schlafen konnten. Um die Ausrüstung kümmerten sich in den verschiedenen Ländern die nationalen Vertretungen, die immer zahlreicher wurden und die stolz darauf waren, aktiv am Triumph ihrer Marke mitwirken zu können. Besser noch: besonders in den Niederlanden und in der Schweiz gab Norton seinen Vertretungen offizielle Maschinen, damit die nationalen Fahrer in "ihren" Rennen glänzen konnten.

10. Der erste Held: Jimmy Guthrie

Zwischen 1934 und 1937 beherrschte Jimmy Guthrie mit seiner Norton die Szene. Er gewann neun Grand Prix Siege in Folge, ehe er auf dem Sachsenring tödlich verunglückte, als sein Hinterrad weniger als 2 Kilometer vor dem Ziel blockierte. Der Tod des größten Fahrers der 30er Jahre wird in dem Buch "Motorradrennen auf dem Sachsenring" beschrieben: "Zu Beginn der letzten Runde passierte Guthrie die Ziellinie inmitten eines Pulks. Er musste zweimal neu ansetzen, um einen Nachzügler, den Deutschen Mansfeld, zu überholen, als man weniger als 2 Kilometer vor dem Ziel sah, wie die Norton anfing, zu schlingern. Beim ersten Kontakt mit einem Baum wurde das Hinterrad abgerissen, das Motorrad und sein Fahrer flogen davon. Das Rad blieb zusammen mit einem der Stiefel Guthries und der Kette des Motorrads auf der linken Seite der Strecke. Der Fahrer lag auf dem Randstreifen, etwa 20 Meter hinter der Aufprallstelle. Stanley Woods, der langsam zum Ziel fuhr, da sein Motorrad kaputt war, wurde Zeuge des Unfalls. Er ließ sein Motorrad stehen und lief zu Guthrie, um ihm zu helfen, aber der unglückliche Fahrer war bewußtlos. Über der Ziellinie lag eine bedrückende Stille, Karl Gall konnte sich über seinen Sieg nicht freuen und der Kommandant Hühnlein entschied, den Ehrenpreis dem schnellsten Fahrer des Tages zu geben, Jimmy Guthrie. Die erste Diagnose zeigte zahlreiche ernste Verletzungen am Kopf und am Knöchel. Einige Stunden später wurde die traurige Wahrheit bekannt: der beste Fahrer der Welt war am selben Abend an den Folgen seiner Verletzungen gestorben. Was war passiert? Einige gaben Mansfeld die Schuld, während andere an ein Blockieren des Motors glaubten. Eine genaue Analyse des verunglückten Motorrads schien beweisen zu können, daß ein Bruch der hinteren Achse den Unfall verursacht hat. Spezialisten dieser Zeit gehen sogar davon aus, daß Norton bei der Suche nach dem Minimalgewicht zu weit gegangen ist…" Zweiundsechzig Jahre später erinnert ein Gedenkstein in den Wäldern Sachsens immer noch an den Ort, an dem Jimmy Guthrie gestorben ist.

1937 auf der anderen Seite des Atlantiks, wurden erstmals "200 Meilen von Daytona" in einem 4800 Meter langen Oval, bestehend aus dem Strand selbst und einer Straße inmitten der Dünen, ausgetragen. Einige weitere Angaben: um die Oberfläche der Strecke zu verbessern und den Sand dort fernzuhalten, schüttete man in die Kurven Erde auf. Der Streckenteil am Meeresufer erhielt im Rhythmus der Gezeiten des Atlantiks einen neuen Belag! 98 Fahrer waren am Start und der Sieg ging an Ed Kretz, am Lenker eines Indian, mit der sehr respektablen Durchschnittsgeschwindigkeit von 199 km/h.

11. 1938 : die erste "echte" Meisterschaft

1938 markiert einen historischen Wendepunkt in der Organisation der Motorrad-Wettbewerbe, denn von nun an zählten durch die Vergabe von Punkten alle veranstalteten "Grand Prix" für die Europa-Meisterschaft. Acht Rennen standen auf dem Programm: die Grand Prix der Niederlande, Belgien, Frankreich, Schweiz, Deutschland, Ulster, Italien und die Tourist Trophy.

1939 gewann Stanley Woods seine zehnte TT. Ein Rekord, der erst von Mike Hailwood in den 60er Jahren gebrochen wurde. Obwohl ein Deutscher die Veranstaltung ins Leben gerufen hatte, wurde Schorsch Meier (BMW) der erste ausländische Fahrer, der in der Klasse der 500 ccm auf der Isle of Man gewann (mit der erstaunlichen Durchschnittsgeschwindigkeit von 143,843 km/h). Der erste ausländische Sieger einer TT war der Italiener Omobono Tennu, auf Moto Guzzi als Sieger des Rennens der 250 ccm Klasse 1937 mit 120,250 km/h.

Die Saison wurde nicht zu Ende geführt. Einige Tage nach dem Grand Prix von Ulster donnerten Kanonen in Europa. Der Zweite Weltkrieg hatte begonnen.

Continental Circus

Continental Circus

12. Die Renaissance

Während die Deutschen bis 1951 warten mussten, bevor sie wieder ins Ausland fahren durften, nahmen die Italiener schon ab 1946 an den ersten Rennen nach dem Krieg teil. Wie nach 1918 war die wirtschaftliche Situation keineswegs ideal für Entwicklung und Wettkampf. Viele Rohstoffe blieben rationiert, die Oktanzahl des Benzins stieg nicht über 72 und neue Maschinen waren selten. Die Unternehmen stellten von Kriegsproduktion auf Friedensproduktion um und weder Zeit noch Geld reichten aus, um Projekte zum Bau neuer Rennmotorräder zu beginnen.

Als Folge dieser Situation traf der erste Kongreß der FICM nach dem Krieg 1946 in London wichtige Entscheidungen:
1. Von nun an durfte man im Rennen nur noch Tankstellen-üblichen Treibstoff verwenden. Dies war eine große technische Änderung wenn man bedenkt, daß vor dem Krieg ein Gemisch aus 50 % Benzin und 50 % Benzol verwendet wurde. Diese Mischungen erzielten bis zu 100 Oktan!
2. Die Verwendung von Kompressoren, um die Motorleistung zu erhöhen, wurde verboten.
Im Januar 1947 stellte Norton sein neues offizielles Team vor. Erster Fahrer war Harold Daniell, der von den Iren Artie Bell und Ernie Lyons begleitet wurde. Das Motorrad war praktisch noch dasselbe wie 1939, wenn man davon absieht, daß die Kompression gesenkt wurde, um die Verwendung von Treibstoff mit 72 Oktan zu ermöglichen. Die Leistung, die vor dem Krieg bei mehr als 50 PS lag, betrug jetzt nur noch 40 PS.

Die Problematik der politischen und wirtschaftlichen Situation hinterließ noch lange ihre Spuren. Auch wenn man ab 1947 — dem Jahr der echten Wiedergeburt — die Klassiker im Terminkalender wiederfand, so wurde die Europa-Meisterschaft, wie man sie vor 1939 kannte, noch nicht wieder reaktiviert. Schlimmer noch, es kam beinahe zu einer Termin-Überschneidung der Tourist Trophy und dem Grand Prix der Schweiz in Bern, so daß die Engländer natürlich auf die Isle of Man gingen und die Italiener beim großen Treffen nicht dabei sein konnten, da sie in den Wäldern des Bremgarten aktiv waren! Wie zu erwarten, waren die Leistungen deutlich schlechter als acht Jahre zuvor. Harold Daniell, der Sieger der TT 500 mit einer Durchschnittsgeschwindigkeit von 132,5 km/h war fast 10 km/h langsamer als Meier mit seiner BMW mit Kompressor im Jahr 1939. Und die schnellste Runde des Siegers (134,5 km/h) war weit entfernt vom absoluten Rekord, der 1938 von genau demselben Harold Daniell aufgestellt wurde (145,6 km/h).

Den Grand Prix der Schweiz gewann bei den Seitenwagen der Italiener Luigi Cavanna einige Wochen bevor er auf sehr unerwartete Weise seine Karriere beendete: er entschied sich dazu, ins Kloster zu gehen!

Ganz allgemein profitierten die Engländer vom Verbot der Kompressoren und der Tatsache, daß die Italiener damit beschäftigt waren, neue Modelle zu entwickeln. Die meisten Hersteller konzentrierten sich auf die Serienproduktion, wobei die Stzahl-Rationierung weitreichende Konsequenzen hatte, da die Maschinenteile nur noch schwierig herzustellen waren. Noch schlimmer war es, daß als direkte Folge des Krieges der Industrie qualifizierte Arbeiter fehlten.

13. Auf dem Weg zur Weltmeisterschaft

In Großbritannien wurde Ende 1947 das Benzin noch immer rationiert. Man fuhr nur mit dem Motorrad über öffentliche Straßen, wenn man den Gebrauch des Fahrzeugs beruflich rechtfertigen konnte. Obwohl sich die Situation 1948 in ganz Europa beträchtlich verbesserte, gab es noch immer große Hindernisse (in England hatte man als Inhaber eines 250 ccm Motorrades z.B. Anspruch auf 9 Gallonen, also etwa 40 Liter für sechs Monate; eine halbe Gallone — 2,3 Liter — pro Woche bei mehr als 250 ccm!)

Dennoch kamen die ersten Rennmotorräder nach dem Krieg auf den Markt, besonders das berühmte AJS "Boy Racer" 350 7R. Man registrierte auch zum ersten Mal die Anwesenheit eines gewissen Geoffrey Duke auf der Isle of Man… aber als einfacher Teilnehmer des Motocross, der im Rahmen der TT organisiert wurde.

Beim Grand Prix von Belgien der 350 ccm Klasse brach Bob Foster (Velocette) als erster einen Vorkriegs-Rekord, trotz der geringen Oktanzahl (144,59 km/h gegen 143,19 km/h von Stanley Woods 1939).

Ende 1948 beschloß die FICM beim Kongreß in London, ab der Saison 1949 zum ersten Mal den offiziellen Titel eines Weltmeisters zu vergeben. Die sechs Klassiker des Kalenders zählten für die Punktevergabe. Der Fahrer, der im Rennen die schnellste Runde fuhr, erhielt einen weiteren Punkt. Das war der Beginn einer neuen Ära…

14. Die 50er Jahre: Großbritannien gegen Italien

Die Einführung der offiziellen Weltmeisterschaft im Jahre 1949 fiel mit dem Auftritt neuer Hersteller zusammen: der englischen Marke AJS mit ihrem Fahrer Leslie Graham (einem ehemaligen Flieger der RAF), aber auch der italienischen Gilera, dem schnellsten Motorrad auf der Strecke, auch wenn es nicht immer zuverlässig war. Norton brachte nur einen einzigen Sieg nach Hause, die Tourist Trophy, und die Beobachter prophezeiten das baldige Ende der Einzylinder…

1950 war Norton mit seinem Manx-Featherbed, einem Originalchassis, das von Cromie "Rex" McCandless erfunden wurde, wieder stärker. Joe Craig hatte hierin seinen neuesten Motor eingebaut. Außerdem debütierte Geoff Duke, der seine Karriere mit Trial und Motocross begonnen hatte und der in seinem einteiligen schwarzen Lederanzug eine neue Generation Fahrer verkörperte. In den Kurven war er immer der Schnellste. Beim Grand Prix von Belgien nahm ein zweiter italienischer Hersteller an seinem ersten Grand Prix in der 500 ccm Klasse teil: MV-Agusta. Die Kopie der Gilera mit einem 4-Zylindermotor und zwei oben liegenden Nockenwellen zeigte deutlich den technischen Vorsprung südlich der Alpen, während Duke und Norton durch immer wieder auftretende Reifenprobleme den Titel verloren. So schieden die Norton und die AJS schon nach wenigen Runden aus und in Ulster fuhren die offiziellen Nortons mit Reifen von Avon!

Für den traditionsreichen britischen Hersteller war das noch nicht das Ende des Erfolgs: 1951 wurde Duke Weltmeister in der 350 ccm Klasse, als er die bis dahin unschlagbaren Velocettes besiegte und Eric Oliver gewann, ebenfalls mit einem Norton, seinen drittel Titel bei den Seitenwagen. Der Widerstand der Briten hielt jedoch nicht lange an. Moto Guzzi spielte den Revolutionär, als sie ein 250 ccm Motorrad mit 5 Gängen vorstellten und als die Verantwortlichen der italienischen Firmen erkannten, daß es sie billiger kam, die besten britischen Fahrer zu engagieren, als den Kampf auf dem Feld der Technologie weiter fortzuführen. 1952 war das Jahr der ersten aufsehenerregenden Fahrerwechsel. Graham ging zu MV-Agusta, aber Duke widerstand den Sirenengesängen von Gilera. Leider war seine Saison durch eine Verletzung beeinträchtigt (bei einem internationalen Rennen in Schotten, Deutschland, brach er sich den Arm). Zwölf Monate später ging er zu Gilera und brachte Reginald Armstrong mit.

Norton musste also ein neues Team aufbauen, die Deutschen waren wieder zurück (NSU bei den 125 ccm und 250 ccm, BMW mit einem Motorrad mit Einspritzung bei den 500 ccm), und die Italiener entwickelten einige Neuheiten: Moto Guzzi kam mit einem 4-Zylinder Reihenmotor mit Wasserkühlung und Kardanwelle... Aber das Motorrad erwies sich als unfahrbar und wurde schnell ausrangiert. Bei der TT ereignete sich ein Drama, als Leslie Graham in Brax Hill die Kontrolle über sein MV verlor und starb. Das Rennen ging jedoch ebenso wie der Wettlauf der Forschung weiter. Dieses Mal mit Norton in der Rolle des Revolutionärs, denn der englische Hersteller stellte das erste Rennmotorrad vor, bei dem der Fahrer auf den Knien lag und seine Arme auf zwei seitliche Behälter abstützte. Aber wie Guzzi mit seinem Reihenmotor war Norton zu weit gegangen. Außer beim Training zum Grand Prix der Niederlande der 350 ccm Klasse sah man diese Maschine nie in einem Rennen, auch wenn sie Ende des Jahres in Montlhéry eine Reihe von Weltrekorden brach (213,5 km in einer Stunde, 232 km/h als Rekord im Oval). Es war die Zeit der vollständigen Verkleidung der Motorräder, die zwar der Spitzengeschwindigkeit erhöhte, aber für ernsthafte Lenkprobleme sorgte. Wo würden die Ingenieure aufhören? 1954 hatte der Entwicklungswahn vollständiger Verkleidungen derartig starken Einfluß auf die Herstellungskosten, daß Norton, AJS und Matchless, ihre Philosophie vollständig änderten und Rennmotorräder aus Serienproduktion anboten. Das war das Ende der britischen Ära...

Die Italiener dagegen blieben innovativ: während die Fahrer in Assen zum ersten Mal streikten (sie erhielten ihrer Meinung nach nicht genügend hohe Prämien und besonders Duke und Armstrong erhielten schwere Strafen aufgebrummt), brachte Moto Guzzi einen 8-Zylinder mit Flüssigkeitskühlung. Das Getriebe hatte je nach Wunsch des Fahrers und Art der Strecke 4, 5 oder 6 Gänge. Ende 1957 verbot die internationale Motorrad-Vereinigung die vollständigen Verkleidungen, Gilera, Moto Guzzi und Mondial zogen sich aus der Weltmeisterschaft zurück (MV-Agusta zögerte lange). Mit immer neuen Rekorden erlebte die Meisterschaft in eine gewisse Übersättigung (McIntyre überschritt zum ersten Mal die Durchschnittsgeschwindigkeit von 100 Meilen bei der TT, mit 161,79 km/h; in Hockenheim lag der Durchschnitt bei 207,28 km/h, ein Wert, der erst elf Jahre später von Giacomo Agostini in Spa-Francorchamps gebrochen wurde). Zu Beginn der 60er Jahre zeichnete sich die Bedrohung aus Japan ab...

15. Die Invasion aus Japan

Japanische Motorräder bei der TT: die Ankündigung schlug ein wie eine Bombe. 1959 kam Honda mit einem 125 ccm Motorrad auf die Isle of Man, das ziemlich genau eine verkleinerte Kopie der NSU 250 war, die fünf Jahre zuvor die Szene verlassen hatte. Als Naomi Taniguchi auf Honda seinen ersten und einzigen WM Punkt erzielte, waren die Japaner geschlagen, und fuhren um eine Erfahrung reicher in das Land der aufgehenden Sonne zurück. Sie kehrten mit komplett neuen Maschinen und erfahrenen Fahrern zurück: Jim Redman, Tom Phillis und der unglückliche Bob Brown, der während des Trainings zum Grand Prix von Deutschland auf der Solitude umkam. Trotz der Anstrengungen der Japaner wurden die Klassen mit kleinem Hubraum noch von MV-Agusta und Carlo Ubbiali beherrscht, der sich vor seinem Rücktritt Ende 1960 die Titel 8 und 9 sichert. MV erlebte einen Einbruch und Honda stürzte sich in die Lücke, besonders mit dem Schweizer Luigi Taveri und einem jungen Briten, der auf den Namen Stanley Michael "Mike" Hailwood hörte. Es wurde ein Triumph! Suzuki folgte diesem Beispiel und wurde bald von Yamaha imitiert. Jetzt verfielen die Japaner dem Technikwahn: das Honda 50 ccm 2-Zylinder Motorrad entwickelte seine Höchstleitung bei 19 700 Umdrehungen pro Minute, das 125 ccm 5-Zylinder erreichte mehr als 250 km/h, das 250 ccm 6-Zylinder von 1964 erreichte 53 PS bei 16 500 Umdrehungen pro Minute.

MV-Agusta reagierte mit einem leichten und kompakten Motorrad und durch das Engagement des Fahrers, der zum Erfolgreichsten der Geschichte werden sollte: Giacomo Agostini. Der Motorradsport trat in die moderne Ära ein, mit 122 Grand Prix Siegen von Agostini, der Leistungssteigerung der Zweitaktmotoren, dem Rückzug der Japaner aus dem Wettbewerb, ihrer Rückkehr in den 70er Jahren, dem Auftreten amerikanischer Fahrer, die einen neuen Fahrstil einführten, der Ankunft der Sponsoren und der Professionalisierung des Continental Zirkus. Eine 50 Jahre dauernde Geschichte, die Sie in Ergebnissen und Bildern entdecken können... ∎

PAYS
LÄNDER
COUNTRIES

A	Autriche	Österreich	Austria
ALG	Algérie	Algerien	Algery
ARG	Argentine	Argentinien	Argentina
AUS	Australie	Australien	Australia
B	Belgique	Belgien	Belgium
BR	Brésil	Brasilien	Brazil
CAN	Canada	Kanada	Canada
CH	Suisse	Schweiz	Switzerland
CHI	Chili	Chile	Chili
COL	Colombie	Kolumbien	Colombia
CUB	Cuba	Kuba	Cuba
CZ	Tchécoslovquie	Tschekoslovakia	Czechoslavakia
D	Allemagne	Deutschland	Germany
DK	Danemark	Dänemark	Denmark
DDR	Allemagne de l'Est	Deutsche Demokratik Republik	East Germany
E	Espagne	Spanien	Spain
F	France	Frankreich	France
GB	Grande-Bretagne	Grossbritannien	Great Britain
GIB	Gibraltar	Gibraltar	Gibraltar
GUA	Guatemala	Guatemala	Guatemala
H	Hongrie	Ungarn	Hungary
I	Italie	Italien	Italy
IRL	Irland	Irland	Ireland
J	Japon	Japan	Japan
MON	Monaco	Monaco	Monaco
N	Norvège	Norwegen	Norway
NL	Pays-Bas	Niederlande	The Netherlands
NZ	Nouvelle-Zélande	Neuseeland	New Zealand
POL	Pologne	Poland	Polen
POR	Portugal	Portugal	Portugal
RHO	Rhodésie	Rhodesien	Rhodesia
RSM	San Marino	San Marino	San Marino
S	Suède	Schweden	Sweden
SA	Afrique du Sud	Südafrika	South Africa
SF	Finland	Finnland	Finland
TUN	Tunisie	Tunesien	Tunisia
URSS	Union Soviétique	Russland	Russia
URU	Uruguay	Uruguay	Uruguay
USA	Etats-Unis	Vereinigten Staaten	United States
VEN	Venezuela	Venezuela	Venezuela
Y	Yougoslavie	Jugoslawien	Yugoslavia

L'ATTRIBUTION DES POINTS
POINTS AWARDED
DIE VERTEILUNG DER PUNKTE

1949

	pts
1.	10
2.	8
3.	7
4.	6
5.	5

Tour le plus rapide
Fastest lap
Schnellste runde — 1

1969-1987

	pts
1.	15
2.	12
3.	10
4.	8
5.	6
6.	5
7.	4
8.	3
9.	2
10.	1

1992

	pts
1.	20
2.	15
3.	12
4.	10
5.	8
6.	6
7.	4
8.	3
9.	2
10.	1

1950-1968

	pts
1.	8
2.	6
3.	4
4.	3
5.	2
6.	1

1988-1991

	pts
1.	20
2.	17
3.	15
4.	13
5.	11
6.	10
7.	9
8.	8
9.	7
10.	6
11.	5
12.	4
13.	3
14.	2
15.	1

1993-2000

	pts
1.	25
2.	20
3.	16
4.	13
5.	11
6.	10
7.	9
8.	8
9.	7
10.	6
11.	5
12.	4
13.	3
14.	2
15.	1

Circuits - Rennstrecken

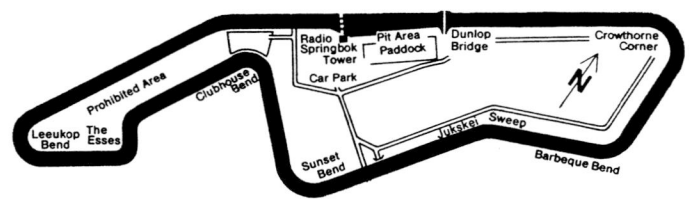

AFRIQUE DU SUD - SOUTH AFRICA - SÜDAFRIKA
Kyalami - 4,104 km - 1983 > 1985

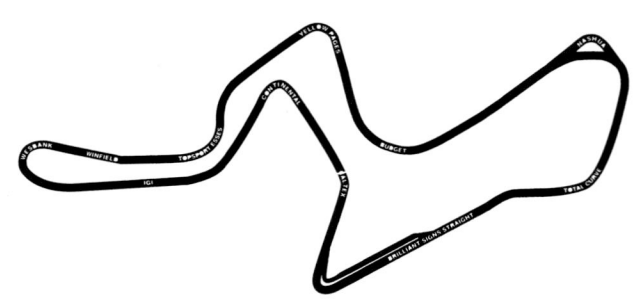

AFRIQUE DU SUD - SOUTH AFRICA - SÜDAFRIKA
Kyalami - 4,261 km - 1992

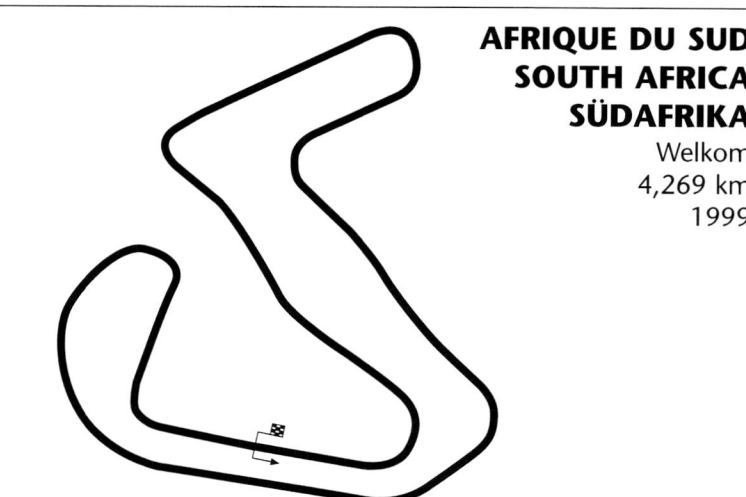

**AFRIQUE DU SUD
SOUTH AFRICA
SÜDAFRIKA**
Welkom
4,269 km
1999

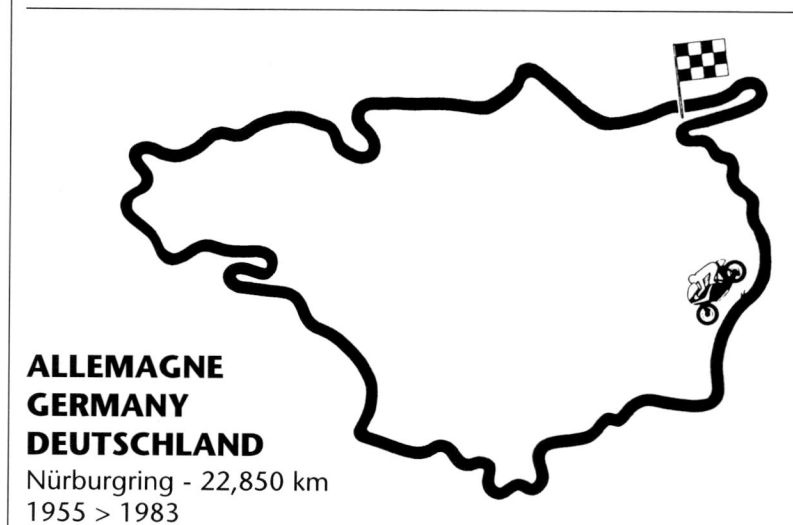

**ALLEMAGNE
GERMANY
DEUTSCHLAND**
Nürburgring - 22,850 km
1955 > 1983

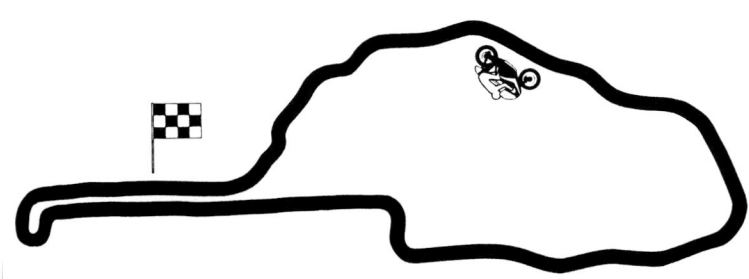

ALLEMAGNE - GERMANY - DEUTSCHLAND
Nürburgring (Sud - South - Süd) - 7,747 km - 1965 + 1968

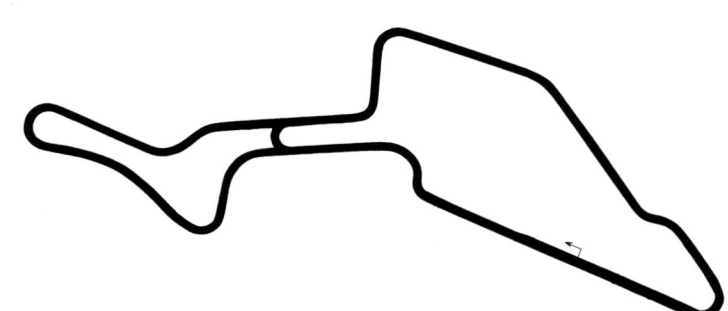

ALLEMAGNE - GERMANY - DEUTSCHLAND
Nürburgring - 4,542 km - 1984 > 1994
4,556 km - 1995

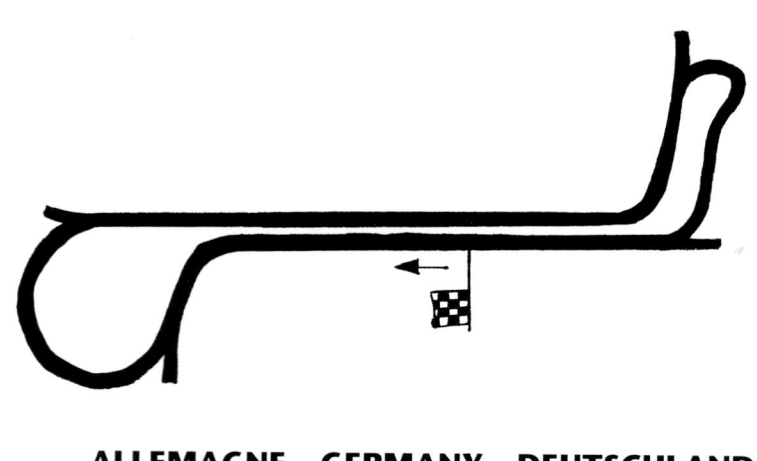

ALLEMAGNE - GERMANY - DEUTSCHLAND
Nürburgring "Start-Ziel" - 2,290 km - 1979 (Side B2B)

**ALLEMAGNE
GERMANY
DEUTSCHLAND**
Solitude
11,453 km - 1952 > 1954
11,417 km - 1956

ALLEMAGNE - GERMANY - DEUTSCHLAND
Schotten - 16,080 km - 1953 (125cc - 250cc)

ALLEMAGNE - GERMANY - DEUTSCHLAND
Hockenheim - 7,725 km - 1957 > 1961

ALLEMAGNE - GERMANY - DEUTSCHLAND
Hockenheim - 6,768 km - 1966 > 1969

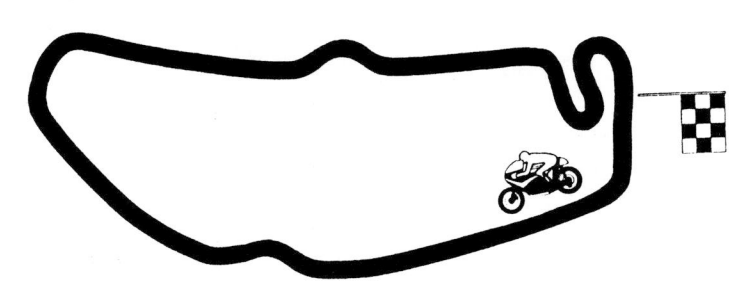

ALLEMAGNE - GERMANY - DEUTSCHLAND
Hockenheim - 6,788 km - 1970

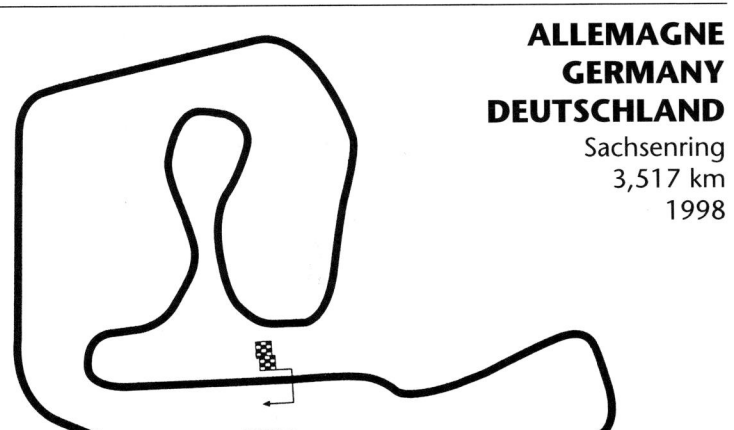

**ALLEMAGNE
GERMANY
DEUTSCHLAND**
Sachsenring
3,517 km
1998

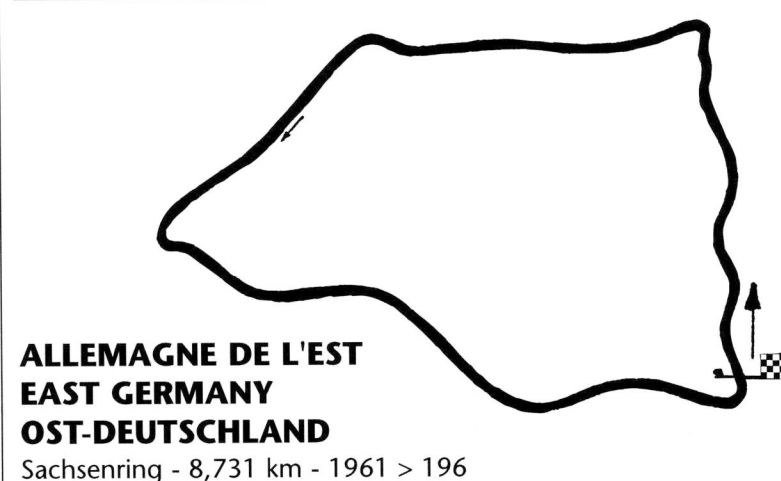

**ALLEMAGNE DE L'EST
EAST GERMANY
OST-DEUTSCHLAND**
Sachsenring - 8,731 km - 1961 > 196
8,614 km - 1964 > 1972

**ARGENTINE
ARGENTINA
ARGENTINIEN**
Buenos-Aires
2,625 km (50cc + 125cc)
3,912 km (250cc + 500cc)
1961 > 1963

ARGENTINE - ARGENTINA - ARGENTINIEN
Buenos-Aires - 3,435 km - 1987 / 4,953 km - 1994

Circuits - Rennstrecken

Circuits - Rennstrecken

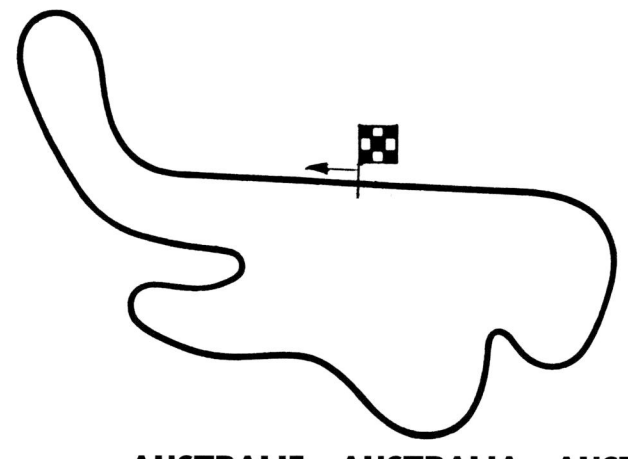

AUSTRALIE - AUSTRALIA - AUSTRALIEN
Phillip Island - 4,448 km - 1989 > 1990 + 1997 > 1998

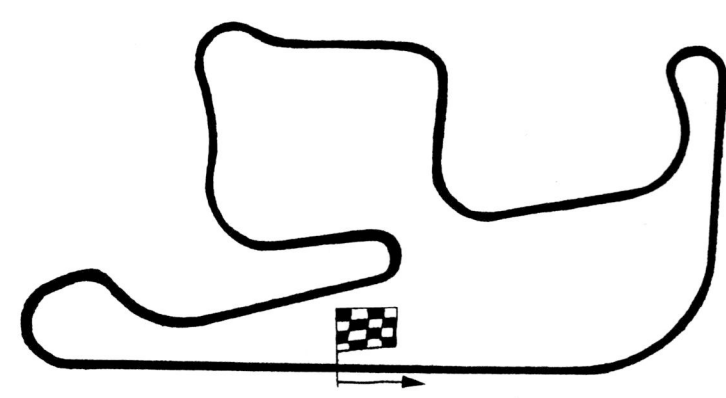

AUSTRALIE - AUSTRALIA - AUSTRALIEN
Eastern Creek - 3,930 km - 1991 > 1996

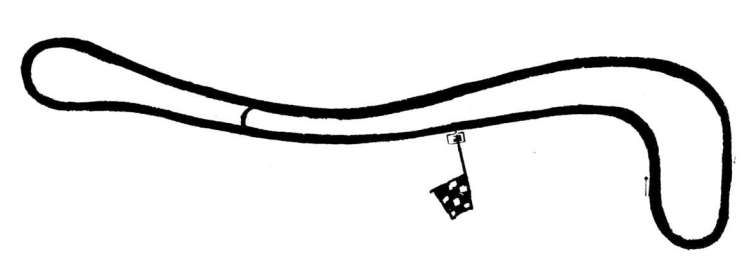

AUTRICHE - AUSTRIA - ÖSTERREICH
Salzburgring - 4,238 km - 1971 > 1985
4,423 km - 1986 > 1994

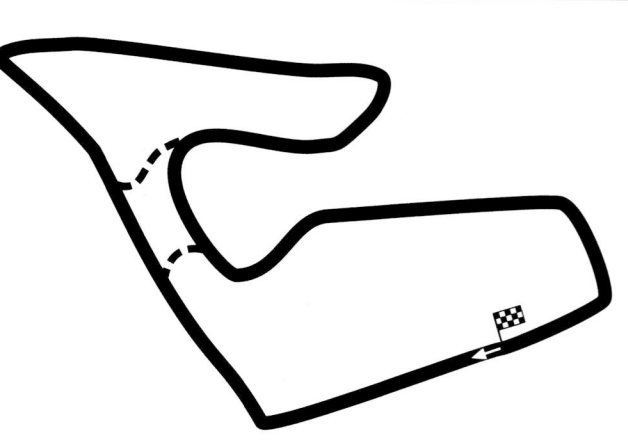

AUTRICHE - AUSTRIA - ÖSTERREICH
Zeltweg (A1 Ring) - 4,319 km - 1996 > 1997

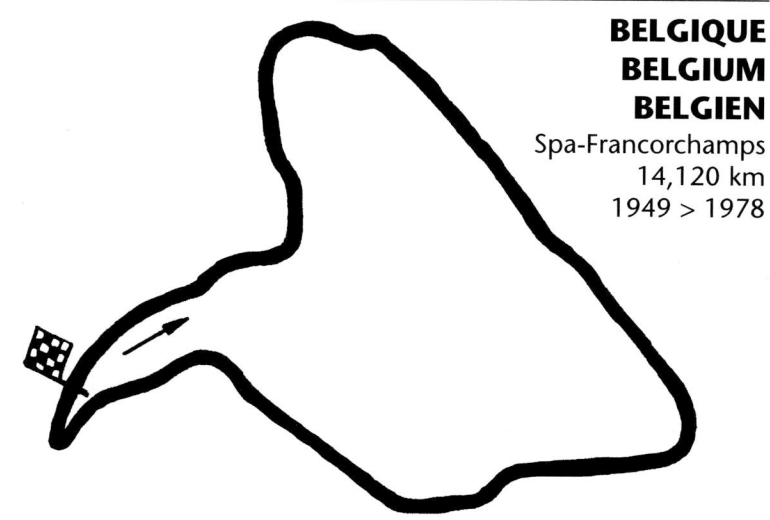

**BELGIQUE
BELGIUM
BELGIEN**
Spa-Francorchamps
14,120 km
1949 > 1978

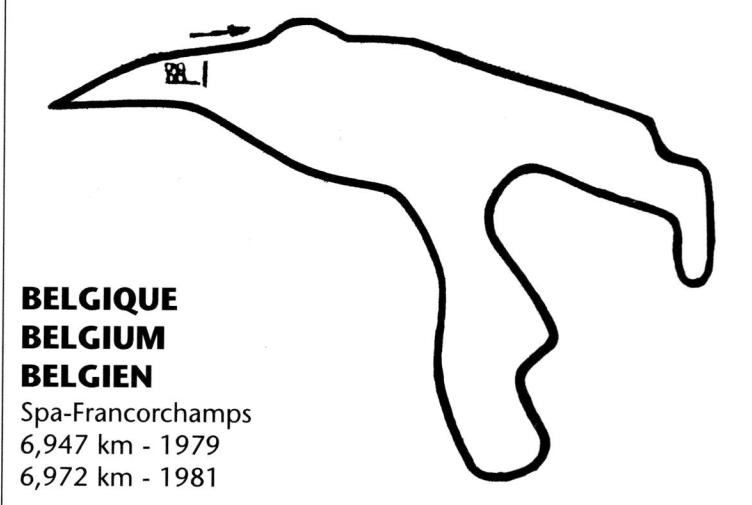

**BELGIQUE
BELGIUM
BELGIEN**
Spa-Francorchamps
6,947 km - 1979
6,972 km - 1981

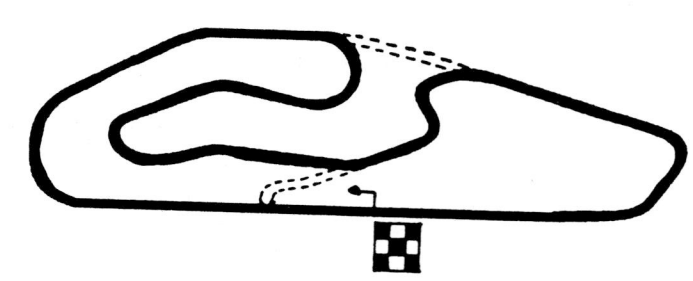

BELGIQUE - BELGIUM - BELGIEN
Zolder - 4,262 km - 1980

BRESIL - BRAZIL - BRASILIEN
Goiana - 3,835 km - 1987 > 1989

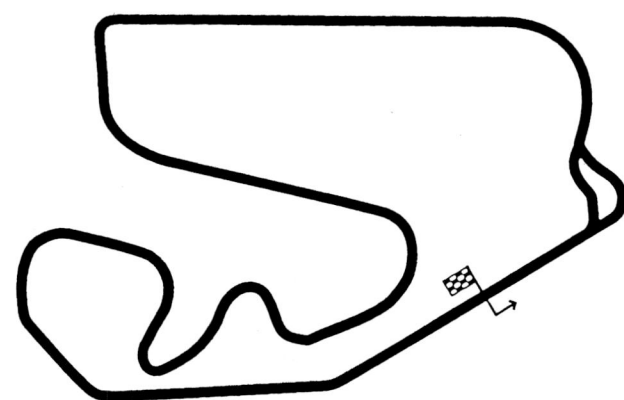

BRESIL - BRAZIL - BRASILIEN
Interlagos - 4,325 km - 1992

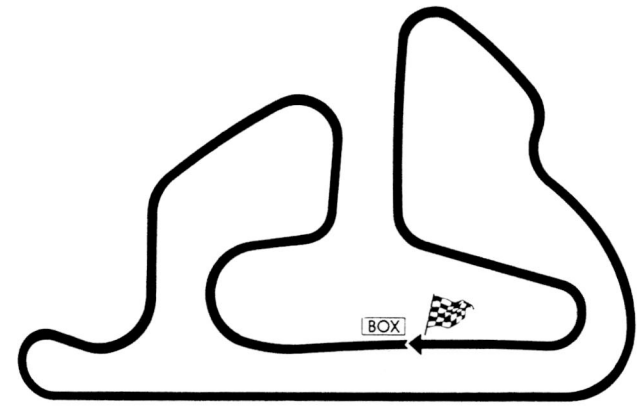

BRESIL - BRAZIL - BRASILIEN
Jacarepagua/Rio de Janeiro - 5,088 km - 1995

CANADA - CANADA - KANADA
Mosport - 3,956 km - 1967

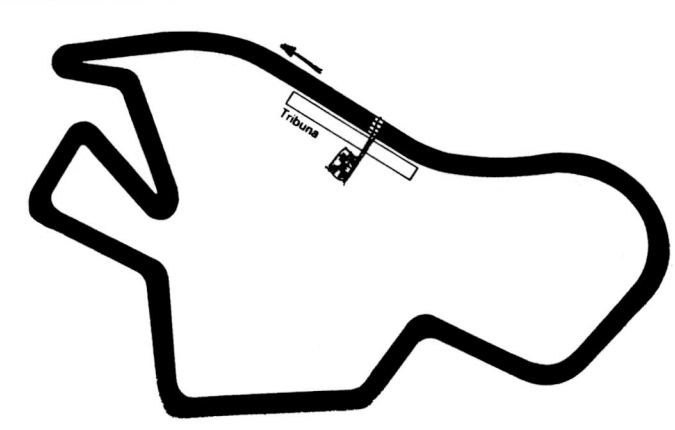

ESPAGNE - SPAIN - SPANIEN
Montjuich - 6,033 km - 1951 / 3,790 km - 1953 > 1976

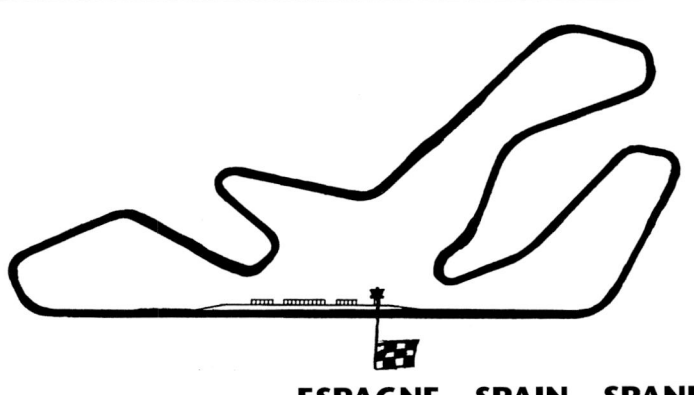

ESPAGNE - SPAIN - SPANIEN
Jarama - 3,404 km - 1969 > 1980
3,312 km - 1981 > 1992
3,850 km - 1993

ESPAGNE SPAIN SPANIEN
Jerez
4,218 km - 1987 > 1991
4,423 km - 1992

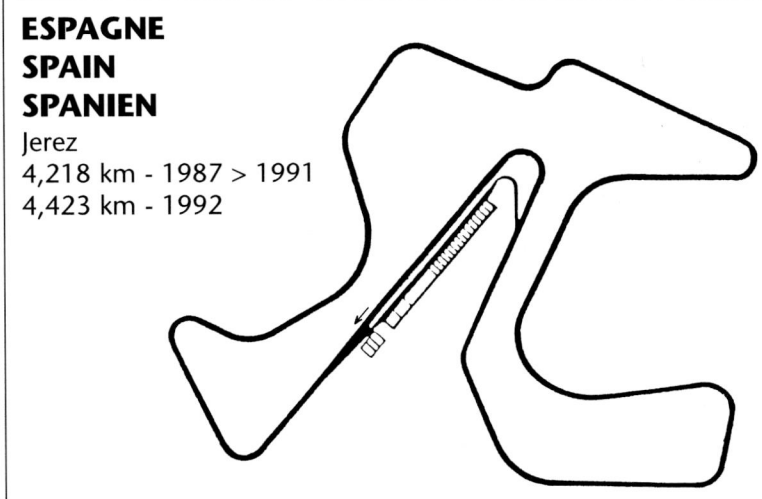

ESPAGNE - SPAIN - SPANIEN
Barcelone (Catalunya) - 4,747 km - 1992 > 1998

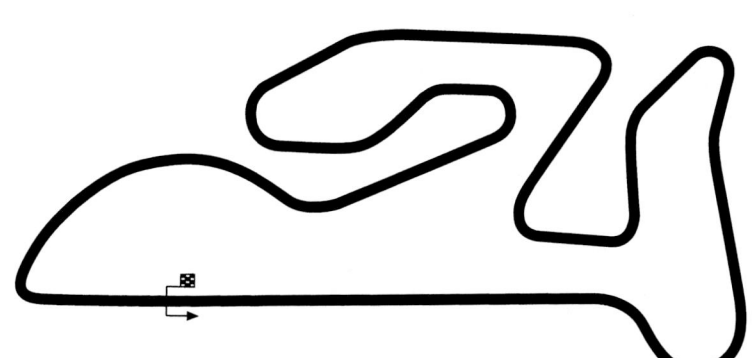

ESPAGNE - SPAIN - SPANIEN
Valencia - 4,005 km - 1999

Circuits - Rennstrecken

Circuits - Rennstrecken

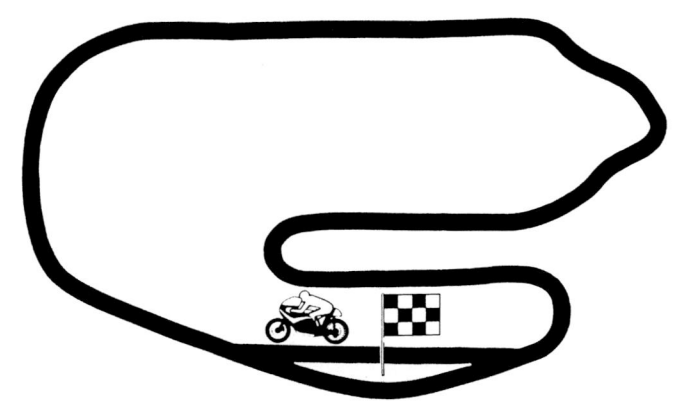

ETATS-UNIS - UNITED-STATES - VEREINIGTEN STAATEN
Daytona - 4,989 km - 1964 > 1965

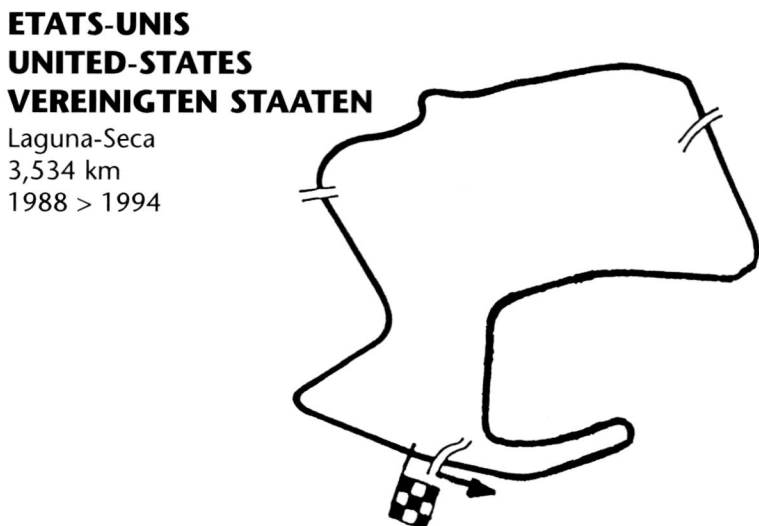

**ETATS-UNIS
UNITED-STATES
VEREINIGTEN STAATEN**
Laguna-Seca
3,534 km
1988 > 1994

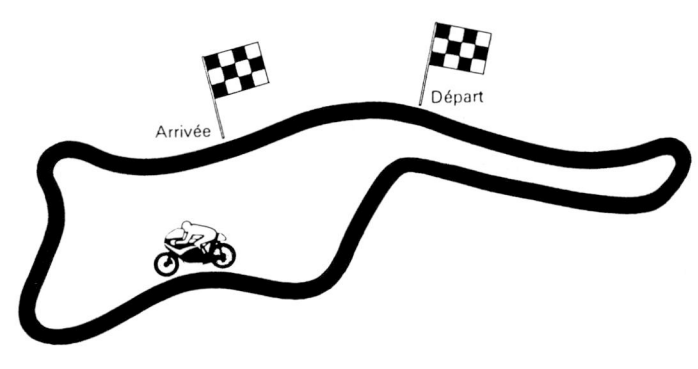

FINLANDE - FINLAND - FINNLAND
Tampere - 3,608 km - 1962 > 1963

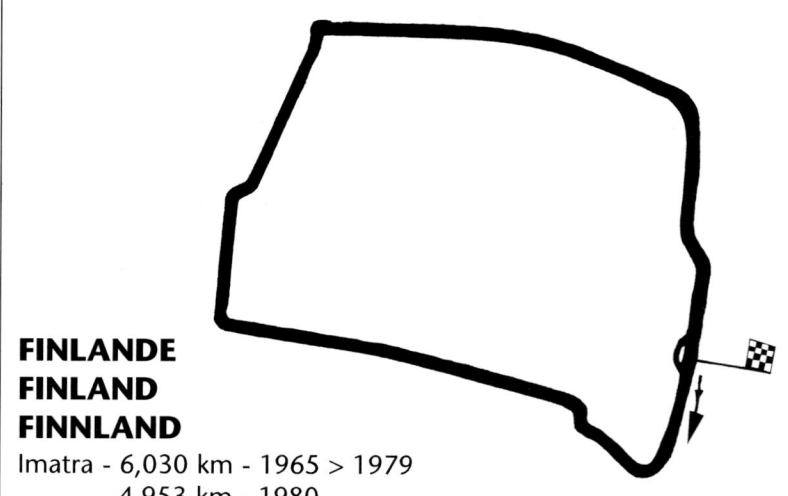

**FINLANDE
FINLAND
FINNLAND**
Imatra - 6,030 km - 1965 > 1979
4,953 km - 1980

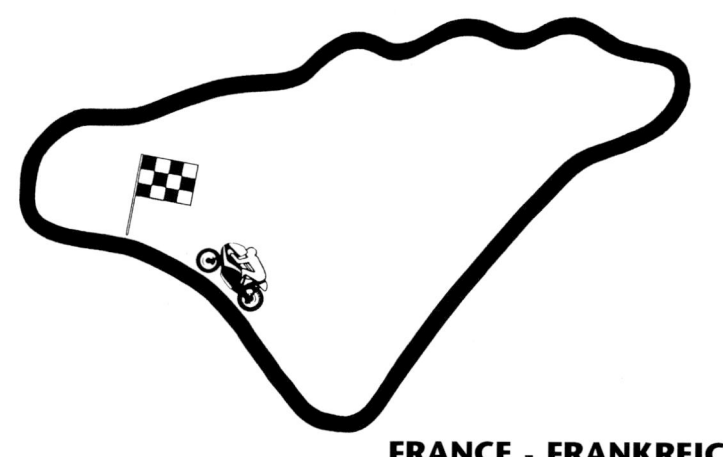

FRANCE - FRANKREICH
Albi - 8,901 km - 1951

FRANCE - FRANKREICH
Rouen - 5,100 km - 1953 / 6,542 km - 1965

FRANCE - FRANKREICH
Reims - 8,302 km - 1954 > 1955

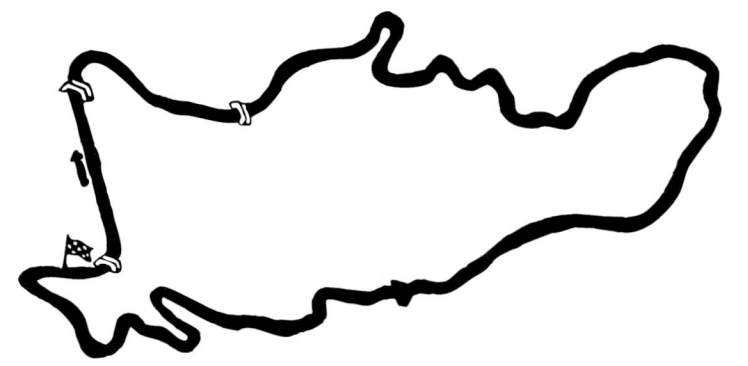

FRANCE - FRANKREICH
Clermont-Ferrand - 8,055 km - 1959 > 1965
8,057 km - 1966 > 1974

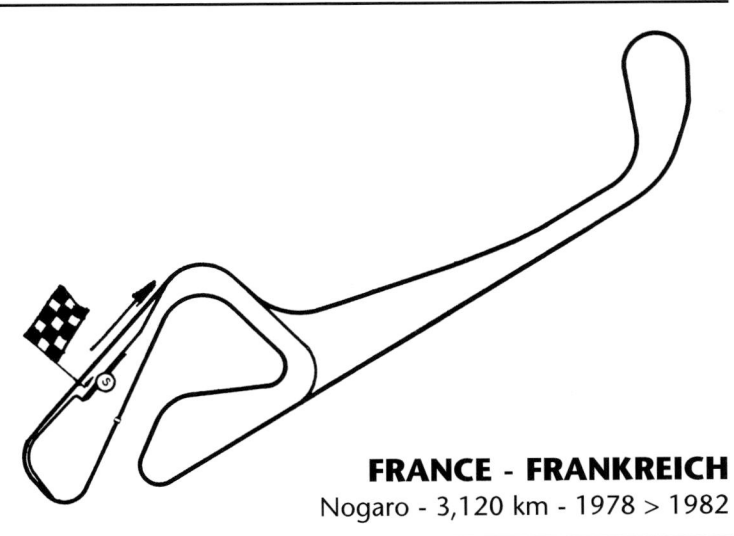

FRANCE - FRANKREICH
Le Castellet - 5,810 km - 1973 > 1990
3,800 km - 1991

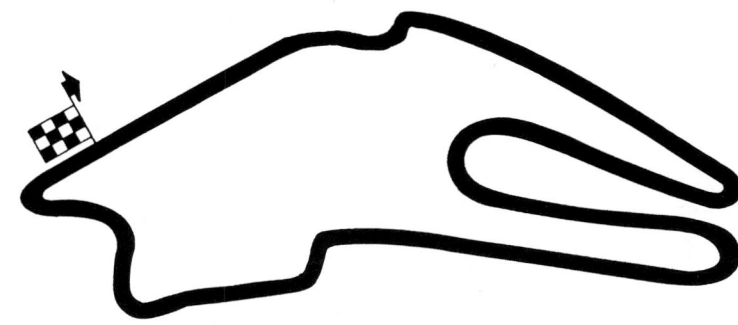

FRANCE - FRANKREICH
Le Mans - 4,240 km - 1969
4,267 km - 1987
4,430 km - 1989

FRANCE - FRANKREICH
Magny-Cours - 4,271 km - 1992

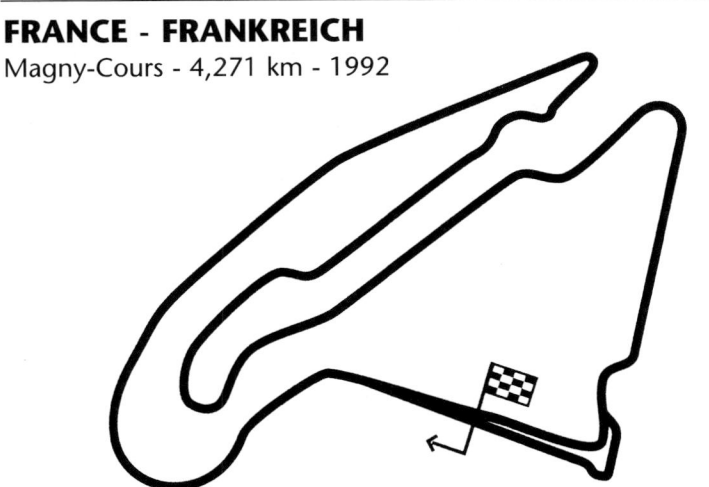

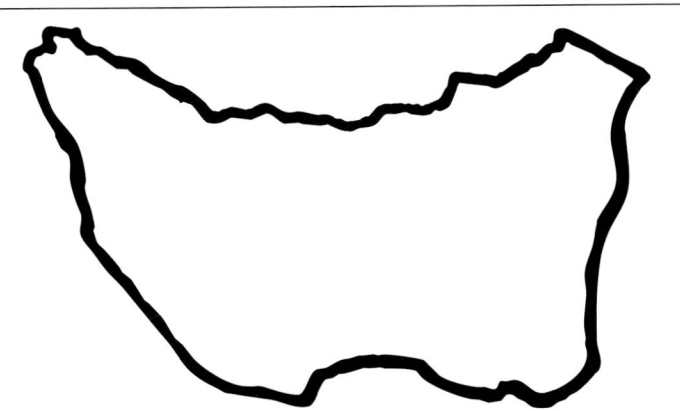

FRANCE - FRANKREICH
Nogaro - 3,120 km - 1978 > 1982

**GRANDE-BRETAGNE
GREAT-BRITAIN
GROSSBRITANNIEN**
Tourist Trophy, Clypse
17,364 km
1949 > 1959

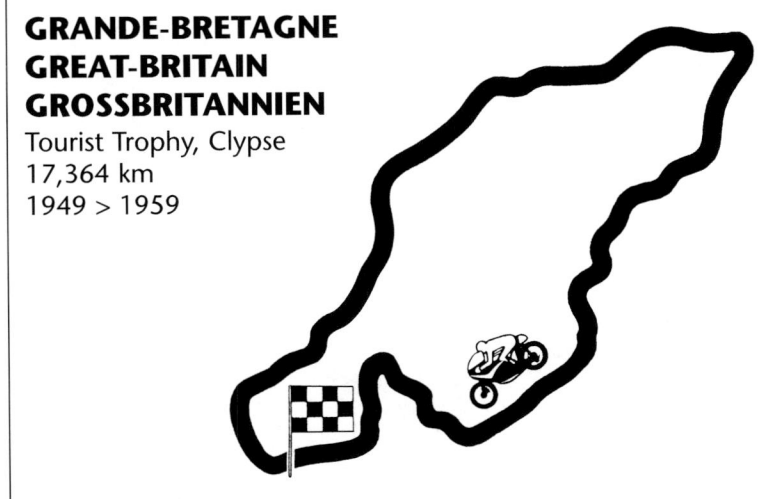

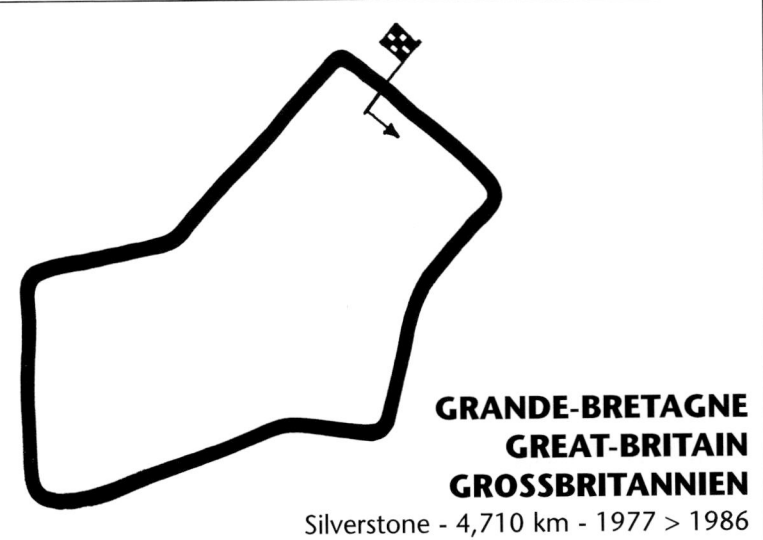

GRANDE-BRETAGNE - GREAT-BRITAIN - GROSS-BRITANNIEN Tourist Trophy - 60,720 km - 1949 > 1976

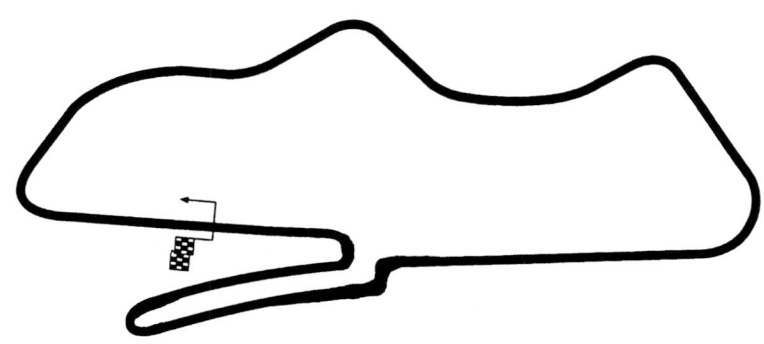

**GRANDE-BRETAGNE
GREAT-BRITAIN
GROSSBRITANNIEN**
Silverstone - 4,710 km - 1977 > 1986

**GRANDE-BRETAGNE - GREAT-BRITAIN
GROSSBRITANNIEN**
Donington - 4,023 km - 1987 > 1998

Circuits - Rennstrecken

Circuits - Rennstrecken

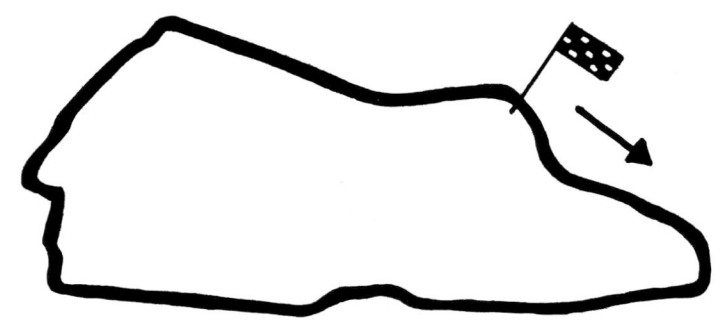

HOLLANDE - HOLLAND
Assen - 16,536 km - 1949 > 1954

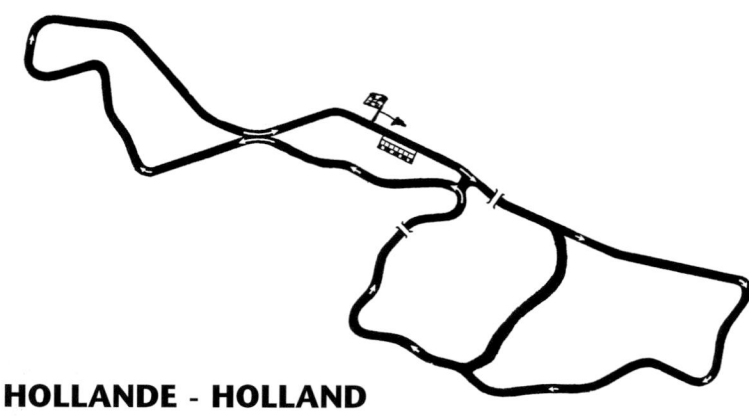

HOLLANDE - HOLLAND
Assen - 7,702 km - 1955 > 1975
7,718 km - 1976 > 1981
7,685 km - 1982 > 1983

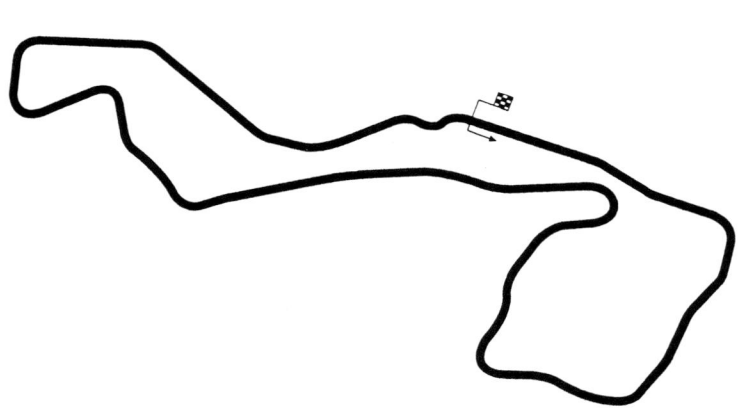

HOLLANDE - HOLLAND
Assen - 6,049 km - 1984

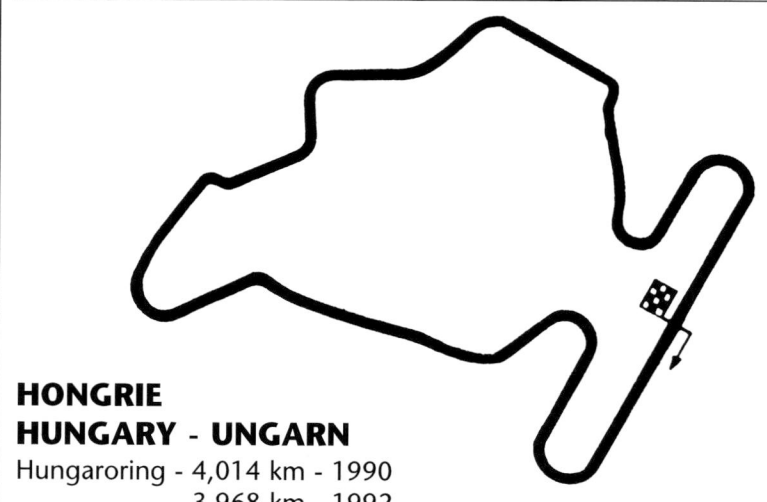

**HONGRIE
HUNGARY - UNGARN**
Hungaroring - 4,014 km - 1990
3,968 km - 1992

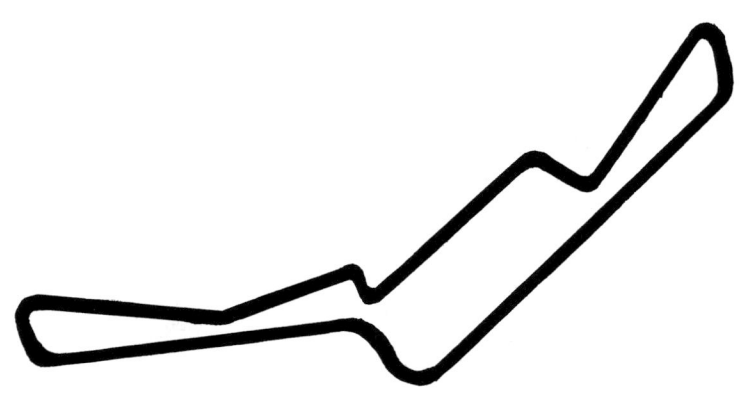

INDONESIE - INDONESIA - INDONESIEN
Sentul - 3,965 km - 1996 > 1997

IRLANDE - IRELAND - IRLAND
Belfast, Clady - 26,548 km - 1949 > 1952

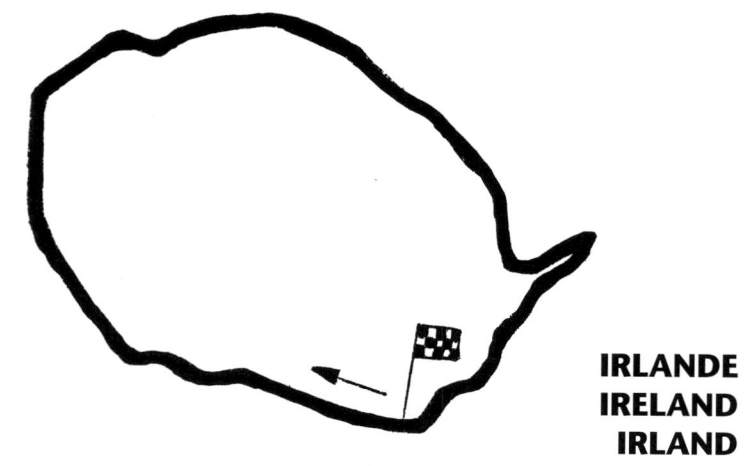

**IRLANDE
IRELAND
IRLAND**
Belfast, Dundrod - 11,923 km - 1953
12,064 km - 1954

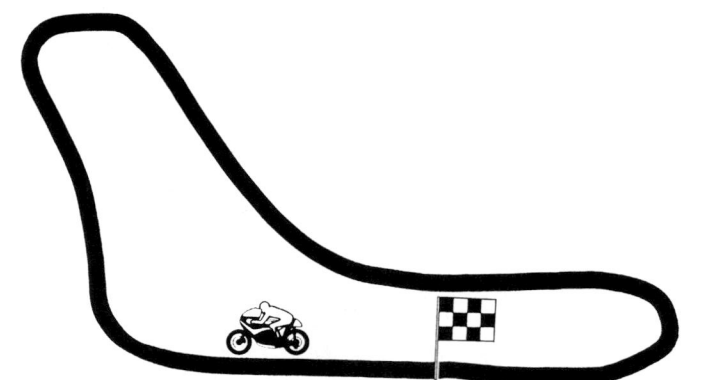

ITALIE - ITALY - ITALIEN
Monza - 6,300 km - 1949 > 1954
5,750 km - 1955 > 1973

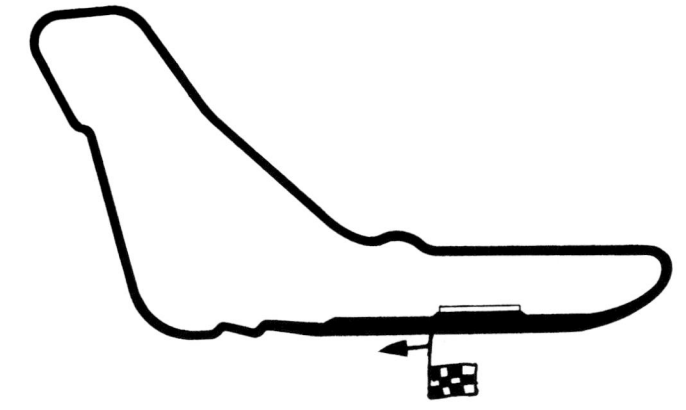

ITALIE - ITALY - ITALIEN
Monza - 5,800 km - 1974 > 1987

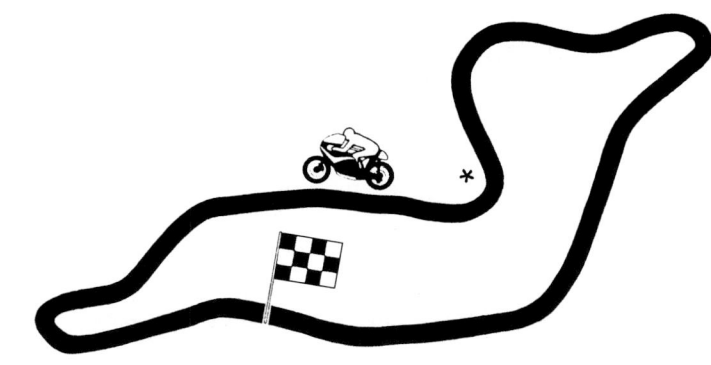

ITALIE - ITALY - ITALIEN
Imola - 5,017 km - 1969 > 1974
5,044 km - 1975 > 1994

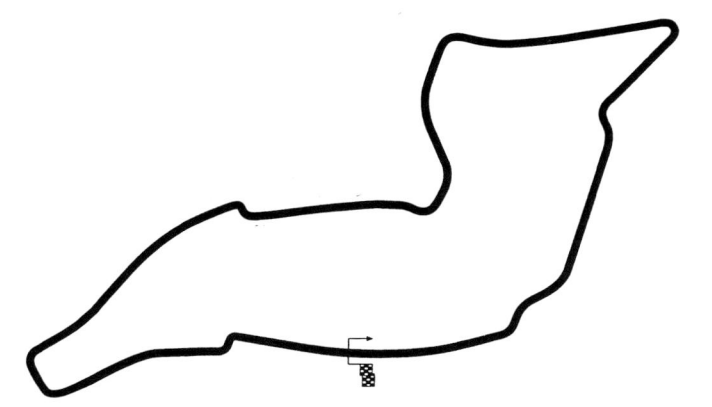

ITALIE - ITALY - ITALIEN
Imola - 4,892 km - 1994

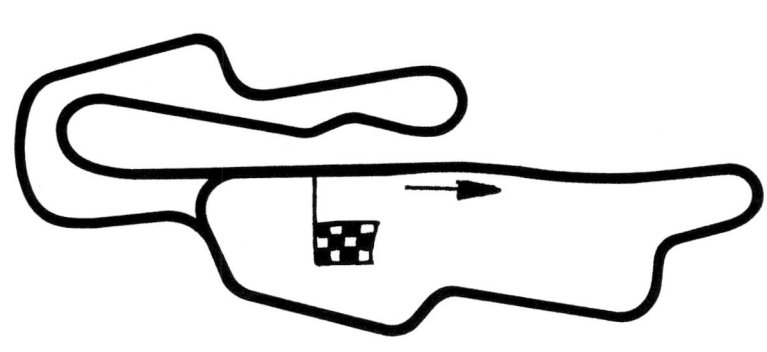

ITALIE - ITALY - ITALIEN
Mugello - 5,245 km - 1976

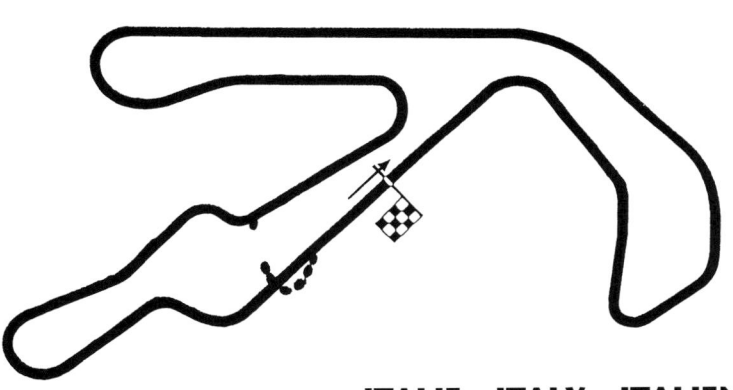

ITALIE - ITALY - ITALIEN
Misano - 3,488 km - 1980 > 1992
4,060 km - 1993

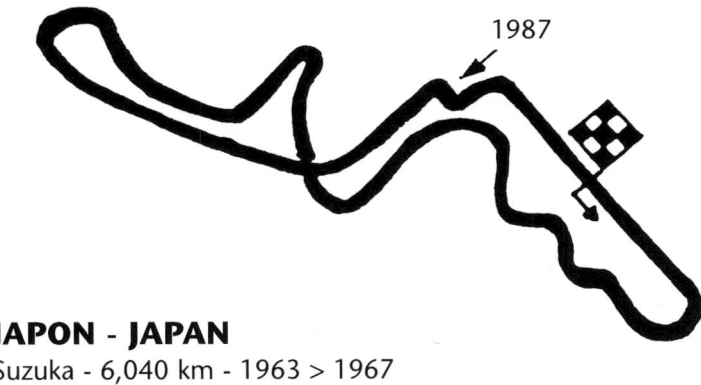

JAPON - JAPAN
Suzuka - 6,040 km - 1963 > 1967
5,913 km - 1987
5,864 km - 1992

JAPON - JAPAN
Motegi
4,801 km
1999

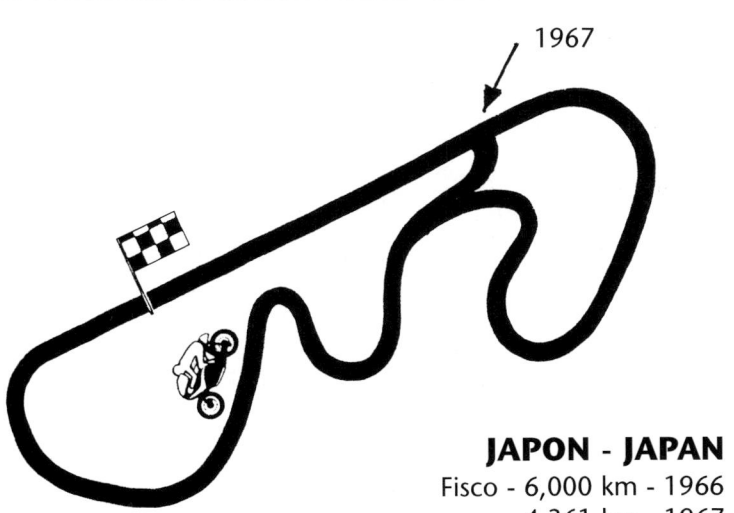

JAPON - JAPAN
Fisco - 6,000 km - 1966
4,361 km - 1967

Circuits - Rennstrecken

Circuits - Rennstrecken

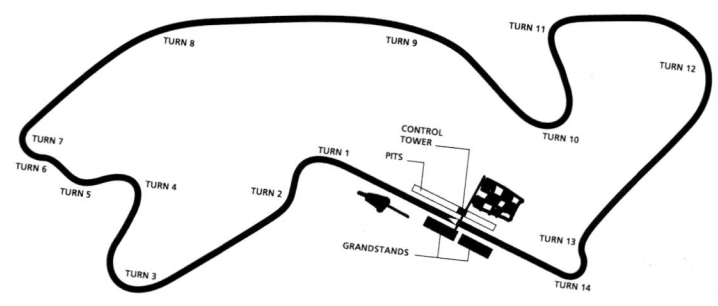

MALAISIE - MALAYSIA - MALAYSIEN
Shah Alam - 3,680 km - 1991 > 1997

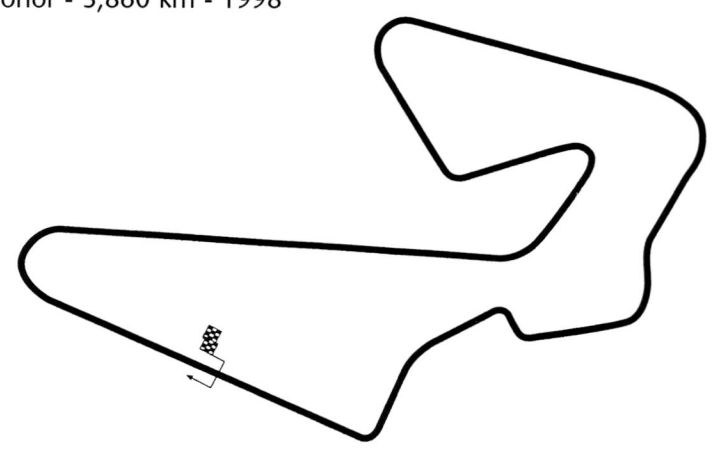

MALAISIE - MALAYSIA - MALAYSIEN
Johor - 3,860 km - 1998

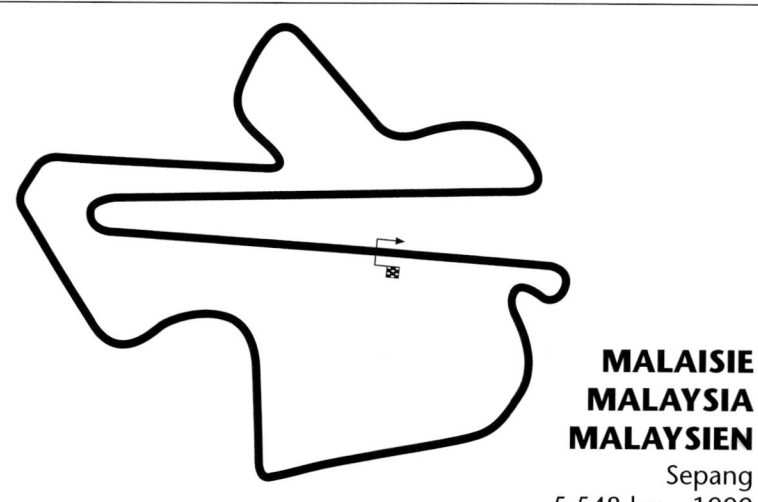

**MALAISIE
MALAYSIA
MALAYSIEN**
Sepang
5,548 km - 1999

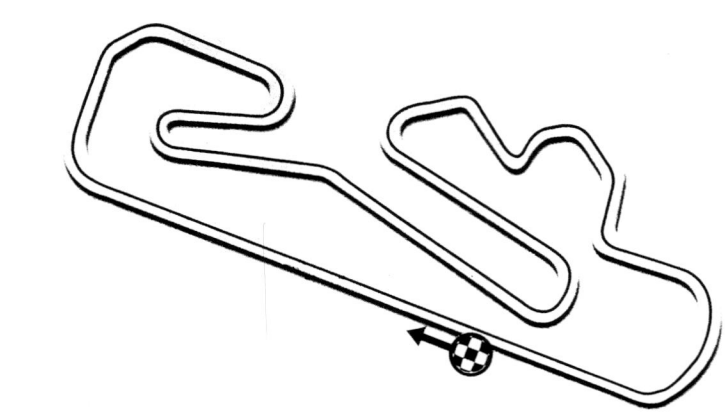

PORTUGAL
Estoril - 4,182 km - 2000

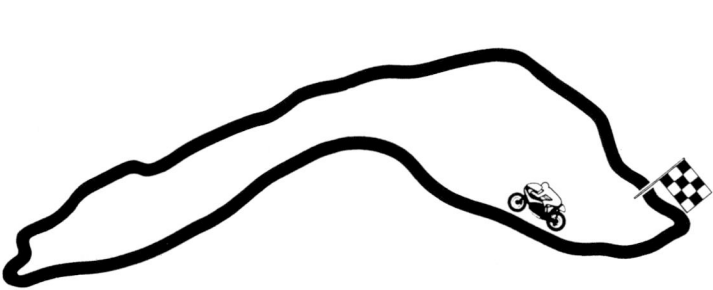

SUEDE - SWEDEN - SCHWEDEN
Hedemora - 7,265 km - 1958

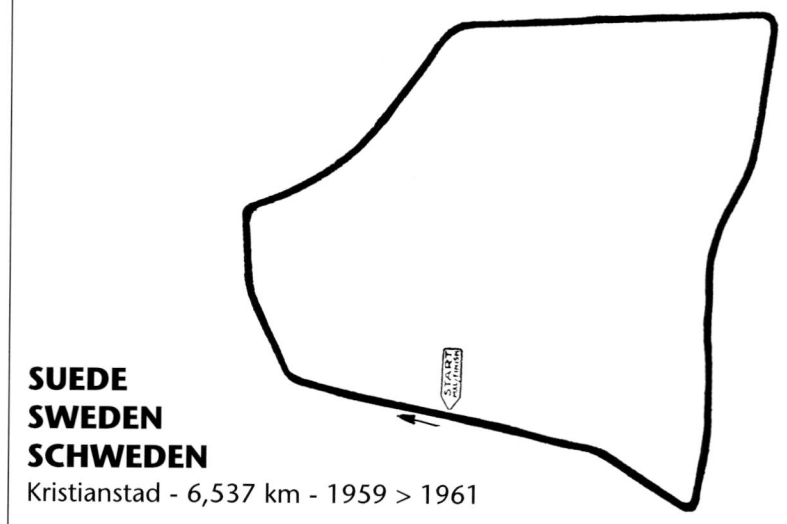

**SUEDE
SWEDEN
SCHWEDEN**
Kristianstad - 6,537 km - 1959 > 1961

SUEDE - SWEDEN - SCHWEDEN
Anderstop - 4,018 km - 1971 > 1980
4,031 km - 1981 > 1990

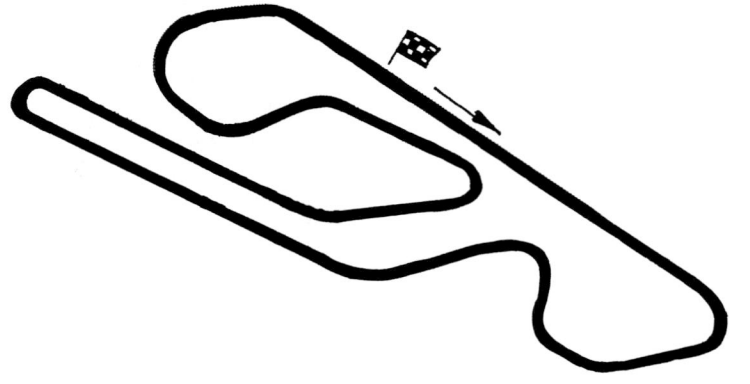

SUEDE - SWEDEN - SCHWEDEN
Karlskoga - 3,157 km - 1978 > 1979

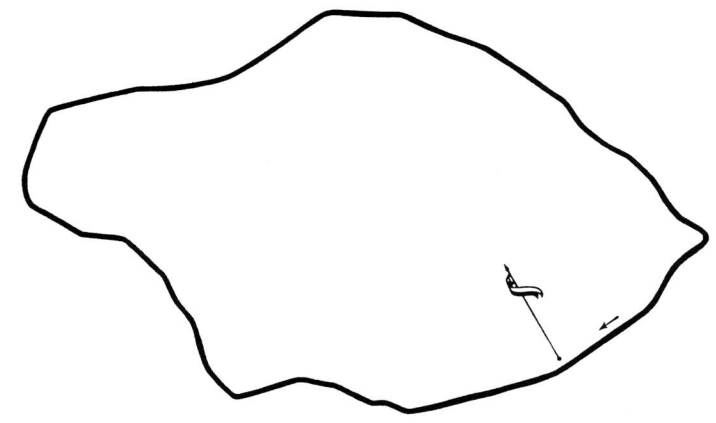

SUISSE - SWITZERLAND - SCHWEIZ
Bremgarten Bern - 7,280 km - 1949 > 1954

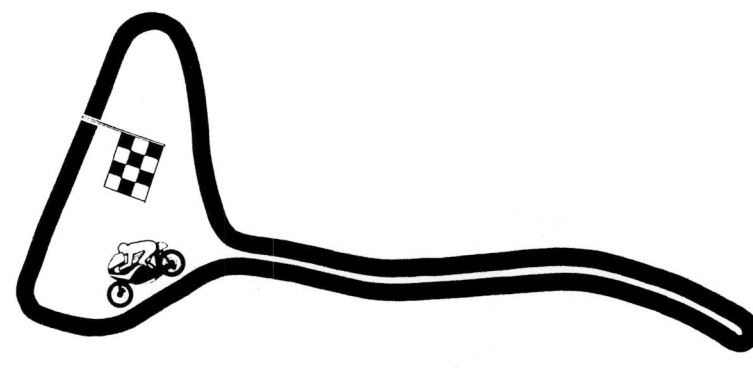

SUISSE - SWITZERLAND - SCHWEIZ
Genève - 6,000 km - 1950

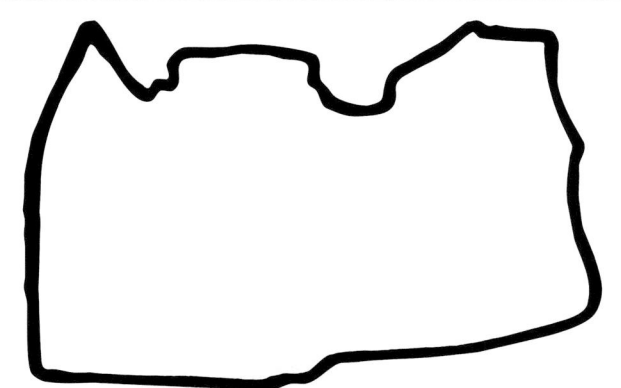

**TCHECOSLOVAQUIE - CZECHOSLOVAKIA
TSCHECHOSLOWAKEI**
Brno - 13,940 km - 1965 > 1974

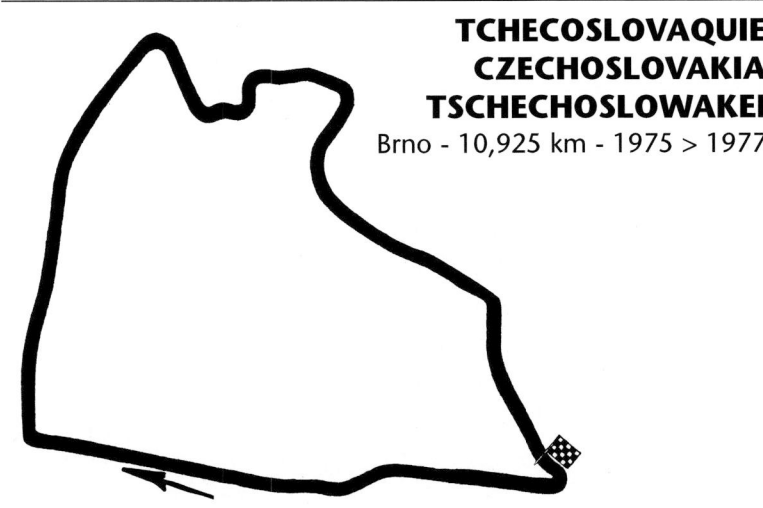

**TCHECOSLOVAQUIE
CZECHOSLOVAKIA
TSCHECHOSLOWAKEI**
Brno - 10,925 km - 1975 > 1977

**TCHECOSLOVAQUIE - CZECHOSLOVAKIA
TSCHECHOSLOWAKEI**
Brno - 5,394 km - 1987 > 1998

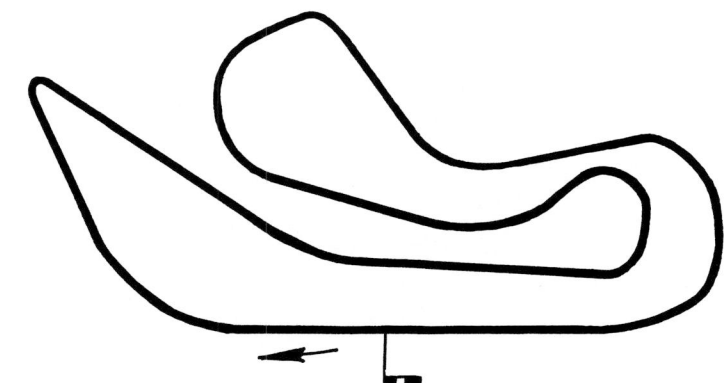

VENEZUELA
Caracas - 4,135 km - 1977 > 1979

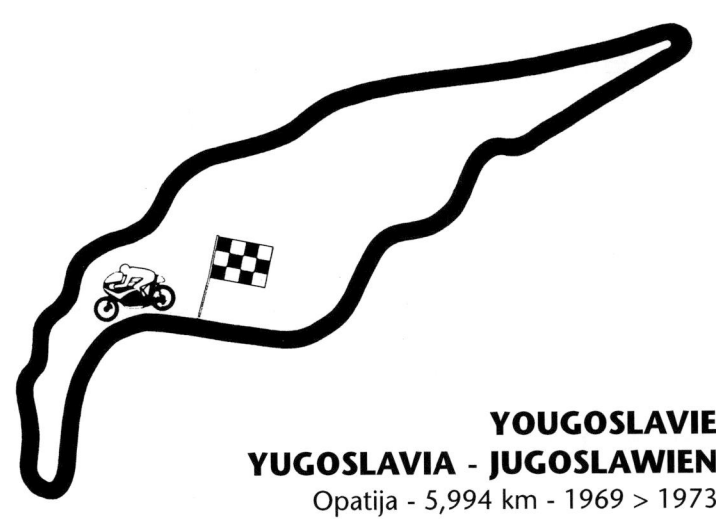

**YOUGOSLAVIE
YUGOSLAVIA - JUGOSLAWIEN**
Opatija - 5,994 km - 1969 > 1973

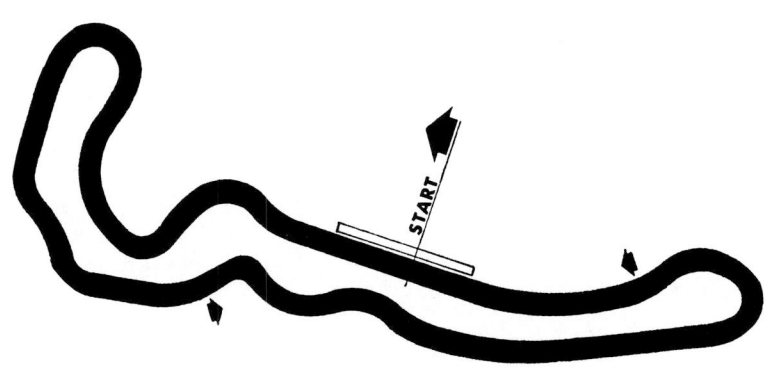

YOUGOSLAVIE - YUGOSLAVIA - JUGOSLAWIEN
Rijeka - 4,168 km - 1979 > 1990

Circuits - Rennstrecken

1949

RESULTATS
RESULTS
ERGEBNISSE

2000

RESULTATS
RESULTS
ERGEBNISSE

1949 — 125 cc

Champion : **Nello Pagani (Italy, FB-Mondial), 27 points, 2 wins**

1) July 3 : Switzerland - Bern

14 laps = 101.920 km

1. N. Pagani	I	FB-Mondial	53'12.4	
			= 114.933 km/h	
2. R. Magi	I	Morini	55'06.1	
3. C. Cavaciuti	I	MV-Agusta	56'29.4	
4. C. Ubbiali	I	MV-Agusta	56'30.4	
5. U. Masetti	I	Morini	56'31.0	

Number of finishers: 15.
Fastest lap: N. Pagani (I, FB-Mondial), 3'42.5 = 117.787 km/h.

2) July 9 : The Netherlands - Assen

7 laps = 115.752 km

1. N. Pagani	I	FB-Mondial	1 h.02'38.8
			= 110.860 km/h
2. O. Clemencigh	I	MV-Agusta	1 h.03'27.1
3. C. Ubbiali	I	MV-Agusta	1 h.03'40.8
4. F. Bertoni	I	MV-Agusta	1 h.04'21.1
5. G. Matucci	I	MV-Agusta	1 h.07'47.8

Number of finishers: 17.
Fastest lap: N. Pagani (I, FB-Mondial), 8'42.2 = 113.169 km/h.

3) September 4 : Italy - Monza

18 laps = 113.400 km

1. Gi. Leoni	I	FB-Mondial	54'16.8
			= 125.380 km/h
2. U. Masetti	I	Morini	55'19.0
3. U. Braga	I	FB-Mondial	55'34.5
4. R. Magi	I	Morini	55'56.2
5. N. Pagani	I	Mondial	56'46.4

Number of finishers: 13.
Fastest lap: Gi. Leoni (I, FB-Mondial), 2'57.6 = 127.772 km/h.

WORLD CHAMPIONSHIP

1.	Nello Pagani	I	FB-Mondial	27
2.	Renato Magi	I	Morini	14
3.	Umberto Masetti	I	Morini	13
4.	Carlo Ubbiali	I	MV-Agusta	13
5.	Gianni Leoni	I	FB-Mondial	11
6.	Oscar Clemencigh	I	MV-Agusta	8
7.	Umberto «Nino» Braga	I	FB-Mondial	7
8.	Clemente Cavaciuti	I	MV-Agusta	7
9.	Franco Bertoni	I	MV-Agusta	6
10.	Giuseppe Matucci	I	MV-Agusta	5

MV Agusta 125 2T.

Champion: **Bruno Ruffo (Italy, Moto Guzzi), 24 points, 1 win**

1) June 17 : Tourist Trophy - Isle of Man

7 laps = 425.061 km

1. M. Barrington	IRL	Moto Guzzi	3 h. 23'13.2 = 125.504 km/h
2. T. Wood	GB	Moto Guzzi	3 h.23'25.8
3. R. Pike	GB	Rudge	3 h.37'42.6
4. R. Mead	GB	Norton	3 h.41'06.6
5. S.-A. Sorensen	DK	Excelsior	3 h.43'12.0

Number of finishers: 13.
Fastest lap: T. Wood (GB, Moto Guzzi), 28'08.6 = 129.455 km/h.

2) July 2 : Switzerland - Bern

18 laps = 131.040 km

1. B. Ruffo	I	Moto Guzzi	1 h.00'07.2 = 130.778 km/h
2. D. Ambrosini	I	Benelli	1 h.00'46.8
3. F. Anderson	GB	Moto Guzzi	1 h.00'56.3
4. C. Mastellari	I	Moto Guzzi	1 h.00'56.5
5. B. Musy	CH	Moto Guzzi	1 h.01'25-8

Number of finishers: 12.
Fastest lap: F. Anderson (GB, Moto Guzzi), 3'12.9 = 135.876 km/h.

3) August 20 : Ulster - Belfast-Clady

12 laps = 318.576 km

1. M. Cann	GB	Moto Guzzi	2 h.28'31.6 = 128.800 km/h
2. B. Ruffo	I	Moto Guzzi	2 h.30'39.0
3. R. Mead	GB	Norton	2 h.35'37.0
4. G.-A. Reeve	GB	Excelsior	2 h.39'41.0
5. D. Beasley	GB	Excelsior	2 h.42'15.5

Number of finishers: 7.
Fastest lap: M. Cann (GB, Moto Guzzi), 12'01.25 = 132.706 km/h.

4) September 4 : Italy - Monza

24 laps = 151.200 km

1. D. Ambrosini	I	Benelli	1 h.02'53.4 = 144.236 km/h
2. Gi. Leoni	I	Moto Guzzi	1 h.03'26.2
3. U. Masetti	I	Benelli	1 h.03'46.0
4. B. Ruffo	I	Moto Guzzi	1 h.04'58.0
5. C. Mastellari	I	Moto Guzzi	1 h.04'58.6

Number of finishers: 15.
Fastest lap: D. Ambrosini (I, Benelli), 2'34.2 = 147.083 km/h.

WORLD CHAMPIONSHIP

1.	Bruno Ruffo	I	Moto Guzzi	24
2.	Dario Ambrosini	I	Benelli	19
3.	Ronald Mead	GB	Norton	13
4.	Maurice Cann	GB	Moto Guzzi	11
5.	Claudio Mastellari	I	Moto Guzzi	11
6.	Manliff Barrington	IRL	Moto Guzzi	10
7.	Tommy Wood	GB	Moto Guzzi	9
8.	Fergus Anderson	GB	Moto Guzzi	8
9.	Gianni Leoni	I	Moto Guzzi	8
10.	Umberto Masetti	I	Benelli	7
11.	Roland Pike	GB	Rudge	7
12.	G.-A. Reeve	GB	Excelsior	6
13.	Douglas Beasley	GB	Excelsior	5
14.	Benoît Musy	CH	Moto Guzzi	5
15.	Sven-A. Sorensen	DK	Excelsior	5

Monza.

1949 — 250 cc

1949 — 350 cc

Champion: **Freddie Frith (Great Britain, Velocette), 33 points (54.5), 5 wins**

1) June 17 : Tourist Trophy - Isle of Man

7 laps = 425.061 km

1. F. Frith	GB	Velocette	3 h.10'36.0
			= 133.816 km/h
2. E. Lyons	IRL	Velocette	3 h.11'08.0
3. A. Bell	GB	Norton	3 h.11'49.0
4. H. Daniell	GB	Norton	3 h.11'52.8
5. R. Armstrong	IRL	AJS	3 h.12'28.0

Number of finishers: 75.
Fastest lap: F. Frith (GB, Velocette), 26'52.6 = 135.555 km/h.

2) July 3 : Switzerland - Bern

21 laps = 152.880 km

1. F. Frith	GB	Velocette	1 h.07'06.0
			= 136.703 km/h
2. L. Graham	GB	AJS	1 h.07'09.9
3. B. Doran	GB	AJS	1 h.07'10.1
4. R. Armstrong	IRL	AJS	1 h.07'28.2
5. T. Wood	GB	Velocette	1 h.07'36.8

Number of finishers: 21.
Fastest lap: F. Frith (GB, Velocette), 3'07.8 = 140.012 km/h.

3) July 9 : The Netherlands - Assen

15 laps = 248.040 km

1. F. Frith	GB	Velocette	1 h.47'52.0
			= 137.969 km/h
2. B. Foster	GB	Velocette	1 h.47'53.9
3. J. Lockett	GB	Norton	1 h.49'48.9
4. M. Whitworth	GB	Velocette	1 h.49'57.1
5. E. McPherson	AUS	Velocette	Time not released

Number of finishers: 29.
Fastest lap: F. Frith (GB, Velocette), 7'01.9 = 141.670 km/h.

4) July 17 : Belgium - Spa-Francorchamps

11 laps = 159.632 km

1. F. Frith	GB	Velocette	1 h.06'14.0
			= 144.489 km/h
2. B. Foster	GB	Velocette	1 h.06'30.0
3. J. Lockett	GB	Norton	1 h.06'47.0
4. M. Whitworth	GB	Velocette	1 h.07'53.0
5. E. McPherson	AUS	Velocette	1 h.08'15.0

Number of finishers: 18.
Fastest lap: F. Frith (GB, Velocette) and B. Foster (GB, Velocette), 5'57.0 = 146.160 km/h.

5) August 20 : Ulster - Belfast-Clady

13 laps = 345.124 km

1. F. Frith	GB	Velocette	2 h.24'34.8
			= 143.400 km/h
2. C. Salt	GB	Velocette	2 h.25'06.2
3. R. Armstrong	IRL	AJS	2 h.25'14.4
4. E. McPherson	AUS	Velocette	2 h.25'19.6
5. F. Fry	GB	Velocette	2 h.25'24.4

Number of finishers: 22.
Fastest lap: F. Frith (GB, Velocette), 10'56.0 = 145.806 km/h.

WORLD CHAMPIONSHIP (*)

1.	Freddie Frith	GB	Velocette	33 (54.5)
2.	Reginald Armstrong	IRL	AJS	18
3.	Bob Foster	GB	Velocette	16.5
4.	Eric McPherson	AUS	Velocette	16
5.	Johnny Lockett	GB	Norton	14
6.	Malcolm Whitworth	GB	Velocette	12
7.	Leslie Graham	GB	AJS	8
8.	Ernie Lyons	IRL	Velocette	8
9.	Charlie Salt	GB	Velocette	8
10.	Arthur «Artie» Bell	IRL	Norton	7
11.	William «Bill» Doran	GB	AJS	7
12.	Harold Daniell	GB	Norton	6
13.	Frank Fry	GB	Velocette	5
14.	Tommy Wood	GB	Velocette	5

(*): Les trois meilleurs résultats sont pris en compte pour le championnat. Le chiffre entre parenthèses correspond aux points «bruts».

(*): Die drei besten Resultate wurden für die Gesamtwertung der Meisterschaft gezählt. Die Zahlen in Klammern entsprechen dem "Brutto"-Punktetotal.

(*): The three best results counted towards the championship. The figures in brackets correspond to the gross number of points.

Moteur / Engine / Motor
Norton 350

Champion: Leslie Graham (Great Britain, AJS), 30 points (31), 2 wins

1) June 17 : Tourist Trophy - Isle of Man

7 laps = 425.061 km

1. H. Daniell	GB	Norton	3 h.02'18.6
			= 139.870 km/h
2. J. Lockett	GB	Norton	3 h.03'52.4
3. E. Lyons	IRL	Velocette	3 h.05'22.0
4. A. Bell	IRL	Norton	3 h.09'03.0
5. S. Jensen	NZ	Triumph	3 h.10'33.0

Number of finishers: 35.
Fastest lap: L. Graham (GB, AJS), 25'14.0 = 144.438 km/h.

2) July 3 : Switzerland - Bern

28 laps = 203.840 km

1. L. Graham	GB	AJS	1 h.26'14.9
			= 141.805 km/h
2. A. Artesiani	I	Gilera	1 h.27'36.8
3. H. Daniell	GB	Norton	1 h.27'46.9
4. N. Pagani	I	Gilera	1 h.28'29.9
5. F. Frith	GB	Velocette	1 lap

Number of finishers: 13.
Fastest lap: L. Graham (GB, AJS), 3'00.8 = 144.960 km/h.

3) July 9 : The Netherlands - Assen

16 laps = 264.576 km

1. N. Pagani	I	Gilera	1 h.47'32.7
			= 147.380 km/h
2. L. Graham	GB	AJS	1 h.47'45.8
3. A. Artesiani	I	Gilera	1 h.48'36.6
4. A. Bell	IRL	Norton	1 h.50'11.4
5. J. Lockett	GB	Norton	1 h.52'20.6

Number of finishers: 12.
Fastest lap: N. Pagani (I, Gilera), 6'34.7 = 150.795 km/h.

4) July 17 : Belgium - Spa-Francorchamps

14 laps = 203.168 km

1. W. Doran	GB	AJS	1 h.19'56.0
			= 152.376 km/h
2. A. Artesiani	I	Gilera	1 h.19'56.2
3. E. Lorenzetti	I	Moto Guzzi	1 h.19'57.3
4. A. Bell	IRL	Norton	1 h.20'46.0
5. N. Pagani	I	Gilera	1 h.21'04.0

Number of finishers: 16.
Fastest lap: A. Artesiani (I, Gilera), 5'36.7 = 154.963 km/h.

5) August 20 : Ulster - Belfast-Clady

15 laps = 398.220 km

1. L. Graham	GB	AJS	2 h.34'05.0
			= 155.250 km/h
2. A. Bell	IRL	Norton	2 h.35'44.4
3. N. Pagani	I	Gilera	2 h.35'54.0
4. W. Doran	GB	AJS	2 h.36'04.0
5. J. West	GB	AJS	2 h.37'01.5

Number of finishers: 10.
Fastest lap: L. Graham (GB, AJS), 10'06.0 = 157.844 km/h.

6) September 4 : Italy - Monza

16 laps = 100.800 km

1. N. Pagani	I	Gilera	1 h.16'36.4
			= 157.883 km/h
2. A. Artesiani	I	Gilera	1 h.16'37.3
3. W. Doran	GB	AJS	1 h.16'52.3
4. Gu. Leoni	I	Moto Guzzi	1 h.16'55.0
5. B. Bertacchini	I	Moto Guzzi	1 h.17'08.0

Number of finishers: 15.
Fastest lap: N. Pagani (I, Gilera), 2'19.2 = 162.931 km/h.

WORLD CHAMPIONSHIP (*)

1. Leslie Graham	GB	AJS	30 (31)
2. Nello Pagani	I	Gilera	29 (40)
3. Arciso Artesiani	I	Gilera	25 (32)
4. William «Bill» Doran	GB	AJS	23
5. Arthur «Artie» Bell	IRL	Norton	20 (26)
6. Harold Daniell	GB	Norton	17
7. Johnny Lockett	GB	Norton	13
8. Ernie Lyons	IRL	Velocette	7
9. Enrico Lorenzetti	I	Moto Guzzi	7
10. Guido Leoni	I	Moto Guzzi	6
11. Bruno Bertacchini	I	Moto Guzzi	5
12. Freddie Frith	GB	Velocette	5
13. Sid Jensen	NZ	Triumph	5
14. Jock West	GB	AJS	5

(*): Les trois meilleurs résultats sont pris en compte pour le championnat. Le chiffre entre parenthèses correspond aux points «bruts».

(*): Die drei besten Resultate wurden für die Gesamtwertung der Meisterschaft gezählt. Die Zahlen in Klammern entsprechen dem "Brutto"-Punktetotal.

(*): The three best results counted towards the championship. The figures in brackets correspond to the gross number of points.

1949 — 500 cc

Norton 500

Champions: **Eric Oliver/Dennis Jenkinson (Great Britain, Norton), 27 points, 2 wins**

1) July 3 : Switzerland - Bern

16 laps = 116.480 km

1. E. Oliver/D. Jenkinson	GB	Norton	58'51.0	
			= 118.756 km/h	
2. E. Frigerio/L. Dobelli	I	Gilera	59'40.6	
3. H. Haldemann/H. Läderach	CH	Norton	59'41.0	
4. J. Keller/E. Brutschi	CH	Gilera	1 h.01'11.5	
5. A. Milani/E. Ricotti	I	Gilera	1 h.01'57.7	

Number of finishers: 16.
Fastest lap: E. Oliver/D. Jenkinson (GB, Norton), 3'35.7 = 121.505 km/h.

WORLD CHAMPIONSHIP

1. Eric Oliver/Dennis Jenkinson	GB	Norton	27
2. Ercole Frigerio/Lorenzo Dobelli	I	Gilera	18
3. Frans Vanderschrick/Martin Whitney	B/GB	Norton	16
4. Ernesto Merlo/Aldo Veglio	I	Gilera	13
5. Albino Milani/Ezio Ricotti	I	Gilera	12
6. Hans Haldemann/Herbert Läderach	CH	Norton	8
7. Roland Benz/Max Hirzel	CH	BMW	6
8. Jakob Keller/Ernst Brutschi	CH	Gilera	6
9. Peter «Pip» Harris/Neil Smith	GB	Norton	5

2) July 17 : Belgium - Spa Francorchamps

7 laps = 101.584 km

1. E. Oliver/D. Jenkinson	GB	Norton	50'07.0	
			= 121.516 km/h	
2. F. Vanderschrick/M. Whitney	B/GB	Norton	50'32.0	
3. E. Merlo/A. Veglio	I	Gilera	51'40.0	
4. R. Benz/M. Hirzel	CH	BMW	52'11.0	
5. P. Harris/N. Smith	GB	Norton	52'38.0	

Number of finishers: 9.
Fastest lap: H. Haldemann/H. Läderach (CH, Norton), 7'01.0 = 123.935 km/h.

Side-Cars DKV

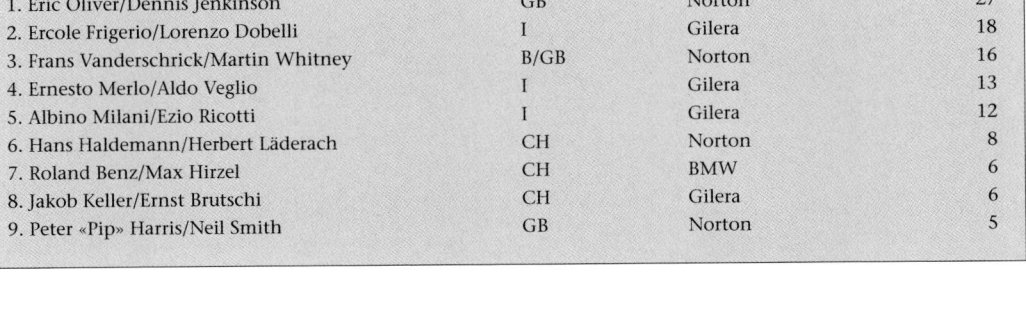

3) September 4 : Italy - Monza

16 laps = 100.800 km

1. E. Frigerio/L. Dobelli	I	Gilera	46'25.2	
			= 130.298 km/h	
2. F. Vanderschrick/M. Whitney	B/GB	Norton	47'30.2	
3. A. Milani/E. Ricotti	I	Gilera	47'30.3	
4. E. Merlo/A. Veglio	I	Gilera	47'30.8	
5. E. Oliver/D. Jenkinson	GB	Norton	47'54.3	

Number of finishers: 8.
Fastest lap: E. Oliver/D. Jenkinson (GB, Norton), 2'42.2 = 139.654 km/h.

1949 — side-cars

1950 — 125 cc

Champion: **Bruno Ruffo (Italy, FB-Mondial), 17 points, 1 win**

1) July 8 : The Netherlands - Assen

7 laps = 115.752 km

1. B. Ruffo	I	FB-Mondial	57'27.2	= 120.870 km/h
2. Gi. Leoni	I	FB-Mondial	57'27.3	
3. G. Matucci	I	Morini	59'23.8	
4. U. Braga	I	FB-Mondial	1 h.03'15.7	
5. F. Benasedo	I	MV-Agusta	1 h.05'54.8	
6. G. Lagervey	NL	Eysink	1 lap	

Number of finishers: 18.
Fastest lap: B. Ruffo (I, FB-Mondial), 8'07.2 = 122.181 km/h.

2) August 18 : Ulster - Belfast-Clady(*)

10 laps = 265.480 km

1. C. Ubbiali	I	FB-Mondial	2 h.07'53.0	= 124.710 km/h
2. B. Ruffo	I	FB-Mondial	2 h.08'58.0	

Number of finishers: 2.
Fastest lap: C. Ubbiali (I, FB-Mondial), 12'33.0 = 127.009 km/h.

(*) avec deux pilotes classés sur onze partants, cette course n'a pas compté pour le championnat du monde.

(*) With only two riders classified, from eleven starters, this race did not count towards the world championship.

(*) Dieses Rennen zählte nicht zur Weltmeisterschaft, da sich von 11 gestarteten Fahrern nur 2 klassifizieren konnten.

3) September 10 : Italy - Monza

16 laps = 100.800 km

1. Gi. Leoni	I	FB-Mondial	45'44.4	= 132.206 km/h
2. C. Ubbiali	I	FB-Mondial	45'45.2	
3. L. Zinzani	I	Morini	45'45.3	
4. B. Ruffo	I	FB-Mondial	46'44.4	
5. R. Alberti	I	FB-Mondial	46'45.2	
6. E. Soprani	I	Morini	48'21.1	

Number of finishers: 13.
Fastest lap: C. Ubbiali (I, FB-Mondial), 2'47.2 = 135.687 km/h.

WORLD CHAMPIONSHIP

1.	Bruno Ruffo	I	FB-Mondial	17
2.	Gianni Leoni	I	FB-Mondial	14
3.	Carlo Ubbiali	I	FB-Mondial	14
4.	Giuseppe Matucci	I	Morini	4
5.	Luigi Zinzani	I	Morini	4
6.	Umberto «Nino» Braga	I	FB-Mondial	3
7.	Raffaele Alberti	I	FB-Mondial	2
8.	Felice Benasedo	I	MV-Agusta	2
9.	Gijsbertus Lagervey	NL	Eysink	1
10.	Ezio Soprani	I	Morini	1

FB Mondial 125

Champion: **Dario Ambrosini (Italy, Benelli), 24 points (30), 3 wins**

1) June 5 : Tourist Trophy - Isle of Man

7 laps = 425.061 km

1. D. Ambrosini	I	Benelli	3 h.22'58.0 = 125.692 km/h
2. M. Cann	GB	Moto Guzzi	3 h.22'58.4
3. R. Mead	GB	Velocette	3 h.29'38.0
4. R. Pike	GB	Rudge	3 h.33'45.0
5. L.-J. Bayliss	GB	Elbee	3 h.41'33.0
6. A.-W. Jones	GB	Moto Guzzi	3 h.42.41.2

Number of finishers: 12.
Fastest lap: D. Ambrosini (I, Benelli), 27'59.0 = 127.325 km/h.

2) July 23 : Switzerland - Geneva

21 laps = 126.000 km

1. D. Ambrosini	I	Benelli	1 h.01'48.2 = 122.376 km/h
2. B. Ruffo	I	Moto Guzzi	1 h.02'35.6
3. R. Dale	GB	Benelli	1 h.02'46.0
4. B. Musy	CH	Moto Guzzi	1 h.04'31.0
5. C. Bellotti	CH	Moto Guzzi	1 lap
6. O. Francone	I	Moto Guzzi	1 lap

Number of finishers: 9.
Fastest lap: D. Ambrosini (I, Benelli), 2'52.2 = 125.432 km/h.

3) August 18 : Ulster - Belfast-Clady

12 laps = 317.496 km

1. M. Cann	GB	Moto Guzzi	2 h.23'41.0 = 133.195 km/h
2. D. Ambrosini	I	Benelli	2 h.32'03.0
3. W. Billington	IRL	Moto Guzzi	2 h.33'06.0
4. A. Burton	GB	Excelsior	2 h.35'15.0
5. G. Andrews	GB	Excelsior	2 h.37'49.2
6. W. Campbell	GB	Excelsior	2 h.42'05.0

Number of finishers: 14.
Fastest lap: M. Cann (GB, Moto Guzzi), 11'45.5 = 135.474 km/h.

4) September 10 : Italy - Monza

32 laps = 201.600 km

1. D. Ambrosini	I	Benelli	1 h.23'03.6 = 145.629 km/h
2. F. Anderson	GB	Moto Guzzi	1 h.24'01.8
3. B. Francisci	I	Benelli	1 h.24'31.8
4. C. Mastellari	I	Moto Guzzi	1 h.25'42.0
5. A. Montanari	I	Moto Guzzi	1 lap
6. U. Plebani	I	Moto Guzzi	1 lap

Number of finishers: 12.
Fastest lap: D. Ambrosini (I, Benelli), 2'31.0 = 151.133 km/h.

WORLD CHAMPIONSHIP(*)

1.	Dario Ambrosini	I	Benelli	24 (30)
2.	Maurice Cann	GB	Moto Guzzi	14
3.	Fergus Anderson	GB	Moto Guzzi	6
4.	Bruno Ruffo	I	Moto Guzzi	6
5.	Wilf Billington	IRL	Moto Guzzi	4
6.	Richard «Dickie» Dale	GB	Benelli	4
7.	Bruno Fransisci	I	Benelli	4
8.	Ronald Mead	GB	Velocette	4
9.	A. Burton	GB	Excelsior	3
10.	Claudio Mastellari	I	Moto Guzzi	3
11.	Benoît Musy	CH	Moto Guzzi	3
12.	Roland Pike	GB	Rudge	3
13.	Len-J. Bayliss	GB	Elbee	2
14.	Carlo Bellotti	CH	Moto Guzzi	2
15.	George Andrews	GB	Excelsior	2
16.	Alano Montanari	I	Moto Guzzi	2
17.	Alan-W. Jones	GB	Moto Guzzi	1
18.	Onorato Francone	I	Moto Guzzi	1
19.	W. Campbell	GB	Excelsior	1
20.	Urbano Plebani	I	Moto Guzzi	1

(*): Les trois meilleurs résultats sont pris en compte pour le championnat. Le chiffre entre parenthèses correspond aux points «bruts».

(*): Die drei besten Resultate wurden für die Gesamtwertung der Meisterschaft gezählt. Die Zahlen in Klammern entsprechen dem "Brutto"-Punktetotal.

(*): The three best results counted towards the championship. The figures in brackets correspond to the gross number of points.

Monza

1950 — 250 cc

Champion: **Bob Foster (Great Britain, Velocette), 30 points, 3 wins**

1950 — 350 cc

1) June 7 : Tourist Trophy - Isle of Man

7 laps = 425.061 km

1. A. Bell	IRL	Norton	3 h.03'35.0
			= 138.986 km/h
2. G. Duke	GB	Norton	3 h.04'52.0
3. H. Daniell	GB	Norton	3 h.07'56.0
4. L. Graham	GB	AJS	3 h.08'03.8
5. E. Frend	GB	AJS	3 h.08'56.4
6. J. Lockett	GB	Norton	3 h.10'18.2

Number of finishers: 64.
Fastest lap: A. Bell (IRL, Norton), 25'56.0 = 140.511 km/h.

2) July 2 : Belgium - Spa-Francorchamps

11 laps = 155.320 km

1. B. Foster	GB	Velocette	57'28.8
			=156.632 km/h
2. A. Bell	IRL	Norton	57'53.4
3. G. Duke	GB	Norton	1 h.00'23.8
4. B. Lomas	GB	Velocette	1 h.00'38.0
5. C. Salt	GB	Velocette	1 h.00'59.0
6. H. Daniell	GB	Norton	1 h.01'04.0

Number of finishers: 23.
Fastest lap: B. Foster (GB, Velocette), 5'21.0 = 158.278 km/h.

3) July 8 : The Netherlands - Assen

15 laps = 248.040 km

1. B. Foster	GB	Velocette	1 h.44'23.7
			= 142.549 km/h
2. G. Duke	GB	Norton	1 h.44'56.1
3. B. Lomas	GB	Velocette	1 h.46'00.1
4. J. Lockett	GB	Norton	1 h.46'59.9
5. R. Armstrong	IRL	Velocette	1 h.47'16.8
6. H. Hinton	AUS	Norton	1 h.47'17.0

Number of finishers: 24.
Fastest lap: B. Foster (GB, Velocette), 6'51.0 = 144.776 km/h.

4) July 23 : Switzerland - Geneva

25 laps = 150.000 km

1. L. Graham	GB	AJS	1 h.11'25.0
			= 126.021 km/h
2. B. Foster	GB	Velocette	1 h.11'43.0
3. G. Duke	GB	Norton	1 h.12'12.0
4. R. Armstrong	IRL	Velocette	1 h.12'29.0
5. E. Frend	GB	AJS	1 h.12'37.0
6. R. Dale	GB	AJS	1 h.12'37.2

Number of finishers: 22.
Fastest lap: B. Foster (GB, Velocette), 2'39.0 = 135.844 km/h.

5) August 18 : Ulster - Belfast-Clady

13 laps = 345.124 km

1. B. Foster	GB	Velocette	2 h.20'55.6
			= 147.121 km/h
2. R. Armstrong	IRL	Velocette	2 h.21'08.0
3. H. Hinton	AUS	Norton	2 h.22'11.0
4. E. McPherson	AUS	AJS	2 h.22'56.0
5. C. Sandford	GB	AJS	2 h.24'19.0
6. H. Daniell	GB	Norton	2 h.24'20.0

Number of finishers: 29.
Fastest lap: B. Foster (GB, Velocette), 10'43.5 = 148.526 km/h.

6) September 10 : Italy - Monza

24 laps = 151.200 km

1. G. Duke	GB	Norton	59'18.0
			= 152.958 km/h
2. L. Graham	GB	AJS	59'19.0
3. H. Hinton	AUS	Norton	59'19.4
4. R. Dale	GB	Norton	59'25.0
5. B. Lomas	GB	Velocette	1 h.00'20.6
6. C. Sandford	GB	AJS	1 h.00'23.3

Number of finishers: 15.
Fastest lap: H. Hinton (AUS, Norton), 2'23.2 = 158.347 km/h.

WORLD CHAMPIONSHIP (*)

1.	Bob Foster	GB	Velocette	30
2.	Geoffrey Duke	GB	Norton	24 (28)
3.	Leslie Graham	GB	AJS	17
4.	Arthur «Artie» Bell	IRL	Norton	14
5.	Reginald Armstrong	IRL	Velocette	11
6.	Harry Hinton	AUS	Norton	9
7.	Bill Lomas	GB	Velocette	9
8.	Harold Daniell	GB	Norton	6
9.	Richard «Dickie» Dale	GB	AJS	4
10.	Johnny Lockett	GB	Norton	4
11.	Edward «Ted» Frend	GB	AJS	4
12.	Eric McPherson	AUS	AJS	3
13.	Cecil Sandford	GB	AJS	3
14.	Charlie Salt	GB	Velocette	2

(*): Les quatre meilleurs résultats sont pris en compte pour le championnat. Le chiffre entre parenthèses correspond aux points «bruts».

(*): Die vier besten Resultate wurden für die Gesamtwertung der Meisterschaft gezählt. Die Zahlen in Klammern entsprechen dem "Brutto"-Punktetotal.

(*): The four best results counted towards the championship. The figures in brackets correspond to the gross number of points.

Pilote officiel Honda en déplacement: Honda 250 4 cylindres et Norton 500.

Works Honda rider on the move: Honda 250 4 cylinder and Norton 500.

Der offizielle Honda Fahrer in Bewegung: Honda 250 4-Zylinder und Norton 500.

1950 — 350 cc

Champion: **Umberto Masetti (Italy, Gilera), 28 points (29), 2 wins**

1950 — 500 cc

1) June 9 : Tourist Trophy - Isle of Man

7 laps = 425.061 km

1. G. Duke	GB	Norton	2 h.51'45.6
			=148.554 km/h
2. A. Bell	IRL	Norton	2 h.54'25.6
3. J. Lockett	GB	Norton	2 h.55'22.4
4. L. Graham	GB	AJS	2 h.55'52.0
5. H. Daniell	GB	Norton	2 h.56'31.0
6. R. Armstrong	IRL	Velocette	3 h.02'31.4

Number of finishers: 52.
Fastest lap: G. Duke (GB, Norton), 24'16.0 = 150.200 km/h.

2) July 2 : Belgium - Spa-Francorchamps

14 laps = 197.680 km

1. U. Masetti	I	Gilera	1 h.12'48.8
			= 162.899 km/h
2. N. Pagani	I	Gilera	1 h.13'20.5
3. E. Frend	GB	AJS	1 h.13'22.4
4. C. Bandirola	I	Gilera	1 h.13'40.3
5. A. Artesiani	I	MV-Agusta	1 h.13'46.5
6. H. Hinton	AUS	Norton	1 h.14'31.6

Number of finishers: 19.
Fastest lap: G. Duke (GB, Norton), 5'04.0 = 167.194 km/h.

3) July 8 : The Netherlands - Assen

18 laps = 297.648 km

1. U. Masetti	I	Gilera	2 h.00'43.2
			= 147.926 km/h
2. N. Pagani	I	Gilera	2 h.01'16.0
3. H. Hinton	AUS	Norton	2 h.03'01.1
4. C. Bandirola	I	Gilera	2 h.04'30.9
5. E. McPherson	AUS	Norton	2 h.07'16.0
6. S. Jensen	NZ	Triumph	1 lap

Number of finishers: 12.
Fastest lap: C. Bandirola (I, Gilera), 6'26.9 = 153.988 km/h.

4) July 23 : Switzerland - Geneva

34 laps = 204.000 km

1. L. Graham	GB	AJS	1 h.36'57.0
			= 126.250 km/h
2. U. Masetti	I	Gilera	1 h.38'11.0
3. C. Bandirola	I	Gilera	1 h.38'12.0
4. G. Duke	GB	Norton	1 h.38'41.0
5. H. Daniell	GB	Norton	1 lap
6. J. Lockett	GB	Norton	1 lap

Number of finishers: 18.
Fastest lap: C. Bandirola (I, Gilera), 2'42.6 = 132.834 km/h.

5) August 18 : Ulster - Belfast-Clady

15 laps = 398.220 k

1. G. Duke	GB	Norton	2 h.29'15.2
			= 160.191 km/h
2. L. Graham	GB	AJS	2 h.30'12.6
3. J. Lockett	GB	Norton	2 h.30'54.6
4. R. Dale	GB	Norton	2 h.33'10.0
5. J. West	GB	AJS	2 h.38'46.0
6. U. Masetti	I	Gilera	2 h.42'40.0

Number of finishers: 14.
Fastest lap: G. Duke (GB, Norton), 9'46.5 = 162.946 km/h.

6) September 10 : Italy - Monza

31 laps = 195.300 km

1. G. Duke	GB	Norton	1 h.11'06.6
			= 164.786 km/h
2. U. Masetti	I	Gilera	1 h.11'57.0
3. A. Artesiani	I	MV-Agusta	1 h.12'43.0
4. A. Milani	I	Gilera	1 h.12'43.4
5. C. Bandirola	I	Gilera	1 h.13'06.2
6. R. Dale	GB	Norton	1 h.13'06.8

Number of finishers: 22.
Fastest lap: U. Masetti (I, Gilera), 2'13.4 = 169.689 km/h.

WORLD CHAMPIONSHIP (*)

1.	Umberto Masetti	I	Gilera	28 (29)
2.	Geoffrey Duke	GB	Norton	27
3.	Leslie Graham	GB	AJS	17
4.	Nello Pagani	I	Gilera	12
5.	Carlo Bandirola	I	Gilera	12
6.	Johnny Lockett	GB	Norton	9
7.	Arthur «Artie» Bell	IRL	Norton	6
8.	Arciso Artesiani	I	MV-Agusta	6
9.	Harry Hinton	AUS	Norton	5
10.	Edward «Ted» Frend	GB	AJS	4
11.	Richard «Dickie» Dale	GB	Norton	4
12.	Harold Daniell	GB	Norton	4
13.	Alfredo Milani	I	Gilera	3
14.	Eric McPherson	AUS	Norton	2
15.	Jock West	GB	AJS	2
16.	Reginald Armstrong	IRL	Velocette	1
17.	Sid Jensen	NZ	Triumph	1

(*): Les quatre meilleurs résultats sont pris en compte pour le championnat. Le chiffre entre parenthèses correspond aux points «bruts».

(*): Die vier besten Resultate wurden für die Gesamtwertung der Meisterschaft gezählt. Die Zahlen in Klammern entsprechen dem "Brutto"-Punktetotal.

(*): The four best results counted towards the championship. The figures in brackets correspond to the gross number of points.

Champions: Eric Oliver/Lorenzo Dobelli (Great Britain/Italy, Norton), 24 points, 3 wins

1) July 2 : Belgium - Spa-Francorchamps

7 laps = 96.840 km

1. E. Oliver/L. Dobelli	GB/I	Norton	44'43.9
			= 133.072 km/h
2. E. Frigerio/E. Ricotti	I	Gilera	45'12.6
3. H. Haldemann/J. Albisser	CH	Norton	45'32.8
4. F. Aubert/R. Aubert	CH	Norton	45'47.6
5. A. Vervroegen/N. Verwoot	B	FN	48'17.7
6. F. Mühlemann/M. Mühlemann	CH	Triumph	49'01.0

Number of finishers: 19.
Fastest lap: E. Oliver/L. Dobelli (GB/I, Norton), 6'20.0 = 133.704 km/h.

2) July 23 : Switzerland - Geneva

17 laps = 102.000 km

1. E. Oliver/L. Dobelli	GB/I	Norton	52'59.8
			= 115.478 km/h
2. E. Frigerio/E. Ricotti	I	Gilera	53'39.8
3. F. Aubert/R. Aubert	CH	Norton	55'34.6
4. H. Meuwly/P. Devaud	CH	Gilera	55'48.5
5. W. Wirth/F. Schurtenberger	CH	Gilera	1 lap
6. M. Masuy/D. Jenkinson	B/GB	Triumph	1 lap

Number of finishers: 11.
Fastest lap: E. Oliver/L. Dobelli (GB/I, Norton), 3'04.2 = 117.095 km/h.

3) September 10 : Italy - Monza

16 laps = 100.800 km

1. E. Oliver/L. Dobelli	GB/I	Norton	43'43.4
			= 138.324 km/h
2. E. Frigerio/E. Ricotti	I	Gilera	45'47.0
3. H. Haldemann/J. Albisser	CH	Norton	46'08.4
4. J. Keller/G. Zanzi	CH	Gilera	46'26.2
5. E. Merlo/E. Magri	I	Gilera	1 lap
6. F. Mühlemann/M. Mühlemann	CH	Triumph	1 lap

Number of finishers: 15.
Fastest lap: E. Oliver/L. Dobelli (GB/I, Norton) and E. Frigerio/E. Ricotti (I, Gilera), 2'40.6 = 139.655 km/h.

WORLD CHAMPIONSHIP

1. Eric Oliver/Lorenzo Dobelli	GB/I	Norton	24
2. Ercole Frigerio/Ezio Ricotti	I	Gilera	18
3. Hans Haldemann/Jost Albisser	CH	Norton	8
4. Ferdinand Aubert/René Aubert	CH	Norton	7
5. Henri Meuwly/Pierre Devaud	CH	Gilera	3
6. Jakob Keller/Gianfranco Zanzi	CH	Gilera	3
7. Alphons Vervroegen/N. Verwoot	B	FN	2
8. Willy Wirth/Fredy Schurtenberger	CH	Gilera	2
9. Ernesto Merlo/Edoardo Magri	I	Gilera	2
10. Fritz Mühlemann/Marie Mühlemann	CH	Triumph	2
11. Marcel Masuy/Denis Jenkinson	B/GB	Triumph	1

Side spécial de Hans Haldemann / Hans Haldemann's side special / Ein besonderer Beiwagen von Hans Haldemann

1950 — side-cars

Champion: **Carlo Ubbiali (Italy, FB-Mondial), 20 points, 1 win**

1951 — 125 cc

1) April 8 : Spain - Montjuich

17 laps = 102.561 km

1. Gu. Leoni	I	FB-Mondial	1 h.11'21.8 = 86.235 km/h
2. C. Ubbiali	I	FB-Mondial	1 h.11'26.4
3. V. Zanzi	I	Morini	1 h.11'30.8
4. R. Alberti	I	FB-Mondial	1 h.13'12.0
5. J.-S. Bulto	E	Montesa	1 h.14'22.5
6. A. Elizade	E	Montesa	1 h.15'02.2

Number of finishers: 12.
Fastest lap: C. Ubbiali (I, FB-Mondial), 4'04.0 = 88.835 km/h.

2) June 6 : Tourist Trophy - Isle of Man

2 laps = 121.446 km

1. C. McCandless	IRL	FB-Mondial	1 h.00'30.0 = 120.531 km/h
2. C. Ubbiali	I	FB-Mondial	1 h.00'52.6
3. Gi. Leoni	I	FB-Mondial	1 h.03'19.8
4. N. Pagani	I	FB-Mondial	1 h.04'36.2
5. J.-S. Bulto	E	Montesa	1 h.11'21.0
6. J. Llobet	E	Montesa	1 h.14'01.4

Number of finishers: 16.
Fastest lap: C. McCandless (IRL, FB-Mondial), 30'03.0 = 121.247 km/h.

3) July 7 : The Netherlands - Assen

7 laps = 115.752 km

1. Gi. Leoni	I	FB-Mondial	56'20.5 = 123.270 km/h
2. L. Zinzani	I	Morini	59'02.9
3. L. Graham	GB	MV-Agusta	59'06.8
4. V. Zanzi	I	Morini	59'07.8
5. F. Bertoni	I	MV-Agusta	1 h.00'10.9
6. E. Mendogni	I	Morini	1 h.05'05.3

Number of finishers: 17.
Fastest lap: Gi. Leoni (I, FB-Mondial), 7'52.9 = 125.802 km/h.

4) August 18 : Ulster - Belfast-Clady(*)

11 laps = 291.038 km

1. C. McCandless	IRL	FB-Mondial	2 h.28'57.2 = 117.723 km/h
2. G. Zanzi	CH	FB-Mondial	2 h.41'35.0
3. C. Clegg	IRL	Excelsior	3 laps

Number of finishers: 3.
Fastest lap: C. McCandless (IRL, FB-Mondial), 13'08.0 = 122.615 km/h.

(*): les résultats de cette course n'ont pas été pris en compte pour le championnat, le nombre de coureurs au départ (4) étant insuffisant.

(*) the results of this race did not count towards the championship, as the number of starters (4) was insufficient.

(*) Das Ergebnis dieses Rennens wurde in der Weltmeisterschaft nicht berücksichtigt, da die Anzahl der Fahrer am Start (4) zu niedrig war.

5) September 9 : Italy - Monza

16 laps = 100.800 km

1. C. Ubbiali	I	FB-Mondial	44'26.4 = 136.104 km/h
2. R. Ferri	I	FB-Mondial	45'17.6
3. L. Zinzani	I	Morini	45'29'1
4. C. McCandless	IRL	FB-Mondial	46'33.3
5. O. Spadoni	I	FB-Mondial	46'53.7
6. G. Matucci	I	MV-Agusta	46'54.0

Number of finishers: 13.
Fastest lap: C. Ubbiali (I, FB-Mondial), 2'45.3 = 136.858 km/h.

WORLD CHAMPIONSHIP (*)

1.	Carlo Ubbiali	I	FB-Mondial	20
2.	Gianni Leoni	I	FB-Mondial	12
3.	Cromie McCandless	IRL	FB-Mondial	11
4.	Luigi Zinzani	I	Morini	10
5.	Guido Leoni	I	FB-Mondial	8
6.	Vincenzo Zanzi	I	Morini	7
7.	Romolo Ferri	I	FB-Mondial	6
8.	Leslie Graham	GB	MV-Agusta	4
9.	Juan Soler Bulto	E	Montesa	4
10.	Raffaele Alberti	I	FB-Mondial	3
11.	Nello Pagani	I	FB-Mondial	3
12.	Franco Bertoni	I	MV-Agusta	2
13.	Otello Spadoni	I	FB-Mondial	2
14.	Giuseppe Matucci	I	MV-Agusta	1
15.	Emilio Mendogni	I	Morini	1
16.	Antonio Elizade	E	Montesa	1
17.	José Llobet	E	Montesa	1

(*): Les trois meilleurs résultats sont pris en compte pour le championnat.

(*): Die drei besten Resultate wurden für die Gesamtwertung der Meisterschaft gezählt.

(*): The three best results counted towards the championship.

Edgar Bart, «JFA-MZ» 125

Erwald Kluge, DKW

1951 — 125 cc

Champion: **Bruno Ruffo (Italy, Moto Guzzi), 22 points (26), 2 wins**

1951 — 250 cc

1) May 27 : Switzerland - Bern

18 laps = 131.040 km

1. D. Ambrosini	I	Benelli	1 h.05'32.1
			= 119.800 km/h
2. B. Ruffo	I	Moto Guzzi	1 h.06'42.9
3. Gi. Leoni	I	Moto Guzzi	1 h.08'32.4
4. B. Musy	CH	Moto Guzzi	1 h.09'22.3
5. C. Sandford	GB	Velocette	1 lap
6. N. Grieco	I	Parilla	1 lap

Number of finishers: 12.
Fastest lap: D. Ambrosini (I, Benelli), 3'29.9 = 124.858 km/h.

2) June 6 : Tourist Trophy - Isle of Man

4 laps = 242.892 km

1. T. Wood	GB	Moto Guzzi	1 h.51'15.8
			= 130.982 km/h
2. D. Ambrosini	I	Benelli	1 h.51'24.2
3. E. Lorenzetti	I	Moto Guzzi	1 h.55'08.7
4. W. Hutt	GB	Moto Guzzi	1 h.57'48.6
5. A. Wheeler	GB	Velocette	2 h.00'34.0
6. F. Purslow	GB	Norton	2 h.02'28.8

Number of finishers: 15.
Fastest lap: F. Anderson (GB, Moto Guzzi), 27'03.0 = 134.702 km/h.

3) July 14 : France - Albi

15 laps = 133.515 km

1. B. Ruffo	I	Moto Guzzi	58'28.5
			= 136.990 km/h
2. Gi. Leoni	I	Moto Guzzi	58'29.4
3. T. Wood	GB	Moto Guzzi	1 h.00'20.3
4. F. Anderson	GB	Moto Guzzi	1 h.00'20.7
5. B. Lomas	GB	Velocette	1 h.01'04.4
6. W. Gerber	CH	Moto Guzzi	1 h.02'00.9

Number of finishers: 9.
Fastest lap: B. Ruffo (I, Moto Guzzi), 3'40.8 = 145.017 km/h.

4) August 18 : Ulster - Belfast-Clady

12 laps = 318.576 km

1. B. Ruffo	I	Moto Guzzi	2 h.16'44.6
			139.780 km/h
2. M. Cann	GB	Moto Guzzi	2 h.16'59.0
3. A. Wheeler	GB	Velocette	2 h.23'13.0
4. T. Wood	GB	Moto Guzzi	2 h.25'52.0
5. D. Beasley	GB	Velocette	2 h.32'29.0
6. N. Blemings	IRL	Excelsior	2 h.37'48.0

Number of finishers: 12.
Fastest lap: B. Ruffo (I, Moto Guzzi), 11'05.0 = 143.827 km/h.

5) September 9 : Italy - Monza

20 laps = 126.000 km

1. E. Lorenzetti	I	Moto Guzzi	52'34''6
			= 143.790 km/h
2. T. Wood	GB	Moto Guzzi	52'35.2
3. B. Ruffo	I	Moto Guzzi	54'22.3
4. A. Montanari	I	Moto Guzzi	54'31.5
5. B. Francisci	I	Moto Guzzi	54'42.5
6. G. Paciocca	I	Moto Guzzi	55'09.2

Number of finishers: 9.
Fastest lap: B. Ruffo (I, Moto Guzzi), 2'29.1 = 152.002 km/h.

WORLD CHAMPIONSHIP (*)

1.	Bruno Ruffo	I	Moto Guzzi	22 (26)
2.	Tommy Wood	GB	Moto Guzzi	18 (21)
3.	Dario Ambrosini	I	Benelli	14
4.	Enrico Lorenzetti	I	Moto Guzzi	12
5.	Gianni Leoni	I	Moto Guzzi	10
6.	Maurice Cann	GB	Moto Guzzi	6
7.	Arthur Wheeler	GB	Velocette	6
8.	Fergus Anderson	GB	Moto Guzzi	3
9.	Benoît Musy	CH	Moto Guzzi	3
10.	William Hutt	GB	Moto Guzzi	3
11.	Alano Montanari	I	Moto Guzzi	3
12.	Cecil Sandford	GB	Velocette	2
13.	Bill Lomas	GB	Velocette	2
14.	Douglas Beasley	GB	Velocette	2
15.	Bruno Francisci	I	Moto Guzzi	2
16.	Nino Grieco	I	Parilla	1
17.	Fron Purslow	GB	Norton	1
18.	Werner Gerber	CH	Moto Guzzi	1
19.	Norman Blemings	IRL	Excelsior	1
20.	Guido Paciocca	I	Moto Guzzi	1

(*): Les trois meilleurs résultats sont pris en compte pour le championnat. Le chiffre entre parenthèses correspond aux points «bruts».

(*): Die drei besten Resultate wurden für die Gesamtwertung der Meisterschaft gezählt. Die Zahlen in Klammern entsprechen dem "Brutto"-Punktetotal.

(*): The three best results counted towards the championship. The figures in brackets correspond to the gross number of points.

Bern
Bruno Ruffo (12), Dario Ambrosini (14), Nino Grieco (24), Gianni Leoni (10), Claudio Mastellari (20), Heinz Thorn Prikker (2)

Bern
Benoit Musy- Guzzi (36), Gianni Leoni- Guzzi (10), Bruno Ruffo- Guzzi (12), Heinz Thorn Prikker- Guzzi (2), Claudio Mastellari, Guzzi (20), Nino Grieco- Parilla (24), Cécil Sandford- Velocette (4)

1951 — 250 cc

Champion: **Geoffrey Duke (Great Britain, Norton), 32 points (40), 5 wins**

1951 — 350 cc

1) April 8 : Spain - Montjuich

25 laps = 150.825 km

1. T. Wood	GB	Velocette	1 h.36'21.0 = 93.920 km/h
2. L. Graham	GB	Velocette	1 h.38'51.0
3. W. Petch	GB	AJS	1 lap
4. F. Aranda	E	Velocette	1 lap
5. J. Raffeld	B	Velocette	1 lap
6. J. Grace	GIB	Norton	1 lap

Number of finishers: 12.
Fastest lap: T. Wood (GB, Velocette), 3'47.0 = 95.595 km/h.

2) May 27 : Switzerland - Bern

21 laps = 152.880 km

1. L. Graham	GB	Velocette	1 h.10'48.5 = 129.540 km/h
2. C. Sandford	GB	Velocette	1 h.12'07.1
3. R. Armstrong	IRL	AJS	1 h.12'37.0
4. P. Fuhrer	CH	Velocette	1 lap
5. S. Mason	GB	Velocette	1 lap
6. L. Fassl	A	AJS	1 lap

Number of finishers: 14.
Fastest lap: R. Armstrong (IRL, AJS), 3'12.2 = 136.311 km/h.

3) June 8 : Tourist Trophy - Isle of Man

7 laps = 425.061 km

1. G. Duke	GB	Norton	2 h.56'17.6 = 144.680 km/h
2. J. Lockett	GB	Norton	2 h.59'35.8
3. J. Brett	GB	Norton	3 h.00'22.4
4. M. Featherstone	GB	AJS	3 h.03'35.8
5. B. Lomas	GB	Velocette	3 h.04'05.6
6. B. Foster	GB	Velocette	3 h.04'51.6

Number of finishers: 61.
Fastest lap: G. Duke (GB, Norton), 24'45.5 = 147.061 km/h.

4) July 1 : Belgium - Spa-Francorchamps

11 laps = 155.320 km

1. G. Duke	GB	Norton	57'34.3 = 161.169 km/h
2. J. Lockett	GB	Norton	58'15.0
3. B. Lomas	GB	Velocette	58'16.0
4. C. Sandford	GB	Velocette	58'17.0
5. W. Doran	GB	AJS	58'17.1
6. M. Featherstone	GB	AJS	58'18.0

Number of finishers: 28.
Fastest lap: G. Duke (GB, Norton), 5'11.6 = 162.994 km/h.

5) July 7 : The Netherlands - Assen

15 laps = 248.040 km

1. W. Doran	GB	AJS	1 h.44'18.1 = 142.680 km/h
2. W. Petch	GB	AJS	1 h.44'43.0
3. K. Kavanagh	AUS	Norton	1 h.46'32.0
4. R. Coleman	NZ	AJS	1 h.47'11.9
5. S. Sandys-Winsch	GB	Velocette	1 h.49'11.8
6. B. Matthews	IRL	Velocette	1 h.50'50.0

Number of finishers: 16.
Fastest lap: W. Doran (GB, AJS), 6'45.4 = 146.749 km/h.

6) July 14 : France - Albi

17 laps = 151.317 km

1. G. Duke	GB	Norton	1 h.04'05.1 = 141.670 km/h
2. J. Brett	GB	Norton	1 h.05'08.1
3. W. Doran	GB	AJS	1 h.05'22.8
4. J. Lockett	GB	Norton	1 h.05'23.3
5. R. Armstrong	IRL	AJS	1 h.05'24.4
6. R. Coleman	NZ	AJS	1 h.07'13.9

Number of finishers: 17.
Fastest lap: W. Doran (GB, AJS), 3'38.0 = 146.900 km/h.

7) August 18 : Ulster - Belfast-Clady

13 laps = 345.124 km

1. G. Duke	GB	Norton	2 h.12'58.0 = 155.860 km/h
2. K. Kavanagh	AUS	Norton	2 h.15.14.2
3. J. Lockett	GB	Norton	2 h.15.14.4
4. R. Armstrong	IRL	AJS	2 h.16'57.8
5. W. Doran	GB	AJS	2 h.16.58.0
6. J. Brett	GB	Norton	2 h.18'32.4

Number of finishers: 28.
Fastest lap: G. Duke (GB, Norton), 10'04.0 = 158.359 km/h.

8) September 9 : Italy - Monza

24 laps = 151.200 km

1. G. Duke	GB	Norton	57'29.9 = 157.778 km/h
2. K. Kavanagh	AUS	Norton	57'30.4
3. J. Brett	GB	Norton	58'10.7
4. W. Doran	GB	AJS	58'50.3
5. R. Armstrong	IRL	AJS	58'50.3
6. R. Coleman	NZ	AJS	58'51.0

Number of finishers: 15.
Fastest lap: G. Duke (GB, Norton), 2'19.8 = 162.235 km/h.

WORLD CHAMPIONSHIP (*)

1.	Geoffrey Duke	GB	Norton	32 (40)
2.	William «Bill» Doran	GB	AJS	17 (19)
3.	Johnny Lockett	GB	Norton	19
4.	Ken Kavanagh	AUS	Norton	16
5.	Jack Brett	GB	Norton	15
6.	Leslie Graham	GB	Velocette	14
7.	Reginald Armstrong	IRL	AJS	11
8.	William Petch	GB	AJS	10
9.	Cecil Sandford	GB	Velocette	9
10.	Tommy Wood	GB	Velocette	8
11.	Bill Lomas	GB	Velocette	6
12.	Rodney Coleman	NZ	AJS	5
13.	Mick Featherstone	GB	AJS	4
14.	Fernando Aranda	E	Velocette	3
15.	Paul Fuhrer	CH	Velocette	3
16.	Jacques Raffeld	B	Velocette	2
17.	Sidney Mason	GB	Velocette	2
18.	Simon Sandys-Winsch	GB	Velocette	2
19.	Leonhard Fassl	A	AJS	1
20.	Bob Foster	GB	Velocette	1
21.	John Grace	GIB	Norton	1
22.	Bob Matthews	IRL	Velocette	1

(*): Les cinq meilleurs résultats sont pris en compte pour le championnat. Le chiffre entre parenthèses correspond aux points «bruts».

(*): Die fünf besten Resultate wurden für die Gesamtwertung der Meisterschaft gezählt. Die Zahlen in Klammern entsprechen dem "Brutto"-Punktetotal.

(*): The five best results counted towards the championship. The figures in brackets correspond to the gross number of points.

Arnold Irschi, Velocette (42) - Harry Zweifeld, Norton (56)

Genéve (1950)

Champion: **Geoffrey Duke (Great Britain, Norton), 35 points (37), 4 wins**

1951 — 500 cc

1) April 8 : Spain - Montjuich

34 laps = 205.122 km

1. U. Masetti	I	Gilera	2 h.10'56.0	= 94.013 km/h
2. T. Wood	GB	Norton	2 h.11'47.0	
3. A. Artesiani	I	MV-Agusta	2 h.11'57.0	
4. R. Montané	E	Norton	2 laps	
5. C. Bandirola	I	MV-Agusta	3 laps	
6. E. Vidal	E	Norton	9 laps	

Number of finishers: 6.
Fastest lap: E. Lorenzetti (I, Moto Guzzi), 3'45.0 = 96.399 km/h.

2) May 27 : Switzerland - Bern

28 laps = 203.840 km

1. F. Anderson	GB	Moto Guzzi	1 h.34'44.2	= 129.090 km/h
2. R. Armstrong	IRL	AJS	1 h.36'32.1	
3. E. Lorenzetti	I	Moto Guzzi	1 h.36'51.7	
4. C. Bandirola	I	MV-Agusta	1 h.37'11.6	
5. B. Musy	CH	Moto Guzzi	1 lap	
6. W. Lips	CH	Norton	2 laps	

Number of finishers: 12.
Fastest lap: F. Anderson (GB, Moto Guzzi), 3'15.2 = 134.262 km/h.

3) June 8 : Tourist Trophy - Isle of Man

7 laps = 425.061 km

1. G. Duke	GB	Norton	2 h.48'56.8	= 151.004 km/h
2. W. Doran	GB	AJS	2 h.53.19.2	
3. C. McCandless	IRL	Norton	2 h.55'27.0	
4. T. McEwan	GB	Norton	3 h.02'26.6	
5. M. Barrington	IRL	Norton	3 h.04'03.4	
6. A. Parry	GB	Norton	3 h.04'30.2	

Number of finishers: 39.
Fastest lap: G. Duke (GB, Norton), 23'47.0 = 153.241 km/h.

4) July 1 : Belgium - Spa-Francorchamps

14 laps = 197.680 km

1. G. Duke	GB	Norton	1 h.09'03.0	= 171.770 km/h
2. A. Milani	I	Gilera	1 h.09'28.3	
3. S. Geminiani	I	Moto Guzzi	1 h.09'32.9	
4. R. Armstrong	IRL	AJS	1 h.10'01.0	
5. N. Pagani	I	Gilera	1 h.10'23.0	
6. J. Lockett	GB	Norton	1 h.10'30.0	

Number of finishers: 21.
Fastest lap: G. Duke (GB, Norton), 4'52.8 = 173.487 km/h.

5) July 7 : The Netherlands - Assen

18 laps = 297.648 km

1. G. Duke	GB	Norton	1 h.56'03.9	= 154.070 km/h
2. A. Milani	I	Gilera	1 h.56'14.4	
3. E. Lorenzetti	I	Moto Guzzi	1 h.57'55.7	
4. J. Lockett	GB	Norton	1 h.57'55.9	
5. J. Brett	GB	Norton	1 h.58'48.0	
6. L.-V. Perry	NZ	Norton	1 h.59'36.0	

Number of finishers: 11.
Fastest lap: U. Masetti (I, Gilera), 6'20.0 = 156.556 km/h.

6) July 14 : France - Albi

23 laps = 204.723 km

1. A. Milani	I	Gilera	1 h.16'52.6	= 159.780 km/h
2. W. Doran	GB	AJS	1 h.17'00.6	
3. N. Pagani	I	Gilera	1 h.17'03.5	
4. U. Masetti	I	Gilera	1 h.17'38.2	
5. G. Duke	GB	Norton	1 h.17'38.5	
6. J. Brett	GB	Norton	1 h.17'40.2	

Number of finishers: 17.
Fastest lap: A. Milani (I, Gilera), 3'17.3 = 162.311 km/h.

7) August 18 : Ulster - Belfast-Clady

15 laps = 398.220 km

1. G. Duke	GB	Norton	2 h.36'06.4	= 153.176 km/h
2. K. Kavanagh	AUS	Norton	2 h.38'56.0	
3. U. Masetti	I	Gilera	2 h.39'31.4	
4. A. Milani	I	Gilera	2 h.42'45.0	
5. J. Lockett	GB	Norton	2 h.46'30.0	
6. W. Doran	GB	AJS	1 lap	

Number of finishers: 19.
Fastest lap: A. Milani (I, Gilera), 10'11.0 = 156.540 km/h.

8) September 9 : Italy - Monza

32 laps = 201.600 km

1. A. Milani	I	Gilera	1 h.11'24.3	= 169.392 km/h
2. U. Masetti	I	Gilera	1 h.12'13.1	
3. N. Pagani	I	Gilera	1 h.12'14.2	
4. G. Duke	GB	Norton	1 h.12'31.8	
5. B. Ruffo	I	Moto Guzzi	1 h.12'51.9	
6. W. Doran	GB	AJS	1 h.12'52.4	

Number of finishers: 17.
Fastest lap: A. Milani (I, Gilera), 2'11.4 = 172.489 km/h.

WORLD CHAMPIONSHIP (*)

1.	Geoffrey Duke	GB	Norton	35 (37)
2.	Alfredo Milani	I	Gilera	31
3.	Umberto Masetti	I	Gilera	21
4.	William «Bill» Doran	GB	AJS	14
5.	Nello Pagani	I	Gilera	10
6.	Reginald Armstrong	IRL	AJS	9
7.	Fergus Anderson	GB	Moto Guzzi	8
8.	Enrico Lorenzetti	I	Moto Guzzi	8
9.	Ken Kavanagh	AUS	Norton	6
10.	Tommy Wood	GB	Norton	6
11.	Johnny Lockett	GB	Norton	6
12.	Carlo Bandirola	I	MV-Agusta	5
13.	Arciso Artesiani	I	MV-Agusta	4
14.	Sante Geminiani	I	Moto Guzzi	4
15.	Cromie McCandless	IRL	Norton	4
16.	Roger Montané	E	Norton	3
17.	Tommy McEvan	GB	Norton	3
18.	Jack Brett	GB	Norton	3
19.	Manliff Barrington	IRL	Norton	2
20.	Benoît Musy	CH	Moto Guzzi	2
21.	Bruno Ruffo	I	Moto Guzzi	2
22.	Ernesto Vidal	E	Norton	1
23.	Willy Lips	CH	Norton	1
24.	Alan Parry	GB	Norton	1
25.	Len- V. Perry	NZ	Norton	1

(*): Les cinq meilleurs résultats sont pris en compte pour le championnat. Le chiffre entre parenthèses correspond aux points «bruts».

(*): Die fünf besten Resultate wurden für die Gesamtwertung der Meisterschaft gezählt. Die Zahlen in Klammern entsprechen dem "Brutto"-Punktetotal.

(*): The five best results counted towards the championship. The figures in brackets correspond to the gross number of points. The figures in brackets correspond to the gross number of points.

Alfredo Milani, Gilera 500

Bruno Bertacchini - MV Agusta

1951 — side-cars

Champions: Eric Oliver/Lorenzo Dobelli (GreatBritain/Italy, Norton), 24 points (32), 3 wins

1) April 8 : Spain - Montjuich

17 laps = 102.561 km

1. E. Oliver/L. Dobelli	GB/I	Norton	1 h.16'03.1	= 80.919 km/h
2. E. Frigerio/E. Ricotti	I	Gilera	1 h.18'07.2	
3. A. Milani/G. Pizzocri	I	Gilera	1 h.18'30.6	
4. G. Carru/C. Musso	I	Carru-Triumph	1 lap	
5. S. Vogel/L. Vinatzer	A	BMW	1 lap	
6. M. Masuy/D. Jenkinson	B/GB	Norton	1 lap	

Number of finishers: 7.
Fastest lap: E. Oliver/L. Dobelli (GB/I, Norton), 4'21.0 = 83.042 km/h.

2) May 27 : Switzerland - Bern

16 laps = 116.480 km

1. E. Frigerio/E. Ricotti	I	Gilera	1 h.01'27.6 = 113.713 km/h
2. A. Milani/G. Pizzocri	I	Gilera	1 h.03'31.2
3. E. Merlo/E. Magri	I	Gilera	1 h.04'24.0
4. M. Masuy/D. Jenkinson	B/GB	Norton	1 h.05'19.5
5. E. Oliver/L. Dobelli	GB/I	Norton	1 lap
6. G. Carru/C. Musso	I	Carru-Triumph	1 lap

Number of finishers: 13.
Fastest lap: E. Oliver/L. Dobelli (GB/I, Norton), 3'38.9 = 119.726 km/h.

3) July 1 : Belgium - Spa-Francorchamps

7 laps = 98.840 km

1. E. Oliver/L. Dobelli	GB/I	Norton	42'38.6 = 139.068 km/h
2. E. Frigerio/E. Ricotti	I	Gilera	42'56.9
3. P. Harris/N. Smith	GB	Norton	44'34.3
4. C. Smith/B. Onslow	GB	Norton	44'34.6
5. F. Vanderschrick/J.-M. Tass	B	Norton	46'04.5
6. A. Milani/G. Pizzocri	I	Gilera	46'09.8

Number of finishers: 12.
Fastest lap: E. Oliver/L. Dobelli (GB/I, Norton), 6'01.7 = 140.415 km/h.

4) July 14 : France - Albi

12 laps = 106.812 km

1. E. Oliver/L. Dobelli	GB/I	Norton	48'23.3 = 132.443 km/h
2. E. Frigerio/E. Ricotti	I	Gilera	48'35.0
3. J. Murit/A. Emo	F	Norton	1 lap
4. J. Drion/B. Onslow	F/GB	Norton	1 lap
5. R. Bétemps/G. Burgraff	F	Triumph	1 lap
6. A. Vervroegen/P. Cuvelier	B	FN	1 lap

Number of finishers: 10.
Fastest lap: E. Oliver/L. Dobelli (GB/I, Norton) and E. Frigerio/E. Ricotti (I, Gilera), 3'59.1 = 133.945 km/h.

5) September 9 : Italy - Monza

16 laps = 100.800 km

1. A. Milani/G. Pizzocri	I	Gilera	42'01.0 = 143.943 km/h
2. E. Oliver/L. Dobelli	GB/I	Norton	42'01.4
3. P. Harris/N. Smith	GB	Norton	1 lap
4. H. Haldemann/J. Albisser	CH	Norton	1 lap
5. J. Drion/B. Onslow	F/GB	Norton	1 lap
6. J. Murit/A. Emo	F	Norton	1 lap

Number of finishers: 14.
Fastest lap: E. Oliver/L. Dobelli (GB/I, Norton), 2'34.7 = 146.530 km/h.

WORLD CHAMPIONSHIP (*)

1.	Eric Oliver/Lorenzo Dobelli	GB/I	Norton	24 (32)
2.	Ercole Frigerio/Ezio Ricotti	I	Gilera	20 (26)
3.	Albino Milani/Giuseppe Pizzocri	I	Gilera	18 (19)
4.	Peter «Pip» Harris/Niel Smith	GB	Norton	8
5.	Jean Murit/André Emo	F	Norton	5
6.	Jacques Drion/Bob Onslow	F/GB	Norton	5
7.	Ernesto Merlo/Edoardo Magri	I	Gilera	4
8.	Giuseppe Carru/Carlo Musso	I	Carru-Triumph	4
9.	Marcel Masuy/Denis Jenkinson	B/GB	Norton	4
10.	Cyril Smith/Bob Onslow	GB	Norton	3
11.	Hans Haldemann/Jost Albisser	CH	Norton	3
12.	Siegfried Vogel/Leo Vinatzer	A	BMW	2
13.	Frans Vanderschrick/Jean-Marie Tass	B	Norton	2
14.	René Bétemps/Georges Burgraff	F	Triumph	2
15.	Alphons Vervroegen/Pierre Cuvelier	B	FN	1

(*): les trois meilleurs résultats sont pris en compte pour le championnat.
Le chiffre entre parenthèses correspond aux points «bruts».

(*): Die drei besten Resultate wurden für die Gesamtwertung der Meisterschaft gezählt.
Die Zahlen in Klammern entsprechen dem "Brutto"-Punktetotal.

(*): The three best results counted towards the championship.
The figures in brackets correspond to the gross number of points.

1951 — Side-Cars

Ercole Frigerio / Edoardo Ricotti, Gilera 500

Ernesto Merlo / Edoardo Magri, Gilera 500

Champion: **Cecil Sandford (Great Britain, MV-Agusta), 28 points (32), 3 wins**

1952 — 125 cc

1) June 11 : Tourist Trophy - Isle of Man

3 laps = 182.169 km

1. C. Sandford	GB	MV-Agusta	1 h.29'54.8
			= 121.570 km/h
2. C. Ubbiali	I	FB-Mondial	1 h.31'35.0
3. L. Parry	GB	FB-Mondial	1 h.34'02.6
4. C. McCandless	IRL	FB-Mondial	1 h.37'13.4
5. A. Copeta	I	MV-Agusta	1 h.38'33.4
6. F. Burman	GB	EMC-Puch	1 h.47'34.0

Number of finishers: 12.
Fastest lap: C. Sandford (GB, MV-Agusta), 29'46.0 = 122.422 km/h.

2) June 28 : The Netherlands - Assen

7 laps = 115.752 km

1. C. Sandford	GB	MV-Agusta	54'43.6
			= 126.890 km/h
2. C. Ubbiali	I	FB-Mondial	55'08.7
3. L. Zinzani	I	Morini	55'22.0
4. G. Sala	I	MV-Agusta	55'36.4
5. A. Copeta	I	MV-Agusta	55'57.9
6. L. Simons	NL	FB-Mondial	56'19.2

Number of finishers: 13.
Fastest lap: C. Sandford (GB, MV-Agusta), 7'44.6 = 128.039 km/h.

3) July 20 : West Germany - Solitude

10 laps = 114.530 km

1. W. Haas	D	NSU	58'28.8
			= 117.633 km/h
2. C. Ubbiali	I	FB-Mondial	58'29.5
3. C. Sandford	GB	MV-Agusta	58'41.9
4. A. Copeta	I	MV-Agusta	59'27.0
5. H. Luttenberger	D	NSU	1 h.00'26.8
6. L. Zinzani	I	Morini	1 h.02'22.4

Number of finishers: 10
Fastest lap: W. Haas (D, NSU), 5'44.0 = 120.378 km/h.

4) August 16 : Ulster -Belfast- Clady

11 laps = 292.028 km

1. C. Sandford	GB	MV-Agusta	2 h.20'34.2
			= 124.627 km/h
2. B. Lomas	GB	MV-Agusta	2 h.22.40.1
3. C. Salt	GB	MV-Agusta	1 lap

Number of finishers: 3.
Fastest lap: C. Sandford (GB, MV-Agusta), 12'36.0 = 126.510 km/h.

5) September 14 : Italy - Monza

16 laps = 100.800 km

1. E. Mendogni	I	Morini	44'30.2
			= 135.899 km/h
2. C. Ubbiali	I	FB-Mondial	44'30.5
3. L. Graham	GB	MV-Agusta	44'30.8
4. L. Zinzani	I	Morini	44'31.2
5. G. Sala	I	MV-Agusta	44'53.3
6. H. Luttenberger	D	NSU	45'10.6

Number of finishers: 9.
Fastest lap: G. Sala (I, MV-Agusta), 2'43.4 = 138.709 km/h.

6) October 5 : Spain - Montjuich

24 laps = 100.920 km

1. E. Mendogni	I	Morini	1 h.05'12.3
			= 92.863 km/h
2. L. Graham	GB	MV-Agusta	1 h.05'29.9
3. C. Sandford	GB	MV-Agusta	1 h.07'12.5
4. R. Ferri	I	Morini	1 h.07'58.4
5. H.-P. Müller	D	FB-Mondial	1 lap
6. L. Zinzani	I	Morini	1 lap

Number of finishers: 13.
Fastest lap: E. Mendogni (I, Morini), 2'39.9 = 94.629 km/h.

WORLD CHAMPIONSHIP (*)

1.	Cecil Sandford	GB	MV-Agusta	28 (32)
2.	Carlo Ubbiali	I	FB-Mondial	24
3.	Emilio Mendogni	I	Morini	16
4.	Leslie Graham	GB	MV-Agusta	10
5.	Luigi Zinzani	I	Morini	9
6.	Werner Haas	D	NSU	8
7.	Angelo Copeta	I	MV-Agusta	7
8.	Bill Lomas	GB	MV-Agusta	6
9.	Guido Sala	I	MV-Agusta	5
10.	Len Parry	GB	FB-Mondial	4
11.	Charlie Salt	GB	MV-Agusta	4
12.	Romolo Ferri	I	Morini	3
13.	Cromie McCandless	IRL	FB-Mondial	3
14.	Hubert Luttenberger	D	NSU	3
15.	Hermann-Paul Müller	D	FB-Mondial	2
16.	Frank Burman	GB	EMC-Puch	1
17.	Lodewig Simons	NL	FB-Mondial	1

(*): Les quatre meilleurs résultats sont pris en compte pour le championnat. Le chiffre entre parenthèses correspond aux points «bruts».

(*): Die vier besten Resultate wurden für die Gesamtwertung der Meisterschaft gezählt. Die Zahlen in Klammern entsprechen dem "Brutto"-Punktetotal.

(*): The four best results counted towards the championship. The figures in brackets correspond to the gross number of points.

Moto-Guzzi 250

Heinz Thorn-Prikker, Moto-Guzzi 250

1952 — 125 cc

Champion: **Enrico Lorenzetti (Italy, Moto Guzzi), 28 points (34), 2 wins**

1952 — 250 cc

1) May 17 : Switzerland - Bern

18 laps = 131.040 km

1. F. Anderson	GB	Moto Guzzi	57'23.3
			= 137.015 km/h
2. E. Lorenzetti	I	Moto Guzzi	57'29.1
3. L. Graham	GB	Benelli	57'47.7
4. A. Montanari	I	Moto Guzzi	1 h.00'47.8
5. N. Grieco	I	Parilla	1 lap
6. G. Gehring	D	Moto Guzzi	1 lap

Number of finishers: 8.
Fastest lap: E. Lorenzetti (I, Moto Guzzi), 3'06.8 = 140.222 km/h.

2) June 11 : Tourist Trophy - Isle of Man

4 laps = 242.892 km

1. F. Anderson	GB	Moto Guzzi	1 h.48'08.6
			= 134.890 km/h
2. E. Lorenzetti	I	Moto Guzzi	1 h.48'40.8
3. S. Lawton	GB	Moto Guzzi	1 h.49'43.2
4. L. Graham	GB	Velocette	1 h.50'22.0
5. M. Cann	GB	Moto Guzzi	1 h.50'51.6
6. B. Ruffo	I	Moto Guzzi	1 h.51'26.0

Number of finishers: 22.
Fastest lap: B. Ruffo (I, Moto Guzzi), 26'42.0 = 136.504 km/h.

3) June 28 : The Netherlands - Assen

10 laps = 165.360 km

1. E. Lorenzetti	I	Moto Guzzi	1 h.12'30.3
			= 136.850 km/h
2. B. Ruffo	I	Moto Guzzi	1 h.12'30.9
3. F. Anderson	GB	Moto Guzzi	1 h.13'22.1
4. A. Wheeler	GB	Moto Guzzi	1 h.16'17.0
5. B. Webster	GB	Velocette	1 lap
6. S. Postma	NL	Moto Guzzi	1 lap

Number of finishers: 8.
Fastest lap: B. Ruffo (I, Moto Guzzi), 6'59.9 = 141.702 km/h.

4) July 20 : West Germany - Solitude

12 laps = 137.436 km

1. R. Felgenheier	D	DKW	1 h.05'51.3
			= 125.357 km/h
2. H. Thorn-Prikker	D	Moto Guzzi	1 h.06'42.5
3. H. Gablenz	D	Horex	1 h.08'15.8
4. E. Kluge	D	DKW	1 h.08'23.0
5. G. Gehring	D	Moto Guzzi	1 h.08'23.5
6. A. Wheeler	GB	Moto Guzzi	1 h.08'48.7

Number of finishers: 10.
Fastest lap: B. Ruffo (I, Moto Guzzi), 5'19.6 = 127.508 km/h.

5) August 15 : Ulster - Belfast - Clady

12 laps = 318.576 km

1. M. Cann	GB	Moto Guzzi	2 h.17'52.8
			= 138.750 km/h
2. E. Lorenzetti	I	Moto Guzzi	2 h.18'25.0
3. L. Graham	GB	Velocette	2 h.21'09.5
4. R. Mead	GB	Velocette	2 h.26'43.1
5. B. Rood	GB	Velocette	2 h.29'06.0
6. R. Petty	GB	Norton	2 h.30'39.0

Number of finishers: 14.
Fastest lap: E. Lorenzetti (I, Moto Guzzi), 11'08.0 = 143.183 km/h.

6) September 14 : Italy - Monza

20 laps = 126.000 km

1. E. Lorenzetti	I	Moto Guzzi	50'07.2
			= 150.837 km/h
2. W. Haas	D	NSU	50'07.2
3. F. Anderson	GB	Moto Guzzi	50'08.2
4. A. Montanari	I	Moto Guzzi	50'18.1
5. R. Colombo	I	NSU	50'29.1
6. B. Francisci	I	Moto Guzzi	52'16.6

Number of finishers: 7.
Fastest lap: W. Haas (D, NSU), 2'27.5 = 153.760 km/h.

WORLD CHAMPIONSHIP (*)

1.	Enrico Lorenzetti	I	Moto Guzzi	28 (34)
2.	Fergus Anderson	GB	Moto Guzzi	24
3.	Leslie Graham	GB	Benelli/Velocette	11
4.	Maurice Cann	GB	Moto Guzzi	10
5.	Rudolf Felgenheier	D	DKW	8
6.	Bruno Ruffo	I	Moto Guzzi	7
7.	Werner Haas	D	NSU	6
8.	Heinz Thorn-Prikker	D	Moto Guzzi	6
9.	Alano Montanari	I	Moto Guzzi	6
10.	Hermann Gablenz	D	Horex	4
11.	Syd Lawton	GB	Moto Guzzi	4
12.	Arthur Wheeler	GB	Moto Guzzi	4
13.	Ron Mead	GB	Velocette	3
14.	Ewald Kluge	D	DKW	3
15.	Gotthilf Gehring	D	Moto Guzzi	3
16.	Roberto Colombo	I	NSU	2
17.	Nino Grieco	I	Parilla	2
18.	Benny Rood	GB	Velocette	2
19.	Bill Webster	GB	Velocette	2
20.	Bruno Francisci	I	Moto Guzzi	1
21.	Ray Petty	GB	Norton	1
22.	Sijbren Postma	NL	Moto Guzzi	1

(*): Les quatre meilleurs résultats sont pris en compte pour le championnat. Le chiffre entre parenthèses correspond aux points «bruts».

(*): Die vier besten Resultate wurden für die Gesamtwertung der Meisterschaft gezählt. Die Zahlen in Klammern entsprechen dem "Brutto"-Punktetotal.

(*): The four best results counted towards the championship. The figures in brackets correspond to the gross number of points.

Excelsior 500 TT

Gilera 500 «Saturno»

1952 — 250 cc

Champion: **Geoffrey Duke (Great Britain, Norton), 32 points, 4 wins**

1952 — 350 cc

1) May 18 : Switzerland - Bern

21 laps = 152.880 km

1. G. Duke	GB	Norton	1 h.02'13.6
			= 147.409 km/h
2. R. Coleman	NZ	AJS	1 h.03'06.6
3. R. Armstrong	IRL	Norton	1 h.04'15.7
4. J. Brett	GB	AJS	1 h.04'33.8
5. S. Lawton	GB	AJS	1 lap
6. R. Amm	RHO	Norton	1 lap

Number of finishers: 20.
Fastest lap: G. Duke (GB, Norton), 2'54.5 = 150.189 km/h.

2) June 13 : Tourist Trophy - Isle of Man

7 laps = 425.061 km

1. G. Duke	GB	Norton	2 h.55'30.6
			= 145.308 km/h
2. R. Armstrong	IRL	Norton	2 h.56'57.8
3. R. Coleman	NZ	AJS	2 h.58'12.4
4. B. Lomas	GB	AJS	3 h.03'41.0
5. S. Lawton	GB	AJS	3 h.07'05.0
6. G. Brown	GB	AJS	3 h.07'33.4

Number of finishers: 58.
Fastest lap: G. Duke (GB, Norton), 24'53.0 = 146.450 km/h.

3) June 28 : The Netherlands - Assen

12 laps = 198.432 km

1. G. Duke	GB	Norton	1 h.19'31.9
			= 149.720 km/h
2. R. Amm	RHO	Norton	1 h.19'46.2
3. R. Coleman	NZ	AJS	1 h.19'47.6
4. R. Armstrong	IRL	Norton	1 h.19'54.9
5. K. Kavanagh	AUS	Norton	1 h.20'03.1
6. J. Brett	GB	AJS	1 h.20'28.4

Number of finishers: 20.
Fastest lap: G. Duke (GB, Norton), 6'30.6 = 152.324 km/h.

4) July 6 : Belgium - Spa-Francorchamps

11 laps = 155.320 km

1. G. Duke	GB	Norton	56'57.8
			= 163.792 km/h
2. R. Amm	RHO	Norton	57'04.8
3. R. Armstrong	IRL	Norton	57'37.0
4. J. Brett	GB	AJS	57'43.6
5. B. Lomas	GB	AJS	59'23.0
6. L. Graham	GB	Velocette	59'41.5

Number of finishers: 21.
Fastest lap: G. Duke (GB, Norton), 5'06.1 = 166.003 km/h.

5) July 20 : West Germany - Solitude

14 laps = 160.342 km

1. R. Armstrong	IRL	Norton	1 h.13'49.9
			= 130.441 km/h
2. K. Kavanagh	AUS	Norton	1 h.13'50.2
3. B. Lomas	GB	AJS	1 h.14'18.2
4. S. Lawton	GB	Norton	1 h.14'19.1
5. E. Kluge	D	DKW	1 h.15.38.0
6. E. Ring	AUS	AJS	1 h.16'59.2

Number of finishers: 10.
Fastest lap: B. Lomas (GB, AJS), 5'09.0 = 133.559 km/h.

6) August 16 : Ulster - Belfast - Clady

13 laps = 345.124 km

1. K. Kavanagh	AUS	Norton	2 h.15'43.8
			= 152.694 km/h
2. R. Armstrong	IRL	Norton	2 h.17'06.1
3. R. Coleman	NZ	AJS	2 h.18'46.0
4. J. Brett	GB	AJS	2 h.18'50.0
5. E. Ring	AUS	AJS	2 h.22'18.5
6. M. O'Rourke	GB	AJS	2 h.22'56.0

Number of finishers: 30.
Fastest lap: K. Kavanagh (AUS, Norton), 10'12.0 = 156.283 km/h.

7) September 14 : Italy - Monza

24 laps = 151.200 km

1. R. Amm	RHO	Norton	57'43.6
			= 157.154 km/h
2. R. Coleman	NZ	AJS	58'15.1
3. R. Sherry	GB	AJS	58'15.2
4. J. Brett	GB	AJS	58'58.4
5. A. Goffin	B	Norton	58'58.9
6. R. Schnell	D	Horex	1 lap

Number of finishers: 7.
Fastest lap: R. Amm (RHO, Norton), 2'19.8 = 162.235 km/h.

WORLD CHAMPIONSHIP (*)

1.	Geoffrey Duke	GB	Norton	32
2.	Reginald Armstrong	IRL	Norton	24 (31)
3.	Ray Amm	RHO	Norton	21
4.	Rodney Coleman	NZ	AJS	20 (24)
5.	Ken Kavanagh	AUS	Norton	16
6.	Jack Brett	GB	AJS	12 (13)
7.	Bill Lomas	GB	AJS	9
8.	Syd Lawton	GB	AJS/Norton	7
9.	Robin Sherry	GB	AJS	4
10.	Ernie Ring	AUS	AJS	3
11.	Auguste Goffin	B	Norton	2
12.	Ewald Kluge	D	DKW	2
13.	George Brown	GB	AJS	1
14.	Roland Schnell	D	Horex	1
15.	Leslie Graham	GB	Velocette	1
16.	Michael O'Rourke	GB	AJS	1

(*): Les quatre meilleurs résultats sont pris en compte pour le championnat. Le chiffre entre parenthèses correspond aux points «bruts».

(*): Die vier besten Resultate wurden für die Gesamtwertung der Meisterschaft gezählt. Die Zahlen in Klammern entsprechen dem "Brutto"-Punktetotal.

(*): The four best results counted towards the championship. The figures in brackets correspond to the gross number of points.

Ruedi Knees, AJS 350

Hans Baltisberger, AJS 350

1952 — 350 cc

1952 — 500 cc

Champion: **Umberto Masetti (Italy, Gilera), 28 points, 2 wins**

1) May 18 : Switzerland - Bern

28 laps = 203.840 km

1. J. Brett	GB	AJS	1 h.21'03.0
			= 150.988 km/h
2. W. Doran	GB	AJS	1 h.21'23.6
3. C. Bandirola	I	MV-Agusta	1 h.22'31.4
4. N. Pagani	I	Gilera	1 h.23'04.8
5. R. Coleman	NZ	AJS	1 h.23'31.1
6. R. Amm	RHO	Norton	1 lap

Number of finishers: 14.
Fastest lap: J. Brett (GB, AJS), 2'48.3 = 155.722 km/h.

2) June 13 : Tourist Trophy - Isle of Man

7 laps = 425.061 km

1. R. Armstrong	IRL	Norton	2 h.50'28.4
			= 149.621 km/h
2. L. Graham	GB	MV-Agusta	2 h.50'55.0
3. R. Amm	RHO	Norton	2 h.51'31.6
4. R. Coleman	NZ	AJS	2 h.56'39.0
5. B. Lomas	GB	AJS	2 h.58'39.0
6. C. McCandless	IRL	Norton	2 h.58'51.2

Number of finishers: 41.
Fastest lap: G. Duke (GB, Norton), 23'52.0 = 152.694 km/h.

3) June 28 : The Netherlands - Assen

16 laps = 264.576 km

1. U. Masetti	I	Gilera	1 h.41'28.9
			= 156.460 km/h
2. G. Duke	GB	Norton	1 h.41'30.1
3. K. Kavanagh	AUS	Norton	1 h.42'37.1
4. R. Armstrong	IRL	Norton	1 h.43'15.2
5. R. Coleman	NZ	AJS	1 h.44'33.1
6. N. Pagani	I	Gilera	1 h.44'34.0

Number of finishers: 14.
Fastest lap: U. Masetti (I, Gilera), 6'08.7 = 161.401 km/h.

4) July 6 : Belgium - Spa-Francorchamps

15 laps = 211.800 km

1. U. Masetti	I	Gilera	1 h.13'40.0
			= 172.506 km/h
2. G. Duke	GB	Norton	1 h.13'42.0
3. R. Amm	RHO	Norton	1 h.13'43.5
4. J. Brett	GB	AJS	1 h.16'08.0
5. R. Coleman	NZ	AJS	1 h.16'08.2
6. N. Pagani	I	Gilera	1 h.17'30.0

Number of finishers: 12.
Fastest lap: U. Masetti (I, Gilera), 4'48.7 = 175.981 km/h.

5) July 20 : West Germany - Solitude

18 laps = 206.154 km

1. R. Armstrong	IRL	Norton	1 h.32'35.7
			= 133.740 km/h
2. K. Kavanagh	AUS	Norton	1 h.32'36.1
3. S. Lawton	GB	Norton	1 h.32'36.3
4. L. Graham	GB	MV-Agusta	1 h.33'14.1
5. A. Goffin	B	Norton	1 h.37'07.5
6. H. Baltisberger	D	BMW	1 h.37'18.0

Number of finishers: 10.
Fastest lap: L. Graham (GB, MV-Agusta), 5'02.3 = 136.263 km/h.

6) August 16 : Ulster - Belfast - Clady

15 laps = 398.220 km

1. C. McCandless	IRL	Gilera	2 h.28'54.0
			= 160.600 km/h
2. R. Coleman	NZ	AJS	2 h.31'41.4
3. B. Lomas	GB	MV-Agusta	2 h.34'01.8
4. J. Brett	GB	AJS	2 h.35'08.0
5. P. Carter	IRL	Norton	2 h.37'21.4
6. J. Surtees	GB	Norton	1 lap

Number of finishers: 22.
Fastest lap: L. Graham (GB, MV-Agusta), 9'49.0 = 170.493 km/h.

7) September 14 : Italy - Monza

32 laps = 201.600 km

1. L. Graham	GB	MV-Agusta	1 h.10'40.3
			= 171.161 km/h
2. U. Masetti	I	Gilera	1 h.11'38.7
3. N. Pagani	I	Gilera	1 h.11'39.3
4. C. Bandirola	I	MV-Agusta	1 h.11'41.3
5. G. Colnago	I	Gilera	1 h.11'56.2
6. R. Armstrong	IRL	Norton	1 h.13'36.4

Number of finishers: 10.
Fastest lap: L. Graham (GB, MV-Agusta), 2'10.3 = 174.059 km/h.

8) October 5 : Spain - Montjuich

48 laps = 201.840 km

1. L. Graham	GB	MV-Agusta	2 h.06'18.2
			= 95.882 km/h
2. U. Masetti	I	Gilera	2 h.06'45.1
3. K. Kavanagh	AUS	Norton	2 h.06'48.5
4. N. Pagani	I	Gilera	2 h.07'19.2
5. R. Armstrong	IRL	Norton	2 h.07'40.9
6. S. Lawton	GB	Norton	2 h.07'42.0

Number of finishers: 15.
Fastest lap: U. Masetti (I, Gilera), 2'33.0 = 98.507 km/h.

WORLD CHAMPIONSHIP (*)

1. Umberto Masetti   I   Gilera   28
2. Leslie Graham   GB   MV-Agusta   25
3. Reginald Armstrong IRL Norton   22
4. Rodney Coleman   NZ   AJS   15
5. Jack Brett   GB   AJS   14
6. Ken Kavanagh   AUS Norton   14
7. Geoffrey Duke   GB   Norton   12
8. Nello Pagani   I   Gilera   12
9. Cromie McCandless IRL Norton/Gilera   9
10. Ray Amm   RHO Norton   9
11. Carlo Bandirola   I   MV-Agusta   7
12. William «Bill» Doran GB AJS   6
13. Bill Lomas   GB   AJS/MV-Agusta   6
14. Syd Lawton   GB   Norton   5
15. Phil Carter   GB   Norton   2
16. Giuseppe Colnago I   Gilera   2
17. Auguste Goffin   B   Norton   2
18. Hans Baltisberger D   BMW   1
19. John Surtees   GB   Norton   1

(*): Les cinq meilleurs résultats sont pris en compte pour le championnat.

(*): Die fünf besten Resultate wurden für die Gesamtwertung der Meisterschaft gezählt.

(*): The five best results counted towards the championship.

MV Agusta 500

Leslie Graham, MV Agusta

1952 — 500 cc

1952 — side-cars

Champions: Cyril Smith/Robert «Bob» Clements (Great Britain, Norton), 20 points (28), 1 win

1) May 18 : Switzerland - Bern

16 laps = 116.480 km

1. A. Milani/G. Pizzocri	I	Gilera	54'54.3	= 127.289 km/h
2. C. Smith/R. Clements	GB	Norton	54'59.7	
3. J. Drion/I. Stoll	F/D	Norton	57'41.4	
4. F. Aubert/R. Aubert	CH	Norton	1 lap	
5. M. Masuy/J. Nies	B	Norton	1 lap	
6. J. Murit/A. Emo	F	Norton	1 lap	

Number of finishers: 16.
Fastest lap: E. Frigerio/E. Ricotti (I, Gilera), 3'22.1 = 129.678 km/h.

2) July 6 : Belgium - Spa-Francorchamps

8 laps = 112.960 km

1. E. Oliver/E. Bliss	GB	Norton	46'53.0	= 144.562 km/h
2. A. Milani/G. Pizzocri	I	Gilera	46'54.0	
3. C. Smith/R. Clements	GB	Norton	47'10.0	
4. E. Merlo/E. Magri	I	Gilera	48'26.0	
5. M. Masuy/J. Nies	B	Norton	50'11.0	
6. J. Drion/I. Stoll	F/D	Norton	50'14.0	

Number of finishers: 17.
Fastest lap: E. Oliver/E. Bliss (GB, Norton), 5'44.0 = 147.705 km/h.

3) July 20 : West Germany - Solitude

10 laps = 114.530 km

1. C. Smith/R. Clements	GB	Norton	59'17.0	= 116.100 km/h
2. E. Merlo/E. Magri	I	Gilera	59'17.3	
3. J. Drion/I. Stoll	F/D	Norton	1 h.01'05.0	
4. M. Masuy/J. Nies	B	Norton	1 h.01'07.1	
5. J. Deronne/B. Leys	B	Norton	1 h.01'08.4	
6. W. Noll/F. Cron	D	BMW	1 h.01'15.6	

Number of finishers: 10.
Fastest lap: E. Merlo/E. Magri (I, Gilera), 5'48.2 = 118.528 km/h.

4) September 14 : Italy - Monza

16 laps = 100.800 km

1. E. Merlo/E. Magri	I	Gilera	40'57.4	= 147.668 km/h
2. C. Smith/R. Clements	GB	Norton	41'55.2	
3. A. Milani/G. Pizzocri	I	Gilera	42'43.6	
4. J. Drion/I. Stoll	F/D	Norton	1 lap	
5. M. Masuy/J. Nies	B	Norton	1 lap	
6. L. Taylor/P. Glover	GB	Norton	1 lap	

Number of finishers: 8.
Fastest lap: E. Merlo/E. Magri (I, Gilera), 2'31.2 = 149.990 km/h.

5) October 5 : Spain - Montjuich

24 laps = 100.920 km

1. E. Oliver/E. Bliss	GB	Norton	1 h.09'49.1	= 86.627 km/h
2. J. Drion/I. Stoll	F/D	Norton	1 h.10'12.3	
3. C. Smith/R. Clements	GB	Norton	1 h.10'38.5	
4. O. Schmid/O. Kölle	D	Norton	1 lap	
5. R. Betemps/A. Drivet	F	Triumph	1 lap	
6. R. Koch/A. Flach	D	BMW	2 laps	

Number of finishers: 7.
Fastest lap: E. Merlo/E. Magri (I, Gilera), 2'49.7 = 89.141 km/h.

WORLD CHAMPIONSHIP (*)

1.	Cyril Smith/Robert «Bob» Clements	GB	Norton	20 (28)
2.	Albino Milani/Giuseppe Pizzocri	I	Gilera	18
3.	Ernesto Merlo/Edoardo Magri	I	Gilera	17
4.	Eric Oliver/Eric Bliss	GB	Norton	16
5.	Jacques Drion/Inge Stoll	F/D	Norton	14 (18)
6.	Marcel Masuy/Jules Nies	B	Norton	7 (9)
7.	Ferdinand Aubert/René Aubert	CH	Norton	3
8.	Otto Schmid/Otto Kölle	D	Norton	3
9.	Julien Deronne/Bruno Leys	B	Norton	2
10.	René Bétemps/André Drivet	F	Triumph	2
11.	Jean Murit/André Emo	F	Norton	1
12.	Wilhelm Noll/Fritz Cron	D	BMW	1
13.	Len Taylor/Peter Glover	GB	Norton	1
14.	Rudolf Koch/Adolf Flach	D	BMW	1

(*): Les trois meilleurs résultats sont pris en compte pour le championnat.
Le chiffre entre parenthèses correspond aux points «bruts».

(*): Die drei besten Resultate wurden für die Gesamtwertung der Meisterschaft gezählt.
Die Zahlen in Klammern entsprechen dem "Brutto"-Punktetotal.

(*): The three best results counted towards the championship.
The figures in brackets correspond to the gross number of points.

Gilera 4 cylindres / 4 cylinder Gilera / Gilera 4-Zylinder

Bern: le champion allemand Wiggerl Krauss essayant le side Gilera usine des italiens Ercole Frigerio (debout à droite) / Edoardo Ricotti
Bern: German champion Wiggerl Kraus tries the Gilera works outfit of Italians Ercole Frigerio (standing on right) and Edoardo Ricotti.
Bern: Der deutsche Meister Wiggerl Krauss testet den Seitenwagen von Gilera, der von den Italienern Ercole Frigerio (rechts stehend) und Edoardo Ricotti gebaut wurde.

1952 — Side-Cars

Champion: **Werner Haas (Germany, NSU), 30 points (36), 3 wins**

1953 — 125 cc

1) June 10 : Tourist Trophy - Isle of Man

3 laps = 182.169 km

1. L. Graham	GB	MV-Agusta	1 h.27'19.0
			= 125.191 km/h
2. W. Haas	D	NSU	1 h.28'00.0
3. C. Sandford	GB	MV-Agusta	1 h.28'02.0
4. A. Copeta	I	MV-Agusta	1 h.32'29.0
5. A.-W. Jones	GB	MV-Agusta	1 h.40'39.0
6. B. Webster	GB	MV-Agusta	1 h.41'16.0

Number of finishers: 12.
Fastest lap: L. Graham (GB, MV-Agusta), 28'57.0 = 125.866 km/h.

2) June 27 : The Netherlands - Assen

7 laps = 115.752 km

1. W. Haas	D	NSU	54'32.6
			= 126.978 km/h
2. C. Ubbiali	I	MV-Agusta	55'19.2
3. C. Sandford	GB	MV-Agusta	55'58.8
4. L. Zinzani	I	Morini	57'19.3
5. D. Veer	NL	Morini	1 h.01'31.1
6. L. Simons	NL	FB-Mondial	1 h.01'31.9

Number of finishers: 14.
Fastest lap: W. Haas (D, NSU), 7'41.3 = 128.618 km/h.

3) July 19 : West Germany - Schotten

7 laps = 112.560 km

1. C. Ubbiali	I	MV-Agusta	1 h.00'34.7
			= 111.500 km/h
2. W. Haas	D	NSU	1 h.00'36.4
3. O. Daiker	D	NSU	1 h.00'57.9
4. A. Copeta	I	MV-Agusta	1 h.02'06.8
5. W. Reichert	D	NSU	1 h.02'56.8
6. K. Lottes	D	MV-Agusta	1 h.03'37.1

Number of finishers: 10.
Fastest lap: W. Haas (D, NSU), 8'26.1 = 114.327 km/h.

4) August 13 : Ulster - Dundrod

10 laps = 119.230 km

1. W. Haas	D	NSU	58'26.3
			= 120.540 km/h
2. C. Sandford	GB	MV-Agusta	59'43.0
3. R. Armstrong	IRL	NSU	59'43.2
4. O. Daiker	D	NSU	1 h.00'48.0
5. T. Forconi	I	MV-Agusta	1 h.01'12.0
6. F. Purslow	GB	MV-Agusta	1 lap

Number of finishers: 7.
Fastest lap: W. Haas (D, NSU), 5'51.0 = 122.406 km/h.

5) September 6 : Italy - Monza

16 laps = 100.800 km

1. W. Haas	D	NSU	43'01.4
			= 140.059 km/h
2. E. Mendogni	I	Morini	43'01.9
3. C. Ubbiali	I	MV-Agusta	43'12.0
4. A. Copeta	I	MV-Agusta	43'44.0
5. W. Brandt	D	NSU	44'48.7
6. P. Campanelli	I	MV-Agusta	1 lap

Number of finishers: 11.
Fastest lap: W. Haas (D, NSU), 2'37.0 = 144.358 km/h.

6) October 4 : Spain - Montjuich

27 laps = 102.330 km

1. A. Copeta	I	MV-Agusta	1 h.05'38.0
			= 95.562 km/h
2. C. Sandford	GB	MV-Agusta	1 h.06'09.2
3. R. Hollaus	A	NSU	1 h.06'42.5
4. W. Brandt	D	NSU	1 lap
5. M. Cama	E	Montesa	1 lap
6. G. Braun	D	FB-Mondial	1 lap

Number of finishers: 12.
Fastest lap: C. Ubbiali (I, MV-Agusta), 2'19.0 = 98.588 km/h.

WORLD CHAMPIONSHIP (*)

1.	Werner Haas	D	NSU	30 (36)
2.	Cecil Sandford	GB	MV-Agusta	20
3.	Carlo Ubbiali	I	MV-Agusta	18
4.	Angelo Copeta	I	MV-Agusta	17
5.	Leslie Graham	GB	MV-Agusta	8
6.	Otto Daiker	D	NSU	7
7.	Emilio Mendogni	I	Morini	6
8.	Wolfgang Brandt	D	NSU	5
9.	Reginald Armstrong	IRL	NSU	4
10.	Ruppert Hollaus	A	NSU	4
11.	Luigi Zinzani	I	Morini	3
12.	Marcelo Cama	E	Montesa	2
13.	Tito Forconi	I	MV-Agusta	2
14.	Alan-W. Jones	GB	MV-Agusta	2
15.	Walter Reichert	D	NSU	2
16.	Drikus Veer	NL	Morini	2
17.	Georg Braun	D	FB-Mondial	1
18.	Paolo Campanelli	I	MV-Agusta	1
19.	Karl Lottes	D	MV-Agusta	1
20.	Lodewig Simons	NL	FB-Mondial	1
21.	Bill Webster	GB	MV-Agusta	1
22.	Fron Purslow	GB	MV-Agusta	1

(*): Les quatre meilleurs résultats sont pris en compte pour le championnat. Le chiffre entre parenthèses correspond aux points «bruts».

(*): Die vier besten Resultate wurden für die Gesamtwertung der Meisterschaft gezählt. Die Zahlen in Klammern entsprechen dem "Brutto"-Punktetotal.

(*): The four best results counted towards the championship. The figures in brackets correspond to the gross number of points.

Werner Haas, NSU 250

1953 — 125 cc

Champion: **Werner Haas (Germany, NSU), 28 points (35), 2 wins**

1953 — 250 cc

1) June 10 : Tourist Trophy - Isle of Man

4 laps = 242.892 km

1. F. Anderson	GB	Moto Guzzi	1 h.46'53.0
			= 136.360 km/h
2. W. Haas	D	NSU	1 h.47'10.0
3. S. Wünsche	D	DKW	1 h.51'20.0
4. A. Wheeler	GB	Moto Guzzi	1 h.52'40.0
5. S.-A. Willis	AUS	Velocette	2 h.00'08.0
6. T. Wood	GB	Moto Guzzi	2 h.01'02.0

Number of finishers: 18.
Fastest lap: F. Anderson (GB, Moto Guzzi), 26'29.0 = 137.631 km/h.

2) June 27 : The Netherlands - Assen

10 laps = 165.360 km

1. W. Haas	D	NSU	1 h.07'26.5
			= 146.973 km/h
2. F. Anderson	GB	Moto Guzzi	1 h.07'28.1
3. R. Armstrong	IRL	NSU	1 h.07'31.4
4. E. Lorenzetti	I	Moto Guzzi	1 h.10'31.2
5. S. Wünsche	D	DKW	1 h.10'56.0
6. A. Hobl	D	DKW	1 h.11'35.6

Number of finishers: 14.
Fastest lap: W. Haas (D, NSU), 6'39.1 = 148.639 km/h.

3) July 19 : West Germany - Schotten

9 laps = 144.720 km

1. W. Haas	D	NSU	1 h.12'30.4
			= 119.800 km/h
2. A. Montanari	I	Moto Guzzi	1 h.13'15.9
3. A. Hobl	D	DKW	1 h.13'25.5
4. W. Reichert	D	NSU	1 h.14'41.0
5. O. Daiker	D	NSU	1 h.15'44.0
6. R. Hollaus	A	Moto Guzzi	1 h.16'57.0

Number of finishers: 10.
Fastest lap: W. Haas (D, NSU), 7'49.8 = 123.114 km/h.

4) August 14 : Ulster - Dundrod

25 laps = 298.075 km

1. R. Armstrong	IRL	NSU	2 h.15'03.0
			= 131.630 km/h
2. W. Haas	D	NSU	2 h.15'43.0
3. F. Anderson	GB	Moto Guzzi	2 h.17'51.1
4. E. Lorenzetti	I	Moto Guzzi	2 h.20'44.0
5. O. Daiker	D	NSU	1 lap
6. A. Wheeler	GB	Moto Guzzi	2 laps

Number of finishers: 13.
Fastest lap: R. Armstrong (IRL, NSU), 5'18.0 = 135.104 km/h.

5) August 22 : Switzerland - Bern

18 laps = 131.040 km

1. R. Armstrong	IRL	NSU	55'17.52
			= 142.199 km/h
2. A. Montanari	I	Moto Guzzi	55'39.54
3. F. Anderson	GB	Moto Guzzi	55'40.84
4. E. Lorenzetti	I	Moto Guzzi	56'27.02
5. O. Daiker	D	NSU	57'27.66
6. W. Haas	D	NSU	57'53.47

Number of finishers: 15.
Fastest lap: R. Armstrong (IRL, NSU), 3'01.0 = 144.792 km/h.

6) September 6 : Italy - Monza

20 laps = 126.000 km

1. E. Lorenzetti	I	Moto Guzzi	47'38.7
			= 158.637 km/h
2. W. Haas	D	NSU	47'42.0
3. A. Montanari	I	Moto Guzzi	47'54.7
4. R. Armstrong	IRL	NSU	48'25.8
5. W. Brandt	D	NSU	49'09.7
6. U. Masetti	I	NSU	1 lap

Number of finishers: 21.
Fastest lap: E. Lorenzetti (I, Moto Guzzi), 2'20.6 = 161.207 km/h.

7) October 4 : Spain - Montjuich

33 laps = 125.070 km

1. E. Lorenzetti	I	Moto Guzzi	1 h.20'32.6
			= 93.196 km/h
2. K. Kavanagh	AUS	Moto Guzzi	1 h.21'05.8
3. F. Anderson	GB	Moto Guzzi	1 h.21'15.5
4. A. Montanari	I	Moto Guzzi	1 h.21'16.6
5. T. Wood	GB	Moto Guzzi	1 h.22'14.3
6. A. Hobl	D	DKW	1 h.22'47.5

Number of finishers: 10.
Fastest lap: A. Montanari (I, Moto Guzzi), 2'21.0 = 96.722 km/h.

WORLD CHAMPIONSHIP (*)

1.	Werner Haas	D	NSU	28 (35)
2.	Reginald Armstrong	IRL	NSU	23
3.	Fergus Anderson	GB	Moto Guzzi	22 (26)
4.	Enrico Lorenzetti	I	Moto Guzzi	22 (25)
5.	Alano Montanari	I	Moto Guzzi	19
6.	Ken Kavanagh	AUS	Moto Guzzi	6
7.	Siegfried Wünsche	D	DKW	6
8.	August Hobl	D	DKW	6
9.	Otto Daiker	D	NSU	6
10.	Arthur Wheeler	GB	Moto Guzzi	4
11.	Walter Reichert	D	NSU	3
12.	Tommy Wood	GB	Moto Guzzi	3
13.	Wolfgang Brandt	D	NSU	2
14.	Sidney-A. Willis	AUS	Velocette	2
15.	Ruppert Hollaus	A	Moto Guzzi	1
16.	Umberto Masetti	I	NSU	1

(*): Les quatre meilleurs résultats sont pris en compte pour le championnat. Le chiffre entre parenthèses correspond aux points «bruts».

(*): Die vier besten Resultate wurden für die Gesamtwertung der Meisterschaft gezählt. Die Zahlen in Klammern entsprechen dem "Brutto"-Punktetotal.

(*): The four best results counted towards the championship. The figures in brackets correspond to the gross number of points.

Felice Benasedo, Moto-Guzzi 500

Jean Behra, Guzzi

1953 — 250 cc

Champion: **Fergus Anderson (Great Britain, Moto Guzzi), 30 points (34), 3 wins**

1953 — 350 cc

1) June 8 : Tourist Trophy - Isle of Man

7 laps = 425.061 km

1. R. Amm	RHO	Norton	2 h.55'05.0	
			= 145.678 km/h	
2. K. Kavanagh	AUS	Norton	2 h.55'14.6	
3. F. Anderson	GB	Moto Guzzi	2 h.57'40.6	
4. J. Brett	GB	Norton	2 h.58'40.4	
5. W. Doran	GB	AJS	3 h.02'23.0	
6. D. Farrant	GB	AJS	3 h.03'05.0	

Number of finishers: 56.
Fastest lap: R. Amm (RHO, Norton), 24'40.0 = 147.769 km/h.

2) June 27 : The Netherlands - Assen

12 laps = 198.432 km

1. E. Lorenzetti	I	Moto Guzzi	1 h.18'54.7
			= 150.465 km/h
2. R. Amm	RHO	Norton	1 h.19'31.0
3. K. Kavanagh	AUS	Norton	1 h.20'29.3
4. J. Brett	GB	Norton	1 h.20'43.6
5. E. Ring	AUS	AJS	1 h.21'18.1
6. W. Doran	GB	AJS	1 h.21'48.6

Number of finishers: 26.
Fastest lap: F. Anderson (GB, Moto Guzzi), 6'26.9 = 153.338 km/h.

3) July 5 : Belgium - Spa-Francorchamps

11 laps = 155.320 km

1. F. Anderson	GB	Moto Guzzi	56'00.9
			= 166.367 km/h
2. E. Lorenzetti	I	Moto Guzzi	56'02.8
3. R. Amm	RHO	Norton	56'16.0
4. J. Brett	GB	Norton	56'42.1
5. K. Kavanagh	AUS	Norton	56'44.0
6. R. Coleman	NZ	AJS	56'52.1

Number of finishers: 26.
Fastest lap: R. Amm (RHO, Norton), 4'58.0 = 170.429 km/h.

4) August 2 : France - Rouen

30 laps = 153.000 km

1. F. Anderson	GB	Moto Guzzi	1 h.13'24.7
			= 125.048 km/h
2. Pi. Monneret	F	AJS	1 h.15'20.0
3. E. Lorenzetti	I	Moto Guzzi	1 h.15'23.0
4. J. Albisser	CH	Norton	1 lap
5. T. Wood	GB	Norton	1 lap
6. R.-J. Laurent	NZ	AJS	1 lap

Number of finishers: 7.
Fastest lap: R. Amm (RHO, Norton), 2'22.9 = 128.425 km/h.

5) August 15 : Ulster - Dundrod

28 laps = 333.844 km

1. K.-H. Mudford	NZ	Norton	2 h.28'18.0
			= 135.260 km/h
2. B. McIntyre	GB	AJS	2 h.29'06.0
3. R. Coleman	NZ	AJS	2 h.30'38.0
4. H.-A. Pearce	GB	Velocette	2 h.30'48.0
5. M. Templeton	IRL	AJS	2 h.31'16.0
6. K.-W. Harwood	GB	AJS	2 h.38'23.0

Number of finishers: 22.
Fastest lap: K. Mudford (NZ, Norton), 5'03.0 = 141.799 km/h.

6) August 22 : Switzerland - Bern

21 laps = 152.880 km

1. F. Anderson	GB	Moto Guzzi	1 h.02'49.2
			= 146.013 km/h
2. K. Kavanagh	AUS	Norton	1 h.03'20.2
3. R. Coleman	NZ	AJS	1 h.03'21.1
4. J. Brett	GB	Norton	1 h.04'02.5
5. D. Farrant	GB	AJS	1 h.04'33.5
6. K. Hofmann	D	DKW	1 h.05'05.4

Number of finishers: 16.
Fastest lap: F. Anderson (GB, Moto Guzzi), 2'55.5 = 149.186 km/h.

7) September 6 : Italy - Monza

24 laps = 151.200 km

1. E. Lorenzetti	I	Moto Guzzi	56'35.5
			= 160.305 km/h
2. F. Anderson	GB	Moto Guzzi	56'45.6
3. D. Agostini	I	Moto Guzzi	57'04.8
4. A. Hobl	D	DKW	1 lap
5. L.-T. Simpson	NZ	AJS	1 lap
6. T. McAlpine	AUS	Norton	1 lap

Number of finishers: 14.
Fastest lap: E. Lorenzetti (I, Moto Guzzi), 2'18.8 = 163.267 km/h.

Roland Schnell, Orex 350

WORLD CHAMPIONSHIP (*)

1.	Fergus Anderson	GB	Moto Guzzi	30 (34)
2.	Enrico Lorenzetti	I	Moto Guzzi	26
3.	Ray Amm	RHO	Norton	18
4.	Ken Kavanagh	AUS	Norton	18
5.	Jack Brett	GB	Norton	12
6.	Robert «Bob» Coleman	NZ	AJS	9
7.	Kenneth-Herbert Mudford	NZ	Norton	8
8.	Bob McIntyre	GB	AJS	6
9.	Pierre Monneret	F	AJS	6
10.	Duilio Agostini	I	Moto Guzzi	4
11.	Jost Albisser	CH	Norton	3
12.	August Hobl	D	DKW	3
13.	Harry-A. Pearce	GB	Velocette	3
14.	William «Bill» Doran	GB	AJS	3
15.	Derek Farrant	GB	AJS	3
16.	Leo-Trevor Simpson	NZ	AJS	2
17.	Tommy Wood	GB	Norton	2
18.	Ernie Ring	AUS	AJS	2
19.	Malcolm Templeton	IRL	AJS	2
20.	Tony McAlpine	AUS	Norton	1
21.	K.-W. Harwood	GB	AJS	1
22.	Karl Hofmann	D	DKW	1
23.	Ray-John Laurent	NZ	AJS	1

(*): Les quatre meilleurs résultats sont pris en compte pour le championnat. Le chiffre entre parenthèses correspond aux points «bruts».

(*): Die vier besten Resultate wurden für die Gesamtwertung der Meisterschaft gezählt. Die Zahlen in Klammern entsprechen dem "Brutto"-Punktetotal.

(*): The four best results counted towards the championship. The figures in brackets correspond to the gross number of points.

Ray Amm, Norton 500 «Long-nose»

Luigi Taveri, Norton

1953 — 350 cc

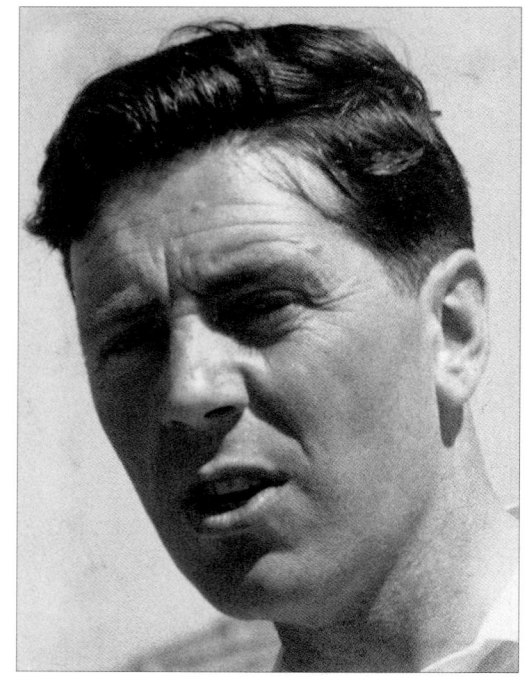

Champion: **Geoffrey Duke (Great Britain, Gilera), 32 points (38), 4 wins**

1953 — 500 cc

1) June 12 : Tourist Trophy - Isle of Man

7 laps = 425.061 km

1. R. Amm	RHO	Norton	2 h.48'51.8 = 151.037 km/h
2. J. Brett	GB	Norton	2 h.49'03.8
3. R. Armstrong	IRL	Gilera	2 h.49'16.8
4. R. Coleman	NZ	AJS	2 h.50'49.6
5. W. Doran	GB	AJS	2 h.54'25.0
6. P. Davey	GB	Norton	3 h.02'13.0

Number of finishers: 36.
Fastest lap: R. Amm (RHO, Norton), 23'15.0 = 156.766 km/h.

2) June 27 : The Netherlands - Assen

16 laps = 264.576 km

1. G. Duke	GB	Gilera	1 h.38'23.3 = 160.895 km/h
2. R. Armstrong	IRL	Gilera	1 h.39'10.4
3. K. Kavanagh	AUS	Norton	1 h.39'19.1
4. G. Colnago	I	Gilera	1 h.40'34.7
5. J. Brett	GB	Norton	1 h.41'59.4
6. W. Doran	GB	AJS	1 h.47'49.9

Number of finishers: 13.
Fastest lap: R. Amm (RHO, Norton), 6'05.3 = 162.398 km/h.

3) July 5 : Belgium - Spa-Francorchamps

15 laps = 211.800 km

1. A. Milani	I	Gilera	1 h.11'47"8 = 177.401 km/h
2. R. Amm	RHO	Norton	1 h.12'12.0
3. R. Armstrong	IRL	Gilera	1 h.12'13.0
4. K. Kavanagh	AUS	Norton	1 h.13'14.0
5. R. Coleman	NZ	AJS	1 h.13'22.0
6. R. Dale	GB	Gilera	1 h.13'22.0

Number of finishers: 19.
Fastest lap: G. Duke (GB, Gilera), 4'41.0 = 180.777 km/h.

4) August 2 : France - Rouen

40 laps = 204.000 km

1. G. Duke	GB	Gilera	1 h.34'09.2 = 130.000 km/h
2. R. Armstrong	IRL	Gilera	1 h.34'26.0
3. A. Milani	I	Gilera	1 h.35'13.6
4. K. Kavanagh	AUS	Norton	1 h.35'23.6
5. G. Colnago	I	Gilera	1 h.35'40.9
6. J. Brett	GB	Norton	1 h.36'14.6

Number of finishers: 9.
Fastest lap: R. Armstrong (IRL, Gilera), 2'18.3 = 132.658 km/h.

5) August 15 : Ulster - Dundrod

30 laps = 357.690 km

1. K. Kavanagh	AUS	Norton	2 h.28'38.0 = 144.590 km/h
2. G. Duke	GB	Gilera	2 h.29'31.0
3. J. Brett	GB	Norton	2 h.30'03.0
4. R. Armstrong	IRL	Gilera	2 h.32'12.0
5. D. Farrant	GB	AJS	2 h.33'40.0
6. K. Mudford	NZ	Norton	1 lap

Number of finishers: 27.
Fastest lap: K. Kavanagh (AUS, Norton) and G. Duke (GB, Gilera), 4'51.0 = 147.641 km/h.

6) August 23 : Switzerland - Bern

28 laps = 203.840 km

1. G. Duke	GB	Gilera	1 h.17'24.02 = 158.015 km/h
2. A. Milani	I	Gilera	1 h.17'36.26
3. R. Armstrong	IRL	Gilera	1 h.18'32.35
4. G. Colnago	I	Gilera	1 h.19'17.15
5. R. Coleman	NZ	AJS	1 h.19'26.12
6. D. Farrant	GB	AJS	1 h.19'38.84

Number of finishers: 17.
Fastest lap: R. Coleman (NZ, AJS), 2'41.2 = 162.479 km/h.

7) September 6 : Italy - Monza

32 laps = 201.600 km

1. G. Duke	GB	Gilera	1 h.10'18.3 = 172.046 km/h
2. R. Dale	GB	Gilera	1 h.10'59.4
3. L. Liberati	I	Gilera	1 h.11'10.1
4. R. Armstrong	IRL	Gilera	1 h.11'16.9
5. C. Sandford	GB	MV-Agusta	1 h.12'00.9
6. H.-P. Müller	D	MV-Agusta	1 lap

Number of finishers: 15.
Fastest lap: R. Dale (GB, Gilera), 2'10.8 = 173.825 km/h.

8) October 4 : Spain - Montjuich

53 laps = 200.870 km

1. F. Anderson	GB	Moto Guzzi	2 h.04'46.8 = 96.603 km/h
2. C. Bandirola	I	MV-Agusta	2 h.05'12.0
3. R. Dale	GB	Gilera	2 h.05'35.7
4. G. Colnago	I	Gilera	2 h.06'43.2
5. N. Pagani	I	Gilera	2 h.06'45.2
6. T. Wood	GB	Norton	1 lap

Number of finishers: 13.
Fastest lap: F. Anderson (GB, Moto Guzzi), 2'14.0 = 101.774 km/h.

WORLD CHAMPIONSHIP (*)

1. Geoffrey Duke — GB — Gilera — 32 (38)
2. Reginald Armstrong — GB — Gilera — 24 (30)
3. Alfredo Milani — I — Gilera — 18
4. Ken Kavanagh — AUS — Norton — 18
5. Ray Amm — RHO — Norton — 14
6. Jack Brett — GB — Norton — 13
7. Richard «Dickie» Dale — GB — Gilera — 11
8. Giuseppe Colnago — I — Gilera — 11
9. Fergus Anderson — GB — Moto Guzzi — 8
10. Rodney Coleman — NZ — AJS — 7
11. Carlo Bandirola — I — MV-Agusta — 6
12. Libero Liberati — I — Gilera — 4
13. William «Bill» Doran — GB — AJS — 3
14. Derek Farrant — GB — AJS — 3
15. Nello Pagani — I — Gilera — 2
16. Cecil Sandford — GB — MV-Agusta — 2
17. Peter Davey — GB — Norton — 1
18. Hermann-Paul Müller — D — MV-Agusta — 1
19. Kenneth-Herbert Mudford — NZ — Norton — 1
20. Tommy Wood — GB — Norton — 1

(*): Les quatre meilleurs résultats sont pris en compte pour le championnat. Le chiffre entre parenthèses correspond aux points «bruts».

(*): Die vier besten Resultate wurden für die Gesamtwertung der Meisterschaft gezählt. Die Zahlen in Klammern entsprechen dem "Brutto"-Punktetotal.

(*): The four best results counted towards the championship. The figures in brackets correspond to the gross number of points.

Jost Albisser

Rodney Coleman, AJS 500

Werner Gerber

1953 — 500 cc

1953 — side-cars

Champions: Eric Oliver/Stanley Dibben (Great Britain, Norton), 24 points (32), 4 wins

1) July 5 : Belgium - Spa-Francorchamps

8 laps = 112.960 km

1. E. Oliver/S. Dibben	GB	Norton	46'29.0	
			= 145.807 km/h	
2. C. Smith/B. Onslow	GB	Norton	46'30.2	
3. W. Krauss/B. Huser	D	BMW	47'45.0	
4. M. Masuy/J. Nies	B	Norton	47'46.5	
5. H. Haldemann/J. Albisser	CH	Norton	47'49.0	
6. W. Noll/F. Cron	D	BMW	49'32.0	

Number of finishers: 19.
Fastest lap: E. Oliver/S. Dibben (GB, Norton), 5'43.0 = 148.107 km/h.

2) August 2 : France - Rouen

20 laps = 102.000 km

1. E. Oliver/S. Dibben	GB	Norton	52'48.8
			= 115.879 km/h
2. C. Smith/R. Clements	GB	Norton	54'06.0
3. H. Haldemann/J. Albisser	CH	Norton	1 lap
4. J. Deronne/P. Leys	B	Norton	1 lap
5. M. Masuy/J. Nies	B	Norton	1 lap
6. J. Murit/F. Flahaut	F/MAR	Norton	1 lap

Number of finishers: 6.
Fastest lap: E. Oliver/S. Dibben (GB, Norton), 2'34.1 = 119.075 km/h.

3) August 15 : Ulster - Dundrod

10 laps = 119.230 km

1. C. Smith/R. Clements	GB	Norton	57'12.0
			= 125.180 km/h
2. P. Harris/R. Campbell	GB	Norton	59'08.0
3. J. Drion/I. Stoll	F/D	Norton	1 h.02'32.4
4. T. Bounds/R. Kings	IRL	Norton	1 lap
5. F. Purslow/D. Kay	GB	BSA	1 lap

Number of finishers: 5.
Fastest lap: E. Oliver/S. Dibben (GB, Norton), 5'37.2 = 127.411 km/h.

4) August 23 : Switzerland - Bern

16 laps = 116.480 km

1. E. Oliver/S. Dibben	GB	Norton	52'39.30
			= 132.728 km/h
2. C. Smith/R. Clements	GB	Norton	53'08.35
3. W. Noll/F. Cron	D	BMW	53'34.76
4. H. Haldemann/J. Albisser	CH	Norton	56'04.24
5. J. Drion/I. Stoll	F/D	Norton	1 lap
6. J. Deronne/P. Leys	B	Norton	1 lap

Number of finishers: 15.
Fastest lap: E. Oliver/S. Dibben (GB, Norton), 3'13.7 = 135.217 km/h.

5) September 6 : Italy - Monza

16 laps = 100.800 km

1. E. Oliver/S. Dibben	GB	Norton	42'18.3
			= 142.960 km/h
2. C. Smith/R. Clements	GB	Norton	42'18.4
3. J. Drion/I. Stoll	F/D	Norton	43'27.7
4. H. Haldemann/J. Albisser	CH	Norton	43'53.2
5. L. Taylor/P. Glover	GB	Norton	44'33.2
6. F. Hillebrand/M. Grünwald	D	BMW	44'53.2

Number of finishers: 14.
Fastest lap: E. Oliver/S. Dibben (GB, Norton) and C. Smith/R. Clements (GB, Norton), 2'34.5 = 146.723 km/h.

WORLD CHAMPIONSHIP (*)

1.	Eric Oliver/Stanley Dibben	GB	Norton	24 (32)
2.	Cyril Smith/Bob Onslow/Robert «Bob» Clements	GB	Norton	20 (32)
3.	Jacques Drion/Inge Stoll	F/D	Norton	10
4.	Hans Haldemann/Jost Albisser	CH	Norton	10 (12)
5.	Peter «Pip» Harris/Ray Campbell	GB	Norton	6
6.	Wilhelm Noll/Fritz Cron	D	BMW	5
7.	Marcel Masuy/Jules Nies	B	Norton	5
8.	Wiggerl Krauss/Bernhard Huser	D	BMW	4
9.	Julien Deronne/Bruno Leys	B	Norton	4
10.	Trevor Bounds/Robin King	IRL	Norton	3
11.	Fron Purslow/Dave Kay	GB	BSA	2
12.	Len Taylor/Peter Glover	GB	Norton	2
13.	Jean Murit/Francis Flahaut	F/MAR	Norton	1
14.	Fritz Hillebrand/Manfred Grünwald	D	BMW	1

(*): Les trois meilleurs résultats sont pris en compte pour le championnat.
Le chiffre entre parenthèses correspond aux points «bruts».

(*): Die drei besten Resultate wurden für die Gesamtwertung der Meisterschaft gezählt.
Die Zahlen in Klammern entsprechen dem "Brutto"-Punktetotal.

(*): The three best results counted towards the championship.
The figures in brackets correspond to the gross number of points.

Wilhelm Noll / Fritz Cron, BMW

Wiggerl Kraus / Bernhard Huser, BMW

1953 — Side-Cars

Champion: **Ruppert Hollaus (Austria, NSU), 32 points, 4 wins**

1954 — 125 cc

1) June 16 : Tourist Trophy - Isle of Man

10 laps = 173.640 km

1. R. Hollaus	A	NSU	1 h.33'03.4 = 111.960 km/h
2. C. Ubbiali	I	MV-Agusta	1 h.33'07.4
3. C. Sandford	GB	MV-Agusta	1 h.37'38.8
4. H. Baltisberger	D	NSU	1 h.38'25.0
5. I. Lloyd	GB	MV-Agusta	1 h.43'16.6
6. F. Purslow	GB	MV-Agusta	1 lap

Number of finishers: 9.
Fastest lap: R. Hollaus (A, NSU), 9'03.4 = 115.116 km/h.

2) June 26 : Ulster - Dundrod

12 laps = 144.804 km

1. R. Hollaus	A	NSU	1 h.09'20.0 = 123.920 km/h
2. H.-P. Müller	D	NSU	1 h.09'49.0
3. H. Baltisberger	D	NSU	1 h.10'23.0
4. W. Haas	D	NSU	1 h.11'32.0
5. C. Sandford	GB	MV-Agusta	1 h.12'23.0
6. A. Copeta	I	MV-Agusta	1 h.13'01.0

Number of finishers: 10.
Fastest lap: C. Ubbiali (I, MV-Agusta), 5'37.0 = 127.492 km/h.

3) July 10 : The Netherlands - Assen

7 laps = 115.752 km

1. R. Hollaus	A	NSU	50'21.7 = 137.391 km/h
2. H.-P. Müller	D	NSU	50'30.1
3. C. Ubbiali	I	MV-Agusta	50'50.4
4. H. Baltisberger	D	NSU	51'44.8
5. W. Haas	D	NSU	51'44.9
6. K. Lottes	D	MV-Agusta	1 lap

Number of finishers: 13.
Fastest lap: R. Hollaus (A, NSU), 7'07.0 = 138.822 km/h.

4) July 25 : West Germany - Solitude

10 laps = 114.530 km

1. R. Hollaus	A	NSU	54'08.3 = 127.000 km/h
2. W. Haas	D	NSU	54'47.6
3. C. Ubbiali	I	MV-Agusta	54'50.0
4. H.-P. Müller	D	NSU	55'49.4
5. C. Sandford	GB	MV-Agusta	56'55.7
6. K. Lottes	D	MV-Agusta	1 lap

Number of finishers: 22.
Fastest lap: R. Hollaus (A, NSU), 5'20.6 = 128.618 km/h.

5) September 12 : Italy - Monza

16 laps = 100.800 km

1. G. Sala	I	MV-Agusta	41'16.4 = 146.535 km/h
2. T. Provini	I	Mondial	42'06.8
3. C. Ubbiali	I	MV-Agusta	42'12.8
4. M. Genevini	I	MV-Agusta	2 laps
5. F. Bettoni	I	MV-Agusta	2 laps
6. W. Scheidhauer	D	MV-Agusta	2 laps

Number of finishers: 8.
Fastest lap: C. Ubbiali (I, MV-Agusta), 2'30.7 = 150.497 km/h.

6) October 3 : Spain - Montjuich

27 laps = 102.330 km

1. T. Provini	I	Mondial	59'38.5 = 103.912 km/h
2. R. Colombo	I	MV-Agusta	1 h.00'27.5
3. A. Elizade	E	Montesa	1 lap
4. J. Bertran	E	Montesa	1 lap
5. A. Paragues	E	Lube	2 laps
6. G. Corsin	E	MV-Agusta	2 laps

Number of finishers: 7.
Fastest lap: C. Ubbiali (I, MV-Agusta), 2'08.2 = 106.393 km/h.

WORLD CHAMPIONSHIP (*)

1.	Ruppert Hollaus	A	NSU	32
2.	Carlo Ubbiali	I	MV-Agusta	18
3.	Hermann-Paul Müller	D	NSU	15
4.	Tarquinio Provini	I	FB-Mondial	14
5.	Werner Haas	D	NSU	11
6.	Hans Baltisberger	D	NSU	10
7.	Guido Sala	I	MV-Agusta	8
8.	Cecil Sandford	GB	MV-Agusta	8
9.	Roberto Colombo	I	MV-Agusta	6
10.	Antonio Elizade	E	Montesa	4
11.	Juan Bertran	E	Montesa	3
12.	Massimo Genevini	I	MV-Agusta	3
13.	Federico Bettoni	I	MV-Agusta	2
14.	Ivan Lloyd	GB	MV-Agusta	2
15.	Arturo Paragues	E	Lube	2
16.	Karl Lottes	D	MV-Agusta	2
17.	Angelo Copeta	I	MV-Agusta	1
18.	Gabriel Corsin	E	MV-Agusta	1
19.	Fron Purslow	GB	MV-Agusta	1
20.	Willy Scheidhauer	D	MVAgusta	1

(*): Les quatre meilleurs résultats sont pris en compte pour le championnat.

(*): Die vier besten Resultate wurden für die Gesamtwertung der Meisterschaft gezählt.

(*): The four best results counted towards the championship.

Otto Daiker, NSU

Bill Lomas - Carlo Ubiali

Otto Daiker

1954 — 125 cc

Champion: Werner Haas (Germany, NSU), 32 points (40), 5 wins

1954 — 250 cc

1) May 30 : France - Reims

18 laps = 149.436 km

1. W. Haas	D	NSU	55'06.7
			= 162.685 km/h
2. H.-P. Müller	D	NSU	55'07.0
3. R. Hollaus	A	NSU	55'41.5
4. H. Baltisberger	D	NSU	57'04.2
5. T. Wood	GB	Moto Guzzi	1 lap
6. L. Baviera	I	Moto Guzzi	1 lap

Number of finishers: 11.
Fastest lap: H.-P. Müller (D, NSU), 3'01.5 = 164.665 km/h.

2) June 14 : Tourist Trophy - Isle of Man

3 laps = 182.169 km

1. W. Haas	D	NSU	1 h.14'44.4
			= 146.270 km/h
2. R. Hollaus	A	NSU	1 h.15'28.6
3. R. Armstrong	IRL	NSU	1 h.15'31.8
4. H.-P. Müller	D	NSU	1 h.16'27.4
5. F. Anderson	GB	Moto Guzzi	1 h.18'32.2
6. H. Baltisberger	D	NSU	1 h.18'33.8

Number of finishers: 17.
Fastest lap: W. Haas (D, NSU), 24'49.4 = 146.804 km/h.

3) June 24 : Ulster - Dundrod

13 laps = 156.871 km

1. W. Haas	D	NSU	1 h.15'21.9
			= 124.890 km/h
2. H. Baltisberger	D	NSU	1 h.15'22.1
3. H.-P. Müller	D	NSU	1 h.17'05.5
4. A. Wheeler	GB	Moto Guzzi	1 lap
5. J.-G. Horne	GB	Rudge	1 lap
6. R.-E. Geeson	GB	REG	1 lap

Number of finishers: 13.
Fastest lap: W. Haas (D, NSU), 5'32.0 = 129.407 km/h.

4) July 10 : The Netherlands - Assen

10 laps = 165.360 km

1. W. Haas	D	NSU	1 h.04'21.3
			= 153.624 km/h
2. R. Hollaus	A	NSU	1 h.05'07.7
3. H. Baltisberger	D	NSU	1 h.05'29.5
4. K. Kavanagh	AUS	Moto Guzzi	1 h.06'00.4
5. H.-P. Müller	D	NSU	1 h.06'28.4
6. A. Wheeler	GB	Moto Guzzi	1 h.11'00.3

Number of finishers: 12.
Fastest lap: W. Haas (D, NSU), 6'20.5 = 155.784 km/h.

5) July 25 : West Germany - Solitude

12 laps = 137.436 km

1. W. Haas	D	NSU	1 h.00'32.9
			= 136.200 km/h
2. R. Hollaus	A	NSU	1 h.00'33.1
3. H. Hallmeier	D	Adler	1 h.05'05.9
4. A. Wheeler	GB	Moto Guzzi	1 h.05'21.4
5. W. Reichert	D	NSU	1 h.05'42.2
6. W. Vogel	D	Adler	1 lap

Number of finishers: 18.
Fastest lap: R. Hollaus (A, NSU), 4'58.1 = 138.323 km/h

6) August 21 : Switzerland - Bern

18 laps = 131.040 km

1. R. Hollaus	A	NSU	1 h.01'56.7
			= 126.925 km/h
2. G. Braun	D	NSU	1 h.05'21.8
3. H.-P. Müller	D	NSU	1 lap
4. L. Taveri	CH	Moto Guzzi	1 lap
5. R. Colombo	I	Moto Guzzi	1 lap
6. W. Vogel	D	Adler	1 lap

Number of finishers: 14.
Fastest lap: R. Hollaus (A, NSU), 3'21.8 = 129.729 km/h.

7) September 12 : Italy - Monza

20 laps = 126.000 km

1. A. Wheeler	GB	Moto Guzzi	50'51.3
			= 148.657 km/h
2. R. Ferri	I	Moto Guzzi	50'58.3
3. K. Knopf	D	NSU	51'42.8
4. R. Colombo	I	Moto Guzzi	51'44.4
5. T. Wood	GB	Moto Guzzi	52'20.7
6. A. Marelli	I	Moto Guzzi	53'12.7

Number of finishers: 9.
Fastest lap: A. Wheeler (GB, Moto Guzzi), 2'29.3 = 151.825 km/h.

WORLD CHAMPIONSHIP (*)

1. Werner Haas	D	NSU	32 (40)
2. Ruppert Hollaus	A	NSU	26 (30)
3. Hermann-Paul Müller	D	NSU	17 (19)
4. Arthur Wheeler	GB	Moto Guzzi	15
5. Hans Baltisberger	D	NSU	14
6. Georg Braun	D	NSU	6
7. Romolo Ferri	I	Moto Guzzi	6
8. Roberto Colombo	I	Moto Guzzi	5
9. Reginald Armstrong	IRL	NSU	4
10. Helmut Hallmeier	D	Adler	4
11. Kurt Knopf	D	NSU	4
12. Tommy Wood	GB	Moto Guzzi	4
13. Ken Kavanagh	AUS	Moto Guzzi	3
14. Luigi Taveri	CH	Moto Guzzi	3
15. Fergus Anderson	GB	Moto Guzzi	2
16. John-G. Horne	GB	Rudge	2
17. Walter Reichert	D	NSU	2
18. Walter Vogel	D	Adler	2
19. Lanfranco Baviera	I	Moto Guzzi	1
20. Robert-E. Geeson	GB	REG	1
21. Angelo Marelli	I	Moto Guzzi	1

(*): Les quatre meilleurs résultats sont pris en compte pour le championnat. Le chiffre entre parenthèses correspond aux points «bruts».

(*): Die vier besten Resultate wurden für die Gesamtwertung der Meisterschaft gezählt. Die Zahlen in Klammern entsprechen dem "Brutto"-Punktetotal.

(*): The four best results counted towards the championship. The figures in brackets correspond to the gross number of points.

Siegfried Wünsche, DKW 350

Bill Lomas, NSU 250

1954 — 250 cc

Champion: **Fergus Anderson (Great Britain, Moto Guzzi), 38 points, 4 wins**

1954 — 350 cc

1) May 30 : France - Reims

24 laps = 199.248 km

1. Pi. Monneret	F	AJS	1 h.17'40.7	= 153.897 km/h
2. A. Goffin	B	Norton	1 h.18'03.2	
3. B. Matthews	IRL	Velocette	1 h.18'04.2	
4. J. Collot	F	Norton	1 h.20'12.5	
5. C. Stormont	NZ	BSA	1 h.20'58.5	
6. F. Dauwe	B	Norton	1 lap	

Number of finishers: 11.
Fastest lap: Pi. Monneret (F, AJS), 3'10.5 = 156.798 km/h.

2) June 14 : Tourist Trophy - Isle of Man

5 laps = 303.615 km

1. R. Coleman	NZ	AJS	2 h.03'41.8	= 147.250 km/h
2. D. Farrant	GB	AJS	2 h.05'33.9	
3. R. Keeler	GB	Norton	2 h.05'43.6	
4. L.-T. Simpson	NZ	AJS	2 h.06'56.8	
5. P. Davey	GB	Norton	2 h.08'26.6	
6. J. Clark	GB	AJS	2 h.10'28.4	

Number of finishers: 58.
Fastest lap: R. Amm (RHO, Norton), 23'56.0 = 152.260 km/h.

3) June 26 : Ulster - Dundrod

25 laps = 301.675 km

1. R. Amm	RHO	Norton	2 h.13'15.6	= 134.303 km/h
2. J. Brett	GB	Norton	2 h.13'50.0	
3. B. McIntyre	GB	AJS	2 h.14'03.0	
4. G. Laing	AUS	Norton	2 h.14'09.0	
5. L.-T. Simpson	NZ	AJS	2 h.15'59.0	
6. M. Quincey	AUS	Norton	1 lap	

Number of finishers: 27.
Fastest lap: R. Amm (RHO, Norton), 5'01.0 = 142.748 km/h.

4) July 4 : Belgium - Spa-Francorchamps

11 laps = 155.320 km

1. K. Kavanagh	AUS	Moto Guzzi	56'56.2	= 163.686 km/h
2. F. Anderson	GB	Moto Guzzi	57'51.0	
3. S. Wünsche	D	DKW	58'25.0	
4. E. Lorenzetti	I	Moto Guzzi	59'03.0	
5. L.-T. Simpson	NZ	AJS	59'12.3	
6. B. McIntyre	GB	AJS	59'24.0	

Number of finishers: 15.
Fastest lap: F. Anderson (GB, Moto Guzzi), 5'02.9 = 167.725 km/h.

5) July 10 : The Netherlands - Assen

12 laps = 198.432 km

1. F. Anderson	GB	Moto Guzzi	1 h.15'26.5	= 157.248 km/h
2. E. Lorenzetti	I	Moto Guzzi	1 h.17'56.2	
3. R. Coleman	NZ	AJS	1 h.18'37.1	
4. B. McIntyre	GB	AJS	1 h.18'54.8	
5. K. Hofmann	D	DKW	1 h.19'13.6	
6. A. Montanari	I	Moto Guzzi	1 h.19'49.2	

Number of finishers: 24.
Fastest lap: F. Anderson (GB, Moto Guzzi), 6'11.8 = 159.437 km/h.

6) July 25 : West Germany - Solitude

14 laps = 160.342 km

1. R. Amm	RHO	Norton	1 h.11'30.1	= 134.600 km/h
2. R. Coleman	NZ	AJS	1 h.11'38.7	
3. J. Brett	GB	Norton	1 h.11'39.1	
4. M. Quincey	AUS	Norton	1 h.13'57.4	
5. L.-T. Simpson	NZ	AJS	1 h.14'02.2	
6. G. Braun	D	Horex	1 h.14'03.7	

Number of finishers: 23.
Fastest lap: K. Kavanagh (AUS, Moto Guzzi), 4'52.2 = 141.010 km/h.

7) August 22 : Switzerland - Bern

21 laps = 152.880 km

1. F. Anderson	GB	Moto Guzzi	1 h.04'54.9	= 141.464 km/h
2. K. Kavanagh	AUS	Moto Guzzi	1 h.04'55.3	
3. R. Amm	RHO	Norton	1 h.05'34.1	
4. J. Brett	GB	Norton	1 h.06'28.3	
5. R. Coleman	NZ	AJS	1 h.06'55.4	
6. B. McIntyre	GB	AJS	1 h.07'17.2	

Number of finishers: 17.
Fastest lap: F. Anderson (GB, Moto Guzzi), 2'59.2 = 146.160 km/h.

8) September 12 : Italy - Monza

24 laps = 151.200 km

1. F. Anderson	GB	Moto Guzzi	55'25.8	= 163.670 km/h
2. E. Lorenzetti	I	Moto Guzzi	55'26.3	
3. K. Kavanagh	AUS	Moto Guzzi	55'26.4	
4. D. Agostini	I	Moto Guzzi	55'26.8	
5. R. Amm	RHO	Norton	55'41.3	
6. J. Brett	GB	Norton	56'05.4	

Number of finishers: 10.
Fastest lap: F. Anderson (GB, Moto Guzzi), 2'14.8 = 168.249 km/h.

9) October 3 : Spain - Montjuich

40 laps = 151.626 km

1. F. Anderson	GB	Moto Guzzi	1 h.25'44.9	= 106.960 km/h
2. D. Agostini	I	Moto Guzzi	1 h.25'45.7	
3. J. Grace	GIB	Norton	1 h.25'53.9	
4. G. Braun	D	NSU	1 h.27'45.3	
5. B. Matthews	IRL	Velocette	1 lap	
6. A. Goffin	B	Norton	1 lap	

Number of finishers: 10.
Fastest lap: F. Anderson (GB, Moto Guzzi), 2'05.2 = 109.097 km/h.

WORLD CHAMPIONSHIP (*)

1.	Fergus Anderson	GB	Moto Guzzi	38
2.	Ray Amm	RHO	Norton	22
3.	Rodney Coleman	NZ	AJS	20
4.	Ken Kavanagh	AUS	Moto Guzzi	18
5.	Enrico Lorenzetti	I	Moto Guzzi	15
6.	Jack Brett	GB	Norton	14
7.	Duilio Agostini	I	Moto Guzzi	9
8.	Bob McIntyre	GB	Norton	9
9.	Leo-Trevor Simpson	NZ	AJS	9
10.	Pierre Monneret	F	AJS	8
11.	Auguste Goffin	B	Norton	7
12.	Derek Farrant	GB	AJS	6
13.	Bob Matthews	IRL	Velocette	6
14.	Siegfried Wünsche	D	DKW	4
15.	John Grace	GIB	Norton	4
16.	Robert Keeler	GB	Norton	4
17.	Maurice Quincey	AUS	Norton	4
18.	Georg Braun	D	Horex/NSU	4
19.	Jacques Collot	F	Norton	3
20.	Gordon Laing	AUS	Norton	3
21.	Peter Davey	GB	Norton	2
22.	Karl Hofmann	D	DKW	2
23.	Chris Stormont	NZ	BSA	2
24.	John Clark	GB	AJS	1
25.	Firmin Dauwe	B	Norton	1
26.	Alano Montanari	I	Moto Guzzi	1

(*): Les cinq meilleurs résultats sont pris en compte pour le championnat.

(*): Die fünf besten Resultate wurden für die Gesamtwertung der Meisterschaft gezählt.

(*): The five best results counted towards the championship.

Renn-Max 250

Bob McIntyre, Norton (21) - John Hartle, Norton (23)

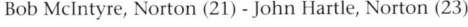

1954 — 350 cc

Champion: **Geoffrey Duke (Great Britain, Gilera), 40 points (46), 5 wins**

1954 — 500 cc

1) May 30 : France - Reims

30 laps = 249.052 km

1. Pi. Monneret	F	Gilera	1 h.25'29.5
			= 174.920 km/h
2. A. Milani	I	Gilera	1 h.25'46.0
3. J. Collot	F	Norton	1 h.27'14.8
4. L. Taveri	CH	Norton	1 lap
5. B. Matthews	IRL	Norton	1 lap
6. C. Julian	GB	Norton	1 lap

Number of finishers: 12.
Fastest lap: Pi. Monneret (F, Gilera), 2'42.7 = 183.689 km/h.

2) June 19 : Tourist Trophy - Isle of Man

4 laps = 242.892 km (*)

1. R. Amm	RHO	Norton	1 h.42'46.8
			= 141.810 km/h
2. G. Duke	GB	Gilera	1 h.43'52.6
3. J. Brett	GB	Norton	1 h.45'15.2
4. R. Armstrong	IRL	Gilera	1 h.45'45.6
5. R. Allison	SA	Norton	1 h.48'06.6
6. G. Laing	AUS	Norton	1 h.48'37.2

Number of finishers: 53.
Fastest lap: R. Amm (RHO, Norton), 25'12.8 = 144.551 km/h.

(*): la course, prévue sur 7 tours (425.061 km) a été arrêtée après le quatrième tour, en raison des conditions météorologiques.

(*): The race, scheduled for seven laps, was stopped after the fourth because of bad weather

(*): Das Rennen, das über sieben Runden gehen sollte (425,061km), wurde nach der vierten Runde wegen schlechten Wetters beendet.

3) June 24 : Ulster - Dundrod(*)

15 laps = 179.023 km

1. R. Amm	RHO	Norton	1 h.19'35.0
			= 134.331 km/h
2. R. Coleman	NZ	AJS	1 h.20'12.0
3. G. Laing	AUS	Norton	1 h.20'17.0
4. M. Quincey	AUS	Norton	Time not released
5. J. Surtees	GB	Norton	Time not released
6. J. Ahearn	AUS	Norton	Time not released

Number of finishers: 26.
Fastest lap: R. Amm (RHO, Norton), 5'14.0 = 136.826 km/h.

(*): les résultats du GP d'Ulster ne furent pas pris en compte pour le championnat du monde. La course ayant dû être arrêtée au quinzième tour en raison des conditions météorologiques, la distance minimum de 200 km imposée pour les GP 500 par la FIM n'était pas atteinte.

(*): The results of the Ulster GP did not count towards the world championship. The race was stopped on lap 15 because of bad weather, which meant the minimum distance of 200 km applied to the 500 class by the FIM was not reached.

(*): Die Ergebnisse des Grand Prix von Ulster zählten nicht zur Weltmeisterschaft. Das Rennen mußte in der fünfzehnten Runde wegen schlechten Wetters beendet werden und deshalb war die von der FIM vorgeschriebene Mindest-Distanz von 200km für die 500ccm Klasse noch nicht erreicht.

4) July 4 : Belgium - Spa-Francorchamps

15 laps = 211.800 km

1. G. Duke	GB	Gilera	1 h.12'03.8
			= 176.348 km/h
2. K. Kavanagh	AUS	Moto Guzzi	1 h.13'16.0
3. L. Martin	B	Gilera	1 h.14'11.9
4. B. McIntyre	GB	AJS	1 h.14'28.1
5. K. Campbell	AUS	Norton	1 lap
6. G.-A. Murphy	NZ	Matchless	1 lap

Number of finishers: 28.
Fastest lap: G. Duke (GB, Gilera), 4'42.0 = 180.085 km/h.

5) July 10 : The Netherlands - Assen

16 laps = 264.576 km

1 G. Duke	GB	Gilera	1 h.34'13.7
			= 167.763 km/h
2. F. Anderson	GB	Moto Guzzi	1 h.35'42.2
3. C. Bandirola	I	MV-Agusta	1 h.35'44.3
4. R. Coleman	NZ	AJS	1 h.36'24.8
5. R. Dale	GB	MV-Agusta	1 h.36'27.7
6. B. McIntyre	GB	AJS	1 h.38'14.9

Number of finishers: 20.
Fastest lap: G. Duke (GB, Gilera), 5'49.4 = 169.657 km/h.

6) July 25 : West Germany - Solitude

18 laps = 206.154 km

1. G. Duke	GB	Gilera	1 h.25'49.8
			= 144.100 km/h
2. R. Amm	RHO	Norton	1 h.25'53.1
3. R. Armstrong	IRL	Gilera	1 h.26'58.7
4. K. Kavanagh	AUS	Moto Guzzi	1 h.27'25.9
5. F. Anderson	GB	Moto Guzzi	1 h.28'00.1
6. J. Brett	GB	Norton	1 h.28'11.4

Number of finishers: 15.
Fastest lap: G. Duke (GB, Gilera), 4'39.7 = 147.415 km/h.

7) August 22 : Switzerland - Bern

28 laps = 203.840 km

1. G. Duke	GB	Gilera	1 h.21'04.6
			= 150.850 km/h
2. R. Amm	RHO	Norton	1 h.21'08.3
3. R. Armstrong	IRL	Gilera	1 h.22'03.1
4. J. Brett	GB	Norton	1 h.22'22.9
5. R. Coleman	NZ	AJS	1 h.23.52.9
6. D. Farrant	GB	AJS	1 lap

Number of finishers: 11.
Fastest lap: G. Duke (GB, Gilera), 2'48.1 = 155.800 km/h.

8) September 12 : Italy - Monza

32 laps = 201.600 km

1. G. Duke	GB	Gilera	1 h.07'23.9	
			= 179.474 km/h	
2. U. Masetti	I	Gilera	1 h.07'49.4	
3. C. Bandirola	I	MV-Agusta	1 h.08'33.2	
4. R. Dale	GB	MV-Agusta	1 h.08'33.5	
5. R. Armstrong	IRL	Gilera	1 h.08'50.5	
6. K. Kavanagh	AUS	Moto Guzzi	1 lap	

Number of finishers: 14.
Fastest lap: G. Duke (GB, Gilera), 2'04.6 = 182.022 km/h.

9) October 3 : Spain - Montjuich

53 laps = 200.870 km

1. R. Dale	GB	MV-Agusta	1 h.51'55.3
			= 107.739 km/h
2. K. Kavanagh	AUS	Moto Guzzi	1 h.52'35.2
3. N. Pagani	I	MV-Agusta	1 h.52'43.6
4. T. Wood	GB	Norton	1 lap
5. A. Goffin	B	Norton	1 lap
6. J. Clark	GB	Norton	1 lap

Number of finishers: 10.
Fastest lap: K. Kavanagh (AUS, Moto Guzzi), 2'02.2 = 111.785 km/h.

WORLD CHAMPIONSHIP (*)

1.	Geoffrey Duke	GB	Gilera	40 (46)
2.	Ray Amm	RHO	Norton	20
3.	Ken Kavanagh	AUS	Moto Guzzi	16
4.	Richard «Dickie» Dale	GB	MV-Agusta	13
5.	Reginald Armstrong	IRL	Gilera	13
6.	Pierre Monneret	F	Gilera	8
7.	Fergus Anderson	GB	Moto Guzzi	8
8.	Carlo Bandirola	I	MV-Agusta	8
9.	Jack Brett	GB	Norton	8
10.	Alfredo Milani	I	Gilera	6
11.	Umberto Masetti	I	Gilera	6
12.	Rodney «Bob» Coleman	NZ	AJS	5
13.	Jacques Collot	F	Norton	4
14.	Nello Pagani	I	MV-Agusta	4
15.	Léon Martin	B	Gilera	4
16.	Bob McIntyre	GB	AJS	4
17.	Luigi Taveri	CH	Norton	3
18.	Tommy Wood	GB	Norton	3
19.	Bob Matthews	IRL	Norton	2
20.	Robert Allison	SA	Norton	2
21.	Keith Campbell	AUS	Norton	2
22.	Auguste Goffin	B	Norton	2
23.	Gordon Laing	AUS	Norton	1
24.	John Clark	GB	Norton	1
25.	Derek Farrant	GB	AJS	1
26.	Cyril Julian	GB	Norton	1
27.	George-A. «Peter» Murphy	NZ	Matchless	1

(*): Les cinq meilleurs résultats sont pris en compte pour le championnat. Le chiffre entre parenthèses correspond aux points «bruts».

(*): Die fünf besten Resultate wurden für die Gesamtwertung der Meisterschaft gezählt. Die Zahlen in Klammern entsprechen dem "Brutto"-Punktetotal.

(*): The five best results counted towards the championship. The figures in brackets correspond to the gross number of points.

Reginald Armstrong, Gilera

Geoffrey Duke, Gilera

1954 — side-cars

Champions: **Wilhelm Noll/Fritz Cron (Germany, BMW), 30 points (38), 3 wins**

1) June 18 : Tourist Trophy - Isle of Man

10 laps = 173.640 km

1. E. Oliver/L. Nutt	GB	Norton	1 h.34'00.2
			= 110.830 km/h
2. F. Hillebrand/M. Grünwald	D	BMW	1 h.35'56.2
3. W. Noll/F. Cron	D	BMW	1 h.39'16.4
4. W. Schneider/H. Strauss	D	BMW	1 h.40'27.4
5. J. Drion/I. Stoll	F/D	Norton	1 h.41'18.0
6. B. Boddice/J. Pirie	GB	Norton	1 h.43'22.8

Number of finishers: 15.
Fastest lap: E. Oliver/L. Nutt (GB, Norton), 9'09.0 = 114.022 km/h.

2) June 26 : Ulster - Dundrod

10 laps = 120.670 km

1. E. Oliver/L. Nutt	GB	Norton	58'10.0
			= 123.055 km/h
2. C. Smith/S. Dibben	GB	Norton	58'38.2
3. W. Noll/F. Cron	D	BMW	59'34.4
4. F. Hillebrand/M. Grünwald	D	BMW	1 h.00'59.0
5. W. Schneider/H. Strauss	D	BMW	1 h.01'31.2
6. J. Drion/I. Stoll	F/D	Norton	1 h.02'24.0

Number of finishers: 9.
Fastest lap: E. Oliver/L. Nutt (GB, Norton), 5'40.6 = 126.140 km/h.

3) July 4 : Belgium - Spa-Francorchamps

8 laps = 112.960 km

1. E. Oliver/L. Nutt	GB	Norton	44'40.6
			= 151.703 km/h
2. W. Noll/F. Cron	D	BMW	45'25.3
3. C. Smith/S. Dibben	GB	Norton	46'23.1
4. F. Hillebrand/M. Grünwald	D	BMW	47'12.7
5. W. Schneider/H. Strauss	D	BMW	47'13.9
6. J. Deronne/B. Leys	B	Norton	47'48.1

Number of finishers: 15.
Fastest lap: E. Oliver/L. Nutt (GB, Norton), 5'30.0 = 153.805 km/h.

4) July 25 : West Germany - Solitude

10 laps = 114.530 km

1. W. Noll/F. Cron	D	BMW	55'59.5
			= 122.800 km/h
2. W. Schneider/H. Strauss	D	BMW	56'00.6
3. C. Smith/S. Dibben	GB	Norton	57'09.1
4. O. Schmid/O. Kölle	D	Norton	1 h.00'23.2
5. L. Neussner/W. Oxner	D	Norton	1 h.00'32.4
6. E. Kussin/F. Steidel	A	Norton	1 h.00'32.6

Number of finishers: 16.
Fastest lap: W. Noll/F. Cron (D, BMW), 5'30.8 = 124.627 km/h.

5) August 22 : Switzerland - Bern

16 laps = 116.480 km

1. W. Noll/F. Cron	D	BMW	53'43.1
			= 130.100 km/h
2. C. Smith/S. Dibben	GB	Norton	54'10.8
3. W. Faust/K. Remmert	D	BMW	54'23.8
4. W. Schneider/H. Strauss	D	BMW	55'36.5
5. E. Oliver/L. Nutt	GB	Norton	55'42.1
6. H. Haldemann/L. Taveri	CH	Norton	56'09.6

Number of finishers: 19.
Fastest lap: W. Noll/F. Cron (D, BMW), 3'16.4 = 133.334 km/h.

6) September 12 : Italy - Monza

16 laps = 100.800 km

1. W. Noll/F. Cron	D	BMW	40'19.7
			= 149.968 km/h
2. C. Smith/S. Dibben	GB	Norton	41'14.7
3. W. Faust/K. Remmert	D	BMW	42'35.9
4. J. Drion/I. Stoll	F/D	BMW	41'36.6
5. F. Hillebrand/M. Grünwald	D	BMW	42'36.7
6. R. Betemps/A. Drivet	F	Norton	1 lap

Number of finishers: 9.
Fastest lap: W. Noll/F. Cron (D, BMW), 2'28.0 = 153.245 km/h.

Distribution BMW / BMW valve gear / BMW Verteiler

BMW RS 500 2ACT

WORLD CHAMPIONSHIP (*)

1.	Wilhelm Noll/Fritz Cron	D	BMW	30 (38)
2.	Eric Oliver/Leslie Nutt	GB	Norton	26
3.	Cyril Smith/Stanley Dibben	GB	Norton	22 (26)
4.	Walter Schneider/Hans Strauss	D	BMW	14 (16)
5.	Fritz Hillebrand/Manfred Grünwald	D	BMW	14
6.	Willy Faust/Karl Remmert	D	BMW	8
7.	Jacques Drion/Inge Stoll	F/D	Norton/BMW	6
8.	Otto Schmid/Otto Kölle	D	Norton	3
9.	Leonhard «Loni» Neussner/Werner Oxner	D	Norton	2
10.	Bill Boddice/John Pirie	GB	Norton	1
11.	Julien Deronne/Bruno Leys	B	Norton	1
12.	Ernst Kussin/Franz Steidel	A	Norton	1
13.	Hans Haldemann/Luigi Taveri	CH	Norton	1
14.	René Bétemps/André Drivet	F	Norton	1

(*): Les quatre meilleurs résultats sont pris en compte pour le championnat.
Le chiffre entre parenthèses correspond aux points «bruts».

(*): Die vier besten Resultate wurden für die Gesamtwertung der Meisterschaft gezählt.
Die Zahlen in Klammern entsprechen dem "Brutto"-Punktetotal.

(*): The four best results counted towards the championship.
The figures in brackets correspond to the gross number of points.

Jacques Drion / Inge Stoll, Norton-BMW

Champion : **Carlo Ubbiali (Italy, MV-Agusta), 32 points (44), 5 wins**

1955 — 125 cc

1) May 1 : Spain - Montjuich

27 laps = 102.330 km

1. L. Taveri	CH	MV-Agusta	58'59.9
			= 105.271 km/h
2. R. Ferri	I	FB-Mondial	59'34.6
3. C. Ubbiali	I	MV-Agusta	59'34.8
4. G. Lattanzi	I	FB-Mondial	1 h.00'03.9
5. A. Copeta	I	MV-Agusta	1 h.01'05.6
6. M. Cama	E	Montesa	1 h.01'06.5

Number of finishers: 11.
Fastest lap: R. Ferri (I, FB-Mondial),
      2'09.9 = 105.621 km/h.

2) May 15 : France - Reims

12 lap s = 99.624 km

1.C. Ubbiali	I	MV-Agusta	40'29.8
			= 147.598 km/h
2. L. Taveri	CH	MV-Agusta	40'48.6
3. G. Lattanzi	I	FB-Mondial	40'48.7
4. T. Provini	I	FB-Mondial	41'00.6
5. A. Copeta	I	MV-Agusta	41'39.4
6. R. Ferri	I	FB-Mondial	1 lap

Number of finishers: 14.
Fastest lap: R. Ferri (I, FB-Mondial),
      3'16.8 = 151.616 km/h.

3) June 8 : Tourist Trophy - Isle of Man

9 laps = 156.276 km

1. C. Ubbiali	I	MV-Agusta	1 h.23'38.2
			= 112.122 km/h
2. L. Taveri	CH	MV-Agusta	1 h.23'40.2
3. G. Lattanzi	I	FB-Mondial	1 h.25'53.0
4. B. Lomas	GB	MV-Agusta	1 h.26'37.8
5. B. Webster	GB	MV-Agusta	1 lap
6. R. Porter	GB	MV-Agusta	1 lap

Number of finishers: 8.
Fastest lap: C. Ubbiali (I, MV-Agusta),
      9'02.2 = 115.309 km/h.

4) June 26 : West Germany - Nürburgring

5 laps = 114.250 km

1. C. Ubbiali	I	MV-Agusta	1 h.01'56.5
			= 110.500 km/h
2. L. Taveri	CH	MV-Agusta	1 h.01'57.3
3. R. Venturi	I	MV-Agusta	1 h.01'58.1
4. K. Lottes	D	MV-Agusta	1 h.03'40.9
5. B. Petruschke	DDR	IFA	1 h.04'42.5
6. E. Krumpholz	DDR	IFA	1 h.05'11.0

Number of finishers: 11.
Fastest lap: C. Ubbiali (I, MV-Agusta),
      12'18.2 = 111.141 km/h.

5) July 30 : The Netherlands - Assen

14 laps = 107.828 km

1. C. Ubbiali	I	MV-Agusta	57'17.2
			= 112.977 km/h
2. R. Venturi	I	MV-Agusta	57'17.4
3. R. Grimas	NL	FB-Mondial	1 lap
4. B. Webster	GB	MV-Agusta	1 lap
5. W. Scheidhauer	D	MV-Agusta	1 lap
6. E. Wünsche	D	MV-Agusta	1 lap

Number of finishers: 11.
Fastest lap: L. Traveri (CH, MV-Augusta),
      3'53.4 = 118.833 km/h.

6) September 4 : Italy - Monza

18 laps = 103.500 km

1. C. Ubbiali	I	MV-Agusta	41'03.8
			= 151.229 km/h
2. R. Venturi	I	MV-Agusta	41'30.9
3. A. Copeta	I	MV-Agusta	42'46.0
4. A. Hobl	D	DKW	42'48.3
5. S. Wünsche	D	DKW	1 lap
6. P. Campanelli	I	FB-Mondial	2 laps

Number of finishers: 15.
Fastest lap: C. Ubbiali (I, MV-Agusta),
      2'11.9 = 156.946 km/h.

WORLD CHAMPIONSHIP (*)

1. Carlo Ubbiali	I	MV-Agusta	32 (44)
2. Luigi Taveri	CH	MV-Agusta	26
3. Remo Venturi	I	MV-Agusta	16
4. Giuseppe Lattanzi	I	FB-Mondial	11
5. Angelo Copeta	I	MV-Agusta	8
6. Romolo Ferri	I	FB-Mondial	7
7. Bill Webster	GB	MV-Agusta	5
8. Rudolf Grimas	NL	FB-Mondial	4
9. August Hobl	D	DKW	3
10. Bill Lomas	GB	MV-Agusta	3
11. Karl Lottes	D	MV-Agusta	3
12. Tarquinio Provini	I	FB-Mondial	3
13. Bernhard Petruschke	DDR	IFA	2
14. Willy Scheidhauer	D	MV-Agusta	2
15. Siegfried Wünsche	D	DKW	2
16. Marcelo Cama	E	Montesa	1
17. Paolo Campanelli	I	FB-Mondial	1
18. Erhart Krumpholz	DDR	IFA	1
19. Ross Porter	GB	MV-Agusta	1
20. Erich Wünsche	D	MV-Agusta	1

(*): Les quatre meilleurs résultats sont pris en compte pour le championnat. Le chiffre entre parenthèses correspond aux points «bruts».

(*): Die vier besten Resultate wurden für die Gesamtwertung der Meisterschaft gezählt. Die Zahlen in Klammern entsprechen dem "Brutto"-Punktetotal.

(*): The four best results counted towards the championship. The figures in brackets correspond to the gross number of points.

August Hobl, DKW 250

Karl Hoffman, DKW (159) - August Hobl, DKW (162)

1955 — 125 cc

Champion : **Hermann-Paul Müller (Germany, NSU), 16 points (20), 1 win**

1) June 8 : Tourist Trophy - Isle of Man

9 laps = 156.276 km

1. B. Lomas	GB	MV-Agusta	1 h.21'38.2	= 114.834 km/h
2. C. Sandford	GB	Moto Guzzi	1 h.22'29.4	
3. H.-P. Müller	D	NSU	1 h.26'21.6	
4. A. Wheeler	GB	Moto Guzzi	1 h.29'44.4	
5. D. Chadwick	GB	RD-Special	1 h.30'45.6	
6. B. Webster	GB	Velocette	1 h.35'05.4	

Number of finishers: 8
Fastest lap: B. Lomas (GB, MV-Agusta), 8'52.0 = 117.691 km/h.

2) June 26 : West Germany - Nürburgring

6 laps = 137.100 km

1. H.-P. Müller	D	NSU	1 h.06'19.6	= 123.800 km/h
2. W. Brandt	D	NSU	1 h.07'21.6	
3. C. Sandford	GB	Moto Guzzi	1 h.07'25.3	
4. L. Taveri	CH	MV-Agusta	1 h.08'34.7	
5. A. Wheeler	GB	Moto Guzzi	1 h.09'26.6	
6. H. Hallmeier	D	NSU	1 h.09'39.0	

Number of finishers: 17
Fastest lap: H.-P. Müller (D, NSU), 10'56.7 = 124.933 km/h.

3) July 30 : The Netherlands - Assen (*)

17 laps = 130.934 km

1. L. Taveri	CH	MV-Agusta	1 h.04'22.4	= 122.076 km/h
2. U. Masetti	I	MV-Agusta	1 h.05'03.6	
3. H.-P. Müller	D	NSU	1 h.05'06.2	
4. E. Lorenzetti	I	Moto Guzzi	1 h.05'06.4	
5. C. Sandford	GB	Moto Guzzi	1 h.05'43.6	
6. A. Wheeler	GB	Moto Guzzi	1 h.06'21.3	

Number of finishers: 14
Fastest lap: B. Lomas (GB, MV-Agusta), 3'42.4 = 124.708 km/h.

(*): Bill Lomas (GB, MV-Agusta) a franchi la ligne d'arrivée en vainqueur, mais il a été disqualifié par le Jury international pour avoir effectué un ravitaillement d'essence - le réservoir de sa MV-Agusta fuyait - sans avoir arrêté son moteur.

(*) Bill Lomas (GB, MV-Agusta) überquerte die Ziellinie zwar als Sieger, wurde aber von der Internationalen Jury disqualifiziert. Lomas hatte während des Rennens nachgetankt (der Benzinbehälter war undicht), ohne den Motor abzustellen.

(*) Bill Lomas (GB. MV-Agusta) was first across the line, but was disqualified by the International Jury. He had refuelled his MV-Agusta, which had a leaking fuel tank, without cutting the engine.

4) August 13 : Ulster - Belfast

13 laps = 156.871 km

1. J. Surtees	GB	NSU	1 h.06'00.4	= 141.023 km/h
2. S. Miller	IRL	NSU	1 h.06'24.4	
3. U. Masetti	I	MV-Agusta	1 h.07'17.0	
4. B. Lomas	GB	MV-Agusta	1 h.07'29.6	
5. C. Sandford	GB	Moto Guzzi	1 h.09'46.0	
6. H.-P. Müller	D	NSU	1 h.10'05.0	

Number of finishers: 13
Fastest lap: J. Surtees (GB, NSU), 5'01.0 = 143.215 km/h.

5) September 4 : Italy - Monza

22 laps = 126.500 km

1. C. Ubbiali	I	MV-Agusta	46'34.1	= 162.986 km/h
2. H. Baltisberger	D	NSU	46'34.4	
3. S. Miller	IRL	NSU	46'49.7	
4. H.-P. Müller	D	NSU	46'59.4	
5. B. Lomas	GB	MV-Agusta	47'02.7	
6. U. Masetti	I	MV-Agusta	47'30.5	

Number of finishers: 16
Fastest lap: H. Baltisberger (D, NSU), 2'04.9 = 165.620 km/h.

WORLD CHAMPIONSHIP (*)

1.	Hermann-Paul Müller	D	NSU	16 (20)
2.	Bill Lomas	GB	MV-Agusta	13
3.	Cecil Sandford	GB	Moto Guzzi	12 (14)
4.	Luigi Taveri	CH	MV-Agusta	11
5.	Umberto Masetti	I	MV-Agusta	11
6.	Sammy Miller	IRL	NSU	10
7.	John Surtees	GB	NSU	8
8.	Carlo Ubbiali	I	MV-Agusta	8
9.	Hans Baltisberger	D	NSU	6
10.	Wolfgang Brandt	D	NSU	6
11.	Arthur Wheeler	GB	Moto Guzzi	6
12.	Enrico Lorenzetti	I	Moto Guzzi	3
13.	Dave Chadwick	GB	RD-Special	2
14.	Helmut Hallmeier	D	NSU	1
15.	Bill Webster	GB	Velocette	1

(*): Les trois meilleurs résultats sont pris en compte pour le championnat. Le chiffre entre parenthèses correspond aux points «bruts».

(*): Die drei besten Resultate wurden für die Gesamtwertung der Meisterschaft gezählt. Die Zahlen in Klammern entsprechen dem "Brutto"-Punktetotal.

(*): The three best results counted towards the championship. The figures in brackets correspond to the gross number of points.

AJS 350

1955 — 250 cc

Champion : **Bill Lomas (Great Britain, Moto Guzzi), 32 points (44), 4 wins**

1955 — 350 cc

1) May 15 : France - Reims

24 laps = 199.248 km

1. D. Agostini	I	Moto Guzzi	1 h.16'16.5	
			= 156.729 km/h	
2. R. Dale	GB	Moto Guzzi	1 h.16'17.7	
3. R. Colombo	I	Moto Guzzi	1 h.17'50.3	
4. A. Goffin	B	Norton	1 h.18'46.3	
5. G.-A. Murphy	NZ	AJS	1 h.19'09.9	
6. J. Collot	F	Norton	1 h.19'10.0	

Number of finishers: 14.
Fastest lap: D. Agostini (I, Moto Guzzi), 3'02.0 = 164.104 km/h.

2) June 10 : Tourist Trophy - Isle of Man

7 laps = 425.040 km

1. B. Lomas	GB	Moto Guzzi	2 h.51'38.2
			= 148.597 km/h
2. B. McIntyre	GB	Norton	2 h.52'28.2
3. C. Sandford	GB	Moto Guzzi	2 h.53'02.2
4. J. Surtees	GB	Norton	2 h.54'52.2
5. M. Quincey	AUS	Norton	2 h.55'42.0
6. J. Hartle	GB	Norton	2 h.56'55.0

Number of finishers: 52.
Fastest lap: B. Lomas (GB, Moto Guzzi), 24'03.2 = 151.487 km/h.

3) June 26 : West Germany - Nürburgring

7 laps = 159.950 km

1. B. Lomas	GB	Moto Guzzi	1 h.14'52.1
			= 127.900 km/h
2. A. Hobl	D	DKW	1 h.15'05.1
3. J. Surtees	GB	Norton	1 h.15'08.4
4. C. Sandford	GB	Moto Guzzi	1 h.15'53.1
5. K. Kavanagh	AUS	Moto Guzzi	1 h.16'01.6
6. K. Hofmann	D	DKW	1 h.16'23.2

Number of finishers: 25.
Fastest lap: B. Lomas (GB, Moto Guzzi), 10'35.0 = 129.230 km/h.

4) July 3 : Belgium - Spa-Francorchamps

11 laps = 155.320 km

1. B. Lomas	GB	Moto Guzzi	54'47.7
			= 170.078 km/h
2. A. Hobl	D	DKW	55'02.9
3. K. Campbell	AUS	Norton	57'01.9
4. C. Sandford	GB	Moto Guzzi	57'15.8
5. R. Colombo	I	Moto Guzzi	57'20.5
6. H. Bartl	D	DKW	57'45.4

Number of finishers: 19.
Fastest lap: B. Lomas (GB, Moto Guzzi), 4'53.3 = 173.497 km/h.

5) July 30 : The Netherlands - Assen

20 laps = 154.040 km

1. K. Kavanagh	AUS	Moto Guzzi	1 h.13'36.2
			= 125.615 km/h
2. B. Lomas	GB	Moto Guzzi	1 h.13'36.4
3. R. Dale	GB	Moto Guzzi	1 h.13'36.7
4. A. Hobl	D	DKW	1 h.13'53.6
5. K. Hofmann	D	DKW	1 h.15'44.2
6. H. Bartl	D	DKW	1 h.16'19.8

Number of finishers: 10.
Fastest lap: R. Dale (GB, Moto Guzzi), 3'34.5 = 129.310 km/h.

6) August 13 : Ulster - Belfast

20 laps = 241.340 km

1. B. Lomas	GB	Moto Guzzi	1 h.39'38.0
			= 143.729 km/h
2. J. Hartle	GB	Norton	1 h.39'52.0
3. J. Surtees	GB	Norton	1 h.40'51.0
4. C. Sandford	GB	Moto Guzzi	1 h.41'39.0
5. B. McIntyre	GB	Norton	1 h.42'10.0
6. G.-A. Murphy	NZ	AJS	1 h.42'46.0

Number of finishers: 41.
Fastest lap: B. Lomas (GB, Moto Guzzi), 4'54.0 = 146.144 km/h.

7) September 4 : Italy - Monza

27 laps = 155.250 km

1. R. Dale	GB	Moto Guzzi	55'21.3
			= 168.277 km/h
2. B. Lomas	GB	Moto Guzzi	55'21.4
3. K. Kavanagh	AUS	Moto Guzzi	55'34.4
4. E. Lorenzetti	I	Moto Guzzi	55'35.4
5. A. Hobl	D	DKW	55'35.5
6. R. Colombo	I	Moto Guzzi	57'09.9

Number of finishers: 14.
Fastest lap: B. Lomas (GB, Moto Guzzi), 2'00.4 = 171.829 km/h.

WORLD CHAMPIONSHIP (*)

1.	Bill Lomas	GB	Moto Guzzi	32 (44)
2.	Richard "Dickie" Dale	GB	Moto Guzzi	18
3.	August Hobl	D	DKW	17
4.	Ken Kavanagh	AUS	Moto Guzzi	14
5.	Cecil Sandford	GB	Moto Guzzi	13
6.	John Surtees	GB	Norton	11
7.	Duilio Agostini	I	Moto Guzzi	8
8.	Bob McIntyre	GB	Norton	8
9.	Roberto Colombo	I	Moto Guzzi	7
10.	John Hartle	GB	Norton	7
11.	Keith Campbell	AUS	Norton	4
12.	Auguste Goffin	B	Norton	3
13.	Karl Hofmann	D	DKW	3
14.	Enrico Lorenzetti	I	Moto Guzzi	3
15.	George-A. "Peter" Murphy	NZ	AJS	3
16.	Hans Bartl	D	DKW	2
17.	Maurice Quincey	AUS	Norton	2
18.	Jacques Collot	F	Norton	1

(*): Les quatre meilleurs résultats sont pris en compte pour le championnat. Le chiffre entre parenthèses correspond aux points «bruts».

(*): Die vier besten Resultate wurden für die Gesamtwertung der Meisterschaft gezählt. Die Zahlen in Klammern entsprechen dem "Brutto"-Punktetotal.

(*): The four best results counted towards the championship. The figures in brackets correspond to the gross number of points.

Paddy Driver, Norton

1955 — 350 cc

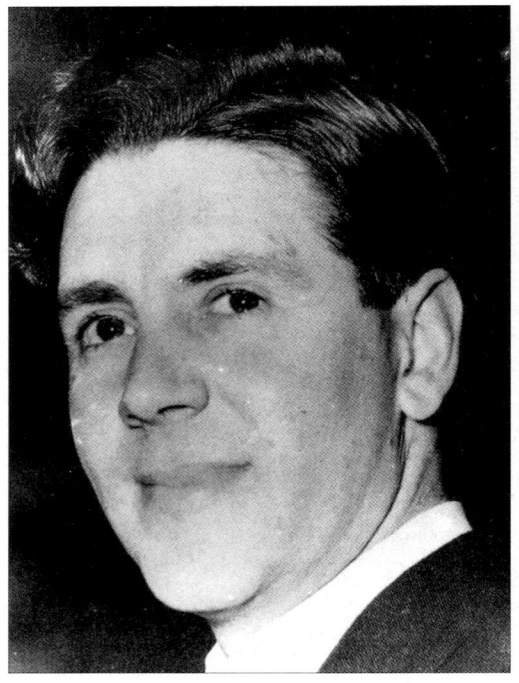

Champion : **Geoffrey Duke (Great Britain, Gilera), 36 points, 4 wins**

1955 — 500 cc

1) May 1 : Spain - Montjuich

53 laps = 200.870 km

1. R. Armstrong	IRL	Gilera	1 h.50'20.4	= 109.246 km/h
2. C. Bandirola	I	MV-Agusta	1 h.50'52.2	
3. U. Masetti	I	MV-Agusta	1 h.51'40.3	
4. O. Valdinoci	I	Gilera	1 h.51'41.1	
5. N. Pagani	I	MV-Agusta	1 lap	
6. T. Forconi	I	MV-Agusta	1 lap	

Number of finishers: 8.
Fastest lap: K. Kavanagh (AUS, Moto Guzzi), 2'02.7 = 111.173 km/h.

2) May 15 : France - Reims

30 laps = 249.060 km

1. G. Duke	GB	Gilera	1 h.22'52.8	= 180.298 km/h
2. L. Liberati	I	Gilera	1 h.24'53.0	
3. R. Armstrong	IRL	Gilera	1 h.25'15.2	
4. T. Forconi	I	MV-Agusta	1 lap	
5. J. Collot	F	Norton	1 lap	
6. F. Dauwe	B	Norton	1 lap	

Number of finishers: 10.
Fastest lap: G. Duke (GB, Gilera), 2'39.6 = 187.858 km/h.

3) June 10 : Tourist Trophy - Isle of Man

7 laps = 425.061 km

1. G. Duke	GB	Gilera	2 h.41'49.8	= 157.600 km/h
2. R. Armstrong	IRL	Gilera	2 h.43'49.0	
3. K. Kavanagh	AUS	Moto Guzzi	2 h.46'32.8	
4. J. Brett	GB	Norton	2 h.47'39.6	
5. B. McIntyre	GB	Norton	2 h.48'53.2	
6. D. Ennett	GB	Matchless	2 h.51'14.4	

Number of finishers: 47.
Fastest lap: G. Duke (GB, Gilera), 22'39.0 = 160.886 km/h.

4) June 26 : West Germany - Nürburgring

9 laps = 205.650 km

1. G. Duke	GB	Gilera	1 h.34'25.2	= 130.912 km/h
2. W. Zeller	D	BMW	1 h.34'30.4	
3. C. Bandirola	I	MV-Agusta	1 h.37'35.0	
4. U. Masetti	I	MV-Agusta	1 h.37'55.1	
5. G. Colnago	I	Gilera	1 h.38'44.2	
6. J. Ahearn	AUS	Norton	1 h.39'03.4	

Number of finishers: 15.
Fastest lap: G. Duke (GB, Gilera), 10'23.3 = 131.628 km/h.

5) July 3 : Belgium - Spa-Francorchamps

15 laps = 211.800 km

1. G. Colnago	I	Gilera	1 h.10'59.1	= 179.023 km/h
2. Pi. Monneret	F	Gilera	1 h.11'34.9	
3. L. Martin	B	Gilera	1 h.13'26.7	
4. D. Agostini	I	Moto Guzzi	1 h.13'29.3	
5. A. Goffin	B	Norton	1 h.15'51.7	
6. J.-A. Storr	GB	Norton	1 lap	

Number of finishers: 17.
Fastest lap: G. Duke (GB, Gilera), 4'35.7 = 184.269 km/h.

6) July 30 : The Netherlands - Assen

27 laps = 207.954 km

1. G. Duke	GB	Gilera	1 h.37'03.9	= 128.585 km/h
2. R. Armstrong	IRL	Gilera	1 h.37'39.2	
3. U. Masetti	I	MV-Agusta	1 h.39'09.2	
4. D. Veer	NL	Gilera	1 h.39'14.2	
5. R. Brown	AUS	Matchless	1 h.39'40.9	
6. E. Grant	SA	Norton	1 lap	

Number of finishers: 15.
Fastest lap: G. Duke (GB, Gilera) and R. Armstrong (IRL, Gilera), 3'31.6 = 131.081 km/h.

7) August 13 : Ulster - Belfast

25 laps = 301.675 km

1. B. Lomas	GB	Moto Guzzi	2 h.00'31.0	= 148.510 km/h
2. J. Hartle	GB	Norton	2 h.00'37.0	
3. R. Dale	GB	Moto Guzzi	2 h.03'46.0	
4. B. McIntyre	GB	Norton	2 h.04'52.0	
5. G.-A. Murphy	NZ	Matchless	1 lap	
6. J. Clark	GB	Matchless	1 lap	

Number of finishers: 22
Fastest lap: B. Lomas (GB, Moto Guzzi), 4'34.0 = 151.825 km/h.

8) September 4 : Italy - Monza

35 laps = 201.250 km

1. U. Masetti	I	MV-Agusta	1 h.08'04.1	= 177.390 km/h
2. R. Armstrong	IRL	Gilera	1 h.08'04.6	
3. G. Duke	GB	Gilera	1 h.08'05.7	
4. G. Colnago	I	Gilera	1 h.08'39.2	
5. A. Milani	I	Gilera	1 h.09'54.6	
6. E. Riedelbauch	D	BMW	1 lap	

Number of finishers: 10.
Fastest lap: G. Duke (GB, Gilera), 1'54.1 = 181.398 km/h.

WORLD CHAMPIONSHIP (*)

1.	Geoffrey Duke	GB	Gilera	36
2.	Reginald Armstrong	IRL	Gilera	30
3.	Umberto Masetti	I	MV-Agusta	19
4.	Giuseppe Colnago	I	Gilera	13
5.	Carlo Bandirola	I	MV-Agusta	10
6.	Bill Lomas	GB	Moto Guzzi	8
7.	John Hartle	GB	Norton	6
8.	Libero Liberati	I	Gilera	6
9.	Pierre Monneret	F	Gilera	6
10.	Walter Zeller	D	BMW	6
11.	Bob McIntyre	GB	Norton	5
12.	Richard "Dickie" Dale	GB	Moto Guzzi	4
13.	Ken Kavanagh	AUS	Moto Guzzi	4
14.	Léon Martin	B	Gilera	4
15.	Tito Forconi	I	MV-Agusta	4
16.	Duilio Agostini	I	Moto Guzzi	3
17.	Jack Brett	GB	Norton	3
18.	Orlando Valdinoci	I	Gilera	3
19.	Drikus Veer	NL	Gilera	3
20.	Robert "Bob" Brown	AUS	Matchless	2
21.	Jacques Collot	F	Norton	2
22.	Auguste Goffin	B	Norton	2
23.	Alfredo Milani	I	Gilera	2
24.	George-A. "Peter" Murphy	NZ	Matchless	2
25.	Nello Pagani	I	MV-Agusta	2
26.	Jack Ahearn	AUS	Norton	1
27.	John Clark	GB	Matchless	1
28.	Firmin Dauwe	B	Norton	1
29.	Derek Ennett	GB	Matchless	1
30.	Eddie Grant	SA	Norton	1
31.	John-Aston Storr	GB	Norton	1
32.	Ernst Riedelbauch	D	BMW	1

(*): Les cinq meilleurs résultats sont pris en compte pour le championnat.

(*): Die fünf besten Resultate wurden für die Gesamtwertung der Meisterschaft gezählt.

(*): The five best results counted towards the championship.

BMW RS 500

Libero Liberati, Gilera

1955 — 500 cc

1955 — Side-Cars

Champions: **Willy Faust/Karl Remmert (Germany, BMW), 30 points, 3 wins**

1) May 1 : Spain - Montjuich

27 laps = 102.330 km

1. W. Faust/K. Remmert	D	BMW	1 h.02'02.9	= 98.967 km/h
2. C. Smith/S. Dibben	GB	Norton	1 h.03'02.4	
3. E. Oliver/L. Nutt	GB	Norton	1 h.04'21.8	
4. R. Koch/C. Wirth	D	BMW	1 lap	
5. E. Merlo/E. Magri	I	Gilera	1 lap	
6. R. Benz/J. Kuchler	CH	Norton	1 lap	

Number of finishers: 9.
Fastest lap: W. Faust/K. Remmert (D, BMW), 2'15.9 = 100.954 km/h.

2) June 10 : Tourist Trophy - Isle of Man

9 laps = 156.276 km

1. W. Schneider/H. Strauss	D	BMW	1 h.23'14.0 = 112.670 km/h
2. B. Boddice/W. Storr	GB	Norton	1 h.26'58.2
3. P. Harris/R. Campbell	GB	Matchless	1 h.28'22.0
4. J. Beeton/C. Billingham	GB	Norton	1 h.28'54.0
5. F. Taylor/R. Taylor	GB	Norton	1 h.31'52.8
6. E. Walker/D. Roberts	GB	Norton	1 h.31'56.4

Number of finishers: 15.
Fastest lap: W. Noll/F. Cron (D, BMW), 9'00.0 = 115.760 km/h.

3) June 26 : West Germany - Nürburgring

5 laps = 114.250 km

1. W. Faust/K. Remmert	D	BMW	58'33.8 = 116.800 km/h
2. W. Noll/F. Cron	D	BMW	59'37.5
3. W. Schneider/H. Strauss	D	BMW	1 h.00'25.8
4. J. Drion/I. Stoll	F/D	Norton	1 h.01'05.7
5. B. Mitchell/M. George	AUS	Norton	1 h.01'05.9
6. J. Murit/F. Flahaut	F/MAR	BMW	1 h.02'06.0

Number of finishers: 18.
Fastest lap: W. Faust/K. Remmert (D, BMW), 11'37.0 = 117.723 km/h.

4) July 3 : Belgium - Spa-Francorchamps

7 laps = 98.840 km(*)

1. W. Noll/F. Cron	D	BMW	38'21.2 = 154.625 km/h
2. W. Faust/K. Remmert	D	BMW	38'22.3
3. W. Schneider/H. Strauss	D	BMW	39'08.5
4. J. Deronne/B. Leys	B	BMW	39'37.2
5. P. Harris/R. Campbell	GB	Matchless	39'59.4
6. J. Drion/I. Stoll	F/D	Norton	40'16.2

Number of finishers: 13.
Fastest lap: C. Smith/S. Dibben (GB, Norton), 5'20.7 = 158.407 km/h.

(*): l'épreuve était prévue sur une distance de 8 tours, mais le directeur de course a baissé son drapeau un tour trop tôt!

(*): The race should have run for eight laps, but the race director waved the chequered flag one lap early!

(*): Das Rennen war für acht Runden vorgesehen, aber der Renndirektor schwenkte die Flagge eine Runde zu früh!

5) July 30 : The Netherlands - Assen

14 laps = 107.898 km

1. W. Faust/K. Remmert	D	BMW	55'45.1 = 116.083 km/h
2. W. Noll/F. Cron	D	BMW	55'59.3
3. B. Mitchell/M. George	AUS	Norton	57'12.1
4. J. Murit/F. Flahaut	F/MAR	BMW	57'20.5
5. J. Drion/I. Stoll	F/D	Norton	57'48.6
6. H. Steman/M. DeHaas	NL	BMW	58'33.7

Number of finishers: 9.
Fastest lap: C. Smith/S. Dibben (GB, Norton), 3'51.9 = 119.606 km/h.

6) September 4 : Italy - Monza

18 laps = 103.500 km

1. W. Noll/F. Cron	D	BMW	41'21.6 = 150.144 km/h
2. W. Schneider/H. Strauss	D	BMW	41'31.8
3. J. Drion/I. Stoll	F/D	Norton	42'20.2
4. F. Camathias/M. Büla	CH	BMW	42'24.8
5. J. Murit/F. Flahaut	F/MAR	BMW	42'24.9
6. F. Seeber/F. Heiss	D	BMW	42'26.8

Number of finishers: 12.
Fastest lap: A. Milani/R. Milani (I, Gilera), 2'12.9 = 155.756 km/h.

Side BMW

WORLD CHAMPIONSHIP (*)

1.	Willy Faust/Karl Remmert	D	BMW	30
2.	Wilhelm Noll/Fritz Cron	D	BMW	28
3.	Walter Schneider/Hans Strauss	D	BMW	22
4.	Jacques Drion/Inge Stoll	F/D	Norton	10
5.	Bill Boddice/William Storr	GB	Norton	6
6.	Peter "Pip" Harris/Ray Campbell	GB	Matchless	6
7.	Robert "Bob" Mitchell/Max George	AUS	Norton	6
8.	Jean Murit/Francis Flahaut	F/MAR	BMW	6
9.	Cyril Smith/Stan Dibben	GB	Norton	6
10.	Eric Oliver/Leslie Nutt	GB	Norton	4
11.	Jack Beeton/Charlie Billingham	GB	Norton	3
12.	Florian Camathias/Maurice Büla	CH	BMW	3
13.	Rudolf Koch/Christian Wirth	D	BMW	3
14.	Julien Deronne/Bruno Leys	B	BMW	3
15.	Ernesto Merlo/Eduardo Magri	I	Gilera	2
16.	Frank Taylor/Ray Taylor	GB	Norton	2
17.	Roland Benz/Jakob Kuchler	CH	Norton	1
18.	Ernie Walker/Dun Roberts	GB	Norton	1
19.	Henk Steman/Mappie De Haas	NL	BMW	1
20.	Fritz Seeber/Franz Heiss	D	BMW	1

(*): Les quatre meilleurs résultats sont pris en compte pour le championnat.

(*): Die vier besten Resultate wurden für die Gesamtwertung der Meisterschaft gezählt.

(*): The four best results counted towards the championship.

Assen

Champion : **Carlo Ubbiali (Italy, MV-Agusta), 32 points (46), 5 wins**

1956 — 125 cc

1) June 6 : Tourist Trophy - Isle of Man

9 laps = 156.176 km

1. C. Ubbiali	I	MV-Agusta	1 h.24'16.8	
			= 112.301 km/h	
2. M. Cama	E	Montesa	1 h.29'19.2	
3. F. Gonzalez	E	Montesa	1 h.35'18.8	
4. E. Sirera	E	Montesa	1 h.35'23.6	
5. D. Chadwick	GB	LEF	1 h.36'42.8	
6. V. Parus	CZ	CZ	1 h.37'24.0	

Number of finishers: 9.
Fastest lap: C. Ubbiali (I, MV-Agusta), 9'09.8 = 113.861 km/h.

2) June 30 : The Netherlands - Assen

14 laps = 107.828 km

1. C. Ubbiali	I	MV-Agusta	53'40.2
			= 120.590 km/h
2. L. Taveri	CH	MV-Agusta	53'56.3
3. A. Hobl	D	DKW	54'34.7
4. C. Sandford	GB	FB-Mondial	54'50.4
5. K. Hofmann	D	DKW	55'54.3
6. F. Bartos	CZ	CZ	1 lap

Number of finishers: 15.
Fastest lap: C. Ubbiali (I, MV-Agusta), 3'45.6 = 122.937 km/h.

3) July 8 : Belgium - Spa-Francorchamps

8 laps = 112.960 km

1. C. Ubbiali	I	MV-Agusta	42'09.1
			= 160.790 km/h
2. F. Libanori	I	MV-Agusta	42'48.7
3. Pi. Monneret	F	Gilera	43'01.2
4. L. Taveri	CH	MV-Agusta	44'13.6
5. K. Hofmann	D	DKW	45'01.4
6. J. Grace	GIB	Montesa	1 lap

Number of finishers: 9.
Fastest lap: R. Ferri (I, Gilera), 5'13.0 = 162.302 km/h.

4) July 22 : West Germany - Solitude

9 laps = 102.753 km

1. R. Ferri	I	Gilera	45'04.2
			= 136.787 km/h
2. C. Ubbiali	I	MV-Agusta	45'13.0
3. T. Provini	I	FB-Mondial	45'21.0
4. F. Libanori	I	MV-Agusta	46'31.8
5. A. Hobl	D	DKW	46'44.8
6. C. Sandford	GB	FB-Mondial	47'10.8

Number of finishers: 24.
Fastest lap: R. Ferri (I, Gilera), 4'56.0 = 138.902 km/h.

5) August 11 : Ulster - Belfast

12 laps = 144.804 km

1. C. Ubbiali	I	MV-Agusta	1 h.05'55.0
			= 130.350 km/h
2. R. Ferri	I	Gilera	1 h.07'24.4
3. B. Webster	GB	MV-Agusta	2 laps
4. W. Maddrick	GB	MV-Agusta	2 laps
5. F. Cope	GB	MV-Agusta	2 laps

Number of finishers: 5.
Fastest lap: C. Ubbiali (I, MV-Agusta), 5'24.0 = 132.609 km/h.

6) September 9 : Italy - Monza

18 laps = 103.500 km

1. C. Ubbiali	I	MV-Agusta	38'38.2
			= 160.728 km/h
2. T. Provini	I	FB-Mondial	38'38.6
3. R. Sartori	I	FB-Mondial	39'35.6
4. L. Taveri	CH	MV-Agusta	40'18.0
5. S. Artusi	I	Ducati	40'40.2
6. K. Hofmann	D	DKW	1 lap

Number of finishers: 14.
Fastest lap: T. Provini (I, FB-Mondial), 2'06.2 = 164.024 km/h.

WORLD CHAMPIONSHIP (*)

1.	Carlo Ubbiali	I	MV-Agusta	32 (46)
2.	Romolo Ferri	I	Gilera	14
3.	Luigi Taveri	CH	MV-Agusta	12
4.	Tarquinio Provini	I	FB-Mondial	10
5.	Fortunato Libanori	I	MV-Agusta	9
6.	Marcelo Cama	E	Montesa	6
7.	August Hobl	D	DKW	6
8.	Karl Hofmann	D	DKW	5
9.	Francisco Gonzalez	E	Montesa	4
10.	Pierre Monneret	F	Gilera	4
11.	Cecil Sandford	GB	FB-Mondial	4
12.	Renato Sartori	I	FB-Mondial	4
13.	Bill Webster	GB	MV-Agusta	4
14.	William Maddrick	GB	MV-Agusta	3
15.	Enrique Sirera	E	Montesa	3
16.	Sisto Artusi	I	Ducati	2
17.	Dave Chadwick	GB	LEF	2
18.	Frank Cope	GB	MV-Agusta	2
19.	Franta Bartos	CZ	CZ	1
20.	John Grace	GIB	Montesa	1
21.	Victor Parus	CZ	CZ	1

(*): Les quatre meilleurs résultats sont pris en compte pour le championnat. Le chiffre entre parenthèses correspond aux points «bruts».

(*): Die vier besten Resultate wurden für die Gesamtwertung der Meisterschaft gezählt. Die Zahlen in Klammern entsprechen dem "Brutto"-Punktetotal.

(*): The four best results counted towards the championship. The figures in brackets correspond to the gross number of points.

Romolo Ferri, Gilera 125

Carlo Ubbiali, MV-Agusta 125

Champion : **Carlo Ubbiali (Italy, MV-Agusta), 32 points (40), 5 wins**

1956 — 250 cc

1) June 6 : Tourist Trophy - Isle of Man

9 laps = 156.276 km

1. C. Ubbiali	I	MV-Agusta	1 h.26'54.0 = 107.903 km/h
2. R. Colombo	I	MV-Agusta	1 h.29'02.6
3. H. Baltisberger	D	NSU	1 h.29.24.6
4. Ho. Kassner	D	NSU	1 h.29'27.6
5. F. Bartos	CZ	CZ	1 h.32'03.9
6. A. Wheeler	GB	Moto Guzzi	1 h.32'20.6

Number of finishers: 10.
Fastest lap: H. Baltisberger (D, NSU), 9'21.6 = 111.608 km/h.

2) June 30 : The Netherlands - Assen

17 laps = 130.934 km

1. C. Ubbiali	I	MV-Agusta	1 h.02'26.5 = 125.854 km/h
2. L. Taveri	CH	MV-Agusta	1 h.02'49.1
3. E. Lorenzetti	I	Moto Guzzi	1 h.04'25.5
4. R. Colombo	I	MV-Agusta	1 h.05'07.1
5. Ho. Kassner	D	NSU	1 lap
6. J. Kostir	CZ	CZ	1 lap

Number of finishers: 13.
Fastest lap: C. Ubbiali (I, MV-Agusta), 3'34.4 = 129.359 km/h.

3) July 8 : Belgium - Spa-Francorchamps

9 laps = 127.080 km

1. C. Ubbiali	I	MV-Agusta	45'11.9 = 168.696 km/h
2. L. Taveri	CH	MV-Agusta	45'50.0
3. Ho. Kassner	D	NSU	46'53.1
4. K. Koster	NL	NSU	48'10.9
5. L. Simons	NL	NSU	48'40.1
6. J.-P. Bayle	F	NSU	1 lap

Number of finishers: 10.
Fastest lap: E. Lorenzetti (I, Moto Guzzi), 4'54.0 = 172.602 km/h.

4) July 22 : West Germany - Solitude

13 laps = 148.421 km

1. C. Ubbiali	I	MV-Agusta	1 h.02'58.6 = 141.405 km/h
2. L. Taveri	CH	MV-Agusta	1 h.03'52.8
3. R. Venturi	I	MV-Agusta	1 h.03'56.5
4. H. Baltisberger	D	NSU	1 h.04'47.8
5. R. Brown	AUS	NSU	1 h.05'03.0
6. R. Heck	D	NSU	1 h.05'09.2

Number of finishers: 15.
Fastest lap: C. Ubbiali (I, MV-Agusta), 4'45.2 = 144.114 km/h.

5) August 9 : Ulster - Belfast

13 laps = 156.871 km

1. L. Taveri	CH	MV-Agusta	1 h.07'02.4 = 138.824 km/h
2. S. Miller	IRL	NSU	1 h.07'16.0
3. A. Wheeler	GB	Moto Guzzi	1 h.10'33.4
4. R. Coleman	NZ	NSU	1 h.10'47.6
5. W. Maddrick	GB	Moto Guzzi	1 lap
6. M. Büla	CH	NSU	1 lap

Number of finishers: 8.
Fastest lap: C. Ubbiali (I, MV-Agusta), 4'58.6 = 143.891 km/h.

6) September 9 : Italy - Monza

22 laps = 126.500 km

1. C. Ubbiali	I	MV-Agusta	45'26.7 = 167.015 km/h
2. E. Lorenzetti	I	Moto Guzzi	45'28.6
3. R. Venturi	I	MV-Agusta	45'42.2
4. L. Taveri	CH	MV-Agusta	46'32.7
5. A. Montanari	I	Moto Guzzi	46'39.6
6. S. Miller	IRL	NSU	46'40.0

Number of finishers: 15.
Fastest lap: C. Ubbiali (I, MV-Agusta), 2'04.0 = 171.894 km/h.

WORLD CHAMPIONSHIP (*)

1.	Carlo Ubbiali	I	MV-Agusta	32 (40)
2.	Luigi Taveri	CH	MV-Agusta	26 (29)
3.	Enrico Lorenzetti	I	Moto Guzzi	10
4.	Roberto Colombo	I	MV-Agusta	9
5.	Horst Kassner	D	NSU	9
6.	Remo Venturi	I	MV-Agusta	8
7.	Sammy Miller	IRL	NSU	7
8.	Hans Baltisberger	D	NSU	7
9.	Arthur Wheeler	GB	Moto Guzzi	5
10.	Robert "Bob" Coleman	NZ	NSU	3
11.	Kees Koster	NL	NSU	3
12.	Franta Bartos	CZ	CZ	2
13.	Robert "Bob" Brown	AUS	NSU	2
14.	William Maddrick	GB	Moto Guzzi	2
15.	Alano Montanari	I	Moto Guzzi	2
16.	Lodewig Simons	NL	NSU	2
17.	Jirka Kostir	CZ	CZ	1
18.	Jean-Pierre Bayle	F	NSU	1
19.	Roland Heck	D	NSU	1
20.	Maurice Büla	CH	NSU	1

(*): Les quatre meilleurs résultats sont pris en compte pour le championnat. Le chiffre entre parenthèses correspond aux points «bruts».

(*): Die vier besten Resultate wurden für die Gesamtwertung der Meisterschaft gezählt. Die Zahlen in Klammern entsprechen dem "Brutto"-Punktetotal.

(*): The four best results counted towards the championship. The figures in brackets correspond to the gross number of points.

FB-Mondial 250 2ACT

1956 — 250 cc

Champion : **Bill Lomas (Great Britain, Moto Guzzi), 24 points, 3 wins**

1956 — 350 cc

1) June 8 : Tourist Trophy - Isle of Man

7 laps = 425.061 km

1.	K. Kavanagh	AUS	Moto Guzzi	2 h.57'29.4
				= 143.750 km/h
2.	D. Ennett	GB	AJS	3 h.02'07.4
3.	J. Hartle	GB	Norton	3 h.04'47.6
4.	C. Sandford	GB	DKW	3 h.04'47.8
5.	E. Grant	SA	Norton	3 h.07'43.0
6.	A. Trow	GB	Norton	3 h.08'39.0

Number of finishers: 53.
Fastest lap: K. Kavanagh (AUS, Moto Guzzi), 24'18.2 = 149.910 km/h.

2) June 30 : The Netherlands - Assen

20 laps = 154.040 km

1.	B. Lomas	GB	Moto Guzzi	1 h.11'21.8
				= 129.601 km/h
2.	J. Surtees	GB	MV-Agusta	1 h.11'35.4
3.	A. Hobl	D	DKW	1 h.11'40.3
4.	C. Sandford	GB	DKW	1 h.11'47.0
5.	K. Kavanagh	AUS	Moto Guzzi	1 h.12'21.2
6.	R. Dale	GB	Moto Guzzi	1 h.12'32.8

Number of finishers: 19.
Fastest lap: B. Lomas (GB, Moto Guzzi), 3'30.5 = 131.756 km/h.

3) July 8 : Belgium - Spa-Francorchamps

11 laps = 155.320 km

1.	J. Surtees	GB	MV-Agusta	52'48.6
				= 176.466 km/h
2.	A. Hobl	D	DKW	53'05.4
3.	C. Sandford	GB	DKW	53'36.7
4.	K. Hofmann	D	DKW	54'08.6
5.	U. Masetti	I	MV-Agusta	54'11.1
6.	H. Bartl	D	DKW	54'11.8

Number of finishers: 23.
Fastest lap: B. Lomas (GB, Moto Guzzi), 4'41.5 = 180.600 km/h).

4) July 22 : West Germany - Solitude

13 laps = 148.421 km

1.	B. Lomas	GB	Moto Guzzi	1 h.00'52.3
				= 146.200 km/h
2.	A. Hobl	D	DKW	1 h.01'23.4
3.	R. Dale	GB	Moto Guzzi	1 h.01'53.0
4.	C. Sandford	GB	DKW	1 h.02'02.7
5.	H. Bartl	D	DKW	1 h.03'30.0
6.	B. Matthews	IRL	Norton	1 h.03'37.0

Number of finishers: 18.
Fastest lap: B. Lomas (GB, Moto Guzzi), 4'36.0 = 148.993 km/h.

5) August 9 : Ulster - Belfast

25 laps = 301.675 km

1.	B. Lomas	GB	Moto Guzzi	2 h.03'14.6
				= 144.898 km/h
2.	R. Dale	GB	Moto Guzzi	2 h.04'08.4
3.	J. Hartle	GB	Norton	2 h.04'26.2
4.	J. Brett	GB	Norton	2 h.05'03.6
5.	G.-A. Murphy	NZ	AJS	2 h.05'04.0
6.	R. Brown	AUS	AJS	2 h.05'44.0

Number of finishers: 26.
Fastest lap: B. Lomas (GB, Moto Guzzi), 4'51.0 = 147.641 km/h.

6) September 9 : Italy - Monza

27 laps = 155.250 km

1.	L. Liberati	I	Gilera	52'12.9
				= 178.396 km/h
2.	R. Dale	GB	Moto Guzzi	53'28.2
3.	R. Colombo	I	MV-Agusta	54'01.2
4.	K. Hofmann	D	DKW	1 lap
5.	C. Sandford	GB	DKW	1 lap
6.	A. Hobl	D	DKW	1 lap

Number of finishers: 16.
Fastest lap: L. Liberati (I, Gilera), 1'52.0 = 184.817 km/h.

WORLD CHAMPIONSHIP (*)

1.	Bill Lomas	GB	Moto Guzzi	24
2.	Richard "Dickie" Dale	GB	Moto Guzzi	17
3.	August Hobl	D	DKW	17
4.	John Surtees	GB	MV-Agusta	14
5.	Cecil Sandford	GB	DKW	13 (15)
6.	Ken Kavanagh	AUS	Moto Guzzi	10
7.	Libero Liberati	I	Gilera	8
8.	John Hartle	GB	Norton	8
9.	Derek Ennett	GB	AJS	6
10.	Karl Hofmann	D	DKW	6
11.	Roberto Colombo	I	MV-Agusta	4
12.	Hans Bartl	D	DKW	3
13.	Jack Brett	GB	Norton	3
14.	Eddie Grant	SA	Norton	2
15.	Umberto Masetti	I	MV-Agusta	2
16.	George-A. "Peter" Murphy	NZ	AJS	2
17.	Robert "Bob" Brown	AUS	AJS	1
18.	Bob Matthews	IRL	Norton	1
19.	Alan Trow	GB	Norton	1

(*): Les quatre meilleurs résultats sont pris en compte pour le championnat. Le chiffre entre parenthèses correspond aux points «bruts».

(*): Die vier besten Resultate wurden für die Gesamtwertung der Meisterschaft gezählt. Die Zahlen in Klammern entsprechen dem "Brutto"-Punktetotal.

(*): The four best results counted towards the championship. The figures in brackets correspond to the gross number of points.

Alfredo Minali, Gilera

Dickie Dale, Guzzi

1956 — 350 cc

Champion : John Surtees (Great Britain, MV-Agusta), 24 points, 3 wins

1956 — 500 cc

1) June 8 : Tourist Trophy - Isle of Man

7 laps = 425.061 km

1. J. Surtees	GB	MV-Agusta	2 h.44'05.8 = 155.410 km/h
2. J. Hartle	GB	Norton	2 h.45'36.6
3. J. Brett	GB	Norton	2 h.46'54.2
4. W. Zeller	D	BMW	2 h.47'22.2
5. B. Lomas	GB	Moto Guzzi	2 h.47'28.6
6. D. Ennett	GB	Matchless	2 h.50'40.4

Number of finishers: 45.
Fastest lap: J. Surtees (GB, MV-Agusta), 23'09.4 = 157.377 km/h.

2) June 30 : The Netherlands - Assen

27 laps = 207.954 km

1. J. Surtees	GB	MV-Agusta	1 h.34'05.1 = 132.703 km/h
2. W. Zeller	D	BMW	1 h.34'30.6
3. E. Grant	SA	Norton	1 lap
4. K. Bryen	AUS	Norton	1 lap
5. P.-B. Fahey	NZ	Matchless	1 lap
6. E. Hiller	D	BMW	1 lap

Number of finishers: 11.
Fastest lap: J. Surtees (GB, MV-Agusta), 3'25.2 = 135.152 km/h.

3) July 8 : Belgium - Spa-Francorchamps

15 laps = 211.800 km

1. J. Surtees	GB	MV-Agusta	1 h.09'02.2 = 184.076 km/h
2. W. Zeller	D	BMW	1 h.09'41.2
3. Pi. Monneret	F	Gilera	1 h.10'30.7
4. U. Masetti	I	MV-Agusta	1 h.10'31.1
5. A. Milani	I	Gilera	1 h.11'23.3
6. A. Goffin	B	Norton	1 h.12'42.9

Number of finishers: 15.
Fastest lap: G. Duke (GB, Gilera), 4'29.0 = 189.001 km/h.

4) July 22 : West Germany - Solitude

18 laps = 205.506 km

1. R. Armstrong	IRL	Gilera	1 h.23'16.4 = 148.700 km/h
2. U. Masetti	I	MV-Agusta	1 h.23'30.4
3. Pi. Monneret	F	Gilera	1 h.23'48.2
4. G. Klinger	A	BMW	1 h.25'14.0
5. E. Grant	SA	Norton	1 h.25'20.8
6. K. Bryen	AUS	Norton	1 h.25'22.6

Number of finishers: 18.
Fastest lap: B. Lomas (GB, Moto Guzzi), 4'27.9 = 153.499 km/h.

5) August 11 : Ulster - Belfast

27 laps = 325.809 km

1. J. Hartle	GB	Norton	2 h.20'14.6 = 137.860 km/h
2. R. Brown	AUS	Matchless	2 h.23'02.0
3. G.-A. Murphy	NZ	Matchless	2 h.23'03.0
4. G. Tanner	GB	Norton	2 h.23'44.2
5. W. Herron	IRL	Norton	1 lap
6. J. Brett	GB	Norton	1 lap

Number of finishers: 19.
Fastest lap: G. Duke (GB, Gilera), 4'42.6 = 152.034 km/h.

6) September 9 : Italy - Monza

35 laps = 201.250 km

1. G. Duke	GB	Gilera	1 h.05'59.2 = 182.928 km/h
2. L. Liberati	I	Gilera	1 h.05'59.3
3. Pi. Monneret	F	Gilera	1 h.06'40.0
4. R. Armstrong	IRL	Gilera	1 h.07'17.2
5. C. Bandirola	I	MV-Agusta	1 h.07'36.9
6. W. Zeller	D	BMW	1 h.07'37.6

Number of finishers: 13.
Fastest lap: G. Duke (GB, Gilera) and L. Liberati (I, Gilera), 1'50.4 = 187.504 km/h.

WORLD CHAMPIONSHIP

1.	John Surtees	GB	MV-Agusta	24
2.	Walter Zeller	D	BMW	16
3.	John Hartle	GB	Norton	14
4.	Pierre Monneret	F	Gilera	12
5.	Reginald Armstrong	IRL	Gilera	11
6.	Umberto Masetti	I	MV-Agusta	9
7.	Geoffrey Duke	GB	Gilera	8
8.	Robert "Bob" Brown	AUS	Matchless	6
9.	Libero Liberati	I	Gilera	6
10.	Eddie Grant	SA	Norton	6
11.	Jack Brett	GB	Norton	5
12.	George-A. "Peter" Murphy	NZ	Matchless	4
13.	Keith Bryen	AUS	Norton	4
14.	Gerold Klinger	A	BMW	3
15.	Geoff Tanner	GB	Norton	3
16.	Carlo Bandirola	I	MV-Agusta	2
17.	Paul-B. Fahey	NZ	Matchless	2
18.	Wilf Herron	IRL	Norton	2
19.	Bill Lomas	GB	Moto Guzzi	2
20.	Alfredo Milani	I	Gilera	2
21.	Derek Ennett	GB	Matchless	1
22.	Ernest Hiller	D	BMW	1
23.	Auguste Goffin	B	Norton	1

Monza

Guzzi 8 cylindres / 8 cylinder Guzzi / Guzzi 8-Zylinder

1956 — 500 cc

1956 — Side-cars

Champions : Wilhelm Noll/Fritz Cron (Germany, BMW), 30 points, 3 wins

1) June 8 : Tourist Trophy - Isle of Man

9 laps = 156.276 km

1. F. Hillebrand/M. Grünwald	D	BMW	1 h.23'12.2	= 112.148 km/h
2. P. Harris/R. Campbell	GB	Norton	1 h.24'47.8	
3. B. Boddice/W. Storr	GB	Norton	1 h.26'19.2	
4. B. Mitchell/E. Bliss	AUS/GB	Norton	1 h.27'16.8	
5. J. Beeton/L. Nutt	GB	Norton	1 h.28'53.6	
6. E. Walker/D. Roberts	GB	Norton	1 h.28'59.4	

Number of finishers: 15.
Fastest lap: W. Noll/F. Cron (D, BMW), 9'01.6 = 115.454 km/h.

2) June 30 : The Netherlands - Assen

14 laps = 107.828 km

1. F. Hillebrand/M. Grünwald	D	BMW	54'46.5	= 118.150 km/h
2. W. Noll/F. Cron	D	BMW	54'52.9	
3. C. Smith/S. Dibben	GB	Norton	55'14.4	
4. B. Mitchell/E. Bliss	AUS/GB	Norton	55'35.0	
5. F. Camathias/M. Büla	CH	BMW	55'37.2	
6. J. Drion/I. Stoll	F/D	BMW	56'24.1	

Number of finishers: 11.
Fastest lap: P. Harris/R. Campbell (GB, Norton), 3'50.1 = 120.539 km/h.

3) July 8 : Belgium - Spa-Francorchamps

8 laps = 112.960 km

1. W. Noll/F. Cron	D	BMW	43'17.5	= 156.556 km/h
2. P. Harris/R. Campbell	GB	Norton	43'53.0	
3. B. Mitchell/E. Bliss	AUS/GB	Norton	43'57.7	
4. F. Hillebrand/M. Grünwald	D	BMW	44'01.0	
5. H. Fath/E. Ohr	D	BMW	45'20.4	
6. J. Drion/I. Stoll	F/D	BMW	45'31.1	

Number of finishers: 11.
Fastest lap: C. Smith/S. Dibben (GB, Norton), 5'18.0 = 159.791 km/h.

4) July 22 : West Germany - Solitude

9 laps = 102.753 km

1. W. Noll/F. Cron	D	BMW	45'04.9	= 136.800 km/h
2. F. Hillebrand/M. Grünwald	D	BMW	45'05.8	
3. H. Fath/E. Ohr	D	BMW	46'20.7	
4. W. Schneider/H. Strauss	D	BMW	46'24.7	
5. C. Smith/S. Dibben	GB	Norton	48'05.4	
6. L. Neussner/D. Hess	D	BMW	48'09.8	

Number of finishers: 20.
Fastest lap: W. Noll/F. Cron (D, BMW), 4'54.3 = 139.594 km/h.

5) August 11 : Ulster - Dundrod

10 laps = 120.670 km

1. W. Noll/F. Cron	D	BMW	56'24.0	= 126.927 km/h
2. P. Harris/R. Campbell	GB	Norton	57'25.4	
3. F. Camathias/M. Büla	CH	BMW	57'39.6	
4. F. Taylor/R. Taylor	GB	Norton	Time not released(*)	
5. B. Beevers/J. Mundy	GB	Norton	1 h.02'41.8	
6. J. Wijns/M. Woollett	B/GB	BMW	1 lap	

Number of finishers: 7.
Fastest lap: W. Noll/F. Cron (D, BMW), 5'29.0 = 130.598 km/h.

(*): F. Taylor/R. Taylor (GB, Norton) ont d'abord été mis hors course par erreur. Le jury les a finalement crédité de la quatrième place, bien que les Britanniques n'aient couvert que 9 tours.

(*): At first, F. Taylor/R. Taylor were excluded by mistake. The stewards finally credited them with fourth place, even though the British crew had only covered 9 laps.

(*): F. Taylor und R. Taylor (GB, Norton) wurden zuerst durch einen Irrtum aus dem Rennen verwiesen. Die Jury hat ihnen schließlich den vierten Platz zugestanden, obwohl sie nur neun Runden gefahren waren.

6) September 9 : Italy - Monza

18 laps = 103.500 km

1. A. Milani/R. Milani	I	Gilera	39'19.3	= 157.298 km/h
2. P. Harris/R. Campbell	GB	Norton	40'03.1	
3. F. Hillebrand/M. Grünwald	D	BMW	40'14.7	
4. F. Camathias/M. Büla	CH	BMW	40'25.2	
5. J. Drion/I. Stoll	F/D	BMW	40'25.3	
6. W. Schneider/H. Strauss	D	BMW	41'16.4	

Number of finishers: 10.
Fastest lap: A. Milani/R. Milani (I, Gilera), 2'09.1 = 160.338 km/h.

"Barquette" BMW

WORLD CHAMPIONSHIP (*)

1.	Wilhelm Noll/Fritz Cron	D	BMW	30
2.	Fritz Hillebrand/Manfred Grünwald	D	BMW	26 (29)
3.	Peter "Pip" Harris/Ray Campbell	GB	Norton	24
4.	Robert "Bob" Mitchell/Eric Bliss	AUS/GB	Norton	10
5.	Florian Camathias/Maurice Büla	CH	BMW	9
6.	Albino Milani/Rossano Milani	I	Gilera	8
7.	Cyril Smith/Stanley Dibben	GB	Norton	6
8.	Helmut Fath/Emil Ohr	D	BMW	6
9.	Bill Boddice/William Storr	GB	Norton	4
10.	Walter Schneider/Hans Strauss	D	BMW	4
11.	Jacques Drion/Inge Stoll	F/D	BMW	4
12.	Bill Beevers/Jeff Mundy	GB	Norton	3
13.	Jack Beeton/Leslie Nutt	GB	Norton	2
14.	Frank Taylor/Ray Taylor	GB	Norton	2
15.	Ernie Walker/Dun Roberts	GB	Norton	1
16.	Leonhard "Loni" Neussner/Dieter Hess	D	BMW	1
17.	Jack Wijns/Mick Woollett	B/GB	BMW	1

(*): Les quatre meilleurs résultats sont pris en compte pour le championnat.
Le chiffre entre parenthèses correspond aux points «bruts».

(*): Die vier besten Resultate wurden für die Gesamtwertung der Meisterschaft gezählt.
Die Zahlen in Klammern entsprechen dem "Brutto"-Punktetotal.

(*): The four best results counted towards the championship.
The figures in brackets correspond to the gross number of points.

GP Ulster

Champion : **Tarquinio Provini (Italy, FB-Mondial), 30 points (36), 3 wins**

1957 — 125 cc

1) May 19 : West Germany - Hockenheim

15 laps = 115.875 km

1. C. Ubbiali	I	MV-Agusta	43'30.1
			= 159.821 km/h
2. T. Provini	I	FB-Mondial	43'30.4
3. R. Colombo	I	MV-Agusta	45'49.3
4. H. Fügner	DDR	MZ	1 lap
5. L. Taveri	CH	MV-Agusta	1 lap
6. E. Degner	DDR	MZ	1 lap

Number of finishers: 14.
Fastest lap: T. Provini (I, FB-Mondial), 2'50.5 = 162.994 km/h.

2) June 5 : Tourist Trophy - Isle of Man

10 laps = 173.640 km

1. T. Provini	I	FB-Mondial	1 h.27'51.0
			= 118.540 km/h
2. C. Ubbiali	I	MV-Agusta	1 h.28'25.0
3. L. Taveri	CH	MV-Agusta	1 h.30'37.8
4. S. Miller	IRL	FB-Mondial	1 h.30'38.4
5. C. Sandford	GB	FB-Mondial	1 h.30'38.6
6. R. Colombo	I	MV-Agusta	1 h.30'53.0

Number of finishers: 12.
Fastest lap: T. Provini (I, FB-Mondial), 8'41.8 = 119.799 km/h.

3) June 29 : The Netherlands - Assen

14 laps = 107.828 km

1. T. Provini	I	FB-Mondial	52'24.6
			= 123.484 km/h
2. R. Colombo	I	MV-Agusta	53'07.1
3. L. Taveri	CH	MV-Agusta	54'16.6
4. C. Sandford	GB	FB-Mondial	54'36.2
5. F. Libanori	I	MV-Agusta	55'15.4
6. S. Miller	IRL	FB-Mondial	55'36.4

Number of finishers: 15.
Fastest lap: T. Provini (I, FB-Mondial), 3'40.2 = 125.866 km/h.

4) July 7 : Belgium - Spa-Francorchamps

8 laps = 112.960 km

1. T. Provini	I	FB-Mondial	41'08.2
			= 164.524 km/h
2. L. Taveri	CH	MV-Agusta	41'58.9
3. C. Sandford	GB	FB-Mondial	42'34.0
4. F. Bartos	CZ	CZ	1 lap
5. B. Webster	GB	MV-Agusta	1 lap
6. W. Maddrick	GB	MV-Agusta	1 lap

Number of finishers: 7.
Fastest lap: T. Provini (I, FB-Mondial), 5'04.7 = 166.502 km/h.

5) August 10 : Ulster - Belfast

10 laps = 120.670 km

1. L. Taveri	CH	MV-Agusta	56'43.0
			= 126.253 km/h
2. T. Provini	I	FB-Mondial	56'44.0
3. R. Venturi	I	MV-Agusta	56'47.0
4. D. Chadwick	GB	MV-Agusta	57'38.0
5. S. Miller	IRL	FB-Mondial	1 h.01'58.0
6. B. Webster	GB	MV-Agusta	1 lap

Number of finishers: 8.
Fastest lap: T. Provini (I, FB-Mondial), 5'30.0 = 128.747 km/h.

6) September 1 : Italy - Monza

18 laps = 103.500 km

1. C. Ubbiali	I	MV-Agusta	38'54.0
			= 159.640 km/h
2. S. Miller	IRL	FB-Mondial	39'13.6
3. L. Taveri	CH	MV-Agusta	39'14.7
4. F. Libanori	I	MV-Agusta	39'19.2
5. R. Venturi	I	MV-Agusta	39'19.5
6. G. Sala	I	FB-Mondial	39'31.8

Number of finishers: 14.
Fastest lap: C. Ubbiali (I, MV-Agusta), 2'07.2 = 162.736 km/h.

WORLD CHAMPIONSHIP (*)

1.	Tarquinio Provini	I	FB-Mondial	30 (36)
2.	Luigi Taveri	CH	MV-Agusta	22 (28)
3.	Carlo Ubbiali	I	MV-Agusta	22
4.	Sammy Miller	IRL	FB-Mondial	12
5.	Roberto Colombo	I	MV-Agusta	11
6.	Cecil Sandford	GB	FB-Mondial	9
7.	Remo Venturi	I	MV-Agusta	6
8.	Fortunato Libanori	I	MV-Agusta	5
9.	Franta Bartos	CZ	CZ	3
10.	Horst Fügner	DDR	MZ	3
11.	Dave Chadwick	GB	MV-Agusta	3
12.	Bill Webster	GB	MV-Agusta	3
13.	Ernst Degner	DDR	MZ	1
14.	William Maddrick	GB	MV-Agusta	1
15.	Guido Sala	I	FB-Mondial	1

(*): Les quatre meilleurs résultats sont pris en compte pour le championnat. Le chiffre entre parenthèses correspond aux points «bruts».

(*): Die vier besten Resultate wurden für die Gesamtwertung der Meisterschaft gezählt. Die Zahlen in Klammern entsprechen dem "Brutto"-Punktetotal.

(*): The four best results counted towards the championship. The figures in brackets correspond to the gross number of points.

Willy Scheidhauer, Ducati 125

Tarquinio Provini, Mondial 125

1957 — 125 cc

Champion : **Cecil Sandford (Great Britain, FB-Mondial), 26 points (33), 2 wins**

1957 — 250 cc

1) May 19 : West Germany - Hockenheim

20 laps = 154.500 km

1. C. Ubbiali	I	MV-Agusta	52'27.3	
			= 176.803 km/h	
2. R. Colombo	I	MV-Agusta	52'28.6	
3. C. Sandford	GB	FB-Mondial	53'51.7	
4. E. Lorenzetti	I	Moto Guzzi	54'12.7	
5. L. Taveri	CH	MV-Agusta	54'56.4	
6. H. Hallmeier	D	NSU	1 lap	

Number of finishers: 22.
Fastest lap: C. Ubbiali (I, MV-Agusta), 2'32.8 = 182.007 km/h.

2) June 5 : Tourist Trophy - Isle of Man

10 laps = 173.640 km

1. C. Sandford	GB	FB-Mondial	1 h.25'25.4
			= 121.960 km/h
2. L. Taveri	CH	MV-Agusta	1 h.27'12.4
3. R. Colombo	I	MV-Agusta	1 h.27'21.8
4. F. Bartos	CZ	CZ	1 h.29'22.4
5. S. Miller	IRL	FB-Mondial	1 h.30'47.0
6. D. Chadwick	GB	MV-Agusta	1 h.32'28.0

Number of finishers: 21.
Fastest lap: T. Provini (I, FB-Mondial), 8'18.0 = 125.528 km/h.

3) June 29 : The Netherlands - Assen

17 laps = 130.934 km

1. T. Provini	I	FB-Mondial	1 h.01'23.1
			= 128.020 km/h
2. C. Sandford	GB	FB-Mondial	1 h.02'51.2
3. S. Miller	IRL	FB-Mondial	1 h.03'06.9
4. F. Libanori	I	MV-Agusta	1 h.03'52.4
5. F. Stastny	CZ	Jawa	1 lap
6. A. Wheeler	GB	Moto Guzzi	1 lap

Number of finishers: 13.
Fastest lap: T. Provini (I, FB-Mondial), 3'33.0 = 130.147 km/h.

4) July 7 : Belgium - Spa-Francorchamps

9 laps = 127.080 km

1. J. Hartle	GB	MV-Agusta	44'23.5
			= 171.518 km/h
2. S. Miller	IRL	FB-Mondial	44'30.6
3. C. Sandford	GB	FB-Mondial	44'47.9
4. A. Wheeler	GB	Moto Guzzi	46'27.4
5. F. Bartos	CZ	CZ	46'31.3
6. G. Beer	D	Adler	47'16.2

Number of finishers: 11.
Fastest lap: T. Provini (I, FB-Mondial), 4'42.7 = 179.441 km/h.

5) August 10 : Ulster - Belfast

13 laps = 156.871 km

1. C. Sandford	GB	FB-Mondial	1 h.04'06.0
			= 137.215 km/h
2. D. Chadwick	GB	MV-Agusta	1 h.05'06.0
3. T. Robb	IRL	NSU	1 h.06'19.0
4. R. Brown	AUS	NSU	1 h.07'06.0
5. G. Andrews	GB	NSU	1 lap
6. S. Hodgins	IRL	Velocette	1 lap

Number of finishers: 10.
Fastest lap: D. Chadwick (GB, MV-Agusta), 5'12.0 = 137.711 km/h.

6) September 1 : Italy - Monza

22 laps = 126.500 km

1. T. Provini	I	FB-Mondial	43'05.8
			= 176.115 km/h
2. R. Venturi	I	MV-Agusta	43'31.4
3. E. Lorenzetti	I	Moto Guzzi	43'57.5
4. C. Sandford	GB	FB-Mondial	44'47.5
5. S. Miller	IRL	FB-Mondial	45'09.4
6. A. Montanari	I	Moto Guzzi	2 laps

Number of finishers: 16.
Fastest lap: T. Provini (I, FB-Mondial), 1'55.3 = 179.531 km/h.

WORLD CHAMPIONSHIP (*)

1.	Cecil Sandford	GB	FB-Mondial	26 (33)
2.	Tarquinio Provini	I	FB-Mondial	16
3.	Sammy Miller	IRL	FB-Mondial	14
4.	Roberto Colombo	I	MV-Agusta	10
5.	Carlo Ubbiali	I	MV-Agusta	8
6.	Luigi Taveri	CH	MV-Agusta	8
7.	John Hartle	GB	MV-Agusta	8
8.	Dave Chadwick	GB	MV-Agusta	7
9.	Enrico Lorenzetti	I	Moto Guzzi	7
10.	Remo Venturi	I	MV-Agusta	6
11.	Franta Bartos	CZ	CZ	5
12.	Tommy Robb	IRL	NSU	4
13.	Arthur Wheeler	GB	Moto Guzzi	4
14.	Robert "Bob" Brown	AUS	NSU	3
15.	Fortunato Libanori	I	MV-Agusta	3
16.	Frantisek Stastny	CZ	Jawa	2
17.	George Andrews	GB	NSU	2
18.	Helmut Hallmeier	D	NSU	1
19.	Günther Beer	D	Adler	1
20.	Sammy Hodgins	IRL	Velocette	1
21.	Alano Montanari	I	Moto Guzzi	1

(*): Les quatre meilleurs résultats sont pris en compte pour le championnat. Le chiffre entre parenthèses correspond aux points «bruts».

(*): Die vier besten Resultate wurden für die Gesamtwertung der Meisterschaft gezählt. Die Zahlen in Klammern entsprechen dem "Brutto"-Punktetotal.

(*): The four best results counted towards the championship. The figures in brackets correspond to the gross number of points.

Helmut Hallmeier, Adler 250

Hubert Luttenberg, Adler 250 RS

1957 — 250 cc

1957 — 350 CC

Champion : **Keith Campbell (Australia, Moto Guzzi), 30 points, 3 wins**

1) May 19 : West Germany - Hockenheim

20 laps = 154.500 km

1. L. Liberati	I	Gilera	53'59.8	= 171.900 km/h
2. J. Hartle	GB	Norton	55'32.3	
3. H. Hallmeier	D	NSU	56'47.4	
4. U. Masetti	I	MV-Agusta	1 lap	
5. A. Montanari	I	Moto Guzzi	1 lap	
6. R. Thomson	AUS	AJS	1 lap	

Number of finishers: 10.
Fastest lap: B. McIntyre (GB, Gilera), 2'28.9 = 186.603 km/h.

2) June 7 : Tourist Trophy - Isle of Man

7 laps = 425.061 km

1. B. McIntyre	GB	Gilera	2 h.46'50.2 = 152.840 km/h
2. K. Campbell	AUS	Moto Guzzi	2 h.50'29.8
3. R. Brown	AUS	Gilera	2 h.51'38.2
4. J. Surtees	GB	MV-Agusta	2 h.52'39.6
5. E. Hinton	AUS	Norton	2 h.54'50.0
6. G.-A. Murphy	NZ	AJS	2 h.55'08.4

Number of finishers: 61.
Fastest lap: B. McIntyre (GB, Gilera), 23'14.2 = 156.782 km/h.

3) June 29 : The Netherlands - Assen

20 laps = 154.040 km

1. K. Campbell	AUS	Moto Guzzi	1 h.09'46.5 = 132.504 km/h
2. B. McIntyre	GB	Gilera	1 h.09'56.1
3. L. Liberati	I	Gilera	1 h.10'34.5
4. J. Brett	GB	Norton	1 lap
5. K. Bryen	AUS	Norton	1 lap
6. J. Hartle	GB	Norton	1 lap

Number of finishers: 18.
Fastest lap: K. Campbell (AUS, Moto Guzzi), 3'25.0 = 135.217 km/h.

4) July 7 : Belgium - Spa-Francorchamps

11 laps = 155.320 km

1. K. Campbell	AUS	Moto Guzzi	50'34.5 = 184.003 km/h
2. L. Liberati	I	Gilera	50'46.8
3. K. Bryen	AUS	Moto Guzzi	50'47.6
4. A. Montanari	I	Moto Guzzi	52'12.9
5. R. Brown	AUS	Gilera	52'32.1
6. G. Colnago	I	Moto Guzzi	53'19.5

Number of finishers: 18..
Fastest lap: L. Liberati (I, Gilera), 4'31.8 = 186.732 km/h.

5) August 10 : Ulster - Belfast

20 laps = 241.340 km

1. K. Campbell	AUS	Moto Guzzi	1 h.44'21.0 = 137.215 km/h
2. K. Bryen	AUS	Moto Guzzi	1 h.44'47.0
3. L. Liberati	I	Gilera	1 h.48'41.0
4. J. Hartle	GB	Norton	1 lap
5. D. Chadwick	GB	Norton	1 lap
6. F. Purslow	GB	Norton	1 lap

Number of finishers: 28.
Fastest lap: K. Bryen (AUS, Moto Guzzi), 5'04.0 = 141.332 km/h.

6) September 1 : Italy - Monza

27 laps = 155.250 km

1. B. McIntyre	GB	Gilera	51'43.9 = 180.063 km/h
2. G. Colnago	I	Moto Guzzi	52'16.5
3. L. Liberati	I	Gilera	53'14.9
4. A. Milani	I	Gilera	53'15.9
5. A. Mandolini	I	Moto Guzzi	2 laps
6. J. Hartle	GB	Norton	2 lap

Number of finishers: 21.
Fastest lap: A. Montanari (I, Moto Guzzi), 1'52.3 = 184.328 km/h.

WORLD CHAMPIONSHIP (*)

1.	Keith Campbell	AUS	Moto Guzzi	30
2.	Libero Liberati	I	Gilera	22 (26)
3.	Bob McIntyre	GB	Gilera	22
4.	Keith Bryen	AUS	Norton/Moto Guzzi	12
5.	John Hartle	GB	Norton	11
6.	Giuseppe Colnago	I	Moto Guzzi	7
7.	Robert "Bob" Brown	AUS	Gilera	6
8.	Alano Montanari	I	Moto Guzzi	5
9.	Helmut Hallmeier	D	NSU	4
10.	Jack Brett	GB	Norton	3
11.	Umberto Masetti	I	MV-Agusta	3
12.	Alfredo Milani	I	Gilera	3
13.	John Surtees	GB	MV-Agusta	3
14.	Dave Chadwick	GB	Norton	2
15.	Eric Hinton	AUS	Norton	2
16.	Adelmo Mandolini	I	Moto Guzzi	2
17.	George-A. "Peter" Murphy	NZ	AJS	1
18.	Fron Purslow	GB	Norton	1
19.	Richard Thomson	AUS	AJS	1

(*): Les quatre meilleurs résultats sont pris en compte pour le championnat. Le chiffre entre parenthèses correspond aux points «bruts».

(*): Die vier besten Resultate wurden für die Gesamtwertung der Meisterschaft gezählt. Die Zahlen in Klammern entsprechen dem "Brutto"-Punktetotal.

(*): The four best results counted towards the championship. The figures in brackets correspond to the gross number of points.

Matchless 500, G45

1957 — 350 cc

Champion : **Libero Liberati (Italy, Gilera), 32 points (38), 4 wins**

1957 — 500 cc

1) May 19 : West Germany - Hockenheim

27 laps = 208.575 km

1. L. Liberati	I	Gilera	1 h.02'34.3
			= 200.012 km/h
2. B. McIntyre	GB	Gilera	1 h.02'34.6
3. W. Zeller	D	BMW	1 h.03.40.4
4. R. Dale	GB	Moto Guzzi	1 h.03'52.4
5. T. Shepherd	GB	MV-Agusta	1 h.04'38.6
6. E. Hiller	D	BMW	1 h.04'59.6

Number of finishers: 13.
Fastest lap: B. McIntyre (GB, Gilera), 2'13.3 = 208.506 km/h.

2) June 7 : Tourist Trophy - Isle of Man

7 laps = 425.061 km

1. B. McIntyre	GB	Gilera	3 h.02'57.0
			= 159.308 km/h
2. J. Surtees	GB	MV-Agusta	3 h.05'04.2
3. R. Brown	AUS	Gilera	3 h.09'02.0
4. R. Dale	GB	Moto Guzzi	3 h.10'52.4
5. K. Campbell	AUS	Moto Guzzi	3 h.14'10.2
6. A. Trow	GB	Norton	3 h.15'17.0

Number of finishers: 38.
Fastest lap: B. McIntyre (GB, Gilera), 22'23.2 = 162.736 km/h.

3) June 29 : The Netherlands - Assen

27 laps = 207.954 km

1. J. Surtees	GB	MV-Agusta	1 h.33'56.6
			= 132.806 km/h
2. L. Liberati	I	Gilera	1 h.34'27.2
3. W. Zeller	D	BMW	1 h.34'58.3
4. J. Brett	GB	Norton	1 h.36'26.6
5. E. Hiller	D	BMW	1 h.36'48.2
6. K. Bryen	AUS	Norton	1 h.36'59.6

Number of finishers: 14.
Fastest lap: B. McIntyre (GB, Gilera), 3'21.4 = 137.647 km/h.

4) July 7 : Belgium - Spa-Francorchamps

15 laps = 211.800 km

1. L. Liberati	I	Gilera	1 h.08'36.6
			= 184.958 km/h
2. J. Brett	GB	Norton	1 h.09'28.8
3. K. Bryen	AUS	Norton	1 h.12'07.4
4. D. Minter	GB	Norton	1 lap
5. M. O'Rourke	GB	Norton	1 lap
6. H.-G. Jäger	D	BMW	1 lap

Number of finishers: 6.
Fastest lap: K. Campbell (AUS, Moto Guzzi), 4'26.0 = 190.481 km/h.

5) August 10 : Ulster - Belfast

20 laps = 241.340 km

1. L. Liberati	I	Gilera	1 h.37'11.8
			= 147.319 km/h
2. B. McIntyre	GB	Gilera	1 h.37'49.6
3. G. Duke	GB	Gilera	1 h.38'11.0
4. G. Tanner	GB	Norton	1 h.40'10.0
5. K. Bryen	AUS	Moto Guzzi	1 h.40'34.0
6. T. Shepherd	GB	MV-Agusta	1 h.40'39.0

Number of finishers: 27.
Fastest lap: J. Surtees (GB, MV-Agusta), 4'39.0 = 153.998 km/h.

6) September 1 : Italy - Monza

35 laps = 201.250 km

1. L. Liberati	I	Gilera	1 h.04'49.3
			= 186.275 km/h
2. G. Duke	GB	Gilera	1 h.05'13.3
3. A. Milani	I	Gilera	1 h.05'13.7
4. J. Surtees	GB	MV-Agusta	1 h.05'22.5
5. U. Masetti	I	MV-Agusta	1 lap
6. T. Shepherd	GB	MV-Agusta	1 lap

Number of finishers: 13.
Fastest lap: L. Liberati (I, Gilera), 1'48.0 = 190.082 km/h.

WORLD CHAMPIONSHIP (*)

1.	Libero Liberati	I	Gilera	32 (38)
2.	Bob McIntyre	GB	Gilera	20
3.	John Surtees	GB	MV-Agusta	17
4.	Geoffrey Duke	GB	Gilera	10
5.	Jack Brett	GB	Norton	9
6.	Walter Zeller	D	BMW	8
7.	Keith Bryen	AUS	Norton/Moto Guzzi	7
8.	Richard "Dickie" Dale	GB	Moto Guzzi	6
9.	Robert "Bob" Brown	AUS	Gilera	4
10.	Alfredo Milani	I	Gilera	4
11.	Terry Shepherd	GB	MV-Agusta	4
12.	Derek Minter	GB	Norton	3
13.	Geoff Tanner	GB	Norton	3
14.	Ernest Hiller	D	BMW	3
15.	Keith Campbell	AUS	Moto Guzzi	2
16.	Umberto Masetti	I	MV-Agusta	2
17.	Michael O'Rourke	GB	Norton	2
18.	Hans-Günter Jäger	D	BMW	1
19.	Alan Trow	GB	Norton	1

(*): Les quatre meilleurs résultats sont pris en compte pour le championnat. Le chiffre entre parenthèses correspond aux points «bruts».

(*): Die vier besten Resultate wurden für die Gesamtwertung der Meisterschaft gezählt. Die Zahlen in Klammern entsprechen dem "Brutto"-Punktetotal.

(*): The four best results counted towards the championship. The figures in brackets correspond to the gross number of points.

Ernst Hiller, BMW

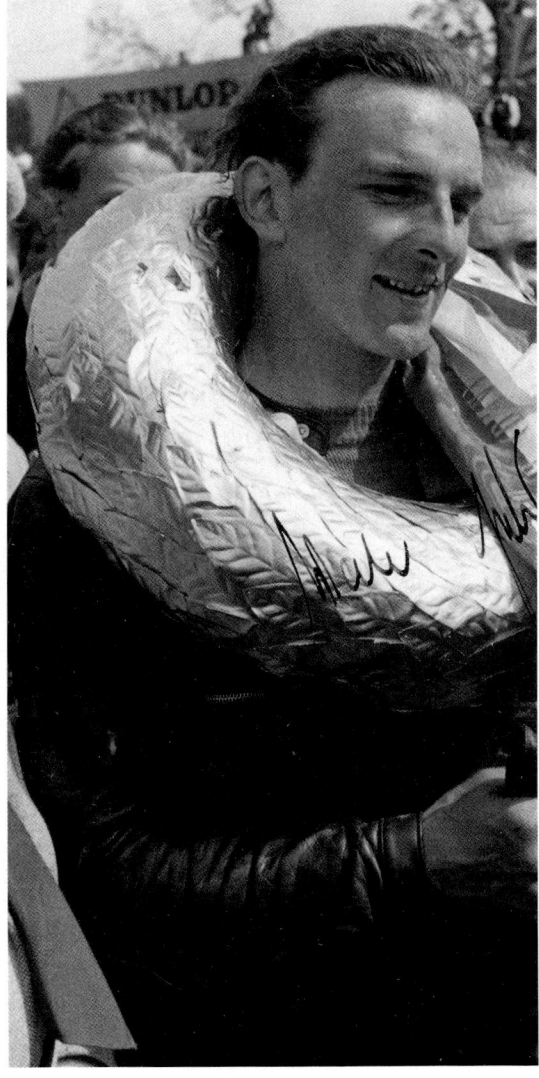

Walter Zeller

1957 — 500 cc

1957 — Side-cars

Champions : **Fritz Hillebrand/Manfred Grünwald (Germany, BMW), 24 points (28), 3 wins**

1) May 19 : West Germany - Hockenheim

13 laps = 100.425 km

1. F. Hillebrand/M. Grünwald	D	BMW	36'41.6	= 164.000 km/h
2. W. Schneider/H. Strauss	D	BMW	36'59.6	
3. J. Knebel/R. Amfaldern	D	BMW	37'54.4	
4. F. Camathias/J. Galliker	CH	BMW	37'54.5	
5. L. Neussner/D. Hess	D	BMW	38'19.3	
6. C. Smith/S. Dibben	GB	Norton	38'19.7	

Number of finishers: 10.
Fastest lap: F. Hillebrand/M. Grünwald (D, BMW), 2'43.1 = 170.204 km/h.

2) June 5 : Tourist Trophy - Isle of Man

10 laps = 173.640 km

1. F. Hillebrand/M. Grünwald	D	BMW	1 h.30'03.4	= 115.690 km/h
2. W. Schneider/H. Strauss	D	BMW	1 h.30'54.8	
3. F. Camathias/J. Galliker	CH	BMW	1 h.32'18.2	
4. J. Beeton/C. Billingham	GB	Norton	1 h.36'40.2	
5. C. Freeman/J. Chisnell	GB	Norton	1 h.39'54.2	
6. P. Woollett/G. Loft	GB	Norton	1 h.41'50.0	

Number of finishers: 13.
Fastest lap: F. Hillebrand/M. Grünwald (D, BMW), 8'55.4 = 116.757 km/h.

3) June 29 : The Netherlands - Assen

14 laps = 107.828 km

1. F. Hillebrand/M. Grünwald	D	BMW	55'05.6	= 117.469 km/h
2. J. Beeton/T. Partige	GB	Norton	57'02.8	
3. L. Neussner/D. Hess	D	BMW	57'46.6	
4. E. Strub/H. Cecco	CH/D	BMW	58'10.6	
5. M. Beauvais/A. Coudert	F	Norton	58'11.8	
6. W. Grossmann/W. Volk	D	Norton	59'05.6	

Number of finishers: 10.
Fastest lap: C. Smith/S. Dibben (GB, Norton), 3'51.2 = 119.880 km/h.

4) July 7 : Belgium - Spa-Francorchamps

8 laps = 112.960 km

1. W. Schneider/H. Strauss	D	BMW	42'28.3	= 159.353 km/h
2. F. Camathias/J. Galliker	CH	BMW	42'32.4	
3. F. Hillebrand/M. Grünwald	D	BMW	43'18.0	
4. P. Harris/R. Campbell	GB	Norton	44'23.6	
5. J. Drion/I. Stoll	F/D	BMW	45'21.2	
6. M. Beauvais/A. Coudert	F	Norton	46'28.4	

Number of finishers: 13.
Fastest lap: F. Camathias/J. Galliker (CH, BMW), 5'15.8 = 160.738 km/h.

5) September 1 : Italy - Monza

18 laps = 103.500 km

1. A. Milani/R. Milani	I	Gilera	38'56.7	= 159.455 km/h
2. C. Smith/E. Bliss	GB	Norton	40'00.1	
3. F. Camathias/H. Cecco	CH/D	BMW	40'00.6	
4. F. Scheidegger/H. Burkhardt	CH/D	BMW	41'00.3	
5. J. Drion/I. Stoll	F/D	BMW	31'03.4	
6. L. Neussner/D. Hess	D	BMW	1 lap	

Number of finishers: 11.
Fastest lap: A. Milani/R. Milani (I, Gilera), 2'07.9 = 161.845 km/h.

WORLD CHAMPIONSHIP (*)

1.	Fritz Hillebrand/Manfred Grünwald	D	BMW	24 (28)
2.	Walter Schneider/Hans Strauss	D	BMW	20
3.	Florian Camathias/Jules Galliker/Hilmar Cecco	CH/CH/D	BMW	14 (17)
4.	Jack Beeton/Charlie Billingham/Tony Partige	GB	Norton	9
5.	Albino Milani/Rossano Milani	I	Gilera	8
6.	Cyril Smith/Eric Bliss	GB	Norton	7
7.	Leonhard "Loni" Neussner/Dieter Hess	D	BMW	7
8.	Josef Knebel/Rolf Amfaldern	D	BMW	4
9.	Jacques Drion/Inge Stoll	F/D	BMW	4
10.	Edgar Strub/Hilmar Cecco	CH/D	BMW	3
11.	Peter "Pip" Harris/Ray Campbell	GB	Norton	3
12.	Fritz Scheidegger/Horst Burkhardt	CH/D	BMW	3
13.	Marcel Beauvais/André Coudert	F	Norton	3
14.	Charlie Freeman/John Chisnell	GB	Norton	2
15.	Peter Woollett/George Loft	GB	Norton	1
16.	Werner Grossmann/Werner Volk	D	Norton	1

(*): Les trois meilleurs résultats sont pris en compte pour le championnat.
Le chiffre entre parenthèses correspond aux points «bruts».

(*): Die drei besten Resultate wurden für die Gesamtwertung der Meisterschaft gezählt.
Die Zahlen in Klammern entsprechen dem "Brutto"-Punktetotal.

(*): The three best results counted towards the championship.
The figures in brackets correspond to the gross number of points.

Lambert / «Fiston», BMW

Claude Lambert

Robert Harnisch / Roland Béboux, Norton

1957 — Side-Cars

Champion : **Carlo Ubbiali (Italy, MV-Agusta), 32 points (38), 4 wins**

1958 — 125 cc

1) June 4 : Tourist Trophy - Isle of Man

10 laps = 173.640 km

1.	C. Ubbiali	I	MV-Agusta	1 h.28'51.2
				= 117.250 km/h
2.	R. Ferri	I	Ducati	1 h.29'04.4
3.	D. Chadwick	GB	Ducati	1 h.30'27.8
4.	S. Miller	IRL	Ducati	1 h.31'55.2
5.	E. Degner	DDR	MZ	1 h.33'27.0
6.	H. Fügner	DDR	MZ	1 h.33'43.8

Number of finishers: 18.
Fastest lap: C. Ubbiali (I, MV-Agusta), 8'44.0 = 119.275 km/h.

2) June 28 : The Netherlands - Assen

14 laps = 107.828 km

1.	C. Ubbiali	I	MV-Agusta	51'52.2
				=124.768 km/h
2.	L. Taveri	CH	Ducati	51'52.4
3.	T. Provini	I	MV-Agusta	51'54.7
4.	A. Gandossi	I	Ducati	53'11.4
5.	D. Chadwick	GB	Ducati	53'52.6
6.	E. Degner	DDR	MZ	54'45.3

Number of finishers: 17.
Fastest lap: L. Taveri (CH, Ducati), 3'38.8 = 126.763 km/h.

3) July 6 : Belgium - Spa-Francorchamps

8 laps = 112.960 km

1.	A. Gandossi	I	Ducati	42'52.4
				= 157.860 km/h
2.	R. Ferri	I	Ducati	42'57.1
3.	T. Provini	I	MV-Agusta	43'00.8
4.	D. Chadwick	GB	Ducati	43'28.5
5.	C. Ubbiali	I	MV-Agusta	44'05.2
6.	L. Taveri	CH	Ducati	44'28.7

Number of finishers: 8.
Fastest lap: A. Gandossi (I, Ducati), 5'18.4 = 159.421 km/h.

4) July 20 : West Germany - Nürburgring

5 laps = 114.250 km

1.	C. Ubbiali	I	MV-Agusta	56'10.9
				= 121.803 km/h
2.	T. Provini	I	MV-Agusta	56'25.9
3.	E. Degner	DDR	MZ	57'22.8
4.	H. Fügner	DDR	MZ	59'23.9
5.	W. Brehme	DDR	MZ	59'46.1
6.	W. Musiol	DDR	MZ	1 h.00'36.8

Number of finishers: 11.
Fastest lap: C. Ubbiali (I, MV-Agusta), = 123.195 km/h.

5) July 27 : Sweden - Hedemora

15 laps = 108.975 km

1.	A. Gandossi	I	Ducati	44'30.7
				= 146.894 km/h
2.	L. Taveri	CH	Ducati	44'30.9
3.	C. Ubbiali	I	MV-Agusta	44'43.9
4.	T. Provini	I	MV-Agusta	45'01.1
5.	E. Degner	DDR	MZ	46'10.3
6.	H. Fügner	DDR	MZ	46'51.2

Number of finishers: 11.
Fastest lap: L. Taveri (CH, Ducati), 2'54.3 = 149.411 km/h.

6) August 9 : Ulster - Belfast

10 laps = 119.390 km

1.	C. Ubbiali	I	MV-Agusta	57'45.6
				= 123.957 km/h
2.	L. Taveri	CH	Ducati	58'39.2
3.	D. Chadwick	GB	Ducati	58'52.0
4.	A. Gandossi	I	Ducati	1 h.00'22.0
5.	H. Fügner	DDR	MZ	1 h.03'04.6
6.	A. Wheeler	GB	FB-Mondial	1 lap

Number of finishers: 8.
Fastest lap: A. Gandossi (I, Ducati), 5'37.8 = 127.186 km/h.

7) September 14 : Italy - Monza

18 laps = 103.500 km

1.	B. Spaggiari	I	Ducati	39'51.1
				= 155.827 km/h
2.	A. Gandossi	I	Ducati	40'07.2
3.	F. Villa	I	Ducati	41'00.7
4.	D. Chadwick	GB	Ducati	41'05.0
5.	L. Taveri	CH	Ducati	41'05.5
6.	E. Vezzalini	I	MV-Agusta	1 lap

Number of finishers: 8.
Fastest lap: B. Spaggiari (I, Ducati), 2'11.2 = 157.780 km/h.

WORLD CHAMPIONSHIP (*)

1.	Carlo Ubbiali	I	MV-Agusta	32 (38)
2.	Alberto Gandossi	I	Ducati	25 (28)
3.	Luigi Taveri	CH	Ducati	20 (21)
4.	Tarquinio Provini	I	MV-Agusta	17
5.	Dave Chadwick	GB	Ducati	14 (16)
6.	Romolo Ferri	I	Ducati	12
7.	Ernst Degner	DDR	MZ	9
8.	Bruno Spaggiari	I	Ducati	8
9.	Horst Fügner	DDR	MZ	7
10.	Francesco Villa	I	Ducati	4
11.	Sammy Miller	IRL	Ducati	3
12.	Walter Brehme	DDR	MZ	2
13.	Werner Musiol	DDR	MZ	1
14.	Enzo Vezzalini	I	MV-Agusta	1
15.	Arthur Wheeler	GB	FB-Mondial	1

(*): Les quatre meilleurs résultats sont pris en compte pour le championnat. Le chiffre entre parenthèses correspond aux points «bruts».

(*): Die vier besten Resultate wurden für die Gesamtwertung der Meisterschaft gezählt. Die Zahlen in Klammern entsprechen dem "Brutto"-Punktetotal.

(*): The four best results counted towards the championship. The figures in brackets correspond to the gross number of points.

Siegfried Hasse, MZ 250

Nürburgring

1958 — 125 cc

Champion : **Tarquinio Provini (Italy, MV-Agusta), 32 points, 4 wins**

1958 — 250 cc

1) June 4 : Tourist Trophy - Isle of Man

10 laps = 173.640 km

1. T. Provini	I	MV-Agusta	1 h.24'12.0
			= 123.740 km/h
2. C. Ubbiali	I	MV-Agusta	1 h.24'20.2
3. M. Hailwood	GB	NSU	1 h.27'07.8
4. R. Brown	AUS	NSU	1 h.27'48.8
5. D. Falk	D	Adler	1 h.27'50.4
6. S. Miller	IRL	CZ	1 h.29'08.0

Number of finishers: 18.
Fastest lap: T. Provini (I, MV-Agusta), 8'06.2 = 128.586 km/h.

2) June 28 : The Netherlands - Assen

17 laps = 130.934 km

1. T. Provini	I	MV-Agusta	1 h.02'41.0
			= 125.371 km/h
2. C. Ubbiali	I	MV-Agusta	1 h.02'41.4
3. D. Falk	D	Adler	1 h.04'01.2
4. M. Hailwood	GB	NSU	1 h.04'47.6
5. A. Wheeler	GB	FB-Mondial	1 h.05'21.7
6. Ho. Kassner	D	NSU	1 h.06'13.5

Number of finishers: 13.
Fastest lap: T. Provini (I, MV-Agusta), 3'31.2 = 131.342 km/h.

3) July 20 : West Germany - Nürburgring

6 laps = 137.100 km

1. T. Provini	I	MV-Agusta	1 h.08'58.7
			= 119.000 km/h
2. H. Fügner	DDR	MZ	1 h.09'45.9
3. D. Falk	D	Adler	1 h.09'51.5
4. Ho. Kassner	D	NSU	1 h.12'31.1
5. X. Heiss	D	NSU	1 h.13'51.3
6. W. Reichert	D	NSU	1 h.14'04.1

Number of finishers: 13.
Fastest lap: T. Provini (I, MV-Agusta), 11'01.4 = 124.193 km/h.

4) July 27 : Sweden - Hedemora

18 laps = 130.770 km

1. H. Fügner	DDR	MZ	51'45.4
			= 151.500 km/h
2. M. Hailwood	GB	NSU	53'16.7
3. G. Monty	GB	NSU	54'27.2
4. G. Beer	D	Adler	1 lap
5. J. Autengruber	A	NSU	1 lap
6. W. Lecke	D	DKW	1 lap

Number of finishers: 11.
Fastest lap: T. Provini (I, MV-Agusta), 2'47.6 = 159.911 km/h.

5) August 9 : Ulster - Belfast

13 laps = 155.207 km

1. T. Provini	I	MV-Agusta	1 h.08'58.4
			= 124.553 km/h
2. T. Robb	IRL	NSU	1 h.10'40.6
3. D. Chadwick	GB	MV-Agusta	1 h.11'41.6
4. E. Degner	DDR	MZ	1 h.13'24.2
5. H. Fügner	DDR	MZ	1 h.14'04.6
6. R. Dale	GB	NSU	1 lap

Number of finishers: 14.
Fastest lap: T. Provini (I, MV-Agusta), 5'30.8 = 129.890 km/h.

6) September 14 : Italy - Monza

22 laps = 126.500 km

1. E. Mendogni	I	Morini	45'07.3
			= 168.211 km/h
2. G. Zubani	I	Morini	45'23.6
3. C. Ubbiali	I	MV-Agusta	45'23.6
4. G. Beer	D	Adler	1 lap
5. J. Autengruber	A	NSU	1 lap
6. D. Falk	D	Adler	1 lap

Number of finishers: 15.
Fastest lap: G. Zubani (I, Morini), 2'01.0 = 171.073 km/h.

WORLD CHAMPIONSHIP (*)

1.	Tarquinio Provini	I	MV-Agusta	32
2.	Horst Fügner	DDR	MZ	16
3.	Carlo Ubbiali	I	MV-Agusta	16
4.	Stanley Michael "Mike" Hailwood	GB	NSU	13
5.	Dieter Falk	D	Adler	11
6.	Emilio Mendogni	I	Morini	8
7.	Günther Beer	D	Adler	6
8.	Tommy Robb	IRL	NSU	6
9.	Gianpiero Zubani	I	Morini	6
10.	Dave Chadwick	GB	MV-Agusta	4
11.	Geoff Monty	GB	NSU	4
12.	Horst Kassner	D	NSU	4
13.	Josef Autengruber	A	NSU	4
14.	Robert "Bob" Brown	AUS	NSU	3
15.	Ernst Degner	DDR	MZ	3
16.	Xaver Heiss	D	NSU	2
17.	Arthur Wheeler	GB	FB-Mondial	2
18.	Richard "Dickie" Dale	GB	NSU	1
19.	Wilhelm Lecke	D	DKW	1
20.	Sammy Miller	IRL	CZ	1
21.	Walter Reichert	D	NSU	1

(*): Les quatre meilleurs résultats sont pris en compte pour le championnat.

(*): Die vier besten Resultate wurden für die Gesamtwertung der Meisterschaft gezählt.

(*): The four best results counted towards the championship.

BSA «Gold Star» 500

1958 — 250 cc

250 CC — **1958**

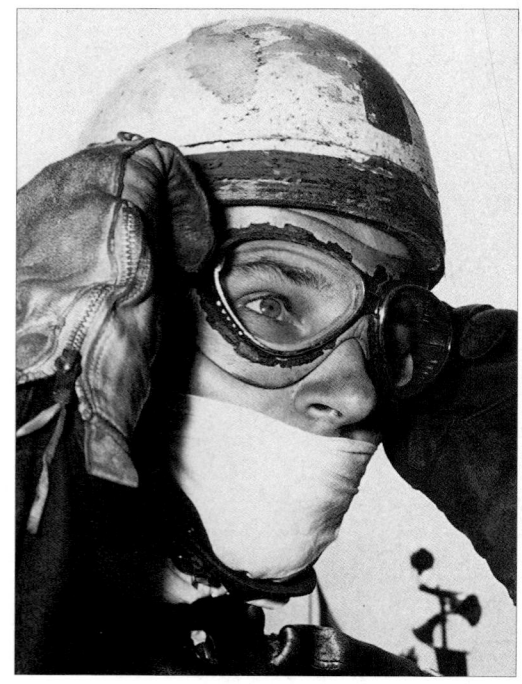

Champion : John Surtees (Great Britain, MV-Agusta), 32 points (48), 6 wins

1958 — 350 cc

1) June 6 : Tourist Trophy - Isle of Man

7 laps = 425.061 km

1. J. Surtees	GB	MV-Agusta	2 h.48'38.4
			= 151.230 km/h
2. D. Chadwick	GB	Norton	2 h.52'50.6
3. G. Tanner	GB	Norton	2 h.53'06.4
4. T. Shepherd	GB	Norton	2 h.53'06.6
5. G. Catlin	GB	Norton	2 h.54'24.8
6. A. King	GB	Norton	2 h.54'28.4

Number of finishers: 51.
Fastest lap: J. Surtees (GB, MV-Agusta), 23'43.5 = 153.563 km/h.

2) June 28 : The Netherlands - Assen

20 laps = 154.040 km

1. J. Surtees	GB	MV-Agusta	1 h.10'33.2
			= 131.039 km/h
2. J. Hartle	GB	MV-Agusta	1 h.11'50.7
3. K. Campbell	AUS	Norton	1 h.12'04.1
4. D. Minter	GB	Norton	1 h.12'18.5
5. M. Hailwood	GB	Norton	1 h.12'30.3
6. L. Taveri	CH	Norton	1 h.13'12.6

Number of finishers: 15.
Fastest lap: J. Surtees (GB, MV-Agusta), 3'29.0 = 132.707 km/h.

3) July 6 : Belgium - Spa-Francorchamps

11 laps = 155.320 km

1. J. Surtees	GB	MV-Agusta	52'20.3
			= 177.804 km/h
2. J. Hartle	GB	MV-Agusta	52'34.4
3. K. Campbell	AUS	Norton	53'43.8
4. D. Minter	GB	Norton	53'44.0
5. G. Duke	GB	Norton	53'44.4
6. D. Chadwick	GB	Norton	53'45.8

Number of finishers: 23.
Fastest lap: J. Surtees (GB, MV-Agusta), 4'42.9 = 179.425 km/h.

4) July 20 : West Germany - Nürburgring

7 laps = 159.950 km

1. J. Surtees	GB	MV-Agusta	1 h.13'58.7
			= 129.500 km/h
2. J. Hartle	GB	MV-Agusta	1 h.14'28.2
3. D. Chadwick	GB	Norton	1 h.14'45.7
4. M. Hailwood	GB	Norton	1 h.14'47.2
5. B. Anderson	GB	Norton	1 h.16'05.6
6. R. Dale	GB	Norton	1 h.16'14.4

Number of finishers: 22.
Fastest lap: J. Surtees (GB, MV-Agusta), 10'25.2 = 131.692 km/h.

5) July 27 : Sweden - Hedemora

25 laps = 181.625 km

1. G. Duke	GB	Norton	1 h.09'49.1
			= 156.550 km/h
2. B. Anderson	GB	Norton	1 h.09'49.6
3. M. Hailwood	GB	Norton	1 h.10'51.8
4. A. Trow	GB	Norton	1 h.11'43.1
5. G. Monty	GB	Norton	1 h.11'45.6
6. M. O'Rourke	GB	Norton	1 h.12'40.5

Number of finishers: 14.
Fastest lap: B. Anderson (GB, Norton), 2'44.7 = 158.423 km/h.

6) August 9 : Ulster - Belfast

20 laps = 238.780 km

1. J. Surtees	GB	MV-Agusta	1 h.50'35.8
			= 129.460 km/h
2. J. Hartle	GB	MV-Agusta	1 h.51'40.6
3. T. Shepherd	GB	Norton	1 h.52'48.0
4. G. Duke	GB	Norton	1 h.53'25.0
5. B. McIntyre	GB	Norton	1 h.53'40.6
6. D. Minter	GB	Norton	1 h.55'07.6

Number of finishers: 32.
Fastest lap: J. Surtees (GB, MV-Agusta) and J. Hartle GB, MV-Agusta), 5'19.4 = 134.525 km/h.

7) September 14 : Italy - Monza

27 laps = 155.250 km

1. J. Surtees	GB	MV-Agusta	53'45.9
			= 173.253 km/h
2. J. Hartle	GB	MV-Agusta	54'14.1
3. G. Duke	GB	Norton	1 lap
4. B. Anderson	GB	Norton	1 lap
5. D. Chadwick	GB	Norton	1 lap
6. R. Brown	AUS	AJS	1 lap

Number of finishers: 8.
Fastest lap: J. Surtees (GB, MV-Agusta), 1'58.3 = 174.983 km/h.

WORLD CHAMPIONSHIP (*)

1.	John Surtees	GB	MV-Agusta	32 (38)
2.	John Hartle	GB	MV-Agusta	24 (30)
3.	Geoffrey Duke	GB	Norton	17
4.	Dave Chadwick	GB	Norton	13
5.	Bob Anderson	GB	Norton	11
6.	Stanley Michael "Mike" Hailwood	GB	Norton	9
7.	Keith Campbell	AUS	Norton	8
8.	Terry Shepherd	GB	Norton	7
9.	Derek Minter	GB	Norton	7
10.	Geoff Tanner	GB	Norton	4
11.	Alan Trow	GB	Norton	3
12.	George Catlin	GB	Norton	2
13.	Geoff Monty	GB	Norton	2
14.	Bob McIntyre	GB	Norton	2
15.	Alistair King	GB	Norton	1
16.	Luigi Taveri	CH	Norton	1
17.	Richard "Dickie" Dale	GB	Norton	1
18.	Mike O'Rourke	GB	Norton	1
19.	Robert "Bob" Brown	AUS	AJS	1

(*): Les quatre meilleurs résultats sont pris en compte pour le championnat. Le chiffre entre parenthèses correspond aux points «bruts».

(*): Die vier besten Resultate wurden für die Gesamtwertung der Meisterschaft gezählt. Die Zahlen in Klammern entsprechen dem "Brutto"-Punktetotal.

(*): The four best results counted towards the championship. The figures in brackets correspond to the gross number of points.

Josef Siffert, AJS 350

Champion : John Surtees (Great Britain, MV-Agusta), 32 points (48), 6 wins

1958 — 500 cc

1) June 6 : Tourist Trophy - Isle of Man

7 laps = 425.061 km

1. J. Surtees	GB	MV-Agusta	2 h.40'39.8
			= 158.700 km/h
2. B. Anderson	GB	Norton	2 h.46'06.0
3. R. Brown	AUS	Norton	2 h.46'22.2
4. D. Minter	GB	Norton	2 h.47'03.6
5. D. Chadwick	GB	Norton	2 h.47'15.4
6. J.-D. Anderson	NZ	Norton	2 h.47'58.8

Number of finishers: 48.
Fastest lap: J. Surtees (GB, MV-Agusta), 22'30.4 = 161.867 km/h.

2) June 28 : The Netherlands - Assen

27 laps = 207.954 km

1. J. Surtees	GB	MV-Agusta	1 h.32'29.1
			= 134.955 km/h
2. J. Hartle	GB	MV-Agusta	1 h.34'15.1
3. D. Minter	GB	Norton	1 h.34'31.7
4. E. Hiller	D	BMW	1 h.34'58.5
5. R. Dale	GB	BMW	1 lap
6. G. Hocking	RHO	Norton	1 lap

Number of finishers: 12.
Fastest lap: J. Surtees (GB, MV-Agusta), 3'21.9 = 137.293 km/h.

3) July 6 : Belgium - Spa-Francorchamps

15 laps = 211.800 km

1. J. Surtees	GB	MV-Agusta	1 h.08'22.6
			= 185.589 km/h
2. K. Campbell	AUS	Norton	1 h.09'08.5
3. J. Hartle	GB	MV-Agusta	1 h.09'24.2
4. G. Duke	GB	BMW	1 h.09'25.3
5. R. Dale	GB	BMW	1 h.09'26.2
6. B. Anderson	GB	Norton	1 h.09'26.4

Number of finishers: 16.
Fastest lap: J. Surtees (GB, MV-Agusta), 4'22.8 = 193.523 km/h.

4) July 20 : West Germany - Nürburgring

9 laps = 205.650 km

1. J. Surtees	GB	MV-Agusta	1 h.50'51.6
			= 112.600 km/h
2. J. Hartle	GB	MV-Agusta	1 h.51'35.9
3. G. Hocking	RHO	Norton	1 h.52'23.1
4. E. Hiller	D	BMW	1 h.57'01.3
5. R. Dale	GB	BMW	1 h.58'09.7
6. R. Brown	AUS	Norton	1 h.58'10.3

Number of finishers: 13.
Fastest lap: J. Surtees (GB, MV-Agusta), 1'18.5 = 120.893 km/h.

5) July 27 : Sweden - Hedemora

30 laps = 217.950 km

1. G. Duke	GB	Norton	1 h.19'04.3
			= 165.300 km/h
2. R. Dale	GB	BMW	1 h.19'04.7
3. T. Shepherd	GB	Norton	1 h.20'08.0
4. G. Hocking	RHO	Norton	1 h.20'10.9
5. E. Hiller	D	BMW	1 h.20'33.0
6. R. Brown	AUS	Norton	1 h.21'34.6

Number of finishers: 14.
Fastest lap: G. Duke (GB, Norton), 2'34.8 = 168.900 km/h.

6) August 9 : Ulster - Belfast

20 laps = 238.780 km

1. J. Surtees	GB	MV-Agusta	1 h.42'36.2
			= 139.570 km/h
2. B. McIntyre	GB	Norton	1 h.44'20.6
3. J. Hartle	GB	MV-Agusta	1 h.45'17.2
4. D. Minter	GB	Norton	1 h.45'58.0
5. G. Duke	GB	Norton	1 h.46'19.8
6. R. Dale	GB	BMW	1 lap

Number of finishers: 28.
Fastest lap: J. Surtees (GB, MV-Agusta), 4'58.2 = 144.084 km/h.

7) September 14 : Italy - Monza

35 laps = 201.250 km

1. J. Surtees	GB	MV-Agusta	1 h.05'31.4
			= 184.285 km/h
2. R. Venturi	I	MV-Agusta	1 h.06'51.3
3. U. Masetti	I	MV-Agusta	1 h.07'22.9
4. R. Dale	GB	BMW	1 lap
5. C. Bandirola	I	MV-Agusta	1 lap
6. D. Chadwick	GB	Norton	1 lap

Number of finishers: 15.
Fastest lap: J. Surtees (GB, MV-Agusta), 1'50.9 = 186.651 km/h.

WORLD CHAMPIONSHIP (*)

1.	John Surtees	GB	MV-Agusta	32 (48)
2.	John Hartle	GB	MV-Agusta	20
3.	Geoffrey Duke	GB	BMW/Norton	13
4.	Richard "Dickie" Dale	GB	BMW	13 (16)
5.	Derek Minter	GB	Norton	10
6.	Gary Hocking	RHO	Norton	8
7.	Ernst Hiller	D	BMW	8
8.	Bob Anderson	GB	Norton	7
9.	Keith Campbell	AUS	Norton	6
10.	Bob McIntyre	GB	Norton	6
11.	Remo Venturi	I	MV-Agusta	6
12.	Robert "Bob" Brown	AUS	Norton	6
13.	Umberto Masetti	I	MV-Agusta	4
14.	Terry Shepherd	GB	Norton	4
15.	Dave Chadwick	GB	Norton	3
16.	Carlo Bandirola	I	MV Agusta	2
17.	John-D. Anderson	NZ	Norton	1

(*): Les quatre meilleurs résultats sont pris en compte pour le championnat. Le chiffre entre parenthèses correspond aux points «bruts».

(*): Die vier besten Resultate wurden für die Gesamtwertung der Meisterschaft gezählt. Die Zahlen in Klammern entsprechen dem "Brutto"-Punktetotal.

(*): The four best results counted towards the championship. The figures in brackets correspond to the gross number of points.

BMW RS 500

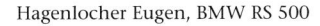

Hagenlocher Eugen, BMW RS 500

1958 — 500 cc

1958 — Side-cars

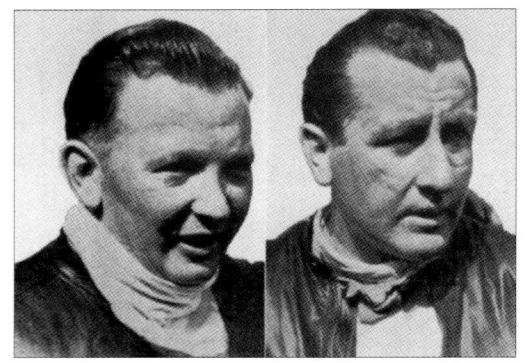

Champions : **Walter Schneider/Hans Strauss (Germany, BMW), 24 (30) points, 3 wins**

1) June 4 : Tourist Trophy - Isle of Man

10 laps = 173.640 km

1. W. Schneider/H. Strauss	D	BMW	1 h.28'40.0	= 117.490 km/h
2. F. Camathias/H. Cecco	CH/D	BMW	1 h.29'47.2	
3. J. Beeton/E. Bulgin	GB	Norton	1 h.35'34.8	
4. A. Ritter/E. Blauth	D	BMW	1 h.36'17.8	
5. E. Walker/D. Roberts	GB	Norton	1 lap	
6. P. Woollett/G. Loft	GB	Norton	1 lap	

Number of finishers: 12.
Fastest lap: W. Schneider/H. Strauss (D, BMW), 8'44.4 = 119.204 km/h.

2) June 28 : The Netherlands - Assen

14 laps = 107.828 km

1. F. Camathias/H. Cecco	CH/D	BMW	54'07.1	= 119.685 km/h
2. W. Schneider/H. Strauss	D	BMW	54'33.2	
3. H. Fath/F. Rudolf	D	BMW	55'00.4	
4. C. Smith/S. Dibben	GB	Norton	55'31.5	
5. B. Boddice/B. Canning	GB	Norton	55'37.5	
6. L. Neussner/D. Hess	D	BMW	55'37.9	

Number of finishers: 8.
Fastest lap: F. Camathias/H. Cecco (CH/D, BMW), 3'49.1 = 121.064 km/h.

3) July 6 : Belgium - Spa-Francorchamps

8 laps = 112.960 km

1. W. Schneider/H. Strauss	D	BMW	40'48.5	= 165.848 km/h
2. F. Camathias/H. Cecco	CH/D	BMW	40'50.1	
3. H. Fath/F. Rudolf	D	BMW	42'33.8	
4. C. Smith/S. Dibben	GB	Norton	43'00.2	
5. J. Beeton/E. Bulgin	GB	Norton	43'22.0	
6. L. Neussner/D. Hess	D	BMW	44'06.2	

Number of finishers: 12.
Fastest lap: W. Schneider/H. Strauss (D, BMW), 5'01.0 = 168.643 km/h.

4) July 20 : West Germany - Nürburgring

5 laps = 114.250 km

1. W. Schneider/H. Strauss	D	BMW	1 h.00'39.2	= 112.800 km/h
2. F. Camathias/H. Cecco	CH/D	BMW	1 h.02'58.1	
3. R. Richert/G. Klim	D	BMW	1 h.09'20.3	
4. A. Rohsiepe/A. Gardyanczik	D	BMW	1 h.09'27.5	
5. L. Neussner/D. Hess	D	BMW	1 h.12'37.4	
6. A. Butscher/H. Munz	D	BMW	1 h.13'23.7	

Number of finishers: 11.
Fastest lap: W. Schneider/H. Strauss (D, BMW), 11'11.1 = 122.294 km/h.

WORLD CHAMPIONSHIP (*)

1. Walter Schneider/Hans Strauss	D	BMW	24 (30)
2. Florian Camathias/Hilmar Cecco	CH/D	BMW	20 (26)
3. Helmut Fath/Fritz Rudolf	D	BMW	8
4. Jack Beeton/Eddie Bulgin	GB	Norton	6
5. Cyril Smith/Stanley Dibben	GB	Norton	6
6. Rudolf Richert/Gerhard Klim	D	BMW	4
7. Leonhard "Loni" Neussner/Dieter Hess	D	BMW	4
8. Alwin Ritter/Edwin Blauth	D	BMW	3
9. August Rohsiepe/Arthur Gardyanczik	D	BMW	3
10. Ernie Walker/Dun Roberts	GB	Norton	2
11. Bill Boddice/Bill Canning	GB	Norton	2
12. Peter Woollett/George Loft	GB	Norton	1
13. Arsenius Butscher/Helmut Munz	D	BMW	1

(*): Les trois meilleurs résultats sont pris en compte pour le championnat.
Le chiffre entre parenthèses correspond aux points «bruts».

(*): Die drei besten Resultate wurden für die Gesamtwertung der Meisterschaft gezählt.
Die Zahlen in Klammern entsprechen dem "Brutto"-Punktetotal.

(*): The three best results counted towards the championship.
The figures in brackets correspond to the gross number of points.

Florian Camathias / Hilmar Cecco, BMW

Schneider / Strauss (34), Camathias / Cecco (43), Scheidegger / Burckardt (46)

1958 — Side-cars

Champion : **Carlo Ubbiali (Italy, MV-Agusta), 30 points (38), 3 wins**

1959 — 125 cc

1) June 3 : Tourist Trophy - Isle of Man

10 laps = 173.640 km

1.	T. Provini	I	MV-Agusta	1 h.27'25.2 = 119.180 km/h
2.	L. Taveri	CH	MZ	1 h.27'32.6
3.	M. Hailwood	GB	Ducati	1 h.29'44.0
4.	H. Fügner	DDR	MZ	1 h.30'11.6
5.	C. Ubbiali	I	MV-Agusta	1 h.30'55.8
6.	N. Taniguchi	J	Honda	1 h.34'48.0

Number of finishers: 18.
Fastest lap: L. Taveri (CH, MZ), 8'38.0 = 120.648 km/h.

2) June 14 : West Germany - Hockenheim

15 laps = 115.875 km

1.	C. Ubbiali	I	MV-Agusta	44'10.9 = 157.400 km/h
2.	T. Provini	I	MV-Agusta	44'11.0
3.	M. Hailwood	GB	Ducati	44'14.5
4.	F. Villa	I	Ducati	44'19.0
5.	B. Spaggiari	I	Ducati	44'19.9
6.	E. Degner	DDR	MZ	45'51.0

Number of finishers: 16.
Fastest lap: C. Ubbiali (I, MV-Agusta), 2'51.6 = 162.003 km/h.

3) June 27 : The Netherlands - Assen

14 laps = 107.828 km

1.	C. Ubbiali	I	MV-Agusta	52'25.2 = 123.426 km/h
2.	B. Spaggiari	I	Ducati	52'26.6
3.	M. Hailwood	GB	Ducati	52'53.3
4.	H. Fügner	DDR	MZ	53'46.2
5.	D. Minter	GB	MZ	53'50.1
6.	K. Kavanagh	AUS	Ducati	55'43.8

Number of finishers: 13.
Fastest lap: C. Ubbiali (I, MV-Agusta), 3'37.6 = 127.326 km/h.

4) July 5 : Belgium - Spa-Francorchamps

8 laps = 112.960 km

1.	C. Ubbiali	I	MV-Agusta	42'33.0 = 159.034 km/h
2.	T. Provini	I	MV-Agusta	42'33.1
3.	L. Taveri	CH	Ducati	42'43.0
4.	D. Minter	GB	MZ	43'46.0
5.	K. Kavanagh	AUS	Ducati	43'58.0
6.	K. Kronmüller	D	Ducati	47'50.0

Number of finishers: 7.
Fastest lap: T. Provini (I, MV-Agusta), 5'14.4 = 161.352 km/h.

5) July 26 : Sweden - Kristianstad

16 laps = 104.592 km

1.	T. Provini	I	MV-Agusta	47'16.7 = 132.760 km/h
2.	C. Ubbiali	I	MV-Agusta	47'17.0
3.	W. Musiol	DDR	MZ	48'06.2
4.	M. Hailwood	GB	Ducati	48'39.2
5.	K. Kavanagh	AUS	Ducati	1 lap
6.	O. Svensson	S	Ducati	1 lap

Number of finishers: 11.
Fastest lap: C. Ubbiali (I, MV-Agusta), 2'52.7 = 136.317 km/h.

6) August 8 : Ulster - Belfast

10 laps = 119.390 km

1.	M. Hailwood	GB	Ducati	54'19.0 = 131.890 km/h
2.	G. Hocking	RHO	MZ	54'36.0
3.	E. Degner	DDR	MZ	55'07.0
4.	K. Kavanagh	AUS	Ducati	58'06.0
5.	A. Pagani	I	Ducati	58'07.0
6.	A. Wheeler	GB	Ducati	59'13.0

Number of finishers: 9.
Fastest lap: M. Hailwood (GB, Ducati), 5'15.0 = 136.391 km/h.

7) September 6 : Italy - Monza

18 laps = 103.500 km

1.	E. Degner	DDR	MZ	40'08.1 = 154.727 km/h
2.	C. Ubbiali	I	MV-Agusta	40'08.2
3.	L. Taveri	CH	Ducati	40'08.9
4.	D. Minter	GB	MZ	40'09.6
5.	T. Provini	I	MV-Agusta	40'10.7
6.	G. Hocking	RHO	MV-Agusta	40'15.6

Number of finishers: 13.
Fastest lap: C. Ubbiali (I, MV-Agusta), 2'10.4 = 158.745 km/h.

WORLD CHAMPIONSHIP (*)

1.	Carlo Ubbiali	I	MV-Agusta	30 (38)
2.	Tarquinio Provini	I	MV-Agusta	28 (30)
3.	Stanley Michael "Mike" Hailwood	GB	Ducati	20 (23)
4.	Luigi Taveri	CH	MZ/Ducati	14
5.	Ernst Degner	DDR	MZ	13
6.	Bruno Spaggiari	I	Ducati	8
7.	Derek Minter	GB	MZ	8
8.	Ken Kavanagh	AUS	Ducati	8
9.	Gary Hocking	RHO	MZ/MV-Agusta	7
10.	Horst Fügner	DDR	MZ	6
11.	Werner Musiol	DDR	MZ	4
12.	Francesco Villa	I	Ducati	3
13.	Alberto Pagani	I	Ducati	2
14.	Karl Kronmüller	D	Ducati	1
15.	Olof Svensson	S	Ducati	1
16.	Arthur Wheeler	GB	Ducati	1
17.	Naomi Taniguchi	J	Honda	1

(*): les quatre meilleurs résultats sont pris en compte pour le championnat. Le chiffre entre parenthèses correspond aux points «bruts».

(*): Die vier besten Resultate wurden für die Gesamtwertung der Meisterschaft gezählt. Die Zahlen in Klammern entsprechen dem "Brutto"-Punktetotal.

(*): The four best results counted towards the championship. The figures in brackets correspond to the gross number of points.

Frantisek Bocek, Jawa-CZ 350

Paddy Driver, EMC 125

1959 — 125 cc

Champion : **Carlo Ubbiali (Italy, MV-Agusta), 28 points (34), 2 wins**

1959 — 250 CC

1) June 3 : Tourist Trophy - Isle of Man

10 laps = 173.640 km

1. T. Provini	I	MV-Agusta	1 h.23'15.8
			= 125.250 km/h
2. C. Ubbiali	I	MV-Agusta	1 h.23'16.2
3. D. Chadwick	GB	MV-Agusta	1 h.26'52.4
4. T. Robb	IRL	GMS	1 h.27'57.0
5. Ho. Kassner	D	NSU	1 h.29'43.0
6. R. Thalhammer	A	NSU	1 h.29'49.6

Number of finishers: 12.
Fastest lap: T. Provini (I, MV-Agusta), 8'04.2 = 129.101 km/h.

2) June 14 : West Germany - Hockenheim

20 laps = 154.500 km

1. C. Ubbiali	I	MV-Agusta	52'30.2
			= 176.570 km/h
2. E. Mendogni	I	Morini	52'30.5
3. H. Fügner	DDR	MZ	52'31.0
4. L. Liberati	I	Morini	53'14.4
5. M. Hailwood	GB	FB-Mondial	54'16.8
6. G. Duke	GB	Benelli	1 lap

Number of finishers: 20.
Fastest lap: E. Mendogni (I, Morini), 2'31.3 = 183.890 km/h.

3) June 27 : The Netherlands - Assen

17 laps = 130.934 km

1. T. Provini	I	MV-Agusta	59'47.4
			= 131.437 km/h
2. C. Ubbiali	I	MV-Agusta	59'47.5
3. D. Minter	GB	Morini	59'57.3
4. M. Hailwood	GB	FB-Mondial	1 h.00'02.4
5. H. Fügner	DDR	MZ	1 h.01'20.2
6. E. Degner	DDR	MZ	1 h.01'20.6

Number of finishers: 15.
Fastest lap: C. Ubbiali (I, MV-Agusta), 3'24.5 = 135.540 km/h.

4) July 26 : Sweden - Kristianstad

20 laps = 130.740 km

1. G. Hocking	RHO	MZ	56'28.4
			= 140.001 km/h
2. C. Ubbiali	I	MV-Agusta	57'24.3
3. G. Duke	GB	Benelli	58'16.4
4. E. Degner	DDR	MZ	58'31.5
5. M. Hailwood	GB	FB-Mondial	59'22.4
6. R. Dale	GB	Benelli	1 lap

Number of finishers: 9.
Fastest lap: G. Hocking (RHO, MZ), 2'46.3 = 141.514 km/h.

5) August 8 : Ulster - Belfast

12 laps = 143.268 km

1. G. Hocking	RHO	MZ	59'49.0
			= 143.919 km/h
2. M. Hailwood	GB	FB-Mondial	1 h.00'15.0
3. E. Degner	DDR	MZ	1 h.01'22.0
4. T. Robb	IRL	GMS	1 h.04'38.0
5. P. Carter	IRL	NSU	1 lap
6. G. Beer	D	Adler	1 lap

Number of finishers: 14.
Fastest lap: G. Hocking (RHO, MZ), 4'53.0 = 146.643 km/h.

6) September 6 : Italy - Monza

22 laps = 126.500 km

1. C. Ubbiali	I	MV-Agusta	43'51.6
			= 173.050 km/h
2. E. Degner	DDR	MZ	43'51.6
3. E. Mendogni	I	Morini	44'25.5
4. D. Minter	GB	Morini	44'25.5
5. L. Taveri	CH	MZ	44'38.5
6. T. Robb	IRL	MZ	45'09.5

Number of finishers: 19.
Fastest lap: C. Ubbiali (I, MV-Agusta), 1'58.2 = 175.128 km/h.

WORLD CHAMPIONSHIP (*)

1.	Carlo Ubbiali	I	MV-Agusta	28 (34)
2.	Gary Hocking	RHO	MZ	16
3.	Tarquinio Provini	I	MV-Agusta	16
4.	Ernst Degner	DDR	MZ	14
5.	Stanley Michael "Mike" Hailwood	GB	FB-Mondial	13
6.	Emilio Mendogni	I	Morini	10
7.	Tommy Robb	IRL	GMS/MZ	7
8.	Derek Minter	GB	Morini	7
9.	Horst Fügner	DDR	MZ	6
10.	Geoffrey Duke	GB	Benelli	5
11.	Dave Chadwick	GB	MV-Agusta	4
12.	Libero Liberati	I	Morini	3
13.	Horst Kassner	D	NSU	2
14.	Phil Carter	IRL	NSU	2
15.	Luigi Taveri	CH	MZ	2
16.	Rudolf Thalhammer	A	NSU	1
17.	Richard "Dickie" Dale	GB	Benelli	1
18.	Günther Beer	D	Adler	1

(*): Les quatre meilleurs résultats sont pris en compte pour le championnat. Le chiffre entre parenthèses correspond aux points «bruts».

(*): Die vier besten Resultate wurden für die Gesamtwertung der Meisterschaft gezählt. Die Zahlen in Klammern entsprechen dem "Brutto"-Punktetotal.

(*): The four best results counted towards the championship. The figures in brackets correspond to the gross number of points.

Derek Chatterton, Yamaha 250

Trevor Barnes, Guzzi 250

1959 — 250 cc

Champion : **John Surtees (Great Britain, MV-Agusta), 32 points (48), 6 wins**

1959 — 350 cc

1) May 17 : France - Clermont-Ferrand

19 laps = 153.045 km

1. J. Surtees	GB	MV-Agusta	1 h.17'46.5
			= 118.067 km/h
2. G. Hocking	RHO	Norton	1 h.18'55.5
3. J. Hartle	GB	MV-Agusta	1 h.19'15.0
4. B. Anderson	GB	Norton	1 h.20'19.2
5. P. Driver	SA	Norton	1 h.20'24.4
6. T. Shepherd	GB	Norton	1 h.20'28.8

Number of finishers: 18.
Fastest lap: J. Surtees (GB, MV-Agusta), 4'01.6 = 120.024 km/h.

2) June 6 : Tourist Trophy - Isle of Man

7 laps = 425.061 km

1. J. Surtees	GB	MV-Agusta	2 h.46'08.0
			= 153.530 km/h
2. J. Hartle	GB	MV-Agusta	2 h.49'12.0
3. A. King	GB	Norton	2 h.49'22.6
4. G. Duke	GB	Norton	2 h.50'12.0
5. B. Anderson	GB	Norton	2 h.50'59.6
6. D. Chadwick	GB	Norton	2 h.51'17.0

Number of finishers: 35.
Fastest lap: J. Surtees (GB, MV-Agusta), 23'19.2 = 156.235 km/h.

3) June 14 : West Germany - Hockenheim

20 laps = 154.500 km

1. J. Surtees	GB	MV-Agusta	52'11.2
			= 177.600 km/h
2. G. Hocking	RHO	Norton	52'54.2
3. E. Brambilla	I	MV-Agusta	53'03.0
4. G. Duke	GB	Norton	53'07.9
5. J. Hempleman	NZ	Norton	53'33.6
6. J. Redman	RHO	Norton	53'37.8

Number of finishers: 19.
Fastest lap: J. Surtees (GB, MV-Agusta), 2'32.0 = 182.890 km/h.

4) July 26 : Sweden - Kristianstad

30 laps = 196.110 km

1. J. Surtees	GB	MV-Agusta	1 h.19'23.5
			= 149.900 km/h
2. J. Hartle	GB	MV-Agusta	1 h.19'32.0
3. R. Brown	AUS	Norton	1 h.21'26.4
4. R. Dale	GB	AJS	1 h.21'27.0
5. M. Hailwood	GB	AJS	1 h.21'37.8
6. J. Redman	RHO	Norton	1 lap

Number of finishers: 12.
Fastest lap: J. Surtees (GB, MV-Agusta), 2'36.6 = 150.309 km/h.

5) August 8 : Ulster - Belfast

20 laps = 238.780 km

1. J. Surtees	GB	MV-Agusta	1 h.37'30.3
			= 146.933 km/h
2. R. Brown	AUS	Norton	1 h.39'30.0
3. G. Duke	GB	Norton	1 h.39'40.1
4. R. Dale	GB	AJS	1 h.40'42.0
5. T. Phillis	AUS	Norton	1 h.40'43.5
6. J. Hempleman	NZ	Norton	1 h.40'44.5

Number of finishers: 26.
Fastest lap: J. Hartle (GB, MV-Agusta), 4'46.0 = 150.232 km/h.

6) September 6 : Italy - Monza

27 laps = 155.250 km

1. J. Surtees	GB	MV-Agusta	54'01.2
			= 172.436 km/h
2. R. Venturi	I	MV-Agusta	54'12.6
3. R. Brown	AUS	Norton	55'23.4
4. J. Hempleman	NZ	Norton	56'02.4
5. P. Driver	SA	Norton	56'03.3
6. G. Milani	I	Norton	1 lap

Number of finishers: 14.
Fastest lap: J. Surtees (GB, MV-Agusta), 1'57.0 = 176.915 km/h.

WORLD CHAMPIONSHIP (*)

1.	John Surtees	GB	MV-Agusta	32 (48)
2.	John Hartle	GB	MV-Agusta	16
3.	Robert "Bob" Brown	AUS	Norton	14
4.	Gary Hocking	RHO	Norton	12
5.	Geoffrey Duke	GB	Norton	10
6.	John Hempleman	NZ	Norton	6
7.	Richard "Dickie" Dale	GB	AJS	6
8.	Remo Venturi	I	MV-Agusta	6
9.	Bob Anderson	GB	Norton	5
10.	Paddy Driver	SA	Norton	4
11.	Alistair King	GB	Norton	4
12.	Ernesto Brambilla	I	MV-Agusta	4
13.	Jim Redman	RHO	Norton	2
14.	Stanley Michael "Mike" Hailwood	GB	AJS	2
15.	Tom Phillis	AUS	Norton	2
16.	Terry Shepherd	GB	Norton	1
17.	Dave Chadwick	GB	Norton	1
18.	Gilberto Milani	I	Norton	1

(*): les quatre meilleurs résultats sont pris en compte pour le championnat. Le chiffre entre parenthèses correspond aux points «bruts».

(*): Die vier besten Resultate wurden für die Gesamtwertung der Meisterschaft gezählt. Die Zahlen in Klammern entsprechen dem "Brutto"-Punktetotal.

(*): The four best results counted towards the championship. The figures in brackets correspond to the gross number of points.

John Hartle, MV-Agusta 500

Dan Shorey, Norton

1959 — 350 cc

Champion : **John Surtees (Great Britain, MV-Agusta), 32 points (56), 7 wins**

1959 — 500 cc

1) May 17 : France - Clermont-Ferrand

25 laps = 201.375 km

1. J. Surtees	GB	MV-Agusta	1 h.40'22.0	
			= 120.384 km/h	
2. R. Venturi	I	MV-Agusta	1 h.41'52.8	
3. G. Hocking	RHO	Norton	1 h.42'38.1	
4. R. Dale	GB	BMW	1 h.42'56.2	
5. T. Shepherd	GB	Norton	1 h.43'13.1	
6. P. Driver	SA	Norton	1 h.43'32.9	

Number of finishers: 17.
Fastest lap: J. Surtees (GB, MV-Agusta), 3'58.2 = 121.738 km/h.

2) June 6 : Tourist Trophy - Isle of Man

7 laps = 425.061 km

1. J. Surtees	GB	MV-Agusta	3 h.00'13.4
			= 141.5106 km/h
2. A. King	GB	Norton	3 h.05'21.0
3. R. Brown	AUS	Norton	3 h.10'56.4
4. D.-T. Powell	GB	Matchless	3 h.11'14.2
5. B. McIntyre	GB	Norton	3 h.12'27.8
6. P. Driver	SA	Norton	3 h.14'55.4

Number of finishers: 22.
Fastest lap: J. Surtees (GB, MV-Agusta), 22'22.4 = 162.833 km/h.

3) June 14 : West Germany - Hockenheim

27 laps = 208.575 km

1. J. Surtees	GB	MV-Agusta	1 h.02'56.9
			= 198.800 km/h
2. R. Venturi	I	MV-Agusta	1 h.03'11.4
3. R. Brown	AUS	Norton	1 lap
4. K. Kavanagh	AUS	Norton	1 lap
5. J. Hempleman	NZ	Norton	2 laps
6. A. Huber	D	BMW	2 laps

Number of finishers: 14.
Fastest lap: J. Surtees (GB, MV-Agusta), 2'17.9 = 201.539 km/h.

4) June 27 : The Netherlands - Assen

27 laps = 207.954 km

1. J. Surtees	GB	MV-Agusta	1 h.31'20.2
			= 136.649 km/h
2. R. Brown	AUS	Norton	1 h.33'12.6
3. R. Venturi	I	MV-Agusta	1 h.34'12.9
4. R. Dale	GB	BMW	1 h.34'36.9
5. J. Redman	RHO	Norton	1 lap
6. R. Miles	AUS	Norton	1 lap

Number of finishers: 9.
Fastest lap: J. Surtees (GB, MV-Agusta), 3'18.4 = 139.784 km/h.

5) July 5 : Belgium - Spa-Francorchamps

15 laps = 211.800 km

1. J. Surtees	GB	MV-Agusta	1 h.06'06.5
			= 191.962 km/h
2. G. Hocking	RHO	Norton	1 h.07'55.1
3. G. Duke	GB	Norton	1 h.08'17.5
4. R. Brown	AUS	Norton	1 h.08'19.3
5. R. Venturi	I	MV-Agusta	1 h.08'56.6
6. B. Anderson	GB	Norton	1 h.09'08.0

Number of finishers: 17.
Fastest lap: J. Surtees (GB, MV-Agusta), 4'21.8 = 193.848 km/h.

6) August 8 : Ulster - Belfast

20 laps = 238.780 km

1. J. Surtees	GB	MV-Agusta	1 h.33'24.0
			= 153.305 km/h
2. B. McIntyre	GB	Norton	1 h.33'53.0
3. G. Duke	GB	Norton	1 h.36'05.0
4. T. Shepherd	GB	Norton	1 h.36'55.0
5. R. Brown	AUS	Norton	1 h.37'43.0
6. A. King	GB	Norton	1 h.37'54.0

Number of finishers: 26.
Fastest lap: J. Surtees (GB, MV-Agusta), 4'36.0 = 155.671 km/h.

7) September 6 : Italy - Monza

35 laps = 201.250 km

1. J. Surtees	GB	MV-Agusta	1 h.05'07.0
			= 185.436 km/h
2. R. Venturi	I	MV-Agusta	1 h.06'20.9
3. G. Duke	GB	Norton	1 lap
4. R. Brown	AUS	Norton	1 lap
5. J. Hempleman	NZ	Norton	2 laps
6. P. Driver	SA	Norton	2 laps

Number of finishers: 13.
Fastest lap: J. Surtees (GB, MV-Agusta), 1'47.9 = 191.833 km/h.

WORLD CHAMPIONSHIP (*)

1.	John Surtees	GB	MV-Agusta	32 (56)
2.	Remo Venturi	I	MV-Agusta	22 (24)
3.	Robert "Bob" Brown	AUS	Norton	17 (22)
4.	Geoffrey Duke	GB	Norton	12
5.	Gary Hocking	RHO	Norton	10
6.	Bob McIntyre	GB	Norton	8
7.	Alistair King	GB	Norton	7
8.	Richard "Dickie" Dale	GB	BMW	6
9.	Terry Shepherd	GB	Norton	5
10.	John Hempleman	NZ	Norton	4
11.	Paddy Driver	SA	Norton	3
12.	Derek-T. Powell	GB	Matchless	3
13.	Ken Kavanagh	AUS	Norton	3
14.	Jim Redman	RHO	Norton	2
15.	Bob Anderson	GB	Norton	1
16.	Aloïs Huber	D	BMW	1
17.	Ron Miles	AUS	Norton	1

(*): Les quatre meilleurs résultats sont pris en compte pour le championnat. Le chiffre entre parenthèses correspond aux points «bruts».

(*): Die vier besten Resultate wurden für die Gesamtwertung der Meisterschaft gezählt. Die Zahlen in Klammern entsprechen dem "Brutto"-Punktetotal.

(*): The four best results counted towards the championship. The figures in brackets correspond to the gross number of points.

Sidney Mizen, Norton-Dunstall

Dickie Dale, BMW 500

1959 — 500 cc

1959 — Side-cars

Champions : **Walter Schneider/Hans Strauss (Germany, BMW), 22 points (28), 2 wins**

1) May 17 : France - Clermont-Ferrand

13 laps = 104.715 km

1. F. Scheidegger/H. Burkhardt	CH/D	BMW	1 h.00'36.5	
			= 103.663 km/h	
2. W. Schneider/H. Strauss	D	BMW	1 h.01'40.5	
3. E. Strub/R. Föll	CH/D	BMW	1 h.03'19.9	
4. H. Fath/A. Wohlgemuth	D	BMW	1 h.03'52.8	
5. J. Rogliardo/M. Godillot	F	BMW	1 h.04'09.5	
6. A. Ritter/P. Joss	D	BMW	1 h.04'27.9	

Number of finishers: 18.
Fastest lap: F. Scheidegger/H. Burkhardt (CH/D, BMW), 4'33.0 = 106.219 km/h.

2) June 6 : Tourist Trophy - Isle of Man

10 laps = 173.640 km

1. W. Schneider/H. Strauss	D	BMW	1 h.29'03.8
			= 116.979 km/h
2. F. Camathias/H. Cecco	CH/D	BMW	1 h.31'06.8
3. F. Scheidegger/H. Burkhardt	CH/D	BMW	1 h.33'16.2
4. H. Fath/A. Wohlgemuth	D	BMW	1 h.33'51.0
5. E. Strub/J. Siffert	CH	BMW	1 h.36'12.2
6. O. Greenwood/T. Fairbrother	GB	Triumph	1 h.37'15.8

Number of finishers: 13.
Fastest lap: W. Schneider/H. Strauss (D, BMW), 8'49.8 = 117.997 km/h.

3) June 14 : West Germany - Hockenheim

13 laps = 100.425 km

1. F. Camathias/H. Cecco	CH/D	BMW	35'39.0
			= 169.030 km/h
2. W. Schneider/H. Strauss	D	BMW	35'40.8
3. M. Deubel/H. Hohler	D	BMW	36'38.2
4. L. Neussner/T. Partige	D/GB	BMW	37'14.6
5. F. Scheidegger/H. Burkhardt	CH/D	BMW	37'14.7
6. A. Rohsiepe/A. Gardyanczik	D	BMW	37'41.3

Number of finishers: 14.
Fastest lap: W. Schneider/H. Strauss (D, BMW), 2'38.1 = 175.894 km/h.

4) June 27 : The Netherlands - Assen

14 laps = 107.828 km

1. F. Camathias/H. Cecco	CH/D	BMW	53'56.2
			= 119.985 km/h
2. P. Harris/R. Campbell	GB	BMW	54'03.1
3. H. Fath/A. Wohlgemuth	D	BMW	55'34.3
4. E. Strub/J. Siffert	CH	BMW	55'34.9
5. B. Boddice/B. Canning	GB	Norton	55'46.8
6. L. Neussner/T. Partige	D/GB	BMW	1 lap

Number of finishers: 11.
Fastest lap: F. Camathias/H. Cecco (CH/D, BMW), 3'45.8 = 122.759 km/h.

5) July 5 : Belgium - Spa-Francorchamps

8 laps = 112.960 km

1. W. Schneider/H. Strauss	D	BMW	42'08.7
			= 160.580 km/h
2. J. Rogliardo/M. Godillot	F	BMW	43'50.0
3. F. Scheidegger/H. Burkhardt	CH/D	BMW	44'23.6
4. E. Strub/J. Siffert	CH	BMW	44'27.4
5. B. Beevers/J. Chisnell	GB	BMW	44'59.9
6. J. Duhem/R. Burtin	F	BMW	45'09.1

Number of finishers: 11.
Fastest lap: F. Camathias/H. Cecco (CH/D, BMW), 5'04.8 = 166.422 km/h.

WORLD CHAMPIONSHIP (*)

1.	Walter Schneider/Hans Strauss	D	BMW	22 (28)
2.	Florian Camathias/Hilmar Cecco	CH/D	BMW	22
3.	Fritz Scheidegger/Horst Burkhardt	CH/D	BMW	16 (18)
4.	Edgar Strub/Roland Föll/Joseph Siffert	CH/D/CH	BMW	10 (12)
5.	Helmut Fath/Alfred Wohlgemuth	D	BMW	10
6.	Joseph Rogliardo/Marcel Godillot	F	BMW	8
7.	Peter "Pip" Harris/Ray Campbell	GB	BMW	6
8.	Max Deubel/Horst Hohler	D	BMW	4
9.	Leonhard "Loni" Neussner/Toni Partige	D/GB	BMW	4
10.	Bill Boddice/Bill Canning	GB	Norton	2
11.	Bill Beevers/John Chisnell	GB	BMW	2
12.	Alwin Ritter/Peter Joss	D	BMW	1
13.	Owen Greenwood/Terry Fairbrother	GB	Triumph	1
14.	August Rohsiepe/Arthur Gardyanczik	D	BMW	1
15.	Joseph Duhem/Roger Burtin	F	BMW	1

(*): Les trois meilleurs résultats sont pris en compte pour le championnat.
Le chiffre entre parenthèses correspond aux points «bruts».

(*): Die drei besten Resultate wurden für die Gesamtwertung der Meisterschaft gezählt.
Die Zahlen in Klammern entsprechen dem "Brutto"-Punktetotal.

(*): The three best results counted towards the championship.
The figures in brackets correspond to the gross number of points.

Champion : **Carlo Ubbiali (Italy, MV-Agusta), 24 points (36), 4 wins**

1960 — 125 cc

1) June 13 : Tourist Trophy - Isle of Man

3 laps = 182.160 km

1. C. Ubbiali	I	MV-Agusta	1 h.19'21.2
			= 137.750 km/h
2. G. Hocking	RHO	MV-Agusta	1 h.19'41.0
3. L. Taveri	CH	MV-Agusta	1 h.21'07.6
4. J. Hempleman	NZ	MZ	1 h.21'36.8
5. B. Anderson	GB	MZ	1 h.22'00.8
6. N. Taniguchi	J	Honda	1 h.24'49.0

Number of finishers: 22.
Fastest lap: C. Ubbiali (I, MV-Agusta), 26'17.6 = 138.612 km/h.

2) June 25 : The Netherlands - Assen

14 laps = 107.828 km

1. C. Ubbiali	I	MV-Agusta	52'42.2
			= 122.795 km/h
2. G. Hocking	RHO	MV-Agusta	52'45.3
3. A. Gandossi	I	MZ	53'05.9
4. J. Redman	RHO	Honda	53'23.3
5. E. Degner	DDR	MZ	54'07.2
6. G. Suzuki	J	Honda	54'59.3

Number of finishers: 11.
Fastest lap: C. Ubbiali (I, MV-Agusta), 3'40.0 = 126.655 km/h.

3) July 3 : Belgium - Spa-Francorchamps

8 laps = 112.960 km

1. E. Degner	DDR	MZ	42'00.1
			= 161.540 km/h
2. J. Hempleman	NZ	MZ	42'05.4
3. C. Ubbiali	I	MV-Agusta	42'05.6
4. B. Spaggiari	I	MV-Agusta	42'20.7
5. G. Hocking	RHO	MV-Agusta	43'04.4
6. M. Hailwood	GB	Ducati	43'04.8

Number of finishers: 12.
Fastest lap: J. Hempleman (NZ, MZ) and B. Spaggiari (I, MV-Agusta), 5'09.3 = 164.112 km/h.

4) August 6 : Ulster - Belfast

10 laps = 119.390 km

1. C. Ubbiali	I	MV-Agusta	53'21.8
			= 134.180 km/h
2. G. Hocking	RHO	MV-Agusta	53'22.0
3. E. Degner	DDR	MZ	53'30.2
4. B. Spaggiari	I	MV-Agusta	54'11.6
5. L. Taveri	CH	MV-Agusta	54'37.6
6. J. Hempleman	NZ	MZ	54'40.2

Number of finishers: 15.
Fastest lap: E. Degner (DDR, MZ), 5'11.6 = 137.888 km/h.

5) September 11 : Italy - Monza

18 laps = 103.500 km

1. C. Ubbiali	I	MV-Agusta	39'28.1
			= 155.821 km/h
2. B. Spaggiari	I	MV-Agusta	39'28.3
3. E. Degner	DDR	MZ	39'28.5
4. J. Redman	RHO	Honda	40'05.0
5. G. Hocking	RHO	MV-Agusta	40'05.1
6. K. Takahashi	J	Honda	40'52.4

Number of finishers: 18.
Fastest lap: B. Spaggiari (I, MV-Agusta), 2'09.3 = 160.097 km/h.

WORLD CHAMPIONSHIP (*)

1.	Carlo Ubbiali	I	MV-Agusta	24 (36)
2.	Gary Hocking	RHO	MV-Agusta	18 (22)
3.	Ernst Degner	DDR	MZ	16 (18)
4.	Bruno Spaggiari	I	MV-Agusta	12
5.	John Hempleman	NZ	MZ	10
6.	Luigi Taveri	CH	MV-Agusta	6
7.	Jim Redman	RHO	Honda	6
8.	Alberto Gandossi	I	MZ	4
9.	Bob Anderson	GB	MZ	2
10.	Stanley Michael "Mike" Hailwood	GB	Ducati	1
11.	Giichi Suzuki	J	Honda	1
12.	Naomi Taniguchi	J	Honda	1
13.	Kunimitsu Takahashi	J	Honda	1

(*): Les trois meilleurs résultats sont pris en compte pour le championnat. Le chiffre entre parenthèses correspond aux points «bruts».

(*): Die drei besten Resultate wurden für die Gesamtwertung der Meisterschaft gezählt. Die Zahlen in Klammern entsprechen dem "Brutto"-Punktetotal.

(*): The three best results counted towards the championship. The figures in brackets correspond to the gross number of points.

Vladimir Bocek, CZ

Ralf Bryans, Honda 250

1960 — 125 cc

Champion: **Carlo Ubbiali (Italy, MV Agusta), 32 points (44), 4 wins**

1960 — 250 cc

1) June 13 : Tourist Trophy - Isle of Man

5 laps = 303.600 km

1. G. Hocking	RHO	MV-Agusta	2 h.00'53.0 = 150.698 km/h
2. C. Ubbiali	I	MV-Agusta	2 h.01'33.4
3. T. Provini	I	Morini	2 h.01'44.6
4. R. Brown	AUS	Honda	2 h.06'53.8
5. M. Kitano	J	Honda	2 h.18'11.0
6. N. Taniguchi	J	Honda	2 h.20'41.0

Number of finishers: 17.
Fastest lap: C. Ubbiali (I, MV-Agusta), 23'42.8 = 153.696 km/h.

2) June 25 : The Netherlands - Assen

17 laps = 130.934 km

1. C. Ubbiali	I	MV-Agusta	58'54.0 = 133.422 km/h
2. G. Hocking	RHO	MV-Agusta	59'24.3
3. L. Taveri	CH	MV-Agusta	59'51.1
4. J. Hempleman	NZ	MZ	1 h.00'07.9
5. M. Hailwood	GB	FB-Mondial	1 h.01'49.2
6. E. Degner	DDR	MZ	1 h.02'16.2

Number of finishers: 15.
Fastest lap: T. Provini (I, Morini), 3'21.5 = 137.647 km/h.

3) July 3 : Belgium - Spa-Francorchamps

9 laps = 127.080 km

1. C. Ubbiali	I	MV-Agusta	41'40.3 = 182.710 km/h
2. G. Hocking	RHO	MV-Agusta	41'40.9
3. L. Taveri	CH	MV-Agusta	42'10.9
4. M. Hailwood	GB	Ducati	43'42.8
5. A. Pagani	I	Aermacchi	1 lap
6. G. Beer	D	Adler	1 lap

Number of finishers: 10.
Fastest lap: C. Ubbiali (I, MV-Agusta), 4'33.8 = 185.390 km/h.

4) July 24 : West Germany - Solitude

13 laps = 148.421 km

1. G. Hocking	RHO	MV-Agusta	1 h.01'07.0 = 147.709 km/h
2. C. Ubbiali	I	MV-Agusta	1 h.01'37.4
3. T. Tanaka	J	Honda	1 h.01'57.7
4. R. Dale	GB	MZ	1 h.01'58.8
5. L. Taveri	CH	MV-Agusta	1 h.02'13.5
6. K. Takahashi	J	Honda	1 h.03'44.6

Number of finishers: 21.
Fastest lap: G. Hocking (RHO, MV-Agusta), 4'29.8 = 152.340 km/h.

5) August 6 : Ulster - Belfast

12 laps = 143.268 km

1. C. Ubbiali	I	MV-Agusta	58'47.2 = 146.170 km/h
2. T. Phillis	AUS	Honda	58'49.2
3. J. Redman	RHO	Honda	58'50.4
4. M. Hailwood	GB	Ducati	1 h.00'16.8
5. K. Takahashi	J	Honda	1 h.00'57.2
6. L. Taveri	CH	MV-Agusta	1 h.01'20.4

Number of finishers: 15.
Fastest lap: C. Ubbiali (I, MV-Agusta), 4'45.2 = 150.650 km/h.

6) September 11 : Italy - Monza

22 laps = 126.500 km

1. C. Ubbiali	I	MV-Agusta	43'14.8 = 175.504 km/h
2. J. Redman	RHO	Honda	43'55.2
3. E. Degner	DDR	MZ	43'56.0
4. K. Takahashi	J	Honda	43'57.7
5. G. Milani	I	Honda	44'31.6
6. J. Sato	J	Honda	44'53.9

Number of finishers: 16.
Fastest lap: C. Ubbiali (I, MV-Agusta), 1'56.1 = 178.299 km/h.

WORLD CHAMPIONSHIP (*)

1.	Carlo Ubbiali	I	MV-Agusta	32 (44)
2.	Gary Hocking	RHO	MV-Agusta	28
3.	Luigi Taveri	CH	MV-Agusta	11
4.	Jim Redman	RHO	Honda	10
5.	Stanley Michael "Mike" Hailwood	GB	FB-Mondial/Ducati	8
6.	Tom Philis	AUS	Honda	6
7.	Kunimitsu Takahashi	J	Honda	6
8.	Ernst Degner	DDR	MZ	5
9.	Teisuke Tanaka	J	Honda	4
10.	Tarquinio Provini	I	Morini	4
11.	Richard "Dickie" Dale	GB	MZ	3
12.	John Hempleman	NZ	MZ	3
13.	Robert "Bob" Brown	AUS	Honda	3
14.	Alberto Pagani	I	Aermacchi	2
15.	Moto Kitano	J	Honda	2
16.	Gilberto Milani	I	Honda	2
17.	Naomi Taniguchi	J	Honda	1
18.	Junio Sato	J	Honda	1
19.	Günther Beer	D	Adler	1

(*): Les quatre meilleurs résultats sont pris en compte pour le championnat. Le chiffre entre parenthèses correspond aux points «bruts».

(*): Die vier besten Resultate wurden für die Gesamtwertung der Meisterschaft gezählt. Die Zahlen in Klammern entsprechen dem "Brutto"-Punktetotal.

(*): The four best results counted towards the championship. The figures in brackets correspond to the gross number of points.

Ian Burne, Norton

John Hemplemann, MZ 250

1960 — 250 cc

1960 — 350 cc

Champion : John Surtees (Great Britain, MV-Agusta), 22 points (26), 2 wins

1) May 22 : France - Clermont-Ferrand

19 laps = 153.045 km

1. G. Hocking	RHO	MV-Agusta	1 h.20'46.7
			= 113.822 km/h
2. F. Stastny	CZ	Jawa	1 h.21'21.0
3. J. Surtees	GB	MV-Agusta	1 h.21'39.9
4. R. Brown	AUS	Norton	1 h.22'23.2
5. P. Driver	SA	Norton	1 h.22'26.0
6. F. Perris	GB	Norton	1 h.24'40.0

Number of finishers: 18.
Fastest lap: J. Surtees (GB, MV-Agusta), 3'58.7 = 121.489 km/h.

2) June 17 : Tourist Trophy - Isle of Man

6 laps = 364.320 km

1. J. Hartle	GB	MV-Agusta	2 h.20'28.8
			= 155.620 km/h
2. J. Surtees	GB	MV-Agusta	2 h.22'24.4
3. B. McIntyre	GB	AJS	2 h.22'50.2
4. D. Minter	GB	Norton	2 h.25'05.6
5. R.-B. Rensen	GB	Norton	2 h.28'21.4
6. B. Anderson	GB	Norton	2 h.28'25.2

Number of finishers: 48.
Fastest lap: J. Surtees (GB, MV-Agusta), 22'49.2 = 159.646 km/h.

3) June 25 : The Netherlands - Assen

20 laps = 154.040 km

1. J. Surtees	GB	MV-Agusta	1 h.08'43.7
			= 134.522 km/h
2. G. Hocking	RHO	MV Agusta	1 h.09'09.2
3. B. Anderson	GB	Norton	1 h.11'01.5
4. R. Brown	AUS	Norton	1 h.11'07.3
5. P. Driver	SA	Norton	1 h.11'28.3
6. J. Hempleman	NZ	Norton	1 h.11'29.9

Number of finishers: 17.
Fastest lap: J. Surtees (GB, MV-Agusta), 3'22.6 = 136.826 km/h.

4) August 6 : Ulster - Belfast

20 laps = 238.780 km

1. J. Surtees	GB	MV-Agusta	1 h.35'17.4
			= 150.290 km/h
2. J. Hartle	GB	MV-Agusta	1 h.35'58.8
3. H. Anderson	NZ	AJS	1 h.38'48.8
4. B. Anderson	GB	Norton	1 h.38'50.8
5. R. Dale	GB	Norton	1 h.38'57.2
6. P. Driver	SA	Norton	1 h.39'42.4

Number of finishers: 32.
Fastest lap: A. Shepherd (GB, AJS), 4'39.8 = 153.563 km/h.

5) September 11 : Italy - Monza

27 laps = 155.250 km

1. G. Hocking	RHO	MV-Agusta	52'45.0
			= 176.587 km/h
2. F. Stastny	CZ	Jawa	53'13.0
3. J. Hartle	GB	Norton	53'47.0
4. R. Dale	GB	Norton	1 lap
5. B. Anderson	GB	Norton	1 lap
6. H. Anderson	NZ	AJS	1 lap

Number of finishers: 14.
Fastest lap: G. Hocking (RHO, MV-Agusta), 1'55.2 = 179.699 km/h.

WORLD CHAMPIONSHIP (*)

1. John Surtees	GB	MV-Agusta	22 (26)
2. Gary Hocking	RHO	MV-Agusta	22
3. John Hartle	GB	MV-Agusta/Norton	18
4. Frantisek Stastny	CZ	Jawa	12
5. Bob Anderson	GB	Norton	10
6. Robert "Bob" Brown	AUS	Norton	6
7. Hugh Anderson	NZ	AJS	5
8. Richard "Dickie" Dale	GB	Norton	5
9. Paddy Driver	SA	Norton	5
10. Bob McIntyre	GB	AJS	4
11. Derek Minter	GB	Norton	3
12. Ralph-B. Rensen	GB	Norton	2
13. John Hempleman	NZ	Norton	1
14. Frank Perris	GB	Norton	1

(*): Les trois meilleurs résultats sont pris en compte pour le championnat. Le chiffre entre parenthèses correspond aux points «bruts».

(*): Die drei besten Resultate wurden für die Gesamtwertung der Meisterschaft gezählt. Die Zahlen in Klammern entsprechen dem "Brutto"-Punktetotal.

(*): The three best results counted towards the championship. The figures in brackets correspond to the gross number of points.

Derek Minter, Norton

MV Agusta 4 cylindres / 4 cylinder MV Agusta / MV Agusta 4-Zylinder

1960 — 350 cc

Champion : **John Surtees (Great Britain, MV-Agusta), 32 points (46), 5 wins**

1960 — 500 cc

1) May 22 : France - Clermont-Ferrand

25 laps = 201.375 km

1. J. Surtees	GB	MV-Agusta	1 h.39'21.6 = 121.604 km/h
2. R. Venturi	I	MV-Agusta	1 h.42'23.3
3. R. Brown	AUS	Norton	1 lap
4. P. Driver	SA	Norton	1 lap
5. L. Richter	A	Norton	1 lap
6. F. Ito	J	BMW	1 lap

Number of finishers: 18.
Fastest lap: J. Surtees (GB, MV-Agusta), 3'54.7 = 123.549 km/h.

2) June 17 : Tourist Trophy - Isle of Man

6 laps = 364.320 km

1. J. Surtees	GB	MV-Agusta	2 h.12'35.2 = 164.860 km/h
2. J. Hartle	GB	MV-Agusta	2 h.15'14.2
3. M. Hailwood	GB	Norton	2 h.18'11.6
4. T. Phillis	AUS	Norton	2 h.18'59.8
5. R. Dale	GB	Norton	2 h.19'09.8
6. R. Brown	AUS	Norton	2 h.19'51.4

Number of finishers: 40.
Fastest lap: J. Surtees (GB, MV-Agusta), 21'45.0 = 168.560 km/h.

3) June 25 : The Netherlands - Assen

27 laps = 207.954 km

1. R. Venturi	I	MV-Agusta	1 h.31'41.2 = 134.659 km/h
2. R. Brown	AUS	Norton	1 h.33'11.7
3. E. Mendogni	I	MV-Agusta	1 h.33'13.8
4. P. Driver	SA	Norton	1 h.33'46.2
5. M. Hailwood	GB	Norton	1 h.34'12.3
6. R. Dale	GB	Norton	1 h.35'21.2

Number of finishers: 12.
Fastest lap: R. Venturi (I, MV-Agusta), 3'19.4 = 139.095 km/h.

4) July 3 : Belgium - Spa-Francorchamps

15 laps = 211.800 km

1. J. Surtees	GB	MV-Agusta	1 h.05'25.1 = 193.925 km/h
2. R. Venturi	I	MV-Agusta	1 h.06'48.2
3. R. Brown	AUS	Norton	1 h.08'08.2
4. M. Hailwood	GB	Norton	1 h.08'24.5
5. J. Redman	RHO	Norton	1 h.09'06.4
6. E. Mendogni	I	MV-Agusta	1 h.09'11.7

Number of finishers: 17.
Fastest lap: J. Surtees (GB, MV-Agusta), 4'17.1 = 197.450 km/h.

5) July 24 : West Germany - Solitude

18 laps = 205.506 km

1. J. Surtees	GB	MV-Agusta	1 h.22'32.1 = 149.396 km/h
2. R. Venturi	I	MV-Agusta	1 h.22'50.8
3. E. Mendogni	I	MV-Agusta	1 h.24'07.2
4. R. Dale	GB	Norton	1 h.25'17.6
5. J. Hempleman	NZ	Norton	1 h.25'28.3
6. R. Gläser	D	Norton	1 h.26'02.0

Number of finishers: 19.
Fastest lap: J. Surtees (GB, MV-Agusta), 4'30.9 = 151.696 km/h.

6) August 6 : Ulster - Belfast

20 laps = 238.780 km

1. J. Hartle	GB	Norton	1 h.35'18.8 = 150.260 km/h
2. J. Surtees	GB	MV-Agusta	1 h.35'39.2
3. A. Shepherd	GB	Matchless	1 h.36'55.2
4. R-B. Rensen	GB	Norton	1 h.37'50.0
5. J. Redman	RHO	Norton	1 h.37'50.0
6. T. Phillis	AUS	Norton	1 h.38'25.4

Number of finishers: 30.
Fastest lap: J. Surtees (GB, MV-Agusta), 4'28.8 = 159.840 km/h.

7) September 11 : Italy - Monza

35 laps = 201.250 km

1. J. Surtees	GB	MV-Agusta	1 h.05'14.0 = 185.105 km/h
2. E. Mendogni	I	MV-Agusta	1 h.06'30.7
3. M. Hailwood	GB	Norton	1 lap
4. P. Driver	SA	Norton	1 lap
5. J. Hartle	GB	Norton	1 lap
6. J. Redman	RHO	Norton	2 laps

Number of finishers: 14.
Fastest lap: J. Surtees (GB, MV-Agusta), 1'48.7 = 190.433 km/h.

WORLD CHAMPIONSHIP (*)

1.	John Surtees	GB	MV-Agusta	32 (46)
2.	Remo Venturi	I	MV-Agusta	26
3.	John Hartle	GB	MV-Agusta/Norton	16
4.	Robert "Bob" Brown	AUS	Norton	15
5.	Emilio Mendogni	I	MV-Agusta	15
6.	Stanley Michael "Mike" Hailwood	GB	Norton	13
7.	Paddy Driver	SA	Norton	9
8.	Richard "Dickie" Dale	GB	Norton	6
9.	Jim Redman	RHO	Norton	5
10.	Alan Shepherd	GB	Matchless	4
11.	Tom Phillis	AUS	Norton	4
12.	Ralph-B. Rensen	GB	Norton	3
13.	John Hempleman	NZ	Norton	2
14.	Ladislaus Richter	A	Norton	2
15.	Fumio Ito	J	BMW	1
16.	Rudolf Gläser	D	Norton	1

(*): Les quatre meilleurs résultats sont pris en compte pour le championnat. Le chiffre entre parenthèses correspond aux points «bruts».

(*): Die vier besten Resultate wurden für die Gesamtwertung der Meisterschaft gezählt. Die Zahlen in Klammern entsprechen dem "Brutto"-Punktetotal.

(*): The four best results counted towards the championship. The figures in brackets correspond to the gross number of points.

Bert Schneider, Norton 500

John Hemplemann, Norton

1960 — 500 cc

Champions : Helmut Fath/Alfred Wohlgemuth (Germany, BMW), 32 points (38), 4 wins

1960 — Side-cars

1) May 22 : France - Clermont-Ferrand

13 laps = 104.715 km

1. H. Fath/A. Wohlgemuth	D	BMW	58'39.6	
			= 107.166 km/h	
2. F. Scheidegger/H. Burkhardt	CH/D	BMW	59'36.4	
3. F. Camathias/J. Chisnell	CH/GB	BMW	59'44.0	
4. M. Deubel/H. Hohler	D	BMW	1 h.00'24.1	
5. E. Strub/H. Cecco	CH/D	BMW	1 h.02'55.4	
6. J. Rogliardo/M. Godillot	F	BMW	1 h.03'20.3	

Number of finishers: 21.
Fastest lap: H. Fath/A. Wohlgemuth (D, BMW), 4'27.0 = 108.608 km/h.

2) June 15 : Tourist Trophy - Isle of Man

3 laps = 182.160 km

1. H. Fath/A. Wohlgemuth	D	BMW	1 h.20'45.8
			= 135.300 km/h
2. P. Harris/R. Campbell	GB	BMW	1 h.21'10.2
3. C. Freeman/B. Nelson	GB	Norton	1 h.28'07.2
4. L. Wells/W. Cook	GB	Norton	1 h.28'22.8
5. F. Camathias/R. Föll	CH/D	BMW	1 h.28'57.8
6. A. Ritter/E. Blauth	D	BMW	1 h.30'21.0

Number of finishers: 29.
Fastest lap: H. Fath/A. Wohlgemuth (D, BMW), 26'16.6 = 138.065 km/h.

3) June 25 : The Netherlands - Assen

14 laps = 107.828 km

1. P. Harris/R. Campbell	GB	BMW	53'26.2
			= 121.110 km/h
2. H. Fath/A. Wohlgemuth	D	BMW	53'57.2
3. F. Scheidegger/H. Burkhardt	CH/D	BMW	54'36.1
4. E. Strub/H. Cecco	CH/D	BMW	54'36.7
5. B. Boddice/A. Godfrey	GB	BSA	55'02.3
6. M. Deubel/H. Hohler	D	BMW	55'23.8

Number of finishers: 16.
Fastest lap: F. Camathias/R. Föll (CH/D, BMW), 3'42.7 = 124.456 km/h.

4) July 3 : Belgium - Spa-Francorchamps

8 laps = 112.960 km

1. H. Fath/A. Wohlgemuth	D	BMW	41'57.1
			= 161.327 km/h
2. F. Scheidegger/H. Burkhardt	CH/D	BMW	42'19.4
3. E. Strub/H. Cecco	CH/D	BMW	44'02.1
4. J. Beeton/E. Bulgin	GB	BMW	43'12.5
5. A. Ritter/E. Hörner	D	BMW	45'04.8
6. J. Rogliardo/M. Godillot	F	BMW	45'32.9

Number of finishers: 14.
Fastest lap: F. Camathias/R. Föll (CH/D, BMW), 5'08.5 = 163.578 km/h.

5) July 24 : West Germany - Solitude

9 laps = 102.753 km

1. H. Fath/A. Wohlgemuth	D	BMW	47'40.5
			= 129.320 km/h
2. F. Camathias/G. Rüfenacht	CH	BMW	47'49.0
3. F. Scheidegger/H. Burkhardt	CH/D	BMW	48'52.5
4. M. Deubel/H. Hohler	D	BMW	49'51.2
5. O. Kölle/D. Hess	D	BMW	51'54.2
6. A. Ritter/E. Hörner	D	BMW	51'55.5

Number of finishers: 14.
Fastest lap: H. Fath/A. Wohlgemuth (D, BMW), 5'10.6 = 132.304 km/h.

WORLD CHAMPIONSHIP (*)

1.	Helmut Fath/Alfred Wohlgemuth	D	BMW	24 (38)
2.	Fritz Scheidegger/Horst Burkhardt	CH/D	BMW	16 (20)
3.	Peter "Pip" Harris/Ray Campbell	GB	BMW	14
4.	Florian Camathias/John Chisnell/Roland Föll/ Gottfried "Fiston" Rüfenacht	CH/GB/D/CH	BMW	12
5.	Edgar Strub/Hilmar Cecco	CH/D	BMW	9
6.	Max Deubel/Horst Hohler	D	BMW	7
7.	Charlie Freeman/Billie Nelson	GB	Norton	4
8.	Alwin Ritter/Edwin Blauth/Emil Hörner	D	BMW	4
9.	Leslie Wells/William Cook	GB	Norton	3
10.	Jack Beeton/Eddie Bulgin	GB	BMW	3
11.	Bill Boddice/Anthony Godfrey	GB	BSA	2
12.	Otto Kölle/Dieter Hess	D	BMW	2
13.	Joseph Rogliardo/Marcel Godillot	F	BMW	2

(*): Les quatre meilleurs résultats sont pris en compte pour le championnat.
Le chiffre entre parenthèses correspond aux points «bruts».

(*): Die vier besten Resultate wurden für die Gesamtwertung der Meisterschaft gezählt.
Die Zahlen in Klammern entsprechen dem "Brutto"-Punktetotal.

(*): The four best results counted towards the championship.
The figures in brackets correspond to the gross number of points.

ASSEN, Dutch T. T.

1960 — Side-cars

Champion: **Tom Phillis (Australia, Honda), 44 points (56), 4 wins**

1961 — 125 cc

1) April 23 : Spain - Montjuich

27 laps = 102.330 km

1. T. Phillis	AUS	Honda	57'12.8
			= 107.332 km/h
2. E. Degner	DDR	MZ	57'33.4
3. J. Redman	RHO	Honda	57'46.3
4. M. Hailwood	GB	EMC	57'51.7
5. J. Grace	GIB	Bultaco	58'07.7
6. R. Quintanilla	E	Bultaco	59'09.1

Number of finishers: 9.
Fastest lap: M. Hailwood (GB, EMC), 2'05.2 = 108.920 km/h.

2) May 14 : West Germany - Hockenheim

15 laps = 115.875 km

1. E. Degner	DDR	MZ	43'53.0
			= 158.430 km/h
2. A. Shepherd	GB	MZ	44'16.3
3. W. Brehme	DDR	MZ	45'14.5
4. H. Fischer	DDR	MZ	45'21.8
5. L. Taveri	CH	Honda	45'22.3
6. K. Takahashi	J	Honda	46'03.4

Number of finishers: 10.
Fastest lap: E. Degner (DDR, MZ), 2'53.1 = 160.596 km/h.

3) May 21 : France - Clermont-Ferrand

13 laps = 104.715 km

1. T. Phillis	AUS	Honda	55'41.2
			= 112.825 km/h
2. E. Degner	DDR	MZ	55'41.4
3. J. Redman	RHO	Honda	56'43.8
4. M. Hailwood	GB	EMC	56'53.3
5. L. Taveri	CH	Honda	57'27.3
6. K. Takahashi	J	Honda	57'35.9

Number of finishers: 11.
Fastest lap: T. Phillis (AUS, Honda) and E. Degner (DDR, MZ), 4'13.8 = 114.247 km/h.

4) June 12 : Tourist Trophy - Isle of Man

3 laps = 182.160 km

1. M. Hailwood	GB	Honda	1 h.16'58.6
			= 141.990 km/h
2. L. Taveri	CH	Honda	1 h.17'06.0
3. T. Phillis	AUS	Honda	1 h.17'49.0
4. J. Redman	RHO	Honda	1 h.20'04.2
5. S. Shimasaki	J	Honda	1 h.20'06.0
6. R.-B. Rensen	GB	Bultaco	1 h.21.35.2

Number of finishers: 22.
Fastest lap: L. Taveri (CH, Honda), 25'35.6 = 142.346 km/h.

5) June 24 : The Netherlands - Assen

14 laps = 107.828 km

1. T. Phillis	AUS	Honda	50'55.7
			= 127.082 km/h
2. J. Redman	RHO	Honda	51'15.6
3. A. Shepherd	GB	MZ	52'33.3
4. P. Read	GB	EMC	53'41.2
5. W. Musiol	DDR	MZ	53'42.5
6. R. Avery	GB	EMC	54'39.6

Number of finishers: 18.
Fastest lap: T. Phillis (AUS, Honda), 3'33.9 = 129.684 km/h.

6) July 2 : Belgium - Spa-Francorchamps

8 laps = 112.960 km

1. L. Taveri	CH	Honda	42'00.8
			= 161.091 km/h
2. T. Phillis	AUS	Honda	42'00.9
3. J. Redman	RHO	Honda	42'01.3
4. E. Degner	DDR	MZ	42'13.3
5. A. Shepherd	GB	MZ	42'18.7
6. W. Brehme	DDR	MZ	42'25.0

Number of finishers: 15.
Fastest lap: T. Phillis (AUS, Honda), 5'12.8 = 162.173 km/h.

7) July 30 : East Germany - Sachsenring

13 laps = 113.503 km

1. E. Degner	DDR	MZ	48'09.1
			= 141.432 km/h
2. T. Phillis	AUS	Honda	48'39.4
3. K. Takahashi	J	Honda	49'06.3
4. L. Szabo	H	MZ	49'20.7
5. W. Brehme	DDR	MZ	49'21.1
6. J. Redman	RHO	Honda	50'42.9

Number of finishers: 17.
Fastest lap: K. Takahashi (J, Honda), 3'38.3 = 143.971 km/h.

8) August 12 : Ulster - Belfast

10 laps = 119.390 km

1. K. Takahashi	J	Honda	50'50.6
			= 140.830 km/h
2. E. Degner	DDR	MZ	50'51.8
3. T. Phillis	AUS	Honda	50'53.6
4. J. Redman	RHO	Honda	50'53.8
5. M. Hailwood	GB	Honda	51'39.0
6. L. Taveri	CH	Honda	52'13.2

Number of finishers: 13
Fastest lap: T. Phillis (AUS, Honda), 5'02.0 = 143.118 km/h.

9) September 3 : Italy - Monza

18 laps = 103.500 km

1. E. Degner	DDR	MZ	39'04.0
			= 158.959 km/h
2. T. Tanaka	J	Honda	39'12.1
3. L. Taveri	CH	Honda	39'13.5
4. T. Phillis	AUS	Honda	39'13.6
5. J. Redman	RHO	Honda	39'20.5
6. R. Avery	GB	EMC	39'38.7

Number of finishers: 17.
Fastest lap: T. Phillis (AUS, Honda), 2'07.9 = 161.851 km/h.

10) September 17 : Sweden - Kristianstad

16 laps = 104.592 km

1.	L. Taveri	CH	Honda	46'42.5
				= 138.019 km/h
2.	K. Takahashi	J	Honda	47'04.7
3.	J. Redman	RHO	Honda	47'45.5
4.	W. Musiol	DDR	MZ	47'51.5
5.	O. Svensson	S	Ducati	1 lap
6.	T. Phillis	AUS	Honda	2 laps

Number of finishers: 8.
Fastest lap: L. Taveri (CH, Honda),
2'49.6 = 138.757 km/h.

11) October 15 : Argentina - Buenos Aires

50 laps = 131.250 km

1.	T. Phillis	AUS	Honda	1 h.08'54.9
				= 114.271 km/h
2.	J. Redman	RHO	Honda	1 h.08'55.0
3.	K. Takahashi	J	Honda	1 h.09'08.1
4.	S. Shimasaki	J	Honda	1 h.09'47.5
5.	N. Taniguchi	J	Honda	1 h.09'55.3
6.	H.-A. Pochettino	ARG	Bultaco	2 laps

Number of finishers: 7.
Fastest lap: T. Phillis (AUS, Honda),
time not released.

Daniel Piller, Benelli

WORLD CHAMPIONSHIP (*)

1.	Tom Phillis	AUS	Honda	44 (56)
2.	Ernst Degner	DDR	MZ	42 (45)
3.	Luigi Taveri	CH	Honda	30 (31)
4.	Jim Redman	RHO	Honda	28 (37)
5.	Kunimitsu Takahashi	J	Honda	24
6.	Stanley Michael "Mike" Hailwood	GB	EMC/Honda	16
7.	Alan Shepherd	GB	MZ	12
8.	Walter Brehme	DDR	MZ	7
9.	Teisuke Tanaka	J	Honda	6
10.	Werner Musiol	DDR	MZ	5
11.	Sadao Shimasaki	J	Honda	5
12.	Hans Fischer	DDR	MZ	3
13.	Phil Read	GB	EMC	3
14.	Laszlo Szabo	H	MZ	3
15.	Rex Avery	GB	EMC	2
16.	John Grace	GIB	Bultaco	2
17.	Olof Svensson	S	Ducati	2
18.	Naomi Taniguchi	J	Honda	2
19.	Hector Adolfo Pochettino	ARG	Bultaco	1
20.	Ricardo Quintanilla	E	Bultaco	1
21.	Ralph-B. Rensen	GB	Bultaco	1

(*): Les six meilleurs résultats sont pris en compte pour le championnat. Le chiffre entre parenthèses correspond aux points «bruts».

(*): Die sechs besten Resultate wurden für die Gesamtwertung der Meisterschaft gezählt. Die Zahlen in Klammern entsprechen dem "Brutto"-Punktetotal.

(*): The six best results counted towards the championship. The figures in brackets correspond to the gross number of points.

Distribution Ducati / Ducati valve gear / Ducati Verteiler

Champion : Stanley Michael "Mike" Hailwood (Great Britain, Honda), 44 points (54), 4 wins

1961 — 250 cc

1) April 23 : Spain - Montjuich

33 laps = 125.070 km

1. G. Hocking	RHO	MV-Agusta	1 h.06'34.2	= 113.026 km/h
2. T. Phillis	AUS	Honda	1 h.06'56.7	
3. S. Grassetti	I	Benelli	1 h.07'39.9	
4. J. Redman	RHO	Honda	1 h.08'12.9	
5. H. Fischer	DDR	MZ	2 laps	
6. D. Shorey	GB	NSU	2 laps	

Number of finishers: 6.
Fastest lap: G. Hocking (RHO, MV-Agusta), 1'58.5 = 115.132 km/h.

2) May 14 : West Germany - Hockenheim

20 laps = 154.500 km

1. K. Takahashi	J	Honda	49'43.6	= 186.410 km/h
2. J. Redman	RHO	Honda	49'44.0	
3. T. Provini	I	Morini	49'48.4	
4. E. Degner	DDR	MZ	50'37.2	
5. A. Shepherd	GB	MZ	51'37.1	
6. H. Fischer	DDR	MZ	51'57.6	

Number of finishers: 14.
Fastest lap: K. Takahashi (J, Honda), 2'26.7 = 189.564 km/h.

3) May 21 : France - Clermont-Ferrand

15 laps = 120.825 km

1. T. Phillis	AUS	Honda	1 h.00'00.2	= 120.818 km/h
2. M. Hailwood	GB	Honda	1 h.00'30.5	
3. K. Takahashi	J	Honda	1 h.01'02.0	
4. T. Provini	I	Morini	1 h.01'15.4	
5. S. Grassetti	I	Benelli	1 h.01'52.7	
6. J. Redman	RHO	Honda	1 h.03'24.9	

Number of finishers: 13.
Fastest lap: G. Hocking (RHO, MV-Agusta), 3'54.5 = 123.661 km/h.

4) June 12 : Tourist Trophy - Isle of Man

5 laps = 303.600 km

1. M. Hailwood	GB	Honda	1 h.55'03.6	= 158.330 km/h
2. T. Phillis	AUS	Honda	1 h.57'14.2	
3. J. Redman	RHO	Honda	2 h.01'36.2	
4. K. Takahashi	J	Honda	2 h.02'43.2	
5. N. Taniguchi	J	Honda	2 h.07'20.0	
6. F. Ito	J	Yamaha	2 h.08'49.0	

Number of finishers: 17.
Fastest lap: B. McIntyre (GB, Honda), 22'44.0 = 160.258 km/h.

5) June 24 : The Netherlands - Assen

17 laps = 130.934 km

1. M. Hailwood	GB	Honda	56'34.8	= 138.880 km/h
2. B. McIntyre	GB	Honda	57'04.2	
3. J. Redman	RHO	Honda	57'36.4	
4. S. Grassetti	I	Benelli	59'29.2	
5. F. Stastny	CZ	Jawa	1 lap	
6. F. Ito	J	Yamaha	1 lap	

Number of finishers: 8.
Fastest lap: M. Hailwood (GB, Honda), 3'16.4 = 141.239 km/h.

6) July 2 : Belgium - Spa-Francorchamps

9 laps = 127.080 km

1. J. Redman	RHO	Honda	41'09.0	= 185.030 km/h
2. T. Phillis	AUS	Honda	41'23.5	
3. M. Hailwood	GB	Honda	42'17.7	
4. S. Shimasaki	J	Honda	42'46.3	
5. F. Ito	J	Yamaha	45'06.7	
6. Y. Sunako	J	Yamaha	45'07.8	

Number of finishers: 10.
Fastest lap: J. Redman (RHO, Honda), 4'31.2 = 187.054 km/h.

7) July 30 : East Germany - Sachsenring

15 laps = 130.965 km

1. M. Hailwood	GB	Honda	50'00.7	= 157.121 km/h
2. J. Redman	RHO	Honda	50'26.6	
3. K. Takahashi	J	Honda	50'47.2	
4. T. Phillis	AUS	Honda	51'59.8	
5. A. Shepherd	GB	MZ	52'00.3	
6. W. Musiol	DDR	MZ	52'53.7	

Number of finishers: 12.
Fastest lap: M. Hailwood (GB, Honda), 3'17.5 = 159.148 km/h.

8) August 12 : Ulster - Belfast

12 laps = 143.268 km

1. B. McIntyre	GB	Honda	55'56.6	= 153.580 km/h
2. M. Hailwood	GB	Honda	56'13.0	
3. J. Redman	RHO	Honda	56'44.6	
4. T. Phillis	AUS	Honda	56'44.8	
5. A. Shepherd	GB	MZ	56'59.2	
6. K. Takahashi	J	Honda	57'29.4	

Number of finishers: 17.
Fastest lap: B. McIntyre (GB, Honda), 4'35.4 = 156.009 km/h.

9) September 3 : Italy - Monza

22 laps = 126.500 km

1. J. Redman	RHO	Honda	41'56.8	= 180.944 km/h
2. M. Hailwood	GB	Honda	41'57.0	
3. T. Phillis	AUS	Honda	42'23.6	
4. T. Provini	I	Morini	43'02.4	
5. F. Stastny	CZ	Jawa	43'54.2	
6. S. Grassetti	I	Benelli	1 lap	

Number of finishers: 14.
Fastest lap: M. Hailwood (GB, Honda), 1'52.7 = 183.674 km/h.

10) September 17 : Sweden - Kristianstad

20 laps = 130.740 km

1.	M. Hailwood	GB	Honda	51'29.4
				= 152.265 km/h
2.	L. Taveri	CH	Honda	51'57.9
3.	K. Takahashi	J	Honda	53'24.4
4.	J. Redman	RHO	Honda	1 lap
5.	F. Stastny	CZ	Jawa	2 laps
6.	T. Phillis	AUS	Honda	2 laps

Number of finishers: 12.
Fastest lap: J. Redman (RHO, Honda),
2'31.0 = 155.736 km/h.

11) October 15 : Argentina - Buenos Aires

35 laps = 136.920 km

1.	T. Phillis	AUS	Honda	1 h.04'45.0
				= 126.884 km/h
2.	K. Takahashi	J	Honda	1 h.05'12.6
3.	J. Redman	RHO	Honda	3 laps
4.	F. Ito	J	Yamaha	7 laps

Number of finishers: 4.
Fastest lap: T. Phillis (AUS, Honda),
time not released.

Günther Beer, Adler

Werner Musiol, DDR - Ernst Degner, DDR

WORLD CHAMPIONSHIP (*)

1.	Stanley Michael "Mike" Hailwood	GB	Honda	44 (54)
2.	Tom Phillis	AUS	Honda	38 (45)
3.	Jim Redman	RHO	Honda	36 (51)
4.	Kunimitsu Takahashi	J	Honda	29 (30)
5.	Bob McIntyre	GB	Honda	14
6.	Silvio Grassetti	I	Benelli	10
7.	Tarquinio Provini	I	Morini	10
8.	Gary Hocking	RHO	MV-Agusta	8
9.	Fumio Ito	J	Yamaha	7
10.	Alan Shepherd	GB	MZ	6
11.	Frantisek Stastny	CZ	Jawa	6
12.	Luigi Taveri	CH	Honda	6
13.	Ernst Degner	DDR	MZ	3
14.	Hans Fischer	DDR	MZ	3
15.	Sadao Shimasaki	J	Honda	3
16.	Naomi Taniguchi	J	Honda	2
17.	Werner Musiol	DDR	MZ	1
18.	Dan Shorey	GB	NSU	1
19.	Yoshikazu Sunako	J	Yamaha	1

(*): Les six meilleurs résultats sont pris en compte pour le championnat. Le chiffre entre parenthèses correspond aux points «bruts».

(*): Die sechs besten Resultate wurden für die Gesamtwertung der Meisterschaft gezählt. Die Zahlen in Klammern entsprechen dem "Brutto"-Punktetotal.

(*): The six best results counted towards the championship. The figures in brackets correspond to the gross number of points.

Champion : Gary Hocking (Rhodesia, MV-Agusta), 32 points (38), 4 wins

1961 — 350 cc

1) May 14 : West Germany - Hockenheim

20 laps = 154.500 km

1. F. Stastny	CZ	Jawa		51'14.4
				= 180.920 km/h
2. G. Havel	CZ	Jawa		52'01.7
3. R. Thalhammer	A	Norton		52'31.6
4. R.-B. Rensen	GB	Norton		52'48.3
5. H. Pesl	D	Norton		52'48.8
6. F. Perris	GB	Norton		53'33.1

Number of finishers: 12.
Fastest lap: F. Stastny (CZ, Jawa), 2'31.6 = 183.433 km/h.

2) June 16 : Tourist Trophy - Isle of Man

6 laps = 364.320 km

1. P. Read	GB	Norton		2 h.22'50.0
				= 153.045 km/h
2. G. Hocking	RHO	MV-Agusta		2 h.24'07.8
3. R.-B. Rensen	GB	Norton		2 h.24'41.7
4. D. Minter	GB	Norton		2 h.25'41.0
5. F. Stastny	CZ	Jawa		2 h.25'48.9
6. R. Ingram	GB	Norton		2 h.26'07.0

Number of finishers: 47.
Fastest lap: G. Hocking (RHO, MV-Agusta), 22'41.0 = 160.612 km/h.

3) June 24 : The Netherlands - Assen

20 laps = 154.040 km

1. G. Hocking	RHO	MV-Agusta		1 h.06'54.8
				= 138.168 km/h
2. B. McIntyre	GB	Bianchi		1 h.06'57.2
3. F. Stastny	CZ	Jawa		1 h.09'04.8
4. E. Brambilla	I	Bianchi		1 h.09'54.4
5. P. Read	GB	Norton		1 h.10'03.6
6. F. Perris	GB	Norton		1 lap

Number of finishers: 17.
Fastest lap: G. Hocking (RHO, MV-Agusta), 3'17.0 = 140.794 km/h.

4) July 30 : East Germany - Sachsenring

18 laps = 157.158 km

1. G. Hocking	RHO	MV-Agusta		1 h.00'46.0
				= 155.171 km/h
2. F. Stastny	CZ	Jawa		1 h.01'08.2
3. B. McIntyre	GB	Bianchi		1 h.01'24.7
4. G. Havel	CZ	Jawa		1 h.03'19.8
5. E. Brambilla	I	Bianchi		1 h.03'34.3
6. B. Schneider	A	Norton		1 lap

Number of finishers: 18.
Fastest lap: G. Hocking (RHO, MV-Agusta), 3'19.7 = 157.393 km/h.

5) August 12 : Ulster - Belfast

20 laps = 238.780 km

1. G. Hocking	RHO	MV-Agusta		1 h.35'47.6
				= 149.490 km/h
2. A. King	GB	Bianchi		1 h.36'24.6
3. F. Stastny	CZ	Jawa		1 h.37'38.0
4. P. Read	GB	Norton		1 h.38'50.4
5. A. Shepherd	GB	AJS		1 h.39'07.4
6. M. Duff	CAN	AJS		1 h.39'59.6

Number of finishers: 22.
Fastest lap: G. Hocking (RHO, MV-Agusta), 4'39.4 = 153.772 km/h.

6) September 3 : Italy - Monza

27 laps = 155.250 km

1. G. Hocking	RHO	MV-Agusta		51'17.8
				= 181.590 km/h
2. M. Hailwood	GB	MV-Agusta		51'19.1
3. G. Havel	CZ	Jawa		53'06.8
4. A. Shepherd	GB	Bianchi		1 lap
5. S. Grassetti	I	Benelli		1 lap
6. H. Anderson	NZ	Norton		1 lap

Number of finishers: 9.
Fastest lap: G. Hocking (RHO, MV-Agusta), 1'52.3 = 184.334 km/h.

7) September 17 : Sweden - Kristianstad

23 laps = 150.351 km

1. F. Stastny	CZ	Jawa		59'32.5
				= 151.580 km/h
2. G. Havel	CZ	Jawa		1 h.02'03.3
3. T. Robb	IRL	AJS		1 lap
4. R. Thalmmer	A	Norton		1 lap
5. R. Langston	GB	AJS		1 lap
6. M. Duff	CAN	AJS		1 lap

Number of finishers: 20.
Fastest lap: G. Hocking (RHO, MV-Agusta), 2'33.4 = 153.402 km/h.

Jim Redman, Norton

WORLD CHAMPIONSHIP (*)

1.	Gary Hocking	RHO	MV-Agusta	32 (38)
2.	Frantisek Statsny	CZ	Jawa	26 (32)
3.	Gustav Havel	CZ	Jawa	19
4.	Phil Read	GB	Norton	13
5.	Bob McIntyre	GB	Bianchi	10
6.	Ralph-B. Rensen	GB	Norton	7
7.	Rudolf Thalhammer	A	Norton	7
8.	Stanley Michael "Mike" Hailwood	GB	MV-Agusta	6
9.	Alistair King	GB	Bianchi	6
10.	Ernesto Brambilla	I	Bianchi	5
11.	Alan Shepherd	GB	AJS/Bianchi	5
12.	Tommy Robb	IRL	AJS	4
13.	Derek Minter	GB	Norton	3
14.	Mike Duff	CAN	AJS	2
15.	Silvio Grassetti	I	Benelli	2
16.	Ron Langston	GB	AJS	2
17.	Frank Perris	GB	Norton	2
18.	Hans Pesl	D	Norton	2
19.	Hugh Anderson	NZ	Norton	1
20.	Roy Ingram	GB	Norton	1
21.	Bert Schneider	A	Norton	1

(*): Les quatre meilleurs résultats sont pris en compte pour le championnat. Le chiffre entre parenthèses correspond aux points «bruts».

(*): Die vier besten Resultate wurden für die Gesamtwertung der Meisterschaft gezählt. Die Zahlen in Klammern entsprechen dem "Brutto"-Punktetotal.

(*): The four best results counted towards the championship. The figures in brackets correspond to the gross number of points.

Premier frein à disque MV Agusta

First disc brake on MV Agusta

Die erste Scheibenbremse bei MV Agusta

Patrick Depailler, Norton

1961 — 350 cc

Champion: **Gary Hocking (Rhodesia, MV Agusta), 48 points (56), 7 wins**

1961 — 500 cc

1) May 14 : West Germany - Hockenheim

28 laps = 216.300 km

1. G. Hocking	RHO	MV-Agusta	1 h.07'03.1	
			= 193.550 km/h	
2. F. Perris	GB	Norton		1 lap
3. H.-G. Jäger	D	BMW		1 lap
4. M. Hailwood	GB	Norton		1 lap
5. E. Hiller	D	BMW		1 lap
6. L. John	D	BMW		1 lap

Number of finishers: 6.
Fastest lap: G. Hocking (RHO, MV-Agusta), 2'18.4 = 200.942 km/h.

2) May 21 : France - Clermont-Ferrand

16 laps = 128.880 km

1. G. Hocking	RHO	MV-Agusta	1 h.04'26.6	
			= 119.998 km/h	
2. M. Hailwood	GB	Norton	1 h.05'46.3	
3. A. Paba	F	Norton		1 lap
4. G. Marsovszki	CH	Norton		1 lap
5. F. Messerli	CH	Matchless		1 lap
6. R. Föll	D	Matchless		1 lap

Number of finishers: 12.
Fastest lap: G. Hocking (RHO, MV-Agusta), 3'55.9 = 122.924 km/h.

3) June 16 : Tourist Trophy - Isle of Man

6 laps = 364.320 km

1. M. Hailwood	GB	Norton	2 h.15'02.0
			= 161.900 km/h
2. B. McIntyre	GB	Norton	2 h.16'56.4
3. T. Phillis	AUS	Norton	2 h.17'31.2
4. A. King	GB	Norton	2 h.19'17.6
5. R. Langston	GB	Matchless	2 h.20'01.2
6. T. Godfrey	GB	Norton	2 h.20'18.0

Number of finishers: 45.
Fastest lap: G. Hocking (RHO, MV-Agusta), 22'03.6 = 165.150 km/h.

4) June 24 : The Netherlands - Assen

20 laps = 154.090 km

1. G. Hocking	RHO	MV-Agusta	1 h.05'37.2	
			= 140.876 km/h	
2. M. Hailwood	GB	Norton	1 h.06'03.2	
3. B. McIntyre	GB	Norton	1 h.07'20.5	
4. P. Read	GB	Norton	1 h.07'56.1	
5. F. Perris	GB	Norton	1 h.08'02.1	
6. R. Miles	AUS	Norton		1 lap

Number of finishers: 15.
Fastest lap: G. Hocking (RHO, MV-Agusta), 3'13.8 = 143.122 km/h.

5) July 2 : Belgium - Spa-Francorchamps

15 laps = 211.800 km

1. G. Hocking	RHO	MV-Agusta	1 h.05'52.3
			= 192.647 km/h
2. M. Hailwood	GB	Norton	1 h.07'31.3
3. B. McIntyre	GB	Norton	1 h.07'42.1
4. M. Duff	CAN	Matchless	1 h.09'22.3
5. R. Langston	GB	Matchless	1 h.09'24.4
6. P. Driver	SA	Norton	1 h.10'09.5

Number of finishers: 15.
Fastest lap: G. Hocking (RHO, MV-Agusta), 4'15.3 = 198.834 km/h.

6) July 30 : East Germany - Sachsenring

20 laps = 174.620 km

1. G. Hocking	RHO	MV-Agusta	1 h.05'08.8	
			= 160.825 km/h	
2. M. Hailwood	GB	Norton	1 h.07'17.7	
3. B. Schneider	A	Norton	1 h.08'32.2	
4. T. Farnsworth	NZ	Norton		1 lap
5. J. Findlay	AUS	Norton		1 lap
6. A. Resko	SF	Norton		1 lap

Number of finishers: 13.
Fastest lap: G. Hocking (RHO, MV-Agusta), 3'12.6 = 163.203 km/h.

7) August 12 : Ulster - Belfast

20 laps = 238.780 km

1. G. Hocking	RHO	MV-Agusta	1 h.38'20.4	
			= 145.630 km/h	
2. M. Hailwood	GB	Norton	1 h.40'14.4	
3. A. King	GB	Norton	1 h.40'15.6	
4. R. Langston	GB	Matchless	1 h.42'50.0	
5. M. Chatterton	GB	Norton		1 lap
6. T. Thorp	IRL	Norton		1 lap

Number of finishers: 18.
Fastest lap: G. Hocking (RHO, MV-Agusta), 4'31.4 = 158.311 km/h.

8) September 3 : Italy - Monza

35 laps = 201.250 km

1. M. Hailwood	GB	MV-Agusta	1 h.04'24.2	
			= 187.490 km/h	
2. A. King	GB	Norton		1 lap
3. P. Driver	SA	Norton		1 lap
4. A. Pagani	I	Norton		1 lap
5. B. Schneider	A	Norton		2 laps
6. J. Findlay	AUS	Norton		2 laps

Number of finishers: 14.
Fastest lap: G. Hocking (RHO, MV-Agusta), 1'48.3 = 191.141 km/h.

9) September 17 : Sweden - Kristianstad

30 laps = 196.110 km

1. G. Hocking	RHO	MV-Agusta	1 h.14'59.8	
			= 156.900 km/h	
2. M. Hailwood	GB	MV-Agusta	1 h.15'00.7	
3. F. Perris	GB	Norton		1 lap
4. B. Schneider	A	Norton		1 lap
5. M. Duff	CAN	Matchless		1 lap
6. P. Pawson	NZ	Norton		1 lap

Number of finishers: 15.
Fastest lap: G. Hocking (RHO, MV-Agusta), 2'22.3 = 165.376 km/h.

10) October 15 : Argentina - Buenos Aires

52 laps = 203.424 km

1.	J. Kissling	ARG	Matchless	1 h.39'06.5
				= 123.163 km/h
2.	J.-C. Salatino	ARG	Norton	1 h.39'09.3
3.	F. Perris	GB	Norton	10 laps
4.	J. Perkins	ARG	Norton	17 laps
5.	E. Salatino	ARG	Norton	17 laps
6.	H. Costa	URU	Norton	17 laps

Number of finishers: 6.
Fastest lap: J.-C. Salatino (ARG, Norton), time not released.

WORLD CHAMPIONSHIP (*)

1.	Gary Hocking	RHO	MV-Agusta	48 (56)
2.	Stanley Michael "Mike" Hailwood	GB	Norton/ MV-Agusta	40 (55)
3.	Frank Perris	GB	Norton	16
4.	Bob McIntyre	GB	Norton	14
5.	Alistair King	GB	Norton	13
6.	Bert Schneider	A	Norton	9
7.	Jorge Kissling	ARG	Matchless	8
8.	Ron Langston	GB	Matchless	7
9.	Juan Carlos Salatino	ARG	Norton	6
10.	Paddy Driver	SA	Norton	5
11.	Mike Duff	CAN	Matchless	5
12.	Hans-Günter Jäger	D	BMW	4
13.	Antoine Paba	F	Norton	4
14.	Tom Phillis	AUS	Norton	4
15.	Trevor Farnsworth	NZ	Norton	3
16.	Jack Findlay	AUS	Norton	3
17.	Gyula Marsovszki	CH	Norton	3
18.	Alberto Pagani	I	Norton	3
19.	Juan Perkins	ARG	Norton	3
20.	Phil Read	GB	Norton	3
21.	Mick Chatterton	GB	Norton	2
22.	Ernest Hiller	D	BMW	2
23.	Fritz Messerli	CH	Matchless	2
24.	Eduardo Salatino	ARG	Norton	2
25.	Horacio Costa	URU	Norton	1
26.	Roland Föll	D	Matchless	1
27.	Tony Godfrey	GB	Norton	1
28.	Lothar John	D	BMW	1
29.	Ron Miles	AUS	Norton	1
30.	Peter Pawson	NZ	Norton	1
31.	Anssi Resko	SF	Norton	1
32.	Tom Thorp	IRL	Norton	1

(*): Les six meilleurs résultats sont pris en compte pour le championnat. Le chiffre entre parenthèses correspond aux points «bruts».

(*): Die sechs besten Resultate wurden für die Gesamtwertung der Meisterschaft gezählt. Die Zahlen in Klammern entsprechen dem "Brutto"-Punktetotal.

(*): The six best results counted towards the championship. The figures in brackets correspond to the gross number of points.

John Hartle, Jacques Findlay, Paddy Driver

Assen: Robb Fitton, Norton (9) - Karl Auer, Matchless (27) - Jack Findlay, Linto (3) - Steve Ellis, Linto (20) - Tom Dickie, Seeley (18) - Gilberto Milani, Aermacchi (21) - Walter Scheimann, Norton (5)

1961 — 500 cc

1961 — Side-cars

Champions: **Max Deubel/Emil Hörner (Germany, BMW), 30 points (36), 3 wins**

Florian Camathias

1) April 23 : Spain - Montjuich

27 laps = 102.330 km

1. H. Fath/A. Wohlgemuth	D	BMW	57'24.5	
			= 106.952 km/h	
2. F. Scheidegger/H. Burkhardt	CH/D	BMW	58'30.6	
3. E. Strub/R. Föll	CH/D	BMW	59'30.6	
4. A. Butscher/E. Butscher	D	BMW	59'30.6	
5. H. Luthringshauser/H. Vester	D	BMW	1 lap	
6. J. Rogliardo/M. Godillot	F	BMW	1 lap	

Number of finishers: 8.
Fastest lap: H. Fath/A. Wohlgemuth (D, BMW), 2'06.2 = 108.067 km/h.

2) May 14 : West Germany - Hockenheim

13 laps = 100.425 km

1. M. Deubel/E. Hörner	D	BMW	35'56.2
			= 167.660 km/h
2. F. Scheidegger/H. Burkhardt	CH/D	BMW	36'22.1
3. O. Kölle/D. Hess	D	BMW	36'35.2
4. A. Rohsiepe/L. Bottcher	D	BMW	37'06.5
5. A. Butscher/E. Butscher	D	BMW	37'26.3
6. L. Neussner/F. Reitmaier	D	BMW	37'26.9

Number of finishers: 9.
Fastest lap: M. Deubel/E. Hörner (D, BMW), 2'43.2 = 170.397 km/h.

3) May 21 : France - Clermont-Ferrand

13 laps = 104.715 km

1. F. Scheidegger/H. Burkhardt	CH/D	BMW	58'53.6
			= 106.668 km/h
2. M. Deubel/E. Hörner	D	BMW	1 h.00'06.4
3. E. Strub/R. Föll	CH/D	BMW	1 h.01'08.4
4. A. Butscher/M. Ludwigheit	D	BMW	1 h.01'24.2
5. O. Kölle/D. Hess	D	BMW	1 h.02'47.8
6. A. Rohsiepe/L. Bottcher	D	BMW	1 lap

Number of finishers: 12.
Fastest lap: F. Scheidegger/H. Burckhardt (CH/D, BMW), 4'27.4 = 108.444 km/h.

4) June 12 : Tourist Trophy - Isle of Man

3 laps = 182.160 km

1. M. Deubel/E. Hörner	D	BMW	1 h.17'29.8
			= 141.050 km/h
2. F. Scheidegger/H. Burkhardt	CH/D	BMW	1 h.18'02.0
3. P. Harris/R. Campbell	GB	BMW	1 h.19'40.6
4. A. Rohsiepe/L. Bottcher	D	BMW	1 h.25'19.0
5. C. Freeman/B. Nelson	GB	Norton	1 h.26'10.0
6. C. Seeley/W. Rawlings	GB	Matchless	1 h.27'44.0

Number of finishers: 28.
Fastest lap: M. Deubel/E. Hörner (D, BMW), 25'44.1 = 141.573 km/h.

5) June 24 : The Netherlands - Assen

14 laps = 107.828 km

1. M. Deubel/E. Hörner	D	BMW	52'30.2
			= 123.264 km/h
2. E. Strub/K. Huber	CH	BMW	54'10.8
3. J. Beeton/E. Bulgin	GB	BMW	54'11.4
4. A. Rohsiepe/L. Bottcher	D	BMW	54'27.6
5. H. Curchod/A. Beyeler	CH	BMW	1 lap
6. A. Butscher/M. Ludwigheit	D	BMW	1 lap

Number of finishers: 15.
Fastest lap: M. Deubel/E. Hörner (D, BMW), 3'40.6 = 125.729 km/h.

6) July 2 : Belgium - Spa-Francorchamps

8 laps = 112.960 km

1. F. Scheidegger/H. Burkhardt	CH/D	BMW	40'11.3
			= 168.407 km/h
2. M. Deubel/E. Hörner	D	BMW	40'32.8
3. P. Harris/R. Campbell	GB	BMW	42'14.8
4. O. Kölle/D. Hess	D	BMW	43'12.6
5. C. Vincent/E. Bliss	GB	BSA	43'13.8
6. A. Rohsiepe/L. Bottcher	D	BMW	43'59.5

Number of finishers: 12.
Fastest lap: F. Scheidegger/H. Burkhardt (CH/D, BMW), 4'38.5 = 170.059 km/h.

WORLD CHAMPIONSHIP (*)

1.	Max Deubel/Emil Hörner	D	BMW	30 (36)
2.	Fritz Scheidegger/Horst Burkhardt	CH/D	BMW	28 (34)
3.	Edgar Strub/Roland Föll/Kurt Huber	CH/D/CH	BMW	14
4.	August Rohsiepe/Lothar Bottcher	D	BMW	10 (11)
5.	Arsenius Butscher/Egon Butscher/ Manfred Ludwigheit	D	BMW	9
6.	Otto Kölle/Dieter Hess	D	BMW	9
7.	Helmut Fath/Alfred Wohlgemuth	D	BMW	8
8.	Peter "Pip" Harris/Ray Campbell	GB	BMW	8
9.	Jack Beeton/Eddie Bulgin	GB	BMW	4
10.	Heinz Luthringshauser/Heinrich Vester	D	BMW	2
11.	Charlie Freeman/Billie Nelson	GB	Norton	2
12.	Henri Curchod/Armand Beyeler	CH	BMW	2
13.	Chris Vincent/Eric Bliss	GB	BSA	2
14.	Joseph Rogliardo/Marcel Godillot	F	BMW	1
15.	Leonhard "Loni" Neussner/Fritz Reitmaier	D	BMW	1
16.	Colin Seeley/Walter "Wali" Rawlings	GB	Matchless	1

(*): Les quatre meilleurs résultats sont pris en compte pour le championnat.
Le chiffre entre parenthèses correspond aux points «bruts».

(*): Die vier besten Resultate wurden für die Gesamtwertung der Meisterschaft gezählt.
Die Zahlen in Klammern entsprechen dem "Brutto"-Punktetotal.

(*): The four best results counted towards the championship.
The figures in brackets correspond to the gross number of points.

Max Deubel / Emil Hörner, BMW

Champion : **Ernst Degner (Germany(*), Suzuki), 41 points, 4 wins**

1962 — 50 cc

1) May 6 : Spain - Montjuich

12 laps = 45.487 km

1. H.-G. Anscheidt	D	Kreidler	28'00.41 = 97,45 km/h
2. J. Busquets	E	Derbi	28'01.90
3. L. Taveri	CH	Honda	28'15.86
4. W. Gedlich	D	Kreidler	28'26.23
5. T. Robb	IRL	Honda	28'36.86
6. K. Takahashi	J	Honda	28'36.97

Number of finishers: 14.
Fastest lap: H.-G. Anscheidt (D, Kreidler), 2'15.83 = 100.547 km/h.

2) May 13 : France - Clermont-Ferrand

8 laps = 64.440 km

1. J. Huberts	NL	Kreidler	39'56.8 = 96.798 km/h
2. K. Takahashi	J	Honda	39'59.0
3. L. Taveri	CH	Honda	39'59.4
4. T. Robb	IRL	Honda	40'02.4
5. S. Suzuki	J	Suzuki	40'59.9
6. M. Itoh	J	Suzuki	41'04.6

Number of finishers: 17.
Fastest lap: J. Huberts (NL, Kreidler), 4'48.0 = 100.552 km/h.

3) June 4 : Tourist Trophy - Isle of Man

2 laps = 121.440 km

1. E. Degner	D	Suzuki	1 h.00'16.4 = 120.89 km/h
2. L. Taveri	CH	Honda	1 h.00'34.4
3. T. Robb	IRL	Honda	1 h.00'47.7
4. H.-G. Anscheidt	D	Kreidler	1 h.00'55.4
5. M. Itoh	J	Suzuki	1 h.02'39.4
6. M. Ichino	J	Suzuki	1 h.02'40.4

Number of finishers: 12.
Fastest lap: E. Degner (D, Suzuki), 29'58.5 = 121.537 km/h.

4) June 30 : The Netherlands - Assen

8 laps = 61.616 km

1. E. Degner	D	Suzuki	32'56.2 = 112.278 km/h
2. J. Huberts	NL	Kreidler	33'04.2
3. H.-G. Anscheidt	D	Kreidler	33'05.1
4. S. Suzuki	J	Suzuki	33'13.8
5. M. Itoh	J	Suzuki	33'40.7
6. W. Gedlich	D	Kreidler	33'44.4

Number of finishers: 18.
Fastest lap: J. Huberts (NL, Kreidler), 4'03.2 = 114.054 km/h.

5) July 8 : Belgium - Spa-Francorchamps

5 laps = 70.600 km

1. E. Degner	D	Suzuki	30'48.1 = 137.330 km/h
2. H.-G. Anscheidt	D	Kreidler	31'08.0
3. L. Taveri	CH	Honda	31'28.2
4. S. Suzuki	J	Suzuki	31'28.5
5. W. Gedlich	D	Kreidler	31'28.8
6. J. Huberts	D	Kreidler	32'07.9

Number of finishers: 11.
Fastest lap: E. Degner (D, Suzuki), 6'07.2 = 138.242 km/h.

6) July 15 : West Germany - Solitude

6 laps = 68.502 km

1. E. Degner	D	Suzuki	34'16.8 = 120.200 km/h
2. H.-G. Anscheidt	D	Kreidler	34'39.8
3. M. Itoh	J	Suzuki	34'47.6
4. L. Taveri	CH	Honda	34'55.4
5. S. Suzuki	J	Suzuki	35'40.5
6. M. Ichino	J	Suzuki	35'43.3

Number of finishers: 22.
Fastest lap: E. Degner (D, Suzuki), 5'36.2 = 122.217 km/h.

7) August 19 : East Germany - Sachsenring

5 laps = 43.655 km

1. J. Huberts	NL	Kreidler	21'36.1 = 121.255 km/h
2. M. Itoh	J	Suzuki	21'40.2
3. H. Anderson	NZ	Suzuki	21'47.2
4. L. Taveri	CH	Honda	21'47.4
5. T. Robb	IRL	Honda	22'15.9
6. D. Shorey	GB	Kreidler	22'17.9

Number of finishers: 14.
Fastest lap: J. Huberts (NL, Kreidler), 4'16.2 = 122.689 km/h.

8) September 9 : Italy - Monza

11 laps = 63.250 km

1. H.-G. Anscheidt	D	Kreidler	28'11.6 = 134.386 km/h
2. M. Itoh	J	Suzuki	28'12.7
3. J. Huberts	NL	Kreidler	28'19.3
4. H. Anderson	NZ	Suzuki	28'47.2
5. I. Morishita	J	Suzuki	28'47.8
6. L. Taveri	CH	Honda	28'48.9

Number of finishers: 12.
Fastest lap: H.-G. Anscheidt (D, Kreidler), 2'30.8 = 137.628 km/h.

9) September 23 : Finland - Tampere

17 laps = 61.336 km

1. L. Taveri	CH	Honda	38'24.3 = 96.130 km/h
2. T. Robb	IRL	Honda	38'26.3
3. H.-G. Anscheidt	D	Kreidler	38'39.3
4. E. Degner	D	Suzuki	39'03.1
5. T. Tanaka	J	Honda	39'04.4
6. H. Anderson	NZ	Suzuki	1 lap

Number of finishers: 9.
Fastest lap: E. Degner (D, Suzuki), time not released

10) October 14 : Argentina - Buenos Aires

25 laps = 65.625 km

1.	H. Anderson	NZ	Suzuki	37'11.2
				= 105.885 km/h
2.	E. Degner	D	Suzuki	37'14.2
3.	H.-G. Anscheidt	D	Kreidler	37'17.4
4.	M. Itoh	J	Suzuki	37'52.2
5.	J. Huberts	NL	Kreidler	38'28.6
6.	G. Beer	D	Kreidler	1 lap

Number of finishers: 11.
Fastest lap: not released

WORLD CHAMPIONSHIP (*)

1.	Ernst Degner	D(*)	Suzuki	41
2.	Hans-Georg Anscheidt	D	Kreidler	36 (43)
3.	Luigi Taveri	CH	Honda	29 (30)
4.	Jan Huberts	NL	Kreidler	29
5.	Mitsuo Itoh	J	Suzuki	23 (24)
6.	Tommy Robb	IRL	Honda	17
7.	Hugh Anderson	NZ	Suzuki	16
8.	Seiichi Suzuki	J	Suzuki	10
9.	Wolfgang Gedlich	D	Kreidler	9
10.	Kunimitsu Takahashi	J	Honda	7
11.	José Busquets	E	Derbi	6
12.	Isao Morishita	J	Suzuki	2
13.	Teisuke Tanaka	J	Honda	2
14.	Michio Ichino	J	Suzuki	2
15.	Dan Shorey	GB	Kreidler	1
16.	Günther Beer	D	Kreidler	1

(*): Les six meilleurs résultats sont pris en compte pour le championnat. Le chiffre entre parenthèses correspond aux points «bruts».

(*): Die sechs besten Resultate wurden für die Gesamtwertung der Meisterschaft gezählt. Die Zahlen in Klammern entsprechen dem "Brutto"-Punktetotal.

(*): The six best results counted towards the championship. The figures in brackets correspond to the gross number of points.

(★): Ernst Degner, qui avait défendu les couleurs de MZ jusque là, n'est pas rentré en Allemagne de l'Est au soir du GP de Suède 1961. Il s'est réfugié en Allemagne de l'Ouest, pays dont il a obtenu une licence.

(★): Ernst Degner, der bisher für die Marke MZ angetreten war, kehrte nach dem GP von Schweden 1961 nicht mehr hinter den Eisernen Vorhang nach Ostdeutschland zurück. Degner flüchtete nach Westdeutschland und erhielt von diesem Land eine Renn-Lizenz.

(★): Ernst Degner, who had flown the MZ colours until this time, did not return to East Germany, after the 1961 Swedish GP. He sought refuge in West Germany, the country which provided his license.

Hans-Georg Arscheidt, Kreidler

Teisuke Tanaka, Honda

Champion: **Luigi Taveri (Switzerland, Honda), 48 points (67), 6 wins**

1962 — 125 cc

1) May 6 : Spain - Montjuich

27 laps = 102.347 km

1. K. Takahashi	J	Honda	56'06.08
			= 109.680 km/h
2. J. Redman	RHO	Honda	56'06.36
3. L. Taveri	CH	Honda	56'06.45
4. M. Hailwood	GB	EMC	56'48.72
5. R. Avery	GB	EMC	57'29.15
6. F. Villa	I	FB-Mondial	1 lap

Number of finishers: 10.
Fastest lap: L. Taveri (CH, Honda), 2'01.68 = 112.316 km/h.

2) May 13 : France - Clermont-Ferrand

13 laps = 104.715 km

1. K. Takahashi	J	Honda	58'01.6
			= 108.276 km/h
2. J. Redman	RHO	Honda	58'36.5
3. T. Robb	IRL	Honda	58'42.6
4. L. Taveri	CH	Honda	58'42.9
5. E. Degner	D	Suzuki	1 h.01'36.4
6. J. Kissling	ARG	Bultaco	1 h.02'40.8

Number of finishers: 12.
Fastest lap: K. Takahashi (J, Honda), 4'12.8 = 114.707 km/h.

3) June 6 : Tourist Trophy - Isle of Man

3 laps = 182.160 km

1. L. Taveri	CH	Honda	1 h.15'34.2
			= 144.640 km/h
2. T. Robb	IRL	Honda	1 h.16'40.6
3. T. Phillis	AUS	Honda	1 h.16'55.0
4. D. Minter	GB	Honda	1 h.17'51.4
5. J. Redman	RHO	Honda	1 h.19'38.0
6. R. Avery	GB	EMC	1 h.20'26.6

Number of finishers: 20.
Fastest lap: L. Taveri (CH, Honda), 25'07.0 = 145.050 km/h.

4) June 30 : The Netherlands - Assen

14 laps = 107.828 km

1. L. Taveri	CH	Honda	50'36.6
			= 127.873 km/h
2. J. Redman	RHO	Honda	50'36.8
3. T. Robb	IRL	Honda	50'54.6
4. E. Degner	D	Suzuki	50'55.4
5. M. Hailwood	GB	EMC	50'56.2
6. S. Malina	CZ	CZ	51'38.6

Number of finishers: 10.
Fastest lap: L. Taveri (CH, Honda), 3'32.7 = 130.405 km/h.

5) July 8 : Belgium - Spa-Francorchamps

8 laps = 112.960 km

1. L. Taveri	CH	Honda	41'08.1
			= 164.531 km/h
2. J. Redman	RHO	Honda	41'08.2
3. P. Driver	SA	EMC	43'47.8
4. M. Hailwood	GB	EMC	43'59.8
5. R. Avery	GB	EMC	44'06.4
6. G. Visenzi	I	Ducati	1 lap

Number of finishers: 8.
Fastest lap: L. Taveri (CH, Honda), 5'05.2 = 166.325 km/h.

6) July 15 : West Germany - Solitude

9 laps = 102.753 km

1. L. Taveri	CH	Honda	45'27.9
			= 135.598 km/h
2. T. Robb	IRL	Honda	45'42.2
3. M. Hailwood	GB	EMC	45'54.5
4. B. McIntyre	GB	Honda	46'06.6
5. J. Grace	GIB	Bultaco	46'09.9
6. H. Anderson	NZ	Suzuki	48'32.7

Number of finishers: 21.
Fastest lap: L. Taveri (CH, Honda), 4'58.4 = 137.615 km/h.

7) August 11 : Ulster - Belfast

11 laps = 132.737 km

1. L. Taveri	CH	Honda	58'46.3
			= 134.050 km/h
2. T. Robb	IRL	Honda	58'46.6
3. J. Redman	RHO	Honda	58'46.8
4. T. Tanaka	J	Honda	59'35.8
5. H. Anderson	NZ	Suzuki	1 h.01'11.5
6. P. Driver	SA	EMC	1 h.02'04.7

Number of finishers: 12.
Fastest lap: T. Robb (IRL, Honda), 5'15.2 = 136.311 km/h.

8) August 19 : East Germany - Sachsenring

12 laps = 104.772 km

1. L. Taveri	CH	Honda	43'58.3
			= 142.963 km/h
2. J. Redman	RHO	Honda	43'58.8
3. H. Fischer	DDR	MZ	43'59.4
4. T. Robb	IRL	Honda	45'05.1
5. K. Enderlein	DDR	MZ	45'10.1
6. W. Musiol	DDR	MZ	45'30.0

Number of finishers: 8.
Fastest lap: L. Taveri (CH, Honda), 3'36.4 = 145.246 km/h.

9) September 9 : Italy - Monza

18 laps = 103.500 km

1. T. Tanaka	J	Honda	39'44.0
			= 156.291 km/h
2. L. Taveri	CH	Honda	39'44.1
3. T. Robb	IRL	Honda	39'44.4
4. J. Redman	RHO	Honda	39'45.1
5. A. Pagani	I	Honda	40'01.2
6. P. Driver	SA	EMC	40'15.5

Number of finishers: 12.
Fastest lap: L. Taveri (CH, Honda), 2'09.9 = 159.357 km/h.

10) September 23 : Finland - Tampere

28 laps = 101.024 km

1.	J. Redman	RHO	Honda	57'43.1
				= 105.031 km/h
2.	L. Taveri	CH	Honda	57'44.2
3.	A. Shepherd	GB	MZ	58'39.5
4.	H. Fischer	DDR	MZ	58'40.6
5.	F. Perris	GB	Suzuki	58'45.8
6.	J. Petaja	SF	MZ	1 lap

Number of finishers: 25.
Fastest lap: A. Shepherd (GB, MZ), time not released.

11) October 14 : Argentina - Buenos Aires

40 laps = 105.000 km

1.	H. Anderson	NZ	Suzuki	56'25.2
				= 111.662 km/h
2.	R. Kissling	ARG	DKW	57'36.8
3.	M. Itoh	J	Suzuki	1 lap
4.	L. Moreira	URU	Bultaco	3 laps
5.	M. Chizzini	ARG	Bultaco	3 laps
6.	P. Rosenthal	URU	Tohatsu	3 laps

Number of finishers: 6.
Fastest lap: H. Anderson (NZ, Suzuki), time not released.

WORLD CHAMPIONSHIP (*)

1.	Luigi Taveri	CH	Honda	48 (67)
2.	Jim Redman	RHO	Honda	38 (47)
3.	Tommy Robb	IRL	Honda	30 (33)
4.	Kunimitsu Takahashi	J	Honda	16
5.	Stanley Michael "Mike" Hailwood	GB	EMC	12
6.	Hugh Anderson	NZ	Suzuki	11
7.	Teisuke Tanaka	J	Honda	11
8.	Hans Fischer	DDR	MZ	7
9.	Raùl Kissling	ARG	DKW	6
10.	Paddy Driver	SA	EMC	6
11.	Ernst Degner	D	Suzuki	5
12.	Rex Avery	GB	EMC	5
13.	Tom Phillis	AUS	Honda	4
14.	Alan Shepherd	GB	MZ	4
15.	Mitsuo Itoh	J	Suzuki	4
16.	Derek Minter	GB	Honda	3
17.	Bob McIntyre	GB	Honda	3
18.	Limbert Moreira	URU	Bultaco	3
19.	John Grace	GIB	Bultaco	2
20.	Klaus Enderlein	DDR	MZ	2
21.	Alberto Pagani	I	Honda	2
22.	Frank Perris	GB	Suzuki	2
23.	Marsilio Chizzini	ARG	Bultaco	2
24.	Francesco Villa	I	FB-Mondial	1
25.	Jorge Kissling	ARG	Bultaco	1
26.	Stanislav Malina	CZ	CZ	1
27.	Giuseppe Visenzi	I	Ducati	1
28.	Werner Musiol	DDR	MZ	1
29.	Jarno Petaja	SF	MZ	1
30.	Alfredo Rosenthal	URU	Tohatsu	1

(*): Les six meilleurs résultats sont pris en compte pour le championnat. Le chiffre entre parenthèses correspond aux points «bruts».

(*): Die sechs besten Resultate wurden für die Gesamtwertung der Meisterschaft gezählt. Die Zahlen in Klammern entsprechen dem "Brutto"-Punktetotal.

(*): The six best results counted towards the championship. The figures in brackets correspond to the gross number of points.

Mike Hailwood, MZ 125

Karl Luttenberg, MV Agusta

Champion : Jim Redman (Rhodesia, Honda), 48 points (66), 6 wins

1962 — 250 cc

1) May 6 : Spain - Montjuich

33 laps = 125.070 km

1. J. Redman	RHO	Honda	1 h.05'28.16
			= 114.620 km/h
2. B. McIntyre	GB	Honda	1 h.05'39.25
3. T. Phillis	AUS	Honda	1 h.05'39.81
4. D. Shorey	GB	Bultaco	2 laps
5. A. Pagani	I	Aermacchi	3 laps
6. M. Toussaint	B	Benelli	7 laps

Number of finishers: 7.
Fastest lap: T. Phillis (AUS, Honda), 1'57.08 = 116.564 km/h.

2) May 13 : France - Clermont-Ferrand

16 laps = 128.880 km

1. J. Redman	RHO	Honda	1 h.06'51.5
			= 115.658 km/h
2. B. McIntyre	GB	Honda	1 h.06'51.8
3. T. Phillis	AUS	Honda	1 h.06'52.0
4. D. Shorey	GB	Bultaco	1 lap
5. J.-P. Beltoise	F	Morini	1 lap
6. B. Savoye	F	FB-Mondial	2 laps

Number of finishers: 6.
Fastest lap: T. Phillis (AUS, Honda), 3'59.7 = 120.974 km/h.

3) June 4 : Tourist Trophy - Isle of Man

6 laps = 364.320 km

1. D. Minter	GB	Honda	2 h.20'30.0
			= 155.590 km/h
2. J. Redman	RHO	Honda	2 h.22'23.6
3. T. Phillis	AUS	Honda	2 h.26'15.6
4. A. Wheeler	GB	Moto Guzzi	2 h.33'06.6
5. A. Pagani	I	Aermacchi	2 h.38'47.0
6. D. Shorey	GB	Bultaco	2 h.44'29.4

Number of finishers: 6.
Fastest lap: B. McIntyre (GB, Honda), 22'51.2 = 159.421 km/h.

4) June 30 : The Netherlands - Assen

17 laps = 130.934 km

1. J. Redman	RHO	Honda	58'52.2
			= 133.489 km/h
2. B. McIntyre	GB	Honda	58'54.4
3. T. Provini	I	Morini	58'54.8
4. C. Swart	NL	Honda	1 h.00'36.6
5. F. Perris	GB	Suzuki	1 h.02'44.1
6. A. Wheeler	GB	Moto Guzzi	1 lap

Number of finishers: 13.
Fastest lap: T. Provini (I, Morini), 3'21.0 = 137.985 km/h.

5) July 8 : Belgium - Spa-Francorchamps

9 laps = 127.080 km

1. B. McIntyre	GB	Honda	41'42.4
			= 182.560 km/h
2. J. Redman	RHO	Honda	42'47.8
3. L. Taveri	CH	Honda	42'47.9
4. G. Beer	D	Adler	1 lap
5. A. Wheeler	GB	Moto Guzzi	1 lap
6. P. Vervroegen	B	Aermacchi	1 lap

Number of finishers: 10.
Fastest lap: B. McIntyre (GB, Honda), 4'35.3 = 184.382 km/h.

6) July 15 : West Germany - Solitude

11 laps = 125.587 km

1. J. Redman	RHO	Honda	51'41.8
			= 145.750 km/h
2. B. McIntyre	GB	Honda	51'41.9
3. T. Tanaka	J	Honda	53'10.3
4. G. Beer	D	Honda	53'11.7
5. A. Wheeler	GB	Moto Guzzi	56'17.9
6. M. Schneider	D	NSU	56'26.9

Number of finishers: 27.
Fastest lap: J. Redman (RHO, Honda), 4'39.2 = 147.210 km/h.

7) August 11 : Ulster - Belfast

14 laps = 168.938 km

1. T. Robb	IRL	Honda	1 h.10'58.6
			= 142.240 km/h
2. J. Redman	RHO	Honda	1 h.11'53.0
3. L. Taveri	CH	Honda	1 h.11'53.2
4. A. Wheeler	GB	Moto Guzzi	1 h.14'59.9
5. J. Donaghy	IRL	Ducati	1 lap
6. S. Graham	GB	Aermacchi	1 lap

Number of finishers: 8.
Fastest lap: L. Taveri (CH, Honda), 4'53.2 = 146.546 km/h.

8) August 19 : East Germany - Sachsenring

14 laps = 122.234 km

1. J. Redman	RHO	Honda	46'21.9
			= 158.181 km/h
2. M. Hailwood	GB	MZ	46'22.1
3. W. Musiol	DDR	MZ	48'00.5
4. M. Kitano	J	Honda	1 lap
5. N. Sevostianov	URSS	S250	1 lap
6. D. Shorey	GB	Bultaco	2 laps

Number of finishers: 11.
Fastest lap: M. Hailwood (GB, MZ), 3'13.5 = 162.793 km/h.

9) September 9 : Italy - Monza

22 laps = 126.500 km

1. J. Redman	RHO	Honda	42'34.4
			= 178.280 km/h
2. T. Provini	I	Morini	42'35.2
3. A. Pagani	I	Honda	43'31.3
4. M. Kitano	J	Honda	43'31.3
5. G. Milani	I	Aermacchi	1 lap
6. P. Campanelli	I	Benelli	1 lap

Number of finishers: 10.
Fastest lap: J. Redman (RHO, Honda), 1'54.3 = 181.099 km/h.

10) October 14 : Argentina - Buenos Aires

40 laps = 125.560 km

1.	A. Wheeler	GB	Moto Guzzi	56'52.8
				= 132.470 km/h
2.	U. Masetti	I	Morini	56'55.2
3.	R. Kaiser	ARG	NSU	1 lap
4.	J. Ternengo	ARG	Ducati	4 laps
5.	C. Marfetan	URU	Parilla	5 laps
6.	M. Dietrich	URU	Aermacchi	12 laps

Number of finishers: 6.
Fastest lap: A. Wheeler (GB, Moto Guzzi), time not released.

WORLD CHAMPIONSHIP (*)

1.	Jim Redman	RHO	Honda	48 (66)
2.	Bob McIntyre	GB	Honda	40
3.	Arthur Wheeler	GB	Moto Guzzi	19
4.	Tom Phillis	AUS	Honda	12
5.	Tarquinio Provini	I	Morini	10
6.	Derek Minter	GB	Honda	8
7.	Tommy Robb	IRL	Honda	8
8.	Luigi Taveri	CH	Honda	8
9.	Alberto Pagani	I	Honda/Aermacchi	8
10.	Dan Shorey	GB	Bultaco	8
11.	Stanley Michael "Mike" Hailwood	GB	MZ	6
12.	Umberto Masetti	I	Morini	6
13.	Günter Beer	D	Adler/Honda	6
14.	Moto Kitano	J	Honda	6
15.	Werner Musiol	DDR	MZ	4
16.	Teisuke Tanaka	J	Honda	4
17.	Raùl Kaiser	ARG	NSU	4
18.	Cas Swart	NL	Honda	3
19.	Jorge Ternengo	ARG	Ducati	3
20.	Jean-Pierre Beltoise	F	Morini	2
21.	Frank Perris	GB	Suzuki	2
22.	Nikolaï Sevostianov	URSS	S250	2
23.	John Donaghy	IRL	Ducati	2
24.	Gilberto Milani	I	Aermacchi	2
25.	Carlos Marfetan	URU	Parilla	2
26.	Marcel Toussaint	B	Benelli	1
27.	Benjamin Savoye	F	FB-Mondial	1
28.	Pierre Vervroegen	B	Aermacchi	1
29.	Stuart Graham	GB	Aermacchi	1
30.	Michael Schneider	D	NSU	1
31.	Paolo Campanelli	I	Benelli	1
32.	Martin Dietrich	URU	Aermacchi	1

(*): Les six meilleurs résultats sont pris en compte pour le championnat. Le chiffre entre parenthèses correspond aux points «bruts».

(*): Die sechs besten Resultate wurden für die Gesamtwertung der Meisterschaft gezählt. Die Zahlen in Klammern entsprechen dem "Brutto"-Punktetotal.

(*): The six best results counted towards the championship. The figures in brackets correspond to the gross number of points.

Gilberto Milani, Aermacchi

Walter Rüngg, Aermacchi

Champion : **Jim Redman (Rhodesia, Honda), 32 points (38), 4 wins**

1962 — 350 cc

1) June 8 : Tourist Trophy - Isle of Man

6 laps = 364.320 km

1.	M. Hailwood	GB	MV-Agusta	2 h.16'24.2
				= 160.271 km/h
2.	G. Hocking	RHO	MV-Agusta	2 h.16'29.8
3.	F. Stastny	CZ	Jawa	2 h.23'23.4
4.	R. Ingram	GB	Norton	2 h.24'18.8
5.	M. Duff	CAN	AJS	2 h.24'48.0
6.	H. Anderson	NZ	AJS	2 h.25'47.6

Number of finishers: 39.
Fastest lap: M. Hailwood (GB, MV-Agusta), 22'17.1 = 163.477 km/h.

2) June 30 : The Netherlands - Assen

20 laps = 154.040 km

1.	J. Redman	RHO	Honda	1 h.06'49.5
				= 138.350 km/h
2.	M. Hailwood	GB	MV-Agusta	1 h.07'09.1
3.	S. Grassetti	I	Bianchi	1 h.07'15.7
4.	F. Stastny	CZ	Jawa	1 h.08'22.4
5.	D. Minter	GB	Norton	1 h.08'44.8
6.	P. Read	GB	Norton	1 h.09'06.4

Number of finishers: 11.
Fastest lap: S. Grassetti (I, Bianchi), 3'16.9 = 140.865 km/h.

3) August 11 : Ulster - Belfast

17 laps = 205.139 km

1.	J. Redman	RHO	Honda	1 h.20'40.6
				= 150.890 km/h
2.	F. Stastny	CZ	Jawa	1 h.22'00.8
3.	T. Robb	IRL	Honda	1 h.22'13.4
4.	A. Shepherd	GB	AJS	1 h.23'27.4
5.	G. Havel	CZ	Jawa	1 h.23'44.4
6.	M. Duff	CAN	AJS	1 h.23'50.4

Number of finishers: 31.
Fastest lap: M. Hailwood (GB, MV-Agusta), 4'40.8 = 153.016 km/h.

4) August 19 : East Germany - Sachsenring

15 laps = 130.965 km

1.	J. Redman	RHO	Honda	49'45.7
				= 157.910 km/h
2.	M. Hailwood	GB	MV-Agusta	50'32.3
3.	T. Robb	IRL	Honda	50'54.7
4.	G. Havel	CZ	Jawa	50'55.1
5.	M. Duff	CAN	AJS	51'47.5
6.	N. Sevostianov	URSS	S360	52'00.3

Number of finishers: 15.
Fastest lap: J. Redman (RHO, Honda), 3'16.6 = 159.856 km/h.

5) September 9 : Italy - Monza

27 laps = 155.250 km

1.	J. Redman	RHO	Honda	51'30.4
				= 180.850 km/h
2.	T. Robb	IRL	Honda	51'57.9
3.	S. Grassetti	I	Bianchi	52'38.8
4.	F. Stastny	CZ	Jawa	1 lap
5.	G. Havel	CZ	Jawa	1 lap
6.	A. Wheeler	GB	Moto Guzzi	1 lap

Number of finishers: 14.
Fastest lap: J. Redman (RHO, Honda), 1'52.5 = 183.996 km/h.

6) September 23 : Finland - Tampere

30 laps = 108.240 km

1.	T. Robb	IRL	Honda	1 h.00'43.3
				= 106.960 km/h
2.	J. Redman	RHO	Honda	1 h.01'04.8
3.	A. Shepherd	GB	MZ	1 h.02'18.0
4.	S.-O. Gunnarsson	S	Norton	1 lap
5.	H. Kuparinen	SF	AJS	1 lap
6.	M. Kitano	J	Honda	1 lap

Number of finishers: 9.
Fastest lap: not released.

WORLD CHAMPIONSHIP (*)

1.	Jim Redman	RHO	Honda	32 (38)
2.	Tommy Robb	IRL	Honda	22
3.	Stanley Michael "Mike" Hailwood	GB	MV-Agusta	20
4.	Frantisek Stastny	CZ	Jawa	16
5.	Silvio Grassetti	I	Bianchi	8
6.	Alan Shepherd	GB	MZ	7
7.	Gustav Havel	CZ	Jawa	7
8.	Gary Hocking	RHO	MV-Agusta	6
9.	Mike Duff	CAN	AJS	5
10.	Roy Ingram	GB	Norton	3
11.	Sven-Olov Gunnarsson	S	Norton	3
12.	Derek Minter	GB	Norton	2
13.	Hannu Kuparinen	SF	AJS	2
14.	Hugh Anderson	NZ	AJS	1
15.	Phil Read	GB	Norton	1
16.	Nikolaï Sevostianov	URSS	S360	1
17.	Arthur Wheeler	GB	Moto Guzzi	1
18.	Moto Kitano	J	Honda	1

(*): Les quatre meilleurs résultats sont pris en compte pour le championnat. Le chiffre entre parenthèses correspond aux points «bruts».

(*): Die vier besten Resultate wurden für die Gesamtwertung der Meisterschaft gezählt. Die Zahlen in Klammern entsprechen dem "Brutto"-Punktetotal.

(*): The four best results counted towards the championship. The figures in brackets correspond to the gross number of points.

Gustav Havel, Frantisek Stastny

Gustav Havel, Jawa 350

1962 — 350 cc

Champion: Stanley Michael "Mike" Hailwood (Great Britain, MV-Agusta), 40 points, 5 wins

1962 — 500 cc

1) June 8: Tourist Trophy - Isle of Man

6 laps = 364.320 km

1. G. Hocking	RHO	MV-Agusta	2 h.11'13.4	= 166.680 km/h
2. E. Boyce	GB	Norton	2 h.21'06.2	
3. F. Stevens	GB	Norton	2 h.21'09.4	
4. B. Schneider	A	Norton	2 h.21'43.8	
5. R. Ingram	GB	Norton	2 h.22'20.8	
6. B. Setchell	GB	Norton	2 h.23'32.6	

Number of finishers: 29.
Fastest lap: G. Hocking (RHO, MV-Agusta), 21'24.4 = 170.788 km/h.

2) June 30: The Netherlands - Assen

20 laps = 154.040 km

1. M. Hailwood	GB	MV-Agusta	1 h.05'46.2	= 140.570 km/h
2. D. Minter	GB	Norton	1 h.06'09.4	
3. P. Read	GB	Norton	1 h.06'49.2	
4. A. Shepherd	GB	Matchless	1 h.07'09.0	
5. B. Schneider	A	Norton	1 h.07'26.8	
6. T. Godfrey	GB	Norton	1 h.07'32.5	

Number of finishers: 6.
Fastest lap: M. Hailwood (GB, MV-Agusta), 3'11.8 = 144.615 km/h.

3) July 8: Belgium - Spa-Francorchamps

15 laps = 211.800 km

1. M. Hailwood	GB	MV-Agusta	1 h.06'04.1	= 192.073 km/h
2. A. Shepherd	GB	Matchless	1 h.08'00.3	
3. T. Godfrey	GB	Norton	1 h.08'03.7	
4. P. Driver	SA	Norton	1 h.09'57.6	
5. J. Findlay	AUS	Norton	1 h.10'03.8	
6. F. Stevens	GB	Norton	1 h.10'39.5	

Number of finishers: 11.
Fastest lap: M. Hailwood (GB, MV-Agusta), 4'22.2 = 193.604 km/h.

4) August 11: Ulster - Belfast

17 laps = 205.139 km

1. M. Hailwood	GB	MV-Agusta	1 h.18'20.6	= 155.380 km/h
2. A. Shepherd	GB	Matchless	1 h.22'05.8	
3. P. Read	GB	Norton	1 h.23'04.6	
4. R. Langston	GB	Norton	1 lap	
5. T. Godfrey	GB	Norton	1 lap	
6. M. Spence	GB	Norton	1 lap	

Number of finishers: 37.
Fastest lap: M. Hailwood (GB, MV-Agusta), 4'27.0 = 160.918 km/h.

5) August 19: East Germany - Sachsenring

16 laps = 139.696 km

1. M. Hailwood	GB	MV-Agusta	51'00.7	= 164.311 km/h
2. A. Shepherd	GB	Matchless	51'38.0	
3. B. Schneider	A	Norton	53'10.1	
4. F. Stastny	CZ	Jawa	53'10.6	
5. P. Driver	SA	Norton	53'11.2	
6. R. Föll	D	Matchless	54'05.6	

Number of finishers: 9.
Fastest lap: M. Hailwood (GB, MV-Agusta), 3'06.9 = 168.173 km/h.

6) September 9: Italy - Monza

35 laps = 201.250 km

1. M. Hailwood	GB	MV-Agusta	1 h.04'22.7	= 187.567 km/h
2. R. Venturi	I	MV-Agusta	1 h.04'23.2	
3. S. Grassetti	I	Bianchi	1 lap	
4. P. Read	GB	Norton	1 lap	
5. P. Driver	SA	Norton	1 lap	
6. B. Schneider	A	Norton	1 lap	

Number of finishers: 16.
Fastest lap: R. Venturi (I, MV-Agusta), 1'48.1 = 191.489 km/h.

7) September 23: Finland - Tampere

32 laps = 115.456 km

1. A. Shepherd	GB	Matchless	1 h.03'16.9	= 109.501 km/h
2. S.-O. Gunnarsson	S	Norton	1 h.04'19.7	
3. F. Stastny	CZ	Jawa	1 h.04'55.5	
4. A. Resko	SF	Matchless	1 h.05'11.9	
5. H. Karlsson	S	Norton	1 lap	
6. R. Föll	D	Matchless	1 lap	

Number of finishers: 11.
Fastest lap: time not released.

8) October 14: Argentina - Buenos Aires

55 laps = 172.645 km

1. B. Caldarella	ARG	Matchless	1 h.11'14.6	= 145.424 km/h
2. J.-C. Salatino	ARG	Norton	1 h.11'14.9	
3. E. Salatino	ARG	Norton	1 h.12'23.8	
4. P. Gamberini	ARG	Matchless	5 laps	
5. A. Pomesano	ARG	Norton	7 laps	
6. F. Soler	ARG	Norton	7 laps	

Number of finishers: 6.
Fastest lap: B. Caldarella (ARG, Matchless), time not released.

WORLD CHAMPIONSHIP (*)

1. Stanley Michael
   "Mike" Hailwood   GB   MV-Agusta   40
2. Alan Shepherd   GB   Matchless   29
3. Phil Read   GB   Norton   11
4. Bert Schneider   A   Norton   10
5. Gary Hocking   RHO   MV-Agusta   8
6. Benedicto Caldarella ARG   Matchless   8
7. Tony Godfrey   GB   Norton   7
8. Paddy Driver   SA   Norton   7
9. Frantisek Stastny   CZ   Jawa   7
10. Ellis Boyce   GB   Norton   6
11. Derek Minter   GB   Norton   6
12. Remo Venturi   I   MV-Agusta   6
13. Sven-Olov Gunnarsson S   Norton   6
14. Juan Carlos Salatino ARG   Norton   6
15. Fred Stevens   GB   Norton   5
16. Silvio Grassetti   I   Bianchi   4
17. Eduardo Salatino   ARG   Norton   4
18. Ron Langston   GB   Norton   3
19. Anssi Resko   SF   Matchless   3
20. Pablo Gamberini   ARG   Matchless   3
21. Roy Ingram   GB   Norton   2
22. Jack Findlay   AUS   Norton   2
23. Roland Föll   D   Matchless   2
24. Harold Karlsson   S   Norton   2
25. Amleto Pomesano   ARG   Norton   2
26. Brian Setchell   GB   Norton   1
27. Marc Spence   GB   Norton   1
28. Federico Soler   ARG   Norton   1

(*): Les cinq meilleurs résultats sont pris en compte pour le championnat.

(*): Die fünf besten Resultate wurden für die Gesamtwertung der Meisterschaft gezählt. Die Zahlen in Klammern entsprechen dem "Brutto"-Punktetotal.

(*): The five best results counted towards the championship. The figures in brackets correspond to the gross number of points.

Jack Ahearn, Norton

Abbey Kock

1962 — 500 cc

1962 — Side-cars

Champions : **Max Deubel/Emil Hörner (Germany, BMW), 30 points (34), 3 wins**

1) May 6 : Spain - Montjuich

27 laps = 102.347 km

1. M. Deubel/E. Hörner	D	BMW	55'47.92	= 108.110 km/h
2. F. Camathias/H. Burkhardt	CH/D	BMW	57'58.18	
3. O. Kölle/D. Hess	D	BMW	58'54.49	
4. A. Butscher/H. Vester	D	BMW	1 lap	
5. H. Scholes/R. Lindsay	GB	BMW	1 lap	
6. C. Vincent/E. Bliss	GB	BSA	1 lap	

Number of finishers: 8.
Fastest lap: M. Deubel/E. Hörner (D, BMW), 2'03.82 = 110.207 km/h.

2) May 13 : France - Clermont-Ferrand

13 laps = 104.715 km

1. M. Deubel/E. Hörner	D	BMW	57'57.5	= 108.402 km/h
2. F. Camathias/H. Burkhardt	CH/D	BMW	58'36.0	
3. C. Vincent/E. Bliss	GB	BSA	1 h.00'57.5	
4. O. Kölle/D. Hess	D	BMW	1 h.01'49.5	
5. C. Lambert/A. Herzig	CH	BMW	1 h.02'31.0	
6. E. Pickup/K. Scott	GB	BMW	1 h.02'32.5	

Number of finishers: 14.
Fastest lap: F. Camathias/H. Burkhardt (CH/D, BMW), 4'19.0 = 111.961 km/h.

3) June 4 : Tourist Trophy - Isle of Man

3 laps = 182.160 km

1. C. Vincent/E. Bliss	GB	BSA	1 h.21'16.4	= 134.490 km/h
2. O. Kölle/D. Hess	D	BMW	1 h.21'53.8	
3. C. Seeley/W. Rawlings	GB	Matchless	1 h.22'01.8	
4. C. Lambert/A. Herzig	CH	BMW	1 h.23'17.6	
5. H. Luthringshauser/H. Knopp	D	BMW	1 h.25'52.0	
6. G. Auerbacher/E. Dein	D	BMW	1 h.27'18.8	

Number of finishers: 26.
Fastest lap: M. Deubel/E. Hörner (D, BMW), 24'57.8 = 145.967 km/h.

4) June 30 : The Netherlands - Assen

14 laps = 107.828 km

1. F. Scheidegger/J. Robinson	CH/GB	BMW	52'16.2	= 123.814 km/h
2. M. Deubel/E. Hörner	D	BMW	52'25.2	
3. O. Kölle/D. Hess	D	BMW	52'59.2	
4. A. Rohsiepe/L. Bottcher	D	BMW	53'11.2	
5. E. Strub/G. Rüfenacht	CH	BMW	53'12.6	
6. C. Lambert/A. Herzig	CH	BMW	53'44.2	

Number of finishers: 11.
Fastest lap: F. Camathias/H. Winter (CH/GB, BMW), 3'39.0 = 126.655 km/h.

5) July 8 : Belgium - Spa-Francorchamps

8 laps = 112.960 km

1. F. Camathias/H. Winter	CH/GB	BMW	39'56.4	= 169.454 km/h
2. F. Scheidegger/J. Robinson	CH/GB	BMW	40'50.7	
3. M. Deubel/E. Hörner	D	BMW	41'24.6	
4. E. Strub/G. Rüfenacht	CH	BMW	43'14.5	
5. A. Rohsiepe/L. Bottcher	D	BMW	43'28.5	
6. C. Lambert/A. Herzig	CH	BMW	43'29.2	

Number of finishers: 9.
Fastest lap: F. Camathias/H. Winter (CH/GB, BMW), 4'57.1 = 170.851 km/h.

6) July 15 : West Germany - Solitude

9 laps = 102.753 km

1. M. Deubel/E. Hörner	D	BMW	43'29.8	= 141.700 km/h
2. F. Camathias/H. Winter	CH/GB	BMW	44'17.2	
3. F. Scheidegger/J. Robinson	CH/GB	BMW	44'52.7	
4. C. Lambert/A. Herzig	CH	BMW	45'43.6	
5. A. Rohsiepe/L. Bottcher	D	BMW	45'52.1	
6. F. Breu/H. Burkhardt	D	BMW	46'22.5	

Number of finishers: 9.
Fastest lap: M. Deubel/E. Hörner (D, BMW), 4'45.4 = 143.907 km/h.

Trophées de Florian Camathias

Florian Camathias' trophies

Trophäen von Florian Camathias

WORLD CHAMPIONSHIP (*)

1.	Max Deubel/Emil Hörner	D	BMW	30 (34)
2.	Florian Camathias/Horst Burkhardt/Harry Winter	CH/D/GB	BMW	26
3.	Fritz Scheidegger/John Robinson	CH/GB	BMW	18
4.	Otto Kölle/Dieter Hess	D	BMW	17
5.	Chris Vincent/Eric Bliss	GB	BSA	13
6.	Claude Lambert/Alfred Herzig	CH	BMW	9 (10)
7.	August Rohsiepe/Lothar Bottcher	D	BMW	7
8.	Edgar Strub/Gottfried "Fiston" Rüfenacht	CH	BMW	7
9.	Colin Seeley/Walter "Wali" Rawlings	GB	Matchless	4
10.	Arsenius Butscher/Heinrich Vester	D	BMW	3
11.	Harold Scholes/Ray Lindsay	GB	BMW	2
12.	Heinz Luthringshauser/Horst Knopp	D	BMW	2
13.	Eric Pickup/Keith Scott	GB	BMW	1
14.	Georg Auerbacher/Eduard Dein	D	BMW	1
15.	Ferdinand Breu/Horst Brukhardt	D	BMW	1

(*): Les quatre meilleurs résultats sont pris en compte pour le championnat.
Le chiffre entre parenthèses correspond aux points «bruts».

(*): Die vier besten Resultate wurden für die Gesamtwertung der Meisterschaft gezählt.
Die Zahlen in Klammern entsprechen dem "Brutto"-Punktetotal.

(*): The four best results counted towards the championship.
The figures in brackets correspond to the gross number of points.

Georg Auerbacher / Hermann Hahn, BMW

Champion : **Hugh Anderson (New Zealand, Suzuki), 34 points (47), 2 wins**

1963 — 50 cc

1) May 5 : Spain - Montjuich

14 laps = 53.060 km

1. H.-G. Anscheidt	D	Kreidler	31'23.02
			= 101.455 km/h
2. H. Anderson	NZ	Suzuki	31'24.45
3. J. Busquets	E	Derbi	31'58.79
4. I. Morishita	J	Suzuki	32'17.84
5. A. Pagani	I	Kreidler	32'36.05
6. J. Garcia	E	Ducson	32'52.50

Number of finishers: 18.
Fastest lap: H.-G. Anscheidt (D, Kreidler), 2'12.83 = 102.740 km/h.

2) May 26 : West Germany - Hockenheim

8 laps = 61.800 km

1. H. Anderson	NZ	Suzuki	25'53.0
			= 143.300 km/h
2. I. Morishita	J	Suzuki	25'53.6
3. E. Degner	D	Suzuki	26'11.5
4. H.-G. Anscheidt	D	Kreidler	26'26.4
5. M. Itoh	J	Suzuki	26'27.3
6. M. Ichino	J	Suzuki	26'52.0

Number of finishers: 21.
Fastest lap:: I. Morishita (J, Suzuki), 3'10.9 = 145.758 km/h.

3) June 2 : France - Clermont-Ferrand

8 laps = 64.440 km

1. H.-G. Anscheidt	D	Kreidler	39'46.3
			= 97.214 km/h
2. E. Degner	D	Suzuki	40'08.9
3. M. Ichino	J	Suzuki	40'09.9
4. J. Busquets	E	Derbi	41'00.4
5. J.-P. Beltoise	F	Kreidler	42'17.9
6. A. Pagani	I	Kreidler	43'39.4

Number of finishers: 16.
Fastest lap: H.-G. Anscheidt (D, Kreidler), 4'52.2 = 99.855 km/h.

4) June 12 : Tourist Trophy - Isle of Man

3 laps = 182.160 km

1. M. Itoh	J	Suzuki	1 h.26'10.6
			= 126.823 km/h
2. H. Anderson	NZ	Suzuki	1 h.26'37.4
3. H.-G. Anscheidt	D	Kreidler	1 h.26'42.0
4. I. Morishita	J	Suzuki	1 h.27'16.2
5. M. Ichino	J	Suzuki	1 h.28'07.6
6. I. Plumridge	GB	Honda	1 h.44'46.4

Number of finishers: 11.
Fastest lap: E. Degner (D, Suzuki), 28'37.2 = 127.299 km/h.

5) June 29 : The Netherlands - Assen

8 laps = 61.616 km

1. E. Degner	D	Suzuki	31'05.2
			= 118.960 km/h
2. H. Anderson	NZ	Suzuki	31'11.7
3. M. Ichino	J	Suzuki	31'13.1
4. I. Morishita	J	Suzuki	31'20.4
5. M. Itoh	J	Suzuki	31'43.9
6. H.-G. Anscheidt	D	Kreidler	31'48.2

Number of finishers: 15.
Fastest lap: E. Degner (D, Suzuki), 3'45.9 = 122.779 km/h.

6) July 7 : Belgium - Spa-Francorchamps

5 laps = 70.600 km

1. I. Morishita	J	Suzuki	29'53.7
			= 141.495 km/h
2. E. Degner	D	Suzuki	29'53.8
3. H.-G. Anscheidt	D	Kreidler	29'54.3
4. H. Anderson	NZ	Suzuki	29'57.8
5. M. Itoh	J	Suzuki	30'55.2
6. J.-P. Beltoise	F	Kreidler	31'25.0

Number of finishers: 12.
Fastest lap: H.-G. Anscheidt (D, Kreidler), 5'54.7 = 143.102 km/h.

7) September 1 : Finland - Tampere

17 laps = 61.336 km

1. H.-G. Anscheidt	D	Kreidler	36'07.7
			= 101.770 km/h
2. M. Itoh	J	Suzuki	36'14.1
3. H. Anderson	NZ	Suzuki	36'55.4
4. I. Morishita	J	Suzuki	37'17.3
5. A. Pagani	I	Kreidler	1 lap
6. M. Salonen	SF	Prykija	3 laps

Number of finishers: 9.
Fastest lap: H. Anderson (NZ, Suzuki), 2'03.8 = 104.929 km/h.

8) October 6 : Argentina - Buenos Aires

30 laps = 78.750 km

1. H. Anderson	NZ	Suzuki	43'40.8
			= 108.173 km/h
2. E. Degner	D	Suzuki	44'42.5
3. A. Pagani	I	Kreidler	2 laps
4. R. Kissling	ARG	Kreidler	2 laps
5. K. Samardjian	ARG	Suzuki	5 laps
6. G. Biscia	UR'J	Suzuki	5 laps

Number of finishers: 8.
Fastest lap: H. Anderson (NZ, Suzuki), 1'25.1 = 111.044 km/h.

9) November 10 : Japan - Suzuka

14 laps = 84.056 km

1. L. Taveri	CH	Honda	41'34.7
			= 121.297 km/h
2. H. Anderson	NZ	Suzuki	42'02.8
3. S. Masuda	J	Suzuki	42'35.6
4. M. Ichino	J	Suzuki	42'36.2
5. S. Shimasaki	J	Honda	42'37.1
6. M. Itoh	J	Suzuki	42'37.7

Number of finishers: 13.
Fastest lap: L. Taveri (CH, Honda), 2'54.8 = 123.655 km/h.

WORLD CHAMPIONSHIP (*)

1.	Hugh Anderson	NZ	Suzuki	34 (47)
2.	Hans-Georg Anscheidt	D	Kreidler	32 (36)
3.	Ernst Degner	D	Suzuki	30
4.	Isao Morishita	J	Suzuki	23 (26)
5.	Mitsuo Itoh	J	Suzuki	20 (21)
6.	Michio Ichino	J	Suzuki	14
7.	Alberto Pagani	I	Kreidler	9
8.	Luigi Taveri	CH	Honda	8
9.	José Busquets	E	Derbi	7
10.	Shunkichi Masuda	J	Suzuki	4
11.	Jean-Pierre Beltoise	F	Kreidler	3
12.	Raùl Kissling	ARG	Kreidler	3
13.	Sadao Shimasaki	J	Honda	2
14.	Karaber Samardjian	ARG	Kreidler	2
15.	Gaston Biscia	URU	Suzuki	1
16.	Juan Garcia	E	Ducson	1
17.	Ian Plumridge	GB	Honda	1
18.	Matti Salonen	SF	Prykija	1

(*): Les cinq meilleurs résultats sont pris en compte pour le championnat. Le chiffre entre parenthèses correspond aux points «bruts».

(*): Die fünf besten Resultate wurden für die Gesamtwertung der Meisterschaft gezählt. Die Zahlen in Klammern entsprechen dem "Brutto"-Punktetotal.

(*): The five best results counted towards the championship. The figures in brackets correspond to the gross number of points.

Freins AV sur jante Honda 50cc / Front brakes on Honda 50cc rim / AV Bremsen auf der Felge eines Honda 50ccm

Mitsuho Itoh, Suzuki

1963 — 50 cc

Champion : **Hugh Anderson (New Zealand, Suzuki), 54 points (62), 6 wins**

1963 — 125 cc

1) May 5 : Spain - Montjuich

27 laps = 102.330 km

1. L. Taveri	CH	Honda	55'53.62 = 109.866 km/h
2. J. Redman	RHO	Honda	55'53.98
3. K. Takahashi	J	Honda	56'19.41
4. P.-G. Inchley	GB	EMC	56'47.57
5. F. Gonzales	E	Bultaco	56'47.89
6. M. Duff	CAN	Bultaco	57'15.02

Number of finishers: 14.
Fastest lap: L. Taveri (CH, Honda), 2'02.46 = 111.479 km/h.

2) May 26 : West Germany - Hockenheim

15 laps = 115.875 km

1. E. Degner	D	Suzuki	40'52.6 = 170.000 km/h
2. H. Anderson	NZ	Suzuki	41'41.4
3. L. Szabo	H	MZ	42'00.7
4. L. Taveri	CH	Honda	42'01.9
5. K. Takahashi	J	Honda	42'54.6
6. A. Shepherd	GB	MZ	42'59.8

Number of finishers: 20.
Fastest lap: E. Degner (D, Suzuki), 2'40.9 = 172.843 km/h.

3) June 2 : France - Clermont-Ferrand

13 laps = 104.715 km

1. H. Anderson	NZ	Suzuki	53'47.1 = 116.815 km/h
2. J. Redman	RHO	Honda	54'25.1
3. L. Taveri	CH	Honda	54'39.6
4. F. Perris	GB	Suzuki	54'40.2
5. T. Robb	IRL	Honda	55'26.9
6. E. Degner	D	Suzuki	55'40.9

Number of finishers: 10.
Fastest lap: H. Anderson (NZ, Suzuki), 4'04.3 = 118.457 km/h.

4) June 12 : Tourist Trophy - Isle of Man

3 laps = 182.160 km

1. H. Anderson	NZ	Suzuki	1 h.16'05.0 = 143.660 km/h
2. F. Perris	GB	Suzuki	1 h.17'25.0
3. E. Degner	D	Suzuki	1 h.17'31.6
4. L. Taveri	CH	Honda	1 h.18'05.0
5. B. Schneider	A	Suzuki	1 h.18'42.8
6. J. Redman	RHO	Honda	1 h.18'44.6

Number of finishers: 35.
Fastest lap: H. Anderson (NZ, Suzuki), 24'47.4 = 146.965 km/h.

5) June 29 : The Netherlands - Assen

14 laps = 107.828 km

1. H. Anderson	NZ	Suzuki	48'54.1 = 132.420 km/h
2. F. Perris	GB	Suzuki	49'02.8
3. L. Taveri	CH	Honda	49'38.8
4. B. Schneider	A	Suzuki	50'53.1
5. K. Takahashi	J	Honda	50'55.9
6. T. Robb	IRL	Honda	51'12.4

Number of finishers: 15.
Fastest lap: B. Schneider (A, Suzuki), 3'22.6 = 136.886 km/h.

6) July 7 : Belgium - Spa-Francorchamps

8 laps = 112.960 km

1. B. Schneider	A	Suzuki	40'02.5 = 169.024 km/h
2. H. Anderson	NZ	Suzuki	40'09.2
3. L. Taveri	CH	Honda	40'59.2
4. G. Visenzi	I	Honda	43'04.3
5. T. Robb	IRL	Honda	43'04.4
6. J.-P. Beltoise	F	Bultaco	44'07.6

Number of finishers: 12.
Fastest lap: E. Degner (D, Suzuki), 4'51.9 = 173.889 km/h.

7) August 10 : Ulster - Belfast

11 laps = 132.737 km

1. H. Anderson	NZ	Suzuki	57'01.2 = 138.140 km/h
2. B. Schneider	A	Suzuki	58'10.8
3. L. Taveri	CH	Honda	58'11.6
4. T. Robb	IRL	Honda	58'50.4
5. K. Takahashi	J	Honda	58'51.0
6. F. Perris	GB	Suzuki	59'02.4

Number of finishers: 7.
Fastest lap: B. Schneider (A, Suzuki), 5'03.4 = 141.600 km/h.

8) August 18 : East Germany - Sachsenring

14 laps = 122.234 km

1. H. Anderson	NZ	Suzuki	48'55.7 = 149.894 km/h
2. A. Shepherd	GB	MZ	50'44.7
3. B. Schneider	A	Suzuki	50'45.6
4. L. Taveri	CH	Honda	51'21.3
5. M. Duff	CAN	MZ	51'45.3
6. W. Musiol	DDR	MZ	52'03.9

Number of finishers: 23.
Fastest lap: H. Anderson (NZ, Suzuki), 3'27.5 = 151.471 km/h.

9) September 1 : Finland - Tampere

28 laps = 101.024 km

1. H. Anderson	NZ	Suzuki	52'00.5 = 117.320 km/h
2. L. Taveri	CH	Honda	53'27.1
3. A. Shepherd	GB	MZ	53'48.4
4. L. Szabo	H	MZ	1 lap
5. J. Redman	RHO	Honda	2 laps
6. G. Dickinson	GB	Honda	2 laps

Number of finishers: 9.
Fastest lap: H. Anderson (NZ, Suzuki), 1'49.0 = 119.196 km/h.

10) September 15 : Italy - Monza

18 laps = 103.500 km

1.	L. Taveri	CH	Honda	39'41.4
				= 156.462 km/h
2.	J. Redman	RHO	Honda	39'41.6
3.	K. Takahashi	J	Honda	40'23.1
4.	G. Visenzi	I	Honda	40'25.2
5.	J. Grace	GIB	Bultaco	40'34.0
6.	S. Malina	CZ	CZ	40'34.8

Number of finishers: 16.
Fastest lap: J. Redman (RHO, Honda) and L. Taveri (CH, Honda), 2'09.8 = 159.469 km/h.

11) October 6 : Argentina - Buenos Aires

40 laps = 105.000 km

1.	J. Redman	RHO	Honda	54'56.8
				= 114.657 km/h
2.	H.-A. Pochettino	ARG	Bultaco	2 laps
3.	A. Caldarella	ARG	Bultaco	3 laps
4.	R. Gomez	ARG	Zanella	3 laps
5.	E. Salatino	ARG	Zanella	3 laps
6.	H. Maffia	ARG	Ducati	5 laps

Number of finishers: 11.
Fastest lap: J. Redman (RHO, Honda), 1'20.5 = 117.385 km/h.

12) November 10 : Japan - Suzuka

20 laps = 120.080 km

1.	F. Perris	GB	Suzuki	53'11.9
				= 135.436 km/h
2.	J. Redman	RHO	Honda	53'15.9
3.	E. Degner	D	Suzuki	53'24.8
4.	T. Robb	IRL	Honda	53'25.5
5.	H. Anderson	NZ	Suzuki	54'07.4
6.	M. Itoh	J	Suzuki	54'44.7

Number of finishers: 10.
Fastest lap: J. Redman (RHO, Honda), 2'37.1 = 137.584 km/h.

WORLD CHAMPIONSHIP (*)

1.	Hugh Anderson	NZ	Suzuki	54 (62)
2.	Luigi Taveri	CH	Honda	38 (47)
3.	Jim Redman	RHO	Honda	35 (36)
4.	Frank Perris	GB	Suzuki	24
5.	Bert Schneider	A	Suzuki	23
6.	Ernst Degner	D	Suzuki	17
7.	Kunimitsu Takahashi	J	Honda	14
8.	Tommy Robb	IRL	Honda	11
9.	Alan Shepherd	GB	MZ	11
10.	Laszlo Szabo	H	MZ	7
11.	Giuseppe Visenzi	I	Honda	6
12.	Hector Adolfo Pochettino	ARG	Bultaco	6
13.	Aldo Caldarella	ARG	Bultaco	4
14.	Mike Duff	CAN	Bultaco/MZ	3
15.	Alberto Gomez	ARG	Zanella	3
16.	Peter-G. Inchley	GB	EMC	3
17.	Francisco Gonzales	E	Bultaco	2
18.	John Grace	GIB	Bultaco	2
19.	Eduardo Salatino	ARG	Zanella	2
20.	Jean-Pierre Beltoise	F	Bultaco	1
21.	Gary Dickinson	GB	Honda	1
22.	Mitsuo Itoh	J	Suzuki	1
23.	Horacio Maffia	ARG	Ducati	1
24.	Stanislav Malina	CZ	CZ	1
25.	Werner Musiol	DDR	MZ	1

(*): Les sept meilleurs résultats sont pris en compte pour le championnat. Le chiffre entre parenthèses correspond aux points «bruts».

(*): Die sieben besten Resultate wurden für die Gesamtwertung der Meisterschaft gezählt. Die Zahlen in Klammern entsprechen dem "Brutto"-Punktetotal.

(*): The seven best results counted towards the championship. The figures in brackets correspond to the gross number of points.

Frantisek Bocek, CZ

Ginger Molloy, MZ

Champion : **Jim Redman (Rhodesia, Honda), 44 points (58), 4 wins**

1963 — 250 cc

1) May 5 : Spain - Montjuich

33 laps = 125.070 km

1. T. Provini	I	Morini	1 h.04'07.04 = 117.058 km/h
2. J. Redman	RHO	Honda	1 h.04'27.42
3. T. Robb	IRL	Honda	1 h.05'08.22
4. K. Takahashi	J	Honda	1 h.05'43.22
5. L. Taveri	CH	Honda	1 lap
6. G. Milani	I	Aermacchi	1 lap

Number of finishers: 8.
Fastest lap: T. Provini (I, Morini), 1'54.85 = 118.817 km/h.

2) May 26 : West Germany - Hockenheim

20 laps = 154.500 km

1. T. Provini	I	Morini	49'32.6 = 187.100 km/h
2. T. Robb	IRL	Honda	50'16.1
3. J. Redman	RHO	Honda	50'40.8
4. S. Grassetti	I	Benelli	52'13.3
5. A. Shepherd	GB	MZ	1 lap
6. S. Malina	CZ	CZ	1 lap

Number of finishers: 17.
Fastest lap: T. Provini (I, Morini), 2'26.1 = 190.337 km/h.

3) June 2 : France - Clermont-Ferrand

16 laps = 128.880 km

La course a été annulée en raison du brouillard.

Das Rennen wurde wegen starken Nebels annulliert.

Race cancelled because of fog.

4) June 10 : Tourist Trophy - Isle of Man

6 laps = 364.320 km

1. J. Redman	RHO	Honda	2 h.23'13.2 = 152.650 km/h
2. F. Ito	J	Yamaha	2 h.23'40.4
3. W.-A. Smith	GB	Honda	2 h.29'05.2
4. H. Hasegawa	J	Yamaha	2 h.33'41.4
5. T. Robb	IRL	Honda	2 h.44'10.2
6. J. Kidson	GB	Moto Guzzi	2 h.44'10.6

Number of finishers: 18.
Fastest lap: J. Redman (RHO, Honda), 23'17.0 = 156.476 km/h.

5) June 29 : The Netherlands - Assen

17 laps = 130.934 km

1. J. Redman	RHO	Honda	56'39.1 = 138.716 km/h
2. F. Ito	J	Yamaha	57'14.0
3. T. Provini	I	Morini	57'31.1
4. Y. Sunako	J	Yamaha	59'43.8
5. T. Robb	IRL	Honda	1 h.02'12.3
6. C. Swart	NL	Honda	1 lap

Number of finishers: 10.
Fastest lap: J. Redman (RHO, Honda), 3'16.7 = 141.014 km/h.

6) July 7 : Belgium - Spa-Francorchamps

9 laps = 127.080 km

1. F. Ito	J	Yamaha	40'58.0 = 185.858 km/h
2. Y. Sunako	J	Yamaha	41'13.2
3. T. Provini	I	Morini	41'20.0
4. L. Taveri	CH	Honda	41'39.9
5. T. Robb	IRL	Honda	42'02.0
6. K. Takahashi	J	Honda	42'23.7

Number of finishers: 14
Fastest lap: F. Ito (J, Yamaha), 4'27.7 = 189.612 km/h.

7) August 10 : Ulster - Belfast

14 laps = 168.938 km

1. J. Redman	RHO	Honda	1 h.11'54.0 = 139.430 km/h
2. T. Provini	I	Morini	1 h.12'01.0
3. T. Robb	IRL	Honda	1 h.12'27.0
4. K. Takahashi	J	Honda	1 h.14'27.0
5. J. Findlay	AUS	FB-Mondial	1 lap
6. C. Anderson	GB	Aermacchi	2 laps

Number of finishers: 15.
Fastest lap: T. Provini (I, Morini), 4'59.2 = 143.601 km/h.

8) August 18 : East Germany - Sachsenring

16 laps = 139.696 km

1. M. Hailwood	GB	MZ	49'40.4 = 158.192 km/h
2. A. Shepherd	GB	MZ	49'55.1
3. J. Redman	RHO	Honda	50'45.7
4. L. Szabo	H	MZ	51'11.2
5. L. Taveri	CH	Honda	51'11.6
6. S. Malina	CZ	CZ	52'13.3

Number of finishers: 15.
Fastest lap: M. Hailwood (GB, MZ), 3'14.8 = 161.336 km/h.

9) September 15 : Italy - Monza

22 laps = 126.500 km

1. T. Provini	I	Morini	42'15.5 = 179.609 km/h
2. J. Redman	RHO	Honda	42'29.4
3. L. Taveri	CH	Honda	43'50.0
4. A. Shepherd	GB	MZ	1 lap
5. S. Malina	CZ	CZ	1 lap
6. T. Robb	IRL	Honda	1 lap

Number of finishers: 10.
Fastest lap: T. Provini (I, Morini), 1'53.6 = 182.226 km/h.

10) October 6 : Argentina - Buenos Aires

32 laps = 125.184 km

1. T. Provini	I	Morini	59'14.4	
			= 126.900 km/h	
2. J. Redman	RHO	Honda	1 lap	
3. U. Masetti	I	Morini	1 lap	
4. R. Kissling	ARG	NSU	4 laps	
5. I. Schumann	ARG	NSU	5 laps	
6. C. Marfetan	URU	Parilla	6 laps	

Number of finishers: 6.
Fastest lap: T. Provini (I, Morini), 1'47.2 = 131.386 km/h.

11) November 10 : Japan - Suzuka

24 laps = 144.096 km

1. J. Redman	RHO	Honda	1 h.01'34.3
			= 140.421 km/h
2. F. Ito	J	Yamaha	1 h.01'34.4
3. P. Read	GB	Yamaha	1 h.01'52.5
4. T. Provini	I	Morini	1 h.02'39.8
5. L. Taveri	CH	Honda	1 h.03'11.7
6. I. Kasuya	J	Honda	1 h.03'11.9

Number of finishers: 8.
Fastest lap: F. Ito (J, Yamaha), 2'31.4 = 142.767 km/h.

WORLD CHAMPIONSHIP (*)

1.	Jim Redman	RHO	Honda	44 (58)
2.	Tarquinio Provini	I	Morini	42 (49)
3.	Fumio Ito	J	Yamaha	26
4.	Tommy Robb	IRL	Honda	20 (21)
5.	Luigi Taveri	CH	Honda	13
6.	Alan Shepherd	GB	MZ	11
7.	Yoshikazu Sunako	J	Yamaha	9
8.	Stanley Michael "Mike" Hailwood	GB	MZ	8
9.	Kunimitsu Takahashi	J	Honda	7
10.	Stanislav Malina	CZ	CZ	4
11.	Umberto Masetti	I	Morini	4
12.	Phil Read	GB	Yamaha	4
13.	William-A. "Bill" Smith	GB	Honda	4
14.	Silvio Grassetti	I	Benelli	3
15.	Hiroshi Hasegawa	J	Yamaha	3
16.	Raùl Kissling	ARG	NSU	3
17.	Laszlo Szabo	H	MZ	3
18.	Jack Findlay	AUS	FB-Mondial	2
19.	Ivan Schumann	ARG	NSU	2
20.	Chris Anderson	GB	Aermacchi	1
21.	Isamu Kasuya	J	Honda	1
22.	John Kidson	GB	Moto Guzzi	1
23.	Carlos Marfetan	URU	Parilla	1
24.	Cas Swart	NL	Honda	1

(*): Les cinq meilleurs résultats sont pris en compte pour le championnat. Le chiffre entre parenthèses correspond aux points «bruts».

(*): Die fünf besten Resultate wurden für die Gesamtwertung der Meisterschaft gezählt. Die Zahlen in Klammern entsprechen dem "Brutto"-Punktetotal.

(*): The five best results counted towards the championship. The figures in brackets correspond to the gross number of points.

Giacomo Agostini, Morini 250cc

Yamaha 250

1963 — 250 cc

Champion : **Jim Redman (Rhodesia, Honda), 32 points (50), 6 wins**

1963 — 350 cc

1) May 26 : West Germany - Hockenheim

20 laps = 154.500 km

1. J. Redman	RHO	Honda	47'19.0
			= 196.100 km/h
2. R. Venturi	I	Bianchi	48'00.5
3. P. Read	GB	Yamaha	1 lap
4. G. Havel	CZ	Jawa	1 lap
5. G. Milani	I	Aermacchi	2 laps
6. F. Stevens	GB	Norton	2 laps

Number of finishers: 16.
Fastest lap: J. Redman (RHO, Honda),
  2'19.8 = 198.310 km/h.

2) June 14 : Tourist Trophy - Isle of Man

6 laps = 364.320 km

1. J. Redman	RHO	Honda	2 h.23'08.2
			= 152.740 km/h
2. J. Hartle	GB	Gilera	2 h.29'58.2
3. F. Stastny	CZ	Jawa	2 h.31'20.6
4. S. Mizen	GB	AJS	2 h.31'31.8
5. J. Ahearn	AUS	Norton	2 h.32'03.8
6. M. Duff	CAN	AJS	2 h.35.05.4

Number of finishers: 43.
Fastest lap: J. Redman (RHO, Honda),
  22'20.8 = 163.026 km/h.

3) June 29 : The Netherlands - Assen

20 laps = 154.040 km

1. J. Redman	RHO	Honda	1 h.06'04.1
			= 139.939 km/h
2. M. Hailwood	GB	MV-Agusta	1 h.06'36.6
3. L. Taveri	CH	Honda	1 h.07'45.3
4. F. Stastny	CZ	Jawa	1 h.08'51.2
5. J. Ahearn	AUS	Norton	1 h.09'05.3
6. G. Havel	CZ	Jawa	1 lap

Number of finishers:15.
Fastest lap: J. Redman (RHO, Honda),
  3'15.6 = 141.778 km/h.

4) August 10 : Ulster - Belfast

17 laps = 205.139 km

1. J. Redman	RHO	Honda	1 h.20'39.6
			= 150.910 km/h
2. M. Hailwood	I	MV-Agusta	1 h.21'08.4
3. L. Taveri	CH	Honda	1 h.22'27.8
4. M. Duff	CAN	AJS	1 h.25'09.6
5. F. Stevens	GB	Norton	1 h.25'22.4
6. L. Ireland	IRL	Norton	1 lap

Number of finishers: 32.
Fastest lap: J. Redman (RHO, Honda),
  4'38.6 = 154.223 km/h.

5) August 18 : East Germany - Sachsenring

16 laps = 139.696 km

1. M. Hailwood	GB	MV-Agusta	52'19.2
			= 160.342 km/h
2. L. Taveri	CH	Honda	53'02.6
3. J. Redman	RHO	Honda	53'13.3
4. G. Havel	CZ	Jawa	54'02.9
5. N. Sevostianov	URSS	S360	54'42.0
6. M. Duff	CAN	AJS	55'49.3

Number of finishers: 21.
Fastest lap: M. Hailwood (GB, MV-Agusta),
  3'10.1 = 165.488 km/h.

6) September 1 : Finland - Tampere

33 laps = 119.064 km

1. M. Hailwood	GB	MV-Agusta	1 h.00'53.3
			= 117.360 km/h
2. J. Redman	RHO	Honda	1 h.02'10.2
3. S.-O. Gunnarsson	S	Norton	1 lap
4. N. Sevostianov	URSS	S360	1 lap
5. L. Taveri	CH	Honda	1 lap
6. S. Mizen	GB	AJS	1 lap

Number of finishers: 12.
Fastest lap: M. Hailwood (GB, MV-Agusta),
  1'47.3 = 120.990 km/h.

7) September 15 : Italy - Monza

27 laps = 155.250 km

1. J. Redman	RHO	Honda	51'02.2
			= 182.515 km/h
2. A. Shepherd	GB	MZ	52'56.2
3. T. Robb	IRL	Honda	1 lap (*)
4. F. Slavicek	CZ	Kawa	1 lap
5. D. Shorey	GB	AJS	2 laps
6. F. Stevens	GB	Norton	2 laps

Number of finishers: 14.
Fastest lap: J. Redman (RHO, Honda),
  1'51.9 = 184.817 km/h.

(*): R. Venturi (I, Bianchi), qui avait passé la ligne d'arrivée en troisième position, a été déclassé plusieurs semaines après la course pour avoir emprunté, juste avant le départ, la machine de son coéquipier Luciano Rossi.

(*): R. Venturi (I, Bianchi), der das Ziel an dritter Stelle überquert hatte, wurde mehrere Wochen nach dem Rennen disqualifiziert, weil sich herausgestellt hatte, dass Venturi kurz vor dem Start die Maschine seines Teamkollegen Luciano Rossi genommen hatte.

(*) R. Venturi (I. Bianchi) had crossed the line in third place, but was disqualified several weeks later, for having borrowed team-mate Luciano Rossi's bike just before the start.

8) November 10 : Japan - Suzuka (*)

25 laps = 150.100 km

1. J. Redman	RHO	Honda	1 h.06'03.4
			= 136.340 km/h
2. I. Yamashita	J	Honda	1 h.06'20.5
3. L. Taveri	CH	Honda	1 h.07'10.4

Number of finishers: 3
Fastest lap: J. Redman (RHO, Honda),
  2'33.9 = 140.448 km/h.

(*): La course n'a pas compté pour l'attribution des titres mondiaux, en raison du trop faible nombre de pilotes au départ (3).

(*) Die Resultate dieses Rennens wurden wegen zu geringer Anzahl Teilnehmer nicht zur Weltmeisterschaft gerechnet.

(*) The race did not count towards the world championship because of an insufficient number of starters - 3.

WORLD CHAMPIONSHIP (*)

1.	Jim Redman	RHO	Honda	32 (50)
2.	Stanley Michael "Mike" Hailwood	GB	MV-Agusta	28
3.	Luigi Taveri	CH	Honda	16
4.	Gustav Havel	CZ	Jawa	7
5.	Frantisek Stastny	CZ	Jawa	7
6.	Remo Venturi	I	Bianchi	6
7.	John Hartle	GB	Gilera	6
8.	Alan Shepherd	GB	MZ	6
9.	Mike Duff	CAN	AJS	5
10.	Nikolaï Sevostianov	URSS	S360	5
11.	Jack Ahearn	AUS	Norton	5
12.	Sven-Olov Gunnarsson	S	Norton	4
13.	Sidney Mizen	GB	AJS	4
14.	Phil Read	GB	Gilera	4
15.	Tommy Robb	IRL	Honda	4
16.	Fred Stevens	GB	Norton	4
17.	Frantisek Slavicek	CZ	Jawa	3
18.	Gilberto Milani	I	Aermacchi	2
19.	Dan Shorey	GB	AJS	2
20.	Len Ireland	IRL	Norton	1

(*): Les quatre meilleurs résultats sont pris en compte pour le championnat. Le chiffre entre parenthèses correspond aux points «bruts».

(*): Die vier besten Resultate wurden für die Gesamtwertung der Meisterschaft gezählt. Die Zahlen in Klammern entsprechen dem "Brutto"-Punktetotal.

(*): The four best results counted towards the championship. The figures in brackets correspond to the gross number of points.

S360 Sovietic

Nikolaï Sevostianov, S360

1963 — 350 cc

Champion: Stanley Michael "Mike" Hailwood (Great Britain, MV-Agusta), 40 points (56), 7 wins

1963 — 500 cc

1) June 14: Tourist Trophy - Isle of Man

6 laps = 364.320 km

1. M. Hailwood	GB	MV-Agusta	2 h.09'48.4 = 168.340 km/h
2. J. Hartle	GB	Gilera	2 h.11'01.8
3. P. Read	GB	Gilera	2 h.15'42.2
4. M. Duff	CAN	Matchless	2 h.16'48.8
5. J. Dunphy	GB	Norton	2 h.20'09.0
6. F. Stevens	GB	Norton	2 h.20'11.2

Number of finishers: 41.
Fastest lap: M. Hailwood (GB, MV-Agusta), 21'16.4 = 171.250 km/h.

2) June 29: The Netherlands - Assen

20 laps = 154.040 km

1. J. Hartle	GB	Gilera	1 h.05'12.2 = 141.792 km/h
2. P. Read	GB	Gilera	1 h.05'16.8
3. A. Shepherd	GB	Matchless	1 h.07'30.8
4. J. Ahearn	AUS	Norton	1 h.07'54.0
5. F. Stevens	GB	Norton	1 h.08'22.1
6. S.-O. Gunnarsson	S	Norton	1 lap

Number of finishers: 13.
Fastest lap: J. Hartle (GB, Gilera), 3'12.1 = 144.383 km/h.

3) July 7: Belgium - Spa-Francorchamps

15 laps = 211.800 km

1. M. Hailwood	GB	MV-Agusta	1 h.03'35.8 = 199.538 km/h
2. P. Read	GB	Gilera	1 h.04'48.8
3. A. Shepherd	GB	Matchless	1 lap
4. F. Stevens	GB	Norton	1 lap
5. J. Ahearn	AUS	Norton	1 lap
6. G. Marsovszki	CH	Matchless	1 lap

Number of finishers: 18.
Fastest lap: M. Hailwood (GB, MV-Agusta), 4'11.1 = 202.149 km/h.

4) August 10: Ulster - Belfast

17 laps = 205.139 km

1. M. Hailwood	GB	MV-Agusta	1 h.16'11.0 = 159.970 km/h
2. J. Hartle	GB	Gilera	1 h.16'54.0
3. D. Minter	GB	Gilera	1 h.18'16.0
4. A. Shepherd	GB	Matchless	1 h.18'50.0
5. R. Bryans	IRL	Norton	1 lap
6. M. Duff	CAN	Matchless	1 lap

Number of finishers: 20.
Fastest lap: M. Hailwood (GB, MV-Agusta), 4'23.6 = 162.994 km/h.

5) August 18: East Germany - Sachsenring

17 laps = 148.427 km

1. M. Hailwood	GB	MV-Agusta	53'38.4 = 166.026 km/h
2. D. Minter	GB	Gilera	54'33.6
3. A. Shepherd	GB	Matchless	56'03.3
4. M. Duff	CAN	Matchless	1 lap
5. J. Findlay	AUS	Matchless	1 lap
6. V. Cottle	GB	Norton	1 lap

Number of finishers: 10.
Fastest lap: M. Hailwood (GB, MV-Agusta), 3'06.5 = 168.530 km/h.

6) September 1: Finland - Tampere

35 laps = 126.280 km

1. M. Hailwood	GB	MV-Agusta	59'49.6 = 126.787 km/h
2. A. Shepherd	GB	Matchless	1 lap
3. M. Duff	CAN	Matchless	1 lap
4. F. Stevens	GB	Norton	2 laps
5. S. Mizen	GB	Macthless	2 laps
6. N. Sevostianov	URSS	CKB	2 laps

Number of finishers: 11.
Fastest lap: M. Hailwood (GB, MV-Agusta), 1'40.3 = 129.487 km/h.

7) September 15: Italy - Monza

35 laps = 201.250 km

1. M. Hailwood	GB	MV-Agusta	1 h.03'33.0 = 190.007 km/h
2. J. Findlay	AUS	Matchless	2 laps
3. F. Stevens	GB	Norton	3 laps
4. W.-A. Smith	GB	Norton	3 laps
5. L. Richter	A	Norton	4 laps
6. V. Loro	I	Norton	4 laps

Number of finishers: 10.
Fastest lap: M. Hailwood (GB, MV-Agusta), 1'47.2 = 193.089 km/h.

8) October 6: Argentina - Buenos Aires

35 laps = 136.920 km (*)

1. M. Hailwood	GB	MV-Agusta	1 h.03'45.9 = 139.450 km/h
2. J. Kissling	ARG	Norton	1 lap
3. B. Caldarella	ARG	Matchless	1 lap
4. V. Minguzzi	ARG	Matchless	3 laps
5. F. Villavelran	ARG	Norton	4 laps
6. H. Costa	URU	Norton	6 laps

Number of finishers: 7.
Fastest lap: M. Hailwood (GB, MV-Agusta), 1'47.0 = 141.628 km/h.

(*): la course était prévue sur 40 tours, mais elle a été arrêtée au 35e passage… en raison de l'arrivée de la nuit!

(*) Das Rennen sollte ursprünglich 40 Runden dauern, aber in der 35. Runde wurde abgewunken, weil es einzudunkeln begann!

(*) The 40 lap race was stopped after 35 laps when night fell!

WORLD CHAMPIONSHIP (*)

1.	Stanley Michael "Mike" Hailwood	GB	MV-Agusta	40 (56)
2.	Alan Shepherd	GB	Matchless	21
3.	John Hartle	GB	Gilera	20
4.	Phil Read	GB	Gilera	16
5.	Fred Stevens	GB	Norton	13
6.	Mike Duff	CAN	Matchless	11
7.	Derek Minter	GB	Gilera	10
8.	Jack Findlay	AUS	Matchless	8
9.	Jorge Kissling	ARG	Norton	6
10.	Jack Ahearn	AUS	Norton	5
11.	Benedicto Caldarella	ARG	Matchless	4
12.	Victorio Minguzzi	ARG	Matchless	3
13.	William-A. "Bill" Smith	GB	Norton	3
14.	Ralph Bryans	IRL	Norton	2
15.	Joe Dunphy	GB	Norton	2
16.	Sidney Mizen	GB	Matchless	2
17.	Ladislaus Richter	A	Norton	2
18.	Fabian Villavelran	ARG	Norton	2
19.	Horacio Costa	URU	Norton	1
20.	Vernon Cottle	GB	Norton	1
21.	Sven-Olov Gunnarsson	S	Norton	1
22.	Vasco Loro	I	Norton	1
23.	Gyula Marsovszki	CH	Matchless	1
24.	Nikolaï Sevostianov	URSS	CKB	1

(*): Les cinq meilleurs résultats sont pris en compte pour le championnat. Le chiffre entre parenthèses correspond aux points «bruts».

(*): Die fünf besten Resultate wurden für die Gesamtwertung der Meisterschaft gezählt. Die Zahlen in Klammern entsprechen dem "Brutto"-Punktetotal.

(*): The five best results counted towards the championship. The figures in brackets correspond to the gross number of points.

Derek Minter, Gilera 500

Keith Turner, Norton

1963 — 500 cc

1963 — Side-cars

Champions: Max Deubel/Emil Hörner (Germany, BMW), 22 points (28), 2 wins

1) May 5 : Spain - Montjuich

27 laps = 102.330 km

1. M. Deubel/E. Hörner	D	BMW	57'27.3	
			= 106.881 km/h	
2. O. Kölle/D. Hess	D	BMW	57'44.3	
3. F. Camathias/A. Herzig	CH	BMW	58'15.8	
4. A. Birch/P. Birch	GB	BMW	2 laps	
5. G. Auerbacher/B. Heim	D	BMW	2 laps	
6. C. Seeley/W. Rawlings	GB	Matchless	2 laps	

Number of finishers: 11.
Fastest lap: M. Deubel/E. Hörner (D, BMW), 2'03.19 = 110.771 km/h.

2) May 26 : West Germany - Hockenheim

13 laps = 100.425 km

1. F. Camathias/A. Herzig	CH	BMW	34'09.2	
			= 176.500 km/h	
2. M. Deubel/E. Hörner	D	BMW	34'28.1	
3. G. Auerbacher/B. Heim	D	BMW	36'19.3	
4. A. Butscher/H. Vester	D	BMW	36'38.4	
5. F. Breu/H. Gölsch	D	BMW	36'39.4	
6. C. Lambert/G. Rüfenacht	CH	BMW	36'39.6	

Number of finishers: 14.
Fastest lap: F. Camathias/A. Herzig (CH, BMW), 2'35.2 = 179.184 km/h.

3) June 2 : France - Clermont-Ferrand (*)

12 laps = 104.715 km

(*): comme celle des 250 cmc, la course des side-cars fut annulée, en raison d'un épais brouillard qui enveloppa le circuit lors de la pause de midi. Seules les courses des catégories 50 et 125 cmc purent se dérouler normalement, le matin.

(*) Genau wie die 250 ccm-Klasse wurde das Seitenwagenrennen wegen dichten Nebels während der Mittagszeit gestrichen. Nur die Rennen der 50 ccm- und 125 ccm-Klasse konnten am Morgen regulär ausgetragen werden.

(*) Just as the 250 cc race, the side car race was cancelled because of a thick fog which enveloped the track during the lunch break. Only the 50 and 125 races, held in the morning were run normally.

4) June 10 : Tourist Trophy - Isle of Man

3 laps = 182.160 km

1. F. Camathias/A. Herzig	CH	BMW	1 h.16'51.0	
			= 142.230 km/h	
2. F. Scheidegger/J. Robinson	CH/GB	BMW	1 h.17'29.2	
3. A. Birch/P. Birch	GB	BMW	1 h.21'19.6	
4. O. Kölle/D. Hess	D	BMW	1 h.22'05.4	
5. G. Auerbacher/B. Heim	D	BMW	1 h.22'16.0	
6. C. Seeley/W. Rawlings	GB	Matchless	1 h.23'19.8	

Number of finishers: 16.
Fastest lap: F. Camathias/A. Herzig (CH, BMW), 25'18.9 = 143.910 km/h.

5) June 29 : The Netherlands - Assen

14 laps = 107.828 km

1. M. Deubel/E. Hörner	D	BMW	51'17.2	
			= 126.187 km/h	
2. F. Scheidegger/J. Robinson	CH/GB	BMW	51'28.6	
3. F. Camathias/A. Herzig	CH	BMW	52'29.9	
4. O. Kölle/D. Hess	D	BMW	52'56.6	
5. G. Auerbacher/B. Heim	D	BMW	53'09.8	
6. C. Vincent/K. Scott	GB	BSA	53'47.1	

Number of finishers: 12.
Fastest lap: M. Deubel/E. Hörner (D, BMW), 3'37.1 = 127.785 km/h.

6) July 7 : Belgium - Spa-Francorchamps

8 laps = 112.960 km

1. F. Scheidegger/J. Robinson	CH/GB	BMW	39'15.3	
			= 172.411 km/h	
2. M. Deubel/E. Hörner	D	BMW	40'46.3	
3. G. Auerbacher/B. Heim	D	BMW	42'12.6	
4. J. Beeton/E. Bulgin	GB	BMW	42'19.1	
5. O. Kölle/D. Hess	D	BMW	42'38.6	
6. A. Birch/P. Birch	GB	BMW	43'08.4	

Number of finishers: 11
Fastest lap: F. Camathias/A. Herzig (CH, BMW), 4'47.1 = 176.802 km/h.

Florian Camathias

WORLD CHAMPIONSHIP (*)

1.	Max Deubel/Emil Hörner	D	BMW	22 (28)
2.	Florian Camathias/Alfred Herzig	CH	BMW	20 (24)
3.	Fritz Scheidegger/John Robinson	CH/GB	BMW	20
4.	Otto Kölle/Dieter Hess	D	BMW	12 (14)
5.	Georg Auerbacher/Benedik Heim	D	BMW	10 (14)
6.	Andrew Birch/Phillip Birch	GB	BMW	8
7.	Arsenius Butscher/Geinrich Vester	D	BMW	3
8.	Jack Beeton/Eddie Bulgin	GB	BMW	3
9.	Ferdinand Breu/Hans Gösch	D	BMW	2
10.	Colin Seeley/Walter "Wali" Rawlings	GB	Matchless	2
11.	Claude Lambert/Gottfried "Fiston" Rüfenacht	CH	BMW	1
12.	Chris Vincent/Keith Scott	GB	BSA	1

(*): Les trois meilleurs résultats sont pris en compte pour le championnat.
Le chiffre entre parenthèses correspond aux points «bruts».

(*): Die drei besten Resultate wurden für die Gesamtwertung der Meisterschaft gezählt.
Die Zahlen in Klammern entsprechen dem "Brutto"-Punktetotal.

(*): The three best results counted towards the championship.
The figures in brackets correspond to the gross number of points.

Florian Camathias / Alfred Herzig, BMW

Champion : **Hugh Anderson (New Zealand, Suzuki), 38 points (42), 4 wins**

1964 — 50 cc

1) February 1 : United States - Daytona

13 laps = 64.857 km

1. H. Anderson	NZ	Suzuki	30'38.0
			= 127.030 km/h
2. I. Morishita	J	Suzuki	30'48.0
3. M. Itoh	J	Suzuki	30'53.0
4. H.-G. Anscheidt	D	Kreidler	31'41.0
5. J.-P. Beltoise	F	Kreidler	1 lap
6. D. Allen	USA	Ducati	1 lap

Number of finishers: 8.
Fastest lap: H. Anderson (NZ, Suzuki), 2'19.5 = 128.750 km/h.

2) May 3 : Spain - Montjuich

14 laps = 53.060 km

1. H.-G. Anscheidt	D	Kreidler	30'48.4
			= 103.371 km/h
2. H. Anderson	NZ	Suzuki	31'01.0
3. M. Itoh	J	Suzuki	31'26.7
4. I. Morishita	J	Suzuki	31'27.1
5. A. Nieto	E	Derbi	1 lap
6. L. Taveri	CH	Kreidler	1 lap

Number of finishers: 12.
Fastest lap: H.-G. Anscheidt (D, Kreidler), 2'09.29 = 105.548 km/h.

3) May 17 : France - Clermont-Ferrand

8 laps = 64.440 km

1. H. Anderson	NZ	Suzuki	36'31.1
			= 105.875 km/h
2. H.-G. Anscheidt	D	Kreidler	36'58.8
3. J.-P. Beltoise	F	Kreidler	37'49.6
4. J. Busquets	E	Derbi	37'52.7
5. I. Morishita	J	Suzuki	38'04.7
6. T. Provini	I	Kreidler	39'18.9

Number of finishers: 14.
Fastest lap: H. Anderson (NZ, Suzuki), 4'31.1 = 106.964 km/h.

4) June 10 : Tourist Trophy - Isle of Man

3 laps = 182.160 km

1. H. Anderson	NZ	Suzuki	1 h.24'13.4
			= 129.770 km/h
2. R. Bryans	IRL	Honda	1 h.25'14.8
3. I. Morishita	J	Suzuki	1 h.25'15.6
4. H.-G. Anscheidt	D	Kreidler	1 h.25'18.0
5. M. Itoh	J	Suzuki	1 h.25'22.4
6. N. Taniguchi	J	Honda	1 h.25'33.0

Number of finishers: 18.
Fastest lap: H. Anderson (NZ, Suzuki), 27'54.2 = 130.570 km/h.

5) June 27 : The Netherlands - Assen

8 laps = 61.616 km

1. R. Bryans	IRL	Honda	30'30.1
			= 121.244 km/h
2. I. Morishita	J	Suzuki	30'56.4
3. M. Itoh	J	Suzuki	30'56.6
4. H.-G. Anscheidt	D	Kreidler	33'07.6
5. C. Van Dongen	NL	Kreidler	33'08.0

Number of finishers: 5.
Fastest lap: R. Bryans (IRL, Honda), 3'45.3 = 123.034 km/h.

6) July 5 : Belgium - Spa-Francorchamps

5 laps = 70.600 km

1. R. Bryans	IRL	Honda	28'39.6
			= 147.592 km/h
2. H.-G. Anscheidt	D	Kreidler	28'39.9
3. H. Anderson	NZ	Suzuki	28'40.2
4. M. Itoh	J	Suzuki	28'42.8
5. I. Morishita	J	Suzuki	29'34.4
6. R. Kunz	D	Kreidler	30'27.2

Number of finishers: 12.
Fastest lap: R. Bryans (IRL, Honda), 5'41.1 = 148.799 km/h.

7) July 19 : West Germany - Solitude

7 laps = 79.919 km

1. R. Bryans	IRL	Honda	41'22.1
			= 120.660 km/h
2. I. Morishita	J	Suzuki	42'53.8
3. M. Itoh	J	Suzuki	43'20.0
4. H.-G. Anscheidt	D	Kreidler	44'22.1
5. P. Eser	D	Honda	1 lap
6. F. Bairle	D	Kreidler	1 lap

Number of finishers: 13.
Fastest lap: R. Bryans (IRL, Honda), 5'35.8 = 122.398 km/h.

8) August 30 : Finland - Imatra

10 laps = 60.300 km

1. H. Anderson	NZ	Suzuki	32'55.1
			= 109.914 km/h
2. H.-G. Anscheidt	D	Kreidler	32'55.6
3. L. Taveri	CH	Kreidler	33'38.9
4. I. Morishita	J	Suzuki	33'45.6
5. R. Kunz	D	Kreidler	33'54.9
6. C. Mates	GB	Honda	1 lap

Number of finishers: 11.
Fastest lap: H. Anderson (NZ, Suzuki), 3'14.7 = 110.996 km/h.

9) November 1 : Japan - Suzuka (*)

14 laps = 84.560 km

1.	R. Bryans	IRL	Honda	40'49.7
				= 123.529 km/h
2.	L. Taveri	CH	Honda	40'50.1
3.	N. Taniguchi	J	Honda	40'50.3
4.	A. Itoh	J	Honda	1 lap

Number of finishers: 4.
Fastest lap: R. Bryans (IRL, Honda),
2'52.9 = 125.303 km/h.

(*): Les résultats de cette course n'ont pas été pris en compte pour le championnat, le nombre de pilotes au départ étant insuffisant.

(*) Die Resultate dieses Rennens wurden wegen zu geringer Anzahl Teilnehmer nicht zur Weltmeisterschaft gerechnet.

(*) The results of this race did not count towards the championship as there were insufficient starters.

WORLD CHAMPIONSHIP (*)

1.	Hugh Anderson	NZ	Suzuki	38 (42)
2.	Ralph Bryans	IRL	Honda	30
3.	Hans-Georg Anscheidt	D	Kreidler	29 (38)
4.	Isao Morishita	J	Suzuki	25 (32)
5.	Mitsuo Itoh	J	Suzuki	19 (21)
6.	Jean-Pierre Beltoise	F	Kreidler	6
7.	Luigi Taveri	CH	Kreidler	5
8.	José Busquets	E	Derbi	3
9.	Rudolf Kunz	D	Kreidler	3
10.	Peter Eser	D	Honda	2
11.	Angel Nieto	E	Derbi	2
12.	Cees Van Dongen	NL	Kreidler	2
13.	D. Allen	USA	Ducati	1
14.	Fritz Bairle	D	Kreidler	1
15.	Charlie Mates	GB	Honda	1
16.	Tarquinio Provini	I	Kreidler	1
17.	Naomi Taniguchi	J	Honda	1

(*): Les cinq meilleurs résultats sont pris en compte pour le championnat. Le chiffre entre parenthèses correspond aux points «bruts».

(*): Die fünf besten Resultate wurden für die Gesamtwertung der Meisterschaft gezählt. Die Zahlen in Klammern entsprechen dem "Brutto"-Punktetotal.

(*): The five best results counted towards the championship. The figures in brackets correspond to the gross number of points.

Luigi Taveri, Kreidler 50cc

Kreidler 50cc

Champion : **Luigi Taveri (Switzerland, Honda), 46 points (64), 5 wins**

1964 — 125 cc

1) February 1 : United States - Daytona

21 laps = 104.769 km

1. H. Anderson	NZ	Suzuki	44'08.0 = 142.430 km/h
2. M. Itoh	J	Suzuki	44'18.0
3. B. Schneider	A	Suzuki	44'20.0
4. I. Morishita	J	Suzuki	44'22.0
5. J.-P. Beltoise	F	Bultaco	1 lap
6. G. Dickinson	GB	Honda	1 lap

Number of finishers: 14.
Fastest lap: H. Anderson (NZ, Suzuki), 2'04.0 = 144.840 km/h.

2) May 3 : Spain - Montjuich

27 laps = 102.330 km

1. L. Taveri	CH	Honda	54'34.4 = 112.522 km/h
2. J. Redman	RHO	Honda	55'20.0
3. R. Avery	GB	EMC	1 lap
4. B. Schneider	A	Suzuki	1 lap
5. H. Anderson	NZ	Suzuki	1 lap
6. C. Vincent	GB	Honda	1 lap

Number of finishers: 10.
Fastest lap: L. Taveri (CH, Honda), 1'59.29 = 114.396 km/h.

3) May 17 : France - Clermont-Ferrand

13 laps = 104.715 km

1. L. Taveri	CH	Honda	53'17.6 = 117.892 km/h
2. B. Schneider	A	Suzuki	53'38.7
3. F. Perris	GB	Suzuki	54'06.9
4. K. Takahashi	J	Honda	54'31.5
5. J.-P. Beltoise	F	Bultaco	57'11.8
6. R. Föll	D	Honda	57'35.4

Number of finishers: 15.
Fastest lap: L. Taveri (CH, Honda), 4'01.4 = 120.124 km/h.

4) June 10 : Tourist Trophy - Isle of Man

3 laps = 182.160 km

1. L. Taveri	CH	Honda	1 h.13'43.0 = 148.280 km/h
2. J. Redman	RHO	Honda	1 h.13'46.0
3. R. Bryans	IRL	Honda	1 h.14'28.2
4. S. Malina	CZ	CZ	1 h.19'45.4
5. W. Scheimann	D	Honda	1 h.21'36.0
6. B. Beale	RHO	Honda	1 h.22'08.8

Number of finishers: 38.
Fastest lap: L. Taveri (CH, Honda), 24'12.2 = 150.571 km/h.

5) June 27 : The Netherlands - Assen

14 laps = 107.828 km

1. J. Redman	RHO	Honda	47'49.2 = 135.336 km/h
2. P. Read	GB	Yamaha	47'55.7
3. R. Bryans	IRL	Honda	48'11.2
4. B. Schneider	A	Suzuki	48'11.8
5. H. Anderson	NZ	Suzuki	48'35.2
6. F. Perris	GB	Suzuki	48'35.6

Number of finishers: 13.
Fastest lap: J. Redman (RHO, Honda), 3'21.8 = 137.357 km/h.

6) July 19 : West Germany - Solitude

9 laps = 102.753 km

1. J. Redman	RHO	Honda	45'42.9 = 134.800 km/h
2. L. Taveri	CH	Honda	46'35.3
3. W. Scheimann	D	Honda	50'16.7
4. B. Schneider	A	Suzuki	50'17.6
5. J. Thomas	USA	Honda	51'27.8
6. P. Eser	D	Honda	1 lap

Number of finishers: 6.
Fastest lap: H. Anderson (NZ, Suzuki), 4'37.6 = 148.049 km/h.

7) July 26 : East Germany - Sachsenring

15 laps = 129.210 km

1. H. Anderson	NZ	Suzuki	51'05.9 = 151.719 km/h
2. L. Taveri	CH	Honda	51'22.2
3. J. Redman	RHO	Honda	51'26.7
4. H. Rosner	DDR	MZ	54'00.3
5. F. Kohlar	DDR	MZ	1 lap
6. B. Beale	RHO	Honda	1 lap

Number of finishers: 23.
Fastest lap: H. Anderson (NZ, Suzuki), 3'20.9 = 154.336 km/h.

8) August 8 : Ulster - Belfast

11 laps = 132.737 km

1. H. Anderson	NZ	Suzuki	53'28.4 = 147.300 km/h
2. L. Taveri	CH	Honda	54'12.4
3. R. Bryans	IRL	Honda	54'17.6
4. F. Perris	GB	Suzuki	54'51.2
5. B. Schneider	A	Suzuki	54'51.4
6. R. Torras	E	Bultaco	58'46.0

Number of finishers: 11.
Fastest lap: H. Anderson (NZ, Suzuki), 4'45.0 = 150.747 km/h.

9) August 30 : Finland - Imatra

21 laps = 126.630 km

1. L. Taveri	CH	Honda	1 h.00'22.4 = 125.847 km/h
2. R. Bryans	IRL	Honda	1 h.00'23.2
3. J. Redman	RHO	Honda	1 h.00'23.5
4. B. Schneider	A	Suzuki	1 h.01'49.5
5. K. Enderlein	DDR	MZ	1 lap
6. D. Krumpholz	DDR	MZ	1 lap

Number of finishers: 11.
Fastest lap: J. Redman (RHO, Honda), 2'41.4 = 133.929 km/h.

10) September 13 : Italy - Monza

18 laps = 103.500 km

1.	L. Taveri	CH	Honda	36'40.0
				= 169.363 km/h
2.	H. Anderson	NZ	Suzuki	36'41.6
3.	E. Degner	D	Suzuki	36'58.0
4.	R. Bryans	IRL	Honda	37'12.6
5.	F. Perris	GB	Suzuki	37'57.4
6.	J. Redman	RHO	Honda	38'48.6

Number of finishers: 15.
Fastest lap: H. Anderson (NZ, Suzuki), 2'02.2 = 172.216 km/h.

11) November 1 : Japan - Suzuka

20 laps = 120.800 km

1.	E. Degner	D	Suzuki	52'33.5
				= 137.085 km/h
2.	L. Taveri	CH	Honda	52'34.7
3.	Y. Katayama	J	Suzuki	52'44.9
4.	T. Tanaka	J	Honda	53'25.7
5.	I. Matsushima	J	Yamaha	53'44.1
6.	A. Motohashi	J	Yamaha	54'09.6

Number of finishers: 9.
Fastest lap: H. Anderson (NZ, Suzuki), 2'34.0 = 139.272 km/h.

Ramon Torras, Bultaco

WORLD CHAMPIONSHIP (*)

1.	Luigi Taveri	CH	Honda	46 (64)
2.	Jim Redman	RHO	Honda	36 (37)
3.	Hugh Anderson	NZ	Suzuki	34
4.	Bert Schneider	A	Suzuki	22 (24)
5.	Ralph Bryans	IRL	Honda	21
6.	Ernest Degner	D	Suzuki	12
7.	Frank Perris	GB	Suzuki	10
8.	Mitsuo Itoh	J	Suzuki	6
9.	Phil Read	GB	Yamaha	6
10.	Walter Scheimann	D	Honda	6
11.	Rex Avery	GB	EMC	4
12.	Jean-Pierre Beltoise	F	Bultaco	4
13.	Yoshimi Katayama	J	Suzuki	4
14.	Stanislav Malina	CZ	CZ	3
15.	Isao Morishita	J	Suzuki	3
16.	Heinz Rosner	DDR	MZ	3
17.	Kunimitsu Takahashi	J	Honda	3
18.	Teisuke Tanaka	J	Honda	3
19.	Bruce Beale	RHO	Honda	2
20.	Klaus Enderlein	DDR	MZ	2
21.	Friedhelm Kohlar	DDR	MZ	2
22.	Isao Matsushima	J	Yamaha	2
23.	Jeff Thomas	USA	Honda	2
24.	Gary Dickinson	GB	Honda	1
25.	Peter Eser	D	Honda	1
26.	Roland Föll	D	Honda	1
27.	Dieter Krumpholz	DDR	MZ	1
28.	Akiyasu Motohashi	J	Yamaha	1
29.	Ramon Torras	E	Bultaco	1
30.	Chris Vincent	GB	Honda	1

(*): Les six meilleurs résultats sont pris en compte pour le championnat. Le chiffre entre parenthèses correspond aux points «bruts».

(*): Die sechs besten Resultate wurden für die Gesamtwertung der Meisterschaft gezählt. Die Zahlen in Klammern entsprechen dem "Brutto"-Punktetotal.

(*): The six best results counted towards the championship. The figures in brackets correspond to the gross number of points.

Ijanos Drapal, MZ 125

Champion : **Phil Read (Great Britain, Yamaha), 46 points (50), 5 wins**

1964 — 250 cc

1) February 2 : United States - Daytona

26 laps = 129.714 km

1. A. Shepherd	GB	MZ	53'28.0
			= 146.751 km/h
2. R. Grant	USA	Parilla	1 lap
3. B. Gehring	USA	Bultaco	2 laps
4. J. Rockett	USA	Ducati	2 laps
5. D. Brown	USA	Ducati	2 laps
6. R. Hamilton	USA	Ducati	2 laps

Number of finishers: 19.
Fastest lap: A. Shepherd (GB, MZ), 1'57.9 = 152.211 km/h.

2) May 3 : Spain - Montjuich

33 laps = 125.070 km

1. T. Provini	I	Benelli	1 h.04'58.43
			= 115.515 km/h
2. J. Redman	RHO	Honda	1 h.05'20.14
3. P. Read	GB	Yamaha	1 h.05'52.26
4. I. Kasuya	J	Honda	1 lap
5. H. Anderson	NZ	Suzuki	1 lap
6. J. Sirera	E	Montesa	1 lap

Number of finishers: 11.
Fastest lap: T. Provini (I, Benelli), 1'56.21 = 117.428 km/h.

3) May 17 : France - Clermont-Ferrand

16 laps = 128.880 km

1. P. Read	GB	Yamaha	1 h.03'46.2
			= 121.266 km/h
2. L. Taveri	CH	Honda	1 h.05'27.7
3. B. Schneider	A	Suzuki	1 h.06'43.5
4. B. Beale	RHO	Honda	1 lap
5. R. Föll	D	Honda	1 lap
6. R. Mailles	F	Morini	1 lap

Number of finishers: 6.
Fastest lap: P. Read (GB, Yamaha) and J. Redman (RHO, Honda) 3'52.9 = 124.508 km/h.

4) June 8 : Tourist Trophy - Isle of Man

6 laps = 364.320 km

1. J. Redman	RHO	Honda	2 h.19'23.6
			= 156.830 km/h
2. A. Shepherd	GB	MZ	2 h.20'04.6
3. A. Pagani	I	Paton	2 h.37'35.8
4. S. Malina	CZ	CZ	2 h.38'52.8
5. R. Boughey	GB	Yamaha	2 h.49'40.6
6. C. Hunt	GB	Aermacchi	2 h.51'24.2

Number of finishers: 8.
Fastest lap: P. Read (GB, Yamaha), 22'46.2 = 160.980 km/h.

5) June 27 : The Netherlands - Assen

17 laps = 130.934 km

1. J. Redman	RHO	Honda	55'13.2
			= 142.315 km/h
2. P. Read	GB	Yamaha	55'13.3
3. T. Robb	IRL	Yamaha	57'51.6
4. T. Provini	I	Benelli	58'12.7
5. M. Duff	CAN	Yamaha	58'19.6
6. G. Milani	I	Aermacchi	58'47.3

Number of finishers: 12.
Fastest lap: J. Redman (RHO, Honda), 3'13.0 = 143.617 km/h.

6) July 5 : Belgium - Spa-Francorchamps

9 laps = 127.080 km

1. M. Duff	CAN	Yamaha	39'57.3
			= 190.563 km/h
2. J. Redman	RHO	Honda	40'33.3
3. A. Shepherd	GB	MZ	40'46.3
4. T. Robb	IRL	Yamaha	42'11.6
5. T. Provini	I	Benelli	42'20.9
6. I. Kasuya	J	Honda	42'21.2

Number of finishers: 15.
Fastest lap: M. Duff (CAN, Yamaha), 4'22.2 = 193.604 km/h.

7) July 19 : West Germany - Solitude

11 laps = 125.587 km

1. P. Read	GB	Yamaha	48'16.4
			= 156.110 km/h
2. J. Redman	RHO	Honda	48'19.5
3. M. Duff	CAN	Yamaha	48'46.2
4. G. Agostini	I	Morini	48'51.5
5. T. Provini	I	Benelli	49'09.3
6. L. Taveri	CH	Honda	50'48.3

Number of finishers: 16.
Fastest lap: P. Read (GB, Yamaha), 4'17.0 = 159.928 km/h.

8) July 26 : East Germany - Sachsenring

18 laps = 155.052 km

1. P. Read	GB	Yamaha	58'00.8
			= 160.362 km/h
2. J. Redman	RHO	Honda	58'01.8
3. B. Beale	RHO	Honda	1 lap
4. G. Milani	I	Aermacchi	1 lap
5. A. Pagani	I	Paton	2 laps
6. W. Gast	DDR	MZ	2 laps

Number of finishers: 14.
Fastest lap: M. Hailwood (GB, MZ), 3'08.08 = 164.249 km/h.

9) August 8 : Ulster - Belfast

14 laps = 168.938 km

1. P. Read	GB	Yamaha	1 h.12'30.4
			= 138.260 km/h
2. J. Redman	RHO	Honda	1 h.13'30.4
3. R. Bryans	IRL	Honda	1 h.14'16.8
4. A. Shepherd	GB	MZ	1 h.14'33.0
5. B. Beale	RHO	Honda	1 h.15'32.6
6. B. Schneider	A	Suzuki	1 h.16'40.6

Number of finishers: 17.
Fastest lap: P. Read (GB, Yamaha), 5'05.4 = 140.688 km/h.

10) September 13 : Italy - Monza

22 laps = 126.500 km

1. P. Read	GB	Yamaha	41'24.2
			= 183.318 km/h
2. M. Duff	CAN	Yamaha	41'34.2
3. J. Redman	RHO	Honda	41'34.5
4. G. Agostini	I	Morini	41'47.8
5. A. Shepherd	GB	MZ	42'25.4
6. L. Taveri	CH	Yamaha	43'04.8

Number of finishers: 14.
Fastest lap: M. Duff (CAN, Yamaha), 1'50.8 = 186.816 km/h.

11) October 1 : Japan - Suzuka

24 laps = 144.960 km

1. J. Redman	RHO	Honda	1 h.01'33.9
			= 141.436 km/h
2. I. Kasuya	J	Honda	1 h.02'14.6
3. H. Hasegawa	J	Yamaha	1 h.02'54.8
4. L. Taveri	CH	Honda	1 h.03'22.2
5. M. Hailwood	GB	MZ	1 lap

Number of finishers: 5.
Fastest lap: J. Redman (RHO, Honda), 2'32.1 = 142.764 km/h.

Clermont-Ferrand

Yamaha Rex-Avery

WORLD CHAMPIONSHIP (*)

1. Phil Read	GB	Yamaha	46 (50)
2. Jim Redman	RHO	Honda	42 (58)
3. Alan Shepherd	GB	MZ	23
4. Mike Duff	CAN	Yamaha	20
5. Tarquinio Provini	I	Benelli	15
6. Luigi Taveri	CH	Honda	11
7. Isamu Kasuya	J	Honda	10
8. Bruce Beale	RHO	Honda	9
9. Tommy Robb	IRL	Yamaha	7
10. Giacomo Agostini	I	Morini	6
11. Ronald Grant	USA	Parilla	6
12. Alberto Pagani	I	Paton	6
13. Bert Schneider	A	Suzuki	5
14. Ralph Bryans	IRL	Honda	4
15. Hiroshi Hasegawa	J	Yamaha	4
16. Bob Gehring	USA	Bultaco	4
17. Gilberto Milani	I	Aermacchi	4
18. Stanislav Malina	CZ	CZ	3
19. Johnny Rockett	USA	Ducati	3
20. Hugh Anderson	NZ	Suzuki	2
21. Roy Boughey	GB	Yamaha	2
22. Douglas Brown	USA	Ducati	2
23. Stanley Michael "Mike" Hailwood	GB	MZ	2
24. Roland Föll	D	Honda	2
25. Wolfgang Gast	DDR	MZ	1
26. Ron Hamilton	USA	Ducati	1
27. Clive Hunt	GB	Aermacchi	1
28. Roger Mailles	F	Morini	1
29. Jorge Sirera	E	Montesa	1

(*): Les six meilleurs résultats sont pris en compte pour le championnat. Le chiffre entre parenthèses correspond aux points «bruts».

(*): Die sechs besten Resultate wurden für die Gesamtwertung der Meisterschaft gezählt. Die Zahlen in Klammern entsprechen dem "Brutto"-Punktetotal.

(*): The six best results counted towards the championship. The figures in brackets correspond to the gross number of points.

Champion : **Jim Redman (Rhodesia, Honda), 40 points (64), 8 wins**

1964 — 350 CC

1) June 12 : Tourist Trophy - Isle of Man

6 laps = 364.320 km

1. J. Redman	RHO	Honda	2 h.17'55.4
			= 158.520 km/h
2. P. Read	GB	AJS	2 h.25'09.6
3. M. Duff	CAN	AJS	2 h.25'21.4
4. D. Minter	GB	Norton	2 h.25'48.2
5. D. Woodman	GB	AJS	2 h.27'37.6
6. J. Dunphy	GB	Norton	2 h.28'34.6

Number of finishers: 52.
Fastest lap: J. Redman (RHO, Honda), 22'28.0 = 162.160 km/h.

2) June 27 : The Netherlands - Assen

20 laps = 154.040 km

1. J. Redman	RHO	Honda	1 h.05'43.4
			= 140.669 km/h
2. M. Hailwood	GB	MV-Agusta	1 h.07'24.8
3. R. Venturi	I	Bianchi	1 h.08'38.4
4. P. Driver	SA	AJS	1 lap
5. M. Duff	CAN	AJS	1 lap
6. D. Minter	GB	Norton	1 lap

Number of finishers: 12.
Fastest lap: J. Redman (RHO, Honda), 3'13.7 = 143.102 km/h.

3) July 19 : West Germany - Solitude

14 laps = 159.838 km

1. J. Redman	RHO	Honda	1 h.02'47.5
			= 152.770 km/h
2. B. Beale	RHO	Honda	1 h.03'47.4
3. M. Duff	CAN	AJS	1 h.06'16.4
4. G. Milani	I	Aermacchi	1 h.06'18.0
5. P. Driver	SA	AJS	1 h.06'19.4
6. V. Cottle	GB	AJS	1 h.06'56.9

Number of finishers: 14.
Fastest lap: J. Redman (RHO, Honda), 4'15.9 = 160.612 km/h.

4) July 26 : East Germany - Sachsenring

18 laps = 155.052 km

1. J. Redman	RHO	Honda	59'42.4
			= 155.814 km/h
2. G. Havel	CZ	Jawa	1 h.01'10.6
3. M. Duff	CAN	AJS	1 h.01'18.1
4. B. Beale	RHO	Honda	1 h.02'02.2
5. V. Cottle	GB	AJS	1 h.02'56.7
6. F. Stevens	GB	AJS	1 h.02'58.7

Number of finishers: 16.
Fastest lap: J. Redman (RHO, Honda), 3'16.8 = 157.554 km/h.

5) August 8 : Ulster - Belfast

17 laps = 205.139 km

1. J. Redman	RHO	Honda	1 h.20'37.6
			= 150.883 km/h
2. M. Duff	CAN	Yamaha	1 h.23'01.6
3. G. Havel	CZ	Jawa	1 h.24'29.4
4. B. Beale	RHO	Honda	1 h.24'33.0
5. C.-R. Conn	GB	Norton	1 h.25'04.4
6. F. Stevens	GB	AJS	1 h.25'10.2

Number of finishers: 28.
Fastest lap: J. Redman (RHO, Honda), 4'37.8 = 154.657 km/h.

6) August 30 : Finland - Imatra

23 laps = 138.690 km

1. J. Redman	RHO	Honda	1 h.02'48.9
			= 132.506 km/h
2. B. Beale	RHO	Honda	1 h.04'17.6
3. E. Kiisa	URSS	CKEB	1 h.04'31.4
4. A. Shepherd	GB	MZ	1 h.04'58.1
5. M. Duff	CAN	AJS	1 lap
6. D. Woodman	GB	AJS	1 lap

Number of finishers: 17.
Fastest lap: J. Redman (RHO, Honda), 2'40.1 = 134.991 km/h.

7) September 13 : Italy - Monza

27 laps = 155.250 km

1. J. Redman	RHO	Honda	51'31.0
			= 180.815 km/h
2. B. Beale	RHO	Honda	52'53.2
3. S. Malina	CZ	CZ	1 lap
4. R. Pasolini	I	Aermacchi	1 lap
5. M. Duff	CAN	AJS	1 lap
6. J. Ahearn	AUS	Norton	1 lap

Number of finishers: 13.
Fastest lap: R. Venturi (I, Bianchi), 1'50.3 = 187.842 km/h.

8) October 1 : Japan - Suzuka

25 laps = 151.100 km

1. J. Redman	RHO	Honda	1 h.04'55.3
			= 138.724 km/h
2. M. Hailwood	GB	MZ	1 h.05'25.3
3. I. Kasuya	J	Honda	1 h.06'27.5
4. I. Yamashita	J	Honda	1 h.07'10.3
5. T. Nagamatsu	J	Honda	1 lap

Number of finishers: 5.
Fastest lap: J. Redman (RHO, Honda), 2'33.2 = 141.654 km/h.

WORLD CHAMPIONSHIP (*)

1. Jim Redman — RHO — Honda — 40 (64)
2. Bruce Beale — RHO — Honda — 24
3. Mike Duff — CAN — AJS/Yamaha — 20 (24)
4. Stanley Michael "Mike" Hailwood — GB — MV-Agusta/MZ — 12
5. Gustav Havel — CZ — Jawa — 10
6. Phil Read — GB — Yamaha — 6
7. Paddy Driver — SA — AJS — 5
8. Remo Venturi — I — Bianchi — 4
9. Isamu Kasuya — J — Honda — 4
10. Endel Kiisa — URSS — CKEB — 4
11. Stanislav Malina — CZ — CZ — 4
12. Derek Minter — GB — Norton — 4
13. Vernon Cottle — GB — AJS — 3
14. Gilberto Milani — I — Aermacchi — 3
15. Renzo Pasolini — I — Aermacchi — 3
16. Alan Shepherd — GB — MZ — 3
17. Derek Woodman — GB — AJS — 3
18. Isao Yamashita — J — Honda — 3
19. Chris-R. Conn — GB — Norton — 2
20. Takashi Nagamatsu — J — Honda — 2
21. Fred Stevens — GB — AJS — 2
22. Jack Ahearn — AUS — Norton — 1
23. Joe Dunphy — GB — Norton — 1

(*): Les cinq meilleurs résultats sont pris en compte pour le championnat. Le chiffre entre parenthèses correspond aux points «bruts».

(*): Die fünf besten Resultate wurden für die Gesamtwertung der Meisterschaft gezählt. Die Zahlen in Klammern entsprechen dem "Brutto"-Punktetotal.

(*): The five best results counted towards the championship. The figures in brackets correspond to the gross number of points.

Frantisek Stasny, JAWA

Endel Kiisa, CKEB

Champion: Stanley Michael "Mike" Hailwood (Great Britain, MV-Agusta), 40 points (56), 7 wins

1964 — 500 cc

1) February 2 : United States - Daytona

41 laps = 204.549 km

1. M. Hailwood	GB	MV-Agusta	1 h.16'09.0	
			= 161.201 km/h	
2. P. Read	GB	Matchless	2 laps	
3. J. Hartle	GB	Norton	2 laps	
4. M. Duff	CAN	Matchless	2 laps	
5. P. Driver	SA	Matchless	2 laps	
6. B. Parriott	USA	Norton	2 laps	

Number of finishers: 12.
Fastest lap: M. Hailwood (GB, MV-Agusta), 1'48.0 = 166.250 km/h.

2) June 12 : Tourist Trophy - Isle of Man

6 laps = 364.320 km

1. M. Hailwood	GB	MV-Agusta	2 h.14'33.8
			= 162.420 km/h
2. D. Minter	GB	Norton	2 h.17'56.6
3. F. Stevens	GB	Matchless	2 h.20'54.6
4. D. Woodman	GB	Matchless	2 h.21'05.6
5. G. Jenkins	GB	Norton	2 h.23'04.4
6. W.-M. McCosh	IRL	Matchless	2 h.23'14.4

Number of finishers: 37.
Fastest lap: M. Hailwood (GB, MV-Agusta), 22'05.0 = 164.973 km/h.

3) June 27 : The Netherlands - Assen

20 laps = 154.040 km

1. M. Hailwood	GB	MV-Agusta	1 h.05'35.4
			= 140.956 km/h
2. R. Venturi	I	Bianchi	1 h.07'09.6
3. P. Driver	SA	Matchless	1 h.08'18.2
4. J. Ahearn	AUS	Norton	1 h.08'47.2
5. F. Stevens	GB	Matchless	1 lap
6. P. Read	GB	Matchless	1 lap

Number of finishers: 16.
Fastest lap: M. Hailwood (GB, MV-Agusta), 3'11.6 = 144.663 km/h.

4) July 5 : Belgium - Spa-Francorchamps

15 laps = 211.800 km

1. M. Hailwood	GB	MV-Agusta	1 h.04'23.5
			= 197.799 km/h
2. P. Read	GB	Matchless	1 h.08'53.8
3. P. Driver	SA	Matchless	1 h.08'57.6
4. J. Ahearn	AUS	Norton	1 h.09'05.2
5. J. Findlay	AUS	Matchless	1 lap
6. D. Woodman	GB	Matchless	1 lap

Number of finishers: 13.
Fastest lap: M. Hailwood (GB, MV-Agusta), 4'15.1 = 198.979 km/h.

5) July 19 : West Germany - Solitude

18 laps = 205.506 km

1. M. Hailwood	GB	MV-Agusta	1 h.18'25.2
			= 157.200 km/h
2. J. Ahearn	AUS	Norton	1 h.21'03.5
3. P. Read	GB	Matchless	1 h.21'04.4
4. G. Marsovszki	CH	Matchless	1 h.22'56.3
5. M. Low	NZ	Norton	1 lap
6. F. Stevens	GB	Matchless	1 lap

Number of finishers: 16.
Fastest lap: M. Hailwood (GB, MV-Agusta), 4'16.3 = 160.365 km/h.

6) July 26 : East Germany - Sachsenring

20 laps = 172.280 km

1. M. Hailwood	GB	MV-Agusta	1 h.03'23.0
			= 163.084 km/h
2. M. Duff	CAN	Matchless	1 h.06'15.8
3. P. Driver	SA	Matchless	1 h.06'16.2
4. N. Sevostianov	URSS	CKEB	1 lap
5. D. Woodman	GB	Matchless	1 lap
6. J. Ahearn	AUS	Norton	1 lap

Number of finishers: 17.
Fastest lap: M. Hailwood (GB, MV-Agusta), 3'06.5 = 166.277 km/h.

7) August 8 : Ulster - Belfast

17 laps = 205.139 km

1. P. Read	GB	Norton	1 h.31'58.4
			= 132.350 km/h
2. D. Creith	IRL	Norton	1 h.32'06.4
3. J. Ahearn	AUS	Norton	1 h.32'32.0
4. R. Fitton	GB	Norton	1 h.32'49.6
5. C.-R. Conn	GB	Norton	1 h.34'12.4
6. F. Stevens	GB	Matchless	1 h.34'35.0

Number of finishers: 15.
Fastest lap: P. Read (GB, Norton), 5'17.2 = 135.458 km/h.

8) August 30 : Finland - Imatra

25 laps = 150.750 km

1. J. Ahearn	AUS	Norton	1 h.08'51.6
			= 131.353 km/h
2. M. Duff	CAN	Matchless	1 h.08'56.4
3. G. Marsovszki	CH	Matchless	1 h.09'22.5
4. N. Sevostianov	URSS	CKEB	1 h.09'44.1
5. P. Driver	SA	Matchless	1 h.09'54.7
6. L. Young	GB	Matchless	1 h.10'29.8

Number of finishers: 12.
Fastest lap: M. Duff (CAN, Matchless), 2'42.5 = 132.996 km/h.

9) September 13 : Italy - Monza

35 laps = 201.250 km

1. M. Hailwood	GB	MV-Agusta	1 h.02'58.2
			= 191.757 km/h
2. B. Caldarella	ARG	Gilera	1 h.03'09.2
3. J. Ahearn	AUS	Norton	2 laps
4. M. Duff	CAN	Matchless	2 laps
5. J. Findlay	AUS	Matchless	3 laps
6. W. Scheimann	D	Norton	3 laps

Number of finishers: 15.
Fastest lap: B. Caldarella (ARG, Gilera), 1'45.6 = 196.025 km/h.

WORLD CHAMPIONSHIP (*)

1.	Stanley Michael "Mike" Hailwood	GB	MV-Agusta	40 (56)
2.	Jack Ahearn	AUS	Norton	25 (29)
3.	Phil Read	GB	Matchless/Norton	25
4.	Mike Duff	CAN	Matchless	18
5.	Paddy Driver	SA	Matchless	16
6.	Fred Stevens	GB	Matchless	8
7.	Gyula Marsovszki	CH	Matchless	7
8.	Benedicto Caldarella	ARG	Glera	6
9.	Dick Creith	IRL	Norton	6
10.	Derek Minter	GB	Norton	6
11.	Nikolaï Sevostianov	URSS	CKEB	6
12.	Remo Venturi	I	Bianchi	6
13.	Derek Woodman	GB	Matchless	6
14.	Jack Findlay	AUS	Matchless	4
15.	John Hartle	GB	Norton	4
16.	Rob Fitton	GB	Norton	3
17.	Chris-R. Conn	GB	Norton	2
18.	Griff Jenkins	GB	Norton	2
19.	Morrie Low	NZ	Norton	2
20.	Buddy Parriott	USA	Norton	1
21.	Walter Scheimann	D	Norton	1
22.	Lewis Young	GB	Matchless	1
23.	William-M. "Bill" McCosh	IRL	Matchless	1

(*): Les cinq meilleurs résultats sont pris en compte pour le championnat. Le chiffre entre parenthèses correspond aux points «bruts».

(*): Die fünf besten Resultate wurden für die Gesamtwertung der Meisterschaft gezählt. Die Zahlen in Klammern entsprechen dem "Brutto"-Punktetotal.

(*): The five best results counted towards the championship. The figures in brackets correspond to the gross number of points.

Michael Duff, Matchless

Jack Findlay, Matchless

1964 — 500 cc

1964 — Side-cars

Champions : **Max Deubel/Emil Hörner (Germany, BMW), 28 points (34), 2 wins**

1) May 3 : Spain - Montjuich

27 laps = 102.330 km

1. F. Camathias/R. Föll	CH/D	Gilera	57'26.6	
			= 106.910 km/h	
2. O. Kölle/D. Hess	D	BMW	57'47.6	
3. G. Auerbacher/B. Heim	D	BMW	58'00.2	
4. M. Deubel/E. Hörner	D	BMW	58'21.2	
5. C. Vincent/K. Scott	GB	BMW	1 lap	
6. L. Hahn/G. Schafer	D	BMW	1 lap	

Number of finishers: 9.
Fastest lap: O. Kölle/D. Hess (D, BMW),
2'04.8 = 109.380 km/h.

2) May 17 : France - Clermont-Ferrand

13 laps = 104.715 km

1. F. Scheidegger/J. Robinson	CH/GB	BMW	57'42.4	
			= 108.876 km/h	
2. M. Deubel/E. Hörner	D	BMW	57'45.9	
3. G. Auerbacher/B. Heim	D	BMW	58'31.0	
4. C. Seeley/W. Rawlings	GB	BMW	59'31.1	
5. A. Butscher/W. Kalauch	D	BMW	1 h.00'04.5	
6. J. Duhem/F. Fernandez	F	BMW	1 lap	

Number of finishers: 11.
Fastest lap: F. Scheidegger/J. Robinson (CH/GB, BMW),
4'20.1 = 111.487 km/h.

3) June 8 : Tourist Trophy - Isle of Man

3 laps = 182.160 km

1. M. Deubel/E. Hörner	D	BMW	1 h.16'13.0	
			= 143.420 km/h	
2. C. Seeley/W. Rawlings	GB	BMW	1 h.18'17.6	
3. G. Auerbacher/B. Heim	D	BMW	1 h.20'26.2	
4. A. Butscher/W. Kalauch	D	BMW	1 h.21'18.6	
5. T. Vinicombe/F. Gelder	GB	Triumph	1 h.25'58.0	
6. T. Jackson/P. Hartil	GB	BMW	1 h.26'02.8	

Number of finishers: 17.
Fastest lap: M. Deubel/E. Hörner (D, BMW),
25'15.4 = 144.250 km/h.

4) June 27 : The Netherlands - Assen

14 laps = 107.828 km

1. C. Seeley/W. Rawlings	GB	BMW	51'04.2	
			= 126.728 km/h	
2. C. Vincent/K. Scott	GB	BMW	51'10.7	
3. F. Scheidegger/J. Robinson	CH/GB	BMW	51'12.2	
4. M. Deubel/E. Hörner	D	BMW	51'36.7	
5. O. Kölle/H. Marquardt	D	BMW	53'16.6	
6. G. Auerbacher/B. Heim	D	BMW	53'20.5	

Number of finishers: 14.
Fastest lap: C. Seeley/R. Rawlings (GB, BMW) and
C. Vincent/K. Scott (GB, BMW),
3'35.8 = 128.457 km/h.

5) July 5 : Belgium - Spa-Francorchamps

8 laps = 112.960 km

1. M. Deubel/E. Hörner	D	BMW	39'30.9	
			= 171.276 km/h	
2. F. Scheidegger/J. Robinson	CH/GB	BMW	39'54.1	
3. G. Auerbacher/B. Heim	D	BMW	41'00.6	
4. P. Harris/R. Campbell	GB	BMW	41'24.2	
5. O. Kölle/D. Hess	D	BMW	41'32.9	
6. A. Butscher/W. Kalauch	D	BMW	42'16.1	

Number of finishers: 12.
Fastest lap: F. Camathias/R. Föll (CH/D, Gilera),
4'53.5 = 172.940 km/h.

6) July 19 : West Germany - Solitude

9 laps = 102.753 km

1. F. Scheidegger/J. Robinson	CH/GB	BMW	43'44.3	
			= 140.900 km/h	
2. M. Deubel/E. Hörner	D	BMW	43'52.5	
3. G. Auerbacher/B. Heim	D	BMW	44'30.8	
4. A. Butscher/W. Kalauch	D	BMW	45'35.3	
5. A. Wolf/W. Zielaff	D	BMW	47'02.1	
6. G. Selbmann/L. Ronsdorf	D	BMW	49'11.5	

Number of finishers: 13.
Fastest lap: M. Deubel/E. Hörner (D, BMW),
4'48.8 = 142.201 km/h.

Camathias / Ducret, BMW (2)
Scheidegger / Robinson, BMW (22)
Auerbacher / Ryckrs, BMW (4)

WORLD CHAMPIONSHIP (*)

1.	Max Deubel/Emil Hörner	D	BMW	28 (34)
2.	Fritz Scheidegger/John Robinson	CH/GB	BMW	26
3.	Colin Seeley/Walter "Wali" Rawlings	GB	BMW	17
4.	Georg Auerbacher/Benedik Heim	D	BMW	16 (21)
5.	Otto Kölle/Dieter Hess/Heinz Marquardt	D	BMW	10
6.	Arsenius Butscher/Wolfgang Kalauch	D	BMW	9
7.	Florian Camathias/Roland Föll	CH/D	Gilera	8
8.	Chris Vincent/Keith Scott	GB	BMW	8
9.	Peter "Pip" Harris/Ray Campbell	GB	BMW	3
10.	Terry Vinicombe/Frank Gelder	GB	Triumph	2
11.	August Wolf/Werner Zielaff	D	BMW	2
12.	Ludwig Hahn/Heinz Schafer	D	BMW	1
13.	Joseph Duhem/François Fernandez	F	BMW	1
14.	Tony Jackson/Peter Hartil	GB	BMW	1
15.	Gert Selbmann/Lothar Ronsdorf	D	BMW	1

(*): Les quatre meilleurs résultats sont pris en compte pour le championnat.
Le chiffre entre parenthèses correspond aux points «bruts».

(*): Die vier besten Resultate wurden für die Gesamtwertung der Meisterschaft gezählt.
Die Zahlen in Klammern entsprechen dem "Brutto"-Punktetotal.

(*): The four best results counted towards the championship.
The figures in brackets correspond to the gross number of points.

Florian Camathias / Roland Föll, Gilera

Champion : **Ralph Bryans (Ireland, Honda), 36 points (38), 3 wins**

1965 — 50 cc

1) March 20 : United States - Daytona

15 laps = 74.835 km

1. E. Degner	D	Suzuki	35'59.0 = 124.809 km/h
2. H. Anderson	NZ	Suzuki	35'59.2
3. M. Ichino	J	Suzuki	35'59.4
4. H. Koshino	J	Suzuki	36'15.0
5. J. Roca	F	Derbi	1 lap
6. G. Biscia	URU	Suzuki	1 lap

Number of finishers: 8.
Fastest lap: E. Degner (D, Suzuki), 2'18.0 = 130.146 km/h.

2) April 25 : West Germany - South-Nürburgring

13 laps = 100.711 km

1. R. Bryans	IRL	Honda	51'06.8 = 118.221 km/h
2. L. Taveri	CH	Honda	51'24.6
3. H. Anderson	NZ	Suzuki	51'25.4
4. M. Itoh	J	Suzuki	51'41.7
5. A. Nieto	E	Derbi	51'42.1
6. H.-G. Anscheidt	D	Kreidler	51'56.3

Number of finishers: 14.
Fastest lap: L. Taveri (CH, Honda), 3'49.6 = 121.469 km/h.

3) May 9 : Spain - Montjuich

14 laps = 53.060 km

1. H. Anderson	NZ	Suzuki	30'38.1 = 103.939 km/h
2. R. Bryans	IRL	Honda	30'41.9
3. J. Busquets	E	Derbi	30'54.5
4. L. Taveri	CH	Honda	31'16.4
5. H.-G. Anscheidt	D	Kreidler	32'02.4
6. B. Smith	AUS	Derbi	32'06.9

Number of finishers: 15.
Fastest lap: H. Anderson (NZ, Suzuki), 2'07.6 = 106.957 km/h.

4) May 16 : France - Rouen

16 laps = 104.672 km

1. R. Bryans	IRL	Honda	49'07.6 = 127.839 km/h
2. L. Taveri	CH	Honda	49'20.1
3. E. Degner	D	Suzuki	49'24.4
4. M. Itoh	J	Suzuki	50'00.0
5. J. Roca	F	Derbi	1 lap
6. H. Anderson	NZ	Suzuki	1 lap

Number of finishers: 11.
Fastest lap: E. Degner (D, Suzuki), 3'01.3 = 129.825 km/h.

5) June 16 : Tourist Trophy - Isle of Man

3 laps = 182.160 km

1. L. Taveri	CH	Honda	1 h.25'15.6 = 128.200 km/h
2. H. Anderson	NZ	Suzuki	1 h.26'08.8
3. E. Degner	D	Suzuki	1 h.28'10.0
4. C. Mates	GB	Honda	1 h.43'41.4
5. I. Plumridge	GB	Derbi	1 h.47.05.4
6. E. Griffiths	GB	Honda	1 h.50'43.0

Number of finishers: 20.
Fastest lap: L. Taveri (CH, Honda), 28'04.0 = 130.080 km/h.

6) June 26 : The Netherlands - Assen

8 laps = 61.616 km

1. R. Bryans	IRL	Honda	30'11.6 = 122.480 km/h
2. H. Anderson	NZ	Suzuki	30'18.2
3. L. Taveri	CH	Honda	30'37.1
4. M. Itoh	J	Suzuki	30'49.0
5. E. Degner	D	Suzuki	31'33.6
6. C. Van Dongen	NL	Kreidler	32'43.4

Number of finishers: 15.
Fastest lap: R. Bryans (IRL, Honda), 3'42.1 = 124.885 km/h.

7) July 5 : Belgium - Spa-Francorchamps

5 laps = 70.600 km

1. E. Degner	D	Suzuki	27'58.0 = 151.352 km/h
2. H. Anderson	NZ	Suzuki	28'03.5
3. L. Taveri	CH	Honda	28'04.4
4. M. Itoh	J	Suzuki	28'29.8
5. R. Bryans	IRL	Honda	28'42.2
6. C. Van Dongen	NL	Kreidler	30'56.5

Number of finishers: 16.
Fastest lap: L. Taveri (CH, Honda), 5'29.9 = 153.866 km/h.

8) October 24 : Japan - Suzuka

14 laps = 84.560 km

1. L. Taveri	CH	Honda	39'23.3 = 128.045 km/h
2. R. Bryans	IRL	Honda	39'23.4
3. M. Itoh	J	Suzuki	39'55.5
4. H.-G. Anscheidt	D	Suzuki	40'01.2
5. M. Ichino	J	Suzuki	40'32.7
6. A. Ito	J	Honda	41'04.7

Number of finishers: 13.
Fastest lap: H. Anderson (NZ, Suzuki), 2'46.2 = 130.469 km/h.

WORLD CHAMPIONSHIP (*)

1.	Ralph Bryans	IRL	Honda	36 (38)
2.	Luigi Taveri	CH	Honda	32 (39)
3.	Hugh Anderson	NZ	Suzuki	32 (37)
4.	Ernest Degner	D	Suzuki	26
5.	Mitsuo Itoh	J	Suzuki	16
6.	Michio Ichino	J	Suzuki	6
7.	Hans-Georg Anscheidt	D	Kreidler/Suzuki	6
8.	José Busquets	E	Derbi	4
9.	Jacques Roca	F	Derbi	4
10.	Haruo Koshino	J	Suzuki	3
11.	Charlie Mates	GB	Honda	3
12.	Angel Nieto	E	Derbi	2
13.	Ian Plumridge	GB	Derbi	2
14.	Cees Van Dongen	NL	Kreidler	2
15.	Gaston Biscia	URU	Suzuki	1
16.	Barry Smith	AUS	Derbi	1
17.	Ernest Griffiths	GB	Honda	1
18.	Akira Ito	J	Honda	1

(*): Les cinq meilleurs résultats sont pris en compte pour le championnat. Le chiffre entre parenthèses correspond aux points «bruts».

(*): Die fünf besten Resultate wurden für die Gesamtwertung der Meisterschaft gezählt. Die Zahlen in Klammern entsprechen dem "Brutto"-Punktetotal.

(*): The five best results counted towards the championship. The figures in brackets correspond to the gross number of points.

Bi-cylindre Honda / Honda twin cylinder / Honda 2-Zylinder

Spa-Francorchamps

Champion: **Hugh Anderson (New Zealand, Suzuki), 56 points (62), 7 wins**

1965 — 125 cc

1) March 20 : United States - Daytona

21 laps = 104.768 km

1. H. Anderson	NZ	Suzuki	43'42.0	
			= 143.796 km/h	
2. E. Degner	D	Suzuki	43'42.2	
3. F. Perris	GB	Suzuki	43'42.6	
4. R. Schell	USA	Honda	1 lap	
5. J. Tate	USA	Honda	1 lap	
6. B. Gehring	USA	Bultaco	1 lap	

Number of finishers: 13.
Fastest lap: H. Anderson (NZ, Suzuki), 2'02.0 = 147.215 km/h.

2) April 25 : West Germany - South-Nürburgring

13 laps = 100.711 km

1. H. Anderson	NZ	Suzuki	48'01.7	
			= 125.814 km/h	
2. F. Perris	GB	Suzuki	48'57.3	
3. R. Torras	E	Bultaco	50'23.8	
4. E. Degner	D	Suzuki	51'15.4	
5. D. Woodman	GB	MZ	51'28.2	
6. W. Scheimann	D	Honda	51'38.5	

Number of finishers: 18.
Fastest lap: H. Anderson (NZ, Suzuki), 3'37.3 = 128.344 km/h.

3) May 9 : Spain - Montjuich

27 laps = 102.330 km

1. H. Anderson	NZ	Suzuki	54'33.8	
			= 112.545 km/h	
2. F. Perris	GB	Suzuki	54'55.3	
3. D. Woodman	GB	MZ	56'06.4	
4. B. Spaggiari	I	Ducati	1 lap	
5. K. Enderlein	DDR	MZ	1 lap	
6. A. Fegbli	CH	Honda	1 lap	

Number of finishers: 9.
Fastest lap: F. Perris (GB, Suzuki), 1'59.34 = 114.343 km/h.

4) May 16 : France - Rouen

20 laps = 130.840 km

1. H. Anderson	NZ	Suzuki	52'57.4	
			= 148.241 km/h	
2. E. Degner	D	Suzuki	53'07.9	
3. F. Perris	GB	Suzuki	54'09.6	
4. D. Woodman	GB	MZ	1 lap	
5. B. Beale	RHO	Honda	2 laps	
6. G. Visenzi	I	Honda	2 laps	

Number of finishers: 9.
Fastest lap: H. Anderson (NZ, Suzuki), 2'34.9 = 151.938 km/h.

5) June 16 : Tourist Trophy - Isle of Man

3 laps = 182.160 km

1. P. Read	GB	Yamaha	1 h.12'02.6	
			= 151.730 km/h	
2. L. Taveri	CH	Honda	1 h.12'08.4	
3. M. Duff	CAN	Yamaha	1 h.12'23.6	
4. D. Woodman	GB	MZ	1 h.13'40.8	
5. H. Anderson	NZ	Suzuki	1 h.14'08.0	
6. R. Bryans	IRL	Honda	1 h.14'44.0	

Number of finishers: 43.
Fastest lap: H. Anderson (NZ, Suzuki), 23'34.6 = 154.529 km/h.

6) June 26 : The Netherlands - Assen

14 laps = 107.828 km

1. M. Duff	CAN	Yamaha	48'00.3	
			= 134.816 km/h	
2. Y. Katayama	J	Suzuki	48'02.9	
3. H. Anderson	NZ	Suzuki	48'03.1	
4. B. Ivy	GB	Yamaha	48'13.4	
5. L. Taveri	CH	Honda	49'26.7	
6. G. Visenzi	I	Honda	1 lap	

Number of finishers: 11.
Fastest lap: H. Anderson (NZ, Suzuki), 3'19.0 = 139.369 km/h.

7) July 18 : East Germany - Sachsenring

15 laps = 129.210 km

1. F. Perris	GB	Suzuki	55'29.8	
			= 139.695 km/h	
2. D. Krumpholz	DDR	MZ	56'33.8	
3. D. Woodman	GB	MZ	58'43.9	
4. J. Leiter	DDR	MZ	58'52.6	
5. B. Beale	RHO	Honda	1 lap	
6. J. Lenk	DDR	MZ	1 lap	

Number of finishers: 14.
Fastest lap: F. Perris (GB, Suzuki), 3'36.9 = 142.877 km/h.

8) July 25 : Czechoslovakia - Brno

8 laps = 111.520 km

1. F. Perris	GB	Suzuki	47'56.9	
			= 139.500 km/h	
2. D. Woodman	GB	MZ	49'44.6	
3. H. Rosner	DDR	MZ	50'20.4	
4. J. Leiter	DDR	MZ	50'51.6	
5. R. Rentsch	DDR	MZ	51'46.7	
6. F. Bocek	CZ	CZ	51'54.0	

Number of finishers: 20.
Fastest lap: H. Anderson (NZ, Suzuki), 5'50.0 = 143.295 km/h.

9) August 7 : Ulster - Belfast

11 laps = 132.737 km

1. E. Degner	D	Suzuki	56'33.0	
			= 139.060 km/h	
2. K. Enderlein	DDR	MZ	59'22.4	
3. D. Woodman	GB	MZ	59'47.0	
4. R. Bryans	IRL	Honda	1 h.00'00.8	
5. B. Beale	RHO	Honda	1 h.01'06.2	
6. T. Robb	IRL	Bultaco	1 h.02'00.6	

Number of finishers: 10.
Fastest lap: E. Degner (D, Suzuki), 4'53.6 = 146.144 km/h.

10) August 22 : Finland - Imatra

21 laps = 126.630 km

1. H. Anderson	NZ	Suzuki	58'54.8
			= 129.035 km/h
2. F. Perris	GB	Suzuki	58'55.2
3. J. Leiter	DDR	MZ	1 h.01'47.1
4. R. Bryans	IRL	Honda	1 lap
5. R. Rentsch	DDR	MZ	1 lap
6. G. Visenzi	I	Honda	1 lap

Number of finishers: 14.
Fastest lap: H. Anderson (NZ, Suzuki), 2'42.8 = 133.285 km/h.

11) September 5 : Italy - Monza

18 laps = 103.500 km

1. H. Anderson	NZ	Suzuki	40'54.9
			= 151.778 km/h
2. F. Perris	GB	Suzuki	1 lap
3. D. Woodman	GB	MZ	1 lap
4. K. Enderlein	DDR	MZ	1 lap
5. H.-G. Anscheidt	D	Kreidler-MZ	1 lap
6. G. Molloy	NZ	Bultaco	2 laps

Number of finishers: 10.
Fastest lap: H. Anderson (NZ, Suzuki), 2'10.9 = 158.134 km/h.

12) October 24 : Japan - Suzuka

20 laps = 120.800 km

1. H. Anderson	NZ	Suzuki	52'19.2
			= 137.709 km/h
2. L. Taveri	CH	Honda	52'33.7
3. R. Bryans	IRL	Honda	53'01.9
4. B. Ivy	GB	Yamaha	53'07.1
5. M. Yasawa	J	Honda	53'09.2
6. I. Matsushima	J	Yamaha	54'37.7

Number of finishers: 7.
Fastest lap: L. Taveri (CH, Honda),

WORLD CHAMPIONSHIP (*)

1.	Hugh Anderson	NZ	Suzuki	56 (62)
2.	Frank Perris	GB	Suzuki	44 (48)
3.	Derek Woodman	GB	MZ	28 (30)
4.	Ernest Degner	D	Suzuki	23
5.	Luigi Taveri	CH	Honda	14
6.	Mike Duff	CAN	Yamaha	12
7.	Klaus Enderlein	DDR	MZ	11
8.	Ralph Bryans	IRL	Honda	11
9.	Joachim Leiter	DDR	MZ	10
10.	Phil Read	GB	Yamaha	8
11.	Yoshimi Katayama	J	Suzuki	6
12.	Dieter Krumpholz	DDR	MZ	6
13.	Bruce Beale	RHO	Honda	6
14.	Bill Ivy	GB	Yamaha	6
15.	Ramon Torras	E	Bultaco	4
16.	Heinz Rosner	DDR	MZ	4
17.	Roland Rentsch	DDR	MZ	4
18.	Richard Schell	USA	Honda	3
19.	Bruno Spaggiari	I	Ducati	3
20.	Giuseppe Visenzi	I	Honda	3
21.	M. Yasawa	J	Honda	2
22.	Jeff Tate	USA	Honda	2
23.	Hans-Georg Anscheidt	D	Kreidler-MZ	2
24.	Bob Gehring	USA	Bultaco	1
25.	Athur Fegbli	CH	Honda	1
26.	Jürgen Lenk	DDR	MZ	1
27.	Frantisek Bocek	CZ	CZ	1
28.	Tommy Robb	IRL	Bultaco	1
29.	Ginger Molloy	NZ	Bultaco	1
30.	Walter Scheimann	D	Honda	1
31.	Isao Matsushima	J	Yamaha	1

(*): Les sept meilleurs résultats sont pris en compte pour le championnat. Le chiffre entre parenthèses correspond aux points «bruts».

(*): Die sieben besten Resultate wurden für die Gesamtwertung der Meisterschaft gezählt. Die Zahlen in Klammern entsprechen dem "Brutto"-Punktetotal.

(*): The seven best results counted towards the championship. The figures in brackets correspond to the gross number of points.

Hartmut Bischoff, MZ 125

Bultaco 125, (Ginger Molloy)

Champion : **Phil Read (Great Britain, Yamaha), 56 points (68), 7 wins**

1965 — 250 cc

1) March 21 : United States - Daytona

26 laps = 129.714 km

1. P. Read	GB	Yamaha	49'29.0
			= 156.858 km/h
2. M. Duff	CAN	Yamaha	50'05.0
3. S. Grassetti	I	Morini	50'06.0
4. F. Perris	GB	Suzuki	50'24.0
5. J. Busquets	E	Montesa	50'41.0
6. J. Buckner	USA	Yamaha	51'34.0

Number of finishers: 25.
Fastest lap: P. Read (GB, Yamaha), 1'53.0 = 158.940 km/h.

2) April 25 : West Germany - South-Nürburgring

17 laps = 131.699 km

1. P. Read	GB	Yamaha	58'25.2
			= 135.261 km/h
2. M. Duff	CAN	Yamaha	58'26.1
3. R. Torras	E	Bultaco	59'51.9
4. G. Visenzi	I	Aermacchi	1 lap
5. G. Beer	D	Honda	1 lap
6. G. Milani	I	Aermacchi	1 lap

Number of finishers: 10.
Fastest lap: P. Read (GB, Yamaha), 3'19.6 = 139.725 km/h.

3) May 9 : Spain - Montjuich

33 laps = 125.070 km

1. P. Read	GB	Yamaha	1 h.04'03.2
			= 117.173 km/h
2. R. Torras	E	Bultaco	1 h.06'59.5
3. M. Duff	CAN	Yamaha	1 lap
4. D. Woodman	GB	MZ	1 lap
5. K. Cass	AUS	Cotton	1 lap
6. A. Pagani	I	Aermacchi	1 lap

Number of finishers: 7.
Fastest lap: P. Read (GB, Yamaha), 1'54.8 = 118.882 km/h.

4) May 16 : France - Rouen

25 laps = 163.550 km

1. P. Read	GB	Yamaha	1 h.03'28.2
			= 154.608 km/h
2. B. Beale	RHO	Honda	1 lap
3. B. Smith	AUS	Bultaco	2 laps
4. J.-C. Guénard	F	Bultaco	3 laps
5. R. Avery	GB	Bultaco	4 laps
6. A. Barbaroux	F	Aermacchi	4 laps

Number of finishers: 8.
Fastest lap: J. Redman (RHO, Honda), 2'28.7 = 158.295 km/h.

5) June 14 : Tourist Trophy - Isle of Man

6 laps = 364.320 km

1. J. Redman	RHO	Honda	2 h.19'45.8
			= 156.412 km/h
2. M. Duff	CAN	Yamaha	2 h.23'26.4
3. F. Perris	GB	Suzuki	2 h.24'32.0
4. T. Provini	I	Benelli	2 h.25'10.0
5. F. Stastny	CZ	CZ	2 h.30'22.2
6. D. Williams	GB	FB-Mondial	2 h.33'58.0

Number of finishers: 25.
Fastest lap: J. Redman (RHO, Honda), 22'37.0 = 161.079 km/h.

6) June 26 : The Netherlands - Assen

17 laps = 130.934 km

1. P. Read	GB	Yamaha	55'56.9
			= 140.464 km/h
2. J. Redman	RHO	Honda	56'26.7
3. M. Duff	CAN	Yamaha	56'47.6
4. Y. Katayama	J	Suzuki	59'07.6
5. B. Beale	RHO	Honda	59'19.4
6. D. Woodman	GB	MZ	59'22.3

Number of finishers: 16.
Fastest lap: P. Read (GB, Yamaha), 3'14.1 = 142.893 km/h.

7) July 4 : Belgium - Spa-Francorchamps

9 laps = 127.080 km

1. J. Redman	RHO	Honda	39'21.7
			= 193.436 km/h
2. P. Read	GB	Yamaha	39'22.1
3. M. Duff	CAN	Yamaha	39'59.5
4. Y. Katayama	J	Suzuki	40'09.5
5. F. Perris	GB	Suzuki	40'25.4
6. B. Beale	RHO	Honda	43'56.8

Number of finishers: 15.
Fastest lap: P. Read (GB, Yamaha), 4'18.7 = 196.211 km/h.

8) July 18 : East Germany - Sachsenring

18 laps = 155.052 km

1. J. Redman	RHO	Honda	1 h.03'07.4
			= 147.380 km/h
2. P. Read	GB	Yamaha	1 h.04'55.1
3. D. Woodman	GB	MZ	1 h.05'19.9
4. F. Stastny	CZ	CZ	1 lap
5. B. Beale	RHO	Honda	1 lap
6. H. Rosner	DDR	MZ	1 lap

Number of finishers: 19.
Fastest lap: J. Redman (RHO, Honda), 3'24.9 = 150.521 km/h.

9) July 25 : Czechoslovakia - Brno

9 laps = 125.460 km

1. P. Read	GB	Yamaha	49'05.0
			= 153.500 km/h
2. M. Duff	CAN	Yamaha	49'08.3
3. J. Redman	RHO	Honda	49'42.6
4. D. Woodman	GB	MZ	52'35.2
5. H. Rosner	DDR	MZ	52'41.8
6. F. Stastny	CZ	CZ	54'20.9

Number of finishers: 17.
Fastest lap: M. Duff (CAN, Yamaha), 5'24.1 = 153.998 km/h.

10) August 7 : Ulster - Belfast

15 laps = 181.005 km

1.	P. Read	GB	Yamaha	1 h.17'26.8
				= 138.400 km/h
2.	M. Duff	CAN	Yamaha	1 h.18'04.2
3.	D. Woodman	GB	MZ	1 h.18'47.7
4.	H. Rosner	DDR	MZ	1 h.18'57.0
5.	R. Bryans	IRL	Honda	1 h.18'58.4
6.	G. Molloy	NZ	Bultaco	1 h.22'28.6

Number of finishers: 18.
Fastest lap: P. Read (GB, Yamaha),
5'03.2 = 141.429 km/h.

11) August 22 : Finland - Imatra

23 laps = 138.690 km

1.	M. Duff	CAN	Yamaha	1 h.02'22.1
				= 133.416 km/h
2.	H. Rosner	DDR	MZ	1 h.03'27.5
3.	R. Bryans	IRL	Honda	1 h.04'54.8
4.	B. Beale	RHO	Honda	1 lap
5.	G. Visenzi	I	Aermacchi	1 lap
6.	B. Coulter	IRL	Bultaco	2 laps

Number of finishers: 11.
Fastest lap: M. Duff (CAN, Yamaha),
2'40.7 = 135.088 km/h.

12) September 5 : Italy - Monza

22 laps = 126.500 km

1.	T. Provini	I	Benelli	49'53.6
				= 152.124 km/h
2.	H. Rosner	DDR	MZ	1 lap
3.	R. Venturi	I	Benelli	1 lap
4.	G. Molloy	NZ	Bultaco	1 lap
5.	F. Stastny	CZ	CZ	1 lap
6.	G. Beer	D	Honda	1 lap

Number of finishers: 12.
Fastest lap: T. Provini (I, Benelli),
2'09.1 = 160.338 km/h.

13) October 24 : Japan - Suzuka

24 laps = 144.960 km

1.	M. Hailwood	GB	Honda	1 h.01'49.1
				= 139.860 km/h
2.	I. Kasuya	J	Honda	1 h.03'21.9
3.	B. Ivy	GB	Yamaha	1 h.03'35.6
4.	I. Yamashita	J	Honda	1 h.04'16.6
5.	H. Hasegawa	J	Yamaha	1 lap

Number of finishers: 5.
Fastest lap: M. Hailwood (GB, Honda),
2'31.6 = 142.941 km/h.

WORLD CHAMPIONSHIP (*)

1.	Phil Read	GB	Yamaha	56 (68)
2.	Mike Duff	CAN	Yamaha	42 (50)
3.	Jim Redman	RHO	Honda	34
4.	Heinz Rosner	DDR	MZ	18
5.	Derek Woodman	GB	MZ	15
6.	Bruce Beale	RHO	Honda	14
7.	Tarquinio Provini	I	Benelli	11
8.	Ramon Torras	E	Bultaco	10
9.	Frank Perris	GB	Suzuki	9
10.	Stanley Michael "Mike" Hailwood	GB	Honda	8
11.	Frantisek Stastny	CZ	CZ	8
12.	Isamu Kasuya	J	Honda	6
13.	Ralph Bryans	IRL	Honda	6
14.	Yoshimi Katayama	J	Suzuki	6
15.	Giuseppe Visenzi	I	Aermacchi	5
16.	Bill Ivy	GB	Yamaha	4
17.	Silvio Grassetti	I	Morini	4
18.	Barry Smith	AUS	Bultaco	4
19.	Ginger Molloy	NZ	Bultaco	4
20.	Remo Venturi	I	Benelli	4
21.	Jean-Claude Guénard	F	Bultaco	3
22.	Günther Beer	D	Honda	3
23.	Isao Yamashita	J	Honda	3
24.	José Busquets	E	Montesa	2
25.	Kevin Cass	AUS	Cotton	2
26.	Rex Avery	GB	Bultaco	2
27.	Hiroshi Hasegawa	J	Yamaha	2
28.	John Buckner	USA	Yamaha	1
29.	Alberto Pagani	I	Aermacchi	1
30.	Alain Barbaroux	F	Aermacchi	1
31.	Don Williams	GB	FB-Mondial	1
32.	Bob Coulter	IRL	Bultaco	1
33.	Gilberto Milani	I	Aermacchi	1

(*): Les six meilleurs résultats sont pris en compte pour le championnat. Le chiffre entre parenthèses correspond aux points «bruts».

(*): Die sechs besten Resultate wurden für die Gesamtwertung der Meisterschaft gezählt. Die Zahlen in Klammern entsprechen dem "Brutto"-Punktetotal.

(*): The six best results counted towards the championship. The figures in brackets correspond to the gross number of points.

Honda 6 cylindres 250

6 cylinder Honda 250

Honda 6-Zylinder 250

Jack Ahearn, Suzuki 250

1965 — 250 cc

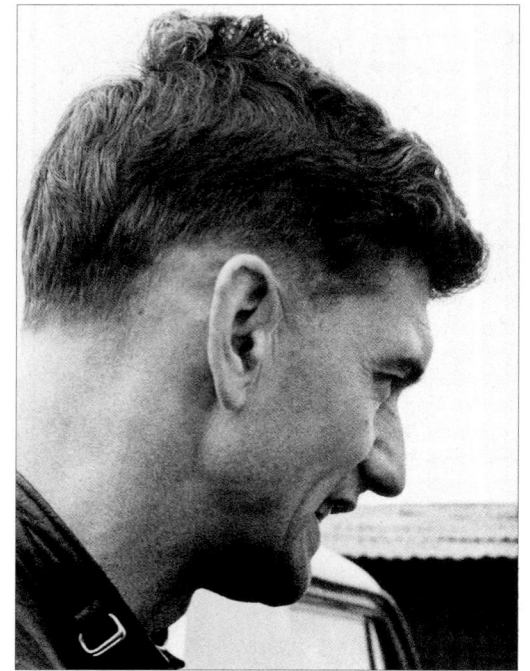

Champion : Jim Redman (Rhodesia, Honda), 38 points, 4 wins

1965 — 350 cc

1) April 25 : West Germany - South-Nürburgring

20 laps = 154.940 km

1. G. Agostini	I	MV-Agusta	1 h.08'09.7 = 136.388 km/h
2. M. Hailwood	GB	MV-Agusta	1 h.10'38.1
3. G. Havel	CZ	Jawa	1 lap
4. R. Pasolini	I	Aermacchi	1 lap
5. E. Kiisa	URSS	Vostok	1 lap
6. P. Driver	SA	AJS	1 lap

Number of finishers: 18.
Fastest lap: G. Agostini (I, MV-Agusta), 3'17.1 = 141.498 km/h.

2) June 18 : Tourist Trophy - Isle of Man

6 laps = 364.320 km

1. J. Redman	RHO	Honda	2 h.14'52.2 = 162.091 km/h
2. P. Read	GB	Yamaha	2 h.16'44.4
3. G. Agostini	I	MV-Agusta	2 h.17'53.4
4. B. Beale	RHO	Honda	2 h.25'37.2
5. G. Jenkins	GB	Norton	2 h.26'41.4
6. G. Milani	I	Aermacchi	2 h.26'52.4

Number of finishers: 38.
Fastest lap: M. Hailwood (GB, MV-Agusta), 22'06.0 = 165.520 km/h.

3) June 26 : The Netherlands - Assen

20 laps = 154.040 km

1. J. Redman	RHO	Honda	1 h.05'07.1 = 141.981 km/h
2. M. Hailwood	GB	MV-Agusta	1 h.05'45.5
3. G. Agostini	I	MV-Agusta	1 h.07'48.0
4. R. Pasolini	I	Aermacchi	1 lap
5. G. Milani	I	Aermacchi	1 lap
6. J. Cooper	GB	Norton	1 lap

Number of finishers: 15.
Fastest lap: J. Redman (RHO, Honda), 3'12.1 = 144.374 km/h.

4) July 18 : East Germany - Sachsenring

18 laps = 155.052 km

1. J. Redman	RHO	Honda	58'32.8 = 158.800 km/h
2. D. Woodman	GB	MZ	1 lap
3. G. Havel	CZ	Jawa	1 lap
4. F. Stastny	CZ	Jawa	1 lap
5. F. Bocek	CZ	Jawa	1 lap
6. D. Shorey	GB	Norton	1 lap

Number of finishers: 16.
Fastest lap: G. Agostini (I, MV-Agusta), 3'09.9 = 163.223 km/h.

5) July 25 : Czechoslovakia - Brno

11 laps = 153.340 km

1. J. Redman	RHO	Honda	1 h.00'25.3 = 152.300 km/h
2. D. Woodman	GB	MZ	1 h.03'37.5
3. N. Sevostianov	URSS	Vostok	1 h.03'54.3
4. G. Milani	I	Aermacchi	1 h.05'16.1
5. R. Pasolini	I	Aermacchi	1 h.05'18.1
6. D. Shorey	GB	Norton	1 lap

Number of finishers: 22.
Fastest lap: J. Redman (RHO, Honda), 5'23.0 = 155.398 km/h.

6) August 7 : Ulster - Belfast

15 laps = 181.005 km

1. F. Stastny	CZ	Jawa	1 h.13'12.8 = 146.611 km/h
2. B. Beale	RHO	Honda	1 h.13'43.6
3. G. Havel	CZ	Jawa	1 h.15'09.0
4. C.-R. Conn	GB	Norton	1 h.15'17.0
5. J. Cooper	GB	Norton	1 h.15'22.4
6. G. Jenkins	GB	Norton	1 h.16'08.8

Number of finishers: 28.
Fastest lap: J. Redman (RHO, Honda), 4'27.8 = 160.194 km/h.

7) August 22 : Finland - Imatra

23 laps = 138.690 km

1. G. Agostini	I	MV-Agusta	1 h.01'19.1 = 137.104 km/h
2. B. Beale	RHO	Honda	1 h.03'49.6
3. F. Bocek	CZ	Jawa	1 lap
4. K.-S. Carlsson	S	AJS	1 lap
5. L. Young	GB	AJS	1 lap
6. E. Hinton	AUS	Norton	1 lap

Number of finishers: 14.
Fastest lap: G. Agostini (I, MV-Agusta), 2'37.4 = 137.872 km/h.

8) September 5 : Italy - Monza

27 laps = 155.250 km

1. G. Agostini	I	MV-Agusta	51'12.5 = 181.903 km/h
2. S. Grassetti	I	Bianchi	53'01.1
3. T. Provini	I	Benelli	1 lap
4. F. Stastny	CZ	Jawa	1 lap
5. D. Woodman	GB	MZ	1 lap
6. R. Pasolini	I	Aermacchi	1 lap

Number of finishers: 16.
Fastest lap: M. Hailwood (GB, MV-Agusta), 1'49.3 = 189.387 km/h.

9) October 24 : Japan - Suzuka

25 laps = 151.000 km

1. M. Hailwood	GB	MV-Agusta	1 h.03'32.2 = 141.745 km/h
2. J. Redman	RHO	Honda	1 h.03'42.3
3. I. Kasuya	J	Honda	1 h.05'32.9
4. I. Yamashita	J	Honda	1 lap
5. G. Agostini	I	MV-Agusta	1 lap
6. W.-A. Smith	GB	Honda	1 lap

Number of finishers: 11.
Fastest lap: M. Hailwood (GB, MV-Agusta), 2'28.9 = 145.146 km/h.

WORLD CHAMPIONSHIP (*)

1.	Jim Redman	RHO	Honda	38
2.	Giacomo Agostini	I	MV-Agusta	32 (34)
3.	Stanley Michael "Mike" Hailwood	GB	MV-Agusta	20
4.	Bruce Beale	RHO	Honda	15
5.	Derek Woodman	GB	MZ	14
6.	Frantisek Stastny	CZ	Jawa	14
7.	Gustav Havel	CZ	Jawa	12
8.	Renzo Pasolini	I	Aermacchi	9
9.	Gilberto Milani	I	Aermacchi	6
10.	Frantisek Bocek	CZ	Jawa	6
11.	Silvio Grassetti	I	Bianchi	6
12.	Phil Read	GB	Yamaha	6
13.	Isamu Kasuya	J	Honda	4
14.	Nikolaï Sevostianov	URSS	Vostok	4
15.	Tarquinio Provini	I	Benelli	3
16.	Isao Yamashita	J	Honda	3
17.	Chris-R. Conn	GB	Norton	3
18.	Griff Jenkins	GB	Norton	3
19.	Kurt-Svan Carlsson	S	AJS	3
20.	John Cooper	GB	Norton	3
21.	Endel Kiisa	URSS	Vostok	2
22.	Dan Shorey	GB	Norton	2
23.	Lewis Young	GB	AJS	2
24.	Eric Hinton	AUS	Norton	1
25.	Paddy Driver	SA	AJS	1
26.	William-A. "Bill" Smith	GB	Honda	1

(*): Les cinq meilleurs résultats sont pris en compte pour le championnat. Le chiffre entre parenthèses correspond aux points «bruts».

(*): Die fünf besten Resultate wurden für die Gesamtwertung der Meisterschaft gezählt. Die Zahlen in Klammern entsprechen dem "Brutto"-Punktetotal.

(*): The five best results counted towards the championship. The figures in brackets correspond to the gross number of points.

Honda 6 cylindres 250 / 6 cylinder Honda 250 / Honda 6-Zylinder 250

Alberto Pagani, Aermacchi

1965 — 350 cc

Champion: Stanley Michael "Mike" Hailwood (Great Britain, MV-Agusta), 48 points (64), 8 wins

1) March 1 : United States - Daytona

41 laps = 204.549 km

1. M. Hailwood	GB	MV-Agusta	1 h.16'33.0	= 160.358 km/h
2. B. Parriott	USA	Norton	1 h.18'09.0	
3. R. Beaumont	USA	Norton	1 lap	
4. K. King	CAN	Norton	1 lap	
5. E. Labelle	USA	Norton	2 laps	
6. D. Lloyd	CAN	Norton	2 laps	

Number of finishers: 13.
Fastest lap: M. Hailwood (GB, MV-Agusta), 1'50.0 = 166.250 km/h.

2) April 25 : West Germany - South-Nürburgring

26 laps = 201.442 km

1. M. Hailwood	GB	MV-Agusta	1 h.27'08.0	= 138.699 km/h
2. G. Agostini	I	MV-Agusta	1 h.28'47.6	
3. W. Scheimann	D	Norton	1 lap	
4. J. Findlay	AUS	Matchless	1 lap	
5. E. Lenz	A	Norton	2 laps	
6. B. Nelson	GB	Norton	2 laps	

Number of finishers: 15.
Fastest lap: M. Hailwood (GB, MV-Agusta), 3'13.0 = 144.504 km/h.

3) June 18 : Tourist Trophy - Isle of Man

6 laps = 364.320 km

1. M. Hailwood	GB	MV-Agusta	2 h.28'09.0	= 147.560 km/h
2. J. Dunphy	GB	Norton	2 h.30'28.8	
3. M. Duff	CAN	Matchless	2 h.34'12.0	
4. I. Burne	SA	Norton	2 h.35'01.6	
5. S. Griffiths	GB	Matchless	2 h.36'08.6	
6. W.-M. McCosh	IRL	Matchless	2 h.36'19.4	

Number of finishers: 31.
Fastest lap: M. Hailwood (GB, MV-Agusta), 23'48.2 = 153.064 km/h.

4) June 26 : The Netherlands - Assen

20 laps = 154.040 km

1. M. Hailwood	GB	MV-Agusta	1 h.04'59.6	= 142.500 km/h
2. G. Agostini	I	MV-Agusta	1 h.05'52.4	
3. P. Driver	SA	Matchless	1 h.06'37.1	
4. J. Cooper	GB	Norton	1 h.06'39.2	
5. J. Ahearn	AUS	Norton	1 h.08'23.2	
6. D. Shorey	GB	Norton	1 lap	

Number of finishers: 15.
Fastest lap: M. Hailwood (GB, MV-Agusta), 3'11.0 = 145.211 km/h.

5) July 4 : Belgium - Spa-Francorchamps

15 laps = 211.800 km

1. M. Hailwood	GB	MV-Agusta	1 h.05'22.6	= 194.070 km/h
2. G. Agostini	I	MV-Agusta	1 h.06'53.4	
3. D. Minter	GB	Norton	1 h.08'59.6	
4. P. Driver	SA	Matchless	1 h.09'00.0	
5. F. Stevens	GB	Matchless	1 h.09'09.0	
6. G. Marsovszki	CH	Matchless	1 h.09'20.5	

Number of finishers: 10.
Fastest lap: M. Hailwood (GB, MV-Agusta), 4'16.2 = 198.126 km/h.

6) July 18 : East Germany - Sachsenring

20 laps = 172.280 km

1. M. Hailwood	GB	MV-Agusta	1 h.08'33.8	= 150.713 km/h
2. G. Agostini	I	MV-Agusta	1 h.09'32.0	
3. P. Driver	SA	Matchless	1 lap	
4. J. Ahearn	AUS	Norton	1 lap	
5. F. Stevens	GB	Matchless	1 lap	
6. I. Burne	SA	Norton	1 lap	

Number of finishers: 17.
Fastest lap: M. Hailwood (GB, MV-Agusta), 3'21.5 = 153.805 km/h.

7) July 25 : Czechoslovakia - Brno

13 laps = 181.220 km

1. M. Hailwood	GB	MV-Agusta	1 h.11'23.2	= 152.900 km/h
2. G. Agostini	I	MV-Agusta	1 h.12'28.3	
3. J. Ahearn	AUS	Norton	1 h.13'37.7	
4. P. Driver	SA	Matchless	1 h.13'37.9	
5. F. Stevens	GB	Matchless	1 h.15'16.3	
6. F. Stastny	CZ	Jawa	1 h.15'22.1	

Number of finishers: 15.
Fastest lap: M. Hailwood (GB, Honda), 5'23.5 = 154.995 km/h.

8) August 7 : Ulster - Belfast

15 laps = 181.005 km

1. D. Creith	IRL	Norton	1 h.17'18.2	= 138.720 km/h
2. P. Driver	SA	Matchless	1 h.17'26.6	
3. C.-R. Conn	GB	Norton	1 h.17'29.4	
4. J. Findlay	AUS	Matchless	1 h.18'50.4	
5. F. Stevens	GB	Matchless	1 h.18'53.6	
6. B. Fitton	GB	Norton	1 h.19'09.4	

Number of finishers: 17.
Fastest lap: P. Driver (SA, Matchless), 4'52.4 = 147.238 km/h.

9) August 22 : Finland - Imatra

25 laps = 150.750 km

1. G. Agostini	I	MV-Agusta	1 h.05'59.1	= 137.100 km/h
2. P. Driver	SA	Matchless	1 h.08'05.8	
3. F. Stevens	GB	Matchless	1 h.08'12.2	
4. J. Ryhänen	SF	Matchless	1 lap	
5. J. Findlay	AUS	Matchless	1 lap	
6. L. Young	GB	Matchless	1 lap	

Number of finishers: 13.
Fastest lap: G. Agostini (I, MV-Agusta), 2'33.8 = 141.091 km/h.

10) September 5: Italy - Monza

25 laps = 143.750 km

1. M. Hailwood   GB   MV-Agusta   54'58.3
   = 156.899 km/h
2. G. Agostini   I   MV-Agusta   55'09.7
3. F. Stastny   CZ   Jawa   56'51.7
4. F. Stevens   GB   Matchless   57'01.2
5. G. Mandolini   I   Moto Guzzi   1 lap
6. G. Marsovszki   CH   Matchless   1 lap

Number of finishers: 14.
Fastest lap: M. Hailwood (GB, MV-Agusta), 2'04.1 = 166.792 km/h.

WORLD CHAMPIONSHIP (*)

1.	Stanley Michael "Mike" Hailwood	GB	MV-Agusta	48 (64)
2.	Giacomo Agostini	I	MV-Agusta	38 (44)
3.	Paddy Driver	SA	Matchless	26
4.	Fred Stevens	GB	Matchless	15
5.	Jack Ahearn	AUS	Norton	9
6.	Dick Creith	IRL	Norton	8
7.	Jack Findlay	AUS	Matchless	8
8.	Buddy Parriott	USA	Norton	6
9.	Joe Dunphy	GB	Norton	6
10.	Frantisek Stastny	CZ	Jawa	5
11.	Ray Beaumont	CAN	Norton	4
12.	Walter Scheimann	D	Norton	4
13.	Derek Minter	GB	Norton	4
14.	Ian Burne	SA	Norton	4
15.	Chris-R. Conn	GB	Norton	4
16.	Mike Duff	CAN	Matchless	4
17.	Ken King	CAN	Norton	3
18.	John Cooper	GB	Norton	3
19.	Jouko Ryhänen	SF	Matchless	3
20.	Ed Labelle	USA	Norton	2
21.	Eduard Lenz	A	Norton	2
22.	Gyula Marsovszki	CH	Matchless	2
23.	Selwyn Griffiths	GB	Matchless	2
24.	Giuseppe Mandolini	I	Moto Guzzi	2
25.	Daniel Lloyd	CAN	Norton	1
26.	Dan Shorey	GB	Norton	1
27.	Bob Fitton	GB	Norton	1
28.	Lewis Young	GB	Matchless	1
29.	William-M. "Bill" McCosh	IRL	Matchless	1
30.	Billie Nelson	GB	Norton	1

(*): Les six meilleurs résultats sont pris en compte pour le championnat. Le chiffre entre parenthèses correspond aux points «bruts».

(*): Die sechs besten Resultate wurden für die Gesamtwertung der Meisterschaft gezählt. Die Zahlen in Klammern entsprechen dem "Brutto"-Punktetotal.

(*): The six best results counted towards the championship. The figures in brackets correspond to the gross number of points.

Phil Read, Matchless

Richard Thomson, Matchless

Champions : **Fritz Scheidegger/John Robinson (Switzerland/Great Britain, BMW), 32 points (50), 4 wins**

1965 — Side-cars

1) April 25 : West Germany - South-Nürburgring

13 laps = 100.711 km

1. F. Scheidegger/J. Robinson	CH/GB	BMW	53'27.5	
			= 113.035 km/h	
2. S. Schauzu/H. Schneider	D	BMW	54'06.0	
3. A. Butscher/W. Kalauch	D	BMW	54'10.3	
4. A. Wolf/L. Ronsdorf	D	BMW	57'32.7	
5. F. Huber/J. Huber	D	BMW	57'39.4	
6. T. Davies/M. Merick	GB	Matchless	1 lap	

Number of finishers: 13.
Fastest lap: F. Scheidegger/J. Robinson (CH/GB, BMW), 3'49.6 = 121.469 km/h.

2) May 9 : Spain - Montjuich

27 laps = 102.330 km

1. M. Deubel/E. Hörner	D	BMW	57'46.5	
			= 106.288 km/h	
2. F. Scheidegger/J. Robinson	CH/GB	BMW	57'59.6	
3. A. Butscher/W. Kalauch	D	BMW	58'45.7	
4. O. Kölle/H. Marquardt	D	BMW	59'09.4	
5. G. Auerbacher/P. Rykers	D/GB	BMW	1 lap	
6. B. Thompson/R. Bradley	AUS	BMW	3 laps	

Number of finishers: 10.
Fastest lap: M. Deubel/E. Hörner (D, BMW), 2'05.5 = 108.743 km/h.

3) May 16 : France - Rouen

16 laps = 104.672 km

1. F. Camathias/F. Ducret	CH	BMW	44'21.9	
			= 141.560 km/h	
2. F. Scheidegger/J. Robinson	CH/GB	BMW	44'33.8	
3. M. Deubel/E. Hörner	D	BMW	44'50.3	
4. G. Auerbacher/P. Rykers	D/GB	BMW	45'44.8	
5. B. Thompson/R. Bradley	AUS	BMW	1 lap	
6. C. Seeley/W. Rawlings	GB	BMW	1 lap	

Number of finishers: 12.
Fastest lap: F. Camathias/F. Ducret (CH, BMW) and F. Scheidegger/J. Robinson (CH/GB, BMW), 2'43.0 = 143.859 km/h.

4) June 14 : Tourist Trophy - Isle of Man

3 laps = 182.160 km

1. M. Deubel/E. Hörner	D	BMW	1 h.14'59.8	
			= 145.760 km/h	
2. F. Scheidegger/J. Robinson	CH/GB	BMW	1 h.15'13.8	
3. G. Auerbacher/P. Rykers	D/GB	BMW	1 h.20'25.4	
4. H. Luthringhauser/H. Hahn	D	BMW	1 h.20'44.6	
5. C. Vincent/P. Cassey	GB	BMW	1 h.22'13.8	
6. C. Freeman/B. Nelson	GB	Norton	1 h.23'52.0	

Number of finishers: 17.
Fastest lap: M. Deubel/E. Hörner (D, BMW), 24'39.6 = 147.740 km/h.

5) June 26 : The Netherlands - Assen

14 laps = 107.828 km

1. F. Scheidegger/J. Robinson	CH/GB	BMW	51'01.4	
			= 126.838 km/h	
2. C. Vincent/F. Roche	GB	BMW	51'41.0	
3. C. Seeley/W. Rawlings	GB	BMW	51'58.7	
4. H. Luthringhauser/H. Hahn	D	BMW	53'04.4	
5. B. Thompson/R. Bradley	AUS	BMW	53'58.5	
6. O. Kölle/H. Marquardt	D	BMW	54'54.8	

Number of finishers: 11.
Fastest lap: F. Scheidegger/J. Robinson (CH/GB, BMW), 3'32.6 = 130.453 km/h.

6) July 4 : Belgium - Spa-Francorchamps

8 laps = 112.960 km

1. F. Scheidegger/J. Robinson	CH/GB	BMW	39'13.0	
			= 172.579 km/h	
2. M. Deubel/E. Hörner	D	BMW	39'16.0	
3. P. Harris/R. Campbell	GB	BMW	39'17.7	
4. H. Luthringhauser/H. Hahn	D	BMW	39'51.8	
5. F. Camathias/F. Ducret	CH	BMW	41'06.2	
6. C. Seeley/W. Rawlings	GB	BMW	41'28.3	

Number of finishers: 12.
Fastest lap: F. Scheidegger/J. Robinson (CH/GB, BMW), 4'50.8 = 174.552 km/h.

7) September 5 : Italy - Monza

20 laps = 115.000 km

1. F. Scheidegger/J. Robinson	CH/GB	BMW	46'24.9	
			= 148.658 km/h	
2. G. Auerbacher/P. Rykers	D/GB	BMW	47'34.8	
3. O. Kölle/H. Marquardt	D	BMW	1 lap	
4. G. Dal-Toe/A. Ramoli	I	BMW	1 lap	
5. B. Thompson/R. Bradley	AUS	BMW	1 lap	
6. A. Butscher/W. Kalauch	D	BMW	1 lap	

Number of finishers: 12.
Fastest lap: F. Scheidegger/J. Robinson (CH/GB, BMW), 2'16.5 = 151.648 km/h.

Fritz Scheidegger / John Robinson, BMW

WORLD CHAMPIONSHIP (*)

1.	Fritz Scheidegger/John Robinson	CH/GB	BMW	32 (50)
2.	Max Deubel/Emil Hörner	D	BMW	26
3.	Georg Auerbacher/Peter Rykers	D/GB	BMW	15
4.	Florian Camathias/Franz Ducret	CH	BMW	10
5.	Arsenius Butscher/Wolfgang Kalauch	D	BMW	9
6.	Heinz Luthringshauser/Hermann Hahn	D	BMW	9
7.	Chris Vincent/Peter Cassey/Fred Roche	GB	BMW	8
8.	Otto Kölle/Heinz Marquardt	D	BMW	8
9.	Barry Thompson/Richard Bradley	AUS	BMW	7
10.	Siegfried Schauzu/Horst Schneider	D	BMW	6
11.	Colin Seeley/Walter "Wali" Rawlings	GB	BMW	6
12.	Peter "Pip" Harris/Ray Campbell	GB	BMW	4
13.	August Wolf/Lothar Ronsdorf	D	BMW	3
14.	Giuseppe Dal-Toe/Aldo Ramoli	I	BMW	3
15.	Fred Huber/Josef Huber	D	BMW	2
16.	Trevor Davies/Michael Merick	GB	Matchless	1
17.	Charlie Freeman/Billie Nelson	GB	Norton	1

(*): Les quatre meilleurs résultats sont pris en compte pour le championnat.
Le chiffre entre parenthèses correspond aux points «bruts».

(*): Die vier besten Resultate wurden für die Gesamtwertung der Meisterschaft gezählt.
Die Zahlen in Klammern entsprechen dem "Brutto"-Punktetotal.

(*): The four best results counted towards the championship.
The figures in brackets correspond to the gross number of points.

Fritz Scheidegger / John Robinson, BMW

Champion : **Hans-Georg Anscheidt (Germany, Suzuki), 28 points (31), 2 wins**

1966 — 50 cc

1) May 8 : Spain - Montjuich

14 laps = 53.060 km

1. L. Taveri	CH	Honda	29'19.20
			= 109.013 km/h
2. H.-G. Anscheidt	D	Suzuki	29'30.82
3. R. Bryans	IRL	Honda	29'32.87
4. H. Anderson	NZ	Suzuki	29'36.65
5. A. Nieto	E	Derbi	1 lap
6. B. Smith	AUS	Derbi	1 lap

Number of finishers: 14.
Fastest lap: H.-G. Anscheidt (D, Suzuki),
2'02.69 = 111.221 km/h.

2) May 22 : West Germany - Hockenheim

15 laps = 101.520 km

1. H.-G. Anscheidt	D	Suzuki	42'02.2
			= 144.810 km/h
2. R. Bryans	IRL	Honda	42'37.5
3. H. Anderson	NZ	Suzuki	42'39.0
4. L. Taveri	CH	Honda	44'13.1
5. O. Dittrich	D	Kreidler	2 laps
6. C. Van Dongen	NL	Kreidler	2 laps

Number of finishers: 15.
Fastest lap: H.-G. Anscheidt (D, Suzuki),
2'45.5 = 147.238 km/h.

3) June 25 : The Netherlands - Assen

8 laps = 61.616 km

1. L. Taveri	CH	Honda	29'38.2
			= 124.782 km/h
2. R. Bryans	IRL	Honda	29'38.5
3. H. Anderson	NZ	Suzuki	29'50.6
4. H.-G. Anscheidt	D	Suzuki	30'13.8
5. Y. Katayama	J	Suzuki	30'18.9
6. I. Morishita	J	Bridgestone	31'07.0

Number of finishers: 11.
Fastest lap: L. Taveri (CH, Honda),
3'37.8 = 127.347 km/h.

4) August 31 : Tourist Trophy - Isle of Man

3 laps = 182.160 km

1. R. Bryans	IRL	Honda	1 h.19'07.0
			= 137.830 km/h
2. L. Taveri	CH	Honda	1 h.20'08.0
3. H. Anderson	NZ	Suzuki	1 h.21'41.0
4. E. Degner	D	Suzuki	1 h.22'52.0
5. B. Gleed	GB	Honda	1 h.38.31.0
6. D. Simmonds	GB	Honda	1 h.41'50.0

Number of finishers: 12.
Fastest lap: R. Bryans (IRL, Honda),
26'10.2 = 139.186 km/h.

5) September 11 : Italy - Monza

11 laps = 63.250 km

1. H.-G. Anscheidt	D	Suzuki	24'56.2
			= 152.175 km/h
2. R. Bryans	IRL	Honda	25'06.7
3. L. Taveri	CH	Honda	25'15.5
4. H. Anderson	NZ	Suzuki	25'47.0
5. B. Smith	AUS	Derbi	1 lap
6. A. Roth	CH	Kreidler	1 lap

Number of finishers: 7.
Fastest lap: H.-G. Anscheidt (D, Suzuki),
2'12.7 = 155.993 km/h.

6) October 17 : Japan - Fisco

14 laps = 84.000 km

1. Y. Katayama	J	Suzuki	34'46.9
			= 144.898 km/h
2. H.-G. Anscheidt	D	Suzuki	35'00.9
3. H. Anderson	NZ	Suzuki	35'01.9
4. M. Itoh	J	Suzuki	36'06.8
5. T. Robb	IRL	Bridgestone	1 lap
6. J. Findlay	AUS	Bridgestone	1 lap

Number of finishers: 9.
Fastest lap: Y. Katayama (J, Suzuki),
2'26.5 = 147.400 km/h.

WORLD CHAMPIONSHIP (*)

1.	Hans-Georg Anscheidt	D	Suzuki	28 (31)
2.	Ralph Bryans	IRL	Honda	26 (30)
3.	Luigi Taveri	CH	Honda	26 (29)
4.	Hugh Anderson	NZ	Suzuki	16 (22)
5.	Yoshimi Katayama	J	Suzuki	10
6.	Barry Smith	AUS	Derbi	3
7.	Ernest Degner	D	Suzuki	3
8.	Mitsuo Itoh	J	Suzuki	3
9.	Oswald Dittrich	D	Kreidler	2
10.	Angel Nieto	E	Derbi	2
11.	Brian Gleed	GB	Honda	2
12.	Tommy Robb	IRL	Bridgestone	2
13.	Cees Van Dongen	NL	Kreidler	1
14.	Isao Morishita	J	Bridgestone	1
15.	Dave Simmonds	GB	Honda	1
16.	André Roth	CH	Kreidler	1
17.	Jack Findlay	AUS	Bridgestone	1

(*): Les quatre meilleurs résultats sont pris en compte pour le championnat. Le chiffre entre parenthèses correspond aux points «bruts».

(*): Die vier besten Resultate wurden für die Gesamtwertung der Meisterschaft gezählt. Die Zahlen in Klammern entsprechen dem "Brutto"-Punktetotal.

(*): The four best results counted towards the championship. The figures in brackets correspond to the gross number of points.

Rolf Schmälzle, Kreidler

José Busquet, Derbi

1966 — 50 cc

Champion : **Luigi Taveri (CH, Honda), 46 points (58), 5 wins**

1966 — 125 cc

1) May 8 : Spain - Montjuich

27 laps = 102.330 km

1. B. Ivy	GB	Yamaha	54'33.07
			= 112.570 km/h
2. L. Taveri	CH	Honda	54'50.75
3. R. Bryans	IRL	Honda	55'16.23
4. P. Read	GB	Yamaha	55'24.39
5. F. Villa	I	Montesa	55'56.76
6. J. Medrano	E	Bultaco	1 lap

Number of finishers: 12.
Fastest lap: P. Read (GB, Yamaha),
 1'57.16 = 116.468 km/h.

2) May 22 : West Germany - Hockenheim

17 laps = 115.056 km

1. L. Taveri	CH	Honda	42'28.4
			= 162.500 km/h
2. R. Bryans	IRL	Honda	42'40.7
3. P. Read	GB	Yamaha	42'53.1
4. F. Perris	GB	Suzuki	43'32.6
5. H.-G. Anscheidt	D	Suzuki	1 lap
6. H. Mann	D	MZ	1 lap

Number of finishers: 21.
Fastest lap: L. Taveri (CH, Honda),
 2'26.9 = 165.923 km/h.

3) June 25 : The Netherlands - Assen

14 laps = 107.828 km

1. B. Ivy	GB	Yamaha	47'30.6
			= 136.217 km/h
2. L. Taveri	CH	Honda	47'32.8
3. P. Read	GB	Yamaha	47'45.5
4. H. Anderson	NZ	Suzuki	48'12.9
5. A. Motohashi	J	Yamaha	50'12.0
6. M. Duff	CAN	Yamaha	50'19.5

Number of finishers: 15.
Fastest lap: L. Taveri (CH, Honda) and
 P. Read (GB, Yamaha).
 3'19.8 = 138.822 km/h.

4) July 17 : East Germany - Sachsenring

12 laps = 103.368 km

1. L. Taveri	CH	Honda	39'54.0
			= 155.440 km/h
2. Y. Katayama	J	Suzuki	40'06.9
3. B. Ivy	GB	Yamaha	40'12.4
4. P. Read	GB	Yamaha	40'40.9
5. F. Perris	GB	Suzuki	40'58.4
6. R. Bryans	IRL	Honda	42'38.9

Number of finishers: 24.
Fastest lap: L. Taveri (CH, Honda),
 3'17.0 = 157.232 km/h.

5) July 24 : Czechoslovakia - Brno

8 laps = 111.520 km

1. L. Taveri	CH	Honda	48'06.8
			= 139.015 km/h
2. R. Bryans	IRL	Honda	48'27.7
3. B. Ivy	GB	Yamaha	49'08.3
4. H. Anderson	NZ	Suzuki	49'56.0
5. F. Perris	GB	Suzuki	50'48.4
6. F. Kohlar	DDR	MZ	52'53.9

Number of finishers: 13.
Fastest lap: B. Ivy (GB, Yamaha),
 5'47.3 = 144.502 km/h.

6) August 7 : Finland - Imatra

21 laps = 126.630 km

1. P. Read	GB	Yamaha	56'40.6
			= 134.112 km/h
2. L. Taveri	CH	Honda	56'40.7
3. R. Bryans	IRL	Honda	57'27.1
4. H. Anderson	NZ	Suzuki	57'44.6
5. Y. Katayama	J	Suzuki	58'55.0
6. H. Bischoff	DDR	MZ	2 laps

Number of finishers: 13.
Fastest lap: L. Taveri (CH, Honda),
 2'37.9 = 137.389 km/h.

7) August 20 : Ulster - Belfast

11 laps = 132.737 km

1. L. Taveri	CH	Honda	52'51.6
			= 148.640 km/h
2. R. Bryans	IRL	Honda	52'56.0
3. P. Read	GB	Yamaha	53'20.0
4. T. Robb	IRL	Yamaha	53'40.4
5. H. Anderson	NZ	Suzuki	57'26.6
6. F. Perris	GB	Suzuki	1 lap

Number of finishers: 15.
Fastest lap: R. Bryans (IRL, Honda),
 4'42.0 = 152.002 km/h.

8) August 31 : Tourist Trophy - Isle of Man

3 laps = 182.160 km

1. B. Ivy	GB	Yamaha	1 h.09'32.8
			= 156.100 km/h
2. P. Read	GB	Yamaha	1 h.10'03.2
3. H. Anderson	NZ	Suzuki	1 h.10'09.2
4. M. Duff	CAN	Yamaha	1 h.11'11.2
5. F. Perris	GB	Suzuki	1 h.11'24.0
6. M. Hailwood	GB	Honda	1 h.11'26.6

Number of finishers: 34.
Fastest lap: B. Ivy (GB, Yamaha),
 22'58.2 = 158.600 km/h.

9) September 11 : Italy - Monza

18 laps = 103.500 km

1. L. Taveri	CH	Honda	34'57.3
			= 177.656 km/h
2. R. Bryans	IRL	Honda	35'08.1
3. B. Ivy	GB	Yamaha	35'26.1
4. P. Read	GB	Yamaha	35'26.2
5. P.-J. Williams	GB	EMC	2 laps
6. W. Scheimann	D	Honda	2 laps

Number of finishers: 16.
Fastest lap: L. Taveri (CH, Honda),
 1'54.8 = 180.310 km/h.

10) October 17 : Japan - Fisco

17 laps = 102.000 km

1. B. Ivy	GB	Yamaha	44'17.5
			= 162.550 km/h
2. Y. Katayama	J	Suzuki	44'38.0
3. M. Itoh	J	Suzuki	44'54.5
4. A. Motohashi	J	Yamaha	45'05.6
5. P. Read	GB	Yamaha	45'06.6
6. M. Yuzawa	J	Yamaha	1 lap

Number of finishers: 10.
Fastest lap: B. Ivy (GB, Yamaha), 2'10.5 = 165.520 km/h.

WORLD CHAMPIONSHIP (*)

1.	Luigi Taveri	CH	Honda	46 (58)
2.	Bill Ivy	GB	Yamaha	40 (44)
3.	Ralph Bryans	IRL	Honda	32 (33)
4.	Phil Read	GB	Yamaha	29 (37)
5.	Hugh Anderson	NZ	Suzuki	15
6.	Yoshimi Katayama	J	Suzuki	14
7.	Frank Perris	GB	Suzuki	10
8.	Akiyasu Motohashi	J	Yamaha	5
9.	Mitsuo Itoh	J	Suzuki	4
10.	Mike Duff	CAN	Yamaha	4
11.	Tommy Robb	IRL	Yamaha	3
12.	Hans-Georg Anscheidt	D	Suzuki	2
13.	Peter-J. Williams	GB	EMC	2
14.	Francesco Villa	I	Montesa	2
15.	José Medrano	E	Bultaco	1
16.	Herbert Mann	D	MZ	1
17.	Friedhelm Kohlar	DDR	MZ	1
18.	Hartmut Bischoff	DDR	MZ	1
19.	Stanley Michael "Mike" Hailwood	GB	Honda	1
20.	Walter Scheimann	D	Honda	1
21.	M. Yuzawa	J	Yamaha	1

(*): Les six meilleurs résultats sont pris en compte pour le championnat. Le chiffre entre parenthèses correspond aux points «bruts».

(*): Die sechs besten Resultate wurden für die Gesamtwertung der Meisterschaft gezählt. Die Zahlen in Klammern entsprechen dem "Brutto"-Punktetotal.

(*): The six best results counted towards the championship. The figures in brackets correspond to the gross number of points.

Günther Bartusch, MZ

MZ 125

Champion : Stanley Michael "Mike" Hailwood (Great Britain, Honda), 56 points (80), 10 wins

1966 — 250 cc

1) May 8 : Spain - Montjuich

33 laps = 125.070 km

1. M. Hailwood	GB	Honda	1 h.03'26.0
			= 118.320 km/h
2. D. Woodman	GB	MZ	1 lap
3. R. Pasolini	I	Aermacchi	1 lap
4. J. Findlay	AUS	Bultaco	1 lap
5. H. Rosner	DDR	MZ	2 laps
6. R. Blanco	E	Bultaco	2 laps

Number of finishers: 10.
Fastest lap: M. Hailwood (GB, Honda), 1'52.53 = 121.264 km/h.

2) May 22 : West Germany - Hockenheim

23 laps = 155.664 km

1. M. Hailwood	GB	Honda	53'05.7
			= 175.863 km/h
2. J. Redman	RHO	Honda	53'06.1
3. B. Ivy	GB	Yamaha	53'22.7
4. D. Woodman	GB	MZ	2 laps
5. F. Stastny	CZ	Jawa	2 laps
6. G. Beer	D	Honda	3 laps

Number of finishers: 11.
Fastest lap: J. Redman (RHO, Honda), 2'16.3 = 178.782 km/h.

3) May 29 : France - Clermont-Ferrand

18 laps = 145.026 km

1. M. Hailwood	GB	Honda	1 h.07'51.4
			= 128.202 km/h
2. J. Redman	RHO	Honda	1 h.08'37.2
3. P. Read	GB	Yamaha	1 h.09'13.7
4. D. Woodman	GB	MZ	1 lap
5. H. Rosner	DDR	MZ	1 lap
6. D. Lhéraud	F	Yamaha	1 lap

Number of finishers: 12.
Fastest lap: M. Hailwood (GB, Honda), 3'42.4 = 130.389 km/h.

4) June 25 : The Netherlands - Assen

17 laps = 130.934 km

1. M. Hailwood	GB	Honda	58'35.8
			= 134.111 km/h
2. P. Read	GB	Yamaha	59'55.4
3. J. Redman	RHO	Honda	1 h.00'20.8
4. D. Woodman	GB	MZ	1 lap
5. C. Anderson	GB	Yamaha	1 lap
6. T. Robb	IRL	Bultaco	1 lap

Number of finishers: 14.
Fastest lap: M. Hailwood (GB, Honda), 3'22.3 = 137.100 km/h.

5) July 3 : Belgium - Spa-Francorchamps

9 laps = 127.080 km

1. M. Hailwood	GB	Honda	38'40.5
			= 196.870 km/h
2. P. Read	GB	Yamaha	38'51.5
3. J. Redman	RHO	Honda	39'04.1
4. D. Woodman	GB	MZ	40'37.4
5. M. Duff	CAN	Yamaha	40'52.2
6. B. Ivy	GB	Yamaha	41'23.9

Number of finishers: 22.
Fastest lap: P. Read (GB, Yamaha), 4'14.2 = 199.687 km/h.

6) July 17 : East Germany - Sachsenring

15 laps = 129.210 km

1. M. Hailwood	GB	Honda	46'23.8
			= 167.093 km/h
2. P. Read	GB	Yamaha	47'28.1
3. M. Duff	CAN	Yamaha	48'21.9
4. S. Graham	GB	Honda	48'48.5
5. H. Rosner	DDR	MZ	49'06.4
6. F. Stastny	CZ	Jawa	1 lap

Number of finishers: 13.
Fastest lap: M. Hailwood (GB, Honda), 3'02.4 = 169.914 km/h.

7) July 24 : Czechoslovakia - Brno

9 laps = 125.460 km

1. M. Hailwood	GB	Honda	50'40.9
			= 148.700 km/h
2. P. Read	GB	Yamaha	50'47.5
3. H. Rosner	DDR	MZ	53'41.7
4. M. Duff	CAN	Yamaha	56'18.6
5. G. Marsovszki	CH	Bultaco	58'36.3
6. F. Stastny	CZ	Jawa	58'37.6

Number of finishers: 9.
Fastest lap: M. Hailwood (GB, Honda), 5'23.8 = 154.979 km/h.

8) August 7 : Finland - Imatra

23 laps = 138.690 km

1. M. Hailwood	GB	Honda	1 h.02'42.9
			= 132.756 km/h
2. S. Graham	GB	Honda	1 h.04'03.3
3. F. Stastny	CZ	Jawa	1 lap
4. J. Findlay	AUS	Bultaco	1 lap
5. B. Beale	RHO	Honda	1 lap
6. K. Andersson	S	HVA	1 lap

Number of finishers: 9.
Fastest lap: M. Hailwood (GB, Honda), 2'34.6 = 140.222 km/h.

9) August 20 : Ulster - Belfast

15 laps = 181.005 km

1. G. Molloy	NZ	Bultaco	1 h.16'31.0
			= 140.030 km/h
2. G. Marsovszki	CH	Bultaco	1 h.17'20.8
3. K. Cass	AUS	Bultaco	1 h.18'02.0
4. S. Griffiths	GB	Royal-Enfield	1 h.18'38.0
5. J.-F. Curry	GB	Honda	1 lap
6. L. Atlee	AUS	Cotton	1 lap

Number of finishers: 12.
Fastest lap: P. Read (GB, Yamaha), 4'47.0 = 149.363 km/h.

10) August 28 : Tourist Trophy - Isle of Man

6 laps = 364.320 km

1. M. Hailwood	GB	Honda	2 h.13'26.0
			= 163.810 km/h
2. S. Graham	GB	Honda	2 h.19'20.0
3. P.-G. Inchley	GB	Villiers	2 h.28'34.4
4. F. Stastny	CZ	Jawa	2 h.31'09.0
5. J. Findlay	AUS	Bultaco	2 h.32'56.2
6. W.-A. Smith	GB	Bultaco	2 h.35'01.4

Number of finishers: 16
Fastest lap: M. Hailwood (GB, Honda), 21'42.4 = 167.838 km/h.

11) September 11 : Italy - Monza

22 laps = 126.500 km

1. M. Hailwood	GB	Honda	41'29.7
			= 182.913 km/h
2. H. Rosner	DDR	MZ	42'51.9
3. A. Pagani	I	Aermacchi	1 lap
4. J. Findlay	AUS	Bultaco	2 laps
5. B. Beale	RHO	Honda	2 laps
6. G. Visenzi	I	Aermacchi	2 laps

Number of finishers: 16.
Fastest lap: M. Hailwood (GB, Honda), 1'50.0 = 188.180 km/h.

12) October 17 : Japan - Fisco

24 laps = 144.000 km

1. H. Hasegawa	J	Yamaha	51'21.5
			= 168.229 km/h
2. P. Read	GB	Yamaha	51'24.5
3. A. Motohashi	J	Yamaha	51'47.0
4. J. Findlay	AUS	Bultaco	2 laps
5. T. Robb	IRL	Bultaco	2 laps
6. K. Andersson	S	HVA	2 laps

Number of finishers: 6.
Fastest lap: P. Read (GB, Yamaha), 2'05.8 = 171.610 km/h.

WORLD CHAMPIONSHIP (*)

1.	Stanley Michael "Mike" Hailwood	GB	Honda	56 (80)
2.	Phil Read	GB	Yamaha	34
3.	Jim Redman	RHO	Honda	20
4.	Derek Woodman	GB	MZ	18
5.	Heinz Rosner	DDR	MZ	16
6.	Stuart Graham	GB	Honda	15
7.	Jack Findlay	AUS	Bultaco	14
8.	Frantisek Stastny	CZ	Jawa	11
9.	Mike Duff	CAN	Yamaha	9
10.	Ginger Molloy	NZ	Bultaco	8
11.	Hiroshi Hasegawa	J	Yamaha	8
12.	Gyula Marsovszki	CH	Bultaco	8
13.	Bill Ivy	GB	Yamaha	5
14.	Renzo Pasolini	I	Aermacchi	4
15.	Kevin Cass	AUS	Bultaco	4
16.	Peter-G. Inchley	GB	Villiers	4
17.	Akiyasu Motohashi	J	Yamaha	4
18.	Alberto Pagani	I	Aermacchi	4
19.	Bruce Beale	RHO	Honda	4
20.	Selwyn Griffiths	GB	Royal-Enfield	3
21.	Tommy Robb	IRL	Bultaco	3
22.	Chris Anderson	GB	Yamaha	2
23.	Jim-Frederic Curry	GB	Honda	2
24.	Kent Andersson	S	HVA	2
25.	Ramiro Blanco	E	Bultaco	1
26.	Daniel Lhéraud	F	Yamaha	1
27.	Günther Beer	D	Honda	1
28.	Leonard "Lee" Atlee	AUS	Cotton	1
29.	William-A. "Bill" Smith	GB	Bultaco	1
30.	Giuseppe Visenzi	I	Aermacchi	1

(*): Les sept meilleurs résultats sont pris en compte pour le championnat. Le chiffre entre parenthèses correspond aux points «bruts».

(*): Die sieben besten Resultate wurden für die Gesamtwertung der Meisterschaft gezählt. Die Zahlen in Klammern entsprechen dem "Brutto"-Punktetotal.

(*): The seven best results counted towards the championship. The figures in brackets correspond to the gross number of points.

Mike Hailwood, Honda

Sachsenring

1966 — 250 cc

Champion: Stanley Michael "Mike" Hailwood (Great Britain, Honda)
48 points, 6 wins

1966 — 350 cc

1) May 22 : West Germany - Hockenheim

23 laps = 155.664 km

1. M. Hailwood	GB	Honda	54'01.8 = 172.816 km/h	
2. T. Provini	I	Benelli		1 lap
3. B. Beale	RHO	Honda		1 lap
4. S. Grassetti	I	Bianchi		2 laps
5. G. Havel	CZ	Jawa		2 laps
6. F. Bocek	CZ	Jawa		2 laps

Number of finishers: 23.
Fastest lap: M. Hailwood (GB, Honda), 2'17.1 = 177.735 km/h.

2) May 29 : France - Clermont-Ferrand

20 laps = 161.140 km

1. M. Hailwood	GB	Honda	1 h.15'42.9 = 127.662 km/h	
2. G. Agostini	I	MV-Agusta	1 h.16'02.2	
3. J. Redman	RHO	Honda	1 h.18'26.5	
4. G. Milani	I	Aermacchi		1 lap
5. R. Pasolini	I	Aermacchi		1 lap
6. B. Beale	RHO	Honda		1 lap

Number of finishers: 16.
Fastest lap: M. Hailwood (GB, Honda), 3'42.5 = 130.324 km/h.

3) June 25 : The Netherlands - Assen

20 laps = 154.040 km

1. M. Hailwood	GB	Honda	1 h.09'26.4 = 133.140 km/h	
2. G. Agostini	I	MV-Agusta	1 h.10'11.6	
3. R. Pasolini	I	Aermacchi		1 lap
4. S. Graham	GB	AJS		1 lap
5. G. Havel	CZ	Jawa		1 lap
6. F. Stastny	CZ	Jawa		1 lap

Number of finishers: 15.
Fastest lap: M. Hailwood (GB, Honda), 3'24.3 = 135.748 km/h.

4) July 17 : East Germany - Sachsenring

18 laps = 155.052 km

1. G. Agostini	I	MV-Agusta	55'28.8 = 167.684 km/h	
2. F. Stastny	CZ	Jawa		1 lap
3. G. Havel	CZ	Jawa		1 lap
4. R. Pasolini	I	Aermacchi		1 lap
5. A. Pagani	I	Aermacchi		1 lap
6. J. Ahearn	AUS	Norton		1 lap

Number of finishers: 17.
Fastest lap: G. Agostini (I, MV-Agusta), 2'59.6 = 172.714 km/h.

5) July 24 : Czechoslovakia - Brno

11 laps = 153.340 km

1. M. Hailwood	GB	Honda	59'06.6 = 155.674 km/h	
2. G. Agostini	I	MV-Agusta	59'20.4	
3. H. Rosner	DDR	MZ	1 h.04'04.6	
4. F. Stastny	CZ	Jawa	1 h.04'08.8	
5. R. Pasolini	I	Aermacchi		1 lap
6. A. Pagani	I	Aermacchi		1 lap

Number of finishers: 18.
Fastest lap: M. Hailwood (GB, Honda), 5'15.8 = 160.010 km/h.

6) August 7 : Finland - Imatra

23 laps = 138.690 km

1. M. Hailwood	GB	Honda	57'59.4 = 143.500 km/h	
2. H. Rosner	DDR	MZ		1 lap
3. J. Ahearn	AUS	Norton		2 laps
4. K. Carruthers	AUS	Norton		2 laps
5. B. Beale	RHO	Honda		2 laps
6. F. Stastny	CZ	Jawa		2 laps

Number of finishers: 13.
Fastest lap: M. Hailwood (GB, Honda), 2'27.9 = 146.756 km/h.

7) August 20 : Ulster - Belfast

15 laps = 181.005 km

1. M. Hailwood	GB	Honda	1 h.09'43.8 = 153.660 km/h	
2. G. Agostini	I	MV-Agusta	1 h.11'46.0	
3. T. Robb	IRL	Bultaco		1 lap
4. G. Havel	CZ	Jawa		1 lap
5. D. Simmonds	GB	Honda-Norton		1 lap
6. J. Dunphy	GB	Norton		1 lap

Number of finishers: 31.
Fastest lap: M. Hailwood (GB, Honda), 4'34.0 = 156.444 km/h.

8) September 2 : Tourist Trophy - Isle of Man

6 laps = 364.320 km

1. G. Agostini	I	MV-Agusta	2 h.14'40.0 = 162.340 km/h
2. P.-J. Williams	GB	AJS	2 h.24'46.0
3. C.-R. Conn	GB	Norton	2 h.26'45.0
4. J. Ahearn	AUS	Norton	2 h.26'56.0
5. F. Bocek	CZ	Jawa	2 h.27'01.0
6. J. Blanchard	GB	AJS	2 h.27'14.0

Number of finishers: 34.
Fastest lap: G. Agostini (I, MV-Agusta), 21'57.6 = 165.800 km/h.

9) September 11 : Italy - Monza

27 laps = 155.250 km

1. G. Agostini	I	MV-Agusta	50'05.0 = 185.989 km/h	
2. R. Pasolini	I	Aermacchi		1 lap
3. A. Pagani	I	Aermacchi		1 lap
4. S. Grassetti	I	Bianchi		1 lap
5. F. Stastny	CZ	Jawa		2 laps
6. G. Havel	CZ	Jawa		2 laps

Number of finishers: 19.
Fastest lap: G. Agostini (I, MV-Agusta), 1'47.8 = 192.026 km/h.

10) October 17 : Japan - Fisco

25 laps = 150.000 km

1. P. Read	GB	Yamaha	54'01.4
			= 165.595 km/h
2. B. Ivy	GB	Yamaha	54'01.5
3. A. Pagani	I	Aermacchi	2 laps
4. B. Black	GB	Honda	2 laps
5. Y. Muromachi	J	Honda	2 laps
6. K. Andersson	S	Husqvarna	2 laps

Number of finishers: 11.
Fastest lap: B. Ivy (GB, Yamaha), 2'06.9 = 170.210 km/h.

WORLD CHAMPIONSHIP (*)

1.	Stanley Michael "Mike" Hailwood	GB	Honda	48
2.	Giacomo Agostini	I	MV-Agusta	42 (48)
3.	Renzo Pasolini	I	Aermacchi	17
4.	Frantisek Stastny	CZ	Jawa	13
5.	Gustav Havel	CZ	Jawa	12
6.	Alberto Pagani	I	Aermacchi	11
7.	Heinz Rosner	DDR	MZ	10
8.	Phil Read	GB	Yamaha	8
9.	Jack Ahearn	AUS	Norton	8
10.	Bruce Beale	RHO	Honda	7
11.	Tarquinio Provini	I	Benelli	6
12.	Peter-J. Williams	GB	AJS	6
13.	Bill Ivy	GB	Yamaha	6
14.	Silvio Grassetti	I	Bianchi	6
15.	Jim Redman	RHO	Honda	4
16.	Tommy Robb	IRL	Bultaco	4
17.	Chris-R. Conn	GB	Norton	4
18.	Stuart Graham	GB	AJS	3
19.	Kelvin Carruthers	AUS	Norton	3
20.	Brian Black	GB	Honda	3
21.	Gilberto Milani	I	Aermacchi	3
22.	Frantisek Bocek	CZ	Jawa	3
23.	Dave Simmonds	GB	Honda-Norton	2
24.	Y. Muromachi	J	Honda	2
25.	Joe Dunphy	GB	Norton	1
26.	John Blanchard	GB	AJS	1
27.	Kent Andersson	S	Husqvarna	1

(*): Les six meilleurs résultats sont pris en compte pour le championnat. Le chiffre entre parenthèses correspond aux points «bruts».

(*): Die sechs besten Resultate wurden für die Gesamtwertung der Meisterschaft gezählt. Die Zahlen in Klammern entsprechen dem "Brutto"-Punktetotal.

(*): The six best results counted towards the championship. The figures in brackets correspond to the gross number of points.

Mike Hailwood, Clermont-Ferrand

Sachsenring: Frantisek Stastny, Giacomo Agostini, Gustav Havel

Champion : **Giacomo Agostini (Italy, MV-Agusta), 36 points (54), 3 wins**

1966 — 500 cc

1) May 22 : West Germany - Hockenheim

28 laps = 189.504 km

1. J. Redman	RHO	Honda	1 h.04'00.8
			= 177.709 km/h
2. G. Agostini	I	MV-Agusta	1 h.04'26.9
3. G. Marsovszki	CH	Matchless	2 laps
4. S. Graham	GB	Honda	2 laps
5. L. Young	GB	Matchless	2 laps
6. E. Lenz	A	Matchless	2 laps

Number of finishers: 11.
Fastest lap: J. Redman (RHO, Honda), 2'14.0 = 181.839 km/h.

2) June 25 : The Netherlands - Assen

20 laps = 154.040 km

1. J. Redman	RHO	Honda	1 h.04'28.6
			= 143.390 km/h
2. G. Agostini	I	MV-Agusta	1 h.04'30.8
3. F. Stastny	CZ	Jawa	1 lap
4. J. Cooper	GB	Norton	1 lap
5. S. Graham	GB	Matchless	1 lap
6. J. Findlay	AUS	Matchless	1 lap

Number of finishers: 16.
Fastest lap: M. Hailwood (GB, Honda), 3'06.7 = 148.542 km/h.

3) July 3 : Belgium - Spa-Francorchamps

15 laps = 211.800 km

1. G. Agostini	I	MV-Agusta	1 h.19'43.1
			= 159.888 km/h
2. S. Graham	GB	Matchless	1 h.20'31.5
3. J. Ahearn	AUS	Norton	1 h.20'49.2
4. G. Marsovski	CH	Matchless	1 h.20'49.3
5. J. Mawby	GB	Norton	1 lap
6. R.-S. Chandler	GB	Matchless	1 lap

Number of finishers: 14.
Fastest lap: M. Hailwood (GB, Honda), 4'59.4 = 169.544 km/h.

4) July 17 : East Germany - Sachsenring

19 laps = 163.666 km

1. F. Stastny	CZ	Jawa	1 h.01'45.5
			= 159.006 km/h
2. G. Agostini	I	MV-Agusta	1 h.02'03.9
3. J. Ahearn	AUS	Norton	1 h.03'08.2
4. R.-S. Chandler	GB	Matchless	1 h.03'09.2
5. G. Marsovszki	CH	Matchless	1 h.03'21.9
6. J. Dodds	GB	Norton	1 h.03'22.3

Number of finishers: 14.
Fastest lap: G. Agostini (I, MV-Agusta), 2'58.8 = 173.342 km/h.

5) July 24 : Czechoslovakia - Brno

13 laps = 181.220 km

1. M. Hailwood	GB	Honda	1 h.16'05.3
			= 143.211 km/h
2. G. Agostini	I	MV-Agusta	1 h.17'21.9
3. G. Marsovszki	CH	Matchless	1 lap
4. J. Findlay	AUS	Matchless	1 lap
5. J. Ahearn	AUS	Norton	1 lap
6. E. Hinton	AUS	Norton	1 lap

Number of finishers: 15.
Fastest lap: M. Hailwood (GB, Honda), 5'40.2 = 147.592 km/h.

6) August 7 : Finland - Imatra

25 laps = 150.750 km

1. G. Agostini	I	MV-Agusta	1 h.08'18.0
			= 132.498 km/h
2. M. Hailwood	GB	Honda	1 h.08'58.7
3. J. Findlay	AUS	Matchless	1 lap
4. J. Ahearn	AUS	Norton	2 laps
5. M. Stanton	AUS	Norton	2 laps
6. L. Young	GB	Matchless	2 laps

Number of finishers: 13.
Fastest lap: G. Agostini (I, MV-Agusta), 2'34.7 = 140.286 km/h.

7) August 20 : Ulster - Belfast

15 laps = 181.005 km

1. M. Hailwood	GB	Honda	1 h.05'00.4
			= 164.820 km/h
2. G. Agostini	I	MV-Agusta	1 h.06'29.8
3. F. Stastny	CZ	Jawa	1 lap
4. J. Findlay	AUS	Matchless	1 lap
5. C.-R. Conn	GB	Norton	1 lap
6. P.-J. Williams	GB	AJS	1 lap

Number of finishers: 24.
Fastest lap: M. Hailwood (GB, Honda), 4'13.6 = 169.029 km/h.

8) September 2 : Tourist Trophy - Isle of Man

6 laps = 364.320 km

1. M. Hailwood	GB	Honda	2 h.11'44.8
			= 165.939 km/h
2. G. Agostini	I	MV-Agusta	2 h.14'22.6
3. C.-R. Conn	GB	Norton	2 h.22'26.8
4. J. Blanchard	GB	Matchless	2 h.22'58.0
5. R.-S. Chandler	GB	Matchless	2 h.24'20.4
6. F. Stastny	CZ	Jawa	2 h.24'36.0

Number of finishers: 32.
Fastest lap: M. Hailwood (GB, Honda), 21'08.6 = 172.312 km/h.

9) September 11 : Italy - Monza

35 laps = 201.500 km

1. G. Agostini	I	MV-Agusta	1 h.03'04.0
			= 191.464 km/h
2. P.-J. Williams	GB	Matchless	2 laps
3. J. Findlay	AUS	Matchless	2 laps
4. F. Stevens	GB	Paton	2 laps
5. W. Scheimann	D	Norton	3 laps
6. E. Lenz	A	Matchless	3 laps

Number of finishers: 13.
Fastest lap: M. Hailwood (GB, Honda), 1'44.0 = 209.444 km/h.

WORLD CHAMPIONSHIP (*)

1.	Giacomo Agostini	I	MV-Agusta	36 (54)
2.	Stanley Michael "Mike" Hailwood	GB	Honda	30
3.	Jack Findlay	AUS	Matchless	20 (21)
4.	Frantisek Stastny	CZ	Jawa	17
5.	Jim Redman	RHO	Honda	16
6.	Gyula Marsovszki	CH	Matchless	13
7.	Jack Ahearn	AUS	Norton	13
8.	Stuart Graham	GB	Matchless	11
9.	Peter-J. Williams	GB	Matchless	7
10.	Chris-R. Conn	GB	Norton	6
11.	Ronald-S. Chandler	GB	Matchless	6
12.	John Cooper	GB	Norton	3
13.	John Blanchard	GB	Matchless	3
14.	Fred Stevens	GB	Paton	3
15.	Lewis Young	GB	Matchless	3
16.	Jeff Mawby	GB	Norton	2
17.	Malcolm Stanton	AUS	Norton	2
18.	Walter Scheimann	D	Norton	2
19.	Eduard Lenz	A	Matchless	2
20.	John Dodds	AUS	Norton	1
21.	Eric Hinton	AUS	Norton	1

(*): Les cinq meilleurs résultats sont pris en compte pour le championnat. Le chiffre entre parenthèses correspond aux points «bruts».

(*): Die fünf besten Resultate wurden für die Gesamtwertung der Meisterschaft gezählt. Die Zahlen in Klammern entsprechen dem "Brutto"-Punktetotal.

(*): The five best results counted towards the championship. The figures in brackets correspond to the gross number of points.

Hockenheim

Kel Carruthers, Norton

1966 — 500 cc

1966 — Side-cars

Champions : **Fritz Scheidegger/John Robinson (Switzerland/Great Britain, BMW), 24 points (40), 5 wins**

1) May 22 : West Germany - Hockenheim

15 laps = 101.520 km

1. F. Scheidegger/J. Robinson	CH/GB	BMW	39'08.2	
			= 155.700 km/h	
2. M. Deubel/E. Hörner	D	BMW	39'31.3	
3. C. Seeley/W. Rawlings	GB	BMW	39'42.0	
4. G. Auerbacher/E. Dein	D	BMW	39'45.0	
5. C. Vincent/T. Harrison	GB	BMW	39'49.2	
6. H. Luthringshauser/H. Hahn	D	BMW	40'37.0	

Number of finishers: 17.
Fastest lap: F. Scheidegger/J. Robinson (CH/GB, BMW), 2'34.3 = 157.924 km/h.

2) May 29 : France - Clermont-Ferrand

14 laps = 112.798 km

1. F. Scheidegger/J. Robinson	CH/GB	BMW	59'05.5	
			= 114.503 km/h	
2. C. Seeley/W. Rawlings	GB	BMW	59'45.1	
3. M. Deubel/E. Hörner	D	BMW	59'54.7	
4. G. Auerbacher/W. Kalauch	D	BMW	1 h.00'54.9	
5. C. Vincent/T. Harrison	GB	BMW	1 h.01'57.9	
6. B. Thompson/G. Wood	AUS/GB	BMW	1 lap	

Number of finishers: 13.
Fastest lap: F. Scheidegger/J. Robinson (CH/GB, BMW), 4'09.0 = 116.452 km/h.

3) June 25 : The Netherlands - Assen

14 laps = 107.828 km

1. F. Scheidegger/J. Robinson	CH/GB	BMW	50'41.8	
			= 127.655 km/h	
2. M. Deubel/E. Hörner	D	BMW	50'58.8	
3. O. Kölle/R. Schmid	D	BMW	52'24.2	
4. G. Auerbacher/E. Dein	D	BMW	52'26.0	
5. S. Schauzu/H. Schneider	D	BMW	52'28.4	
6. C. Vincent/T. Harrison	GB	BMW	52'45.6	

Number of finishers: 10.
Fastest lap: F. Scheidegger/J. Robinson (CH/GB, BMW), 3'35.0 = 129.005 km/h.

4) July 3 : Belgium - Spa-Francorchamps

8 laps = 112.960 km

1. F. Scheidegger/J. Robinson	CH/GB	BMW	40'29.5	
			= 167.144 km/h	
2. M. Deubel/E. Hörner	D	BMW	40'33.2	
3. G. Auerbacher/W. Kalauch	D	BMW	40'37.6	
4. K. Enders/R. Mannischeff	D	BMW	40'59.0	
5. C. Seeley/W. Rawlings	GB	BMW	41'34.7	
6. T. Wakefield/G. Milton	GB	BMW	43'05.8	

Number of finishers: 15.
Fastest lap: G. Auerbacher/W. Kalauch (D, BMW), 4'55.0 = 172.103 km/h.

5) August 28 : Tourist Trophy - Isle of Man

3 laps = 182.160 km

1. F. Scheidegger/J. Robinson	CH/GB	BMW	1 h.14'50.0	
			= 146.030 km/h	
2. M. Deubel/E. Hörner	D	BMW	1 h.14'50.8	
3. G. Auerbacher/E. Dein	D	BMW	1 h.16'52.4	
4. K. Enders/R. Mannischeff	D	BMW	1 h.17'14.4	
5. C. Seeley/W. Rawlings	GB	BMW	1 h.17'42.6	
6. B. Dungsworth/N. Caddow	GB	BMW	1 h.19'33.4	

Number of finishers: 11.
Fastest lap: M. Deubel/E. Hörner (D, BMW), 24'42.4 = 147.464 km/h.

WORLD CHAMPIONSHIP (*)

1.	Fritz Scheidegger/John Robinson	CH/GB	BMW	24 (40)
2.	Max Deubel/Emil Hörner	D	BMW	18 (28)
3.	Colin Seeley/Walter "Wali" Rawlings	GB	BMW	12 (14)
4.	Georg Auerbacher/Eduard Dein/Wolfgang Kalauch	D	BMW	11 (17)
5.	Klaus Enders/Reinhold Mannischeff	D	BMW	6
6.	Chris Vincent/Terry Harrison	GB	BMW	5
7.	Otto Kölle/Rolf Schmid	D	BMW	4
8.	Siegfried Schauzu/Horst Schneider	D	BMW	2
9.	Heinz Luthringshauser/Hermann Hahn	D	BMW	1
10.	Barry Thompson/Gerald Wood	AUS/GB	BMW	1
11.	Tony Wakefield/Graham Milton	GB	BMW	1
12.	Barry Dungsworth/Niel Caddow	GB	BMW	1

(*): Les trois meilleurs résultats sont pris en compte pour le championnat.
Le chiffre entre parenthèses correspond aux points «bruts».

(*): Die drei besten Resultate wurden für die Gesamtwertung der Meisterschaft gezählt.
Die Zahlen in Klammern entsprechen dem "Brutto"-Punktetotal.

(*): The three best results counted towards the championship.
The figures in brackets correspond to the gross number of points.

Jean-Claude-Albert Castella, BMW

Otto Kölle, Rolf Schmid - J. Schillinger, BMW

1966 — Side-cars

Champion : **Hans-Georg Anscheidt (Germany, Suzuki), 30 points (42), 3 wins**

1967 — 50 cc

1) April 30 : Spain - Montjuich

14 laps = 53.060 km

1. H.-G. Anscheidt	D	Suzuki	29'34.33	
			= 107.670 km/h	
2. Y. Katayama	J	Suzuki	29'53.31	
3. B. Grau	E	Derbi	1 lap	
4. J. Bordons	E	Derbi	1 lap	
5. D. Crivello	F	Derbi	1 lap	
6. A. Nieto	E	Derbi	1 lap	

Number of finishers: 12.
Fastest lap: Y. Katayama (J, Suzuki), 2'04.1 = 109.966 km/h.

2) May 7 : West Germany - Hockenheim

15 laps = 101.520 km

1. H.-G. Anscheidt	D	Suzuki	42'29.69
			= 143.604 km/h
2. R. Schmälzle	D	Kreidler	1 lap
3. J. Busquets	E	Derbi	1 lap
4. B. Smith	AUS	Derbi	1 lap
5. D. Gedlich	D	Kreidler	1 lap
6. W. Reinhard	D	Reimo	2 laps

Number of finishers: 13.
Fastest lap: H.-G. Anscheidt (D, Suzuki), 2'47.0 = 145.903 km/h.

3) May 21: France - Clermont-Ferrand

8 laps = 64.456 km

1. Y. Katayama	J	Suzuki	34'15.5
			= 112.887 km/h
2. H.-G. Anscheidt	D	Suzuki	34'17.0
3. S. Graham	GB	Suzuki	34'46.5
4. B. Smith	AUS	Derbi	38'06.9
5. A. Nieto	E	Derbi	38'55.5
6. D. Crivello	F	Derbi	1 lap

Number of finishers: 11.
Fastest lap: Y. Katayama (J, Suzuki), 4'10.7 = 115.668 km/h.

4) June 14 : Tourist Trophy - Isle of Man

3 laps = 182.160 km

1. S. Graham	GB	Suzuki	1 h.21'56.8
			= 132.624 km/h
2. H.-G. Anscheidt	D	Suzuki	1 h.22'50.8
3. T. Robb	IRL	Suzuki	1 h.38'02.0
4. C.-M. Walpole	GB	Honda	1 h.42'08.2
5. E. Griffiths	GB	Honda	1 h.42'08.6
6. J.-D. Lawley	GB	Honda	1 h.45'54.0

Number of finishers: 14.
Fastest lap: S. Graham (GB, Suzuki), 26'34.4 = 137.100 km/h.

5) June 24 : The Netherlands - Assen

8 laps = 61.616 km

1. Y. Katayama	J	Suzuki	32'07.5
			= 115.120 km/h
2. A. Nieto	E	Derbi	33'50.5
3. B. Smith	AUS	Derbi	34'11.1
4. H.-G. Anscheidt	D	Suzuki	34'43.7
5. A. Toersen	NL	Kreidler	36'11.0
6. P. Lodewijkx	NL	Jamathi	36'12.2

Number of finishers: 12.
Fastest lap: Y. Katayama (J, Suzuki), 3'50.9 = 120.105 km/h.

6) July 2 : Belgium - Spa-Francorchamps

5 laps = 70.600 km

1. H.-G. Anscheidt	D	Suzuki	26'40.3
			= 158.550 km/h
2. Y. Katayama	J	Suzuki	26'41.1
3. S. Graham	GB	Suzuki	27'20.5
4. A. Nieto	E	Derbi	30'56.8
5. A. Toersen	NL	Kreidler	31'33.2
6. P. Lodewijkx	NL	Jamathi	31'34.3

Number of finishers: 11.
Fastest lap: Y. Katayama (J, Suzuki), 5'15.2 = 161.047 km/h.

7) October 10 : Japan - Fisco

19 laps = 82.859 km

1. M. Itoh	J	Suzuki	36'08.4
			= 137.502 km/h
2. S. Graham	GB	Suzuki	36'09.8
3. H. Kawasaki	J	Suzuki	36'38.8
4. H.-G. Anscheidt	D	Suzuki	36'42.1
5. B. Smith	AUS	Derbi	2 laps
6. M. Akamatsu	J	Bridgestone	3 laps

Number of finishers: 10.
Fastest lap: M. Itoh (J, Suzuki), 1'51.6 = 140.383 km/h.

H.-J. Martineek, Kreidler

WORLD CHAMPIONSHIP (*)

1. Hans-Georg Anscheidt D Suzuki 30 (42)
2. Yoshimi Katayama J Suzuki 28
3. Stuart Graham GB Suzuki 22
4. Angel Nieto E Derbi 12
5. Barry Smith AUS Derbi 12
6. Mitsuo Itoh J Suzuki 8
7. Rolf Schmälzle D Kreidler 6
8. N. Kawasaki J Suzuki 4
9. Benjamin Grau E Derbi 4
10. José Busquets E Derbi 4
11. Tommy Robb IRL Suzuki 4
12. Aalt Toersen NL Kreidler 4
13. Daniel Crivello F Derbi 3
14. Juan Bordons E Derbi 3
15. Chris-M. Walpole GB Honda 3
16. Dittrich Gedlich D Kreidler 2
17. Ernest Griffiths GB Honda 2
18. Paul Lodewijkx NL Jamathi 2
19. Winfried Reinhard D Reimo 1
20. John-D. Lawley GB Honda 1
21. Mitsuo Akamatsu J Bridgestone 1

(*): Les quatre meilleurs résultats sont pris en compte pour le championnat. Le chiffre entre parenthèses correspond aux points «bruts».

(*): Die vier besten Resultate wurden für die Gesamtwertung der Meisterschaft gezählt. Die Zahlen in Klammern entsprechen dem "Brutto"-Punktetotal.

(*): The four best results counted towards the championship. The figures in brackets correspond to the gross number of points.

Jamathi 50cc

Jamathi 50cc

1967 — 50 cc

Champion : **Bill Ivy (Great Britain, Yamaha), 56 points (76), 8 wins**

1967 — 125 cc

1) April 30 : Spain - Montjuich

27 laps = 102.330 km

1. B. Ivy	GB	Yamaha	52'40.22	= 116.590 km/h
2. P. Read	GB	Yamaha	53'05.08	
3. Y. Katayama	J	Suzuki	53'06.22	
4. S. Graham	GB	Suzuki	53'59.68	
5. F. Villa	I	Montesa	1 lap	
6. J. Medrano	E	Bultaco	1 lap	

Number of finishers: 13.
Fastest lap: B. Ivy (GB, Yamaha), 1'54.86 = 118.801 km/h.

2) May 7 : West Germany - Hockenheim

17 laps = 115.056 km

1. Y. Katayama	J	Suzuki	42'07.5	= 164.096 km/h
2. H.-G. Anscheidt	D	Suzuki	43'01.2	
3. L. Szabo	H	MZ	1 lap	
4. W. Villa	I	Montesa	1 lap	
5. J. Busquets	E	Montesa	1 lap	
6. H. Mann	D	MZ	1 lap	

Number of finishers: 23.
Fastest lap: B. Ivy (GB, Yamaha), 2'22.10 = 171.491 km/h.

3) May 21 : France - Clermont-Ferrand

15 laps = 120.855 km

1. B. Ivy	GB	Yamaha	58'10.1	= 124.629 km/h
2. P. Read	GB	Yamaha	58'28.6	
3. Y. Katayama	J	Suzuki	58'30.4	
4. S. Graham	GB	Suzuki	59'47.0	
5. D. Simmonds	GB	Kawasaki	1 h.02'37.4	
6. J. Vergenais	F	Bultaco	2 laps	

Number of finishers: 9.
Fastest lap: B. Ivy (GB, Yamaha), 3'48.9 = 126.684 km/h.

4) June 14 : Tourist Trophy - Isle of Man

3 laps = 182.160 km

1. P. Read	GB	Yamaha	1 h.09'40.8	= 156.879 km/h
2. S. Graham	GB	Suzuki	1 h.09'44.2	
3. A. Motohashi	J	Yamaha	1 h.11'49.2	
4. D. Simmonds	GB	Kawasaki	1 h.13'46.0	
5. K. Carruthers	AUS	Honda	1 h.17'43.2	
6. J.-F. Curry	GB	Honda	1 h.18'06.0	

Number of finishers: 33.
Fastest lap: P. Read (GB, Yamaha), 23'08.0 = 158.295 km/h.

5) June 24 : The Netherlands - Assen

14 laps = 107.828 km

1. P. Read	GB	Yamaha	47'25.2	= 136.476 km/h
2. B. Ivy	GB	Yamaha	47'31.7	
3. S. Graham	GB	Suzuki	47'33.4	
4. Y. Katayama	J	Suzuki	47'34.0	
5. C. Van Dongen	NL	Honda	1 lap	
6. R. Avery	GB	EMC	1 lap	

Number of finishers: 18.
Fastest lap: B. Ivy (GB, Yamaha), 3'17.7 = 140.286 km/h.

6) July 16 : East Germany - Sachsenring

12 laps = 103.368 km

1. B. Ivy	GB	Yamaha	39'38.9	= 156.430 km/h
2. P. Read	GB	Yamaha	40'02.0	
3. S. Graham	GB	Suzuki	40'09.1	
4. K. Enderlein	DDR	MZ	1 lap	
5. T. Heuschkel	DDR	MZ	1 lap	
6. L. Szabo	H	MZ	1 lap	

Number of finishers: 19.
Fastest lap: B. Ivy (GB, Yamaha), 3'13.8 = 159.920 km/h.

7) July 23 : Czechoslovakia - Brno

8 laps = 111.520 km

1. B. Ivy	GB	Yamaha	45'09.4	= 148.105 km/h
2. S. Graham	GB	Suzuki	45'49.4	
3. L. Szabo	H	MZ	49'54.8	
4. T. Heuschkel	DDR	MZ	1 lap	
5. W. Scheimann	D	Honda	1 lap	
6. J.-F. Curry	GB	Honda	1 lap	

Number of finishers: 20.
Fastest lap: Y. Katayama (J, Suzuki), 5'30.5 = 153.096 km/h.

8) August 6 : Finland - Imatra

20 laps = 120.600 km

1. S. Graham	GB	Suzuki	55'15.9	= 130.915 km/h
2. B. Ivy	GB	Yamaha	56'58.9	
3. D. Simmonds	GB	Kawasaki	1 lap	
4. J. Lenk	DDR	MZ	1 lap	
5. K. Carruthers	AUS	Honda	1 lap	
6. H. Bischoff	DDR	MZ	1 lap	

Number of finishers: 11.
Fastest lap: B. Ivy (GB, Yamaha), 2'38.6 = 136.890 km/h.

9) August 19 : Ulster - Belfast

11 laps = 132.737 km

1. B. Ivy	GB	Yamaha	51'30.2	= 152.550 km/h
2. P. Read	GB	Yamaha	51'30.4	
3. S. Graham	GB	Suzuki	53'27.0	
4. K. Carruthers	AUS	Honda	55'55.6	
5. K. Cass	AUS	Bultaco	55'55.8	
6. G. Molloy	NZ	Bultaco	1 lap	

Number of finishers: 14.
Fastest lap: B. Ivy (GB, Yamaha), 4'27.6 = 160.178 km/h.

10) September 3 : Italy - Monza

18 laps = 103.500 km

1.	B. Ivy	GB	Yamaha	37'13.5
				= 166.821 km/h
2.	H.-G. Anscheidt	D	Suzuki	37'13.7
3.	L. Szabo	H	MZ	1 lap
4.	W. Scheimann	D	Honda	1 lap
5.	G. Burlando	I	Honda	1 lap
6.	J.-F. Curry	GB	Honda	1 lap

Number of finishers: 17.
Fastest lap: B. Ivy (GB, Yamaha), 1'55.4 = 179.264 km/h.

11) September 30 : Canada - Mosport

25 laps = 98.900 km

1.	B. Ivy	GB	Yamaha	46'39.0
				= 127.220 km/h
2.	T. Coopey	CAN	Yamaha	2 laps
3.	R. Lusk	USA	Yamaha	3 laps
4.	J.-G. Duval	CAN	Yamaha	3 laps
5.	R. Swegan	USA	Yamaha	3 laps
6.	R. Messina	USA	Yamaha	4 laps

Number of finishers: 11.
Fastest lap: B. Ivy (GB, Yamaha), 1'45.9 = 134.364 km/h.

12) October 14 : Japan - Fisco

27 laps = 117.747 km

1.	B. Ivy	GB	Yamaha	45'27.4
				= 155.343 km/h
2.	S. Graham	GB	Suzuki	46'17.8
3.	H. Kanaya	J	Kawasaki	1 lap
4.	I. Morishita	J	Suzuki	1 lap
5.	Y. Shigeno	J	Bridgestone	1 lap
6.	B. Smith	AUS	Bultaco	1 lap

Number of finishers: 6.
Fastest lap: B. Ivy (GB, Yamaha), 1'39.6 = 157.393 km/h.

WORLD CHAMPIONSHIP (*)

1.	Bill Ivy	GB	Yamaha	56 (76)
2.	Phil Read	GB	Yamaha	40
3.	Stuart Graham	GB	Suzuki	38 (44)
4.	Yoshimi Katayama	J	Suzuki	19
5.	Laszlo Szabo	H	MZ	13
6.	Hans-Georg Anscheidt	D	Suzuki	12
7.	Dave Simmonds	GB	Kawasaki	9
8.	Kelvin Carruthers	AUS	Honda	7
9.	Tim Coopey	CAN	Yamaha	6
10.	Thomas Heuschkel	DDR	MZ	5
11.	Walter Scheimann	D	Honda	5
12.	Akiyasu Motohashi	J	Yamaha	4
13.	Hideo Kanaya	J	Kawasaki	4
14.	Ron Lusk	USA	Yamaha	4
15.	Klaus Enderlein	DDR	MZ	3
16.	Walter Villa	I	Montesa	3
17.	Jürgen Lenk	DDR	MZ	3
18.	Jean-Guy Duval	CAN	Yamaha	3
19.	Isao Morishita	J	Suzuki	3
20.	Jim-Frederic Curry	GB	Honda	3
21.	Francesco Villa	I	Montesa	2
22.	José Busquets	E	Montesa	2
23.	Cees Van Dongen	NL	Honda	2
24.	Kevin Cass	AUS	Bultaco	2
25.	Giovanni Burlando	I	Honda	2
26.	Ray Swegan	USA	Yamaha	2
27.	Y. Shigeno	J	Bridgestone	2
28.	José Medrano	E	Bultaco	1
29.	Herbert Mann	D	MZ	1
30.	Jean-Louis Vergenais	F	Bultaco	1
31.	Rex Avery	GB	EMC	1
32.	Hartmut Bischoff	DDR	MZ	1
33.	Ginger Molloy	NZ	Bultaco	1
34.	Rodger Messina	USA	Yamaha	1
35.	Barry Smith	AUS	Bultaco	1

(*): Les sept meilleurs résultats sont pris en compte pour le championnat. Le chiffre entre parenthèses correspond aux points «bruts».

(*): Die sieben besten Resultate wurden für die Gesamtwertung der Meisterschaft gezählt. Die Zahlen in Klammern entsprechen dem "Brutto"-Punktetotal.

(*): The seven best results counted towards the championship. The figures in brackets correspond to the gross number of points.

Stuart Graham, Suzuki

Assen

Champion : Stanley Michael "Mike" Hailwood (Great Britain, Honda), 50 points (54), 5 wins

1967 — 250 cc

1) April 30 : Spain - Montjuich

33 laps = 125.070 km

1. P. Read	GB	Yamaha	1 h.03'35.3
			= 118.030 km/h
2. R. Bryans	IRL	Honda	1 h.03'57.0
3. J. Medrano	E	Bultaco	1 lap
4. G. Molloy	NZ	Bultaco	1 lap
5. T. Robb	IRL	Bultaco	1 lap
6. C. Giro	E	Ossa	1 lap

Number of finishers: 11.
Fastest lap: M. Hailwood (GB, Honda), 1'50.2 = 123.839 km/h.

2) May 7 : West Germany - Hockenheim

23 laps = 155.664 km

1. R. Bryans	IRL	Honda	54'04.1
			= 172.741 km/h
2. P. Read	GB	Yamaha	54'08.3
3. H. Rosner	DDR	MZ	1 lap
4. J. Findlay	AUS	Bultaco	2 laps
5. G. Marsovszki	CH	Bultaco	3 laps
6. R. Schmid	D	Bultaco	3 laps

Number of finishers: 13.
Fastest lap: B. Ivy (GB, Yamaha), 2'15.8 = 179.425 km/h.

3) May 21 : France - Clermont-Ferrand

18 laps = 145.026 km

1. B. Ivy	GB	Yamaha	1 h.09'14.4
			= 125.641 km/h
2. P. Read	GB	Yamaha	1 h.09'22.7
3. M. Hailwood	GB	Honda	1 h.09'47.7
4. R. Bryans	IRL	Honda	1 h.09'48.3
5. D. Woodman	GB	MZ	1 h.11'57.7
6. H. Rosner	DDR	MZ	1 h.12'36.4

Number of finishers: ?
Fastest lap: M. Hailwood (GB, Honda), 3'36.0 = 134.250 km/h.

4) June 12 : Tourist Trophy - Isle of Man

6 laps = 364.320 km

1. M. Hailwood	GB	Honda	2 h.11'47.5
			= 164.900 km/h
2. P. Read	GB	Yamaha	2 h.13'06.4
3. R. Bryans	IRL	Honda	2 h.16'27.0
4. D. Simmonds	GB	Kawasaki	2 h.26'48.4
5. W.-A. Smith	GB	Kawasaki	2 h.32'09.2
6. M. Chatterton	GB	Yamaha	2 h.32'25.0

Number of finishers: 30.
Fastest lap: M. Hailwood (GB, Honda), 21'39.8 = 168.176 km/h.

5) June 24 : The Netherlands - Assen

17 laps = 130.934 km

1. M. Hailwood	GB	Honda	54'27.7
			= 144.294 km/h
2. B. Ivy	GB	Yamaha	54'57.0
3. R. Bryans	IRL	Honda	55'07.5
4. D. Woodman	GB	MZ	1 lap
5. D. Simmonds	GB	Kawasaki	1 lap
6. G. Molloy	NZ	Bultaco	1 lap

Number of finishers: 13.
Fastest lap: M. Hailwood (GB, Honda), 3'08.5 = 147.094 km/h.

6) July 2 : Belgium - Spa-Francorchamps

9 laps = 127.080 km

1. B. Ivy	GB	Yamaha	38'42.1
			= 196.730 km/h
2. M. Hailwood	GB	Honda	39'16.7
3. R. Bryans	IRL	Honda	47'07.6
4. D. Woodman	GB	MZ	50'09.9
5. G. Molloy	NZ	Bultaco	1 lap
6. G. Marsovszki	CH	Bultaco	1 lap

Number of finishers: 10.
Fastest lap: P. Read (GB, Yamaha), 4'11.1 = 202.149 km/h.

7) July 16 : East Germany - Sachsenring

15 laps = 129.210 km

1. P. Read	GB	Yamaha	46'40.6
			= 166.090 km/h
2. B. Ivy	GB	Yamaha	47'34.1
3. R. Bryans	IRL	Honda	48'19.4
4. H. Rosner	DDR	MZ	49'42.4
5. G. Molloy	NZ	Bultaco	1 lap
6. G. Marsovszki	CH	Bultaco	1 lap

Number of finishers: 15.
Fastest lap: P. Read (GB, Yamaha), 3'01.8 = 170.461 km/h.

8) July 23 : Czechoslovakia - Brno

9 laps = 125.460 km

1. P. Read	GB	Yamaha	48'04.2
			= 156.600 km/h
2. B. Ivy	GB	Yamaha	48'04.3
3. M. Hailwood	GB	Honda	49'05.5
4. R. Bryans	IRL	Honda	49'08.4
5. H. Rosner	DDR	MZ	50'57.4
6. D. Woodman	GB	MZ	53'17.5

Number of finishers: 22.
Fastest lap: B. Ivy (GB, Yamaha), 5'13.7 = 160.998 km/h.

9) August 6 : Finland - Imatra

23 laps = 138.690 km

1. M. Hailwood	GB	Honda	1 h.04'52.4
			= 128.305 km/h
2. B. Ivy	GB	Yamaha	1 h.06'31.5
3. D. Woodman	GB	MZ	2 laps
4. G. Marsovszki	CH	Bultaco	2 laps
5. F. Stevens	GB	Paton	3 laps
6. M. Stanton	AUS	Aermacchi	3 laps

Number of finishers: 12.
Fastest lap: M. Hailwood (GB, Honda), 2'46.2 = 130.598 km/h.

10) August 19 : Ulster - Belfast

15 laps = 181.005 km

1.	M. Hailwood	GB	Honda	1 h.03'50.2
				= 167.830 km/h
2.	R. Bryans	IRL	Honda	1 h.04'06.0
3.	B. Ivy	GB	Yamaha	1 h.04'35.2
4.	D. Woodman	GB	MZ	1 lap
5.	B. Steenson	IRL	Aermacchi	1 lap
6.	G. Marsovszki	CH	Bultaco	1 lap

Number of finishers: 17.
Fastest lap: M. Hailwood (GB, Honda),
4'11.6 = 170.365 km/h.

11) September 3 : Italy - Monza

22 laps = 126.500 km

1.	P. Read	GB	Yamaha	39'22.2
				= 192.786 km/h
2.	B. Ivy	GB	Yamaha	39'22.8
3.	R. Bryans	IRL	Honda	39'23.0
4.	H. Rosner	DDR	MZ	1 lap
5.	D. Woodman	GB	MZ	1 lap
6.	G. Molloy	NZ	Bultaco	2 laps

Number of finishers: 17.
Fastest lap: B. Ivy (GB, Yamaha),
1'45.7 = 195.712 km/h.

12) September 30 : Canada - Mosport

32 laps = 126.592 km

1.	M. Hailwood	GB	Honda	52'31.0
				= 144.611 km/h
2.	P. Read	GB	Yamaha	53'31.0
3.	R. Bryans	IRL	Honda	1 lap
4.	Y.-M. Duhamel	CAN	Yamaha	2 laps
5.	F. Carmilleri	CAN	Yamaha	3 laps
6.	R. Grant	USA	Yamaha	3 laps

Number of finishers: 21.
Fastest lap: M. Hailwood (GB, Honda),
1'36.8 = 146.707 km/h.

13) October 14 : Japan - Fisco

33 laps = 143.913 km

1.	R. Bryans	IRL	Honda	53'05.5
				= 162.537 km/h
2.	A. Motohashi	J	Yamaha	53'26.3
3.	J. Hamano	J	Yamaha	3 laps
4.	T. Robb	IRL	Bultaco	3 laps
5.	G. Milani	I	Aermacchi	3 laps
6.	B. Ivy	GB	Yamaha	4 laps

Number of finishers: 7.
Fastest lap: H. Hasegawa (J, Yamaha),
1'32.8 = 169.174 km/h.

WORLD CHAMPIONSHIP (*)

1.	Stanley Michael "Mike" Hailwood	GB	Honda	50 (54)
2.	Phil Read	GB	Yamaha	50 (56)
3.	Bill Ivy	GB	Yamaha	46 (51)
4.	Ralph Bryans	IRL	Honda	40 (58)
5.	Derek Woodman	GB	MZ	18
6.	Heinz Rosner	DDR	MZ	13
7.	Ginger Molloy	NZ	Bultaco	9
8.	Gyula Marsovszki	CH	Bultaco	8
9.	Akiyasu Motohashi	J	Yamaha	6
10.	Dave Simmonds	GB	Kawasaki	5
11.	Tommy Robb	IRL	Bultaco	5
12.	José Medrano	E	Bultaco	4
13.	Jyun Hamano	J	Yamaha	4
14.	Jack Findlay	AUS	Bultaco	3
15.	Yvon-Marcel Duhamel	CAN	Yamaha	3
16.	William-A. "Bill" Smith	GB	Kawasaki	2
17.	Fred Stevens	GB	Paton	2
18.	Brian Steenson	IRL	Aermacchi	2
19.	Frank Carmilleri	CAN	Yamaha	2
20.	Gilberto Milani	I	Aermacchi	2
21.	Rolf Schmid	D	Bultaco	1
22.	Mike Chatterton	GB	Yamaha	1
23.	Malcolm Stanton	AUS	Aermacchi	1
24.	Ronald Grant	USA	Yamaha	1

(*): Les sept meilleurs résultats sont pris en compte pour le championnat. Le chiffre entre parenthèses correspond aux points «bruts».

(*): Die sieben besten Resultate wurden für die Gesamtwertung der Meisterschaft gezählt. Die Zahlen in Klammern entsprechen dem "Brutto"-Punktetotal.

(*): The seven best results counted towards the championship. The figures in brackets correspond to the gross number of points.

Bultaco 125

Champion : **Stanley Michael "Mike" Hailwood (Great Britain, Honda), 40 points (48), 6 wins**

1967 — 350 cc

1) May 7 : West Germany - Hockenheim

23 laps = 155.664 km

1. M. Hailwood	GB	Honda	52'09.0 = 179.096 km/h
2. G. Agostini	I	MV-Agusta	53'03.3
3. R. Pasolini	I	Benelli	52'39.1
4. A. Pagani	I	Aermacchi	2 laps
5. K. Carruthers	AUS	Aermacchi	2 laps
6. G. Milani	I	Aermacchi	2 laps

Number of finishers: 19.
Fastest lap: M. Hailwood (GB, Honda), 2'14.2 = 181.276 km/h.

2) June 16 : Tourist Trophy - Isle of Man

6 laps = 364.320 km

1. M. Hailwood	GB	Honda	2 h.09'45.6 = 172.848 km/h
2. G. Agostini	I	MV-Agusta	2 h.12'48.8
3. D. Woodman	GB	MZ	2 h.20'53.6
4. A. Pagani	I	Aermacchi	2 h.23'08.4
5. C.-R. Conn	GB	Norton	2 h.23'20.0
6. G. Milani	I	Aermacchi	2 h.24'13.6

Number of finishers: 43.
Fastest lap: M. Hailwood (GB, Honda), 21'08.0 = 173.340 km/h.

3) June 24 : The Netherlands - Assen

20 laps = 154.040 km

1. M. Hailwood	GB	Honda	1 h.05'19.8 = 141.516 km/h
2. G. Agostini	I	MV-Agusta	1 h.05'59.8
3. R. Pasolini	I	Benelli	1 h.06.03.5
4. F. Stevens	GB	Paton	1 lap
5. H. Rosner	DDR	MZ	1 lap
6. K. Carruthers	AUS	Aermacchi	1 lap

Number of finishers: 16.
Fastest lap: G. Agostini (I, MV-Agusta), 3'10.8 = 145.404 km/h.

4) July 16 : East Germany - Sachsenring

20 laps = 172.280 km

1. M. Hailwood	GB	Honda	1 h.05'15.8 = 158.390 km/h
2. G. Agostini	I	MV-Agusta	1 h.07'54.8
3. D. Woodman	GB	MZ	1 lap
4. K. Carruthers	AUS	Aermacchi	1 lap
5. H. Rosner	DDR	MZ	1 lap
6. D. Shorey		Norton	1 lap

Number of finishers: 17.
Fastest lap: M. Hailwood (GB, Honda), 3'07.1 = 165.633 km/h.

5) July 23 : Czechoslovakia - Brno

11 laps = 153.340 km

1. M. Hailwood	GB	Honda	58'13.7 = 158.043 km/h
2. H. Rosner	DDR	MZ	1 h.02'38.8
3. D. Woodman	GB	MZ	1 h.02'57.6
4. G. Havel	CZ	Jawa	1 h.03'06.8
5. A. Pagani	I	Aermacchi	1 h.03'08.6
6. B. Stasa	CZ	Jawa	1 lap

Number of finishers: 15.
Fastest lap: M. Hailwood (GB, Honda), 5'12.9 = 160.000 km/h.

6) August 19 : Ulster - Belfast

15 laps = 181.005 km

1. G. Agostini	I	MV-Agusta	1 h.04'27.4 = 166.220 km/h
2. R. Bryans	IRL	Honda	1 h.04'37.2
3. H. Rosner	DDR	MZ	1 lap
4. K. Carruthers	AUS	Aermacchi	1 lap
5. B. Steenson	IRL	Aermacchi	1 lap
6. I. McGregor	IRL	Norton	1 lap

Number of finishers: 24.
Fastest lap: G. Agostini (I, MV-Agusta), 4'13.4 = 169.158 km/h.

7) September 3 : Italy - Monza

27 laps = 155.250 km

1. R. Bryans	IRL	Honda	48'39.7 = 191.423 km/h
2. S. Grassetti	I	Benelli	50'22.9
3. H. Rosner	DDR	MZ	2 laps
4. A. Pagani	I	Aermacchi	2 laps
5. D. Woodman	GB	MZ	2 laps
6. F. Stevens	GB	Paton	2 laps

Number of finishers: 17.
Fastest lap: R. Bryans (GB, Honda), 1'45.7 = 195.712 km/h.

8) September 30 : Japan - Fisco

34 laps = 148.274 km/h

1. M. Hailwood	GB	Honda	56'04.3 = 158.592 km/h
2. R. Bryans	IRL	Honda	56'06.0
3. S. Mimuro	J	Yamaha	1 lap
4. M. Wada	J	Yamaha	1 lap
5. G. Milani	I	Aermacchi	2 laps
6. T. Yorino	J	Yamaha	2 laps

Number of finishers: 11.
Fastest lap: M. Hailwood (GB, Honda), 1'35.2 = 164.684 km/h.

WORLD CHAMPIONSHIP (*)

1. Stanley Michael
   "Mike" Hailwood   GB   Honda   40 (48)
2. Giacomo Agostini I   MV-Agusta   32
3. Ralph Bryans   IRL   Honda   20
4. Heinz Rosner   DDR   MZ   18
5. Derek Woodman   GB   MZ   14
6. Alberto Pagani   I   Aermacchi   11
7. Kelvin Carruthers AUS   Aermacchi   9
8. Renzo Pasolini   I   Benelli   8
9. Silvio Grassetti I   Benelli   6
10. Fred Stevens   GB   Paton   4
11. Gilberto Milani I   Aermacchi   4
12. S. Mimuro   J   Yamaha   4
13. Gustav Havel   CZ   Jawa   3
14. Masahiro Wada   J   Yamaha   3
15. Chris-R. Conn   GB   Norton   2
16. Brian Steenson   IRL   Aermacchi   2
17. Dan Shorey   GB   Norton   1
18. Bohumil Stasa   CZ   CZ   1
19. Ian McGregor   IRL   Norton   1
20. T. Yorino   J   Yamaha   1

(*): Les cinq meilleurs résultats sont pris en compte pour le championnat. Le chiffre entre parenthèses correspond aux points «bruts».

(*): Die fünf besten Resultate wurden für die Gesamtwertung der Meisterschaft gezählt. Die Zahlen in Klammern entsprechen dem "Brutto"-Punktetotal.

(*): The five best results counted towards the championship. The figures in brackets correspond to the gross number of points.

Renzo Pasolini, Benelli

Assen

1967 — 350 cc

Champion : **Giacomo Agostini (Italy, MV-Agusta), 46 points (58), 5 wins**

1967 — 500 cc

1) May 7 : West Germany - Hockenheim

30 laps = 203.040 km

1. G. Agostini	I	MV-Agusta	1 h.07'22.1
			= 180.835 km/h
2. P.-J. Williams	GB	Matchless	2 laps
3. J. Findlay	AUS	Matchless	2 laps
4. B. Fitton	GB	Norton	2 laps
5. B. Nelson	GB	Norton	2 laps
6. G. Jenkins	GB	Norton	2 laps

Number of finishers: 16.
Fastest lap: G. Agostini (I, MV-Agusta), 2'09.1 = 188.599 km/h.

2) June 16 : Tourist Trophy - Isle of Man

6 laps = 364.320 km

1. M. Hailwood	GB	Honda	2 h.08'36.2
			= 168.979 km/h
2. P.-J. Williams	GB	Matchless	2 h.16'20.0
3. S. Spencer	GB	Norton	2 h.17'47.2
4. J. Cooper	GB	Norton	2 h.18'20.4
5. F. Stevens	GB	Paton	2 h.19'34.6
6. J. Hartle	GB	Matchless	2 h.19'50.0

Number of finishers: 37.
Fastest lap: M. Hailwood (GB, Honda), 20'48.8 = 175.048 km/h.

3) June 24 : The Netherlands - Assen

20 laps = 154.040 km

1. M. Hailwood	GB	Honda	1 h.03'13.2
			= 146.240 km/h
2. G. Agostini	I	MV-Agusta	1 h.03'18.5
3. P.-J. Williams	GB	Matchless	1 lap
4. D. Shorey	GB	Norton	1 lap
5. G. Marsovszki	CH	Matchless	1 lap
6. C.-R. Conn	GB	Norton	1 lap

Number of finishers: 18.
Fastest lap: M. Hailwood (GB, Honda), 3'05.4 = 149.604 km/h.

3) July 2 : Belgium - Spa-Francorchamps

15 laps = 211.800 km

1. G. Agostini	I	MV-Agusta	1 h.03'37.0
			= 199.470 km/h
2. M. Hailwood	GB	Honda	1 h.04'39.6
3. F. Stevens	GB	Paton	1 h.08'10.3
4. J. Findlay	AUS	Matchless	1 lap
5. G. Marsovszki	CH	Matchless	1 lap
6. D. Minter	GB	Norton	1 lap

Number of finishers: 15.
Fastest lap: G. Agostini (I, MV-Agusta), 4'05.3 = 206.929 km/h.

5) July 16 : East Germany - Sachsenring

20 laps = 172.280 km

1. G. Agostini	I	MV-Agusta	1 h.00'34.0
			= 170.670 km/h
2. J. Hartle	GB	Matchless	1 lap
3. J. Findlay	AUS	Matchless	1 lap
4. J. Dodds	AUS	Norton	1 lap
5. R. Gould	GB	Norton	1 lap
6. D. Shorey	GB	Norton	1 lap

Number of finishers: 15.
Fastest lap: G. Agostini (I, MV-Agusta), 2'56.2 = 175.901 km/h.

6) July 23 : Czechoslovakia - Brno

13 laps = 181.220 km

1. M. Hailwood	GB	Honda	1 h.06'35.7
			= 163.405 km/h
2. G. Agostini	I	MV-Agusta	1 h.06'51.5
3. J. Cooper	GB	Norton	1 h.07'24.1
4. G. Marsovszki	CH	Matchless	1 h.07'24.1
5. J. Hartle	GB	Matchless	1 h.07'27.3
6. J. Dodds	AUS	Norton	1 h.07'28.2

Number of finishers: 14.
Fastest lap: M. Hailwood (GB, Honda), 5'04.0 = 167.001 km/h.

7) August 6 : Finland - Imatra

23 laps = 138.690 km

1. G. Agostini	I	MV-Agusta	1 h.09'55.4
			= 119.085 km/h
2. J. Hartle	GB	Matchless	1 h.11'16.7
3. B. Nelson	GB	Norton	1 h.12'23.5
4. B. Granath	S	Matchless	1 lap
5. F. Stevens	GB	Paton	1 lap
6. M. Hawthorne	GB	Norton	1 lap

Number of finishers: 12.
Fastest lap: G. Agostini (I, MV-Agusta), 2'54.5 = 124.386 km/h.

8) August 19 : Ulster - Belfast

15 laps = 181.005 km

1. M. Hailwood	GB	Honda	1 h.04'43.4
			= 165.508 km/h
2. J. Hartle	GB	Matchless	1 h.07'07.8
3. J. Findlay	AUS	Matchless	1 h.07'54.6
4. J. Blanchard	GB	URS-Seeley	1 h.08'11.8
5. S. Spencer	GB	Norton	1 h.08'17.4
6. J. Cooper	GB	Norton	1 h.08'40.8

Number of finishers: 22.
Fastest lap: M. Hailwood (GB, Honda), 4'09.6 = 171.733 km/h.

9) September 3 : Italy - Monza

35 laps = 201.500 km

1. G. Agostini	I	MV-Agusta	1 h.00'17.2
			= 200.284 km/h
2. M. Hailwood	GB	Honda	1 h.00'30.4
3. A. Bergamonti	I	Paton	2 laps
4. F. Stevens	GB	Paton	2 laps
5. G. Mandolini	I	Moto Guzzi	2 laps
6. J. Hartle	GB	Matchless	2 laps

Number of finishers: 19.
Fastest lap: M. Hailwood (GB, Honda), 1'41.4 = 204.016 km/h.

10) September 30 : Canada - Mosport

40 laps = 158.240 km

1. M. Hailwood	GB	Honda	1 h.13'28.5	
			= 129.209 km/h	
2. G. Agostini	I	MV-Agusta	1 h.14'06.2	
3. M. Duff	CAN	Matchless	1 h.15'08.7	
4. D. Lloyd	CAN	Matchless	1 lap	
5. A. Georgeade	CAN	Velocette	1 lap	
6. G. Rockett	USA	Norton	3 laps	

Number of finishers: 12.
Fastest lap: M. Hailwood (GB, Honda), 1'42.7 = 138.403 km/h.

Giacomo Agostini, MV Agusta - Mike Hailwood, Honda

WORLD CHAMPIONSHIP (*)

1. Giacomo Agostini	I	MV-Agusta	46 (58)	(**)
2. Stanley Michael "Mike" Hailwood	GB	Honda	46 (52)	(**)
3. John Hartle	GB	Matchless	22	
4. Peter-J. Williams	GB	Matchless	16	
5. Jack Findlay	AUS	Matchless	15	
6. Fred Stevens	GB	Paton	11	
7. John Cooper	GB	Norton	8	
8. Gyula Marsovszki	CH	Matchless	7	
9. Billie Nelson	GB	Norton	6	
10. Stephen Spencer	GB	Norton	6	
11. Dan Shorey	GB	Norton	4	
12. John Dodds	AUS	Norton	4	
13. Angelo Bergamonti	I	Paton	4	
14. Mike Duff	CAN	Matchless	4	
15. Bob Fitton	GB	Norton	3	
16. John Blanchard	GB	URS-Seeley	3	
17. Bo Granath	S	Matchless	3	
18. Daniel Lloyd	CAN	Matchless	3	
19. Rodney Gould	GB	Norton	2	
20. Giuseppe Mandolini	I	Moto Guzzi	2	
21. Andreas Georgeade	CAN	Velocette	2	
22. Griff Jenkins	GB	Norton	1	
23. Chris-R. Conn	GB	Norton	1	
24. Derek Minter	GB	Norton	1	
25. Maurice Hawthorne	GB	Norton	1	
26. Johnny Rockett	USA	Norton	1	

(*): Les six meilleurs résultats sont pris en compte pour le championnat. Le chiffre entre parenthèses correspond aux points «bruts».

(*): Die sechs besten Resultate wurden für die Gesamtwertung der Meisterschaft gezählt. Die Zahlen in Klammern entsprechen dem "Brutto"-Punktetotal.

(*): The six best results counted towards the championship. The figures in brackets correspond to the gross number of points.

(**) Giacomo Agostini (I, MV-Agusta) et Stanley Michael "Mike" Hailwood (GB, Honda), ont terminé la saison avec le même nombre de points "nets" et le même nombre de victoires (cinq chacun). Agostini a été déclaré champion du monde, grâce à trois deuxièmes places, contre deux à Hailwood.

(**) Giacomo Agostini (I, MV-Agusta) und Stanley "Mike" Hailwood (GB, Honda) beendeten die Saison mit derselben Anzahl "Netto"-Punkte und derselben Anzahl Siege (je 5). Agostini wurde wegen der grösseren Anzahl zweiter Plätze - drei für den Italiener, zwei für den Engländer - Weltmeister.

(**) Giacomo Agostini (I. MV-Agusta) and Stanley Michael (Mike) Hailwood (GB) Honda finish the season with the same number of points (net) and the same number of wins (five.) Agostini was declared world champion as he had three second places to Hailwood's two.

Giacomo Agostini, MV Agusta - Mike Hailwood, Honda

Champions : Klaus Enders/Ralf Engelhardt (Germany, BMW), 40 points (52), 5 wins

1967 — Side-cars

1) April 30 : Spain - Montjuich

27 laps = 102.330 km

1. G. Auerbacher/E. Dein	D	BMW	56'01.00	
			= 109.650 km/h	
2. K. Enders/R. Engelhardt	D	BMW	56'18.87	
3. S. Schauzu/H. Schneider	D	BMW	57'14.66	
4. O. Kölle/R. Schmid	D	BMW	57'58.27	
5. H. Wohlfart/H. Vester	D	BMW	57'59.68	

Number of finishers: 5.
Fastest lap: G. Auerbacher/E. Dein (D, BMW), 2'02.71 = 111.205 km/h.

2) May 7 : West Germany - Hockenheim

15 laps = 101.520 km

1. K. Enders/R. Engelhardt	D	BMW	39'04.2
			= 155.900 km/h
2. G. Auerbacher/E. Dein	D	BMW	39'09.4
3. T. Wakefield/G. Milton	GB	BMW	40'00.1
4. S. Schauzu/H. Schneider	D	BMW	40'02.0
5. B. Dungsworth/R. Wilson	GB	BMW	40'49.1
6. J. Attenberger/J. Schllinger	D	BMW	41'09.4

Number of finishers: 21.
Fastest lap: K. Enders/R. Engelhardt (D, BMW), 2'32.1 = 160.194 km/h.

3) May 21 : France - Clermont-Ferrand

14 laps = 112.798 km

1. K. Enders/R. Engelhardt	D	BMW	59'08.8
			= 114.396 km/h
2. S. Schauzu/H. Schneider	D	BMW	59'49.0
3. T. Wakefield/G. Milton	GB	BMW	1 h.01'26.5
4. G. Auerbacher/E. Dein	D	BMW	1 h.01'32.2
5. H. Luthringshauser/H. Hahn	D	BMW	1 h.02'07.9
6. A. Butscher/A. Neumann	D	BMW	1 h.03'19.8

Number of finishers: 11.
Fastest lap: H. Fath/W. Kalauch (D, URS-Fath), 4'07.7 = 117.069 km/h.

4) June 12 : Tourist Trophy - Isle of Man

3 laps = 182.160 km

1. S. Schauzu/H. Schneider	D	BMW	1 h.14'40.6
			= 145.354 km/h
2. K. Enders/R. Engelhardt	D	BMW	1 h.14'59.2
3. C. Seeley/R. Lindsay	GB	BMW	1 h.17'15.6
4. P. Harris/J. Thornton	GB	BMW	1 h.18'13.6
5. B. Dungsworth/N. Caddow	GB	BMW	1 h.19'49.4
6. T. Vinicombe/J. Flaxman	GB	BSA	1 h.20'45.6

Number of finishers: 27.
Fastest lap: G. Auerbacher/E. Dein (D, BMW), 24'41.2 = 147.576 km/h.

5) June 24 : The Netherlands - Assen

14 laps = 107.828 km

1. K. Enders/R. Engelhardt	D	BMW	50'31.6
			= 128.850 km/h
2. S. Schauzu/H. Schneider	D	BMW	50'35.7
3. P. Harris/J. Thornton	GB	BMW	50'44.4
4. T. Wakefield/G. Milton	GB	BMW	52'55.7
5. J. Attenberger/J. Schillinger	D	BMW	53'30.2
6. A. Butscher/A. Neumann	D	BMW	54'12.8

Number of finishers: 10.
Fastest lap: K. Enders/R. Engelhardt (D, BMW), 3'33.6 = 129.906 km/h.

6) July 2 : Belgium - Spa-Francorchamps

8 laps = 112.960 km

1. K. Enders/R. Engelhardt	D	BMW	38'24.0
			= 176.180 km/h
2. G. Auerbacher/E. Dein	D	BMW	38'41.4
3. S. Schauzu/H. Schneider	D	BMW	39'38.5
4. P. Harris/J. Thornton	GB	BMW	39'41.5
5. H. Luthringshauser/H. Hahn	D	BMW	41'14.4
6. J. Attenberger/J. Schillinger	D	BMW	41'25.7

Number of finishers: 13.
Fastest lap: K. Enders/R. Engelhardt (D, BMW), 4'44.1 = 178.669 km/h.

7) August 6 : Finland - Imatra

17 laps = 102.510 km

1. K. Enders/R. Engelhardt	D	BMW	53'26.2
			= 115.100 km/h
2. J. Attenberger/J. Schillinger	D	BMW	54'34.5
3. G. Auerbacher/E. Dein	D	BMW	56'32.3
4. H. Hänni/K. Barfuss	CH	BMW	2 laps
5. B. Persson/K. Kimsjö	S	BMW	2 laps
6. B. Bjarnemark/A. Ragmo	S/SF	BMW	2 laps

Number of finishers: 8.
Fastest lap: K. Enders/R. Engelhardt (D, BMW), 3'04.4 = 117.691 km/h.

8) September 3 : Italy - Monza

18 laps = 103.500 km

1. G. Auerbacher/B. Nelson	D/GB	BMW	38'11.3
			= 162.615 km/h
2. H. Luthringshauser/Hahn	D	BMW	39'04.3
3. O. Kölle/R. Schmid	D	BMW	39'50.8
4. J. Duhem/C. Maingret	F	BMW	40'22.1
5. A. Butscher/A. Neumann	D	BMW	40'23.4
6. S. Schauzu/H. Schneider	D	BMW	41'02.8

Number of finishers: 9.
Fastest lap: G. Auerbacher/B. Nelson (D/GB, BMW), 2'03.2 = 165.635 km/h.

WORLD CHAMPIONSHIP (*)

1.	Klaus Enders/Ralf Engelhardt	D	BMW	40 (52)
2.	Georg Auerbacher/Eduard Dein/Billie Nelson	D/D/GB	BMW	32 (35)
3.	Siegfried Schauzu/Horst Schneider	D	BMW	28 (32)
4.	Tony Wakefield/Graham Milton	GB	BMW	11
5.	Johann Attenberger/Josef Schillinger	D	BMW	10
6.	Heinz Luthringshauser/Hermann Hahn	D	BMW	10
7.	Peter "Pip" Harris/John Thornton	GB	BMW	10
8.	Otto Kölle/Rolf Schmid	D	BMW	7
9.	Colin Seeley/Ray Lindsay	GB	BMW	4
10.	Barry Dungsworth/Neil Caddow/Ron Wilson	GB	BMW	4
11.	Arsenius Butscher/Armgard "Aga" Neumann	D	BMW	4
12.	Hans Hänni/Kurt Barfuss	CH	BMW	3
13.	Joseph Duhem/Christian Maingret	F	BMW	3
14.	Harald Wohlfart/Heinrich Vester	D	BMW	2
15.	Bertil Persson/George Kimsjö	S	BMW	2
16.	Terry Vinicombe/John Flaxman	GB	BSA	1
17.	Börje Bjarnemark/A. Ragmo	S/SF	BMW	1

(*): Les cinq meilleurs résultats sont pris en compte pour le championnat.
Le chiffre entre parenthèses correspond aux points «bruts».

(*): Die fünf besten Resultate wurden für die Gesamtwertung der Meisterschaft gezählt.
Die Zahlen in Klammern entsprechen dem "Brutto"-Punktetotal.

(*): The five best results counted towards the championship.
The figures in brackets correspond to the gross number of points.

Spa-Francorchamps

Champion : **Hans-Georg Anscheidt (Germany, Suzuki), 24 points (30), 3 wins**

1968 — 50 cc

1) April 21 : West Germany - South-Nürburgring

13 laps = 100.711 km

1. H.-G. Anscheidt	D	Suzuki	50'36.6
			= 119.408 km/h
2. R. Kunz	D	Kreidler	52'58.7
3. R. Schmälzle	D	Kreidler	53'59.9
4. L. Fassbender	D	Kreidler	1 lap
5. C. Van Dongen	NL	Kreidler	1 lap
6. F. Stefe	Y	Tomos	1 lap

Number of finishers: 11.
Fastest lap: H.-G. Anscheidt (D, Suzuki), 3'49.5 = 121.489 km/h.

2) May 4 : Spain - Montjuich

15 laps = 56.850 km

1. H.-G. Anscheidt	D	Suzuki	33'29.9
			= 101.810 km/h
2. A. Nieto	E	Derbi	33'30.6
3. B. Smith	AUS	Derbi	33'54.3
4. P. Lodewijkx	NL	Jamathi	34'15.5
5. C. Giro	E	Derbi	35'20.4
6. F. Cufi	E	Derbi	36'42.6

Number of finishers: 10.
Fastest lap: A. Nieto (E, Derbi), 2'10.5 = 104.848 km/h.

3) June 14 : Tourist Trophy - Isle of Man

3 laps = 182.160 km

1. B. Smith	AUS	Derbi	1 h.31'37.3
			= 117.290 km/h
2. C.-M. Walpole	GB	Honda	1 h.39'26.7
3. E. Griffiths	GB	Honda	1 h.41'02.9
4. D. Lock	GB	Honda	1 h.41'54.7
5. J. Pink	GB	Honda	1 h.44'21.1
6. R. Udall	GB	Honda	1 h.47'30.7

Number of finishers: 18.
Fastest lap: B. Smith (AUS, Derbi), 30'49.5 = 118.190 km/h.

4) June 29 : The Netherlands - Assen

8 laps = 61.616 km

1. P. Lodewijkx	NL	Jamathi	31'31.4
			= 117.276 km/h
2. H.-G. Anscheidt	D	Suzuki	31'31.5
3. A. Toersen	NL	Kreidler	32'01.5
4. J. De Vries	NL	Kreidler	32'18.4
5. J. Schurgers	NL	Kreidler	33'03.6
6. R. Schmälzle	D	Kreidler	33'17.5

Number of finishers: 18.
Fastest lap: P. Lodewijkx (NL, Jamathi), 3'51.6 = 119.757 km/h.

5) July 7 : Belgium - Spa-Francorchamps

5 laps = 70.600 km

1. H.-G. Anscheidt	D	Suzuki	28'06.1
			= 150.524 km/h
2. P. Lodewijkx	NL	Jamathi	29'10.7
3. A. Nieto	E	Derbi	29'11.6
4. B. Smith	AUS	Derbi	29'18.8
5. M. Mijwaart	NL	Jamathi	30'01.5
6. R. Schmälzle	D	Kreidler	30'03.4

Number of finishers: 16.
Fastest lap: H.-G. Anscheidt (NL, Suzuki), 5'33.3 = 152.295 km/h.

WORLD CHAMPIONSHIP (*)

1. Hans-Georg Anscheidt	D	Suzuki	24 (30)
2. Paul Lodwijkx	NL	Jamathi	17
3. Barry Smith	AUS	Derbi	15
4. Angel Nieto	E	Derbi	10
5. Rudolf Kunz	D	Kreidler	6
6. Chris-M. Walpole	GB	Honda	6
7. Rolf Schmälzle	D	Kreidler	6
8. Ernest Griffiths	GB	Honda	4
9. Aalt Toersen	NL	Kreidler	4
10. Ludwig Fassbender	D	Kreidler	3
11. Dave Lock	GB	Honda	3
12. Jan De Vries	NL	Kreidler	3
13. Cees Van Dongen	NL	Kreidler	2
14. Carlos Giro	E	Derbi	2
15. Jim Pink	GB	Honda	2
16. Jos Schurgers	NL	Kreidler	2
17. Martin Mijwaart	NL	Jamathi	2
18. Florjan Stefe	Y	Tomos	1
19. Francisco Cufi	E	Derbi	1
20. Robin Udall	GB	Honda	1

(*): Les trois meilleurs résultats sont pris en compte pour le championnat. Le chiffre entre parenthèses correspond aux points «bruts».

(*): Die drei besten Resultate wurden für die Gesamtwertung der Meisterschaft gezählt. Die Zahlen in Klammern entsprechen dem "Brutto"-Punktetotal.

(*): The three best results counted towards the championship. The figures in brackets correspond to the gross number of points.

Barry Smith, Derbi

Paul Loolewijkx, Jamathi 50

1968 — 50 cc

Champion : **Phil Read (Great Britain, Yamaha), 40 points (60), 6 wins**

1968 — 125 cc

1) April 21: West Germany - South-Nürburgring

13 laps = 100.711 km

1. P. Read	GB	Yamaha	44'28.9
			= 136.411 km/h
2. H.-G. Anscheidt	D	Suzuki	46'02.2
3. S. Möhringer	D	MZ	46'40.8
4. D. Braun	D	MZ	46'41.2
5. K. Andersson	S	MZ	47'53.5
6. K. Carruthers	AUS	Honda	48'03.2

Number of finishers: 25.
Fastest lap: B. Ivy (GB, Yamaha), 3'22.0 = 138.097 km/h.

2) May 4 : Spain - Montjuich

27 laps = 102.330 km

1. S. Canellas	E	Bultaco	55'03.94
			= 111.490 km/h
2. G. Molloy	NZ	Bultaco	55'33.13
3. H. Rosner	DDR	MZ	56'50.96
4. W. Scheimann	D	Honda	56'53.81
5. T. Robb	IRL	Bultaco	1 lap
6. P. Alvarez	E	Bultaco	1 lap

Number of finishers: 8.
Fastest lap: B. Ivy (GB, Yamaha), 1'55.73 = 117.916 km/h.

3) June 14 : Tourist Trophy - Isle of Man

3 laps = 182.160 km

1. P. Read	GB	Yamaha	1 h.08'31.4
			= 159.480 km/h
2. B. Ivy	GB	Yamaha	1 h.09'27.8
3. K. Carruthers	AUS	Honda	1 h.18'21.2
4. T. Robb	IRL	Bultaco	1 h.19'10.4
5. G. Keith	RHO	Montesa	1 h.20'06.4
6. S. Murray	GB	Honda	1 h.21'39.4

Number of finishers: 21.
Fastest lap: B. Ivy (GB, Yamaha), 22'34.0 = 161.448 km/h.

4) June 29 : The Netherlands - Assen

14 laps = 107.828 km

1. P. Read	GB	Yamaha	48'38.7
			= 133.039 km/h
2. G. Molloy	NZ	Bultaco	50'49.3
3. J. Huberts	NL	MZ	51'03.2
4. S. Canellas	E	Bultaco	51'05.3
5. D. Braun	D	MZ	51'34.2
6. G. Visenzi	I	Montesa	52'03.9

Number of finishers: 16.
Fastest lap: P. Read (GB, Yamaha), 3'19.7 = 138.888 km/h.

5) July 14 : East Germany - Sachsenring

12 laps = 103.368 km

1. P. Read	GB	Yamaha	39'35.6
			= 156.620 km/h
2. B. Ivy	GB	Yamaha	40'50.1
3. G. Bartusch	DDR	MZ	42'31.6
4. L. Szabo	H	MZ	42'37.8
5. H. Bischoff	DDR	MZ	42'38.5
6. T. Heuschkel	DDR	MZ	42'38.8

Number of finishers: 20.
Fastest lap: B. Ivy (GB, Yamaha), 3'12.2 = 161.344 km/h.

6) July 21 : Czechoslovakia - Brno

8 laps = 111.520 km

1. P. Read	GB	Yamaha	48'46.3
			= 137.528 km/h
2. L. Szabo	H	MZ	51'32.2
3. G. Bartusch	DDR	MZ	52'17.0
4. D. Braun	D	MZ	52'17.4
5. L. John	D	MZ	53'21.9
6. J. Reisz	H	MZ	53'55.3

Number of finishers: 16.
Fastest lap: B. Ivy (GB, Yamaha), 6'14.0 = 141.374 km/h.

7) August 4 : Finland - Imatra

20 laps = 120.600 km

1. P. Read	GB	Yamaha	52'40.2
			= 137.409 km/h
2. B. Ivy	GB	Yamaha	53'24.2
3. H. Rosner	DDR	MZ	1 lap
4. B. Kohlar	DDR	MZ	1 lap
5. J. Lenk	DDR	MZ	1 lap
6. T. Heuschkel	DDR	MZ	21 laps

Number of finishers: 14.
Fastest lap: B. Ivy (GB, Yamaha), 2'34.6 = 140.434 km/h.

8) August 17 : Ulster - Belfast

11 laps = 132.737 km

1. B. Ivy	GB	Yamaha	49'00.6
			= 160.337 km/h
2. P. Read	GB	Yamaha	49'03.4
3. H. Rosner	DDR	MZ	1 lap
4. G. Molloy	NZ	Bultaco	1 lap
5. D. Braun	D	MZ	1 lap
6. K. Carruthers	AUS	Honda	1 lap

Number of finishers: 12.
Fastest lap: P. Read (GB, Yamaha), 4'23.5 = 164.825 km/h.

9) September 15 : Italy - Monza

18 laps = 103.500 km

1. B. Ivy	GB	Yamaha	36'23.3
			= 170.659 km/h
2. P. Read	GB	Yamaha	42'41.8
3. H.-G. Anscheidt	D	Suzuki	1 lap
4. D. Simmonds	GB	Kawasaki	1 lap
5. L. Szabo	H	MZ	1 lap
6. D. Braun	D	MZ	1 lap

Number of finishers: 20.
Fastest lap: B. Ivy (GB, Yamaha), 1'58.2 = 175.127 km/h.

WORLD CHAMPIONSHIP (*)

1.	Phil Read	GB	Yamaha	40 (60)
2.	Bill Ivy	GB	Yamaha	34
3.	Ginger Molloy	NZ	Bultaco	15
4.	Heinz Rosner	DDR	MZ	12
5.	Salvador Canellas	E	Bultaco	11
6.	Laszlo Szabo	H	MZ	11
7.	Dieter Braun	D	MZ	11
8.	Hans-Georg Anscheidt	D	Suzuki	10
9.	Günter Bartusch	DDR	MZ	8
10.	Kelvin Carruthers	AUS	Honda	6
11.	Tommy Robb	IRL	Bultaco	5
12.	Siegfried Möhringer	D	MZ	4
13.	Jan Huberts	NL	MZ	4
14.	Walter Scheimann	D	Honda	3
15.	Friedhelm Kohlar	DDR	MZ	3
16.	Dave Simmonds	GB	Kawasaki	3
17.	Kent Andersson	S	MZ	2
18.	Gordon Keith	RHO	Montesa	2
19.	Hartmut Bischoff	DDR	MZ	2
20.	Lothar John	D	MZ	2
21.	Jürgen Lenk	DDR	MZ	2
22.	Thomas Heuschkel	DDR	MZ	2
23.	Pedro Alvarez	E	Bultaco	1
24.	Stephen Murray	GB	Honda	1
25.	Giuseppe Visenzi	I	Montesa	1
26.	Janos Reisz	H	MZ	1

(*): Les cinq meilleurs résultats sont pris en compte pour le championnat. Le chiffre entre parenthèses correspond aux points «bruts».

(*): Die fünf besten Resultate wurden für die Gesamtwertung der Meisterschaft gezählt. Die Zahlen in Klammern entsprechen dem "Brutto"-Punktetotal.

(*): The five best results counted towards the championship. The figures in brackets correspond to the gross number of points.

Suzuki 125

Phil Read, Yamaha (101) / Bill Ivy, Yamaha (106)

Champion : **Phil Read (Great Britain, Yamaha), 46 points (52), 5 wins**

1968 — 250 cc

1) April 21: West Germany - South-Nürburgring

17 laps = 131.699 km

1. B. Ivy	GB	Yamaha		55'53.9
				= 141.400 km/h
2. G. Molloy	NZ	Bultaco		58'54.3
3. K. Andersson	S	Yamaha		58'58.6
4. R. Gould	GB	Yamaha		59'00.8
5. J. Findlay	AUS	Bultaco		1 lap
6. S. Herrero	E	Ossa		1 lap

Number of finishers: 13.
Fastest lap: B. Ivy (GB, Yamaha), 3'13.4 = 144.200 km/h.

2) May 5 : Spain - Montjuich

33 laps = 125.070 km

1. P. Read	GB	Yamaha	1 h.03'28.33
			= 118.210 km/h
2. H. Rosner	DDR	MZ	1 h.04'57.39
3. G. Molloy	NZ	Bultaco	1 lap
4. C. Giro	E	Ossa	1 lap
5. C. Rocamora	E	Bultaco	2 lap
6. P. Eickelberg	D	Aermacchi	2 lap

Number of finishers: 12.
Fastest lap: P. Read (GB, Yamaha), 1'52.15 = 121.666 km/h.

3) June 10 : Tourist Trophy - Isle of Man

6 laps = 364.320 km

1. B. Ivy	GB	Yamaha	2 h.16'24.8
			= 160.220 km/h
2. R. Pasolini	I	Benelli	2 h.18'36.8
3. H. Rosner	DDR	MZ	2 h.22'56.4
4. M. Uphill	GB	Suzuki	2 h.24'44.4
5. R. Gould	GB	Yamaha	2 h.25'07.0
6. W.-A. Smith	GB	Yamaha	2 h.27'14.8

Number of finishers: 31.
Fastest lap: B. Ivy (GB, Yamaha), 21'27.4 = 169.801 km/h.

4) June 29 : The Netherlands - Assen

17 laps = 130.934 km

1. B. Ivy	GB	Yamaha	55'23.9
			= 141.855 km/h
2. P. Read	GB	Yamaha	55'24.0
3. R. Pasolini	I	Benelli	57'07.2
4. H. Rosner	DDR	MZ	57'36.8
5. R. Gould	GB	Yamaha	58'55.5
6. S. Herrero	E	Ossa	1 lap

Number of finishers: 19.
Fastest lap: B. Ivy (GB, Yamaha), 3'13.0 = 143.709 km/h.

5) July 7 : Belgium - Spa-Francorchamps

9 laps = 127.080 km

1. P. Read	GB	Yamaha	40'38.6
			= 187.336 km/h
2. H. Rosner	DDR	MZ	40'45.6
3. R. Gould	GB	Yamaha	41'04.9
4. L. Szabo	H	MZ	41'39.0
5. S. Herrero	E	Ossa	41'59.4
6. K. Andersson	S	Yamaha	43'00.0

Number of finishers: 17.
Fastest lap: B. Ivy (GB, Yamaha), 4'11.5 = 201.829 km/h.

6) July 14 : East Germany - Sachsenring

15 laps = 129.210 km

1. B. Ivy	GB	Yamaha	46'44.0
			= 165.890 km/h
2. P. Read	GB	Yamaha	46'44.1
3. H. Rosner	DDR	MZ	48'53.0
4. R. Gould	GB	Yamaha	49'46.2
5. G. Molloy	NZ	Bultaco	1 lap
6. J. Findlay	AUS	Bultaco	1 lap

Number of finishers: 20.
Fastest lap: P. Read (GB, Yamaha), 3'01.5 = 170.856 km/h.

7) July 21 : Czechoslovakia - Brno

9 laps = 125.460 km

1. P. Read	GB	Yamaha	50'39.4
			= 148.610 km/h
2. B. Ivy	GB	Yamaha	50'53.8
3. H. Rosner	DDR	MZ	51'25.4
4. R. Gould	GB	Yamaha	52'28.6
5. G. Milani	I	Aermacchi	53'52.4
6. G. Molloy	NZ	Bultaco	53'53.5

Number of finishers: 17.
Fastest lap: P. Read (GB, Yamaha), 5'29.7 = 152.180 km/h.

8) August 4 : Finland - Imatra

23 laps = 138.690 km

1. P. Read	GB	Yamaha	1 h.04'55.3
			= 128.200 km/h
2. H. Rosner	DDR	MZ	1 h.06'57.3
3. R. Gould	GB	Yamaha	1 lap
4. G. Molloy	NZ	Bultaco	1 lap
5. L. Szabo	H	MZ	1 lap
6. G. Marsovszki	CH	Bultaco	3 laps

Number of finishers: 7.
Fastest lap: P. Read (GB, Yamaha), 2'39.7 = 135.828 km/h.

9) August 17 : Ulster - Belfast

15 laps = 181.005 km

1. B. Ivy	GB	Yamaha	1 h.08'18.8
			= 156.877 km/h
2. H. Rosner	DDR	MZ	1 h.10'40.0
3. R. Gould	GB	Yamaha	1 h.11'08.0
4. G. Molloy	NZ	Bultaco	1 lap
5. M. Uphill	GB	Suzuki	1 lap
6. K. Andersson	S	Yamaha	1 lap

Number of finishers: 17.
Fastest lap: B. Ivy (GB, Yamaha), 4'20.5 = 166.756 km/h.

10) September 15 : Italy - Monza

22 laps = 126.500 km

1. P. Read   GB   Yamaha   42'35.4
                                    = 178.210 km/h
2. B. Ivy   GB   Yamaha   44'26.4
3. S. Herrero   E   Ossa   1 lap
4. G. Keith   RHO   Yamaha   1 lap
5. J. Findlay   AUS   Bultaco   2 laps
6. R. Butcher   GB   Suzuki   2 laps

Number of finishers: 14.
Fastest lap: P. Read (GB, Yamaha), 1'53.6 = 182.097 km/h.

WORLD CHAMPIONSHIP (*)

1. Phil Read   GB   Yamaha   46 (52) (**)
2. Bill Ivy   GB   Yamaha   46 (52) (**)
3. Heinz Rosner   DDR   MZ   32 (39)
4. Rodney Gould   GB   Yamaha   21 (25)
5. Ginger Molloy   NZ   Bultaco   19
6. Renzo Pasolini   I   Benelli   10
7. Santiago Herrero   E   Ossa   8
8. Kent Andersson   S   Yamaha   6
9. Malcolm Uphill   GB   Suzuki   5
10. Laszlo Szabo   H   MZ   5
11. Jack Findlay   AUS   Bultaco   5
12. Carlos Giro   E   Ossa   3
13. Gordon Keith   RHO   Yamaha   3
14. Carlos Rocamora   E   Bultaco   2
15. Gilberto Milani   I   Aermacchi 2
16. Paul Eickelberg   D   Aermacchi 1
17. William-A. "Bill" Smith GB Yamaha   1
18. Gyula Marsovszki   CH   Bultaco   1
19. Rex Butcher   GB   Suzuki   1

(*): Les six meilleurs résultats sont pris en compte pour le championnat. Le chiffre entre parenthèses correspond aux points «bruts».

(*): Die sechs besten Resultate wurden für die Gesamtwertung der Meisterschaft gezählt. Die Zahlen in Klammern entsprechen dem "Brutto"-Punktetotal.

(*): The six best results counted towards the championship. The figures in brackets correspond to the gross number of points.

(**): Phil Read (GB, Yamaha) et Bill Ivy (GB, Yamaha), ont terminé la saison avec le même nombre de points, le même nombre de victoires (5) et le même nombre de deuxièmes places (2 également). Pour les départager, la Fédération décida d'additionner les temps respectifs des quatre courses où les deux hommes furent à l'arrivée, soit les GP des Pays-Bas, d'Allemagne de l'Est, de Tchécoslovaquie et d'Italie. Phil Read (3 h.15'22.9) fut ainsi déclaré champion du monde face à Bill Ivy (3 h.17'28.2), pour une différence de 2'05.3.

(**) Phil Read (GB, Yamaha) und Bill Ivy (GB, Yamaha) beendeten die Saison mit derselben Anzahl Punkte, derselben Anzahl Siege (je 5) und derselben Anzahl zweiter Plätze (je 2). Für die Titelvergabe entschied die FIM, die Gesamtzeit der vier Rennen, bei denen beide Fahrer ins Ziel kamen, zu errechnen. Das waren die GP von Niederlande, Ostdeutschland, Tschechoslowakei und Italien. Phil Read (3h 15 min 22,9 sec) wurde Weltmeister vor Bill Ivy (3h 17 min, 28,2 sec) mit einem Vorsprung von 2:05,3 min.

(**) Phil Read (GB. Yamaha) and Bill Ivy (GB. Yamaha) finished the season with the same number of points, the same number of wins (5) and the same number of second places (2.) To split them, the Federation decided to add up their times from the four events which both men finished. These were the Dutch, East German, Czechoslovakian and Italian events. Phil Read (3h 15m 22.9) was thus declared world champion ahead of Bill Ivy, beating him by 2m 05.3s.

Gilberto Milani, Renzo Pasolini

Yamaha 250 4 cylindres

Champion : **Giacomo Agostini (Italy, MV-Agusta), 32 points (56), 7 wins**

1968 — 350 cc

1) April 21: West Germany - South-Nürburgring

20 laps = 154.940 km

1. G. Agostini	I	MV-Agusta	1 h.03'28.6
			= 146.455 km/h
2. R. Pasolini	I	Benelli	1 h.04'09.1
3. K. Carruthers	AUS	Aermacchi	1 lap
4. G. Molloy	NZ	Bultaco	1 lap
5. D. Shorey	GB	Norton	1 lap
6. B. Stasa	CZ	CZ	1 lap

Number of finishers: 21.
Fastest lap: G. Agostini (I, MV-Agusta), 3'06.7 = 149.395 km/h.

2) June 14: Tourist Trophy - Isle of Man

6 laps = 364.320 km

1. G. Agostini	I	MV-Agusta	2 h.09'39.5
			= 168.590 km/h
2. R. Pasolini	I	Benelli	2 h.12'20.5
3. W.-A. Smith	GB	Honda	2 h.22'59.5
4. D. Woodman	GB	Aermacchi	2 h.25'22.3
5. J. Cooper	GB	Seeley	2 h.25'32.9
6. J. Findlay	AUS	Aermacchi	2 h.26'01.1

Number of finishers: 39.
Fastest lap: G. Agostini (I, MV-Agusta), 21'12.5 = 171.829 km/h.

3) June 29: The Netherlands - Assen

20 laps = 154.040 km

1. G. Agostini	I	MV-Agusta	1 h.05'21.5
			= 141.412 km/h
2. G. Molloy	NZ	Bultaco	1 lap
3. G. Milani	I	Aermacchi	1 lap
4. B. Stasa	CZ	CZ	1 lap
5. D. Woodman	GB	Aermacchi	1 lap
6. D. Simmonds	GB	Kawasaki	1 lap

Number of finishers: 17.
Fastest lap: G. Agostini (I, MV-Agusta), 3'11.9 = 144.532 km/h.

4) July 14: East Germany - Sachsenring

18 laps = 155.052 km

1. G. Agostini	I	MV-Agusta	56'10.0
			= 165.710 km/h
2. H. Rosner	DDR	MZ	1 lap
3. K. Carruthers	AUS	Aermacchi	1 lap
4. G. Molloy	NZ	Bultaco	1 lap
5. D. Woodmann	GB	Aermacchi	1 lap
6. B. Nelson	GB	Norton	1 lap

Number of finishers: 15.
Fastest lap: G. Agostini (I, MV-Agusta), 3'01.2 = 171.139 km/h.

5) July 21: Czechoslovakia - Brno

11 laps = 153.340 km

1. G. Agostini	I	MV-Agusta	1 h.04'19.6
			= 143.085 km/h
2. H. Rosner	DDR	MZ	1 h.05'45.5
3. F. Stastny	CZ	Jawa	1 h.06'36.6
4. K. Carruthers	AUS	Aermacchi	1 h.07'13.6
5. K. Hoppe	D	Aermacchi	1 h.07'56.8
6. B. Nelson	GB	Norton	1 h.08'01.4

Number of finishers: 19.
Fastest lap: G. Agostini (I, MV-Agusta), 5'20.9 = 156.360 km/h.

6) August 17: Ulster - Belfast

15 laps = 181.005 km

1. G. Agostini	I	MV-Agusta	1 h.04'48.8
			= 165.308 km/h
2. K. Carruthers	AUS	Aermacchi	1 h.09'12.6
3. B. Steenson	IRL	Aermacchi	1 h.09'33.0
4. F. Stastny	CZ	Jawa	1 lap
5. D. Woodman	GB	Aermacchi	1 lap
6. B. Nelson	GB	Norton	1 lap

Number of finishers: 36.
Fastest lap: G. Agostini (I, MV-Agusta), 4'10.6 = 171.186 km/h.

7) September 15: Italy - Monza

27 laps = 155.250 km

1. G. Agostini	I	MV-Agusta	54'26.2
			= 171.116 km/h
2. R. Pasolini	I	Benelli	55'14.1
3. S. Grassetti	I	Benelli	1 lap
4. B. Stasa	CZ	CZ	2 laps
5. B. Spaggiari	I	Ducati	2 laps
6. F. Stastny	CZ	Jawa	3 laps

Number of finishers: 13.
Fastest lap: G. Agostini (I, MV-Agusta), 1'57.1 = 176.657 km/h.

Jack Findlay

WORLD CHAMPIONSHIP (*)

1.	Giacomo Agostini	I	MV-Agusta	32 (56)
2.	Renzo Pasolini	I	Benelli	18
3.	Kelvin Carruthers	AUS	Aermacchi	17
4.	Heinz Rosner	DDR	MZ	12
5.	Ginger Molloy	NZ	Bultaco	12
6.	Derek Woodman	GB	Aermacchi	9
7.	Frantisek Stastny	CZ	Jawa	8
8.	Bohumil Stasa	CZ	CZ	7
9.	William-A. "Bill" Smith	GB	Honda	4
10.	Gilberto Milani	I	Aermacchi	4
11.	Brian Steenson	IRL	Aermacchi	4
12.	Silvio Grassetti	I	Benelli	4
13.	Billie Nelson	GB	Norton	3
14.	Dan Shorey	GB	Norton	2
15.	John Cooper	GB	Seeley	2
16.	Karl Hoppe	D	Aermacchi	2
17.	Bruno Spaggiari	I	Ducati	2
18.	Jack Findlay	AUS	Aermacchi	1
19.	Dave Simmonds	GB	Kawasaki	1

(*): Les quatre meilleurs résultats sont pris en compte pour le championnat. Le chiffre entre parenthèses correspond aux points «bruts».

(*): Die vier besten Resultate wurden für die Gesamtwertung der Meisterschaft gezählt. Die Zahlen in Klammern entsprechen dem "Brutto"-Punktetotal.

(*): The four best results counted towards the championship. The figures in brackets correspond to the gross number of points.

Spa-Francorchamps

Bohumil Stasa, CZ

1968 — 350 cc

Champion : **Giacomo Agostini (Italy, MV-Agusta), 48 points (80), 10 wins**

1968 — 500 cc

1) April 21: West Germany - South-Nürburgring

19 laps = 147.193 km (*)

1. G. Agostini	I	MV-Agusta	1 h.02'23.5	
			= 143.911 km/h	
2. D. Shorey	GB	Norton		1 lap
3. P.-J. Williams	GB	Matchless		1 lap
4. G. Marsovszki	CH	Matchless		1 lap
5. B. Stasa	CZ	CZ		1 lap
6. R. Gould	GB	Norton		2 laps

Number of finishers: 19.
Fastest lap: G. Agostini (I, MV-Agusta), 3'08.6 = 147.802 km/h.

(*) course prévue en 24 tours, mais arrêtée au 19ᵉ tour en raison d'incendies de forêt.

(*) Das Rennen war auf 24 Runden angesetzt, wurde aber in der 19 Runde wegen Waldbränden abgebrochen.

(*) The race was scheduled to run over 24 laps, but it was stopped after just 19, because of forest fires.

2) May 5 : Spain - Montjuich

40 laps = 151.600 km

1. G. Agostini	I	MV-Agusta	1 h.16'16.61	
			= 119.240 km/h	
2. J. Findlay	AUS	Matchless	1 h.17'18.96	
3. J. Dodds	AUS	Norton		1 lap
4. A. Bergamonti	I	Paton		1 lap
5. G. Marsovszki	CH	Matchless		1 lap
6. R. Butcher	GB	Norton		1 lap

Number of finishers: 9.
Fastest lap: G. Agostini (I, MV-Agusta), 1'52.07 = 121.762 km/h.

3) June 14 : Tourist Trophy - Isle of Man

6 laps = 364.320 km

1. G. Agostini	I	MV-Agusta	2 h.13'39.4
			= 163.558 km/h
2. B. Ball	GB	Seeley	2 h.22'08.4
3. B. Randle	GB	Norton	2 h.22'08.8
4. W.-A. Smith	GB	Matchless	2 h.22'34.2
5. B. Lund	GB	Matchless	2 h.23'03.6
6. K. Carruthers	AUS	Norton	2 h.23'06.4

Number of finishers: 37.
Fastest lap: G. Agostini (I, MV-Agusta), 21'34.8 = 168.836 km/h.

4) June 29 : The Netherlands - Assen

20 laps = 154.040 km

1. G. Agostini	I	MV-Agusta	1 h.05'22.2
			= 141.439 km/h
2. J. Findlay	AUS	Matchless	1 h.06'41.3
3. J. Cooper	GB	Seeley	1 h.06'41.4
4. P.-J. Williams	GB	Matchless	1 h.06'41.5
5. K. Carruthers	AUS	Norton	1 h.08'10.7
6. R.-S. Chandler	GB	Seeley	1 h.08'18.3

Number of finishers: 15.
Fastest lap: G. Agostini (I, MV-Agusta), 3'10.2 = 145.825 km/h.

5) July 7 : Belgium - Spa-Francorchamps

15 laps = 211.800 km

1. G. Agostini	I	MV-Agusta	1 h.03'11.8	
			= 200.868 km/h	
2. J. Findlay	AUS	Matchless	1 h.06'58.1	
3. D. Woodman	GB	Seeley		1 lap
4. B. Fitton	GB	Norton		1 lap
5. K. Carruthers	AUS	Norton		1 lap
6. J. Cooper	GB	Seeley		1 lap

Number of finishers: 15.
Fastest lap: G. Agostini (I, MV-Agusta), 4'03.4 = 208.545 km/h.

6) July 14 : East Germany - Sachsenring

20 laps = 172.280 km

1. G. Agostini	I	MV-Agusta	1 h.00'39.4	
			= 170.380 km/h	
2. A. Pagani	I	Linto		1 lap
3. J. Findlay	AUS	Matchless		1 lap
4. J. Cooper	GB	Seeley		1 lap
5. B. Nelson	GB	Paton		1 lap
6. G. Nash	GB	Norton		1 lap

Number of finishers: 15.
Fastest lap: G. Agostini (I, MV-Agusta), 8'55.4 = 176.798 km/h.

7) July 21 : Czechoslovakia - Brno

13 laps = 181.220 km

1. G. Agostini	I	MV-Agusta	1 h.18'07.0	
			= 139.211 km/h	
2. J. Findlay	AUS	Matchless	1 h.23'18.1	
3. G. Marsovszki	CH	Matchless	1 h.24'05.1	
4. B. Nelson	GB	Paton	1 h.24'22.9	
5. P.-J. Williams	GB	Matchless		1 lap
6. D. Shorey	GB	Norton		1 lap

Number of finishers: 12.
Fastest lap: G. Agostini (I, MV-Agusta), 5'18.1 = 157.765 km/h.

8) August 4 : Finland - Imatra

23 laps = 138.690 km ?

1. G. Agostini	I	MV-Agusta	57'51.9	
			= 143.800 km/h	
2. J. Findlay	AUS	Matchless		1 lap
3. D. Woodman	GB	Seeley		1 lap
4. N. Sevostianov	URSS	Vostok		1 lap
5. J. Dodds	AUS	Norton		1 lap
6. G. Marsovszki	CH	Matchless		1 lap

Number of finishers: 13.
Fastest lap: G. Agostini (I, MV-Agusta), 150.151 km/h.

9) August 17 : Ulster - Belfast

15 laps = 181.005 km

1.	G. Agostini	I	MV-Agusta	1 h.10'10.0
				= 152.678 km/h
2.	B. Fitton	GB	Norton	1 h.13'31.4
3.	J. Hartle	GB	Matchless	1 h.13'41.0
4.	P. Tait	GB	Triumph	1 h.13'44.4
5.	J. Findlay	AUS	Matchless	1 h.13'44.8
6.	K. Carruthers	AUS	Norton	1 h.14'46.4

Number of finishers: 20.
Fastest lap: G. Agostini (I, MV-Agusta), 4'36.7 = 156.990 km/h.

10) September 15 : Italy - Monza

35 laps = 201.250 km

1.	G. Agostini	I	MV-Agusta	1 h.07'44.6
				= 178.246 km/h
2.	R. Pasolini	I	Benelli	1 h.08'19.2
3.	A. Bergamonti	I	Paton	2 laps
4.	A. Pagani	I	Linto	4 laps
5.	S. Bertarelli	I	Paton	4 laps
6.	K. Carruthers	AUS	Norton	4 laps

Number of finishers: 14
Fastest lap: G. Agostini (I, MV-Agusta), 1'53.2 = 182.757 km/h.

Billie Nelson, Paton 500

WORLD CHAMPIONSHIP (*)

1.	Giacomo Agostini	I	MV-Agusta	48 (80)
2.	Jack Findlay	AUS	Matchless	34 (36)
3.	Gyula Marsovszki	CH	Matchless	10
4.	Rob Fitton	GB	Norton	9
5.	Alberto Pagani	I	Linto	9
6.	Peter-J. Williams	GB	Matchless	9
7.	Derek Woodman	GB	Seeley	8
8.	John Cooper	GB	Seeley	8
9.	Dan Shorey	GB	Norton	7
10.	Angelo Bergamonti	I	Paton	7
11.	Kelvin Carruthers	AUS	Norton	7
12.	Renzo Pasolini	I	Benelli	6
13.	Brian Ball	GB	Seeley	6
14.	John Dodds	AUS	Norton	6
15.	Billie Nelson	GB	Paton	5
16.	Barry Randle	GB	Norton	4
17.	John Hartle	GB	Matchless	4
18.	William-A. "Bill" Smith	GB	Matchless	3
19.	Nicolaï Sevostianov	URSS	Vostok	3
20.	Percy Tait	GB	Triumph	3
21.	Bohumil Stasa	CZ	CZ	2
22.	Bernard Lund	GB	Matchless	2
23.	Silvano Bertarelli	I	Paton	2
24.	Rodney Gould	GB	Norton	1
25.	Rex Butcher	GB	Norton	1
26.	Ronald-S. Chandler	GB	Seeley	1
27.	Godfrey Nash	GB	Norton	1

(*): Les six meilleurs résultats sont pris en compte pour le championnat. Le chiffre entre parenthèses correspond aux points «bruts».

(*): Die sechs besten Resultate wurden für die Gesamtwertung der Meisterschaft gezählt. Die Zahlen in Klammern entsprechen dem "Brutto"-Punktetotal.

(*): The six best results counted towards the championship. The figures in brackets correspond to the gross number of points.

MV Agusta

Champions : **Helmut Fath/Wolfgang Kalauch (Germany, URS), 27 points (29), 3 wins**

1968 — Side-cars

1) April 21: West Germany - South-Nürburgring

13 laps = 100.711 km

1. H. Fath/W. Kalauch	D	URS	47'32.5	
			= 127.100 km/h	
2. G. Auerbacher/H. Hahn	D	BMW	47'51.4	
3. S. Schauzu/H. Schneider	D	BMW	48'03.5	
4. J. Attenberger/J. Schillinger	D	BMW	48'28.4	
5. H. Luthringshauser/L. Ronsdorf	D	BMW	48'31.5	
6. O. Kölle/R. Schmid	D	BMW	49'14.5	

Number of finishers: 19.
Fastest lap: K. Enders/R. Engelhardt (D, BMW), 3'34.0 = 130.292 km/h.

2) June 8 : Tourist Trophy - Isle of Man

3 laps = 182.160 km

1. S. Schauzu/H. Schneider	D	BMW	1 h.14'34.5
			= 146.560 km/h
2. J. Attenberger/J. Schillinger	D	BMW	1 h.15'55.5
3. H. Luthringshauser/G. Hugues	D/GB	BMW	1 h.17'32.9
4. H. Fath/W. Kalauch	D	URS	1 h.17'49.3
5. J. Brandon/C. Holland	GB	BMW	1 h.22'24.7
6. M. Tombs/T. Tombs	GB	BMW	1 h.22'38.3

Number of finishers: 23.
Fastest lap: K. Enders/R. Engelhardt (D, BMW), 24'00.0 = 151.760 km/h.

3) June 29 : The Netherlands - Assen

14 laps = 107.828 km

1. J. Attenberger/J. Schillinger	D	BMW	49'43.8
			= 130.093 km/h
2. K. Enders/R. Engelhardt	D	BMW	49'44.8
3. S. Schauzu/H. Schneider	D	BMW	50'45.8
4. G. Auerbacher/H. De Wever	D/NL	BMW	50'53.6
5. H. Fath/W. Kalauch	D	URS	52'03.5
6. J.-C. Castella/A. Castella	CH	BMW	53'36.1

Number of finishers: 8.
Fastest lap: J. Attenberger/J. Schillinger (D, BMW), 3'28.4 = 133.089 km/h.

4) July 7 : Belgium - Spa-Francorchamps

8 laps = 112.960 km

1. G. Auerbacher/H. Hahn	D	BMW	38'39.5
			= 175.071 km/h
2. A. Butscher/J. Huber	D	BMW	40'33.1
3. H. Lünemann/N. Caddow	D/GB	BMW	40'35.2
4. T. Wakefield/G. Milton	GB	BMW	40'36.7
5. O. Kölle/R. Schmid	D	BMW	40'52.7
6. J.-C. Castella/A. Castella	CH	BMW	42'33.3

Number of finishers: 9.
Fastest lap: H. Fath/W. Kalauch (D, URS), 4'44.4 = 178.480 km/h.

5) August 4 : Finland - Imatra

20 laps = 120.600 km

1. H. Fath/W. Kalauch	D	URS	57'39.3
			= 125.500 km/h
2. H. Luthringshauser/G. Hugues	D/GB	BMW	59'36.2
3. G. Auerbacher/H. Hahn	D	BMW	59'52.6
4. O. Kölle/R. Schmid	D	BMW	1 lap
5. K. Calenius/J. Vesterinen	SF	BMW	2 laps
6. B. Bjarnemark/A. Ragmo	SF	BMW	2 laps

Number of finishers: 7.
Fastest lap: H. Fath/W. Kalauch (D, URS), 2'48.3 = 128.980 km/h.

6) October 13 : Hockenheim (*)

15 laps = 101.520 km

1. H. Fath/W. Kalauch	D	URS	38'25.6
			= 158.567 km/h
2. K. Enders/R. Engelhardt	D	BMW	38'48.5
3. G. Auerbacher/H. Hahn	D	BMW	39'06.7
4. S. Schauzu/H. Schneider	D	BMW	40'14.1
5. H. Luthringshauser/G. Hugues	D/GB	BMW	40'14.5
6. A. Butscher/J. Huber	D	BMW	40'51.1

Number of finishers: 19.
Fastest lap: H. Fath/W. Kalauch (D, URS), 2'30.3 = 162.120 km/h.

(*) cette course devait avoir lieu dans le cadre du GP d'Italie, à Monza. Mais un décret gouvernemental allait interdire la catégorie side-cars (!) et l'épreuve fut déplacée dans le cadre de la finale du championnat d'Allemagne, à Hockenheim.

(*) Das Rennen sollte ursprünglich im Rahmen des GP von Italien in Monza ausgetragen werden. Aber eine richterliche Verfügung (!) verbot auf dieser Strecke Seitenwagenrennen. Deshalb wurde die Kategorie in das Finale der nationalen Deutschen Meisterschaft in Hockenheim integriert.

(*) This race should have been run as part of the Italian GP at Monza. But side-cars were banned by government decree! The event was switched to the German championship final at Hockenheim.

WORLD CHAMPIONSHIP (*)

1.	Helmut Fath/Wolfgang Kalauch	D	URS	27 (29)
2.	Georg Auerbacher/Hermann Hahn/Henk De Wever	D/D/NL	BMW	22 (25)
3.	Siegfried Schauzu/Horst Schneider	D	BMW	19
4.	Johann Attenberger/Josef Schillinger	D	BMW	17
5.	Heinz Luthringshauser/Lothar Ronsdorf/Geoffrey Hugues	D/D/GB	BMW	14
6.	Klaus Enders/Ralf Engelhardt	D	BMW	12
7.	Arsenius Butscher/Josef Huber	D	BMW	7
8.	Otto Kölle/Rolf Schmid	D	BMW	6
9.	Helmut Lünemann/Neil Caddow	D/GB	BMW	4
10.	Tony Wakefield/Graham Milton	GB	BMW	3
11.	John Brandon/Clifford Holland	GB	BMW	2
12.	Kenneth Calenius/Juhanis Vesterinen	SF	BMW	2
13.	Jean-Claude Castella/Albert Castella	CH	BMW	2
14.	Mick Tombs/Trevor Tombs	GB	BMW	1
15.	Börje Bjarnemark/A. Ragmo	SF	BMW	1

(*): Les quatre meilleurs résultats sont pris en compte pour le championnat.
Le chiffre entre parenthèses correspond aux points «bruts».

(*): Die vier besten Resultate wurden für die Gesamtwertung der Meisterschaft gezählt.
Die Zahlen in Klammern entsprechen dem "Brutto"-Punktetotal.

(*): The four best results counted towards the championship.
The figures in brackets correspond to the gross number of points.

FATH 4 cylindres

Champion: Angel Nieto (Spain, Derbi), 76 points, 2 wins

1969 — 50 cc

1) May 4 : Spain - Jarama

18 laps = 61.272 km

1. A. Toersen	NL	Kreidler	42'15.9	
				= 86.990 km/h
2. A. Nieto	E	Derbi	42'29.8	
3. J. De Vries	NL	Kreidler	42'31.9	
4. G. Parlotti	I	Tomos	42'32.3	
5. G. Lombardi	I	Guazzoni	42'45.7	
6. J. Unterladstatter	A	KTM	1 lap	
7. H. Denzler	CH	Kreidler	1 lap	
8. J.-L. Pasquier	MON	Rabassa	1 lap	
9. B. Veigel	CH	Honda	1 lap	
10. J. Bordons	E	Derbi	1 lap	

Number of finishers: 13.
Fastest lap: A. Nieto (E, Derbi), 2'16.4 = 89.849 km/h.

2) May 11 : West Germany - Hockenheim

15 laps = 101.520 km

1. A. Toersen	NL	Kreidler	44'28.7	
				= 137.228 km/h
2. J. De Vries	NL	Kreidler	44'48.0	
3. B. Smith	AUS	Derbi	45'43.9	
4. W. Reinhard	D	Reimo	46'11.9	
5. G. Parlotti	I	Tomos	1 lap	
6. L. Fassbender	D	Kreidler	1 lap	
7. J. Stefe	Y	Tomos	1 lap	
8. H. Denzler	CH	Kreidler	1 lap	
9. R. Schmalze	D	Kreidler	1 lap	
10. G. Thurow	D	Kreidler	2 laps	

Number of finishers: 11.
Fastest lap: A. Toersen (NL, Kreidler), 2'55.9 = 138.886 km/h.

3) May 18 : France - Le Mans

15 laps = 66.330 km

1. A. Toersen	NL	Kreidler	35'37.4	
				= 111.718 km/h
2. A. Nieto	E	Derbi	35'57.8	
3. P. Lodewijkx	NL	Jamathi	37'23.0	
4. G. Parlotti	I	Tomos	37'27.0	
5. R. Kunz	D	Kreidler	37'37.4	
6. B. Smith	AUS	Derbi	37'39.6	
7. J. Roca	F	Derbi	37'45.9	
8. L. Fassbender	D	Kreidler	1 lap	
9. J. Stefe	Y	Tomos	1 lap	
10. C. Dubois	F	Kreidler	1 lap	

Number of finishers: 19.
Fastest lap: A. Toersen (NL, Kreidler), 2'20.7 = 113.072 km/h.

4) June 28 : The Netherlands - Assen

8 laps = 61.616 km

1. B. Smith	AUS	Derbi	30'53.3	
				= 119.725 km/h
2. J. De Vries	NL	Kreidler	31'04.3	
3. A. Toersen	NL	Kreidler	31'19.9	
4. P. Lodewijkx	NL	Jamathi	31'42.3	
5. R. Kunz	D	Kreidler	32'05.0	
6. J. Schurgers	NL	Kreidler	32'07.1	
7. S. Herrero	E	Derbi	32'24.5	
8. G. Parlotti	I	Tomos	32'25.3	
9. L. Fassbender	D	Kreidler	33'04.6	
10. E. Lazzarini	I	Morbidelli	33'16.9	

Number of finishers: 21.
Fastest lap: A. Nieto (E, Derbi), 3'43.0 = 124.305 km/h.

5) July 6 : Belgium - Spa-Francorchamps

4 laps = 56.480 km

1. B. Smith	AUS	Derbi	23'23.2	
				= 144.697 km/h
2. S. Herrero	E	Derbi	23'29.4	
3. A. Toersen	NL	Kreidler	23'37.2	
4. C. Van Dongen	NL	Kreidler	23'57.3	
5. L. Fassbender	D	Kreidler	24'09.2	
6. M. Mijwaart	NL	Jamathi	24'20.7	
7. J. Huberts	NL	Kreidler	24'44.2	
8. A. Bernetic	Y	Tomos	26'34.9	
9. A. Millard	F	Kreidler	27'21.5	
10. J.-L. Pasquier	MON	Rabassa	27'39.5	

Number of finishers: 17.
Fastest lap: B. Smith (AUS, Derbi), 5'43.9 = 145.806 km/h.

6) July 13 : East Germany - Sachsenring

7 laps = 60.326 km

1. A. Nieto	E	Derbi	28'20.7	
				= 127.664 km/h
2. S. Herrero	E	Derbi	28'25.3	
3. A. Toersen	NL	Kreidler	28'41.7	
4. R. Kunz	D	Kreidler	28'43.2	
5. J. De Vries	NL	Kreidler	28'59.6	
6. E. Lazzarini	I	Morbidelli	29'17.3	
7. B. Smith	AUS	Derbi	29'17.6	
8. L. Fassbender	D	Kreidler	29'21.5	
9. G. Parlotti	I	Tomos	29'21.6	
10. F. Ringhini	I	Morbidelli	30'10.8	

Number of finishers: 24.
Fastest lap: S. Herrero (E, Derbi) and A. Nieto (E, Derbi), 3'58.9 = 129.805 km/h.

7) July 20 : Czechoslovakia - Brno

6 laps = 83.640 km

1.	P. Lodewijkx	NL	Jamathi	41'23.3
				= 120.510 km/h
2.	B. Smith	AUS	Derbi	41'33.5
3.	A. Nieto	E	Derbi	42'21.1
4.	A. Toersen	NL	Kreidler	42'39.9
5.	C. Van Dongen	NL	Kreidler	43'28.6
6.	M. Mijwaart	NL	Jamathi	43'43.5
7.	G. Parlotti	I	Tomos	43'44.8
8.	J. De Vries	NL	Kreidler	46'06.3
9.	A. Bernetic	Y	Tomos	46'10.6
10.	J. Stefe	Y	Tomos	46'27.4

Number of finishers: 15
Fastest lap: B. Smith (AUS, Derbi), 6'45.6 = 123.935 km/h.

8) August 16 : Ulster - Belfast

6 laps = 71.402 km

1.	A. Nieto	E	Derbi	33'12.8
				= 129.045 km/h
2.	J. De Vries	NL	Kreidler	34'15.4
3.	F. Whiteway	GB	Suzuki	38'16.8
4.	S. Aspin	GB	Garelli	38'23.0
5.	L. Lawlor	IRL	Derbi	1 lap
6.	F. Redfern	GB	Honda	1 lap
7.	A. Lawn	GB	Honda	1 lap
8.	C.-M. Walpole	GB	Garelli	1 lap
9.	J. Lawley	GB	Honda	1 lap
10.	B. Dickinson	GB	Garelli	1 lap

Number of finishers: 15.
Fastest lap: P. Lodewijkx (NL, Jamathi), 5'19.4 = 134.203 km/h.

9) September 7 : Italy - Imola

11 laps = 55.187 km

1.	P. Lodewijkx	NL	Jamathi	26'57.8
				= 122.791 km/h
2.	B. Smith	AUS	Derbi	26'58.6
3.	A. Toersen	NL	Kreidler	27'04.3
4.	J. De Vries	NL	Kreidler	27'24.3
5.	L. Fassbender	D	Kreidler	27'49.8
6.	S. Bertarelli	I	Minarelli	27'56.5
7.	F. Ringhini	I	Morbidelli	28'19.9
8.	J. Huberts	NL	Kreidler	29'07.2
9.	L. Rinaudo	I	Tomos	29'12.2
10.	J. Stefe	Y	Tomos	1 lap

Number of finishers: 14.
Fastest lap: A. Nieto (E, Derbi), 2'21.7 = 127.379 km/h.

10) September 14 : Yugoslavia - Opatija

12 laps = 71.928 km km

1.	P. Lodewijkx	NL	Jamathi	36'11.2
				= 119.300 km/h
2.	A. Nieto	E	Derbi	36'11.6
3.	J. De Vries	NL	Kreidler	36'28.6
4.	M. Mijwaart	NL	Jamathi	36'51.7
5.	R. Kunz	D	Kreidler	37'03.8
6.	J. Huberts	NL	Kreidler	38'37.2
7.	A. Bernetic	Y	Tomos	38'41.5
8.	J. Stefe	Y	Tomos	39'05.6
9.	A. Kralj	Y	Tomos	1 lap
10.	L. Rinaudo	I	Tomos	1 lap

Number of finishers: 20.
Fastest lap: A. Nieto (E, Derbi), 2'53.2 = 124.183 km/h.

WORLD CHAMPIONSHIP (*)

1.	Angel Nieto	E	Derbi	76
2.	Aalt Toersen	NL	Kreidler	75 (93)
3.	Barry Smith	AUS	Derbi	69 (73)
4.	Jan De Vries	NL	Kreidler	64 (73)
5.	Paul Lodewijkx	NL	Jamathi	63
6.	Gilberto Parlotti	I	Tomos	31
7.	Santiago Herrero	E	Derbi	28
8.	Rudolf Kunz	D	Kreidler	26
9.	Ludwig Fassbender	D	Kreidler	25
10.	Martin Mijwaart	NL	Jamathi	18
11.	Cees Van Dongen	NL	Kreidler	14
12.	Jan Huberts	NL	Kreidler	12
13.	Janko Stefe	Y	Tomos	11
14.	Frank Whiteway	GB	Suzuki	10
15.	Adrijan Bernetic	Y	Tomos	9
16.	Winfried Reinhard	D	Reimo	8
17.	Steve Aspin	GB	Garelli	8
18.	Herbert Denzler	CH	Kreidler	7
19.	Giovanni Lombardi	I	Guazzoni	6
20.	Luke Lawlor	IRL	Derbi	6
21.	Eugenio Lazzarini	I	Morbidelli	6
22.	Jakob Unterladstatter	A	KTM	5
23.	Jos Schurgers	NL	Kreidler	5
24.	Fred Redfern	GB	Honda	5
25.	Silvano Bertarelli	I	Minarelli	5
26.	Franco Ringhini	I	Morbidelli	5
27.	Jacques Roca	F	Derbi	4
28.	Arthur Lawn	GB	Honda	4
29.	Jean-Louis Pasquier	MON	Rabassa	4
30.	Chris-M. Walpole	GB	Garelli	3
31.	Luigi Rinaudo	I	Tomos	3
32.	Bruno Veigel	CH	Honda	2
33.	Rolf Schmalzle	D	Kreidler	2
34.	André Millard	F	Kreidler	2
35.	John-D. Lawley	GB	Honda	2
36.	Anton Kralj	Y	Tomos	2
37.	Juan Bordons	E	Derbi	1
38.	Gerhard Thurow	D	Kreidler	1
39.	Charles Dubois	F	Kreidler	1
40.	Barrie Dickinson	GB	Garelli	1

(*): Les six meilleurs résultats sont pris en compte pour le championnat. Le chiffre entre parenthèses correspond aux points «bruts».

(*): Die sechs besten Resultate wurden für die Gesamtwertung der Meisterschaft gezählt. Die Zahlen in Klammern entsprechen dem "Brutto"-Punktetotal.

(*): The six best results counted towards the championship. The figures in brackets correspond to the gross number of points.

Santiago Herrero, Derbi

1969 — 50 cc

Champion : **Dave Simmonds (Great - Britain, Kawasaki), 90 points (144), 8 wins**

1969 — 125 cc

1) May 4 : Spain - Jarama

30 laps = 102.120 km

1.	C. Van Dongen	NL	Suzuki	1 h.07'41.5
				= 90.520 km/h
2.	K. Andersson	S	Maïco	1 h.09'03.4
3.	W. Villa	I	Villa	1 h.09'12.2
4.	E. Escuder	E	Bultaco	1 lap
5.	B. Veigel	CH	Honda	1 lap
6.	K. Carruthers	AUS	Aermacchi	2 laps
7.	G. Molloy	NZ	Bultaco	3 laps
8.	P. Leinonen	SF	Honda	3 laps
9.	R. Gali	E	Bultaco	3 laps

Number of finishers: 9.
Fastest lap: S. Canellas (E, Yamaha), 2'10.2 = 94.130 km/h).

2) May 11 : West Germany - Hockenheim

17 laps = 115.056 km

1.	D. Simmonds	GB	Kawasaki	44'13.5
				= 156.056 km/h
2.	D. Braun	D	Suzuki	44'15.7
3.	H. Kriwanek	A	Rotax	46'41.2
4.	L. John	D	Yamaha	46'42.1
5.	H. Rosner	DDR	MZ	46'50.1
6.	J. Huberts	NL	MZ	1 lap
7.	W. Scheimann	D	Villa	1 lap
8.	R. Mankiewicz	POL	MZ	1 lap
9.	B. Jansson	S	Maïco	1 lap
10.	K. Carruthers	AUS	Aermacchi	1 lap

Number of finishers: 19.
Fastest lap: D. Braun (D, Suzuki), 2'33.8 = 150.296 km/h.

3) May 18 : France - Le Mans

25 laps = 110.550 km

1.	J. Auréal	F	Yamaha	56'10.2
				= 118.087 km/h
2.	D. Simmonds	GB	Kawasaki	57'06.8
3.	G. Molloy	NZ	Bultaco	57'37.1
4.	J. Roca	F	Derbi	57'48.1
5.	J.-F. Chaffin	F	Villa	57'51.9
6.	P. Viura	F	Maïco	57'52.3
7.	D. Crivello	F	Maïco	1 lap
8.	T. Robb	IRL	Bultaco	1 lap
9.	J. Campiche	CH	Honda	1 lap
10.	J.-F. Curry	GB	Honda	1 lap

Number of finishers: 15.
Fastest lap: D. Simmonds (GB, Kawasaki), 2'06.8 = 125.464 km/h.

4) June 13 : Tourist Trophy - Isle of Man

3 laps = 182.160 km

1.	D. Simmonds	GB	Kawasaki	1 h.14'34.6
				= 146.579 km/h
2.	K. Carruthers	AUS	Aermacchi	1 h.20'27.2
3.	B. Dickinson	GB	Honda	1 h.21'10.6
4.	S. Murray	GB	Honda	1 h.21'36.2
5.	J. Kiddie	GB	Honda	1 h.23'48.0
6.	C. Ward	GB	Honda	1 h.24'17.8
7.	J. Shacklady	GB	Bultaco	1 h.24'37.0
8.	C. Garner	GB	Bultaco	1 h.25'49.6
9.	J.-L. Pasquier	MON	Bultaco	1 h.26'39.2
10.	T. Loughridge	GB	Bultaco	1 h.27'12.8

Number of finishers: 25.
Fastest lap: D. Simmonds (GB, Kawasaki), 24'29.0 = 148.799 km/h.

5) June 28 : The Netherlands - Assen

14 laps = 107.828 km

1.	D. Simmonds	GB	Kawasaki	49'15.0
				= 131.403 km/h
2.	K. Andersson	S	Maïco	50'49.1
3.	S. Bertarelli	I	Aermacchi	52'08.3
4.	G. Molloy	NZ	Bultaco	1 lap
5.	T. Robb	IRL	Bultaco	1 lap
6.	J. Dodds	AUS	Aermacchi	1 lap
7.	S. Lohmann	D	MZ	1 lap
8.	B. Smith	AUS	Derbi	1 lap
9.	J. Lancaster	GB	Honda	1 lap
10.	L. Van Rijswijk	NL	Yamaha	1 lap

Number of finishers: 14.
Fastest lap: D. Simmonds (GB, Kawasaki), 3'28.3 = 132.690 km/h.

6) July 6 : Belgium - Spa-Francorchamps

7 laps = 98.840 km

1.	D. Simmonds	GB	Kawasaki	34'24.9
				= 172.050 km/h
2.	D. Braun	D	Suzuki	34'26.6
3.	C. Van Dongen	NL	Suzuki	35'39.7
4.	K. Andersson	S	Maïco	36'23.7
5.	J. Huberts	NL	MZ	36'59.8
6.	S. Lohmann	D	MZ	38'01.1
7.	B. Granath	S	MZ	38'24.0
8.	L. John	D	Yamaha	38.30.1
9.	B. Coulter	IRL	Bultaco	38'49.8
10.	W. Scheimann	D	Villa	38'52.4

Number of finishers: 13.
Fastest lap: D. Braun (D, Suzuki), 4'50.9 = 174.388 km/h.

7) July 13 : East Germany - Sachsenring

12 laps = 103.416 km

1.	D. Simmonds	GB	Kawasaki	43'28.7
				= 142.605 km/h
2.	H. Kriwanek	A	Rotax	44'44.8
3.	F. Kohlar	DDR	MZ	44'45.0
4.	R. Mankiewicz	POL	MZ	44'57.1
5.	C. Van Dongen	NL	Suzuki	45'10.6
6.	T. Heuschkel	DDR	MZ	45'13.5
7.	K. Andersson	S	Maïco	45'23.8
8.	L. John	D	Yamaha	46'06.9
9.	B. Jansson	S	Maïco	46'36.2
10.	H. Bischoff	DDR	MZ	46'58.7

Number of finishers: 23.
Fastest lap: D. Braun (D, Suzuki),
3'32.2 = 146.038 km/h.

8) July 20 : Czechoslovakia - Brno

8 laps = 111.520 km

1.	D. Simmonds	GB	Kawasaki	48'52.9
				= 139.345 km/h
2.	D. Braun	D	Suzuki	49'04.0
3.	C. Van Dongen	NL	Suzuki	49'48.2
4.	F. Kohlar	DDR	MZ	49'56.2
5.	L. Szabo	H	MZ	49'56.6
6.	T. Heuschkel	DDR	MZ	50'25.3
7.	H. Kriwanek	A	Rotax	50'46.6
8.	G. Molloy	NZ	Bultaco	51'25.4
9.	K. Carruthers	AUS	Aermacchi	51'25.9
10.	E. Mahler	DDR	MZ	52'00.2

Number of finishers: 24.
Fastest lap: D. Simmonds (GB, Kawasaki),
6'00.2 = 140.544 km/h.

9) August 3 : Finland - Imatra

17 laps = 102.510 km

1.	D. Simmonds	GB	Kawasaki	47'59.8
				= 128.143 km/h
2.	G. Bartusch	DDR	MZ	48'07.8
3.	C. Van Dongen	NL	Suzuki	48'18.8
4.	D. Braun	D	Suzuki	48'22.7
5.	T. Heuschkel	DDR	MZ	48'27.9
6.	C. Mortimer	GB	Villa	1 lap
7.	B. Smith	AUS	Derbi	1 lap
8.	J. Lancaster	GB	Honda	1 lap
9.	S. Kangasniemi	SF	MZ	1 lap
10.	F. Kohlar	DDR	MZ	2 laps

Number of finishers: 11.
Fastest lap: D. Simmonds (GB, Kawasaki),
2'45.7 = 129.986 km/h.

10) September 7 : Italy - Imola

19 laps = 95.323 km

1.	D. Simmonds	GB	Kawasaki	40'50.3
				= 140.029 km/h
2.	L. Szabo	H	MZ	41'24.2
3.	F. Villa	I	Villa	41'44.9
4.	W. Villa	I	Villa	42'18.9
5.	R. Mankiewicz	POL	MZ	42'24.4
6.	S. Bertarelli	I	Aermacchi	42'24.5
7.	G. Molloy	NZ	Bultaco	42'27.4
8.	G. Mandolini	I	Villa	42'53.9
9.	J. Dodds	AUS	Aermacchi	1 lap
10.	H. Kriwanek	A	Rotax	1 lap

Number of finishers: 16.
Fastest lap: D. Simmonds (GB, Kawasaki),
2'07.1 = 142.024 km/h.

11) September 14 : Yugoslavia - Opatija

17 laps = 101.898 km

1.	D. Braun	D	Suzuki	49'40.6
				= 123.110 km/h
2.	D. Simmonds	GB	Kawasaki	49'50.2
3.	R. Mankiewicz	POL	MZ	50'11.3
4.	L. Szabo	H	MZ	50'28.9
5.	H. Kriwanek	A	Rotax	50'44.4
6.	F. Kohlar	DDR	MZ	51'36.6
7.	G. Mandolini	I	Villa	51'56.9
8.	H. Denzler	CH	Honda	52'15.6
9.	S. Bertarelli	I	Aermacchi	52'31.5
10.	J. Reisz	H	MZ	1 lap

Number of finishers: 21.
Fastest lap: D. Braun (D, Suzuki),
2'46.5 = 128.908 km/h.

WORLD CHAMPIONSHIP (*)

1.	Dave Simmonds	GB	Kawasaki	90 (144)
2.	Dieter Braun	D	Suzuki	59
3.	Cees Van Dongen	NL	Suzuki	51
4.	Kent Andersson	S	Maïco	36
5.	Heinz Kriwanek	A	Rotax	33
6.	Ginger Molloy	NZ	Bultaco	29
7.	Ryszard Mankiewickz	POL	MZ	27
8.	Laszlo Szabo	H	MZ	26
9.	Friedhelm Kohlar	DDR	MZ	24
10.	Kelvin Carruthers	AUS	Aermacchi	20
11.	Walter Villa	I	Villa	18
12.	Silvano Bertarelli	I	Aermacchi	17
13.	Thomas Heuschkel	DDR	MZ	16
14.	Jean Auréal	F	Yamaha	15
15.	Lothar John	D	Yamaha	14
16.	Günter Bartusch	DDR	MZ	12
17.	Jan Huberts	NL	MZ	11
18.	Barrie Dickinson	GB	Honda	10
19.	Francesco Villa	I	Villa	10
20.	Tommy Robb	IRL	Bultaco	9
21.	Siegfried Lohmann	D	MZ	9
22.	Enrique Escuder	E	Bultaco	8
23.	Jacques Roca	F	Derbi	8
24.	Stephen Murray	GB	Honda	8
25.	John Dodds	AUS	Aermacchi	7
26.	Barry Smith	AUS	Derbi	7
27.	Giuseppe Mandolini	I	Villa	7
28.	Bruno Veigel	CH	Honda	6
29.	Heinz Rosner	DDR	MZ	6
30.	Jean-François Chaffin	F	Villa	6
31.	John Kiddie	GB	Honda	6
32.	Pierre Viura	F	Maïco	5
33.	Carl Ward	GB	Bultaco	5
34.	Chas Mortimer	GB	Villa	5
35.	Walter Scheimann	D	Villa	5
36.	Jerry Lancaster	GB	Honda	5
37.	Daniel Crivello	F	Maïco	4
38.	John Shacklady	GB	Bultaco	4
39.	Bo Granath	S	MZ	4
40.	Börje Jansson	S	Maïco	4
41.	Pentti Leinonen	SF	Honda	3
42.	Charlie Garner	GB	Bultaco	3
43.	Herbert Denzler	CH	Honda	3
44.	Ramon Gali	E	Bultaco	2
45.	Jean Campiche	CH	Honda	2
46.	Jean-Louis Pasquier	MON	Bultaco	2
47.	Bob Coulter	IRL	Bultaco	2
48.	Seppo Kangasniemi	SF	MZ	2
49.	Jim-Frederic Curry	GB	Honda	1
50.	Tom Loughridge	GB	Bultaco	1
51.	Leonardus Van Rijswijk	NL	Yamaha	1
52.	Hartmut Bischoff	DDR	MZ	1
53.	Eberhart Mahler	DDR	MZ	1
54.	Janos Reisz	H	MZ	1

(*): Les six meilleurs résultats sont pris en compte pour le championnat. Le chiffre entre parenthèses correspond aux points «bruts».

(*): Die sechs besten Resultate wurden für die Gesamtwertung der Meisterschaft gezählt. Die Zahlen in Klammern entsprechen dem "Brutto"-Punktetotal.

(*): The six best results counted towards the championship. The figures in brackets correspond to the gross number of points.

Champion: **Kelvin Carruthers (Australia, Benelli), 89 points (103), 3 wins**

1969 — 250 cc

1) May 4 : Spain - Jarama

35 laps = 119.151 km

1.	S. Herrero	E	Ossa	1 h.17'09.6
				= 92.650 km/h
2.	K. Andersson	S	Yamaha	1 h.17'34.5
3.	B. Jansson	S	Kawasaki	1 h.17'53.2
4.	M. Pesonen	SF	Yamaha	1 h.18'20.1
5.	G. Visenzi	I	Yamaha	1 lap
6.	H. Rosner	DDR	MZ	2 laps
7.	D. Braun	D	MZ	3 laps
8.	J. Lancaster	GB	Yamaha	4 laps

Number of finishers: 8.
Fastest lap: R. Pasolini (I, Benelli),
2'05.3 = 97.735 km/h.

2) May 11 : West Germany - Hockenheim

23 laps = 155.664 km

1.	K. Andersson	S	Yamaha	57'18.3
				= 163.018 km/h
2.	L. John	D	Suzuki	57'26.6
3.	K. Huber	D	Yamaha	58'31.2
4.	F. Perris	GB	Suzuki	58'44.4
5.	T. Gruber	D	Yamaha	58'54.1
6.	A. Bergamonti	I	Aermacchi	58'55.3
7.	R. Scholtis	D	Kawasaki	59'29.6
8.	S. Lohmann	D	Suzuki	1 lap
9.	B. Nelson	GB	Yamaha	1 lap
10.	F. Stastny	CZ	Jawa	1 lap

Number of finishers: 13.
Fastest lap: H. Rosner (DDR, MZ),
2'24.5 = 168.771 km/h.

3) May 18 : France - Le Mans

30 laps = 132.660 km

1.	S. Herrero	E	Ossa	1 h.00'36.6
				= 131.324 km/h
2.	R. Gould	GB	Yamaha	1 h.01'18.4
3.	K. Andersson	S	Yamaha	1 h.01'57.3
4.	L. Szabo	H	MZ	1 h.01'58.5
5.	A. Bergamonti	I	Aermacchi	1 h.02'02.3
6.	F. Perris	GB	Suzuki	1 h.02'04.4
7.	E. Lazzarini	I	Benelli	1 h.02'15.9
8.	J. Auréal	F	Yamaha	1 h.02'19.7
9.	C. Ravel	F	Yamaha	1 h.02'34.8
10.	B. Jansson	S	Kawasaki	1 lap

Number of finishers: 19.
Fastest lap: S. Herrero (E, Ossa),
1'59.6 = 132.545 km/h.

4) June 9 : Tourist Trophy - Isle of Man

6 laps = 364.320 km

1.	K. Carruthers	AUS	Benelli	2 h.21'35.2
				= 154.380 km/h
2.	F. Perris	GB	Suzuki	2 h.24'59.4
3.	S. Herrero	E	Ossa	2 h.26'21.0
4.	M. Chatterton	GB	Yamaha	2 h.29'01.0
5.	F. Whiteway	GB	Suzuki	2 h.30'43.4
6.	D. Chatterton	GB	Yamaha	2 h.31'46.0
7.	S. Woods	GB	Yamaha	2 h.32'16.2
8.	F. Stastny	CZ	Jawa	2 h.32'25.2
9.	I.-F. Richards	GB	Yamaha	2 h.34'13.0
10.	G. Keith	RHO	Yamaha	2 h.34'22.0

Number of finishers: 25.
Fastest lap: K. Carruthers (AUS, Benelli),
22'51.8 = 159.341 km/h.

5) June 28 : The Netherlands - Assen

17 laps = 130.934 km

1.	R. Pasolini	I	Benelli	56'36.2
				= 138.831 km/h
2.	K. Carruthers	AUS	Benelli	56'53.8
3.	S. Herrero	E	Ossa	57'02.5
4.	R. Gould	GB	Yamaha	57'56.3
5.	S. Grassetti	I	Yamaha	58'31.3
6.	D. Braun	D	MZ	58'57.2
7.	K. Andersson	S	Yamaha	59'19.3
8.	B. Jansson	S	Kawasaki	1 h.00'02.3
9.	J. Ringwood	GB	Yamaha	1 lap
10.	C. Ravel	F	Yamaha	1 lap

Number of finishers: 20.
Fastest lap: R. Pasolini (I, Benelli),
3'14.8 = 142.298 km/h.

6) July 6 : Belgium - Spa-Francorchamps

8 laps = 112.960 km

1.	S. Herrero	E	Ossa	35'39.1
				= 189.836 km/h
2.	R. Gould	GB	Yamaha	35'39.6
3.	K. Carruthers	AUS	Benelli	35'49.5
4.	K. Andersson	S	Yamaha	37'02.6
5.	J. Auréal	F	Yamaha	37'53.2
6.	E. Hinton	AUS	Yamaha	38'04.2
7.	J. Findlay	AUS	Yamaha	38'12.1
8.	L. John	D	Yamaha	38'12.5
9.	D. Simmonds	GB	Kawasaki	39'01.0
10.	G. Marsovski	CH	Yamaha	39'17.1

Number of finishers: 17.
Fastest lap: K. Carruthers (AUS, Benelli),
4'23.1 = 192.815 km/h.

7) July 13 : East Germany - Sachsenring

15 laps = 129.270 km

1.	R. Pasolini	I	Benelli	51'41.2
				= 149.992 km/h
2.	S. Herrero	E	Ossa	51'41.5
3.	H. Rosner	DDR	MZ	53'13.0
4.	K. Andersson	S	Yamaha	53'17.8
5.	K. Carruthers	AUS	Benelli	53'31.9
6.	B. Jansson	S	Kawasaki	54'54.8
7.	L. John	D	Suzuki	1 lap
8.	M. Pesonen	SF	Yamaha	1 lap
9.	K. Turner	NZ	Aermacchi	1 lap
10.	G. Bartusch	DDR	MZ	1 lap

Number of finishers: 17.
Fastest lap: R. Pasolini (I, Benelli), 3'22.5 = 153.138 km/h.

8) July 20 : Czechoslovakia - Brno

9 laps = 125.460 km

1.	R. Pasolini	I	Benelli	50'33.1
				= 148.990 km/h
2.	R. Gould	GB	Yamaha	50'47.2
3.	K. Carruthers	AUS	Benelli	51'10.4
4.	H. Rosner	DDR	MZ	51'13.7
5.	S. Grassetti	I	Yamaha	52'30.0
6.	D. Braun	D	MZ	52'38.5
7.	K. Andersson	S	Yamaha	52'39.0
8.	C. Giro	E	Ossa	52'49.4
9.	L. John	D	Suzuki	53'53.1
10.	G. Keith	RHO	Yamaha	54'00.6

Number of finishers: 19.
Fastest lap: R. Gould (GB, Yamaha), 5'30.9 = 152.855 km/h.

9) August 3 : Finland - Imatra

21 laps = 126.630 km

1.	K. Andersson	S	Yamaha	54'26.4
				= 139.511 km/h
2.	G. Bartusch	DDR	MZ	55'30.1
3.	B. Jansson	S	Kawasaki	55'48.5
4.	K. Carruthers	AUS	Benelli	56'07.3
5.	D. Braun	D	MZ	56'32.6
6.	S. Herrero	E	Ossa	1 lap
7.	P. Korhonen	SF	Yamaha	1 lap
8.	T. Länsivuori	SF	Yamaha	1 lap
9.	C. Mortimer	GB	Villa	1 lap
10.	P. Salonen	SF	Yamaha	1 lap

Number of finishers: 12.
Fastest lap: K. Andersson (S, Yamaha), 2'32.1 = 142.700 km/h.

10) August 16 : Ulster - Belfast

15 laps = 181.005 km

1.	K. Carruthers	AUS	Benelli	1 h.11'08.2
				= 150.620 km/h
2.	K. Andersson	S	Yamaha	1 h.13'12.4
3.	R. McCullough	IRL	Yamaha	1 h.13'19.8
4.	B. Guthrie	IRL	Yamaha	1 h.13'20.0
5.	C. Mortimer	GB	Yamaha	1 h.15'21.0
6.	I.-F. Richards	GB	Yamaha	1 h.15'38.6
7.	M. Chatterton	GB	Yamaha	1 lap
8.	R. Pipes	GB	Yamaha	1 lap
9.	T. Rutter	GB	Yamaha	1 lap
10.	F. Stastny	CZ	Jawa	1 lap

Number of finishers: 13.
Fastest lap: K. Carruthers (AUS, Benelli), 4'29.4 = 159.115 km/h.

11) September 7 : Italy - Imola

23 laps = 115.391 km

1.	P. Read	GB	Yamaha	45'37.8
				= 151.730 km/h
2.	K. Carruthers	AUS	Benelli	45'38.0
3.	K. Andersson	S	Yamaha	46'28.6
4.	B. Jansson	S	Kawasaki	47'13.2
5.	S. Herrero	E	Ossa	47'17.9
6.	H. Rosner	DDR	MZ	47'39.9
7.	L. Szabo	H	MZ	1 lap
8.	D. Simmonds	GB	Kawasaki	1 lap
9.	W. Villa	I	Villa	1 lap
10.	K. Bojer	CZ	CZ	2 laps

Number of finishers: 13.
Fastest lap: P. Read (GB, Yamaha), 1'55.8 = 155.684 km/h.

12) September 14 : Yugoslavia - Opatija

21 laps = 125.874 km

1.	K. Carruthers	AUS	Benelli	57'46.5
				= 130.800 km/h
2.	G. Parlotti	I	Benelli	57'46.9
3.	K. Andersson	S	Yamaha	57'53.0
4.	B. Jansson	S	Kawasaki	59'40.3
5.	S. Grassetti	I	Yamaha	59'59.9
6.	G. Bartusch	DDR	MZ	1 lap
7.	W. Villa	I	Villa	1 lap
8.	H. Kriwanek	A	Rotax	1 lap
9.	L. Szabo	H	MZ	1 lap
10.	G. Marsovszki	CH	Yamaha	1 lap

Number of finishers: 21.
Fastest lap: G. Parlotti (I, Benelli), 2'39.6 = 135.184 km/h.

WORLD CHAMPIONSHIP (*)

1.	Kelvin Carruthers	AUS	Benelli	89 (103)
2.	Kent Andersson	S	Yamaha	84 (108)
3.	Santiago Herrero	E	Ossa	83 (88)
4.	Renzo Pasolini	I	Benelli	45
5.	Börje Jansson	S	Kawasaki	45
6.	Rodney Gould	GB	Yamaha	44
7.	Heinz Rosner	DDR	MZ	28
8.	Frank Perris	GB	Suzuki	25
9.	Lothar John	D	Suzuki	21
10.	Dieter Braun	D	MZ	20
11.	Günter Bartusch	DDR	MZ	18
12.	Silvio Grassetti	I	Yamaha	18
13.	Phil Read	GB	Yamaha	15
14.	Laszlo Szabo	H	MZ	14
15.	Gilberto Parlotti	I	Benelli	12
16.	Mick Chatterton	GB	Yamaha	12
17.	Matti Pesonen	SF	Yamaha	11
18.	Angelo Bergamonti	I	Aermacchi	11
19.	Klaus Huber	D	Yamaha	10
20.	Ray McCullough	IRL	Yamaha	10
21.	Jean Auréal	F	Yamaha	9
22.	Billy Guthrie	IRL	Yamaha	8
23.	Chas Mortimer	GB	Yamaha	8
24.	Ian-F. Richards	GB	Yamaha	7
25.	Giuseppe Visenzi	I	Yamaha	6
26.	Toni Gruber	D	Yamaha	6
27.	Frank Whiteway	GB	Suzuki	6
28.	Walter Villa	I	Villa	6
29.	Derek Chatterton	GB	Yamaha	5
30.	Eric Hinton	AUS	Yamaha	5
31.	Dave Simmonds	GB	Kawasaki	5
32.	Frantisek Stastny	CZ	Jawa	5
33.	Reinhard Scholtis	D	Kawasaki	4
34.	Eugenio Lazzarini	I	Benelli	4
35.	Stan Woods	GB	Yamaha	4
36.	Jack Findlay	AUS	Yamaha	4
37.	Pentti Korhonen	SF	Yamaha	4
38.	Jerry Lancaster	GB	Yamaha	3
39.	Siegfried Lohmann	D	Suzuki	3
40.	Carlos Giro	E	Ossa	3
41.	Teuvo Länsivuori	SF	Yamaha	3
42.	Richard "Dick" Pipes	GB	Yamaha	3
43.	Heinz Kriwanek	A	Rotax	3
44.	Christian Ravel	F	Yamaha	3
45.	Billie Nelson	GB	Yamaha	2
46.	John Ringwood	GB	Yamaha	2
47.	Keith Turner	NZ	Aermacchi	2
48.	Gordon Keith	RHO	Yamaha	2
49.	Gyula Marsovszki	CH	Yamaha	2
50.	Tony Rutter	GB	Yamaha	2
51.	Pentti Salonen	SF	Yamaha	1
52.	Karel Bojer	CZ	CZ	1

(*): Les sept meilleurs résultats sont pris en compte pour le championnat. Le chiffre entre parenthèses correspond aux points «bruts».

(*): Die sieben besten Resultate wurden für die Gesamtwertung der Meisterschaft gezählt. Die Zahlen in Klammern entsprechen dem "Brutto"-Punktetotal.

(*): The seven best results counted towards the championship. The figures in brackets correspond to the gross number of points.

Champion: **Giacomo Agostini (Italy, MV-Agusta), 90 points (120), 8 wins**

1969 — 350 cc

1) May 4 : Spain - Jarama

38 laps = 129.352 km

1.	G. Agostini	I	MV-Agusta	1 h.18'09.2
				= 99,315 km/h
2.	K. Carruthers	AUS	Aermacchi	1 h.19'38.3
3.	G. Visenzi	I	Yamaha	1 h.20'08.5
4.	G. Molloy	NZ	Bultaco	1 lap
5.	J. Findlay	AUS	Yamaha	2 laps
6.	H. Denzler	CH	Aermacchi	3 laps
7.	A. Ohligschläger	D	Yamaha	3 laps
8.	J. Lancaster	GB	Aermacchi	3 laps
9.	G. Fischer	D	Aermacchi	4 laps
10.	G. Nash	GB	Norton	4 laps

Number of finishers: 13.
Fastest lap: G. Agostini (I, MV-Agusta), 1'54.7 = 106.844 km/h.

2) May 11 : West Germany - Hockenheim

23 laps = 155.664 km

1.	G. Agostini	I	MV-Agusta	51'58.7
				= 179.800 km/h
2.	B. Ivy	GB	Jawa	52'18.9
3.	F. Stastny	CZ	Jawa	1 lap
4.	J. Findlay	AUS	Yamaha	1 lap
5.	G. Visenzi	I	Yamaha	1 lap
6.	K. Carruthers	AUS	Aermacchi	2 laps
7.	B. Stasa	CZ	CZ	2 laps
8.	K. Bojer	CZ	CZ	2 laps
9.	G. Keith	RHO	Yamaha	2 laps
10.	D. Simmonds	GB	Kawasaki	2 laps

Number of finishers: 18.
Fastest lap: G. Agostini (I, MV-Agusta), 2'14.9 = 180.246 km/h.

3) June 13 : Tourist Trophy - Isle of Man

6 laps = 364.320 km

1.	G. Agostini	I	MV-Agusta	2 h.13'25.4
				= 164.160 km/h
2.	B. Steenson	IRL	Aermacchi	2 h.23'36.4
3.	J. Findlay	AUS	Aermacchi	2 h.24'41.2
4.	T. Dickie	GB	Seeley	2 h.26'13.0
5.	T. Grotefeld	GB	Yamaha	2 h.26'44.0
6.	S. Griffiths	GB	AJS	2 h.29'27.6
7.	J.-T. Findlay	GB	Norton	2 h.29'29.4
8.	B. Guthrie	IRL	Yamaha	2 h.29'51.8
9.	M. Hatherill	GB	Aermacchi	2 h.29'53.6
10.	R. Graham	GB	Aermacchi	2 h.30'53.0

Number of finishers: 47.
Fastest lap: G. Agostini (I, MV-Agusta), 21'46.0 = 167.371 km/h.

4) June 28 : The Netherlands - Assen

20 laps = 154.040 km

1.	G. Agostini	I	MV-Agusta	1 h.04'23.0
				= 143.597 km/h
2.	B. Ivy	GB	Jawa	1 h.05'14.3
3.	S. Grassetti	I	Yamaha	1 h.07'13.0
4.	K. Hoppe	D	Yamaha	1 h.07'52.8
5.	J. Findlay	AUS	Yamaha	1 lap
6.	G. Visenzi	I	Yamaha	1 lap
7.	K. Carruthers	AUS	Aermacchi	1 lap
8.	C. Carr	GB	Yamaha	1 lap
9.	J. Kostwinder	NL	Yamaha	1 lap
10.	L. Commu	NL	Yamaha	1 lap

Number of finishers: 14.
Fastest lap: G. Agostini (I, MV-Agusta), 3'08.6 = 146.981 km/h.

5) July 13 : East Germany - Sachsenring

18 laps = 155.124 km

1.	G. Agostini	I	MV-Agusta	1 h.02'28.5
				= 148.909 km/h
2.	R. Gould	GB	Yamaha	1 h.03'17.3
3.	H. Rosner	DDR	MZ	1 h.04'06.9
4.	G. Visenzi	I	Yamaha	1 h.05'38.2
5.	B. Stasa	CZ	CZ	1 h.06'09.0
6.	M. Lunde	USA	Yamaha	1 lap
7.	K. Carruthers	AUS	Aermacchi	1 lap
8.	B. Nelson	GB	Aermacchi	1 lap
9.	D. Simmonds	GB	Kawasaki	1 lap
10.	M. Pesonen	SF	Yamaha	1 lap

Number of finishers: 14.
Fastest lap: G. Agostini (I, MV-Agusta), 3'23.5 = 152.385 km/h.

6) July 20 : Czechoslovakia - Brno

11 laps = 153.340 km

1.	G. Agostini	I	MV-Agusta	1 h.00'01.8
				= 154.140 km/h
2.	R. Gould	GB	Yamaha	1 h.00'38.7
3.	S. Grassetti	I	Jawa	1 h.01'25.8
4.	H. Rosner	DDR	MZ	1 h.02'15.8
5.	G. Visenzi	I	Yamaha	1 h.02'19.9
6.	B. Stasa	CZ	CZ	1 h.03'03.2
7.	K. Carruthers	AUS	Aermacchi	1 h.03'40.3
8.	M. Pesonen	SF	Yamaha	1 h.04'54.8
9.	A. Ohligschläger	D	Yamaha	1 h.05'29.7
10.	G. Molloy	NZ	Bultaco	1 h.06'23.9

Number of finishers: 18.
Fastest lap: R. Gould (GB, Yamaha), 5'17.0 = 158.355 km/h.

7) August 3 : Finland - Imatra

23 laps = 138.690 km

1.	G. Agostini	I	MV-Agusta	57'56.9
				= 143.600 km/h
2.	R. Gould	GB	Yamaha	59'49.5
3.	G. Visenzi	I	Yamaha	59'59.9
4.	H. Rosner	DDR	MZ	1 h.00'18.6
5.	M. Pesonen	SF	Yamaha	1 lap
6.	A. Ohligschläger	D	Yamaha	1 lap
7.	J. Findlay	AUS	Yamaha	1 lap
8.	L. Young	GB	Aermacchi	2 laps
9.	J.-F. Curry	GB	Aermacchi	2 laps
10.	I. Sauter	CH	Aermacchi	3 laps

Number of finishers: 14.
Fastest lap: G. Agostini (I, MV-Agusta), 2'26.9 = 147.689 km/h.

8) August 16 : Ulster - Belfast

15 laps = 181.005 km

1.	G. Agostini	I	MV-Agusta	1 h.07'15.4
				= 160.920 km/h
2.	H. Rosner	DDR	MZ	1 h.09'37.2
3.	C. Crawford	IRL	Aermacchi	1 h.10'05.4
4.	T. Rutter	GB	Yamaha	1 h.10'58.5
5.	F. Stastny	CZ	Jawa	1 h.11'19.2
6.	T. Robb	IRL	Aermacchi	1 lap
7.	W. McCosh	IRL	Aermacchi	1 lap
8.	W. Smith	GB	Honda	1 lap
9.	R. Fitton	GB	Norton	1 lap
10.	D. Degens	GB	Aermacchi	1 lap

Number of finishers: 22.
Fastest lap: G. Agostini (I, MV-Agusta), 4'19.6 = 165.118 km/h.

9) September 7 : Nations - Imola

28 laps = 140.476 km

1.	P. Read	GB	Yamaha	55'46.7
				= 151.108 km/h
2.	S. Grassetti	I	Jawa	55'50.5
3.	W. Scheimann	D	Yamaha	56'59.1
4.	S. Bertarelli	I	Aermacchi	57'10.3
5.	M. Pesonen	SF	Yamaha	57'18.3
6.	B. Spaggiari	I	Ducati	57'44.6
7.	B. Stasa	CZ	CZ	1 lap
8.	G. Molloy	NZ	Bultaco	1 lap
9.	L. Young	GB	Aermacchi	1 lap
10.	J.-F. Curry	GB	Aermacchi	1 lap

Number of finishers: 14.
Fastest lap: P. Read (GB, Yamaha), 1'54.2 = 158.053 km/h.

10) September 14 : Yugoslavia - Opatija

26 laps = 155.844 km

1.	S. Grassetti	I	Jawa	1 h.06'07.0
				= 141.500 km/h
2.	G. Milani	I	Aermacchi	1 h.07'28.0
3.	F. Stastny	CZ	CZ	1 h.07'55.0
4.	B. Stasa	CZ	CZ	1 h.08'20.0
5.	L. Young	GB	Aermacchi	1 lap
6.	A. Ohligschläger	D	Yamaha	1 lap
7.	B. Smith	AUS	Aermacchi	1 lap
8.	M. Hawthorne	GB	Norton	1 lap
9.	J. Drapal	H	Aermacchi	1 lap
10.	H. Kuparinen	SF	Yamaha	2 laps

Number of finishers: 13.
Fastest lap: S. Grassetti (I, Jawa), 2'27.4 = 147.128 km/h.

WORLD CHAMPIONSHIP (*)

1.	Giacomo Agostini	I	MV-Agusta	90 (120)
2.	Silvio Grassetti	I	Yamaha/Jawa	47
3.	Giuseppe Visenzi	I	Yamaha	45
4.	Heinz Rosner	DDR	MZ	38
5.	Rodney Gould	GB	Yamaha	36
6.	Jack Findlay	AUS	Yamaha/Aermacchi	34
7.	Kelvin Carruthers	AUS	Aermacchi	29
8.	Bohumil Stasa	CZ	CZ	27
9.	Frantizek Stastny	CZ	Jawa	26
10.	Bill Ivy	GB	Jawa	24
11.	Matti Pesonen	SF	Yamaha	16
12.	Adolf Ohligschläger	D	Yamaha	16
13.	Phil Read	GB	Yamaha	15
14.	Brian Steenson	IRL	Aermacchi	12
15.	Gilberto Milani	I	Aermacchi	12
16.	Ginger Molloy	NZ	Bultaco	12
17.	Lewis Young	GB	Aermacchi	11
18.	Cecil Crawford	IRL	Aermacchi	10
19.	Walter Scheimann	D	Yamaha	10
20.	Thompson Dickie	GB	Seeley	8
21.	Karl Hoppe	D	Yamaha	8
22.	Tony Rutter	GB	Yamaha	8
23.	Silvano Bertarelli	I	Aermacchi	8
24.	Terry Grotefeld	GB	Yamaha	6
25.	Herbert Denzler	CH	Aermacchi	5
26.	Selwyn Griffiths	GB	AJS	5
27.	Marty Lunde	USA	Yamaha	5
28.	Tommy Robb	IRL	Aermacchi	5
29.	Bruno Spaggiari	I	Ducati	5
30.	John-Tom Findlay	GB	Norton	4
31.	William-M. "Bill" McCosh	IRL	Aermacchi	4
32.	Brian Smith	AUS	Aermacchi	4
33.	Jerry Lancaster	GB	Aermacchi	3
34.	Karel Bojer	CZ	CZ	3
35.	Billy Guthrie	IRL	Yamaha	3
36.	Cliff Carr	GB	Yamaha	3
37.	Billie Nelson	GB	Aermacchi	3
38.	William-A. "Bill" Smith	GB	Honda	3
39.	Maurice Hawthorne	GB	Norton	3
40.	Dave Simmonds	GB	Kawasaki	3
41.	Jim-Frederic Curry	GB	Aermacchi	3
42.	Günther Fischer	D	Aermacchi	2
43.	Gordon Keith	RHO	Yamaha	2
44.	Malcom Hatherill	GB	Yamaha	2
45.	Jan Koswinder	NL	Yamaha	2
46.	Rob Fitton	GB	Norton	2
47.	Janos Drapal	H	Aermacchi	2
48.	Godfrey Nash	GB	Norton	1
49.	Roy-A. Graham	GB	Aermacchi	1
50.	Leo Commu	NL	Yamaha	1
51.	Ivan Sauter	CH	Aermacchi	1
52.	Dave Degens	GB	Aermacchi	1
53.	Hannu Kuparinen	SF	Yamaha	1

(*): Les six meilleurs résultats sont pris en compte pour le championnat. Le chiffre entre parenthèses correspond aux points «bruts».

(*): Die sechs besten Resultate wurden für die Gesamtwertung der Meisterschaft gezählt. Die Zahlen in Klammern entsprechen dem "Brutto"-Punktetotal.

(*): The six best results counted towards the championship. The figures in brackets correspond to the gross number of points.

Champion : **Giacomo Agostini (Italy, MV-Agusta), 105 points (150), 10 wins**

1969 — 500 cc

1) May 4 : Spain - Jarama

40 laps = 136.160 km

1. G. Agostini	I	MV-Agusta	1 h.13'11.1	
			= 111.640 km/h	
2. A. Bergamonti	I	Paton		1 lap
3. G. Molloy	NZ	Bultaco		2 laps
4. G. Marsovszki	CH	Linto		2 laps
5. G. Nash	GB	Norton		3 laps
6. G. Fischer	D	Matchless		5 laps
7. G. Argo	CH	Matchless		5 laps

Number of finishers: 7.
Fastest lap: G. Agostini (I, MV-Agusta), 1'47.3 = 115.808 km/h.

2) May 11 : Germany - Hockenheim

30 laps = 203.040 km

1. G. Agostini	I	MV-Agusta	1 h.07'20.1	
			= 181.506 km/h	
2. K. Hoppe	D	URS-Fath		1 lap
3. J. Findlay	AUS	Linto		1 lap
4. J. Dodds	AUS	Linto		2 laps
5. R. Fitton	GB	Norton		2 laps
6. G. Marsovszki	CH	Linto		2 laps
7. G. Milani	I	Aermacchi		2 laps
8. K. Carruthers	AUS	Aermacchi		2 laps
9. G. Nash	GB	Norton		2 laps
10. R.-S. Chandler	GB	Seeley		2 laps

Number of finishers: 17.
Fastest lap: G. Agostini (I, MV-Agusta), 2'11.9 = 183.030 km/h.

3) May 18 : France - Le Mans

35 laps = 154.770 km

1. G. Agostini	I	MV-Agusta	1 h.16'53.2	
			= 120.777 km/h	
2. B. Nelson	GB	Paton		1 lap
3. K. Auer	A	Matchless		1 lap
4. T. Louwes	NL	Norton		1 lap
5. G. Nash	GB	Norton		1 lap
6. G. Marsovszki	CH	Linto		2 laps
7. A.-L. Appietto	F	Paton		2 laps
8. S. Ellis	GB	Linto		2 laps
9. D. Shorey	GB	Matchless		3 laps
10. W. Scheimann	D	Norton		3 laps

Number of finishers: 14.
Fastest lap: G. Agostini (I, MV-Agusta), 1'58.4 = 134.364 km/h.

4) June 13 : Tourist Trophy - Isle of Man

6 laps = 364.320 km

1. G. Agostini	I	MV-Agusta	2 h.09'40.2
			= 168.543 km/h
2. A. Barnett	GB	Kirby-Metisse	2 h.18'12.6
3. T. Dickie	GB	Seeley	2 h.18'44.2
4. D. Woodman	GB	Seeley	2 h.19'03.4
5. J.-T. Findlay	GB	Norton	2 h.21'15.6
6. R.-S. Chandler	GB	Seeley	2 h.21'42.8
7. S.-F. Jolly	GB	Seeley	2 h.24'51.0
8. S. Griffiths	GB	Matchless	2 h.25'36.0
9. P.-J. Darvill	GB	Norton	2 h.25'37.6
10. S. Spencer	GB	Cowle-Metisse	2 h.26'06.0

Number of finishers: 31.
Fastest lap: G. Agostini (I, MV-Agusta), 21'18.4 = 170.992 km/h.

5) June 28 : The Netherlands - Assen

20 laps = 154.040 km

1. G. Agostini	I	MV-Agusta	1 h.04'29.0	
			= 143.375 km/h	
2. P.-J. Williams	GB	Matchless	1 h.07'04.9	
3. A. Barnett	GB	Kirby-Metisse	1 h.07'16.1	
4. G. Milani	I	Aermacchi		1 lap
5. J. Findlay	AUS	Aermacchi		1 lap
6. G. Marsovszki	CH	Linto		1 lap
7. G. Nash	GB	Norton		1 lap
8. R.-S. Chandler	GB	Seeley		1 lap
9. B. Nelson	GB	Paton		1 lap
10. K. Auer	A	Matchless		1 lap

Number of finishers: 20.
Fastest lap: G. Agostini (I, MV-Agusta), 3'09.4 = 146.353 km/h.

6) July 6 : Belgium - Spa-Francorchamps

13 laps = 183.560 km

1. G. Agostini	I	MV-Agusta	54'18.1	
			= 202.533 km/h	
2. P. Tait	GB	Triumph	58'37.1	
3. A. Barnett	GB	Kirby-Metisse		1 lap
4. G. Marsovszki	CH	Linto		1 lap
5. R.-S. Chandler	GB	Seeley		1 lap
6. R. Fitton	GB	Norton		1 lap
7. W. Scheimann	D	Norton		1 lap
8. D. Shorey	GB	Seeley		1 lap
9. K. Auer	A	Matchless		1 lap
10. T. Dickie	GB	Seeley		1 lap

Number of finishers: 17.
Fastest lap: G. Agostini (I, MV-Agusta), 4'01.4 = 210.534 km/h.

7) July 13 : East Germany - Sachsenring

20 laps = 172.360 km

1.	G. Agostini	I	MV-Agusta	1 h.08'09.7
				= 151.651 km/h
2.	B. Nelson	GB	Paton	1 lap
3.	S. Ellis	GB	Linto	1 lap
4.	W. Bergold	A	Matchless	1 lap
5.	T. Dennehy	AUS	Honda	1 lap
6.	P. O'Brien	GB	Matchless	2 laps
7.	M. Hawthorne	GB	Matchless	2 laps
8.	P. Lehtelä	SF	Matchless	2 laps
9.	J. Lindh	S	Seeley	2 laps
10.	E. Kiisa	URSS	Vostok	2 laps

Number of finishers: 12.
Fastest lap: G. Agostini (I, MV-Agusta), 3'21.8 = 153.669 km/h.

8) July 20 : Czechoslovakia - Brno

13 laps = 181.220 km

1.	G. Agostini	I	MV-Agusta	1 h.10'07.5
				= 154.780 km/h
2.	G. Marsovszki	CH	Linto	1 h.14'22.0
3.	B. Stasa	CZ	CZ	1 h.14'54.5
4.	S. Bertarelli	I	Paton	1 h.16'04.4
5.	D. Shorey	GB	Seeley	1 lap
6.	W. Scheimann	D	Norton	1 lap
7.	B. Nelson	GB	Paton	1 lap
8.	A.-L. Appietto	F	Paton	1 lap
9.	G. Nash	GB	Norton	1 lap
10.	W. Bergold	A	Matchless	1 lap

Number of finishers: 14.
Fastest lap: G. Agostini (I, MV-Agusta), 5'07.3 = 162.785 km/h.

9) August 3 : Finland - Imatra

23 laps = 138.690 km

1.	G. Agostini	I	MV-Agusta	57'51.9
				= 143.800 km/h
2.	B. Nelson	GB	Paton	1 lap
3.	G. Nash	GB	Norton	1 lap
4.	H. Kuparinen	SF	Matchless	2 laps
5.	L. Young	GB	Matchless	2 laps
6.	P. Lehtelä	SF	Matchless	2 laps
7.	T. Dennehy	AUS	Honda	2 laps
8.	S. Ellis	GB	Linto	2 laps
9.	O. Hansen	SF	Matchless	2 laps
10.	W. Stropek	A	MV-Agusta	3 laps

Number of finishers: 11.
Fastest lap: G. Agostini (I, MV-Agusta), 2'23.8 = 150.892 km/h.

10) August 16 : Ulster - Belfast

15 laps = 181.005 km

1.	G. Agostini	I	MV-Agusta	1 h.04'11.2
				= 166.920 km/h
2.	B. Steenson	IRL	Seeley	1 h.07'32.2
3.	M. Uphill	GB	Norton	1 lap
4.	R. Fitton	GB	Norton	1 lap
5.	B. Scully	GB	Norton	1 lap
6.	R.-S. Chandler	GB	Seeley	1 lap
7.	J.-T. Findlay	GB	Norton	1 lap
8.	J. Williams	GB	Rickman-Metisse	1 lap
9.	B. Stasa	CZ	CZ	1 lap
10.	A.-T. Lawton	GB	Norton	1 lap

Number of finishers: 17.
Fastest lap: G. Agostini (I, MV-Agusta), 4'07.4 = 173.261 km/h.

11) September 7 : Italy - Imola

36 laps = 180.612 km

1.	A. Pagani	I	Linto	1 h.12'02.0
				= 150.440 km/h
2.	G. Milani	I	Aermacchi	1 h.13'03.6
3.	J. Dodds	AUS	Linto	1 h.13'19.7
4.	T. Dennehy	AUS	Honda	1 lap
5.	B. Steenson	IRL	Seeley	1 lap
6.	R.-S. Chandler	GB	Seeley	1 lap
7.	G. Marsovszki	CH	Linto	2 laps
8.	P. Campanelli	I	Seeley	2 laps
9.	T. Louwes	NL	Norton	2 laps
10.	H. Kuparinen	SF	Matchless	2 laps

Number of finishers: 14.
Fastest lap: J. Dodds (AUS, Linto), 1'57.3 = 153.885 km/h.

12) September 14 : Yugoslavia - Opatija

29 laps = 173.826 km

1.	G. Nash	GB	Norton	1 h.21'29.0
				= 128.121 km/h
2.	F. Trabalzini	I	Paton	1 h.22'50.0
3.	S. Ellis	GB	Linto	1 lap
4.	L. Young	GB	Matchless	1 lap
5.	K. Turner	NZ	Linto	1 lap
6.	P. Lehtelä	SF	Matchless	1 lap
7.	P. Eickelberg	D	Norton	2 laps
8.	E. Maugliani	I	Norton	3 laps
9.	R. Hannan	AUS	Norton	3 laps
10.	M. Hawthorne	GB	Matchless	7 laps

Number of finishers: 11.
Fastest lap: G. Nash (GB, Norton), 2'44.5 = 131.483 km/h.

WORLD CHAMPIONSHIP (*)

1.	Giacomo Agostini	I	MV-Agusta	105 (150)
2.	Gyula Marsovszky	CH	Linto	47
3.	Godfrey Nash	GB	Norton	45
4.	Billie Nelson	GB	Paton	42
5.	Alan Barnett	GB	Kirby-Metisse	32
6.	Steve Ellis	GB	Linto	26
7.	Ronald-S. Chandler	GB	Seeley	25
8.	Gilberto Milani	I	Aermacchi	24
9.	Rob Fitton	GB	Norton	19
10.	Brian Steenson	IRL	Seeley	18
11.	John Dodds	AUS	Linto	18
12.	Terry Dennehy	AUS	Honda	18
13.	Jack Findlay	AUS	Linto	16
14.	Alberto Pagani	I	Linto	15
15.	Lewis Young	GB	Matchless	14
16.	Karl Auer	A	Matchless	13
17.	Pentti Lehtelä	SF	Matchless	13
18.	Angelo Bergamonti	I	Paton	12
19.	Karl Hoppe	D	URS-Fath	12
20.	Peter-J. Williams	GB	Matchless	12
21.	Percy Tait	GB	Triumph	12
22.	Franco Trabalzini	I	Paton	12
23.	Bohumil Stasa	CZ	CZ	12
24.	Thompson Dickie	GB	Seeley	11
25.	Dan Shorey	GB	Matchless/Seeley	11
26.	Ginger Molloy	NZ	Bultaco	10
27.	Malcolm Uphill	GB	Norton	10
28.	Theo Louwes	NL	Norton	10
29.	John-Tom Findlay	GB	Norton	10
30.	Walter Scheimann	D	Norton	10
31.	Werner Bergold	A	Matchless	9
32.	Hannu Kuparinen	SF	Matchless	9
33.	Derek Woodman	GB	Seeley	8
34.	Silvano Bertarelli	I	Paton	8
35.	André-Luc Appietto	F	Paton	7
36.	Barry Scully	GB	Norton	6
37.	Keith Turner	NZ	Linto	6
38.	Günther Fischer	D	Matchless	5
39.	Phil O'Brien	GB	Matchless	5
40.	Maurice Hawthorne	GB	Matchless	5
41.	Gilbert Argo	CH	Matchless	4
42.	Stephen-F. Jolly	GB	Seeley	4
43.	Paul Eickelberg	D	Norton	4
44.	Kelvin Carruthers	AUS	Aermacchi	3
45.	Selwyn Griffiths	GB	Matchless	3
46.	John Williams	GB	Rickman-Metisse	3
47.	Paolo Campanelli	I	Seeley	3
48.	Emanuele Maugliani	I	Norton	3
49.	Peter-J. Darvill	GB	Norton	2
50.	Jack Lindh	S	Seeley	2
51.	Osmo Hansen	SF	Matchless	2
52.	Ross Hannan	AUS	Norton	2
53.	Stephen Spencer	GB	Cowle-Metisse	1
54.	Endel Kiisa	URSS	Vostok	1
55.	Wolfgang Stropek	A	MV-Agusta	1
56.	Alan-T. Lawton	GB	Norton	1

(*): Les sept meilleurs résultats sont pris en compte pour le championnat. Le chiffre entre parenthèses correspond aux points «bruts».

(*): Die sieben besten Resultate wurden für die Gesamtwertung der Meisterschaft gezählt. Die Zahlen in Klammern entsprechen dem "Brutto"-Punktetotal.

(*): The seven best results counted towards the championship. The figures in brackets correspond to the gross number of points.

1969 — Side-Cars

Champions: Klaus Enders/Ralf Engelhardt (Germany, BMW), 60 points (72), 4 wins

1) May 11 : West Germany - Hockenheim

15 laps = 101.520 km

1. K. Enders/R. Engelhardt	D	BMW	38'56.3	
			= 156.570 km/h	
2. F. Linnarz/R. Kühnemund	D	BMW	39'22.7	
3. A. Butscher/J. Huber	D	BMW	39'23.4	
4. H. Lünemann/N. Caddow	D/GB	BMW	39'46.8	
5. J.-C. Castella/A. Castella	CH	BMW	39'52.0	
6. T. Wakefield/G. Milton	GB	BMW	39'52.4	
7. S. Schauzu/H. Schneider	D	BMW	40'19.2	
8. H. Binding/H. Fleck	D	BMW	40'58.8	
9. H. Hänni/K. Barfuss	CH	BMW	41'26.7	
10. R.-J. Hawes/J. Mann	GB	Seeley	1 lap	

Number of finishers: 13.
Fastest lap: H. Fath/W. Kalauch (D, URS-Fath), 2'28.3 = 165.826 km/h.

2) May 18 : France - Le Mans

25 laps = 110.550 km

1. H. Fath/W. Kalauch	D	URS-Fath	53'44.7	
			= 123.416 km/h	
2. G. Auerbacher/H. Hahn	D	BMW	54'46.9	
3. S. Schauzu/H. Schneider	D	BMW	55'08.7	
4. F. Linnarz/R. Kühnemund	D	BMW	1 lap	
5. A. Butscher/J. Huber	D	BMW	1 lap	
6. M. Hauri/H. Hausamann	CH	BMW	2 laps	
7. R.-J. Hawes/J. Mann	GB	Seeley	2 laps	
8. J. Duhem/F. Fernandez	F	BMW	2 laps	
9. A. Cailletet/J. Coquic	F	BMW	3 laps	
10. S. Applegate/R. Appleton	GB	BMW	3 laps	

Number of finishers: 11.
Fastest lap: H. Fath/W. Kalauch (D, URS-Fath), 2'05.2 = 127.073 km/h.

3) June 9 : Tourist Trophy - Isle of Man

3 laps = 182.160 km

1. K. Enders/R. Engelhardt	D	BMW	1 h.13'27.0	
			= 148.800 km/h	
2. S. Schauzu/H. Schneider	D	BMW	1 h.14'39.4	
3. H. Fath/W. Kalauch	D	URS-Fath	1 h.15'00.0	
4. A. Butscher/J. Huber	D	BMW	1 h.21'18.0	
5. F. Linnarz/R. Kühnemund	D	BMW	1 h.22'52.0	
6. R.-J. Hawes/J. Mann	GB	Seeley	1 h.23.06.6	
7. N. Hanks/R. Arnold	GB	BSA	1 h.23'51.0	
8. B. Copson/D. Rowe	GB	BMW	1 h.24'32.8	
9. D. Keen/M. Wotherspoon	GB	Triumph	1 h.26'44.0	
10. T. Harris/B. Harris	GB	Triumph	1 h.28'40.8	

Number of finishers: 23.
Fastest lap: K. Enders/R. Engelhardt (D, BMW), 24'27.8 = 148.929 km/h.

4) June 28 : The Netherlands - Assen

14 laps = 107.828 km

1. H. Fath/W. Kalauch	D	URS-Fath	49'59.1	
			= 129.474 km/h	
2. G. Auerbacher/H. Hahn	D	BMW	50'40.4	
3. H. Lünemann/N. Caddow	D/GB	BMW	52'06.5	
4. A. Butscher/J. Huber	D	BMW	52'37.8	
5. F. Linnarz/R. Kühnemund	D	BMW	53'31.1	
6. H. Luthringshauser/G. Hugues	D/GB	BMW	56'06.0	
7. J.-C. Castella/A. Castella	CH	BMW	1 lap	
8. R. Wegener/A. Heinrich	D	BMW	1 lap	
9. H. Oosterloo/K. Hermans	NL	BMW	1 lap	

Number of finishers: 9.
Fastest lap: H. Fath/W. Kalauch (D, URS-Fath), 3'30.6 = 133.350 km/h.

5) July 6 : Belgium - Spa-Francorchamps

7 laps = 98.840 km

1. H. Fath/W. Kalauch	D	URS-Fath	32'55.0	
			= 179.908 km/h	
2. K. Enders/R. Engelhardt	D	BMW	33'27.0	
3. G. Auerbacher/H. Hahn	D	BMW	33'48.8	
4. F. Linnarz/R. Kühnemund	D	BMW	35'00.8	
5. A. Butscher/J. Huber	D	BMW	35'02.6	
6. G. Milton/J. Thornton	GB	BMW	35'03.7	
7. T. Wakefield/J. Flaxman	GB	BMW	35'22.8	
8. H. Luthringshauser/G. Hugues	D/GB	BMW	35'36.0	
9. H. Lünemann/N. Caddow	D/GB	BMW	35'38.7	
10. J.-C. Castella/A. Castella	CH	BMW	35'39.1	

Number of finishers: 12.
Fastest lap: H. Fath/W. Kalauch (D, URS-Fath), 4'03.9 = 181.308 km/h.

6) August 3: Finland - Imatra

17 laps = 102.510 km

1. K. Enders/R. Engelhardt	D	BMW	48'55.8	
			= 125.700 km/h	
2. H. Lünemann/N. Caddow	D/GB	BMW	49'28.3	
3. H. Luthringshauser/G. Hugues	D/GB	BMW	50'38.5	
4. A. Butscher/J. Huber	D	BMW	51'27.6	
5. G. Auerbacher/H. Hahn	D	BMW	52'13.0	
6. J.-C. Castella/A. Castella	CH	BMW	1 lap	
7. K. Calenius/J. Vesterinen	SF	BMW	1 lap	
8. B. Bjarnemark/P. Kjellmodin	S	BMW	1 lap	
9. L. Aurosell/J. Ryhanen	SF	BMW	2 laps	
10. J. Palomaki/J. Ahlbäck	SF	BMW	2 laps	

Number of finishers: 10.
Fastest lap: H. Fath/B. Nelson (D/GB, URS-Fath), 2'46.5 = 130.389 km/h.

7) August 16 : Ulster - Belfast

10 laps = 120.670 km

1.	K. Enders/R. Engelhardt	D	BMW	49'54.8
				= 143.105 km/h
2.	S. Schauzu/H. Schneider	D	BMW	50'49.6
3.	F. Linnarz/R. Kühnemund	D	BMW	51'08.4
4.	H. Luthringshauser/G. Hugues	D/GB	BMW	51'13.8
5.	B. Copson/L. Fisher	GB	BMW	54'30.6
6.	J. Philpott/W. Turrington	GB	Norton	1 lap
7.	R.-J. Hawes/R. Arnold	GB	BSA	1 lap
8.	M.-J. Potter/D. Wright	GB	Triumph	1 lap
9.	J. Gawley/G. Allock	GB	BSA	1 lap
10.	P.-J. Keilty/R. Fiddes	GB	Tri-Norton	1 lap

Number of finishers: 14.
Fastest lap: K. Enders/R. Engelhardt (D, BMW), 4'53.6 = 146.450 km/h.

Assen:
Heinz Luthringshauser / Geoffrey Hughes, BMW (5)
Helmut Lünemann / Niel Caddow, BMW (4)

WORLD CHAMPIONSHIP (*)

1.	Klaus Enders/Ralf Engelhardt	D	BMW	60 (72)
2.	Helmuth Fath/Wolfgang Kalauch	D	URS-Fath	55
3.	Georg Auerbacher/Hermann Hahn	D	BMW	40
4.	Siegfried Schauzu/Horst Schneider	D	BMW	38
5.	Franz Linnarz/Rudolf Kühnemund	D	BMW	38 (50)
6.	Arsenius Butscher/Josef Huber	D	BMW	34 (46)
7.	Helmut Lünemann/Niel Caddow	D/GB	BMW	32
8.	Heinz Luthringshauser/Geoffrey Hugues	D/GB	BMW	26
9.	Jean-Claude Castella/Albert Castella	CH	BMW	16
10.	R.-J. "Dick" Hawes/John Mann/Rose Arnold	GB	Seeley/BSA	14
11.	Bill Copson/Dane Rowe/Lawrence Fisher	GB	BMW	9
12.	Tony Wakefield/Graham Milton/John Flaxman	GB	BMW	9
13.	Max Hauri/Heinz Hausamann	CH	BMW	5
14.	Graham Milton/John Thornton	GB	BMW	5
15.	John Philpott/William Turrington	GB	Norton	5
16.	Norman Hanks/Rose Arnold	GB	BSA	4
17.	Kenneth Calenius/Juhanis Vesterinen	SF	BMW	4
18.	Hermann Binding/Helmut Fleck	D	BMW	3
19.	Joseph Duhem/François Fernandez	F	BMW	3
20.	Richard Wegener/Adolf Heinrichs	D	BMW	3
21.	Börje Bjarnemark/Peter Kjellmodin	S	BMW	3
22.	Mike-J. Potter/David Wright	GB	Triumph	3
23.	Hans Hänni/Kurt Barfuss	CH	BMW	2
24.	André Cailletet/Jean Coquic	F	BMW	2
25.	Dennis Keen/Mac Wotherspoon	GB	Triumph	2
26.	Herman Oosterloo/Karel Hermans	NL	BMW	2
27.	Leif Aurosell/Jouko Ryhanen	SF	BMW	2
28.	Jeff Gawley/Graham Allock	GB	BSA	2
29.	Stuart Applegate/Robin Appleton	GB	BMW	1
30.	Tony Harris/Brian Harris	GB	Triumph	1
31.	Jaakko Palomaki/Jussi Ahlbäck	SF	BMW	1
32.	Peter-J. Kelty/Richard Fiddes	GB	Tri-Norton	1

(*): Les quatre meilleurs résultats sont pris en compte pour le championnat.
Le chiffre entre parenthèses correspond aux points «bruts».

(*): Die vier besten Resultate wurden für die Gesamtwertung der Meisterschaft gezählt.
Die Zahlen in Klammern entsprechen dem "Brutto"-Punktetotal.

(*): The four best results counted towards the championship.
The figures in brackets correspond to the gross number of points.

Champion : **Angel Nieto (Spain, Derbi), 87 points (105), 5 wins**

1970 — 50 cc

1) May 3 : West Germany - Nürburgring

3 laps = 68.500 km

1.	A. Nieto	E	Derbi	39'30.7
				= 104.039 km/h
2.	R. Kunz	D	Kreidler	40'20.8
3.	G. Parlotti	I	Tomos	40'24.6
4.	S. Canellas	E	Derbi	42'06.2
5.	E. Lazzarini	I	Morbidelli	42'37.0
6.	O. Buscherini	I	Honda	42'40.9
7.	M. Bernsee	D	Kreidler	42'53.7
8.	A. Toersen	NL	Jamathi	42'59.6
9.	H. Bartol	A	Kreidler	43'29.3
10.	J. Schurgers	NL	Kreidler	43'45.1

Number of finishers: 18.
Fastest lap: A. Nieto (E, Derbi), 2'53.3 = 106.300 km/h.

2) May 17 : France - Le Mans

15 laps = 66.330 km

1.	A. Nieto	E	Derbi	35'00.6
				= 113.676 km/h
2.	A. Toersen	NL	Jamathi	35'24.0
3.	R. Kunz	D	Kreidler	36'26.7
4.	J. Schurgers	NL	Kreidler	36'32.3
5.	M. Mijwaart	NL	Jamathi	37'14.5
6.	S. Canellas	E	Derbi	37'19.2
7.	J. Bordons	E	Derbi	37'27.0
8.	E. Lazzarini	I	Morbidelli	1 lap
9.	L. Fassbender	D	Kreidler	1 lap
10.	H. Bartol	A	Kreidler	1 lap

Number of finishers: 23.
Fastest lap: A. Nieto (E, Derbi), 2'17.4 = 115.860 km/h.

3) May 24 : Yugoslavia - Opatija

15 laps = 89.990 km

1.	A. Nieto	E	Derbi	43'49.7
				= 123.300 km/h
2.	J. De Vries	NL	Kreidler	44'16.2
3.	J. Schurgers	NL	Kreidler	44'34.2
4.	A. Toersen	NL	Jamathi	44'48.1
5.	M. Mijwaart	NL	Jamathi	44'48.6
6.	R. Kunz	D	Kreidler	45'44.4
7.	C. Van Dongen	NL	Kreidler	46'53.8
8.	S. Canellas	E	Derbi	1 lap
9.	L. Fassbender	D	Kreidler	1 lap
10.	H. Bartol	A	Kreidler	1 lap

Number of finishers: 16.
Fastest lap: A. Nieto (E, Derbi) 2'52.4 = 125.300 km/h.

4) June 27 : The Netherlands - Assen

8 laps = 61.616 km

1.	A. Nieto	E	Derbi	30'23.4
				= 121.688 km/h
2.	J. De Vries	NL	Kreidler	30'23.7
3.	S. Canellas	E	Derbi	30'24.0
4.	R. Kunz	D	Kreidler	31'32.5
5.	A. Toersen	NL	Jamathi	31'56.3
6.	G. Parlotti	I	Tomos	32'06.4
7.	T. Ramaker	NL	Kreidler	32'22.5
8.	R. Bron	NL	Kreidler	33'01.2
9.	T. Daleman	NL	Kreidler	33'05.7
10.	J. Bruins	NL	Kreidler	33'10.6

Number of finishers: 16.
Fastest lap: A. Nieto (E, Derbi), 3'43.2 = 124.264 km/h.

5) July 5 : Belgium - Spa-Francorchamps

4 laps = 56.400 km

1.	A. Toersen	NL	Jamathi	23'21.3
				= 144.894 km/h
2.	A. Nieto	E	Derbi	23'28.6
3.	J. Schurgers	NL	Kreidler	23'42.2
4.	S. Canellas	E	Derbi	23'53.7
5.	M. Mijwaart	NL	Jamathi	24'20.5
6.	J. De Vries	NL	Kreidler	24'48.1
7.	R. Kunz	D	Kreidler	25'37.8
8.	C. Van Dongen	NL	Kreidler	25'43.6
9.	A. Millard	F	Kreidler	26'29.3
10.	F. Ringhini	I	Morbidelli	26'39.8

Number of finishers: 21.
Fastest lap: A. Toersen (NL, Jamathi), 5'40.3 = 149.162 km/h.

6) July 12 : East Germany - Sachsenring

7 laps = 60.326 km

1.	A. Toersen	NL	Jamathi	27'18.7
				= 132.446 km/h
2.	J. Schurgers	NL	Kreidler	27'31.9
3.	A. Nieto	E	Derbi	27'32.9
4.	M. Mijwaart	NL	Jamathi	27'33.5
5.	J. De Vries	NL	Kreidler	27'35.8
6.	R. Kunz	D	Kreidler	29'51.2
7.	L. Rinaudo	I	Tomos	30'13.8
8.	H. Bartol	A	Kreidler	30'14.2
9.	R. Mankiewicz	POL	Kreidler	31'29.8
10.	G. Weser	DDR	Kreidler	1 lap

Number of finishers: 20.
Fastest lap: A. Toersen (NL, Jamathi), 3'49.4 = 135.180 km/h.

7) July 19 : Czechoslovakia - Brno

6 laps = 83.640 km

1.	A. Toersen	NL	Jamathi	42'15.9
				= 119.880 km/h
2.	R. Kunz	D	Kreidler	42'34.3
3.	S. Canellas	E	Derbi	42'46.9
4.	M. Mijwaart	NL	Jamathi	43'46.0
5.	M. Stripacuk	CZ	Jamathi	44'32.9
6.	L. Rinaudo	I	Tomos	46'16.3
7.	H. Bartol	A	Kreidler	46'40.6
8.	L. Johansson	S	Maïco	46'40.8
9.	H. Kroismayr	A	Kreidler	1 lap
10.	J. De Vries	NL	Kreidler	1 lap

Number of finishers: 16.
Fastest lap: A. Toersen (NL, Jamathi), 6'57.6 = 120.700 km/h.

8) August 15 : Ulster - Belfast

6 laps = 71.610 km

1.	1. A. Nieto	E	Derbi	32'19.6
				= 131.800 km/h
2.	S. Canellas	E	Derbi	32'45.8
3.	A. Toersen	NL	Jamathi	32'46.4
4.	R. Kunz	D	Kreidler	33'52.4
5.	M. Mijwaart	NL	Jamathi	35'05.4
6.	J. De Vries	NL	Kreidler	35'29.6
7.	C. Geary	GB	Honda	38'22-0
8.	C. Walpole	GB	Garelli	38'32.2
9.	R. Simpson	IRL	Honda	1 lap
10.	D. Clancy	IRL	Yamaha	1 lap

Number of finishers: 17.
Fastest lap: A. Nieto (E, Derbi), 5'17.4 = 135.104 km/h.

9) September 13 : Italy - Monza

10 laps = 57.500 km

1.	J. De Vries	NL	Kreidler	23'18.5
				= 148.015 km/h
2.	R. Kunz	D	Kreidler	23'26.0
3.	L. Fassbender	D	Kreidler	23'27.3
4.	B. Cretti	I	Malanca	1 lap
5.	A. Millard	F	Kreidler	1 lap
6.	M. Mijwaart	NL	Jamathi	1 lap
7.	G. Thurow	D	Kreidler	1 lap
8.	S. Canellas	E	Derbi	1 lap
9.	R. Mankiewicz	POL	Kreidler	1 lap
10.	M. Cannizaro	I	Guazzoni	1 lap

Number of finishers: 15.
Fastest lap: J. De Vries (NL, Kreidler), 2'17.1 = 150.984 km/h.

10) September 27 : Spain - Montjuich

16 laps = 60.640 km

1.	S. Canellas	E	Derbi	34'22.46
				= 105.864 km/h
2.	R. Kunz	D	Kreidler	34'22.65
3.	J. De Vries	NL	Kreidler	34'22.76
4.	A. Nieto	E	Derbi	34'41.93
5.	J. Bordons	E	Derbi	35'21.73
6.	U. Graf	CH	Kreidler	36'46.28
7.	F. Van Den Hoeven	NL	Kreidler	1 lap
8.	L. Fassbender	D	Kreidler	1 lap
9.	F. Ringhini	I	Morbidelli	1 lap
10.	G. Schweikardt	D	Kreidler	1 lap

Number of finishers: 12.
Fastest lap: R. Kunz (D, Kreidler), 2'05.41 = 108.813 km/h.

WORLD CHAMPIONSHIP (*)

1.	Angel Nieto	E	Derbi	87 (105)
2.	Aalt Toersen	NL	Jamathi	75 (84)
3.	Rudolf Kunz	D	Kreidler	66 (88)
4.	Salvador Canellas	E	Derbi	63 (74)
5.	Jan De Vries	NL	Kreidler	60 (66)
6.	Jos Schurgers	NL	Kreidler	41
7.	Martin Mijwaart	NL	Jamathi	40 (45)
8.	Ludwig Fassbender	D	Kreidler	17
9.	Gilberto Parlotti	I	Tomos	15
10.	Harald Bartol	A	Kreidler	11
11.	Juan Bordons	E	Derbi	10
12.	Eugenio Lazzarini	I	Morbidelli	9
13.	Luigi Rinaudo	I	Tomos	9
14.	Bruno Cretti	I	Malanca	8
15.	André Millard	F	Kreidler	8
16.	Cees Van Dongen	NL	Kreidler	7
17.	Michael Stripacuk	CZ	Jamathi	6
18.	Otello Buscherini	I	Honda	5
19.	Ulrich "Ueli" Graf	CH	Kreidler	5
20.	Manfred Bernsee	D	Kreidler	4
21.	Teumis Ramaker	NL	Kreidler	4
22.	C. Geary	GB	Honda	4
23.	Gerhard Thurow	D	Kreidler	4
24.	Frederico Van Den Hoeven	NL	Kreidler	4
25.	Ryszard Mankiewicz	POL	Kreidler	4
26.	Lasse Johansson	S	Maïco	3
27.	Chris-M. Walpole	GB	Garelli	3
28.	Rob Bron	NL	Kreidler	3
29.	Franco Ringhini	I	Morbidelli	3
30.	Ton Daleman	NL	Kreidler	2
31.	Hans Kroismayr	A	Kreidler	2
32.	R. Simpson	IRL	Honda	2
33.	Jan Bruins	NL	Kreidler	1
34.	Gernot Weser	DDR	Kreidler	1
35.	Dennis Clancy	IRL	Yamaha	1
36.	Michel Cannizaro	I	Guazzoni	1
37.	Gottlieb-W. Schweikardt	D	Kreidler	1

(*): Les six meilleurs résultats sont pris en compte pour le championnat. Le chiffre entre parenthèses correspond aux points «bruts».

(*): Die sechs besten Resultate wurden für die Gesamtwertung der Meisterschaft gezählt. Die Zahlen in Klammern entsprechen dem "Brutto"-Punktetotal.

(*): The six best results counted towards the championship. The figures in brackets correspond to the gross number of points.

Montjuich

1970 — 50 cc

Champion : **Dieter Braun (Germany, Suzuki), 84 points (92), 4 wins**

1970 — 125 cc

1) May 3 : West Germany - Nürburgring

5 laps = 114.250 km

1. J. Doods	AUS	Aermacchi	1 h.02'32.9	
			= 109.215 km/h	
2. H. Kriwanek	A	Rotax	1 h.02'39.2	
3. W. Sommer	D	Yamaha	1 h.02'57.7	
4. T. Gruber	D	Maïco	1 h.03'13.8	
5. O. Buscherini	I	Villa	1 h.03'40.9	
6. L. Szabo	H	MZ	1 h.03'59.2	
7. S. Möhringer	D	Yamaha	1 h.04'43.7	
8. H. Mann	D	MZ	1 h.05'10.0	
9. G. Bartusch	DDR	MZ	1 h.05'41.8	
10. H.-J. Dittberner	D	Honda	1 h.06'21.7	

Number of finishers: 23.
Fastest lap: L. Szabo (H, MZ), 12'16.9 = 111.600 km/h.

2) May 17 : France - Le Mans

25 laps = 110.550 km

1. D. Braun	D	Suzuki	54'00.0
			= 122.833 km/h
2. B. Jansson	S	Maïco	54'29.3
3. G. Bartusch	DDR	MZ	54'29.4
4. H. Kriwanek	A	Rotax	57'05.0
5. T. Gruber	D	Maïco	1 lap
6. E. Lazzarini	I	Morbidelli	1 lap
7. L. Szabo	H	MZ	1 lap
8. P. Viura	F	Maïco	1 lap
9. J. Auréal	F	Yamaha	1 lap
10. T. Länsivuori	SF	Yamaha	1 lap

Number of finishers: 20.
Fastest lap: A. Nieto (E, Derbi), 2'06.1 = 125.843 km/h.

3) May 24 : Yugoslavia - Opatija

18 laps = 107.892 km

1. D. Braun	D	Suzuki	47'54.1
			= 135.300 km/h
2. A. Nieto	E	Derbi	47'55.0
3. A. Bergamonti	I	Aermacchi	48'55.6
4. B. Jansson	S	Maïco	49'32.2
5. A. Toersen	NL	Suzuki	49'37.3
6. G. Mandolini	I	Villa	49'45.9
7. G. Consalvi	I	Villa	50'01.6
8. T. Gruber	D	Maïco	50'04.3
9. B. Köhler	DDR	MZ	50'34.0
10. J. Lenk	DDR	MZ	1 lap

Number of finishers: 28.
Fastest lap: A. Nieto (E, Derbi), 2'36.8 = 137.700 km/h.

4) June 12 : Tourist Trophy - Isle of Man

3 laps = 182.160 km

1. D. Braun	D	Suzuki	1 h.16'05.0
			= 142.823 km/h
2. B. Jansson	S	Maïco	1 h.18'28.4
3. G. Bartusch	DDR	MZ	1 h.19'02.8
4. S. Murray	GB	Honda	1 h.20'14.8
5. F. Launchburry	GB	Bultaco	1 h.20'37.8
6. J.-F. Curry	GB	Honda	1 h.20'52.0
7. T. Robb	IRL	Maïco	1 h.23'08.8
8. J. Kiddie	GB	Honda	1 h.23'34.8
9. R. Dickinson	GB	Honda	1 h.24'27.0
10. K. Armstrong	GB	Honda	1 h.25'45.2

Number of finishers: 26.
Fastest lap: D. Simmonds (GB, Kawasaki), 24'54.2 = 143.666 km/h.

5) June 27 : The Netherlands - Assen

14 laps = 107.828 km

1. D. Braun	D	Suzuki	49'06.6
			= 131.780 km/h
2. D. Simmonds	GB	Kawasaki	49'10.1
3. L. Szabo	H	MZ	50'23.5
4. A. Toersen	NL	Suzuki	50'42.8
5. T. Gruber	D	Maïco	50'43.0
6. B. Jansson	S	Maïco	51'23.3
7. J. De Vries	NL	MZ	51'57.9
8. J. Lancaster	GB	Yamaha	51'58.3
9. W. Scheimann	D	Villa	52'10.8
10. A. Droog	NL	Yamaha	52'44.0

Number of finishers: 14.
Fastest lap: A. Nieto (E, Derbi), 3'24.9 = 135.362 km/h.

6) July 5 : Belgium - Spa-Francorchamps

7 laps = 98.700 km

1. A. Nieto	E	Derbi	36'23.0
			= 162.766 km/h
2. D. Simmonds	GB	Kawasaki	36'41.2
3. B. Jansson	S	Maïco	37'13.2
4. T. Gruber	D	Maïco	39'38.8
5. J.-L. Pasquier	MON	Maïco	39'44.0
6. C. Mortimer	GB	Villa	40'30.7
7. J. Dodds	AUS	Aermacchi	40'35.1
8. R. Mankiewicz	POL	MZ	41'27.4
9. W. Scheimann	D	Villa	41'30.1
10. W. Villa	I	Villa	41'49.0

Number of finishers: 16.
Fastest lap: A. Nieto (E, Derbi), 5'05.6 = 166.099 km/h.

7) July 12 : East Germany - Sachsenring

12 laps = 103.416 km

1.	A. Nieto	E	Derbi	40'34.1
				= 152.880 km/h
2.	D. Braun	D	Suzuki	40'34.6
3.	B. Jansson	S	Maïco	41'49.1
4.	D. Simmonds	GB	Kawasaki	41'54.8
5.	A. Toersen	NL	Suzuki	42'01.1
6.	H. Bischoff	DDR	MZ	43'42.7
7.	J. Peon	CUB	MZ	43'43.4
8.	R. Rentzsch	DDR	MZ	43'44.6
9.	I. Köppe	DDR	MZ	43'58.2
10.	W. Rösch	DDR	MZ	44'03.4

Number of finishers: 24.
Fastest lap: A. Nieto (E, Derbi), 3'16.8 = 157.757 km/h.

8) July 19 : Czechoslovakia - Brno

8 laps = 111.520 km

1.	G. Parlotti	I	Morbidelli	49'10.6
				= 136.380 km/h
2.	D. Braun	D	Suzuki	49'28.0
3.	D. Simmonds	GB	Kawasaki	50'09.9
4.	A. Toersen	NL	Suzuki	50'11.8
5.	B. Jansson	S	Maïco	50'41.6
6.	J. Reisz	H	MZ	51'17.0
7.	J. Lenk	DDR	MZ	51'50.9
8.	L. Szabo	H	MZ	51'51.6
9.	L. Rinaudo	I	Aermacchi	52'40.7
10.	H. Kriwanek	A	Rotax	52'41.9

Number of finishers: 26.
Fastest lap: G. Parlotti (I, Morbidelli), 6'03.2 = 137.000 km/h.

9) August 2 : Finland - Imatra

17 laps = 102.510 km

1.	D. Simmonds	GB	Kawasaki	48'39.5
				= 126.405 km/h
2.	T. Heuschkel	DDR	MZ	49'21.4
3.	H. Bischoff	DDR	MZ	49'21.6
4.	B. Köhler	DDR	MZ	50'15.3
5.	M. Salonen	SF	Yamaha	50'42.8
6.	J. Lancaster	GB	Yamaha	51'36.1
7.	L. John	D	Yamaha	1 lap
8.	T. Länsivuori	SF	Yamaha	1 lap
9.	W. Sommer	D	Yamaha	1 lap
10.	M. Hamunen	SF	Yamaha	1 lap

Number of finishers: 12.
Fastest lap: A. Nieto (E, Derbi), 2'45.8 = 130.900 km/h.

10) September 13 : Italy - Monza

16 laps = 92.000 km

1.	A. Nieto	E	Derbi	32'53.3
				= 167.840 km/h
2.	L. Szabo	H	MZ	34'10.5
3.	C. Van Dongen	NL	Yamaha	34'47.2
4.	K. Huber	D	Maïco	1 lap
5.	G. Consalvi	I	Aermacchi	1 lap
6.	W. Villa	I	Villa	1 lap
7.	J. Reisz	H	MZ	1 lap
8.	R. Mankiewicz	POL	MZ	1 lap
9.	T. Gruber	D	Maïco	1 lap
10.	J. Drapal	H	MZ	1 lap

Number of finishers: 20.
Fastest lap: G. Parlotti (I, Morbidelli), 1'58.8 = 174.242 km/h.

11) September 27 : Spain - Montjuich

27 laps = 102.330 km

1.	A. Nieto	E	Derbi	54'13.67
				= 113.241 km/h
2.	B. Sheene	GB	Suzuki	54'21.80
3.	B. Jansson	S	Maïco	55'01.05
4.	D. Braun	D	Suzuki	55'01.82
5.	G. Mandolini	I	Villa	56'10.81
6.	J. Dodds	AUS	Aermacchi	1 lap
7.	J. Medrano	E	Bultaco	1 lap
8.	A. Toersen	NL	Suzuki	1 lap
9.	U. Graf	CH	Honda	1 lap
10.	B. Grau	E	Bultaco	1 lap

Number of finishers: 14.
Fastest lap: A. Nieto (E, Derbi), 1'56.20 = 117.438 km/h.

WORLD CHAMPIONSHIP*

1.	Dieter Braun	D	Suzuki	84 (92)
2.	Angel Nieto	E	Derbi	72
3.	Börje Jansson	S	Maïco	62 (73)
4.	Dave Simmonds	GB	Kawasaki	57
5.	Laszlo Szabo	H	MZ	34
6.	Toni Gruber	D	Maïco	33
7.	Aalt Toersen	NL	Suzuki	31
8.	John Dodds	AUS	Aermacchi	24
9.	Günter Bartusch	DDR	MZ	22
10.	Heinz Kriwanek	A	Rotax	21
11.	Gilberto Parlotti	I	Morbidelli	15
12.	Hartmut Bischoff	DDR	MZ	15
13.	Thomas Heuschkel	DDR	MZ	12
14.	Barry Sheene	GB	Suzuki	12
15.	Walter Sommer	D	Yamaha	12
16.	Giuseppe Mandolini	I	Villa/Aermacchi	11
17.	Angelo Bergamonti	I	Aermacchi	10
18.	Cees Van Dongen	NL	Yamaha	10
19.	Bernd Köhler	DDR	MZ	10
20.	Giuseppe Consalvi	I	Villa/Aermacchi	10
21.	Janos Reisz	H	MZ	9
22.	Klaus Huber	D	Maïco	8
23.	Stephen Murray	GB	Honda	8
24.	Jerry Lancaster	GB	Yamaha	8
25.	Otello Buscherini	I	Villa	6
26.	Frederick Launchburry	GB	Bultaco	6
27.	Jean-Louis Pasquier	MON	Maïco	6
28.	Matti Salonen	SF	Yamaha	6
29.	Walter Villa	I	Villa	6
30.	Ryszard Mankiewicz	POL	MZ	6
31.	Eugenio Lazzarini	I	Morbidelli	5
32.	Jim-Frederic Curry	GB	Honda	5
33.	Chas Mortimer	GB	Villa	5
34.	Jürgen Lenk	DDR	MZ	5
35.	Siegfried Möhringer	D	Yamaha	4
36.	Tommy Robb	IRL	Maïco	4
37.	Jan De Vries	NL	MZ	4
38.	José Peon	CUB	MZ	4
39.	Lothar John	D	Yamaha	4
40.	José Medrano	E	Bultaco	4
41.	Teuvo Länsivuori	SF	Yamaha	4
42.	Walter Scheimann	D	Villa	4
43.	Herbert Mann	D	MZ	3
44.	Pierre Viura	F	Maïco	3
45.	John Kiddie	GB	Honda	3
46.	Roland Rentzsch	DDR	MZ	3
47.	Jean Auréal	F	Yamaha	2
48.	Barrie Dickinson	GB	Honda	2
49.	Ingo Köppe	DDR	MZ	2
50.	Luigi Rinaudo	I	Aermacchi	2
51.	Ulrich "Ueli" Graf	CH	Honda	2
52.	Hans-J. Dittberner	D	Honda	1
53.	Kenny Armstrong	GB	Honda	1
54.	Aad Droog	NL	Yamaha	1
55.	Wolfgang Rösch	DDR	MZ	1
56.	Matti Hamunen	SF	Yamaha	1
57.	Janos Drapal	H	MZ	1
58.	Benjamin Grau	E	Bultaco	1

(*): Les six meilleurs résultats sont pris en compte pour le championnat. Le chiffre entre parenthèses correspond aux points «bruts».

(*): Die sechs besten Resultate wurden für die Gesamtwertung der Meisterschaft gezählt. Die Zahlen in Klammern entsprechen dem "Brutto"-Punktetotal.

(*): The six best results counted towards the championship. The figures in brackets correspond to the gross number of points.

Champion : **Rodney Gould (Great Britain, Yamaha), 102 points (124), 6 wins**

1970 — 250 cc

1) May 3 : West Germany - Nürburgring

6 laps = 137.100 km

1.	K. Carruthers	AUS	Yamaha	1 h.09'26.2
				= 118.100 km/h
2.	K. Huber	D	Yamaha	1 h.09'48.3
3.	C. Mortimer	GB	Yamaha	1 h.09'48'6
4.	W. Sommer	D	Yamaha	1 h.11.11.5
5.	H. Rosenbusch	D	Yamaha	1 h.11'16.7
6.	J. Saarinen	SF	Yamaha	1 h.11'21.2
7.	L. John	D	Yamaha	1 h.11'25.6
8.	G. Marsovszki	CH	Yamaha	1 h.12'36.4
9.	L. Szabo	H	MZ	1 h.12'39.4
10.	T. Länsivuori	SF	Yamaha	1 h.12'42.1

Number of finishers: 29.
Fastest lap: K. Huber (D, Yamaha),
11'24.7 = 120.100 km/h.

2) May 17 : France - Le Mans

30 laps = 132.660 km

1.	R. Gould	GB	Yamaha	1 h.00'11.0
				= 132.255 km/h
2.	S. Herrero	E	Ossa	1 h.01'11.1
3.	L. Szabo	H	MZ	1 h.01'11.9
4.	J. Saarinen	SF	Yamaha	1 h.01'29.3
5.	A. Bergamonti	I	Aermacchi	1 h.01'41.8
6.	B. Granath	S	Yamaha	1 h.02'04.2
7.	G. Marsovszki	CH	Yamaha	1 lap
8.	C. Van Dongen	NL	Yamaha	1 lap
9.	S. Kangasniemi	SF	Yamaha	1 lap
10.	C. Bourgeois	F	Yamaha	1 lap

Number of finishers: 16.
Fastest lap: S. Herrero (E, Ossa),
1'58.1 = 134.794 km/h.

3) May 24 : Yugoslavia - Opatija

22 laps = 131.868 km

1.	S. Herrero	E	Ossa	55'10.4
				= 143.500 km/h
2.	K. Andersson	S	Yamaha	55'14.4
3.	R. Gould	GB	Yamaha	56'02.8
4.	J. Saarinen	SF	Yamaha	56'05.1
5.	B. Jansson	S	Yamaha	56'38.5
6.	T. Länsivuori	SF	Yamaha	57'04.5
7.	C. Mortimer	GB	Yamaha	57'39.1
8.	M. Lunde	USA	Yamaha	1 lap
9.	G. Marsovszki	CH	Yamaha	1 lap
10.	G. Jensen	DK	Yamaha	1 lap

Number of finishers: 14.
Fastest lap: K. Carruthers (AUS, Yamaha),
2'28.2 = 145.730 km/h.

4) June 8 : Tourist Trophy - Isle of Man

6 laps = 364.320 km

1.	K. Carruthers	AUS	Yamaha	2 h.21'19.2
				= 153.811 km/h
2.	R. Gould	GB	Yamaha	2 h.24'54.0
3.	G. Bartusch	DDR	MZ	2 h.26'58.4
4.	C. Mortimer	GB	Yamaha	2 h.27'44.2
5.	P. Berwick	GB	Suzuki	2 h.27'46.0
6.	A. George	GB	Yamaha	2 h.28'35.8
7.	I.-F. Richards	GB	Yamaha	2 h.28'55.6
8.	B. Jansson	S	Yamaha	2 h.29'59.6
9.	A.-J. Smith	GB	Yamaha	2 h.30'12.2
10.	W.-A. Smith	GB	Yamaha	2 h.30'36.2

Number of finishers: 33.
Fastest lap: K. Carruthers (AUS, Yamaha),
23'05.4 = 157.780 km/h.

5) June 27 : The Netherlands - Assen

17 laps = 130.934 km

1.	R. Gould	GB	Yamaha	56'32.9
				= 138.970 km/h
2.	P. Read	GB	Yamaha	56'35.9
3.	J. Saarinen	SF	Yamaha	57'16.4
4.	D. Braun	D	MZ	57'21.8
5.	T. Rutter	GB	Yamaha	57'56.3
6.	C. Van Dongen	NL	Yamaha	58'01.6
7.	B. Jansson	S	Yamaha	58'11.5
8.	T. Bult	NL	Yamaha	58'15.0
9.	S. Grassetti	I	Yamaha	58'15.2
10.	L. John	D	Yamaha	58'16.1

Number of finishers: 13.
Fastest lap: P. Read (GB, Yamaha),
3'15.1 = 142.162 km/h.

6) July 5 : Belgium - Spa-Francorchamps

8 laps = 112.800 km

1.	R. Gould	GB	Yamaha	39'21.4
				= 171.965 km/h
2.	K. Carruthers	AUS	Yamaha	39'36.7
3.	B. Jansson	S	Yamaha	39'38.8
4.	J. Saarinen	SF	Yamaha	39'39.7
5.	K. Andersson	S	Yamaha	39'56.9
6.	L. Szabo	H	MZ	39'58.8
7.	B. Granath	S	Yamaha	40'17.7
8.	C. Mortimer	GB	Yamaha	40'56.9
9.	T. Gruber	D	Yamaha	41'53.9
10.	O. Memola	B	Yamaha	42'03.4

Number of finishers: 14.
Fastest lap: R. Gould (GB, Yamaha),
4'48.9 = 175.700 km/h.

7) July 12 : East Germany - Sachsenring

15 laps = 129.270 km

1.	R. Gould	GB	Yamaha	48'00.0
				= 161.523 km/h
2.	S. Grassetti	I	MZ	48'16.0
3.	K. Andersson	S	Yamaha	48'16.9
4.	J. Saarinen	SF	Yamaha	48'21.6
5.	G. Bartusch	DDR	MZ	49'00.9
6.	G. Marsovszki	CH	Yamaha	49'08.6
7.	T. Bult	NL	Yamaha	49'09.7
8.	L. Szabo	H	MZ	49'13.5
9.	B. Jansson	S	Yamaha	49'55.1
10.	H. Rosenbusch	D	Yamaha	49'56.1

Number of finishers: 23.
Fastest lap: K. Carruthers (AUS, Yamaha), 3'08.0 = 164.949 km/h.

8) July 19 : Czechoslovakia - Brno

9 laps = 125.460 km

1.	K. Carruthers	AUS	Yamaha	50'26.2
				= 149.371 km/h
2.	K. Andersson	S	Yamaha	50'27.1
3.	J. Saarinen	SF	Yamaha	52'14.0
4.	T. Bult	NL	Yamaha	52'17.2
5.	B. Granath	S	Yamaha	52'18.9
6.	C. Mortimer	GB	Yamaha	52'19.7
7.	L. Commu	NL	Yamaha	52'20.0
8.	D. Braun	D	MZ	52'31.9
9.	L. John	D	Yamaha	53'13.6
10.	T. Länsivuori	SF	Yamaha	53'14.0

Number of finishers: 19.
Fastest lap: K. Carruthers (AUS, Yamaha), 5'29.0 = 153.400 km/h.

9) August 2 : Finland - Imatra

21 laps = 126.630 km

1.	R. Gould	GB	Yamaha	54'51.9
				= 138.578 km/h
2.	K. Andersson	S	Yamaha	55'05.3
3.	P. Smart	GB	Yamaha	55'06.9
4.	B. Jansson	S	Yamaha	55'30.7
5.	K. Turner	NZ	Yamaha	56'20.9
6.	R. Olsson	S	Yamaha	56'21.5
7.	P. Korhonen	SF	Yamaha	1 lap
8.	L. John	D	Yamaha	1 lap
9.	B. Coulter	IRL	Yamaha	1 lap
10.	A. Ohligschläger	D	Yamaha	1 lap

Number of finishers: 11.
Fastest lap: R. Gould (GB, Yamaha), 2'34.4 = 140.600 km/h.

10) August 15 : Ulster - Belfast

15 laps = 181.005 km

1.	K. Carruthers	AUS	Yamaha	1 h.06'34.0
				= 160.480 km/h
2.	R. Gould	GB	Yamaha	1 h.07'11.0
3.	P. Smart	GB	Yamaha	1 h.08'45.6
4.	T. Rutter	GB	Yamaha	1 h.09'45.6
5.	I.-F. Richards	GB	Yamaha	1 h.10'59.2
6.	B. Granath	S	Yamaha	1 h.11'07.8
7.	D. Chatterton	GB	Yamaha	1 h.11'10.8
8.	M. Uphill	GB	Suzuki	1 h.14'45.4
9.	P. Berwick	GB	Suzuki	1 lap
10.	M. Chatterton	GB	Yamaha	1 lap

Number of finishers: 17.
Fastest lap: K. Carruthers (AUS, Yamaha), 4'21.4 = 163.976 km/h.

11) September 13 : Italy - Monza

20 laps = 115.000 km

1.	R. Gould	GB	Yamaha	37'08.7
				= 185.758 km/h
2.	K. Carruthers	AUS	Yamaha	37'08.8
3.	P. Read	GB	Yamaha	37'09.7
4.	D. Braun	D	MZ	37'39.0
5.	G. Marsovszki	CH	Yamaha	38'40.9
6.	G. Visenzi	I	Yamaha	38'41.0
7.	L. Anelli	I	Yamaha	38'41.7
8.	L. Szabo	H	MZ	39'02.1
9.	K. Huber	D	Yamaha	1 lap
10.	L. John	D	Yamaha	1 lap

Number of finishers: 17.
Fastest lap: R. Gould (GB, Yamaha), 1'48.7 = 190.432 km/h.

12) September 27 : Spain - Montjuich

33 laps = 125.070 km

1.	K. Andersson	S	Yamaha	1 h.04'25.52
				= 116.490 km/h
2.	G. Molloy	NZ	Yamaha	1 h.05'07.85
3.	S. Grassetti	I	Yamaha	1 h.05'55.62
4.	G. Marsovszki	CH	Yamaha	1 h.06'14.23
5.	O. Memola	B	Yamaha	1 lap
6.	B. Granath	S	Yamaha	1 lap
7.	A. Pagani	I	Aermacchi	1 lap
8.	M. Hawthorne	GB	Yamaha	1 lap
9.	C. Van Dongen	NL	Yamaha	2 laps
10.	B. Jansson	S	Yamaha	2 laps

Number of finishers: 12.
Fastest lap: K. Andersson (S, Yamaha), 1'53.63 = 120.094 km/h.

WORLD CHAMPIONSHIP (*)

1.	Rodney Gould	GB	Yamaha	102(124)
2.	Kelvin Carruthers	AUS	Yamaha	82
3.	Kent Andersson	S	Yamaha	67
4.	Jarno Saarinen	SF	Yamaha	57
5.	Börje Jansson	S	Yamaha	34
6.	Chas Mortimer	GB	Villa/Yamaha	30
7.	Gyula Marsovszki	CH	Yamaha	28
8.	Santiago Herrero	E	Ossa	27
9.	Bo Granath	S	Yamaha	25
10.	Phil Read	GB	Yamaha	24
11.	Silvio Grassetti	I	Yamaha/MZ	24
12.	Laszlo Szabo	H	MZ	23
13.	Paul Smart	GB	Yamaha	20
14.	Dieter Braun	D	MZ	19
15.	Günter Bartusch	DDR	MZ	16
16.	Theo Bult	NL	Yamaha	15
17.	Klaus Huber	D	Yamaha	14
18.	Tony Rutter	GB	Yamaha	14
19.	Ginger Molloy	NZ	Yamaha	12
20.	Lothar John	D	Yamaha	11
21.	Ian-F. Richards	GB	Yamaha	10
22.	Cees Van Dongen	NL	Yamaha	10
23.	Walter Sommer	D	Yamaha	8
24.	Peter Berwick	GB	Suzuki	8
25.	Heinrich Rosenbusch	D	Yamaha	7
26.	Oronzo Memola	B	Yamaha	7
27.	Teuvo Länsivuori	SF	Yamaha	7
28.	Angelo Bergamonti	I	Aermacchi	6
29.	Keith Turner	NZ	Yamaha	6
30.	Alex George	GB	Yamaha	5
31.	Roland Olsson	S	Yamaha	5
32.	Giuseppe Visenzi	I	Yamaha	5
33.	Leo Commu	NL	Yamaha	4
34.	Pentti Korhonen	SF	Yamaha	4
35.	Derek Chatterton	GB	Yamaha	4
36.	Alberto Pagani	I	Aermacchi	4
37.	Luigi Anelli	I	Yamaha	4
38.	Marty Lunde	USA	Yamaha	3
39.	Malcolm Uphill	GB	Suzuki	3
40.	Maurice Hawthorne	GB	Yamaha	3
41.	Seppo Kangasniemi	SF	Yamaha	2
42.	Anthony-J. Smith	GB	Yamaha	2
43.	Toni Gruber	D	Yamaha	2
44.	Bob Coulter	IRL	Yamaha	2
45.	Gösta Jensen	DK	Yamaha	1
46.	Christian Bourgeois	F	Yamaha	1
47.	William-A. "Bill" Smith	GB	Yamaha	1
48.	Adolf Ohligschläger	D	Yamaha	1
49.	Mick Chatterton	GB	Yamaha	1

(*): Les six meilleurs résultats sont pris en compte pour le championnat. Le chiffre entre parenthèses correspond aux points «bruts».

(*): Die sechs besten Resultate wurden für die Gesamtwertung der Meisterschaft gezählt. Die Zahlen in Klammern entsprechen dem "Brutto"-Punktetotal.

(*): The six best results counted towards the championship. The figures in brackets correspond to the gross number of points.

1970 — 250 cc

Champion : Giacomo Agostini (Italy, MV-Agusta), 90 points (135), 9 wins

1970 — 350 cc

1) May 3 : West Germany - Nürburgring

6 laps = 137.100 km

1.	G. Agostini	I	MV-Agusta	1 h.07'45.7
				= 121.115 km/h
2.	K. Carruthers	AUS	Benelli	1 h.11'23.3
3.	C. Mortimer	GB	Yamaha	1 h.12'42.2
4.	K. Hoppe	D	Yamaha	1 h.13'15.9
5.	H.-D. Görgen	D	Yamaha	1 h.13'17.9
6.	J.-F. Curry	GB	Aermacchi	1 h.13'18.5
7.	W. Rüngg	CH	Aermacchi	1 h.13'19.8
8.	W. Scheimann	D	Yamaha	1 h.15'27.0
9.	B. Nelson	GB	Yamaha	1 h.16'34.7
10.	W. Sommer	D	Aermacchi	1 h.17'06.1

Number of finishers: 23.
Fastest lap: G. Agostini (I, MV-Agusta), 11'03.9 = 123.800 km/h.

2) May 24 : Yugoslavia - Opatija

26 laps = 155.844 km

1.	G. Agostini	I	MV-Agusta	1 h.02'48.0
				= 149.416 km/h
2.	K. Carruthers	AUS	Benelli	1 h.03'29.6
3.	S. Grassetti	I	Jawa	1 lap
4.	M. Pesonen	SF	Yamaha	1 lap
5.	R. Gould	GB	Yamaha	1 lap
6.	R. Gallina	I	Aermacchi	1 lap
7.	K. Bojer	CZ	CZ	1 lap
8.	C. Mortimer	GB	Yamaha	2 laps
9.	V. Loro	I	Yamaha	2 laps
10.	P. Eickelberg	D	Aermacchi	3 laps

Number of finishers: 15.
Fastest lap: G. Agostini (I, MV-Agusta), 2'22.2 = 151.890 km/h.

3) June 8 : Tourist Trophy - Isle of Man

6 laps = 364.320 km

1.	G. Agostini	I	MV-Agusta	2 h.13'28.6
				= 162.830 km/h
2.	A. Barnett	GB	Aermacchi	2h.18'23.6
3.	P. Smart	GB	Yamaha	2 h.20'07.4
4.	M. Uphill	GB	Yamaha	2 h.22'07.0
5.	T. Rutter	GB	Yamaha	2 h.23'37.2
6.	P. Berwick	GB	Aermacchi	2 h.25'34.2
7.	R. Pickrell	GB	Aermacchi	2 h.28'30.6
8.	R. Duffty	GB	Aermacchi	2 h.28'37.8
9.	T. Robb	IRL	Yamaha	2 h.29'24.6
10.	J.-T. Findlay	GB	Norton	2 h.29'34.0

Number of finishers: 49.
Fastest lap: G. Agostini (I, MV-Agusta), 21'39.0 = 168.273 km/h.

4) June 27 : The Netherlands - Assen

20 laps = 154.040 km

1.	G. Agostini	I	MV-Agusta	1 h.03'33.8
				= 145.450 km/h
2.	R. Pasolini	I	Benelli	1 h.03'43.8
3.	P. Read	GB	Yamaha	1 h.04'57.4
4.	K. Carruthers	AUS	Yamaha	1 h.06'22.8
5.	K. Andersson	S	Yamaha	1 h.06'30.6
6.	M. Pesonen	SF	Yamaha	1 h.06'37.2
7.	K. Hoppe	D	Yamaha	1 lap
8.	C. Carr	GB	Yamaha	1 lap
9.	B. Nelson	GB	Yamaha	1 lap
10.	J.-F. Curry	GB	Aermacchi	1 lap

Number of finishers: 14.
Fastest lap: G. Agostini (I, MV-Agusta) and R. Pasolini (I, Benelli), 3'08.4 = 147.218 km/h.

5) July 12 : East Germany - Sachsenring

18 laps = 155.124 km

1.	G. Agostini	I	MV-Agusta	54'39.0
				= 170.200 km/h
2.	R. Pasolini	I	Benelli	55'02.5
3.	K. Carruthers	AUS	Yamaha	55'39.0
4.	B. Nelson	GB	Yamaha	1 lap
5.	K. Andersson	S	Yamaha	1 lap
6.	J. Findlay	AUS	Yamaha	1 lap
7.	K. Hoppe	D	Yamaha	1 lap
8.	A. Barnett	GB	Aermacchi	1 lap
9.	A.-F. Kroon	DK	Yamaha	1 lap
10.	P. Lehtelä	SF	Yamaha	1 lap

Number of finishers: 14.
Fastest lap: G. Agostini (I, MV-Agusta), 3'00.5 = 171.803 km/h.

6) July 19 : Czechoslovakia - Brno

11 laps = 153.340 km

1.	G. Agostini	I	MV-Agusta	59'13.7
				= 154.659 km/h
2.	R. Pasolini	I	Benelli	59'49.2
3.	K. Andersson	S	Yamaha	1 h.01'15.9
4.	K. Carruthers	AUS	Yamaha	1 h.02'06.1
5.	D. Braun	D	MZ	1 h.02'46.9
6.	M. Pesonen	SF	Yamaha	1 h.04'06.2
7.	J. Findlay	AUS	Yamaha	1 h.04'22.6
8.	T. Bult	NL	Yamaha	1 h.04'26.9
9.	B. Granath	S	Yamaha	1 h.04'53.2
10.	C. Mortimer	GB	Yamaha	1 h.04'54.9

Number of finishers: 19.
Fastest lap: G. Agostini (I, MV-Agusta), 5'17.7 = 158.000 km/h.

7) August 2 : Finland - Imatra

23 laps = 138.690 km

1.	G. Agostini	I	MV-Agusta	56'51.4
				= 146.322 km/h
2.	K. Andersson	S	Yamaha	59'06.2
3.	R. Gould	GB	Yamaha	59'07.9
4.	K. Carruthers	AUS	Yamaha	1 lap
5.	M. Pesonen	SF	Yamaha	1 lap
6.	B. Granath	S	Yamaha	1 lap
7.	B. Nelson	GB	Yamaha	1 lap
8.	T. Robb	IRL	Yamaha	1 lap
9.	T. Dennehy	AUS	Yamaha	1 lap
10.	C. Mortimer	GB	Yamaha	1 lap

Number of finishers: 16.
Fastest lap: G. Agostini (I, MV-Agusta), 2'25.0 = 149.700 km/h.

8) August 15 : Ulster - Belfast

15 laps = 181.005 km

1.	G. Agostini	I	MV-Agusta	1 h.04'53.8
				= 164.170 km/h
2.	G. Bartusch	DDR	MZ	1 h.06'45.2
3.	T. Robb	IRL	Yamaha	1 h.06'57.8
4.	T. Rutter	GB	Yamaha	1 h.06'58.6
5.	M. Pesonen	SF	Yamaha	1 h.07'58.2
6.	A. Barnett	GB	Aermacchi	1 h.08'08.0
7.	T. Louwes	NL	Aermacchi	1 lap
8.	A. Jefferies	GB	Yamaha	1 lap
9.	M. Chatterton	GB	Yamaha	1 lap
10.	D. Gallagher	GB	Aermacchi	1 lap

Number of finishers: 28.
Fastest lap: G. Agostini (I, MV-Agusta), 4'13.6 = 169.190 km/h.

9) September 13 : Italy - Monza

24 laps = 138.000 km

1.	G. Agostini	I	MV-Agusta	42'28.3
				= 194.953 km/h
2.	A. Bergamonti	I	MV-Agusta	42'36.3
3.	R. Pasolini	I	Benelli	43'06.3
4.	G. Bartusch	DDR	MZ	44'18.9
5.	S. Grassetti	I	Jawa	1 lap
6.	D. Braun	D	Yamaha	1 lap
7.	G. Visenzi	I	Yamaha	1 lap
8.	T. Dennehy	AUS	Yamaha	1 lap
9.	J. Lancaster	GB	Yamaha	1 lap
10.	E. Holzeis	A	Yamaha	1 lap

Number of finishers: 16.
Fastest lap: G. Agostini (I, MV-Agusta), 1'44.1 = 198.847 km/h.

10) September 27 : Spain - Montjuich

40 laps = 151.600 km

1.	A. Bergamonti	I	MV-Agusta	1 h.15'07.63
				= 121.095 km/h
2.	R. Gould	GB	Yamaha	1 h.16'39.15
3.	K. Andersson	S	Yamaha	1 h.16'39.33
4.	M. Pesonen	SF	Yamaha	1 lap
5.	D. Braun	D	Yamaha	1 lap
6.	T. Dennehy	AUS	Yamaha	1 lap
7.	R. Gallina	I	Aermacchi	1 lap
8.	T. Robb	IRL	Yamaha	2 laps
9.	M. Carney	GB	Kawasaki	2 laps
10.	B. Granath	S	Yamaha	3 laps

Number of finishers: 11.
Fastest lap: A. Bergamonti (I, MV-Agusta), 1'50.5 = 123.496 km/h.

Ospedaletti

WORLD CHAMPIONSHIP (*)

1.	Giacomo Agostini	I	MV-Agusta	90 (135)
2.	Kelvin Carruthers	AUS	Yamaha	58
3.	Renzo Pasolini	I	Benelli	46
4.	Kent Andersson	S	Yamaha	44
5.	Matti Pesonen	SF	Yamaha	38
6.	Rodney Gould	GB	Yamaha	28
7.	Angelo Bergamonti	I	MV-Agusta	27
8.	Günter Bartusch	DDR	MZ	20
9.	Alan Barnett	GB	Aermacchi	20
10.	Tommy Robb	IRL	Yamaha	18
11.	Dieter Braun	D	MZ	17
12.	Silvio Grassetti	I	Jawa	16
13.	Karl Hoppe	D	Yamaha	16
14.	Billie Nelson	GB	Yamaha	16
15.	Chas Mortimer	GB	Yamaha	15
16.	Tony Rutter	GB	Yamaha	14
17.	Phil Read	GB	Yamaha	10
18.	Paul Smart	GB	Yamaha	10
19.	Terry Dennehy	GB	Yamaha	10
20.	Roberto Gallina	I	Aermacchi	9
21.	Jack Findlay	AUS	Yamaha	9
22.	Malcolm Uphill	GB	Yamaha	8
23.	Bo Granath	S	Yamaha	8
24.	Hans-Dieter Görgen	D	Yamaha	6
25.	Jim-Frederic Curry	GB	Aermacchi	6
26.	Peter Berwick	GB	Aermacchi	5
27.	Walter Rüngg	CH	Aermacchi	4
28.	Karel Bojer	CZ	CZ	4
29.	Ray Pickrell	GB	Aermacchi	4
30.	Theo Louwes	NL	Aermacchi	4
31.	Giuseppe Visenzi	I	Yamaha	4
32.	Walter Scheimann	D	Yamaha	3
33.	Ron Duffty	GB	Aermacchi	3
34.	Cliff Carr	GB	Yamaha	3
35.	Theo Bult	NL	Yamaha	3
36.	Alan Jefferies	GB	Yamaha	3
37.	Vasco Loro	I	Yamaha	2
38.	Alex-Franz Kroon	DK	Yamaha	2
39.	Mick Chatteron	GB	Yamaha	2
40.	Jerry Lancaster	GB	Yamaha	2
41.	Martin Carney	GB	Kawasaki	2
42.	Walter Sommer	D	Aermacchi	1
43.	Paul Eickelberg	D	Aermacchi	1
44.	John-Tom Findlay	GB	Norton	1
45.	Pentti Lehtelä	SF	Yamaha	1
46.	Denis Gallagher	GB	Aermacchi	1
47.	Ernest Holzeis	A	Yamaha	1

(*): Les six meilleurs résultats sont pris en compte pour le championnat. Le chiffre entre parenthèses correspond aux points «bruts».

(*): Die sechs besten Resultate wurden für die Gesamtwertung der Meisterschaft gezählt. Die Zahlen in Klammern entsprechen dem "Brutto"-Punktetotal.

(*): The six best results counted towards the championship. The figures in brackets correspond to the gross number of points.

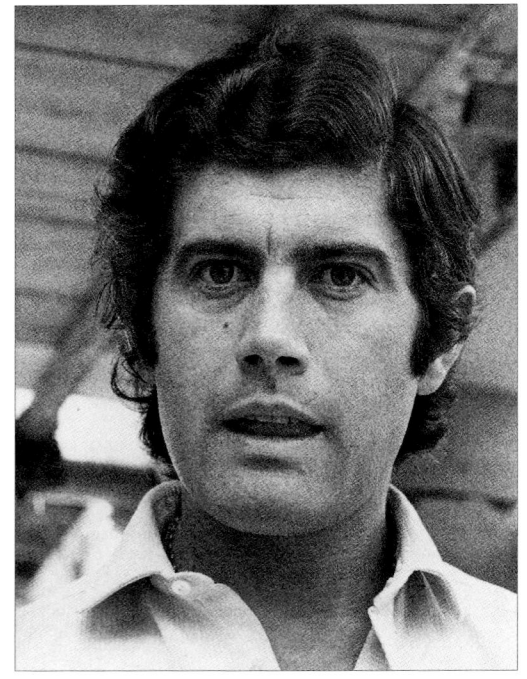

Champion : **Giacomo Agostini (Italy, MV-Agusta), 90 points (150), 10 wins**

1970 — 500 cc

1) May 3 : West Germany - Nürburgring

6 laps = 137.100 km

1.	G. Agostini	I	MV-Agusta	1 h.04'55.7
				= 126.857 km/h
2.	A. Barnett	GB	Seeley	1 h.07'48.0
3.	T. Robb	IRL	Seeley	1 h.08'43.5
4.	K. Hoppe	D	URS-Fath	1 h.09'41.7
5.	G. Molloy	NZ	Bultaco	1 h.10'00.5
6.	W. Rüngg	CH	Aermacchi	1 h.10'25.9
7.	M. Pesonen	SF	Yamaha	1 h.10'51.5
8.	E. Hiller	D	Kawasaki	1 h.11'15.8
9.	B. Nelson	GB	Paton	1 h.11'35.6
10.	T. Dennehy	AUS	Honda	1 h.11'44.3

Number of finishers: 30.
Fastest lap: G. Agostini (I, MV-Agusta), 10'41.9 = 128.100 km/h.

2) May 17 : France - Le Mans

35 laps = 154.770 km

1.	G. Agostini	I	MV-Agusta	1 h.09'11.3
				= 134.216 km/h
2.	G. Molloy	NZ	Kawasaki	1 h.09'59.5
3.	A. Pagani	I	Linto	1 h.10'11.6
4.	A. Bergamonti	I	Aermacchi	1 h.10'25.1
5.	B. Steenson	IRL	Seeley	1 h.10'48.5
6.	G. Marsovszki	CH	Linto	1 lap
7.	A. Barnett	GB	Seeley	1 lap
8.	C. Ravel	F	Kawasaki	1 lap
9.	E. Offenstadt	F	Kawasaki	1 lap
10.	A.-L. Appietto	F	Paton	1 lap

Number of finishers: 17.
Fastest lap: G. Agostini (I, MV-Agusta), 1'54.8 = 138.668 km/h.

3) May 24 : Yugoslavia - Opatija

30 laps = 179.820 km

1.	G. Agostini	I	MV-Agusta	1 h.12'49.3
				= 148.400 km/h
2.	A. Bergamonti	I	Aermacchi	1 lap
3.	R. Gallina	I	Paton	1 lap
4.	J. Findlay	AUS	Seeley	2 laps
5.	M. Pesonen	SF	Yamaha	2 laps
6.	D. Simmonds	GB	Kawasaki	2 laps
7.	G. Molloy	NZ	Bultaco	2 laps
8.	G. Marsovszki	CH	Linto	2 laps
9.	G. Zubani	I	Kawasaki	2 laps
10.	J. Campiche	CH	Honda	3 laps

Number of finishers: 14.
Fastest lap: G. Agostini (I, MV-Agusta), 2'20.6 = 153.620 km/h.

4) June 12 : Tourist Trophy - Isle of Man

6 laps = 364.320 km

1.	G. Agostini	I	MV-Agusta	2 h.13'47.6
				= 162.409 km/h
2.	P.-J. Williams	GB	Matchless	2 h.18'57.0
3.	W.-A. Smith	GB	Kawasaki	2 h.21'07.6
4.	J. Findlay	AUS	Seeley	2 h.21'31.4
5.	J. Williams	GB	Matchless	2 h.24'13.6
6.	A. Jefferies	GB	Matchless	2 h.24'49.2
7.	S. Griffiths	GB	Matchless	2 h.25'13.6
8.	B. Adams	GB	Norton	2 h.25'14.0
9.	V. Duckett	GB	Seeley	2 h.26'23.6
10.	S. Spencer	GB	Norton	2 h.26'41.2

Number of finishers: 41.
Fastest lap: G. Agostini (I, MV-Agusta), 21'30.0 = 169.447 km/h.

5) June 27 : The Netherlands - Assen

20 laps = 154.040 km

1.	G. Agostini	I	MV-Agusta	1 h.04'34.9
				= 143.157 km/h
2.	A. Bergamonti	I	Aermacchi	1 h.06'25.8
3.	A. Pagani	I	Linto	1 h.06'44.0
4.	G. Molloy	NZ	Kawasaki	1 h.06'45.2
5.	P. Smart	GB	Seeley	1 h.07'22.1
6.	R. Bron	NL	Suzuki	1 h.07'22.2
7.	P.-J. Williams	GB	Matchless	1 h.07'32.3
8.	R.-S. Chandler	GB	Seeley	1 h.07'37.0
9.	G. Marsovszki	CH	Linto	1 h.07'57.8
10.	T. Robb	IRL	Seeley	1 lap

Number of finishers: 15.
Fastest lap: G. Agostini (I, MV-Agusta), 3'09.4 = 146.441 km/h.

6) July 5 : Belgium - Spa-Francorchamps

13 laps = 183.300 km

1.	G. Agostini	I	MV-Agusta	1 h.01'31.9
				= 178.737 km/h
2.	C. Ravel	F	Kawasaki	1 h.04'36.1
3.	T. Robb	IRL	Seeley	1 h.05'14.2
4.	K. Auer	A	Matchless	1 h.05'18.2
5.	L. Young	GB	Honda	1 h.05'43.5
6.	T. Dennehy	AUS	Honda	1 h.05'54.5
7.	E. Hiller	D	Kawasaki	1 h.06'04.0
8.	M. Pesonen	SF	Yamaha	1 h.06'04.8
9.	R.-S. Chandler	GB	Seeley	1 h.06'10.0
10.	S. Ellis	GB	Linto	1 lap

Number of finishers: 16.
Fastest lap: G. Agostini (I, MV-Agusta), 4'39.4 = 181.675 km/h.

7) July 12 : East Germany - Sachsenring

21 laps = 180.978 km

1.	G. Agostini	I	MV-Agusta	1 h.03'45.1
				= 170.249 km/h
2.	J. Dodds	AUS	Linto	1 h.06'55.5
3.	M. Carney	GB	Kawasaki	1 lap
4.	A. Barnett	GB	Seeley	1 lap
5.	C. Ravel	F	Kawasaki	1 lap
6.	B. Nelson	GB	Paton	1 lap
7.	E. Offenstadt	F	Kawasaki	1 lap
8.	D. Simmonds	GB	Kawasaki	1 lap
9.	G. Nash	GB	Norton	1 lap
10.	T. Robb	IRL	Seeley	1 lap

Number of finishers: 18.
Fastest lap: G. Agostini (I, MV-Agusta), 2'59.2 = 173.049 km/h.

8) August 2 : Finland - Imatra

23 laps = 138.690 km

1.	G. Agostini	I	MV-Agusta	57'28.8
				= 144.878 km/h
2.	G. Molloy	NZ	Kawasaki	59'06.4
3.	A. Pagani	I	Linto	59'54.3
4.	E. Offenstadt	F	Kawasaki	59'54.7
5.	T. Robb	IRL	Seeley	1 lap
6.	G. Nash	GB	Norton	1 lap
7.	S. Ellis	GB	Linto	1 lap
8.	M. Pesonen	SF	Yamaha	2 laps
9.	H.-O. Butenuth	D	BMW	2 laps
10.	J. Campiche	CH	Honda	2 laps

Number of finishers: 13.
Fastest lap: G. Agostini (I, MV-Agusta), 2'22.6 = 152.200 km/h.

9) August 15 : Ulster - Belfast

15 laps = 181.005 km

1.	G. Agostini	I	MV-Agusta	1 h.05'21.6
				= 163.215 km/h
2.	G. Molloy	NZ	Kawasaki	1 h.07'19.6
3.	P. Tait	GB	Seeley	1 h.07'53.8
4.	J. Findlay	AUS	Seeley	1 h.07'54.0
5.	P.-J. Williams	GB	Matchless	1 h.08'55.8
6.	M. Carney	GB	Kawasaki	1 h.09'37.4
7.	M. Pesonen	SF	Yamaha	1 h.09'44.8
8.	G. Mateer	IRL	Norton	1 lap
9.	J. Williams	GB	Matchless	1 lap
10.	C. Dobson	GB	Seeley	1 lap

Number of finishers: 20.
Fastest lap: G. Agostini (I, MV-Agusta), 4'08.6 = 172.425 km/h.

10) September 13 : Italy - Monza

32 laps = 184.000 km

1.	G. Agostini	I	MV-Agusta	55'17.9
				= 199.644 km/h
2.	A. Bergamonti	I	MV-Agusta	56'01.6
3.	S. Bertarelli	I	Kawasaki	2 laps
4.	G. Marsovszki	CH	Kawasaki	2 laps
5.	G. Zubani	I	Kawasaki	2 laps
6.	G. Molloy	NZ	Kawasaki	2 laps
7.	R. Gallina	I	Paton	3 laps
8.	G. Perrone	I	Kawasaki	4 laps
9.	P. Campanelli	I	Kawasaki	4 laps
10.	V. Loro	I	Kawasaki	5 laps

Number of finishers: 11.
Fastest lap: R. Pasolini (I, Benelli), 1'42.0 = 202.941 km/h.

11) September 27 : Spain - Montjuich

40 laps = 151.600 km

1.	A. Bergamonti	I	MV-Agusta	1 h.15'14.12
				= 120.921 km/h
2.	G. Molloy	NZ	Kawasaki	1 h.17'08.95
3.	G. Mandolini	I	Moto Guzzi	1 lap
4.	T. Robb	IRL	Seeley	1 lap
5.	R. Gallina	I	Paton	1 lap
6.	M. Carney	GB	Kawasaki	1 lap
7.	M. Pesonen	SF	Yamaha	2 laps
8.	C. Ravel	F	Kawasaki	2 laps
9.	D. Simmonds	GB	Kawasaki	2 laps
10.	G. Keith	RHO	Velocette	3 laps

Number of finishers: 11.
Fastest lap: A. Bergamonti (I, MV-Agusta), 1'49.85 = 124.227 km/h.

Trabalzzini, Paton 500

WORLD CHAMPIONSHIP (*)

1.	Giacomo Agostini	I	MV-Agusta	90 (150)
2.	Ginger Molloy	NZ	Bultaco/Kawasaki	62 (71)
3.	Angelo Bergamonti	I	Aermacchi/MV-Agusta	59
4.	Tommy Robb	IRL	Seeley	36
5.	Alberto Pagani	I	Linto	30
6.	Alan Barnett	GB	Seeley	24
7.	Jack Findlay	AUS	Seeley	24
8.	Christian Ravel	F	Kawasaki	24
9.	Matti Pesonen	SF	Yamaha	24
10.	Peter-J. Williams	GB	Matchless	22
11.	Roberto Gallina	I	Paton	20
12.	Martin Carney	GB	Kawasaki	20
13.	Gyula Marsovszki	CH	Linto	18
14.	Eric Offenstadt	F	Kawasaki	14
15.	John Dodds	AUS	Linto	12
16.	Percy Tait	GB	Seeley	10
17.	Giuseppe Mandolini	I	Moto Guzzi	10
18.	William-A. "Bill" Smith	GB	Kawasaki	10
19.	Silvano Bertarelli	I	Kawasaki	10
20.	Dave Simmonds	GB	Kawasaki	10
21.	Karl Auer	A	Matchless	8
22.	Karl Hoppe	D	URS-Fath	8
23.	Gianpiero Zubani	I	Kawasaki	8
24.	John Williams	GB	Matchless	8
25.	Billie Nelson	GB	Paton	7
26.	Godfrey Nash	GB	Norton	7
27.	Ernest Hiller	D	Kawasaki	7
28.	Brian Steenson	IRL	Seeley	6
29.	Paul Smart	GB	Seeley	6
30.	Lewis Young	GB	Honda	6
31.	Terry Dennehy	AUS	Honda	6
32.	Walter Rüngg	CH	Aermacchi	5
33.	Alan Jefferies	GB	Matchless	5
34.	Rob Bron	NL	Suzuki	5
35.	Steve Ellis	GB	Linto	5
36.	Ronald-S. Chandler	GB	Seeley	5
37.	Selwyn Griffiths	GB	Matchless	4
38.	Bill Adams	GB	Norton	3
39.	Garry Mateer	IRL	Norton	3
40.	Giovanni Perrone	I	Kawasaki	3
41.	Vernon Duckett	GB	Seeley	2
42.	Hans-Otto Butenuth	D	BMW	2
43.	Paolo Campanelli	I	Kawasaki	2
44.	Jean Campiche	CH	Honda	2
45.	André-Luc Appietto	F	Paton	1
46.	Stephen Spencer	GB	Norton	1
47.	Charlie Dobson	GB	Seeley	1
48.	Vasco Loro	I	Kawasaki	1
49.	Gordon Keith	RHO	Velocette	1

(*): Les six meilleurs résultats sont pris en compte pour le championnat. Le chiffre entre parenthèses correspond aux points «bruts».

(*): Die sechs besten Resultate wurden für die Gesamtwertung der Meisterschaft gezählt. Die Zahlen in Klammern entsprechen dem "Brutto"-Punktetotal.

(*): The six best results counted towards the championship. The figures in brackets correspond to the gross number of points.

1970 — 500 cc

Champions : Klaus Enders/Wolfgang Kalauch (Germany, BMW), 75 points, 5 wins

1970 — Side-Cars

1) May 3 : West Germany - Nürburgring

5 laps = 114.250 km

1.	G. Auerbacher/H. Hahn	D	BMW	56'44.8
				= 120.200 km/h
2.	H. Luthringshauser/J. Cusnik	D	BMW	57'42.0
3.	R. Wegener/A. Heinrichs	D	BMW	58'41.8
4.	T. Wakefield/J. Flaxman	GB	BMW	58'44.6
5.	S. Maier/S. Brauning	D	BMW	1 h.00'52.4
6.	E. Schons/K. Lauterbach	D	BMW	1 h.02'17.3
7.	G. Müller/W. Buchecker	D	BMW	1 h.03'51.8
8.	C. Hornby/M. Griffiths	GB	BMW	1 h.04'49.8
9.	W. Emrich/R. Emrich	D	BMW	1 h.04'50.0
10.	G. Milton/J. Thornton	GB	BMW	1 j.05'47.0

Number of finishers: 13.
Fastest lap: K. Enders/W. Kalauch (D, BMW), 11'09.3 = 122.800 km/h.

2) May 17 : France - Le Mans

25 laps = 110.550 km

1.	K. Enders/W. Kalauch	D	BMW	52'59.9
				= 125.154 km/h
2.	G. Auerbacher/H. Hahn	D	BMW	53'40.2
3.	S. Schauzu/H. Schneider	D	BMW	54'04.3
4.	A. Butscher/J. Huber	D	BMW	1 lap
5.	H. Lünemann/M. Stöckel	D	BMW	1 lap
6.	J.-C. Castella/A. Castella	CH	BMW	2 laps
7.	J. Duhem/P. Longet	F	BMW	2 laps
8.	E. Schons/K. Lauterbach	D	BMW	2 laps
9.	G. Müller/W. Buchecker	D	BMW	3 laps
10.	G. Pape/F. Kallenberg	D	BMW	3 laps

Number of finishers: 13.
Fastest lap: K. Enders/W. Kalauch (D, BMW), 2'04.9 = 126.640 km/h.

3) June 12 : Tourist Trophy - Isle of Man

3 laps = 182.160 km

1.	K. Enders/W. Kalauch	D	BMW	1 h.13'05.6
				= 148.711 km/h
2.	S. Schauzu/H. Schneider	D	BMW	1 h.14'56.4
3.	H. Luthringshauser/J. Cusnik	D	BMW	1 h.16'58.0
4.	J.-C. Castella/A. Castella	CH	BMW	1 h.17'15.9
5.	H. Owesle/J. Kremer	D	URS-Fath	1 h.17'21.9
6.	G. Auerbacher/H. Hahn	D	BMW	1 h.18'14.6
7.	A. Butscher/J. Huber	D	BMW	1 h.21'35.6
8.	C. Freeman/E. Fletcher	GB	Norton	1 h.25'08.0
9.	L. Currie/D. Kay	GB	GSM	1 h.25'40.6
10.	M. Horspole/J. McPherson	GB	Triumph	1 h.27.28.8

Number of finishers: 29.
Fastest lap: K. Enders/W. Kalauch (D, BMW), 24'08.2 = 150.940 km/h.

4) June 27 : The Netherlands - Assen

14 laps = 107.828 km

1.	G. Auerbacher/H. Hahn	D	BMW	49'48.6
				= 129.928 km/h
2.	H. Owesle/J. Kremer	D	URS-Fath	4 9'49.4
3.	S. Schauzu/H. Schneider	D	BMW	50'42.7
4.	A. Butscher/W. Metzger	D	BMW	51'02.8
5.	J.-C. Castella/A. Castella	CH	BMW	51'08.3
6.	R. Wegener/A. Heinrichs	D	BMW	51'09.5
7.	H. Luthringshauser/J. Cusnik	D	BMW	51'44.0
8.	G. Milton/J. Thornton	GB	BMW	51'55.8
9.	T. Wakefield/J. Flaxman	GB	BMW	52'59.3
10.	E. Schons/K. Lauterbach	D	BMW	1 lap

Number of finishers: 12.
Fastest lap: G. Auerbacher/H. Hahn (D, BMW), 3'28.4 = 133.089 km/h.

5) July 5 : Belgium - Spa-Francorchamps

7 laps = 98.700 km

1.	A. Butscher/J. Huber	D	BMW	35'49.6
				= 165.295 km/h
2.	J.-C. Castella/A. Castella	CH	BMW	36'06.2
3.	P. Harris/R. Lindsay	GB	BMW	36'25.7
4.	G. Milton/J. Thornton	GB	BMW	36'27.2
5.	T. Wakefield/J. Flaxman	GB	BMW	36'28.2
6.	S. Schauzu/H. Schneider	D	BMW	36'34.1
7.	H. Luthringshauser/K. De Geus	D/NL	BMW	37'16.2
8.	C. Vincent/J. Haddrelt	GB	CVS-BSA	37'55.6
9.	H. Binding/H. Fleck	D	BMW	39'29.6
10.	H. Oosterloo/K. Hermans	NL	BMW	39'56.6

Number of finishers: 12.
Fastest lap: K. Enders/W. Kalauch (D, BMW), 4'53.7 = 172.329 km/h.

6) July 19 : Czechoslovakia - Brno

8 laps = 111.520 km
Pole position: W. Schwärzel/K. Kleis (D, König), 5'33.5 = 148.857 km/h.

1.	K. Enders/W. Kalauch	D	BMW	48'51.2
				= 136.810 km/h
2.	G. Auerbacher/H. Hahn	D	BMW	49'12.6
3.	A. Butscher/J. Huber	D	BMW	49'14.8
4.	H. Owesle/J. Kremer	D	URS-Fath	50'19.4
5.	J.-C. Castella/R. Gundel	CH/D	BMW	50'36.2
6.	S. Schauzu/P. Rutterford	D/GB	BMW	51'32.6
7.	R. Wegener/A. Heinrichs	D	BMW	51'45.4
8.	H. Binding/H. Fleck	D	BMW	51'54.2
9.	G. Pape/F. Kallenberg	D	BMW	54'36.8
10.	E. Schons/K. Lauterbach	D	BMW	55'06.4

Number of finishers: 12.
Fastest lap: K. Enders/R. Engelhardt (D, BMW), 6'03.2 = 138.000 km/h.

7) August 2 : Finland - Imatra

17 laps = 102.510 km

1.	K. Enders/R. Engelhardt	D	BMW	48'10.4
				= 127.700 km/h
2.	S. Schauzu/P. Rutterford	D/GB	BMW	48'32.4
3.	A. Butscher/J. Huber	D	BMW	48'52.3
4.	G. Auerbacher/H. Hahn	D	BMW	48'59.6
5.	J.-C. Castella/R. Gundel	CH/D	BMW	50'23.6
6.	H. Luthringhauser/A. Neumann	D	BMW	50'45.6
7.	M. Boddice/C. Pollington	GB	BSA	1 lap
8.	R. Wegener/A. Heinrichs	D	BMW	2 laps
9.	B. Bjarnemark/P. Kjellmodin	S	BMW	2 laps
10.	E. Schons/K. Lauterbach	D	BMW	5 laps

Number of finishers: 10.
Fastest lap: K. Enders/R. Engelhardt (D, BMW), 2'45.7 = 131.000 km/h.

8) August 15 : Ulster - Dundrod

10 laps = 120.670 km

1.	K. Enders/R. Engelhardt	D	BMW	51'43.8
				= 138.310 km/h
2.	S. Schauzu/P. Rutterford	D/GB	BMW	52'39.4
3.	J.-C. Castella/A. Castella	CH	BMW	53'24.0
4.	H. Owesle/J. Kremer	D	URS-Fath	53'48.4
5.	M. Boddice/C. Pollington	GB	BSA	1 lap
6.	J. Gawley/G. Allock	GB	BSA	1 lap
7.	F. Cornbill/G. Tinkler	GB	Triumph	1 lap
8.	R. Coxon/C. Holland	GB	BSA	1 lap
9.	R.-J. Hawes/J. Mann	GB	Seeley	1 lap
10.	R. Kewley/C. Hardy	GB	BSA	2 laps

Number of finishers: 11.
Fastest lap: K. Enders/R. Engelhardt (D, BMW), 4'49.0 = 148.333 km/h.

WORLD CHAMPIONSHIP (*)

1.	Klaus Enders/Wolfgang Kalauch/Ralf Engelhardt	D	BMW	75
2.	Georg Auerbacher/Hermann Hahn	D	BMW	62 (67)
3.	Siegfried Schauzu/Horst Schneider/Peter Rutterford	D/D/GB	BMW	56 (66)
4.	Arsenius Butscher/Josef Huber/Werner Metzger	D	BMW	51 (55)
5.	Jean-Claude Castella/Albert Castella/Rainer Gundel	CH/CH/D	BMW	42 (53)
6.	Heinz Luthringhauser/Jürgen Cusnik/ Klaas De Geus/Armgard "Aga" Neumann	D/D/NL/D	BMW	35
7.	Horst Owesle/Julius Kremer	D	URS-Fath	34
8.	Richard Wegener/Adolf Heinrichs	D	BMW	22
9.	Tony Wakefield/John Flaxman	GB	BMW	16
10.	Graham Milton/John Thornton	GB	BMW	12
11.	Egon Schons/Karl Lauternach	D	BMW	11
12.	Peter "Pip" Harris/Ray Lindsay	GB	BMW	10
13.	Mick Boddice/Clive Pollington	GB	BSA	10
14.	Siegfried Maier/Siegfried Brauning	D	BMW	6
15.	Helmut Lünemann/Michael Stöckel	D	BMW	6
16.	Gerhard Müller/Willi Buchecker	D	BMW	6
17.	Jeff Gawley/Graham Allock	GB	BSA	5
18.	Hermann Binding/Helmut Fleck	D	BMW	5
19.	Joseph Duhem/Pierre Longet	F	BMW	4
20.	Frederick Cornbill/Gordon Tinkler	GB	Triumph	4
21.	Ronnie Coxon/Clifford Holland	GB	BSA	3
22.	Colin Hornby/Mike Griffiths	GB	BMW	3
23.	Charlie Freeman/Eddie Fletcher	GB	Norton	3
24.	Chris Vincent/J. Haddrelt	GB	CVS-BSA	3
25.	Gustav Pape/Franz Kallenberg	D	BMW	3
26.	Willi Emrich/Rolf Emrich	D	BMW	2
27.	Lawrence Currie/Dave Kay	GB	GSM	2
28.	Börje Bjarnemark/Peter Kjellmodin	S	BMW	2
29.	R.-J. "Dick" Hawes/John Mann	GB	Seeley	2
30.	Mick Horspole/John McPherson	GB	Triumph	1
31.	Herman Oosterloo/Karel Hermans	NL	BMW	1
32.	Robert Kewley/C. Hardy	GB	BSA	1

(*): Les cinq meilleurs résultats sont pris en compte pour le championnat.
Le chiffre entre parenthèses correspond aux points «bruts».

(*): Die fünf besten Resultate wurden für die Gesamtwertung der Meisterschaft gezählt.
Die Zahlen in Klammern entsprechen dem "Brutto"-Punktetotal.

(*): The five best results counted towards the championship.
The figures in brackets correspond to the gross number of points.

Castella père et fils / Castella, father and son
Vater und Sohn Castella

1971 — 50 cc

Champion: **Jan De Vries (The Netherlands, Kreidler), 75 points (97), 5 wins**

1) May 9 : Austria - Salzburgring

15 laps = 63.570 km

1.	J. De Vries	NL	Kreidler	27'11.37
				= 140.220 km/h
2.	A. Nieto	E	Derbi	28'19.48
3.	R. Kunz	D	Kreidler	28'20.81
4.	F. Van Der Hoeven	NL	Derbi	28'21.26
5.	A. Toersen	NL	Jamathi	1 lap
6.	J. Pares	E	Derbi	1 lap
7.	M. Kugler	D	Kreidler	1 lap
8.	H. Hummel	A	Kreidler	1 lap
9.	H. Bartol	A	Kreidler	1 lap
10.	U. Graf	CH	Kreidler	1 lap

Number of finishers: 12.
Fastest lap: J. De Vries (NL, Kreidler), 1'47.00 = 141.600 km/h.

2) May 16 : West Germany - Hockenheim

15 laps = 101.520 km

1.	J. De Vries	NL	Kreidler	45'46.00
				= 133.490 km/h
2.	R. Kunz	D	Kreidler	45'51.4
3.	A. Nieto	E	Derbi	47'48.7
4.	F. Van Der Hoeven	NL	Derbi	48'09.0
5.	A. Toersen	NL	Jamathi	49'09.8
6.	J. Pares	E	Derbi	1 lap
7.	L. Commu	NL	Kreidler	1 lap
8.	H. Bartol	A	Kreidler	1 lap
9.	U. Graf	CH	Kreidler	1 lap
10.	H. Hummel	A	Kreidler	1 lap

Number of finishers: 15.
Fastest lap: J. De Vries (NL, Kreidler), 3'00.3 = 135.540 km/h.

3) June 26 : The Netherlands - Assen

8 laps = 61.616 km

1.	A. Nieto	E	Derbi	30'17.50
				= 122.083 km/h
2.	J. Schurgers	NL	Kreidler	30'55.0
3.	T. Ramaker	NL	Kreidler	31'51.5
4.	J. Bruins	NL	Kreidler	31'58.2
5.	F. Van Der Hoeven	NL	Derbi	32'04.2
6.	J. Pares	E	Derbi	32'08.7
7.	M. Kugler	D	Kreidler	32'29.9
8.	H. Bartol	A	Kreidler	33'32.4
9.	R. Mankiewicz	POL	Kreidler	33'38.1
10.	T. Kooyman	NL	Hemelya	34'04.5

Number of finishers: 15.
Fastest lap: A. Nieto (E, Derbi), 3'41.5 = 125.218 km/h.

4) July 4 : Belgium - Spa-Francorchamps

4 laps = 56.480 km

1.	J. De Vries	NL	Kreidler	21'29.2
				= 157.490 km/h
2.	J. Schurgers	NL	Kreidler	21'39.7
3.	A. Nieto	E	Derbi	21'42.9
4.	A. Toersen	NL	Jamathi	22'38.9
5.	N. Polane	NL	Kreidler	22'51.7
6.	H. Meyer	NL	Jamathi	23'28.1
7.	J. Pares	E	Derbi	23'29.4
8.	H. Bartol	A	Kreidler	23'31.6
9.	R. Mankiewicz	POL	Kreidler	23'58.4
10.	M. Kugler	D	Kreidler	24'59.8

Number of finishers: 19.
Fastest lap: J. De Vries (NL, Kreidler), 5'20.0 = 158.625 km/h.

5) July 11 : East Germany - Sachsenring

7 laps = 60.326 km

1.	A. Nieto	E	Derbi	26'18.5
				= 137.582 km/h
2.	J. De Vries	NL	Kreidler	26'19.1
3.	J. Schurgers	NL	Kreidler	26'25.0
4.	H. Meyer	NL	Jamathi	27'00.3
5.	C. Van Dongen	NL	Jamathi	27'42.3
6.	H. Hummel	A	Kreidler	30'08.2
7.	G. Hilbig	DDR	MZ	30'37.0
8.	L. Johansson	S	Maïco	30'37.2
9.	Z. Havrda	CZ	AHRA	30'41.4
10.	P. Müller	DDR	Zündapp	1 lap

Number of finishers: 20.
Fastest lap: A. Nieto (E, Derbi), 3'41.8 = 139.877 km/h.

6) July 18 : Czechoslovakia - Brno

6 laps = 83.640 km

1.	B. Sheene	GB	Kreidler	46'25.4
				= 107.900 km/h
2.	H. Meyer	NL	Jamathi	48'18.9
3.	H. Kroismayr	A	Kreidler	49'40.7
4.	L. Rinaudo	I	Tomos	49'53.5
5.	Z. Havrda	CZ	AHRA	52'20.5
6.	M. Soban	CZ	Kreidler	52'44.8
7.	B. Fendrich	CZ	Tatran	53'01.5
8.	R. Mankiewicz	POL	Kreidler	1 lap
9.	H. Hummel	A	Kreidler	1 lap
10.	A. Bertholet	CH	Kreidler	1 lap

Number of finishers: 11.
Fastest lap: G. Parlotti (I, Derbi), 7'32.6 = 111.100 km/h.

7) July 25 : Sweden - Anderstorp

15 laps = 60.270 km

1.	A. Nieto	E	Derbi	31'25.61
				= 115.067 km/h
2.	G. Parlotti	I	Derbi	31'25.76
3.	J. De Vries	NL	Kreidler	31'46.10
4.	B. Sheene	GB	Kreidler	31'57.80
5.	H. Meyer	NL	Jamathi	32'32.26
6.	J. Bruins	NL	Kreidler	32'32.67
7.	A. Toersen	NL	Jamathi	1 lap
8.	L. Persson	S	Monark	1 lap
9.	L. Lindell	S	Tomos	1 lap
10.	L. Johansson	S	Maïco	1 lap

Number of finishers: 17.
Fastest lap: A. Nieto (E, Derbi), 2'03.81 = 116.830 km/h.

8) September 12 : Italy - Monza

10 laps = 57.500 km

1.	J. De Vries	NL	Kreidler	22'25.8
				= 153.811 km/h
2.	A. Nieto	E	Derbi	22'26.3
3.	G. Parlotti	I	Derbi	23'19.8
4.	J. Schurgers	NL	Kreidler	23'34.6
5.	R. Kunz	D	Kreidler	23'39.8
6.	J. Saarinen	SF	Kreidler	23'57.3
7.	H. Meyer	NL	Jamathi	24'21.0
8.	L. Commu	NL	Jamathi	24'26.3
9.	A. Ieva	I	Morbidelli	1 lap
10.	R. Mankiewicz	POL	Kreidler	1 lap

Number of finishers: 20.
Fastest lap: J. De Vries (NL, Kreidler), 2'10.0 = 159.230 km/h.

9) September 26 : Spain - Jarama

18 laps = 61.272 km

1.	J. De Vries	NL	Kreidler	36'47.2
				= 99.945 km/h
2.	J. Saarinen	SF	Kreidler	37'37.4
3.	H. Leenheer	NL	Jamathi	38'18.8
4.	R. Kunz	D	Kreidler	38'23.6
5.	J. Bruins	NL	Kreidler	38'48.4
6.	L. Commu	NL	Jamathi	1 lap
7.	L. Rinaudo	I	Tomos	1 lap

Number of finishers: 7.
Fastest lap: J. De Vries (NL, Kreidler), 2'00.0 = 102.133 km/h.

WORLD CHAMPIONSHIP (*)

1.	Jan De Vries	NL	Kreidler	75 (97)
2.	Angel Nieto	E	Derbi	69 (89)
3.	Jos Schurgers	NL	Kreidler	42
4.	Rudolf Kunz	D	Kreidler	36
5.	Hermann Meyer	NL	Jamathi	35
6.	Aalt Toersen	NL	Jamathi	24
7.	Barry Sheene	GB	Kreidler	23
8.	Gilberto Parlotti	I	Derbi	22
9.	Frederico Van Der Hoeven	NL	Derbi	22
10.	Jan Bruins	NL	Kreidler	19
11.	Juan Pares	E	Derbi	19
12.	Jarno Saarinen	SF	Kreidler	17
13.	Luigi Rinaudo	I	Tomos	12
14.	Leo Commu	NL	Jamathi	12
15.	Hans Hummel	A	Kreidler	11
16.	Harald Bartol	A	Kreidler	11
17.	Teumis Ramaker	NL	Kreidler	10
18.	Hans Kroismayr	A	Kreidler	10
19.	Han Leenheer	NL	Jamathi	10
20.	Manfred Kugler	D	Kreidler	9
21.	Zbynek Havdra	CZ	AHRA	8
22.	Ryszard Mankiewicz	POL	Kreidler	8
23.	Nico Polane	NL	Kreidler	6
24.	Cees Van Dongen	NL	Jamathi	6
25.	Milan Soban	CZ	Kreidler	5
26.	Günther Hilbig	DDR	MZ	4
27.	Bedrich Fendrich	CZ	Tatran	4
28.	Lasse Johansson	S	Maïco	4
29.	Lars Persson	S	Monark	3
30.	Ulrich "Ueli" Graf	CH	Kreidler	3
31.	Lennart Lindell	S	Tomos	2
32.	Alberto Ieva	I	Morbidelli	2
33.	Ton Kooyman	NL	Hemelya	1
34.	Peter Müller	DDR	Zündapp	1
35.	Albert Bertholet	CH	Kreidler	1

(*): Les cinq meilleurs résultats sont pris en compte pour le championnat. Le chiffre entre parenthèses correspond aux points «bruts».

(*): Die fünf besten Resultate wurden für die Gesamtwertung der Meisterschaft gezählt. Die Zahlen in Klammern entsprechen dem "Brutto"-Punktetotal.

(*): The five best results counted towards the championship. The figures in brackets correspond to the gross number of points.

Albert Bertholet, Kreidler

Champion : **Angel Nieto (Spain, Derbi), 87 points, 5 wins**

1971 — 125 cc

1) May 9 : Austria - Salzburgring

25 laps = 105.950 km

1.	A. Nieto	E	Derbi	40'30.79
				= 156.960 km/h
2.	G. Parlotti	I	Morbidelli	40'30.95
3.	B. Sheene	GB	Suzuki	40'31.14
4.	D. Braun	D	Maïco	40'33.97
5.	G. Bender	D	Maïco	41'58.50
6.	C. Van Dongen	NL	Yamaha	1 lap
7.	T. Heuschkel	DDR	MZ	1 lap
8.	L. Rinaudo	I	Aermacchi	1 lap
9.	F. Kohlar	DDR	MZ	1 lap
10.	B. Köhler	DDR	MZ	1 lap

Number of finishers: 19.
Fastest lap: D. Braun (D, Maïco), 1'34'30 = 162.752 km/h.

2) May 16 : West Germany - Hockenheim

17 laps = 115.056 km

1.	D. Simmonds	GB	Kawasaki	47'22.6
				= 146.202 km/h
2.	G. Parlotti	I	Morbidelli	48'06.6
3.	K. Andersson	S	Yamaha	48'22.8
4.	T. Gruber	D	Maïco	48'58.0
5.	G. Bender	D	Maïco	48'59.0
6.	T. Heuschkel	DDR	MZ	1 lap
7.	C. Mortimer	GB	Yamaha	1 lap
8.	J. Lenk	DDR	MZ	1 lap
9.	J. Huberts	NL	MZ	1 lap
10.	B. Köhler	DDR	MZ	1 lap

Number of finishers: 15.
Fastest lap: A. Nieto (E, Derbi), 2'43.5 = 149.470 km/h.

3) June 11 : Tourist Trophy - Isle of Man

3 laps = 182.160 km

1.	C. Mortimer	GB	Yamaha	1 h.20'54.0
				= 135.095 km/h
2.	B. Jansson	S	Maïco	1 h.23'43.6
3.	J. Kiddie	GB	Honda	1 h.29'12.2
4.	P. Courtney	GB	Yamaha	1 h.29'28.2
5.	R. Watts	GB	Honda	1 h.29'43.6
6.	C. Ward	GB	Maïco	1 h.30'23.6
7.	F. Smart	AUS	Honda	1 h.30'36.6
8.	L. Porter	GB	Honda	1 h.31'48.2
9.	B. Rae	GB	Maïco	1 h.32'48.4
10.	J. Pearson	GB	Honda	1 h.33'05.0

Number of finishers: 17.
Fastest lap: C. Mortimer (GB, Yamaha), 26'00.2 = 140.093 km/h.

4) June 26 : The Netherlands - Assen

14 laps = 107.828 km

1.	A. Nieto	E	Derbi	48'12.8
				= 134.231 km/h
2.	B. Sheene	GB	Suzuki	48'14.5
3.	B. Jansson	S	Maïco	48'26.6
4.	D. Braun	D	Maïco	49'07.9
5.	C. Mortimer	GB	Yamaha	49'24.2
6.	T. Gruber	D	Maïco	49'29.9
7.	S. Machin	GB	Yamaha	49'30.1
8.	G. Bender	D	Maïco	50'17.0
9.	M. Salonen	SF	Yamaha	51'35.4
10.	G. Fischer	D	Maïco	1 lap

Number of finishers: 13.
Fastest lap: A. Nieto (E, Derbi), 3'19.8 = 138.818 km/h.

5) July 4 : Belgium - Spa-Francorchamps

7 laps = 98.840 km

1.	B. Sheene	GB	Suzuki	33'21.5
				= 177.526 km/h
2.	G. Bender	D	Maïco	33'31.0
3.	D. Braun	D	Maïco	33'44.5
4.	C. Van Dongen	NL	Yamaha	34'00.2
5.	C. Mortimer	GB	Yamaha	34'24.2
6.	J. Lenk	DDR	MZ	35'27.5
7.	R. Gould	GB	Yamaha	36'12.6
8.	T. Heuschkel	DDR	MZ	36'19.2
9.	E. Lazzarini	I	Maïco	36'22.9
10.	T. Robb	IRL	Yamaha	36'37.3

Number of finishers: 19.
Fastest lap: B. Sheene (GB, Suzuki), 4'43.3 = 179.174 km/h.

6) July 11 : East Germany - Sachsenring

12 laps = 103.416 km

1.	A. Nieto	E	Derbi	40'07.9
				= 154.615 km/h
2.	B. Sheene	GB	Suzuki	40'08.3
3.	B. Jansson	S	Maïco	40'16.8
4.	D. Braun	D	Maïco	40'50.3
5.	C. Van Dongen	NL	Yamaha	41'16.0
6.	J. Lenk	DDR	MZ	41'49.3
7.	J. Drapal	H	MZ	42'21.5
8.	T. Heuschkel	DDR	MZ	42'30.0
9.	B. Köhler	DDR	MZ	42'49.8
10.	F. Kohlar	DDR	MZ	42'53.6

Number of finishers: 28.
Fastest lap: A. Nieto (E, Derbi), 3'17.6 = 157.008 km/h.

7) July 18 : Czechoslovakia - Brno

8 laps = 111.520 km

1.	A. Nieto	E	Derbi	54'00.6
				= 123.813 km/h
2.	B. Jansson	S	Maïco	54'01.1
3.	B. Sheene	GB	Suzuki	55'51.3
4.	D. Simmonds	GB	Kawasaki	56'15.9
5.	J. Lenk	DDR	MZ	56'52.5
6.	H. Bischoff	DDR	MZ	57'20.6
7.	C. Mortimer	GB	Yamaha	57'56.1
8.	R. Mankiewicz	POL	MZ	57'58.3
9.	A. Brito	CUB	MZ	57'58.7
10.	L. Johansson	S	Maïco	58'03.5

Number of finishers: 28.
Fastest lap: A. Nieto (E, Derbi), 6'33.9 = 127.400 km/h.

8) July 24 : Sweden - Anderstorp

25 laps = 100.450 km

1.	B. Sheene	GB	Suzuki	49'15.99
				= 122.261 km/h
2.	B. Jansson	S	Maïco	49'27.74
3.	K. Andersson	S	Yamaha	50'02.00
4.	D. Braun	D	Maïco	50'02.37
5.	D. Simmonds	GB	Kawasaki	51'13.92
6.	T. Gruber	D	Maïco	1 lap
7.	M. Salonen	SF	Yamaha	1 lap
8.	T. Heuschkel	DDR	MZ	1 lap
9.	L. Rosell	S	Maïco	1 lap
10.	R. Olsson	S	Yamaha	1 lap

Number of finishers: 20.
Fastest lap: A. Nieto (E, Derbi), 1'55.75 = 124.970 km/h.

9) August 1 : Finland - Imatra

17 laps = 102.510 km

1.	B. Sheene	GB	Suzuki	46'49.7
				= 131.315 km/h
2.	D. Braun	D	Maïco	48'15.0
3.	G. Bender	D	Maïco	48'29.0
4.	J. Lenk	DDR	MZ	48'30.4
5.	D. Simmonds	GB	Kawasaki	48'33.1
6.	C. Mortimer	GB	Yamaha	48'37.2
7.	A. Pagani	I	Derbi	49'24.9
8.	R. Mankiewicz	POL	MZ	1 lap
9.	S. Kangasniemi	SF	Maïco	1 lap
10.	B. Köhler	DDR	MZ	1 lap

Number of finishers: 15.
Fastest lap: B. Sheene (GB, Suzuki), 2'42.0 = 134.000 km/h.

10) September 12 : Italy - Monza

16 laps = 92.000 km

1.	G. Parlotti	I	Morbidelli	31'41.3
				= 174.196 km/h
2.	A. Nieto	E	Derbi	31'42.0
3.	B. Sheene	GB	Suzuki	31'43.4
4.	B. Jansson	S	Maïco	31'48.5
5.	H. Bartol	A	Suzuki	32'06.6
6.	D. Simmonds	GB	Kawasaki	32'09.3
7.	K. Andersson	S	Yamaha	32'13.1
8.	T. Gruber	D	Maïco	33'10.3
9.	T. Heuschkel	DDR	MZ	1 lap
10.	E. Lazzarini	I	Maïco	1 lap

Number of finishers: 22.
Fastest lap: G. Parlotti (I, Morbidelli), 1'54.6 = 180.628 km/h.

11) September 26 : Spain - Jarama

30 laps = 102.120 km

1.	A. Nieto	E	Derbi	56'23.8
				= 108.654 km/h
2.	C. Mortimer	GB	Yamaha	57'24.3
3.	B. Sheene	GB	Suzuki	57'31.4
4.	D. Simmonds	GB	Kawasaki	57'41.1
5.	K. Andersson	S	Yamaha	57'49.3
6.	O. Buscherini	I	Derbi	57'54.1
7.	G. Bender	D	Maïco	1 lap
8.	B. Grau	E	Bultaco	1 lap
9.	A. Pero	I	Aermacchi	1 lap
10.	R. Gali	E	Bultaco	1 lap

Number of finishers: 12.
Fastest lap: A. Nieto (E, Derbi), 1'49.4 = 112.128 km/h.

WORLD CHAMPIONSHIP (*)

1.	Angel Nieto	E	Derbi	87
2.	Barry Sheene	GB	Suzuki	79 (109)
3.	Börje Jansson	S	Maïco	64
4.	Dieter Braun	D	Maïco	54
5.	Chas Mortimer	GB	Yamaha	48 (52)
6.	Dave Simmonds	GB	Kawasaki	48
7.	Gert Bender	D	Maïco	41
8.	Gilberto Parlotti	I	Morbidelli	39
9.	Kent Andersson	S	Yamaha	30
10.	Jürgen Lenk	DDR	MZ	27
11.	Tony Gruber	D	Maïco	21
12.	Thomas Heuschkel	DDR	MZ	20
13.	Cees Van Dongen	NL	Yamaha	19
14.	John Kiddie	GB	Honda	10
15.	Peter Courtney	GB	Yamaha	8
16.	Ralph Watts	GB	Honda	6
17.	Harald Bartol	A	Suzuki	6
18.	Matti Salonen	SF	Yamaha	6
19.	Ryszard Mankiewicz	POL	MZ	6
20.	Carl Ward	GB	Maïco	5
21.	Hartmut Bischoff	DDR	MZ	5
22.	Otello Buscherini	I	Derbi	5
23.	Bernd Köhler	DDR	MZ	5
24.	Fred Smart	AUS	Honda	4
25.	Steve Machin	GB	Yamaha	4
26.	Rodney Gould	GB	Yamaha	4
27.	Janos Drapal	H	MZ	4
28.	Alberto Pagani	I	Derbi	4
29.	Luigi Rinaudo	I	Aermacchi	3
30.	Lindsay Porter	GB	Honda	3
31.	Benjamin Grau	E	Bultaco	3
32.	Friedhelm Kohlar	DDR	MZ	3
33.	Eugenio Lazzarini	I	Maïco	3
34.	Jan Huberts	NL	MZ	2
35.	Billy Rae	GB	Yamaha	2
36.	Aramis Brito	CUB	MZ	2
37.	Leif Rosell	S	Maïco	2
38.	Seppo Kangasniemi	SF	Maïco	2
39.	Aldo Pero	I	Aermacchi	2
40.	James Pearson	GB	Honda	1
41.	Günther Fischer	D	Maïco	1
42.	Tommy Robb	IRL	Yamaha	1
43.	Lasse Johansson	S	Maïco	1
44.	Roland Olsson	S	Yamaha	1
45.	Ramon Gali	E	Bultaco	1

(*): Les six meilleurs résultats sont pris en compte pour le championnat. Le chiffre entre parenthèses correspond aux points «bruts».

(*): Die sechs besten Resultate wurden für die Gesamtwertung der Meisterschaft gezählt. Die Zahlen in Klammern entsprechen dem "Brutto"-Punktetotal.

(*): The six best results counted towards the championship. The figures in brackets correspond to the gross number of points.

Jarno Saarinen, Puch 125

1971 — 250 cc

Champion : **Phil Read (Great Britain, Yamaha), 73 points, 3 wins**

1) May 9 : Austria - Salzburgring

30 laps = 127.140 km

1.	S. Grassetti	I	MZ	45'28.00
				= 167.830 km/h
2.	G. Bartusch	DDR	MZ	45'35.41
3.	G. Marsovszki	CH	Yamaha	46'23.92
4.	K. Andersson	S	Yamaha	46'41.07
5.	J. Drapal	H	Yamaha	46'50.85
6.	B. Granath	S	Yamaha	47'00.22
7.	G. Mandracci	I	Yamaha	1 lap
8.	J. Saarinen	SF	Yamaha	1 lap
9.	J. Lancaster	GB	Yamaha	1 lap
10.	S. Ellis	GB	Yamaha	1 lap

Number of finishers: 18.
Fastest lap: J. Drapal (H, Yamaha), 1'29.70 = 169.072 km/h.

2) May 16 : West Germany - Hockenheim

23 laps = 155.664 km

1.	P. Read	GB	Yamaha	1 h.00'42.4
				= 154.400 km/h
2.	K. Huber	D	Yamaha	1 h.01'04.4
3.	J. Dodds	AUS	Yamaha	1 h.01'07.2
4.	G. Marsovszki	CH	Yamaha	1 h.01'07.8
5.	K. Andersson	S	Yamaha	1 h.01'08.0
6.	J. Drapal	H	Yamaha	1 h.01'08.2
7.	L. Szabo	H	Yamaha	1 h.01'21.7
8.	T. Bult	NL	Yamsel	1 h.01'37.0
9.	J. Lancaster	GB	Yamaha	1 h.01'50.4
10.	L. Commu	NL	Yamaha	1 h.01'58.6

Number of finishers: 15.
Fastest lap: P. Read (GB, Yamaha), 2'34.4 = 158.280 km/h.

3) June 9 : Tourist Trophy - Isle of Man

4 laps = 242.880 km

1.	P. Read	GB	Yamaha	1 h.32'23.6
				= 157.710 km/h
2.	B. Randle	GB	Yamaha	1 h.34'27.6
3.	A. Barnett	GB	Yamaha	1 h.35'02.0
4.	R. Gould	GB	Yamaha	1 h.35'14.0
5.	B. Henderson	GB	Yamaha	1 h.36'01.2
6.	G. Marsovszki	CH	Yamaha	1 h.36'18.0
7.	P. Berwick	GB	Yamaha	1 h.36'42.6
8.	I.-F. Richards	GB	Yamaha	1 h.36'53.4
9.	B. Jansson	S	Yamaha	1 h.36'58.0
10.	G. Pantall	GB	Yamaha	1 h.37'00.8

Number of finishers: 36.
Fastest lap: P. Read (GB, Yamaha), 22'37.2 = 161.063 km/h.

4) June 26 : The Netherlands - Assen

17 laps = 130.934 km

1.	P. Read	GB	Yamaha	57'02.1
				= 137.784 km/h
2.	T. Bult	NL	Yamsel	57'14.0
3.	D. Braun	D	Yamaha	57'19.8
4.	T. Rutter	GB	Yamaha	57'43.9
5.	C. Mortimer	GB	Yamaha	57'44.0
6.	G. Marsovszki	CH	Yamaha	57'53.7
7.	J. Dodds	AUS	Yamaha	58'28.8
8.	N. Van Der Zanden	NL	Yamaha	58'42.1
9.	J. Lancaster	GB	Yamaha	58'43.8
10.	G. Mandracci	I	Yamaha	58'43.8

Number of finishers: 15.
Fastest lap: P. Read (GB, Yamaha), 3'16.6 = 141.078 km/h.

5) July 4 : Belgium - Spa-Francorchamps

8 laps = 112.960 km

1.	S. Grassetti	I	MZ	35'10.6
				= 192.399 km/h
2.	J. Dodds	AUS	Yamaha	35'20.5
3.	D. Braun	D	Yamaha	35'21.2
4.	P. Smart	GB	Yamaha	35'24.0
5.	C. Mortimer	GB	Yamaha	35'24.5
6.	R. Gould	GB	Yamaha	35'25.9
7.	G. Marsovszki	CH	Yamaha	35'31.0
8.	T. Bult	NL	Yamsel	35'31.6
9.	L. Szabo	H	Yamaha	35'32.4
10.	G. Bartusch	DDR	MZ	35'52.9

Number of finishers: 16.
Fastest lap: S. Grassetti (I, MZ), 4'19.5 = 195.606 km/h.

6) July 11 : East Germany - Sachsenring

15 laps = 129.270 km

1.	D. Braun	D	Yamaha	47'09.5
				= 164.471 km/h
2.	R. Gould	GB	Yamaha	47'10.0
3.	P. Read	GB	Yamaha	47'11.1
4.	G. Marsovszki	CH	Yamaha	47'59.5
5.	J. Saarinen	SF	Yamaha	47'59.9
6.	B. Sheene	GB	Derbi	48'18.2
7.	C. Mortimer	GB	Yamaha	48'35.8
8.	S. Grassetti	I	MZ	48'38.6
9.	L. Commu	NL	Yamaha	49'32.7
10.	W. Pfirter	CH	Yamaha	49'49.7

Number of finishers: 27.
Fastest lap: R. Gould (GB, Yamaha), 3'04.9 = 167.792 km/h.

7) July 18 : Czechoslovakia - Brno

9 laps = 125.460 km

1.	J. Drapal	H	Yamaha	57'43.5
				= 130.364 km/h
2.	L. Szabo	H	Yamaha	58'23.2
3.	J. Saarinen	SF	Yamaha	59'45.2
4.	C. Mortimer	GB	Yamaha	1 h.01'06.1
5.	B. Granath	S	Yamaha	1 h.01'39.0
6.	H. Schmid	CH	Yamaha	1 h.01'44.0
7.	A. Ohligschlager	D	Yamaha	1 h.01'58.9
8.	K. Auer	A	Yamaha	1 h.01'59.1
9.	D. Simmonds	GB	Kawasaki	1 h.02'31.6
10.	F. Srna	CZ	Jawa	1 h.02'31.6

Number of finishers: 22.
Fastest lap: J. Drapal (H, Yamaha), 6'18.5 = 132.650 km/h.

8) July 25 : Sweden - Anderstorp

31 laps = 124.558 km

1.	R. Gould	GB	Yamaha	58'23.18
				= 128.001 km/h
2.	P. Smart	GB	Yamaha	58'56.04
3.	J. Saarinen	SF	Yamaha	59'49.62
4.	T. Länsivuori	SF	Yamaha	59'51.58
5.	F. Perris	GB	Yamaha	59'54.00
6.	B. Nelson	GB	Yamaha	1 h.00'05.60
7.	J. Dodds	AUS	Yamaha	1 h.00'07.82
8.	B. Jansson	S	Yamasaki	1 h.00'12.74
9.	B. Granath	S	Yamaha	1 lap
10.	L. Lindell	S	Yamaha	1 lap

Number of finishers: 20.
Fastest lap: R. Gould (GB, Yamaha), 1'51.71 = 129.485 km/h.

9) August 1 : Finland - Imatra

21 laps = 126.630 km

1.	R. Gould	GB	Yamaha	53'59.3
				= 140.723 km/h
2.	J. Dodds	AUS	Yamaha	54'09.4
3.	D. Braun	D	Yamaha	54'18.3
4.	C. Mortimer	GB	Yamaha	54'30.0
5.	G. Marsovszki	CH	Yamaha	54'34.2
6.	J. Saarinen	SF	Yamaha	54'51.6
7.	W. Sommer	D	Yamaha	55'08.6
8.	B. Jansson	S	Yamaha	55'15.9
9.	B. Nelson	GB	Yamaha	55'21.3
10.	P. Read	GB	Yamaha	56'04.8

Number of finishers: 19.
Fastest lap: J. Saarinen (SF, Yamaha), 2'32.2 = 142.600 km/h.

10) August 14 : Ulster - Belfast

14 laps = 168.938 km

1.	R. McCullough	IRL	Yamaha	1 h.07'02.4
				= 149.251 km/h
2.	J. Saarinen	SF	Yamaha	1 h.08'27.8
3.	D. Braun	D	Yamaha	1 h.08'44.0
4.	P.-J. Williams	GB	MZ	1 h.08'58.6
5.	S. Machin	GB	Yamaha	1 h.08'59.2
6.	R. Gould	GB	Yamaha	1 h.10'40.8
7.	G. Marsovszki	CH	Yamaha	1 h.10'41.6
8.	I.-F. Richards	GB	Yamaha	1 h.11'21.8
9.	B. Henderson	GB	Yamaha	1 lap
10.	S. Woods	GB	Yamaha	1 lap

Number of finishers: 16.
Fastest lap: R. McCullough (IRL, Yamaha), 4'40.8 = 152.614 km/h.

11) September 12 : Italy - Monza

20 laps = 115.000 km

1.	G. Marsovszki	CH	Yamaha	37'12.3
				= 185.458 km/h
2.	J. Dodds	AUS	Yamaha	37'12.6
3.	S. Grassetti	I	MZ	37'12.7
4.	R. Gould	GB	Yamaha	37'12.7
5.	J. Saarinen	SF	Yamaha	37'27.2
6.	P. Read	GB	Yamaha	37'27.7
7.	T. Bult	NL	Yamaha	37'28.0
8.	D. Braun	D	Yamaha	37'33.2
9.	L. Szabo	H	Yamaha	37'44.9
10.	B. Jansson	S	Yamasaki	37'45.8

Number of finishers: 21.
Fastest lap: J. Dodds (AUS, Yamaha) and G. Marsovszki (CH, Yamaha), 1'49.6 = 188.868 km/h.

12) September 26 : Spain - Jarama

35 laps = 119.140 km

1.	J. Saarinen	SF	Yamaha	1 h.03'28.1
				= 112.639 km/h
2.	P. Read	GB	Yamaha	1 h.03'31.3
3.	C. Mortimer	GB	Yamaha	1 h.03'56.7
4.	W. Pfirter	CH	Yamaha	1 h.04'00.5
5.	R. Pasolini	I	Aermacchi	1 h.04'07.2
6.	J. Dodds	AUS	Yamaha	1 h.04'25.6
7.	L. Commu	NL	Yamaha	1 h.04'31.0
8.	J. Bordons	E	Bultaco	1 lap
9.	F. Gonzales De Nicolas	E	Bultaco	1 lap
10.	R. Gali	E	Bultaco	1 lap

Number of finishers: 11.
Fastest lap: J. Saarinen (SF, Yamaha), 1'46.3 = 115.295 km/h.

WORLD CHAMPIONSHIP (*)

1.	Phil Read	GB	Yamaha	73
2.	Rodney Gould	GB	Yamaha	68
3.	Jarno Saarinen	SF	Yamaha	64 (67)
4.	John Dodds	AUS	Yamaha	59
5.	Dieter Braun	D	Yamaha	58
6.	Gyula Marsovszki	CH	Yamaha	57 (65)
7.	Silvio Grassetti	I	MZ	43
8.	Chas Mortimer	GB	Yamaha	42
9.	Janos Drapal	H	Yamaha	26
10.	Theo Bult	NL	Yamsel	22
11.	Paul Smart	GB	Yamaha	20
12.	Laszlo Szabo	H	Yamaha	20
13.	Ray McCullough	IRL	Yamaha	15
14.	Kent Andersson	S	Yamaha	14
15.	Günther Bartusch	DDR	MZ	13
16.	Bo Granath	S	Yamaha	13
17.	Klaus Huber	D	Yamaha	12
18.	Barry Randle	GB	Yamaha	12
19.	Alan Barnett	GB	Yamaha	10
20.	Werner Pfirter	CH	Yamaha	9
21.	Börje Jansson	S	Yamaha/Yamasaki	9
22.	Tony Rutter	GB	Yamaha	8
23.	Teuvo Länsivuori	SF	Yamaha	8
24.	Peter-J. Williams	GB	MZ	8
25.	Bill Henderson	GB	Yamaha	8
26.	Billie Nelson	GB	Yamaha	7
27.	Leo Commu	NL	Yamaha/Yamsel	7
28.	Frank Perris	GB	Yamaha	6
29.	Steve Machin	GB	Yamaha	6
30.	Renzo Pasolini	I	Aermacchi	6
31.	Ian-F. Richards	GB	Yamaha	6
32.	Jerry Lancaster	GB	Yamaha	6
33.	Barry Sheene	GB	Derbi	5
34.	Heinz Schmid	CH	Yamaha	5
35.	Guido Mandracci	I	Yamaha	5
36.	Peter Berwick	GB	Yamaha	4
37.	Adolf Ohligschläger	D	Yamaha	4
38.	Walter Sommer	D	Yamaha	4
39.	Nico Van Der Zanden	NL	Yamaha	3
40.	Karl Auer	A	Yamaha	3
41.	Juan Bordons	E	Bultaco	3
42.	Dave Simmonds	GB	Kawasaki	2
43.	Fernando Gonzales De Nicolas	E	Bultaco	2
44.	Steve Ellis	GB	Yamaha	1
45.	Gordon Pantall	GB	Yamaha	1
46.	Frantisek Srna	CZ	Jawa	1
47.	Lennart Lindell	S	Yamaha	1
48.	Stan Woods	GB	Yamaha	1
49.	Ramon Gali	E	Bultaco	1

(*): Les sept meilleurs résultats sont pris en compte pour le championnat. Le chiffre entre parenthèses correspond aux points «bruts».

(*): Die sieben besten Resultate wurden für die Gesamtwertung der Meisterschaft gezählt. Die Zahlen in Klammern entsprechen dem "Brutto"-Punktetotal.

(*): The seven best results counted towards the championship. The figures in brackets correspond to the gross number of points.

Champion : **Giacomo Agostini (Italy, MV-Agusta), 90 points, 6 wins**

1971 — 350 CC

1) May 9 : Austria - Salzburgring

35 laps = 148.330 km

1.	G. Agostini	I	MV-Agusta	52'00.35
				= 171.210 km/h
2.	W. Pfirter	CH	Yamaha	53'21.08
3.	S. Ellis	GB	Yamaha	53'28.19
4.	I.-K. Carlsson	S	Yamaha	1 lap
5.	B. Granath	S	Ducati	1 lap
6.	J. Saarinen	SF	Yamaha	1 lap
7.	J. Lancaster	GB	Yamaha	1 lap
8.	B. Nelson	GB	Yamaha	1 lap
9.	M. Hawthorne	GB	Yamaha	1 lap
10.	E. Fagerer	A	Yamaha	1 lap

Number of finishers: 11.
Fastest lap: G. Agostini (I, MV-Agusta), 1'25.2 = 177.920 km/h.

2) May 16 : West Germany - Hockenheim

23 laps = 155.664 km

1.	G. Agostini	I	MV-Agusta	58'20.7
				= 160.673 km/h
2.	L. Szabo	H	Yamaha	59'12.9
3.	P. Smart	GB	Yamaha	59'22.7
4.	T. Bult	NL	Yamaha	1 h.00'02.4
5.	J. Saarinen	SF	Yamaha	1 h.00'25.7
6.	W. Pfirter	CH	Yamaha	1 h.00'31.6
7.	B. Nelson	GB	Yamaha	1 h.00'40.7
8.	W. Sommer	D	Yamaha	1 h.00'51.7
9.	J. Lancaster	GB	Yamaha	1 h.00'52.6
10.	L. John	D	Yamaha	1 lap

Number of finishers: 15.
Fastest lap: G. Agostini (I, MV-Agusta), 2'29.9 = 163.030 km/h.

3) June 12 : Tourist Trophy - Isle of Man

5 laps = 303.600 km

1.	T. Jefferies	GB	Yamaha	2 h.05'48.6
				= 144.786 km/h
2.	G. Pantall	GB	Yamaha	2 h.06'25.0
3.	W.-A. Smith	GB	Honda	2 h.07'04.8
4.	J. Williams	GB	AJS	2 h.07'17.0
5.	D. Chatterton	GB	Yamaha	2 h.09'33.6
6.	G. Mateer	IRL	Aermacchi	2 h.09'51.8
7.	M. Grant	GB	Yamaha	2 h.10'52.0
8.	B. Guthrie	IRL	Yamaha	2 h.11'09.0
9.	G. Bartusch	DDR	MZ	2 h.11'24.2
10.	P. Berwick	GB	Yamaha	2 h.11'47.2

Number of finishers: 44.
Fastest lap: P. Read (GB, Yamaha), 22'33.2 = 161.529 km/h.

4) June 26 : The Netherlands - Assen

20 laps = 154.040 km

1.	G. Agostini	I	MV-Agusta	1 h.04'49.6
				= 142.616 km/h
2.	P. Read	GB	Yamaha	1 h.05'13.6
3.	T. Bult	NL	Yamaha	1 h.06'19.7
4.	R. Gould	GB	Yamaha	1 h.06'39.4
5.	R.-S. Chandler	GB	Yamaha	1 h.07'29.6
6.	M. Pesonen	SF	Yamaha	1 h.07'42.3
7.	B. Nelson	GB	Yamaha	1 h.07'45.8
8.	T. Rutter	GB	Yamaha	1 h.08'07.3
9.	I.-K. Carlsson	S	Yamsel	1 h.08'09.8
10.	G. Nash	GB	Yamaha	1 h.08'17.7

Number of finishers: 13.
Fastest lap: G. Agostini (I, MV-Agusta), 3'10.5 = 145.595 km/h.

5) July 11 : East Germany - Sachsenring

18 laps = 155.124 km

1.	G. Agostini	I	MV-Agusta	55'29.9
				= 167.707 km/h
2.	P. Smart	GB	Yamaha	56'50.5
3.	L. Szabo	H	Yamaha	57'10.0
4.	T. Bult	NL	Yamaha	57'45.6
5.	W. Pfirter	CH	Yamaha	58'07.8
6.	I.-K. Carlsson	S	Yamaha	1 lap
7.	M. Hawthorne	GB	Yamaha	1 lap
8.	A.-F. Kroon	DK	Yamaha	1 lap
9.	B. Granath	S	Yamaha	1 lap
10.	R. Van Der Wal	NL	Yamaha	1 lap

Number of finishers: 10.
Fastest lap: G. Agostini (I, MV-Agusta), 2'59.2 = 173.129 km/h.

6) July 18 : Czechoslovakia - Brno

11 laps = 153.340 km

1.	J. Saarinen	SF	Yamaha	1 h.11'13.4
				= 130.133 km/h
2.	B. Stasa	CZ	CZ	1 h.11'46.5
3.	T. Bult	NL	Yamaha	1 h.14'41.4
4.	B. Granath	S	Yamaha	1 h.14'59.0
5.	J. Reisz	H	Aermacchi	1 h.15'11.2
6.	A. Juhosz	H	Aermacchi	1 h.15'13.3
7.	A. Ohligschläger	D	Yamaha	1 h.15'25.0
8.	R. Duba	CZ	CZ	1 h.16'05.9
9.	J. Kral	CZ	CZ	1 h.17'39.0
10.	C. Dobson	GB	Seeley-Yamaha	1 lap

Number of finishers: 13.
Fastest lap: G. Agostini (I, MV-Agusta), 6'05.1 = 137.500 km/h.

7) July 25 : Sweden - Anderstorp

38 laps = 152.684 km

1.	G. Agostini	I	MV-Agusta	1 h.11'13.22
				= 128.630 km/h
2.	P. Smart	GB	Yamaha	1 h.11'45.55
3.	J. Saarinen	SF	Yamaha	1 h.12'43.87
4.	R. Gould	GB	Yamaha	1 lap
5.	I.-K. Carlsson	S	Yamaha	1 lap
6.	T. Länsivuori	SF	Yamaha	1 lap
7.	B. Granath	S	Yamaha	1 lap
8.	E. Offenstadt	F	Kawasaki	1 lap
9.	T. Robb	IRL	Yamaha	1 lap
10.	H. Kuparinen	SF	Yamaha	1 lap

Number of finishers: 16.
Fastest lap: G. Agostini (I, MV-Agusta), 1'50.23 = 131.220 km/h.

8) August 1 : Finland - Imatra

23 laps = 138.690 km

1.	G. Agostini	I	MV-Agusta	57'57.7
				= 143.260 km/h
2.	J. Saarinen	SF	Yamaha	58'26.2
3.	B. Nelson	GB	Yamaha	1 h.00'00.8
4.	W. Sommer	D	Yamaha	1 lap
5.	T. Robb	IRL	Yamaha	1 lap
6.	L. Szabo	H	Yamaha	1 lap
7.	J. Lancaster	GB	Yamaha	1 lap
8.	M. Hawthorne	GB	Yamaha	1 lap
9.	H.-D. Görgen	D	Yamaha	1 lap
10.	L. John	D	Yamaha	1 lap

Number of finishers: 10.
Fastest lap: G. Agostini (I, MV-Agusta), 2'27.5 = 147.200 km/h.

9) August 14 : Ulster - Belfast

14 laps = 168.938 km

1.	P.-J. Williams	GB	MZ	1 h.10'23.6
				= 142.090 km/h
2.	D. Braun	D	Yamaha	1 h.11'11.6
3.	T. Jefferies	GB	Yamaha	1 h.11'25.6
4.	J. Williams	GB	Honda	1 h.12'22.7
5.	S. Machin	GB	Yamaha	1 h.13'20.6
6.	M. Chatterton	GB	Yamaha	1 h.13'33.8
7.	D. Gallagher	GB	Yamaha	1 h.14'32.9
8.	W.-M. McCosh	IRL	Yamaha	1 h.15'26.6
9.	T. Herron	IRL	Yamaha	1 h.15'52.6
10.	P. Berwick	GB	Yamaha	1 lap

Number of finishers: 16.
Fastest lap: P.-J. Williams (GB, MZ), 4'49.0 = 148.317 km/h.

10) September 12 : Italy - Monza

24 laps = 138.000 km

1.	J. Saarinen	SF	Yamaha	44'16.7
				= 186.998 km/h
2.	S. Grassetti	I	MZ	44'17.2
3.	B. Randle	GB	Yamaha	44'19.5
4.	W. Sommer	D	Yamaha	44'30.1
5.	I.-K. Carlsson	S	Yamaha	44'30.7
6.	T. Länsivuori	SF	Yamaha	45'02.7
7.	B. Granath	S	Yamaha	45'41.5
8.	K. Turner	NZ	Yamaha	45'43.0
9.	L. Szabo	H	Yamaha	45'54.0
10.	G. Consalvi	I	Yamaha	45'57.8

Number of finishers: 17.
Fastest lap: G. Agostini (I, MV-Agusta), 1'46.2 = 194.915 km/h.

11) September 26 : Spain - Jarama

38 laps = 129.352 km

1.	T. Länsivuori	SF	Yamaha	1 h.10'20.8
				= 110.258 km/h
2.	I.-K. Carlsson	S	Yamaha	1 h.10'34.3
3.	W. Pfirter	CH	Yamaha	1 h.11'30.5
4.	H. Kuparinen	SF	Yamaha	1 h.11'50.9
5.	B. Granath	S	Yamaha	1 h.11'53.2
6.	J. Findlay	AUS	Yamaha	1 lap
7.	G. Mandolini	I	Aermacchi	1 lap
8.	E. Maugliani	I	Yamaha	1 lap
9.	L. Habbiche	ALG	Yamaha	4 laps

Number of finishers: 9.
Fastest lap: J. Saarinen (SF, Yamaha), 1'48.6 = 112.953 km/h.

Imola

WORLD CHAMPIONSHIP

1.	Giacomo Agostini	I	MV-Agusta	90
2.	Jarno Saarinen	SF	Yamaha	63
3.	Ivan-Kurt Carlsson	S	Yamaha/Yamsel	39
4.	Theo Bult	NL	Yamsel	36
5.	Paul Smart	GB	Yamaha	34
6.	Werner Pfirter	CH	Yamaha	33
7.	Bo Granath	S	Ducati/Yamaha	30
8.	Laszlo Szabo	H	Yamaha	29
9.	Tony Jefferies	GB	Yamaha	25
10.	Teuvo Länsivuori	SF	Yamaha	25
11.	Billie Nelson	GB	Yamaha	21
12.	Walter Sommer	D	Yamaha	19
13.	John Williams	GB	AJS/Honda	16
14.	Rodney Gould	GB	Yamaha	16
15.	Peter-J. Williams	GB	MZ	15
16.	Gordon Pantall	GB	Yamaha	12
17.	Phil Read	GB	Yamaha	12
18.	Bohumil Stasa	CZ	CZ	12
19.	Dieter Braun	D	Yamaha	12
20.	Silvio Grassetti	I	MZ	12
21.	Mick Chatterton	GB	Yamaha	11
22.	Steve Ellis	GB	Yamaha	10
23.	William-A. "Bill" Smith	GB	Honda	10
24.	Barry Randle	GB	Yamaha	10
25.	Jerry Lancaster	GB	Yamaha	10
26.	Hannu Kuparinen	SF	Yamaha	9
27.	Maurice Hawthorne	GB	Yamaha	9
28.	Tommy Robb	IRL	Yamaha	8
29.	Ronald-S. Chandler	GB	Yamaha	6
30.	Janos Reisz	H	Aermacchi	6
31.	Steve Machin	GB	Yamaha	6
32.	Garry Mateer	IRL	Aermacchi	5
33.	Matti Pesonen	SF	Yamaha	5
34.	Arpad Juhos	H	Aermacchi	5
35.	Jack Findlay	AUS	Yamaha	5
36.	Mick Grant	GB	Yamaha	4
37.	Adolf Ohligschläger	D	Yamaha	4
38.	Denis Gallagher	GB	Yamaha	4
39.	Giuseppe Mandolini	I	Aermacchi	4
40.	Billy Guthrie	IRL	Yamaha	3
41.	Tony Rutter	GB	Yamaha	3
42.	Alex-Franz Kroon	DK	Yamaha	3
43.	Rudolf Duba	CZ	CZ	3
44.	Eric Offenstadt	F	Kawasaki	3
45.	William-M. McCosh	IRL	Yamaha	3
46.	Keith Turner	NZ	Yamaha	3
47.	Emanuele Maugliani	I	Yamaha	3
48.	Günther Bartusch	DDR	MZ	2
49.	Jiri Kral	CZ	MZ	2
50.	Hans-Dieter Görgen	D	Yamaha	2
51.	Tom Herron	IRL	Yamaha	2
52.	Larbi Habbiche	ALG	Yamaha	2
53.	Lothar John	D	Yamaha	2
54.	Peter Berwick	GB	Yamaha	2
55.	Ernest Fagerer	A	Yamaha	1
56.	Godfrey Nash	GB	Yamaha	1
57.	Piet Van Der Wal	NL	Kawasaki	1
58.	Charlie Dobson	GB	Seeley-Yamaha	1
59.	Giuseppe Consalvi	I	Yamaha	1

1971 — 350 cc

Champion: **Giacomo Agostini (Italy, MV-Agusta), 90 points (120), 8 wins**

1971 — 500 cc

1) May 9 : Austria - Salzburgring

45 laps = 190.710 km

1.	G. Agostini	I	MV-Agusta	1 h.06'19.9
				= 172.580 km/h
2.	K. Turner	NZ	Suzuki	1 h.06'56.3
3.	E. Offenstadt	F	Kawasaki	1 h.07'09.1
4.	J. Findlay	AUS	Suzuki	1 lap
5.	L. John	D	Yamaha	1 lap
6.	B. Nelson	GB	Paton	1 lap
7.	A. Pagani	I	Linto	2 laps

Number of finishers: 7.
Fastest lap: G. Agostini (I, MV-Agusta), 1'26.1 = 176.084 km/h.

2) May 16 : West Germany - Hockenheim

30 laps = 203.040 km

1.	G. Agostini	I	MV-Agusta	1 h.15'16.9
				= 162.324 km/h
2.	R. Bron	NL	Suzuki	1 h.15'30.1
3.	R.-S. Chandler	GB	Kawasaki	1 h.17'02.5
4.	M. Hawthorne	GB	Kawasaki	1 h.17'24.8
5.	A. Pagani	I	Linto	1 h.17'27.4
6.	T. Robb	IRL	Seeley	1 h.17'38.7
7.	H.-O. Butenuth	D	BMW	3 laps
8.	W. Bertsch	D	BMW	3 laps
9.	H. Dzierzawa	D	Yamaha	4 laps
10.	J. Dodds	AUS	König	4 laps

Number of finishers: 13.
Fastest lap: G. Agostini (I, MV-Agusta), 2'27.8 = 165.350 km/h.

3) June 12 : Tourist Trophy - Isle of Man

6 laps = 364.320 km

1.	G. Agostini	I	MV-Agusta	2 h.12'24.4
				= 165.060 km/h
2.	P.-J. Williams	GB	Matchless	2 h.18'03.0
3.	F. Perris	GB	Suzuki	2 h.20'45.4
4.	S. Griffiths	GB	Matchless	2 h.22'57.4
5.	G. Pantall	GB	Kawasaki	2 h.22'57.6
6.	R. Sutcliffe	GB	Matchless	2 h.23'56.2
7.	K. Turner	NZ	Suzuki	2 h.24'23.2
8.	C. Sanby	GB	Seeley	2 h.26'00.8
9.	T. Dickie	GB	Matchless	2 h.26'21.2
10.	H.-O. Butenuth	D	BMW	2 h.26'21.8

Number of finishers: 32.
Fastest lap: G. Agostini (I, MV-Agusta), 21'35.4 = 168.755 km/h.

4) June 26 : The Netherlands - Assen

20 laps = 154.040 km

1.	G. Agostini	I	MV-Agusta	1 h.05'34.4
				= 140.992 km/h
2.	R. Bron	NL	Suzuki	1 h.06'33.1
3.	D. Simmonds	GB	Kawasaki	1 h.06'50.1
4.	K. Turner	NZ	Suzuki	1 h.08'22.2
5.	J.-F. Curry	GB	Seeley	1 h.09'05.3
6.	B. Nelson	GB	Paton	1 h.09'09.2
7.	T. Robb	IRL	Seeley	1 lap
8.	B. Granath	S	Husqvarna	1 lap
9.	P. Eickelberg	D	Yamaha	1 lap
10.	R. Noorlander	NL	Norton	1 lap

Number of finishers: 12.
Fastest lap: G. Agostini (I, MV-Agusta), 3'10.1 = 145.901 km/h.

5) July 4 : Belgium - Spa-Francorchamps

13 laps = 183.560 km

1.	G. Agostini	I	MV-Agusta	55'19.7
				= 198.776 km/h
2.	E. Offenstadt	F	Kawasaki	57'04.1
3.	J. Findlay	AUS	Suzuki	57'05.3
4.	R. Bron	NL	Suzuki	1 lap
5.	R.-S. Chandler	GB	Kawasaki	1 lap
6.	I.-K. Carlsson	S	Yamaha	1 lap
7.	F. Perris	GB	Suzuki	1 lap
8.	J. Lancaster	GB	Yamaha	1 lap
9.	P. Van Der Wal	NL	Kawasaki	1 lap
10.	B. Nelson	GB	Paton	1 lap

Number of finishers: 10.
Fastest lap: G. Agostini (I, MV-Agusta), 4'07.6 = 205.008 km/h.

6) July 11 : East Germany - Sachsenring

21 laps = 180.978 km

1.	G. Agostini	I	MV-Agusta	1 h.04'47.8
				= 167.707 km/h
2.	K. Turner	NZ	Suzuki	1 h.07'36.7
3.	E. Hiller	D	Kawasaki	1 lap
4.	H. Brüngger	CH	Kawasaki	1 lap
5.	K. Koivuniemi	SF	Seeley	1 lap
6.	K. Auer	A	Matchless	2 laps
7.	J. Campiche	CH	Honda	2 laps
8.	R. Bron	NL	Suzuki	3 laps
9.	P. Lehtelä	SF	Yamaha	8 laps

Number of finishers: 9.
Fastest lap: G. Agostini (I, MV-Agusta), 3'00.3 = 172.073 km/h.

7) July 25 : Sweden - Anderstorp

40 laps = 160.720 km

1.	G. Agostini	I	MV-Agusta	1 h.25'14.63
				= 113.125 km/h
2.	K. Turner	NZ	Suzuki	1 h.25'43.49
3.	T. Robb	IRL	Seeley	1 h.25'50.14
4.	U. Nilsson	S	Seeley	1 lap
5.	K. Koivuniemi	SF	Seeley	1 lap
6.	D. Simmonds	GB	Kawasaki	1 lap
7.	M. Radberg	S	Monark	1 lap
8.	B. Granath	S	Husqvarna	1 lap
9.	J. Bengtsson	S	Kawasaki	1 lap
10.	J. Findlay	AUS	Suzuki	2 laps

Number of finishers: 20.
Fastest lap: G. Agostini (I, MV-Agusta), 2'02.95 = 117.648 km/h.

8) August 1 : Finland - Imatra

23 laps = 138.690 km

1.	G. Agostini	I	MV-Agusta	57'20.2
				= 145.120 km/h
2.	D. Simmonds	GB	Kawasaki	59'39.8
3.	R. Bron	NL	Suzuki	59'40.6
4.	K. Turner	NZ	Suzuki	1 lap
5.	J. Findlay	AUS	Jada	1 lap
6.	M. Salonen	SF	Yamaha	1 lap
7.	A. Pagani	I	Linto	1 lap
8.	L. John	D	Yamaha	1 lap
9.	T. Robb	IRL	Seeley	1 lap
10.	P. Eickelberg	D	Yamaha	1 lap

Number of finishers: 16.
Fastest lap: G. Agostini (I, MV-Agusta), 2'23.4 = 151.400 km/h.

9) August 14 : Ulster - Dundrod

15 laps = 181.005 km

1.	J. Findlay	AUS	Jada	1 h.10'05.0
				= 152.870 km/h
2.	R. Bron	NL	Suzuki	1 h.11'04.2
3.	T. Robb	IRL	Seeley	1 h.11'33.8
4.	P. Tait	GB	Seeley	1 h.11'55.0
5.	G. Mateer	IRL	Norton	1 h.11'59.6
6.	B. Granath	S	Husqvarna	1 h.12'57.8
7.	T. Herron	IRL	Yamaha	1 h.13'17.4
8.	R.-S. Chandler	GB	Kawasaki	1 h.13'18.6
9.	D. Robinson	GB	Yamaha	1 h.13'20.8
10.	S. Woods	GB	Norton	1 h.13'21.6

Number of finishers: 19.
Fastest lap: J. Findlay (AUS, Jada), 4'34.6 = 156.106 km/h.

10) September 12 : Italy - Monza

32 laps = 184.000 km

1.	A. Pagani	I	MV-Agusta	58'08.3
				= 189.891 km/h
2.	G. Zubani	I	Kawasaki	59'16.0
3.	D. Simmonds	GB	Kawasaki	59'16.7
4.	P. Read	GB	Ducati	59'51.1
5.	J. Findlay	AUS	Jada	1 lap
6.	K. Turner	NZ	Suzuki	1 lap
7.	L. John	D	Yamaha	2 laps
8.	P. Van Der Wal	NL	Kawasaki	3 laps
9.	G. Mongardi	I	Ducati	4 laps
10.	B. Granath	S	Husqvarna	6 laps

Number of finishers: 10.
Fastest lap: G. Agostini (I, MV-Agusta), 1'41.2 = 203.232 km/h.

11) September 26 : Spain - Jarama

40 laps = 136.160 km

1.	D. Simmonds	GB	Kawasaki	1 h.14'53.0
				= 109.107 km/h
2.	K. Koivuniemi	SF	Seeley	1 h.16'25.7
3.	E. Offenstadt	F	Kawasaki	1 h.16'28.5
4.	B. Grau	E	Bultaco	1 h.16'29.2
5.	K. Turner	NZ	Suzuki	1 h.16'39.4
6.	J. Findlay	AUS	Jada	1 lap
7.	P. Jones	GB	Suzuki	1 lap
8.	J. Bordons	E	Bultaco	1 lap
9.	I.-K. Carlsson	S	Yamaha	2 laps
10.	E. Maugliani	I	Seeley	3 laps

Number of finishers: 11.
Fastest lap: I.-K. Carlsson (S, Yamaha), 1'47.9 = 113.585 km/h.

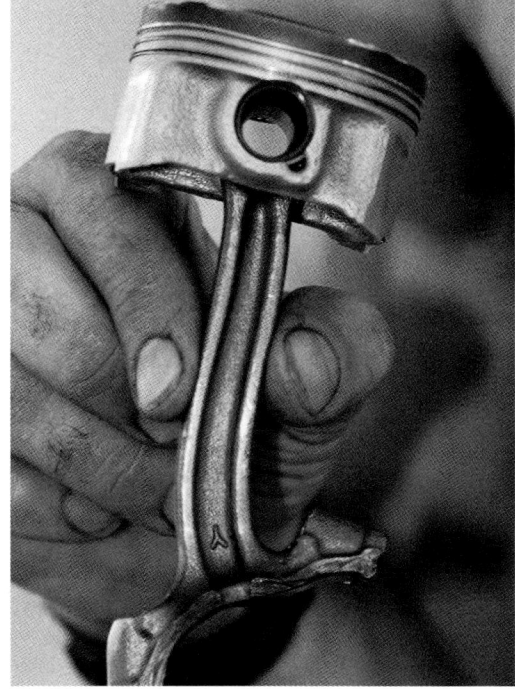

Bielle mal en point
Con-rod in a bad way
Die Pleuelstange ist in schlechtem Zustand

WORLD CHAMPIONSHIP (*)

1.	Giacomo Agostini	I	MV-Agusta	90 (120)
2.	Keith Turner	NZ	Suzuki	58 (67)
3.	Rob Bron	NL	Suzuki	57
4.	Dave Simmonds	GB	Kawasaki	52
5.	Jack Findlay	AUS	Suzuki/Jada	50 (51)
6.	Eric Offenstadt	F	Kawasaki	32
7.	Tommy Robb	IRL	Seeley	31
8.	Alberto Pagani	I	Linto/MV-Agusta	29
9.	Kaarlo Koivuniemi	SF	Seeley	24
10.	Ronald-S. Chandler	GB	Kawasaki	19
11.	Frank Perris	GB	Suzuki	14
12.	Lothar John	D	Yamaha	13
13.	Peter-J. Williams	GB	Matchless	12
14.	Gianpiero Zubani	I	Kawasaki	12
15.	Bo Granath	S	Husqvarna	12
16.	Billie Nelson	GB	Paton	11
17.	Ernest Hiller	D	Kawasaki	10
18.	Hansrudolf Brüngger	CH	Kawasaki	8
19.	Maurice Hawthorne	GB	Kawasaki	8
20.	Selwyn Griffiths	GB	Matchless	8
21.	Ulf Nilsson	S	Seeley	8
22.	Percy Tait	GB	Seeley	8
23.	Phil Read	GB	Ducati	8
24.	Benjamin Grau	E	Bultaco	8
25.	Ivan-Kurt Carlsson	S	Yamaha	7
26.	Gordon Pantall	GB	Kawasaki	6
27.	Jim-Frederic Curry	GB	Seeley	6
28.	Garry Mateer	IRL	Norton	6
29.	Rodger Sutcliffe	GB	Matchless	5
30.	Karl Auer	A	Matchless	5
31.	Matti Salonen	SF	Yamaha	5
32.	Hans-Otto Butenuth	D	BMW	5
33.	Piet Van Der Wal	NL	Kawasaki	5
34.	Jean Campiche	CH	Honda	4
35.	Morgan Radberg	S	Monark	4
36.	Tom Herron	IRL	Yamaha	4
37.	Pete Jones	GB	Suzuki	4
38.	Willi Bertsch	D	BMW	3
39.	Charlie Sanby	GB	Seeley	3
40.	Jerry Lancaster	GB	Yamaha	3
41.	Juan Bordons	E	Bultaco	3
42.	Paul Eickelberg	D	Yamaha	3
43.	Horst Dzierzawa	D	Yamaha	2
44.	Thompson Dickie	GB	Matchless	2
45.	Pentti Lehtelä	SF	Yamaha	2
46.	John Bengtsson	S	Kawasaki	2
47.	Dudley Robinson	GB	Yamaha	2
48.	Giordano Mongardi	I	Ducati	2
49.	John Dodds	AUS	König	1
50.	Rob Noorlander	NL	Norton	1
51.	Stan Woods	GB	Norton	1
52.	Emanuele Maugliani	I	Seeley	1

(*): Les six meilleurs résultats sont pris en compte pour le championnat. Le chiffre entre parenthèses correspond aux points «bruts».

(*): Die sechs besten Resultate wurden für die Gesamtwertung der Meisterschaft gezählt. Die Zahlen in Klammern entsprechen dem "Brutto"-Punktetotal.

(*): The six best results counted towards the championship. The figures in brackets correspond to the gross number of points.

Champions : **Horst Owesle/Peter Rutterford (D/GB, Münch), 69 points (75), 3 wins**

1971 — Side-Cars

1) May 9 : Austria - Salzburgring

25 laps = 105.950 km

1.	A. Butscher/J. Huber	D	BMW	40'55.66
				= 155.340 km/h
2.	G. Auerbacher/H. Hahn	D	BMW	41'24.12
3.	R. Wegener/A. Heinrichs	D	BMW	41'55.34
4.	J.-C. Castella/A. Castella	CH	BMW	42'16.90
5.	H. Owesle/J. Kremer	D	Münch	42'17.23
6.	W. Klenk/R. Veil	D	BMW	1 lap
7.	H. Hubacher/J. Blum	CH	BMW	1 lap
8.	H. Binding/H. Fleck	D	BMW	1 lap
9.	H. Schmid/A. Mayenzet	CH	BMW	1 lap
10.	S. Maier/H. Mathews	D/GB	BMW	1 lap

Number of finishers: 15.
Fastest lap: A. Butscher/J. Huber (D, BMW), 1'36.90 = 166.416 km/h.

2) May 16: West Germany - Hockenheim

15 laps = 101.520 km

1.	G. Auerbacher/H. Hahn	D	BMW	41'58.5
				= 145.550 km/h
2.	A. Butscher/J. Huber	D	BMW	42'08.7
3.	R. Wegener/A. Heinrichs	D	BMW	42'21.1
4.	H. Luthringshauser/J. Cusnik	D	BMW	42'22.5
5.	J.-C. Castella/A. Castella	CH	BMW	43'16.1
6.	G. Milton/J. Thornton	GB	BMW	43'30.0
7.	T. Wakefield/J. McPherson	GB	BMW	43'35.1
8.	H. Schmid/A. Mayenzet	CH	BMW	43'58.7
9.	W. Klenk/R. Veil	D	BMW	44'18.9
10.	H. Hubacher/J. Blum	CH	BMW	44'38.8

Number of finishers: 14.
Fastest lap: S. Schauzu/W. Kalauch (D, BMW), 2'46.0 = 147.240 km/h.

3) June 9 : Tourist Trophy - Isle of Man

3 laps = 182.160 km

1.	S. Schauzu/W. Kalauch	D	BMW	1 h.18'47.8
				= 139.930 km/h
2.	G. Auerbacher/H. Hahn	D	BMW	1 h.18'53.2
3.	A. Butscher/J. Huber	D	BMW	1 h.23'32.6
4.	J. Gawley/C. Allock	GB	BMW	1 h.24.40.8
5.	R. Wegener/A. Heinrichs	D	BMW	1 h.24'44.6
6.	C. Vincent/D. Jacobson	GB	BSA	1 h.25.46.0
7.	R.-J. Hawes/J. Mann	GB	Seeley	1 h.28'56.2
8.	R. Williamson/J. McPherson	GB	Triumph	1 h.30'00.6
9.	J. Mines/C. Davis	GB	Matchless	1 h.30'16.0
10.	P. Brown/G. Holden	GB	BSA	1 h.31'01.8

Number of finishers: 26.
Fastest lap: G. Auerbacher/H. Hahn (D, BMW), 25'56.2 = 140.447 km/h.

4) June 26 : The Netherlands - Assen

14 laps = 107.828 km

1.	H. Owesle/P. Rutterford	D/GB	Münch	53'31.3
				= 120.916 km/h
2.	A. Butscher/J. Huber	D	BMW	53'56.6
3.	S. Maier/A. Mathews	D/GB	BMW	54'06.1
4.	H. Luthringshauser/A. Neumann	D	BMW	54'11.1
5.	C. Vincent/D. Jacobson	GB	BSA	54'21.2
6.	W. Klenk/R. Veil	D	BMW	55'57.4
7.	H. Binding/H. Fleck	D	BMW	56'45.0
8.	C. Hornby/M. Griffiths	GB	BMW	57'16.2
9.	H. Oosterloo/K. DeGeus	NL	BMW	1 lap
10.	R. Kurth/D. Rowe	CH/GB	Cat-Crescent	1 lap

Number of finishers: 11.
Fastest lap: H. Owesle/P. Rutterford (D/GB, Münch), 3'41.3 = 125.331 km/h.

5) July 4: Belgium - Spa-Francorchamps

7 laps = 98.840 km

1.	S. Schauzu/W. Kalauch	D	BMW	33'09.2
				= 178.615 km/h
2.	H. Owesle/P. Rutterford	D/GB	Münch	33'11.8
3.	G. Auerbacher/H. Hahn	D	BMW	33'37.6
4.	H. Luthringshauser/A. Neumann	D	BMW	33'51.1
5.	J.-C. Castella/A. Castella	CH	BMW	33'51.5
6.	A. Butscher/J. Huber	D	BMW	33'51.8
7.	G. Milton/J. Thornton	GB	BMW	33'55.5
8.	S. Maier/H. Mathews	D/GB	BMW	36'00.5
9.	J. Gawley/G. Allock	GB	BMW	36'16.4
10.	H. Binding/H. Fleck	D	BMW	36'23.2

Number of finishers: 10.
Fastest lap: S. Schauzu/W. Kalauch (D, BMW), 4'40.1 = 181.220 km/h.

6) July 18 : Czechoslovakia - Brno

8 laps = 111.520 km
Pole position: W. Schwärzel/K. Kleis (D, König), 5'33.5 = 148.857 km/h.

1.	S. Schauzu/W. Kalauch	D	BMW	51'26.9
				= 130.500 km/h
2.	H. Owesle/J. Blanchard	D/GB	Münch	51'29.1
3.	H. Luthringshauser/A. Neumann	D	BMW	52'39.7
4.	J.-C. Castella/A. Castella	CH	BMW	53'12.7
5.	A. Butscher/J. Huber	D	BMW	53'21.9
6.	H. Binding/H. Fleck	D	BMW	56'04.9
7.	M. Pourcelet/C. Domin	F	BMW	56'25.4
8.	W. Klenk/R. Veil	D	BMW	56'28.6
9.	G. Pape/F. Kallenberg	D	BMW	56'55.3
10.	S. Maier/H. Mathews	D/GB	BMW	1 lap

Number of finishers: 15.
Fastest lap: H. Owesle/J. Blanchard (D/GB, Münch), 5'56.6 = 141.108 km/h.

7) August 1 : Finland - Imatra

17 laps = 102.510 km

1.	H. Owesle/P. Rutterford	D/GB	Münch	47'45.9
				= 128.701 km/h
2.	R. Wegener/A. Heinrichs	D	BMW	48'50.8
3.	J.-C. Castella/A. Castella	CH	BMW	50'08.1
4.	R. Kurth/D. Rowe	CH/GB	Cat-Crescent	1 lap
5.	H. Binding/H. Fleck	D	BMW	1 lap
6.	W. Klenk/R. Veil	D	BMW	1 lap
7.	P. Moskari/I. Sigvart	SF	Honda	1 lap
8.	J. Palomaki/K. Calenius	SF	BMW	1 lap
9.	E. Schons/K. Lauterbach	D	BMW	1 lap

Number of finishers: 9.
Fastest lap: S. Schauzu/W. Kalauch (D, BMW), 2'45.0 = 131.500 km/h.

8) August 14 : Ulster - Dundrod

10 laps = 120.670 km

1.	H. Owesle/P. Rutterford	D/GB	Münch	48'42.8
				= 146.630 km/h
2.	S. Schauzu/W. Kalauch	D	BMW	49'00.0
3.	H. Luthringshauser/J. Cusnik	D	BMW	49'05.8
4.	A. Butscher/J. Huber	D	BMW	49'15.6
5.	G. Auerbacher/H. Hahn	D	BMW	49'56.4
6.	J.-C. Castella/A. Castella	CH	BMW	51'26.2
7.	J. Gawley/G. Allock	GB	BMW	51'34.8
8.	J. Sheridan/C. Smith	GB	BSA	1 lap
9.	F. Cornbill/G. Tinkler	GB	Triumph	1 lap
10.	R. Coxon/D. Costello	GB	BSA	1 lap

Number of finishers: 11.
Fastest lap: H. Owesle/P. Rutterford (D/GB. Münch), 4'48.8 = 148.429 km/h.

WORLD CHAMPIONSHIP (*)

1.	Horst Owesle/Julius Kremer/ Peter Rutterford/John Blanchard	D/D/GB/GB	Münch	69 (75)
2.	Siegfried Schauzu/Wolfgang Kalauch	D	BMW	57
3.	Arsenius Butscher/Josef Huber	D	BMW	57 (68)
4.	Georg Auerbacher/Hermann Hahn	D	BMW	55
5.	Heinz Luthringshauser/Jürgen Cusnik/Armgard "Aga" Neumann	D	BMW	44
6.	Richard Wegener/Adolf Heinrichs	D	BMW	38
7.	Jean-Claude Castella/Albert Castella	CH	BMW	38 (43)
8.	Wolfgang Klenk/Roland Veil	D	BMW	20
9.	Hermann Binding/Helmut Fleck	D	BMW	19
10.	Siegfried Maier/Harald Mathews	D/GB	BMW	15
11.	Jeff Gawley/Graham Allock	GB	BMW	14
12.	Chris Vincent/Derek Jacobson	GB	BSA	11
13.	Rudolf "Ruedi" Kurth/Dane Rowe	CH/GB	Cat-Crescent	9
14.	Graham Milton/John Thornton	GB	BMW	9
15.	Hanspeter Hubacher/John Blum	CH	BMW	5
16.	Hermann Schmid/André Mayenzet	CH	BMW	5
17.	Tony Wakefield/John McPherson	GB	BMW	4
18.	R.-J. "Dick" Hawes/John Mann	GB	Seeley	4
19.	Michel Pourcelet/Claude Domin	F	BMW	4
20.	Pentti Moskari/Iwan Sigvart	SF	Honda	4
21.	Robin Williamson/John McPherson	GB	Triumph	3
22.	Colin Hornby/Mike Griffiths	GB	BMW	3
23.	Jaakko Palomaki/Kenneth Calenius	SF	BMW	3
24.	James Sheridan/C. Smith	GB	BSA	3
25.	John Mines/C. Davis	GB	Matchless	2
26.	Herman Oosterloo/Klaas DeGeus	NL	BMW	2
27.	Gustav Pape/Franz Kallenberg	D	BMW	2
28.	Egon Schons/Karl Lauterbach	D	BMW	2
29.	Frederick Cornbill/Gordon Tinkler	GB	Triumph	2
30.	Peter Brown/G. Holden	GB	BSA	1
31.	Ronnie Coxon/D. Costello	GB	BSA	1

(*): Les cinq meilleurs résultats sont pris en compte pour le championnat.
Le chiffre entre parenthèses correspond aux points «bruts».

(*): Die fünf besten Resultate wurden für die Gesamtwertung der Meisterschaft gezählt.
Die Zahlen in Klammern entsprechen dem "Brutto"-Punktetotal.

(*): The five best results counted towards the championship.
The figures in brackets correspond to the gross number of points.

Tony Wakefield / John McPherson, BMW
Graham Milton / John Thornton, BMW

Champion : **Angel Nieto (Spain, Derbi), 69 points (81), 3 wins**

1972 — 50 cc

1) April 30: West Germany - Nürburgring

3 laps = 68.550 km

1.	J. De Vries	NL	Kreidler	35'28.6
				= 115.928 km/h
2.	A. Nieto	E	Derbi	35'37.6
3.	B. Jansson	S	Jamathi	36'24.7
4.	H. Bartol	A	Kreidler	36'45.6
5.	G. Thurow	D	Kreidler	37'16.6
6.	J. Bruins	NL	Kreidler	38'24.6
7.	H. Hummel	A	Kreidler	38'25.8
8.	L. Persson	S	Kreidler	38'39.5
9.	R. Schuster	D	Kreidler	38'56.1
10.	R. Minhoff	D	Maïco	39'10.6

Number of finishers: 25.
Fastest lap: A. Nieto (E, Derbi), 11'30.9 = 119.000 km/h.

2) May 21: Italy - Imola

12 laps = 60.204 km

1.	J. De Vries	NL	Kreidler	27'23.3
				= 131.889 km/h
2.	A. Nieto	E	Derbi	27'23.6
3.	R. Kunz	D	Kreidler	28'56.5
4.	O. Buscherini	I	Malanca	29'41.8
5.	J. Huberts	NL	Kreidler	1 lap
6.	A. Ieva	I	Malanca	1 lap
7.	H. Hummel	A	Kreidler	1 lap
8.	E. Giuliano	I	Tomos	1 lap
9.	N. Stones	GB	Jamathi	1 lap
10.	C. Lusuardi	I	Villa	1 lap

Number of finishers: 14.
Fastest lap: J. De Vries (NL, Kreidler), 2'14.4 = 134.283 km/h.

3) June 18: Yugoslavia - Opatija

15 laps = 89.910 km

1.	J. Bruins	NL	Kreidler	44'28.8
				= 121.409 km/h
2.	A. Nieto	E	Derbi	44'54.0
3.	O. Buscherini	I	Malanca	44'59.7
4.	I.-K. Carlsson	S	Monark	45'20.8
5.	A. Bernetic	Y	Tomos	45'52.1
6.	B. Miklos	Y	Tomos	1 lap
7.	V. Haeltert	B	Kreidler	1 lap
8.	A. Bertholet	CH	Kreidler	1 lap
9.	P. Seljak	Y	Tomos	1 lap
10.	H. Kroismayer	A	Kreidler	2 laps

Number of finishers: 18.
Fastest lap: J. De Vries (NL, Kreidler), 2'49.1 = 127.700 km/h.

4) June 24: The Netherlands - Assen

8 laps = 61.616 km

1.	A. Nieto	E	Derbi	29'23.5
				= 125.821 km/h
2.	J. De Vries	NL	Kreidler	29'23.8
3.	H. Bartol	A	Kreidler	31'17.9
4.	T. Timmer	NL	Jamathi	Time not released
5.	G. Thurow	D	Kreidler	Time not released
6.	J. Huberts	NL	Kreidler	Time not released
7.	H. Hummel	A	Kreidler	Time not released
8.	A. Toersen	NL	Kreidler	Time not released
9.	T. Daleman	NL	Roton	Time not released
10.	R. Kunz	D	Kreidler	Time not released

Number of finishers: 19.
Fastest lap: A. Nieto (E, Derbi), 3'37.0 = 127.814 km/h.

5) July 2: Belgium - Spa-Francorchamps

4 laps = 56.480 km

1.	A. Nieto	E	Derbi	21'51.8
				= 154.779 km/h
2.	J. De Vries	NL	Kreidler	22'07.9
3.	T. Timmer	NL	Jamathi	22'14.4
4.	H. Bartol	A	Kreidler	22'49.8
5.	R. Kunz	D	Kreidler	22'54.8
6.	J. Bruins	NL	Kreidler	23'09.8
7.	B. Grau	E	Derbi	23'20.9
8.	J. Huberts	NL	Kreidler	23'33.7
9.	L. Fassbender	D	Kreidler	24'11.8
10.	S. Lohmann	D	Kreidler	24'13.0

Number of finishers: 23.
Fastest lap: A. Nieto (E, Derbi), 5'24.1 = 156.618 km/h.

6) July 9: East Germany - Sachsenring

7 laps = 60.326 km

1.	T. Timmer	NL	Jamathi	26'58.1
				= 134.190 km/h
2.	H. Hummel	A	Kreidler	27'48.9
3.	O. Buscherini	I	Malanca	28'14.9
4.	J. Huberts	NL	Kreidler	28'20.0
5.	L. Rinaudo	I	Tomos	29'32.5
6.	L. Uhlig	DDR	Uhlig	29'43.3
7.	E. Borisenko	URSS	Riga	1 lap
8.	A. Toersen	NL	Kreidler	1 lap
9.	G. Weser	DDR	Kreidler	1 lap
10.	Z. Havrda	CZ	AHRA	1 lap

Number of finishers: 23.
Fastest lap: J. De Vries (NL, Kreidler), 3'41.2 = 139.360 km/h.

7) July 22: Sweden - Anderstorp

15 laps = 60.270 km

1.	J. De Vries	NL	Kreidler	30'36.94
				= 118.110 km/h
2.	T. Timmer	NL	Jamathi	32'06.85
3.	J. Pares	E	Derbi	32'20.07
4.	J. Bruins	NL	Kreidler	32'30.86
5.	T. Ramaker	NL	Kreidler	32'31.53
6.	L. Persson	S	Kreidler	1 lap
7.	L. Rosell	S	Jamathi	1 lap
8.	J. Huberts	NL	Kreidler	1 lap
9.	H. Hummel	A	Kreidler	1 lap
10.	H. Van Kessel	NL	Kreidler	1 lap

Number of finishers: 23.
Fastest lap: A. Nieto (E, Derbi), 2'00.37 = 120.169 km/h.

8) September 29: Spain - Montjuich

16 laps = 60.640 km

1.	A. Nieto	E	Derbi	33'09.51
				= 109.747 km/h
2.	J. De Vries	NL	Kreidler	33'24.01
3.	K. Andersson	S	Kreidler	33'48.81
4.	B. Grau	E	Derbi	34'34.01
5.	J. Bruins	NL	Kreidler	34'42.20
6.	T. Timmer	NL	Jamathi	1 lap
7.	O. Buscherini	I	Malanca	1 lap
8.	L. Rosell	S	Jamathi	1 lap
9.	C. Van Dongen	NL	Roton	1 lap
10.	A. Pero	I	Villa	1 lap

Number of finishers: 13.
Fastest lap: A. Nieto (E, Derbi), 2'00.58 = 113.172 km/h.

Salvador Canellas, Derbi
Angel Nieto, Derbi
Rudolf Kunz, Kreidler

WORLD CHAMPIONSHIP (*)

1.	Angel Nieto	E	Derbi	69 (81) (**)
2.	Jan De Vries	NL	Kreidler	69 (81) (**)
3.	Theo Timmer	NL	Jamathi	50
4.	Jan Bruins	NL	Kreidler	39
5.	Otello Buscherini	I	Malanca	32
6.	Hans Hummel	A	Kreidler	26
7.	Harald Bartol	A	Kreidler	26
8.	Jan Huberts	NL	Kreidler	25
9.	Rudolf Kunz	D	Kreidler	17
10.	Benjamin Grau	E	Derbi	12
11.	Gerhard Thurow	D	Kreidler	12
12.	Börje Jansson	S	Jamathi	10
13.	Kent Andersson	S	Kreidler	10
14.	Juan Pares	E	Derbi	10
15.	Ivan-Kurt Carlsson	S	Monark	8
16.	Lars Persson	S	Monark	8
17.	Leif Rosell	S	Jamathi	7
18.	Adrijan Bernetic	Y	Tomos	6
19.	Teunis Ramaker	NL	Kreidler	6
20.	Luigi Rinaudo	I	Tomos	6
21.	Aalt Toersen	NL	Kreidler	6
22.	Alberto Ieva	I	Malanca	5
23.	Boja Miklos	Y	Tomos	5
24.	Ludwig Uhlig	DDR	Uhlig	5
25.	Jérôme Van Haeltert	B	Kreidler	4
26.	E. Borisenko	URSS	Riga	4
27.	Ermano Giuliano	I	Tomos	3
28.	Albert Bertholet	CH	Kreidler	3
29.	Petar Seljak	Y	Tomos	2
30.	Ton Daleman	NL	Roton	2
31.	Ludwig Fassbender	D	Kreidler	2
32.	Gernot Weser	DDR	Kreidler	2
33.	Cees Van Dongen	NL	Roton	2
34.	Roland Schuster	D	Kreidler	2
35.	Nigel Stone	GB	Jamathi	2
36.	Rolf Minhoff	D	Maïco	1
37.	Claudio Lusuardi	I	Villa	1
38.	Hans Kroismayer	A	Kreidler	1
39.	Siegfried Lohmann	D	Kreidler	1
40.	Zbynek Havrda	CZ	AHRA	1
41.	Henk Van Kessel	NL	Kreidler	1
42.	Aldo Pero	I	Villa	1

(**): Angel Nieto (E, Derbi) et Jan De Vries (NL, Kreidler), ont terminé la saison avec le même nombre de points, le même nombre de victoires (3) et le même nombre de deuxièmes places (3 également). Pour les départager, la Fédération décida d'additionner les temps respectifs des cinq courses où les deux hommes furent à l'arrivée, soit les GP d'Allemagne, d'Italie, des Pays-Bas, de Belgique et d'Espagne. Angel Nieto (2 h.27'26.29) fut ainsi déclaré champion du monde face à Jan De Vries (2 h.27'47.61), pour une différence de 21"32.

(**) Angel Nieto (E, Derbi) und Jan de Vries (NL, Kreidler) beendeten die Saison mit derselben Anzahl Punkte, derselben Anzahl Siege (je 3) und derselben Anzahl zweiter Plätze (je 3). Für die Titelvergabe entschied die FIM, die Gesamtzeit der fünf Rennen, bei denen beide Piloten ins Ziel kamen, zu errechnen. Das waren die GP von Deutschland, Italien, Niederlande, Belgien und Spanien. Angel Nieto (2h 27 min 26,29 sec) wurde so Weltmeister vor Jan De Vries (2 h 27 min 47,61 sec) mit einem Vorsprung von 21,36 Sekunden.

(**): Angel Nieto (E. Derbi) and Jan de Vries (NL. Kreidler) finished the season with the same number of points, the same number of wins (3) and the same number of second places (also 3.) To split them, the Federation decided to add up their times from the five races which both men finished. These were the German, Italian, Dutch, Belgian and Spanish events. Angel Nieto (2h 27m 26.29) was thus declared world champion ahead of De Vries (2h 27m 47.61) beating him by just 21.32s.

(*): Les cinq meilleurs résultats sont pris en compte pour le championnat. Le chiffre entre parenthèses correspond aux points "bruts".

(*) Die fünf besten Resultate wurden für die Gesamtwertung der Meisterschaft gezählt. Die Zahlen in Klammern entsprechen dem "Brutto"-Punktetotal.

(*) The five best results counted towards the championship. The figures in brackets correspond to the gross number of points.

Champion : **Angel Nieto (Spain, Derbi), 97 points, 5 wins**

1972 — 125 cc

1) April 30: West Germany - Nürburgring

5 laps = 114.250 km

1.	G. Parlotti	I	Morbidelli	51'40.5
				= 132.640 km/h
2.	C. Mortimer	GB	Yamaha	51'56.1
3.	B. Jansson	S	Maïco	51'56.4
4.	D. Simmonds	GB	Kawasaki	52'22.1
5.	K. Andersson	S	Yamaha	54'42.6
6.	G. Bender	D	Maïco	54'56.5
7.	L. Szabo	H	MZ	55'08.3
8.	C. Van Dongen	NL	Yamaha	55'18.1
9.	W. Rüngg	CH	Yamaha	55'35.8
10.	M. Salonen	SF	Yamaha	55'49.0

Number of finishers: 27.
Fastest lap: G. Parlotti (I, Morbidelli), 10'09.7 = 134.800 km/h.

2) May 7: France - Clermont-Ferrand

14 laps = 112.798 km

1.	G. Parlotti	I	Morbidelli	57'08.6
				= 118.407 km/h
2.	C. Mortimer	GB	Yamaha	57'26.1
3.	B. Jansson	S	Maïco	57'26.6
4.	D. Simmonds	GB	Kawasaki	57'30.9
5.	T. Tchernine	F	Yamaha	58'06.4
6.	H. Bartol	A	Suzuki	59'42.8
7.	R. Jimenez	F	Yamaha	1 h.00'28.1
8.	S. Kangasniemi	SF	Maïco	1 h.00'30.5
9.	M. Rougerie	F	Aermacchi	1 h.00'34.0
10.	M. Salonen	SF	Yamaha	1 h.00'37.8

Number of finishers: 16.
Fastest lap: G. Parlotti (I, Morbidelli), 3'58.3 = 121.686 km/h.

3) May 14: Austria - Salzburgring

25 laps = 105.950 km

1.	A. Nieto	E	Derbi	39'51.41
				= 159.580 km/h
2.	G. Parlotti	I	Morbidelli	39'51.88
3.	K. Andersson	S	Yamaha	39'52.43
4.	B. Jansson	S	Maïco	39'52.80
5.	S. Bertarelli	I	Suzuki	40'25.36
6.	E. Lazzarini	I	Maïco	40'53.37
7.	D. Braun	D	Maïco	1 lap
8.	L. Szabo	H	MZ	1 lap
9.	T. Heuschkel	DDR	MZ	1 lap
10.	B. Köhler	DDR	MZ	1 lap

Number of finishers: 16.
Fastest lap: A. Nieto (E, Derbi), 1'33.1 = 163.870 km/h.

4) May 21: Italy - Imola

19 laps = 95.323 km

1.	A. Nieto	E	Derbi	38'37.2
				= 148.093 km/h
2.	C. Mortimer	GB	Yamaha	39'08.9
3.	G. Parlotti	I	Morbidelli	39'11.7
4.	B. Jansson	S	Maïco	39'30.0
5.	E. Lazzarini	I	Maïco	40'30.1
6.	J. Lenk	DDR	MZ	1 lap
7.	A. Cocchi	I	Yamaha	1 lap
8.	B. Köhler	DDR	MZ	1 lap
9.	L. Rinaudo	I	Aermacchi	1 lap
10.	L. John	D	Yamaha	1 lap

Number of finishers: 12.
Fastest lap: G. Parlotti (I, Morbidelli), 1'58.3 = 152.672 km/h.

5) June 9: Tourist Trophy - Isle of Man

3 laps = 182.160 km

1.	C. Mortimer	GB	Yamaha	1 h.17'38.2
				= 140.865 km/h
2.	C. Williams	GB	Yamaha	1 h.24'23.0
3.	B. Rae	GB	Maïco	1 h.25'39.8
4.	L. Porter	GB	Honda	1 h.26'23.0
5.	R. Hackett	GB	Honda	1 h.28'44.0
6.	R. Watts	GB	Honda	1 h.28'54.0
7.	F. Lauchbury	GB	Maïco	1 h.29'40.6
8.	L. Notman	GB	Yamaha	1 h.29'41.4
9.	A. Morris	GB	Yamaha	1 h.29'43.6
10.	M. Ewans	GB	Yamaha	1 h.30'17.4

Number of finishers: 18.
Fastest lap: C. Mortimer (GB, Yamaha), 24'59.6 = 145.774 km/h.

6) June 18: Yugoslavia - Opatija

20 laps = 119.880 km

1.	K. Andersson	S	Yamaha	53'39.8
				= 134.100 km/h
2.	C. Mortimer	GB	Yamaha	54'22.4
3.	H. Bartol	A	Suzuki	54'34.7
4.	E. Lazzarini	I	Maïco	54'49.1
5.	B. Kohler	DDR	MZ	54'49.3
6.	M. Salonen	SF	Yamaha	55'55.8
7.	R. Mankiewicz	POL	MZ	56'09.4
8.	R. Minhoff	D	Maïco	56'09.6
9.	B. Godany	H	MZ	1 lap
10.	W.-B. Nielsen	DK	Maïco	2 laps

Number of finishers: 22.
Fastest lap: A. Nieto (E, Derbi), 2'35.0 = 139.300 km/h.

7) June 24: The Netherlands - Assen

14 laps = 107.828 km

1.	A. Nieto	E	Derbi	48'06.1
				= 134.531 km/h
2.	B. Jansson	S	Maïco	48'26.3
3.	D. Simmonds	GB	Kawasaki	48'26.6
4.	J. Schurgers	NL	Bridgestone	Time not released
5.	C. Van Dongen	NL	Yamaha	Time not released
6.	G. Fischer	D	Maïco	Time not released
7.	S. Machin	GB	Yamaha	Time not released
8.	L. John	D	Yamaha	Time not released
9.	B. Nijland	NL	Maïco	1 lap
10.	R. Minhoff	D	Maïco	1 lap

Number of finishers: 13.
Fastest lap: B. Jansson (S, Maïco) and D. Simmonds (GB, Kawasaki), 3'23.0 = 136.629 km/h.

8) July 2: Belgium - Spa-Francorchamps

7 laps = 98.840 km

1.	A. Nieto	E	Derbi	32'27.3
				= 182.467 km/h
2.	C. Mortimer	GB	Yamaha	32'44.3
3.	K. Andersson	S	Yamaha	33'01.8
4.	B. Jansson	S	Maïco	33'13.9
5.	H. Bartol	A	Suzuki	33'27.8
6.	D. Braun	D	Maïco	33'48.4
7.	D. Simmonds	GB	Kawasaki	33'58.6
8.	E. Lazzarini	I	Maïco	34'20.2
9.	T. Tchernine	F	Yamaha	35'10.2
10.	R. Mankiewicz	POL	MZ	35'55.4

Number of finishers: 17.
Fastest lap: A. Nieto (E, Derbi), 4'33.0 = 185.334 km/h.

9) July 9: East Germany - Sachsenring

12 laps = 103.416 km

1.	B. Jansson	S	Maïco	39'56.6
				= 155.310 km/h
2.	C. Mortimer	GB	Yamaha	40'26.7
3.	K. Andersson	S	Yamaha	40'53.7
4.	H. Bartol	A	Suzuki	40'54.2
5.	J. Schurgers	NL	Bridgestone	41'57.0
6.	H. Bischoff	DDR	MZ	42'08.2
7.	R. Mankiewicz	POL	MZ	42'08.5
8.	B. Köhler	DDR	MZ	42'32.7
9.	B. Jull	CUB	MZ	42'50.4
10.	W. Rösch	DDR	MZ	42'59.4

Number of finishers: 25.
Fastest lap: A. Nieto (E, Derbi), 3'15.8 = 157.640 km/h.

10) July 16: Czechoslovakia - Brno

8 laps = 181.220 km

1.	B. Jansson	S	Maïco	47'24.6
				= 141.077 km/h
2.	C. Mortimer	GB	Yamaha	48'18.8
3.	K. Andersson	S	Yamaha	48'23.7
4.	G. Bender	D	Maïco	48'59.8
5.	D. Braun	D	Maïco	49'54.6
6.	P. Isnardi	I	Mondial	50'58.3
7.	L. John	D	Yamaha	51'11.2
8.	B. Köhler	DDR	MZ	51'15.7
9.	A. Brito	CUB	MZ	51'19.6
10.	A. Garcia	CUB	MZ	51'26.9

Number of finishers: 13.
Fastest lap: A. Nieto (E, Derbi), 5'51.5 = 143.000 km/h.

11) July 22: Sweden - Anderstorp

24 laps = 96.432 km

1.	A. Nieto	E	Derbi	45'59.69
				= 125.799 km/h
2.	K. Andersson	S	Yamaha	45'59.97
3.	C. Mortimer	GB	Yamaha	46'32.92
4.	B. Jansson	S	Maïco	46'56.49
5.	J. Schurgers	NL	Bridgestone	1 lap
6.	M. Salonen	SF	Yamaha	1 lap
7.	B. Köhler	DDR	MZ	2 laps
8.	P. Salonen	SF	Yamaha	2 laps
9.	L. John	D	Yamaha	2 laps
10.	R. Mankiewicz	POL	MZ	2 laps

Number of finishers: 16.
Fastest lap: K. Andersson (S, Yamaha), 1'52.50 = 128.576 km/h.

12) July 30: Finland - Imatra

17 laps = 102.510 km

1.	K. Andersson	S	Yamaha	46'07.8
				= 133.359 km/h
2.	A. Nieto	E	Derbi	46'17.2
3.	D. Braun	D	Maïco	47'19.9
4.	H. Bartol	A	Suzuki	47'45.8
5.	D. Simmonds	GB	Kawasaki	48'12.9
6.	B. Grau	E	Derbi	49'02.8
7.	M. Salonen	SF	Yamaha	1 lap
8.	B. Köhler	DDR	MZ	1 lap
9.	P. Salonen	SF	Yamaha	1 lap
10.	R. Olsson	S	Yamaha	1 lap

Number of finishers: 16.
Fastest lap: K. Andersson (S, Yamaha), 2'40.4 = 135.300 km/h.

13) September 29: Spain - Montjuich

27 laps = 102.330 km

1.	K. Andersson	S	Yamaha	52'11.80
				= 117.648 km/h
2.	C. Mortimer	GB	Yamaha	52'59.44
3.	A. Nieto	E	Derbi	53'29.13
4.	D. Simmonds	GB	Kawasaki	53'33.72
5.	B. Jansson	S	Maïco	55'43.40
6.	B. Grau	E	Derbi	1 lap
7.	C. Van Dongen	NL	Yamaha	1 lap
8.	J. Schurgers	NL	Bridgestone	1 lap
9.	M. Salonen	SF	Yamaha	2 laps
10.	L. Rosell	S	Maïco	2 laps

Number of finishers: 15.
Fastest lap: C. Mortimer (GB, Yamaha), 1'53.97 = 119.736 km/h.

WORLD CHAMPIONSHIP (*)

1.	Angel Nieto	E	Derbi	97
2.	Kent Andersson	S	Yamaha	87 (103/3 wins)
3.	Chas Mortimer	GB	Yamaha	87 (121/1 win)
4.	Börje Jansson	S	Maïco	78 (100)
5.	Gilberto Parlotti	I	Morbidelli	52
6.	Dave Simmonds	GB	Kawasaki	44
7.	Harald Bartol	A	Suzuki	37
8.	Dieter Braun	D	Maïco	25
9.	Jos Schurgers	NL	Bridgestone	23
10.	Bernd Köhler	DDR	MZ	23
11.	Eugenio Lazzarini	I	Maïco	22
12.	Matti Salonen	SF	Yamaha	18
13.	Gert Bender	D	Maïco	13
14.	Cees Van Dongen	NL	Yamaha	13
15.	Charlie Williams	GB	Yamaha	12
16.	Billy Rae	GB	Maïco	10
17.	Benjamin Grau	E	Derbi	10
18.	Ryszard Mankiewicz	POL	MZ	10
19.	Lothar John	D	Yamaha	10
20.	Lindsay Porter	GB	Honda	8
21.	Thierry Tchernine	F	Yamaha	8
22.	Laszlo Szabo	H	MZ	7
23.	Silvano Bertarelli	I	Suzuki	6
24.	Ronald Hackett	GB	Honda	6
25.	Jürgen Lenk	DDR	MZ	5
26.	Ralph Watts	GB	Honda	5
27.	Günther Fischer	D	Maïco	5
28.	Hartmut Bischoff	DDR	MZ	5
29.	Paolo Isnardi	I	Mondial	5
30.	Pentti Salonen	SF	Yamaha	5
31.	Adriano Cocchi	I	Yamaha	4
32.	Frederik Lauchbury	GB	Maïco	4
33.	Steve Machin	GB	Yamaha	4
34.	Ramon Jimenez	F	Yamaha	4
35.	Rolf Minhoff	D	Maïco	4
36.	Leigh Notman	GB	Yamaha	3
37.	Seppo Kangasniemi	SF	Maïco	3
38.	Walter Rüngg	CH	Yamaha	2
39.	Michel Rougerie	F	Aermacchi	2
40.	Thomas Heuschkel	DDR	MZ	2
41.	Luigi Rinaudo	I	Aermacchi	2
42.	A. Morris	GB	Yamaha	2
43.	Bela Godany	H	MZ	2
44.	Bert Nijland	NL	Maïco	2
45.	Benito Jull	CUB	MZ	2
46.	Aramis Brito	CUB	MZ	2
47.	Martin Ewans	GB	Yamaha	1
48.	Waerum-Börge Nielsen	DK	Maïco	1
49.	Wolfgang Rösch	DDR	MZ	1
50.	Antonio Garcia	CUB	MZ	1
51.	Roland Olsson	S	Yamaha	1
52.	Leif Rosell	S	Maïco	1

(*): Les sept meilleurs résultats sont pris en compte pour le championnat. Le chiffre entre parenthèses correspond aux points «bruts».

(*): Die sieben besten Resultate wurden für die Gesamtwertung der Meisterschaft gezählt. Die Zahlen in Klammern entsprechen dem "Brutto"-Punktetotal.

(*): The seven best results counted towards the championship. The figures in brackets correspond to the gross number of points.

1972 — 250 cc

Champion : **Jarno Saarinen (Finland, Yamaha), 94 points (122), 4 wins**

1) April 30: West Germany - Nürburgring

6 laps = 137.100 km

1.	H. Kanaya	J	Yamaha	59'43.5
				= 137.608 km/h
2.	D. Braun	D	Yamaha	1 h.00'02.1
3.	J. Saarinen	SF	Yamaha	1 h.00'24.0
4.	O. Memola	B	Yamaha	1 h.00'36.2
5.	J. Dodds	AUS	Yamaha	1 h.00'38.0
6.	R. Gould	GB	Yamaha	1 h.01'03.6
7.	C. Mortimer	GB	Yamaha	1 h.01'03.9
8.	W. Pfirter	CH	Yamaha	1 h.01'12.5
9.	T. Länsivuori	SF	Yamaha	1 h.01'13.1
10.	P. Stocksiefen	D	Yamaha	1 h.01'37.3

Number of finishers: 34.
Fastest lap: H. Kanaya (J, Yamaha), 9'46.1 = 140.300 km/h.

2) May 7: France - Clermont-Ferrand

16 laps = 128.916 km

1.	P. Read	GB	Yamaha	1 h.01'24.7
				= 125.917 km/h
2.	R. Pasolini	I	Aermacchi	1 h.01'43.2
3.	H. Kanaya	J	Yamaha	1 h.01'47.7
4.	J. Saarinen	SF	Yamaha	1 h.02'17.5
5.	W. Pfirter	CH	Yamaha	1 h.02'18.8
6.	T. Länsivuori	SF	Yamaha	1 h.03'17.5
7.	W. Sommer	D	Yamaha	1 h.03'22.6
8.	C. Bourgeois	F	Yamaha	1 h.03'22.9
9.	D. Braun	D	Yamaha	1 h.03'36.6
10.	B. Jansson	S	Derbi	1 h.03'42.1

Number of finishers: 24.
Fastest lap: H. Kanaya (J, Yamaha), 3'46.1 = 128.252 km/h.

3) May 14: Austria - Salzburgring

30 laps = 127.140 km

1.	B. Jansson	S	Derbi	45'00.3
				= 169.480 km/h
2.	J. Saarinen	SF	Yamaha	45'19.1
3.	J. Dodds	AUS	Yamaha	45'26.3
4.	B. Sheene	GB	Yamaha	45'26.6
5.	C. Mortimer	GB	Yamaha	45'45.7
6.	W. Pfirter	CH	Yamaha	45'46.0
7.	T. Länsivuori	SF	Yamaha	45'49.7
8.	K. Auer	A	Yamaha	1 lap
9.	J. Drapal	H	Yamaha	1 lap
10.	H. Schmid	CH	Yamaha	1 lap

Number of finishers: 16.
Fastest lap: B. Jansson (S, Derbi), 1'27.7 = 173.950 km/h.

4) May 21: Italy - Imola

23 laps = 115.391 km

1.	R. Pasolini	I	Aermacchi	44'00.1
				= 157.345 km/h
2.	R. Gould	GB	Yamaha	44'04.0
3.	J. Saarinen	SF	Yamaha	44'07.8
4.	T. Länsivuori	SF	Yamaha	44'43.9
5.	S. Grassetti	I	MZ	44'47.3
6.	J. Dodds	AUS	Yamaha	44'52.0
7.	L. Anelli	I	Yamaha	45'39.1
8.	F. Giansanti	I	Yamaha	45'51.4
9.	W. Sommer	D	Yamaha	1 lap
10.	G. Buffarello	I	Yamaha	1 lap

Number of finishers: 14.
Fastest lap: R. Pasolini (I, Aermacchi), 1'52.2 = 160.973 km/h.

5) June 8: Tourist Trophy - Isle of Man

4 laps = 242.880 km

1.	P. Read	GB	Yamaha	1 h.30'51.2
				= 161.980 km/h
2.	R. Gould	GB	Yamaha	1 h.32'19.6
3.	J. Williams	GB	Yamaha	1 h.33'16.4
4.	C. Williams	GB	Yamaha	1 h.34'21.4
5.	W. Pfirter	CH	Yamaha	1 h.34'24.2
6.	B. Henderson	GB	Yamaha	1 h.35'04.4
7.	D. Chatterton	GB	Yamaha	1 h.35'12.2
8.	D. Robinson	GB	Padgett	1 h.35'27.4
9.	B. Randle	GB	Yamaha	1 h.35'29.8
10.	B. Rae	GB	Yamaha	1 h.37'31.8

Number of finishers: 31.
Fastest lap: P. Read (GB, Yamaha), 22'30.0 = 161.916 km/h.

6) June 18: Yugoslavia - Opatija

25 laps = 149.850 km

1.	R. Pasolini	I	Aermacchi	1 h.02'11.4
				= 144.600 km/h
2.	R. Gould	GB	Yamaha	1 h.02'38.6
3.	K. Andersson	S	Yamaha	1 h.02'38.9
4.	J. Dodds	AUS	Yamaha	1 h.03'56.7
5.	J. Drapal	H	Yamaha	1 lap
6.	G. Fischer	D	Yamaha	1 lap
7.	M. Ankone	NL	Yamsel	1 lap
8.	J. Lancaster	GB	Yamaha	1 lap
9.	G. Proni	I	Yamaha	1 lap
10.	G. Repitz	H	MZ	1 lap

Number of finishers: 18.
Fastest lap: J. Saarinen (SF, Yamaha), 2'24.6 = 148.130 km/h.

7) June 24: The Netherlands - Assen

17 laps = 130.934 km

1.	R. Gould	GB	Yamaha	54'07.4
				= 145.198 km/h
2.	R. Pasolini	I	Aermacchi	54'13.9
3.	J. Saarinen	SF	Yamaha	54'32.4
4.	P. Read	GB	Yamaha	Time not released
5.	G. Mandracci	I	Yamaha	Time not released
6.	O. Memola	B	Yamaha	Time not released
7.	S. Grassetti	I	MZ	Time not released
8.	T. Länsivuori	SF	Yamaha	Time not released
9.	T. Rutter	GB	Yamaha	Time not released
10.	H. Kanaya	J	Yamaha	Time not released

Number of finishers: 17.
Fastest lap: R. Gould (GB, Yamaha), 3'08.8 = 146.906 km/h.

8) July 2: Belgium - Spa-Francorchamps

8 laps = 112.960 km

1.	J. Saarinen	SF	Yamaha	34'37.5
				= 195.465 km/h
2.	R. Gould	GB	Yamaha	35'03.9
3.	P. Read	GB	Yamaha	35'04.2
4.	D. Braun	D	Yamaha	35'05.0
5.	J. Dodds	AUS	Yamaha	35'16.4
6.	B. Jansson	S	Yamaha	35'31.3
7.	K. Andersson	S	Yamaha	35'31.7
8.	T. Länsivuori	SF	Yamaha	35'49.3
9.	O. Memola	B	Yamaha	36'02.2
10.	M. Ankone	NL	Yamsel	36'38.1

Number of finishers: 19.
Fastest lap: J. Saarinen (SF, Yamaha), 4'15.5 = 198.669 km/h.

9) July 9: East Germany - Sachsenring

15 laps = 129.270 km

1.	J. Saarinen	SF	Yamaha	46'19.2
				= 167.419 km/h
2.	R. Pasolini	I	Aermacchi	46'33.1
3.	R. Gould	GB	Yamaha	47'02.9
4.	J. Drapal	H	Yamaha	48'57.9
5.	K. Andersson	S	Yamaha	49'05.6
6.	B. Tüngenthal	DDR	MZ	49'07.3
7.	G. Repitz	H	MZ	1 lap
8.	A. Juhos	H	Yamaha	1 lap
9.	G. Bender	D	Maïco	1 lap
10.	R. Richter	DDR	MZ	1 lap

Number of finishers: 16.
Fastest lap: J. Saarinen (SF, Yamaha), 3'01.1 = 170.224 km/h.

10) July 16: Czechoslovakia - Brno

9 laps = 125.460 km

1.	J. Saarinen	SF	Yamaha	48'42.3
				= 154.690 km/h
2.	R. Pasolini	I	Aermacchi	49'23.8
3.	P. Read	GB	Yamaha	49'36.6
4.	R. Gould	GB	Yamaha	50'03.3
5.	S. Grassetti	I	MZ	50'03.9
6.	B. Jansson	S	Yamaha	50'10.4
7.	J. Dodds	AUS	Yamaha	50'10.8
8.	T. Länsivuori	SF	Yamaha	50'24.8
9.	W. Pfirter	CH	Yamaha	50'28.5
10.	K. Andersson	S	Yamaha	50'28.8

Number of finishers: 23.
Fastest lap: J. Saarinen (SF, Yamaha), 5'19.1 = 157.280 km/h.

11) July 23: Sweden - Anderstorp

30 laps = 120.540 km

1.	R. Gould	GB	Yamaha	55'21.70
				= 130.639 km/h
2.	J. Saarinen	SF	Yamaha	55'50.97
3.	R. Pasolini	I	Aermacchi	56'28.95
4.	K. Andersson	S	Yamaha	56'44.11
5.	T. Länsivuori	SF	Yamaha	56'59.51
6.	T. Virtanen	SF	Yamaha	57'14.41
7.	R. Hirschy	CH	Yamaha	1 lap
8.	J. Dodds	AUS	Yamaha	1 lap
9.	S. Grassetti	I	MZ	1 lap
10.	B. Jansson	S	Yamaha	1 lap

Number of finishers: 21.
Fastest lap: J. Saarinen (SF, Yamaha), 1'48.89 = 132.838 km/h.

12) July 30: Finland - Imatra

21 laps = 126.630 km

1.	J. Saarinen	SF	Yamaha	53'36.4
				= 141.725 km/h
2.	S. Grassetti	I	MZ	54'17.7
3.	K. Andersson	S	Yamaha	54'25.8
4.	T. Länsivuori	SF	Yamaha	54'34.8
5.	B. Jansson	S	Yamaha	54'46.3
6.	T. Virtanen	SF	Yamaha	56'01.9
7.	R. Olsson	S	Yamaha	1 lap
8.	S. Kangasniemi	SF	Yamaha	1 lap
9.	G. Bender	D	Maïco	1 lap
10.	G. Fischer	D	Yamaha	1 lap

Number of finishers: 15.
Fastest lap: J. Saarinen (SF, Yamaha), 2'28.4 = 146.300 km/h.

13) September 23: Spain - Montjuich

33 laps = 125.070 km

1.	R. Pasolini	I	Aermacchi	1 h.01'57.1
				= 121.150 km/h
2.	T. Länsivuori	SF	Yamaha	1 h.02'22.8
3.	B. Sheene	GB	Yamaha	1 h.02'29.5
4.	C. Mortimer	GB	Yamaha	1 h.03'30.6
5.	W. Pfirter	CH	Yamaha	1 lap
6.	W. Sommer	D	Yamaha	1 lap
7.	V. Palomo	E	Yamaha	1 lap
8.	B. Jansson	S	Yamaha	1 lap
9.	O. Memola	B	Yamaha	1 lap
10.	O. Chevallier	F	Yamaha	1 lap

Number of finishers: 16.
Fastest lap: R. Pasolini (I, Aermacchi), 1'51.0 = 122.940 km/h.

WORLD CHAMPIONSHIP (*)

1.	Jarno Saarinen	SF	Yamaha	94 (122)
2.	Renzo Pasolini	I	Aermachi	93 (103)
3.	Rodney Gould	GB	Yamaha	88 (101)
4.	Phil Read	GB	Yamaha	58
5.	Teuvo Länsivuori	SF	Yamaha	46 (54)
6.	John Dodds	AUS	Yamaha	42
7.	Kent Andersson	S	Yamaha	39
8.	Börje Jansson	S	Derbi/Yamaha	36
9.	Silvio Grassetti	I	MZ	30
10.	Werner Pfirter	CH	Yamaha	28
11.	Hideo Kanaya	J	Yamaha	26
12.	Dieter Braun	D	Maïco	22
13.	Barry Sheene	GB	Yamaha	18
14.	Chas Mortimer	GB	Yamaha	18
15.	Oronzo Memola	B	Yamaha	17
16.	Janos Drapal	H	Yamaha	16
17.	Walter Sommer	D	Yamaha	11
18.	John Williams	GB	Yamaha	10
19.	Tapio Virtanen	SF	Yamaha	10
20.	Charlie Williams	GB	Yamaha	8
21.	Guido Mandracci	I	Yamaha	6
22.	Günther Fischer	D	Yamaha	6
23.	Bernd Tüngenthal	DDR	MZ	5
24.	Bill Henderson	GB	Yamaha	5
25.	Marcel Ankone	NL	Yamsel	5
26.	Gesa Repitz	H	MZ	5
27.	Luigi Anelli	I	Yamaha	4
28.	Derek Chatterton	GB	Yamaha	4
29.	Rémy Hirschy	CH	Yamaha	4
30.	Roland Olsson	S	Yamaha	4
31.	Victor Palomo	E	Yamaha	4
32.	Gert Bender	D	Maïco	4
33.	Seppo Kangasniemi	SF	Yamaha	3
34.	Christian Bourgeois	F	Yamaha	3
35.	Karl Auer	A	Yamaha	3
36.	Fausco Giansanti	I	Yamaha	3
37.	Dudley Robinson	GB	Padgett	3
38.	Jerry Lancaster	GB	Yamaha	3
39.	Arpad Juhos	H	Yamaha	3
40.	Barry Randle	GB	Yamaha	2
41.	Giovanni Proni	I	Yamaha	2
42.	Tony Rutter	GB	Yamaha	2
43.	Olivier Chevallier	F	Yamaha	1
44.	Reiner Richter	DDR	MZ	1
45.	Billy Rae	GB	Yamaha	1
46.	Gianfranco Buffarello	I	Yamaha	1
47.	Heinz Schmid	CH	Yamaha	1
48.	Peter Stocksiefen	D	Yamaha	1

(*): Les sept meilleurs résultats sont pris en compte pour le championnat. Le chiffre entre parenthèses correspond aux points «bruts».

(*): Die sieben besten Resultate wurden für die Gesamtwertung der Meisterschaft gezählt. Die Zahlen in Klammern entsprechen dem "Brutto"-Punktetotal.

(*): The seven best results counted towards the championship. The figures in brackets correspond to the gross number of points.

1972 — 350 cc

Champion : Giacomo Agostini (Italy, MV-Agusta), 102 points (110), 6 wins

1) April 30: West Germany - Nürburgring

7 laps = 159.950 km

1.	J. Saarinen	SF	Yamaha	1 h.08'03.2
				= 141.087 km/h
2.	G. Agostini	I	MV-Agusta	1 h.08'08.2
3.	H. Kanaya	J	Yamaha	1 h.08'59.0
4.	W. Sommer	D	Yamaha	1 h.10'13.2
5.	R. Pasolini	I	Aermacchi	1 h.10'27.5
6.	T. Länsivuori	SF	Yamaha	1 h.11'25.2
7.	L. Szabo	H	Yamaha	1 h.11'42.2
8.	A. Pagani	I	MV-Agusta	1 h.11'43.4
9.	W. Pfirter	CH	Yamaha	1 h.11'51.5
10.	P. Stocksiefen	D	Yamaha	1 h.11'59.0

Number of finishers: 30.
Fastest lap: J. Saarinen (SF, Yamaha), 9'21.8 = 146.700 km/h.

2) May 7: France - Clermont-Ferrand

17 laps = 136.969 km

1.	J. Saarinen	SF	Yamaha	1 h.10'31.9
				= 116.488 km/h
2.	T. Länsivuori	SF	Yamaha	1 h.10'43.9
3.	R. Pasolini	I	Aermacchi	1 h.12'29.7
4.	G. Agostini	I	MV-Agusta	1 h.12'30.0
5.	J. Drapal	H	Yamaha	1 h.14'14.6
6.	D. Braun	D	Yamaha	1 h.14'32.9
7.	A. Celso-Santos	BR	Yamaha	1 h.14'41.8
8.	B. Kneubühler	CH	Yamaha	1 h.14'46.2
9.	M. Rougerie	F	Aermacchi	1 lap
10.	B. Granath	S	Yamaha	1 lap

Number of finishers: 17.
Fastest lap: J. Saarinen (SF, Yamaha), 3'46.9 = 127.800 km/h.

3) May 14: Austria - Salzburgring

35 laps = 148.330 km

1.	G. Agostini	I	MV-Agusta	50'07.62
				= 177.580 km/h
2.	H. Kanaya	J	Yamaha	50'15.44
3.	R. Pasolini	I	Aermacchi	50'16.86
4.	J. Saarinen	SF	Yamaha	50'28.22
5.	J. Drapal	H	Yamaha	51'28.29
6.	T. Länsivuori	SF	Yamaha	1 lap
7.	B. Granath	S	Yamaha	1 lap
8.	W. Pfirter	CH	Yamaha	1 lap
9.	S. Grassetti	I	MZ	1 lap
10.	L. Szabo	H	Yamaha	2 laps

Number of finishers: 15.
Fastest lap: G. Agostini (I, MV-Agusta), 1'24.8 = 179.890 km/h.

4) May 21: Italy - Imola

28 laps = 140.476 km

1.	G. Agostini	I	MV-Agusta	51'47.4
				= 162.744 km/h
2.	R. Pasolini	I	Aermacchi	52'24.5
3.	J. Saarinen	SF	Yamaha	52'50.4
4.	P. Read	GB	Yamaha	53'25.5
5.	H. Kanaya	J	Yamaha	1 lap
6.	R. Gould	GB	Yamaha	1 lap
7.	W. Villa	I	Yamaha	1 lap
8.	D. Braun	D	Yamaha	1 lap
9.	W. Sommer	D	Yamaha	1 lap
10.	W. Pfirter	CH	Yamaha	1 lap

Number of finishers: 18.
Fastest lap: G. Agostini (I, MV-Agusta), 1'49.7 = 164.641 km/h.

5) June 8: Tourist Trophy - Isle of Man

5 laps = 303.600 km

1.	G. Agostini	I	MV-Agusta	1 h.50'56.8
				= 164.201 km/h
2.	T. Rutter	GB	Yamaha	1 h.55'31.4
3.	M. Grant	GB	Yamaha	1 h.56'01.0
4.	J. Findlay	AUS	Yamaha	1 h.56'13.0
5.	D. Chatterton	GB	Yamaha	1 h.58'21.4
6.	S. Griffiths	GB	Yamaha	2 h.00'13.8
7.	M. Chatterton	GB	Yamaha	2 h.01'45.2
8.	L. Szabo	H	Yamaha	2 h.05'03.8
9.	B. Rae	GB	Yamaha	2 h.05'04.8
10.	D. Lee	GB	Yamaha	2 h.05'59.6

Number of finishers: 35.
Fastest lap: G. Agostini (I, MV-Agusta), 21'54.4 = 166.309 km/h.

6) June 18: Yugoslavia - Opatija

28 laps = 167.832 km

1.	J. Drapal	H	Yamaha	1 h.08'12.7
				= 147.600 km/h
2.	D. Braun	D	Yamaha	1 h.08'26.7
3.	P. Read	GB	Yamaha	1 h.09'53.4
4.	H. Kanaya	J	Yamaha	1 h.09'55.5
5.	B. Kneubühler	CH	Yamaha	1 h.11'42.6
6.	M. Salonen	SF	Yamaha	1 lap
7.	F. Srna	CZ	Jawa	1 lap
8.	B. Nelson	GB	Yamaha	1 lap
9.	M. Hawthorne	GB	Yamaha	1 lap
10.	J. Campiche	CH	Yamaha	1 lap

Number of finishers: 16.
Fastest lap: G. Agostini (I, MV-Agusta), 2'22.9 = 151.100 km/h.

7) June 24: The Netherlands - Assen

20 laps = 154.040 km

1.	G. Agostini	I	MV-Agusta	1 h.03'02.9
				= 146.637 km/h
2.	J. Saarinen	SF	Yamaha	1 h.03'24.7
3.	R. Pasolini	I	Aermacchi	1 h.03'35.4
4.	D. Braun	D	Yamaha	Time not released
5.	P. Read	GB	Yamaha	Time not released
6.	H. Kanaya	J	Yamaha	Time not released
7.	J. Findlay	AUS	Yamaha	Time not released
8.	T. Länsivuori	SF	Yamaha	Time not released
9.	B. Kneubühler	CH	Yamaha	1 lap
10.	C. Bourgeois	F	Yamaha	1 lap

Number of finishers: 15.
Fastest lap: G. Agostini (I, MV-Agusta), 3'06.6 = 148.638 km/h.

8) July 9: East Germany - Sachsenring

18 laps = 155.124 km

1.	P. Read	GB	Yamaha	54'40.6
				= 170.180 km/h
2.	R. Pasolini	I	Aermacchi	54'59.9
3.	D. Braun	D	Yamaha	55'20.1
4.	S. Grassetti	I	MZ	56'00.6
5.	T. Länsivuori	SF	Yamaha	57'20.5
6.	M. Ankone	NL	Yamaha	57'47.6
7.	B. Granath	S	Yamaha	1 lap
8.	B. Kneubühler	CH	Yamaha	1 lap
9.	I.-K. Carlsson	S	Yamaha	1 lap
10.	S. Kangasniemi	SF	Yamaha	1 lap

Number of finishers: 16.
Fastest lap: G. Agostini (I, MV-Agusta), 2'57.5 = 173.344 km/h.

9) July 16: Czechoslovakia - Brno

11 laps = 153.340 km

1.	J. Saarinen	SF	Yamaha	57'56.2
				= 160.233 km/h
2.	R. Pasolini	I	Aermacchi	59'43.8
3.	D. Braun	D	Yamaha	1 h.00'17.5
4.	B. Kneubühler	CH	Yamaha	1 h.00'28.5
5.	W. Pfirter	CH	Yamaha	1 h.01'16.0
6.	T. Länsivuori	SF	Yamaha	1 h.01'46.0
7.	F. Srna	CZ	Jawa	1 h.02'13.6
8.	S. Grassetti	I	MZ	1 h.02'14.4
9.	J. Dodds	AUS	Yamaha	1 h.02'14.5
10.	B. Nelson	GB	Yamaha	1 h.02'34.4

Number of finishers: 20.
Fastest lap: J. Saarinen (SF, Yamaha), 5'07.6 = 163.400 km/h.

10) July 23: Sweden - Anderstorp

34 laps = 136.612 km

1.	G. Agostini	I	MV-Agusta	1 h.01'49.85
				= 132.566 km/h
2.	P. Read	GB	Yamaha	1 h.02'26.61
3.	J. Saarinen	SF	Yamaha	1 h.02'36.22
4.	R. Pasolini	I	Aermacchi	1 h.03'09.40
5.	D. Braun	D	Yamaha	1 h.03'20.89
6.	J. Findlay	AUS	Yamaha	1 h.03'31.03
7.	J. Drapal	H	Yamaha	1 h.03'33.61
8.	B. Granath	S	Yamaha	1 lap
9.	B. Kneubühler	CH	Yamaha	1 lap
10.	K. Redfern	GB	Yamsel	1 lap

Number of finishers: 22.
Fastest lap: J. Saarinen (SF, Yamaha), 1'47.13 = 135.021 km/h.

11) July 30: Finland - Imatra

23 laps = 138.690 km

1.	G. Agostini	I	MV-Agusta	55'59.9
				= 148.600 km/h
2.	J. Saarinen	SF	Yamaha	56'16.4
3.	R. Pasolini	I	Aermacchi	56'35.0
4.	B. Kneubühler	CH	Yamaha	56'16.2
5.	T. Länsivuori	SF	Yamaha	58'26.8
6.	J. Dodds	AUS	Yamaha	1 lap
7.	M. Salonen	SF	Yamaha	1 lap
8.	S.-O. Gunnarsson	S	Yamaha	1 lap
9.	B. Granath	S	Yamaha	1 lap
10.	M. Ankone	NL	Yamaha	1 lap

Number of finishers: 16.
Fastest lap: G. Agostini (I, MV-Agusta), 2'24.4 = 150.300 km/h.

12) September 23: Spain - Montjuich

40 laps = 151.600 km

1.	B. Kneubühler	CH	Yamaha	1 h.16'07.4
				= 119.510 km/h
2.	R. Pasolini	I	Aermacchi	1 h.16'49.9
3.	J. Drapal	H	Yamaha	1 h.17'50.1
4.	A. Celso-Santos	BR	Yamaha	1 lap
5.	I.-K. Carlsson	S	Yamaha	1 lap
6.	B. Nelson	GB	Yamaha	1 lap
7.	W. Pfirter	CH	Yamaha	2 laps
8.	L. Szabo	H	Yamaha	3 laps
9.	W. Sommer	D	Yamaha	3 laps
10.	H. Dzierzawa	D	Yamaha	4 laps

Number of finishers: 11.
Fastest lap: T. Länsivuori (SF, Yamaha), 1'50.36 = 123.652 km/h.

WORLD CHAMPIONSHIP (*)

1.	Giacomo Agostini	I	MV-Agusta	102 (110)
2.	Jarno Saarinen	SF	Yamaha	89 (97)
3.	Renzo Pasolini	I	Aermacchi	78 (102)
4.	Dieter Braun	D	Yamaha	54
5.	Phil Read	GB	MV-Agusta	51
6.	Bruno Kneubühler	CH	Yamaha	45 (47)
7.	Teuvo Länsivuori	SF	Yamaha	42
8.	Janos Drapal	H	Yamaha	41
9.	Hideo Kanaya	J	Yamaha	41
10.	Jack Findlay	AUS	Yamaha	17
11.	Werner Pfirter	CH	Yamaha	16
12.	Bo Granath	S	Yamaha	14
13.	Silvio Grassetti	I	MZ	13
14.	Tony Rutter	GB	Yamaha	12
15.	Adu Celso-Santos	BR	Yamaha	12
16.	Walter Sommer	D	Yamaha	12
17.	Laszlo Szabo	H	Yamaha	11
18.	Mick Grant	GB	Yamaha	10
19.	Matti Salonen	SF	Yamaha	9
20.	Billie Nelson	GB	Yamaha	9
21.	Ivan-Kurt Carlsson	S	Yamaha	8
22.	Frantisek Srna	CZ	Jawa	8
23.	John Dodds	AUS	Yamaha	7
24.	Derek Chatterton	GB	Yamaha	6
25.	Marcel Ankone	NL	Yamsel	6
26.	Rodney Gould	GB	Yamaha	5
27.	Selwyn Griffiths	GB	Yamaha	5
28.	Mick Chatterton	GB	Yamaha	4
29.	Walter Villa	I	Yamaha	4
30.	Alberto Pagani	I	MV-Agusta	3
31.	Sven-Olov Gunnarsson	S	Yamaha	3
32.	Michel Rougerie	F	Aermacchi	2
33.	Billy Rae	GB	Yamaha	2
34.	Maurice Hawthorne	GB	Yamaha	2
35.	Derek Lee	GB	Yamaha	1
36.	Jean Campiche	CH	Yamaha	1
37.	Christian Bourgeois	F	Yamaha	1
38.	Seppo Kangasniemi	SF	Yamaha	1
39.	Ken Redfern	GB	Yamsel	1
40.	Horst Dzierzawa	D	Yamaha	1
41.	Peter Stocksiefen	D	Yamaha	1

(*): Les sept meilleurs résultats sont pris en compte pour le championnat. Le chiffre entre parenthèses correspond aux points «bruts».

(*): Die sieben besten Resultate wurden für die Gesamtwertung der Meisterschaft gezählt. Die Zahlen in Klammern entsprechen dem "Brutto"-Punktetotal.

(*): The seven best results counted towards the championship. The figures in brackets correspond to the gross number of points.

1972 — 350 cc

1972 — 500 cc

Champion : **Giacomo Agostini (Italy, MV-Agusta), 105 points (165), 11 wins**

1) April 30: West Germany - Nürburgring

7 laps = 159.950 km

1.	G. Agostini	I	MV-Agusta	1 h.07'56.4
				= 141.254 km/h
2.	A. Pagani	I	MV-Agusta	1 h.08'50.3
3.	K. Newcombe	NZ	König	1 h.10'45.3
4.	D. Simmonds	GB	Kawasaki	1 h.10'54.4
5.	E. Hiller	D	König	1 h.10'55.1
6.	B. Granath	S	Husqvarna	1 h.10'59.9
7.	J. Findlay	AUS	Jada	1 h.11'15.1
8.	B. Nelson	GB	Yamaha	1 h.11'16.3
9.	T. Araoka	J	Kawasaki	1 h.11'23.0
10.	L. John	D	Yamaha	1 h.12'11.1

Number of finishers: 30.
Fastest lap: G. Agostini (I, MV-Agusta), 9'30.9 = 159.950 km/h.

2) May 7: France - Clermont-Ferrand

17 laps = 136.969 km

1.	G. Agostini	I	MV-Agusta	1 h.05'47.3
				= 124.886 km/h
2.	C. Bourgeois	F	Yamaha	1 h.07'36.5
3.	R. Bron	NL	Suzuki	1 h.08'15.5
4.	B. Kneubühler	CH	Yamaha	1 h.08'15.7
5.	A. Pogolotti	F	Suzuki	1 h.08'30.3
6.	B. Granath	S	Husqvarna	1 h.08'39.5
7.	B. Nelson	GB	Yamaha	1 h.08'40.5
8.	C. Mandracci	I	Suzuki	1 h.08'48.4
9.	I.-K. Carlsson	S	Yamaha	1 h.08'54.6
10.	K. Newcombe	NZ	König	1 h.09'07.6

Number of finishers: 17.
Fastest lap: G. Agostini (I, MV-Agusta), 3'49.7 = 126.242 km/h.

3) May 14: Austria - Salzburgring

45 laps = 190.710 km

1.	G. Agostini	I	MV-Agusta	1 h.06'24.9
				= 173.160 km/h
2.	G. Mandracci	I	Suzuki	1 h.07'24.0
3.	B. Granath	S	Husqvarna	1 lap
4.	R. Bron	NL	Suzuki	1 lap
5.	C. Bourgeois	F	Yamaha	1 lap
6.	G. Zubani	I	Kawasaki	1 lap
7.	S. Bertarelli	I	Kawasaki	2 laps
8.	B. Kneubühler	CH	Yamaha	3 laps
9.	S. Baroncini	I	Ducati	3 laps
10.	C. Marelli	I	Paton	3 laps

Number of finishers: 13.
Fastest lap: G. Agostini (I, MV-Agusta), 1'23.7 = 182.260 km/h.

4) May 21: Italy - Imola

37 laps = 185.629 km

1.	G. Agostini	I	MV-Agusta	1 h.08'48.4
				= 161.869 km/h
2.	A. Pagani	I	MV-Agusta	1 h.10'24.2
3.	B. Spaggiari	I	Ducati	1 lap
4.	P. Smart	GB	Ducati	2 laps
5.	B. Kneubühler	CH	Yamaha	2 laps
6.	K. Huber	D	Kawasaki	2 laps
7.	S. Baroncini	I	Ducati	2 laps
8.	L. John	D	Yamaha	2 laps
9.	C. Marelli	I	Paton	2 laps

Number of finishers: 9.
Fastest lap: G. Agostini (I, MV-Agusta), 1'49.2 = 165.173 km/h.

5) June 9: Tourist Trophy - Isle of Man

7 laps = 425.040 km

1.	G. Agostini	I	MV-Agusta	2 h.10'34.4
				= 167.460 km/h
2.	A. Pagani	I	MV-Agusta	2 h.18'25.8
3.	M. Grant	GB	Kawasaki	2 h.20'00.0
4.	K. Cowley	GB	Seeley	2 h.21'21.6
5.	D. Chatterton	GB	Yamaha	2 h.21'48.2
6.	C. Williams	GB	Yamaha	2 h.23'43.8
7.	S. Griffiths	GB	Matchless	2 h.25'02.0
8.	C. Brown	GB	Suzuki	2 h.25'09.4
9.	P. Cott	GB	Seeley	2 h.25'09.4
10.	C. Sanby	GB	Suzuki	2 h.25'33.0

Number of finishers: 35.
Fastest lap: G. Agostini (I, MV-Agusta), 21'28.8 = 169.608 km/h.

6) June 18: Yugoslavia - Opatija

30 laps = 179.820 km

1.	A. Pagani	I	MV-Agusta	1 h.14'21.6
				= 145.200 km/h
2.	C. Mortimer	GB	Yamaha	1 h.16'04.2
3.	P. Eickelberg	D	König	1 h.16'11.3
4.	G. Mandracci	I	Suzuki	1 lap
5.	B. Granath	S	Husqvarna	1 lap
6.	C. Dobson	GB	Kawasaki	1 lap
7.	G. Zubani	I	Kawasaki	1 lap
8.	S. Baroncini	I	Ducati	1 lap
9.	J. Lancaster	GB	Yamaha	1 lap
10.	R. Gallina	I	Paton	1 lap

Number of finishers: 15.
Fastest lap: G. Agostini (I, MV-Agusta), 2'22.2 = 151.800 km/h.

7) June 24: The Netherlands - Assen

20 laps = 154.040 km

1.	G. Agostini	I	MV-Agusta	1 h.03'33.3
				= 145.469 km/h
2.	A. Pagani	I	MV-Agusta	1 h.05'30.9
3.	B. Kneubühler	CH	Yamaha	1 h.05'40.8
4.	D. Simmonds	GB	Kawasaki	Time not released
5.	C. Mortimer	GB	Yamaha	Time not released
6.	J. Findlay	AUS	Jada	Time not released
7.	J. Lancaster	GB	Yamaha	Time not released
8.	P. Eickelberg	D	König	Time not released
9.	B. Nelson	GB	Yamaha	Time not released
10.	G. Mandracci	I	Suzuki	1 lap

Number of finishers: 16.
Fastest lap: G. Agostini (I, MV-Agusta), 3'07.2 = 148.162 km/h.

8) July 2: Belgium - Spa-Francorchamps

13 laps = 183.560 km

1.	G. Agostini	I	MV-Agusta	56'04.7
				= 196.118 km/h
2.	A. Pagani	I	MV-Agusta	56'37.6
3.	R. Gould	GB	Yamaha	57'23.4
4.	H. Kanaya	J	Yamaha	57'23.7
5.	B. Granath	S	Husqvarna	59'33.4
6.	E. Offenstadt	F	Kawasaki	59'33.6
7.	J. Lancaster	GB	Yamaha	1 h.00'03.2
8.	B. Nelson	GB	Yamaha	1 h.00'08.1
9.	C. Bourgeois	F	Yamaha	1 lap
10.	L. John	D	Yamaha	1 lap

Number of finishers: 15.
Fastest lap: G. Agostini (I, MV-Agusta), 4'10.4 = 203.040 km/h.

9) July 9: East Germany - Sachsenring

21 laps = 180.978 km

1.	G. Agostini	I	MV-Agusta	1 h.03'36.1
				= 170.690 km/h
2.	R. Gould	GB	Yamaha	1 h.06'10.5
3.	K. Newcombe	NZ	König	1 h.06'24.8
4.	B. Kneubühler	CH	Yamaha	1 h.06'25.1
5.	C. Mortimer	GB	Yamaha	1 lap
6.	B. Granath	S	Husqvarna	1 lap
7.	A. Maxwald	A	Rotax	1 lap
8.	P. Van Der Wal	NL	Kawasaki	2 laps
9.	A. Juhos	H	Metisse	2 laps
10.	J. Özelt	A	Matchless	4 laps

Number of finishers: 11.
Fastest lap: G. Agostini (I, MV-Agusta), 2'58.9 = 172.504 km/h.

10) July 16: Czechoslovakia - Brno

13 laps = 181.220 km

1.	G. Agostini	I	MV-Agusta	1 h.07'47.8
				= 160.350 km/h
2.	J. Findlay	AUS	Jada	1 h.10'20.7
3.	B. Kneubühler	CH	Yamaha	1 h.10'50.3
4.	R. Gould	GB	Yamaha	1 h.11'46.1
5.	B. Nelson	GB	Yamaha	1 h.12'39.8
6.	S.-O. Gunnarsson	S	Kawasaki	1 h.13'04.8
7.	B. Granath	S	Husqvarna	1 h.13'06.4
8.	L. John	D	Suzuki	1 lap
9.	S. Kangasniemi	SF	Yamaha	1 lap
10.	I.-K. Carlsson	S	Yamaha	1 lap

Number of finishers: 18.
Fastest lap: G. Agostini (I, MV-Agusta), 5'06.8 = 163.900 km/h.

11) July 23: Sweden - Anderstorp

35 laps = 140.630 km

1.	G. Agostini	I	MV-Agusta	1 h.04'19.97
				= 131.158 km/h
2.	R. Gould	GB	Yamaha	1 h.04'36.51
3.	B. Granath	S	Husqvarna	1 h.05'58.29
4.	D. Simmonds	GB	Kawasaki	1 lap
5.	K. Newcombe	NZ	König	1 lap
6.	S.-O. Gunnarsson	S	Kawasaki	1 lap
7.	B. Kneubühler	CH	Yamaha	1 lap
8.	C. Mortimer	GB	Yamaha	1 lap
9.	B. Nelson	GB	Yamaha	1 lap
10.	U. Nilsson	S	Suzuki	1 lap

Number of finishers: 20.
Fastest lap: G. Agostini (I, MV-Agusta), 1'48.17 = 133.723 km/h.

12) July 30: Finland - Imatra

23 laps = 138.690 km

1.	G. Agostini	I	MV-Agusta	56'24.2
				= 147.549 km/h
2.	A. Pagani	I	MV-Agusta	58'04.1
3.	R. Gould	GB	Yamaha	59'00.6
4.	B. Nelson	GB	Yamaha	1 lap
5.	D. Simmonds	GB	Kawasaki	1 lap
6.	P. Korhonen	SF	Yamaha	1 lap
7.	J. Lancaster	GB	Yamaha	1 lap
8.	D. Lee	GB	Suzuki	1 lap
9.	J. Bengtsson	S	Husqvarna	3 laps
10.	L. John	D	Suzuki	3 laps

Number of finishers: 12.
Fastest lap: G. Agostini (I, MV-Agusta), 2'20.9 = 154.100 km/h.

13) September 23: Spain - Montjuich

35 laps = 132.650 km

1.	C. Mortimer	GB	Yamaha	1 h.06'47.2
				= 119.190 km/h
2.	D. Simmonds	GB	Kawasaki	1 h.06'53.6
3.	J. Findlay	AUS	Jada	1 h.07'38.7
4.	B. Kneubühler	CH	Yamaha	1 h.08'17.8
5.	S.-O. Gunnarsson	S	Kawasaki	1 h.08'35.2
6.	B. Nelson	GB	Paton	1 h.08.36.1
7.	P. Van Der Wal	NL	Kawasaki	1 lap
8.	G. Marcacini	I	Aermacchi	1 lap
9.	I-K. Carlsson	S	Yamaha	1 lap
10.	M. Hawthorne	GB	Kawasaki	2 laps

Number of finishers: 11.
Fastest lap: C. Mortimer (GB, Yamaha), 1'51.64 = 124.227 km/h.

WORLD CHAMPIONSHIP (*)

1.	Giacomo Agostini	I	MV-Agusta	105 (165)
2.	Alberto Pagani	I	MV-Agusta	87
3.	Bruno Kneubühler	CH	Yamaha	54 (57)
4.	Rodney Gould	GB	Yamaha	52
5.	Bo Granath	S	Husqvarna	47 (51)
6.	Chas Mortimer	GB	Yamaha	42
7.	Dave Simmonds	GB	Kawasaki	42
8.	Jack Findlay	AUS	Jada	31
9.	Billie Nelson	GB	Yamaha/Paton	31 (33)
10.	Kim Newcombe	NZ	König	27
11.	Guido Mandracci	I	Suzuki	24
12.	Christian Bourgeois	D	Yamaha	20
13.	Rob Bron	NL	Suzuki	18
14.	Sven-Olov Gunnarsson	S	Kawasaki	16
15.	Jerry Lancaster	GB	Yamaha	14
16.	Paul Eickelberg	D	König	13
17.	Bruno Spaggiari	I	Ducati	10
18.	Mick Grant	GB	Kawasaki	10
19.	Gianpiero Zubani	I	Kawasaki	9
20.	Sergio Baroncini	I	Ducati	9
21.	Lothar John	D	Yamaha/Suzuki	9
22.	Paul Smart	GB	Ducati	8
23.	Kevin Cowley	GB	Seeley	8
24.	Hideo Kanaya	J	Yamaha	8
25.	Piet Van Der Wal	NL	Kawasaki	7
26.	André Pogolotti	F	Suzuki	6
27.	Ernest Hiller	D	König	6
28.	Derek Chatterton	GB	Yamaha	6
29.	Klaus Huber	D	Kawasaki	5
30.	Charlie Williams	GB	Yamaha	5
31.	Charlie Dobson	GB	Kawasaki	5
32.	Eric Offenstadt	F	Kawasaki	5
33.	Pentti Korhonen	SF	Yamaha	5
34.	Iwan-Kurt Carlsson	S	Yamaha	5
35.	Silvano Bertarelli	I	Kawasaki	4
36.	Selwyn Griffiths	GB	Matchless	4
37.	Aloïs Maxwald	A	Rotax	4
38.	Clive Brown	GB	Suzuki	3
39.	Paul Cott	GB	Seeley	3
40.	Derek Lee	GB	Suzuki	3
41.	Getulio Marcasini	I	Aermacchi	3
42.	Carlo Marelli	I	Paton	3
43.	Arpad Juhos	H	Metisse	2
44.	Takehashi Araoka	J	Kawasaki	2
45.	Seppo Kangasniemi	SF	Yamaha	2
46.	Johnny Bengtsson	S	Husqvarna	2
47.	Ulf Nilsson	S	Suzuki	1
48.	Maurice Hawthorne	GB	Kawasaki	1
49.	Charlie Sanby	GB	Suzuki	1
50.	Roberto Gallina	I	Paton	1
51.	Josef Özelt	A	Matchless	1

(*): Les sept meilleurs résultats sont pris en compte pour le championnat. Le chiffre entre parenthèses correspond aux points «bruts».

(*): Die sieben besten Resultate wurden für die Gesamtwertung der Meisterschaft gezählt. Die Zahlen in Klammern entsprechen dem "Brutto"-Punktetotal.

(*): The seven best results counted towards the championship. The figures in brackets correspond to the gross number of points.

Champions: Klaus Enders/Ralf Engelhardt (Germany, BMW), 72 points, 4 wins

1972 — Side-Cars

1) April 30 : West Germany - Nürburgring

5 laps = 114.250 km

1.	S. Schauzu/W. Kalauch	D	BMW	53'06.4
				= 129.306 km/h
2.	H. Luthringshauser/J. Cusnik	D	BMW	53'34.4
3.	R. Wegener/A. Heinrichs	D	BMW	53'49.5
4.	G. Auerbacher/H. Hahn	D	BMW	54'34.6
5.	G. Milton/J. Thornton	GB	BMW	54'34.8
6.	T. Wakefield/A. McFadzean	GB	BMW	55'57.4
7.	W. Klenk/N. Scheerer	D	BMW	57'02.4
8.	W. Ohrmann/B. Grube	D	BMW	58'01.4
9.	M. Pourcelet/C. Domin	F	BMW	58'28.0
10.	J. Gawley/F. Knights	GB	BMW	58'29.4

Number of finishers: 22.
Fastest lap: S. Schauzu/W. Kalauch (D, BMW), 10'29.2 = 130.700 km/h.

2) May 7 : France - Clermont-Ferrand

13 laps = 104.741 km

1.	H. Luthringshauser/J. Cusnik	D	BMW	55'06.7
				= 114.003 km/h
2.	S. Schauzu/W. Kalauch	D	BMW	55'30.5
3.	R. Wegener/A. Heinrichs	D	BMW	55'54.3
4.	T. Wakefield/A. McFadzean	GB	BMW	56'09.2
5.	R. Steinhausen/W. Kapp	D	König	57'57.6
6.	W. Klenk/N. Scheerer	D	BMW	58'22.5
7.	M. Pourcelet/C. Domin	F	BMW	59'25.3
8.	L. Currie/K. Scott	GB	Weslake	1 lap
9.	W. Meier/H. Gehrig	CH	BMW	1 lap
10.	M. Maire/M. Kaufmann	CH	BMW	1 lap

Number of finishers: 15.
Fastest lap: C. Vincent/M. Cassey (GB, Münch), 4'09.8 = 116.084 km/h.

3) May 14 : Austria - Salzburgring

25 laps = 105.950 km

1.	K. Enders/R. Engelhardt	D	BMW	40'36.7
				= 156.630 km/h
2.	H. Luthringshauser/J. Cusnik	D	BMW	40'50.7
3.	K. Venus/R. Gundel	D	BMW	42'02.7
4.	R. Steinhausen/W. Kapp	D	König	1 lap
5.	G. Pape/F. Kallenberg	D	BMW	2 laps
6.	L. Currie/K. Scott	GB	Weslake	2 laps
7.	R. Kurth/D. Rowe	CH/GB	Cat-Crescent	2 laps
8.	P. Hahn/G. Hahn	A	BMW	2 laps
9.	S. Ortner/H. Klug	A	BMW	3 laps

Number of finishers: 9.
Fastest lap: R. Kurth/D. Rowe (CH/GB, Cat-Crescent), 1'34.9 = 160.740 km/h.

4) June 8 : Tourist Trophy - Isle of Man

3 laps = 182.160 km

1.	S. Schauzu/W. Kalauch	D	BMW	1 h.13'57.2
				= 147.870 km/h
2.	H. Luthringshauser/J. Cusnik	D	BMW	1 h.14'04.4
3.	G. Boret/N. Boret	GB	König	1 h.19'27.4
4.	W. Klenk/N. Scheerer	D	BMW	1 h.21'13.8
5.	B. Dungsworth/G. Allock	GB	BMW	1 h.22'30.6
6.	N. Hanks/J. Mann	GB	BSA	1 h.24'49.6
7.	R. Woodhouse/D. Woodhouse	GB	Honda	1 h.25'05.4
8.	R. Dutton/T. Wright	GB	BMW	1 h.25'18.0
9.	G. O'Dell/B. Boldison	GB	BSA	1 h.25'20.2
10.	J. Baker/A. McFadzean	GB	BSA	1 h.25'28.2

Number of finishers: 32.
Fastest lap: H. Luthringshauser/J. Cusnik (D, BMW), 24'28.0 = 148.912 km/h.

5) June 24 : The Netherlands - Assen

14 laps = 107.828 km

1.	K. Enders/R. Engelhardt	D	BMW	48'33.7
				= 133.286 km/h
2.	C. Vincent/M. Cassey	GB	Münch	48'34.8
3.	S. Schauzu/W. Kalauch	D	BMW	49'52.5
4.	R. Wegener/A. Heinrichs	D	BMW	Time not released
5.	T. Wakefield/A. McFadzean	GB	BMW	Time not released
6.	W. Klenk/N. Scheerer	D	BMW	1 lap
7.	G. Pape/F. Kallenberg	D	BMW	1 lap
8.	K. Venus/R. Gundel	D	BMW	1 lap

Number of finishers: 8.
Fastest lap: C. Vincent/M. Cassey (GB, Münch), 3'24.1 = 135.893 km/h.

6) July 2 : Belgium - Spa-Francorchamps

7 laps = 98.840 km

1.	K. Enders/R. Engelhardt	D	BMW	33'22.1
				= 177.473 km/h
2.	H. Luthringshauser/J. Cusnik	D	BMW	33'28.1
3.	S. Schauzu/W. Kalauch	D	BMW	33'56.0
4.	C. Vincent/M. Cassey	GB	Münch	34'09.4
5.	G. Milton/J. Thornton	GB	BMW	34'15.8
6.	T. Wakefield/A. McFadzean	GB	BMW	34'17.1
7.	R. Steinhausen/W. Kapp	D	König	34'23.1
8.	M. Pourcelet/C. Domin	F	BMW	35'53.1
9.	H. Binding/H. Fleck	D	BMW	36'19.0
10.	J. Duhem/J. Blanc	F	BMW	37'08.5

Number of finishers: 16.
Fastest lap: K. Enders/R. Engelhardt (D, BMW), 4'41.6 = 180.255 km/h.

7) July 16 : Czechoslovakia - Brno

8 laps = 111.520 km

1.	K. Enders/R. Engelhardt	D	BMW	46'40.1
				= 143.320 km/h
2.	C. Vincent/M. Cassey	GB	Münch	47'53.9
3.	R. Wegener/A. Heinrichs	D	BMW	48'57.1
4.	S. Schauzu/W. Kalauch	D	BMW	49'01.9
5.	K. Venus/R. Gundel	D	BMW	49'50.6
6.	H. Binding/H. Fleck	D	BMW	51'09.5
7.	G. Pape/F. Kallenberg	D	BMW	51'59.2
8.	M. Vanneste/S. Vanneste	B	BMW	52'04.2
9.	E. Schons/H. Schons	D	BMW	52'10.4
10.	G. Müller/H. Hofmann	D	BMW	1 lap

Number of finishers: 12.
Fastest lap: K. Enders/R. Engelhardt (D, BMW), 5'46.6 = 145.300 km/h.

8) July 30 : Finland - Imatra

17 laps = 102.510 km

1.	C. Vincent/M. Cassey	GB	Münch	46'53.4
				= 131.200 km/h
2.	K. Enders/R. Engelhardt	D	BMW	47'48.2
3.	S. Schauzu/W. Kalauch	D	BMW	48'02.3
4.	R. Wegener/A. Heinrichs	D	BMW	48'56.9
5.	W. Klenk/N. Scheerer	D	BMW	1 lap
6.	G. Pape/F. Kallenberg	D	BMW	1 lap
7.	H. Binding/H. Fleck	D	BMW	1 lap
8.	E. Schons/K. Lauterbach	D	BMW	2 laps
9.	R. Kurth/D. Rowe	CH/GB	Cat-Crescent	2 laps
10.	P. Moskari/O. Sten	SF	BMW	2 laps

Number of finishers: 11.
Fastest lap: C. Vincent/M. Cassey (GB, Münch), 2'42.3 = 133.800 km/h.

WORLD CHAMPIONSHIP (*)

1.	Klaus Enders/Ralf Engelhardt	D	BMW	72
2.	Heinz Luthringshauser/Jürgen Cusnik	D	BMW	63
3.	Siegfried Schauzu/Wolfgang Kalauch	D	BMW	62 (80)
4.	Chris Vincent/Mike Cassey	GB	Münch	47
5.	Richard Wegener/Adolf Heinrichs	D	BMW	46
6.	Wolfgang Klenk/Norbert Scheerer	D	BMW	28
7.	Tony Wakefield/Alex McFadzean	GB	BMW	24
8.	Karl Venus/Rainer Gundel	D	BMW	19
9.	Gustav Pape/Franz Kallenberg	D	BMW	19
10.	Rolf Steinhausen/Werner Kapp	D	König	18
11.	Graham Milton/John Thornton	GB	BMW	12
12.	Hermann Binding/Helmut Fleck	D	BMW	11
13.	Gerard "Gerry" Boret/Norman "Nick" Boret	GB	König	10
14.	Michel Pourcelet/Claude Domin	F	BMW	9
15.	Georg Auerbacher/Hermann Hahn	D	BMW	8
16.	Lawrence Currie/Keith Scott	GB	Weslake	8
17.	Barry Dungsworth/Graham Allock	GB	BMW	6
18.	Rudolf "Ruedi" Kurth/Dane Rowe	CH/GB	Cat-Crescent	6
19.	Norman Hanks/John Mann	GB	BSA	5
20.	Egon Schons/Horst Schons/Karl Lauterbach	D	BMW	5
21.	Roy Woodhouse/Doug Woodhouse	GB	Honda	4
22.	Roger Dutton/Tony Wright	GB	BMW	3
23.	Michel Vanneste/Serge Vanneste	B	BMW	3
24.	Walter Ohrmann/Bernd Grube	D	BMW	3
25.	Peter Hahn/Gertrud Hahn	A	BMW	3
26.	Josef Ortner/Hans Klug	A	BMW	2
27.	George O'Dell/Bill Boldison	GB	BSA	2
28.	Willy Meier/Hansueli Gehrig	CH	BMW	2
29.	Jeff Gawley/Frank Knights	GB	BMW	1
30.	Marcel Maire/Marc Kaufmann	CH	BMW	1
31.	John Barker/Alex McFadzean	GB	BSA	1
32.	Joseph Duhem/Jacques Blanc	F	BMW	1
33.	Pentti Moskari/Olavi Sten	SF	BMW	1
34.	Gerhard Müller/Harry Hofmann	D	BMW	1

(*): Les cinq meilleurs résultats sont pris en compte pour le championnat.
Le chiffre entre parenthèses correspond aux points «bruts».

(*): Die fünf besten Resultate wurden für die Gesamtwertung der Meisterschaft gezählt.
Die Zahlen in Klammern entsprechen dem "Brutto"-Punktetotal.

(*): The five best results counted towards the championship.
The figures in brackets correspond to the gross number of points.

Rudolf Kurth / Dane Rowe, Cat-Crescent

Champion : **Jan De Vries (The Netherlands, Kreidler), 60 points (75), 5 wins**

1973 — 50 cc

1) May 13 : Germany - Hockenheim

12 laps = 81.456 km

1.	T. Timmer	NL	Jamathi	38'01.1
				= 128.600 km/h
2.	H. Van Kessel	NL	Kreidler	38'24.5
3.	W. Gedlich	D	Kreidler	38'34.6
4.	H. Rittberger	D	Kreidler	38'48.8
5.	J. Röller	D	Kreidler	39'06.6
6.	J. Huberts	NL	Kreidler	39'08.2
7.	R. Bratenstein	D	Kreidler	39'20.5
8.	K. Rapczinski	D	Kreidler	39'21.2
9.	J. Bordons Vives	E	Derbi	39'47.1
10.	R. Blatter	CH	Kreidler	39'47.5

Number of finishers: 20.
Fastest lap: J. De Vries (NL, Kreidler), 2'59.7 = 135.990 km/h.

2) May 20 : Italy - Monza

10 laps = 57.500 km

1.	J. De Vries	NL	Kreidler	22'34.5
				= 152.823 km/h
2.	B. Kneubühler	CH	Kreidler	22'57.4
3.	G. Thurow	D	Kreidler	23'22.4
4.	T. Timmer	NL	Jamathi	23'42.8
5.	J. Huberts	NL	Kreidler	23'43.3
6.	U. Graf	CH	Kreidler	24'07.5
7.	J. Alguersuari	E	Derbi	24'18.5
8.	H. Rittberger	D	Kreidler	24'19.0
9.	C. Lusuardi	I	Villa	24'19.1
10.	S. Dörflinger	CH	Kreidler	24'23.5

Number of finishers: 21.
Fastest lap: J. De Vries (NL, Kreidler), 2'13.5 = 155.056 km/h.

3) June 17 : Yugoslavia - Opatija

15 laps = 89.910 km

1.	J. De Vries	NL	Kreidler	44'11.5
				= 122.200 km/h
2.	U. Graf	CH	Kreidler	45'11.7
3.	S. Dörflinger	CH	Kreidler	45'22.5
4.	H. Bartol	A	Kreidler	45'38.9
5.	H. Rittberger	D	Kreidler	45'48.3
6.	L. Persson	S	Monark	46'21.1
7.	A. Bernetic	Y	Tomos	46'38.1
8.	L. Rinaudo	I	Tomos	46'42.5
9.	J. Bordons Vives	E	Derbi	47'19.9
10.	H. Hummel	A	Kreidler	1 lap

Number of finishers: 17.
Fastest lap: J. De Vries (NL, Kreidler), 2'48.3 = 128.340 km/h.

4) June 23 : The Netherlands - Assen

8 laps = 61.616 km

1.	B. Kneubühler	CH	Kreidler	30'02.2
				= 123.119 km/h
2.	T. Timmer	NL	Jamathi	30'10.7
3.	G. Thurow	D	Kreidler	30'19.0
4.	J. Bruins	NL	Monark	Time not released
5.	L. Persson	S	Monark	Time not released
6.	J. Huberts	NL	Kreidler	Time not released
7.	N. Polane	NL	Roton	Time not released
8.	T. Kooyman	NL	Hemeyla	Time not released
9.	J. Röller	D	Kreidler	Time not released
10.	H. Rittberger	D	Kreidler	Time not released

Number of finishers: 18.
Fastest lap: B. Kneubühler (CH, Kreidler), 3'40.9 = 125.558 km/h.

5) July 1 : Belgium - Spa-Francorchamps

4 laps = 56.480 km

1.	J. De Vries	NL	Kreidler	21'02.2
				= 160.861 km/h
2.	B. Kneubühler	CH	Kreidler	21'32.9
3.	T. Timmer	NL	Jamathi	21'35.1
4.	R. Kunz	D	Kreidler	21'48.8
5.	G. Thurow	D	Kreidler	21'49.4
6.	J. Huberts	NL	Kreidler	21'56.4
7.	H. Rittberger	D	Kreidler	22'16.7
8.	W. Gedlich	D	Kreidler	22'21.6
9.	H. Hummel	A	Kreidler	22'37.9
10.	C. Van Dongen	NL	Kreidler	22'38.5

Number of finishers: 23.
Fastest lap: J. De Vries (NL, Kreidler), 5'12.9 = 162.224 km/h.

6) July 22 : Sweden - Anderstorp

15 laps = 60.270 km

1.	J. De Vries	NL	Kreidler	31'03.01
				= 116.463 km/h
2.	B. Kneubühler	CH	Kreidler	31'14.42
3.	T. Timmer	NL	Jamathi	31'17.29
4.	G. Thurow	D	Kreidler	31'23.16
5.	R. Kunz	D	Kreidler	31'43.30
6.	H. Van Kessel	NL	Kreidler	31'49.43
7.	U. Graf	CH	Kreidler	31'49.67
8.	J. Huberts	NL	Kreidler	32'29.54
9.	L. Rosell	S	Jamathi	32'59.23
10.	H. Rittberger	D	Kreidler	33'06.36

Number of finishers: 17.
Fastest lap: J. De Vries (NL, Kreidler), 2'02.56 = 118.018 km/h.

7) September 23 : Spain - Jarama

18 laps = 61.272 km

1.	J. De Vries	NL	Kreidler	35'02.1
				= 104.942 km/h
2.	B. Kneubühler	CH	Kreidler	35'17.7
3.	H. Van Kessel	NL	Kreidler	36'36.7
4.	G. Thurow	D	Kreidler	36'37.9
5.	T. Timmer	NL	Jamathi	1 lap
6.	J. Huberts	NL	Kreidler	1 lap
7.	H. Rittberger	D	Kreidler	1 lap
8.	L. Gustafsson	S	Monark	1 lap
9.	L. Rosell	S	Jamathi	1 lap
10.	R. Tormo	E	Derbi	1 lap

Number of finishers: 21.
Fastest lap: B. Kneubühler (CH, Kreidler), 1'54.4 = 107.132 km/h.

Luciano Spinello, Tomos 50cc

Nürburgring

WORLD CHAMPIONSHIP (*)

1.	Jan De Vries	NL	Kreidler	60 (75)
2.	Bruno Kneubühler	CH	Kreidler	51 (63)
3.	Theo Timmer	NL	Jamathi	47 (61)
4.	Gerhard Thurow	D	Kreidler	36 (42)
5.	Henk Van Kessel	NL	Kreidler	27
6.	Herbert Rittberger	D	Kreidler	22 (27)
7.	Ulrich "Ueli" Graf	CH	Kreidler	21
8.	Jan Huberts	NL	Kreidler	21 (29)
9.	Rudolf Kunz	D	Kreidler	14
10.	Wolfgang Gedlich	D	Kreidler	13
11.	Stefan Dörflinger	CH	Kreidler	11
12.	Lars Persson	S	Monark	11
13.	Harald Bartol	A	Kreidler	8
14.	Jan Bruins	NL	Monark	8
15.	Jürgen Röller	D	Kreidler	8
16.	Adrijan Bernetic	Y	Tomos	4
17.	Rainer Bratenstein	D	Kreidler	4
18.	Jaime Alguersuari	E	Derbi	4
19.	Nico Polane	NL	Roton	4
20.	Juan Bordons Vives	E	Derbi	4
21.	Leif Rosell	S	Jamathi	4
22.	Kasimir Rapczinski	D	Kreidler	3
23.	Luigi Rinaudo	I	Tomos	3
24.	Ton Kooyman	NL	Hemeyla	3
25.	Leif Gustafsson	S	Monark	3
26.	Hans Hummel	A	Kreidler	3
27.	Claudio Lusuardi	I	Villa	2
28.	Rolf Blatter	CH	Kreidler	1
29.	Cees Van Dongen	NL	Kreidler	1
30.	Ricardo Tormo Blaya	E	Derbi	1

(*): Les quatre meilleurs résultats sont pris en compte pour le championnat. Le chiffre entre parenthèses correspond aux points «bruts».

(*): Die vier besten Resultate wurden für die Gesamtwertung der Meisterschaft gezählt. Die Zahlen in Klammern entsprechen dem "Brutto"-Punktetotal.

(*): The four best results counted towards the championship. The figures in brackets correspond to the gross number of points.

1973 — 125 cc

Champion: Kent Andersson (Sweden, Yamaha), 99 points, 5 wins

1) April 22 : France - Le Castellet

17 laps = 98.770 km

1. K. Andersson	S	Yamaha	43'04.4	
			= 137.583 km/h	
2. B. Jansson	S	Maïco	45'28.2	
3. T. Tchernine	F	Yamaha	45'40.0	
4. E. Lazzarini	I	Piovaticci	45'40.4	
5. M. Salonen	SF	Yamaha	45'48.7	
6. O. Buscherini	I	Malanca	1 lap	
7. R. Minhoff	D	Maïco	1 lap	
8. H. Seel	D	Maïco	1 lap	
9. W. Winkler	A	Maïco	1 lap	
10. P. Salonen	SF	Yamaha	1 lap	

Number of finishers: 22.
Fastest lap: A. Nieto (E, Morbidelli), 2'28.8 = 140.565 km/h.

May 6 : Austria - Salzburgring

25 laps = 105.950 km

1. K. Andersson	S	Yamaha	42'56.97
			= 147.960 km/h
2. B. Jansson	S	Maïco	43'10.38
3. A. Nieto	E	Morbidelli	43'14.10
4. O. Buscherini	I	Malanca	43'16.83
5. E. Lazzarini	I	Piovaticci	43'20.05
6. M. Salonen	SF	Yamaha	43'21.00
7. P. Salonen	SF	Yamaha	1 lap
8. J. Zemsauer	A	Rotax	1 lap
9. P. Pileri	I	DRS	1 lap
10. R. Weiss	A	Maïco	1 lap

Number of finishers: 18.
Fastest lap: K. Andersson (S, Yamaha), 1'40.24 = 152.020 km/h.

3) May 13 : Germany - Hockenheim

18 laps = 122.184 km

1. K. Andersson	S	Yamaha	49'56.3
			= 146.800 km/h
2. A. Nieto	E	Morbidelli	50'29.7
3. J. Schurgers	NL	Bridgestone	51'04.5
4. P. Salonen	SF	Yamaha	51'56.0
5. H. Seel	D	Maïco	52'19.0
6. B. Jansson	S	Maïco	52'25.2
7. P. Eickelberg	D	Maïco	52'56.0
8. L. Mülbert	D	Yamaha	2 laps
9. H. Röttberger	D	Yamaha	2 laps
10. G. Schweikardt	D	Maïco	2 laps

Number of finishers: 20.
Fastest lap: K. Andersson (S, Yamaha), 2'42.1 = 150.600 km/h.

4) May 20 : Italy - Monza

16 laps = 92.000 km

1. K. Andersson	S	Yamaha	32'11.3
			= 171.490 km/h
2. J. Schurgers	NL	Bridgestone	32'31.1
3. E. Lazzarini	I	Piovaticci	33'06.4
4. H. Seel	D	Maïco	33'20.6
5. P. Bianchi	I	Yamaha	33'31.0
6. H. Bartol	A	Suzuki	33'36.0
7. G. Bender	D	Maïco	33'54.4
8. L. Rinaudo	I	Yamaha	33'56.1
9. G. Ribuffo	I	LGM	1 lap
10. R. Weiss	A	Maïco	1 lap

Number of finishers: 14.
Fastest lap: A. Nieto (E, Morbidelli), 1'58.1 = 175.275 km/h.

5) June 8 : Tourist Trophy - Isle of Man

3 laps = 182.160 km

1. T. Robb	IRL	Yamaha	1 h.16'23.6
			= 143.070 km/h
2. J. Kostwinder	NL	Yamaha	1 h.17'21.6
3. N. Tuxworth	GB	Yamaha	1 h.18'27.2
4. I. Hodgkinson	GB	Yamaha	1 h.19'26.0
5. A. Jones	GB	Maïco	1 h.21'31.6
6. L. Porter	GB	Honda	1 h.22'16.4
7. C. Horton	GB	Yamaha	1 h.22'32.2
8. R. Stevens	GB	Maïco	1 h.22'47.0
9. R. Ware	GB	Yamaha	1 h.22'48.0
10. J. Kiddie	GB	Honda	1 h.23'07.6

Number of finishers: 25.
Fastest lap: T. Robb (IRL, Yamaha), 25'22.0 = 143.617 km/h.

6) June 17 : Yugoslavia - Opatija

17 laps = 102.898 km

1. K. Andersson	S	Yamaha	44'33.2
			= 137.300 km/h
2. C. Mortimer	GB	Yamaha	45'11.8
3. J. Schurgers	NL	Bridgestone	45'14.0
4. E. Lazzarini	I	Piovaticci	45'14.4
5. H. Bartol	A	Suzuki	1 lap
6. R. Minhoff	D	Maïco	1 lap
7. L. Rinaudo	I	Yamaha	1 lap
8. G. Ribuffo	I	LGM	1 lap
9. G. Repitz	H	MZ	1 lap
10. P. Eickelberg	D	Maïco	1 lap

Number of finishers: 14.
Fastest lap: K. Andersson (S, Yamaha), 2'32.9 = 141.260 km/h.

7) June 23 : The Netherlands - Assen

14 laps = 107.828 km

1.	E. Lazzarini	I	Piovaticci	48'36.3
				= 133.153 km/h
2.	R. Minhoff	D	Maïco	48'57.1
3.	C. Mortimer	GB	Yamaha	49'52.4
4.	M. Salonen	SF	Yamaha	Time not released
5.	P. Salonen	SF	Yamaha	Time not released
6.	R. Mankiewicz	POL	MZ	Time not released
7.	W. Rüngg	CH	Maïco	Time not released
8.	P. Eickelberg	D	Maïco	Time not released
9.	P. Van Den Goorbergh	NL	Yamaha	Time not released
10.	H. Van Kessel	NL	Yamaha	Time not released

Number of finishers: 12.
Fastest lap: A. Nieto (E, Morbidelli), 3'24.7 = 135.495 km/h.

8) July 1 : Belgium - Spa-Francorchamps

7 laps = 98.840 km

1.	J. Schurgers	NL	Bridgestone	32'58.7
				= 179.572 km/h
2.	A. Nieto	E	Morbidelli	33'22.2
3.	C. Mortimer	GB	Yamaha	34'08.8
4.	R. Minhoff	D	Maïco	34'39.6
5.	R. Mankiewicz	POL	MZ	34'40.5
6.	T. Tchernine	F	Yamaha	35'01.2
7.	H. Hummel	A	Maïco	35'10.8
8.	M. Salonen	SF	Yamaha	35'18.1
9.	H. Van Kessel	NL	Yamaha	35'37.3
10.	R. Serrer	CUB	MZ	35'48.4

Number of finishers: 19.
Fastest lap: A. Nieto (E, Morbidelli), 4'37.7 = 182.876 km/h.

9) July 15 : Czechoslovakia - Brno

8 laps = 111.520 km

1.	O. Buscherini	I	Malanca	47'07.7
				= 140.090 km/h
2.	C. Mortimer	GB	Yamaha	47'08.2
3.	J. Schurgers	NL	Bridgestone	47'50.3
4.	R. Minhoff	D	Maïco	47'51.0
5.	G. Bender	D	Maïco	47'55.1
6.	M. Salonen	SF	Yamaha	48'23.1
7.	E. Lazzarini	I	Piovaticci	48'41.4
8.	J. Lenk	DDR	MZ	49'19.7
9.	T. Tchernine	F	Yamaha	49'48.8
10.	B. Jull	CUB	MZ	50'26.4

Number of finishers: 21.
Fastest lap: O. Buscherini (I, Malanca), 5'48.0 = 142.620 km/h.

10) July 22 : Sweden - Anderstorp

24 laps = 96.432 km

1.	B. Jansson	S	Maïco	46'18.24
				= 124.955 km/h
2.	K. Andersson	S	Yamaha	46'20.18
3.	C. Mortimer	GB	Yamaha	46'20.31
4.	O. Buscherini	I	Malanca	46'45.37
5.	S. Liebst	S	Maïco	47'08.61
6.	R. Minhoff	D	Maïco	47'16.00
7.	H. Seel	D	Maïco	47'18.14
8.	E. Lazzarini	I	Piovaticci	47'59.62
9.	J. Schurgers	NL	Bridgestone	48'01.70
10.	L. Lindgren	S	Maïco	48'04.94

Number of finishers: 20.
Fastest lap: B. Jansson (S, Maïco), 1'53.34 = 126.119 km/h.

11) July 29 : Finland - Imatra

17 laps = 102.510 km

1.	O. Buscherini	I	Malanca	46'18.8
				= 132.830 km/h
2.	K. Andersson	S	Yamaha	46'46.3
3.	B. Jansson	S	Maïco	47'11.6
4.	J. Schurgers	NL	Bridgestone	47'27.9
5.	C. Mortimer	GB	Yamaha	47'28.3
6.	M. Salonen	SF	Yamaha	48'30.7
7.	G. Bender	D	Maïco	48'50.7
8.	P. Salonen	SF	Yamaha	1 lap
9.	R. Mankiewicz	POL	MZ	1 lap
10.	L. Rosell	S	Maïco	1 lap

Number of finishers: 18.
Fastest lap: O. Buscherini (I, Malanca), 2'40.7 = 135.100 km/h.

12) September 23 : Spain - Jarama

30 laps = 102.120 km

1.	C. Mortimer	GB	Yamaha	55'39.6
				= 110.092 km/h
2.	A. Nieto	E	Morbidelli	55'54.9
3.	B. Jansson	S	Maïco	56'32.1
4.	E. Lazzarini	I	Piovaticci	57'09.9
5.	P. Salonen	SF	Yamaha	1 lap
6.	J. Schurgers	NL	Bridgestone	1 lap
7.	S. Kangasniemi	SF	Maïco	1 lap
8.	L. Rosell	S	Maïco	1 lap
9.	J. Reisz	H	MZ	1 lap
10.	A. Pero	I	Yamaha	1 lap

Number of finishers: 13.
Fastest lap: A. Nieto (E, Morbidelli), 1'48.3 = 113.266 km/h.

WORLD CHAMPIONSHIP (*)

1.	Kent Andersson	S	Yamaha	99
2.	Chas Mortimer	GB	Yamaha	75
3.	Jos Schurgers	NL	Bridgestone	70 (72)
4.	Börje Jansson	S	Maïco	64
5.	Eugenio Lazzarini	I	Piovaticci	59 (62)
6.	Otello Buscherini	I	Malanca	51
7.	Angel Nieto	E	Morbidelli	46
8.	Rolf Minhoff	D	Maïco	33 (42)
9.	Matti Salonen	SF	Yamaha	32
10.	Pentti Salonen	SF	Yamaha	28
11.	Horst Seel	D	Maïco	21
12.	Thierry Tchernine	F	Yamaha	17
13.	Tommy Robb	IRL	Yamaha	15
14.	Gert Bender	D	Maïco	14
15.	Ryszard Mankiewicz	POL	MZ	13
16.	Jan Kostwinder	NL	Yamaha	12
17.	Harald Bartol	A	Suzuki	11
18.	Neil Tuxworth	GB	Yamaha	10
19.	Ivan Hodgkinson	GB	Yamaha	8
20.	Paul Eickelberg	D	Maïco	8
21.	Luigi Rinaudo	I	Yamaha	7
22.	Pierpaolo Bianchi	I	Yamaha	6
23.	Alan Jones	GB	Maïco	6
24.	Steffan Liebst	S	Maïco	6
25.	Lindsay Porter	GB	Honda	5
26.	Gianni Ribuffo	I	LGM	5
27.	Clive Horton	GB	Yamaha	4
28.	Walter Rüngg	CH	Maïco	4
29.	Hans Hummel	A	Maïco	4
30.	Seppo Kangasniemi	SF	Maïco	4
31.	Leif Rosell	S	Maïco	4
32.	Johann Zemsauer	A	Rotax	3
33.	Lothar Mülbert	D	Yamaha	3
34.	Richard Stevens	GB	Maïco	3
35.	Jürgen Lenk	DDR	MZ	3
36.	Henk Van Kessel	NL	Yamaha	3
37.	Walter Winkler	A	Maïco	2
38.	Paolo Pileri	I	DRS	2
39.	Herbert Rittberger	D	Yamaha	2
40.	Robin "Bob" Ware	GB	Yamaha	2
41.	Geza Repitz	H	MZ	2
42.	Piet Van Den Goorbergh	NL	Yamaha	2
43.	Janos Reisz	H	MZ	2
44.	Rudolf Weiss	A	Maïco	2
45.	Gottlieb Schweikardt	D	Maïco	1
46.	John Kiddie	GB	Honda	1
47.	Ramon Serrer	CUB	MZ	1
48.	Lennart Lindgren	S	Maïco	1
49.	Benito Jull	CUB	MZ	1
50.	Aldo Pero	I	Yamaha	1

(*): Les sept meilleurs résultats sont pris en compte pour le championnat. Le chiffre entre parenthèses correspond aux points «bruts».

(*): Die sieben besten Resultate wurden für die Gesamtwertung der Meisterschaft gezählt. Die Zahlen in Klammern entsprechen dem "Brutto"-Punktetotal.

(*): The seven best results counted towards the championship. The figures in brackets correspond to the gross number of points.

1973 — 250 cc

Champion : **Dieter Braun (Germany, Yamaha), 80 points, 4 wins**

1) April 22 : France - Le Castellet

20 laps = 116.200 km

1.	J. Saarinen	SF	Yamaha	47'47.2
				= 146.007 km/h
2.	H. Kanaya	J	Yamaha	48'14.8
3.	R. Pasolini	I	Harley-Davidson	48'20.7
4.	M. Rougerie	F	Harley-Davidson	48'30.2
5.	T. Länsivuori	SF	Yamaha	48'43.6
6.	R. Gallina	I	Yamaha	48'53.8
7.	C. Mortimer	GB	Yamaha	49'01.4
8.	A.-L. Appietto	F	Yamaha	49'03.9
9.	P. Pons	F	Yamaha	49'04.2
10.	W. Villa	I	Yamaha	49'17.9

Number of finishers: 29.
Fastest lap: J. Saarinen (SF, Yamaha), 2'21.4 = 148.130 km/h.

2) May 6 : Austria - Salzburgring

30 laps = 127.140 km

1.	J. Saarinen	SF	Yamaha	48'31.5
				= 157.220 km/h
2.	H. Kanaya	J	Yamaha	48'44.6
3.	C. Mortimer	GB	Yamaha	49'42.5
4.	T. Länsivuori	SF	Yamaha	49'45.2
5.	J. Dodds	AUS	Yamaha	49'52.6
6.	R. Gallina	I	Yamaha	49'54.3
7.	W. Villa	I	Yamaha	1 lap
8.	B. Jansson	S	Yamaha	1 lap
9.	K. Leonhardt	D	Yamaha	1 lap
10.	W. Giger	CH	Yamaha	1 lap

Number of finishers: 19.
Fastest lap: H. Kanaya (J, Yamaha), 1'35.10 = 160.410 km/h.

3) May 13 : Germany - Hockenheim

19 laps = 128.972 km

1.	J. Saarinen	SF	Yamaha	48'28.6
				= 159.600 km/h
2.	H. Kanaya	J	Yamaha	48'50.4
3.	T. Länsivuori	SF	Yamaha	49'00.8
4.	D. Braun	D	Yamaha	49'12.7
5.	B. Jansson	S	Yamaha	49'24.7
6.	S. Grassetti	I	Yamaha	49'31.5
7.	P. Korhonen	SF	Yamaha	50'20.6
8.	W. Villa	I	Yamaha	50'28.8
9.	V. Palomo	E	Yamaha	50'32.6
10.	M. Grant	GB	Yamaha	50'45.7

Number of finishers: 21.
Fastest lap: J. Saarinen (SF, Yamaha), 2'27.7 = 165.460 km/h.

4) May 20 : Italy - Monza

20 laps = 115.000 km

Course annulée après une chute générale dans le premier tour, lorsque 15 pilotes tombèrent dans "Curva Grande". Renzo Pasolini (I, Harley-Davidson) et Jarno Saarinen (SF, Yamaha) furent mortellement blessés.

Das Rennen wurde nach einem Massensturz in der berüchtigten "Curva Grande" abgebrochen. Nicht weniger als 15 Piloten waren in den Unfall verwickelt. Renzo Pasolini (I, Harley-Davidson) und Jarno Saarinen (SF, Yamaha) erlitten tödliche Verletzungen.

Race abandoned after a multiple pile-up on the first lap when 15 riders fell at Curva Grande. Renzo Pasolini (I. Harley-Davidson) and Jarno Saarinen (SF, Yamaha) were fatally injured.

5) June 6 : Tourist Trophy - Isle of Man

4 laps = 242.880 km

1.	C. Williams	GB	Yamaha	1 h.30'30.0
				= 161.014 km/h
2.	J. Williams	GB	Yamaha	1 h.30'54.6
3.	B. Rae	GB	Yamaha	1 h.31'35.4
4.	D. Chatterton	GB	Yamaha	1 h.32'23.6
5.	A. George	GB	Yamaha	1 h.32'27.0
6.	T. Rutter	GB	Yamaha	1 h.32'48.0
7.	P. Carpenter	GB	Yamaha	1 h.33'12.8
8.	Hel. Kassner	D	Yamaha	1 h.33'36.6
9.	T. Herron	IRL	Yamaha	1 h.33'43.4
10.	B. Randle	GB	Padgett	1 h.34'16.2

Number of finishers: 38.
Fastest lap: C. Williams (GB, Yamaha), 22'08.4 = 164.539 km/h.

6) June 17 : Yugoslavia - Opatija

20 laps = 119.880 km

1.	D. Braun	D	Yamaha	48'50.0
				= 147.400 km/h
2.	S. Grassetti	I	MZ	49'18.0
3.	R. Gallina	I	Yamaha	49'22.2
4.	M. Lega	I	Yamaha	49'34.5
5.	C. Mortimer	GB	Yamaha	50'11.8
6.	A. Celso-Santos	BR	Yamaha	50'24.5
7.	J. Dodds	AUS	Yamaha	50'26.6
8.	W. Pfirter	CH	Yamaha	51'03.1
9.	M. Salonen	SF	Yamaha	1 lap
10.	K. Huber	D	Yamaha	1 lap

Number of finishers: 21.
Fastest lap: D. Braun (D, Yamaha), 2'25.4 = 148.550 km/h.

7) June 23 : The Netherlands - Assen

16 laps = 123.232 km

1.	D. Braun	D	Yamaha	51'55.1
				= 142.454 km/h
2.	M. Rougerie	F	Harley-Davidson	52'30.9
3.	J. Dodds	AUS	Yamaha	52'33.0
4.	M. Grant	GB	Yamaha	Time not released
5.	C. Mortimer	GB	Yamaha	Time not released
6.	A. Celso-Santos	BR	Yamaha	Time not released
7.	S. Grassetti	I	MZ	Time not released
8.	R. Bron	NL	Yamaha	Time not released
9.	C. Bourgeois	F	Yamaha	Time not released
10.	M. Salonen	SF	Yamaha	Time not released

Number of finishers: 17.
Fastest lap: D. Braun (D, Yamaha), 3'13.0 = 143.789 km/h.

8) July 1 : Belgium - Spa-Francorchamps

8 laps = 112.960 km

1.	T. Länsivuori	SF	Yamaha	34'22.3
				= 196.906 km/h
2.	J. Dodds	AUS	Yamaha	34'57.4
3.	P. Pileri	I	Yamaha	35'10.2 (*)
4.	M. Rougerie	F	Harley-Davidson	35'22.5
5.	C. Bourgeois	F	Yamaha	35'23.9
6.	P. Pons	F	Yamaha	35'38.2
7.	C. Mortimer	GB	Yamaha	36'01.8
8.	W. Pfirter	CH	Yamaha	36'02.9
9.	V. Palomo	E	Yamaha	36'03.6
10.	T. Tchernine	F	Yamaha	36'13.2

Number of finishers: 21.
Fastest lap: T. Länsivuori (SF, Yamaha), 4'14.5 = 199.449 km/h.

(*): Paolo Pileri (I, Yamaha) a déposé protêt contre Oronzo Memola (B, Yamaha), pour cylindrée non conforme. Memola, qui avait passé la ligne d'arrivée en troisième position a été disqualifié, après avoir refusé de se soumettre aux vérifications.

(*) Paolo Pileri (I, Yamaha) deponierte gegen Oronzo Memola (B, Yamaha) einen Protest wegen nicht regelkonformem Hubraum. Memola, der die Ziellinie als Dritter überquert hatte, wurde disqualifiziert, weil er sich weigerte, sein Motorrad kontrollieren zu lassen.

(*) Paolo Pileri (I, Yamaha) lodged a protest against Oronzo Memola (B, Yamaha) claiming incorrect engine size. Memola, who had finished third, was disqualified after refusing to allow his engine to be checked.

9) July 15 : Czechoslovakia - Brno

9 laps = 125.460 km

1.	D. Braun	D	Yamaha	47'51.4
				= 155.615 km/h
2.	M. Rougerie	F	Harley-Davidson	47'58.8
3.	T. Länsivuori	SF	Yamaha	47'59.9
4.	P. Pileri	I	Yamaha	49'21.6
5.	P. Pons	F	Yamaha	49'32.4
6.	J. Dodds	AUS	Yamaha	49'33.8
7.	M. Salonen	SF	Yamaha	50'16.1
8.	B. Kneubühler	CH	Yamaha	50'16.5
9.	B. Tüngenthal	DDR	MZ	50'16.9
10.	M. Lega	I	Yamaha	50'37.0

Number of finishers: 33.
Fastest lap: M. Rougerie (I, Harley-Davidson), 5'16.2 = 157.200 km/h.

10) July 21 : Sweden - Anderstorp

26 laps = 104.468 km

1.	D. Braun	D	Yamaha	48'13.49
				= 129.976 km/h
2.	R. Gallina	I	Yamaha	48'38.39
3.	A. Celso-Santos	BR	Yamaha	48'56.94
4.	B. Kneubühler	CH	Yamaha	49'00.59
5.	L. Gustafsson	S	Yamaha	49'02.65
6.	H. Hallberg	S	Yamaha	49'12.20
7.	P. Pons	F	Yamaha	49'16.24
8.	B. Jansson	S	Yamaha	49'37.29
9.	R. Nilsson	S	Yamaha	49'37.79
10.	C. Mortimer	GB	Yamaha	49'47.11

Number of finishers: 16.
Fastest lap: T. Länsivuori (SF, Yamaha), 1'49.24 = 132.406 km/h.

11) July 29 : Finland - Imatra

19 laps = 114.570 km

1.	T. Länsivuori	SF	Yamaha	48'17.5
				= 142.300 km/h
2.	D. Braun	D	Yamaha	48'27.1
3.	J. Dodds	AUS	Yamaha	48'48.6
4.	C. Bourgeois	F	Yamaha	49'23.6
5.	W. Pfirter	CH	Yamaha	49'25.2
6.	B. Kneubühler	CH	Yamaha	49'28.3
7.	P. Pons	F	Yamaha	49'50.4
8.	M. Salonen	SF	Yamaha	49'55.7
9.	L. Gustafsson	S	Yamaha	50'09.8
10.	H. Hallberg	S	Yamaha	50'10.8

Number of finishers: 17.
Fastest lap: T. Länsivuori (SF, Yamaha), 2'31.2 = 143.600 km/h.

12) September 23 : Spain - Jarama

35 laps = 119.140 km

1.	J. Dodds	AUS	Yamaha	1 h.02'18.2
				= 114.746 km/h
2.	B. Kneubühler	CH	Yamaha	1 h.02'39.7
3.	C. Mortimer	GB	Yamaha	1 h.03'01.1
4.	W. Pfirter	CH	Yamaha	1 h.03'19.8
5.	W. Giger	CH	Yamaha	1 h.03'23.1
6.	M. Rougerie	F	Harley-Davidson	1 h.03'23.3
7.	H. Müller	CH	Yamaha	1 h.03'29.9
8.	I. Larssen	S	Yamaha	1 lap
9.	P. Salonen	SF	Yamaha	1 lap
10.	A. Nuno	POR	Yamaha	1 lap

Number of finishers: 16.
Fastest lap: J. Dodds (AUS, Yamaha), 1'44.6 = 117.158 km/h.

WORLD CHAMPIONSHIP (*)

1.	Dieter Braun	D	Yamaha	80
2.	Teuvo Länsivuori	SF	Yamaha	64
3.	John Dodds	AUS	Yamaha	58 (62)
4.	Jarno Saarinen	SF	Yamaha	45
5.	Michel Rougerie	F	Harley-Davidson	45
6.	Chas Mortimer	GB	Yamaha	40 (41)
7.	Hideo Kanaya	J	Yamaha	36
8.	Roberto Gallina	I	Yamaha	32
9.	Bruno Kneubühler	CH	Yamaha	28
10.	Silvio Grassetti	I	Yamaha/MZ	21
11.	Patrick Pons	F	Yamaha	21
12.	Adu Celso-Santos	BR	Yamaha	20
13.	Werner Pfirter	CH	Yamaha	20
14.	Paolo Pileri	I	Yamaha	18
15.	Christian Bourgeois	F	Yamaha	16
16.	Charlie Williams	GB	Yamaha	15
17.	John Williams	GB	Yamaha	12
18.	Renzo Pasolini	I	Harley-Davidson	10
19.	Billy Rae	GB	Yamaha	10
20.	Matti Salonen	SF	Yamaha	10
21.	Mick Grant	GB	Yamaha	9
22.	Mario Lega	I	Yamaha	9
23.	Börje Jansson	S	Yamaha	9
24.	Derek Chatterton	GB	Yamaha	8
25.	Leif Gustafsson	S	Yamaha	8
26.	Walter Villa	I	Yamaha	8
27.	Werber Giger	CH	Yamaha	7
28.	Alex George	GB	Yamaha	6
29.	Hans Hallberg	S	Yamaha	6
30.	Tony Rutter	GB	Yamaha	5
31.	Pentti Korhonen	SF	Yamaha	4
32.	Phil Carpenter	GB	Yamaha	4
33.	Hans Müller	CH	Yamaha	4
34.	Victor Palomo	E	Yamaha	4
35.	André-Luc Appietto	F	Yamaha	3
36.	Helmut Kassner	D	Yamaha	3
37.	Rob Bron	NL	Yamaha	3
38.	Ingemar Larssen	S	Yamaha	3
39.	Klaus Leonhardt	D	Yamaha	2
40.	Tom Herron	IRL	Yamaha	2
41.	Roland Nilsson	S	Yamaha	2
42.	Bernd Tüngenthal	DDR	MZ	2
43.	Pentti Salonen	SF	Yamaha	2
44.	Barry Randle	GB	Padgett	1
45.	Klaus Huber	D	Yamaha	1
46.	Thierry Tchernine	F	Yamaha	1
47.	Andre Nuno	POR	Yamaha	1

(*): Les six meilleurs résultats sont pris en compte pour le championnat. Le chiffre entre parenthèses correspond aux points «bruts».

(*): Die sechs besten Resultate wurden für die Gesamtwertung der Meisterschaft gezählt. Die Zahlen in Klammern entsprechen dem "Brutto"-Punktetotal.

(*): The six best results counted towards the championship. The figures in brackets correspond to the gross number of points.

1973 — 250 cc

1973 — 350 cc

Champion : **Giacomo Agostini (Italy, MV-Agusta), 84 points, 4 wins**

1) April 22 : France - Le Castellet

20 laps = 116.200 km

1.	G. Agostini	I	MV-Agusta	46'45.5
				= 149.107 km/h
2.	P. Read	GB	MV-Agusta	46'58.3
3.	T. Länsivuori	SF	Yamaha	47'08.0
4.	W. Pfirter	CH	Yamaha	47'41.5
5.	K. Andersson	S	Yamaha	47'45.0
6.	W. Villa	I	Yamaha	47'53.1
7.	P. Korhonen	SF	Yamaha	48'00.2
8.	B. Kneubühler	CH	Harley-Davidson	48'01.9
9.	I.-K. Carlsson	S	Yamaha	48'04.4
10.	A. Celso-Santos	BR	Yamaha	48'12.9

Number of finishers: 27.
Fastest lap: G. Agostini (I, MV-Agusta), 2'17.1 = 152.560 km/h.

2) May 6 : Austria - Salzburgring

35 laps = 148.330 km

1.	J. Drapal	H	Yamaha	56'21.08
				= 157.930 km/h
2.	W. Villa	I	Yamaha	56'24.84
3.	T. Länsivuori	SF	Yamaha	56'54.38
4.	B. Nelson	GB	Yamaha	57'32.30
5.	B. Granath	S	Yamaha	57'36.77
6.	D. Braun	D	Yamaha	1 lap
7.	K. Andersson	S	Yamaha	1 lap
8.	G. Marsovszki	CH	Yamaha	1 lap
9.	M. Ankone	NL	Yamsel	1 lap
10.	B. Kneubühler	CH	Harley-Davidson	1 lap

Number of finishers: 14.
Fastest lap: G. Agostini (I, MV-Agusta), 1'33.33 = 163.450 km/h.

3) May 13 : Germany - Hockenheim

21 laps = 142.548 km

1.	T. Länsivuori	SF	Yamaha	51'50.0
				= 165.000 km/h
2.	V. Palomo	E	Yamaha	52'52.4
3.	P. Korhonen	SF	Yamaha	53'38.5
4.	B. Nelson	GB	Yamaha	54'08.5
5.	G. Marsovszki	CH	Yamaha	1 lap
6.	Hel. Kassner	D	Yamaha	1 lap
7.	W. Kaletsch	D	Yamaha	1 lap
8.	J. Reisz	H	Yamaha	1 lap
9.	F. Weidacher	D	Yamaha	2 laps
10.	H. Konschok	D	Yamaha	2 laps

Number of finishers: 10.
Fastest lap: G. Agostini (I, MV-Agusta), 2'25.3 = 168.190 km/h.

4) May 20 : Italy - Monza

24 laps = 138.000 km

1.	G. Agostini	I	MV-Agusta	42'05.5
				= 196.713 km/h
2.	T. Länsivuori	SF	Yamaha	42'15.3
3.	K. Andersson	S	Yamaha	42'46.0
4.	J. Dodds	AUS	Yamaha	42'46.9
5.	W. Villa	I	Benelli	43'01.0
6.	W. Pfirter	CH	Yamaha	43'10.9
7.	D. Braun	D	Yamaha	43'12.1
8.	M. Lega	I	Yamaha	43'15.9
9.	M. Grant	GB	Yamaha	43'18.9
10.	G. Marsovszki	CH	Yamaha	43'52.6

Number of finishers: 26.
Fastest lap: R. Pasolini (I, Aermacchi), 1'42.7 = 201.557 km/h.

5) June 6 : Tourist Trophy - Isle of Man

5 laps = 303.600 km

1.	T. Rutter	GB	Yamaha	1 h.50'58.8
				= 164.136 km/h
2.	K. Huggett	GB	Yamaha	1 h.52'31.6
3.	J. Williams	GB	Yamaha	1 h.52'49.4
4.	B. Randle	GB	Yamaha	1 h.53'10.2
5.	P. Carpenter	GB	Yamaha	1 h.53'45.8
6.	D. Chatterton	GB	Yamaha	1 h.54'36.0
7.	A. George	GB	Yamaha	1 h.54'36.2
8.	Hel. Kassner	D	Yamaha	1 h.57'00.2
9.	T. Dickie	GB	Yamaha	1 h.57'04.4
10.	P. Cott	GB	Yamaha	1 h.57'24.2

Number of finishers: 44.
Fastest lap: T. Rutter (GB, Yamaha), 21'43.2 = 167.725 km/h.

6) June 17 : Yugoslavia - Opatija

20 laps = 119.880 km

1.	J. Drapal	H	Yamaha	47'38.3
				= 151.100 km/h
2.	D. Braun	D	Yamaha	47'47.9
3.	J. Dodds	AUS	Yamaha	48'07.5
4.	K. Andersson	S	Yamaha	48'23.3
5.	A. Celso-Santos	BR	Yamaha	48'28.8
6.	M. Ankone	NL	Yamsel	48'36.9
7.	W. Pfirter	CH	Yamaha	49'03.7
8.	P. Korhonen	SF	Yamaha	49'51.8
9.	S. Grassetti	I	MZ	1 lap
10.	I.-K. Carlsson	S	Yamaha	1 lap

Number of finishers: 18.
Fastest lap: D. Braun (D, Yamaha), 2'20.3 = 153.950 km/h.

7) June 23 : The Netherlands - Assen

16 laps = 123.232 km

1.	G. Agostini	I	MV-Agusta	50'15.9
				= 147.148 km/h
2.	P. Read	GB	MV-Agusta	50'16.0
3.	T. Länsivuori	SF	Yamaha	50'32.3
4.	J. Dodds	AUS	Yamaha	Time not released
5.	D. Braun	D	Yamaha	Time not released
6.	K. Andersson	S	Yamaha	Time not released
7.	A. Celso-Santos	BR	Yamaha	Time not released
8.	B. Nelson	GB	Yamaha	Time not released
9.	M. Grant	GB	Yamaha	Time not released
10.	B. Kneubühler	CH	Harley-Davidson	TNR

Number of finishers: 18.
Fastest lap: T. Länsivuori (SF, Yamaha), 3'05.1 = 149.842 km/h.

8) July 15 : Czechoslovakia - Brno

11 laps = 153.848 km

1.	T. Länsivuori	SF	Yamaha	57'02.1
				= 159.400 km/h
2.	G. Agostini	I	MV-Agusta	57'30.4
3.	P. Read	GB	MV-Agusta	57'30.7
4.	G. Bonera	I	Harley-Davidson	58'05.1
5.	D. Braun	D	Yamaha	58'10.1
6.	J. Dodds	AUS	Yamaha	58'43.1
7.	M. Rougerie	F	Harley-Davidson	59'24.3
8.	P. Pons	F	Yamaha	59'42.1
9.	I.-K. Carlsson	S	Yamaha	1 h.00'06.1
10.	A. Celso-Santos	BR	Yamaha	1 h.00'08.7

Number of finishers: 21.
Fastest lap: T. Länsivuori (SF, Yamaha), 5'07.1 = 161.800 km/h.

9) July 21 : Sweden - Anderstorp

26 laps = 104.468 km

1.	T. Länsivuori	SF	Yamaha	46'33.89
				= 134.610 km/h
2.	G. Agostini	I	MV-Agusta	46'43.86
3.	P. Read	GB	MV-Agusta	47'01.80
4.	J. Dodds	AUS	Yamaha	47'12.17
5.	A. Celso-Santos	BR	Yamaha	47'22.64
6.	M. Grant	GB	Yamaha	47'38.90
7.	B. Nelson	GB	Yamaha	47'45.09
8.	P. Pons	F	Yamaha	47'45.28
9.	I. Larssen	S	Yamaha	48'00.66
10.	O. Chevallier	F	Yamaha	48'01.44

Number of finishers: 17.
Fastest lap: T. Länsivuori (SF, Yamaha), 1'46.05 = 136.386 km/h.

10) July 29 : Finland - Imatra

20 laps = 120.600 km

1.	G. Agostini	I	MV-Agusta	48'45.1
				= 147.540 km/h
2.	P. Read	GB	MV-Agusta	49'12.4
3.	J. Dodds	AUS	Yamaha	49'26.0
4.	P. Korhonen	SF	Yamaha	50'21.2
5.	O. Chevallier	F	Yamaha	50'21.7
6.	K. Andersson	S	Yamaha	50'23.1
7.	M. Ankone	NL	Yamsel	50'37.3
8.	B. Nelson	GB	Yamaha	50'37.5
9.	H. Kuparinen	SF	Yamaha	50'50.5
10.	P. Nurmi	SF	Yamaha	1 lap

Number of finishers: 16.
Fastest lap: J. Dodds (AUS, Yamaha), 2'24.7 = 150.876 km/h.

11) September 23 : Spain - Jarama

38 laps = 129.352 km

1.	A. Celso-Santos	BR	Yamaha	1 h.06'49.1
				= 114.746 km/h
2.	B. Nelson	GB	Yamaha	1 h.07'01.4
3.	P. Pons	F	Yamaha	1 h.07'45.5
4.	I.-K. Carlsson	S	Yamaha	1 h.08'08.8
5.	A. George	GB	Yamaha	1 h.08'19.3
6.	P. Coulon	CH	Yamaha	1 h.08'35.9
7.	I. Larssen	S	Yamaha	1 lap
8.	J. Reisz	H	MZ	1 lap
9.	G. Marsovszki	CH	Yamaha	1 lap
10.	W.-B. Nielsen	DK	Yamaha	1 lap

Number of finishers: 11.
Fastest lap: P. Read (GB, MV-Agusta), 1'43.1 = 118.873 km/h.

Soeli Saarinen, Jarno Saarinen, Renzo Pazolini

WORLD CHAMPIONSHIP (*)

1.	Giacomo Agostini	I	MV-Agusta	84
2.	Teuvo Länsivuori	SF	Yamaha	77 (87)
3.	Phil Read	GB	MV-Agusta	56
4.	John Dodds	AUS	Yamaha	49
5.	Billie Nelson	GB	Yamaha	38
6.	Kent Andersson	S	Yamaha	38
7.	Adu Celso-Santos	BR	Yamaha	33
8.	Dieter Braun	D	Yamaha	33
9.	Janos Drapal	H	Yamaha	30
10.	Pentti Korhonen	SF	Yamaha	25
11.	Walter Villa	I	Yamaha/Benelli	23
12.	Werner Pfirter	CH	Yamaha	17
13.	Patrick Pons	F	Yamaha	16
14.	Tony Rutter	GB	Yamaha	15
15.	Ivan-Kurt Carlsson	S	Yamaha	13
16.	Victor Palomo	E	Yamaha	12
17.	Ken Huggett	GB	Yamaha	12
18.	Gyula Marsovszki	CH	Yamaha	12
19.	Marcel Ankone	NL	Yamsel	11
20.	John Williams	GB	Yamaha	10
21.	Alex George	GB	Yamaha	10
22.	Mick Grant	GB	Yamaha	9
23.	Barry Randle	GB	Yamaha	8
24.	Gianfranco Bonera	I	Harley-Davidson	8
25.	Helmut Kassner	D	Yamaha	8
26.	Olivier Chevallier	F	Yamaha	7
27.	Phil Carpenter	GB	Yamaha	6
28.	Bo Granath	S	Yamaha	6
29.	Ingemar Larssen	S	Yamaha	6
30.	Janos Reisz	H	Yamaha/MZ	6
31.	Derek Chatterton	GB	Yamaha	5
32.	Philippe Coulon	CH	Yamaha	5
33.	Bruno Kneubühler	CH	Harley-Davidson	5
34.	Walter Kaletsch	D	Yamaha	4
35.	Michel Rougerie	F	Harley-Davidson	4
36.	Mario Lega	I	Yamaha	3
37.	Franz Weidacher	D	Yamaha	2
38.	Thompson "Tom" Dickie	GB	Yamaha	2
39.	Silvio Grassetti	I	MZ	2
40.	Hannu Kuparinen	SF	Yamaha	2
41.	Harry Konschok	D	Yamaha	1
42.	Paul Cott	GB	Yamaha	1
43.	Pekka Nurmi	SF	Yamaha	1
44.	Waerum-Börge Nielsen	DK	Yamaha	1

(*): Les six meilleurs résultats sont pris en compte pour le championnat. Le chiffre entre parenthèses correspond aux points «bruts».

(*): Die sechs besten Resultate wurden für die Gesamtwertung der Meisterschaft gezählt. Die Zahlen in Klammern entsprechen dem "Brutto"-Punktetotal.

(*): The six best results counted towards the championship. The figures in brackets correspond to the gross number of points.

Champion : **Phil Read (Great Britain, MV-Agusta), 84 points (108), 4 wins**

1973 — 500 cc

1) April 22 : France - Le Castellet

20 laps = 116.200 km

1.	J. Saarinen	SF	Yamaha	45'57.3
				= 151.713 km/h
2.	P. Read	GB	MV-Agusta	46'13.3
3.	H. Kanaya	J	Yamaha	46'15.4
4.	C. Léon	F	Kawasaki	47'35.7
5.	K. Newcombe	NZ	König	47'51.8
6.	G. Mandracci	I	Suzuki	48'04.4
7.	E. Offenstadt	F	Kawasaki	1 lap
8.	J.-F. Baldé	F	Kawasaki	1 lap
9.	B. Nelson	GB	Yamaha	1 lap
10.	J. Findlay	AUS	Suzuki	1 lap

Number of finishers: 23.
Fastest lap: J. Saarinen (SF, Yamaha), 2'14.8 = 155.163 km/h.

2) May 6 : Austria - Salzburgring

35 laps = 148.330 km

1.	J. Saarinen	SF	Yamaha	52'48.48
				= 168.550 km/h
2.	H. Kanaya	J	Yamaha	53'13.80
3.	K. Newcombe	NZ	König	53'44.05
4.	G. Mandracci	I	Suzuki	54'15.21
5.	R. Gallina	I	Paton	1 lap
6.	W. Giger	CH	Yamaha	1 lap
7.	B. Granath	S	Husqvarna	1 lap
8.	B. Nelson	GB	Yamaha	1 lap
9.	B. Kneubühler	CH	Yamaha	1 lap
10.	A. Maxwald	A	Rotax	1 lap

Number of finishers: 16.
Fastest lap: J. Saarinen (SF, Yamaha), 1'28.73 = 171.900 km/h.

3) May 13 : Germany - Hockenheim

21 laps = 142.548 km

1.	P. Read	GB	MV-Agusta	50'03.7
				= 170.809 km/h
2.	W. Giger	CH	Yamaha	51'26.1
3.	E. Hiller	D	König	51'40.8
4.	G. Pohlmann	D	Yamaha	51'51.9
5.	B. Nelson	GB	Yamaha	52'09.6
6.	R. Hiller	D	König	52'11.0
7.	P. Stocksiefen	D	Suzuki	54'50.6
8.	U. Kochanski	D	König	1 lap
9.	A. George	GB	Yamaha	1 lap
10.	S.-O. Gunnarsson	S	Kawasaki	1 lap

Number of finishers: 16.
Fastest lap: J. Saarinen (SF, Yamaha), 2'20.5 = 173.940 km/h.

4) May 20 : Italy - Monza

32 laps = 184.000 km

Course annulée après l'accident du GP 250 (Jarno Saarinen et Renzo Pasolini ont perdu la vie).

Das Rennen wurde wegen des Unfalls, bei dem Renzo Pasolini und Jarno Saarinen starben, annulliert.

Race cancelled after the accident in the 250 race which cost the lives of Jarno Saarinen and Renzo Pasolini.

5) June 8 : Tourist Trophy - Isle of Man

6 laps = 364.320 km

1.	J. Findlay	AUS	Suzuki	2 h.13'45.2
				= 163.428 km/h
2.	P.-J. Williams	GB	Matchless	2 h.14'59.4
3.	C. Sanby	GB	Suzuki	2 h.15'27.6
4.	A. George	GB	Yamaha	2 h.17'34.2
5.	R. Nicholls	GB	Suzuki	2 h.18'30.2
6.	D. Hugues	GB	Matchless	2 h.20'34.2
7.	D. Robinson	GB	Suzuki	2 h.21'32.8
8.	J. Taylor	GB	Suzuki	2 h.23'16.8
9.	S. Griffiths	GB	Matchless	2 h.24'25.2
10.	G. Bailey	GB	Kawasaki	2 h.24'26.2

Number of finishers: 26.
Fastest lap: M. Grant (GB, Yamaha), 21'40.8 = 168.079 km/h.

6) June 17 : Yugoslavia - Opatija

20 laps = 119.880 km

1.	K. Newcombe	NZ	König	49'21.0
				= 145.800 km/h
2.	S. Ellis	GB	Yamaha	50'38.0
3.	G. Bonera	I	Harley-Davidson	50'46.1
4.	S. Kangasniemi	SF	Yamaha	51'10.6
5.	W. Giger	CH	Yamaha	51'28.1
6.	A. George	GB	Yamaha	51'43.2
7.	G. Marsovszki	CH	Yamaha	51'47.6
8.	D. Lee	GB	Suzuki	1 lap
9.	T. Janssen	D	König	1 lap
10.	J. Van Halter	NL	Suzuki	1 lap

Number of finishers: 14.
Fastest lap: K. Newcombe (NZ, König), 2'24.4 = 149.580 km/h.

7) June 23 : The Netherlands - Assen

16 laps = 123.232 km

1.	P. Read	GB	MV-Agusta	50'34.2
				= 146.257 km/h
2.	K. Newcombe	NZ	König	51'16.2
3.	C. Bourgeois	F	Yamaha	51'37.4
4.	W. Hartog	NL	Yamaha	51'45.4
5.	J. Findlay	AUS	Suzuki	Time not released
6.	W. Giger	CH	Yamaha	Time not released
7.	D. Chatterton	GB	Yamaha	Time not released
8.	B. Nelson	GB	Yamaha	Time not released
9.	E. Offenstadt	F	Kawasaki	Time not released
10.	G. Pohlmann	D	Yamaha	Time not released

Number of finishers: 18.
Fastest lap: G. Agostini (I, MV-Agusta), 3'03.4 = 151.233 km/h.

8) July 1 : Belgium - Spa-Francorchamps

12 laps = 169.440 km

1.	G. Agostini	I	MV-Agusta	49'05.3
				= 206.810 km/h
2.	P. Read	GB	MV-Agusta	50'20.7
3.	J. Findlay	AUS	Suzuki	50'39.9
4.	K. Newcombe	NZ	König	51'04.0
5.	M. Rougerie	F	Harley-Davidson	51'19.3
6.	P. Eickelberg	D	König	51'24.7
7.	R. Hiller	D	König	52'33.9
8.	P. Van Der Wal	NL	Yamaha	52'51.2
9.	M. Ankone	NL	Yamsel	52'53.3
10.	B. Nelson	GB	Yamaha	53'08.2

Number of finishers: 18.
Fastest lap: G. Agostini (I, MV-Agusta), 4'00.9 = 210.709 km/h.

9) July 15 : Czechoslovakia - Brno

11 laps = 153.340 km

1.	G. Agostini	I	MV-Agusta	57'04.6
				= 159.115 km/h
2.	P. Read	GB	MV-Agusta	57'50.5
3.	B. Kneubühler	CH	Yamaha	58'33.5
4.	E. Offenstadt	F	Kawasaki	58'53.5
5.	J. Findlay	AUS	Suzuki	58'53.7
6.	B. Stasa	CZ	Yamaha	1 h.00'12.8
7.	M. Lega	I	Yamaha	1 h.01'10.1
8.	B. Granath	S	Husqvarna	1 h.01'20.7
9.	L. John	D	Suzuki	1 h.02'05.9
10.	P. Van Der Wal	NL	Yamaha	1 h.02'36.1

Number of finishers: 15.
Fastest lap: G. Agostini (I, MV-Agusta), 5'06.2 = 162.200 km/h.

10) July 21 : Sweden - Anderstorp

26 laps = 104.468 km

1.	P. Read	GB	MV-Agusta	47'00.01
				= 133.363 km/h
2.	G. Agostini	I	MV-Agusta	47'00.52
3.	K. Newcombe	NZ	König	47'58.08
4.	W.-B. Nielsen	DK	Yamaha	48'11.44
5.	W. Giger	CH	Yamaha	48'16.85
6.	C. Bourgeois	F	Yamaha	48'17.19
7.	B. Nelson	GB	Yamaha	48'29.40
8.	S.-O. Gunnarsson	S	Kawasaki	48'39.77
9.	S. Kangasniemi	SF	Yamaha	1 lap
10.	B. Brölin	S	Suzuki	1 lap

Number of finishers: 12.
Fastest lap: G. Agostini (I, MV-Agusta), 1'46.55 = 135.746 km/h.

11) July 29 : Finland - Imatra

20 laps = 120.600 km

1.	G. Agostini	I	MV-Agusta	48'42.2
				= 147.632 km/h
2.	P. Read	GB	MV-Agusta	48'42.9
3.	B. Kneubühler	CH	Yamaha	49'56.7
4.	K. Newcombe	NZ	König	50'23.5
5.	P. Eickelberg	D	König	50'25.3
6.	R. Hiller	D	König	50'29.4
7.	W. Giger	CH	Yamaha	50'46.1
8.	E. Offenstadt	F	Kawasaki	51'01.4
9.	C. Bourgeois	F	Yamaha	51'06.2
10.	B. Nelson	GB	Yamaha	51'11.1

Number of finishers: 17.
Fastest lap: G. Agostini (I, MV-Agusta), 2'23.6 = 151.200 km/h.

12) September 23 : Spain - Jarama

40 laps = 136.160 km

1.	P. Read	GB	MV-Agusta	1 h.10'27.5
				= 115.960 km/h
2.	B. Kneubühler	CH	Yamaha	1 h.10'28.0
3.	W. Giger	CH	Yamaha	1 h.10'44.8
4.	C. Mortimer	GB	Yamaha	1 h.11'03.8
5.	M. Ankone	NL	Yamsel	1 h.11'08.2
6.	B. Granath	S	Husqvarna	1 h.12'02.8
7.	A. George	GB	Yamaha	1 lap
8.	I. Carlsson	S	HM	1 lap
9.	J.-P. Boinet	F	Kawasaki	1 lap
10.	W.-B. Nielsen	DK	Yamaha	1 lap

Number of finishers: 11.
Fastest lap: P. Read (GB, MV-Agusta), 1'43.1 = 118.873 km/h.

WORLD CHAMPIONSHIP (*)

1.	Phil Read	GB	MV-Agusta	84 (108)
2.	Kim Newcombe	NZ	König	63 (69)
3.	Giacomo Agostini	I	MV-Agusta	57
4.	Werner Giger	CH	Yamaha	44 (48)
5.	Jack Findlay	AUS	Suzuki	38
6.	Bruno Kneubühler	CH	Yamaha	34
7.	Jarno Saarinen	SF	Yamaha	30
8.	Hideo Kanaya	J	Yamaha	22
9.	Ernest Hiller	D	König	19
10.	Alex George	GB	Yamaha	19
11.	Bille Nelson	GB	Yamaha	19 (20)
12.	Christian Bourgeois	F	Yamaha	17
13.	Eric Offenstadt	F	Kawasaki	17
14.	Guido Mandracci	I	Suzuki	13
15.	Peter-J. Williams	GB	Matchless	12
16.	Steve Ellis	GB	Yamaha	12
17.	Bo Granath	S	Husqvarna	12
18.	Paul Eickelberg	D	König	11
19.	Gianfranco Bonera	I	Harley-Davidson	10
20.	Charlie Sanby	GB	Suzuki	10
21.	Seppo Kangasniemi	SF	Yamaha	10
22.	Georg Pohlmann	D	Yamaha	9
23.	Waerum-Börge Nielsen	DK	Yamaha	9
24.	Christian Léon	F	Kawasaki	8
25.	Will Hartog	NL	Yamaha	8
26.	Chas Mortimer	GB	Yamaha	8
27.	Marcel Ankone	NL	Yamsel	8
28.	Roberto Gallina	I	Paton	6
29.	Roger Nicholls	GB	Suzuki	6
30.	Michel Rougerie	F	Harley-Davidson	6
31.	Reinhard Hiller	D	König	5
32.	Dave Hugues	GB	Matchless	5
33.	Bohumil Stasa	CZ	Yamaha	5
34.	Peter Stocksiefen	D	Suzuki	4
35.	Dudley Robinson	GB	Suzuki	4
36.	Gyula Marsovszki	CH	Yamaha	4
37.	Derek Chatterton	GB	Yamaha	4
38.	Mario Lega	I	Yamaha	4
39.	Sven-Olov Gunnarsson	S	Kawasaki	4
40.	Piet Van Der Wal	NL	Yamaha	4
41.	Jean-François Baldé	F	Kawasaki	3
42.	Udo Kochanski	D	König	3
43.	John Taylor	GB	Suzuki	3
44.	Derek Lee	GB	Suzuki	3
45.	Ivan-Kurt Carlsson	S	HM	3
46.	Selwyn Griffiths	GB	Matchless	2
47.	Ted Janssen	D	König	2
48.	Lothar John	D	Suzuki	2
49.	Jean-Paul Boinet	F	Kawasaki	2
50.	Aloïs Maxwald	A	Rotax	1
51.	Graham Bailey	GB	Kawasaki	1
52.	Jerome Van Halter	NL	Suzuki	1
53.	Bo Brölin	S	Suzuki	1

(*): Les six meilleurs résultats sont pris en compte pour le championnat. Le chiffre entre parenthèses correspond aux points «bruts».

(*): Die sechs besten Resultate wurden für die Gesamtwertung der Meisterschaft gezählt. Die Zahlen in Klammern entsprechen dem "Brutto"-Punktetotal.

(*): The six best results counted towards the championship. The figures in brackets correspond to the gross number of points.

1973 — Side-Cars

Champions : **Klaus Enders/Ralf Engelhardt (Germany, BMW), 75 points (105), 7 wins**

1) April 22 : France - Le Castellet

17 laps = 98.770 km

1. K. Enders/R. Engelhardt	D	BMW	47'27.9	
			= 133.277 km/h	
2. J. Gawley/P. Sales	GB	König	44'53.2	
3. W. Schwärzel/K. Kleis	D	König	45'32.7	
4. R. Wegener/R. Kabbe	D	BMW	45'42.6	
5. R. Steinhausen/K. Scheurer	D	König	45'56.7	
6. M. Vanneste/S. Vanneste	B	BMW	46'30.2	
7. K. Venus/R. Gundel	D	BMW	46'50.5	
8. G. Pape/F. Kallenberg	D	BMW	46'54.2	
9. G. Boret/N. Boret	GB	König	1 lap	
10. E. Schons/K. Lauterbach	D	BMW	1 lap	

Number of finishers: 20.
Fastest lap: K. Enders/R. Engelhardt (D, BMW), 2'32.9 = 136.795 km/h.

2) May 6 : Austria - Salzburgring

25 laps = 105.950 km

1. K. Enders/R. Engelhardt	D	BMW	42'06.24	
			= 151.050 km/h	
2. J. Gawley/P. Sales	GB	König	42'10.97	
3. M. Vanneste/S. Vanneste	B	BMW	43'10.37	
4. H. Luthringshauser/H. Hahn	D	BMW	43'28.60	
5. W. Schwärzel/K. Kleis	D	König	43'50.54	
6. S. Schauzu/W. Kalauch	D	BMW	1 lap	
7. R. Wegener/R. Kabbe	D	BMW	1 lap	
8. O. Haller/E. Haselbeck	D	BMW	1 lap	
9. G. Pape/F. Kallenberg	D	BMW	1 lap	
10. M. Boddice/D. Loach	GB	Kawasaki	2 laps	

Number of finishers: 16.
Fastest lap: J. Gawley/P. Sales (GB, König), 1'36.54 = 158.010 km/h.

3) May 13 : Germany - Hockenheim

19 laps = 128.972 km

1. K. Enders/R. Engelhardt	D	BMW	51'02.0	
			= 151.600 km/h	
2. W. Schwärzel/K. Kleis	D	König	52'21.3	
3. M. Vanneste/S. Vanneste	B	BMW	52'44.0	
4. H. Luthringshauser/H. Hahn	D	BMW	52'46.9	
5. G. Milton/D. Smith	GB	BMW	53'32.6	
6. H. Binding/H. Fleck	D	BMW	1 lap	
7. O. Haller/E. Haselbeck	D	BMW	1 lap	
8. K. Venus/R. Gundel	D	BMW	1 lap	
9. G. Pape/F. Kallenberg	D	BMW	1 lap	
10. F. Hänzi/M. Clerc	CH	BMW	1 lap	

Number of finishers: 11.
Fastest lap: K. Enders/R. Engelhardt (D, BMW), 2'38.9 = 153.800 km/h.

4) May 20 : Italy - Monza

18 laps = 103.500 km

Course annulée après l'accident du GP 250 (Jarno Saarinen et Renzo Pasolini ont perdu la vie).

Das Rennen wurde wegen des Unfalls, bei dem Renzo Pasolini und Jarno Saarinen starben, annulliert.

Race cancelled after the accident in the 250 race which cost the lives of Jarno Saarinen and Renzo Pasolini.

5) June 6 : Tourist Trophy - Isle of Man

3 laps = 182.160 km

1. K. Enders/R. Engelhardt	D	BMW	1 h.11'32.4	
			= 152.774 km/h	
2. S. Schauzu/W. Kalauch	D	BMW	1 h.14'18.2	
3. R. Steinhausen/E. Schmitz	D	König	1 h.15'35.4	
4. M. Vanneste/S. Vanneste	B	BMW	1 h.18'44.6	
5. R. Williamson/J. McPherson	GB	BMW	1 h.19'50.8	
6. R. Dutton/T. Wright	GB	BMW	1 h.21'09.4	
7. G. O'Dell/B. Boldison	GB	BSA	1 h.25'04.6	
8. R.-J. Hawes/E. Kiff	GB	Weslake	1 h.25'22.0	
9. R. Woodhouse/D. Woodhouse	GB	Honda	1 h.27'07.4	
10. M. Candy/E. Fletcher	GB	BSA	1 h.27'22.0	

Number of finishers: 38.
Fastest lap: K. Enders/R. Engelhardt (D, BMW), 23'46.4 = 153.241 km/h.

6) June 23 : The Netherlands - Assen

14 laps = 107.828 km

1. K. Enders/R. Engelhardt	D	BMW	47'56.2	
			= 135.005 km/h	
2. G. Boret/N. Boret	GB	König	48'35.9	
3. W. Schwärzel/K. Kleis	D	König	49'23.9	
4. S. Schauzu/W. Kalauch	D	BMW	Time not released	
5. M. Vanneste/S. Vanneste	B	BMW	Time not released	
6. R. Steinhausen/E. Schmitz	D	König	Time not released	
7. K. Venus/R. Gundel	D	BMW	Time not released	
8. G. Pape/F. Kallenberg	D	BMW	1 lap	
9. G. Milton/D. Smith	GB	BMW	1 lap	

Number of finishers: 9.
Fastest lap: K. Enders/R. Engelhardt (D, BMW), 3'22.3 = 137.102 km/h.

7) July 1 : Belgium - Spa-Francorchamps

7 laps = 98.840 km
Pole position: W. Schwärzel/K. Kleis (D, König),
4'33.3 = 185.730 km/h.

1.	K. Enders/R. Engelhardt	D	BMW	32'24.7
				= 182.711 km/h
2.	J. Gawley/P. Sales	GB	König	32'53.7
3.	H. Luthringshauser/H. Hahn	D	BMW	33'11.9
4.	S. Schauzu/W. Kalauch	D	BMW	33'25.7
5.	G. Milton/D. Smith	GB	BMW	34'24.0
6.	T. Wakefield/A. McFadzean	GB	BMW	34'25.2
7.	R. Wegener/D. Jacobson	D/GB	BMW	34'26.9
8.	R. Kurth/D. Rowe	CH/GB	Cat-Monark	34'29.8
9.	M. Boddice/D. Loach	GB	Kawasaki	36'27.4
10.	L. Currie/K. Scott	GB	Weslake	1 lap

Number of finishers: 14.
Fastest lap: K. Enders/R. Engelhardt (D, BMW),
4'34.1 = 185.187 km/h.

8) July 15 : Czechoslovakia - Brno

8 laps = 111.520 km
Pole position: W. Schwärzel/K. Kleis (D, König),
5'33.5 = 148.857 km/h.

1.	K. Enders/R. Engelhardt	D	BMW	49'00.8
				= 139.500 km/h
2.	S. Schauzu/W. Kalauch	D	BMW	50'31.8
3.	W. Schwärzel/K. Kleis	D	König	51'30.9
4.	R. Wegener/D. Jacobson	D/GB	BMW	51'42.8
5.	R. Steinhausen/K. Scheurer	D	König	51'53.0
6.	O. Haller/E. Haselbeck	D	BMW	52'03.0
7.	K. Venus/R. Gundel	D	BMW	52'06.5
8.	E. Schons/K. Lauterbach	D	BMW	54'05.8
9.	H. Schilling/H. Mathews	D/GB	BMW	54'37.8
10.	W. Klenk/G. Scherb	D	BMW	56'25.3

Number of finishers: 14.
Fastest lap: K. Enders/R. Engelhardt (D, BMW),
5'42.6 = 144.900 km/h.

9) September 29 : Finland - Imatra (*)

17 laps = 102.510 km
Pole position: W. Schwärzel/K. Kleis (D, König),
5'33.5 = 148.857 km/h.

1.	K. Rahko/K. Laatikainen	SF	Honda	44'17.6
				= 106.200 km/h
2.	J. Palomaki/J. Vesterinen	SF	BMW	44'25.1
3.	P. Moskari/O. Sten	SF	BMW	46'56.9
4.	M. Satukangas/J. Alanen	SF	Sachs	1 lap
5.	M. Kettola/J. Saksa	SF	König	1 lap
6.	K. Jelonek/W. Stahl	D	BMW	4 laps

Number of finishers: 6.
Fastest lap: M. Satukangas/J. Alanen (SF, Sachs),
2'58.1 = 121.900 km/h.

(*): pour des questions financières, aucun des habitués du championnat du monde n'a entrepris le lointain déplacement de Imatra.

(*): Aus finanziellen Gründen nahm keines der bekannten Weltmeisterschafts-Teams den weiten Weg nach Imatra auf sich.

(*): For financial reasons, none of the championship regulars made the long trip to Imatra.

WORLD CHAMPIONSHIP (*)

1.	Klaus Enders/Ralf Engelhardt	D	BMW	75 (105)
2.	Werner Schwärzel/Karl Kleis	D	König	48
3.	Siegfried Schauzu/Wolfgang Kalauch	D	BMW	45
4.	Michel Vanneste/Serge Vanneste	B	BMW	39
5.	Jeff Gawley/Peter Sales	GB	König	36
6.	Rolf Steinhausen/Karl Scheurer/Erich Schmitz	D	König	27
7.	Heinz Luthringshauser/Hermann Hahn	D	BMW	26
8.	Richard Wegener/Rolf Kabbe/Derek Jacobson	D/D/GB	BMW	24
9.	Kalevi Rahko/Kari Laatikainen	SF	Honda	15
10.	Karl Venus/Rainer Gundel	D	BMW	15
11.	Gerard "Gerry" Boret/Norman "Nick" Boret	GB	König	14
12.	Graham Milton/Don Smith	GB	BMW	14
13.	Jaakko Palomaki/Juhani Vesterinen	SF	BMW	12
14.	Otto Haller/Erich Haselbeck	D	BMW	12
15.	Pentti Moskari/Olavi Sten	SF	BMW	10
16.	Gustav Pape/Franz Kallenberg	D	BMW	10
17.	Matti Satukangas/Jussi Alanen	SF	Sachs	8
18.	Matti Kettola/Jussi Saksa	SF	König	6
19.	Robin Williamson/John McPherson	GB	BMW	6
20.	Roger Dutton/Tony Wright	GB	BMW	5
21.	Hermann Binding/Helmut Fleck	D	BMW	5
22.	Tony Wakefield/Alex McFadzean	GB	BMW	5
23.	George O'Dell/Bill Boldison	GB	BSA	4
24.	Egon Schons/Karl Lauterbach	D	BMW	4
25.	R.-J. "Dick" Hawes/Eddie Kiff	GB	Weslake	3
26.	Rudolf "Ruedi" Kurth/Dane Rowe	CH/GB	Cat-Monark	3
27.	Mick Boddice/Dave Loach	GB	Kawasaki	3
28.	Roy Woodhouse/Doug Woodhouse	GB	Honda	2
29.	Helmut Schilling/Harald Mathews	D/GB	BMW	2
30.	Fritz Hänzi/Marcel Clerc	CH	BMW	1
31.	Maurice Candy/Eddie Fletcher	GB	BSA	1
32.	Lawrence Currie/Keith Scott	GB	Weslake	1
33.	Wolfgang Klenk/Günther Scherb	D	BMW	1

(*): Les cinq meilleurs résultats sont pris en compte pour le championnat. Le chiffre entre parenthèses correspond aux points «bruts».

(*): Die fünf besten Resultate wurden für die Gesamtwertung der Meisterschaft gezählt. Die Zahlen in Klammern entsprechen dem "Brutto"-Punktetotal.

(*): The five best results counted towards the championship. The figures in brackets correspond to the gross number of points.

Fritz Hänzi / Marcel Clerc, BMW (32)
Egon Schons / Karl Lauterbach, BMW (16)
Hanspeter Hubacher / Kurt Huber, BMW (36)
Mick Boddice / Dave Loach, Kawasaki (38)

Champion : **Henk Van Kessel (The Netherlands, Kreidler), 90 points (114), 6 wins**

1974 — 50 cc

1) April 21 : France - Clermont-Ferrand

8 laps = 64.456 km
Pole position: H. Van Kessel (NL, Kreidler),
4'19.5 = 111.745 km/h.

1.	H. Van Kessel	NL	Kreidler	34'42.1
				= 111.418 km/h
2.	R. Kunz	D	Kreidler	35'10.5
3.	O. Buscherini	I	Malanca	35'14.7
4.	H. Rittberger	D	Kreidler	35'23.7
5.	W. Gedlich	D	Kreidler	35'41.5
6.	U. Graf	CH	Kreidler	36'07.1
7.	S. Dörflinger	CH	Kreidler	36'20.3
8.	N. Polane	NL	Roton	36'58.7
9.	G. Schirnhofer	D	Kreidler	37'15.3
10.	J. Bruins	NL	Jamathi	37'17.6

Number of finishers: 23.
Fastest lap: H. Van Kessel (NL, Kreidler),
4'18.3 = 112.264 km/h.

2) April 24 : Germany - Nürburgring (*)

3 laps = 68.550 km

1.	I. Emmerich	D	Kreidler	37'31.2
				= 109.549 km/h
2.	A. Teuchert	D	Kreidler	38'11.2
3.	W. Golembeck	D	Kreidler	40'16.0
4.	P. Rüttjeroth	D	Kreidler	44'51.0
5.	W. Fries	D	Kreidler	1 lap

Number of finishers: 5.
Fastest lap: I. Emmerich (D, Kreidler),
12'23.9 = 110.568 km/h.

(*) les mesures de sécurité n'ayant pas été respectées par les organisateurs, la majorité de pilotes boycottèrent la course, seuls les side-caristes n'ayant pas suivi le mouvement.

(*) Die Sicherheitsvorschriften wurden vom Veranstalter nicht eingehalten. Die Mehrheit der Fahrer boykottierten deshalb das Rennen. Nur die Seitenwagen-Teams schlossen sich dem Boykott nicht an.

(*) As the necessary safety requirements had not been put in place by the organisers, the majority of riders boycotted the race; only the side car riders decided to compete.

3) May 19 : Italy - Imola

12 laps = 60.204 km
Pole position: H. Van Kessel (NL, Kreidler),
2'30.76 = 121.782 km/h.

1.	H. Van Kessel	NL	Kreidler	30'38.7
				= 119.823 km/h
2.	J. Bruins	NL	Jamathi	31'31.9
3.	O. Buscherini	I	Malanca	31'36.3
4.	U. Graf	CH	Kreidler	31'43.4
5.	J. Huberts	NL	Kreidler	32'08.7
6.	C. Lusuardi	I	Villa	32'12.8
7.	J. Van Zeebroeck	B	Kreidler	32'16.7
8.	W. Werner	A	Kreidler	32'23.6
9.	C. Guerrini	I	Ringhini	32'45.8
10.	H. Bartol	A	Kreidler	32'47.6

Number of finishers: 22.
Fastest lap: H. Van Kessel (NL, Kreidler),
2'31.50 = 121.119 km/h.

4) June 26 : The Netherlands - Assen

9 laps = 69.318 km
Pole position: G. Thurow (D, Kreidler),
3'39.2 = 126.525 km/h.

1.	H. Rittberger	D	Kreidler	33'12.1
				= 125.306 km/h
2.	H. Van Kessel	NL	Kreidler	33'26.5
3.	J. Bruins	NL	Jamathi	33'31.1
4.	R. Kunz	D	Kreidler	Time not released
5.	S. Dörflinger	CH	Kreidler	Time not released
6.	H. Hummel	A	Kreidler	Time not released
7.	U. Graf	CH	Kreidler	Time not released
8.	J. Huberts	NL	Kreidler	Time not released
9.	A. Van Der Draay	NL	Kreidler	Time not released
10.	T. Kooyman	NL	Hemeyla	Time not released

Number of finishers: 23.
Fastest lap: H. Rittberger (D, Kreidler),
3'37.6 = 127.462 km/h.

5) July 5 : Belgium - Spa-Francorchamps

5 laps = 70.600 km
Pole position: G. Thurow (D, Kreidler),
5'18.7 = 159.272 km/h.

1.	G. Thurow	D	Kreidler	26'11.6
				= 161.491 km/h
2.	H. Van Kessel	NL	Kreidler	26'13.4
3.	R. Kunz	D	Kreidler	26'53.0
4.	J. Van Zeebroeck	B	Kreidler	27'16.6
5.	J. Huberts	NL	Kreidler	27'20.4
6.	C. Van Dongen	NL	Kreidler	27'28.1
7.	J. Bruins	NL	Jamathi	27'29.0
8.	H. Rittberger	D	Kreidler	27'36.4
9.	S. Dörflinger	CH	Kreidler	28'11.1
10.	U. Graf	CH	Kreidler	28'11.5

Number of finishers: 24.
Fastest lap: H. Van Kessel (NL, Kreidler),
5'11.9 = 162.744 km/h.

6) July 21 : Sweden - Anderstorp

15 laps = 60.270 km
Pole position: H. Van Kessel (NL, Kreidler),
2'02.46 = 118.118 km/h.

1.	H. Van Kessel	NL	Kreidler	30'34.58
				= 118.274 km/h
2.	H. Rittberger	D	Kreidler	30'42.54
3.	J. Van Zeebroeck	B	Kreidler	31'14.81
4.	G. Thurow	D	Kreidler	31'21.89
5.	O. Buscherini	I	Malanca	31'29.84
6.	U. Graf	CH	Kreidler	31'37.57
7.	R. Kunz	D	Kreidler	31'38.06
8.	J. Huberts	NL	Kreidler	31'38.23
9.	S. Dörflinger	CH	Kreidler	31'47.01
10.	H. Hummel	A	Kreidler	32'08.95

Number of finishers: 19.
Fastest lap: H. Van Kessel (NL, Kreidler),
2'00.18 = 120.182 km/h.

7) July 28 : Finland - Imatra

10 laps = 60.300 km
Pole position: J. Van Zeebroeck (B, Kreidler),
2'58.2 = 121.818 km/h.

1.	J. Van Zeebroeck	B	Kreidler	31'24.5
				= 115.520 km/h
2.	R. Kunz	D	Kreidler	32'27.7
3.	U. Graf	CH	Kreidler	32'34.5
4.	G. Thurow	D	Kreidler	32'46.5
5.	S. Dörflinger	CH	Kreidler	32'54.5
6.	T. Timmer	NL	Jamathi	33'25.6
7.	J. Huberts	NL	Kreidler	33'36.0
8.	H. Bartol	A	Kreidler	34'18.4
9.	R. Laver	S	Kreidler	1 lap
10.	L. Rosell	S	Jamathi	1 lap

Number of finishers: 15.
Fastest lap: J. Van Zeebroeck (B, Kreidler),
3'04.7 = 117.500 km/h.

8) August 25 : Czechoslovakia - Brno

6 laps = 83.640 km
Pole position: H. Van Kessel (NL, Kreidler),
6'29.6 = 127.422 km/h.

1.	H. Van Kessel	NL	Kreidler	38'46.5
				= 128.358 km/h
2.	J. Van Zeebroeck	B	Kreidler	39'05.6
3.	G. Thurow	D	Kreidler	39'29.6
4.	H. Hummel	A	Kreidler	39'36.5
5.	H. Rittberger	D	Kreidler	39'48.5
6.	T. Timmer	NL	Jamathi	40'06.5
7.	R. Kunz	D	Kreidler	41'04.6
8.	J. Huberts	NL	Kreidler	41'26.9
9.	H. Bartol	A	Kreidler	42'12.7
10.	R. Blatter	CH	Kreidler	42'13.2

Number of finishers: 21.
Fastest lap: H. Van Kessel (NL, Kreidler),
6'22.1 = 131.100 km/h.

9) September 8 : Yugoslavia - Opatija

15 laps = 89.910 km
Pole position: J. Van Zeebroeck (B, Kreidler),
2'51.6 = 125.874 km/h.

1.	H. Van Kessel	NL	Kreidler	42'10.3
				= 128.000 km/h
2.	H. Rittberger	D	Kreidler	43'03.3
3.	U. Graf	CH	Kreidler	43'36.5
4.	G. Thurow	D	Kreidler	43'38.7
5.	R. Kunz	D	Kreidler	44'30.6
6.	C. Lusuardi	I	Villa	44'52.9
7.	T. Timmer	NL	Jamathi	45'03.5
8.	R. Blatter	CH	Kreidler	1 lap
9.	J. Van Zeebroeck	B	Kreidler	1 lap
10.	W. Golembeck	D	Kreidler	1 lap

Number of finishers: 14.
Fastest lap: J. Van Zeebroeck (B, Kreidler),
2'44.7 = 131.250 km/h.

10) September 22 : Spain - Montjuich

16 laps = 60.640 km
Pole position: H. Rittberger (D, Kreidler),
2'02.58 = 111.307 km/h.

1.	H. Van Kessel	NL	Kreidler	32'42.42
				= 111.265 km/h
2.	H. Rittberger	D	Kreidler	32'46.80
3.	J. Van Zeebroeck	B	Kreidler	32'54.80
4.	G. Thurow	D	Kreidler	33'02.18
5.	U. Graf	CH	Kreidler	33'51.05
6.	S. Dörflinger	CH	Kreidler	34'11.52
7.	R. Kunz	D	Kreidler	34'16.02
8.	T. Timmer	NL	Jamathi	34'34.51
9.	J. Lopez	E	Derbi	34'49.35
10.	N. Peschke	D	Kreidler	1 lap

Number of finishers: 12.
Fastest lap: J. Van Zeebroeck (B, Kreidler),
2'00.00 = 113.719 km/h.

WORLD CHAMPIONSHIP (*)

1.	Henk Van Kessel	NL	Kreidler	90 (114)
2.	Herbert Rittberger	D	Kreidler	65 (68)
3.	Julien Van Zeebroeck	B	Kreidler	59 (61)
4.	Gerhard Thurow	D	Kreidler	57
5.	Rudolf Kunz	D	Kreidler	52 (60)
6.	Ulrich "Ueli" Graf	CH	Kreidler	44 (49)
7.	Jan Bruins	NL	Jamathi	27
8.	Otello Buscherini	I	Malanca	26
9.	Stefan Dörflinger	CH	Kreidler	25
10.	Jan Huberts	NL	Kreidler	25
11.	Theo Timmer	NL	Jamathi	17
12.	Ingo Emmerich	D	Kreidler	15
13.	Hans Hummel	A	Kreidler	14
14.	Arnulf Teuchert	D	Kreidler	12
15.	Wolfgang Golembeck	D	Kreidler	11
16.	Claudio Lusuardi	I	Villa	10
17.	Peter Rüttjeroth	D	Kreidler	8
18.	Wolfgang Gedlich	D	Kreidler	6
19.	Winfried Fries	D	Kreidler	6
20.	Harald Bartol	A	Kreidler	6
21.	Cees Van Dongen	NL	Kreidler	5
22.	Rolf Blatter	CH	Kreidler	4
23.	Nico Polane	NL	Roton	3
24.	Wilhelm Werner	A	Kreidler	3
25.	Günther Schirnhofer	D	Kreidler	2
26.	Carlo Guerrini	I	Ringhini	2
27.	Adrie Van Der Draay	NL	Kreidler	2
28.	Robert Laver	S	Kreidler	2
29.	Javier Lopez	E	Derbi	2
30.	Ton Kooyman	NL	Hemeyla	1
31.	Leif Rosell	S	Jamathi	1
32.	Norbert Peschke	D	Kreidler	1

(*): Les six meilleurs résultats sont pris en compte pour le championnat. Le chiffre entre parenthèses correspond aux points «bruts».

(*): Die sechs besten Resultate wurden für die Gesamtwertung der Meisterschaft gezählt. Die Zahlen in Klammern entsprechen dem "Brutto"-Punktetotal.

(*): The six best results counted towards the championship. The figures in brackets correspond to the gross number of points.

Pierre-Paolo Bianchi, Minarelli 50cc

Champion : **Kent Andersson (Sweden, Yamaha), 87 points (117), 5 wins**

1974 — 125 cc

1) April 21 : France - Clermont-Ferrand

14 laps = 112.798 km
Pole position: O. Buscherini (I, Malanca),
3'58.0 = 121.840 km/h.

1.	K. Andersson	S	Yamaha	54'37.8
				= 123.855 km/h
2.	B. Kneubühler	CH	Yamaha	54'56.0
3.	O. Buscherini	I	Malanca	54'57.0
4.	T. Tchernine	F	Yamaha	56'51.3
5.	B. Grau	E	Derbi	57'03.0
6.	E. Delamarre	F	Yamaha	57'46.0
7.	L. Gustafsson	S	Maïco	58'10.1
8.	J. Zemsauer	A	Rotax	1 lap
9.	M. Maingret	F	Yamaha	1 lap
10.	H. Hallberg	S	Yamaha	1 lap

Number of finishers: 21.
Fastest lap: O. Buscherini (I, Malanca),
3'49.9 = 126.133 km/h.

2) April 24 : Germany - Nürburgring

5 laps = 114.250 km
Pole position: Time not released.

1.	F. Reitmaier	D	Maïco	56'06.2
				= 122.105 km/h
2.	W. Rubel	D	Maïco	56'51.4
3.	H. Dittberner	D	Maïco	57'33.5
4.	R. Weiss	A	Maïco	58'18.5
5.	G. Repitz	H	MZ	58'35.1
6.	P. Rüttjeroth	D	Maïco	59'02.1
7.	A. Teuchert	D	Maïco	59'47.3
8.	K. Gaber	D	Maïco	1 h.04'26.8
9.	J. Kopitar	Y	Maïco	1 h.06'03.6

Number of finishers: 9.
Fastest lap: F. Reitmaier (D, Maïco),
11'06.1 = 123.378 km/h.

3) May 5 : Austria - Salzburgring

25 laps = 105.950 km
Pole position: A. Nieto (E, Derbi),
1'33.84 = 162.583 km/h.

1.	K. Andersson	S	Yamaha	43'39.13
				= 145.690 km/h
2.	A. Nieto	E	Derbi	44'03.38
3.	O. Buscherini	I	Malanca	1 lap
4.	H. Van Kessel	NL	Bridgestone	1 lap
5.	L. Gustafsson	S	Maïco	1 lap
6.	P. Salonen	SF	Yamaha	1 lap
7.	T. Tchernine	F	Yamaha	1 lap
8.	R. Weiss	A	Maïco	1 lap
9.	M. Salonen	SF	Yamaha	1 lap
10.	P. Frohnmeyer	D	Maïco	2 laps

Number of finishers: 16.
Fastest lap: K. Andersson (S, Yamaha),
1'41.65 = 150.220 km/h.

4) May 19: Italy - Imola

20 laps = 100.340 km
Pole position: O. Buscherini (I, Malanca),
2'14.71 = 136.293 km/h.

1.	A. Nieto	E	Derbi	45'32.4
				= 134.387 km/h
2.	K. Andersson	S	Yamaha	46'49.8
3.	P. Bianchi	I	Minarelli	49'42.8
4.	M. Salonen	SF	Yamaha	1 lap
5.	L. Ghiselli	I	Harley-Davidson	1 lap
6.	A. Pero	I	Carem	1 lap
7.	E. Lazzarini	I	Piovaticci	1 lap
8.	L. Righetti	I	Italjet	1 lap
9.	R. Weiss	A	Maïco	1 lap
10.	G. Zanetti	I	DRS	2 laps

Number of finishers: 12.
Fastest lap: A. Nieto (E, Derbi),
2'14.2 = 136.810 km/h.

5) June 29 : The Netherlands - Assen

14 laps = 107.828 km
Pole position: A. Nieto (E, Derbi),
3'18.6 = 139.650 km/h.

1.	B. Kneubühler	CH	Yamaha	46'27.2
				= 139.370 km/h
2.	O. Buscherini	I	Malanca	46'33.5
3.	K. Andersson	S	Yamaha	46'34.9
4.	G. Bender	D	Bender-Special	TNR
5.	J. Schurgers	NL	Bridgestone	Time not released
6.	L. Gustafsson	S	Maïco	Time not released
7.	H. Bartol	A	Suzuki	Time not released
8.	T. Tchernine	F	Yamaha	Time not released
9.	A. Valser	NL	Yamaha	Time not released
10.	J. Zemsauer	A	Rotax	Time not released

Number of finishers: 15.
Fastest lap: A. Nieto (E, Derbi),
3'13.5 = 143.338 km/h.

6) July 7 : Belgium - Spa-Francorchamps

8 laps = 112.960 km
Pole position: A. Nieto (E, Derbi),
4'37.8 = 182.721 km/h.

1.	A. Nieto	E	Derbi	36'33.5
				= 185.129 km/h
2.	K. Andersson	S	Yamaha	36'34.1
3.	B. Kneubühler	CH	Yamaha	36'34.3
4.	H. Bartol	A	Suzuki	37'58.1
5.	O. Buscherini	I	Malanca	38'53.0
6.	E. Lazzarini	I	Piovaticci	39'01.3
7.	G. Bender	D	Bender-Special	40'06.8
8.	H. Seel	D	Maïco	40'19.8
9.	R. Weiss	A	Maïco	40'34.0
10.	J. Lazo	CUB	CZ	40'34.8

Number of finishers: 19.
Fastest lap: A. Nieto (E, Derbi),
4'31.5 = 186.961 km/h.

7) July 21 : Sweden - Anderstorp

24 laps = 96.432 km
Pole position: K. Andersson (S, Yamaha),
1'52.54 = 128.530 km/h.

1.	K. Andersson	S	Yamaha	46'01.51
				= 125.713 km/h
2.	H. Van Kessel	NL	Bridgestone	46'12.22
3.	B. Kneubühler	CH	Yamaha	46'25.18
4.	L. Gustafsson	S	Maïco	46'38.98
5.	J. Zemsauer	A	Rotax	46'39.41
6.	R. Minhoff	D	Maïco	46'49.14
7.	L. Lundgren	S	Maïco	46'54.12
8.	M. Salonen	SF	Yamaha	47'08.22
9.	R. Olsson	S	Yamaha	1 lap
10.	I. Bengtsson	S	Delta	1 lap

Number of finishers: 15.
Fastest lap: K. Andersson (S, Yamaha),
1'52.00 = 129.082 km/h.

8) August 25 : Czechoslovakia - Brno

7 laps = 97.580 km
Pole position: P. Pileri (I, Morbidelli),
5'42.8 = 144.819 km/h.

1.	K. Andersson	S	Yamaha	39'31.9
				= 146.510 km/h
2.	P. Pileri	I	Morbidelli	40'02.3
3.	O. Buscherini	I	Malanca	40'02.7
4.	G. Bender	D	Bender-Special	40'43.5
5.	B. Kneubühler	CH	Yamaha	40'43.8
6.	J. Lenk	DDR	MZ	42'11.6
7.	T. Tchernine	F	Yamaha	42'20.5
8.	H. Bartol	A	Suzuki	42'52.2
9.	P. Salonen	SF	Yamaha	43'31.8
10.	R. Weiss	A	Maïco	43'51.5

Number of finishers: 21.
Fastest lap: P. Pileri (I, Morbidelli),
5'35.4 = 148.014 km/h.

10) September 8 : Yugoslavia - Opatija (*)

17 laps = 101.898 km
Pole position: K. Andersson (S, Yamaha),
2'30.9 = 143.141 km/h.

1.	K. Andersson	S	Yamaha	43'32.4
				= 140.500 km/h
2.	A. Nieto	E	Derbi	43'58.4
3.	H. Van Kessel	NL	Bridgestone	44'33.4
4.	H. Bartol	A	Suzuki	44'55.8
5.	T. Tchernine	F	Yamaha	45'43.0
6.	B. Kneubühler	CH	Yamaha	48'04.3
7.	P. Salonen	SF	Yamaha	1 lap
8.	R. Minhoff	D	Maïco	1 lap
9.	H. Hummel	A	Yamaha	1 lap
10.	G. Ribuffo	I	DRS	1 lap

Number of finishers: 20.
Fastest lap: K. Andersson (S, Yamaha),
2'30.5 = 143.500 km/h.

(*) L'Italien Otello Buscherini (Malanca) qui a passé la ligne d'arrivée en vainqueur, a été disqualifié. Sa moto était équipée d'une boîte à vitesses à 7 rapports, alors que le maximum autorisé depuis 1970 est de 6.

(*) Der Italiener Otello Buscherini (Malanca) wurde nach dem vermeintlichen Sieg in der 125ccm-Klasse disqualifiziert. Das Getriebe seines Motorrads war nicht mit den seit 1970 maximal erlaubten sechs, sondern mit sieben Gängen ausgerüstet.

(*) Italy's Otello Buscherini (Malanca) was first past the flag, only to be disqualified. His gearbox had seven ratios, when since 1970 the maximum permitted was six.

11) September 22 : Spain - Montjuich

27 laps = 102.330 km
Pole position: K. Andersson (S, Yamaha),
1'51.81 = 122.028 km/h.

1.	B. Grau	E	Derbi	50'20.54
				= 121.981 km/h
2.	O. Buscherini	I	Malanca	50'34.90
3.	B. Kneubühler	CH	Yamaha	50'35.41
4.	K. Andersson	S	Yamaha	51'25.40
5.	A. Nieto	E	Derbi	51'48.57
6.	M. Salonen	SF	Yamaha	51'51.72
7.	J.-L. Guignabodet	F	Yamaha	52'03.66
8.	M. Kinnunen	SF	Maïco	1 lap
9.	P. Frohnmeyer	D	Maïco	1 lap
10.	A. Pero	I	Carem	1 lap

Number of finishers: 10.
Fastest lap: B. Grau (E, Derbi),
1'49.46 = 124.669 km/h.

WORLD CHAMPIONSHIP (*)

1.	Kent Andersson	S	Yamaha	87 (117)
2.	Bruno Kneubühler	CH	Yamaha	63 (68)
3.	Angel Nieto	E	Derbi	60
4.	Otello Buscherini	I	Malanca	60
5.	Henk Van Kessel	NL	Bridgestone	30
6.	Thierry Tchernine	F	Yamaha	25
7.	Harald Bartol	A	Suzuki	23
8.	Leif Gustafsson	S	Maïco	23
9.	Benjamin Grau	E	Derbi	21
10.	Gert Bender	D	Bender-Special	20
11.	Rudolf Weiss	A	Maïco	16
12.	Pentti Salonen	SF	Yamaha	16
13.	Fritz Reitmaier	D	Maïco	15
14.	Matti Salonen	SF	Yamaha	13
15.	Wolfgang Rubel	D	Maïco	12
16.	Paolo Pileri	I	Morbidelli	12
17.	Hans-J. Dittberner	D	Maïco	10
18.	Pierpaolo Bianchi	I	Minarelli	10
19.	Johann Zemsauer	A	Rotax	10
20.	Eugenio Lazzarini	I	Piovaticci	9
21.	Rolf Minhoff	D	Maïco	8
22.	Gesa Repitz	H	MZ	6
23.	Lorenzo Ghiselli	I	Harley-Davidson	6
24.	Jos Schurgers	NL	Bridgestone	6
25.	Aldo Pero	I	Carem	6
26.	Etienne Delamarre	F	Yamaha	5
27.	Peter Rüttjeroth	D	Maïco	5
28.	Jürgen Lenk	DDR	MZ	5
29.	Arnulf Teuchert	D	Maïco	4
30.	Lennart Lundgren	S	Maïco	4
31.	Jean-Louis Guignabodet	F	Yamaha	4
32.	Karl Gaber	D	Maïco	3
33.	Luciano Righetti	I	Italjet	3
34.	Horst Seel	D	Maïco	3
35.	Matti Kinnunen	SF	Maïco	3
36.	Peter Frohnmeyer	D	Maïco	3
37.	Maurice Maingret	F	Yamaha	2
38.	Jiri Kopitar	Y	Maïco	2
39.	Aart Valser	NL	Yamaha	2
40.	Roland Olsson	S	Yamaha	2
41.	Hans Hummel	A	Yamaha	2
42.	Hans Hallberg	S	Yamaha	1
43.	Germano Zanetti	I	DRS	1
44.	José Lazo	CUB	CZ	1
45.	Ingemar Bengtsson	S	Delta	1
46.	Gianni Ribuffo	I	DRS	1

(*): Les six meilleurs résultats sont pris en compte pour le championnat. Le chiffre entre parenthèses correspond aux points «bruts».

(*): Die sechs besten Resultate wurden für die Gesamtwertung der Meisterschaft gezählt. Die Zahlen in Klammern entsprechen dem "Brutto"-Punktetotal.

(*): The six best results counted towards the championship. The figures in brackets correspond to the gross number of points.

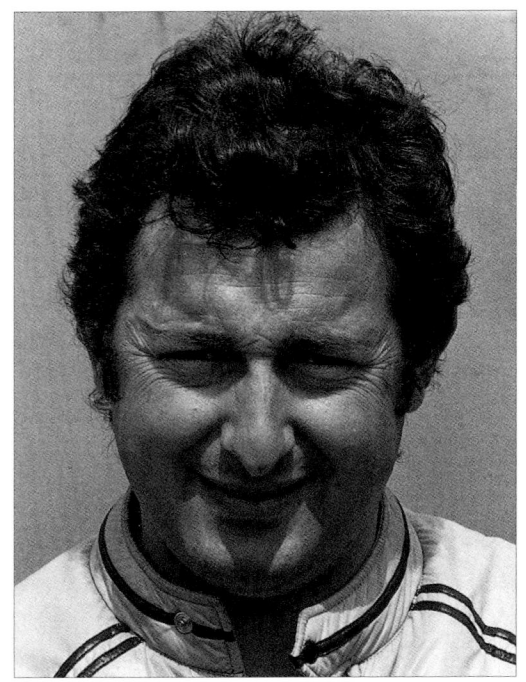

Champion : **Walter Villa (Italy, Harley-Davidson), 77 points, 4 wins**

1974 — 250 cc

1) April 28 : Germany - Nürburgring

6 laps = 137.100 km
Pole position: Time not released

1.	Hel. Kassner	D	Yamaha	1 h.01'16.8
				= 134.148 km/h
2.	H. Lahfeld	D	Yamaha	1 h.02'06.7
3.	H. Hofmann	D	Yamaha	1 h.02'30.5
4.	F. Reitmaier	D	Yamaha	1 h.03'49.5
5.	J. Reisz	H	Yamaha	1 h.04'42.2
6.	A. Heck	D	Yamaha	1 h.05'14.4
7.	R. Scholtis	D	Yamaha	1 h.07'15.2
8.	K.-H. Kittler	D	Yamaha	1 lap
9.	G. Förderer	D	Yamaha	1 lap

Number of finishers: 9.
Fastest lap: Hel. Kassner (D, Yamaha), 10'06.9 = 135.500 km/h.

2) May 19 : Italy - Imola

25 laps = 125.425 km
Pole position: W. Villa (I, Harley-Davidson), 2'06.51 = 145.126 km/h.

1.	W. Villa	I	Harley-Davidson	52'24.0
				= 144.535 km/h
2.	B. Kneubühler	CH	Yamaha	53'39.9
3.	P. Pons	F	Yamaha	53'59.1
4.	G. Proni	I	Yamaha	54'31.7
5.	K. Andersson	S	Yamaha	54'32.4
6.	A. Toracca	I	Yamaha	55'04.7
7.	O. Chevallier	F	Yamaha	1 lap
8.	M. Salonen	SF	Yamaha	1 lap
9.	H. Mühlebach	CH	Yamaha	1 lap
10.	J.-P. Boinet	F	Yamaha	1 lap

Number of finishers: 13.
Fastest lap: W. Villa (I, Harley-Davidson), 2'04.6 = 147.351 km/h

3) June 5 : Tourist Trophy - Isle of Man

4 laps = 242.880 km
Pole position: B. Randle (GB, Padgett-Yamaha), 22'02.8 = 165.249 km/h.

1.	C. Williams	GB	Yamaha	1 h.36'09.8
				= 151.590 km/h
2.	M. Grant	GB	Yamaha	1 h.37'09.2
3.	C. Mortimer	GB	Yamaha	1 h.37'31.2
4.	T. Herron	IRL	Yamaha	1 h.39'03.2
5.	T. Rutter	GB	Yamaha	1 h.39'03.4
6.	P. McKinley	GB	Yamaha	1 h.39'40.4
7.	I.-F. Richards	GB	Yamaha	1 h.40'06.8
8.	G. Mateer	GB	Yamaha	1 h.41'03.8
9.	B. Warburton	GB	Yamaha	1 h.41'11.8
10.	B. Randle	GB	Padgett-Yamaha	1 h.41'17.0

Number of finishers: 35.
Fastest lap: M. Grant (GB, Yamaha), 23'08.0 = 157.474 km/h.

4) June 29 : The Netherlands - Assen

16 laps = 123.232 km
Pole position: K. Roberts (USA, Yamaha), 3'09.5 = 146.355 km/h.

1.	W. Villa	I	Harley-Davidson	50'23.0
				= 146.799 km/h
2.	B. Kneubühler	CH	Yamaha	51'06.6
3.	K. Roberts	USA	Yamaha	51'07.2
4.	P. Pons	F	Yamaha	Time not released
5.	J. Dodds	AUS	Yamaha	Time not released
6.	C. Mortimer	GB	Yamaha	Time not released
7.	T. Rutter	GB	Yamaha	Time not released
8.	P. Pileri	I	Yamaha	Time not released
9.	A. Van Der Broeke	NL	Yamaha	Time not released
10.	M. Grant	GB	Yamaha	Time not released

Number of finishers: 20.
Fastest lap: K. Roberts (USA, Yamaha), 3'05.8 = 149.278 km/h.

5) July 7 : Belgium - Spa-Francorchamps

9 laps = 127.080 km
Pole position: T. Katayama (J, Yamaha), 4'12.8 = 200.791 km/h.

1.	K. Andersson	S	Yamaha	37'59.60
				= 200.404 km/h
2.	D. Braun	D	Yamaha	37'59.72
3.	T. Katayama	J	Yamaha	37'59.85
4.	J. Dodds	AUS	Yamaha	37'59.97
5.	M. Rougerie	F	Harley-Davidson	38'31.50
6.	W. Villa	I	Harley-Davidson	38'31.77
7.	P. Pons	F	Yamaha	38'46.40
8.	T. Herron	IRL	Yamaha	39'08.11
9.	J. Williams	GB	Yamaha	39'08.45
10.	P. Korhonen	SF	Yamaha	39'08.76

Number of finishers: 28.
Fastest lap: T. Katayama (J, Yamaha) and J. Dodds (AUS, Yamaha), 4'10.7 = 202.473 km/h.

6) July 21 : Sweden - Anderstorp

26 laps = 104.468 km/h
Pole position: J. Dodds (AUS, Yamaha), 1'49.00 = 132.704 km/h.

1.	T. Katayama	J	Yamaha	46'58.05
				= 133.455 km/h
2.	W. Villa	I	Harley-Davidson	47'29.38
3.	P. Pons	F	Yamaha	47'36.39
4.	C. Mortimer	GB	Yamaha	48'00.91
5.	D. Braun	D	Yamaha	48'05.08
6.	M. Grant	GB	Yamaha	48'21.81
7.	T. Virtanen	SF	Yamaha	48'21.92
8.	M. Rougerie	F	Harley-Davidson	48'33.05
9.	H. Mühlebach	CH	Yamaha	48'35.06
10.	K. Solberg	N	Yamaha	48'36.01

Number of finishers: 21.
Fastest lap: T. Katayama (J, Yamaha), 1'47.38 = 134.703 km/h.

7) July 28 : Finland - Imatra

19 laps = 114.570 km
Pole position: M. Rougerie (F, Harley-Davidson),
2'27.6 = 147.073 km/h.

1.	W. Villa	I	Harley-Davidson	47'20.1
				= 145.284 km/h
2.	M. Rougerie	F	Harley-Davidson	47'20.4
3.	D. Braun	D	Yamaha	47'58.1
4.	K. Andersson	S	Yamaha	47'58.6
5.	T. Katayama	J	Yamaha	48'05.3
6.	J. Dodds	AUS	Yamaha	48'05.6
7.	M. Salonen	SF	Yamaha	48'21.6
8.	B. Kneubühler	CH	Yamaha	48'28.7
9.	T. Virtanen	SF	Yamaha	48'59.8
10.	L. Gustafsson	S	Yamaha	49'05.6

Number of finishers: 24.
Fastest lap: W. Villa (I, Harley-Davidson),
2'26.4 = 148.300 km/h.

8) August 25 : Czechoslovakia - Brno

9 laps = 125.460 km
Pole position: M. Rougerie (F, Harley-Davidson),
5'19.0 = 155.623 km/h.

1.	W. Villa	I	Harley-Davidson	48'15.7
				= 154.836 km/h
2.	T. Katayama	J	Yamaha	48'25.9
3.	D. Braun	D	Yamaha	48'49.9
4.	B. Kneubühler	CH	Yamaha	48'52.7
5.	P. Pons	F	Yamaha	49'05.1
6.	K. Andersson	S	Yamaha	49'29.0
7.	J. Dodds	AUS	Yamaha	49'32.9
8.	C. Mortimer	GB	Yamaha	49'33.0
9.	T. Tchernine	F	Yamaha	49'42.5
10.	V. Palomo	E	Yamaha	50'41.5

Number of finishers: 27.
Fastest lap: W. Villa (I, Harley-Davidson),
5'19.6 = 155.131 km/h.

9) September 8 : Yugoslavia - Opatija

21 laps = 125.874 km
Pole position: B. Kneubühler (CH, Yamaha),
2'24.3 = 149.688 km/h.

1.	C. Mortimer	GB	Yamaha	51'03.4
				= 148.070 km/h
2.	P. Pons	F	Yamaha	51'09.5
3.	D. Braun	D	Yamaha	51'09.6
4.	H. Mühlebach	CH	Yamaha	51'40.2
5.	R. Minhoff	D	Yamaha	51'43.2
6.	P. Korhonen	SF	Yamaha	51'43.2
7.	V. Palomo	E	Yamaha	51'43.3
8.	T. Herron	IRL	Yamaha	52'04.8
9.	T. Tchernine	F	Yamaha	52'43.0
10.	L. Gustafsson	S	Yamaha	53'01.7

Number of finishers: 14.
Fastest lap: C. Mortimer (GB, Yamaha),
2'22.5 = 151.579 km/h.

10) September 22 : Spain - Montjuich

26 laps = 98.540 km
Pole position: T. Katayama (J, Yamaha),
1'48.98 = 125.197 km/h.

1.	J. Dodds	AUS	Yamaha	47'03.80
				= 125.604 km/h
2.	P. Korhonen	SF	Yamaha	47'11.17
3.	D. Braun	D	Yamaha	47'19.79
4.	B. Kneubühler	CH	Yamaha	47'25.97
5.	V. Palomo	E	Yamaha	47'32.75
6.	R. Minhoff	D	Yamaha	48'14.56
7.	J.-L. Guignabodet	F	Yamaha	48'26.49
8.	O. Chevallier	F	Yamaha	48'26.73
9.	A. George	GB	Yamaha	48'32.32
10.	H. Mühlebach	CH	Yamaha	48'52.87

Number of finishers: 15.
Fastest lap: T. Katayama (J, Yamaha),
1'46.42 = 128.230 km/h.

Hockenheim

WORLD CHAMPIONSHIP (*)

1.	Walter Villa	I	Harley-Davidson	77
2.	Dieter Braun	D	Yamaha	58
3.	Patrick Pons	F	Yamaha	50
4.	Takazumi Katayama	J	Yamaha	43
5.	Bruno Kneubühler	CH	Yamaha	43
6.	Chas Mortimer	GB	Yamaha	41
7.	John Dodds	AUS	Yamaha	38
8.	Kent Andersson	S	Yamaha	34
9.	Michel Rougerie	F	Harley-Davidson	21
10.	Pentti Korhonen	SF	Yamaha	18
11.	Mick Grant	GB	Yamaha	18
12.	Helmut Kassner	D	Yamaha	15
13.	Charlie Williams	GB	Yamaha	15
14.	Tom Herron	IRL	Yamaha	14
15.	Hans Mühlebach	CH	Yamaha	13
16.	Horst Lahfeld	D	Yamaha	12
17.	Rolf Minhoff	D	Yamaha	11
18.	Victor Palomo	E	Yamaha	11
19.	Harry Hofmann	D	Yamaha	10
20.	Kenny Roberts	USA	Yamaha	10
21.	Tony Rutter	GB	Yamaha	10
22.	Fritz Reitmaier	D	Yamaha	8
23.	Giovanni Proni	I	Yamaha	8
24.	Olivier Chevallier	F	Yamaha	7
25.	Matti Salonen	SF	Yamaha	7
26.	Janos Reisz	H	Yamaha	6
27.	Tapio Virtanen	SF	Yamaha	6
28.	Alfred Heck	D	Yamaha	5
29.	Armando Toracca	I	Yamaha	5
30.	Peter McKinley	GB	Yamaha	5
31.	Reinhard Scholtis	D	Yamaha	4
32.	Ian-F. Richards	GB	Yamaha	4
33.	Jean-Louis Guignabodet	F	Yamaha	4
34.	Thierry Tchernine	F	Yamaha	4
35.	Karl-Heinz Kittler	D	Yamaha	3
36.	Garry Mateer	IRL	Yamaha	3
37.	Paolo Pileri	I	Yamaha	3
38.	German Förderer	D	Yamaha	2
39.	Brian Warburton	GB	Yamaha	2
40.	Adrie Van Der Broeke	NL	Yamaha	2
41.	John Williams	GB	Yamaha	2
42.	Alex George	GB	Yamaha	2
43.	Leif Gustafsson	S	Yamaha	2
44.	Jean-Paul Boinet	F	Yamaha	1
45.	Barry Randle	GB	Padgett-Yamaha	1
46.	Kjell Solberg	N	Yamaha	1

(*): Les six meilleurs résultats sont pris en compte pour le championnat.

(*): Die sechs besten Resultate wurden für die Gesamtwertung der Meisterschaft gezählt.

(*): The six best results counted towards the championship.

1974 — 350 cc

Champion : **Giacomo Agostini (Italy, Yamaha), 75 points, 5 wins**

1) April 21 : France - Clermont-Ferrand

17 laps = 136.969 km
Pole position: P. Read (GB, MV-Agusta),
  3'38.1 = 132.957 km/h.

1.	G. Agostini	I	Yamaha	1 h.01'51.5
				= 132.821 km/h
2.	T. Länsivuori	SF	Yamaha	1 h.01'53.8
3.	C. Bourgeois	F	Yamaha	1 h.02'45.9
4.	P. Pons	F	Yamaha	1 h.03'03.4
5.	M. Rougerie	F	Harley-Davidson	1 h.03'18.1
6.	B. Kneubühler	CH	Yamaha	1 h.03'32.0
7.	R. Jimenez	F	Yamaha	1 h.03'44.2
8.	G. Debrock	F	Yamaha	1 h.03'49.6
9.	B. Nelson	GB	Yamaha	1 h.04'10.3
10.	J. Dodds	AUS	Yamaha	1 h.04'36.7

Number of finishers: 16.
Fastest lap: G. Agostini (I, Yamaha),
  3'33.8 = 135.631 km/h.

2) April 28 : Germany - Nürburgring

7 laps = 159.950 km
Pole position: Time not released

1.	Hel. Kassner	D	Yamaha	1 h.09'25.6
				= 138.145 km/h
2.	W. Stephan	D	Yamaha	1 h.10'07.8
3.	F. Weidacher	D	Yamaha	1 h.10'51.9
4.	W. Kaletsch	D	Yamaha	1 h.12'05.2
5.	A. Heck	D	Yamaha	1 h.12'23.7
6.	W. Fries	D	Yamaha	1 h.12'43.9
7.	U. Kochanski	D	Yamaha	1 h.13'34.0
8.	W. Rubel	D	Yamaha	1 h.14'56.4
9.	H.-J. Dittberner	D	Aermacchi	1 h.19'39.0

Number of finishers: 9.
Fastest lap: Hel. Kassner (D, Yamaha),
  9'49.2 = 139.481 km/h.

3) May 5 : Austria - Salzburgring

7 laps = 159.950 km
Pole position: T. Länsivuori (SF, Yamaha),
  1'24.49 = 180.575 km/h.

1.	G. Agostini	I	Yamaha	52'40.68
				= 149.680 km/h
2.	C. Mortimer	GB	Yamaha	52'56.68
3.	D. Braun	D	Yamaha	53'01.04
4.	P. Pons	F	Yamaha	53'25.45
5.	M. Rougerie	F	Harley-Davidson	53'55.50
6.	W. Villa	I	Harley-Davidson	54'03.34
7.	B. Nelson	GB	Yamaha	54'07.34
8.	P. Korhonen	SF	Yamaha	1 lap
9.	J. Williams	GB	Yamaha	1 lap
10.	C. Bourgeois	F	Yamaha	1 lap

Number of finishers: 23.
Fastest lap: T. Länsivuori (SF, Yamaha),
  1'39.44 = 153.400 km/h.

4) May 19 : Italy - Imola

30 laps = 150.510 km
Pole position: T. Länsivuori (SF, Yamaha),
  2'02.53 = 149.840 km/h.

1.	G. Agostini	I	Yamaha	1 h.02'17.8
				= 147.359 km/h
2.	M. Lega	I	Yamaha	1 h.03'00.0
3.	M. Rougerie	F	Harley-Davidson	1 h.03'10.7
4.	W. Villa	I	Harley-Davidson	1 h.03'12.5
5.	C. Mortimer	GB	Yamaha	1 h.03'39.0
6.	G. Proni	I	Yamaha	1 h.03'40.4
7.	G. Elementi	I	Yamaha	1 h.03'43.4
8.	W. Giger	CH	Yamaha	1 h.03'49.7
9.	A. Celso-Santos	BR	Yamaha	1 h.03'57.6
10.	O. Chevallier	F	Yamaha	1 h.04'11.3

Number of finishers: 15.
Fastest lap: G. Agostini (I, Yamaha),
  2'02.6 = 149.755 km/h.

5) June 5 : Tourist Trophy - Isle of Man

5 laps = 303.600 km
Pole position: C. Mortimer (GB, Yamaha),
  21'41.0 = 168.018 km/h.

1.	T. Rutter	GB	Yamaha	1 h.48'22.2
				= 168.140 km/h
2.	M. Grant	GB	Yamaha	1 h.50'06.2
3.	P. Cott	GB	Yamaha	1 h.51'47.0
4.	T. Herron	IRL	Yamaha	1 h.51'50.0
5.	B. Nelson	GB	Yamaha	1 h.52'10.4
6.	B. Guthrie	IRL	Yamaha	1 h.52'44.8
7.	T. Rogers	GB	Yamaha	1 h.53'22.8
8.	R. Nicholls	GB	Yamaha	1 h.53'52.8
9.	P. Gurner	GB	Yamaha	1 h.53'53.0
10.	N. Clegg	GB	Yamaha	1 h.53'59.2

Number of finishers: 37.
Fastest lap: C. Mortimer (GB, Yamaha),
  21'26.6 = 171.218 km/h.

6) June 29 : The Netherlands - Assen

16 laps = 123.232 km
Pole position: T. Länsivuori (SF, Yamaha),
  3'04.2 = 150.556 km/h.

1.	G. Agostini	I	Yamaha	49'36.5
				= 149.093 km/h
2.	D. Braun	D	Yamaha	49'57.4
3.	P. Pons	F	Yamaha	50'16.6
4.	B. Nelson	GB	Yamaha	Time not released
5.	P. Korhonen	SF	Yamaha	Time not released
6.	K. Auer	A	Yamaha	Time not released
7.	J. Newbold	GB	Yamaha	Time not released
8.	J. Williams	GB	Yamaha	Time not released
9.	W. Villa	I	Harley-Davidson	TNR
10.	T. Rutter	GB	Yamaha	Time not released

Number of finishers: 20.
Fastest lap: G. Agostini (I, Yamaha),
  3'02.8 = 151.728 km/h.

7) July 21 : Sweden - Anderstorp

28 laps = 112.504 km
Pole position: T. Länsivuori (SF, Yamaha),
1'44.66 = 138.207 km/h.

1.	T. Länsivuori	SF	Yamaha	49'20.61
				= 136.802 km/h
2.	P. Pons	F	Yamaha	49'31.12
3.	P. Korhonen	SF	Yamaha	49'38.88
4.	D. Braun	D	Yamaha	49'58.77
5.	M. Grant	GB	Yamaha	50'03.95
6.	C. Mortimer	GB	Yamaha	50'10.93
7.	V. Palomo	E	Yamaha	50'13.41
8.	J. Dodds	AUS	Yamaha	50'17.56
9.	B. Nelson	GB	Yamaha	50'31.20
10.	O. Chevallier	F	Yamaha	51'06.32

Number of finishers: 15.
Fastest lap: P. Pons (F, Yamaha),
1'44.46 = 138.464 km/h.

8) July 28 : Finland - Imatra

20 laps = 120.600 km
Pole position: T. Länsivuori (SF, Yamaha),
2'21.4 = 153.521 km/h.

1.	J. Dodds	AUS	Yamaha	49'44.8
				= 145.520 km/h
2.	B. Kneubühler	CH	Yamaha	50'08.9
3.	D. Braun	D	Yamaha	50'13.2
4.	K. Solberg	N	Yamaha	50'17.3
5.	T. Virtanen	SF	Yamaha	50'18.0
6.	W. Giger	CH	Yamaha	50'31.0
7.	K. Auer	A	Yamaha	51'00.7
8.	M. Rougerie	F	Harley-Davidson	51'02.8
9.	J. Williams	GB	Yamaha	51'05.7
10.	P. Pons	F	Yamaha	51'26.8

Number of finishers: 16.
Fastest lap: B. Kneubühler (CH, Yamaha),
2'24.2 = 150.500 km/h.

9) September 8 : Yugoslavia - Opatija

25 laps = 149.850 km
Pole position: G. Agostini (I, Yamaha),
2'19.6 = 154.727 km/h.

1.	G. Agostini	I	Yamaha	57'53.8
				= 155.400 km/h
2.	J. Dodds	AUS	Yamaha	58'30.2
3.	D. Braun	D	Yamaha	59'15.5
4.	P. Pons	F	Yamaha	59'41.2
5.	P. Korhonen	SF	Yamaha	59'53.0
6.	V. Palomo	E	Yamaha	1 h.00'13.8
7.	B. Henderson	GB	Yamaha	1 lap
8.	O. Chevallier	F	Yamaha	1 lap
9.	T. Herron	IRL	Yamaha	1 lap
10.	A. Toracca	I	Bimota	1 lap

Number of finishers: 14.
Fastest lap: G. Agostini (I, Yamaha),
2'17.0 = 157.665 km/h.

10) September 22 : Spain - Montjuich

35 laps = 132.650 km
Pole position: P. Pons (F, Yamaha),
1'46.03 = 128.680 km/h.

1.	V. Palomo	E	Yamaha	1 h.03'17.17
				= 126.783 km/h
2.	D. Braun	D	Yamaha	1 h.03'28.21
3.	O. Chevallier	F	Yamaha	1 h.03'40.84
4.	A. George	GB	Yamaha	1 h.03'41.05
5.	C. Mortimer	GB	Yamaha	1 h.04'10.47
6.	H. Mühlebach	CH	Yamaha	1 h.04'25.09
7.	B. Henderson	GB	Yamaha	1 lap
8.	U. Graf	CH	Yamaha	1 lap
9.	N. Van Der Zanden	NL	Yamaha	1 lap
10.	K. Solberg	N	Yamaha	1 lap

Number of finishers: 14.
Fastest lap: P. Korhonen (SF, Yamaha),
1'45.24 = 129.668 km/h.

Clermont-Ferrand

WORLD CHAMPIONSHIP (*)

1.	Giacomo Agostini	I	Yamaha	75
2.	Dieter Braun	D	Yamaha	62
3.	Patrick Pons	F	Yamaha	47
4.	John Dodds	AUS	Yamaha	31
5.	Chas Mortimer	GB	Yamaha	29
6.	Teuvo Länsivuori	SF	Yamaha	27
7.	Michel Rougerie	F	Harley-Davidson	25
8.	Pentti Korhonen	SF	Yamaha	25
9.	Victor Palomo	E	Yamaha	24
10.	Billie Nelson	GB	Yamaha	22
11.	Mick Grant	GB	Yamaha	18
12.	Bruno Kneubühler	CH	Yamaha	17
13.	Tony Rutter	GB	Yamaha	16
14.	Helmut Kassner	D	Yamaha	15
15.	Olivier Chevallier	F	Yamaha	15
16.	Walter Villa	I	Harley-Davidson	15
17.	Wolfgang Stephan	D	Yamaha	12
18.	Mario Lega	I	Yamaha	12
19.	Christian Bourgeois	F	Yamaha	11
20.	Franz Weidacher	D	Yamaha	10
21.	Paul Cott	GB	Yamaha	10
22.	Tom Herron	IRL	Yamaha	10
23.	Kjell Solberg	N	Yamaha	9
24.	Karl Auer	A	Yamaha	9
25.	Walter Kaletsch	D	Yamaha	8
26.	Alex George	GB	Yamaha	8
27.	Werner Giger	CH	Yamaha	8
28.	Bill Henderson	GB	Yamaha	8
29.	John Williams	GB	Yamaha	7
30.	Alfred Heck	D	Yamaha	6
31.	Tapio Virtanen	SF	Yamaha	6
32.	Winfried Fries	D	Yamaha	5
33.	Giovanni Proni	I	Yamaha	5
34.	Billy Guthrie	IRL	Yamaha	5
35.	Hans Mühlebach	CH	Yamaha	5
36.	Ramon Jimenez	F	Yamaha	4
37.	Udo Kochanski	D	Yamaha	4
38.	Giuseppe Elementi	I	Yamaha	4
39.	Tony Rogers	GB	Yamaha	4
40.	John Newbold	GB	Yamaha	4
41.	Gérard Debrock	F	Yamaha	3
42.	Wolfgang Rubel	D	Yamaha	3
43.	Roger Nicholls	GB	Yamaha	3
44.	Ulrich "Ueli" Graf	CH	Yamaha	3
45.	Hans-J. Dittberner	D	Aermacchi	2
46.	Adu Celso-Santos	BR	Yamaha	2
47.	Phil Gurner	GB	Yamaha	2
48.	Nico Van Der Zanden	NL	Yamaha	2
49.	Noël Clegg	GB	Yamaha	1
50.	Armando Toracca	I	Bimota	1

(*): Les six meilleurs résultats sont pris en compte pour le championnat.

(*): Die sechs besten Resultate wurden für die Gesamtwertung der Meisterschaft gezählt.

(*): The six best results counted towards the championship.

Champion : **Phil Read (Great Britain, MV-Agusta), 82 points (92), 4 wins**

1974 — 500 cc

1) April 21 : France - Clermont-Ferrand

17 laps = 136.969 km
Pole position: P. Read (GB, MV-Agusta),
3'36.0 = 134.250 km/h.

1. P. Read	GB	MV-Agusta	1 h.01'33.2	
			= 133.479 km/h	
2. B. Sheene	GB	Suzuki	1 h.01'38.2	
3. G. Bonera	I	MV-Agusta	1 h.01'44.7	
4. T. Länsivuori	SF	Yamaha	1 h.02'02.0	
5. M. Rougerie	F	Harley-Davidson	1 h.03'31.8	
6. B. Nelson	GB	Yamaha	1 h.04'06.8	
7. J. Williams	GB	Yamaha	1 h.04'16.7	
8. C. Mortimer	GB	Yamaha	1 h.04'23.3	
9. R. Jimenez	F	Yamaha	1 h.04'24.3	
10. P. Gérard	F	Yamaha	1 h.04'24.6	

Number of finishers: 19.
Fastest lap: G. Agostini (I, Yamaha),
3'32.4 = 136.525 km/h.

2) April 28 : Germany - Nürburgring

7 laps = 159.950 km
Pole position: Time not released

1. E. Czihag	D	Yamaha	1 h.12'19.9
			= 132.597 km/h
2. Hel. Kassner	D	Yamaha	1 h.14'18.5
3. W. Kaletsch	D	Yamaha	1 h.14'36.7
4. U. Kochanski	D	König	1 h.19'16.0

Number of finishers: 4.
Fastest lap: E. Czihag (D, Yamaha),
10'13.9 = 133.900 km/h.

3) May 5 : Austria - Salzburgring

33 laps = 139.854 km
Pole position: G. Agostini (I, Yamaha),
1'21.16 = 187.984 km/h.

1. G. Agostini	I	Yamaha	53'23.87
			= 157.100 km/h
2. G. Bonera	I	MV-Agusta	53'24.14
3. B. Sheene	GB	Suzuki	1 lap
4. J. Findlay	AUS	Suzuki	1 lap
5. D. Braun	D	Yamaha	1 lap
6. K. Auer	A	Yamaha	1 lap
7. B. Nelson	GB	Yamaha	1 lap
8. J. Williams	GB	Yamaha	1 lap
9. P. Eickelberg	D	König	2 laps
10. J.-P. Boinet	F	Yamaha	2 laps

Number of finishers: 16.
Fastest lap: G. Bonera (I, MV-Agusta),
1'35.53 = 159.720 km/h.

4) May 19 : Italy - Imola

36 laps = 180.612 km
Pole position: G. Agostini (I, Yamaha),
2'00.61 = 152.226 km/h.

1. G. Bonera	I	MV-Agusta	1 h.12'27.22
			= 152.042 km/h
2. T. Länsivuori	SF	Yamaha	1 h.13'52.9
3. P. Read	GB	MV-Agusta	1 h.14'31.2
4. J. Findlay	AUS	Suzuki	1 lap
5. R. Gallina	I	Yamaha	2 laps
6. A. George	GB	Yamaha	2 laps
7. W. Giger	CH	Yamaha	2 laps
8. B. Nelson	GB	Yamaha	2 laps
9. C. Léon	F	Kawasaki	3 laps

Number of finishers: 9.
Fastest lap: G. Agostini (I, Yamaha),
1'58.3 = 155.198 km/h.

5) June 6 : Tourist Trophy - Isle of Man

5 laps = 303.600 km
Pole position: J. Findlay (AUS, Suzuki),
21'29.2 = 169.556 km/h.

1. P. Carpenter	GB	Yamaha	1 h.56'41.6
			= 156.150 km/h
2. C. Williams	GB	Yamaha	1 h.57'31.6
3. T. Rutter	GB	Yamaha	1 h.59'57.4
4. B. Guthrie	IRL	Yamaha	2 h.02'01.0
5. P. Cott	GB	Yamaha	2 h.02'40.8
6. Hel. Kassner	D	Yamaha	2 h.05'23.0
7. B. Nelson	GB	Yamaha	2 h.05'30.0
8. P. McKinley	GB	Yamaha	2 h.05'46.8
9. S. Griffiths	GB	Matchless	2 h.06'43.6
10. G. Barry	GB	Matchless	2 h.06'43.8

Number of finishers: 37.
Fastest lap: C. Williams (GB, Yamaha),
22'12.6 = 164.024 km/h.

6) June 29 : The Netherlands - Assen

16 laps = 123.232 km
Pole position: T. Länsivuori (SF, Yamaha),
3'01.9 = 152.470 km/h.

1. G. Agostini	I	Yamaha	48'54.6
			= 151.217 km/h
2. T. Länsivuori	SF	Yamaha	48'57.8
3. P. Read	GB	MV-Agusta	49'23.0
4. G. Bonera	I	MV-Agusta	Time not released
5. C. Williams	GB	Yamaha	Time not released
6. K. Auer	A	Yamaha	Time not released
7. P. Korhonen	SF	Yamaha	Time not released
8. V. Palomo	E	Yamaha	Time not released
9. W. Giger	CH	Yamaha	Time not released
10. J. Williams	GB	Yamaha	Time not released

Number of finishers: 20.
Fastest lap: G. Agostini (I, Yamaha),
2'59.8 = 154.260 km/h.

7) July 7 : Belgium - Spa-Francorchamps

12 laps = 169.440 km
Pole position: P. Read (GB, MV-Agusta),
4'01.7 = 210.012 km/h.

1.	P. Read	GB	MV-Agusta	47'47.7
				= 212.407 km/h
2.	G. Agostini	I	Yamaha	48'59.9
3.	D. Braun	D	Yamaha	49'03.9
4.	P. Pons	F	Yamaha	49'04.1
5.	J. Findlay	AUS	Suzuki	49'26.5
6.	M. Rougerie	F	Harley-Davidson	50'14.1
7.	J. Williams	GB	Yamaha	50'30.3
8.	C. Léon	F	Kawasaki	50'44.2
9.	P. Eickelberg	D	König	52'41.0
10.	G. Bonera	I	MV-Agusta	53'01.9

Number of finishers: 19.
Fastest lap: P. Read (GB, MV-Agusta),
3'56.4 = 214.720 km/h.

8) July 21 : Sweden - Anderstorp

28 laps = 112.504 km
Pole position: T. Länsivuori (SF, Yamaha),
1'44.38 = 138.578 km/h.

1.	T. Länsivuori	SF	Yamaha	49'22.21
				= 136.727 km/h
2.	P. Read	GB	MV-Agusta	49'48.84
3.	P. Korhonen	SF	Yamaha	49'54.97
4.	G. Bonera	I	MV-Agusta	49'58.69
5.	K. Auer	A	Yamaha	50'18.80
6.	B. Nelson	GB	Yamaha	50'54.06
7.	W. Giger	CH	Yamaha	50'57.44
8.	V. Palomo	E	Yamaha	50'57.51
9.	T. Herron	IRL	Yamaha	51'09.08
10.	J. Williams	GB	Yamaha	1 lap

Number of finishers: 17.
Fastest lap: T. Länsivuori (SF, Yamaha),
1'44.35 = 138.610 km/h.

9) July 28 : Finland - Imatra

20 laps = 120.600 km
Pole position: P. Read (GB, MV-Agusta),
2'18.5 = 156.736 km/h.

1.	P. Read	GB	MV-Agusta	46'45.0
				= 154.828 km/h
2.	G. Bonera	I	MV-Agusta	46'45.2
3.	T. Länsivuori	SF	Yamaha	46'46.9
4.	J. Findlay	AUS	Suzuki	48'02.3
5.	P. Korhonen	SF	Yamaha	48'29.5
6.	J. Williams	GB	Yamaha	48'39.4
7.	C. Léon	F	Kawasaki	48'55.9
8.	W. Giger	CH	Yamaha	48'57.1
9.	P. Coulon	CH	Yamaha	48'57.3
10.	K. Auer	A	Yamaha	1 lap

Number of finishers: 18.
Fastest lap: T. Länsivuori (SF, Yamaha),
2'17.3 = 158.100 km/h.

10) August 25 : Czechoslovakia - Brno

11 laps = 153.340 km
Pole position: P. Read (GB, MV-Agusta),
4'59.6 = 165.700 km/h.

1.	P. Read	GB	MV-Agusta	55'16.8
				= 164.641 km/h
2.	G. Bonera	I	MV-Agusta	55'17.6
3.	T. Länsivuori	SF	Yamaha	55'27.4
4.	B. Sheene	GB	Suzuki	56'47.3
5.	D. Braun	D	Yamaha	57'14.2
6.	G. Agostini	I	Yamaha	57'34.5
7.	J. Findlay	AUS	Suzuki	57'44.5
8.	M. Rougerie	F	Harley-Davidson	58'08.2
9.	P. Korhonen	SF	Yamaha	58'08.3
10.	C. Mortimer	GB	Yamaha	58'56.1

Number of finishers: 23.
Fastest lap: G. Bonera (I, MV-Agusta),
4'57.0 = 167.200 km/h.

WORLD CHAMPIONSHIP (*)

1.	Phil Read	GB	MV-Agusta	82 (92)
2.	Gianfranco Bonera	I	MV-Agusta	69 (78)
3.	Teuvo Länsivuori	SF	Yamaha	67
4.	Giacomo Agostini	I	Yamaha	47
5.	Jack Findlay	AUS	Suzuki	34
6.	Barry Sheene	GB	Suzuki	30
7.	Dieter Braun	D	Yamaha	22
8.	Pentti Korhonen	SF	Yamaha	22
9.	Billie Nelson	GB	Yamaha	21
10.	Charlie Williams	GB	Yamaha	18
11.	John Williams	GB	Yamaha	18
12.	Helmut Kassner	D	Yamaha	17
13.	Karl Auer	A	Yamaha	17
14.	Edmund Czihag	D	Yamaha	15
15.	Phil Carpenter	GB	Yamaha	15
16.	Michel Rougerie	F	Harley-Davidson	14
17.	Werner Giger	CH	Yamaha	13
18.	Walter Kaltesch	D	Yamaha	10
19.	Tony Rutter	GB	Yamaha	10
20.	Christian Léon	F	Kawasaki	9
21.	Udo Kochanski	D	König	8
22.	Billy Guthrie	IRL	Yamaha	8
23.	Patrick Pons	F	Yamaha	8
24.	Roberto Gallina	I	Yamaha	6
25.	Paul Cott	GB	Yamaha	6
26.	Victor Palomo	E	Yamaha	6
27.	Alex George	GB	Yamaha	5
28.	Chas Mortimer	GB	Yamaha	4
29.	Paul Eickelberg	D	König	4
30.	Peter McKinley	GB	Yamaha	3
31.	Ramon Jimenez	F	Yamaha	2
32.	Selwyn Griffiths	GB	Matchless	2
33.	Tom Herron	IRL	Yamaha	2
34.	Philippe Coulon	CH	Yamaha	2
35.	Philippe Gérard	F	Yamaha	1
36.	Jean-Paul Boinet	F	Yamaha	1
37.	Geoff Barry	GB	Matchless	1

(*): Les six meilleurs résultats sont pris en compte pour le championnat. Le chiffre entre parenthèses correspond aux points «bruts».

(*): Die sechs besten Resultate wurden für die Gesamtwertung der Meisterschaft gezählt. Die Zahlen in Klammern entsprechen dem "Brutto"-Punktetotal.

(*): The six best results counted towards the championship. The figures in brackets correspond to the gross number of points.

1974 — Side-Cars

Champions : **Klaus Enders/Ralf Engelhardt (Germany, Busch-BMW), 66 points, 2 wins**

1) April 21 : France - Clermont-Ferrand

13 laps = 104.741 km
Pole position: S. Schauzu/W. Kalauch (D, BMW),
4'07.0 = 117.400 km/h.

1. S. Schauzu/W. Kalauch	D		BMW	53'50.7
				= 116.684 km/h
2. W. Schwärzel/K. Kleis	D		König	53'52.6
3. R. Kurth/D. Rowe	CH/GB		Cat	54'24.2
4. R. Wegener/D. Jacobson	D/GB		BMW	55'37.0
5. D. Keen/R. Worrall	GB		König	55'37.2
6. H. Luthringshauser/H. Hahn	D		BMW	57'10.3
7. G. Pape/F. Kallenberg	D		BMW	57'49.6
8. H. Schilling/H. Mathews	D/GB		BMW	57'54.8
9. E. Schons/K. Lauterbach	D		BMW	1 lap
10. S. Zeh/J. Waters	B		BMW	1 lap

Number of finishers: 16.
Fastest lap: W. Schwärzel/K. Kleis (D, König),
4'00.9 = 120.373 km/h.

2) April 28 : Germany - Nürburgring

5 laps = 114.250 km
Pole position: W. Schwärzel/K. Kleis (D, König),
9'59.6 = 137.191 km/h.

1. W. Schwärzel/K. Kleis	D		König	50'39.2
				= 135.242 km/h
2. K. Enders/R. Engelhardt	D		Busch-BMW	51'08.2
3. S. Schauzu/W. Kalauch	D		BMW	51'33.5
4. R. Steinhausen/K. Scheurer	D		König	53'13.2
5. R. Wegener/D. Jacobson	D/GB		BMW	54'03.2
6. G. Pape/F. Kallenberg	D		BMW	54'25.8
7. S. Maier/G. Lehmann	D		BMW	54'57.0
8. O. Haller/E. Haselbeck	D		BMW	55'13.4
9. H. Hubacher/K. Huber	CH		BMW	55'13.6
10. H. Schilling/H. Mathews	D/GB		BMW	55'46.9

Number of finishers: 18.
Fastest lap: W. Schwärzel/K. Kleis (D, König),
9'58.1 = 137.486 km/h.

3) May 5 : Austria - Salzburgring

27 laps = 114.426 km
Pole position: W. Schwärzel/K. Kleis (D, König),
1'31.87 = 166.069 km/h.

1. S. Schauzu/W. Kalauch	D		BMW	50'07.03
				= 136.940 km/h
2. W. Schwärzel/K. Kleis	D		König	50'13.68
3. H. Luthringshauser/H. Hahn	D		BMW	50'21.98
4. J. Gawley/K. Birch	GB		König	50'23.98
5. H. Hubacher/K. Huber	CH		BMW	51'19.14
6. R. Kurth/D. Rowe	CH/GB		Cat	51'19.78
7. O. Haller/E. Haselbeck	D		BMW	51'21.10
8. R. Biland/F. Freiburghaus	CH		Cat	51'37.18
9. H. Prügl/H. Kussberger	A		Rotax	51'58.08
10. S. Maier/G. Lehmann	D		BMW	1 lap

Number of finishers: 11.
Fastest lap: S. Schauzu/W. Kalauch (D, BMW),
1'48.36 = 140.800 km/h.

4) May 19 : Italy - Imola

20 laps = 100.340 km
Pole position: W. Schwärzel/K. Kleis (D, König),
2'15.16 = 135.839 km/h.

1. K. Enders/R. Engelhardt	D		Busch-BMW	45'44.9
				= 133.726 km/h
2. R. Biland/F. Freiburghaus	CH		Cat	45'53.6
3. R. Steinhausen/K. Scheurer	D		König	46'12.1
4. S. Schauzu/W. Kalauch	D		BMW	46'43.5
5. H. Luthringshauser/H. Hahn	D		BMW	1 lap
6. R. Wegener/D. Jacobson	D/GB		BMW	1 lap
7. H. Hubacher/K. Huber	CH		BMW	1 lap
8. O. Haller/E. Haselbeck	D		BMW	1 lap
9. E. Schons/H. Schons	D		BMW	1 lap
10. R. Olleario/G. Piero	I		Suzuki	1 lap

Number of finishers: 12.
Fastest lap: W. Schwärzel/K. Kleis (D, König),
2'14.5 = 136.505 km/h.

5) June 6 : Tourist Trophy - Isle of Man

3 laps = 182.160 km
Pole position: K. Enders/R. Engelhardt (D, Busch-BMW),
23'11.4 = 157.102 km/h.

1. H. Luthringshauser/H. Hahn	D		BMW	1 h.13'36.2
				= 148.550 km/h
2. G. O'Dell/B. Boldison	GB		König	1 h.18'46.4
3. M. Hobson/J. Armstrong	GB		Yamaha	1 h.19'35.0
4. R.-J. Hawes/E. Kiff	GB		Weslake	1 h.22'30.8
5. T. Ireson/G. Hunt	GB		König	1 h.22'37.2
6. B. Crook/S. Collins	GB		BSA	1 h.23'00.6
7. M. Aldrick/M. Skeels	GB		Honda	1 h.23'33.6
8. R. Perry/A. Craig	IRL		BSA	1 h.24'14.2
9. S. Schauzu/W. Kalauch	D		BMW	1 h.27'00.6
10. R. Aldous/P. Lucok	GB		Triumph	1 h.27'25.4

Number of finishers: 27.
Fastest lap: J. Gawley/K. Birch (GB, König),
24'14.8 = 150.248 km/h.

6) June 29 : The Netherlands - Assen

14 laps = 107.828 km
Pole position: W. Schwärzel/K. Kleis (D, König),
3'19.8 = 138.810 km/h.

1. K. Enders/R. Engelhardt	D		Busch-BMW	47'54.7
				= 135.066 km/h
2. R. Steinhausen/J. Huber	D		König	48'11.9
3. S. Schauzu/W. Kalauch	D		BMW	49'22.9
4. H. Luthringshauser/H. Hahn	D		BMW	Time not released
5. W. Schwärzel/K. Kleis	D		König	Time not released
6. S. Maier/G. Lehmann	D		BMW	Time not released
7. G. Pape/E. Berghahn	D		BMW	Time not released
8. R. Wegener/D. Jacobson	D/GB		BMW	1 lap
9. E. Schons/H. Schons	D		BMW	1 lap
10. K. Venus/R. Gundel	D		BMW	1 lap

Number of finishers: 11.
Fastest lap: K. Enders/R. Engelhardt (D, Busch-BMW),
3'21.2 = 137.852 km/h.

7) July 7 : Belgium - Spa-Francorchamps

8 laps = 112.960 km
Pole position: W. Schwärzel/K. Kleis (D, König),
4'33.3 = 185.730 km/h.

1.	R. Steinhausen/J. Huber	D	König	36'02.2
				= 187.978 km/h
2.	K. Enders/R. Engelhardt	D	Busch-BMW	36'02.5
3.	W. Schwärzel/K. Kleis	D	König	36'41.8
4.	M. Boddice/D. Loach	GB	König	37'27.6
5.	H. Luthringshauser/H. Hahn	D	BMW	37'34.6
6.	O. Haller/E. Haselbeck	D	BMW	37'38.0
7.	M. Pourcelet/G. Lecorre	F	BMW	38'04.5
8.	E. Schons/H. Schons	D	BMW	39'11.8
9.	G. Rozer/S. Van Humbeck	B	BMW	1 lap
10.	F. Hänzi/E. Schmitz	CH/D	BMW	1 lap

Number of finishers: 13.
Fastest lap: K. Enders/R. Engelhardt (D, Busch-BMW),
4'25.8 = 190.080 km/h.

8) August 25 : Czechoslovakia - Brno

8 laps = 111.520 km
Pole position: W. Schwärzel/K. Kleis (D, König),
5'33.5 = 148.857 km/h.

1.	W. Schwärzel/K. Kleis	D	König	44'34.7
				= 148.478 km/h
2.	K. Enders/R. Engelhardt	D	Busch-BMW	44'34.8
3.	S. Schauzu/W. Kalauch	D	BMW	47'32.7
4.	W. Meier/H. Gehrig	CH	König	47'55.2
5.	O. Haller/E. Haselbeck	D	BMW	48'00.1
6.	G. Pape/F. Kallenberg	D	BMW	48'00.9
7.	S. Maier/G. Lehmann	D	BMW	48'02.9
8.	H. Schilling/G. Maier	D	BMW	49'38.5
9.	W. Emrich/N. Wild	D	BMW	50'30.2
10.	K. Venus/R. Gundel	D	BMW	51'22.1

Number of finishers: 19.
Fastest lap: K. Enders/R. Engelhardt (D, Busch-BMW),
5'30.5 = 151.000 km/h.

WORLD CHAMPIONSHIP*

1.	Klaus Enders/Ralf Engelhardt	D	Busch-BMW	66
2.	Werner Schwärzel/Karl Kleis	D	König	64 (70)
3.	Siegfried Schauzu/Wolfgang Kalauch	D	BMW	60 (70)
4.	Rolf Steinhausen/Karl Scheurer/Josef Huber	D	König	45
5.	Heinz Luthringshauser/Hermann Hahn	D	BMW	45 (50)
6.	Richard Wegener/Derek Jacobson	D/GB	BMW	22
7.	Otto Haller/Erich Haselbeck	D	BMW	21
8.	Gustav Pape/Franz Kallenberg/Erich Berghahn	D	BMW	18
9.	Rolf Biland/Fredy Freiburghaus	CH	Cat	15
10.	Rudolf "Ruedi" Kurth/Dane Rowe	CH/GB	Cat	15
11.	Siegfried Maier/Gerhard Lehmann	D	BMW	14
12.	George O'Dell/Bill Boldison	GB	König	12
13.	Hanspeter Hubacher/Kurt Huber	CH	BMW	12
14.	Malcom Hobson/John Armstrong	GB	Yamaha	10
15.	Egon Schons/Karl Lauterbach/Horst Schons	D	BMW	9
16.	Jeff Gawley/Ken Birch	GB	König	8
17.	R.-J. "Dick" Hawes/Eddie Kiff	GB	Weslake	8
18.	Mick Boddice/Dave Loach	GB	König	8
19.	Willy Meier/Hansueli Gehrig	CH	König	8
20.	Helmut Schilling/Harald Mathews/Gerhard Maier	D/GB/D	BMW	7
21.	Dennis Keen/Roland Worrall	GB	König	6
22.	Trevor Ireson/Geoff Hunt	GB	König	6
23.	Bill Crook/Stuart Collins	GB	BSA	5
24.	Malcolm Aldrick/Mick Skeels	GB	Honda	4
25.	Michel Pourcelet/Gérard Lecorre	F	BMW	4
26.	Ronie Perry/A. Craig	IRL	BSA	3
27.	Herbert Prügl/Herbert Kussberger	A	Rotax	2
28.	Georges Rozer/Serge Van Humbeck	B	BMW	2
29.	Willy Emrich/Norbert Wild	D	BMW	2
30.	Karl Venus/Rainer Gundel	D	BMW	2
31.	Siegfried Zeh/Jon Waters	B	BMW	1
32.	Roberto Olleraro/Gianni Piero	I	Suzuki	1
33.	Roger Aldous/Peter Lucok	GB	Triumph	1
34.	Fritz Hänzi/Erich Schmitz	CH/D	BMW	1

(*): Les cinq meilleurs résultats sont pris en compte pour le championnat.
Le chiffre entre parenthèses correspond aux points «bruts».

(*): Die fünf besten Resultate wurden für die Gesamtwertung der Meisterschaft gezählt.
Die Zahlen in Klammern entsprechen dem "Brutto"-Punktetotal.

(*): The five best results counted towards the championship.
The figures in brackets correspond to the gross number of points.

Siegfried Schauzu / Hermann Hahn, BMW

1975 — 50 cc

***Champion*: Angel Nieto (Spain, Kreidler), 75 points (114), 6 wins**

1) April 20 : Spain - Jarama

18 laps = 61.271 km
Pole position: A. Nieto (E, Kreidler), 2'11.7 = 93.047 km/h.

1. A. Nieto	E	Kreidler	36'16.1	
				= 101.373 km/h
2. J. Van Zeebroeck	B	Kreidler	36'28.1	
3. S. Dörflinger	CH	Kreidler	36'33.5	
4. E. Lazzarini	I	Piovaticci	36'41.5	
5. N. Polane	NL	Kreidler	37'02.5	
6. H. Rittberger	D	Kreidler	37'08.6	
7. J. Alguersuari	E	Derbi	37'21.6	
8. C. Van Dongen	NL	Kreidler	37'52.2	
9. R. Kunz	D	Kreidler	37'55.3	
10. J. Gali	E	Derbi	1 lap	

Number of finishers: 14.
Fastest lap: A. Nieto (E, Kreidler), 1'57.8 = 103.376 km/h.

2) May 11 : Germany - Hockenheim

11 laps = 74.668 km
Pole position: E. Lazzarini (I, Piovaticci), 2'57.3 = 137.827 km/h.

1. A. Nieto	E	Kreidler	32'32.2	
				= 137.685 km/h
2. E. Lazzarini	I	Piovaticci	32'39.3	
3. J. Van Zeebroeck	B	Kreidler	32'55.5	
4. H. Rittberger	D	Kreidler	32'56.2	
5. R. Kunz	D	Kreidler	33'05.0	
6. S. Dörflinger	CH	Kreidler	33'17.0	
7. G. Thurow	D	Kreidler	33'18.5	
8. J. Bruins	NL	Kreidler	34'00.7	
9. I. Emmerich	D	Kreidler	34'09.1	
10. H. Hummel	A	Kreidler	34'26.0	

Number of finishers: 20.
Fastest lap: A. Nieto (E, Kreidler), 2'55.1 = 139.570 km/h.

3) May 18 : Italy - Imola

12 laps = 60.528 km
Pole position: E. Lazzarini (I, Piovaticci), 2'27.38 = 123.208 km/h.

1. A. Nieto	E	Kreidler	29'54.1	
				= 121.357 km/h
2. E. Lazzarini	I	Piovaticci	30'06.9	
3. S. Dörflinger	CH	Kreidler	31'08.9	
4. C. Lusuardi	I	Derbi	31'11.6	
5. H. Rittberger	D	Kreidler	31'45.5	
6. H. Van Kessel	NL	Kreidler	32'04.2	
7. R. Gali	E	Derbi	1 lap	
8. U. Graf	CH	Kreidler	1 lap	
9. C. Guerrini	I	Ringhini	1 lap	
10. G. Zanetti	I	Kreidler	1 lap	

Number of finishers: 17.
Fastest lap: E. Lazzarini (I, Piovaticci), 2'26.9 = 123.512 km/h.

4) June 28 : The Netherlands - Assen

9 laps = 69.336 km
Pole position: E. Lazzarini (I, Piovaticci), 3'36.3 = 128.221 km/h.

1. A. Nieto	E	Kreidler	32'43.0	
				= 127.169 km/h
2. H. Rittberger	D	Kreidler	32'43.2	
3. E. Lazzarini	I	Piovaticci	32'43.3	
4. G. Strikker	NL	Kreidler	Time not released	
5. J. Van Zeebroeck	B	Kreidler	Time not released	
6. R. Kunz	D	Kreidler	Time not released	
7. J. Bosman	NL	Jamathi	Time not released	
8. T. Van Geffen	NL	DRM	Time not released	
9. G. Thurow	D	Kreidler	Time not released	
10. H. Van Kessel	NL	Kreidler	Time not released	

Number of finishers: 20.
Fastest lap: E. Lazzarini (I, Piovaticci), 3'32.1 = 130.767 km/h.

5) July 6 : Belgium - Spa-Francorchamps

6 laps = 84.720 km
Pole position: E. Lazzarini (I, Piovaticci), 5'15.7 = 161.013 km/h.

1. J. Van Zeebroeck	B	Kreidler	30'59.3	
				= 163.804 km/h
2. A. Nieto	E	Kreidler	31'03.6	
3. E. Lazzarini	I	Piovaticci	31'03.9	
4. T. Timmer	NL	Jamathi	32'24.8	
5. N. Polane	NL	Kreidler	32'25.0	
6. C. Van Dongen	NL	Kreidler	32'25.3	
7. G. Thurow	D	Kreidler	32'26.0	
8. U. Graf	CH	Kreidler	33'23.6	
9. J. Huberts	NL	Jamathi	33'24.1	
10. P. Audry	F	ABF	33'29.1	

Number of finishers: 23.
Fastest lap: J. Van Zeebroeck (B, Kreidler), 5'07.0 = 165.342 km/h.

6) July 20 : Sweden - Anderstorp

16 laps = 64.288 km
Pole position: E. Lazzarini (I, Piovaticci), 2'00.30 = 120.239 km/h.

1. E. Lazzarini	I	Piovaticci	32'06.46	
				= 120.100 km/h
2. A. Nieto	E	Kreidler	32'45.01	
3. H. Hummel	A	Kreidler	32'54.84	
4. N. Polane	NL	Kreidler	33'00.39	
5. G. Thurow	D	Kreidler	33'09.46	
6. T. Timmer	NL	Jamathi	33'10.78	
7. R. Kunz	D	Kreidler	33'21.21	
8. J. Huberts	NL	Jamathi	33'44.78	
9. U. Graf	CH	Kreidler	33'56.51	
10. R. Laver	S	Kreidler	1 lap	

Number of finishers: 16.
Fastest lap: E. Lazzarini (I, Piovaticci), 1'57.99 = 122.590 km/h.

7) July 27 : Finland - Imatra

11 laps = 66.330 km
Pole position: E. Lazzarini (I, Piovaticci),
2'52.9 = 125.552 km/h.

1.	A. Nieto	E	Kreidler	31'44.4
				= 125.400 km/h
2.	E. Lazzarini	I	Piovaticci	31'44.9
3.	R. Kunz	D	Kreidler	33'13.3
4.	N. Polane	NL	Kreidler	33'39.5
5.	H. Hummel	A	Kreidler	33'44.6
6.	H. Van Kessel	NL	Kreidler	33'50.0
7.	R. Blatter	CH	Kreidler	34'22.3
8.	K. Götesson	S	Kreidler	34'25.8
9.	R. Laver	S	Kreidler	34'26.1
10.	G. Schirnhofer	D	Kreidler	34'39.5

Number of finishers: 12.
Fastest lap: A. Nieto (E, Kreidler),
2'50.4 = 127.400 km/h.

8) September 21 : Yugoslavia - Opatija

15 laps = 89.910 km
Pole position: E. Lazzarini (I, Piovaticci),
2'42.5 = 132.790 km/h.

1.	A. Nieto	E	Kreidler	41'50.2
				= 129.070 km/h
2.	R. Kunz	D	Kreidler	42'27.6
3.	A. Pero	I	Kreidler	42'34.2
4.	C. Lusuardi	I	Derbi	42'57.7
5.	S. Dörflinger	CH	Kreidler	43'03.3
6.	G. Thurow	D	Kreidler	44'00.9
7.	W. Werner	A	Kreidler	44'28.8
8.	H. Hummel	A	Kreidler	44'33.9
9.	U. Graf	CH	Kreidler	1 lap
10.	H. Van Kessel	NL	Kreidler	1 lap

Number of finishers: 16.
Fastest lap: A. Nieto (E, Kreidler),
2'44.5 = 131.308 km/h.

WORLD CHAMPIONSHIP (*)

1.	Angel Nieto	E	Kreidler	75 (114)
2.	Eugenio Lazzarini	I	Piovaticci	61 (79)
3.	Julien Van Zeebroeck	B	Kreidler	43
4.	Rudolf Kunz	D	Kreidler	37 (39)
5.	Herbert Rittberger	D	Kreidler	31
6.	Stefan Dörflinger	CH	Kreidler	31
7.	Nico Polane	NL	Kreidler	28
8.	Gerhard Thurow	D	Kreidler	21
9.	Hans Hummel	A	Kreidler	20
10.	Claudio Lusuardi	I	Derbi	16
11.	Theo Timmer	NL	Jamathi	13
12.	Henk Van Kessel	NL	Kreidler	12
13.	Aldo Pero	I	Kreidler	10
14.	Ulrich "Ueli" Graf	CH	Kreidler	10
15.	Gerrit Strikker	NL	Kreidler	8
16.	Cees Van Dongen	NL	Kreidler	8
17.	Jan Huberts	NL	Jamathi	5
18.	Jaime Alguesuari	E	Derbi	4
19.	Ramon Gali	E	Derbi	4
20.	Juup Bosman	NL	Jamathi	4
21.	Rolf Blatter	CH	Kreidler	4
22.	Wilhelm Werner	A	Kreidler	4
23.	Jan Bruins	NL	Kreidler	3
24.	Theo Van Geffen	NL	DRM	3
25.	Kal Götesson	S	Kreidler	3
26.	Robert Laver	S	Kreidler	3
27.	Ingo Emmerich	D	Kreidler	2
28.	Carlo Guerrini	I	Ringhini	2
29.	Joaquim Gali	E	Derbi	1
30.	Germano Zanetti	I	Kreidler	1
31.	Pierre Audry	F	ABF	1
32.	Günther Schirnhofer	D	Kreidler	1

(*): Les six meilleurs résultats sont pris en compte pour le championnat. Le chiffre entre parenthèses correspond aux points «bruts».

(*): Die sechs besten Resultate wurden für die Gesamtwertung der Meisterschaft gezählt. Die Zahlen in Klammern entsprechen dem "Brutto"-Punktetotal.

(*): The six best results counted towards the championship. The figures in brackets correspond to the gross number of points.

Gerhard Thurow, Kreidler (14)
Henk Van Kessel, Kreidler (2)

1975 — 125 cc

Champion: **Paolo Pileri (Italy, Morbidelli), 90 points (115), 7 wins**

1) March 30 : France - Le Castellet

18 laps = 104.580 km
Pole position: P. Bianchi (I, Morbidelli),
2'28.2 = 141.134 km/h.

1.	K. Andersson	S	Yamaha	46'16.2
				= 135.612 km/h
2.	L. Gustafsson	S	Yamaha	46'20.8
3.	P. Pileri	I	Morbidelli	46'40.0
4.	E. Lazzarini	I	Piovaticci	46'56.2
5.	H. Bartol	A	Suzuki	47'14.2
6.	M. Maingret	F	Yamaha	48'17.7
7.	H. Hallberg	S	Yamaha	48'32.8
8.	P. Frohnmeyer	D	Maïco	48'33.6
9.	V. Novella	I	Yamaha	48'34.8
10.	X. Tschannen	CH	Maïco	48'35.3

Number of finishers: 23.
Fastest lap: P. Pileri (I, Morbidelli),
2'29.0 = 140.376 km/h.

2) April 20 : Spain - Jarama

30 laps = 102.120 km
Pole position: B. Grau (E, Derbi),
2'00.7 = 101.528 km/h.

1.	P. Pileri	I	Morbidelli	56'09.0
				= 109.395 km/h
2.	K. Andersson	S	Yamaha	56'31.6
3.	B. Kneubühler	CH	Yamaha	57'02.3
4.	P. Bianchi	I	Morbidelli	57'22.1
5.	L. Gustafsson	S	Yamaha	1 lap
6.	H. Müller	CH	Yamaha	1 lap
7.	J. Zemsauer	A	Rotax	1 lap
8.	E. Lazzarini	I	Piovaticci	1 lap
9.	P. Frohnmeyer	D	Maïco	1 lap
10.	P. Salonen	SF	Yamaha	1 lap

Number of finishers: 19.
Fastest lap: B. Grau (E, Derbi),
1'48.9 = 112.542 km/h.

3) May 4 : Austria - Salzburgring

30 laps = 127.140 km
Pole position: P. Bianchi (I, Morbidelli),
1'31.20 = 167.620 km/h.

1.	P. Pileri	I	Morbidelli	47'31.31
				= 160.590 km/h
2.	P. Bianchi	I	Morbidelli	47'31.70
3.	H. Van Kessel	NL	Condor-AGV	48'03.33
4.	K. Andersson	S	Yamaha	48'03.63
5.	L. Gustafsson	S	Yamaha	48'13.18
6.	B. Kneubühler	CH	Yamaha	48'59.33
7.	P. Fernandez	F	Yamaha	1 lap
8.	H. Seel	D	Seel-Special	1 lap
9.	J. Zemsauer	A	Rotax	1 lap
10.	H. Müller	CH	Yamaha	1 lap

Number of finishers: 20.
Fastest lap: P. Bianchi (I, Morbidelli),
1'31.79 = 166.210 km/h.

4) May 11 : Germany - Hockenheim

17 laps = 115.396 km
Pole position: P. Bianchi (I, Morbidelli),
2'35.0 = 157.657 km/h.

1.	P. Pileri	I	Morbidelli	44'18.9
				= 156.161 km/h
2.	P. Bianchi	I	Morbidelli	44'19.0
3.	K. Andersson	S	Yamaha	45'45.5
4.	L. Gustafsson	S	Yamaha	46'08.5
5.	H. Van Kessel	NL	Condor-AGV	46'18.7
6.	B. Kneubühler	CH	Yamaha	46'27.0
7.	G. Bender	D	Bender-Special	46'39.4
8.	H. Seel	D	Seel-Special	46'52.7
9.	R. Thiele	D	Maïco	46'54.8
10.	E. Lazzarini	I	Piovaticci	46'56.6

Number of finishers: 26.
Fastest lap: P. Bianchi (I, Morbidelli),
2'32.4 = 160.360 km/h.

5) May 18 : Italy - Imola

21 laps = 105.924 km
Pole position: P. Bianchi (I, Morbidelli),
2'10.12 = 139.441 km/h.

1.	P. Pileri	I	Morbidelli	46'13.3
				= 137.375 km/h
2.	P. Bianchi	I	Morbidelli	46'13.6
3.	H. Van Kessel	NL	Condor-AGV	46'43.9
4.	L. Gustafsson	S	Yamaha	48'20.7
5.	P.-L. Conforti	I	Malanca	48'34.6
6.	B. Kneubühler	CH	Yamaha	1 lap
7.	H. Müller	CH	Yamaha	1 lap
8.	E. Lazzarini	I	Piovaticci	1 lap
9.	A. Ieva	I	Derbi	1 lap
10.	U. Graf	CH	Yamaha	1 lap

Number of finishers: 12.
Fastest lap: P. Bianchi (I, Morbidelli),
2'09.2 = 140.433 km/h.

6) June 28 : The Netherlands - Assen

14 laps = 107.856 km/h
Pole position: P. Pileri (I, Morbidelli),
3'12.4 = 144.150 km/h.

1.	P. Pileri	I	Morbidelli	45'42.9
				= 140.080 km/h
2.	P. Bianchi	I	Morbidelli	45'43.2
3.	B. Kneubühler	CH	Yamaha	46'53.9
4.	L. Gustafsson	S	Yamaha	Time not released
5.	J. Schurgers	NL	Bridgestone	Time not released
6.	O. Buscherini	I	Malanca	Time not released
7.	J. Zemsauer	A	Rotax	Time not released
8.	H. Bartol	A	Suzuki	Time not released
9.	R. Cornelis	NL	Yamaha	Time not released
10.	P. Van Niel	NL	Yamaha	Time not released

Number of finishers: 15.
Fastest lap: P. Pileri (I, Morbidelli),
3'12.5 = 144.082 km/h.

7) July 6 : Belgium - Spa-Francorchamps

10 laps = 141.200 km
Pole position: P. Pileri (I, Morbidelli),
2'48.4 = 189.121 km/h.

1.	P. Pileri	I	Morbidelli	44'33.9
				= 189.835 km/h
2.	P. Bianchi	I	Morbidelli	44'39.9
3.	K. Andersson	S	Yamaha	45'46.0
4.	H. Van Kessel	NL	Condor-AGV	46'27.8
5.	E. Lazzarini	I	Piovaticci	46'35.0
6.	C. Van Dongen	NL	Yamaha	46'36.2
7.	L. Gustafsson	S	Yamaha	47'25.3
8.	B. Kneubühler	CH	Yamaha	47'41.5
9.	L. Lazo	CUB	MZ	1 lap
10.	M. Arias	CUB	MZ	1 lap

Number of finishers: 20.
Fastest lap: P. Pileri (I, Morbidelli),
4'25.3 = 191.330 km/h.

8) July 20 : Sweden - Anderstorp

26 laps = 104.468 km
Pole position: K. Andersson (S, Yamaha),
1'50.20 = 131.260 km/h.

1.	P. Pileri	I	Morbidelli	48'03.18
				= 130.400 km/h
2.	P. Bianchi	I	Morbidelli	48'07.30
3.	E. Lazzarini	I	Piovaticci	48'39.22
4.	K. Andersson	S	Yamaha	48'54.21
5.	J. Zemsauer	A	Rotax	49'38.15
6.	B. Kneubühler	CH	Yamaha	1 lap
7.	H. Van Kessel	NL	Condor-AGV	1 lap
8.	P. Salonen	SF	Yamaha	1 lap
9.	J. Svensson	S	Bastard	1 lap
10.	P.-E. Carlsson	S	Maïco	1 lap

Number of finishers: 19.
Fastest lap: P. Pileri (I, Morbidelli),
1'48.72 = 133.046 km/h.

9) August 24 : Czechoslovakia - Brno

11 laps = 120.175 km
Pole position: P. Pileri (I, Morbidelli),
4'13.5 = 155.077 km/h.

1.	L. Gustafsson	S	Yamaha	50'14.3
				= 143.460 km/h
2.	K. Andersson	S	Yamaha	50'14.7
3.	E. Lazzarini	I	Piovaticci	50'30.6
4.	B. Kneubühler	CH	Yamaha	50'50.9
5.	H. Bartol	A	Suzuki	51'14.4
6.	J. Zemsauer	A	Rotax	51'49.6
7.	H. Müller	CH	Yamaha	52'59.1
8.	P. Frohnmeyer	D	Maïco	53'30.7
9.	M. Kinnunen	SF	Maïco	53'32.5
10.	Z. Havrda	CZ	AHRA	1 lap

Number of finishers: 17.
Fastest lap: P. Pileri (I, Morbidelli),
4'18.2 = 152.254 km/h.

10) September 21 : Yugoslavia - Opatija

17 laps = 101.898 km
Pole position: E. Lazzarini (I, Morbidelli),
2'28.0 = 145.946 km/h.

1.	D. Braun	D	Morbidelli	41'56.0
				= 145.940 km/h
2.	P.-L. Conforti	I	Morbidelli	42'14.1
3.	E. Lazzarini	I	Piovaticci	42'58.9
4.	K. Andersson	S	Yamaha	43'43.9
5.	H. Bartol	A	Suzuki	43'46.7
6.	L. Gustafsson	S	Yamaha	1 lap
7.	C. Van Dongen	NL	Bridgestone	1 lap
8.	M. Kinnunen	SF	Maïco	1 lap
9.	T. Tchernine	F	Yamaha	1 lap
10.	H. Hummel	A	Yamaha	1 lap

Number of finishers: 10.
Fastest lap: D. Braun (D, Morbidelli),
2'25.1 = 148.863 km/h.

WORLD CHAMPIONSHIP (*)

1.	Paolo Pileri	I	Morbidelli	90 (115)
2.	Pierpaolo Bianchi	I	Morbidelli	72 (80)
3.	Kent Andersson	S	Yamaha	67 (83)
4.	Leif Gustafsson	S	Yamaha	57 (72)
5.	Eugenio Lazzarini	I	Piovaticci	47 (51)
6.	Bruno Kneubühler	CH	Yamaha	43 (51)
7.	Henk Van Kessel	NL	Condor-AGV	38
8.	Harald Bartol	A	Suzuki	21
9.	Johann Zemsauer	A	Rotax	21
10.	Pier-Luigi Conforti	I	Malanca/Morbidelli	18
11.	Dieter Braun	D	Morbidelli	15
12.	Hans Müller	CH	Yamaha	14
13.	Cees Van Dongen	NL	Yamaha/Bridgestone	9
14.	Peter Frohnmeyer	D	Maïco	8
15.	Jos Schurgers	NL	Bridgestone	6
16.	Horst Seel	D	Seel-Special	6
17.	Maurice Maingret	F	Yamaha	5
18.	Otello Buscherini	I	Malanca	5
19.	Matti Kinnunen	SF	Maïco	5
20.	Hans Hallberg	S	Yamaha	4
21.	Patrick Fernandez	F	Yamaha	4
22.	Gert Bender	D	Bender-Special	4
23.	Pentti Salonen	SF	Yamaha	4
24.	Vicenzo Novella	I	Yamaha	2
25.	Rolf Thiele	D	Maïco	2
26.	Alberto Ieva	I	Derbi	2
27.	Roel Cornelis	NL	Yamaha	2
28.	José Lazo	CUB	MZ	2
29.	Johnny Svensson	S	Bastard	2
30.	Thierry Tchernine	F	Yamaha	2
31.	Xaver Tschannen	CH	Maïco	1
32.	Ulrich "Ueli" Graf	CH	Maïco	1
33.	Peter Van Niel	NL	Yamaha	1
34.	Manuel Arias	CUB	MZ	1
35.	Per-Edward Carlsson	S	Maïco	1
36.	Zbynek Havrda	CZ	AHRA	1
37.	Hans Hummel	A	Yamaha	1

(*): Les six meilleurs résultats sont pris en compte pour le championnat. Le chiffre entre parenthèses correspond aux points «bruts».

(*): Die sechs besten Resultate wurden für die Gesamtwertung der Meisterschaft gezählt. Die Zahlen in Klammern entsprechen dem "Brutto"-Punktetotal.

(*): The six best results counted towards the championship. The figures in brackets correspond to the gross number of points.

Champion: **Walter Villa (Italy, Harley-Davidson), 85 points, 5 wins**

1975 — 250 CC

1) March 30 : France - Le Castellet

22 laps = 127.820 km
Pole position: I. Takai (J, Yamaha),
 2'19.6 = 149.828 km/h.

1.	A. Cecotto	VEN	Yamaha	51'07.1
				= 150.028 km/h
2.	I. Takai	J	Yamaha	51'09.0
3.	M. Rougerie	F	Harley-Davidson	52'34.5
4.	P. Pons	F	Yamaha	52'50.9
5.	L. Gustafsson	S	Yamaha	52'57.3
6.	G. Choukroun	F	Yamaha	53'08.2
7.	C. Mortimer	GB	Yamaha	53'16.1
8.	T. Virtanen	SF	Yamaha	53'18.9
9.	T. Herron	IRL	Yamaha	53'28.7
10.	P. Bouzanne	F	Yamaha	53'29.9

Number of finishers: 23.
Fastest lap: A. Cecotto (VEN, Yamaha),
 2'18.0 = 151.565 km/h.

2) April 20 : Spain - Jarama

35 laps = 119.110 km
Pole position: W. Villa (I, Harley-Davidson),
 2'00.9 = 101.359 km/h.

1.	W. Villa	I	Harley-Davidson	1h.00'59.8
				= 117.204 km/h
2.	P. Pons	F	Yamaha	1 h.02'19.1
3.	B. Grau	E	Derbi	1 h.02'19.4
4.	C. Mortimer	GB	Yamaha	1 h.02'20.5
5.	R. Minhoff	D	Yamaha	1 h.02'32.6
6.	M. Rougerie	F	Harley-Davidson	1 lap
7.	T. Herron	IRL	Yamaha	1 lap
8.	P. McKinley	GB	Yamaha	1 lap
9.	T. Virtanen	SF	Yamaha	1 lap
10.	V. Perez-Rubio	CHI	Harley-Davidson	1 lap

Number of finishers: 13.
Fastest lap: W. Villa (I, Harley-Davidson),
 1'42.4 = 119.671 km/h.

3) May 11 : Germany - Hockenheim

19 laps = 128.972 km
Pole position: W. Villa (I, Harley-Davidson),
 2'29.7 = 163.238 km/h.

1.	W. Villa	I	Harley-Davidson	47'10.8
				= 164.020 km/h
2.	M. Rougerie	F	Harley-Davidson	47'58.0
3.	V. Palomo	E	Yamaha	48'14.9
4.	L. Gustafsson	S	Yamaha	48'15.2
5.	P. Pons	F	Yamaha	48'27.6
6.	E. Ferreira	BR	Yamaha	48'37.3
7.	B. Kneubühler	CH	Yamaha	48'37.5
8.	D. Braun	D	Yamaha	48'38.5
9.	H. Lahfeld	D	Yamaha	48'52.4
10.	J.-F. Baldé	F	Yamaha	48'53.1

Number of finishers: 20.
Fastest lap: W. Villa (I, Harley-Davidson),
 2'26.5 = 166.804 km/h.

4) May 18 : Italy - Imola

24 laps = 121.056 km
Pole position: W. Villa (I, Harley-Davidson),
 2'04.43 = 145.816 km/h.

1.	W. Villa	I	Harley-Davidson	50'25.5
				= 143.928 km/h
2.	A. Cecotto	VEN	Yamaha	50'42.4
3.	M. Rougerie	F	Harley-Davidson	51'00.9
4.	D. Braun	D	Yamaha	51'13.0
5.	P. Pons	F	Yamaha	52'54.2
6.	M. Lega	I	Yamaha	52'25.8
7.	T. Herron	IRL	Yamaha	52'27.7
8.	F. Agostini	I	Yamaha	52'32.1
9.	P. Korhonen	SF	Yamaha	52'35.1
10.	L. Gustafsson	S	Yamaha	52'41.1

Number of finishers: 18.
Fastest lap: W. Villa (I, Harley-Davidson),
 2'04.2 = 146.087 km/h.

5) June 6 : Tourist Trophy - Isle of Man

4 laps = 242.880 km
Pole position: C. Mortimer (GB, Yamaha),
 21'58.8 = 165.750 km/h.

1.	C. Mortimer	GB	Yamaha	1 h.28'57.8
				= 162.720 km/h
2.	D. Chatterton	GB	Yamaha	1 h.29'20.0
3.	J. Williams	GB	Yamaha	1 h.29'42.2
4.	T. Rutter	GB	Yamaha	1 h.30'55.4
5.	A. George	GB	Yamaha	1 h.30'56.0
6.	B. Henderson	GB	Yamaha	1 h.31'11.2
7.	N. Tuxworth	GB	Yamaha	1 h.31'26.0
8.	Hel. Kassner	D	Yamaha	1 h.32'09.0
9.	E. Roberts	GB	Maxton-Yamaha	1 h.32'15.4
10.	C. Horton	GB	Yamaha	1 h.32'23.4

Number of finishers: 45.
Fastest lap: D. Chatterton (GB, Yamaha),
 21'51.8 = 166.635 km/h.

6) June 28 : The Netherlands - Assen

15 laps = 115.560 km
Pole position: W. Villa (I, Harley-Davidson),
 3'07.1 = 148.233 km/h.

1.	W. Villa	I	Harley-Davidson	46'53.9
				= 147.854 km/h
2.	M. Rougerie	F	Harley-Davidson	47'40.7
3.	D. Braun	D	Yamaha	47'47.4
4.	B. Kneubühler	CH	Yamaha	Time not released
5.	Y.-M. DuHamel	CAN	Kawasaki	Time not released
6.	P. Korhonen	SF	Yamaha	Time not released
7.	P. Pons	F	Yamaha	Time not released
8.	N. Van Der Zanden	NL	Yamaha	Time not released
9.	J.-L. Guignabodet	F	Yamaha	Time not released
10.	L. Gustafsson	S	Yamaha	Time not released

Number of finishers: 17.
Fastest lap: W. Villa (I, Harley-Davidson),
 3'04.0 = 150.730 km/h.

7) July 6 : Belgium - Spa-Francorchamps

11 laps = 155.320 km
Pole position: W. Villa (I, Harley-Davidson)
4'12.0 = 201.428 km/h.

1.	A. Cecotto	VEN	Yamaha	46'11.7
				= 201.450 km/h
2.	M. Rougerie	F	Harley-Davidson	46'12.1
3.	W. Villa	I	Harley-Davidson	46'13.5
4.	B. Kneubühler	CH	Yamaha	46'59.1
5.	L. Gustafsson	S	Yamaha	47'13.1
6.	H. Bartol	A	Yamaha	47'30.6
7.	C. Mortimer	GB	Yamaha	47'31.7
8.	D. Braun	D	Yamaha	47'32.3
9.	J. Williams	GB	Yamaha	47'32.6
10.	P. Pons	F	Yamaha	47'32.8

Number of finishers: 19.
Fastest lap: A. Cecotto (VEN, Yamaha),
4'09.9 = 203.121 km/h.

8) July 20 : Sweden - Anderstorp

28 laps = 112.504 km
Pole position: A. Cecotto (VEN, Yamaha),
1'47.20 = 130.441 km/h.

1.	W. Villa	I	Harley-Davidson	50'21.52
				= 134.500 km/h
2.	O. Buscherini	I	Yamaha	50'23.11
3.	T. Virtanen	SF	MZ	51'14.23
4.	V. Palomo	E	Yamaha	51'18.39
5.	P. Pileri	I	Yamaha	51'18.55
6.	D. Braun	D	Yamaha	51'18.83
7.	P. Pons	F	Yamaha	51'19.32
8.	E. Ferreira	BR	Yamaha	51'35.71
9.	P. Korhonen	SF	Yamaha	51'35.73
10.	C. Mortimer	GB	Yamaha	51'40.15

Number of finishers: 18.
Fastest lap: O. Buscherini (I, Yamaha),
1'46.39 = 135.960 km/h.

9) July 27 : Finland - Imatra

19 laps = 114.570 km
Pole position: M. Rougerie (F, Harley-Davidson),
2'24.6 = 150.124 km/h.

1.	M. Rougerie	F	Harley-Davidson	46'18.7
				= 148.400 km/h
2.	A. Cecotto	VEN	Yamaha	46'24.4
3.	O. Buscherini	I	Yamaha	47'04.9
4.	D. Braun	D	Yamaha	47'31.7
5.	P. Pons	F	Yamaha	47'32.0
6.	J. Dodds	AUS	Yamaha	47'47.6
7.	H. Bartol	A	Yamaha	47'48.7
8.	J. Williams	GB	Yamaha	47'55.9
9.	A. George	GB	Yamaha	47'58.7
10.	T. Herron	IRL	Yamaha	48'17.3

Number of finishers: 17.
Fastest lap: A. Cecotto (VEN, Yamaha),
2'23.9 = 150.850 km/h.

10) August 24 : Czechoslovakia - Brno

12 laps = 131.100 km
Pole position: M. Rougerie (F, Harley-Davidson),
3'54.5 = 167.641 km/h.

1.	M. Rougerie	F	Harley-Davidson	47'19.9
				= 166.113 km/h
2.	O. Buscherini	I	Yamaha	47'38.1
3.	D. Braun	D	Yamaha	47'53.9
4.	L. Gustafsson	S	Yamaha	47'56.1
5.	P. Pons	F	Yamaha	47'58.0
6.	T. Virtanen	SF	MZ	48'08.9
7.	J. Dodds	AUS	Yamaha	48'09.8
8.	C. Mortimer	GB	Yamaha	48'10.8
9.	B. Kneubühler	CH	Yamaha	48'11.8
10.	H. Bartol	A	Yamaha	48'13.3

Number of finishers: 24.
Fastest lap: O. Buscherini (I, Yamaha),
3'49.2 = 171.518 km/h.

11) September 21 : Yugoslavia - Opatija

21 laps = 125.874 km
Pole position: O. Buscherini (I, Yamaha),
2'20.1 = 154.175 km/h.

1.	D. Braun	D	Yamaha	49'54.9
				= 151.450 km/h
2.	C. Mortimer	GB	Yamaha	50'02.8
3.	P. Pons	F	Yamaha	50'03.8
4.	H. Bartol	A	Yamaha	50'04.6
5.	O. Buscherini	I	Yamaha	51'00.1
6.	T. Herron	IRL	Yamaha	51'06.3
7.	L. Gustafsson	S	Yamaha	51'08.4
8.	O. Chevallier	F	Yamaha	51'36.2
9.	R. Minhoff	D	Yamaha	51'36.2
10.	A. George	GB	Yamaha	52'05.7

Number of finishers: 17.
Fastest lap: O. Buscherini (I, Yamaha),
2'19.8 = 154.506 km/h.

WORLD CHAMPIONSHIP (*)

1.	Anton Mang	D	Kawasaki	128
1.	Walter Villa	I	Harley-Davidson	85
2.	Michel Rougerie	F	Harley-Davidson	76 (91)
3.	Dieter Braun	D	Yamaha	56 (62)
4.	Alberto "Johnny" Cecotto	VEN	Yamaha	54
5.	Patrick Pons	F	Yamaha	48 (63)
6.	Chas Mortimer	GB	Yamaha	46 (47)
7.	Otello Buscherini	I	Yamaha	40
8.	Leif Gustafsson	S	Yamaha	33 (34)
9.	Bruno Kneubühler	CH	Yamaha	22
10.	Tapio Virtanen	SF	Yamaha/MZ	20
11.	Victor Palomo	E	Yamaha	18
12.	Harald Bartol	A	Yamaha	18
13.	Tom Herron	IRL	Yamaha	16
14.	John Williams	GB	Yamaha	15
15.	Ikujiro Takai	J	Yamaha	12
16.	Derek Chatterton	GB	Yamaha	12
17.	Benjamin Grau	E	Derbi	10
18.	Alex George	GB	Yamaha	9
19.	John Dodds	AUS	Yamaha	9
20.	Pentti Korhonen	SF	Yamaha	9
21.	Tony Rutter	GB	Yamaha	8
22.	Rolf Minhoff	D	Yamaha	8
23.	Edmar Ferreira	BR	Yamaha	8
24.	Yvon-Marcel DuHamel	CAN	Kawasaki	6
25.	Paolo Pileri	I	Yamaha	6
26.	Gérard Choukroun	F	Yamaha	5
27.	Mario Lega	I	Yamaha	5
28.	Bill Henderson	GB	Yamaha	5
29.	Neil Tuxworth	GB	Yamaha	4
30.	Peter McKinley	GB	Yamaha	3
31.	Felice Agostini	I	Yamaha	3
32.	Helmut Kassner	D	Yamaha	3
33.	Nico Van Der Zanden	NL	Yamaha	3
34.	Olivier Chevallier	F	Yamaha	3
35.	Horst Lahfeld	D	Yamaha	2
36.	Eddie Roberts	GB	Maxton-Yamaha	2
37.	Jean-Louis Guignabodet	F	Yamaha	2
38.	Philippe Bouzanne	F	Yamaha	1
39.	Vicente Perez-Rubio	CHI	Harley-Davidson	1
40.	Jean-François Baldé	F	Yamaha	1
41.	Clive Horton	GB	Yamaha	1

(*): Les six meilleurs résultats sont pris en compte pour le championnat. Le chiffre entre parenthèses correspond aux points «bruts».

(*): Die sechs besten Resultate wurden für die Gesamtwertung der Meisterschaft gezählt. Die Zahlen in Klammern entsprechen dem "Brutto"-Punktetotal.

(*): The six best results counted towards the championship. The figures in brackets correspond to the gross number of points.

Champion: Alberto "Johnny" Cecotto (Venezuela, Yamaha), 72 points, 4 wins

1975 — 350 cc

1) March 30 : France - Le Castellet

22 laps = 127.820 km
Pole position: A. Cecotto (VEN, Yamaha),
2'16.6 = 153.118 km/h.

1.	A. Cecotto	VEN	Yamaha	50'21.5
				= 152.292 km/h
2.	G. Agostini	I	Yamaha	50'46.5
3.	G. Choukroun	F	Yamaha	51'18.5
4.	J.-L. Guignabodet	F	Yamaha	51'22.3
5.	C. Huguet	F	Yamaha	51'22.6
6.	J.-F. Baldé	F	Yamaha	51'24.3
7.	P. Korhonen	SF	Yamaha	51'49.6
8.	P. Bouzanne	F	Yamaha	51'52.7
9.	P. McKinley	GB	Yamaha	51'54.8
10.	K. Solberg	N	Yamaha	51'57.7

Number of finishers: 22.
Fastest lap: A. Cecotto (VEN, Yamaha),
2'15.9 = 153.907 km/h.

2) April 20 : Spain - Jarama

38 laps = 129.352 km
Pole position: V. Palomo (E, Yamaha),
1'58.2 = 103.675 km/h.

1.	G. Agostini	I	Yamaha	1 h.04'18.03
				= 120.713 km/h
2.	A. Cecotto	VEN	Yamaha	1 h.04'27.83
3.	H. Kanaya	J	Yamaha	1 h.05'23.50
4.	V. Palomo	E	Yamaha	1 h.05'48.30
5.	D. Braun	D	Yamaha	1 lap
6.	P. Korhonen	SF	Yamaha	1 lap
7.	G. Choukroun	F	Yamaha	1 lap
8.	W. Villa	I	Harley-Davidson	1 lap
9.	A. Celso-Santos	BR	Yamaha	1 lap
10.	J. Williams	GB	Yamaha	1 lap

Number of finishers: 15.
Fastest lap: A. Cecotto (VEN, Yamaha),
1'36.6 = 122.969 km/h.

3) May 4 : Austria - Salzburgring

35 laps = 148.330 km
Pole position: H. Kanaya (J, Yamaha),
1'23.53 = 182.650 km/h.

1.	H. Kanaya	J	Yamaha	50'03.71
				= 177.810 km/h
2.	J. Ekerold	SA	Yamaha	50'29.37
3.	A. Celso-Santos	BR	Yamaha	50'38.49
4.	P. Coulon	CH	Yamaha	51'01.00
5.	P. Pons	F	Yamaha	51'01.42
6.	A. Mang	D	Yamaha	51'01.79
7.	G. Choukroun	F	Yamaha	51'01.96
8.	H. Stadelmann	CH	Yamaha	51'19.58
9.	P. Korhonen	SF	Yamaha	51'22.29
10.	M. Wiener	A	Yamaha	1 lap

Number of finishers: 16.
Fastest lap: H. Kanaya (J, Yamaha),
1'23.85 = 180.784 km/h.

4) May 11 : Germany - Hockenheim

20 laps = 135.760 km
Pole position: G. Agostini (I, Yamaha),
2'24.9 = 168.645 km/h.

1.	A. Cecotto	VEN	Yamaha	47'52.6
				= 170.298 km/h
2.	D. Braun	D	Yamaha	48'15.4
3.	P. Korhonen	SF	Yamaha	49'08.6
4.	P. Coulon	CH	Yamaha	49'14.8
5.	H. Stadelmann	CH	Yamaha	49'15.3
6.	K. Auer	A	Yamaha	49'17.5
7.	C. Mortimer	GB	Yamaha	49'17.9
8.	A. George	GB	Yamaha	49'22.8
9.	K. Lee	GB	Yamaha	49'33.4
10.	P. McKinley	GB	Yamaha	49'33.6

Number of finishers: 20.
Fastest lap: A. Cecotto (VEN, Yamaha),
2'22.3 = 171.740 km/h.

5) May 18 : Italy - Imola

26 laps = 131.144 km
Pole position: H. Kanaya (J, Yamaha),
2'02.47 = 148.268 km/h.

1.	A. Cecotto	VEN	Yamaha	53'29.4
				= 146.983 km/h
2.	G. Agostini	I	Yamaha	53'45.1
3.	P. Pons	F	Yamaha	53'46.6
4.	D. Braun	D	Yamaha	53'46.8
5.	G. Choukroun	F	Yamaha	54'08.8
6.	G. Proni	I	Yamaha	54'29.5
7.	M. Lucchinelli	I	Yamaha	54'50.4
8.	C. Mortimer	GB	Yamaha	55'25.3
9.	G. Mandracci	I	Yamaha	1 lap
10.	H. Stadelmann	CH	Yamaha	1 lap

Number of finishers: 11.
Fastest lap: G. Agostini (I, Yamaha),
2'00.6 = 150.447 km/h.

6) June 6 : Tourist Trophy - Isle of Man

5 laps = 303.600 km
Pole position: T. Rutter (GB, Yamaha),
21'49.8 = 166.889 km/h.

1.	C. Williams	GB	Yamaha	1 h.48'26.4
				= 168.050 km/h
2.	C. Mortimer	GB	Yamaha	1 h.49'51.0
3.	T. Herron	IRL	Yamaha	1 h.50'35.4
4.	S. Tonkin	GB	Yamaha	1 h.50'54.4
5.	D. Chatterton	GB	Yamaha	1 h.51'19.2
6.	B. Guthrie	GB	Yamaha	1 h.51'59.5
7.	G. Mateer	IRL	Yamaha	1 h.52'38.8
8.	G. Barry	GB	Yamaha	1 h.52'56.0
9.	N. Clague	GB	Yamaha	1 h.52'59.8
10.	N. Sharpe	GB	Yamaha	1 h.53'01.0

Number of finishers: 41.
Fastest lap: A. George (GB, Yamaha),
21'17.8 = 171.057 km/h.

7) June 28 : The Netherlands - Assen

16 laps = 123.264 km
Pole position: W. Villa (I, Harley-Davidson),
3'07.1 = 148.233 km/h.

1.	D. Braun	D	Yamaha	49'12.9
				= 150.282 km/h
2.	P. Korhonen	SF	Yamaha	49'14.1
3.	A. George	GB	Yamaha	49'15.4
4.	G. Agostini	I	Yamaha	Time not released
5.	A. Cecotto	VEN	Yamaha	Time not released
6.	W. Hartog	NL	Yamaha	Time not released
7.	H. Stadelmann	CH	Yamaha	Time not released
8.	T. Rutter	GB	Yamaha	Time not released
9.	C. Mortimer	GB	Yamaha	Time not released
10.	J. Ekerold	SA	Yamaha	Time not released

Number of finishers: 17.
Fastest lap: A. Cecotto (VEN, Yamaha),
3'01.4 = 152.899 km/h.

8) July 27: Finland - Imatra

20 laps = 120.600 km
Pole position: A. Cecotto (VEN, Yamaha),
2'22.6 = 152.230 km/h.

1.	A. Cecotto	VEN	Yamaha	47'25.6
				= 152.600 km/h
2.	G. Agostini	I	Yamaha	47'35.7
3.	P. Pons	F	Yamaha	47'40.2
4.	B. Kneubühler	CH	Yamaha	48'02.9
5.	D. Braun	D	Yamaha	48'04.9
6.	K. Auer	A	Yamaha	48'39.9
7.	V. Palomo	E	Yamaha	48'42.9
8.	B. Van Dulmen	NL	Yamaha	48'44.1
9.	A. George	GB	Yamaha	48'59.8
10.	J. Dodds	AUS	Yamaha	49'02.8

Number of finishers: 16.
Fastest lap: P. Pons (F, Yamaha),
2'20.4 = 154.600 km/h.

9) August 24 : Czechoslovakia - Brno

14 laps = 152.950 km
Pole position: A. Cecotto (VEN, Yamaha),
3'45.4 = 174.489 km/h.

1.	O. Buscherini	I	Yamaha	55'04.6
				= 166.546 km/h
2.	O. Chevallier	F	Yamaha	55'06.8
3.	V. Palomo	E	Yamaha	55'07.5
4.	T. Herron	IRL	Yamaha	55'08.3
5.	P. Pons	F	Yamaha	55'08.9
6.	A. George	GB	Yamaha	55'32.2
7.	G. Choukroun	F	Yamaha	55'32.5
8.	T. Virtanen	SF	Yamaha	55'44.9
9.	K. Auer	A	Yamaha	55'48.6
10.	P. Korhonen	SF	Yamaha	55'51.7

Number of finishers: 20.
Fastest lap: V. Palomo (E, Yamaha),
3'47.1 = 173.104 km/h.

10) September 21 : Yugoslavia - Opatija

25 laps = 149.850 km
Pole position: O. Buscherini (I, Yamaha),
2'17.3 = 157.162 km/h.

1.	P. Korhonen	SF	Yamaha	58'48.8
				= 153.020 km/h
2.	O. Buscherini	I	Yamaha	1 h.00'01.6
3.	C. Mortimer	GB	Yamaha	1 h.00'01.8
4.	T. Herron	IRL	Yamaha	1 h.00'44.6
5.	F. Kunz	CH	Yamaha	1 h.01'06.2
6.	B. Henderson	GB	Yamaha	1 lap
7.	M. Lega	I	Yamaha	1 lap
8.	M. Wiener	A	Yamaha	1 lap
9.	J. Reisz	H	Yamaha	1 lap
10.	P. Balaz	CZ	Yamaha	1 lap

Number of finishers: 15.
Fastest lap: J. Dodds (AUS, Yamaha),
2'17.7 = 156.860 km/h.

WORLD CHAMPIONSHIP (*)

1.	Alberto "Johnny" Cecotto	VEN	Yamaha	72
2.	Giacomo Agostini	I	Yamaha	59
3.	Pentti Korhonen	SF	Yamaha	48 (49)
4.	Dieter Braun	D	Yamaha	47
5.	Patrick Pons	F	Yamaha	32
6.	Chas Mortimer	GB	Yamaha	31
7.	Gérard Choukroun	F	Yamaha	28
8.	Otello Buscherini	I	Yamaha	27
9.	Tom Herron	IRL	Yamaha	26
10.	Hideo Kanaya	J	Yamaha	25
11.	Victor Palomo	E	Yamaha	22
12.	Alex George	GB	Yamaha	20
13.	Philippe Coulon	CH	Yamaha	16
14.	Charlie Williams	GB	Yamaha	15
15.	Hans Stadelmann	CH	Yamaha	14
16.	Jon Ekerold	SA	Yamaha	13
17.	Olivier Chevallier	F	Yamaha	12
18.	Adu Celso-Santos	BR	Yamaha	12
19.	Karl Auer	A	Yamaha	12
20.	Jean-Louis Guignabodet	F	Yamaha	8
21.	Steve Tonkin	GB	Yamaha	8
22.	Bruno Kneubühler	CH	Yamaha	8
23.	Christian Huguet	F	Yamaha	6
24.	Derek Chatterton	GB	Yamaha	6
25.	Franz Kunz	CH	Yamaha	6
26.	Jean-François Baldé	F	Yamaha	5
27.	Anton Mang	D	Yamaha	5
28.	Giovanni Proni	I	Yamaha	5
29.	Billy Guthrie	IRL	Yamaha	5
30.	Will Hartog	NL	Yamaha	5
31.	Billy Henderson	GB	Yamaha	5
32.	Marco Lucchinelli	I	Yamaha	4
33.	Garry Mateer	IRL	Yamaha	4
34.	Mario Lega	I	Yamaha	4
35.	Max Wiener	A	Yamaha	4
36.	Philippe Bouzanne	F	Yamaha	3
37.	Walter Villa	I	Harley-Davidson	3
38.	Geoff Barry	GB	Yamaha	3
39.	Tony Rutter	GB	Yamaha	3
40.	Tapio Virtanen	SF	Yamaha	3
41.	Boât Van Dulmen	NL	Yamaha	3
42.	Peter McKinley	GB	Yamaha	3
43.	Kenny Lee	GB	Yamaha	2
44.	Guido Mandracci	I	Yamaha	2
45.	Niggel Clague	GB	Yamaha	2
46.	Janos Reisz	H	Yamaha	2
47.	Kjell Solberg	N	Yamaha	1
48.	John Williams	GB	Yamaha	1
49.	Martin Sharpe	GB	Yamaha	1
50.	John Dodds	AUS	Yamaha	1
51.	Peter Balaz	CZ	Yamaha	1

(*): Les six meilleurs résultats sont pris en compte pour le championnat. Le chiffre entre parenthèses correspond aux points «bruts».

(*): Die sechs besten Resultate wurden für die Gesamtwertung der Meisterschaft gezählt. Die Zahlen in Klammern entsprechen dem "Brutto"-Punktetotal.

(*): The six best results counted towards the championship. The figures in brackets correspond to the gross number of points.

Champion: **Giacomo Agostini (Italy, Yamaha), 84 points, 4 wins**

1975 — 500 cc

1) March 30 : France - Le Castellet

22 laps = 127.820 km
Pole position: T. Länsivuori (SF, Suzuki),
2'12.3 = 158.095 km/h.

1.	G. Agostini	I	Yamaha	50'09.8
				= 152.884 km/h
2.	H. Kanaya	J	Yamaha	50'10.3
3.	P. Read	GB	MV-Agusta	50'39.0
4.	A. Toracca	I	MV-Agusta	50'40.4
5.	P. Pons	F	Yamaha	51'46.1
6.	P. McKinley	GB	Yamaha	51'59.6
7.	M. Rougerie	F	Harley-Davidson	52'03.9
8.	K. Auer	A	Yamaha	52'05.0
9.	A. George	GB	Yamaha	52'05.2
10.	K. Solberg	N	Yamaha	52'12.6

Number of finishers: 20.
Fastest lap: H. Kanaya (J, Yamaha),
2'13.8 = 156.322 km/h.

2) May 4 : Austria - Salzburgring

43 laps = 182.234 km
Pole position: G. Agostini (I, Yamaha),
1'21.52 = 187.154 km/h.

1.	H. Kanaya	J	Yamaha	59'53.44
				= 182.580 km/h
2.	T. Länsivuori	SF	Suzuki	1 h.00'05.06
3.	P. Read	GB	MV-Agusta	1 h.00'16.41
4.	A. Toracca	I	MV-Agusta	1 h.00'44.01
5.	H. Lahfeld	D	König	1 lap
6.	D. Braun	D	Yamaha	1 lap
7.	K. Auer	A	Yamaha	1 lap
8.	T. Herron	IRL	Yamaha	1 lap
9.	A. George	GB	Yamaha	1 lap
10.	T. Tchernine	F	Yamaha	2 laps

Number of finishers: 21.
Fastest lap: G. Agostini (I, Yamaha),
1'21.78 = 186.559 km/h.

3) May 11 : Germany - Hockenheim

20 laps = 135.760 km
Pole position: T. Länsivuori (SF, Suzuki),
2'19.2 = 175.551 km/h.

1.	G. Agostini	I	Yamaha	46'32.1
				= 175.092 km/h
2.	P. Read	GB	MV-Agusta	46'36.0
3.	T. Länsivuori	SF	Suzuki	47'00.4
4.	H. Kanaya	J	Yamaha	47'26.7
5.	S. Woods	GB	Suzuki	48'05.3
6.	D. Braun	D	Yamaha	48'40.3
7.	C. Léon	F	König	1 lap
8.	A. George	GB	Yamaha	1 lap
9.	A. Celso-Santos	BR	Yamaha	1 lap
10.	J. Findlay	AUS	Suzuki	1 lap

Number of finishers: 23.
Fastest lap: G. Agostini (I, Yamaha),
2'16.8 = 178.631 km/h.

4) May 18 : Italy - Imola

30 laps = 151.320 km
Pole position: G. Agostini (I, Yamaha),
1'59.51 = 151.820 km/h.

1.	G. Agostini	I	Yamaha	59'28.2
				= 152.547 km/h
2.	P. Read	GB	MV-Agusta	1 h.00'29.0
3.	H. Kanaya	J	Yamaha	1 h.00'51.8
4.	A. Toracca	I	MV-Agusta	1 h.01'16.6
5.	S. Woods	GB	Suzuki	1 lap
6.	A. George	GB	Yamaha	1 lap
7.	J. Newbold	GB	Suzuki	2 laps
8.	T. Tchernine	F	Yamaha	2 laps
9.	B. Fau	F	Yamaha	2 laps
10.	R. Keller	CH	Yamaha	2 laps

Number of finishers: 16.
Fastest lap: G. Agostini (I, Yamaha),
1'57.2 = 154.812 km/h.

5) June 4 : Tourist Trophy - Isle of Man

6 laps = 364.320 km
Pole position: T. Rutter (GB, Yamaha),
21'35.8 = 168.693 km/h.

1.	M. Grant	GB	Kawasaki	2 h.15'27.6
				= 161.432 km/h
2.	J. Williams	GB	Yamaha	2 h.15'58.8
3.	C. Mortimer	GB	Yamaha	2 h.18'22.8
4.	B. Guthrie	IRL	Yamaha	2 h.18'26.2
5.	S. Tonkin	GB	Yamaha	2 h.19'33.2
6.	G. Barry	GB	Yamaha	2 h.19'34.8
7.	C. Williams	GB	Yamaha	2 h.19'38.0
8.	T. Rutter	GB	Yamaha	2 h.19'46.6
9.	Hel. Kassner	D	Yamaha	2 h.20'25.0
10.	K. Lee	GB	Yamaha	2 h.20'25.8

Number of finishers: 39.
Fastest lap: M. Grant (GB, Kawasaki),
21'59.6 = 165.650 km/h.

6) June 28 : The Netherlands - Assen

16 laps = 123.264 km
Pole position: B. Sheene (GB, Suzuki),
2'58.4 = 155.462 km/h.

1.	B. Sheene	GB	Suzuki	48'01.0
				= 154.088 km/h
2.	G. Agostini	I	Yamaha	48'01.0
3.	P. Read	GB	MV-Agusta	48'49.7
4.	J. Newbold	GB	Suzuki	Time not released
5.	T. Länsivuori	SF	Suzuki	Time not released
6.	G. Bonera	I	MV-Agusta	Time not released
7.	J. Williams	GB	Yamaha	Time not released
8.	H. Stadelmann	CH	Yamaha	Time not released
9.	K. Auer	A	Yamaha	Time not released
10.	P. Van Der Wal	NL	Yamaha	Time not released

Number of finishers: 18.
Fastest lap: B. Sheene (GB, Suzuki),
2'55.5 = 158.031 km/h.

7) July 6 : Belgium - Spa-Francorchamps

12 laps = 169.440 km
Pole position: B. Sheene (GB, Suzuki),
3'52.9 = 217.948 km/h.

1.	P. Read	GB	MV-Agusta	47'21.1
				= 214.396 km/h
2.	J. Newbold	GB	Suzuki	48'29.7
3.	J. Findlay	AUS	Suzuki	49'16.1
4.	A. George	GB	Yamaha	49'43.0
5.	J. Williams	GB	Yamaha	49'45.1
6.	C. Léon	F	Yamaha	50'33.7
7.	A. North	SA	Yamaha	50'46.3
8.	F. Hollebecq	B	Yamaha	50'56.9
9.	T. Tchernine	F	Yamaha	51'10.5
10.	J.-F. Baldé	F	Yamaha	51'11.6

Number of finishers: 11.
Fastest lap: B. Sheene (GB, Suzuki),
3'52.2 = 218.605 km/h.

8) July 20 : Sweden - Anderstorp

20 laps = 112.504 km
Pole position: B. Sheene (GB, Suzuki),
1'42.70 = 140.845 km/h.

1.	B. Sheene	GB	Suzuki	48'30.69
				= 139.100 km/h
2.	P. Read	GB	MV-Agusta	49'21.76
3.	J. Williams	GB	Yamaha	49'33.16
4.	G. Bonera	I	MV-Agusta	49'42.80
5.	D. Braun	D	Yamaha	49'43.16
6.	P. Korhonen	SF	Yamaha	49'49.26
7.	G. Choukroun	F	Yamaha	50'03.31
8.	E. Ferreira	BR	Yamaha	1 lap
9.	J. Findlay	AUS	Suzuki	1 lap
10.	P. Nurmi	SF	Yamaha	1 lap

Number of finishers: 15.
Fastest lap: B. Sheene (GB, Suzuki),
1'41.35 = 142.021 km/h.

9) July 27 : Finland - Imatra

21 laps = 126.630 km
Pole position: G. Bonera (I, MV-Agusta),
2'17.1 = 158.337 km/h.

1.	G. Agostini	I	Yamaha	48'25.7
				= 156.900 km/h
2.	T. Länsivuori	SF	Suzuki	49'18.8
3.	J. Findlay	AUS	Suzuki	50'28.7
4.	C. Mortimer	GB	Yamaha	1 lap
5.	S. Ellis	GB	Yamaha	1 lap
6.	H. Lahfeld	D	König	1 lap
7.	T. Van Der Veken	NL	Yamaha	1 lap
8.	J. Bengtsson	S	Yamaha	1 lap
9.	B. Hasli	N	Yamaha	1 lap
10.	S. Kangasniemi	SF	Yamaha	1 lap

Number of finishers: 13.
Fastest lap: G. Agostini (I, Yamaha),
2'15.5 = 160.207 km/h.

10) August 24 : Czechoslovakia - Brno

17 laps = 185.725 km
Pole position: T. Länsivuori (SF, Suzuki),
3'37.4 = 180.828 km/h.

1.	P. Read	GB	MV-Agusta	1 h.04'23.9
				= 172.961 km/h
2.	G. Agostini	I	Yamaha	1 h.05'24.3
3.	A. George	GB	Yamaha	1 h.06'16.0
4.	K. Auer	A	Yamaha	1 h.06'50.0
5.	O. Chevallier	F	Yamaha	1 h.07'00.9
6.	C. Mortimer	GB	Yamaha	1 h.07'42.5
7.	M. Ankone	NL	Suzuki	1 h.07'57.6
8.	H. Braumandl	A	Yamaha	1 lap
9.	W.-B. Nielsen	DK	Yamaha	1 lap
10.	A. Resko	DK	Yamaha	1 lap

Number of finishers: 11.
Fastest lap: T. Länsivuori (SF, Suzuki),
3'41.5 = 177.481 km/h.

WORLD CHAMPIONSHIP (*)

1.	Giacomo Agostini	I	Yamaha	84
2.	Phil Read	GB	MV-Agusta	76 (96)
3.	Hideo Kanaya	J	Yamaha	45
4.	Teuvo Länsivuori	SF	Suzuki	40
5.	John Williams	GB	Yamaha	32
6.	Barry Sheene	GB	Suzuki	30
7.	Alex George	GB	Yamaha	30
8.	John Newbold	GB	Suzuki	24
9.	Armando Toracca	I	MV-Agusta	24
10.	Jack Findlay	AUS	Suzuki	23
11.	Chas Mortimer	GB	Yamaha	23
12.	Karl Auer	A	Yamaha	17
13.	Dieter Braun	D	Yamaha	16
14.	Mick Grant	GB	Kawasaki	15
15.	Gianfranco Bonera	I	MV-Agusta	13
16.	Stan Woods	GB	Suzuki	12
17.	Horst Lahfeld	D	König	11
18.	Christian Léon	F	König	9
19.	Billy Guthrie	IRL	Yamaha	8
20.	Patrick Pons	F	Yamaha	6
21.	Steve Tonkin	GB	Yamaha	6
22.	Steve Ellis	GB	Yamaha	6
23.	Olivier Chevallier	F	Yamaha	6
24.	Thierry Tchernine	F	Yamaha	6
25.	Peter McKinley	GB	Yamaha	5
26.	Geoff Barry	GB	Yamaha	5
27.	Pentti Korhonen	SF	Yamaha	5
28.	Michel Rougerie	F	Harley-Davidson	4
29.	Charlie Williams	GB	Yamaha	4
30.	Alan North	SA	Yamaha	4
31.	Gérard Choukroun	F	Yamaha	4
32.	Thierry Van Der Veken	NL	Yamaha	4
33.	Marcel Ankone	NL	Suzuki	4
34.	Tom Herron	IRL	Yamaha	3
35.	Tony Rutter	GB	Yamaha	3
36.	Hans Stadelmann	CH	Yamaha	3
37.	Francis Hollebecq	B	Yamaha	3
38.	Edmar Ferreira	BR	Yamaha	3
39.	Johnny Bengtsson	S	Yamaha	3
40.	Hans Braumandl	A	Yamaha	3
41.	Adu Celso-Santos	BR	Yamaha	2
42.	Bernard Fau	F	Yamaha	2
43.	Helmut Kassner	D	Yamaha	2
44.	Björn Hasli	N	Yamaha	2
45.	Waerum-Börge Nielsen	DK	Yamaha	2
46.	Kjell Solberg	N	Yamaha	1
47.	Ruedi Keller	CH	Yamaha	1
48.	Kenny Lee	GB	Yamaha	1
49.	Piet Van Der Wal	NL	Yamaha	1
50.	Jean-François Baldé	F	Yamaha	1
51.	Pekka Nurmi	SF	Yamaha	1
52.	Seppo Kangasniemi	SF	Yamaha	1
53.	Anssi Resko	DK	Yamaha	1

(*): Les six meilleurs résultats sont pris en compte pour le championnat. Le chiffre entre parenthèses correspond aux points «bruts».

(*): Die sechs besten Resultate wurden für die Gesamtwertung der Meisterschaft gezählt. Die Zahlen in Klammern entsprechen dem "Brutto"-Punktetotal.

(*): The six best results counted towards the championship. The figures in brackets correspond to the gross number of points.

1975 — Side-Cars

Champions: **Rolf Steinhausen/Josef Huber (Germany, Busch-König), 57 points (75), 3 wins**

1) March 30 : France - Le Castellet

18 laps = 104.580 km
Pole position: K. Gerber/J. Epprecht (CH, König), 2'31.4 = 138.150 km/h.

1.	H. Schmid/M. Jean-Petit-Matile	CH	König	45'49.9
				= 136.909 km/h
2.	W. Schwärzel/A. Huber	D	König	46'03.8
3.	M. Hobson/M. Burns	GB	Yamaha	46'21.5
4.	R. Steinhausen/J. Huber	D	Busch-König	46'22.1
5.	A. Pantellini/A. Mazzoni	CH	König	47'19.5
6.	A. Zini/A. Fornaro	I	König	47'23.4
7.	D. Keen/R. Keen	GB	König	47'58.1
8.	G. Aymé/P. Loiseau	F	König	48'05.8
9.	R. Kurth/D. Rowe	CH/GB	Cat-Crescent	1 lap
10.	E. Trachsel/C. Graf	CH	Suzuki	1 lap

Number of finishers: 21.
Fastest lap: H. Schmid/M. Jean-Petit-Matile (CH, König), 2'28.9 = 140.470 km/h.

2) May 4 : Austria - Salzburgring

30 laps = 127.140 km
Pole position: R. Biland/F. Freiburghaus (CH, Seymaz-Yamaha), 1'32.55 = 164.849 km/h.

1.	R. Steinhausen/J. Huber	D	Busch-König	47'05.75
				= 161.970 km/h
2.	A. Pantellini/A. Mazzoni	CH	König	47'06.74
3.	H. Prügl/H. Kussberger	A	König	48'11.32
4.	H. Luthringhauser/H. Hahn	D	BMW	1 lap
5.	G. Boret/N. Boret	GB	König	1 lap
6.	G. O'Dell/A. Gosling	GB	König	2 laps
7.	A. Zini/A. Fornaro	I	König	2 laps
8.	R. Biland/F. Freiburghaus	CH	Seymaz-Yamaha	2 laps

Number of finishers: 8.
Fastest lap: A. Pantellini/A. Mazzoni (CH, König), 1'32.40 = 165.110 km/h.

3) May 11 : Germany - Hockenheim

18 laps = 122.184 km
Pole position: R. Biland/F. Freiburghaus (CH, Seymaz-Yamaha), 2'32.1 = 160.662 km/h.

1.	R. Biland/F. Freiburghaus	CH	Seymaz-Yamaha	46'56.4
				= 156.086 km/h
2.	W. Schwärzel/A. Huber	D	König	47'46.9
3.	R. Steinhausen/J. Huber	D	Busch-König	48'00.3
4.	S. Schauzu/W. Kalauch	D	ARO-Fath	49'19.2
5.	H. Haller/A. Neumann	D	König	49'34.5
6.	O. Haller/E. Haselbeck	D	BMW	1 lap
7.	G. Boret/N. Boret	GB	König	1 lap
8.	H. Thevissen/L. Puzo	D	König	1 lap
9.	E. Trachsel/C. Graf	CH	Suzuki	1 lap
10.	H. Prügl/H. Kussberger	A	König	1 lap

Number of finishers: 12.
Fastest lap: R. Biland/F. Freiburghaus (CH, Seymaz-Yamaha), 2'34.3 = 158.390 km/h.

4) May 18 : Italy - Imola

21 laps = 105.924 km
Pole position: R. Biland/F. Freiburghaus (CH, Seymaz-Yamaha), 2'13.55 = 135.967 km/h.

La course a été annulée en raison du retard pris dans le déroulement du Grand Prix (envahissement de la piste par les spectateurs après la victoire de Giacomo Agostini en 500).

Das Rennen wurde wegen der Verzögerung im Tagesablauf annulliert - Tausende von Zuschauern hatten die Strecke nach dem Sieg von Giacomo Agostini bei den 500ern gestürmt.

The race was cancelled because the start was delayed too long; the track having been invaded by spectators after Giacomo Agostini had won the 500 race.

5) June 4 : Tourist Trophy - Isle of Man

3 laps = 182.160 km
Pole position: S. Schauzu/W. Kalauch (D, ARO-Fath), 23'31.2 = 154.897 km/h.

1.	R. Steinhausen/J. Huber	D	Busch-König	1h.10'47.0
				= 154.470 km/h
2.	M. Hobson/G. Russell	GB	Yamaha	1 h.10'51.0
3.	D. Greasley/C. Holland	GB	Yamaha	1 h.12'04.6
4.	H. Schilling/F. Knights	D/GB	BMW	1 h.16'55.4
5.	D. Plummer/C. Birke	GB	König	1 h.17.38.4
6.	G. Pape/F. Kallenberg	D	König	1 h.18'44.2
7.	A. Campbell/J. Pearson	AUS/GB	Yamaha	1 h.20'08.0
8.	R. Williamson/J. McPherson	GB	Yamaha	1 h.20'38.6
9.	R. Dutton/T. Wright	GB	Yamaha	1 h.21'33.2
10.	T. Janssen/P. Sales	D/GB	König	1 h.22.16.0

Number of finishers: 28.
Fastest lap: M. Hobson/G. Russell (GB, Yamaha), 23'24.4 = 155.639 km/h.

6) June 28 : The Netherlands - Assen

14 laps = 107.856 km
Pole position: W. Schwärzel/A. Huber (D, König), 3'15.8 = 141.646 km/h.

1.	W. Schwärzel/A. Huber	D	König	47'40.3
				= 135.753 km/h
2.	R. Biland/B. Grube	CH/D	Seymaz-Yamaha	47'58.5
3.	A. Pantellini/A. Mazzoni	CH	König	48'10.3
4.	G. O'Dell/A. Gosling	GB	König	Time not released
5.	A. Zini/A. Fornaro	I	König	Time not released
6.	S. Maier/G. Lehmann	D	SMS	Time not released
7.	C. Smit/J. Smit	NL	König	Time not released
8.	H. Luthringhauser/H. Hahn	D	BMW	Time not released
9.	O. Haller/E. Haselbeck	D	BMW	Time not released
10.	G. Pape/F. Kallenberg	D	König	Time not released

Number of finishers: 11.
Fastest lap: M. Hobson/G. Russell (GB, Yamaha), 3'19.8 = 138.818 km/h.

7) July 6: Belgium - Spa-Francorchamps

10 laps = 141.200 km
Pole position: W. Schwärzel/A. Huber (D, König),
4'29.7 = 188.476 km/h.

1.	R. Steinhausen/J. Huber	D	Busch-König	45'08.2
				= 187.431 km/h
2.	G. Pape/F. Kallenberg	D	König	46'25.4
3.	M. Boddice/C. Pollington	GB	König	46'25.6
4.	O. Haller/E. Haselbeck	D	BMW	48'15.5
5.	H. Schilling/R. Gundel	D	König	48'43.6
6.	H. Haller/A. Neumann	D	König	50'12.2
7.	T. Janssen/E. Schmitz	D	Yamaha	1 lap
8.	A. Zini/A. Fornaro	I	König	1 lap
9.	E. Schons/K. Lauterbach	D	BMW	1 lap
10.	D. Keen/R. Keen	GB	König	1 lap

Number of finishers: 11.
Fastest lap: W. Schwärzel/A. Huber (D, König),
4'24.9 = 191.600 km/h.

8) August 24: Czechoslovakia - Brno

11 laps = 120.175 km
Pole position: W. Schwärzel/A. Huber (D, König),
4'04.1 = 161.122 km/h.

1.	W. Schwärzel/A. Huber	D	König	45'51.7
				= 157.151 km/h
2.	R. Steinhausen/J. Huber	D	Busch-König	46'51.4
3.	H. Haller/A. Neumann	D	König	47'49.1
4.	W. Ohrmann/B. Grube	D	Yamaha	48'52.7
5.	G. Aymé/P. Loiseau	F	König	48'54.4
6.	H. Schmid/M. Jean-Petit-Matile	CH	Schmid-Yamaha	49'25.3
7.	D. Keen/R. Keen	GB	König	49'26.7
8.	A. Zini/A. Fornaro	I	König	49'45.1
9.	T. Janssen/E. Schmitz	D	Yamaha	49'54.5
10.	E. Schons/K. Lauterbach	D	BMW	1 lap

Number of finishers: 15.
Fastest lap: W. Schwärzel/A. Huber (D, König),
4'05.7 = 160.904 km/h.

WORLD CHAMPIONSHIP (*)

1.	Rolf Steinhausen/Josef Huber	D	Busch-König	57 (75)
2.	Werner Schwärzel/Andreas Huber	D	König	54
3.	Rolf Biland/Fredy Freiburghaus/Bernd Grube	CH/CH/D	Seymaz-Yamaha	30
4.	Angelo Pantellini/Alfredo Mazzoni	CH	König	28
5.	Malcom Hobson/Mick Burns/Gordon Russell	GB	Yamaha	22
6.	Helmut Haller/Armgard "Aga" Neumann	D	König	21
7.	Hermann Schmid/Martial Jean-Petit-Matile	CH	König/Schmid-Yamaha	20
8.	Gustav Pape/Franz Kallenberg	D	König	18
9.	Amedeo Zini/Andrea Fornaro	I	König	18 (21)
10.	Otto Haller/Erich Haselbeck	D	BMW	15
11.	Helmut Schilling/Frank Knights/Rainer Gundel	D/GB/D	BMW/König	14
12.	George O'Dell/Alan Gosling	GB	König	13
13.	Herbert Prügl/Herbert Kussberger	A	König	11
14.	Heinz Luthringshauser/Hermann Hahn	D	BMW	11
15.	Dick Greasley/Clifford Holland	GB	Yamaha	10
16.	Mick Boddice/Clive Pollington	GB	König	10
17.	Gerard "Gerry" Boret/Norman "Nick" Boret	GB	König	10
18.	Gilbert Aymé/Patrick Loiseau	F	König	9
19.	Dennis Keen/Roy Keen	GB	König	9
20.	Siegfried Schauzu/Wolfgang Kalauch	D	ARO-Fath	8
21.	Walter Ohrmann/Bernd Grube	D	Yamaha	8
22.	Ted Janssen/Peter Sales/Erich Schmitz	D/GB/D	König/Yamaha	7
23.	Derek Plummer/Chas Birks	GB	König	6
24.	Siegfried Maier/Gerhard Lehmann	D	SMS	5
25.	Alex Campbell/John Pearson	AUS/GB	Yamaha	4
26.	Cees Smit/Jan Smit	NL	König	4
27.	Heinz Thevissen/Lorenzo Puzo	D	König	3
28.	Robin Williamson/John McPherson	GB	Yamaha	3
29.	Ernest Trachsel/Christian Graf	CH	Suzuki	3
30.	Egon Schons/Karl Lauterbach	D	BMW	3
31.	Rudolf "Ruedi" Kurth/Dane Rowe	CH/GB	Cat-Crescent	2
32.	Roger Dutton/Tony Wright	GB	Yamaha	2

(*): Les six meilleurs résultats sont pris en compte pour le championnat.
Le chiffre entre parenthèses correspond aux points «bruts».

(*): Die sechs besten Resultate wurden für die Gesamtwertung der Meisterschaft gezählt.
Die Zahlen in Klammern entsprechen dem "Brutto"-Punktetotal.

(*): The six best results counted towards the championship.
The figures in brackets correspond to the gross number of points.

Champion : **Angel Nieto (Spain, Bultaco), 85 points (97), 5 wins**

1976 — 50 cc

1) April 25 : France - Le Mans

15 laps = 63.600 km
Pole position: A. Nieto (E, Bultaco),
2'13.39 = 119.343 km/h.

1.	H. Rittberger	D	Kreidler	34'04.21
				= 112.016 km/h
2.	R. Kunz	D	Kreidler	34'04.42
3.	S. Dörflinger	CH	Kreidler	34'07.78
4.	P. Audry	F	ABF	34'09.00
5.	A. Pero	I	Kreidler	35'11.60
6.	T. Timmer	NL	Jamathi	35'21.66
7.	Y. Le Toumelin	F	Kreidler	35'25.35
8.	E. Lazzarini	I	UFO-Morbidelli	35'26.63
9.	B. Laurent	F	Kreidler	35'56.63
10.	U. Graf	CH	Kreidler	35'58.48

Number of finishers: 19.
Fastest lap: R. Kunz (D, Kreidler),
2'11.20 = 116.354 km/h.

2) May 16 : Italy - Mugello

12 laps = 62.940 km
Pole position: A. Nieto (E, Bultaco),
2'34.73 = 122.032 km/h.

1.	A. Nieto	E	Bultaco	30'49.9
				= 122.484 km/h
2.	E. Lazzarini	I	UFO-Morbidelli	31'14.8
3.	R. Kunz	D	Kreidler	31'22.7
4.	U. Graf	CH	Kreidler	31'30.6
5.	S. Dörflinger	CH	Kreidler	31'46.8
6.	R. Blatter	CH	Kreidler	32'15.0
7.	E. Mischiatti	I	Derbi	32'24.5
8.	R. Gali	E	Bultaco	32'28.4
9.	P. Audry	F	ABF	32'29.4
10.	A. Pero	I	Kreidler	32'33.8

Number of finishers: 20.
Fastest lap: A. Nieto (E, Bultaco),
2'32.2 = 124.060 km/h.

3) May 23 : Yugoslavia - Opatija

15 laps = 89.910 km
Pole position: A. Nieto (E, Bultaco),
2'43.5 = 132.110 km/h.

1.	U. Graf	CH	Kreidler	42'09.0
				= 128.113 km/h
2.	H. Rittberger	D	Kreidler	42'16.0
3.	A. Nieto	E	Bultaco	42'30.4
4.	S. Dörflinger	CH	Kreidler	42'30.9
5.	R. Kunz	D	Kreidler	43'18.1
6.	P. Audry	F	ABF	43'39.0
7.	A. Pero	I	Kreidler	44'15.3
8.	C. Van Dongen	NL	Kreidler	44'36.4
9.	R. Blatter	CH	Kreidler	45'11.7
10.	G. Schirnhofer	D	Kreidler	1 lap

Number of finishers: 17.
Fastest lap: H. Rittberger (D, Kreidler),
2'44.8 = 131.067 km/h.

4) June 26 : The Netherlands - Assen

9 laps = 69.462 km
Pole position: A. Nieto (E, Bultaco),
3'37.7 = 127.612 km/h.

1.	A. Nieto	E	Bultaco	33'10.4
				= 125.635 km/h
2.	U. Graf	CH	Kreidler	33'28.8
3.	H. Rittberger	D	Kreidler	33'31.7
4.	E. Lazzarini	I	UFO-Morbidelli	TNR
5.	T. Van Geffen	NL	Kreidler	Time not released
6.	R. Kunz	D	Kreidler	Time not released
7.	G. Strikker	NL	Kreidler	Time not released
8.	E. Kip	NL	Kreidler	Time not released
9.	G. Schirnhofer	D	Kreidler	Time not released
10.	A. Pero	I	Kreidler	Time not released

Number of finishers: 22.
Fastest lap: U. Graf (CH, Kreidler),
3'38.0 = 127.450 km/h.

5) July 4: Belgium - Spa-Francorchamps

6 laps = 84.720 km
Pole position: A. Nieto (E, Bultaco),
5'07.4 = 165.127 km/h.

1.	H. Rittberger	D	Kreidler	31'20.7
				= 161.940 km/h
2.	A. Nieto	E	Bultaco	31'40.8
3.	U. Graf	CH	Kreidler	31'58.4
4.	E. Lazzarini	I	UFO-Morbidelli	32'28.3
5.	P. Plisson	F	Morbidelli	32'30.5
6.	E. Kip	NL	Kreidler	Time not released
7.	R. Kunz	D	Kreidler	Time not released
8.	C. Van Dongen	NL	Kreidler	Time not released
9.	H. Hummel	A	Kreidler	Time not released
10.	S. Dörflinger	CH	Kreidler	Time not released

Number of finishers: 14.
Fastest lap: H. Rittberger (D, Kreidler),
5'08.3 = 164.644 km/h.

6) July 25 : Sweden - Anderstorp

16 laps = 64.288 km
Pole position: A. Nieto (E, Bultaco),
1'59.93 = 120.641 km/h.

1.	A. Nieto	E	Bultaco	32'09.39
				= 119.900 km/h
2.	U. Graf	CH	Kreidler	32'10.41
3.	E. Lazzarini	I	UFO-Morbidelli	32'24.50
4.	H. Rittberger	D	Kreidler	32'57.34
5.	H. Hummel	A	Kreidler	33'08.43
6.	R. Laver	S	Kreidler	33'15.88
7.	E. Kip	NL	Kreidler	33'24.80
8.	G. Strikker	NL	Kreidler	33'27.33
9.	T. Timmer	NL	Jamathi	33'32.03
10.	R. Blatter	CH	Kreidler	33'36.92

Number of finishers: 14.
Fastest lap: A. Nieto (E, Bultaco),
1'58.44 = 122.120 km/h.

7) August 1 : Finland - Imatra

11 laps = 66.330 km
Pole position: A. Nieto (E, Bultaco),
2'52.7 = 126.283 km/h.

1.	J. Van Zeebroeck	B	Kreidler	33'44.2
				= 117.966 km/h
2.	U. Graf	CH	Kreidler	33'30.9
3.	E. Lazzarini	I	UFO-Morbidelli	34'27.0
4.	H. Rittberger	D	Kreidler	34'44.9
5.	H. Hummel	A	Kreidler	35'14.4
6.	T. Timmer	NL	Jamathi	35'17.5
7.	R. Blatter	CH	Kreidler	35'19.1
8.	C. Van Dongen	NL	Kreidler	35'53.8
9.	G. Strikker	NL	Kreidler	35'59.1
10.	G. Schirnhofer	D	Kreidler	36'02.0

Number of finishers: 17.
Fastest lap: J. Van Zeebroeck (B, Kreidler),
2'59.9 = 120.668 km/h.

8) August 29 : Germany - Nürburgring

3 laps = 68.550 km
Pole position: U. Graf (CH, Kreidler),
10'42.7 = 127.908 km/h.

1.	A. Nieto	E	Bultaco	31'42.4
				= 129.618 km/h
2.	H. Rittberger	D	Kreidler	31'56.4
3.	U. Graf	CH	Kreidler	32'33.7
4.	H. Hummel	A	Kreidler	33'14.1
5.	R. Blatter	CH	Kreidler	33'14.7
6.	J. Van Zeebroeck	B	Kreidler	33'15.3
7.	B. Stopp	D	Kreidler	33'33.1
8.	W. Müller	D	Kreidler	33'47.3
9.	R. Kunz	D	Kreidler	33'57.0
10.	E. Giuliano	I	LGM	34'35.7

Number of finishers: 30
Fastest lap: A. Nieto (E, Bultaco),
10'26.9 = 131.130 km/h.

9) September 19 : Spain - Barcelona

17 laps = 64.430 km
Pole position: A. Nieto (E, Bultaco),
1'57.27 = 116.347 km/h.

1.	A. Nieto	E	Bultaco	34'01.51
				= 113.635 km/h
2.	H. Rittberger	D	Kreidler	34'14.48
3.	E. Lazzarini	I	UFO-Morbidelli	34'30.00
4.	R. Blatter	CH	Kreidler	34'42.44
5.	J. Van Zeebroeck	B	Kreidler	34'58.23
6.	R. Tormo	E	Kreidler	34'58.77
7.	C. Lusuardi	I	Bultaco	35'00.26
8.	G. Schirnhofer	D	Kreidler	35'20.89
9.	A. Pero	I	Kreidler	35'27.60
10.	H. Hummel	A	Kreidler	35'41.09

Number of finishers: 19
Fastest lap: A. Nieto (E, Bultaco),
1'57.02 = 116.635 km/h.

WORLD CHAMPIONSHIP (*)

1.	Angel Nieto	E	Bultaco	85 (97)
2.	Herbert Rittberger	D	Kreidler	76 (92)
3.	Ulrich "Ueli" Graf	CH	Kreidler	69 (80)
4.	Eugenio Lazzarini	I	UFO-Morbidelli	53 (61)
5.	Rudolf Kunz	D	Kreidler	34 (39)
6.	Julien Van Zeebroeck	B	Kreidler	26
7.	Rolf Blatter	CH	Kreidler	25 (26)
8.	Stefan Dörflinger	CH	Kreidler	25
9.	Hans Hummel	A	Kreidler	20 (23)
10.	Pierre Audry	F	ABF	15
11.	Aldo Pero	I	Kreidler	13
12.	Theo Timmer	NL	Jamathi	12
13.	Engelbert Kip	NL	Kreidler	12
14.	Cees Van Dongen	NL	Kreidler	9
15.	Gerrit Strikker	NL	Kreidler	9
16.	Benjamin Laurent	F	Kreidler	8
17.	Günther Schirnhofer	D	Kreidler	7
18.	Theo Van Geffen	NL	Kreidler	6
19.	Robert Laver	S	Kreidler	5
20.	Ricardo Tormo Blaya	E	Kreidler	5
21.	Claudio Lusuardi	I	Bultaco	4
22.	Yves Le Toumelin	F	Kreidler	4
23.	Ezio Mischiatti	I	Derbi	4
24.	Bruno Stopp	D	Kreidler	4
25.	Ramon Gali	E	Bultaco	3
26.	Wolfgang Müller	D	Kreidler	3
27.	Ermano Giuliano	I	LGM	1

(*): Les Grands Prix ont été cette année-là divisés en deux groupes (première demi-saison), les trois meilleurs résultats de chaque groupe étant pris en compte. Les chiffres entre parenthèses correspond au total "brut" des points

(*): Die Grands Prix wurden in diesem Jahr in zwei Gruppen eingeteilt - die Rennen der ersten Saisonhälfte und die Rennen der zweiten Saisonhälfte. Nur die drei besten Resultate jeder Gruppe zählten für die Schlusswertung. Die Zahlen in Klammern entsprechen dem "Brutto"- Punktetotal.

(*): This year, the grands prix were divided into two groups (first half-season, second half-season) with the best three results of each group being taken into account. The figures in brackets correspond to the gross number of points.

Ulrich «Ueli» Graf

Champion : **Pierpaolo Bianchi (Italy, Morbidelli), 90 points (105), 7 wins**

1976 — 125 cc

1) May 2 : Austria - Salzburgring

30 laps = 127.140 km
Pole position: P. Bianchi (I, Morbidelli),
1'35.37 = 160.050 km/h.

1.	P. Bianchi	I	Morbidelli	48'11.98
				= 158.370 km/h
2.	P. Pileri	I	Morbidelli	48'48.67
3.	O. Buscherini	I	Malanca	48'20.02
4.	A. Nieto	E	Bultaco	1 lap
5.	X. Tschannen	CH	Maïco	2 laps
6.	J. Zemsauer	A	Rotax	2 laps
7.	H. Hummel	A	Yamaha	2 laps
8.	H. Müller	CH	Yamaha	2 laps
9.	P. Frohnmeyer	D	Nava-DRS	2 laps
10.	W. Schmied	A	Rotax	2 laps

Number of finishers: 14.
Fastest lap: P. Bianchi (I, Morbidelli),
1'35.01 = 160.657 km/h.

2) May 16 : Italy - Mugello

20 laps = 104.900 km
Pole position: P. Bianchi (I, Morbidelli),
2'18.64 = 136.194 km/h.

1.	P. Bianchi	I	Morbidelli	46'54.2
				= 134.400 km/h
2.	P. Pileri	I	Morbidelli	47'18.9
3.	A. Nieto	E	Bultaco	47'59.5
4.	H. Van Kessel	NL	Condor-AGV	1 lap
5.	E. Lazzarini	I	Morbidelli	1 lap
6.	E. Cereda	I	Morbidelli	1 lap
7.	L. Righetti	I	Morbidelli	1 lap
8.	P.-L. Conforti	I	Yamaha	1 lap
9.	A. Hakala	SF	Yamaha	1 lap
10.	M. Kinnunen	SF	Maïco	1 lap

Number of finishers: 11.
Fastest lap: O. Buscherini (I, Malanca),
2'18.30 = 136.259 km/h.

3) May 23 : Yugoslavia - Opatija

19 laps = 113.886 km
Pole position: A. Nieto (E, Bultaco),
2'27.4 = 146.540 km/h.

1.	P. Bianchi	I	Morbidelli	47'23.1
				= 144.319 km/h
2.	H. Van Kessel	NL	Condor-AGV	47'31.0
3.	P. Pileri	I	Morbidelli	47'34.3
4.	S. Dörflinger	CH	Morbidelli	50'01.4
5.	X. Tschannen	CH	Maïco	1 lap
6.	C. Van Dongen	NL	Morbidelli	1 lap
7.	R. Blatter	CH	Morbidelli	1 lap
8.	E. Lazzarini	I	Morbidelli	1 lap
9.	H. Müller	CH	Yamaha	1 lap
10.	P. Frohnmeyer	D	Nava-DRS	1 lap

Number of finishers: 13.
Fastest lap: A. Nieto (E, Bultaco),
2'25.7 = 148.250 km/h.

4) June 26 : The Netherlands - Assen

14 laps = 108.052 km
Pole position: P. Bianchi (I, Morbidelli),
3'17.1 = 140.968 km/h.

1.	P. Bianchi	I	Morbidelli	46'38.0
				= 139.019 km/h
2.	P. Pileri	I	Morbidelli	47'25.2
3.	A. Nieto	E	Bultaco	47'39.3
4.	J.-L. Guignabodet	F	Morbidelli	48'00.5
5.	S. Dörflinger	CH	Morbidelli	48'07.1
6.	A. Mang	D	Morbidelli	Time not released
7.	C. Van Dongen	NL	Morbidelli	Time not released
8.	E. Lazzarini	I	Morbidelli	Time not released
9.	X. Tschannen	CH	Maïco	Time not released
10.	P.-J. Cecchini	F	Maïco	Time not released

Number of finishers: 16.
Fastest lap: P. Bianchi (I, Morbidelli),
3'13.7 = 143.442 km/h.

5) July 4 : Belgium - Spa-Francorchamps

10 laps = 141.200 km
Pole position: A. Nieto (E, Bultaco),
4'25.7 = 191.043 km/h.

1.	A. Nieto	E	Bultaco	44'47.1
				= 188.897 km/h
2.	P. Pileri	I	Morbidelli	44'51.9
3.	E. Lazzarini	I	Morbidelli	45'43.8
4.	G. Bender	D	Bender-Special	45'54.1
5.	H. Bartol	A	Morbidelli	46'05.0
6.	P. Plisson	F	Morbidelli	47'22.7
7.	S. Dörflinger	CH	Morbidelli	47'23.6
8.	J. Van Zeebroeck	B	Morbidelli	47'33.2
9.	L. Gustafsson	S	Yamaha	48'02.2
10.	C. Van Dongen	NL	Morbidelli	48'20.3

Number of finishers: 14.
Fastest lap: P. Bianchi (I, Morbidelli),
4'22.7 = 193.224 km/h.

6) July 25 : Sweden - Anderstorp

26 laps = 104.468 km
Pole position: P. Bianchi (I, Morbidelli),
1'48.50 = 133.316 km/h.

1.	P. Bianchi	I	Morbidelli	48'03.42
				= 130.400 km/h
2.	A. Nieto	E	Bultaco	48'59.14
3.	P. Pileri	I	Morbidelli	49'12.11
4.	L. Gustafsson	S	Yamaha	49'12.16
5.	H. Van Kessel	NL	Condor-AGV	49'25.13
6.	G. Bender	D	Bender-Special	49'55.14
7.	J.-L. Guignabodet	F	Morbidelli	1 lap
8.	P.-E. Carlsson	S	Morbidelli	1 lap
9.	M. Kinnunen	SF	Maïco	1 lap
10.	L. Lindell	S	Morbidelli	1 lap

Number of finishers: 19.
Fastest lap: P. Bianchi (I, Morbidelli),
1'49.26 = 132.389 km/h.

7) August 1 : Finland - Imatra

18 laps = 108.540 km
Pole position: P. Bianchi (I, Morbidelli),
2'32.8 = 142.068 km/h.

1.	P. Bianchi	I	Morbidelli	46'27.8
				= 140.162 km/h
2.	G. Bender	D	Bender-Special	47'21.3
3.	H. Van Kessel	NL	Condor-AGV	47'22.3
4.	J.-L. Guignabodet	F	Morbidelli	47'39.1
5.	P. Pileri	I	Morbidelli	47'45.5
6.	S. Dörflinger	CH	Morbidelli	48'12.6
7.	A. Mang	D	Morbidelli	48'15.5
8.	P.-E. Carlsson	S	Morbidelli	48'42.0
9.	M. Kinnunen	SF	Maïco	48'43.5
10.	E. Lazzarini	I	Morbidelli	49'04.7

Number of finishers: 19.
Fastest lap: P. Bianchi (I, Morbidelli),
2'32.2 = 142.628 km/h.

8) August 29 : Germany - Nürburgring

5 laps = 114.250 km
Pole position: P. Bianchi (I, Morbidelli),
9'38.2 = 142.176 km/h.

1.	A. Mang	D	Morbidelli	52'43.4
				= 129.938 km/h
2.	W. Koschine	D	Maïco	54'23.3
3.	J. Van Zeebroeck	B	Morbidelli	54'28.1
4.	H. Seel	D	Seel-Special	54'32.1
5.	L. Lundgren	S	Yamaha	55'11.6
6.	J.-L. Guignabodet	F	Morbidelli	55'15.3
7.	H. Müller	CH	Yamaha	55'21.0
8.	H. Bartol	A	Morbidelli	56'12.4
9.	E. Cereda	I	Morbidelli	56'28.9
10.	H. Hallberg	S	Yamaha	56'59.4

Number of finishers: 19
Fastest lap: A. Mang (D, Morbidelli),
10'12.2 = 134.280 km/h.

9) September 19 : Spain - Barcelona

27 laps = 102.330 km
Pole position: A. Nieto (E, Bultaco),
1'49.81 = 124.251 km/h.

1.	P. Bianchi	I	Morbidelli	40'56.04
				= 122.979 km/h
2.	A. Nieto	E	Bultaco	50'21.58
3.	H. Van Kessel	NL	Condor-AGV	50'59.24
4.	A. Mang	D	Morbidelli	50'59.86
5.	J.-L. Guignabodet	F	Morbidelli	1 lap
6.	J. Van Zeebroeck	B	Morbidelli	1 lap
7.	P.-L. Conforti	I	Malanca	1 lap
8.	E. Lazzarini	I	Morbidelli	1 lap
9.	E. Giuliano	I	Morbidelli	1 lap
10.	C. Van Dongen	NL	Morbidelli	1 lap

Number of finishers: 14
Fastest lap: P. Bianchi (I, Morbidelli),
1'48.8 = 126.333 km/h.

WORLD CHAMPIONSHIP (*)

1.	Pierpaolo Bianchi	I	Morbidelli	90 (105)
2.	Angel Nieto	E	Bultaco	67
3.	Paolo Pileri	I	Morbidelli	64 (74)
4.	Henk Van Kessel	NL	Condor-AGV	46
5.	Anton Mang	D	Morbidelli	32
6.	Jean-Louis Guignabodet	F	Morbidelli	27 (31)
7.	Eugenio Lazzarini	I	Morbidelli	26
8.	Gert Bender	D	Bender-Special	25
9.	Stefan Dörflinger	CH	Morbidelli	23
10.	Julien Van Zeebroeck	B	Morbidelli	18
11.	Xaver Tschannen	CH	Maïco	14
12.	Walter Koschine	D	Maïco	12
13.	Cees Van Dongen	NL	Morbidelli	11
14.	Otello Buscherini	I	Malanca	10
15.	Leif Gustafsson	S	Yamaha	10
16.	Harald Bartol	A	Morbidelli	9
17.	Hans Müller	CH	Yamaha	9
18.	Horst Seel	D	Seel-Special	8
19.	Enrico Cereda	I	Morbidelli	7
20.	Pier-Luigi Conforti	I	Yamaha/Malanca	7
21.	Per-Edward Carlsson	S	Morbidelli	6
22.	Lennart Lundgren	S	Yamaha	6
23.	Patrick Plisson	F	Morbidelli	5
24.	Johann Zemsauer	A	Rotax	5
25.	Matti Kinnunen	SF	Maïco	5
26.	Hans Hummel	A	Yamaha	4
27.	Rolf Blatter	CH	Morbidelli	4
28.	Luciano Righetti	I	Morbidelli	4
29.	Peter Frohnmeyer	D	Nava-DRS	3
30.	Auna Hakala	SF	Yamaha	2
31.	Ermano Giuliano	I	Morbidelli	2
32.	Pierre-Jean Cecchini	F	Maïco	1
33.	Hans Hallberg	S	Yamaha	1
34.	Lennart Lindell	S	Morbidelli	1
35.	Werner Schmied	A	Rotax	1

(*): Les Grands Prix ont été cette année-là divisés en deux groupes (première demi-saison), les trois meilleurs résultats de chaque groupe étant pris en compte. Les chiffres entre parenthèses correspond au total "brut" des points

(*): Die Grands Prix wurden in diesem Jahr in zwei Gruppen eingeteilt - die Rennen der ersten Saisonhälfte und die Rennen der zweiten Saisonhälfte. Nur die drei besten Resultate jeder Gruppe zählten für die Schlusswertung. Die Zahlen in Klammern entsprechen dem "Brutto"- Punktetotal.

(*): This year, the grands prix were divided into two groups (first half-season, second half-season) with the best three results of each group being taken into account. The figures in brackets correspond to the gross number of points.

Otello Buscherini

Alberto Ieva, Morbidelli

1976 — 125 cc

Champion : **Walter Villa (Italy, Harley-Davidson), 90 points (117), 7 wins**

1976 — 250 CC

1) April 25 : France - Le Mans

30 laps = 127.200 km
Pole position: W. Villa (I, Harley-Davidson),
1'48.92 = 140.140 km/h.

1. W. Villa	I	Harley-Davidson	54'41.62	
			= 139.556 km/h	
2. G. Bonera	I	Harley-Davidson	55'23.76	
3. P. Korhonen	SF	Yamaha	55'30.33	
4. O. Chevallier	F	Yamaha	55'31.54	
5. G. Choukroun	F	Yamaha	55'44.67	
6. P. Nurmi	SF	Yamaha	55'49.63	
7. P. Pons	F	Yamaha	55'49.80	
8. P. Bouzanne	F	Yamaha	55'51.04	
9. J.-C. Hogrel	F	Yamaha	55'51.19	
10. P. Fernandez	F	Yamaha	55'53.14	

Number of finishers: 22.
Fastest lap: W. Villa (I, Harley-Davidson),
1'47.80 = 141.596 km/h.

2) May 16 : Italy - Mugello

23 laps = 120.635 km
Pole position: W. Villa (I, Harley-Davidson),
2'12.2 = 142.829 km/h.

1. W. Villa	I	Harley-Davidson	51'43.3	
			= 139.943 km/h	
2. T. Katayama	J	Yamaha	52'05.1	
3. P. Korhonen	SF	Yamaha	52'21.2	
4. C. Mortimer	GB	Yamaha	52'43.4	
5. J.-F. Baldé	F	Yamaha	52'44.7	
6. B. Kneubühler	CH	Yamaha	52'59.1	
7. T. Herron	IRL	Yamaha	53'05.2	
8. P. Bouzanne	F	Yamaha	53'11.6	
9. O. Chevallier	F	Yamaha	53'24.2	
10. E. Hyvärinen	SF	Yamaha	53'24.5	

Number of finishers: 17.
Fastest lap: W. Villa (I, Harley-Davidson),
2'11.8 = 143.263 km/h.

3) May 23 : Yugoslavia - Opatija

21 laps = 125.874 km
Pole position: T. Katayama (J, Yamaha),
2'20.9 = 153.300 km/h.

1. D. Braun	D	Yamaha	50'19.8
			= 150.208 km/h
2. T. Herron	IRL	Yamaha	50'26.5
3. O. Chevallier	F	Yamaha	50'26.8
4. P. Fernandez	F	Yamaha	50'34.7
5. C. Mortimer	GB	Yamaha	50'36.7
6. B. Kneubühler	CH	Yamaha	50'48.0
7. G. Bonera	I	Harley-Davidson	50'49.5
8. P. Korhonen	SF	Yamaha	50'54.8
9. J. Drapal	H	Yamaha	50'57.1
10. P. Pons	F	Yamaha	51'19.8

Number of finishers: 21.
Fastest lap: G. Bonera (I, Harley-Davidson),
2'20.2 = 154.066 km/h.

4) June 12 : Tourist Trophy - Isle of Man

4 laps = 242.880 km
Pole position: T. Herron (IRL, Yamaha),
21'41.0 = 168.018 km/h.

1. T. Herron	IRL	Yamaha	1 h.27'26.8
			= 166.610 km/h
2. T. Katayama	J	Yamaha	1 h.27'52.2
3. C. Mortimer	GB	Yamaha	1 h.28'43.2
4. T. Rutter	GB	Yamaha	1 h.29'33.4
5. E. Roberts	GB	Yamaha	1 h.30'35.8
6. A. George	GB	Yamaha	1 h.30'47.2
7. J. Weeden	GB	Yamaha	1 h.30'48.4
8. I.-F. Richards	GB	Yamaha	1 h.31'42.4
9. D. Casement	GB	Yamaha	1 h.32'24.0
10. N. Tuxworth	GB	Yamaha	1 h.32'26.0

Number of finishers: 44.
Fastest lap: T. Herron (IRL, Yamaha),
21'27.8 = 169.793 km/h.

5) June 26 : The Netherlands - Assen

15 laps = 115.770 km
Pole position: W. Villa (I, Harley-Davidson),
3'08.4 = 147.478 km/h.

1. W. Villa	I	Harley-Davidson	47'31.4
			= 146.160 km/h
2. T. Katayama	J	Yamaha	47'47.6
3. J. Dodds	AUS	Yamaha	48'09.2
4. G. Bonera	I	Harley-Davidson	48'15.6
5. V. Palomo	E	Yamaha	Time not released
6. P. Fernandez	F	Yamaha	Time not released
7. T. Herron	IRL	Yamaha	Time not released
8. B. Kneubühler	CH	Yamaha	Time not released
9. D. Braun	D	Yamaha	Time not released
10. F. Uncini	I	Yamaha	Time not released

Number of finishers: 18.
Fastest lap: W. Villa (I, Harley-Davidson),
3'05.9 = 149.461 km/h.

6) July 4 : Belgium - Spa-Francorchamps

11 laps = 155.320 km
Pole position: W. Villa (I, Harley-Davidson),
4'07.11 = 205.415 km/h.

1. W. Villa	I	Harley-Davidson	45'51.9
			= 202.899 km/h
2. P. Pileri	I	Morbidelli	46'40.5
3. T. Katayama	J	Yamaha	46'49.2
4. J. Dodds	AUS	Yamaha	46'49.4
5. G. Bonera	I	Harley-Davidson	46'49.8
6. V. Palomo	E	Yamaha	46'50.2
7. D. Braun	D	Yamaha	46'50.8
8. P. Korhonen	SF	Yamaha	47'00.3
9. P. Fernandez	F	Yamaha	47'12.9
10. T. Herron	IRL	Yamaha	47'13.1

Number of finishers: 19.
Fastest lap: W. Villa (I, Harley-Davidson),
4'06.9 = 205.589 km/h.

7) July 25 : Sweden - Anderstorp

28 laps = 112.504 km
Pole position: P. Korhonen (SF, Yamaha),
1'48.00 = 133.193 km/h.

1.	T. Katayama	J	Yamaha	50'30.00
				= 133.600 km/h
2.	D. Braun	D	Yamaha	50'39.14
3.	G. Bonera	I	Harley-Davidson	50'39.50
4.	P. Korhonen	SF	Yamaha	50'41.78
5.	C. Mortimer	GB	Yamaha	50'42.06
6.	T. Herron	IRL	Yamaha	50'51.53
7.	B. Kneubühler	CH	Yamaha	50'51.84
8.	L. Gustafsson	S	Yamaha	50'58.56
9.	T. Virtanen	SF	MZ	51'18.15
10.	P. Pons	F	Yamaha	51'23.56

Number of finishers: 18.
Fastest lap: D. Braun (D, Yamaha),
1'46.83 = 135.496 km/h.

8) August 1 : Finland - Imatra

19 laps = 114.570 km
Pole position: W. Villa (I, Harley-Davidson),
2'24.7 = 150.021 km/h.

1.	W. Villa	I	Harley-Davidson	46'45.4
				= 147.020 km/h
2.	T. Katayama	J	Yamaha	47'19.3
3.	G. Bonera	I	Harley-Davidson	47'29.2
4.	P. Korhonen	SF	Yamaha	47'29.6
5.	T. Herron	IRL	Yamaha	47'34.5
6.	D. Braun	D	Yamaha	47'36.9
7.	J. Dodds	AUS	Yamaha	48'07.2
8.	P. Fernandez	F	Yamaha	48'20.9
9.	J.-F. Baldé	F	Yamaha	48'28.7
10.	H. Van Kessel	NL	Yamaha	48'40.9

Number of finishers: 15.
Fastest lap: G. Bonera (I, Harley-Davidson),
2'24.3 = 150.437 km/h.

9) August 22 : Czechoslovakia - Brno

13 laps = 142.025 km
Pole position: W. Villa (I, Harley-Davidson),
3'54.50 = 167.642 km/h.

1.	W. Villa	I	Harley-Davidson	50'46.12
				= 167.772 km/h
2.	G. Bonera	I	Harley-Davidson	51'21.75
3.	T. Katayama	J	Yamaha	51'36.34
4.	V. Palomo	E	Yamaha	51'39.33
5.	B. Kneubühler	CH	Yamaha	51'40.67
6.	T. Herron	IRL	Yamaha	51'50.38
7.	D. Braun	D	Yamaha	52'00.50
8.	P. Korhonen	SF	Yamaha	52'12.79
9.	J. Dodds	AUS	Yamaha	52'20.96
10.	H. Bartol	A	Yamaha	52'31.47

Number of finishers: 30
Fastest lap: W. Villa (I, Harley-Davidson),
3'52.16 = 169.331 km/h.

10) August 29 : Germany - Nürburgring

6 laps = 137.100 km
Pole position: W. Villa (I, Harley-Davidson),
9'21.2 = 146.483 km/h.

1.	W. Villa	I	Harley-Davidson	55'34.8
				= 147.905 km/h
2.	K. Ballington	SA	Yamaha	56'43.1
3.	J. Ekerold	SA	Yamaha	56'44.2
4.	D. Braun	D	Yamaha	56'45.3
5.	B. Kneubühler	CH	Yamaha	56'45.6
6.	O. Chevallier	F	Yamaha	56'55.9
7.	T. Katayama	J	Yamaha	57'08.7
8.	V. Palomo	E	Yamaha	57'24.6
9.	P. Korhonen	SF	Yamaha	57'30.0
10.	C. Mortimer	GB	Yamaha	57'43.6

Number of finishers: 33
Fastest lap: W. Villa (I, Harley-Davidson),
9'03.2 = 151.337 km/h.

11) September 19 : Spain - Barcelona

30 laps = 113.700 km
Pole position: A. North (SA, Yamaha),
1'46.13 = 128.559 km/h.

1.	G. Bonera	I	Harley-Davidson	53'25.99
				= 127.694 km/h
2.	W. Villa	I	Harley-Davidson	53'26.18
3.	A. North	SA	Yamaha	53'40.51
4.	P. Korhonen	SF	Yamaha	53'43.03
5.	V. Palomo	E	Yamaha	53'51.49
6.	F. Uncini	I	Yamaha	54'06.97
7.	B. Van Dulmen	NL	Yamaha	54'12.55
8.	K. Ballington	SA	Yamaha	54'32.51
9.	P. Fernandez	F	Yamaha	54'32.67
10.	H. Van Kessel	NL	Yamaha	54'38.88

Number of finishers: 22
Fastest lap: W. Villa (I, Harley-Davidson),
1'43.0 = 132.486 km/h.

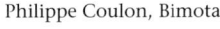

Philippe Coulon, Bimota

WORLD CHAMPIONSHIP (*)

1.	Walter Villa	I	Harley-Davidson	90 (117)
2.	Takazumi Katayama	J	Yamaha	73 (87)
3.	Gianfranco Bonera	I	Harley-Davidson	61 (77)
4.	Pentti Korhonen	SF	Yamaha	47 (55)
5.	Tom Herron	IRL	Yamaha	47 (52)
6.	Dieter Braun	D	Yamaha	42 (50)
7.	Chas Mortimer	GB	Yamaha	31
8.	Bruno Kneubühler	CH	Yamaha	29
9.	Olivier Chevallier	F	Yamaha	25
10.	Victor Palomo	E	Yamaha	25 (28)
11.	John Dodds	AUS	Yamaha	24
12.	Patrick Fernandez	F	Yamaha	21
13.	Kork Ballington	SA	Yamaha	15
14.	Paolo Pileri	I	Morbidelli	12
15.	Jon Ekerold	SA	Yamaha	10
16.	Alan North	SA	Yamaha	10
17.	Jean-François Baldé	F	Yamaha	8
18.	Tony Rutter	GB	Yamaha	8
19.	Philippe Bouzanne	F	Yamaha	6
20.	Gérard Choukroun	F	Yamaha	6
21.	Patrick Pons	F	Yamaha	6
22.	Eddie Roberts	GB	Yamaha	6
23.	Franco Uncini	I	Yamaha	6
24.	Alex George	GB	Yamaha	5
25.	Pekka Nurmi	SF	Yamaha	5
26.	Boët Van Dulmen	NL	Yamaha	4
27.	John Weeden	GB	Yamaha	4
28.	Leif Gustafsson	S	Yamaha	3
29.	Ian-F. Richards	GB	Yamaha	3
30.	Denis Casement	GB	Yamaha	2
31.	Janos Drapal	H	Yamaha	2
32.	Jean-Claude Hogrel	F	Yamaha	2
33.	Henk Van Kessel	NL	Yamaha	2
34.	Tapio Virtanen	SF	MZ	2
35.	Harald Bartol	A	Yamaha	1
36.	Ero Hyvärinen	SF	Yamaha	1
37.	Neil Tuxworth	GB	Yamaha	1

(*): Les Grands Prix ont été cette année-là divisés en deux groupes (première demi-saison), les trois meilleurs résultats de chaque groupe étant pris en compte. Les chiffres entre parenthèses correspond au total "brut" des points

(*): Die Grands Prix wurden in diesem Jahr in zwei Gruppen eingeteilt - die Rennen der ersten Saisonhälfte und die Rennen der zweiten Saisonhälfte. Nur die drei besten Resultate jeder Gruppe zählten für die Schlusswertung. Die Zahlen in Klammern entsprechen dem "Brutto"- Punktetotal.

(*): This year, the grands prix were divided into two groups (first half-season, second half-season) with the best three results of each group being taken into account. The figures in brackets correspond to the gross number of points.

Champion: **Walter Villa (Italy, Harley-Davidson), 76 points (81), 4 wins**

1976 — 350 cc

1) April 25 : France - Le Mans

30 laps = 127.200 km
Pole position: G. Agostini (I, MV-Agusta),
  1'45.60 = 150.750 km/h.

1.	W. Villa	I	Harley-Davidson	52'45.10
				= 144.697 km/h
2.	A. Cecotto	VEN	Yamaha	53'02.92
3.	J.-F. Baldé	F	Yamaha	53'15.80
4.	T. Katayama	J	Yamaha	53'22.60
5.	O. Chevallier	F	Yamaha	53'27.34
6.	P. Tordi	I	Yamaha	53'29.74
7.	P. Fernandez	F	Yamaha	53'42.13
8.	P. Korhonen	SF	Yamaha	53'49.89
9.	T. Herron	IRL	Yamaha	53'54.73
10.	J. Dodds	AUS	Yamaha	54'01.95

Number of finishers: 21.
Fastest lap: W. Villa (I, Harley-Davidson),
  1'44.6 = 145.943 km/h.

2) May 2 : Austria - Salzburgring

35 laps = 148.330 km
Pole position: A. Cecotto (VEN, Yamaha),
  1'26.31 = 176.767 km/h.

1.	A. Cecotto	VEN	Yamaha	51'18.83
				= 173.550 km/h
2.	W. Villa	I	Harley-Davidson	51'26.98
3.	J. Dodds	AUS	Yamaha	51'56.14
4.	L. Gustafsson	S	Yamaha	52'05.44
5.	D. Braun	D	Morbidelli	52'10.80
6.	T. Herron	IRL	Yamaha	52'15.39
7.	O. Chevallier	F	Yamaha	52'15.63
8.	C. Mortimer	GB	Yamaha	52'25.50
9.	P. Pons	F	Yamaha	52'25.81
10.	G. Bonera	I	Harley-Davidson	52'32.63

Number of finishers: 22.
Fastest lap: W. Villa (I, Harley-Davidson),
  1'26.66 = 176.160 km/h.

3) May 16 : Italy - Mugello

25 laps = 131.125 km
Pole position: J. Dodds (AUS, Yamaha),
  2'10.67 = 144.501 km/h.

1.	A. Cecotto	VEN	Yamaha	55'01.8
				= 142.967 km/h
2.	F. Uncini	I	Yamaha	55'32.3
3.	J. Dodds	AUS	Yamaha	55'35.2
4.	P. Korhonen	SF	Yamaha	55'38.0
5.	T. Herron	IRL	Yamaha	55'38.8
6.	K. Ballington	SA	Yamaha	55'39.3
7.	W. Villa	I	Harley-Davidson	55'39.5
8.	B. Van Dulmen	NL	Yamaha	56'02.4
9.	P. Bouzanne	F	Yamaha	56'08.1
10.	T. Katayama	J	Yamaha	56'13.1

Number of finishers: 15.
Fastest lap: A. Cecotto (VEN, Yamaha),
  2'10.6 = 144.578 km/h.

4) May 23 : Yugoslavia - Opatija

25 laps = 150.000 km
Pole position: T. Herron (IRL, Yamaha),
  2'17.9 = 156.635 km/h.

1.	O. Chevallier	F	Yamaha	57'52.4
				= 155.512 km/h
2.	C. Mortimer	GB	Yamaha	58'03.0
3.	T. Katayama	J	Yamaha	58'09.4
4.	B. Kneubühler	CH	Yamaha	59'15.8
5.	T. Herron	IRL	Yamaha	59'48.4
6.	G. Choukroun	F	Yamaha	1 h.00'18.1
7.	P. Pons	F	Yamaha	1 h.00'19.6
8.	K. Solberg	N	Yamaha	1 lap
9.	B. Granath	S	Yamaha	1 lap
10.	C. Loigo	I	Yamaha	1 lap

Number of finishers: 12.
Fastest lap: O. Chevallier (F, Yamaha),
  2'16.3 = 158.473 km/h.

5) June 12 : Tourist Trophy - Isle of Man

5 laps = 303.600 km
Pole position: T. Herron (IRL, Yamaha),
  21'15.6 = 171.364 km/h.

1.	C. Mortimer	GB	Yamaha	1 h.46'00.2
				= 171.809 km/h
2.	T. Rutter	GB	Yamaha	1 h.46'07.0
3.	B. Guthrie	IRL	Yamaha	1 h.49'01.8
4.	M. Sharpe	GB	Yamaha	1 h.49'02.2
5.	J. Weeden	GB	Yamaha	1 h.49'08.6
6.	D. Chatterton	GB	Yamaha	1 h.49'56.6
7.	N. Tuxworth	GB	Yamaha	1 h.50'05.6
8.	J. Findlay	AUS	Yamaha	1 h.50'28.6
9.	T. Katayama	J	Yamaha	1 h.50'38.8
10.	S. McClements	IRL	Yamaha	1 h.51'36.6

Number of finishers: 44.
Fastest lap: T. Rutter (GB, Yamaha),
  20'49.6 = 174.939 km/h.

6) June 26 : The Netherlands - Assen

16 laps = 123.488 km
Pole position: T. Katayama (J, Yamaha),
  3'02.7 = 152.059 km/h.

1.	G. Agostini	I	MV-Agusta	49'30.4
				= 149.668 km/h
2.	P. Pons	F	Yamaha	49'54.5
3.	C. Mortimer	GB	Yamaha	50'16.7
4.	B. Kneubühler	CH	Yamaha	50'21.1
5.	J. Dodds	AUS	Yamaha	Time not released
6.	F. Uncini	I	Yamaha	Time not released
7.	T. Herron	IRL	Yamaha	Time not released
8.	A. Cecotto	VEN	Yamaha	Time not released
9.	D. Braun	D	Morbidelli	Time not released
10.	P. Bouzanne	F	Yamaha	Time not released

Number of finishers: 15.
Fastest lap: G. Agostini (I, MV-Agusta),
  3'03.1 = 151.742 km/h.

7) August 1 : Finland - Imatra

20 laps = 120.600 km
Pole position: W. Villa (I, Harley-Davidson),
2'21.16 = 153.783 km/h.

1.	W. Villa	I	Harley-Davidson	47'49.1
				= 151.322 km/h
2.	D. Braun	D	Morbidelli	48'15.3
3.	T. Herron	IRL	Yamaha	48'16.1
4.	C. Mortimer	GB	Yamaha	48'18.7
5.	B. Kneubühler	CH	Yamaha	48'28.1
6.	G. Choukroun	F	Yamaha	48'28.9
7.	J. Ekerold	SA	Yamaha	48'31.1
8.	V. Palomo	E	Yamaha	48'32.2
9.	J. Dodds	AUS	Yamaha	48'32.9
10.	P. Fernandez	F	Yamaha	48'46.8

Number of finishers: 16.
Fastest lap: D. Braun (D, Morbidelli),
2'21.2 = 153.700 km/h.

8) August 22 : Czechoslovakia - Brno

14 laps = 152.950 km
Pole position: W. Villa (I, Harley-Davidson),
3'50.99 = 170.256 km/h.

1.	W. Villa	I	Harley-Davidson	53'59.61
				= 169.887 km/h
2.	V. Palomo	E	Yamaha	54'02.66
3.	T. Herron	IRL	Yamaha	54'04.59
4.	P. Korhonen	SF	Yamaha	54'13.27
5.	C. Mortimer	GB	Yamaha	54'16.16
6.	J. Dodds	GB	Yamaha	54'19.07
7.	G. Bonera	I	Harley-Davidson	55'24.79
8.	K. Auer	A	Yamaha	55'39.89
9.	F. Kunz	CH	Yamaha	55'44.92
10.	C. Sarron	F	Yamaha	55'50.43

Number of finishers: 19
Fastest lap: W. Villa (I, Harley-Davidson),
3'49.99 = 170.850 km/h.

9) August 29 : Germany - Nürburgring

7 laps = 159.950 km
Pole position: W. Villa (I, Harley-Davidson),
9'52.8 = 138.674 km/h.

1.	W. Villa	I	Harley-Davidson	1 h.04'03.9
				= 149.707 km/h
2.	A. Cecotto	VEN	Yamaha	1 h.04'13.5
3.	G. Bonera	I	Harley-Davidson	1 h.04'17.3
4.	T. Katayama	J	Yamaha	1 h.04'25.5
5.	A. North	SA	Yamaha	1 h.04'25.8
6.	V. Palomo	E	Yamaha	1 h.04'26.2
7.	C. Sarron	F	Yamaha	1 h.04'32.8
8.	D. Braun	D	Morbidelli	1 h.04.35.5
9.	B. Kneubühler	CH	Yamaha	1 h.04'53.8
10.	O. Chevallier	F	Yamaha	1 h.05'07.8

Number of finishers: 29
Fastest lap: A. Cecotto (VEN, Yamaha),
8'57.3 = 153.086 km/h.

10) September 19 : Spain - Barcelona

30 laps = 113.700 km
Pole position: W. Villa (I, Harley-Davidson),
1'42.41 = 133.229 km/h.

1.	K. Ballington	SA	Yamaha	52'17.43
				= 130.485 km/h
2.	V. Palomo	E	Yamaha	52'19.14
3.	F. Uncini	I	Yamaha	52'19.96
4.	A. Cecotto	VEN	Yamaha	52'37.21
5.	B. Kneubühler	CH	Yamaha	52'40.85
6.	W. Villa	I	Harley-Davidson	52'54.66
7.	A. North	SA	Yamaha	53'11.93
8.	B. Van Dulmen	NL	Yamaha	53'12.07
9.	T. Herron	IRL	Yamaha	53'53.38
10.	O. Chevallier	F	Yamaha	53'54.82

Number of finishers: 19
Fastest lap: F. Uncini (I, Yamaha),
1'42.30 = 133.395 km/h.

Pekkanurmi, Yamaha

WORLD CHAMPIONSHIP (*)

1.	Walter Villa	I	Harley-Davidson	76 (81)
2.	Alberto "Johnny" Cecotto	VEN	Yamaha	61
3.	Chas Mortimer	GB	Yamaha	54
4.	Tom Herron	IRL	Yamaha	41 (45)
5.	John Dodds	AUS	Yamaha	34
6.	Victor Palomo	E	Yamaha	29 (32)
7.	Bruno Kneubühler	CH	Yamaha	28 (30)
8.	Takazumi Katayama	J	Yamaha	28 (29)
9.	Olivier Chevallier	F	Yamaha	27
10.	Franco Uncini	I	Yamaha	27
11.	Dieter Braun	D	Morbidelli	23
12.	Kork Ballington	SA	Yamaha	20
13.	Pentti Korhonen	SF	Yamaha	19
14.	Patrick Pons	F	Yamaha	18
15.	Gianfranco Bonera	I	Harley-Davidson	15
16.	Giacomo Agostini	I	MV-Agusta	15
17.	Tony Rutter	GB	Yamaha	12
18.	Jean-François Baldé	F	Yamaha	10
19.	Gérard Choukroun	F	Yamaha	10
20.	Billy Guthrie	IRL	Yamaha	10
21.	Alan North	SA	Yamaha	10
22.	Leif Gustafsson	S	Yamaha	8
23.	Martin Sharpe	GB	Yamaha	8
24.	Boët Van Dulmen	NL	Yamaha	6
25.	John Weeden	GB	Yamaha	6
26.	Derek Chatterton	GB	Yamaha	5
27.	Patrick Fernandez	F	Yamaha	5
28.	Christian Sarron	F	Yamaha	5
29.	Paolo Tordi	I	Yamaha	5
30.	Neil Tuxworth	GB	Yamaha	4
31.	Jon Ekerold	SA	Yamaha	4
32.	Philippe Bouzanne	F	Yamaha	3
33.	Jack Findlay	AUS	Yamaha	3
34.	Kjell Solberg	N	Yamaha	3
35.	Karl Auer	A	Yamaha	3
36.	Bo Granath	S	Yamaha	2
37.	Franz Kunz	CH	Yamaha	2
38.	Claudio Loigo	I	Yamaha	1
39.	Sam McClements	IRL	Yamaha	1

(*): Les Grands Prix ont été cette année-là divisés en deux groupes (première demi-saison), les trois meilleurs résultats de chaque groupe étant pris en compte. Les chiffres entre parenthèses correspond au total "brut" des points

(*): Die Grands Prix wurden in diesem Jahr in zwei Gruppen eingeteilt - die Rennen der ersten Saisonhälfte und die Rennen der zweiten Saisonhälfte. Nur die drei besten Resultate jeder Gruppe zählten für die Schlusswertung. Die Zahlen in Klammern entsprechen dem "Brutto"- Punktetotal.

(*): This year, the grands prix were divided into two groups (first half-season, second half-season) with the best three results of each group being taken into account. The figures in brackets correspond to the gross number of points.

Champion : **Barry Sheene (Great Britain, Suzuki), 72 points (87), 5 wins**

1976 — 500 cc

1) April 25 : France - Le Mans

30 laps = 127.200 km
Pole position: B. Sheene (GB, Suzuki),
        1'43.16 = 147.964 km/h.

1.	B. Sheene	GB	Suzuki	51'45.33
				= 147.478 km/h
2.	A. Cecotto	VEN	Yamaha	51'49.17
3.	M. Lucchinelli	I	Suzuki	52'04.62
4.	T. Länsivuori	SF	Suzuki	52'35.18
5.	G. Agostini	I	MV-Agusta	52'40.98
6.	V. Palomo	E	Yamaha	53'12.99
7.	S. Avant	NZ	Suzuki	53'13.57
8.	D. Braun	D	Suzuki	53'33.21
9.	K. Auer	A	Yamaha	1 lap
10.	B. Van Dulmen	NL	Yamaha	1 lap

Number of finishers: 20.
Fastest lap: M. Lucchinelli (I, Suzuki),
        1'41.4 = 150.549 km/h.

2) May 2 : Austria - Salzburgring

43 laps = 182.105 km
Pole position: B. Sheene (GB, Suzuki),
        1'23.38 = 183.065 km/h.

1.	B. Sheene	GB	Suzuki	1 h.01'21.76
				= 178.288 km/h
2.	M. Lucchinelli	I	Suzuki	1 h.01'35.16
3.	P. Read	GB	Suzuki	1 h.01'41.07
4.	M. Rougerie	F	Suzuki	1 h.02'26.82
5.	S. Avant	NZ	Suzuki	1 h.02'35.64
6.	G. Agostini	I	MV-Agusta	1 h.02'36.95
7.	V. Palomo	E	Yamaha	1 lap
8.	J. Findlay	AUS	Suzuki	1 lap
9.	K. Auer	A	Yamaha	1 lap
10.	A. George	GB	Yamaha	1 lap

Number of finishers: 24.
Fastest lap: B. Sheene (GB, Suzuki),
        1'23.93 = 181.890 km/h.

3) May 16 : Italy - Mugello

29 laps = 152.105 km
Pole position: G. Agostini (I, Suzuki),
        2'08.08 = 147.423 km/h.

1.	B. Sheene	GB	Suzuki	1 h.02'35.5
				= 145.810 km/h
2.	P. Read	GB	Suzuki	1 h.02'35.6
3.	V. Ferrari	I	Suzuki	1 h.03'28.5
4.	T. Länsivuori	SF	Suzuki	1 h.03'29.0
5.	P. Hennen	USA	Suzuki	1 h.04'14.8
6.	M. Ankone	NL	Suzuki	1 h.04'20.8
7.	S. Avant	NZ	Suzuki	1 h.04'26.2
8.	P. Coulon	CH	Suzuki	1 lap
9.	D. Braun	D	Suzuki	1 lap
10.	W.-B. Nielsen	DK	Yamaha	1 lap

Number of finishers: 11.
Fastest lap: B. Sheene (GB, Suzuki) and
        P. Read (GB, Suzuki),
        2'07.6 = 147.978 km/h.

4) June 10 : Tourist Trophy - Isle of Man

6 laps = 364.320 km
Pole position: J. Williams (GB, Suzuki),
        21'03.4 = 173.019 km/h.

1.	T. Herron	IRL	Yamaha	2 h.09'10.0
				= 169.860 km/h
2.	I.-F. Richards	GB	Yamaha	2 h.09'13.4
3.	B. Guthrie	IRL	Yamaha	2 h.09'33.0
4.	T. Katayama	J	Yamaha	2 h.09'38.2
5.	R. Nicholls	GB	Yamaha	2 h.10'15.6
6.	J. Ekerold	SA	Yamaha	2 h.11'12.4
7.	J. Williams	GB	Suzuki	2 h.11'36.8
8.	G. Pantall	GB	Yamaha	2 h.11'56.8
9.	J. Weeden	GB	Yamaha	2 h.12.56.2
10.	W. Smith	GB	Yamaha	2 h.13'29.6

Number of finishers: 36.
Fastest lap: J. Williams (GB, Suzuki),
        20'09.8 = 180.681 km/h.

5) June 26 : The Netherlands - Assen

16 laps = 123.488 km
Pole position: B. Sheene (GB, Suzuki),
        2'57.9 = 156.182 km/h.

1.	B. Sheene	GB	Suzuki	48'44.9
				= 151.986 km/h
2.	P. Hennen	USA	Suzuki	49'30.5
3.	W. Hartog	NL	Suzuki	49'50.3
4.	A. George	GB	Yamaha	49'58.3
5.	J. Findlay	AUS	Suzuki	Time not released
6.	J. Williams	GB	Suzuki	Time not released
7.	B. Fau	F	Yamaha	Time not released
8.	R. Bron	NL	Yamaha	Time not released
9.	Hel. Kassner	D	Suzuki	Time not released
10.	D. Potter	GB	Yamaha	Time not released

Number of finishers: 12.
Fastest lap: B. Sheene (GB, Suzuki),
        2'59.6 = 154.699 km/h.

6) July 4 : Belgium - Spa-Francorchamps

10 laps = 141.200 km
Pole position: B. Sheene (GB, Suzuki),
        2'57.9 = 156.182 km/h.

1.	J. Williams	GB	Suzuki	39'22.8
				= 214.828 km/h
2.	B. Sheene	GB	Suzuki	39'30.2
3.	M. Ankone	NL	Suzuki	39'39.8
4.	M. Rougerie	F	Suzuki	39'51.4
5.	T. Länsivuori	SF	Suzuki	40'01.4
6.	D. Braun	D	Suzuki	40'03.9
7.	C. Mortimer	GB	Suzuki	40'19.3
8.	P. Hennen	USA	Suzuki	40'20.5
9.	J. Newbold	GB	Suzuki	40'22.7
10.	Hel. Kassner	D	Suzuki	40'26.7

Number of finishers: 12.
Fastest lap: J. Williams (GB, Suzuki),
        3'52.6 = 218.228 km/h.

7) July 25 : Sweden - Anderstorp

28 laps = 112.504 km
Pole position: T. Länsivuori (SF, Suzuki),
1'42.70 = 140.845 km/h.

1.	B. Sheene	GB	Suzuki	48'20.73
				= 139.625 km/h
2.	J. Findlay	AUS	Suzuki	48'54.91
3.	C. Mortimer	GB	Suzuki	48'54.96
4.	T. Länsivuori	SF	Suzuki	48'55.60
5.	S. Avant	NZ	Suzuki	48'56.67
6.	P. Coulon	CH	Suzuki	48'58.08
7.	V. Palomo	E	Yamaha	49'07.42
8.	K. Auer	A	Yamaha	49'07.47
9.	T. Herron	IRL	Yamaha	49'36.85
10.	J. Newbold	GB	Suzuki	49'48.42

Number of finishers: 17.
Fastest lap: T. Länsivuori (SF, Suzuki),
1'41.64 = 142.310 km/h.

8) August 1 : Finland - Imatra

21 laps = 126.630 km
Pole position: G. Agostini (I, Suzuki),
2'19.5 = 155.613 km/h.

1.	P. Hennen	USA	Suzuki	48'27.0
				= 156.817 km/h
2.	T. Länsivuori	SF	Suzuki	48'50.0
3.	P. Coulon	CH	Suzuki	49'00.4
4.	J. Newbold	GB	Suzuki	49'00.8
5.	M. Lucchinelli	I	Suzuki	49'01.5
6.	D. Braun	D	Suzuki	49'17.8
7.	J. Findlay	AUS	Suzuki	49'40.7
8.	C. Estrosi	F	Suzuki	50'25.6
9.	P. Nurmi	SF	Yamaha	1 lap
10.	K. Auer	A	Yamaha	1 lap

Number of finishers: 15.
Fastest lap: J. Newbold (GB, Suzuki),
2'15.2 = 160.600 km/h.

9) August 22 : Czechoslovakia - Brno

15 laps = 163.875 km
Pole position: T. Länsivuori (SF, Suzuki),
3'49.20 = 171.518 km/h.

1.	J. Newbold	GB	Suzuki	56'56.45
				= 172.602 km/h
2.	T. Länsivuori	SF	Suzuki	57'07.49
3.	P. Coulon	CH	Suzuki	57'19.13
4.	K. Auer	A	Yamaha	58'30.65
5.	M. Wiener	A	Yamaha	58'39.31
6.	O. Chevallier	F	Yamaha	58'49.56
7.	B. Tüngenthal	D	Yamaha	59'09.65
8.	B. Van Dulmen	NL	Suzuki	1 h.00'08.64
9.	C. Mortimer	GB	Suzuki	1 h.00'27.13
10.	E. Ferreira	BR	Yamaha	1 h.00'27.75

Number of finishers: 17
Fastest lap: T. Länsivuori (SF, Suzuki),
3'42.16 = 176.876 km/h.

10) August 29 : Germany - Nürburgring

7 laps = 159.950 km
Pole position: V. Ferrari (I, Suzuki),
8'53.9 = 153.973 km/h.

1.	G. Agostini	I	MV-Agusta	1 h.06'21.4
				= 144.537 km/h
2.	M. Lucchinelli	I	Suzuki	1 h.07'13.5
3.	P. Hennen	USA	Suzuki	1 h.07'30.7
4.	J. Newbold	GB	Suzuki	1 h.07'33.7
5.	M. Ankone	NL	Suzuki	1 h.07'42.2
6.	B. Van Dulmen	NL	Suzuki	1 h.09'03.0
7.	A. North	SA	Yamaha	1 h.09'18.0
8.	C. Bourgeois	F	Yamaha	1 h.09'18.2
9.	C. Mortimer	GB	Suzuki	1 h.10'35.6
10.	E. Schwemmer	D	Yamaha	1 h.10'39.5

Number of finishers: 24
Fastest lap: M. Ankone (NL, Suzuki),
8'59.9 = 152.262 km/h.

Virginio Ferrari, Suzuki

WORLD CHAMPIONSHIP (*)

1.	Barry Sheene	GB	Suzuki	72 (87)
2.	Teuvo Länsivuori	SF	Suzuki	48 (54)
3.	Pat Hennen	USA	Suzuki	46
4.	Marco Lucchinelli	I	Suzuki	40
5.	John Newbold	GB	Suzuki	31 (34)
6.	Philippe Coulon	CH	Suzuki	28
7.	Giacomo Agostini	I	MV-Agusta	26
8.	Jack Findlay	AUS	Suzuki	25
9.	John Williams	GB	Suzuki	24
10.	Phil Read	GB	Suzuki	22
11.	Marcel Ankone	NL	Suzuki	21
12.	Stuart Avant	NZ	Suzuki	20
13.	Tom Herron	IRL	Yamaha	17
14.	Karl Auer	A	Yamaha	16
15.	Chas Mortimer	GB	Suzuki	16
16.	Michel Rougerie	F	Suzuki	16
17.	Dieter Braun	D	Suzuki	15
18.	Victor Palomo	E	Yamaha	13
19.	Alberto "Johnny" Cecotto	VEN	Yamaha	12
20.	Ian-F. Richards	GB	Yamaha	12
21.	Billy Guthrie	IRL	Yamaha	10
22.	Will Hartog	NL	Suzuki	10
23.	Virginio Ferrari	I	Suzuki	10
24.	Alex George	GB	Yamaha	9
25.	Boët Van Dulmen	NL	Yamaha/Suzuki	9
26.	Takazumi Katayama	J	Yamaha	8
27.	Roger Nicholls	GB	Yamaha	6
28.	Max Wiener	A	Yamaha	6
29.	Jon Ekerold	SA	Yamaha	5
30.	Olivier Chevallier	F	Yamaha	5
31.	Bernard Fau	F	Yamaha	4
32.	Alan North	SA	Yamaha	4
33.	Bernd Tüngenthal	D	Yamaha	4
34.	Gordon Pantall	GB	Yamaha	3
35.	Rob Bron	NL	Yamaha	3
36.	Helmut Kassner	D	Suzuki	3
37.	Christian Estrosi	F	Suzuki	3
38.	Christian Bourgeois	F	Yamaha	3
39.	John Weeden	GB	Yamaha	2
40.	Pekka Nurmi	SF	Yamaha	2
41.	Waerum-Borge Nielsen	DK	Yamaha	1
42.	William "Bill" Smith	GB	Yamaha	1
43.	Dave Potter	GB	Yamaha	1
44.	Edmar Ferreira	BR	Yamaha	1
45.	Egid Schwemmer	D	Yamaha	1

(*): Les Grands Prix ont été cette année-là divisés en deux groupes (première demi-saison), les trois meilleurs résultats de chaque groupe étant pris en compte. Les chiffres entre parenthèses correspond au total "brut" des points

(*): Die Grands Prix wurden in diesem Jahr in zwei Gruppen eingeteilt - die Rennen der ersten Saisonhälfte und die Rennen der zweiten Saisonhälfte. Nur die drei besten Resultate jeder Gruppe zählten für die Schlusswertung. Die Zahlen in Klammern entsprechen dem "Brutto"- Punktetotal.

(*): This year, the grands prix were divided into two groups (first half-season, second half-season) with the best three results of each group being taken into account. The figures in brackets correspond to the gross number of points.

1976 — Side-Cars

Champions : **Rolf Steinhausen/Josef Huber (Germany, Busch-König), 65 points (68), 3 wins**

1) April 25 : France - Le Mans

24 laps = 101.760 km
Pole position: W. Schwärzel/A. Huber (D, König),
 1'53.97 = 139.678 km/h.

1.	R. Biland/K. Williams	CH/GB	Seymaz-Yamaha	47'53.53
				= 132.812 km/h
2.	A. Michel/B. Garcia	F	GEP-Yamaha	49'57.66
3.	H. Schilling/R. Gundel	D	ARO-Fath	1 lap
4.	B. Holzer/K. Meierhans	CH	LCR-Yamaha	1 lap
5.	A. Zini/A. Fornaro	I	König	1 lap
6.	H. Hubacher/K. Huber	CH	Yamaha	1 lap
7.	T. Janssen/E. Schmitz	D	König	1 lap
8.	S. Schauzu/C. Lorents	D	ARO-Fath	2 laps
9.	D. Greasley/C. Holland	GB	Chell-Yamaha	2 laps
10.	H. Luthringshauser/L. Puzo	D	BMW	2 laps

Number of finishers: 12.
Fastest lap: R. Biland/K. Williams (CH/GB, Seymaz-Yamaha),
 1'52.8 = 135.334 km/h.

2) May 2 : Austria - Salzburgring

30 laps = 127.140 km
Pole position: R. Biland/K. Williams (CH/GB, Seymaz-Yamaha),
 1'34.24 = 161.893 km/h.

1.	R. Steinhausen/J. Huber	D	Busch-König	48'26.29
				= 157.590 km/h
2.	W. Schwärzel/A. Huber	D	König	48'35.74
3.	S. Schauzu/C. Lorents	D	ARO-Fath	49'48.50
4.	H. Schmid/M. Jean-Petit-Matile	CH	Schmid-Yamaha	1 lap
5.	G. Boret/N. Boret	GB	Yamaha	1 lap
6.	A. Michel/B. Garcia	F	GEP-Yamaha	1 lap
7.	T. Janssen/E. Schmitz	D	König	1 lap
8.	H. Hubacher/K. Huber	CH	Yamaha	1 lap
9.	D. Greasley/C. Holland	GB	Chell-Yamaha	1 lap
10.	A. Zini/A. Fornaro	I	König	1 lap

Number of finishers: 10.
Fastest lap: R. Steinhausen/J. Huber (D, Busch-König),
 1'35.12 = 160.494 km/h.

3) June 10 : Tourist Trophy - Isle of Man

3 laps = 182.160 km
Pole position: G. O'Dell/A. Gosling (GB, Yamaha),
 22'46.8 = 159.930 km/h.

1.	R. Steinhausen/J. Huber	D	Busch-König	1 h.10'26.0
				= 155.040 km/h
2.	D. Greasley/C. Holland	GB	Chell-Yamaha	1 h.10'59.8
3.	M. Hobson/M. Burns	GB	Yamaha	1 h.11'09.6
4.	S. Schauzu/W. Kalauch	D	ARO-Fath	1 h.13'21.6
5.	J. Gawley/K. Birch	GB	Yamaha	1 h.13'39.8
6.	G. Milton/J. Brunshwood		Magnum	1 h.15'16.4
7.	H. Schilling/R. Gundel	D	ARO-Fath	1 h.15'18.8
8.	A. Campbell/R. Campbell	AUS	Yamaha	1 h.15'48.6
9.	W. Ohrmann/B. Grube	D	Yamaha	1 h.15'49.0
10.	T. Wakefield/C. Newbold		Magnum	1 h.15'52.6

Number of finishers: 36.
Fastest lap: S. Schauzu/W. Kalauch (D, ARO-Fath),
 23'13.0 = 156.923 km/h

4) June 26 : The Netherlands - Assen

14 laps = 108.052 km
Pole position: R. Biland/K. Williams (CH/GB, Seymaz-Yamaha),
 3'15.9 = 141.813 km/h.

1.	H. Schmid/M. Jean-Petit-Matile	CH	Schmid-Yamaha	48'35.8
				= 133.403 km/h
2.	M. Kooy/R. Vader	NL	König	48'37.9
3.	G. Pape/F. Kallenberg	D	König	49'12.5
4.	W. Schwärzel/A. Huber	D	König	Time not released
5.	H. Schilling/R. Gundel	D	ARO-Fath	TNR
6.	O. Haller/E. Haselbeck	D	Krauser-BMW	TNR
7.	D. Greasley/C. Holland	GB	Chell-Yamaha	TNR
8.	R. Steinhausen/J. Huber	D	Busch-König	TNR
9.	J. Geerts/J. Van Veen	NL	König	Time not released
10.	S. Schauzu/W. Kalauch	D	ARO-Fath	TNR

Number of finishers: 11.
Fastest lap: W. Schwärzel/A. Huber (D, König),
 3'16.7 = 141.251 km/h.

5) July 4 : Belgium - Spa-Francorchamps

9 laps = 127.080 km
Pole position: S. Schauzu/W. Kalauch (D, ARO-Fath),
 4'21.9 = 193.814 km/h.

1.	R. Steinhausen/J. Huber	D	Busch-König	39'56.5
				= 190.628 km/h
2.	W. Schwärzel/A. Huber	D	König	39'56.8
3.	H. Schilling/R. Gundel	D	ARO-Fath	39'59.2
4.	S. Schauzu/W. Kalauch	D	ARO-Fath	40'35.4
5.	R. Kurth/D. Rowe	CH/GB	Cat-Yamaha	41'20.8
6.	G. O'Dell/K. Arthur	GB	Yamaha	41'50.4
7.	O. Haller/E. Haselbeck	D	Krauser-BMW	41'55.3
8.	T. Janssen/E. Schmitz	D	König	42'14.2
9.	M. Hobson/J. Inchcliff	GB	Yamaha	42'23.3
10.	A. Michel/B. Garcia	F	GEP-Yamaha	42'41.4

Number of finishers: 16.
Fastest lap: H. Schilling/R. Gundel (D, ARO-Fath),
 4'22.9 = 193.077 km/h.

6) August 22 : Czechoslovakia - Brno

12 laps = 131.100 km
Pole position: R. Steinhausen/J. Huber (D, Busch-König),
 4'07.95 = 158.580 km/h.

1.	H. Schmid/M.Jean-Petit-Matile	CH	Schmid-Yamaha	49'14.73
				= 159.657 km/h
2.	W. Schwärzel/A. Huber	D	König	49'15.27
3.	R. Biland/K. Williams	CH/GB	Seymaz-Yamaha	49'17.63
4.	R. Steinhausen/J. Huber	D	Busch-König	49'18.49
5.	G. O'Dell/K. Arthur	GB	Yamaha	50'01.34
6.	M. Kooy/R. Vader	NL	König	50'03.44
7.	D. Greasley/C. Holland	GB	Chell-Yamaha	50'34.58
8.	W. Ohrmann/B. Grube	D	Yamaha	50'39.41
9.	A. Michel/B. Garcia	F	GEP-Yamaha	50'49.22
10.	A. Zini/A. Fornaro	I	König	52'04.07

Number of finishers: 16.
Fastest lap: R. Biland/K. Williams (CH/GB, Seymaz-Yamaha),
 4'00.57 = 163.412 km/h.

7) August 29 : Germany - Nürburgring

5 laps = 114.250 km
Pole position: R. Biland/K. Williams (CH/GB, Seymaz-Yamaha),
10'21.3 = 132.313 km/h.

1.	W. Schwärzel/A. Huber	D	König	55'53.3
				= 122.580 km/h
2.	R. Steinhausen/J. Huber	D	Busch-König	57'48.1
3.	G. O'Dell/K. Arthur	GB	Yamaha	58'20.0
4.	R. Biland/K. Williams	CH/GB	Seymaz-Yamaha	58'51.6
5.	B. Holzer/K. Meierhans	CH	LCR-Yamaha	59'22.0
6.	H. Huber/H. Seib	D	König	59'28.0
7.	E. Trachsel/B. Stähli	CH	Yamaha	59'46.9
8.	W. Ohrmann/B. Grube	D	Yamaha	59'51.7
9.	S. Schauzu/W. Kalauch	D	ARO-Fath	1 h.00'51.5
10.	K. Jelonek/V. Riess	D	König	1 h.00'53.8

Number of finishers: 27.
Fastest lap: W. Schwärzel/A. Huber (D, König),
11'02.1 = 124.159 km/h.

WORLD CHAMPIONSHIP (*)

1.	Rolf Steinhausen/Josef Huber	D	König-Busch	65 (68)
2.	Werner Schwärzel/Andreas Huber	D	König	51 (59)
3.	Hermann Schmid/Martial Jean-Petit-Matile	CH	Schmid-Yamaha	38
4.	Rolf Biland/Kenny Williams	CH/GB	Seymaz-Yamaha	33
5.	Seigfried Schauzu/Clifton Lorentz/Wolfgang Kalauch	D	ARO-Fath	32
6.	Helmut Schilling/Rainer Gundel	D	ARO-Fath	30
7.	Dick Greasley/Clifford Holland	GB	Chell-Yamaha	24
8.	George O'Dell/Kenny Arthur	GB	Yamaha	21
9.	Alain Michel/Bernard Garcia	F	GEP-Yamaha	20
10.	Martin Kooy/Rob Vader	NL	König	17
11.	Bruno Holzer/Karl Meierhans	CH	LCR-Yamaha	14
12.	Malcom Hobson/Mick Burns/John Inchcliff	GB	Yamaha	12
13.	Ted Janssen/Erich Schmitz	D	König	11
14.	Gustav Pape/Franz Kallenberg	D	König	10
15.	Otto Haller/Erich Haselbeck	D	Krauser-BMW	9
16.	Amedeo Zini/Andrea Fornaro	I	König	8
17.	Hanspeter Hubacher/Kurt Huber	CH	Yamaha	8
18.	Walter Ohrmann/Bernd Grube	D	Yamaha	8
19.	Gerard "Gerry" Boret/Norman "Nick" Boret	GB	Yamaha	6
20.	Jeff Gawley/Ken Birch	GB	Yamaha	6
21.	Rudolf "Ruedi" Kurth/Dane Rowe	CH/GB	Cat-Yamaha	6
22.	Graham Milton/John Brunshwood	GB	Magnum	5
23.	Hermann Huber/Hans Seib	D	König	5
24.	Ernest Trachsel/Benedikt Stähli	CH	Yamaha	4
25.	Alex Campbell/Russell Campbell	AUS	Yamaha	3
26.	Jaap Geerts/Jan Van Veen	NL	König	2
27.	Heinz Luthringshauser/Lorenzo Puzo	D	BMW	1
28.	Tony Wakefield/Colin Newbold	GB	Magnum	1
29.	Kurt Jelonek/Volker Reiss	D	König	1

(*): Les Grands Prix ont été cette année-là divisés en deux groupes (première demi-saison), les trois meilleurs résultats de chaque groupe étant pris en compte.
Les chiffres entre parenthèses correspond au total "brut" des points

(*): Die Grands Prix wurden in diesem Jahr in zwei Gruppen eingeteilt - die Rennen der ersten Saisonhälfte und die Rennen der zweiten Saisonhälfte. Nur die drei besten Resultate jeder Gruppe zählten für die Schlusswertung.
Die Zahlen in Klammern entsprechen dem "Brutto"- Punktetotal.

(*): This year, the grands prix were divided into two groups (first half-season, second half-season) with the best three results of each group being taken into account.
The figures in brackets correspond to the gross number of points.

BMW Krauser

Champion : Angel Nieto (Spain, Bultaco), 87 points, 3 wins

1977 — 50 cc

1) May 8 : Germany - Hockenheim

11 laps = 74.668 km
Pole position: A. Nieto (E, Bultaco),
2'53.8 = 140.624 km/h.

1.	H. Rittberger	D	Kreidler	35'16.7
				= 127.004 km/h
2.	E. Lazzarini	I	Kreidler	35'21.0
3.	A. Nieto	E	Bultaco	35'59.0
4.	H. Hummel	A	Kreidler	36'34.5
5.	A. Pero	I	Kreidler	37'10.2
6.	H. Klein	D	Kreidler	37'26.9
7.	P. Plisson	F	ABF	37'50.4
8.	E. Kip	NL	Kreidler	37'59.1
9.	I. Emmerich	D	Kreidler	38'17.7
10.	J. Hutteau	F	ABF	38'29.8

Number of finishers: 23.
Fastest lap: H. Rittberger (D, Kreidler),
3'07.7 = 130.210 km/h.

2) May 15 : Italy - Imola

13 laps = 65.572 km
Pole position: E. Lazzarini (I, Kreidler),
2'25.73 = 124.504 km/h.

1.	E. Lazzarini	I	Kreidler	31'40.6
				= 124.103 km/h
2.	R. Tormo	E	Bultaco	31'42.0
3.	A. Nieto	E	Bultaco	31'52.7
4.	H. Rittberger	D	Kreidler	33'08.4
5.	R. Blatter	CH	Kreidler	33'09.0
6.	U. Graf	CH	Kreidler	33'17.3
7.	S. Dörflinger	CH	Kreidler	33'32.1
8.	P. Plisson	F	ABF	33'36.0
9.	E. Mischiatti	I	Derbi	33'37.1
10.	A. Pero	I	Kreidler	33'39.3

Number of finishers: 20.
Fastest lap: E. Lazzarini (I, Kreidler),
2'21.1 = 128.589 km/h.

3) May 22 : Spain - Jarama

18 laps = 61.272 km
Pole position: A. Nieto (E, Bultaco),
1'53.0 = 108.446 km/h.

1.	A. Nieto	E	Bultaco	33'39.3
				= 109.245 km/h
2.	E. Lazzarini	I	Kreidler	33'49.0
3.	R. Tormo	E	Bultaco	33'56.7
4.	H. Rittberger	D	Kreidler	35'22.5
5.	S. Dörflinger	CH	Kreidler	1 lap
6.	J.-L. Guignabodet	F	Morbidelli	1 lap
7.	U. Graf	CH	Kreidler	1 lap
8.	R. Gali	E	Derbi	1 lap
9.	G. Schirnhofer	D	Kreidler	1 lap
10.	J. Navarrete	E	Derbi	1 lap

Number of finishers: 13.
Fastest lap: E. Lazzarini (I, Kreidler),
1'50.3 = 111.114 km/h.

4) June 19 : Yugoslavia - Opatija

15 laps = 89.910 km
Pole position: A. Nieto (E, Bultaco),
2'40.1 = 134.916 km/h.

1.	A. Nieto	E	Bultaco	40'47.6
				= 132.374 km/h
2.	R. Tormo	E	Bultaco	40'52.2
3.	P. Plisson	F	ABF	42'56.5
4.	C. Van Dongen	NL	Kreidler	1 lap
5.	J.-L. Guignabodet	F	Morbidelli	1 lap
6.	G. Schirnhofer	D	Kreidler	1 lap
7.	R. Gali	E	Derbi	1 lap
8.	A. Bernetic	Y	Tomos	1 lap
9.	T. Timmer	NL	Kreidler	1 lap
10.	H. Hummel	A	Kreidler	1 lap

Number of finishers: 15.
Fastest lap: A. Nieto (E, Bultaco),
2'41.1 = 134.498 km/h.

5) June 25 : The Netherlands - Assen

9 laps = 69.462 km
Pole position: E. Lazzarini (I, Kreidler),
3'34.9 = 129.275 km/h.

1.	A. Nieto	E	Bultaco	32'29.8
				= 128.247 km/h
2.	R. Tormo	E	Bultaco	32'56.7
3.	H. Rittberger	D	Kreidler	33'18.7
4.	E. Lazzarini	I	Kreidler	33'26.2
5.	S. Dörflinger	CH	Kreidler	33'28.4
6.	P. Plisson	F	ABF	33'49.5
7.	W. Müller	D	Kreidler	34'20.8
8.	H. Klein	D	Kreidler	34'20.9
9.	H. Hummel	A	Kreidler	34'51.2
10.	P. Looyensteyn	NL	Kreidler	34'51.3

Number of finishers: 16.
Fastest lap: E. Lazzarini (I, Kreidler),
3'33.5 = 130.136 km/h.

6) July 3 : Belgium - Spa-Francorchamps

6 laps = 84.720 km
Pole position: A. Nieto (E, Bultaco),
5'07.6 = 165.254 km/h.

1.	E. Lazzarini	I	Kreidler	31'12.2
				= 162.906 km/h
2.	H. Rittberger	D	Kreidler	31'12.7
3.	A. Nieto	E	Bultaco	31'22.6
4.	R. Tormo	E	Bultaco	31'43.0
5.	J. Van Zeebroeck	B	Kreidler	32'07.6
6.	R. Kunz	D	Kreidler	32'31.2
7.	P. Plisson	F	ABF	32'50.7
8.	R. Gali	E	Derbi	32'50.9
9.	P. Dumont	B	Kreidler	33'02.1
10.	H. Klein	D	Kreidler	33'03.2

Number of finishers: 27.
Fastest lap: E. Lazzarini (I, Kreidler),
5'07.4 = 165.361 km/h.

7) July 23 : Sweden - Anderstorp

16 laps = 64.288 km
Pole position: E. Lazzarini (I, Kreidler),
1'57.31 = 123.304 km/h.

1.	R. Tormo	E	Bultaco	36'48.66
				= 104.788 km/h
2.	A. Nieto	E	Bultaco	37'27.87
3.	E. Lazzarini	I	Kreidler	37'33.72
4.	S. Dörflinger	CH	Kreidler	38'23.29
5.	T. Timmer	NL	Kreidler	38'33.62
6.	C. Lusuardi	I	Kreidler	38'38.89
7.	J. Van Zeebroeck	B	Kreidler	38'48.73
8.	J.-L. Guignabodet	F	Morbidelli	39'00.83
9.	L. Lundgren	S	Kreidler	1 lap
10.	J. Bosman	NL	Kreidler	1 lap

Number of finishers: 12.
Fastest lap: R. Tormo (E, Bultaco),
2'15.94 = 106.405 km/h.

WORLD CHAMPIONSHIP

1.	Angel Nieto	E	Bultaco	87
2.	Eugenio Lazzarini	I	Kreidler	72
3.	Ricardo Tormo Blaya	E	Bultaco	69
4.	Herbert Rittberger	D	Kreidler	53
5.	Patrick Plisson	F	ABF	26
6.	Stefan Dörflinger	CH	Kreidler	24
7.	Jean-Louis Guignabodet	F	Morbidelli	14
8.	Hans Hummel	A	Kreidler	11
9.	Ramon Gali	E	Derbi	10
10.	Julien Van Zeebroeck	B	Kreidler	10
11.	Ulrich "Ueli" Graf	CH	Kreidler	9
12.	Hagen Klein	D	Kreidler	9
13.	Theo Timmer	NL	Kreidler	8
14.	Cees Van Dongen	NL	Kreidler	8
15.	Aldo Pero	I	Kreidler	7
16.	Günther Schirnhofer	D	Kreidler	7
17.	Rolf Blatter	CH	Kreidler	6
18.	Rudolf Kunz	D	Kreidler	5
19.	Claudio Lusuardi	I	Kreidler	5
20.	Wolfgang Müller	D	Kreidler	4
21.	Adrijan Bernetic	Y	Tomos	3
22.	Engelbert Kip	NL	Kreidler	3
23.	Charles Dumont	B	Kreidler	2
24.	Ingo Emmerich	D	Kreidler	2
25.	Lennart Lundgren	S	Kreidler	2
26.	Ezio Mischiatti	I	Derbi	2
27.	Juup Bosman	NL	Kreidler	1
28.	Jacques Hutteau	F	ABF	1
29.	Peter Looyensteyn	NL	Kreidler	1
30.	Jorge Navarrete	E	Derbi	1

Hans Hummel, Kreidler

Hockenheim

1977 — 125 cc

Champion: Pierpaolo Bianchi (Italy, Morbidelli), 131 points, 7 wins

1) March 20 : Venezuela - San Carlos

27 laps = 111.645 km
Pole position: A. Nieto (E, Bultaco),
 1'47.3 = 138.733 km/h.

1.	A. Nieto	E	Bultaco	50'22.4
				= 132.979 km/h
2.	EA. Mang	D	Morbidelli	50'24.9
3.	I. Palazzese	VEN	Morbidelli	51'28.0
4.	A. Pretelli	I	Morbidelli	52'10.6
5.	J. Van Zeebroeck	B	Morbidelli	52'11.1
6.	W. Perez	ARG	Yamaha	3 laps
7.	R. Olavarria	VEN	Yamaha	3 laps

Number of finishers: 7.
Fastest lap: A. Nieto (E, Bultaco),
 1'47.0 = 139.121 km/h.

2) May 1 : Austria - Salzburgring

30 laps = 127.140 km
Pole position: A. Nieto (E, Bultaco),
 1'35.10 = 160.505 km/h..

1.	E. Lazzarini	I	Morbidelli	48'14.90
				= 158.150 km/h
2.	P. Bianchi	I	Morbidelli	49'04.88
3.	H. Bartol	A	Morbidelli	49'13.87
4.	P.-L. Conforti	I	Morbidelli	49'23.18
5.	S. Dörflinger	CH	Morbidelli	49'41.56
6.	H. Müller	CH	Morbidelli	49'41.63
7.	J. Drapal	H	Morbidelli	1 lap
8.	P.-E. Carlsson	S	Morbidelli	1 lap
9.	R. Blatter	CH	Morbidelli	1 lap
10.	J. Parzer	A	Morbidelli	1 lap

Number of finishers: 22.
Fastest lap: E. Lazzarini (I, Morbidelli),
 1'35.20 = 160.355 km/h.

3) May 8 : Germany - Hockenheim

17 laps = 115.396 km
Pole position: E. Lazzarini (I, Morbidelli),
 2'33.0 = 159.718 km/h.

1.	P. Bianchi	I	Morbidelli	48'41.1
				= 142.208 km/h
2.	E. Lazzarini	I	Morbidelli	48'57.7
3.	A. Mang	D	Morbidelli	49'32.6
4.	G. Zigiotto	I	Morbidelli	49'32.9
5.	G. Bender	D	Bender-Special	50'03.2
6.	A. Nieto	E	Bultaco	50'03.9
7.	H. Müller	CH	Morbidelli	50'11.3
8.	R. Blatter	CH	Morbidelli	50'43.6
9.	J. Huberts	NL	Morbidelli	50'44.5
10.	M. Kinnunen	SF	Morbidelli	50'47.2

Number of finishers: 26.
Fastest lap: P. Bianchi (I, Morbidelli),
 2'45.4 = 147.765 km/h.

4) May 15 : Italy - Imola

21 laps = 105.924 km
Pole position: P. Bianchi (I, Morbidelli),
 2'09.34 = 140.281 km/h.

1.	P. Bianchi	I	Morbidelli	45'58.7
				= 138.117 km/h
2.	E. Lazzarini	I	Morbidelli	46'54.5
3.	M. Massimiani	I	Morbidelli	47'12.2
4.	A. Mang	D	Morbidelli	47'15.0
5.	A. Nieto	E	Bultaco	47'26.9
6.	S. Pazzaglia	I	Morbidelli	47'39.9
7.	H. Müller	CH	Morbidelli	47'45.3
8.	J.-L. Guignabodet	F	Morbidelli	47'47.6
9.	S. Dörflinger	CH	Morbidelli	47'50.2
10.	P.-A. Cipriani	I	Morbidelli	48'05.6

Number of finishers: 18.
Fastest lap: P. Bianchi (I, Morbidelli),
 2'09.7 = 139.892 km/h.

5) May 22 : Spain - Jarama

30 laps = 102.120 km
Pole position: P. Bianchi (I, Morbidelli),
 1'43.6 = 118.286 km/h.

1.	P. Bianchi	I	Morbidelli	53'52.4
				= 113.744 km/h
2.	E. Lazzarini	I	Morbidelli	54'56.9
3.	J.-L. Guignabodet	F	Morbidelli	55'33.0
4.	G. Zigiotto	I	Morbidelli	55'41.3
5.	J. Van Zeebroeck	B	Morbidelli	55'46.9
6.	P.-E. Carlsson	S	Morbidelli	1 lap
7.	J. Parzer	A	Morbidelli	1 lap
8.	W. Schmied	A	Rotax	1 lap
9.	W. Perez	ARG	Morbidelli	1 lap
10.	J. Navarrete	E	Bultaco	1 lap

Number of finishers: 10.
Fastest lap: P. Bianchi (I, Morbidelli),
 1'44.5 = 117.281 km/h.

6) May 29 : France - Le Castellet

18 laps = 104.580 km
Pole position: P. Bianchi (I, Morbidelli),
 2'24.55 = 144.697 km/h.

1.	P. Bianchi	I	Morbidelli	43'08.68
				= 145.440 km/h
2.	E. Lazzarini	I	Morbidelli	43'26.02
3.	H. Bartol	A	Morbidelli	44'25.25
4.	G. Bender	D	Bender-Special	44'56.19
5.	J.-L. Guignabodet	F	Morbidelli	44'57.56
6.	G. Zigiotto	I	Morbidelli	44'59.49
7.	S. Pazzaglia	I	Morbidelli	45'00.03
8.	J. Van Zeebroeck	B	Morbidelli	45'11.77
9.	M. Massimiani	I	Morbidelli	45'12.40
10.	P.-L. Conforti	I	Morbidelli	45'16.02

Number of finishers: 27.
Fastest lap: P. Bianchi (I, Morbidelli),
 2'21.80 = 147.504 km/h.

7) June 19 : Yugoslavia - Opatija

19 laps = 113.886 km
Pole position: P. Bianchi (I, Morbidelli),
2'24.0 = 150.000 km/h.

1.	P. Bianchi	I	Morbidelli	46'25.4
				= 147.339 km/h
2.	A. Nieto	E	Bultaco	47'39.3
3.	M. Massimiani	I	Morbidelli	48'02.8
4.	J.-L. Guignabodet	F	Morbidelli	48'18.2
5.	E. Giuliano	I	Morbidelli	48'34.3
6.	M. Kinnunen	SF	Morbidelli	48'41.5
7.	A. Mang	D	Morbidelli	48'53.6
8.	C. Van Dongen	NL	Morbidelli	1 lap
9.	C. Lusuardi	I	Morbidelli	1 lap
10.	J. Van Zeebroeck	B	Morbidelli	1 lap

Number of finishers: 10.
Fastest lap: P. Bianchi (I, Morbidelli),
2'25.4 = 148.555 km/h.

8) June 25 : The Netherlands - Assen

14 laps = 108.052 km
Pole position: P. Bianchi (I, Morbidelli),
3'16.5 = 141.398 km/h.

1.	A. Nieto	E	Bultaco	46'29.1
				= 139.463 km/h
2.	H. Bartol	A	Morbidelli	47'20.9
3.	G. Bender	D	Bender-Special	47'32.7
4.	A. Mang	D	Morbidelli	43'33.1
5.	J.-L. Guignabodet	F	Morbidelli	47'46.3
6.	S. Dörflinger	CH	Morbidelli	47'53.2
7.	H. Seel	D	Seel-Special	47'55.1
8.	J. Van Zeebroeck	B	Morbidelli	48'29.2
9.	P. Bianchi	I	Morbidelli	48'30.7
10.	M. Kinnunen	SF	Morbidelli	48'31.1

Number of finishers: 23.
Fastest lap: A. Nieto (E, Bultaco),
3'16.4 = 141.467 km/h.

9) July 3 : Belgium - Spa-Francorchamps

10 laps = 141.200 km
Pole position: P. Bianchi (I, Morbidelli),
4'24.1 = 192.473 km/h.

1.	P. Bianchi	I	Morbidelli	44'22.9
				= 190.890 km/h
2.	A. Nieto	E	Bultaco	44'36.5
3.	A. Mang	D	Morbidelli	44'49.6
4.	E. Lazzarini	I	Morbidelli	44'56.6
5.	P.-L. Conforti	I	Morbidelli	45'34.2
6.	E. Giuliano	I	Morbidelli	45'41.1
7.	S. Dörflinger	CH	Morbidelli	45'48.4
8.	G. Bender	D	Bender-Special	45'48.8
9.	C. Van Dongen	NL	Morbidelli	46'00.3
10.	J.-L. Guignabodet	F	Morbidelli	46'01.5

Number of finishers: 25.
Fastest lap: A. Nieto (E, Bultaco),
4'22.2 = 193.867 km/h.

10) July 23 : Sweden - Anderstorp

26 laps = 104.468 km
Pole position: P. Bianchi (I, Morbidelli),
1'49.69 = 131.870 km/h.

1.	A. Nieto	E	Bultaco	54'57.98
				= 114.041 km/h
2.	P. Bianchi	I	Morbidelli	55'05.66
3.	E. Lazzarini	I	Morbidelli	55'06.18
4.	J.-L. Guignabodet	F	Morbidelli	56'22.26
5.	C. Lusuardi	I	Morbidelli	56'29.09
6.	G. Bender	D	Bender-Special	56'41.68
7.	S. Dörflinger	CH	Morbidelli	56'42.86
8.	H. Müller	CH	Morbidelli	56'55.24
9.	T. Noblesse	F	Morbidelli	1 lap
10.	P.-E. Carlsson	S	Morbidelli	1 lap

Number of finishers: 18.
Fastest lap: E. Lazzarini (I, Morbidelli),
1'57.78 = 122.805 km/h.

11) July 31 : Finland - Imatra

19 laps = 114.570 km
Pole position: P. Bianchi (I, Morbidelli),
2'23.7 = 151.065 km/h.

1.	P. Bianchi	I	Morbidelli	46'09.6
				= 148.921 km/h
2.	E. Lazzarini	I	Morbidelli	46'19.2
3.	J.-L. Guignabodet	F	Morbidelli	47'26.0
4.	H. Müller	CH	Morbidelli	47'42.3
5.	S. Dörflinger	CH	Morbidelli	47'55.4
6.	P.-E. Carlsson	S	Morbidelli	48'29.6
7.	T. Espié	F	Motobécane	48'32.8
8.	B.-G. Johansson	S	Morbidelli	48'33.0
9.	P. Plisson	F	Morbidelli	48'44.4
10.	E. Cereda	I	Morbidelli	1 lap

Number of finishers: 18.
Fastest lap: P. Bianchi (I, Morbidelli),
2'23.5 = 151.275 km/h.

12) August 13 : Great Britain - Silverstone

24 laps = 113.040 km
Pole position: P.-L. Conforti (I, Morbidelli),
42'46.53 = 158.560 km/h.

1.	P. Bianchi	I	Morbidelli	46'25.4
				= 158.560 km/h
2.	E. Lazzarini	I	Morbidelli	42'48.55
3.	J.-L. Guignabodet	F	Morbidelli	43'02.54
4.	H. Müller	CH	Morbidelli	43'15.42
5.	G. Bender	D	Bender-Special	43'19.99
6.	S. Dörflinger	CH	Morbidelli	43'28.16
7.	T. Noblesse	F	Morbidelli	43'28.75
8.	A. Mang	D	Morbidelli	43'29.11
9.	B.-G. Johansson	S	Morbidelli	43'44.51
10.	J. Van Zeebroeck	B	Morbidelli	43'47.29

Number of finishers: 28.
Fastest lap: E. Lazzarini (I, Morbidelli),
1'44.78 = 161.843 km/h.

WORLD CHAMPIONSHIP

1.	Pierpaolo Bianchi	I	Morbidelli	131
2.	Eugenio Lazzarini	I	Morbidelli	105
3.	Angel Nieto	E	Bultaco	80
4.	Jean-Louis Guignabodet	F	Morbidelli	62
5.	Anton Mang	D	Morbidelli	55
6.	Gert Bender	D	Bender-Special	38
7.	Harald Bartol	A	Morbidelli	32
8.	Stefan Dörflinger	CH	Morbidelli	32
9.	Hans Müller	CH	Morbidelli	32
10.	Pier-Luigi Conforti	I	Morbidelli	30
11.	Maurizio Massimiani	I	Morbidelli	22
12.	Giovanni Zigiotto	I	Morbidelli	21
13.	Julien Van Zeebroeck	B	Morbidelli	20
14.	Per-Edward Carlsson	S	Morbidelli	14
15.	Ermano Giuliano	I	Morbidelli	11
16.	Ivan Palazzese	VEN	Morbidelli	10
17.	Sauro Pazzaglia	I	Morbidelli	9
18.	Claudio Lusuardi	I	Morbidelli	8
19.	Antonio Pretelli	I	Morbidelli	8
20.	Matti Kinnunen	SF	Morbidelli	7
21.	Willy Perez	ARG	Yamaha/Morbidelli	7
22.	Thierry Noblesse	F	Morbidelli	6
23.	Rolf Blatter	CH	Morbidelli	5
24.	Bengt-Göran Johansson	S	Morbidelli	5
25.	Johann Parzer	A	Morbidelli	5
26.	Cees Van Dongen	NL	Morbidelli	5
27.	Janos Drapal	H	Morbidelli	5
28.	Thierry Espié	F	Motobécane	4
29.	Rafael Olavaria	VEN	Yamaha	4
30.	Horst Seel	D	Seel-Special	4
31.	Werner Schmied	A	Rotax	3
32.	Jan Huberts	NL	Morbidelli	2
33.	Patrick Plisson	F	Morbidelli	2
34.	Enrico Cereda	I	Morbidelli	1
35.	Pier-Aldo Cipriani	I	Morbidelli	1
36.	Jorge Navarrete	E	Bultaco	1

Bruno Kneubühler, Yamaha

1977 — 125 cc

1977 — 250 cc

Champion : **Mario Lega (Italy, Yamaha/Morbidelli), 85 points, 1 win**

1) March 20 : Venezuela - San Carlos

28 laps = 115.780 km
Pole position: F. Uncini (I, Harley-Davidson),
1'40.8 = 147.679 km/h.

1.	W. Villa	I	Harley-Davidson	47'56.1
				= 144.921 km/h
2.	P. Fernandez	F	Yamaha	48'16.6
3.	V. Palomo	E	Yamaha	48'31.8
4.	P. Korhonen	SF	Yamaha	48'52.2
5.	K. Ballington	SA	Yamaha	49'07.2
6.	T. Herron	IRL	Yamaha	49'15.5
7.	A. Nannini	VEN	Yamaha	49'25.6
8.	O. Chevallier	F	Yamaha	49'26.5
9.	M. Lega	I	Yamaha	1 lap
10.	M. Corradini	VEN	Yamaha	1 lap

Number of finishers: 14.
Fastest lap: W. Villa (I, Harley-Davidson),
1'40.8 = 147.679 km/h.

2) May 8 : Germany - Hockenheim

19 laps = 128.972 km
Pole position: A. Kiyohara (J, Kawasaki),
2'26.9 = 166.350 km/h.

1.	C. Sarron	F	Yamaha	49'33.0
				= 156.169 km/h
2.	A. Kiyohara	J	Kawasaki	49'33.1
3.	F. Uncini	I	Harley-Davidson	50'18.3
4.	V. Salmi	I	Yamaha	50'33.5
5.	P. Nurmi	SF	Yamaha	50'35.5
6.	K. Ballington	SA	Yamaha	50'35.7
7.	T. Herron	IRL	Yamaha	50'35.9
8.	A. Nannini	VEN	Yamaha	50'40.1
9.	A. North	SA	Yamaha	51'00.0
10.	B. Ditchburn	GB	Kawasaki	51'16.5

Number of finishers: 27.
Fastest lap: A. Kiyohara (J, Kawasaki),
2'28.0 = 165.138 km/h.

3) May 15 : Italy - Imola

24 laps = 121.056 km
Pole position: F. Uncini (I, Harley-Davidson),
2'05.84 = 144.183 km/h.

1.	F. Uncini	I	Harley-Davidson	50'12.7
				= 144.540 km/h
2.	M. Lega	I	Morbidelli	50'21.8
3.	B. Ditchburn	GB	Kawasaki	50'43.4
4.	T. Herron	IRL	Yamaha	50'51.7
5.	A. North	SA	Yamaha	51'03.6
6.	J. Ekerold	SA	Yamaha	51'08.0
7.	J.-F. Baldé	F	Kawasaki	51'11.5
8.	T. Katayama	J	Yamaha	51'31.9
9.	V. Soussan	AUS	Yamaha	51'40.9
10.	V. Francini	I	Yamaha	51'41.9

Number of finishers: 18.
Fastest lap: F. Uncini (I, Harley-Davidson),
2'03.3 = 147.153 km/h.

4) May 22 : Spain - Jarama

35 laps = 119.140 km
Pole position: K. Nemoto (J, Yamaha),
1'40.2 = 122.299 km/h.

1.	T. Katayama	J	Yamaha	59'36.5
				= 120.808 km/h
2.	A. North	SA	Yamaha	59'43.0
3.	O. Chevallier	F	Yamaha	59'50.4
4.	C. Sarron	F	Yamaha	1 h.00'01.3
5.	M. Lega	I	Morbidelli	1 h.00'05.9
6.	M. Rougerie	F	Yamaha	1 h.00'12.8
7.	T. Herron	IRL	Yamaha	1 h.00'15.2
8.	B. Ditchburn	GB	Kawasaki	1 h.00'19.6
9.	A. Kiyohara	J	Kawasaki	1 h.00'47.1
10.	B. Kneubühler	CH	Yamaha	1 h.00'49.6

Number of finishers: 20.
Fastest lap: T. Katayama (J, Yamaha),
1'39.9 = 122.680 km/h.

5) May 29 : France - Le Castellet

20 laps = 116.200 km
Pole position: B. Ditchburn (GB, Kawasaki),
2'16.92 = 152.761 km/h.

1.	J. Ekerold	SA	Yamaha	46'29.19
				= 149.989 km/h
2.	A. North	SA	Yamaha	46'35.24
3.	V. Soussan	AUS	Yamaha	46'35.89
4.	M. Lega	I	Morbidelli	46'36.31
5.	G. Bertin	F	Yamaha	46'46.05
6.	B. Kneubühler	CH	Yamaha	46'48.97
7.	T. Herron	IRL	Yamaha	46'52.18
8.	T. Katayama	J	Yamaha	46'53.82
9.	E. Hyvärinen	SF	Yamaha	47'03.35
10.	J. Dodds	AUS	Yamaha	47'07.90

Number of finishers: 24.
Fastest lap: A. North (SA, Yamaha),
2'17.27 = 152.371 km/h.

6) June 19 : Yugoslavia - Opatija

21 laps = 125.874 km
Pole position: M. Rougerie (F, Yamaha),
2'20.7 = 153.518 km/h.

1.	M. Lega	I	Morbidelli	49'19.4
				= 153.274 km/h
2.	T. Katayama	J	Yamaha	49'25.6
3.	T. Herron	IRL	Yamaha	50'00.6
4.	J. Dodds	AUS	Yamaha	50'07.7
5.	P.-L. Conforti	I	Yamaha	50'10.8
6.	P. Fernandez	F	Yamaha	50'21.6
7.	P. Korhonen	SF	Yamaha	50'25.4
8.	J. Ekerold	SA	Yamaha	50'29.6
9.	P. Nurmi	SF	Yamaha	50'46.4
10.	P. Pons	F	Yamaha	51'04.1

Number of finishers: 18.
Fastest lap: M. Lega (I, Morbidelli),
2'19.2 = 155.172 km/h.

7) June 25 : The Netherlands - Assen

15 laps = 115.770 km
Pole position: A. North (SA, Yamaha),
   3'08.4 = 147.478 km/h.

1.	M. Grant	GB	Kawasaki	47'46.8
				145.375 km/h
2.	F. Uncini	I	Harley-Davidson	47'55.4
3.	B. Ditchburn	GB	Kawasaki	48'00.0
4.	W. Villa	I	Harley-Davidson	48'04.6
5.	M. Lega	I	Morbidelli	48'06.0
6.	T. Katayama	J	Yamaha	48'12.3
7.	J. Ekerold	SA	Yamaha	48'24.3
8.	P. Korhonen	SF	Yamaha	48'32.1
9.	P. Bouzanne	F	Yamaha	48'56.4
10.	T. Herron	IRL	Yamaha	49'08.0

Number of finishers: 20.
Fastest lap: F. Uncini (I, Harley-Davidson),
   3'06.0 = 149.297 km/h.

8) July 3 : Belgium - Spa-Francorchamps

10 laps = 141.200 km
Pole position: W. Villa (I, Harley-Davidson),
   4'09.9 = 203.409 km/h.

1.	W. Villa	I	Harley-Davidson	41'24.9
				= 204.563 km/h
2.	T. Katayama	J	Yamaha	41'44.1
3.	M. Lega	I	Morbidelli	41'52.1
4.	M. Wada	J	Kawasaki	42'04.1
5.	V. Soussan	AUS	Yamaha	42'08.2
6.	K. Ballington	SA	Yamaha	42'19.9
7.	F. Uncini	I	Harley-Davidson	42'22.9
8.	P. Fernandez	F	Yamaha	42'29.4
9.	T. Herron	IRL	Yamaha	42'37.1
10.	J. Ekerold	SA	Yamaha	42'37.6

Number of finishers: 25.
Fastest lap: W. Villa (I, Harley-Davidson),
   4'05.4 = 207.139 km/h.

9) July 24 : Sweden - Anderstorp

28 laps = 112.504 km
Pole position: M. Grant (GB, Kawasaki),
   1'45.80 = 136.780 km/h.

1.	M. Grant	GB	Kawasaki	50'24.85
				= 133.897 km/h
2.	M. Lega	I	Morbidelli	50'29.80
3.	J. Ekerold	SA	Yamaha	50'38.04
4.	T. Katayama	J	Yamaha	50'41.42
5.	A. North	SA	Yamaha	50'41.87
6.	C. Mortimer	GB	Yamaha	50'49.79
7.	T. Herron	IRL	Yamaha	50'50.00
8.	O. Chevallier	F	Yamaha	51'09.88
9.	V. Soussan	AUS	Yamaha	51'09.92
10.	E. Hyvärinen	SF	Yamaha	51'10.66

Number of finishers: 18.
Fastest lap: M. Grant (GB, Kawasaki),
   1'46.28 = 136.094 km/h.

10) July 31 : Finland - Imatra

20 laps = 120.600 km
Pole position: A. North (SA, Yamaha),
   2'18.9 = 156.285 km/h.

1.	W. Villa	I	Harley-Davidson	46'15.3
				= 156.437 km/h
2.	M. Grant	GB	Kawasaki	46'15.6
3.	K. Ballington	SA	Yamaha	46'39.6
4.	F. Uncini	I	Harley-Davidson	46'41.8
5.	T. Herron	IRL	Yamaha	46'43.5
6.	P. Fernandez	F	Yamaha	46'50.0
7.	M. Lega	I	Morbidelli	46'53.2
8.	B. Ditchburn	GB	Kawasaki	46'53.7
9.	P. Pileri	I	Morbidelli	46'53.9
10.	O. Chevallier	F	Yamaha	46'54.2

Number of finishers: 19.
Fastest lap: W. Villa (I, Harley-Davidson),
   2'16.6 = 158.917 km/h.

11) August 7 : Czechoslovakia - Brno

13 laps = 142.025 km
Pole position: F. Uncini (I, Harley-Davidson),
   3'50.97 = 170.204 km/h.

1.	F. Uncini	I	Harley-Davidson	49'58.89
				= 170.415 km/h
2.	W. Villa	I	Harley-Davidson	49'59.30
3.	M. Lega	I	Morbidelli	50'22.73
4.	K. Ballington	SA	Yamaha	50'24.34
5.	T. Herron	IRL	Yamaha	50'24.80
6.	A. North	SA	Yamaha	50'55.87
7.	J. Ekerold	SA	Yamaha	51'00.39
8.	P. Fernandez	F	Yamaha	51'02.35
9.	O. Chevallier	F	Yamaha	51'03.01
10.	G. Bertin	F	Yamaha	51'03.70

Number of finishers: 23.
Fastest lap: W. Villa (I, Harley-Davidson),
   3'46.89 = 173.264 km/h.

12) August 14 : Great Britain - Silverstone

26 laps = 122.460 km
Pole position: T. Katayama (J, Yamaha),
   1'38.29 = 172.547 km/h.

1.	K. Ballington	SA	Yamaha	43'37.08
				= 168.460 km/h
2.	A. Nannini	VEN	Yamaha	43'39.55
3.	E. Saul	F	Yamaha	43'41.93
4.	F. Uncini	I	Harley-Davidson	43'50.74
5.	O. Chevallier	F	Yamaha	43'50.74
6.	V. Soussan	AUS	Yamaha	43'50.89
7.	G. Bertin	F	Yamaha	43'59.28
8.	P. Nurmi	SF	Yamaha	44'01.50
9.	W. Villa	I	Harley-Davidson	44'03.40
10.	P. Pons	F	Yamaha	44'11.64

Number of finishers: 21.
Fastest lap: E. Saul (F, Yamaha),
   1'38.27 = 172.565 km/h.

WORLD CHAMPIONSHIP

1.	Mario Lega	I	Yamaha/Morbidelli	85
2.	Franco Uncini	I	Harley-Davidson	72
3.	Walter Villa	I	Harley-Davidson	67
4.	Takazumi Katayama	J	Yamaha	58
5.	Tom Herron	IRL	Yamaha	54
6.	Kork Ballington	SA	Yamaha	49
7.	Alan North	SA	Yamaha	43
8.	Jon Ekerold	SA	Yamaha	42
9.	Mick Grant	GB	Kawasaki	42
10.	Patrick Fernandez	F	Yamaha	28
11.	Barry Ditchburn	GB	Kawasaki	27
12.	Olivier Chevallier	F	Yamaha	25
13.	Victor Soussan	AUS	Yamaha	25
14.	Christian Sarron	F	Yamaha	23
15.	Aldo Nannini	VEN	Yamaha	19
16.	Pentti Korhonen	SF	Yamaha	15
17.	Akihito Kiyohara	J	Kawasaki	14
18.	Guy Bertin	F	Yamaha	11
19.	Pekka Nurmi	SF	Yamaha	11
20.	Victor Palomo	E	Yamaha	10
21.	Eric Saul	F	Yamaha	10
22.	John Dodds	AUS	Yamaha	9
23.	Vinicio Salmi	I	Yamaha	8
24.	Masahiro Wada	J	Kawasaki	8
25.	Pier-Luigi Conforti	I	Yamaha	6
26.	Bruno Kneubühler	CH	Yamaha	6
27.	Chas Mortimer	GB	Yamaha	5
28.	Michel Rougerie	F	Yamaha	5
29.	Jean-François Baldé	F	Kawasaki	4
30.	Ero Hyvärinen	SF	Yamaha	3
31.	Philippe Bouzanne	F	Yamaha	2
32.	Paolo Pileri	I	Morbidelli	2
33.	Patrick Pons	F	Yamaha	2
34.	Mauro Corradini	VEN	Yamaha	1
35.	Vanes Francini	I	Yamaha	1

250 Kawasaki 2 cylindres en ligne

In-line Kawasaki twin

Kawasaki 250 2-Zylinder Reihenmotor

Champion : **Takazumi Katayama (Japan, Yamaha), 95 points, 5 wins**

1977 — 350 CC

1) March 20 : Venezuela - San Carlos

29 laps = 119.915 km
Pole position: A. Cecotto (VEN, Yamaha),
1'39.0 = 150.364 km/h.

1.	A. Cecotto	VEN	Yamaha	48'20.1
				= 148.855 km/h
2.	V. Palomo	E	Yamaha	48'49.7
3.	P. Fernandez	F	Yamaha	48'58.6
4.	P. Korhonen	SF	Yamaha	49'30.4
5.	T. Herron	IRL	Yamaha	1 lap
6.	A. North	SA	Yamaha	1 lap
7.	P. Mezerhane	VEN	Yamaha	1 lap
8.	C. Bellon	VEN	Yamaha	1 lap
9.	E. Aleman	VEN	Yamaha	1 lap
10.	R. Tausani	VEN	Yamaha	1 lap

Number of finishers: 13.
Fastest lap: A. Cecotto (VEN, Yamaha),
1'38.2 = 151.589 km/h.

2) May 1 : Austria - Salzburgring

35 laps = 148.330 km
Pole position: A. North (SA, Yamaha),
1'26.7 = 176.055 km/h.

Course arrêtée au septième tour, suite à la chute d'une moto du groupe de tête qui a rebondit sur la piste, en fauchant d'autres machines. Le Suisse Hans Stadelmann a été tué sur le coup, Alberto "Johnny" Cecotto, Dieter Braun, Franco Uncini et Patrick Fernandez étant sérieusement blessés.

The race was stopped on lap seven after one of the lead group fell, taking other bikes with it. The Swiss Hans Stadelmann was killed instantly. Alberto "Johnny" Cecotto, Dieter Braun, Franco Uncini and Patrick Fernandez were all seriously injured.

In der siebten Runde wurde das Rennen nach einem Massensturz abgebrochen; ein Motorrad aus der Spitzengruppe war nach einem Sturz auf die Piste zurückgeprallt und hatte mehrere Fahrer aus der Verfolgergruppe mitgerissen. Der Schweizer Hans Stadelmann starb noch auf der Unfallstelle, Alberto "Johnny" Cecotto, Dieter Braun, Franco Uncini und Patrick Fernandez wurden ernsthaft verletzt.

3) May 8 : Germany - Hockenheim

20 laps = 135.760 km
Pole position: A. North (SA, Yamaha),
2'16.2 = 179.445 km/h.

1.	T. Katayama	J	Yamaha	48'28.8
				= 168.019 km/h
2.	G. Agostini	I	Yamaha	48'43.9
3.	O. Chevallier	F	Yamaha	48'44.3
4.	A. North	SA	Yamaha	48'47.7
5.	P. Bouzanne	F	Yamaha	49'04.3
6.	T. Herron	IRL	Yamaha	49'11.6
7.	W. Villa	I	Harley-Davidson	49'15.8
8.	C. Sarron	F	Yamaha	49'21.7
9.	M. Rougerie	F	Yamaha	49'26.2
10.	P. Nurmi	SF	Yamaha	49'29.5

Number of finishers: 30.
Fastest lap: G. Agostini (I, Yamaha),
2'21.8 = 127.358 km/h.

4) May 15 : Italy - Imola

26 laps = 131.144 km
Pole position: A. North (SA, Yamaha),
2'01.57 = 149.247 km/h.

1.	A. North	SA	Yamaha	53'12.2
				= 147.780 km/h
2.	M. Lega	I	Morbidelli	53'13.9
3.	T. Katayama	J	Yamaha	53'35.9
4.	M. Rougerie	F	Yamaha	53'36.8
5.	B. Kneubühler	CH	Yamaha	54'19.3
6.	F. Uncini	I	Harley-Davidson	54'27.4
7.	W. Villa	I	Harley-Davidson	54'27.9
8.	F. Agostini	I	Yamaha	54'42.1
9.	D. Boulom	F	Yamaha	54'50.0
10.	C. Mortimer	GB	Yamaha	55'00.4

Number of finishers: 15.
Fastest lap: Lega (I, Morbidelli),
2'01.0 = 149.950 km/h.

5) May 22 : Spain - Jarama

38 laps = 129.352 km
Pole position: A. North (SA, Yamaha),
1'38.7 = 124.158 km/h.

1.	M. Rougerie	F	Yamaha	1 h.05'18.9
				= 118.837 km/h
2.	C. Sarron	F	Yamaha	1 h.05'41.5
3.	T. Katayama	J	Yamaha	1 h.05'50.4
4.	B. Kneubühler	CH	Yamaha	1 h.06'11.4
5.	P. Pons	F	Yamaha	1 h.06'18.6
6.	J. Ekerold	SA	Yamaha	1 h.06'23.1
7.	P. Nurmi	SF	Yamaha	1 h.06'40.2
8.	T. Virtanen	SF	Yamaha	1 h.06'49.2
9.	V. Soussan	AUS	Yamaha	1 lap
10.	J.-C. Hogrel	F	Yamaha	1 lap

Number of finishers: 14.
Fastest lap: M. Rougerie (F, Yamaha),
1'39.9 = 122.680 km/h.

6) May 29 : France - Le Castellet

22 laps = 127.820 km
Pole position: J. Ekerold (SA, Yamaha),
2'15.36 = 154.521 km/h.

1.	T. Katayama	J	Yamaha	49'23.00
				= 155.299 km/h
2.	J. Ekerold	SA	Yamaha	49'47.77
3.	B. Kneubühler	CH	Yamaha	50'07.44
4.	V. Soussan	AUS	Yamaha	50'11.49
5.	E. Hyvärinen	SF	Yamaha	50'11.78
6.	J. Dodds	AUS	Yamaha	50'12.80
7.	T. Herron	IRL	Yamaha	50'17.68
8.	O. Chevallier	F	Yamaha	50'27.55
9.	P. Nurmi	SF	Yamaha	50'27.97
10.	J. Newbold	GB	Yamaha	50'36.71

Number of finishers: 20.
Fastest lap: T. Katayama (J, Yamaha),
2'13.39 = 156.803 km/h.

7) June 19 : Yugoslavia - Opatija

25 laps = 149.850 km
Pole position: J. Dodds (AUS, Yamaha),
2'16.5 = 158.242 km/h.

1.	T. Katayama	J	Yamaha	56'53.0
				= 158.264 km/h
2.	J. Ekerold	SA	Yamaha	57'28.2
3.	M. Rougerie	F	Yamaha	58'02.7
4.	T. Herron	IRL	Yamaha	58'09.9
5.	J. Dodds	AUS	Yamaha	58'12.8
6.	O. Chevallier	F	Yamaha	58'36.3
7.	P. Fernandez	F	Yamaha	58'43.6
8.	P. Nurmi	SF	Yamaha	58'50.8
9.	J.-C. Hogrel	F	Yamaha	1 lap
10.	Hel. Kassner	D	Yamaha	1 lap

Number of finishers: 10.
Fastest lap: T. Katayama (J, Yamaha),
2'13.7 = 161.556 km/h.

8) June 25 : The Netherlands - Assen

16 laps = 123.488 km
Pole position: P. Fernandez (F, Yamaha),
3'04.5 = 150.576 km/h.

1.	K. Ballington	SA	Yamaha	49'25.3
				= 149.916 km/h
2.	M. Rougerie	F	Yamaha	49'26.5
3.	P. Fernandez	F	Yamaha	49'27.0
4.	T. Herron	IRL	Yamaha	49'29.0
5.	F. Uncini	I	Harley-Davidson	50'04.4
6.	J. Ekerold	SA	Yamaha	50'25.7
7.	O. Chevallier	F	Yamaha	50'33.0
8.	W. Villa	I	Harley-Davidson	50'36.2
9.	A. North	SA	Yamaha	50'46.5
10.	P. Pons	F	Yamaha	50'47.4

Number of finishers: 19.
Fastest lap: P. Fernandez (F, Yamaha),
3'02.5 = 151.743 km/h.

9) July 23 : Sweden - Anderstorp

28 laps = 112.504 km
Pole position: P. Fernandez (F, Yamaha),
1'43.24 = 140.095 km/h.

1.	T. Katayama	J	Yamaha	48'23.31
				= 139.501 km/h
2.	K. Ballington	SA	Yamaha	48'23.53
3.	P. Fernandez	F	Yamaha	48'45.90
4.	J. Ekerold	SA	Yamaha	49'00.78
5.	V. Soussan	AUS	Yamaha	49'05.32
6.	T. Herron	IRL	Yamaha	49'11.68
7.	P. Korhonen	SF	Yamaha	49'14.40
8.	P. Nurmi	SF	Yamaha	49'19.15
9.	P. Pons	F	Yamaha	49'20.61
10.	C. Sarron	F	Yamaha	49'26.27

Number of finishers: 20.
Fastest lap: K. Ballington (SA, Yamaha),
1'42.28 = 141.422 km/h.

10) July 31 : Finland - Imatra

21 laps = 126.630 km
Pole position: A. Cecotto (VEN, Yamaha),
2'13.2 = 162.973 km/h.

1.	T. Katayama	J	Yamaha	48'14.9
				= 157.472 km/h
2.	C. Sarron	F	Yamaha	48'18.2
3.	J. Ekerold	SA	Yamaha	48'20.2
4.	T. Herron	IRL	Yamaha	48'30.9
5.	P. Pons	F	Yamaha	48'57.2
6.	O. Chevallier	F	Yamaha	49'36.5
7.	S. Rossi	SF	Yamaha	49'47.0
8.	W. Villa	I	Harley-Davidson	49'50.2
9.	E. Hyvärinen	SF	Yamaha	49'50.4
10.	K. Auer	A	Yamaha	49'56.8

Number of finishers: 15.
Fastest lap: J. Ekerold (SA, Yamaha) and
T. Herron (IRL, Yamaha),
2'14.4 = 161.518 km/h.

11) August 7 : Czechoslovakia - Brno

14 laps = 152.950 km
Pole position: A. Cecotto (VEN, Yamaha),
3'40.86 = 177.995 km/h.

1.	A. Cecotto	VEN	Yamaha	51'51.38
				= 176.888 km/h
2.	T. Herron	IRL	Yamaha	52'46.10
3.	C. Sarron	F	Yamaha	52'56.90
4.	P. Korhonen	SF	Yamaha	53'01.38
5.	V. Palomo	E	Yamaha	53'04.74
6.	V. Soussan	AUS	Yamaha	53'29.70
7.	K. Ballington	SA	Yamaha	53'32.96
8.	M. Rougerie	F	Yamaha	53'41.39
9.	J. Ekerold	SA	Yamaha	53'44.92
10.	G. Agostini	I	Yamaha	53'50.89

Number of finishers: 21.
Fastest lap: A. Cecotto (VEN, Yamaha),
3'39.9 = 178.772 km/h.

12) August 13 : Great Britain - Silverstone

28 laps = 131.880 km
Pole position: K. Ballington (SA, Yamaha),
1'35.77 = 176.034 km/h.

1.	K. Ballington	SA	Yamaha	45'32.10
				= 173.790 km/h
2.	O. Chevallier	F	Yamaha	45'48.41
3.	J. Williams	GB	Yamaha	45'48.52
4.	E. Roberts	GB	Yamaha	45'56.62
5.	A. Stewart	GB	Yamaha	46'01.65
6.	P. Nurmi	SF	Yamaha	46'10.29
7.	M. Frutschi	CH	Yamaha	46'26.94
8.	Hel. Kassner	D	Yamaha	46'36.00
9.	E. Hyvärinen	SF	Yamaha	46'40.29
10.	A. Hockley	GB	Yamaha	46'55.39

Number of finishers: 16.
Fastest lap: K. Ballington (SA, Yamaha),
1'36.06 = 175.503 km/h.

WORLD CHAMPIONSHIP

1.	Takazumi Katayama	J	Yamaha	95
2.	Tom Herron	IRL	Yamaha	56
3.	Jon Ekerold	SA	Yamaha	54
4.	Michel Rougerie	F	Yamaha	50
5.	Kork Ballington	SA	Yamaha	46
6.	Olivier Chevallier	F	Yamaha	39
7.	Christian Sarron	F	Yamaha	38
8.	Patrick Fernandez	F	Yamaha	34
9.	Alberto "Johnny" Cecotto	VEN	Yamaha	30
10.	Alan North	SA	Yamaha	30
11.	Bruno Kneubähler	CH	Yamaha	24
12.	Victor Soussan	AUS	Yamaha	21
13.	Pentti Korhonen	SF	Yamaha	20
14.	Pekka Nurmi	SF	Yamaha	18
15.	Victor Palomo	E	Yamaha	18
16.	Patrick Pons	F	Yamaha	15
17.	Walter Villa	I	Harley-Davidson	14
18.	Giacomo Agostini	I	Yamaha	13
19.	Mario Lega	I	Morbidelli	12
20.	John Dodds	AUS	Yamaha	11
21.	Franco Uncini	I	Harley-Davidson	11
22.	Ero Hyvärinen	SF	Yamaha	10
23.	John Williams	GB	Yamaha	10
24.	Eddie Roberts	GB	Yamaha	8
25.	Philippe Bouzanne	F	Yamaha	6
26.	Alan Stewart	GB	Yamaha	6
27.	Michel Frutschi	CH	Yamaha	4
28.	Helmut Kassner	D	Yamaha	4
29.	Pedro Mezerhane	VEN	Yamaha	4
30.	Seppo Rossi	SF	Yamaha	4
31.	Carlos Bellon	VEN	Yamaha	3
32.	Felice Agostini	I	Yamaha	3
33.	Jean-Claude Hogrel	F	Yamaha	3
34.	Tapio Virtanen	SF	Yamaha	3
35.	Eduardo Aleman	VEN	Yamaha	2
36.	Denis Boulom	F	Yamaha	2
37.	Karl Auer	A	Yamaha	1
38.	Austin Hockley	GB	Yamaha	1
39.	Chas Mortimer	GB	Yamaha	1
40.	John Newbold	GB	Yamaha	1
41.	Raoul Tausani	VEN	Yamaha	1

Tom Herron, Yamaha

1977 — 500 cc

Champion : **Barry Sheene (Great Britain, Suzuki), 107 points, 6 wins**

1) March 20 : Venezuela - San Carlos

30 laps = 124.050 km
Pole position: B. Sheene (GB, Suzuki),
1'36.1 = 154.901 km/h.

1.	B. Sheene	GB	Suzuki	48'56.9
				= 152.058 km/h
2.	S. Baker	USA	Yamaha	49'00.2
3.	P. Hennen	USA	Suzuki	49'35.9
4.	A. Cecotto	VEN	Yamaha	49'39.5
5.	P. Coulon	CH	Suzuki	49'55.0
6.	V. Ferrari	I	Suzuki	50'21.9
7.	M. Lucchinelli	I	Suzuki	50'28.2
8.	C. Estrosi	F	Suzuki	1 lap
9.	S. Parrish	GB	Suzuki	1 lap
10.	A. North	SA	Suzuki	1 lap

Number of finishers: 13.
Fastest lap: B. Sheene (GB, Suzuki) and S. Baker (USA, Yamaha),
1'35.8 = 155.386 km/h.

2) May 1 : Austria - Salzburgring (*)

35 laps = 148.330 km
Pole position: B. Sheene (GB, Suzuki),
1'23.20 = 183.462 km/h.

1.	J. Findlay	AUS	Suzuki	51'19.26
				= 173.517 km/h
2.	M. Wiener	A	Suzuki	51'34.66
3.	A. George	GB	Suzuki	51'35.17
4.	Hel. Kassner	D	Suzuki	51'44.62
5.	F. Heller	D	Suzuki	1 lap
6.	M. Schmid	A	Suzuki	2 laps

Number of finishers: 6.

(*) Course boycottée par les pilotes officiels - jugeant les mesures de sécurité insuffisantes - après l'accident de l'épreuve réservée aux 350.

(*) the race was boycotted by the works riders, who felt safety standards were not adequate, after the accident in the 350 class.

(*) Die Werks-Piloten boykottierten das Rennen, weil sie - insbesondere nach den Ereignissen in der 350 ccm-Klasse - die Sicherheitsvorkehrungen als ungenügend beurteilten.

3) May 8 : Germany - Hockenheim

20 laps = 135.760 km
Pole position: B. Sheene (GB, Suzuki),
2'14.2 = 182.092 km/h.

1.	B. Sheene	GB	Suzuki	45'36.1
				= 178.625 km/h
2.	P. Hennen	USA	Suzuki	45'45.7
3.	S. Baker	USA	Yamaha	45'54.3
4.	S. Parrish	GB	Suzuki	46'03.5
5.	P. Coulon	CH	Suzuki	46'04.0
6.	W. Hartog	NL	Suzuki	46'24.5
7.	M. Lucchinelli	I	Suzuki	46'27.5
8.	A. Mang	D	Suzuki	46'46.4
9.	M. Wiener	A	Suzuki	46'49.3
10.	B. Van Dulmen	NL	Suzuki	46'50.4

Number of finishers: 31.
Fastest lap: B. Sheene (GB, Suzuki),
2'14.4 = 181.848 km/h.

4) May 15 : Italy - Imola

30 laps = 151.320 km
Pole position: B. Sheene (GB, Suzuki),
1'58.41 = 153.230 km/h.

1.	B. Sheene	GB	Suzuki	59'52.0
				= 151.536 km/h
2.	V. Ferrari	I	Suzuki	59'53.3
3.	A. Toracca	I	Suzuki	59'54.6
4.	S. Baker	USA	Yamaha	1 h.00'20.6
5.	G. Agostini	I	Yamaha	1 h.00'27.8
6.	P. Coulon	CH	Suzuki	1 h.00'28.9
7.	J. Newbold	GB	Suzuki	1 h.01'02.5
8.	C. Estrosi	F	Suzuki	1 h.01'06.5
9.	B. Van Dulmen	NL	Suzuki	1 h.01'08.4
10.	A. Mang	D	Suzuki	1 h.01'14.3

Number of finishers: 18.
Fastest lap: B. Sheene (GB, Suzuki),
1'57.0 = 155.076 km/h.

5) May 29 : France - Le Castellet

22 laps = 127.820 km
Pole position: S. Baker (USA, Yamaha),
2'09.06 = 162.064 km/h.

1.	B. Sheene	GB	Suzuki	48'00.73
				= 159.736 km/h
2.	G. Agostini	I	Yamaha	48'04.07
3.	S. Baker	USA	Yamaha	48'16.37
4.	G. Bonera	I	Suzuki	48'18.90
5.	P. Coulon	CH	Suzuki	48'20.47
6.	S. Parrish	GB	Suzuki	48'24.50
7.	T. Länsivuori	SF	Suzuki	48'31.21
8.	V. Ferrari	I	Suzuki	48'31.41
9.	A. Toracca	I	Suzuki	48'41.62
10.	P. Hennen	USA	Suzuki	48'56.28

Number of finishers: 19.
Fastest lap: G. Agostini (I, Yamaha),
2'08.32 = 162.999 km/h.

6) June 25 : The Netherlands - Assen

16 laps = 123.488 km
Pole position: B. Sheene (GB, Suzuki),
2'57.4 = 156.622 km/h.

1.	W. Hartog	NL	Suzuki	52'35.4
				= 140.884 km/h
2.	B. Sheene	GB	Suzuki	52'41.3
3.	P. Hennen	USA	Suzuki	52'45.9
4.	P. Coulon	CH	Suzuki	52'46.3
5.	S. Baker	USA	Yamaha	52'47.0
6.	M. Lucchinelli	I	Suzuki	52'47.5
7.	T. Länsivuori	SF	Suzuki	52'53.6
8.	M. Rougerie	F	Suzuki	52'55.7
9.	A. Toracca	I	Suzuki	52'57.1
10.	V. Ferrari	I	Suzuki	53'11.6

Number of finishers: 18.
Fastest lap: B. Sheene (GB, Suzuki),
3'03.7 = 151.247 km/h.

7) July 3 : Belgium - Spa-Francorchamps

10 laps = 141.200 km
Pole position: P. Coulon (CH, Suzuki),
3'50.9 = 220.147 km/h.

1.	B. Sheene	GB	Suzuki	38'58.5
				= 217.370 km/h
2.	S. Baker	USA	Yamaha	39'09.8
3.	P. Hennen	USA	Suzuki	39'13.1
4.	T. Länsivuori	SF	Suzuki	39'14.1
5.	S. Parrish	GB	Suzuki	39'16.0
6.	P. Coulon	CH	Suzuki	39'24.3
7.	W. Hartog	NL	Suzuki	39'31.5
8.	G. Agostini	I	Yamaha	39'35.3
9.	J. Findlay	AUS	Suzuki	40'22.0
10.	J. Williams	GB	Suzuki	40'22.2

Number of finishers: 25.
Fastest lap: B. Sheene (GB, Suzuki),
3'50.3 = 220.720 km/h.

8) July 23 : Sweden - Anderstorp

28 laps = 112.504 km
Pole position: B. Sheene (GB, Suzuki),
1'40.28 = 144.244 km/h.

1.	B. Sheene	GB	Suzuki	47'21.27
				= 142.550 km/h
2.	A. Cecotto	VEN	Yamaha	47'24.23
3.	S. Baker	USA	Yamaha	47'48.01
4.	S. Parrish	GB	Suzuki	47'49.77
5.	W. Hartog	NL	Suzuki	47'52.84
6.	G. Bonera	I	Suzuki	48'00.49
7.	A. Toracca	I	Suzuki	48'21.95
8.	J. Williams	GB	Suzuki	48'24.26
9.	G. Agostini	I	Yamaha	48'31.48
10.	P. Hennen	USA	Suzuki	48'43.56

Number of finishers: 17.
Fastest lap: B. Sheene (GB, Suzuki),
1'39.80 = 144.935 km/h.

9) July 31 : Finland - Imatra

22 laps = 132.660 km
Pole position: B. Sheene (GB, Suzuki),
2'06.7 = 171.334 km/h.

1.	A. Cecotto	VEN	Yamaha	46'50.0
				= 169.956 km/h
2.	M. Lucchinelli	I	Suzuki	47'33.0
3.	G. Bonera	I	Suzuki	47'41.6
4.	M. Rougerie	F	Suzuki	47'54.7
5.	S. Parrish	GB	Suzuki	48'07.2
6.	B. Sheene	GB	Suzuki	48'08.7
7.	T. Länsivuori	SF	Suzuki	48'46.5
8.	A. Toracca	I	Suzuki	1 lap
9.	J.-P. Orban	B	Suzuki	1 lap
10.	K. Auer	A	Yamaha	1 lap

Number of finishers: 18.
Fastest lap: A. Cecotto (VEN, Yamaha),
2'05.9 = 172.423 km/h.

10) August 7 : Czechoslovakia - Brno

15 laps = 163.875 km
Pole position: A. Cecotto (VEN, Yamaha),
3'29.71 = 187.459 km/h.

1.	A. Cecotto	VEN	Yamaha	53'21.53
				= 184.187 km/h
2.	G. Agostini	I	Yamaha	53'47.21
3.	M. Rougerie	F	Suzuki	54'09.38
4.	P. Hennen	USA	Suzuki	54'16.22
5.	G. Bonera	I	Suzuki	54'55.71
6.	T. Länsivuori	SF	Suzuki	55'13.27
7.	S. Parrish	GB	Suzuki	55'25.00
8.	M. Wiener	A	Suzuki	55'59.44
9.	F. Rau	D	Suzuki	56'33.39
10.	Hel. Kassner	D	Suzuki	56'34.67

Number of finishers: 19.
Fastest lap: A. Cecotto (VEN, Yamaha),
3'29.69 = 187.477 km/h.

11) August 14 : Great Britain - Silverstone

28 laps = 131.880 km
Pole position: B. Sheene (GB, Suzuki),
1'32.99 = 182.381 km/h.

1.	P. Hennen	USA	Suzuki	45'31.96
				= 173.790 km/h
2.	S. Baker	USA	Yamaha	46'13.55
3.	T. Länsivuori	SF	Suzuki	46'34.75
4.	G. Bonera	I	Suzuki	46'54.92
5.	S. Wright	GB	Suzuki	1 lap
6.	A. George	GB	Suzuki	1 lap
7.	D. Chatterton	GB	Suzuki	1 lap
8.	M. Wiener	A	Suzuki	1 lap
9.	G. Agostini	I	Yamaha	1 lap
10.	K. Wrettom	GB	Suzuki	1 lap

Number of finishers: 13.
Fastest lap: S. Parrish (GB, Suzuki),
1'34.27 = 179.887 km/h.

WORLD CHAMPIONSHIP

1.	Barry Sheene	GB	Suzuki	107
2.	Steve Baker	USA	Yamaha	80
3.	Pat Hennen	USA	Suzuki	67
4.	Alberto "Johnny" Cecotto	VEN	Yamaha	50
5.	Steve Parrish	GB	Suzuki	39
6.	Giacomo Agostini	I	Yamaha	37
7.	Gianfranco Bonera	I	Suzuki	37
8.	Philippe Coulon	CH	Suzuki	36
9.	Teuvo Länsivuori	SF	Suzuki	35
10.	Will Hartog	NL	Suzuki	30
11.	Marco Lucchinelli	I	Suzuki	25
12.	Virginio Ferrari	I	Suzuki	21
13.	Michel Rougerie	F	Suzuki	21
14.	Armando Toracca	I	Suzuki	21
15.	Max Wiener	A	Suzuki	20
16.	Jack Findlay	AUS	Suzuki	17
17.	Alex George	GB	Suzuki	15
18.	Helmut Kassner	D	Suzuki	9
19.	Christian Estrosi	F	Suzuki	6
20.	Franz Heller	D	Suzuki	6
21.	Steve Wright	GB	Suzuki	6
22.	Michael Schmid	A	Suzuki	5
23.	Derek Chatterton	GB	Suzuki	4
24.	Anton Mang	D	Suzuki	4
25.	John Newbold	GB	Suzuki	4
26.	John Williams	GB	Suzuki	4
27.	Boët Van Dulmen	NL	Suzuki	3
28.	Jean-Philippe Orban	B	Suzuki	2
29.	Franz Rau	D	Suzuki	2
30.	Karl Auer	A	Yamaha	1
31.	Alan North	SA	Yamaha	1
32.	Kevin Wrettom	GB	Suzuki	1

Philippe Coulon, Suzuki

1977 — Side-Cars

Champions: **George O'Dell/Kenny Arthur/Clifford Holland (Great Britain, Windle-Yamaha/Seymaz-Yamaha), 64 points, 0 win**

1) May 1 : Austria - Salzburgring

30 laps = 127.140 km
Pole position: R. Biland/K. Williams (CH/GB, Schmid-Yamaha), 1'30.08 = 169.449 km/h.

1.	R. Biland/K. Williams	CH/GB	Schmid-Yamaha	47'01.41
				= 162.330 km/h
2.	G. O'Dell/K. Arthur	GB	Windle-Yamaha	47'24.74
3.	A. Michel/G. Lecorre	F	GEP-Yamaha	47'50.06
4.	G. Brodin/B. Forsberg	S	Yamaha	48'15.15
5.	W. Schwärzel/A. Huber	D	ARO-Fath	48'23.72
6.	D. Greasley/M. Skeels	GB	Yamaha	1 lap
7.	B. Holzer/K. Meierhans	CH	LCR-Yamaha	1 lap
8.	K. Luthringshauser/H. Hahn	D	Krauser-BMW	1 lap
9.	A. Zini/A. Fornaro	I	König	1 lap
10.	H. Prügl/H. Kussberger	A	Rotax	1 lap

Number of finishers: 11.
Fastest lap: R. Biland/K. Williams (CH/GB, Schmid-Yamaha), 1'31.66 = 166.548 km/h.

2) May 8 : Germany - Hockenheim

18 laps = 122.184 km
Pole position: R. Biland/K. Williams (CH/GB, Schmid-Yamaha), 2'27.0 = 166.261 km/h.

1.	R. Biland/K. Williams	CH/GB	Schmid-Yamaha	52'34.5
				= 139.435 km/h
2.	M. Venus/N. Bitterman	D	König	53'02.9
3.	G. O'Dell/K. Arthur	GB	Windle-Yamaha	53'17.6
4.	B. Holzer/K. Meierhans	CH	LCR-Yamaha	53'32.7
5.	H. Schilling/R. Gundel	D	ARO-Yamaha	53'34.2
6.	R. Steinhausen/W. Kalauch	D	Busch-König	53'51.3
7.	A. Michel/G. Lecorre	F	GEP-Yamaha	54'22.8
8.	S. Schauzu/L. Puzo	D	Yamaha	54'29.1
9.	T. Janssen/E. Schmitz	D	Yamaha	54'40.7
10.	K. Jelonek/V. Ries	D	König	1 lap

Number of finishers: 15.
Fastest lap: R. Biland/K. Williams (CH/GB, Schmid-Yamaha), 2'36.3 = 156.369 km/h.

3) May 29 : France - Le Castellet

18 laps = 104.580 km
Pole position: R. Biland/K. Williams (CH/GB, Schmid-Yamaha), 2'17.55 = 152.061 km/h.

1.	A. Michel/G. Lecorre	F	GEP-Yamaha	42'35.36
				= 147.336 km/h
2.	G. O'Dell/K. Arthur	GB	Seymaz-Yamaha	43'10.92
3.	H. Schilling/R. Gundel	D	ARO-Yamaha	43'20.07
4.	H. Schmid/M. Matile	CH	Schmid-Yamaha	43'23.36
5.	G. Brodin/B. Forsberg	S	Yamaha	43'23.67
6.	S. Schauzu/L. Puzo	D	Yamaha	44'42.97
7.	J.-F. Monnin/E. Weber	CH	Seymaz-Yamaha	44'45.65
8.	Y. Trolliet/P. Müller	F	Yamaha	44'50.14
9.	D. Greasley/M. Skeels	GB	Yamaha	44'54.71
10.	M. Venus/N. Bitterman	D	König	45'00.79

Number of finishers: 21.
Fastest lap: A. Michel/G. Lecorre (F, GEP-Yamaha), 2'19.92 = 149.485 km/h.

4) June 25 : The Netherlands - Assen

14 laps = 108.052 km
Pole position: R. Biland/K. Williams (CH/GB, Schmid-Yamaha), 3'09.2 = 146.835 km/h.

1.	R. Biland/K. Williams	CH/GB	Schmid-Yamaha	45'12.4
				= 143.407 km/h
2.	A. Michel/G. Lecorre	F	GEP-Yamaha	45'26.9
3.	W. Schwärzel/A. Huber	D	ARO-Fath	46'13.0
4.	G. Brodin/P.-E. Wickström	S	Yamaha	46'34.0
5.	B. Holzer/K. Meierhans	CH	LCR-Yamaha	46'36.1
6.	D. Greasley/M. Skeels	GB	Yamaha	46'54.1
7.	H. Schmid/M. Matile	CH	Schmid-Yamaha	47'11.2
8.	C. Smit/J. Smit	NL	König	47'21.4
9.	H. Schilling/R. Gundel	D	ARO-Yamaha	47'31.4
10.	M. Hobson/S. Collins	GB	Yamaha	47'58.4

Number of finishers: 14.
Fastest lap: R. Biland/K. Williams (CH/GB, Schmid-Yamaha), 3'10.5 = 145.848 km/h.

5) July 3 : Belgium - Spa-Francorchamps

10 laps = 141.200 km
Pole position: W. Schwärzel/A. Huber (D, ARO-Fath), 4'14.3 = 199.890 km/h.

1.	W. Schwärzel/A. Huber	D	ARO-Fath	42'52.0
				= 197.628 km/h
2.	R. Steinhausen/W. Kalauch	D	Busch-Yamaha	43'13.5
3.	G. O'Dell/C. Holland	GB	Seymaz-Yamaha	43'50.8
4.	G. Brodin/P.-E. Wickström	S	Yamaha	43'57.0
5.	D. Greasley/M. Skeels	GB	Yamaha	44'18.0
6.	H. Schilling/R. Gundel	D	ARO-Yamaha	44'19.7
7	C. Smit/J. Smit	NL	König	44'49.5
8.	M. Hobson/S. Collins	GB	Suzuki	45'46.6
9.	W. Ohrmann/B. Grube	D	Yamaha	46'11.1
10.	T. Janssen/E. Schmitz	D	Yamaha	46'12.1

Number of finishers: 18.
Fastest lap: R. Steinhausen/W. Kalauch (D, Busch-Yamaha), 4'13.5 = 200.520 km/h.

6) August 7 : Czechoslovakia - Brno

12 laps = 131.100 km
Pole position: W. Schwärzel/A. Huber (D, ARO-Fath), 3'51.30 = 169.961 km/h.

1.	R. Steinhausen/W. Kalauch	D	Busch-Yamaha	48'01.58
				= 161.113 km/h
2.	S. Schauzu/L. Puzo	D	Yamaha	48'46.71
3.	G. O'Dell/C. Holland	GB	Windle-Yamaha	48'47.72
4.	R. Biland/K. Williams	CH/GB	Schmid-Yamaha	49'30.78
5.	M. Hobson/S. Collins	GB	Suzuki	49'58.15
6.	D. Greasley/M. Skeels	GB	Yamaha	49'58.40
7.	H. Schilling/R. Gundel	D	ARO-Yamaha	50'47.82
8.	A. Zini/A. Fornaro	I	König	51'18.88
9.	H. Luthringshauser/H. Hahn	D	Krauser-BMW	1 lap
10.	G. Pape/F. Kallenberg	D	König	1 lap

Number of finishers: 15.
Fastest lap: W. Schwärzel/A. Huber (D, ARO-Fath), 3'50.96 = 170.211 km/h.

7) August 14 : Great Britain - Silverstone

27 laps = 127.170 km
Pole position: R. Biland/K. Williams (CH/GB, Schmid-Yamaha), 1'39.86 = 168.824 km/h.

1.	W. Schwärzel/A. Huber	D	ARO-Fath	53'53.94
				= 141.580 km/h
2.	R. Steinhausen/W. Kalauch	D	Busch-Yamaha	54'33.84
3.	G. O'Dell/C. Holland	GB	Windle-Yamaha	55'19.19
4.	G. Brodin/P.-E. Wickström	S	Yamaha	55'29.03
5.	J.-F. Monnin/E. Weber	CH	Seymaz-Yamaha	55'44.99
6.	W. Ohrmann/B. Grube	D	Yamaha	1 lap
7.	M. Boddice/C. Birks	GB	Yamaha	1 lap
8.	R. Biland/K. Williams	CH/GB	Schmid-Yamaha	1 lap
9.	H. Schilling/R. Gundel	D	ARO-Yamaha	1 lap
10.	Y. Trolliet/P. Müller	F	Yamaha	1 lap

Number of finishers: 21.
Fastest lap: W. Schwärzel/A. Huber (D, ARO-Fath), 1'57.18 = 144.717 km/h.

WORLD CHAMPIONSHIP

1.	George O'Dell/Kenny Arthur/Clifford Holland	GB	Windle-Yamaha/Seymaz-Yamaha	64
2.	Rolf Biland/Kenny Williams	CH/GB	Schmid-Yamaha	56
3.	Werner Schwärzel/Andreas Huber	D	ARO-Fath	46
4.	Rolf Steinhausen/Wolfgang Kalauch	D	Busch-Yamaha	44
5.	Alain Michel/Gérard Lecorre	F	GEP-Yamaha	41
6.	Göte Brodin/Bengt Forsberg/Per-Erik Wickström	S	Yamaha	38
7.	Helmut Schilling/Rainer Gundel	D	ARO-Yamaha	29
8.	Dick Greasley/Mick Skeels	GB	Yamaha	23
9.	Siegfried Schauzu/Lorenzo Puzo	D	Yamaha	20
10.	Bruno Holzer/Karl Meierhans	CH	LCR-Yamaha	18
11.	Max Venus/Norbert Bitterman	D	König	13
12.	Hermann Schmid/Martial Matile	CH	Schmid-Yamaha	12
13.	Malcom Hobson/Stuart Collins	GB	Yamaha	10
14.	Jean-François Monnin/Edward Weber	CH	Seymaz-Yamaha	10
15.	Walter Ohrmann/Bernd Grube	D	Yamaha	7
16.	Cess Smit/Jan Smit	NL	König	7
17.	Heinz Luthringshauser/Hermann Hahn	D	Krauser-BMW	5
18.	Amedeo Zini/Andrea Fornaro	I	König	5
19.	Mick Boddice/Chas Birks	GB	Yamaha	4
20.	Yvan Trolliet/Pierre Müller	F	Yamaha	4
21.	Ted Janssen/Erich Schmitz	D	Yamaha	3
22.	Kurt Jelonek/Volker Reiss	D	König	1
23.	Gustav Pape/Franz Kallenberg	D	König	1
24.	Herbert Prügl/Herbert Kussberger	A	Rotax	1

1978 — 50 cc

Champion : Ricardo Tormo Blaya (Spain, Bultaco), 99 points, 5 wins

1) April 16 : Spain - Jarama

18 laps = 61.272 km
Pole position: E. Lazzarini (I, Kreidler), 1'53.6 = 107.873 km/h.

1.	E. Lazzarini	I	Kreidler	35'02.5
				= 104.922 km/h
2.	R. Tormo	E	Bultaco	35'06.7
3.	P. Plisson	F	ABF	36'08.3
4.	W. Müller	D	Kreidler	36'17.1
5.	C. Van Dongen	NL	Kreidler	36'49.2
6.	D. Corvi	F	Kreidler	36'59.1
7.	T. Timmer	NL	Kreidler	37'07.1
8.	R. Gali	E	Bultaco	1 lap
9.	A. Pero	I	Kreidler	1 lap
10.	J. Mira	E	Kreidler	1 lap

Number of finishers: 16.
Fastest lap: E. Lazzarini (I, Kreidler), 1'52.6 = 108.938 km/h.

2) May 14 : Italy - Mugello

12 laps = 62.940 km
Pole position: R. Tormo (E, Bultaco), 2'30.33 = 126.604 km/h.

1.	R. Tormo	E	Bultaco	30'39.4
				= 123.183 km/h
2.	P. Plisson	F	ABF	30'41.5
3.	J. Van Zeebroeck	B	Kreidler	30'58.8
4.	R. Blatter	CH	Kreidler	30'59.1
5.	S. Dörflinger	CH	Kreidler	30'59.4
6.	A. Pero	I	Kreidler	30'59.6
7.	W. Müller	D	Kreidler	31'16.7
8.	A. Ieva	I	Morbidelli	31'31.3
9.	S. Monreale	I	Morbidelli	31'34.1
10.	P. Dumont	B	Kreidler	31'51.2

Number of finishers: 21.
Fastest lap: S. Dörflinger (CH, Kreidler), 2'28.0 = 127.495 km/h.

3) June 24 : The Netherlands - Assen

9 laps = 69.462 km
Pole position: E. Lazzarini (I, Kreidler), 3'36.6 = 128.260 km/h.

1.	E. Lazzarini	I	Kreidler	32'34.2
				= 127.959 km/h
2.	R. Tormo	E	Bultaco	32'56.8
3.	P. Plisson	F	ABF	33'57.6
4.	P. Looyensteyn	NL	Kreidler	34'05.4
5.	W. Müller	D	Kreidler	34'29.9
6.	I. Emmerich	D	Kreidler	34'41.6
7.	G. Strikker	NL	Kreidler	Time not released
8.	R. Blatter	CH	Kreidler	Time not released
9.	C. Van Dongen	NL	Kreidler	Time not released
10.	J. Hutteau	F	Kreidler	Time not released

Number of finishers: 18.
Fastest lap: E. Lazzarini (I, Kreidler), 3'34.8 = 129.349 km/h.

4) July 2 : Belgium - Spa-Francorchamps

6 laps = 84.720 km
Pole position: R. Tormo (E, Bultaco), 5'12.5 = 162.662 km/h.

1.	R. Tormo	E	Bultaco	31'52.3
				= 159.490 km/h
2.	E. Lazzarini	I	Kreidler	32'48.4
3.	S. Dörflinger	CH	Kreidler	34'15.5
4.	C. Lusuardi	I	Bultaco	34'16.9
5.	P. Looyensteyn	NL	Kreidler	34'25.2
6.	P. Dumont	B	Kreidler	34'41.0
7.	H. Klein	D	Kreidler	Time not released
8.	P. Plisson	F	ABF	Time not released
9.	C. Van Dongen	NL	Kreidler	Time not released
10.	T. Timmer	NL	Kreidler	Time not released

Number of finishers: 24.
Fastest lap: R. Tormo (E, Bultaco), 5'16.1 = 160.810 km/h.

5) August 20 : Germany - Nürburgring

3 laps = 68.550 km
Pole position: R. Tormo (E, Bultaco), 10'24.0 = 131.740 km/h.

1.	R. Tormo	E	Bultaco	31'00.3
				= 132.569 km/h
2.	A. Nieto	E	Bultaco	31'14.4
3.	E. Lazzarini	I	Kreidler	31'53.3
4.	S. Dörflinger	CH	Kreidler	32'30.5
5.	R. Blatter	CH	Kreidler	32'59.0
6.	W. Müller	D	Kreidler	33'00.6
7.	T. Timmer	NL	Bultaco	33'05.6
8.	I. Emmerich	D	Kreidler	33'06.5
9.	R. Scheidhauer	D	Kreidler	33'07.5
10.	H. Van Kessel	NL	Sparta	33'26.6

Number of finishers: 34.
Fastest lap: R. Tormo (E, Bultaco), 10'15.8 = 133.495 km/h.

6) August 27: Czechoslovakia - Brno

8 laps = 87.400 km
Pole position: R. Tormo (E, Bultaco), 4'50.65 = 135.255 km/h.

1.	R. Tormo	E	Bultaco	38'47.11
				= 135.140 km/h
2.	C. Lusuardi	I	Bultaco	41'11.40
3.	H. Van Kessel	NL	Sparta	41'33.30
4.	E. Cereda	I	DSR	41'33.88
5.	R. Scheidhauer	D	Kreidler	41'34.39
6.	A. Pero	I	Kreidler	42'05.62
7.	L. Rinaudo	I	Tomos	42'29.72
8.	P. Plisson	F	ABF	42'37.16
9.	Z. Havrda	CZ	Kreidler	42'38.70
10.	W. Müller	D	Kreidler	43'11.09

Number of finishers: 20.
Fastest lap: R. Tormo (E, Bultaco), 4'48.65 = 136.193 km/h.

7) September 17 : Yugoslavia - Rijeka

20 laps = 83.360 km
Pole position: E. Lazzarini (I, Kreidler),
   1'54.93 = 130.556 km/h.

1.	R. Tormo	E	Bultaco	38'15.02
				= 130.784 km/h
2.	E. Lazzarini	I	Kreidler	38'29.60
3.	P. Plisson	F	ABF	39'39.49
4.	R. Blatter	CH	Kreidler	39'40.29
5.	I. Emmerich	D	Kreidler	39'57.97
6.	H. Klein	D	Kreidler	40'07.28
7.	W. Müller	D	Kreidler	40'08.50
8.	E. Cereda	I	DSR	1 lap
9.	R. Scheidhauer	D	Kreidler	1 lap
10.	A. Pero	I	Kreidler	1 lap

Number of finishers: 17.
Fastest lap: R. Tormo (E, Bultaco),
   1'52.86 = 132.951 km/h.

WORLD CHAMPIONSHIP

1.	Ricardo Tormo Blaya	E	Bultaco	99
2.	Eugenio Lazzarini	I	Kreidler	64
3.	Patrick Plisson	F	ABF	48
4.	Wolfgang Müller	D	Kreidler	28
5.	Rolf Blatter	CH	Kreidler	25
6.	Stefan Dörflinger	CH	Kreidler	24
7.	Claudio Lusuardi	I	Bultaco	20
8.	Ingo Emmerich	D	Kreidler	14
9.	Peter Looyensteyn	NL	Kreidler	14
10.	Aldo Pero	I	Kreidler	13
11.	Angel Nieto	E	Bultaco	12
12.	Henk Van Kessel	NL	Sparta	11
13.	Enrico Cereda	I	DSR	11
14.	Julien Van Zeebroeck	B	Kreidler	10
15.	Reiner Scheidhauer	D	Kreidler	10
16.	Cees Van Dongen	NL	Kreidler	10
17.	Hagen Klein	D	Kreidler	9
18.	Theo Timmer	NL	Kreidler/Bultaco	9
19.	Paul Dumont	B	Kreidler	6
20.	Daniel Corvi	F	Kreidler	5
21.	Luigi Rinaudo	I	Tomos	4
22.	Gerrit Strikker	NL	Kreidler	4
23.	Ramon Gali	E	Bultaco	3
24.	Alberto Ieva	I	Morbidelli	3
25.	Zbynek Havrda	CZ	Kreidler	2
26.	Salvatore Monreale	I	Morbidelli	2
27.	Jacques Hutteau	F	Kreidler	1
28.	José Mira	E	Kreidler	1

Théo Timmer, Kreidler (35) - Eugenio Lazzarini, Kreidler (19) - Hans Müller, Kreidler (50)

Piovaticci 50cc

Champion : **Eugenio Lazzarini (Italy, MBA), 114 points, 4 wins**

1978 — 125 cc

1) March 19 : Venezuela - San Carlos

26 laps = 107.510 km
Pole position: P. Bianchi (I, Minarelli),
    1'44.9 = 141.907 km/h.

1.	P. Bianchi	I	Minarelli	46'05.5
				= 139.953 km/h
2.	E. Lazzarini	I	MBA	46'59.5
3.	V. Leon V	EN	Morbidelli	47'26.1
4.	A. Aleman	VEN	Morbidelli	47'27.3
5.	R. Russo	I	Morbidelli	1 lap
6.	C. Granata	I	Morbidelli	1 lap
7.	L. Schiavone	I	Morbidelli	1 lap

Number of finishers: 7.
Fastest lap: P. Bianchi (I, Minarelli),
    1'44.8 = 142.042 km/h.

2) April 16 : Spain - Jarama

27 laps = 91.908 km
Pole position: P. Bianchi (I, Minarelli),
    1'44.10 = 117.718 km/h.

1.	E. Lazzarini	I	MBA	47'54.8
				= 115.103 km/h
2.	T. Espié	F	Motobécane	48'31.5
3.	H. Bartol	A	Morbidelli	49'00.7
4.	C. Horton	GB	MBA	49'18.3
5.	F. Agostini	I	Morbidelli	49'29.9
6.	J.-L. Guignabodet	F	Bender-Special	49'38.7
7.	M. Cortes	E	Morbidelli	49'41.7
8.	T. Noblesse	F	Morbidelli	49'42.7
9.	P.-E. Carlsson	S	Morbidelli	49'43.1
10.	P. Plisson	F	Morbidelli	1 lap

Number of finishers: 18.
Fastest lap: E. Lazzarini (I, MBA),
    1'43.9 = 117.955 km/h.

3) April 30 : Austria - Salzburgring

30 laps = 127.140 km
Pole position: E. Lazzarini (I, MBA),
    1'33.84 = 162.660 km/h.

1.	E. Lazzarini	I	MBA	47'23.66
				= 161.070 km/h
2.	H. Bartol	A	Morbidelli	47'25.89
3.	P. Bianchi	I	Minarelli	47'52.40
4.	T. Espié	F	Motobécane	47'47.84
5.	P.-L. Conforti	I	MBA	47'58.36
6.	P.-E. Carlsson	S	MBA	48'25.21
7.	H. Müller	CH	Morbidelli	48'27.64
8.	M. Kinnunen	SF	Morbidelli	48'28.35
9.	J.-L. Guignabodet	F	Morbidelli	48'34.83
10.	R. Tormo	E	Bultaco	48'38.03

Number of finishers: 24.
Fastest lap: E. Lazzarini (I, MBA),
    1'32.98 = 164.184 km/h.

4) May 5 : France - Nogaro

32 laps = 99.840 km
Pole position: T. Espié (F, Motobécane),
    1'31.76 = 122.406 km/h.

1.	P. Bianchi	I	Minarelli	50'21.3
				= 118.963 km/h
2.	E. Lazzarini	I	MBA	50'33.8
3.	P.-E. Carlsson	S	Morbidelli	50'55.0
4.	M. Massimiani	I	Morbidelli	50'58.3
5.	J.-L. Guignabodet	F	Morbidelli	51'52.2
6.	T. Noblesse	F	Morbidelli	1 lap
7.	M. Kinnunen	SF	Morbidelli	1 lap
8.	P. Plisson	F	Morbidelli	1 lap
9.	H. Bartol	A	Morbidelli	1 lap
10.	D. Meyer	F	Morbidelli	1 lap

Number of finishers: 20.
Fastest lap: P. Bianchi (I, Minarelli),
    1'30.3 = 124.385 km/h.

5) May 14: Italy - Mugello

20 laps = 104.900 km
Pole position: E. Lazzarini (I, MBA),
    2'16.85 = 137.976 km/h.

1.	E. Lazzarini	I	MBA	46'25.9
				= 135.554 km/h
2.	M. Massimiani	I	Morbidelli	46'52.1
3.	H. Bartol	A	Morbidelli	46'55.0
4.	T. Espié	F	Motobécane	46'55.2
5.	P.-E. Carlsson	S	Morbidelli	47'15.2
6.	H. Müller	CH	Morbidelli	47'20.6
7.	A. Nieto	E	Bultaco	47'44.5
8.	J.-L. Guignabodet	F	Morbidelli	47'53.4
9.	S. Dörflinger	CH	Morbidelli	48'05.2
10.	E. Cereda	I	Morbidelli	48'14.8

Number of finishers: 21.
Fastest lap: T. Espié (F, Motobécane),
    2'15.1 = 139.763 km/h.

6) June 24 : The Netherlands - Assen

14 laps = 108.052 km
Pole position: E. Lazzarini (I, MBA),
    3'15.50 = 142.122 km/h.

1.	E. Lazzarini	I	MBA	46'56.7
				= 138.097 km/h
2.	M. Massimiani	I	Morbidelli	47'29.8
3.	H. Bartol	A	Morbidelli	47'59.9
4.	P. Plisson	F	Morbidelli	48'25.4
5.	J.-L. Guignabodet	F	Morbidelli	48'36.0
6.	P.-E. Carlsson	S	Morbidelli	48'38.4
7.	C. Van Dongen	NL	Morbidelli	48'40.7
8.	M. Kinnunen	SF	Morbidelli	Time not released
9.	H. Van Kessel	NL	Condor-AGV	Time not released
10.	B. Wilbers	NL	MBA	Time not released

Number of finishers: 16.
Fastest lap: E. Lazzarini (I, MBA),
    3'16.6 = 141.323 km/h.

7) July 2 : Belgium - Spa-Francorchamps

8 laps = 112.960 km
Pole position: A. Nieto (E, Minarelli),
4'23.2 = 193.131 km/h.

1.	P. Bianchi	I	Minarelli	38'12.2
				= 177.404 km/h
2.	A. Nieto	E	Minarelli	38'15.5
3.	M. Massimiani	I	Morbidelli	38'23.3
4.	A. Auinger	A	Morbidelli	39'41.5
5.	P. Plisson	F	Morbidelli	39'46.7
6.	E. Lazzarini	I	MBA	Time not released
7.	H. Müller	CH	Morbidelli	Time not released
8.	R. Blatter	CH	Morbidelli	Time not released
9.	C. Van Dongen	NL	Morbidelli	Time not released
10.	M. Kinnunen	SF	Morbidelli	Time not released

Number of finishers: 20.
Fastest lap: P. Bianchi (I, Minarelli) and
A. Nieto (E, Minarelli),
4'42.7 = 179.809 km/h.

8) July 23 : Sweden - Karlskoga

32 laps = 101.024 km
Pole position: P. Bianchi (I, Minarelli),
1'29.52 = 126.957 km/h.

1.	P. Bianchi	I	Minarelli	48'07.32
				= 125.900 km/h
2.	A. Nieto	E	Minarelli	48'07.42
3.	T. Espié	F	Motobécane	48'14.76
4.	P.-E. Carlsson	S	Morbidelli	48'58.84
5.	A. Auinger	A	Morbidelli	49'03.89
6.	J.-L. Guignabodet	F	Morbidelli	49'07.69
7.	C. Horton	GB	MBA	49'10.04
8.	M. Kinnunen	SF	Morbidelli	49'12.14
9.	H. Müller	CH	Morbidelli	49'17.70
10.	W. Koschine	D	Bender-Special	49'26.24

Number of finishers: 19.
Fastest lap: A. Nieto (E, Minarelli),
1'28.76 = 127.750 km/h.

9) July 30: Finland - Imatra

18 laps = 108.540 km
Pole position: E. Lazzarini (I, MBA),
2'25.5 = 149.95 km/h.

1.	A. Nieto	E	Minarelli	43'55.6
				= 148.256 km/h
2.	E. Lazzarini	I	MBA	43'56.5
3.	H. Bartol	A	Morbidelli	44'52.4
4.	J.-L. Guignabodet	F	Morbidelli	45'09.9
5.	S. Dörflinger	CH	Morbidelli	45'14.6
6.	H. Müller	CH	Morbidelli	45'18.5
7.	T. Espié	F	Motobécane	45'18.7
8.	P.-E. Carlsson	S	Morbidelli	45'19.2
9.	W. Koschine	D	Bender-Special	45'34.9
10.	C. Horton	GB	MBA	45'56.9

Number of finishers: 18.
Fastest lap: A. Nieto (E, Minarelli),
2'24.2 = 150.541 km/h.

10) August 6 : Great Britain - Silverstone

24 laps = 113.040 km
Pole position: E. Lazzarini (I, MBA),
1'42.69 = 165.153 km/h.

1.	A. Nieto	E	Minarelli	44'51.08
				= 151.219 km/h
2.	C. Horton	GB	MBA	45'08.10
3.	E. Lazzarini	I	MBA	45'12.28
4.	T. Espié	F	Motobécane	45'20.98
5.	H. Müller	CH	Morbidelli	45'31.75
6.	S. Dörflinger	CH	Morbidelli	45'32.02
7.	P.-E. Carlsson	S	Morbidelli	45'36.45
8.	Y. Dupont	F	Morbidelli	45'52.99
9.	J.-L. Guignabodet	F	Morbidelli	46'01.47
10.	F. Agostini	I	Morbidelli	46'01.73

Number of finishers: 17.
Fastest lap: E. Lazzarini (I, MBA),
1'42.22 = 165.896 km/h.

11) August 20 : Germany - Nürburgring

4 laps = 91.400 km
Pole position: T. Espié (F, Motobécane),
9'23.8 = 145.807 km/h.

1.	A. Nieto	E	Minarelli	37'26.0
				= 146.404 km/h
2.	T. Espié	F	Motobécane	37'33.8
3.	H. Müller	CH	Morbidelli	38'33.5
4.	M. Massimiani	I	Morbidelli	38'44.9
5.	H. Bartol	A	Morbidelli	38'45.0
6.	G. Bender	D	Bender-Special	38'48.5
7.	S. Dörflinger	CH	Morbidelli	38'48.8
8.	E. Lazzarini	I	MBA	38'49.8
9.	W. Koschine	D	Bender-Special	38'50.0
10.	S. Janssen	D	Morbidelli	38'52.9

Number of finishers: 30.
Fastest lap: A. Nieto (E, Minarelli),
9'17.0 = 147.587 km/h.

12) September 17 : Yugoslavia - Rijeka

25 laps = 104.200 km
Pole position: T. Espié (F, Motobécane),
1'43.7 = 144.694 km/h.

1.	A. Nieto	E	Minarelli	44'33.3
				= 140.464 km/h
2.	H. Müller	CH	Morbidelli	44'44.1
3.	P.-L. Conforti	I	MBA	44'44.4
4.	H. Bartol	A	Morbidelli	44'56.9
5.	M. Massimiani	I	Morbidelli	45'14.7
6.	J.-L. Guignabodet	F	Morbidelli	45'15.0
7.	M. Kinnunen	SF	Morbidelli	45'19.1
8.	P.-E. Carlsson	S	Morbidelli	45'29.7
9.	P. Plisson	F	Morbidelli	45'31.0
10.	T. Noblesse	F	Morbidelli	45'37.7

Number of finishers: 21.
Fastest lap: P. Plisson (F, Morbidelli),
1'43.2 = 145.395 km/h.

WORLD CHAMPIONSHIP

1.	Eugenio Lazzarini	I	MBA	114
2.	Angel Nieto	E	Minarelli	88
3.	Pierpaolo Bianchi	I	Minarelli	70
4.	Harald Bartol	A	Morbidelli	68
5.	Thierry Espié	F	Motobécane	62
6.	Maurizio Massimiani	I	Morbidelli	56
7.	Hans Müller	CH	Morbidelli	48
8.	Per-Edward Carlsson	S	Morbidelli	46
9.	Jean-Louis Guignabodet	F	Bender Special/ Morbidelli	42
10.	Clive Horton	GB	MBA	25
11.	Patrick Plisson	F	Morbidelli	20
12.	Matti Kinnunen	SF	Morbidelli	18
13.	Stefan Dörflinger	CH	Morbidelli	17
14.	Pier-Luigi Conforti	I	MBA	16
15.	August Auinger	A	Morbidelli	14
16.	Victor Leon	VEN	Morbidelli	10
17.	Thierry Noblesse	F	Morbidelli	9
18.	Alejandro Aleman	VEN	Morbidelli	8
19.	Felice Agostini	I	Morbidelli	7
20.	Ricardo Russo	I	Morbidelli	6
21.	Cees Van Dongen	NL	Morbidelli	6
22.	Gert Bender	D	Bender-Special	5
23.	Claudio Granata	I	Morbidelli	5
24.	Walter Koschine	D	Bender-Special	5
25.	Miguel Cortes	E	Morbidelli	4
26.	Luigi Schiavone	I	Morbidelli	4
27.	Rolf Blatter	CH	Morbidelli	3
28.	Yves Dupont	F	Morbidelli	3
29.	Henk Van Kessel	NL	Condor-AGV	2
30.	Enrico Cereda	I	Morbidelli	1
31.	Stefan Janssen	D	Morbidelli	1
32.	Daniel Meyer	F	Morbidelli	1
33.	Ricardo Tormo Blaya	E	Bultaco	1
34.	Bernie Wilbers	NL	MBA	1

Michel Rougerie, Pernod 125cc

1978 — 125 cc

Champion : **Kork Ballington (South Africa, Kawasaki), 124 points, 4 wins**

1978 — 250 cc

1) March 19 : Venezuela - San Carlos

28 laps = 115.780 km
Pole position: F. Uncini (I, Yamaha),
1'39.4 = 149.759 km/h.

1.	K. Roberts	USA	Yamaha	47'15.6
				= 146.991 km/h
2.	C. Lavado	VEN	Yamaha	47'30.4
3.	P. Fernandez	F	Yamaha	47'52.9
4.	K. Ballington	SA	Kawasaki	47'58.7
5.	O. Chevallier	F	Yamaha	47'58.7
6.	M. Lega	I	Morbidelli	48'10.5
7.	A. Mang	D	Kawasaki	48'19.8
8.	T. Henter	USA	Yamaha	48'51.1
9.	E. Aleman	VEN	Yamaha	1 lap
10.	V. Soussan	AUS	Yamaha	1 lap

Number of finishers: 21.
Fastest lap: K. Roberts (USA, Yamaha),
1'38.5 = 151.127 km/h.

2) April 16 : Spain - Jarama

30 laps = 102.120 km
Pole position: K. Roberts (USA, Yamaha),
1'38.70 = 124.158 km/h.

1.	G. Hansford	AUS	Kawasaki	49'27.3
				= 123.906 km/h
2.	K. Roberts	USA	Yamaha	49'37.6
3.	F. Uncini	I	Yamaha	50'13.1
4.	K. Ballington	SA	Kawasaki	50'17.5
5.	J. Ekerold	SA	Yamaha	50'49.2
6.	M. Grant	GB	Kawasaki	50'49.9
7.	O. Chevallier	F	Yamaha	1 lap
8.	T. Herron	IRL	Yamaha	1 lap
9.	R. Quincey	AUS	Yamaha	1 lap
10.	C. Mortimer	GB	Yamaha	1 lap

Number of finishers: 19.
Fastest lap: G. Hansford (AUS, Kawasaki),
1'36.9 = 126.476 km/h.

3) May 7 : France - Nogaro

33 laps = 102.960 km
Pole position: P. Fernandez (F, Yamaha),
1'27.69 = 128.088 km/h.

1.	G. Hansford	AUS	Kawasaki	48'22.1
				= 127.719 km/h
2.	K. Roberts	USA	Yamaha	48'24.2
3.	K. Ballington	SA	Kawasaki	48'47.2
4.	J. Ekerold	SA	Yamaha	49'11.0
5.	T. Herron	IRL	Yamaha	49'29.2
6.	R. Roche	F	Yamaha	49'34.8
7.	C. Mortimer	GB	Yamaha	49'38.0
8.	O. Chevallier	F	Yamaha	49'44.7
9.	V. Soussan	AUS	Yamaha	49'45.0
10.	G. Bertin	F	Yamaha	49'45.4

Number of finishers: 24.
Fastest lap: G. Hansford (AUS, Kawasaki),
1'25.8 = 130.909 km/h.

4) May 14 : Italy - Mugello

23 laps = 120.635 km
Pole position: K. Roberts (USA, Yamaha),
2'11.36 = 143.742 km/h.

1.	K. Ballington	SA	Kawasaki	50'23.4
				= 143.641 km/h
2.	G. Hansford	AUS	Kawasaki	50'23.4
3.	F. Uncini	I	Yamaha	51'14.4
4.	T. Herron	IRL	Yamaha	51'34.4
5.	P. Fernandez	F	Yamaha	51'38.3
6.	M. Lega	I	Morbidelli	51'38.4
7.	O. Chevallier	F	Yamaha	51'44.4
8.	R. Roche	F	Yamaha	51'45.1
9.	J.-F. Baldé	F	Kawasaki	52'21.2
10.	S. Asami	J	Yamaha	52'21.2

Number of finishers: 19.
Fastest lap: K. Ballington (SA, Kawasaki),
2'09.3 = 146.032 km/h.

5) June 24 : The Netherlands - Assen

15 laps = 115.770 km
Pole position: K. Roberts (USA, Yamaha),
3'09.0 = 147.010 km/h.

1.	K. Roberts	USA	Yamaha	49'30.4
				= 140.305 km/h
2.	K. Ballington	SA	Kawasaki	49'39.5
3.	G. Hansford	AUS	Kawasaki	50'08.1
4.	F. Uncini	I	Yamaha	50'13.2
5.	P. Pileri	I	Morbidelli	50'43.1
6.	P. Korhonen	SF	Yamaha	50'52.5
7.	V. Soussan	AUS	Yamaha	51'04.3
8.	P. Fernandez	F	Yamaha	51'04.6
9.	P. Nurmi	SF	Yamaha	Time not released
10.	M. Lega	I	Morbidelli	Time not released

Number of finishers: 20.
Fastest lap: K. Roberts (USA, Yamaha),
3'09.6 = 146.541 km/h.

6) July 2 : Belgium - Spa-Francorchamps

9 laps = 127.080 km
Pole position: K. Ballington (SA, Kawasaki),
4'08.0 = 204.968 km/h.

1.	P. Pileri	I	Morbidelli	40'35.0
				= 187.875 km/h
2.	F. Uncini	I	Yamaha	40'58.1
3.	W. Villa	I	Harley-Davidson	41'12.6
4.	P. Fernandez	F	Yamaha	41'12.8
5.	K. Ballington	SA	Kawasaki	41'42.0
6.	M. Lega	I	Morbidelli	41'42.2
7.	A. Mang	D	Kawasaki	Time not released
8.	V. Soussan	AUS	Yamaha	Time not released
9.	P. Korhonen	SF	Yamaha	Time not released
10.	L. Gustafsson	S	Yamaha	Time not released

Number of finishers: 24.
Fastest lap: W. Villa (I, Harley-Davidson),
4'22.4 = 193.720 km/h.

7) July 23 : Sweden - Karlskoga

36 laps = 113.652 km/h
Pole position: K. Ballington (SA, Kawasaki),
1'24.40 = 134.659 km/h.

1.	G. Hansford	AUS	Kawasaki	50'43.95
				= 134.415 km/h
2.	K. Ballington	SA	Kawasaki	50'49.13
3.	P. Fernandez	F	Yamaha	51'56.54
4.	J. Ekerold	SA	Yamaha	51'59.41
5.	T. Herron	IRL	Yamaha	52'05.68
6.	C. Padgett	GB	Yamaha	1 lap
7.	M. Lega	I	Morbidelli	1 lap
8.	C. Mortimer	GB	Yamaha	1 lap
9.	A. Mang	D	Kawasaki	1 lap
10.	H. Moineau	F	Yamaha	1 lap

Number of finishers: 17.
Fastest lap: G. Hansford (AUS, Kawasaki),
1'23.50 = 135.802 km/h.

8) July 30 : Finland - Imatra

19 laps = 114.570 km
Pole position: G. Hansford (AUS, Kawasaki),
2'18.3 = 156.963 km/h.

1.	K. Ballington	SA	Kawasaki	43'56.5
				= 156.439 km/h
2.	G. Hansford	AUS	Kawasaki	44'25.7
3.	M. Lega	I	Morbidelli	44'29.9
4.	A. Mang	D	Kawasaki	44'39.0
5.	P. Pileri	I	Morbidelli	44'47.7
6.	J.-F. Baldé	F	Kawasaki	44'48.0
7.	M. Grant	GB	Kawasaki	45'00.2
8.	T. Herron	IRL	Yamaha	45'00.6
9.	J. Dodds	AUS	Yamaha	45'06.8
10.	J. Ekerold	SA	Yamaha	45'26.9

Number of finishers: 18.
Fastest lap: K. Ballington (SA, Kawasaki),
2'17.4 = 157.991 km/h.

9) August 6 : Great Britain - Silverstone

26 laps = 122.460 km
Pole position: K. Ballington (SA, Kawasaki),
1'37.14 = 174.589 km/h.

1.	A. Mang	D	Kawasaki	43'03.32
				= 170.654 km/h
2.	T. Herron	IRL	Yamaha	43'03.51
3.	R. Roche	F	Yamaha	43'26.77
4.	M. Grant	GB	Kawasaki	43'34.14
5.	O. Chevallier	F	Yamaha	43'34.29
6.	H. Müller	CH	Yamaha	43'34.80
7.	J.-F. Baldé	F	Kawasaki	43'34.96
8.	P. Fernandez	F	Yamaha	43'35.10
9.	R. Freymond	CH	Yamaha	44'02.63
10.	M. Fontan	F	Yamaha	44'02.95

Number of finishers: 21.
Fastest lap: A. Mang (D, Kawasaki),
1'37.40 = 174.106 km/h.

10) August 20 : Germany - Nürburgring

5 laps = 114.250 km
Pole position: G. Hansford (AUS, Kawasaki),
8'53.3 = 154.146 km/h.

1.	K. Ballington	SA	Kawasaki	44'41.4
				= 153.289 km/h
2.	G. Hansford	AUS	Kawasaki	45'21.3
3.	T. Herron	IRL	Yamaha	45'33.9
4.	J.-F. Baldé	F	Kawasaki	45'34.1
5.	A. Mang	D	Kawasaki	45'34.2
6.	J. Ekerold	SA	Yamaha	45'49.1
7.	C. Mortimer	GB	Yamaha	46'03.8
8.	R. Roche	F	Yamaha	46'05.0
9.	P. Fernandez	F	Yamaha	46'05.5
10.	T. Espié	F	Yamaha	46'05.7

Number of finishers: 36.
Fastest lap: K. Ballington (SA, Kawasaki),
8'49.5 = 155.252 km/h.

11) August 27 : Czechoslovakia - Brno

11 laps = 120.175 km
Pole position: K. Ballington (SA, Kawasaki),
4'04.40 = 160.851 km/h.

1.	K. Ballington	SA	Kawasaki	45'18.37
				= 159.080 km/h
2.	G. Hansford	AUS	Kawasaki	45'34.61
3.	M. Lega	I	Morbidelli	45'40.78
4.	P. Fernandez	F	Yamaha	45'49.46
5.	J. Ekerold	SA	Yamaha	45'49.74
6.	R. Roche	F	Yamaha	46'29.20
7.	V. Soussan	AUS	Yamaha	46'34.73
8.	W. Villa	I	Harley-Davidson	46'38.03
9.	F. Uncini	I	Yamaha	46'46.25
10.	A. Mang	D	Kawasaki	46'50.81

Number of finishers: 24.
Fastest lap: K. Ballington (SA, Kawasaki),
4'03.17 = 161.665 km/h.

12) September 17 : Yugoslavia - Rijeka

29 laps = 120.872 km
Pole position: K. Ballington (SA, Kawasaki),
1'42.86 = 145.876 km/h.

1.	G. Hansford	AUS	Kawasaki	49'28.98
				= 146.982 km/h
2.	A. Mang	D	Kawasaki	49'32.98
3.	K. Ballington	SA	Kawasaki	49'33.29
4.	P. Pileri	I	Morbidelli	49'41.89
5.	J. Ekerold	SA	Yamaha	50'00.66
6.	P. Fernandez	F	Yamaha	50'00.91
7.	M. Lega	I	Morbidelli	50'13.32
8.	P. Korhonen	SF	Yamaha	50'52.00
9.	R. Freymond	CH	Yamaha	51'09.88
10.	E. Hyvärinen	SF	Yamaha	51'10.14

Number of finishers: 18.
Fastest lap: A. Mang (D, Kawasaki),
1'39.0 = 151.564 km/h.

WORLD CHAMPIONSHIP

1.	Kork Ballington	SA	Kawasaki	124
2.	Gregg Hansford	AUS	Kawasaki	118
3.	Patrick Fernandez	F	Yamaha	55
4.	Kenny Roberts	USA	Yamaha	54
5.	Anton Mang	D	Kawasaki	52
6.	Tom Herron	IRL	Yamaha	48
7.	Mario Lega	I	Morbidelli	44
8.	Franco Uncini	I	Yamaha	42
9.	Jon Ekerold	SA	Yamaha	40
10.	Paolo Pileri	I	Morbidelli	35
11.	Raymond Roche	F	Yamaha	26
12.	Olivier Chevallier	F	Yamaha	25
13.	Jean-François Baldé	F	Kawasaki	19
14.	Mick Grant	GB	Kawasaki	17
15.	Victor Soussan	AUS	Yamaha	14
16.	Walter Villa	I	Harley-Davidson	13
17.	Carlos Lavado	VEN	Yamaha	12
18.	Chas Mortimer	GB	Yamaha	12
19.	Pentti Korhonen	SF	Yamaha	10
20.	Hans Müller	CH	Yamaha	5
21.	Clive Padgett	GB	Yamaha	5
22.	Roland Freymond	CH	Yamaha	4
23.	Ted Henter	USA	Yamaha	3
24.	Eduardo Aleman	VEN	Yamaha	2
25.	John Dodds	AUS	Yamaha	2
26.	Pekka Nurmi	SF	Yamaha	2
27.	Ray Quincey	AUS	Yamaha	2
28.	Sadao Asami	J	Yamaha	1
29.	Guy Bertin	F	Yamaha	1
30.	Thierry Espié	F	Yamaha	1
31.	Marc Fontan	F	Yamaha	1
32.	Leif Gustafsson	S	Yamaha	1
33.	Ero Hyvärinen	SF	Yamaha	1
34.	Hervé Moineau	F	Yamaha	1

1978 — 250 cc

Champion : **Kork Ballington (South Africa, Kawasaki), 134 points, 6 wins**

1978 — 350 cc

1) March 19 : Venezuela - San Carlos

29 laps = 119.915 km
Pole position: F. Uncini (I, Yamaha),
1'38.2 = 151.589 km/h.

1.	T. Katayama	J	Yamaha	48'05.5
				= 149.608 km/h
2.	P. Fernandez	F	Yamaha	48'35.2
3.	P. Pileri	I	Morbidelli	48'47.4
4.	K. Ballington	SA	Kawasaki	48'48.9
5.	P. Pons	F	Yamaha	48'55.7
6.	C. Sarron	F	Yamaha	49'03.9
7.	E. Saul	F	Yamaha	49'11.9
8.	G. Bonera	I	Yamaha	49'20.2
9.	E. Aleman	VEN	Yamaha	49'33.5
10.	A. Piccioni	VEN	Yamaha	49'38.6

Number of finishers: 14.
Fastest lap: F. Uncini (I, Yamaha),
1'36.6 = 154.099 km/h.

2) April 30 : Austria - Salzburgring

35 laps = 148.330 km
Pole position: K. Ballington (SA, Kawasaki),
1'25.20 = 177.077 km/h.

1.	K. Ballington	SA	Kawasaki	50'38.28
				= 175.857 km/h
2.	F. Uncini	I	Yamaha	50'52.65
3.	T. Katayama	J	Yamaha	50'56.47
4.	J. Ekerold	SA	Yamaha	51'25.01
5.	O. Chevallier	F	Yamaha	51'37.92
6.	M. Rougerie	F	Yamaha	51'43.62
7.	G. Hansford	AUS	Kawasaki	51'51.10
8.	P. Korhonen	SF	Yamaha	51'52.22
9.	V. Soussan	AUS	Yamaha	51'52.39
10.	G. Bonera	I	Yamaha	51'52.62

Number of finishers: 22.
Fastest lap: K. Ballington (SA, Kawasaki),
1'25.72 = 177.089 km/h.

3) May 7 : France - Nogaro

36 laps = 112.320 km
Pole position: O. Chevallier (F, Yamaha),
1'26.45 = 129.925 km/h.

1.	G. Hansford	AUS	Kawasaki	51'29.2
				= 130.892 km/h
2.	K. Ballington	SA	Kawasaki	51'37.0
3.	J. Ekerold	SA	Yamaha	52'16.0
4.	T. Herron	IRL	Yamaha	52'23.5
5.	V. Soussan	AUS	Yamaha	52'38.3
6.	P. Fernandez	F	Yamaha	52'40.5
7.	O. Chevallier	F	Yamaha	52'47.5
8.	P. Korhonen	SF	Yamaha	52'53.0
9.	R. Roche	F	Yamaha	52'53.7
10.	M. Rougerie	F	Yamaha	1 lap

Number of finishers: 21.
Fastest lap: G. Hansford (AUS, Kawasaki),
1'24.5 = 132.923 km/h.

4) May 14 : Italy - Mugello

25 laps = 131.125 km
Pole position: F. Uncini (I, Yamaha),
2'10.59 = 144.590 km/h.

1.	K. Ballington	SA	Kawasaki	54'08.0
				= 145.336 km/h
2.	G. Hansford	AUS	Kawasaki	54'08.4
3.	T. Katayama	J	Yamaha	54'23.9
4.	M. Rougerie	F	Yamaha	54'24.2
5.	F. Uncini	I	Yamaha	54'49.4
6.	M. Lucchinelli	I	Yamaha	54'50.4
7.	P. Fernandez	F	Yamaha	55'09.6
8.	O. Chevallier	F	Yamaha	55'12.9
9.	V. Soussan	AUS	Yamaha	55'32.5
10.	M. Lega	I	Morbidelli	55'43.9

Number of finishers: 19.
Fastest lap: G. Hansford (AUS, Kawasaki),
2'07.6 = 147.978 km/h.

5) June 24 : The Netherlands - Assen

16 laps = 123.488 km
Pole position: F. Uncini (I, Yamaha),
3'05.8 = 149.603 km/h.

1.	K. Ballington	SA	Kawasaki	54'32.9
				= 135.826 km/h
2.	G. Bonera	I	Yamaha	54'44.5
3.	J. Ekerold	SA	Yamaha	54'56.5
4.	P. Korhonen	SF	Yamaha	55'02.2
5.	C. Sarron	F	Yamaha	55'22.1
6.	T. Herron	IRL	Yamaha	55'29.3
7.	M. Grant	GB	Kawasaki	Time not released
8.	G. Hansford	AUS	Kawasaki	Time not released
9.	P. Van Der Wal	NL	Yamaha	Time not released
10.	F. Uncini	I	Yamaha	Time not released

Number of finishers: 16.
Fastest lap: G. Bonera (I, Yamaha),
3'18.8 = 139.759 km/h.

6) July 23: Sweden - Karlskoga

36 laps = 113.652 km
Pole position: G. Hansford (AUS, Kawasaki),
1'22.29 = 137.805 km/h.

1.	G. Hansford	AUS	Kawasaki	50'17.80
				= 135.476 km/h
2.	K. Ballington	SA	Kawasaki	50'25.15
3.	T. Katayama	J	Yamaha	50'39.47
4.	J. Ekerold	SA	Yamaha	51'00.33
5.	T. Herron	IRL	Yamaha	51'09.36
6.	P. Fernandez	F	Yamaha	51'15.93
7.	P. Korhonen	SF	Yamaha	51'25.04
8.	V. Soussan	AUS	Yamaha	51'26.75
9.	M. Grant	GB	Kawasaki	51'33.63
10.	M. Rougerie	F	Yamaha	1 lap

Number of finishers: 20.
Fastest lap: G. Hansford (AUS, Kawasaki),
1'22.21 = 137.929 km/h.

7) July 30: Finland - Imatra

20 laps = 120.600 km
Pole position: K. Ballington (SA, Kawasaki),
2'14.9 = 160.919 km/h.

1.	K. Ballington	SA	Kawasaki	45'33.2
				= 158.846 km/h
2.	T. Katayama	J	Yamaha	45'36.4
3.	T. Herron	IRL	Yamaha	46'09.0
4.	V. Soussan	AUS	Yamaha	46'10.1
5.	J. Ekerold	SA	Yamaha	46'17.9
6.	G. Bertin	F	Yamaha	46'22.2
7.	M. Rougerie	F	Yamaha	46'23.9
8.	O. Chevallier	F	Yamaha	46'43.6
9.	P. Pileri	I	Morbidelli	46'44.0
10.	E. Hyvärinen	SF	Yamaha	46'45.4

Number of finishers: 15.
Fastest lap: T. Katayama (J, Yamaha),
2'13.8 = 162.242 km/h.

8) August 6 : Great Britain - Silverstone

28 laps = 131.880 km
Pole position: K. Ballington (SA, Kawasaki),
1'34.60 = 178.211 km/h.

1.	K. Ballington	SA	Kawasaki	44'43.57
				= 176.916 km/h
2.	T. Herron	IRL	Yamaha	44'53.80
3.	M. Grant	GB	Kawasaki	45'06.58
4.	M. Rougerie	F	Yamaha	45'36.00
5.	G. Bonera	I	Yamaha	45'42.66
6.	V. Soussan	AUS	Yamaha	45'43.33
7.	C. Sarron	F	Yamaha	45'43.42
8.	O. Chevallier	F	Yamaha	45'43.81
9.	L. Gustafsson	S	Yamaha	45'44.31
10.	P. Pons	F	Yamaha	46'13.80

Number of finishers: 18.
Fastest lap: T. Herron (IRL, Yamaha),
1'33.83 = 180.730 km/h.

9) August 20 : Germany - Nürburgring

6 laps = 137.100 km
Pole position: G. Hansford (AUS, Kawasaki),
8'44.7 = 156.672 km/h.

1.	T. Katayama	J	Yamaha	52'27.4
				= 156.712 km/h
2.	K. Ballington	SA	Kawasaki	52'27.6
3.	M. Rougerie	F	Yamaha	53'08.2
4.	J. Ekerold	SA	Yamaha	53'09.5
5.	T. Herron	IRL	Yamaha	53'10.8
6.	A. Mang	D	Kawasaki	53'37.3
7.	O. Chevallier	F	Yamaha	54'04.4
8.	G. Bonera	I	Yamaha	54'05.5
9.	P. Pons	F	Yamaha	54'31.7
10.	H. Moineau	F	Yamaha	54'37.6

Number of finishers: 25.
Fastest lap: T. Katayama (J, Yamaha),
8'39.7 = 158.180 km/h.

10) August 27 : Czechoslovakia - Brno

13 laps = 142.025 km
Pole position: K. Ballington (SA, Kawasaki),
3'55.79 = 166.725 km/h.

1.	K. Ballington	SA	Kawasaki	51'22.59
				= 165.790 km/h
2.	G. Hansford	AUS	Kawasaki	51'24.91
3.	M. Rougerie	F	Yamaha	51'41.02
4.	J. Ekerold	SA	Yamaha	51'51.55
5.	P. Pileri	I	Morbidelli	51'54.77
6.	T. Katayama	J	Yamaha	51'55.83
7.	A. Mang	D	Kawasaki	51'58.29
8.	T. Herron	IRL	Yamaha	52'03.02
9.	P. Korhonen	SF	Yamaha	52'12.72
10.	R. Roche	F	Yamaha	52'13.18

Number of finishers: 22.
Fastest lap: K. Ballington (SA, Kawasaki),
3'54.33 = 167.763 km/h.

11) September 17 : Yugoslavia - Rijeka

35 laps = 145.880 km
Pole position: G. Hansford (AUS, Kawasaki),
1'39.96 = 150.108 km/h.

1.	G. Hansford	AUS	Kawasaki	58'21.2
				= 150.030 km/h
2.	G. Bonera	I	Yamaha	58'28.5
3.	P. Fernandez	F	Yamaha	58'42.4
4.	V. Soussan	AUS	Yamaha	58'45.7
5.	J. Ekerold	SA	Yamaha	58'53.0
6.	A. Mang	D	Kawasaki	58'53.4
7.	O. Chevallier	F	Yamaha	1 h.00'01.2
8.	V. Francini	I	Yamaha	1 h.00'05.6
9.	G. Pelletier	I	Yamaha	1 lap
10.	R. Freymond	CH	Yamaha	1 lap

Number of finishers: 15.
Fastest lap: G. Hansford (AUS, Kawasaki),
1'38.0 = 153.110 km/h.

WORLD CHAMPIONSHIP

1.	Kork Ballington	SA	Kawasaki	134
2.	Takazumi Katayama	J	Yamaha	77
3.	Gregg Hansford	AUS	Kawasaki	76
4.	Jon Ekerold	SA	Yamaha	64
5.	Tom Herron	IRL	Yamaha	50
6.	Michel Rougerie	F	Yamaha	47
7.	Gianfranco Bonera	I	Yamaha	37
8.	Patrick Fernandez	F	Yamaha	36
9.	Victor Soussan	AUS	Yamaha	34
10.	Olivier Chevallier	F	Yamaha	27
11.	Pentti Korhonen	SF	Yamaha	20
12.	Franco Uncini	I	Yamaha	19
13.	Paolo Pileri	I	Yamaha	18
14.	Mick Grant	GB	Kawasaki	16
15.	Christian Sarron	F	Yamaha	15
16.	Anton Mang	D	Kawasaki	14
17.	Patrick Pons	F	Yamaha	9
18.	Guy Bertin	F	Yamaha	5
19.	Marco Lucchinelli	I	Yamaha	5
20.	Eric Saul	F	Yamaha	4
21.	Vanes Francini	I	Yamaha	3
22.	Raymond Roche	F	Yamaha	3
23.	Eduardo Aleman	VEN	Yamaha	2
24.	Leif Gustafsson	S	Yamaha	2
25.	Giovanni Pelletier	I	Yamaha	2
26.	Piet Van Der Wal	NL	Yamaha	2
27.	Roland Freymond	CH	Yamaha	1
28.	Ero Hyvärinen	SF	Yamaha	1
29.	Mario Lega	I	Morbidelli	1
30.	Hervé Moineau	F	Yamaha	1
31.	Antonio Piccioni	VEN	Yamaha	1

Gregg Hansford, Kawasaki

Champion: Kenny Roberts (United States, Yamaha), 110 points, 4 wins

1978 — 500 cc

1) March 19 : Venezuela - San Carlos

30 laps = 124.050 km
Pole position: A. Cecotto (VEN, Yamaha),
1'35.3 = 156.201 km/h.

1.	B. Sheene	GB	Suzuki	48'21.3
				= 153.934 km/h
2.	P. Hennen	USA	Suzuki	48'43.0
3.	S. Baker	USA	Suzuki	49'18.6
4.	S. Parrish	GB	Suzuki	1 lap
5.	R. Pietri	VEN	Yamaha	2 laps
6.	G. Vogt	D	Suzuki	3 laps
7.	L. Becheroni	I	Suzuki	6 laps

Number of finishers: 7.
Fastest lap: B. Sheene (GB, Suzuki),
1'35.4 = 156.038 km/h.

2) April 16 : Spain - Jarama

36 laps = 122.544 km
Pole position: K. Roberts (USA, Yamaha),
1'34.9 = 129.130 km/h.

1.	P. Hennen	USA	Suzuki	57'45.8
				= 127.301 km/h
2.	K. Roberts	USA	Yamaha	57'53.1
3.	T. Katayama	J	Yamaha	57'54.7
4.	A. Cecotto	VEN	Yamaha	58'00.1
5.	B. Sheene	GB	Suzuki	58'00.5
6.	S. Baker	USA	Suzuki	58'02.3
7.	T. Länsivuori	SF	Suzuki	58'47.3
8.	C. Estrosi	F	Suzuki	58'56.5
9.	W. Hartog	NL	Suzuki	59'00.7
10.	S. Parrish	GB	Suzuki	59'02.9

Number of finishers: 19.
Fastest lap: K. Roberts (USA, Yamaha),
1'34.5 = 129.688 km/h.

3) April 30 : Austria - Salzburgring

35 laps = 148.330 km
Pole position: A. Cecotto (VEN, Yamaha),
1'21.52 = 187.242 km/h.

1.	K. Roberts	USA	Yamaha	48'30.30
				= 183.593 km/h
2.	A. Cecotto	VEN	Yamaha	48'46.76
3.	B. Sheene	GB	Suzuki	49'16.53
4.	M. Lucchinelli	I	Cagiva-Suzuki	49'44.06
5.	T. Länsivuori	SF	Suzuki	49'47.64
6.	M. Rougerie	F	Suzuki	1 lap
7.	W. Hartog	NL	Suzuki	1 lap
8.	B. Van Dulmen	NL	Suzuki	1 lap
9.	G. Bonera	I	Suzuki	1 lap
10.	B. Kneubühler	CH	Suzuki	1 lap

Number of finishers: 19.
Fastest lap: K. Roberts (USA, Yamaha),
1'21.70 = 186.852 km/h.

4) May 7 : France - Nogaro

40 laps = 124.800 km
Pole position: A. Cecotto (VEN, Yamaha),
1'24.85 = 132.375 km/h.

1.	K. Roberts	USA	Yamaha	56'42.5
				= 132.044 km/h
2.	P. Hennen	USA	Suzuki	56'53.0
3.	B. Sheene	GB	Suzuki	57'12.2
4.	C. Estrosi	F	Suzuki	57'19.7
5.	W. Hartog	NL	Suzuki	57'49.8
6.	G. Rossi	I	Suzuki	1 lap
7.	S. Parrish	GB	Suzuki	1 lap
8.	J.-P. Orban	B	Suzuki	1 lap
9.	C. Perugini	I	Suzuki	1 lap
10.	K. Blake	AUS	Yamaha	1 lap

Number of finishers: 24.
Fastest lap: K. Roberts (USA, Yamaha),
1'22.8 = 135.652 km/h.

5) May 14: Italy - Mugello

28 laps = 146.860 km
Pole position: K. Roberts (USA, Yamaha),
2'05.6 = 150.334 km/h.

1.	K. Roberts	USA	Yamaha	59'17.0
				= 148.635 km/h
2.	P. Hennen	USA	Suzuki	59'23.2
3.	M. Lucchinelli	I	Cagiva-Suzuki	59'52.5
4.	S. Baker	USA	Suzuki	59'57.4
5.	B. Sheene	GB	Suzuki	1 h.00'08.4
6.	W. Hartog	NL	Suzuki	1 h.00'24.5
7.	T. Länsivuori	SF	Suzuki	1 h.00'33.3
8.	P. Coulon	CH	Suzuki	1 h.01'21.1
9.	B. Van Dulmen	NL	Suzuki	1 h.01'21.7
10.	G. Rolando	I	Suzuki	1 lap

Number of finishers: 15.
Fastest lap: K. Roberts (USA, Yamaha),
2'04.8 = 151.298 km/h.

6) June 24: The Netherlands - Assen

16 laps = 123.488 km
Pole position: A. Cecotto (VEN, Yamaha),
3'01.9 = 152.748 km/h.

1.	A. Cecotto	VEN	Yamaha	48'17.1
				= 153.445 km/h
2.	K. Roberts	USA	Yamaha	48'17.2
3.	B. Sheene	GB	Suzuki	48'20.5
4.	T. Katayama	J	Yamaha	48'30.3
5.	W. Hartog	NL	Suzuki	48'53.2
6.	M. Rougerie	F	Suzuki	49'00.6
7.	J. Newbold	GB	Suzuki	49'00.7
8.	B. Van Dulmen	NL	Suzuki	49'02.3
9.	S. Baker	USA	Suzuki	Time not released
10.	S. Parrish	GB	Suzuki	Time not released

Number of finishers: 22.
Fastest lap: K. Roberts (USA, Yamaha),
2'57.4 = 156.618 km/h.

7) July 2 : Belgium - Spa-Francorchamps

10 laps = 141.200 km
Pole position: A. Cecotto (VEN, Yamaha),
3'48.6 = 222.362 km/h.

1.	W. Hartog	NL	Suzuki	39'50.4
				= 212.651 km/h
2.	K. Roberts	USA	Yamaha	40'06.2
3.	B. Sheene	GB	Suzuki	40'09.0
4.	M. Rougerie	F	Suzuki	40'11.7
5.	T. Länsivuori	SF	Suzuki	41'09.3
6.	T. Katayama	J	Yamaha	Time not released
7.	M. Lucchinelli	I	Cagiva-Suzuki	Time not released
8.	A. George	GB	Suzuki	Time not released
9.	T. Herron	IRL	Suzuki	Time not released
10.	D. Ireland	NZ	Suzuki	Time not released

Number of finishers: 22.
Fastest lap: M. Rougerie (F, Suzuki),
3'51.7 = 219.387 km/h.

8) July 23 : Sweden - Karlskoga

40 laps = 126.280 km
Pole position: A. Cecotto (VEN, Yamaha),
1'22.58 = 137.627 km/h.

1.	B. Sheene	GB	Suzuki	55'49.13
				= 135.438 km/h
2.	W. Hartog	NL	Suzuki	55'49.18
3.	T. Katayama	J	Yamaha	55'57.61
4.	S. Baker	USA	Suzuki	56'04.73
5.	V. Ferrari	I	Suzuki	56'12.26
6.	A. Cecotto	VEN	Yamaha	56'17.62
7.	K. Roberts	USA	Yamaha	56'37.85
8.	T. Länsivuori	SF	Suzuki	56'51.54
9.	P. Coulon	CH	Suzuki	56'52.37
10.	A. George	GB	Suzuki	1 lap

Number of finishers: 20.
Fastest lap: A. Cecotto (VEN, Yamaha),
1'22.06 = 138.181 km/h.

9) July 30 : Finland - Imatra

21 laps = 126.630 km
Pole position: A. Cecotto (VEN, Yamaha),
2'07.6 = 170.125 km/h.

1.	W. Hartog	NL	Suzuki	45'44.1
				= 166.126 km/h
2.	T. Katayama	J	Yamaha	45'48.9
3.	A. Cecotto	VEN	Yamaha	45'55.7
4.	T. Länsivuori	SF	Suzuki	46'27.8
5.	S. Parrish	GB	Suzuki	46'42.5
6.	S. Baker	USA	Suzuki	46'48.8
7.	B. Van Dulmen	NL	Suzuki	46'55.8
8.	J. Steiner	D	Suzuki	47'07.4
9.	G. Rossi	I	Suzuki	48'11.2
10.	B. Kneubühler	CH	Suzuki	1 lap

Number of finishers: 16.
Fastest lap: A. Cecotto (VEN, Yamaha),
2'08.7 = 168.671 km/h.

10) August 6 : Great Britain - Silverstone

28 laps = 131.880 km
Pole position: M. Rougerie (F, Suzuki),
1'30.98 = 186.410 km/h.

1.	K. Roberts	USA	Yamaha	55'56.93
				= 141.429 km/h
2.	S. Manship	GB	Suzuki	56'04.98
3.	B. Sheene	GB	Suzuki	57'03.69
4.	M. Lucchinelli	I	Cagiva-Suzuki	57'26.28
5.	T. Länsivuori	SF	Suzuki	57'53.91
6.	G. Rolando	I	Suzuki	1 lap
7.	A. Cecotto	VEN	Yamaha	1 lap
8.	J. Newbold	GB	Suzuki	1 lap
9.	T. Katayama	J	Yamaha	1 lap
10.	V. Ferrari	I	Suzuki	1 lap

Number of finishers: 20.
Fastest lap: K. Roberts (USA, Yamaha),
1'31.38 = 185.576 km/h.

11) August 20 : Germany - Nürburgring

6 laps = 137.100 km
Pole position: A. Cecotto (VEN, Yamaha),
8'31.7 = 160.653 km/h.

1.	V. Ferrari	I	Suzuki	51'21.7
				= 160.053 km/h
2.	A. Cecotto	VEN	Yamaha	51'22.4
3.	K. Roberts	USA	Yamaha	51'55.6
4.	B. Sheene	GB	Suzuki	51'57.7
5.	T. Katayama	J	Yamaha	51'58.0
6.	M. Rougerie	F	Suzuki	52'17.7
7.	S. Baker	USA	Suzuki	52'19.2
8.	B. Van Dulmen	NL	Suzuki	52'29.8
9.	T. Länsivuori	SF	Suzuki	52'31.7
10.	J. Steiner	D	Suzuki	53'32.1

Number of finishers: 29.
Fastest lap: V. Ferrari (I, Suzuki),
8'29.5 = 161.346 km/h.

WORLD CHAMPIONSHIP

1.	Kenny Roberts	USA	Yamaha	110
2.	Barry Sheene	GB	Suzuki	100
3.	Alberto "Johnny" Cecotto	VEN	Yamaha	66
4.	Will Hartog	NL	Suzuki	65
5.	Takazumi Katayama	J	Yamaha	53
6.	Pat Hennen	USA	Suzuki	51
7.	Steve Baker	USA	Suzuki	42
8.	Teuvo Länsivuori	SF	Suzuki	39
9.	Marco Lucchinelli	I	Cagiva-Suzuki	30
10.	Michel Rougerie	F	Suzuki	23
11.	Virginio Ferrari	I	Suzuki	22
12.	Steve Parrish	GB	Suzuki	20
13.	Boët Van Dulmen	NL	Suzuki	15
14.	Steve Manship	GB	Suzuki	12
15.	Christian Estrosi	F	Suzuki	11
16.	Graziano Rossi	I	Suzuki	7
17.	John Newbold	GB	Suzuki	7
18.	Roberto Pietri	VEN	Yamaha	6
19.	Gianni Rolando	I	Suzuki	6
20.	Gerhard Vogt	D	Suzuki	5
21.	Philippe Coulon	CH	Suzuki	5
22.	Leandro Becheroni	I	Suzuki	4
23.	Alex George	GB	Suzuki	4
24.	Jürgen Steiner	D	Suzuki	4
25.	Jean-Philippe Orban	B	Suzuki	3
26.	Gianfranco Bonera	I	Suzuki	2
27.	Tom Herron	IRL	Suzuki	2
28.	Carlo Perugini	I	Suzuki	2
29.	Bruno Kneubühler	CH	Suzuki	2
30.	Kenny Blake	AUS	Yamaha	1
31.	Dennis Ireland	NZ	Suzuki	1

Franck et Barry Sheene
Franck and Barry Sheene
Franck und Barry Sheene

1978 — Side-Cars

Champions: Rolf Biland/Kenny Williams (Switzerland/Great Britain, TTM-Yamaha/BEO-Yamaha), 79 points, 3 wins

1) April 30 : Austria - Salzburgring

30 laps = 127.140 km
Pole position: R. Biland/K. Williams (CH/GB, TTM-Yamaha), 1'32.54 = 164.945 km/h.

1.	R. Biland/K. Williams	CH/GB	TTM-Yamaha	46'19.30
				= 164.683 km/h
2.	M. Hobson/K. Birch	GB	Seymaz-Yamaha	46'37.02
3.	A. Michel/S. Collins	F/GB	Seymaz-Yamaha	46'37.16
4.	G. O'Dell/C. Holland	GB	Seymaz-Yamaha	46'41.49
5.	B. Holzer/K. Meierhans	CH	LCR-Yamaha	47'40.72
6.	G. Brodin/P.-E. Wickström	S	Yamaha	47'46.13
7.	W. Stropek/K. Altrichter	A	Schmid-Yamaha	1 lap
8.	H. Huber/B. Schappacher	D	König	1 lap
9.	K. Sprengel/M. Kürnsteiner	A	Suzuki	1 lap
10.	O. Haller/R. Gundel	D	Yamaha	1 lap

Number of finishers: 13.
Fastest lap: W. Schwärzel/A. Huber (D, ARO-Fath), 1'30.65 = 168.404 km/h.

2) May 7: France - Nogaro

30 laps = 93.600 km
Pole position: A. Michel/S. Collins (F/GB, Seymaz-Yamaha), 1'29.1 = 126.061 km/h.

1.	R. Biland/K. Williams	CH/GB	BEO-Yamaha	46'25.2
				= 120.928 km/h
2.	A. Michel/S. Collins	F/GB	Seymaz-Yamaha	46'27.2
3.	M. Hobson/K. Birch	GB	Seymaz-Yamaha	47'13.7
4.	G. O'Dell/C. Holland	G	Seymaz-Yamaha	47'51.1
5.	B. Holzer/K. Meierhans	C	LCR-Yamaha	47'51.6
6.	W. Schwärzel/A. Huber	D	ARO-Fath	1 lap
7.	J. Taylor/L. Ward	GB	Windle-Yamaha	1 lap
8.	G. Brodin/P.-E. Wickström	S	Yamaha	1 lap
9.	B. Hodgkins/J. Parkins	GB	Windle-Yamaha	1 lap
10.	G. Corbaz/R. Gabriel	CH	Schmid-Yamaha	1 lap

Number of finishers: 18.
Fastest lap: R. Biland/K. Williams (CH/GB, BEO-Yamaha), 1'29.6 = 125.357 km/h.

3) May 14 : Italy - Mugello

20 laps = 104.900 km
Pole position: A. Michel/S. Collins (F/GB, Seymaz-Yamaha), 2'13.49 = 141.449 km/h.

1.	R. Biland/K. Williams	CH/GB	BEO-Yamaha	45'40.2
				= 137.813 km/h
2.	W. Schwärzel/A. Huber	D	ARO-Fath	45'51.7
3.	J.-F. Monnin/P. Miserez	CH	Seymaz-Yamaha	46'19.8
4.	D. Greasley/G. Russell	GB	Busch-Yamaha	46'26.8
5.	B. Holzer/K. Meierhans	CH	LCR-Yamaha	47'00.3
6.	Y. Trolliet/P. Müller	F	GEP-Yamaha	47'06.8
7.	H. Schmid/K. Arthur	CH/GB	Schmid-Yamaha	47'13.4
8.	J. Taylor/L. Ward	GB	Windle-Yamaha	47'17.4
9.	E. Trachsel/A. Stäger	CH	TTM-Suzuki	1 lap
10.	G. O'Dell/C. Holland	GB	Seymaz-Yamaha	1 lap

Number of finishers: 16.
Fastest lap: R. Biland/K. Williams (CH/GB, BEO-Yamaha), 2'14.7 = 140.178 km/h.

4) June 24: The Netherlands - Assen

14 laps = 108.052 km
Pole position: R. Biland/K. Williams (CH/GB, BEO-Yamaha), 3'16.0 = 141.741 km/h.

1.	W. Schwärzel/A. Huber	D	ARO-Fath	46'12.7
				= 140.288 km/h
2.	J.-F. Monnin/P. GÇrard	CH/B	Seymaz-Yamaha	46'59.4
3.	D. Greasley/G. Russell	GB	Busch-Yamaha	47'06.8
4.	B. Holzer/K. Meierhans	CH	LCR-Yamaha	TNR
5.	G. Brodin/P.-E. Wickström	S	Yamaha	Time not released
6.	Y. Trolliet/P. Müller	F	GEP-Yamaha	TNR
7.	H. Schmid/K. Arthur	CH/GB	Schmid-Yamaha	TNR
8.	B. Brouwer/J. Oostwouder	NL	Yamaha	Time not released
9.	M. Venus/N. Bitterman	D	Cat-Yamaha	Time not released
10.	B. Hodgkins/J. Parkins	GB	Windle-Yamaha	TNR

Number of finishers: 11.
Fastest lap: R. Biland/K. Williams (CH/GB, BEO-Yamaha), 3'11.5 = 145.087 km/h.

5) July 2 : Belgium - Spa-Francorchamps

9 laps = 127.080 km
Pole position: R. Steinhausen/W. Kalauch (D, Seymaz-Yamaha), 4'15.4 = 199.029 km/h.

1.	B. Holzer/K. Meierhans	CH	LCR-Yamaha	47'50.0
				= 159.403 km/h
2.	A. Michel/S. Collins	F/GB	Seymaz-Yamaha	48'12.7
3.	R. Biland/K. Williams	CH/GB	TTM-Yamaha	48'18.3
4.	R. Steinhausen/W. Kalauch	D	Seymaz-Yamaha	50'12.2
5.	B. Hodgkins/J. Parkins	GB	Windle-Yamaha	50'51.0
6.	J. Taylor/J. Neil		Windle-Yamaha	TNR
7.	C. Smit/J. Smit	NL	Seymaz-Yamaha	TNR
8.	G. Corbaz/R. Gabriel	CH	Schmid-Yamaha	TNR
9.	D. Greasley/G. Russell	GB	Busch-Yamaha	TNR
10.	S. Schauzu/L. Puzo	D	Busch-Yamaha	TNR

Number of finishers: 14.
Fastest lap: A. Michel/S. Collins (F/GB, Seymaz-Yamaha), 5'03.7 = 167.376 km/h.

6) August 6 : Great Britain - Silverstone

25 laps = 117.750 km
Pole position: R. Biland/K. Williams (CH/GB, BEO-Yamaha), 1'38.19 = 171.696 km/h.

1.	A. Michel/S. Collins	F/GB	Seymaz-Yamaha	45'27.56
				= 155.413 km/h
2.	R. Biland/K. Williams	CH/GB	BEO-Yamaha	45'38.92
3.	J. Taylor/J. Neil	GB	Windle-Yamaha	46'29.69
4.	B. Hodgkins/J. Parkins	GB	Windle-Yamaha	46'38.00
5.	G. O'Dell/C. Holland	GB	Seymaz-Yamaha	46'50.95
6.	M. Boddice/C. Burns	GB	Yamaha	46'55.48
7.	J.-F. Monnin/P. Gérard	CH/B	Seymaz-Yamaha	47'08.75
8.	D. Greasley/G. Russell	GB	Busch-Yamaha	1 lap
9.	S. Schauzu/L. Puzo	D	Busch-Yamaha	1 lap
10.	G. Brodin/B. Gälross	S	Yamaha	1 lap

Number of finishers: 21.
Fastest lap: R. Biland/K. Williams (CH/GB, BEO-Yamaha), 1'46.93 = 158.589 km/h.

7) August 20 : Germany - Nürburgring

5 laps = 114.250 km
Pole position: R. Biland/K. Williams (CH/GB, BEO-Yamaha),
9'15.8 = 147.906 km/h.

1.	W. Schwärzel/A. Huber	D	ARO-Fath	46'37.6
				= 146.922 km/h
2.	A. Michel/S. Collins	F/GB	Seymaz-Yamaha	48'03.8
3.	D. Greasley/G. Russell	GB	Busch-Yamaha	48'04.4
4.	B. Holzer/K. Meierhans	CH	LCR-Yamaha	48'04.5
5.	J.-F. Monnin/P. Gérard	CH/B	Seymaz-Yamaha	48'57.9
6.	H. Huber/B. Schappacher	D	König	49'31.3
7.	A. Zini/A. Fornaro	I	König	50'10.9
8.	B. Hodgkins/J. Parkins	GB	Windle-Yamaha	50'13.6
9.	O. Haller/R. Gundel	D	Yamaha	50'36.7
10.	T. Müller/K. Waltisperg	CH	TTM-Yamaha	50'51.0

Number of finishers: 25.
Fastest lap: A. Michel/S. Collins (F/GB, Seymaz-Yamaha),
9'06.8 = 150.340 km/h.

8) August 27 : Czechoslovakia - Brno

11 laps = 120.175 km
Pole position: W. Schwärzel/A. Huber (D, ARO-Fath),
4'06.68 = 159.364 km/h.

1.	A. Michel/S. Collins	F/GB	Seymaz-Yamaha	46'22.09
				= 155.390 km/h
2.	R. Biland/K. Williams	CH/GB	TTM-Yamaha	46'43.20
3.	D. Greasley/G. Russell	GB	Busch-Yamaha	46'44.36
4.	J. Taylor/J. Neil	GB	Windle-Yamaha	47'02.23
5.	H. Schmid/K. Arthur	CH/GB	Schmid-Yamaha	47'37.12
6.	M. Venus/N. Bitterman	D	Cat-Yamaha	47'41.02
7.	S. Schauzu/L. Puzo	D	Busch-Yamaha	48'37.11
8.	C. Smit/J. Smit	NL	Seymaz-Yamaha	48'43.99
9.	A. Zini/A. Fornaro	I	König	48'47.46
10.	E. Streuer/J. Van Der Kaap	NL	Schmid-Yamaha	49'26.21

Number of finishers: 17.
Fastest lap: A. Michel/S. Collins (F/GB, Seymaz-Yamaha),
4'10.24 = 157.097 km/h.

WORLD CHAMPIONSHIP

1.	Rolf Biland/Kenny Williams	CH/GB	TTM-Yamaha/BEO-Yamaha	79
2.	Alain Michel/Stuart Collins	F/GB	Seymaz-Yamaha	76
3.	Bruno Holzer/Karl Meierhans	CH	LCR-Yamaha	49
4.	Werner Schwärzel/Andreas Huber	D	ARO-Fath	47
5.	Dick Greasley/Gordon Russell	GB	Busch-Yamaha	43
6.	Jean-François Monnin/Philippe Miserey/Paul Gérard	CH/CH/B	Seymaz-Yamaha	32
7.	Jock Taylor/Lewis Ward/James Neil	GB	Windle-Yamaha	30
8.	George O'Dell/Clifford Holland	GB	Seymaz-Yamaha	23
9.	Malcom Hobson/Kenny Birch	GB	Seymaz-Yamaha	22
10.	Bill Hodgkins/John Parkins	GB	Windle-Yamaha	20
11.	Göte Brodin/Per-Erik Wickström/Billy Gälross	S	Yamaha	15
12.	Hermann Schmid/Kenny Arthur	CH/GB	Schmid-Yamaha	14
13.	Yvan Trolliet/Pierre Müller	F	GEP-Yamaha	10
14.	Rolf Steinhausen/Wolfgang Kalauch	D	Seymaz-Yamaha	8
15.	Hermann Huber/Bernd Schappacher	D	König	8
16.	Max Venus/Norbert Bitterman	D	Cat-Yamaha	7
17.	Siegfried Schauzu/Lorent Puzo	D	Busch-Yamaha	7
18.	Cees Smit/Jan Smit	NL	Seymaz-Yamaha	7
19.	Amedeo Zini/Andrea Fornaro	I	König	6
20.	Mick Boddice/Chas Burns	GB	Yamaha	5
21.	Wolfgang Stropek/Karl Altrichter	A	Schmid-Yamaha	4
22.	Gérald Corbaz/Roland Gabriel	CH	Schmid-Yamaha	4
23.	Boy Brouwer/Jan Oostwouder	NL	Yamaha	3
24.	Otto Haller/Rainer Gundel	D	Yamaha	3
25.	Klaus Sprengel/Manfred Kürnsteiner	A	Suzuki	2
26.	Ernest Trachsel/Andreas Stäger	CH	TTM-Suzuki	2
27.	Thomas Müller/Kurt Waltisperg	CH	TTM-Yamaha	1
28.	Egbert Steuer/Johann Van Der Kaap	NL	Schmid-Yamaha	1

Siegfried Schauzu / Wolfgang Kalauch, ARO500

Champion : **Eugenio Lazzarini (Italy, Kreidler), 75 points, 5 wins**

1979 — 50 cc

1) May 6: Germany - Hockenheim

10 laps = 67.880 km
Pole position: R. Tormo (E, Bultaco),
2'49.9 = 143.830 km/h.

1.	G. Waibel	D	Kreidler	30'07.0
				= 135.234 km/h
2.	P. Looyensteyn	NL	Kreidler	30'18.3
3.	I. Emmerich	D	Kreidler	30'18.9
4.	R. Blatter	CH	Kreidler	30'19.1
5.	R. Scheidhauer	D	Kreidler	30'36.0
6.	A. Pero	I	Kreidler	30'36.4
7.	H. Klein	D	Kreidler	30'59.9
8.	R. Kunz	D	Kreidler	31'01.4
9.	H. Hummel	A	Kreidler	31'09.6
10.	J. Hutteau	F	ABF	31'31.9

Number of finishers: 25.
Fastest lap: R. Tormo (E, Bultaco),
2'48.6 = 144.936 km/h.

2) May 13: Italy - Imola

13 laps = 65.572 km/h
Pole position: E. Lazzarini (I, Kreidler),
2'22.94 = 126.934 km/h.

1.	E. Lazzarini	I	Kreidler	31'39.8
				= 124.156 km/h
2.	R. Blatter	CH	Kreidler	32'34.9
3.	P. Looyensteyn	NL	Kreidler	32'45.5
4.	A. Pero	I	Kreidler	32'49.9
5.	H. Klein	D	Kreidler	33'05.3
6.	P. Plisson	F	ABF	33'07.6
7.	M. Servadio	I	UFO-Morbidelli	33'09.5
8.	I. Emmerich	D	Kreidler	33'23.9
9.	E. Saffiotti	I	Paolucchi	33'27.8
10.	P. Priori	I	Derbi	33'46.6

Number of finishers: 15.
Fastest lap: E. Lazzarini (I, Kreidler),
2'24.5 = 125.564 km/h.

3) May 20: Spain - Jarama

18 laps = 61.278 km
Pole position: E. Lazzarini (I, Kreidler),
1'52.2 = 109.219 km/h.

1.	E. Lazzarini	I	Kreidler	34'23.0
				= 106.931 km/h
2.	P. Plisson	F	ABF	34'35.1
3.	R. Blatter	CH	Kreidler	34'44.7
4.	G. Waibel	D	Kreidler	34'55.7
5.	S. Dörflinger	CH	Kreidler	35'00.7
6.	R. Scheidhauer	D	Kreidler	35'25.6
7.	D. Mateos	E	Derbi	36'14.5
8.	A. Pero	I	Kreidler	1 lap
9.	T. Timmer	NL	Bultaco	1 lap
10.	W. Müller	D	Kreidler	1 lap

Number of finishers: 19.
Fastest lap: E. Lazzarini (I, Kreidler),
1'52.6 = 108.844 km/h.

4) June 17: Yugoslavia - Rijeka

20 laps = 83.360 km
Pole position: E. Lazzarini (I, Kreidler),
1'54.24 = 131.345 km/h.

1.	E. Lazzarini	I	Kreidler	38'54.57
				= 128.568 km/h
2.	R. Blatter	CH	Kreidler	39'00.52
3.	H. Klein	D	Kreidler	39'19.23
4.	G. Waibel	D	Kreidler	39'58.95
5.	R. Tormo	E	Bultaco	40'52.51
6.	J. Gali	E	Bultaco	40'55.27
7.	J. Hutteau	F	ABF	1 lap
8.	P. Verbic	Y	Kreidler	1 lap
9.	C. Granata	I	UFO-Morbidelli	1 lap
10.	G. Singer	D	Kreidler	1 lap

Number of finishers: 17.
Fastest lap: not released.

5) June 23: The Netherlands - Assen

9 laps = 69.462 km
Pole position: R. Tormo (E, Bultaco),
3'32.8 = 130.568 km/h.

1.	E. Lazzarini	I	Kreidler	32'40.5
				= 127.547 km/h
2.	P. Plisson	F	ABF	32'53.8
3.	R. Blatter	CH	Kreidler	32'54.0
4.	P. Looyensteyn	NL	Kreidler	33'12.9
5.	W. Müller	D	Kreidler	Time not released
6.	H. Klein	D	Kreidler	Time not released
7.	J. Hutteau	F	ABF	Time not released
8.	T. Van Geffen	NL	Kreidler	Time not released
9.	T. Timmer	NL	Bultaco	Time not released
10.	G. Strikker	NL	Kreidler	Time not released

Number of finishers: 16.
Fastest lap: E. Lazzarini (I, Kreidler),
3'32.4 = 130.810 km/h.

6) July 1: Belgium - Spa-Francorchamps

10 laps = 69.470 km
Pole position: E. Lazzarini (I, Kreidler),
3'14.90 = 128.318 km/h.

1.	H. Van Kessel	NL	Sparta	34'23.27
				= 121.274 km/h
2.	T. Timmer	NL	Bultaco	34'43.53
3.	R. Kunz	D	Kreidler	34'48.06
4.	J. Hutteau	F	ABF	34'51.74
5.	I. Emmerich	D	Kreidler	35'01.58
6.	E. Cereda	I	UFO-Morbidelli	35'09.98
7.	E. Saffiotti	I	Paolucchi	35'10.61
8.	G. Singer	D	Kreidler	35'36.78
9.	R. Oosting	NL	Kreidler	35'51.62
10.	C. Van Dongen	NL	Kreidler	35'54.22

Number of finishers: 19.
Fastest lap: S. Dörflinger (CH, Kreidler),
11'26.04 = 119.826 km/h.

7) September 2: France - Le Mans

15 laps = 63.600 km
Pole position: R. Tormo (E, Bultaco),
2'02.56 = 124.543 km/h.

1.	E. Lazzarini	I	Kreidler	32'40.87
				= 116.776 km/h
2.	S. Dörflinger	CH	Kreidler	32'50.67
3.	R. Blatter	CH	Kreidler	33'01.03
4.	H. Van Kessel	NL	Sparta	33'05.14
5.	R. Scheidhauer	D	Kreidler	33'46.87
6.	J. Hutteau	F	ABF	33'47.89
7.	E. Saffiotti	I	Paolucchi	33'53.85
8.	P. Plisson	F	ABF	34'02.64
9.	W. Müller	D	Kreidler	34'04.02
10.	H. Klein	D	Kreidler	34'04.36

Number of finishers: 26.
Fastest lap: S. Dörflinger (CH, Kreidler),
2'07.60 = 119.637 km/h.

Rolf Blatter

WORLD CHAMPIONSHIP

1.	Eugenio Lazzarini	I	Kreidler	75
2.	Rolf Blatter	CH	Kreidler	62
3.	Patrick Plisson	F	ABF	32
4.	Gerhard Waibel	D	Kreidler	31
5.	Peter Looyenstein	NL	Kreidler	30
6.	Hagen Klein	D	Kreidler	26
7.	Henk Van Kessel	NL	Sparta	23
8.	Jacques Hutteau	F	ABF	22
9.	Ingo Emmerich	D	Kreidler	19
10.	Stefan Dörflinger	CH	Kreidler	18
11.	Reiner Scheidhauer	D	Kreidler	17
12.	Theo Timmer	NL	Bultaco	16
13.	Aldo Pero	I	Kreidler	16
14.	Reiner Kunz	D	Kreidler	13
15.	Ezio Saffiotti	I	Paolucchi	10
16.	Wolfgang Müller	D	Kreidler	9
17.	Ricardo Tormo Blaya	E	Bultaco	6
18.	Enrico Cereda	I	UFO-Morbidelli	5
19.	Joaquim Gali	E	Bultaco	5
20.	Daniel Mateos	E	Derbi	4
21.	Marco Servadio	I	UFO-Morbidelli	4
22.	Gerhard Singer	D	Kreidler	4
23.	Petar Verbic	Y	Kreidler	3
24.	Theo Van Geffen	NL	Kreidler	3
25.	Hans Hummel	A	Kreidler	2
26.	Claudio Granata	I	UFO-Morbidelli	2
27.	Rudy Oosting	NL	Kreidler	2
28.	Paolo Priori	I	Derbi	1
29.	Gerrit Strikker	NL	Kreidler	1
39.	Cees Van Dongen	NL	Kreidler	1

Rolf Blatter, Kreidler

Champion : **Angel Nieto (Spain, Minarelli), 120 points, 8 wins**

1979 — 125 cc

1) March 18 : Venezuela - San Carlos

26 laps = 107.510 km
Pole position: I. Palazzese (VEN, MBA),
    1'44.55 = 142.382 km/h.

1.	A. Nieto	E	Minarelli	45'39.30
				= 141.290 km/h
2.	T. Espié	F	Motobécane	45'45.4
3.	M. Massimiani	I	MBA	46'19.9
4.	P. Hérouard	MON	Morbidelli	46'37.8
5.	J.-F. Lecureux	F	Morbidelli	46'52.2
6.	I. Troisi	VEN	Morbidelli	46'57.7
7.	F. Granon	F	Morbidelli	47'07.8
8.	H. Müller	CH	MBA	47'23.5
9.	J.-P. Magnoni	F	Morbidelli	1 lap
10.	P. Plisson	F	Motoshop	1 lap

Number of finishers: 17.
Fastest lap: A. Nieto (E, Minarelli),
    1'43.48 = 143.854 km/h.

2) April 29 : Austria - Salzburgring

30 laps = 127.140 km
Pole position: A. Nieto (E, Minarelli),
    1'36.51 = 158.160 km/h.

1.	A. Nieto	E	Minarelli	47'12.36
				= 161.710 km/h
2.	H. Bartol	A	Morbidelli	47'22.68
3.	G. Bender	D	Bender-Special	48'07.77
4.	H. Müller	CH	MBA	48'15.74
5.	E. Lazzarini	I	MBA	48'16.47
6.	P. Plisson	F	Morbidelli	48'29.50
7.	R. Blatter	CH	Morbidelli	48'29.70
8.	P.-E. Carlsson	S	MBA	48'29.93
9.	W. Koschine	D	Fantic	48'35.99
10.	B. Kneubühler	CH	MBA	48'36.16

Number of finishers: 20.
Fastest lap: A. Nieto (E, Minarelli),
    1'32.73 = 164.737 km/h.

3) May 6 : Germany - Hockenheim

14 laps = 95.032 km
Pole position: A. Nieto (E, Minarelli),
    2'34.0 = 158.681 km/h.

1.	A. Nieto	E	Minarelli	35'35.8
				= 160.181 km/h
2.	H. Bartol	A	Morbidelli	35'37.5
3.	W. Koschine	D	Fantic	36'31.5
4.	H. Müller	CH	MBA	36'31.8
5.	G. Bender	D	Bender-Special	36'34.1
6.	E. Lazzarini	I	MBA	36'35.2
7.	P.-E. Carlsson	S	MBA	36'48.2
8.	P. Looyensteyn	NL	MBA	36'48.4
9.	A. Waibel	D	MBA	36'48.8
10.	P. Hérouard	MON	Morbidelli	36'59.4

Number of finishers: 33.
Fastest lap: A. Nieto (E, Minarelli),
    2'30.4 = 162.479 km/h.

4) May 13 : Italy - Imola

21 laps = 105.924 km
Pole position: A. Nieto (E, Minarelli),
    2'09.45 = 140.162 km/h.

1.	A. Nieto	E	Minarelli	45'56.5
				= 138.227 km/h
2.	T. Espié	F	Motobécane	46'00.7
3.	M. Massimiani	I	MBA	46'15.2
4.	B. Kneubühler	CH	MBA	46'32.9
5.	H. Müller	CH	MBA	46'46.5
6.	E. Lazzarini	I	MBA	46'51.1
7.	P.-L. Conforti	I	MBA	46'59.1
8.	A. Auinger	A	Morbidelli	47'00.8
9.	S. Ferretti	I	Morbidelli	47'29.3
10.	P.-E. Carlsson	S	MBA	47'30.1

Number of finishers: 16.
Fastest lap: T. Espié (F, Motobécane),
    2'08.50 = 141.198 km/h.

5) May 20 : Spain - Jarama

27 laps = 91.908 km
Pole position: A. Nieto (E, Minarelli),
    1'43.7 = 118.172 km/h.

1.	A. Nieto	E	Minarelli	47'15.4
				= 116.692 km/h
2.	T. Espié	F	Motobécane	47'16.4
3.	W. Koschine	F	Fantic	47'37.4
4.	G. Marchetti	I	MBA	47'41.7
5.	P. Plisson	F	Motoshop	47'44.1
6.	M. Massimiani	I	MBA	48'00.0
7.	P.-E. Carlsson	S	MBA	48'06.3
8.	S. Dörflinger	CH	Morbidelli	48'11.7
9.	M. Kinnunen	SF	MBA	48'15.5
10.	M.-A. Cortes	E	Bultaco	48'18.3

Number of finishers: 15.
Fastest lap: A. Nieto (E, Minarelli),
    1'42.0 = 120.122 km/h.

6) June 17 : Yugoslavia - Rijeka

25 laps = 104.200 km
Pole position: R. Tormo (E, Bultaco),
    1'53.70 = 131.968 km/h.

1.	A. Nieto	E	Minarelli	44'30.91
				= 140.472 km/h
2.	T. Espié	F	Motobécane	44'31.06
3.	S. Dörflinger	CH	Morbidelli	44'41.85
4.	A. Auinger	A	Morbidelli	44'56.70
5.	B. Kneubühler	CH	MBA	45'11.13
6.	M. Kinnunen	SF	MBA	45'18.76
7.	P. Bianchi	I	Minarelli	45'33.74
8.	P. Looyensteyn	NL	MBA	45'39.79
9.	P.-E. Carlsson	S	MBA	45'46.37
10.	F. Gonzales De Nicolas	E	Morbidelli	45'47.85

Number of finishers: 20.
Fastest lap: Time not released.

7) June 23 : The Netherlands - Assen

14 laps = 108.052 km
Pole position: B. Kneubühler (CH, MBA),
3'14.4 = 142.926 km/h.

1.	A. Nieto	E	Minarelli	45'47.8
				= 141.559 km/h
2.	R. Tormo	E	Bultaco	45'50.3
3.	M. Massimiani	I	MBA	46'07.2
4.	G. Bender	D	Bender-Special	46'12.6
5.	B. Kneubühler	CH	MBA	46'21.20
6.	S. Dörflinger	CH	Morbidelli	Time not released
7.	J.-L. Guignabodet	F	Morbidelli	Time not released
8.	W. Koschine	D	Fantic	Time not released
9.	H. Van Kessel	NL	Condor-AGV	Time not released
10.	C. Horton	GB	Morbidelli	Time not released

Number of finishers: 14.
Fastest lap: A. Nieto (E, Minarelli),
3'13.20 = 143.824 km/h.

8) July 1 : Belgium - Spa-Francorchamps

15 laps = 104.205 km
Pole position: A. Nieto (E, Minarelli),
3'02'30 = 137.187 km/h.

1.	B. Smith	AUS	Morbidelli	46'59.27
				= 133.065 km/h
2.	M. Garcia	E	Morbidelli	47'22.94
3.	M. Van Soest	NL	Morbidelli	47'41.81
4.	P. Hérouard	MON	Morbidelli	47'46.20
5.	J.-F. Lecureux	F	Morbidelli	47'49.47
6.	P. Bordes	F	Morbidelli	48'05.87
7.	A. Straver	NL	Morbidelli	48'08.78
8.	F. Granon	F	Morbidelli	48'26.87
9.	J. Huberts	NL	MBA	48'58.10
10.	R. Renier	B	Morbidelli	48'58.26

Number of finishers: 14.
Fastest lap: J.-F. Lecureux (F, Morbidelli),
3'01.28 = 137.959 km/h.

9) July 22 : Sweden - Karlskoga

32 laps = 101.024 km
Pole position: B. Kneubühler (CH, MBA),
1'29.95 = 126.350 km/h.

1.	P. Bianchi	I	Minarelli	49'02.06
				= 123.618 km/h
2.	J.-L. Guignabodet	F	Morbidelli	49'23.75
3.	T. Noblesse	F	Morbidelli	49'25.79
4.	A. Auinger	A	Morbidelli	49'42.66
5.	E. Lazzarini	I	MBA	49'47.03
6.	C. Horton	GB	Morbidelli	49'54.71
7.	B. Smith	AUS	Morbidelli	50'01.24
8.	S. Janssen	D	Morbidelli	50'37.53
9.	G. Marchetti	I	MBA	1 lap
10.	J. Wickström	SF	Morbidelli	1 lap

Number of finishers: 11.
Fastest lap: G. Bender (D, Bender-Special),
1'28.79 = 128.001 km/h.

10) July 29 : Finland - Imatra

23 laps = 113.850 km
Pole position: S. Dörflinger (CH, Morbidelli),
2'12.3 = 134.694 km/h.

1.	R. Tormo	E	Bultaco	57'23.5
				= 119.027 km/h
2.	M. Kinnunen	SF	MBA	58'00.5
3.	H. Müller	CH	MBA	58'15.9
4.	S. Dörflinger	CH	Morbidelli	58'59.5
5.	B. Smith	AUS	Morbidelli	59'00.2
6.	M. Garcia	E	Morbidelli	59'01.9
7.	S. Janssen	D	Morbidelli	59'27.8
8.	G. Bender	D	Bender-Special	59'33.0
9.	M.-A. Constantin	CH	Morbidelli	59'42.8
10.	A. Auinger	A	Morbidelli	1 lap

Number of finishers: 19.
Fastest lap: R. Tormo (E, Bultaco),
2'26.8 = 121.390 km/h.

11) August 12 : Great Britain - Silverstone

20 laps = 94.200 km
Pole position: H. Müller (CH, MBA),
1'42.65 = 165.218 km/h.

1.	A. Nieto	E	Minarelli	34'44.10
				= 162.759 km/h
2.	G. Bender	D	Bender-Special	34'44.19
3.	G. Bertin	F	Motobécane	34'44.22
4.	S. Dörflinger	CH	Morbidelli	34'48.13
5.	P. Bianchi	I	Minarelli	34'50.33
6.	M. Massimiani	I	MBA	34'52.89
7.	H. Müller	CH	MBA	34'53.34
8.	A. Auinger	A	Morbidelli	34'53.51
9.	B. Kneubühler	CH	MBA	35'00.65
10.	C. Horton	GB	Morbidelli	35'02.11

Number of finishers: 19.
Fastest lap: P. Bianchi (I, Minarelli),
1'42.20 = 165.945 km/h.

12) August 19 : Czechoslovakia - Brno

11 laps = 120.175 km
Pole position: G. Bertin (F, Motobécane),
4'08.26 = 158.350 km/h.

1.	G. Bertin	F	Motobécane	46'15.18
				= 155.892 km/h
2.	H. Bartol	A	Morbidelli	46'19.21
3.	M. Massimiani	I	MBA	46'37.65
4.	G. Bender	D	Bender-Special	47'17.20
5.	H. Müller	CH	MBA	47'29.56
6.	B. Kneubühler	CH	MBA	47'43.48
7.	R. Blatter	CH	MBA	47'48.11
8.	P. Balaz	CZ	Morbidelli	48'17.72
9.	P. Looyensteyn	NL	MBA	48'35.01
10.	P. Hérouard	MON	Morbidelli	48'37.31

Number of finishers: 21.
Fastest lap: G. Bertin (F, Motobécane),
4'09.01 = 157.873 km/h.

13) September 2 : France - Le Mans

22 laps = 93.280 km
Pole position: G. Bertin (F, Motobécane),
1'50.3 = 138.386 km/h.

1.	G. Bertin	F	Motobécane	40'59.4
				= 136.555 km/h
2.	R. Tormo	E	Bultaco	41'14.3
3.	P. Bianchi	I	Minarelli	41'14.8
4.	B. Kneubühler	CH	MBA	41'18.4
5.	T. Noblesse	F	Morbidelli	41'26.9
6.	H. Müller	CH	MBA	41'31.8
7.	J.-L. Guignabodet	F	Morbidelli	41'38.7
8.	M. Massimiani	I	MBA	41'38.9
9.	A. Auinger	A	Morbidelli	41'40.3
10.	S. Dörflinger	CH	Morbidelli	42'09.5

Number of finishers: 18.
Fastest lap: A. Nieto (E, Minarelli),
1'49.7 = 139.148 km/h.

WORLD CHAMPIONSHIP

1.	Angel Nieto	E	Minarelli	120
2.	Maurizio Massimiani	I	MBA	53
3.	Hans Müller	CH	MBA	50
4.	Thierry Espié	F	Motobécane	48
5.	Gert Bender	D	Bender-Special	47
6.	Guy Bertin	F	Motobécane	40
7.	Ricardo Tormo Blaya	E	Bultaco	39
8.	Harald Bartol	A	Morbidelli	36
9.	Bruno Kneubühler	CH	MBA	36
10.	Pierpaolo Bianchi	I	Minarelli	35
11.	Stefan Dörflinger	CH	Morbidelli	35
12.	Barry Smith	AUS	Morbidelli	25
13.	Walter Koschine	D	Fantic	25
14.	August Auinger	A	Morbidelli	25
15.	Eugenio Lazzarini	I	MBA	22
16.	Jean-Louis Guignabodet	F	Morbidelli	20
17.	Matti Kinnunen	SF	MBA	19
18.	Patrick Hérouard	MON	Morbidelli	18
19.	Marcelino Garcia	E	Morbidelli	17
20.	Thierry Noblesse	F	Morbidelli	16
21.	Per-Edward Carlsson	S	MBA	14
22.	Jean-François Lecureux	F	Morbidelli	12
23.	Patrick Plisson	F	Morbidelli	12
24.	Martin Van Soest	NL	Morbidelli	10
25.	Gianpaolo Marchetti	I	MBA	10
26.	Rolf Blatter	CH	Morbidelli	8
27.	Peter Looyensteyn	NL	MBA	8
28.	Clive Horton	GB	Morbidelli	7
29.	Stefan Janssen	D	Morbidelli	7
30.	François Granon	F	Morbidelli	7
31.	Ivan Troisi	VEN	Morbidelli	5
32.	Paul Bordes	F	Morbidelli	5
33.	Anton Straver	NL	Morbidelli	4
34.	Pier-Luigi Conforti	I	MBA	4
35.	Peter Balaz	CZ	Morbidelli	3
36.	Alfred Waibel	D	MBA	2
37.	Jean-Paul Magnoni	F	Morbidelli	2
38.	Stefano Ferretti	I	Morbidelli	2
39.	Henk Van Kessel	NL	Condor-AGV	2
40.	Jan Huberts	NL	MBA	2
41.	Marc-Antoine Constantin	CH	Morbidelli	2
42.	Miguel Cortes	E	Bultaco	1
43.	Fernando Gonzales De Nicolas	E	Morbidelli	1
44.	René Renier	B	Morbidelli	1
45.	Johnny Wickström	SF	Morbidelli	1

Champion : **Kork Ballington (South Africa), Kawasaki, 141 points, 7 wins**

1979 — 250 cc

1) March 18 : Venezuela - San Carlos

28 laps = 115.780 km
Pole position: C. Lavado (VEN, Yamaha),
1'38.19 = 151.604 km/h.

1. W. Villa	I	Yamaha	46'13.5	
			= 150.282 km/h	
2. K. Ballington	SA	Kawasaki	46'34.1	
3. V. Soussan	AUS	Yamaha	47'27.7	
4. O. Chevallier	F	Yamaha	47'31.1	
5. R. Mamola	USA	Yamaha	47'35.0	
6. E. Saul	F	Yamaha	47'40.6	
7. G. Hansford	AUS	Kawasaki	47'54.0	
8. M. Massimiani	I	MBA	1 lap	
9. C. Mortimer	GB	Yamaha	1 lap	
10. F. Gonzales de Nicolas	E	Yamaha	1 lap	

Number of finishers: 16.
Fastest lap: W. Villa (I, Yamaha),
1'37.55 = 152.599 km/h.

2) May 6 : Germany - Hockenheim

16 laps = 108.608 km
Pole position: W. Villa (I, Yamaha),
2'25.3 = 168.182 km/h.

1. K. Ballington	SA	Kawasaki	38'34.4	
			= 168.937 km/h	
2. R. Mamola	USA	Yamaha	38'50.6	
3. A. Mang	D	Kawasaki	38'50.7	
4. J. Ekerold	SA	Yamaha	39.09.1	
5. G. Bertin	F	Yamaha	39'09.3	
6. G. Hansford	AUS	Kawasaki	39'09.6	
7. H. Müller	CH	Yamaha	39'12.7	
8. B. Ditchburn	GB	Kawasaki	39'23.8	
9. P. Korhonen	SF	Yamaha	39'26.0	
10. A. North	SA	Yamaha	39'31.0	

Number of finishers: 34.
Fastest lap: K. Ballington (SA, Kawasaki),
2'22.6 = 171.366 km/h.

3) May 13 : Italy - Imola

24 laps = 121.056 km
Pole position: K. Ballington (SA, Kawasaki),
2'02.33 = 148.320 km/h.

1. K. Ballington	SA	Kawasaki	49'01.0	
			= 148.063 km/h	
2. R. Mamola	USA	Yamaha	49'28.3	
3. B. Ditchburn	GB	Kawasaki	49'57.0	
4. W. Villa	I	Yamaha	49'57.1	
5. J.-F. Baldé	F	Kawasaki	50'32.4	
6. P. Fernandez	F	Yamaha	50'34.0	
7. P. Pileri	I	Yamaha	50'43.4	
8. M. Matteoni	I	Bimota-Yamaha	50'44.4	
9. P. Korhonen	SF	Yamaha	50'50.8	
10. T. Espié	F	Yamaha	50'53.8	

Number of finishers: 15.
Fastest lap: K. Ballington (SA, Kawasaki),
2'01.4 = 149.476 km/h.

4) May 20 : Spain - Jarama

30 laps = 102.120 km
Pole position: G. Hansford (AUS, Kawasaki),
1'37.0 = 126.334 km/h.

1. K. Ballington	SA	Kawasaki	49'02.9	
			= 124.933 km/h	
2. G. Hansford	AUS	Kawasaki	49'26.1	
3. G. Rossi	I	Morbidelli	49'35.4	
4. C. Estrosi	F	Kawasaki	49'43.7	
5. W. Villa	I	Yamaha	49'51.2	
6. P. Fernandez	F	Yamaha	50'00.7	
7. J.-F. Baldé	F	Kawasaki	50'04.6	
8. R. Mamola	USA	Yamaha	50'07.8	
9. R. Hubin	B	Yamaha	50'11.4	
10. A. Mang	D	Kawasaki	50'23.9	

Number of finishers: 21.
Fastest lap: K. Ballington (SA, Kawasaki),
1'36.2 = 127.389 km/h.

5) June 17 : Yugoslavia - Rijeka

27 laps = 112.536 km
Pole position: G. Hansford (AUS, Kawasaki),
1'40.72 = 148.975 km/h.

1. G. Rossi	I	Morbidelli	45'23.93	
			= 148.757 km/h	
2. G. Hansford	AUS	Kawasaki	45'29.61	
3. P. Fernandez	F	Yamaha	45'35.04	
4. K. Ballington	SA	Kawasaki	45'37.23	
5. E. Stöllinger	A	Kawasaki	45'51.65	
6. A. Mang	D	Kawasaki	45'57.32	
7. C. Estrosi	F	Kawasaki	46'01.62	
8. R. Hubin	B	Yamaha	46'11.15	
9. E. Saul	F	Yamaha	46'17.94	
10. R. Mamola	USA	Yamaha	46'19.07	

Number of finishers: 20.
Fastest lap: Time not released.

6) June 23 : The Netherlands - Assen

15 laps = 115.770 km
Pole position: K. Ballington (SA, Kawasaki),
3'05.6 = 149.703 km/h.

1. G. Rossi	I	Morbidelli	46'12.2	
			= 150.336 km/h	
2. G. Hansford	AUS	Kawasaki	46'19.2	
3. K. Ballington	SA	Kawasaki	46'19.3	
4. A. Mang	D	Kawasaki	47'04.3	
5. J.-F. Baldé	F	Kawasaki	47'19.0	
6. P. Fernandez	F	Yamaha	47'25.0	
7. R. Mamola	USA	Yamaha	Time not released	
8. R. Freymond	CH	Yamaha	Time not released	
9. W. Villa	I	Yamaha	Time not released	
10. V. Soussan	AUS	Yamaha	Time not released	

Number of finishers: 21.
Fastest lap: K. Ballington (SA, Kawasaki),
3'02.8 = 151.996 km/h.

7) July 1 : Belgium - Spa-Francorchamps

18 laps = 125.046 km
Pole position: C. Mortimer (GB, Yamaha),
2'58.30 = 140.265 km/h.

1.	E. Stöllinger	A	Kawasaki	52'16.61
				= 143.520 km/h
2.	C. Mortimer	GB	Yamaha	52'17.08
3.	M. Sayle	AUS	Yamaha	52'43.86
4.	F. Gonzales de Nicolas	E	Yamaha	52'44.06
5.	G. McGregor	AUS	Yamaha	53'06.62
6.	M. Simeon	B	Yamaha	53'37.18
7.	J. Sayle	AUS	Yamaha	53'38.10
8.	J. Lazo	CUB	Yamaha	53'39.46
9.	Y. Matsumoto	J	Yamaha	53'40.16
10.	R. Van Kasteren	NL	Yamaha	54'14.84

Number of finishers: 22.
Fastest lap: E. Stöllinger (A, Kawasaki),
2'50.08 = 147.044 km/h.

8) July 22 : Sweden - Karlskoga

35 laps = 110.495 km
Pole position: G. Hansford (AUS, Kawasaki),
1'23.97 = 135.348 km/h.

1.	G. Rossi	I	Morbidelli	49'46.37
				= 134.534 km/h
2.	G. Hansford	AUS	Kawasaki	49'50.20
3.	P. Fernandez	F	Yamaha	50'18.65
4.	A. Mang	D	Kawasaki	50'23.29
5.	K. Ballington	SA	Kawasaki	50'30.05
6.	C. Estrosi	F	Kawasaki	50'45.22
7.	J.-F. Baldé	F	Kawasaki	50'47.55
8.	R. Freymond	CH	Yamaha	1 lap
9.	O. Chevallier	F	Yamaha	1 lap
10.	E. Hyvärinen	SF	Yamaha	1 lap

Number of finishers: 18.
Fastest lap: G. Hansford (AUS, Kawasaki),
1'23.50 = 136.110 km/h.

9) July 29 : Finland - Imatra

24 laps = 118.800 km
Pole position: A. Mang (D, Kawasaki),
2'03.3 = 144.526 km/h.

1.	K. Ballington	SA	Kawasaki	54'32.8
				= 130.760 km/h
2.	G. Hansford	AUS	Kawasaki	54'33.1
3.	P. Fernandez	F	Yamaha	55'17.5
4.	R. Freymond	CH	Yamaha	55'22.1
5.	W. Villa	I	Yamaha	55'30.3
6.	P. Korhonen	SF	Yamaha	56'33.9
7.	J.-F. Baldé	F	Kawasaki	1 lap
8.	P. Nurmi	SF	Yamaha	1 lap
9.	B. Elgh	S	Yamaha	1 lap
10.	S. Asami	J	Yamaha	1 lap

Number of finishers: 18.
Fastest lap: G. Hansford (AUS, Kawasaki),
2'10.3 = 136.761 km/h.

10) August 12 : Great Britain - Silverstone

24 laps = 113.040 km
Pole position: K. Ballington (SA, Kawasaki),
1'36.22 = 176.259 km/h.

1.	K. Ballington	SA	Kawasaki	38'58.65
				= 174.045 km/h
2.	R. Mamola	USA	Yamaha	39'22.47
3.	A. Mang	D	Kawasaki	39'22.61
4.	G. McGregor	AUS	Yamaha	39'22.85
5.	R. Freymond	CH	Yamaha	39'23.16
6.	O. Chevallier	F	Yamaha	39'45.80
7.	E. Stöllinger	A	Kawasaki	39'50.58
8.	P. Fernandez	F	Yamaha	40'03.44
9.	C. Estrosi	F	Kawasaki	40'03.54
10.	T. Head	GB	Yamaha	40'03.80

Number of finishers: 17.
Fastest lap: K. Ballington (SA, Kawasaki),
1'35.21 = 178.316 km/h.

11) August 19 : Czechoslovakia - Brno

11 laps = 131.175 km
Pole position: P. Pileri (I, Yamaha),
3'58.79 = 164.630 km/h.

1.	K. Ballington	SA	Kawasaki	43'39.49
				= 165.158 km/h
2.	G. Rossi	I	Morbidelli	43'44.58
3.	P. Pileri	I	Yamaha	43'45.02
4.	A. Mang	D	Kawasaki	44'06.67
5.	R. Mamola	USA	Yamaha	44'42.94
6.	P. Fernandez	F	Yamaha	44'43.41
7.	O. Chevallier	F	Yamaha	44'43.98
8.	E. Stöllinger	A	Kawasaki	44'52.29
9.	W. Villa	I	Yamaha	44'57.63
10.	R. Freymond	CH	Yamaha	44'58.37

Number of finishers: 29.
Fastest lap: K. Ballington (SA, Kawasaki),
3'56.61 = 166.862 km/h.

12) September 2 : France - Le Mans

24 laps = 101.760 km
Pole position: G. Hansford (AUS, Kawasaki),
1'43.53 = 147.436 km/h.

1.	K. Ballington	SA	Kawasaki	41'52.60
				= 145.815 km/h
2.	G. Hansford	AUS	Kawasaki	42'19.17
3.	P. Fernandez	F	Yamaha	43'32.74
4.	R. Mamola	USA	Yamaha	42'44.82
5.	A. Mang	D	Kawasaki	42'45.46
6.	J.-F. Baldé	F	Kawasaki	42'47.81
7.	E. Saul	F	Yamaha	42'48.14
8.	O. Chevallier	F	Yamaha	43'05.46
9.	R. Hubin	B	Yamaha	43'16.50
10.	R. Freymond	CH	Yamaha	43'16.78

Number of finishers: 21.
Fastest lap: K. Ballington (SA, Kawasaki),
1'43.60 = 147.336 km/h.

WORLD CHAMPIONSHIP

1.	Kork Ballington	SA	Kawasaki	141
2.	Gregg Hansford	AUS	Kawasaki	81
3.	Graziano Rossi	I	Morbidelli	67
4.	Randy Mamola	USA	Yamaha	64
5.	Patrick Fernandez	F	Yamaha	63
6.	Anton Mang	D	Kawasaki	56
7.	Walter Villa	I	Yamaha	39
8.	Jean-François Baldé	F	Kawasaki	29
9.	Eduard "Edi" Stöllinger	A	Kawasaki	28
10.	Roland Freymond	CH	Yamaha	22
11.	Olivier Chevallier	F	Yamaha	22
12.	Christian Estrosi	F	Kawasaki	19
13.	Chas Mortimer	GB	Yamaha	14
14.	Paolo Pileri	I	Yamaha	14
15.	Graeme McGregor	AUS	Yamaha	14
16.	Barry Ditchburn	GB	Kawasaki	13
17.	Victor Soussan	AUS	Yamaha	11
18.	Eric Saul	F	Yamaha	11
19.	Murray Sayle	AUS	Yamaha	10
20.	Fernando Gonzales de Nicolas	E	Yamaha	9
21.	Pentti Korhonen	SF	Yamaha	9
22.	Jon Ekerold	SA	Yamaha	8
23.	Richard Hubin	B	Yamaha	7
24.	Guy Bertin	F	Yamaha	6
25.	Michel Simeon	B	Yamaha	5
26.	Hans Müller	CH	Yamaha	4
27.	Jeffrey Sayle	AUS	Yamaha	4
28.	Maurizio Massimiani	I	Yamaha	3
29.	Massimo Matteoni	I	Bimota-Yamaha	3
30.	José Lazo	CUB	Yamaha	3
31.	Pekka Nurmi	SF	Yamaha	3
32.	Yoshimasa Matsumoto	J	Yamaha	2
33.	Bengt Elgh	S	Yamaha	2
34.	Alan North	SA	Yamaha	1
35.	Rinus Van Kasteren	NL	Yamaha	1
36.	Ero Hyvärinen	SF	Yamaha	1
37.	Sadao Asami	J	Yamaha	1
38.	Tony Head	GB	Yamaha	1
39.	Thierry Espié	F	Yamaha	1

Graziano Rossi

Champion : **Kork Ballington (South Africa, Kawasaki), 99 points, 5 wins**

1979 — 350 cc

1) March 18 : Venezuela - San Carlos

29 laps = 119.915 km
Pole position: C. Lavado (VEN, Yamaha),
1'35.4 = 156.038 km/h.

1.	C. Lavado	VEN	Yamaha	46'48.4
				= 153.715 km/h
2.	W. Villa	I	Yamaha	47'03.7
3.	P. Fernandez	F	Yamaha	47'11.9
4.	K. Ballington	SA	Kawasaki	47'16.5
5.	J. Ekerold	SA	Yamaha-Opstalan	47'22.2
6.	C. Estrosi	F	Kawasaki	47'28.4
7.	E. Saul	F	Adriatica-Yamaha	48'00.3
8.	V. Soussan	AUS	Yamaha	48'10.8
9.	O. Chevallier	F	Yamaha	48'14.0
10.	P. Pons	F	Yamaha	48'24.1

Number of finishers: 17.
Fastest lap: C. Lavado (VEN, Yamaha),
1'34.49 = 157,540 km/h.

2) April 29: Austria - Salzburgring

35 laps = 148.330 km
Pole position: G. Harfmann (A, Yamaha),
1'30.75 = 168.198 km/h.

1.	K. Ballington	SA	Kawasaki	50'57'06
				= 176,520 km/h
2.	J. Ekerold	SA	Yamaha-Opstalan	50'59.52
3.	A. Mang	D	Kawasaki	51'07.63
4.	M. Frutschi	CH	Yamaha	51'08.62
5.	W. Villa	I	Yamaha	51'30.73
6.	P. Fernandez	F	Yamaha	51'30.90
7.	E. Stöllinger	A	Kawasaki	51'38.36
8.	P. Pons	F	Kawasaki	51'38.78
9.	V. Soussan	AUS	Yamaha	51'39.11
10.	E. Hyvärinen	SF	Yamaha	51'55.59

Number of finishers: 27.
Fastest lap: K. Ballington (SA, Kawasaki),
1'25.29 = 178.990 km/h.

3) May 6: Germany - Hockenheim

19 laps = 128.972 km
Pole position: W. Villa (I, Yamaha),
2'18.4 = 176.566 km/h.

1.	J. Ekerold	SA	Yamaha-Opstalan	44'27.3
				= 174.070 km/h
2.	A. Mang	D	Kawasaki	44'27.9
3.	M. Frutschi	CH	Yamaha	44'33.4
4.	K. Ballington	SA	Kawasaki	44'46.7
5.	C. Estrosi	F	Kawasaki	44'47.3
6.	R. Freymond	CH	Yamaha	44'49.6
7.	P. Nurmi	SF	Yamaha	45'35.2
8.	V. Soussan	AUS	Yamaha	45'35.4
9.	R. Hubin	B	Yamaha	45'43.7
10.	Y. Matsumoto	J	Yamaha	45'46.4

Number of finishers: 27.
Fastest lap: M. Frutschi (CH, Yamaha),
2'18.0 = 177.000 km/h.

4) May 13: Italy - Imola

26 laps = 131.142 km
Pole position: K. Ballington (SA, Kawasaki),
1'59.02 = 152.445 km/h.

1.	G. Hansford	AUS	Kawasaki	52'42.6
				= 149.158 km/h
2.	S. Asami	J	Yamaha	52'54.0
3.	P. Fernandez	F	Yamaha	52'55.4
4.	A. Mang	D	Kawasaki	52'57.7
5.	J. Sayle	AUS	Yamaha	53'45.4
6.	M. Sayle	AUS	Yamaha	54'26.5
7.	E. Elias	I	Yamaha	54'36.1
8.	R. Roth	D	Yapol-Yamaha	1 lap
9.	A. Faccioli	I	Yamaha	3 laps
10.	Y. Matsumoto	J	Yamaha	3 laps

Number of finishers: 21.
Fastest lap: K. Ballington (SA, Kawasaki),
1'59.3 = 152.087 km/h.

5) May 20: Spain - Jarama

33 laps = 112.332 km
Pole position: K. Ballington (SA, Kawasaki),
1'35.2 = 128.723 km/h.

1.	K. Ballington	SA	Kawasaki	53'32.7
				= 125.885 km/h
2.	G. Hansford	AUS	Kawasaki	53'54.8
3.	M. Frutschi	CH	Yamaha	53'58.5
4.	P. Fernandez	F	Yamaha	54'08.5
5.	P. Pons	F	Yamaha	54'18.9
6.	S. Asami	J	Yamaha	54'19.7
7.	P. Korhonen	SF	Yamaha	54'30.4
8.	V. Palomo	E	Yamaha	54'40.8
9.	E. Hyvärinen	SF	Yamaha	54'50.4
10.	R. Hubin	B	Yamaha	55'05.0

Number of finishers: 20.
Fastest lap: S. Asami (J, Yamaha),
1'34.1 = 130.241 km/h.

6) June 17: Yugoslavia - Rijeka

30 laps = 125.040 km
Pole position: G. Hansford (AUS, Kawasaki),
1'38.49 = 152.348 km/h.

1.	K. Ballington	SA	Kawasaki	49'09.08
				= 152.667 km/h
2.	P. Nurmi	SF	Yamaha	49'56.84
3.	S. Asami	J	Yamaha	49'57.24
4.	P. Fernandez	F	Yamaha	50'00.85
5.	R. Hubin	B	Yamaha	50'01.00
6.	A. Mang	D	Kawasaki	50'01.15
7.	R. Freymond	CH	Yamaha	50'01.36
8.	M. Frutschi	CH	Yamaha	50'20.81
9.	P. Pons	F	Yamaha	50'47.93
10.	G. Bonera	I	Yamaha	1 lap

Number of finishers: 16.
Fastest lap: Time not released.

7) June 23: The Netherlands - Assen

16 laps = 123.488 km
Pole position: G. Hansford (AUS, Kawasaki),
3'01.4 = 153.169 km/h.

1.	G. Hansford	AUS	Kawasaki	48'41.0
				= 152.189 km/h
2.	P. Fernandez	F	Yamaha	49'01.2
3.	W. Villa	I	Yamaha	49'03.6
4.	A. Mang	D	Kawasaki	49'06.9
5.	M. Frutschi	CH	Yamaha	49'07.2
6.	G. McGregor	AUS	Yamaha	49'31.0
7.	J. Sayle	AUS	Yamaha	49'31.6
8.	P. Korhonen	SF	Yamaha	Time not released
9.	O. Chevallier	F	Yamaha	Time not released
10.	G. Bonera	I	Yamaha	Time not released

Number of finishers: 13.
Fastest lap: G. Hansford (AUS, Kawasaki),
3'00.3 = 154.099 km/h.

8) July 29: Finland - Imatra

25 laps = 123.750 km
Pole position: K. Ballington (SA, Kawasaki),
2'00.5 = 147.884 km/h.

1.	G. Hansford	AUS	Kawasaki	56'40.6
				= 125.824 km/h
2.	P. Fernandez	F	Yamaha	57'37.1
3.	P. Korhonen	SF	Yamaha	57'57.0
4.	A. Mang	D	Kawasaki	57'58.6
5.	R. Freymond	CH	Yamaha	58'00.6
6.	C. Estrosi	F	Kawasaki	58'48.2
7.	B. Elgh	S	Yamaha	1 lap
8.	P. Nurmi	SF	Yamaha	1 lap
9.	K. Ballington	SA	Yamaha	1 lap
10.	M. Wiener	A	Yamaha	1 lap

Number of finishers: 17.
Fastest lap: G. Hansford (AUS, Kawasaki),
2'18.3 = 128.916 km/h.

9) August 12: Great Britain - Silverstone

24 laps = 113.040 km
Pole position: E. Saul (F, Adriatica-Yamaha),
1'34.04 = 180.306 km/h.

1.	K. Ballington	SA	Kawasaki	38'09.91
				= 177.749 km/h
2.	G. Hansford	AUS	Kawasaki	38'11.40
3.	J. Sayle	AUS	Yamaha	38'11.70
4.	M. Frutschi	CH	Yamaha	38'19.34
5.	R. Freymond	CH	Yamaha	38'33.25
6.	M. Rougerie	F	Bimota-Yamaha	38'33.25
7.	O. Chevallier	F	Yamaha	38'46.09
8.	T. Head	GB	Yamaha	38'46.10
9.	A. North	SA	Yamaha	38'50.80
10.	J. Ekerold	SA	Yamaha	38'56.11

Number of finishers: 22.
Fastest lap: K. Ballington (SA, Kawasaki),
1'33.83 = 180.729 km/h.

10) August 19: Czechoslovakia - Brno

13 laps = 142.025 km
Pole position: K. Ballington (SA, Kawasaki),
3'50.55 = 170.514 km/h.

1.	K. Ballington	SA	Kawasaki	49'53.97
				= 170.773 km/h
2.	A. Mang	D	Kawasaki	49'54.40
3.	P. Fernandez	F	Yamaha	50'09.40
4.	G. Hansford	AUS	Kawasaki	50'17.35
5.	E. Saul	F	Adriatica-Yamaha	50'50.08
6.	R. Freymond	CH	Yamaha	50'57.87
7.	P. Nurmi	SF	Yamaha	51'06.04
8.	K. Hernamdt	NL	Yamaha	51'12.84
9.	M. Frutschi	CH	Yamaha	51'23.29
10.	J. Sayle	AUS	Yamaha	51'41.78

Number of finishers: 18.
Fastest lap: A. Mang (D, Kawasaki),
3'46.20 = 172.752 km/h.

11) September 2: France - Le Mans

26 laps = 110.240 km
Pole position: K. Ballington (SA, Kawasaki),
1'40.95 = 151.204 km/h.

1.	P. Fernandez	F	Yamaha	48'12.0
				= 137.243 km/h
2.	R. Freymond	CH	Yamaha	48'17.1
3.	W. Villa	I	Yamaha	48.29.0
4.	H. Guilleux	F	But-Yamaha	48'33.8
5.	K. Ballington	SA	Kawasaki	48'58.0
6.	M. Rougerie	F	Bimota-Yamaha	49'26.8
7.	P. Pileri	I	RTM	49'42.6
8.	J. Sayle	AUS	Yamaha	1 lap
9.	J. Dunlop	IRL	Yamaha	1 lap
10.	A. North	SA	Yamaha	1 lap

Number of finishers: 16.
Fastest lap: E. Saul (F, Adriatica-Yamaha),
1'41.2 = 150.846 km/h.

WORLD CHAMPIONSHIP

1.	Kork Ballington	SA	Kawasaki	99
2.	Patrick Fernandez	F	Yamaha	90
3.	Gregg Hansford	AUS	Kawasaki	77
4.	Anton Mang	D	Kawasaki	73
5.	Michel Frutschi	CH	Yamaha	47
6.	Roland Freymond	CH	Yamaha	38
7.	Walter Villa	I	Yamaha	38
8.	Jon Ekerold	SA	Yamaha-Opstalan	34
9.	Sadao Asami	J	Yamaha	27
10.	Jeffrey Sayle	AUS	Yamaha	24
11.	Pekka Nurmi	SF	Yamaha	23
12.	Pentti Korhonen	SF	Yamaha	17
13.	Christian Estrosi	F	Kawasaki	16
14.	Carlos Lavado	VEN	Yamaha	15
15.	Patrick Pons	F	Yamaha	12
16.	Eric Saul	F	Adriatica-Yamaha	10
17.	Michel Rougerie	F	Bimota-Yamaha	10
18.	Richard Hubin	B	Yamaha	9
19.	Hervé Guilleux	F	But-Yamaha	8
20.	Olivier Chevallier	F	Yamaha	8
21.	Victor Soussan	AUS	Yamaha	8
22.	Murray Sayle	AUS	Yamaha	5
23.	Graeme McGregor	AUS	Yamaha	5
24.	Eduard "Edi" Stöllinger	A	Kawasaki	4
25.	Edoardo Elias	I	Yamaha	4
26.	Bengt Elgh	S	Yamaha	4
27.	Paolo Pileri	I	RTM	4
28.	Reinhold Roth	D	Yapol-Yamaha	3
29.	Victor Palomo	E	Yamaha	3
30.	Tony Head	GB	Yamaha	3
31.	Klaas Hernamdt	NL	Yamaha	3
32.	Ero Hyvärinen	SF	Yamaha	2
33.	Alan North	SA	Yamaha	2
34.	Joey Dunlop	IRL	Yamaha	2
35.	Adelio Faccioli	I	Yamaha	2
36.	Yoshimasa Matsumoto	J	Yamaha	2
37.	Gianfranco Bonera	I	Yamaha	2
38.	Max Wiener	A	Yamaha	1

Pentti Korhonen, Yamaha

Champion : **Kenny Roberts (United States, Yamaha), 113 points, 5 wins**

1979 — 500 cc

1) March 18 : Venezuela - San Carlos

30 laps = 124.050 km
Pole position: B. Sheene (GB, Suzuki),
    1'34.14 = 158.126 km/h.

1.	B. Sheene	GB	Suzuki	47'52.9
				= 155.445 km/h
2.	V. Ferrari	I	Suzuki	48'11.5
3.	T. Herron	IRL	Suzuki	48'23.8
4.	F. Uncini	I	Suzuki	49'27.7
5.	M. Rougerie	F	Suzuki	1 lap
6.	R. Pietri	VEN	Suzuki	1 lap
7.	C. Sarron	F	Yamaha	1 lap
8.	G. Vogt	D	Suzuki	2 laps
9.	S. Pellandini	CH	Suzuki	3 laps
10.	D. Ireland	NZ	Suzuki	3 laps

Number of finishers: 10.
Fastest lap: B. Sheene (GB, Suzuki),
    1'34.08 = 158.227 km/h.

2) April 29: Austria - Salzburgring

35 laps = 148.420 km
Pole position: A. Cecotto (VEN, Yamaha),
    1'23.39 = 183.044 km/h.

1.	K. Roberts	USA	Yamaha	48'24.23
				= 183.990 km/h
2.	V. Ferrari	I	Suzuki	48'30.26
3.	W. Hartog	NL	Suzuki	48'43.04
4.	T. Herron	IRL	Suzuki	48'45.67
5.	H. Kawasaki	J	Suzuki	48'47.19
6.	F. Uncini	I	Suzuki	49'43.64
7.	S. Parrish	GB	Suzuki	49'49.54
8.	M. Wiener	A	Suzuki	1 lap
9.	M. Lucchinelli	I	Suzuki	1 lap
10.	M. Grant	GB	Suzuki	1 lap

Number of finishers: 23.
Fastest lap: K. Roberts (USA, Yamaha),
    1'21.8 = 186.880 km/h.

3) May 6: Germany - Hockenheim

19 laps = 128.972 km
Pole position: B. Sheene (GB, Suzuki),
    2'16.1 = 179.550 km/h.

1.	W. Hartog	NL	Suzuki	42'33.9
				= 181.800 km/h
2.	K. Roberts	USA	Yamaha	42'37.5
3.	V. Ferrari	I	Suzuki	42'46.4
4.	B. Fau	F	Suzuki	42'59.8
5.	P. Coulon	CH	Suzuki	43'01.8
6.	F. Uncini	I	Suzuki	43'21.3
7.	J. Middelburg	NL	Suzuki	43'22.7
8.	C. Sarron	F	Yamaha	43'39.0
9.	S. Parrish	GB	Suzuki	43'40.1
10.	M. Baldwin	USA	Suzuki	44'01.1

Number of finishers: 21.
Fastest lap: K. Roberts (USA, Yamaha),
    2'12.4 = 184.500 km/h.

4) May 13: Italy - Imola

29 laps = 146.276 km
Pole position: B. Sheene (GB, Suzuki),
    1'56.13 = 156.239 km/h.

1.	K. Roberts	USA	Yamaha	56'49.7
				= 154.317 km/h
2.	V. Ferrari	I	Suzuki	57'00.6
3.	T. Herron	IRL	Suzuki	57'07.1
4.	B. Sheene	GB	Suzuki	57'21.6
5.	M. Baldwin	USA	Suzuki	57'30.3
6.	B. Fau	F	Suzuki	57'40.7
7.	J. Middelburg	NL	Suzuki	57'44.7
8.	P. Coulon	CH	Suzuki	57'50.7
9.	G. Rossi	I	Morbidelli	58'29.4
10.	G. Pelletier	I	Suzuki	1 lap

Number of finishers: 15.
Fastest lap: K. Roberts (USA, Yamaha),
    1'56.0 = 156.413 km/h.

5) May 20: Spain - Jarama

36 laps = 122.544 km
Pole position: M. Baldwin (USA, Suzuki),
    1'34.4 = 129.814 km/h.

1.	K. Roberts	USA	Yamaha	57'10.9
				= 128.595 km/h
2.	W. Hartog	NL	Suzuki	57'24.8
3.	M. Baldwin	USA	Suzuki	57'30.8
4.	V. Ferrari	I	Suzuki	57'53.6
5.	F. Uncini	I	Suzuki	58'00.8
6.	B. Van Dulmen	NL	Suzuki	58'04.9
7.	J. Middelburg	NL	Suzuki	58'10.5
8.	P. Coulon	CH	Suzuki	58'15.8
9.	M. Rougerie	F	Suzuki	58'16.5
10.	M. Lucchinelli	I	Suzuki	58'17.3

Number of finishers: 16.
Fastest lap: K. Roberts (USA, Yamaha),
    1'33.9 = 130.519 km/h.

6) June 17: Yugoslavia - Rijeka

32 laps = 133.376 km
Pole position: K. Roberts (USA, Yamaha),
    1'36.39 = 155.668 km/h.

1.	K. Roberts	USA	Yamaha	51'27.28
				= 155.555 km/h
2.	V. Ferrari	I	Suzuki	51'30.70
3.	F. Uncini	I	Suzuki	52'09.72
4.	W. Hartog	NL	Suzuki	52'09.86
5.	B. Van Dulmen	NL	Suzuki	52'14.31
6.	M. Rougerie	F	Suzuki	1 lap
7.	C. Sarron	F	Yamaha	1 lap
8.	C. Perugini	I	Suzuki	1 lap
9.	S. Parrish	GB	Suzuki	1 lap
10.	M. Wiener	A	Suzuki	1 lap

Number of finishers: 21.
Fastest lap: Time not released.

7) June 23: The Netherlands - Assen

16 laps = 123.488 km
Pole position: K. Roberts (USA, Yamaha),
2'55.90 = 157.958 km/h.

1.	V. Ferrari	I	Suzuki	47'07.30
				= 157.623 km/h
2.	B. Sheene	GB	Suzuki	47'07.35
3.	W. Hartog	NL	Suzuki	47'28.70
4.	B. Van Dulmen	NL	Suzuki	47'34.50
5.	P. Coulon	CH	Suzuki	47'36.30
6.	F. Uncini	I	Suzuki	Time not released
7.	J. Middelburg	NL	Suzuki	Time not released
8.	K. Roberts	USA	Yamaha	Time not released
9.	C. Sarron	F	Yamaha	Time not released
10.	S. Parrish	GB	Suzuki	Time not released

Number of finishers: 17.
Fastest lap: V. Ferrari (I, Suzuki),
2'54.50 = 159.221 km/h.

8) July 1: Belgium - Spa-Francorchamps

20 laps = 138.940 km
Pole position: A. Cecotto (VEN, Yamaha),
2'50.90 = 146.338 km/h.

1.	1. D. Ireland	NZ	Suzuki	57'09.67
				= 145.843 km/h
2.	K. Blake	AUS	Yamaha	57'14.92
3.	G. Lingham	GB	Suzuki	57'20.75
4.	G. Reiner	D	Suzuki	57'48.60
5.	H. De Vries	NL	Suzuki	58'47.90
6.	J. Hage	D	Suzuki	58'48.07
7.	J. Matagne	B	Suzuki	1 lap
8.	G. Vogt	D	Suzuki	1 lap
9.	G. Cooremans	B	Suzuki	1 lap
10.	D. Heinen	D	Yamaha	2 laps

Number of finishers: 10.
Fastest lap: K. Blake (AUS, Yamaha),
2'49.25 = 147.765 km/h.

(Le tracé de Spa-Francorchamps se présentait cette année-là dans une nouvelle formule, avec un raccourcissement à la hauteur du virage de Combes. Le revêtement y étant terriblement glissant - l'asphalte avait été posé deux jours avant les premiers essais -, on vit même des 50cc patiner à l'accélération. Dès lors, les principaux pilotes décidèrent de boycotter la course.)

(Die Strecke von Spa-Francorchamps präsentierte sich in diesem Jahr neu mit einer Verkürzung im Bereich der "Combes"-Kurven. Der Belag an dieser Stelle war extrem rutschig, weil der Asphalt nur zwei Tage vor dem ersten Training aufgetragen worden war. Sogar die Hinterräder der 50 ccm-Motorrädchen drehten beim Beschleunigen durch. Angesichts dieser Umstände beschlossen die wichtigsten Piloten, das Rennen zu boykottieren.)

(That year, the Spa-Francorchamps circuit had a new track layout, shortened at the Combes corner. The surface was terribly slippery as the tarmac had only been laid two days before first practice. Even the 50 cc machines were spinning the rear wheel under acceleration. Therefore, the leading riders decided to boycott the event.)

9) July 22: Sweden - Karlskoga

40 laps = 126.280 km
Pole position: K. Roberts (USA, Yamaha),
1'21.01 = 140.294 km/h.

1.	B. Sheene	GB	Suzuki	55'27.66
				= 136.617 km/h
2.	J. Middelburg	NL	Suzuki	55'32.62
3.	B. Van Dulmen	NL	Suzuki	55'34.72
4.	K. Roberts	USA	Yamaha	55'53.48
5.	S. Parrish	GB	Suzuki	55'55.33
6.	R. Mamola	USA	Suzuki	56'03.14
7.	M. Lucchinelli	I	Suzuki	56'31.80
8.	I. Takaï	J	Yamaha	56'35.44
9.	C. Sarron	F	Yamaha	56'35.68
10.	S. Rossi	SF	Suzuki	1 lap

Number of finishers: 13.
Fastest lap: W. Hartog (NL, Suzuki),
1'21.31 = 139.776 km/h.

10) July 29: Finland - Imatra

26 laps = 128.700 km
Pole position: B. Van Dulmen (NL, Suzuki),
1'53.7 = 156.728 km/h.

1.	B. Van Dulmen	NL	Suzuki	52'27.9
				= 147.273 km/h
2.	R. Mamola	USA	Suzuki	52'40.9
3.	B. Sheene	GB	Suzuki	52'45.7
4.	J. Middelburg	NL	Suzuki	52'45.9
5.	C. Sarron	F	Yamaha	52'54.9
6.	K. Roberts	USA	Yamaha	53'02.9
7.	A. Cecotto	VEN	Yamaha	53'03.9
8.	P. Coulon	CH	Suzuki	53'13.1
9.	M. Lucchinelli	I	Suzuki	53'16.0
10.	W. Hartog	NL	Suzuki	53'19.7

Number of finishers: 16.
Fastest lap: J. Middelburg (NL, Suzuki),
1'57.0 = 152.308 km/h.

11) August 12 : Great Britain - Silverstone

28 laps = 131.880 km
Pole position: K. Roberts (USA, Yamaha),
1'29.81 = 188.839 km/h.

1.	K. Roberts	USA	Yamaha	42'56.72
				= 184.289 km/h
2.	B. Sheene	GB	Suzuki	42'56.75
3.	W. Hartog	NL	Suzuki	43'01.69
4.	V. Ferrari	I	Suzuki	43'32.00
5.	B. Van Dulmen	NL	Suzuki	43'33.54
6.	C. Sarron	F	Yamaha	43'37.37
7.	F. Uncini	I	Suzuki	43'47.81
8.	P. Coulon	CH	Suzuki	43'47.97
9.	M. Lucchinelli	I	Suzuki	43'53.51
10.	J. Newbold	GB	Suzuki	44'13.21

Number of finishers: 19.
Fastest lap: B. Sheene (GB, Suzuki),
1'29.98 = 188.482 km/h.

12) September 2: France - Le Mans

29 laps = 136.590 km
Pole position: K. Roberts (USA, Yamaha),
1'38.13 = 155.549 km/h.

1.	B. Sheene	GB	Suzuki	48'06.80
				= 153.393 km/h
2.	R. Mamola	USA	Suzuki	48'09.20
3.	K. Roberts	USA	Yamaha	48'20.69
4.	F. Uncini	I	Suzuki	48'26.51
5.	A. Cecotto	VEN	Yamaha	48'26.82
6.	P. Coulon	CH	Suzuki	48'27.46
7.	S. Parrish	GB	Suzuki	49'03.12
8.	M. Rougerie	F	Suzuki	49'20.87
9.	J. Woodley	NZ	Suzuki	1 lap
10.	P. Sjöström	S	Suzuki	1 lap

Number of finishers: 20.
Fastest lap: V. Ferrari (I, Suzuki),
1'37.90 = 155.934 km/h.

WORLD CHAMPIONSHIP

1.	Kenny Roberts	USA	Yamaha	113
2.	Virginio Ferrari	I	Suzuki	89
3.	Barry Sheene	GB	Suzuki	87
4.	Will Hartog	NL	Suzuki	66
5.	Franco Uncini	I	Suzuki	51
6.	Boët Van Dulmen	NL	Suzuki	50
7.	Jack Middelburg	NL	Suzuki	36
8.	Randy Mamola	USA	Suzuki	29
9.	Philippe Coulon	CH	Suzuki	29
10.	Tom Herron	IRL	Suzuki	28
11.	Christian Sarron	F	Yamaha	26
12.	Steve Parrish	GB	Suzuki	19
13.	Mike Baldwin	USA	Suzuki	17
14.	Dennis Ireland	NZ	Suzuki	16
15.	Michel Rougerie	F	Suzuki	16
16.	Bernard Fau	F	Suzuki	13
17.	Kenny Blake	AUS	Yamaha	12
18.	Marco Lucchinelli	I	Suzuki	11
19.	Gary Lingham	GB	Suzuki	10
20.	Alberto "Johnny" Cecotto	VEN	Yamaha	10
21.	Gustav Reiner	D	Suzuki	8
22.	Henk De Vries	NL	Suzuki	6
23.	Hiroyuki Kawasaki	J	Suzuki	6
24.	Gerhard Vogt	D	Suzuki	6
25.	Josef Hage	D	Suzuki	5
26.	Roberto Pietri	VEN	Suzuki	5
27.	Jacky Matagne	B	Suzuki	4
28.	Max Wiener	A	Suzuki	4
29.	Carlo Perugini	I	Suzuki	3
30.	Ikujiro Takaï	J	Yamaha	3
31.	Sergio Pellandini	CH	Suzuki	2
32.	Graziano Rossi	I	Morbidelli	2
33.	Guy Cooremans	B	Suzuki	2
34.	John Woodley	NZ	Suzuki	2
35.	Mick Grant	GB	Suzuki	1
36.	Giovanni Pelletier	I	Suzuki	1
37.	Dieter Heinen	D	Yamaha	1
38.	Seppo Rossi	SF	Suzuki	1
39.	John Newbold	GB	Suzuki	1
40.	Peter Sjöström	S	Suzuki	1

1979 — Side-Cars B2A

Champions : Rolf Biland/Kurt Waltisperg (Switzerland, Schmid-Yamaha), 67 points, 3 wins

1) April 29 : Austria - Salzburgring

30 laps = 127.140 km
Pole position: S. Schauzu/L. Puzo (D, Yamaha),
1'35.93 = 159.116 km/h.

1.	G. Brodin/B. Gälross	S	Krauser-Yamaha	47'21.53
				= 161,180 km/h
2.	S. Schauzu/L. Puzo	D	Yamaha	47'37.22
3.	R. Steinhausen/K. Arthur	D/GB	KSA-Yamaha	47'37.42
4.	H. Huber/B. Schappacher	D	Krauser-Yamaha	1 lap
5.	A. Zini/A. Fornaro	I	Busch-König	1 lap
6.	W. Schwärzel/A. Huber	D	Yamaha	1 lap
7.	K. Rahko/K. Laatikainen	SF	Yamaha	1 lap
8.	P. Campbell/R. Goodwin	AUS	Yamaha	1 lap
9.	B. Brouwer/J. Oostwouder	NL	Busch-Yamaha	1 lap
10.	K. Jelonek/F. Schenkenberger	D	König	1 lap

Number of finishers: 13.
Fastest lap: D. Greasley/J. Parkins (GB, Yamaha),
1'31.86 = 166.190 km/h.

2) May 6 : Germany - Hockenheim

14 laps = 95.032 km
Pole position: M. Venus/N. Bitterman (D, Yamaha),
2'31.70 = 161.086 km/h.

1.	R. Steinhausen/K. Arthur	D/GB	KSA-Yamaha	35'10.2
				= 162.124 km/h
2.	S. Schauzu/L. Puzo	D	Yamaha	35'11.5
3.	D. Greasley/J. Parkins	GB	Yamaha	35'17.2
4.	G. O'Dell/C. Holland	GB	Yamaha	35'33.4
5.	J. Taylor/J. Neil	GB	Windle-Yamaha	35'37.1
6.	H. Huber/B. Schappacher	D	Krauser-Yamaha	35'49.4
7.	W. Schwärzel/A. Huber	D	Yamaha	36'01.6
8.	J. Höckert/H. Weiser	D	Busch-Yamaha	36'32.5
9.	B. Hodgkins/D. Williams	GB	SDD-Yamaha	36'36.1
10.	G. Brodin/B. Gälross	S	Krauser-Yamaha	36'40.0

Number of finishers: 20.
Fastest lap: R. Steinhausen/K. Arthur (D/GB, KSA-Yamaha),
2'28.0 = 165.100 km/h.

3) June 23 : The Netherlands - Assen

14 laps = 108.052 km
Pole position: W. Schwärzel/A. Huber (D, Yamaha),
3'12.10 = 144.637 km/h.

1.	R. Biland/K. Waltisperg	CH	Schmid-Yamaha	45'28.0
				= 143.916 km/h
2.	R. Steinhausen/K. Arthur	D/GB	KSA-Yamaha	46'51.6
3.	J. Taylor/J. Neil	GB	Windle-Yamaha	46'06.9
4.	D. Greasley/J. Parkins	GB	Yamaha	46'12.9
5.	G. Brodin/B. Gälross	S	Krauser-Yamaha	46'38.1
6.	E. Streuer/J. Van der Kapp	NL	Schmid-Yamaha	TNR
7.	H. Huber/B. Schappacher	D	Krauser-Yamaha	TNR
8.	M. Venus/H. Schimanski	D	Yamaha Time not released	
9.	O. Haller/R. Gundel	D	Krauser-Yamaha	TNR
10.	A. Michel/S. Collins	F/GB	Seymaz-Yamaha	TNR

Number of finishers: 20.
Fastest lap: R. Biland/K. Waltisperg (CH, Schmid-Yamaha),
3'11.1 = 145.390 km/h.

4) July 1 : Belgium - Spa-Francorchamps

18 laps = 125.046 km
Pole position: R. Biland/K. Waltisperg (CH, Schmid-Yamaha),
2'50.30 = 146.854 km/h.

1.	R. Steinhausen/K. Arthur	D/GB	KSA-Yamaha	51'24.94
				= 145.925 km/h
2.	R. Biland/K. Waltisperg	CH	Schmid-Yamaha	51'29.79
3.	D. Greasley/J. Parkins	GB	Yamaha	52'19.70
4.	S. Schauzu/L. Puzo	D	Yamaha	52'28.51
5.	A. Michel/S. Collins	F/GB	Seymaz-Yamaha	52'48.41
6.	M. Boddice/M. Burns	GB	Yamaha	53'21.30
7.	O. Haller/R. Gundel	D	Krauser-Yamaha	53'33.64
8.	H. Huber/B. Schappacher	D	Krauser-Yamaha	53'56.61
9.	P. Frick/P. Mottier	CH	Yamaha	54'11.33
10.	W. Ohrmann/E. Schmitz	D	Yamaha	54'13.84

Number of finishers: 15.
Fastest lap: R. Steinhausen/K. Arthur (D/GB, KSA-Yamaha),
2'48.12 = 148.760 km/h.

5) July 22 : Sweden - Karlskoga

32 laps = 101.024 km
Pole position: R. Biland/K. Waltisperg (CH, Schmid-Yamaha),
1'26.05 = 131.784 km/h.

1.	J. Taylor/B. Johansson	GB/S	Windle-Yamaha	48'39.5
				= 124.571 km/h
2.	W. Schwärzel/A. Huber	D	Yamaha	48'18.6
3.	R. Biland/K. Waltisperg	CH	Schmid-Yamaha	48'18.6
4.	D. Greasley/J. Parkins	GB	Yamaha	49'52.9
5.	E. Streuer/J. Van der Kaap	NL	Schmid-Yamaha	50'01.8
6.	S. Schauzu/L. Puzo	D	Yamaha	50'06.3
7.	M. Vanneste/P. Gérard	B	Suzuki	50'07.9
8.	B. Andersson/L. Nordström	S	Yamaha	1 lap
9.	R. Larsson/H. Bjergestad	S	Yamaha	1 lap
10.	G. Brodin/B. Gälross	S	Krauser-Yamaha	5 laps

Number of finishers: 10.
Fastest lap: R. Biland/K. Waltisperg (CH, Schmid-Yamaha),
1'26.74 = 131.200 km/h.

6) August 12 : Great Britain - Silverstone

20 laps = 94.200 km
Pole position: D. Jones/B. Ayres (GB, Daytona-Yamaha),
1'36.69 = 175.365 km/h.

1.	R. Biland/K. Waltisperg	CH	Schmid-Yamaha	33'39.47
				= 167.960 km/h
2.	J. Taylor/B. Johansson	GB/S	Windle-Yamaha	33'46.55
3.	D. Greasley/J. Parkins	GB	Yamaha	33'46.86
4.	W. Schwärzel/A. Huber	D	Yamaha	34'17.35
5.	R. Steinhausen/K. Arthur	D/GB	KSA-Yamaha	34'18.45
6.	W. Ohrmann/E. Schmitz	D	Yamaha	34'26.76
7.	S. Schauzu/L. Puzo	D	Yamaha	34'37.67
8.	J. Barker/N. Cutmore	GB	Yamaha	34'37.87
9.	H. Huber/B. Schappacher	D	Krauser-Yamaha	34'40.14
10.	K. Rahko/K. Laatikainen	SF	Yamaha	34'48.60

Number of finishers: 21.
Fastest lap: J. Taylor/B. Johansson (GB/S, Windle-Yamaha),
1'36.42 = 175.869 km/h.

7) August 19 : Czechoslovakia - Brno

11 laps = 120.120 km
Pole position: R. Biland/K. Waltisperg (CH, Schmid-Yamaha), 4'02.83 = 161.891 km/h.

1.	R. Biland/K. Waltisperg	CH	Schmid-Yamaha	44'50.2
				= 160.815 km/h
2.	D. Greasley/J. Parkins	GB	Yamaha	44'52.6
3.	W. Schwärzel/A. Huber	D	Yamaha	45'18.3
4.	S. Schauzu/L. Puzo	D	Yamaha	45'18.3
5.	E. Streuer/J. Van der Kapp	NL	Schmid-Yamaha	45'43.6
6.	M. Venus/N. Bitterman	D	Yamaha	45'46.8
7.	B. Hodgkins/D. Williams	GB	SDD-Yamaha	46'10.4
8.	D. Jones/B. Ayres	GB	Daytona-Yamaha	46'19.2
9.	G. Corbaz/R. Gabriel	CH	Schmid-Yamaha	46'31.7
10.	W. Stropek/K. Altrichter	A	Schmid-Yamaha	47'32.4

Number of finishers: 19.
Fastest lap: R. Biland/K. Waltisperg (CH, Schmid-Yamaha), 4'01.5 = 161.792 km/h.

WORLD CHAMPIONSHIP

1.	Rolf Biland/Kurt Waltisperg	CH	Schmid-Yamaha	67
2.	Rolf Steinhausen/Kenny Arthur	D/GB	KSA-Yamaha	58
3.	Dick Greasley/John Parkins	GB	Yamaha	58
4.	Siegfried Schauzu/Lorent Puzo	D	Yamaha	49
5.	Jock Taylor/James Neil/Bengt Johansson	GB/GB/S	Windle-Yamaha	43
6.	Werner Schwärzel/Andreas Huber	D	Yamaha	39
7.	Göte Brodin/Billy Gälross	S	Krauser-Yamaha	23
8.	Hermann Huber/Bernd Schappacher	D	Krauser-Yamaha	22
9.	Egbert Streuer/Johan Van der Kapp	NL	Schmid-Yamaha	17
10.	George O'Dell/Clifford Holland	GB	Yamaha	8
11.	Max Venus/Hartmut Schimanski/Norbert Bitterman	D	Yamaha	8
12.	Alain Michel/Stuart Collins	F/GB	Seymaz-Yamaha	7
13.	Amedeo Zini/Andrea Fornaro	I	Busch-König	6
14.	Walter Ohrmann/Erich Schmitz	D	Yamaha	6
15.	Otto Haller/Rainer Gundel	D	Krauser-Yamaha	6
16.	Bill Hodgkins/Don Williams	GB	SDD-Yamaha	6
17.	Mick Boddice/Mick Burns	GB	Yamaha	5
18.	Kalevi Rahko/Kari Laatikainen	SF	Yamaha	5
19.	Michel Vanneste/Paul Gérard	B	Suzuki	4
20.	Peter Campbell/Richard Goodwin	AUS	Yamaha	3
21.	Jesco Höckert/Helmut Weiser	D	Busch-Yamaha	3
22.	Björn Andersson/Lauden Nordström	S	Yamaha	3
23.	John Barker/Nick Cutmore	GB	Yamaha	3
24.	Derek Jones/Brian Ayres	GB	Daytona-Yamaha	3
25.	Boy Brouwer/Jan Oostwouder	NL	Busch-Yamaha	2
26.	Peter Frick/Pascal Mottier	CH	Yamaha	2
27.	Roine Larsson/H. Bjergestad	S	Yamaha	2
28.	Gérald Corbaz/Roland Gabriel	CH	Schmid-Yamaha	2
29.	Kurt Jelonek/Fred Schenkenberger	D	König	1
30.	Wolfgang Stropek/Karl Altrichter	A	Schmid-Yamaha	1

SEYMAZ

1979 — Side-Cars B2B

Champions: Bruno Holzer/Karl Meierhans (Switzerland, LCR-Yamaha), 72 points, 0 win

1) April 29 : Austria - Salzburgring

30 laps = 127.140 km
Pole position: R. Biland/K. Waltisperg (CH, LCR-Yamaha), 1'30.96 = 167.730 km/h.

1.	R. Biland/K. Waltisperg	CH	LCR-Yamaha	47'22.63
				= 161.120 km/h
2.	B. Holzer/K. Meierhans	CH	LCR-Yamaha	48'04.02
3.	K. Sprengel/D. Booth	A/GB	Suzuki	1 lap
4.	M. Kumano/I. Arifuku	J	Yamaha	2 laps
5.	H. Thevissen/L. Klein	D	HTS-Yamaha	2 laps
6.	R. Reinhard/K. Sterzenbach	D	GEP-Yamaha	2 laps
7.	B. Chabert/P. Daire	F	CB-Yamaha	2 laps

Number of finishers: 7.
Fastest lap: A. Michel/S. Collins (F/GB, Seymaz-Yamaha), 1'31.60 = 166.660 km/h.

2) July 15 - Switzerland - Le Castellet

30 laps = 97.820 km
Pole position: R. Biland/K. Waltisperg (CH, LCR-Yamaha), 1'26.20 = 136.273 km/h.

1.	R. Biland/K. Waltisperg	CH	LCR-Yamaha	44'47.54
				= 132.611 km/h
2.	B. Holzer/K. Meierhans	CH	LCR-Yamaha	46'19.99
3.	Y. Trolliet/M. Petel	F	Seymaz-Yamaha	1 lap
4.	M. Kumano/I. Arifuku	J	Yamaha	1 lap
5.	B. Chabert/P. Daire	F	CB-Yamaha	2 laps
6.	C. Bay/P. Rossi	F	GEP-Yamaha	2 laps
7.	K. Sprengel/D. Booth	A/GB	Suzuki	2 laps
8.	J.-C. Jaquet/R. Delarze	CH	TTM-Yamaha	2 laps
9.	A. Giesemann/T. Riedel	D	GEP-Yamaha	2 laps
10.	H. Thevissen/L. Klein	D	HTS-Yamaha	4 laps

Number of finishers: 20.
Fastest lap: A. Michel/M. Burkhard (F/D, Seymaz-Yamaha), 1'26.28 = 136.147 km/h.

3) August 12 - Great Britain - Silverstone

20 laps = 94.200 km
Pole position: R. Biland/K. Waltisperg (CH, LCR-Yamaha), 1'34.38 = 179.656 km/h.

1.	A. Michel/M. Burkhard	F/D	Seymaz-Yamaha	37'24.57
				= 151.116 km/h
2.	B. Holzer/K. Meierhans	CH	LCR-Yamaha	38'22.87
3.	M. Kumano/I. Arifuku	J	Yamaha	38'55.89
4.	H. Luthringshauser/K. Paul	D	Yamaha	1 lap
5.	Y. Trolliet/M. Petel	F	Seymaz-Yamaha	1 lap
6.	B. Chabert/P. Daire	F	CB-Yamaha	1 lap
7.	C. Smit/P. Fruhop	NL	Seymaz-Yamaha	1 lap
8.	K. Sprengel/D. Booth	A/GB	Suzuki	1 lap
9.	S. Sinnott/J. Horspole	GB	Yamaha	1 lap
10.	R. Reinhard/K. Sterzenbach	D	GEP-Yamaha	1 lap

Number of finishers: 14.
Fastest lap: A. Michel/M. Burkhard (F/D, Seymaz-Yamaha), 1'39.02 = 171.250 km/h.

4) August 26 - Germany - Nürburgring

40 laps = 91.600 km (2.290 km track)
Pole position: R. Biland/K. Waltisperg (CH, LCR-Yamaha), 57.8 = 142.629 km/h.

1.	R. Biland/K. Waltisperg	CH	LCR-Yamaha	40'22.0
				= 136.271 km/h
2.	B. Holzer/K. Meierhans	CH	LCR-Yamaha	40'24.4
3.	M. Kumano/I. Arifuku	J	Yamaha	2 laps
4.	B. Chabert/P. Daire	F	CB-Yamaha	2 laps
5.	H. Luthringshauser/K. Paul	D	Yamaha	3 laps
6.	G. Leboeuf/M. Guitel	F	Yamaha	3 laps
7.	P. Frick/C. Flückiger	CH	BEO-Yamaha	5 laps

Number of finishers: 7.
Fastest lap: R. Biland/K. Waltisperg (CH, LCR-Yamaha), 57.7 = 142.876 km/h.

5) September 2 - France - Le Mans

22 laps = 93.280 km
Pole position: R. Biland/K. Waltisperg (CH, LCR-Yamaha), 1'44.62 = 145.899 km/h.

1.	R. Biland/K. Waltisperg	CH	LCR-Yamaha	40'14.05
				= 139.068 km/h
2.	B. Holzer/K. Meierhans	CH	LCR-Yamaha	40'44.35
3.	D. Jones/B. Ayres	GB	Daytona-Yamaha	41'38.09
4.	Y. Trolliet/M. Petel	F	Seymaz-Yamaha	42'06.03
5.	P. Frick/C. Flückiger	CH	BEO-Yamaha	1 lap
6.	G. Leboeuf/M. Guitel	F	Yamaha	1 lap
7.	R. Reinhard/K. Sterzenbach	D	GEP-Yamaha	1 lap
8.	C. Bay/P. Rossi	F	GEP-Yamaha	1 lap
9.	H. Thevissen/L. Klein	D	HTS-Yamaha	6 laps

Number of finishers: 9.
Fastest lap: R. Biland/K. Waltisperg (CH, LCR-Yamaha), 1'47.4 = 142.122 km/h.

6) September 9 - The Netherlands - Assen

14 laps = 108.052 km
Pole position: A. Michel/M. Burkhard (F/D, Seymaz-Yamaha), 3'09.85 = 146.351 km/h.

1.	A. Michel/M. Burkhard	F/D	Seymaz-Yamaha	45'10.80
				= 143.495 km/h
2.	B. Holzer/K. Meierhans	CH	LCR-Yamaha	45'45.30
3.	D. Jones/B. Ayres	GB	Daytona-Yamaha	45'45.70
4.	P. Filek/M. Pringent	F	Yamaha	46'54.30
5.	C. Smit/G. Etz	NL/D	Seymaz-Yamaha	47'14.30
6.	M. Kumano/I. Arifuku	J	Yamaha	47'31.20
7.	P. Frick/C. Flückiger	CH	BEO-Yamaha	47'36.70
8.	H. Thevissen/L. Klein	D	HTS-Yamaha	47'52.40
9.	B. Chabert/P. Dessirier	F CB	Yamaha	48'01.60
10.	H. Luthringshauser/K. Paul	D	Yamaha	1 lap

Number of finishers: 14.
Fastest lap: A. Michel/M. Burkhard (F/D, Seymaz-Yamaha), 3'10.02 = 146.078 km/h.

WORLD CHAMPIONSHIP

1.	Bruno Holzer/Karl Meierhans	CH	LCR-Yamaha	72
2.	Rolf Biland/Kurt Waltisperg	CH	LCR-Yamaha	60
3.	Masato Kumano/Isao Arifuki	J	Yamaha	41
4.	Alain Michel/Michael Burkhard	F/D	Seymaz-Yamaha	30
5.	Bernard Chabert/Patrice Daire/Paul Dessirier	F	CB-Yamaha	25
6.	Yvan Trolliet/Marc Petel	F	Seymaz-Yamaha	24
7.	Derek Jones/Brian Ayres	GB	Daytona-Yamaha	20
8.	Klaus Sprengel/Derek Booth	A/GB	Suzuki	17
9.	Heinz Luthringshauser/Karl Paul	D	Yamaha	15
10.	Peter Frick/Christoph Flückiger	CH	BEO-Yamaha	14
11.	Heinz Thevissen/Lothar Klein	D	HTS-Yamaha	12
12.	Gérard Leboeuf/Michel Guitel	F	Yamaha	10
13.	Cees Smit/Peter Fruhop/Georg Etz	NL/NL/D	Seymaz-Yamaha	10
14.	Rudolf Reinhard/Karin Sterzenbach	D	GEP-Yamaha	10
15.	Philippe Filek/Muriel Pringent	F	Yamaha	8
16.	Claude Bay/Patrick Rossi	F	GEP-Yamaha	8
17.	Jean-Claude Jaquet/René Delarze	CH	TTM-Yamaha	3
18.	Albert Giesemann/Thomas Riedel	D	GEP-Yamaha	2
19.	Steve Sinnott/John Horspole	GB	Yamaha	2

Side-Cars LCR-Yamaha
Rolf Biland / Kurt Waltisperg

1980 — 50 cc

Champion : Eugenio Lazzarini (Italy, Iprem), 74 points, 2 wins

1) May 11 : Italy - Misano

20 laps = 69.760 km
Pole position: E. Lazzarini (I, Iprem),
1'42.90 = 122.005 km/h.

1.	E. Lazzarini	I	Iprem	34'05.66
				= 122.765 km/h
2.	T. Timmer	NL	Bultaco	34'40.30
3.	H. Hummel	A	Kreidler	35'06.86
4.	H. Van Kessel	NL	Pentax	35'06.86
5.	S. Dörflinger	CH	Kreidler	35'08.56
6.	J. Hutteau	F	ABF	35'09.02
7.	G. Ascareggi	I	Minarelli	35'09.61
8.	Y. Dupont	F	ABF	35'09.63
9.	E. Cereda	I	UFO-Morbidelli	35'37.19
10.	A. Pero	I	Kreidler	35'49.40

Number of finishers: 20.
Fastest lap: S. Dörflinger (CH, Kreidler),
1'40.6 = 124.819 km/h.

2) May 18 : Spain - Jarama

18 laps = 61.272 km
Pole position: R. Tormo (E, Kreidler),
1'51.05 = 110.350 km/h.

1.	E. Lazzarini	I	Iprem	33'46.51
				= 108.906 km/h
2.	S. Dörflinger	CH	Kreidler	33'50.36
3.	H. Van Kessel	NL	Pentax	33'51.95
4.	R. Blatter	CH	Kreidler	33'52.34
5.	R. Tormo	E	Kreidler	33'53.19
6.	Y. Dupont	F	ABF	34'12.83
7.	J. Hutteau	F	ABF	34'37.37
8.	D. Mateos	E	Derbi	34'41.62
9.	C. Lusuardi	I	Villa	34'42.73
10.	W. Müller	D	Kreidler	35'05.42

Number of finishers: 21.
Fastest lap: E. Lazzarini (I, Iprem),
1'50.10 = 111.302 km/h.

3) June 15 : Yugoslavia - Rijeka

20 laps = 83.360 km
Pole position: R. Tormo (E, Kreidler),
1'52.20 = 133.733 km/h.

1.	R. Tormo	E	Kreidler	38'12.2
				= 131.225 km/h
2.	S. Dörflinger	CH	Kreidler	38'40.8
3.	E. Lazzarini	I	Iprem	38'43.1
4.	J. Hutteau	F	ABF	39'27.0
5.	H. Van Kessel	NL	Pentax	39'32.8
6.	H. Hummel	A	Kreidler	39'34.1
7.	O. Machinek	A	Kreidler	39'46.3
8.	G. Waibel	D	Kreidler	39'46.7
9.	W. Müller	D	Kreidler	39'47.2
10.	C. Lusuardi	I	Villa	39'48.0

Number of finishers: 21.
Fastest lap: R. Tormo (E, Kreidler),
1'53.3 = 132.434 km/h.

4) June 28 : The Netherlands - Assen

9 laps = 69.462 km
Pole position: R. Tormo (E, Kreidler),
3'33.40 = 130.201 km/h.

1.	R. Tormo	E	Kreidler	33'46.9
				= 123.369 km/h
2.	S. Dörflinger	CH	Kreidler	33'47.2
3.	E. Lazzarini	I	Iprem	34'09.9
4.	H. Spaan	NL	Kreidler	34'18.1
5.	H. Hummel	A	Kreidler	34'19.6
6.	T. Timmer	NL	Bultaco	34'20.9
7.	H. Van Kessel	NL	Pentak	Time not released
8.	R. Blatter	CH	Kreidler	Time not released
9.	W. Müller	D	Kreidler	Time not released
10.	O. Machinek	A	Kreidler	Time not released

Number of finishers: 22.
Fastest lap: R. Tormo (E, Kreidler),
3'38.6 = 127.180 km/h.

5) July 6 : Belgium - Zolder

18 laps = 76.716 km
Pole position: R. Tormo (E, Kreidler),
2'05.48 = 122.276 km/h.

1.	S. Dörflinger	CH	Kreidler	37'59.39
				= 121.163 km/h
2.	E. Lazzarini	I	Iprem	38'12.45
3.	Y. Dupont	F	ABF	38'42.72
4.	H. Spaan	NL	Kreidler	38'55.56
5.	H. Hummel	A	Kreidler	38'55.80
6.	W. Müller	D	Kreidler	39'09.87
7.	G. Waibel	D	Kreidler	39'10.20
8.	R. Blatter	CH	Kreidler	39'14.84
9.	O. Machinek	A	Kreidler	39'17.32
10.	J. Hutteau	F	ABF	40'05.16

Number of finishers: 25.
Fastest lap: S. Dörflinger (CH, Kreidler),
2'04.86 = 122.883 km/h.

6) August 24 : Germany - Nürburgring

3 laps = 68.550 km
Pole position: R. Tormo (E, Kreidler),
10'22.45 = 132.068 km/h.

1.	S. Dörflinger	CH	Kreidler	35'19.05
				= 116.381 km/h
2.	E. Lazzarini	I	Iprem	35'33.28
3.	H. Hummel	A	Kreidler	35'52.70
4.	H. Spaan	NL	Kreidler	35'59.09
5.	I. Emmerich	D	Kreidler	35'59.36
6.	W. Müller	D	Kreidler	37'27.67
7.	G. Schirnhofer	D	Kreidler	37'37.05
8.	H. Van Kessel	NL	Pentax	37'50.24
9.	T. Timmer	NL	Bultaco	38'55.70
10.	G. Boehl	D	Kreidler	39'09.68

Number of finishers: 19.
Fastest lap: S. Dörflinger (CH, Kreidler),
11'26.04 = 119.826 km/h.

WORLD CHAMPIONSHIP

1. Eugenio Lazzarini   I   Iprem   74
2. Stefan Dörflinger   CH   Kreidler   72
3. Hans Hummel   A   Kreidler   37
4. Ricardo Tormo Blaya   E   Kreidler   36
5. Henk Van Kessel   NL   Pentax   31
6. Hans Spaan   NL   Kreidler   24
7. Theo Timmer   NL   Bultaco   19
8. Yves Dupont   F   ABF   18
9. Jacques Hutteau   F   ABF   18
10. Wolfgang Müller   D   Kreidler   15
11. Rolf Blatter   CH   Kreidler   14
12. Gerhard Waibel   D   Kreidler   7
13. Otto Machinek   A   Kreidler   7
14. Ingo Emmerich   D   Kreidler   6
15. Giuseppe Ascareggi   I   Minarelli   4
16. Günther Schirnhofer   D   Kreidler   4
17. Daniel Mateos   E   Derbi   3
18. Claudio Lusuardi   I   Villa   3
19. Enrico Cereda   I   UFO-Morbidelli   2
20. Aldo Pero   I   Kreidler   1
21. Gerhard Boehl   D   Kreidler   1

Gerhard Waibel

Yves Dupont, ABF

1980 — 50 cc

Champion : **Pierpaolo Bianchi (Italy, Sanvenero-MBA), 90 points, 2 wins**

1980 — 125 cc

1) May 11 : Italy - Misano

28 laps = 97.664 km
Pole position: P. Bianchi (I, Sanvenero-MBA),
1'30.00 = 139.520 km/h.

1.	P. Bianchi	I	Sanvenero-MBA	42'39.74
				= 137.361 km/h
2.	G. Bertin	F	Motobécane	43'00.70
3.	B. Kneubühler	CH	MBA	43'01.08
4.	L. Reggiani	I	Minarelli	43'01.53
5.	A. Nieto	E	Minarelli	43'45.72
6.	I. Palazzese	VEN	MBA	43'45.96
7.	T. Noblesse	F	MBA	43'58.41
8.	H. Müller	CH	MBA	43'59.45
9.	G. Marchetti	I	MBA	44'01.48
10.	R. Blatter	CH	MBA	44'11.13

Number of finishers: 19.
Fastest lap: P. Bianchi (I, Sanvenero-MBA),
1'30.58 = 138.627 km/h.

2) May 18 : Spain - Jarama

27 laps = 91.908 km
Pole position: P. Bianchi (I, Sanvenero-MBA),
1'39.86 = 122.716 km/h.

1.	P. Bianchi	I	Sanvenero-MBA	45'36.02
				= 117.663 km/h
2.	I. Palazzese	VEN	MBA	45'47.79
3.	B. Kneubühler	CH	MBA	45'55.82
4.	B. Smith	AUS	MBA	46'05.14
5.	R. Tormo	E	MBA	46'15.89
6.	R. Blatter	CH	MBA	46'23.84
7.	A. Auinger	A	MBA-Bartol	46'27.74
8.	H. Müller	CH	MBA	43'35.41
9.	S. Dörflinger	CH	Morbidelli	46'47.97
10.	H.-J. Vignetti	ARG	MBA	46'48.96

Number of finishers: 19.
Fastest lap: G. Bertin (F, Motobécane),
1'39.05 = 120.377 km/h.

3) May 25 : France - Le Castellet

18 laps = 104.580 km
Pole position: G. Bertin (F, Motobécane),
2'18.98 = 150.496 km/h.

1.	A. Nieto	E	Minarelli	42'23.02
				= 148.048 km/h
2.	P. Bianchi	I	Sanvenero-MBA	42'24.75
3.	L. Reggiani	I	Minarelli	43'03.72
4.	Y. Dupont	F	MBA	43'12.26
5.	H. Müller	CH	MBA	43'16.64
6.	B. Smith	AUS	MBA	43'17.22
7.	G. Marchetti	I	MBA	43'18.49
8.	P. Looyensteyn	NL	MBA	43'19.92
9.	E. Lazzarini	I	Iprem	43'21.02
10.	J.-C. Selini	F	MBA	43'38.59

Number of finishers: 23.
Fastest lap: A. Nieto (E, Minarelli),
2'18.75 = 150.746 km/h.

4) June 15 : Yugoslavia - Rijeka

25 laps = 104.200 km
Pole position: P. Bianchi (I, Sanvenero-MBA),
1'43.30 = 145.255 km/h.

1.	G. Bertin	F	Motobécane	43'45.90
				= 143.950 km/h
2.	H. Müller	CH	MBA	43'49.10
3.	L. Reggiani	I	Minarelli	43'59.40
4.	B. Kneubühler	CH	MBA	44'17.10
5.	S. Dörflinger	CH	Morbidelli	44'21.40
6.	A. Auinger	A	MBA-Bartol	44'23.40
7.	B. Smith	AUS	MBA	45'04.20
8.	P. Looyensteyn	NL	MBA	45'10.00
9.	M. Kinnunen	SF	MBA	45'16.20
10.	Z. Ljeljak	Y	MBA	45'23.30

Number of finishers: 15.
Fastest lap: G. Bertin (F, Motobécane),
1'43.00 = 145.678 km/h.

5) June 28 : The Netherlands - Assen

14 laps = 108.052 km
Pole position: G. Bertin (F, Motobécane),
3'13.90 = 143.295 km/h.

1.	A. Nieto	E	Minarelli	46'59.50
				= 137.963 km/h
2.	G. Bertin	F	Motobécane	47'13.40
3.	L. Reggiani	I	Minarelli	47'52.50
4.	P. Bianchi	I	Sanvenero-MBA	48'20.40
5.	H. Bartol	A	MBA-Bartol	48'21.70
6.	R. Tormo	E	MBA	48'26.80
7.	B. Kneubühler	CH	MBA	48'28.40
8.	H. Van Kessel	NL	Condor	Time not released
9.	M. Kinnunen	SF	MBA	Time not released
10.	A. Straver	NL	MBA	Time not released

Number of finishers: 18.
Fastest lap: A. Nieto (E, Minarelli),
3'15.70 = 141.977 km/h.

6) July 6 : Belgium - Zolder

25 laps = 106.550 km
Pole position: H. Müller (CH, MBA),
1'52.71 = 136.130 km/h.

1.	A. Nieto	E	Minarelli	46'45.92
				= 136.703 km/h
2.	G. Bertin	F	Motobécane	46'46.19
3.	L. Reggiani	I	Minarelli	47'14.37
4.	P. Bianchi	I	Sanvenero-MBA	47'18.40
5.	H. Müller	CH	MBA	47'19.83
6.	P. Looyensteyn	NL	MBA	47'39.86
7.	G. Marchetti	I	MBA	47'40.21
8.	B. Kneubühler	CH	MBA	47'45.19
9.	R. Tormo	E	MBA	47'49.23
10.	J.-C. Selini	F	MBA	47'56.00

Number of finishers: 31.
Fastest lap: G. Bertin (F, Motobécane),
1'49.90 = 139.611 km/h.

7) July 27 : Finland - Imatra

23 laps = 113.850 km
Pole position: G. Bertin (F, Motobécane),
2'08.80 = 138.354 km/h.

1.	A. Nieto	E	Minarelli	50'29.30
				= 135.298 km/h
2.	P. Bianchi	I	Sanvenero-MBA	50'35.30
3.	H. Müller	CH	MBA	50'38.60
4.	B. Kneubühler	CH	MBA	51'20.90
5.	P. Looyensteyn	NL	MBA	51'30.30
6.	M. Galbit	F	Morbidelli	51'53.20
7.	S. Dörflinger	CH	Morbidelli	52'14.20
8.	P. Hérouard	MON	MBA	52'20.30
9.	J. Bäckström	S	MBA	52'38.20
10.	J. Wickström	SF	MBA	52'39.30

Number of finishers: 14.
Fastest lap: A. Nieto (E, Minarelli),
2'09.20 = 137.926 km/h.

8) August 10 : Great Britain - Silverstone

20 laps = 94.200 km
Pole position: G. Bertin (F, Motobécane),
1'41.23 = 167.500 km/h.

1.	L. Reggiani	I	Minarelli	34'31.04
				= 166.403 km/h
2.	B. Kneubühler	CH	MBA	34'44.23
3.	P. Bianchi	I	Sanvenero-MBA	34'44.44
4.	I. Palazzese	VEN	MBA	34'54.55
5.	E. Lazzarini	I	Iprem	34'55.10
6.	H. Bartol	A	MBA-Bartol	35'07.66
7.	H. Müller	CH	MBA	35'08.83
8.	P. Hérouard	MON	MBA	35'13.31
9.	H. Van Kessel	NL	Condor	35'26.53
10.	M. Galbit	F	Morbidelli	35'31.65

Number of finishers: 23.
Fastest lap: A. Nieto (E, Minarelli),
1'41.48 = 167.087 km/h.

9) August 17 : Czechoslovakia - Brno

11 laps = 120.175 km
Pole position: A. Nieto (E, Minarelli),
4'06.22 = 159.662 km/h.

1.	G. Bertin	F	Motobécane	46'00.59
				= 156.690 km/h
2.	M. Massimiani	I	Minarelli	46'00.65
3.	H. Müller	CH	MBA	46'07.20
4.	B. Kneubühler	CH	MBA	46'09.91
5.	P. Bianchi	I	Sanvenero-MBA	46'36.12
6.	J. Drapal	H	Morbidelli	46'36.68
7.	H. Bartol	A	MBA-Bartol	46'49.34
8.	I. Palazzese	VEN	MBA	47'05.59
9.	R. Blatter	CH	MBA	47'15.05
10.	S. Dörflinger	CH	Morbidelli	47'30.07

Number of finishers: 28.
Fastest lap: G. Bertin (F, Motobécane),
4'06.67 = 159.671 km/h.

10) August 24 : Germany - Nürburgring

4 laps = 91.400 km
Pole position: G. Bertin (F, Motobécane),
9'28.05 = 144.716 km/h.

1.	G. Bertin	F	Motobécane	37'41.94
				= 145.372 km/h
2.	A. Nieto	E	Minarelli	37'55.09
3.	H. Müller	CH	MBA	38'01.77
4.	M. Massimiani	I	Minarelli	38'14.85
5.	G. Bender	D	Bender-Special	38'26.85
6.	B. Kneubühler	CH	MBA	38'32.18
7.	P. Bianchi	I	Sanvenero-MBA	38'34.67
8.	H. Van Kessel	NL	Condor	38'46.88
9.	S. Janssen	D	Morbidelli	38'47.18
10.	P. Looyensteyn	NL	MBA	39'02.82

Number of finishers: 31.
Fastest lap: G. Bertin (F, Motobécane),
9'12.14 = 148.886 km/h.

WORLD CHAMPIONSHIP

1.	Pierpaolo Bianchi	I	Sanvenero-MBA	90
2.	Guy Bertin	F	Motobécane	81
3.	Angel Nieto	E	Minarelli	78
4.	Bruno Kneubühler	CH	MBA	68
5.	Hans Müller	CH	MBA	64
6.	Loris Reggiani	I	Minarelli	63
7.	Ivan Palazzese	VEN	MBA	28
8.	Maurizio Massimiani	I	Minarelli	20
9.	Peter Looyensteyn	NL	MBA	18
10.	Barry Smith	AUS	MBA	17
11.	Harald Bartol	A	MBA-Bartol	15
12.	Ricardo Tormo Blaya	E	MBA	13
13.	Stefan Dörflinger	CH	Morbidelli	13
14.	Gianpaolo Marchetti	I	MBA	10
15.	August Auinger	A	MBA-Bartol	9
16.	Yves Dupont	F	MBA	8
17.	Eugenio Lazzarini	I	Iprem	8
18.	Rolf Blatter	CH	MBA	8
19.	Henk Van Kessel	NL	Condor	8
20.	Gert Bender	D	Bender-Special	6
21.	Michel Galbit	F	Morbidelli	6
22.	Patrick Hérouard	MON	MBA	6
23.	Janos Drapal	H	Morbidelli	5
24.	Thierry Noblesse	F	MBA	4
25.	Matti Kinnunen	SF	MBA	4
26.	Jan Bäckström	S	MBA	2
27.	Stefan Janssen	D	Morbidelli	2
28.	Jean-Claude Selini	F	MBA	2
29.	Hugo Jorge Vignetti	ARG	MBA	1
30.	Zdravko Ljeljak	Y	MBA	1
31.	Anton Straver	NL	MBA	1
32.	Johnny Wickström	SF	MBA	1

Bruno Kneubühler, MBA

1980 — 250 cc

Champion: **Anton Mang (Germany, Kawasaki), 128 points, 4 wins**

1) May 11 : Italy - Misano

32 laps = 111.616 km
Pole position: A, Mang (D, Kawasaki),
1'25.71 = 146.503 km/h.

1.	A. Mang	D	Kawasaki	46'54.73
				= 142.755 km/h
2.	J.-F. Baldé	F	Kawasaki	47'33.10
3.	P.-L. Conforti	I	Yamaha	47'48.70
4.	T. Espié	F	Bimota-Yamaha	47'59.00
5.	E. Saul	F	Bimota-Yamaha	48'10.60
6.	P. Ferretti	I	Yamaha	48'11.10
7.	E. Stöllinger	A	Kawasaki	48'11.40
8.	R. Roth	D	Yamaha	1 lap
9.	E. Hyvärinen	SF	Yamaha	1 lap
10.	M. Papa	I	Yamaha	1 lap

Number of finishers: 14.
Fastest lap: K. Ballington (SA, Kawasaki),
1'26.72 = 144.867 km/h.

2) May 18 : Spain - Jarama

30 laps = 102.120 km
Pole position: K. Ballington (SA, Kawasaki),
1'35.91 = 127.770 km/h.

1.	K. Ballington	SA	Kawasaki	48'40.90
				= 125.863 km/h
2.	A. Mang	D	Kawasaki	48'49.07
3.	T. Espié	F	Bimota-Yamaha	48'55.40
4.	J.-F. Baldé	F	Kawasaki	49'09.26
5.	R. Freymond	CH	Morbidelli	49'14.76
6.	J. Cornu	CH	Yamaha	49'17.90
7.	G. Marchetti	I	MBA	49'21.18
8.	J.-L. Guignabodet	F	Kawasaki	49'21.76
9.	C. Lavado	VEN	Yamaha	49'46.80
10.	R. Roth	D	Yamaha	49'54.95

Number of finishers: 24.
Fastest lap: K. Ballington (SA, Kawasaki),
1'35.77 = 127.957 km/h.

3) May 25 : France - Le Castellet

19 laps = 110.390 km
Pole position: A. Mang (D, Kawasaki),
2'12.27 = 158.131 km/h.

1.	K. Ballington	SA	Kawasaki	42'49.72
				= 154.649 km/h
2.	A. Mang	D	Kawasaki	42'51.52
3.	T. Espié	F	Bimota-Yamaha	42'57.64
4.	R. Freymond	CH	Morbidelli	42'58.40
5.	E. Saul	F	Bimota-Yamaha	43'00.23
6.	J. Cornu	CH	Yamaha	43'10.07
7.	C. Lavado	VEN	Yamaha	43'17.83
8.	R. Sibille	F	Yamaha	43'20.65
9.	P. Ferretti	I	Yamaha	43'31.58
10.	A. Gouin	F	Yamaha	43'32.04

Number of finishers: 20.
Fastest lap: T. Espié (F, Bimota-Yamaha),
2'12.96 = 157.310 km/h.

4) June 15 : Yugoslavia - Rijeka

27 laps = 112.536 km
Pole position: A. Mang (D, Kawasaki),
1'38.70 = 152.024 km/h.

1.	A. Mang	D	Kawasaki	45'04.70
				= 150.404 km/h
2.	G. Marchetti	I	MBA	45'47.20
3.	S. Pazzaglia	I	Morbidelli	45'47.60
4.	C. Lavado	VEN	Yamaha	45'47.60
5.	J. Cornu	CH	Yamaha	45'58.40
6.	J.-F. Baldé	F	Kawasaki	45'58.60
7.	J.-M. Toffolo	B	Bimota-Yamaha	45'59.90
8.	R. Sibille	F	Yamaha	46'00.30
9.	W. Villa	I	Adriatica-Yamaha	46'00.30
10.	F. Marcheggiani	I	Yamaha	46'08.90

Number of finishers: 20.
Fastest lap: A. Mang (D, Kawasaki),
1'38.80 = 151.870 km/h.

5) June 28 : The Netherlands - Assen

15 laps = 115.770 km
Pole position: A. Mang (D, Kawasaki),
3'03.70 = 151.251 km/h.

1.	C. Lavado	VEN	Yamaha	48'50.50
				= 142.216 km/h
2.	E. Saul	F	Bimota-Yamaha	49'29.20
3.	A. Mang	D	Kawasaki	49'29.90
4.	T. Espié	F	Bimota-Yamaha	49'58.60
5.	J.-M. Toffolo	B	Bimota-Yamaha	50'23.50
6.	E. Hyvärinen	SF	Yamaha	50'41.90
7.	J.-F. Baldé	F	Kawasaki	Time not released
8.	D. De Radiguès	B	Yamaha	Time not released
9.	C. Horton	GB	Cotton	Time not released
10.	R. Delaby	B	Yamaha	Time not released

Number of finishers: 16.
Fastest lap: C. Lavado (VEN, Yamaha),
3'10.70 = 145.699 km/h.

6) July 6 : Belgium - Zolder

28 laps = 119.336 km
Pole position: A. Mang (D, Kawasaki),
11'46.66 = 143.861 km/h.

1.	A. Mang	D	Kawasaki	49'54.03
				= 143.489 km/h
2.	G. Marchetti	I	MBA	50'35.60
3.	P. Fernandez	F	Bimota-Yamaha	50'50.77
4.	R. Feymond	CH	Morbidelli	50'52.44
5.	G. Geddes	AUS	Yamaha	51'04.29
6.	C. Horton	GB	Cotton	51'08.82
7.	J. Cornu	CH	Yamaha	51'12.73
8.	J.-L. Guignabodet	F	Kawasaki	51'13.02
9.	S. Pazzaglia	I	Morbidelli	51'20.21
10.	E. Hyvärinen	SF	Yamaha	51'25.99

Number of finishers: 31.
Fastest lap: A. Mang (D, Kawasaki),
1'45.70 = 145.158 km/h.

7) July 27 : Finland - Imatra

24 laps = 118.800 km
Pole position: A. Mang (D, Kawasaki),
2'02.50 = 145.469 km/h.

1.	K. Ballington	SA	Kawasaki	49'53.20
				=142.883 km/h
2.	A. Mang	D	Kawasaki	49'56.40
3.	R. Freymond	CH	Morbidelli	50'21.20
4.	J.-F. Baldé	F	Kawasaki	50'30.00
5.	P. Fernandez	F	Bimota-Yamaha	50'30.80
6.	J. Bolle	F	Yamaha	50'56.20
7.	H. Müller	CH	Yamaha	51'02.40
8.	J.-L. Guignabodet	F	Kawasaki	51'04.80
9.	T. Espié	F	Bimota-Yamaha	51'23.10
10.	J.-M. Toffolo	B	Bimota-Yamaha	51'26.50

Number of finishers: 19.
Fastest lap: K. Ballington (SA, Kawasaki),
2'02.50 = 145.469 km/h.

8) August 10 : Great Britain - Silverstone

24 laps = 113.040 km
Pole position: A. Mang (D, Kawasaki),
1'35.19 = 178.128 km/h.

1.	K. Ballington	SA	Kawasaki	38'42.49
				= 175.516 km/h
2.	A. Mang	D	Kawasaki	38'43.01
3.	T. Espié	F	Bimota-Yamaha	39'18.35
4.	E. Stöllinger	A	Kawasaki	39'20.59
5.	H. Müller	CH	Yamaha	39'20.96
6.	S. Tonkin	GB	Cotton	39'22.38
7.	G. McGregor	AUS	Cotton	39'30.21
8.	R. Freymond	CH	Morbidelli	39'32.01
9.	C. Williams	GB	Yamaha	39'33.31
10.	T. Rogers	GB	Yamaha	39'33.43

Number of finishers: 24.
Fastest lap: A. Mang (D, Kawasaki),
1'34.98 = 178.522 km/h.

9) August 17 : Czechoslovakia - Brno

11 laps = 120.175 km
Pole position: A. Mang (D, Kawasaki),
3'50.49 = 170.558 km/h.

1.	A. Mang	D	Kawasaki	43'01.00
				= 167.540 km/h
2.	K. Ballington	SA	Kawasaki	43'20.57
3.	J.-F. Baldé	F	Kawasaki	43'48.59
4.	R. Freymond	CH	Morbidelli	43'49.37
5.	H. Müller	CH	Yamaha	44'14.64
6.	T. Espié	F	Bimota-Yamaha	44'15.02
7.	E. Stöllinger	A	Kawasaki	44'15.55
8.	A. Gouin	F	Yamaha	44'16.02
9.	W. Villa	I	Adriatica-Yamaha	44'16.52
10.	J.-L. Tournadre	F	Yamaha	44'30.63

Number of finishers: 27.
Fastest lap: A. Mang (D, Kawasaki),
3'50.94 = 170.226 km/h.

10) August 24 : Germany - Nürburgring

5 laps = 114.250 km
Pole position: A. Mang (D, Kawasaki),
8'46.88 = 156.024 km/h.

1.	K. Ballington	SA	Kawasaki	47'50.63
				= 143.184 km/h
2.	J.-F. Baldé	F	Kawasaki	47'59.95
3.	A. Mang	D	Kawasaki	48'52.96
4.	G. McGregor	AUS	Cotton	49'04.22
5.	J. Cornu	CH	Yamaha	49'05.00
6.	D. De Radiguäs	B	Yamaha	49'05.49
7.	H. Hauf	D	Yamaha	49'13.48
8.	R. Freymond	CH	Morbidelli	49'13.85
9.	M. Wimmer	D	Yamaha	49'28.62
10.	M. Tomic	D	Yamaha	49'28.92

Number of finishers: 22.
Fastest lap: K. Ballington (SA, Kawasaki),
9'09.17 = 149.691 km/h.

WORLD CHAMPIONSHIP

1.	Anton Mang	D	Kawasaki	128
2.	Kork Ballington	SA	Kawasaki	87
3.	Jean-François Baldé	F	Kawasaki	59
4.	Thierry Espié	F	Bimota-Yamaha	53
5.	Roland Freymond	CH	Morbidelli	46
6.	Carlos Lavado	VEN	Yamaha	29
7.	Gianpaolo Marchetti	I	MBA	28
8.	Jacques Cornu	CH	Yamaha	26
9.	Eric Saul	F	Bimota-Yamaha	24
10.	Patrick Fernandez	F	Bimota-Yamaha	16
11.	Eduard "Edi" Stöllinger	A	Kawasaki	16
12.	Hans Müller	CH	Yamaha	16
13.	Sauro Pazzaglia	I	Morbidelli	12
14.	Graeme McGregor	AUS	Cotton	12
15.	Jean-Marc Toffolo	B	Bimota-Yamaha	11
16.	Pier-Luigi Conforti	I	Yamaha	10
17.	Jean-Louis Guignabodet	F	Kawasaki	9
18.	Didier De Radiguès	B	Yamaha	8
19.	Ero Hyvärinen	SF	Yamaha	8
20.	Paolo Ferretti	I	Yamaha	7
21.	Clive Horton	GB	Cotton	7
22.	Graeme Geddes	AUS	Yamaha	6
23.	Roger Sibille	F	Yamaha	6
24.	Jacques Bolle	F	Yamaha	5
25.	Steve Tonkin	GB	Cotton	5
26.	Herbert Hauf	D	Yamaha	4
27.	Reinhold Roth	D	Yamaha	4
28.	André Gouin	F	Yamaha	4
29.	Walter Villa	I	Adriatica-Yamaha	4
30.	Charlie Williams	GB	Yamaha	2
31.	Martin Wimmer	D	Yamaha	2
32.	Tony Rogers	GB	Yamaha	1
33.	Marco Papa	I	Yamaha	1
34.	Franco Marcheggiani	I	Yamaha	1
35.	René Delaby	B	Yamaha	1
36.	Jean-Louis Tournadre	F	Yamaha	1
37.	Mladen Tomic	D	Yamaha	1

Jean-Louis Guignabodet, Kawasaki

1980 — 350 cc

Champion : **Jon Ekerold (South Africa, Bimota-Yamaha), 63 points, 3 wins**

1) May 11 : Italy - Misano

25 laps = 122.080 km
Pole position: A. Cecotto (VEN, Yamaha),
1'24.10 = 149.237 km/h.

1.	A. Cecotto	VEN	Yamaha	50'07.52
				= 146.130 km/h
2.	M. Matteoni	I	Bimota-Yamaha	50'18.69
3.	W. Villa	I	Adriatica-Yamaha	50'19.27
4.	C. Perugini	I	RTM	50'27.12
5.	R. Freymond	CH	Yamaha	50'38.33
6.	J. Ekerold	SA	Bimota-Yamaha	50'42.21
7.	E. Saul	F	Bimota-Yamaha	50'43.64
8.	J. Sayle	AUS	Yamaha	51'11.64
9.	A. North	SA	Yamaha	1 lap
10.	E. Stöllinger	A	Kawasaki	1 lap

Number of finishers: 17.
Fastest lap: C. Lavado (VEN, Yamaha),
1'24.54 = 148.660 km/h.

2) May 25 : France - Le Castellet

20 laps = 116.200 km
Pole position: A. Cecotto (VEN, Yamaha),
2'09.91 = 161.004 km/h.

1.	J. Ekerold	SA	Bimota-Yamaha	43'39.72
				= 159.681 km/h
2.	A. Cecotto	VEN	Yamaha	43'39.90
3.	E. Saul	F	Bimota-Yamaha	43'49.84
4.	A. Mang	D	Kawasaki	44'02.40
5.	J.-F. Baldé	F	Kawasaki	44'02.82
6.	W. Villa	I	Adriatica-Yamaha	44'04.12
7.	M. Matteoni	I	Bimota-Yamaha	44'14.95
8.	J. Cornu	CH	Yamaha	44'15.60
9.	C. Perugini	I	RTM	44'29.64
10.	R. Freymond	CH	Yamaha	44'30.76

Number of finishers: 25.
Fastest lap: J. Ekerold (SA, Bimota-Yamaha),
2'09.82 = 162.114

3) June 28 : The Netherlands - Assen

16 laps = 123.488 km
Pole position: A. Mang (D, Kawasaki),
2'59.30 = 154.963 km/h.

1.	J. Ekerold	SA	Bimota-Yamaha	48'41.7
				= 152.153 km/h
2.	P. Fernandez	F	Bimota-Yamaha	48'54.4
3.	A. Mang	D	Kawasaki	48'55.0
4.	J. Sayle	F	Yamaha	49'23.0
5.	C. Lavado	VEN	Yamaha	49'24.4
6.	J. Cornu	CH	Yamaha	Time not released
7.	J.-F. Baldé	F	Kawasaki	Time not released
8.	T. Espié	F	Bimota-Yamaha	TNR
9.	G. McGregor	AUS	Yamaha	Time not released
10.	P. Nurmi	SF	Yamaha	Time not released

Number of finishers: 20.
Fastest lap: P. Fernandez (F, Bimota-Yamaha),
2'59.9 = 154.441

4) August 10 : Great Britain - Silverstone

24 laps = 113.040 km
Pole position: A. Mang (D, Kawasaki),
1'32.78 = 182.755 km/h.

1.	A. Mang	D	Kawasaki	37'57.33
				= 178.996 km/h
2.	J. Ekerold	SA	Bimota-Yamaha	38'11.97
3.	E. Saul	F	Bimota-Yamaha	38'17.19
4.	J.-F. Baldé	F	Kawasaki	38'19.63
5.	T. Rogers	GB	Yamaha	38'30.46
6.	K. Huewen	GB	Yamaha	38'30.59
7.	T. Head	GB	Yamaha	38'32.25
8.	T. Espié	F	Bimota-Yamaha	38'33.25
9.	J.-L. Tournadre	F	Bimota-Yamaha	38'36.91
10.	W. Villa	I	Adriatica-Yamaha	38'39.68

Number of finishers: 26.
Fastest lap: A. Mang (D, Kawasaki),
1'33.79 = 180.660 km/h.

5) August 17 : Czechoslovakia - Brno

13 laps = 142.025 km
Pole position: A. Mang (D, Kawasaki),
3'44.34 = 175.234 km/h.

1.	A. Mang	D	Kawasaki	49'00.77
				= 173.780 km/h
2.	J.-F. Baldé	F	Kawasaki	49'55.26
3.	J. Sayle	AUS	Yamaha	50'07.91
4.	J. Cornu	CH	Yamaha	50'08.22
5.	J. Bolle	F	Yamaha	50'16.29
6.	T. Head	GB	Yamaha	50'43.23
7.	L. Reggiani	I	Bimota-Yamaha	50'51.04
8.	M. Matteoni	I	Bimota-Yamaha	50'51.31
9.	C. Lavado	VEN	Yamaha	50'56.44
10.	J. Ekerold	SA	Bimota-Yamaha	50'56.78

Number of finishers: 23.
Fastest lap: A. Mang (D, Kawasaki),
3'43.44 = 175.940 km/h.

6) August 24 : Germany - Nürbrugring

6 laps = 137.100 km
Pole position: A. Mang (D, Kawasaki),
8'37.29 = 158.917 km/h.

1.	J. Ekerold	SA	Bimota-Yamaha	51'15.09
				= 160.397 km/h
2.	A. Mang	D	Kawasaki	51'16.34
3.	A. Cecotto	VEN	Yamaha	52'47.31
4.	J.-F. Baldé	F	Kawasaki	52'47.88
5.	G. Hansford	AUS	Kawasaki	52'48.47
6.	J. Cornu	CH	Yamaha	53'10.03
7.	J. Sayle	AUS	Yamaha	53'10.10
8.	J.-L. Tournadre	F	Bimota-Yamaha	53'25.15
9.	G. McGregor	AUS	Yamaha	53'29.66
10.	K. Huewen	GB	Yamaha	53'40.06

Number of finishers: 27.
Fastest lap: J. Ekerold (SA, Bimota-Yamaha),
8'25.93 = 162.484 km/h.

WORLD CHAMPIONSHIP

1.	Jon Ekerold	SA	Bimota-Yamaha	63
2.	Anton Mang	D	Kawasaki	60
3.	Jean-François Baldé	F	Kawasaki	38
4.	Alberto "Johnny" Cecotto	VEN	Yamaha	37
5.	Jeffrey Sayle	AUS	Yamaha	25
6.	Eric Saul	F	Bimota-Yamaha	24
7.	Jacques Cornu	CH	Yamaha	21
8.	Massimo Matteoni	I	Bimota-Yamaha	19
9.	Walter Villa	I	Adriatica-Yamaha	16
10.	Patrick Fernandez	F	Bimota-Yamaha	12
11.	Carlo Perugini	I	RTM	10
12.	Tony Head	GB	Yamaha	9
13.	Carlos Lavado	VEN	Yamaha	8
14.	Roland Freymond	CH	Yamaha	7
15.	Tony Rogers	GB	Yamaha	6
16.	Jacques Bolle	F	Yamaha	6
17.	Gregg Hansford	AUS	Kawasaki	6
18.	Keith Huewen	GB	Yamaha	6
19.	Thierry Espié	F	Bimota-Yamaha	6
20.	Jean-Louis Tournadre	F	Bimota-Yamaha	5
21.	Loris Reggiani	I	Bimota-Yamaha	4
22.	Graeme McGregor	AUS	Yamaha	4
23.	Alan North	SA	Yamaha	2
24.	Eduard "Edi" Stöllinger	A	Kawasaki	1
25.	Pekka Nurmi	SF	Yamaha	1

Jon Ekerold, Bimota-Yamaha (3) et Anton Mang, Kawasaki (4) en lutte pour le titre mondial dans l'ultime manche, au Nürburgring.

Jon Ekerold, Bimota-Yamaha (3) and Anton Mang, Kawasaki (4) fight for the world title at the final round at the Nurburgring.

Jon Ekerold, Bimota-Yamaha (3) und Anton Mang, Kawasaki (4) kämpfen im letzten Rennen am Nürburgring um den WM-Titel.

1980 — 350 cc

Champion: **Kenny Roberts (United States, Yamaha), 87 points, 3 wins**

1980 — 500 cc

1) May 11 : Italy - Misano

40 laps = 139.520 km
Pole position: M. Lucchinelli (I, Suzuki),
1'22.47 = 152.259 km/h.

1.	K. Roberts	USA	Yamaha	55'57.66
				= 149.590 km/h
2.	F. Uncini	I	Suzuki	56'14.40
3.	G. Rossi	I	Suzuki	56'26.30
4.	A. Cecotto	VEN	Yamaha	56'29.90
5.	C. Perugini	I	Suzuki	56'40.00
6.	T. Katayama	J	Suzuki	56'44.50
7.	B. Sheene	GB	Yamaha	56'59.60
8.	C. Estrosi	F	Suzuki	1 lap
9.	P. Coulon	CH	Suzuki	1 lap
10.	S. Pellandini	CH	Suzuki	1 lap

Number of finishers: 14.
Fastest lap: K. Roberts (USA, Yamaha),
1'22.40 = 152.388 km/h.

2) May 18 : Spain - Jarama

36 laps = 122.544 km
Pole position: K. Roberts (USA, Yamaha),
1'31.79 = 133.505 km/h.

1.	K. Roberts	USA	Yamaha	55'59.57
				= 127.766 km/h
2.	M. Lucchinelli	I	Suzuki	56'03.71
3.	R. Mamola	USA	Suzuki	56'18.32
4.	T. Katayama	J	Suzuki	56'21.77
5.	B. Sheene	GB	Yamaha	56'49.25
6.	A. Cecotto	VEN	Yamaha	56'53.07
7.	F. Uncini	I	Suzuki	56'57.65
8.	P. Coulon	CH	Suzuki	56'59.42
9.	M. Frutschi	CH	Yamaha	57'12.71
10.	C. Perugini	I	Suzuki	57'17.57

Number of finishers: 19.
Fastest lap: K. Roberts (USA, Yamaha),
1'30.55 = 130.855 km/h.

3) May 25 : France - Le Castellet

21 laps = 122.010 km
Pole position: M. Lucchinelli (I, Suzuki),
2'03.42 = 169.470 km/h.

1.	K. Roberts	USA	Yamaha	44'13.98
				= 165.501 km/h
2.	R. Mamola	USA	Suzuki	44'19.36
3.	M. Lucchinelli	I	Suzuki	44'19.77
4.	G. Rossi	I	Suzuki	44'59.88
5.	G. Crosby	NZ	Suzuki	45'07.85
6.	T. Katayama	J	Suzuki	45'09.17
7.	M. Rougerie	F	Suzuki	45'21.84
8.	K. Ballington	SA	Kawasaki	45'24.23
9.	A. Cecotto	VEN	Yamaha	45'26.93
10.	P. Pons	F	Yamaha	45'27.48

Number of finishers: 25.
Fastest lap: K. Roberts (USA, Yamaha),
2'04.79 = 167.610 km/h.

4) June 28 : The Netherlands - Assen

16 laps = 123.488 km
Pole position: J. Middelburg (NL, Yamaha),
2'55.80 = 158.048 km/h.

1.	J. Middelburg	NL	Yamaha	48'22.00
				= 153.186 km/h
2.	G. Rossi	I	Suzuki	48'36.00
3.	F. Uncini	I	Suzuki	48'37.80
4.	B. Van Dulmen	NL	Suzuki	48'51.40
5.	R. Mamola	USA	Suzuki	48'51.50
6.	A. Cecotto	VEN	Yamaha	48'54.80
7.	P. Fernandez	F	Yamaha	Time not released
8.	G. Crosby	NZ	Suzuki	Time not released
9.	H. De Vries	NL	Suzuki	Time not released
10.	P. Pons	F	Yamaha	Time not released

Number of finishers: 19.
Fastest lap: R. Mamola (USA, Suzuki),
2'57.60 = 156.446 km/h.

5) July 6 : Belgium - Zolder

30 laps = 127.860 km
Pole position: R. Mamola (USA, Suzuki),
1'40.41 = 152.805 km/h.

1.	R. Mamola	USA	Suzuki	51'07.21
				= 150.069 km/h
2.	M. Lucchinelli	I	Suzuki	51'19.61
3.	K. Roberts	USA	Yamaha	51'38.35
4.	G. Crosby	NZ	Suzuki	51'42.14
5.	W. Hartog	NL	Suzuki	51'47.96
6.	F. Uncini	I	Suzuki	52'03.47
7.	C. Perugini	I	Suzuki	52'33.54
8.	P. Pons	F	Yamaha	52'39.51
9.	B. Van Dulmen	NL	Yamaha	52'39.67
10.	B. Fau	F	Suzuki	52'52.80

Number of finishers: 17.
Fastest lap: M. Lucchinelli (I, Suzuki),
1'40.82 = 152.184 km/h.

6) July 27 : Finland - Imatra

26 laps = 128.700 km
Pole position: G. Rossi (I, Suzuki),
1'53.80 = 156.590 km/h.

1.	W. Hartog	NL	Suzuki	50'51.80
				= 151.818 km/h
2.	K. Roberts	USA	Yamaha	51'01.30
3.	F. Uncini	I	Suzuki	51'14.60
4.	R. Mamola	USA	Suzuki	51'25.10
5.	K. Ballington	SA	Kawasaki	51'32.10
6.	P. Pons	F	Yamaha	51'35.20
7.	C. Perugini	I	Suzuki	51'38.50
8.	P. Coulon	CH	Suzuki	51'57.40
9.	S. Asami	J	Yamaha	52'08.50
10.	R. Roche	F	Yamaha	52'13.20

Number of finishers: 19.
Fastest lap: M. Lucchinelli (I, Suzuki),
1'54.60 = 155.410 km/h.

7) August 10 : Great Britain - Silverstone

28 laps = 131.880 km
Pole position: K. Roberts (USA, Yamaha),
1'30.71 = 186.925 km/h.

1.	R. Mamola	USA	Suzuki	42'52.71
				= 184.520 km/h
2.	K. Roberts	USA	Yamaha	43'03.86
3.	M. Lucchinelli	I	Suzuki	43'19.10
4.	G. Rossi	I	Suzuki	43'19.22
5.	A. Cecotto	VEN	Yamaha	43'38.92
6.	F. Uncini	I	Suzuki	43'42.49
7.	K. Ballington	SA	Kawasaki	43'48.73
8.	P. Coulon	CH	Suzuki	43'56.21
9.	J. Middelburg	NL	Yamaha	44'03.38
10.	D. Potter	GB	Yamaha	44'08.94

Number of finishers: 25.
Fastest lap: K. Roberts (USA, Yamaha),
1'30.70 = 186.946 km/h.

8) August 24 : Germany - Nürburgring

6 laps = 137.100 km
Pole position: R. Mamola (USA, Suzuki),
8'24.91 = 162.813 km/h.

1.	M. Lucchinelli	I	Suzuki	50'38.33
				= 162.348 km/h
2.	G. Crosby	NZ	Suzuki	50'58.04
3.	W. Hartog	NL	Suzuki	51'02.00
4.	K. Roberts	USA	Yamaha	51'26.23
5.	R. Mamola	USA	Suzuki	51'28.06
6.	A. Cecotto	VEN	Yamaha	51'30.03
7.	F. Uncini	I	Suzuki	51'52.07
8.	J. Middelburg	NL	Yamaha	52'13.94
9.	C. Perugini	I	Suzuki	52'16.93
10.	G. Reiner	D	Suzuki	52'18.69

Number of finishers: 29.
Fastest lap: M. Lucchinelli (I, Suzuki),
8'22.23 = 163.682 km/h.

WORLD CHAMPIONSHIP

1.	Kenny Roberts	USA	Yamaha	87
2.	Randy Mamola	USA	Suzuki	72
3.	Marco Lucchinelli	I	Suzuki	59
4.	Franco Uncini	I	Suzuki	50
5.	Graziano Rossi	I	Suzuki	38
6.	Will Hartog	NL	Suzuki	31
7.	Alberto "Johnny" Cecotto	VEN	Yamaha	31
8.	Graeme Crosby	NZ	Suzuki	29
9.	Jack Middelburg	NL	Yamaha	20
10.	Takazumi Katayama	J	Suzuki	18
11.	Carlo Perugini	I	Suzuki	17
12.	Kork Ballington	SA	Kawasaki	13
13.	Philippe Coulon	CH	Suzuki	11
14.	Boët Van Dulmen	NL	Yamaha	10
15.	Barry Sheene	GB	Yamaha	10
16.	Patrick Pons	F	Yamaha	10
17.	Michel Rougerie	F	Suzuki	4
18.	Patrick Fernandez	F	Yamaha	4
19.	Christian Estrosi	F	Suzuki	3
20.	Sadao Asami	J	Yamaha	2
21.	Michel Frutschi	CH	Yamaha	2
22.	Henk De Vries	NL	Suzuki	2
23.	Bernard Fau	F	Suzuki	1
24.	Sergio Pellandini	CH	Suzuki	1
25.	Raymond Roche	F	Yamaha	1
26.	Dave Potter	GB	Yamaha	1
27.	Gustav Reiner	D	Suzuki	1

Jack Middelburg

Randy Mamola, Suzuki

Champions: Jock Taylor/Bengt Johansson (Great Britain/Sweden, Windle-Yamaha), 94 points, 4 wins

1980 — Side-Cars

1) May 25 : France - Le Castellet

18 laps = 104.580 km
Pole position: A. Michel/P. Gérard (F/B, Seymaz-Yamaha), 2'14.44 = 155.579 km/h.

1.	R. Biland/K. Waltisperg	CH	LCR-Yamaha	40'46.88
				= 153.865 km/h
2.	J. Taylor/B. Johansson	GB/S	Windle-Yamaha	41'35.46
3.	W. Schwärzel/A. Huber	D	Yamaha	41'43.56
4.	E. Streuer/J. Van Der Kaap	NL	LCR-Yamaha	42'01.29
5.	R. Steinhausen/K. Arthur	D/GB	Yamaha-Bartol	42'07.68
6.	B. Holzer/K. Meierhans	CH	LCR-Yamaha	42'24.66
7.	G. Brodin/B. Gälross	S	Yamaha-Krauser	42'43.09
8.	A. Michel/P. Gérard	F/B	Seymaz-Yamaha	1 lap
9.	J. Höckert/H. Mathews	D/GB	Busch-Yamaha	1 lap
10.	M. Kumano/G. Buchner	J/D	Yamaha	1 lap

Number of finishers: 17.
Fastest lap: R. Biland/K. Waltisperg (CH, LCR-Yamaha), 2'13.14 = 157.098 km/h.

2) June 15 : Yugoslavia - Rijeka

25 laps = 104.200 km
Pole position: A. Michel/M. Burkhard (F/D, Seymaz-Yamaha), 1'39.10 = 151.411 km/h.

1.	R. Biland/K. Waltisperg	CH	LCR-Yamaha	42'15.4
				= 148.089 km/h
2.	A. Michel/M. Burkhard	F/D	Seymaz-Yamaha	42'25.5
3.	J. Taylor/B. Johansson	GB/S	Windle-Yamaha	42'42.7
4.	E. Streuer/J. Van Der Kaap	NL	LCR-Yamaha	43'26.5
5.	W. Schwärzel/A. Huber	D	Yamaha	43'49.8
6.	M. Vanneste/S. Vanneste	B	Suzuki	1 lap
7.	Y. Trolliet/D. Vermet	F	Seymaz-Yamaha	1 lap
8.	G. Brodin/B. Gälross	S	Yamaha-Krauser	1 lap
9.	M. Kumano/G. Buchner	J/D	Yamaha	1 lap
10.	H. Huber/R. Gundel	D	LCR-Yamaha	1 lap

Number of finishers: 11.
Fastest lap: A. Michel/M. Burkhard (F/D, Seymaz-Yamaha), 1'39.60 = 150.651 km/h.

3) June 28 : The Netherlands - Assen

14 laps = 108.052 km
Pole position: D. Jones/B. Ayres (GB, Yamaha), 3'08.40 = 147.478 km/h.

1.	J. Taylor/B. Johansson	GB/S	Windle-Yamaha	43'33.7
				= 148.822 km/h
2.	A. Michel/M. Burkhard	F/D	Seymaz-Yamaha	43'36.0
3.	D. Jones/B. Ayres	GB	Yamaha	44'29.8
4.	E. Streuer/J. Van Der Kaap	NL	LCR-Yamaha	44'44.2
5.	W. Schwärzel/A. Huber	D	Yamaha	45'28.6
6.	Y. Trolliet/D. Vermet	F	Seymaz-Yamaha	45'32.7
7.	G. Brodin/B. Gälross	S	Yamaha-Krauser	TNR
8.	B. Holzer/K. Meierhans	CH	LCR-Yamaha	Time not released
9.	G. O'Dell/K. Williams	GB	Yamaha	Time not released
10.	M. Boddice/C. Birks	GB	Windle-Yamaha	TNR

Number of finishers: 14.
Fastest lap: A. Michel/M. Burkhard (F/D, Seymaz-Yamaha), 3'03.0 = 151.829 km/h.

4) July 6 : Belgium - Zolder

25 laps = 106.550 km
Pole position: C. Smit/E. De Groot (NL, Yamaha), 1'45.27 = 145.751 km/h.

1.	J. Taylor/B. Johansson	GB/S	Windle-Yamaha	45'05.39
				= 141.784 km/h
2.	A. Michel/M. Burkhard	F/D	Seymaz-Yamaha	45'19.29
3.	R. Biland/K. Waltisperg	CH	LCR-Yamaha	45'52.55
4.	D. Jones/B. Ayres	GB	Yamaha	46'12.39
5.	W. Schwärzel/A. Huber	D	Yamaha	46'41.57
6.	E. Streuer/J. Van Der Kaap	NL	LCR-Yamaha	46'51.11
7.	R. Steinhausen/K. Arthur	D/GB	Yamaha-Bartol	1 lap
8.	T. Ireson/C. Pollington	GB	Yamaha	1 lap
9.	G. O'Dell/K. Williams	GB	Yamaha	1 lap
10.	J. Barker/N. Cutmore	GB	Yamaha	1 lap

Number of finishers: 17.
Fastest lap: J. Taylor/B. Johansson (S, Windle-Yamaha), 1'46.02 = 144.792 km/h.

5) July 27 : Finland - Imatra

23 laps = 113.850 km
Pole position: A. Michel/M. Burkhard (F/D, Seymaz-Yamaha), 2'03.70 = 144.058 km/h.

1.	J. Taylor/B. Johansson	GB/S	Windle-Yamaha	49'48.5
				= 137.145 km/h
2.	W. Schwärzel/A. Huber	D	Yamaha	50'57.4
3.	B. Holzer/K. Meierhans	CH	LCR-Yamaha	51'14.2
4.	R. Biland/K. Waltisperg	CH	LCR-Yamaha	51'20.4
5.	M. Vanneste/S. Vanneste	B	Suzuki	1 lap
6.	P. Niinivaara/M. Gröönroos	SF	Yamaha	1 lap
7.	J. Päivärinta/L. Karttiala	SF	Yamaha	1 lap
8.	K. Rahko/K. Laatikainen	SF	Yamaha	1 lap
9.	D. Jones/B. Ayres	GB	Yamaha	1 lap

Number of finishers: 9.
Fastest lap: R. Biland/K. Waltisperg (CH, LCR-Yamaha), 2'04.5 = 143.096 km/h.

6) August 10 : Great Britain - Silverstone

20 laps = 94.200 km
Pole position: J. Taylor/B. Johansson (GB/S, Windle-Yamaha), 1'34.15 = 179.524 km/h.

1.	D. Jones/B. Ayres	GB	Yamaha	32'08.28
				= 176.165 km/h
2.	J. Taylor/B. Johansson	GB/S	Windle-Yamaha	32'38.34
3.	G. O'Dell/K. Williams	GB	Yamaha	33'10.76
4.	P. Campbell/R. Goodwin	AUS	Yamaha	33'21.85
5.	D. Greasley/S. Atkinson	GB	Yamaha	33'29.29
6.	E. Streuer/J. Van Der Kaap	NL	LCR-Yamaha	33'30.99
7.	W. Ohrmann/E. Schmitz	D	Yamaha	33'39.93
8.	B. Holzer/K. Meierhans	CH	LCR-Yamaha	1 lap
9.	M. Kumano/N. Oxley	J/GB	Yamaha	1 lap
10.	J. Barker/N. Cutmore	GB	Yamaha	1 lap

Number of finishers: 17.
Fastest lap: D. Jones/B. Ayres (GB, Yamaha), 1'34.48 = 179.468 km/h.

7) August 17 : Czechoslovakia - Brno

11 laps = 120.175 km
Pole position: A. Michel/M. Burkhard (F/D, Seymaz-Yamaha),
3'52.21 = 169.295 km/h.

1.	R. Biland/K. Waltisperg	CH	LCR-Yamaha	43'31.99
				= 165.560 km/h
2.	A. Michel/M. Burkhard	F/D	Seymaz-Yamaha	44'10.70
3.	B. Holzer/K. Meierhans	CH	LCR-Yamaha	44'16.12
4.	E. Streuer/J. Van Der Kaap	NL	LCR-Yamaha	44'16.62
5.	W. Schwärzel/A. Huber	D	Yamaha	44'20.22
6.	M. Vanneste/S. Vanneste	B	Suzuki	45'03.65
7.	T. Ireson/C. Pollington	GB	Yamaha	45'06.08
8.	P. Campbell/R. Goodwin	AUS	Yamaha	45'30.51
9.	G. O'Dell/B. Boldison	GB	Yamaha	45'53.76
10.	M. Kumano/N. Oxley	J/GB	Yamaha	45'58.01

Number of finishers: 20.
Fastest lap: R. Biland/K. Waltisperg (CH, LCR-Yamaha),
3'55.44 = 166.860 km/h.

8) August 24 : Germany - Nürburgring

5 laps = 114.250 km
Pole position: R. Biland/K. Waltisperg (CH, LCR-Yamaha),
8'44.80 = 156.642 km/h.

1.	J. Taylor/B. Johansson	GB/S	Windle-Yamaha	45'45.15
				= 149.730 km/h
2.	A. Michel/M. Burkhard	F/D	Seymaz-Yamaha	47'14.77
3.	E. Streuer/J. Van Der Kaap	NL	LCR-Yamaha	47'42.39
4.	T. Ireson/C. Pollington	GB	Yamaha	48'20.23
5.	B. Holzer/K. Meierhans	CH	LCR-Yamaha	48'20.69
6.	G. O'Dell/K. Williams	GB	Yamaha	48'24.03
7.	P. Campbell/R. Goodwin	AUS	Yamaha	48'36.49
8.	J. Höckert/T. Riedel	D	Busch-Yamaha	49'42.06
9.	W. Schwärzel/A. Huber	D	Yamaha	49'48.90
10.	W. Ohrmann/E. Schmitz	D	Yamaha	50'22.40

Number of finishers: 17.
Fastest lap: R. Biland/K. Waltisperg (CH, LCR-Yamaha),
8'52.66 = 154.331 km/h.

WORLD CHAMPIONSHIP

1.	Steve Webster/Tony Hewitt	GB	LCR-Krauser	156
1.	Jock Taylor/Bengt Johansson	GB/S	Windle-Yamaha	94
2.	Rolf Biland/Kurt Waltisperg	CH	LCR-Yamaha	63
3.	Alain Michel/Paul Gérard/Michael Burkhard	F/B/D	Seymaz-Yamaha	63
4.	Egbert Streuer/Johan Van Der Kaap	NL	LCR-Yamaha	52
5.	Werner Schwärzel/Andreas Huber	D	Yamaha	48
6.	Bruno Holzer/Karl Meierhans	CH	LCR-Yamaha	37
7.	Derek Jones/Brian Ayres	GB	Yamaha	35
8.	George O'Dell/Kenny Williams/Bill Boldison	GB	Yamaha	21
9.	Michel Vanneste/Serge Vanneste	B	Suzuki	16
10.	Peter Campbell/Richard Goodwin	AUS	Yamaha	15
11.	Trevor Ireson/Clive Pollington	GB	Yamaha	15
12.	Göte Brodin/Billy Gälross	S	Yamaha-Krauser	11
13.	Rolf Steinhausen/Kenny Arthur	D/GB	Yamaha-Bartol	10
14.	Yvan Trolliet/Denis Vermet	F	Seymaz-Yamaha	9
15.	Dick Greasley/Stuart Atkinson	GB	Yamaha	6
16.	Masato Kumano/Georg Buchner/Neil Oxley	J/D/GB	Yamaha	6
17.	Pentti Niinivaara/Matti Gröönroos	SF	Yamaha	5
18.	Walter Ohrmann/Erich Schmitz	D	Yamaha	5
19.	Jesco Höckert/Harald Mathews/Thomas Riedel	D/GB/D	Busch-Yamaha	5
20.	Jorma Päivärinta/L. Karttiala	SF	Yamha	4
21.	Kalevi Rahko/Karo Laatikainen	SF	Yamahaa	3
22.	Hermann Huber/Rainer Gundel	D	LCR-Yamaha	1
23.	Mick Boddice/Chas Birks	GB	Windle-Yamaha	1
24.	John Barker/Nick Cutmore	GB	Yamaha	1

Hockenheim: Schietinger, SSK-Yamaha

Champion : Ricardo Tormo Blaya (Spain, Bultaco), 90 points, 6 wins

1981 — 50 cc

1) May 3 : Germany - Hockenheim

10 laps = 67.880 km
Pole position: S. Dörflinger (CH, Kreidler),
2'49.69 = 144.008 km/h.

1.	S. Dörflinger	CH	Kreidler	29'17.41
				= 139.071 km/h
2.	H. Hummel	A	H-Sachs	30'18.01
3.	R. Kunz	D	Kreidler	30'22.39
4.	O. Machinek	A	Kreidler	30'32.79
5.	G. Looyensteyn	NL	Kreidler	30'34.99
6.	K. Rapczynski	D	Kreidler	30'36.07
7.	G. Bauer	D	Kreidler	30'37.16
8.	C. Lusuardi	I	Villa	30'57.61
9.	K. Kull	D	Kreidler	31'04.58
10.	H. Engelhardt	D	Kreidler	31'14.30

Number of finishers: 27.
Fastest lap: S. Dörflinger (CH, Kreidler),
2'53.49 = 148.860 km/h.

2) May 10 : Italy - Monza

14 laps = 81.200 km
Pole position: S. Dörflinger (CH, Kreidler),
2'26.81 = 142.225 km/h.

1.	R. Tormo	E	Bultaco	34'40.65
				= 140.494 km/h
2.	S. Dörflinger	CH	Kreidler	34'41.07
3.	H. Klein	D	Kreidler	35'39.63
4.	G. Ascareggi	I	Minarelli	35'44.52
5.	T. Timmer	NL	Bultaco	35'58.57
6.	H. Hummel	A	H-Sachs	36'22.14
7.	G. Looyensteyn	NL	Kreidler	36'40.23
8.	C. Lusuardi	I	Villa	36'43.48
9.	I. Emmerich	D	Kreidler	36'43.53
10.	P. Kambourian	F	Kreidler	37'11.87

Number of finishers: 20.
Fastest lap: R. Tormo (E, Bultaco),
2'26.67 = 142.280 km/h.

3) May 24 : Spain - Jarama

19 laps = 64.676 km
Pole position: R. Tormo (E, Bultaco),
1'48.43 = 109.962 km/h.

1.	R. Tormo	E	Bultaco	34'55.96
				= 108.085 km/h
2.	S. Dörflinger	CH	Kreidler	35'19.25
3.	Y. Dupont	F	ABF	35'34.57
4.	T. Timmer	NL	Bultaco	35'53.03
5.	R. Blatter	CH	Kreidler	36'15.21
6.	H. Klein	D	Kreidler	36'17.38
7.	C. Lusuardi	I	Villa	36'18.05
8.	I. Emmerich	D	Kreidler	36'33.18
9.	P. Kambourian	F	Kreidler	1 lap
10.	J. Gali	E	Bultaco	1 lap

Number of finishers: 18.
Fastest lap: R. Tormo (E, Bultaco),
1'48.59 = 109.800 km/h.

4) May 31 : Yugoslavia - Rijeka

18 laps = 75.024 km
Pole position: S. Dörflinger (CH, Kreidler),
1'51.80 = 134.211 km/h.

1.	R. Tormo	E	Bultaco	33'53.6
				= 132.769 km/h
2.	S. Dörflinger	CH	Kreidler	34'13.7
3.	R. Blatter	CH	Kreidler	34'21.8
4.	T. Timmer	NL	Bultaco	34'22.0
5.	H. Klein	D	Kreidler	35'12.5
6.	C. Lusuardi	I	Villa	35'19.1
7.	Y. Dupont	F	ABF	35'23.9
8.	H. Hummel	A	H-Sachs	35'25.6
9.	J. Gali	E	Bultaco	36'26.3
10.	C. Baert	B	CVD	1 lap

Number of finishers: 18.
Fastest lap: R. Tormo (E, Bultaco),
1'51.5 = 134.600 km/h.

5) June 27 : The Netherlands - Assen

9 laps = 69.165 km
Pole position: S. Dörflinger (CH, Kreidler),
3'31.90 = 130.582 km/h.

1.	R. Tormo	E	Bultaco	31'54.35
				= 130.067 km/h
2.	H. Van Kessel	NL	Kreidler	32'56.04
3.	R. Blatter	CH	Kreidler	33'02.73
4.	T. Timmer	NL	Bultaco	33'05.81
5.	H. Klein	D	Kreidler	33'43.60
6.	H. Hummel	A	H-Sachs	33'45.38
7.	I. Emmerich	D	Kreidler	34'03.63
8.	J. Van Dongen	NL	Kreidler	34'25.35
9.	J. Gali	E	Bultaco	34'25.88
10.	R. Scheidhauer	D	Kreidler	34'26.99

Number of finishers: 22.
Fastest lap: S. Dörflinger (CH, Kreidler),
3'27.63 = 133.246 km/h.

6) July 5 : Belgium - Spa-Francorchamps

10 laps = 69.720 km
Pole position: R. Tormo (E, Bultaco),
3'15.42 = 127.885 km/h.

1.	R. Tormo	E	Bultaco	33'25.22
				= 126.493 km/h
2.	H. Van Kessel	NL	Kreidler	33'32.53
3.	T. Timmer	NL	Bultaco	33'36.64
4.	R. Blatter	CH	Kreidler	33'58.43
5.	H. Hummel	A	H-Sachs	34'22.24
6.	G. Looyensteyn	NL	Kreidler	34'47.01
7.	J. Gali	E	Bultaco	35'01.09
8.	P. Kambourian	F	Kreidler	35'01.53
9.	G. Schirnhofer	D	Kreidler	35'07.19
10.	C. Baert	B	CVD	35'13.23

Number of finishers: 27.
Fastest lap: R. Tormo (E, Bultaco),
3'17.48 = 127.170 km/h.

7) July 12 : San Marino - Imola

13 laps = 65.572 km
Pole position: R. Tormo (E, Bultaco),
     2'23.83 = 126.149 km/h.

1.	R. Tormo	E	Bultaco	31'43.75
				= 123.898 km/h
2.	H. Van Kessel	NL	Kreidler	31'50.30
3.	T. Timmer	NL	Bultaco	32'12.87
4.	G. Ascareggi	I	Minarelli	32'15.62
5.	H. Hummel	A	H-Sachs	32'59.69
6.	H. Klein	D	Kreidler	32'59.70
7.	C. Lusuardi	I	Villa	33'25.00
8.	G. Looyensteyn	NL	Kreidler	33'24.52
9.	J. Gali	E	Bultaco	33'34.68
10.	I. Emmerich	D	Kreidler	33'34.59

Number of finishers: 23.
Fastest lap: R. Tormo (E, Bultaco),
     2'24.28 = 125.760 km/h.

8) August 30 : Czechoslovakia - Brno

8 laps = 87.400 km
Pole position: S. Dörflinger (CH, Kreidler),
     4'46.48 = 147.523 km/h.

1.	T. Timmer	NL	Bultaco	38'40.14
				= 135.610 km/h
2.	G. Ascareggi	I	Minarelli	38'52.23
3.	R. Kunz	D	Kreidler	39'05.14
4.	H. Klein	D	Kreidler	39'06.70
5.	H. Hummel	A	H-Sachs	39'19.19
6.	R. Blatter	CH	Kreidler	39'38.02
7.	C. Lusuardi	I	Villa	40'11.49
8.	G. Looyensteyn	NL	Kreidler	40'24.91
9.	G. Schirnhofer	D	Kreidler	40'29.73
10.	K. Rapczynski	D	Kreidler	40'30.11

Number of finishers: 21.
Fastest lap: T. Timmer (NL, Bultaco),
     4'47.55 = 136.780 km/h.

Claudio Lusuardi

WORLD CHAMPIONSHIP

1.	Ricardo Tormo Blaya	E	Bultaco	90
2.	Theo Timmer	NL	Bultaco	65
3.	Stefan Dörflinger	CH	Kreidler	51
4.	Hans Hummel	A	H-Sachs	43
5.	Hagen Klein	D	Kreidler	40
6.	Rolf Blatter	CH	Kreidler	39
7.	Henk Van Kessel	NL	Kreidler	36
8.	Giuseppe Ascareggi	I	Minarelli	28
9.	Claudio Lusuardi	I	Villa	23
10.	George Looyensteyn	NL	Kreidler	21
11.	Reiner Kunz	D	Kreidler	20
12.	Yves Dupont	F	ABF	14
13.	Joaquim Gali	E	Bultaco	11
14.	Ingo Emmerich	D	Kreidler	10
15.	Otto Machinek	A	Kreidler	8
16.	Kasimir Rapczynski	D	Kreidler	6
17.	Pascal Kambourian	F	Kreidler	6
18.	Gerhard Bauer	D	Kreidler	4
19.	Günther Schirnhofer	D	Kreidler	4
20.	Jos Van Dongen	NL	Kreidler	3
21.	Klaus Kull	D	Kreidler	2
22.	Chris Baert	B	CVD	2
23.	Herbert Engelhardt	D	Kreidler	1
24.	Reiner Scheidhauer	D	Kreidler	1

Ingo Emmerich, Kreidler

Champion : **Angel Nieto (Spain, Minarelli), 140 points, 8 wins**

1981 — 125 cc

1) March 22 : Argentina - Buenos Aires

25 laps = 105.125 km
Pole position: A. Nieto (E, Minarelli),
2'03.05 = 123.023 km/h.

1.	A. Nieto	E	Minarelli	52'19.32
				= 120.643 km/h
2.	L. Reggiani	I	Minarelli	52'19.65
3.	J. Bolle	F	Motobécane	52'27.06
4.	W. Perez	ARG	MBA	52'45.58
5.	P. Bianchi	I	MBA	53'13.90
6.	I. Troisi	VEN	MBA	53'36.05
7.	P.-E. Carlsson	S	MBA	53'34.56
8.	F. Gonzales De Nicolas	E	MBA	1 lap
9.	B. Smith	AUS	MBA	1 lap
10.	N. Gatti	ARG	Minarelli	1 lap

Number of finishers: 12.
Fastest lap: L. Reggiani (I, Minarelli),
122.496 km/h.

2) April 26 : Austria - Salzburgring

30 laps = 127.200 km
Pole position: P. Bianchi (I, MBA),
1'32.33 = 165.320 km/h.

1.	A. Nieto	E	Minarelli	47'12.96
				= 161.710 km/h
2.	L. Reggiani	I	Minarelli	47'18.20
3.	P. Bianchi	I	MBA	47'18.95
4.	E. Lazzarini	I	Iprem	48'21.62
5.	G. Waibel	D	MBA	48'33.87
6.	H. Müller	CH	MBA	48'34.22
7.	P.-E. Carlsson	S	MBA	1 lap
8.	M. Vitali	I	MBA	1 lap
9.	H. Hummel	A	MBA	1 lap
10.	H. Van Kessel	NL	EGA	1 lap

Number of finishers: 21.
Fastest lap: A. Nieto (E. Minarelli),
1'33.04 = 164.058 km/h.

3) May 3 : Germany - Hockenheim

14 laps = 95.032 km
Pole position: A. Nieto (E, Minarelli),
2'31.61 = 161.182 km/h.

1.	A. Nieto	E	Minarelli	35'51.97
				= 159.001 km/h
2.	S. Dörflinger	CH	Krauser-MBA	36'02.85
3.	H. Müller	CH	MBA	36'05.04
4.	G. Bender	D	Bender-Special	36'11.15
5.	T. Noblesse	F	MBA	36'48.96
6.	H. Van Kessel	NL	EGA	37'07.31
7.	J. Drapal	H	MBA	37'14.89
8.	J. Wickström	SF	MBA	37'17.77
9.	J. Genoud	CH	MBA	37'18.30
10.	A. Waibel	D	MBA	37'19.61

Number of finishers: 26.
Fastest lap: A. Nieto (E, Minarelli),
2'30.62 = 162.241 km/h.

4) May 10 : Italy - Monza

18 laps = 104.400 km
Pole position: P. Bianchi (I, MBA),
2'08.66 = 162.288 km/h.

1.	G. Bertin	F	Sanvenero	44'09.28
				= 141.864 km/h
2.	L. Reggiani	I	Minarelli	44'30.87
3.	J. Bolle	F	Motobécane	45'14.86
4.	A. Nieto	E	Minarelli	45'59.18
5.	H. Müller	CH	MBA	46'07.09
6.	S. Dörflinger	CH	Krauser-MBA	46'20.02
7.	M. Vitali	I	MBA	1 lap
8.	W. Perez	ARG	MBA	1 lap
9.	M. Musco	I	MBA	1 lap
10.	M. Ettore	I	MBA	1 lap

Number of finishers: 18.
Fastest lap: G. Bertin (F, Sanvenero),
2'22.81 = 146.208 km/h.

5) May 17 : France - Le Castellet

16 laps = 92.960 km
Pole position: G. Bertin (F, Sanvenero),
2'19.37 = 150.075 km/h.

1.	A. Nieto	E	Minarelli	37'42.60
				= 147.907 km/h
2.	G. Bertin	F	Sanvenero	37'49.06
3.	P. Bianchi	I	MBA	37'51.89
4.	H. Müller	CH	MBA	37'58.61
5.	M. Vitali	I	MBA	38'05.70
6.	L. Reggiani	I	Minarelli	38'13.00
7.	I. Palazzese	VEN	MBA	38'13.77
8.	A. Auinger	A	MBA-Bartol	38'18.02
9.	J.-C. Selini	F	MBA	38'18.48
10.	P.-E. Carlsson	S	MBA	38'32.09

Number of finishers: 27.
Fastest lap: A. Nieto (E, Minarelli),
2'18.87 = 150.616 km/h.

6) May 24 : Spain - Jarama

28 laps = 95.312 km
Pole position: H. Müller (CH, MBA),
1'39.27 = 120.109 km/h.

1.	A. Nieto	E	Minarelli	47'19.23
				= 117.585 km/h
2.	I. Palazzese	VEN	MBA	47'19.84
3.	P. Bianchi	I	MBA	47'20.13
4.	H. Müller	CH	MBA	47'23.33
5.	L. Reggiani	I	Minarelli	47'56.11
6.	J. Bolle	F	Motobécane	47'56.22
7.	S. Dörflinger	CH	Krauser-MBA	48'09.46
8.	H.-J. Vignetti	ARG	MBA	48'11.33
9.	Y. Dupont	F	MBA	48'15.45
10.	H. Van Kessel	NL	EGA	48'25.79

Number of finishers: 16.
Fastest lap: G. Bertin (F, Sanvenero),
1'39.55 = 119.771 km/h.

7) May 31 : Yugoslavia - Rijeka

25 laps = 104.200 km
Pole position: P. Bianchi (I, MBA),
　　　　　1'42.40 = 146.531 km/h.

1.	L. Reggiani	I	Minarelli	43'35.60
				= 144.517 km/h
2.	P. Bianchi	I	MBA	43'35.60
3.	H. Müller	CH	MBA	43'47.40
4.	M. Vitali	I	MBA	44'05.10
5.	S. Dörflinger	CH	Krauser-MBA	44'08.70
6.	I. Palazzese	VEN	MBA	44'29.60
7.	H.-J. Vignetti	ARG	MBA	44'31.40
8.	G. Waibel	D	MBA	44'35.50
9.	J.-C. Selini	F	MBA	44'36.80
10.	A. Auinger	A	MBA-Bartol	44'37.20

Number of finishers: 21.
Fastest lap: P. Bianchi (I, MBA),
　　　　　1'43.00 = 145.678 km/h.

8) June 27 : The Netherlands - Assen

14 laps = 107.590 km
Pole position: A. Nieto (E, Minarelli),
　　　　　3'09.99 = 145.618 km/h.

1.	A. Nieto	E	Minarelli	44'59.04
				= 143.504 km/h
2.	L. Reggiani	I	Minarelli	44'59.56
3.	P. Bianchi	I	MBA	45'01.07
4.	H. Müller	CH	MBA	45'01.45
5.	I. Palazzese	VEN	MBA	45'47.73
6.	M. Vitali	I	MBA	45'56.13
7.	A. Auinger	A	MBA-Bartol	45'58.65
8.	R. Tormo	E	Sanvenero	46'06.94
9.	J.-C. Selini	F	MBA	46'22.47
10.	G. Bertin	F	Sanvenero	46'26.38

Number of finishers: 23.
Fastest lap: P. Bianchi (I, MBA),
　　　　　3'08.10 = 147.081 km/h.

9) July 12 : San Marino - Imola

20 laps = 100.880 km
Pole position: L. Reggiani (I, Minarelli),
　　　　　2'09.30 = 140.325 km/h.

1.	L. Reggiani	I	Minarelli	43'57.52
				= 137.583 km/h
2.	A. Nieto	E	Minarelli	43'59.32
3.	P. Bianchi	I	MBA	43'59.62
4.	R. Tormo	E	Sanvenero	44'19.43
5.	J. Bolle	F	Motobécane	44'25.19
6.	H.-J. Vignetti	ARG	MBA	44'31.10
7.	R. Ruosi	I	MBA	45'10.75
8.	G. Waibel	D	MBA	45'11.07
9.	A. Auinger	A	MBA-Bartol	45'11.22
10.	W. Perez	ARG	MBA	45'16.00

Number of finishers: 19.
Fastest lap: A. Nieto (E, Minarelli),
　　　　　2'09.32 = 140.303 km/h.

10) August 2 : Great Britain - Silverstone

20 laps = 94.200 km
Pole position: J. Bolle (F, Motobécane),
　　　　　1'42.51 = 165.408 km/h.

1.	A. Nieto	E	Minarelli	34'29.03
				= 163.920 km/h
2.	J. Bolle	F	Motobécane	34'32.13
3.	H.-J. Vignetti	ARG	MBA	34'37.34
4.	P. Bianchi	I	MBA	34'37.61
5.	J.-C. Selini	F	MBA	34'52.19
6.	M. Galbit	F	MBA	34'52.60
7.	A. Auinger	A	MBA-Bartol	34'54.76
8.	W. Perez	ARG	MBA	35'14.09
9.	R. Tormo	E	Sanvenero	35'15.38
10.	O. Liegeois	B	MBA	35'15.69

Number of finishers: 25.
Fastest lap: A. Nieto (E, Minarelli),
　　　　　1'41.54 = 166.988 km/h.

11) August 9 : Finland - Imatra

22 laps = 108.900 km
Pole position: P. Bianchi (I, MBA),
　　　　　2'08.80 = 138.354 km/h.

1.	A. Nieto	E	Minarelli	48'13.60
				= 135.485 km/h
2.	J. Bolle	F	Motobécane	48'15.00
3.	M. Vitali	I	MBA	48'39.90
4.	R. Tormo	E	Sanvenero	49'00.30
5.	J.-C. Selini	F	MBA	49'12.40
6.	J. Wickström	SF	MBA	49'29.80
7.	H.-J. Vignetti	ARG	MBA	49'48.00
8.	A. Straver	NL	MBA	49'48.20
9.	J. Bäckström	S	MBA	1 lap
10.	T. Noblesse	F	MBA	1 lap

Number of finishers: 14.
Fastest lap: H. Müller (CH, MBA),
　　　　　2'09.40 = 137.713 km/h.

12) August 16 : Sweden - Anderstorp

23 laps = 92.713 km
Pole position: P. Bianchi (I, MBA),
　　　　　1'49.35 = 132.708 km/h.

1.	R. Tormo	E	Sanvenero	47'19.21
				= 117.555 km/h
2.	G. Bertin	F	Sanvenero	47'45.94
3.	I. Palazzese	VEN	MBA	47'51.31
4.	P. Bianchi	I	MBA	48'15.17
5.	L. Reggiani	I	Minarelli	48'48.37
6.	A. Straver	NL	MBA	48'52.12
7.	H.-J. Vignetti	ARG	MBA	48'56.11
8.	H. Müller	CH	MBA	49'08.28
9.	J. Wickström	SF	MBA	49'12.36
10.	E. Klein	A	MBA	49'13.15

Number of finishers: 19.
Fastest lap: H. Vignetti (ARG, MBA),
　　　　　1'55.94 = 125.165 km/h.

WORLD CHAMPIONSHIP

1.	Angel Nieto	E	Minarelli	140
2.	Loris Reggiani	I	Minarelli	95
3.	Pierpaolo Bianchi	I	MBA	84
4.	Hans Müller	CH	MBA	58
5.	Jacques Bolle	F	Motobécane	55
6.	Guy Bertin	F	Sanvenero	40
7.	Ivan Palazzese	VEN	MBA	37
8.	Ricardo Tormo Blaya	E	Sanvenero	36
9.	Maurizio Vitali	I	MBA	36
10.	Hugo Jorge Vignetti	ARG	MBA	30
11.	Stefan Dörflinger	CH	Krauser-MBA	27
12.	Jean-Claude Selini	F	MBA	18
13.	Willy Perez	ARG	MBA	15
14.	August Auinger	A	MBA-Bartol	14
15.	Gerhard Waibel	D	MBA	12
16.	Johnny Wickström	SF	MBA	10
17.	Per-Edward Carlsson	S	MBA	9
18.	Gert Bender	D	Bender-Special	8
19.	Eugenio Lazzarini	I	Iprem	8
20.	Anton Straver	NL	MBA	8
21.	Thierry Noblesse	F	MBA	7
22.	Henk Van Kessel	NL	EGA	7
23.	Ivan Troisi	VEN	MBA	5
24.	Michel Galbit	F	MBA	5
25.	Janos Drapal	H	MBA	4
26.	Roberto Ruosi	I	MNA	4
27.	Fernando Gonzales De Nicolas	E	MBA	3
28.	Hans Hummel	A	MBA	2
29.	Joe Genoud	CH	MBA	2
30.	Barry Smith	AUS	MBA	2
31.	Maurizio Musco	I	MBA	2
32.	Yves Dupont	F	MBA	2
33.	Jan Bäckström	S	MBA	2
34.	Norberto Gatti	ARG	Minarelli	1
35.	Alfred Waibel	D	MBA	1
36.	Michele Ettore	I	MBA	1
37.	Olivier Liegeois	B	MBA	1
38.	Erich Klein	A	MBA	1

Maurizio Vitali

Champion : **Anton Mang (Germany, Kawasaki), 160 points, 10 wins**

1981 — 250 cc

1) March 22 : Argentina - Buenos Aires

27 laps = 113.535 km
Pole position: C. Lavado (VEN, Yamaha),
1'58.76 = 127.467 km/h.

1.	J.-F. Baldé	F	Kawasaki	53'59.50
				= 126.265 km/h
2.	G. Geddes	AUS	Yamaha	54'05.35
3.	P. Fernandez	F	Bimota-Yamaha	54'08.63
4.	H. Guilleux	F	Siroko-Rotax	54'11.06
5.	R. Freymond	CH	Ad-Majora	54'27.73
6.	M. Wimmer	D	Yamaha	54'29.73
7.	E. Saul	F	Chevallier-Yamaha	54'30.33
8.	L. Reggiani	I	Bimota-Yamaha	54'53.72
9.	D. De Radiguès	B	Yamaha	54'54.45
10.	T. Espié	F	Yamaha	55'00.05

Number of finishers: 18.
Fastest lap: G. Geddes (AUS, Yamaha),
1'57.35 = 129.015 km/h.

2) May 3 : Germany - Hockenheim

16 laps = 108.608 km
Pole position: A. Mang (D, Kawasaki),
2'22.51 = 171.474 km/h.

1.	A. Mang	D	Kawasaki	38'09.82
				= 170.776 km/h
2.	C. Lavado	VEN	Yamaha	38'42.67
3.	R. Freymond	CH	Ad-Majora	38'50.11
4.	P. Ferretti	I	Yamaha	39'01.76
5.	A. Nieto	E	Siroko-Rotax	39'02.33
6.	R. Schlachter	USA	Yamaha	39'02.60
7.	E. Stöllinger	A	Kawasaki	39'03.19
8.	B. Kneubühler	CH	Rotax	39'03.44
9.	J.-F. Baldé	F	Kawasaki	39'04.24
10.	G. McGregor	AUS	Yamaha	39'14.68

Number of finishers: 31.
Fastest lap: A. Mang (D, Kawasaki),
2'21.71 = 172.360 km/h.

3) May 10 : Italy - Monza

20 laps = 116.000 km
Pole position: A. Mang (D, Kawasaki),
2'01.52 = 171.824 km/h.

1.	E. Saul	F	Chevallier-Yamaha	46'12.23
				= 150.636 km/h
2.	M. Massimiani	I	Ad-Majora	46'22.18
3.	A. Mang	D	Kawasaki	46'22.96
4.	M. Wimmer	D	Yamaha	46'56.64
5.	P. Fernandez	F	Bimota-Yamaha	46'58.07
6.	J.-F. Baldé	F	Kawasaki	47'08.04
7.	T. Espié	F	Chevallier-Yamaha	47'08.28
8.	E. Stöllinger	A	Kawasaki	47'56.12
9.	C. Estrosi	F	Yamaha	48'05.89
10.	J.-L. Guignabodet	F	Kawasaki	1 lap

Number of finishers: 17.
Fastest lap: A. Mang (D, Kawasaki),
2'13.81 = 156.590 km/h.

4) May 17 : France - Le Castellet

18 laps = 104.580 km
Pole position: A. Mang (D, Kawasaki),
2'12.62 = 157.714 km/h.

1.	A. Mang	D	Kawasaki	39'57.86
				= 157.010 km/h
2.	T. Espié	F	Chevallier-Yamaha	40'00.93
3.	C. Lavado	VEN	Yamaha	40'08.75
4.	J.-F. Baldé	F	Kawasaki	40'22.30
5.	P. Bolle	F	Yamaha	40'23.81
6.	R. Sibille	F	Yamaha	40'24.10
7.	P. Fernandez	F	Bimota-Yamaha	40'26.98
8.	M. Massimiani	I	Ad-Majora	40'27.04
9.	H. Guilleux	F	Siroko-Rotax	40'28.04
10.	C. Estrosi	F	Yamaha	40'34.92

Number of finishers: 26.
Fastest lap: T. Espié (F, Chevallier-Yamaha),
2'11.92 = 158.440 km/h.

5) May 24 : Spain - Jarama

31 laps = 105.524 km/h
Pole position: A. Mang (D, Kawasaki),
1'34.60 = 126.038 km/h.

1.	A. Mang	D	Kawasaki	49'59.29
				= 123.237 km/h
2.	J.-F. Baldé	F	Kawasaki	50'08.21
3.	C. Lavado	VEN	Yamaha	50'12.15
4.	R. Schlachter	USA	Yamaha	50'15.47
5.	J.-L. Guignabodet	F	Kawasaki	50'16.30
6.	P. Fernandez	F	Bimota-Yamaha	50'25.72
7.	M. Massimiani	I	Ad-Majora	50'34.39
8.	M. Wimmer	D	Yamaha	50'41.55
9.	G. Geddes	AUS	Yamaha	50'42.41
10.	T. Espié	F	Chevallier-Yamaha	50'44.09

Number of finishers: 22.
Fastest lap: A. Mang (D, Kawasaki),
1'34.63 = 125.910 km/h.

6) June 27 : The Netherlands - Assen

15 laps = 115.275 km
Pole position: J.-F. Baldé (F, Kawasaki),
3'01.24 = 152.648 km/h.

1.	A. Mang	D	Kawasaki	45'37.13
				= 151.615 km/h
2.	C. Lavado	VEN	Yamaha	45'37.34
3.	P. Fernandez	F	Bimota-Yamaha	46'06.97
4.	R. Freymond	CH	Ad-Majora	46'07.43
5.	J. Sayle	AUS	Armstrong	46'07.68
6.	J.-F. Baldé	F	Kawasaki	46'07.89
7.	J.-L. Guignabodet	F	Kawasaki	46'31.75
8.	M. Wimmer	D	Yamaha	46'34.44
9.	R. Schlachter	USA	Yamaha	46'34.81
10.	D. De Radiguès	B	Yamaha	46'43.03

Number of finishers: 21.
Fastest lap: A. Mang (D, Kawasaki),
3'00.45 = 153.317 km/h.

7) July 5 : Belgium - Spa-Francorchamps

18 laps = 125.496 km
Pole position: A. Mang (D, Kawasaki),
2'50.11 = 147.547 km/h.

1.	A. Mang	D	Kawasaki	50'37.74
				= 148.810 km/h
2.	C. Lavado	VEN	Yamaha	50'45.47
3.	J.-F. Baldé	F	Kawasaki	51'16.59
4.	J.-M. Toffolo	B	Rotax	51'19.24
5.	D. De Radiguès	B	Yamaha	51'21.24
6.	J.-L. Tournadre	F	Bimota-Yamaha	Time not released
7.	A. Pons	E	Siroko-Rotax	Time not released
8.	M. Massimiani	I	Ad-Majora	Time not released
9.	J. Bolle	F	Yamaha	Time not released
10.	A. Gouin	F	Yamaha	Time not released

Number of finishers: 20.
Fastest lap: A. Mang (D, Kawasaki),
2'47.40 = 149.890 km/h.

8) July 12 : San Marino - Imola

22 laps = 110.986 km
Pole position: A. Mang (D, Kawasaki),
2'01.98 = 148.746 km/h.

1.	A. Mang	D	Kawasaki	45'43.81
				= 145.479 km/h
2.	R. Freymond	CH	Ad-Majora	46'03.72
3.	J.-F. Baldé	F	Kawasaki	46'06.83
4.	P.-L. Conforti	I	Kawasaki	46'17.01
5.	T. Espié	F	Pernod	46'24.13
6.	J.-L. Tournadre	F	Yamaha	46'29.96
7.	C. Estrosi	F	Pernod	46'30.88
8.	P. Fernandez	F	Bimota-Yamaha	46'33.38
9.	J. Bolle	F	Yamaha	46'36.36
10.	D. De Radiguès	B	Yamaha	46'42.97

Number of finishers: 22.
Fastest lap: A. Mang (D, Kawasaki),
2'03.13 = 147.370 km/h.

9) August 2 : Great Britain - Silverstone

24 laps = 113.040 km
Pole position: A. Mang (D, Kawasaki),
1'34.90 = 178.672 km/h.

1.	A. Mang	D	Kawasaki	38'32.37
				= 176.985 km/h
2.	R. Freymond	CH	Ad-Majora	38'40.68
3.	G. McGregor	AUS	Kawasaki	38'40.68
4.	R. Schlachter	USA	Yamaha	38'40.81
5.	M. Wimmer	D	Yamaha	38'40.85
6.	D. De Radiguès	B	Yamaha	39'06.68
7.	J.-F. Baldé	F	Kawasaki	39'11.77
8.	J.-L. Guignabodet	F	Kawasaki	39'11.86
9.	A. Gouin	F	Yamaha	39'34.21
10.	S. Tonkin	GB	Rotax	39'39.28

Number of finishers: 23.
Fastest lap: R. Schlachter (USA, Yamaha),
1'35.29 = 177.960 km/h.

10) August 9 : Finland - Imatra

23 laps = 113.850 km
Pole position: A. Mang (D, Kawasaki),
2'00.7 = 147.639 km/h.

1.	A. Mang	D	Kawasaki	47'31.8
				= 143.719 km/h
2.	J.-F. Baldé	F	Kawasaki	47'53.4
3.	J.-L. Guignabodet	F	Kawasaki	48'03.8
4.	J.-L. Tournadre	F	Bimota-Yamaha	48'18.5
5.	E. Hyvärinen	SF	Yamaha	48'26.4
6.	P. Fernandez	F	Bimota-Yamaha	48'26.6
7.	J.-M. Toffolo	B	Rotax	48'36.5
8.	P. Ferretti	I	Yamaha	48'43.1
9.	B. Kneubühler	CH	Rotax	48'52.8
10.	M. Wimmer	D	Yamaha	49'15.9

Number of finishers: 17.
Fastest lap: A. Mang (D, Kawasaki),
2'02.4 = 145.600 km/h.

11) August 16 : Sweden - Anderstorp

25 laps = 100.775 km
Pole position: A. Mang (D, Kawasaki),
1'44.20 = 139.267 km/h.

1.	A. Mang	D	Kawasaki	43'59.23
				= 137.460 km/h
2.	R. Freymond	CH	Ad-Majora	44'15.27
3.	J.-F. Baldé	F	Kawasaki	44'17.91
4.	J.-L. Guignabodet	F	Kawasaki	44'28.78
5.	J.-L. Tournadre	F	Bimota-Yamaha	44'32.40
6.	C. Estrosi	F	Pernod	44'32.73
7.	M. Wimmer	D	Yamaha	44'32.97
8.	D. De Radiguès	B	Yamaha	44'39.26
9.	R. Schlachter	USA	Yamaha	44'54.64
10.	B. Elgh	S	Yamaha	45'05.02

Number of finishers: 21.
Fastest lap: A. Mang (D, Kawasaki),
1'43.94 = 139.302 km/h.

12) August 30 : Czechoslovakia - Brno

11 laps = 120.175 km
Pole position: A. Mang (D, Kawasaki),
3'49.26 = 171.473 km/h.

1.	A. Mang	D	Kawasaki	42'43.25
				= 168.780 km/h
2.	R. Freymond	CH	Ad-Majora	43'09.49
3.	J.-L. Tournadre	F	Bimota-Yamaha	43'12.60
4.	D. De Radiguès	B	Yamaha	43'13.15
5.	R. Sibille	F	Yamaha	43'23.45
6.	P. Ferretti	I	Yamaha	43'23.90
7.	J.-L. Guignabodet	F	Kawasaki	43'24.21
8.	M. Wimmer	D	Yamaha	43'32.77
9.	J.-F. Baldé	F	Kawasaki	43'33.16
10.	S. Minich	A	Yamaha-Bartol	43'55.43

Number of finishers: 28.
Fastest lap: A. Mang (D, Kawasaki),
3'50.90 = 170.330 km/h.

WORLD CHAMPIONSHIP

1.	Anton Mang	D	Kawasaki	160
2.	Jean-François Baldé	F	Kawasaki	95
3.	Roland Freymond	CH	Ad-Majora	72
4.	Carlos Lavado	VEN	Yamaha	56
5.	Patrick Fernandez	F	Bimota-Yamaha	43
6.	Jean-Louis Guignabodet	F	Kawasaki	36
7.	Jean-Louis Tournadre	F	Bimota-Yamaha	34
8.	Martin Wimmer	D	Yamaha	33
9.	Didier De Radiguès	B	Yamaha	26
10.	Richard Schlachter	USA	Yamaha	25
11.	Thierry Espié	F	Yamaha/Pernod	24
12.	Maurizio Massimiani	I	Ad-Majora	22
13.	Eric Saul	F	Chevallier-Yamaha	19
14.	Paolo Ferretti	I	Yamaha	16
15.	Graeme Geddes	AUS	Yamaha	14
16.	Jean-Marc Toffolo	B	Rotax	12
17.	Christian Estrosi	F	Yamaha/Pernod	12
18.	Graeme McGregor	AUS	Yamaha/Kawasaki	11
19.	Roger Sibille	F	Yamaha	11
20.	Hervé Guilleux	F	Siroko-Rotax	10
21.	Pier-Luigi Conforti	I	Kawasaki	8
22.	Eduard "Edi" Stillinger	A	Kawasaki	7
23.	Angel Nieto	E	Siroko-Rotax	6
24.	Pierre Bolle	F	Yamaha	6
25.	Jeffrey Sayle	AUS	Armstrong	6
26.	Ero Hyvärinen	SF	Yamaha	6
27.	Bruno Kneubühler	CH	Rotax	5
28.	Alfonso "Sito" Pons	E	Siroko-Rotax	4
29.	Jacques Bolle	F	Yamaha	4
30.	Loris Reggiani	I	Bimota-Yamaha	3
31.	André Gouin	F	Yamaha	3
32.	Steve Tonkin	GB	Rotax	1
33.	Bengt Elgh	S	Yamaha	1
34.	Siegfried Minich	A	Yamaha	1

Jean-François Baldé

Champion : **Anton Mang (Germany, Kawasaki), 103 points, 5 wins**

1981 — 350 cc

1) March 22 : Argentina - Buenos Aires

28 laps = 117.740 km
Pole position: J. Ekerold (SA, Bimota-Yamaha),
1'54.87 = 131.784 km/h.

1.	J. Ekerold	SA	Bimota-Yamaha	54'33.55
				= 129.580 km/h
2.	J.-F. Baldé	F	Kawasaki	54'46.63
3.	C. Lavado	VEN	Yamaha	54'47.06
4.	P. Fernandez	F	Bimota-Yamaha	55'22.38
5.	J. Sayle	AUS	Yamaha	55'33.57
6.	T. Espié	F	Bimota-Yamaha	55'47.44
7.	A. Mang	D	Kawasaki	55'53.03
8.	G. Geddes	AUS	Bimota-Yamaha	56'00.63
9.	J. Cornu	CH	Yamaha	56'31.76
10.	V. Cascino	CHI	Yamaha	56'32.86

Number of finishers: 16.
Fastest lap: J. Ekerold (SA, Bimota-Yamaha),
1'54.91 = 131.740 km/h.

2) April 26 : Austria - Salzburgring

35 laps = 148.400 km
Pole position: A. Mang (D, Kawasaki),
1'24.29 = 181.089 km/h.

1.	P. Fernandez	F	Bimota-Yamaha	50'08.90
				= 177.920 km/h
2.	A. Mang	D	Kawasaki	50'09.24
3.	J. Ekerold	SA	Bimota-Yamaha	50'09.56
4.	G. Geddes	AUS	Bimota-Yamaha	50'37.86
5.	C. Lavado	VEN	Yamaha	51'08.92
6.	K. Huewen	GB	Yamaha	51'12.77
7.	J. Cornu	CH	Yamaha	51'14.32
8.	T. Espié	F	Bimota-Yamaha	51'28.81
9.	T. Head	GB	Yamaha	51'29.23
10.	E. Stöllinger	A	Kawasaki	51'29.90

Number of finishers: 23.
Fastest lap: P. Fernandez (F, Bimota-Yamaha),
1'24.30 = 180.990 km/h.

3) May 3 : Germany - Hockenheim

19 laps = 128.972 km
Pole position: P. Fernandez (F, Bimota-Yamaha),
2'17.79 = 177.348 km/h.

1.	A. Mang	D	Kawasaki	44'09.16
				= 175.289 km/h
2.	E. Saul	F	Chevallier-Yamaha	44'50.97
3.	T. Espié	F	Bimota-Yamaha	44'58.09
4.	K. Huewen	GB	Yamaha	45'01.46
5.	P. Nurmi	SF	Yamaha	45'02.31
6.	R. Sibille	F	Yamaha	45'03.39
7.	G. McGregor	AUS	Yamaha	45'18.39
8.	P. Looyensteyn	NL	Yamaha	45'37.40
9.	E. Stöllinger	A	Kawasaki	45'38.29
10.	P. Ferretti	I	Yamaha	45'38.62

Number of finishers: 26.
Fastest lap: A. Mang (D, Kawasaki),
2'17.03 = 178.250 km/h.

4) May 10 : Italy - Monza

22 laps = 127.600 km
Pole position: A. Mang (D, Kawasaki),
1'58.64 = 175.995 km/h.

1.	J. Ekerold	SA	Bimota-Yamaha	44'11.03
				= 173.276 km/h
2.	A. Mang	D	Kawasaki	44'11.09
3.	M. Matteoni	I	Bimota-Yamaha	44'26.98
4.	P. Fernandez	F	Bimota-Yamaha	44'41.40
5.	E. Saul	F	Chevallier-Yamaha	44'50.44
6.	A. North	SA	Yamaha	45'03.12
7.	G. McGregor	AUS	Yamaha	45'03.16
8.	C. Lavado	VEN	Yamaha	45'12.18
9.	P. Looyensteyn	NL	Yamaha	45'19.04
10.	M. Rougerie	F	Yamaha	45'36.57

Number of finishers: 20.
Fastest lap: J. Ekerold (SA, Bimota-Yamaha),
1'58.94 = 175.551 km/h.

5) May 31 : Yugoslavia - Rijeka

30 laps = 125.040 km
Pole position: A. Mang (D, Kawasaki),
1'37.30 = 154.212 km/h.

1.	A. Mang	D	Kawasaki	49'03.8
				= 152.863 km/h
2.	J. Ekerold	SA	Bimota-Yamaha	49'23.3
3.	C. Lavado	VEN	Yamaha	49'40.3
4.	J. Cornu	CH	Yamaha	49'59.4
5.	T. Espié	F	Chevallier-Yamaha	50'01.7
6.	J.-F. Baldé	F	Kawasaki	50'01.7
7.	P. Fernandez	F	Bimota-Yamaha	50'16.5
8.	T. Rogers	GB	Yamaha	1 lap
9.	S. Pazzaglia	I	Yamaha	1 lap
10.	M. Wimmer	D	Yamaha	1 lap

Number of finishers: 18.
Fastest lap: A. Mang (D, Kawasaki),
1'37.30 = 154.880 km/h.

6) June 27 : The Netherlands - Assen

16 laps = 122.960 km
Pole position: A. Mang (D, Kawasaki),
2'56.30 = 156.935 km/h.

1.	A. Mang	D	Kawasaki	47'48.85
				= 154.297 km/h
2.	C. Lavado	VEN	Yamaha	48'04.70
3.	J.-F. Baldé	F	Kawasaki	48'13.25
4.	P. Fernandez	F	Bimota-Yamaha	48'13.83
5.	G. McGregor	AUS	Yamaha	48'25.09
6.	M. Schouten	NL	Yamaha	49'02.94
7.	K. Huewen	GB	Yamaha	49'17.83
8.	P. Looyensteyn	NL	Yamaha	49'18.09
9.	M. Wimmer	D	Yamaha	49'18.36
10.	B. Elgh	S	Yamaha	49'48.76

Number of finishers: 19.
Fastest lap: A. Mang (D, Kawasaki),
2'57.47 = 155.880 km/h.

7) August 2 : Great Britain - Silverstone

24 laps = 113.040 km
Pole position: A. Mang (D, Kawasaki),
   1'33.50 = 181.348 km/h.

1.	A. Mang	D	Kawasaki	38'00.98
				= 178.430 km/h
2.	K. Huewen	GB	Yamaha	38'17.72
3.	J.-F. Baldé	F	Kawasaki	38'17.86
4.	D. De Radiguès	B	Yamaha	38'18.07
5.	C. Williams	GB	Yamaha	38'18.26
6.	M. Wimmer	D	Yamaha	38'18.71
7.	J. Sayle	AUS	Yamaha	38'24.16
8.	P. Fernandez	F	Bimota-Yamaha	38'29.88
9.	D. Robinson	IRL	Yamaha	38'40.24
10.	R. Delaby	B	Yamaha	38'46.30

Number of finishers: 25.
Fastest lap: D. De Radiguès (B, Yamaha),
   1'33.46 = 181.450 km/h.

8) August 30 : Czechoslovakia - Brno

13 laps = 142.025 km
Pole position: A. Mang (D, Kawasaki),
   3'41.08 = 177.818 km/h.

1.	A. Mang	D	Kawasaki	48'42.77
				= 174.930 km/h
2.	J.-F. Baldé	F	Kawasaki	50'06.72
3.	G. Reiner	D	Bimota-Yamaha	50'22.26
4.	W. Von Muralt	CH	Yamaha	50'25.06
5.	J. Cornu	CH	Yamaha	50'26.23
6.	M. Schouten	NL	Yamaha	50'26.83
7.	R. Eskelinen	SF	Yamaha	50'27.47
8.	M. Wimmer	D	Yamaha	50'30.79
9.	R. Delaby	B	Yamaha	50'36.69
10.	P. Ferretti	I	Yamaha	50'43.97

Number of finishers: 20.
Fastest lap: A. Mang (D, Kawasaki),
   3'43.43 = 176.030 km/h.

WORLD CHAMPIONSHIP

1.	Anton Mang	D	Kawasaki	103
2.	Jon Ekerold	SA	Bimota-Yamaha	52
3.	Jean-François Baldé	F	Kawasaki	49
4.	Patrick Fernandez	F	Bimota-Yamaha	46
5.	Carlos Lavado	VEN	Yamaha	41
6.	Keith Huewen	GB	Yamaha	29
7.	Thierry Espié	F	Bimota-Yamaha	24
8.	Jacques Cornu	CH	Yamaha	20
9.	Eric Saul	F	Chevallier-Yamaha	18
10.	Graeme McGregor	AUS	Yamaha	14
11.	Graeme Geddes	AUS	Bimota-Yamaha	11
12.	Martin Wimmer	D	Yamaha	11
13.	Massimo Matteoni	I	Yamaha	10
14.	Gustav Reiner	D	Bimota-Yamaha	10
15.	Jeffrey Sayle	AUS	Yamaha	10
16.	Mar Schouten	NL	Yamaha	10
17.	Didier De Radiguès	B	Yamaha	8
18.	Wolfgang Von Muralt	CH	Yamaha	8
19.	Peter Looyensteyn	NL	Yamaha	8
20.	Pekka Nurmi	SF	Yamaha	6
21.	Charlie Williams	GB	Yamaha	6
22.	Roger Sibille	F	Yamaha	5
23.	Alan North	SA	Yamaha	5
24.	Reino Eskelinen	SF	Yamaha	4
25.	Tony Rogers	GB	Yamaha	3
26.	Eduard "Edi" Stöllinger	A	Kawasaki	3
27.	René Delaby	B	Yamaha	3
28.	Tony Head	GB	Yamaha	2
29.	Sauro Pazzaglia	I	Yamaha	2
30.	Donny Robinson	IRL	Yamaha	2
31.	Paolo Ferretti	I	Yamaha	2
32.	Vicenzo Cascino	CHI	Yamaha	1
33.	Michel Rougerie	F	Yamaha	1
34.	Bengt Elgh	S	Yamaha	1

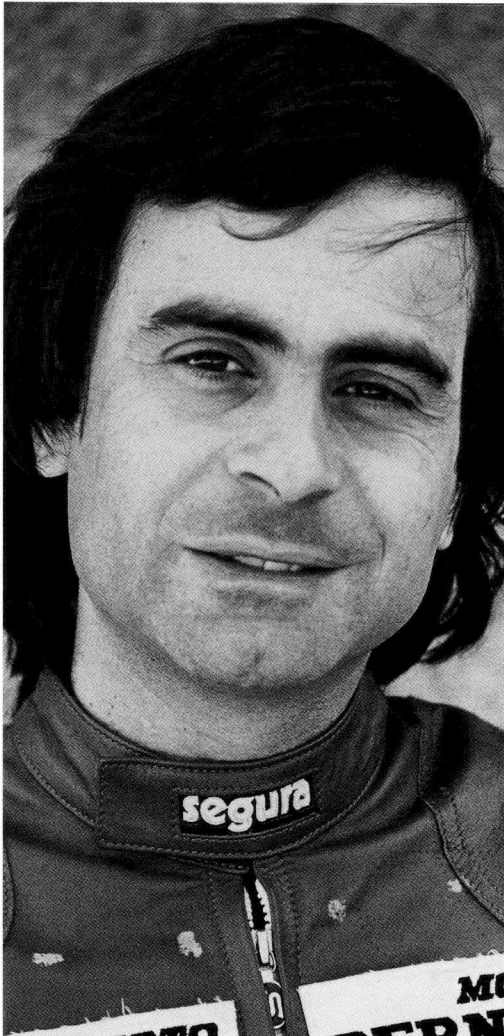

Patrick Fernandez

Michel Rougerie, Yamaha

Champion : **Marco Lucchinelli (Italy, Suzuki), 105 points, 5 wins**

1981 — 500 cc

1) April 26 : Austria - Salzburgring

35 laps = 148.400 km
Pole position: G. Crosby (NZ, Suzuki),
1'20.79 = 188.934 km/h.

1.	R. Mamola	USA	Suzuki	48'06.66
				= 185.040 km/h
2.	G. Crosby	NZ	Suzuki	48'16.55
3.	H. Kawasaki	J	Suzuki	48'25.14
4.	B. Sheene	GB	Yamaha	48'27.53
5.	B. Van Dulmen	NL	Yamaha	48'28.47
6.	K. Ballington	SA	Kawasaki	48'44.76
7.	F. Uncini	I	Suzuki	48'55.22
8.	J. Middelburg	NL	Suzuki	48'57.07
9.	W. Hartog	NL	Suzuki	49'23.97
10.	G. Pelletier	I	Suzuki	1 lap

Number of finishers: 23.
Fastest lap: R. Mamola (USA, Suzuki),
1'20.74 = 188.950 km/h.

2) May 3 : Germany - Hockenheim

19 laps = 128.972 km
Pole position: G. Crosby (NZ, Suzuki),
2'12.45 = 184.498 km/h.

1.	K. Roberts	USA	Yamaha	42'04.70
				= 183.930 km/h
2.	R. Mamola	USA	Suzuki	42'05.14
3.	M. Lucchinelli	I	Suzuki	42'05.39
4.	B. Van Dulmen	NL	Yamaha	42'21.67
5.	M. Frutschi	CH	Yamaha	42'36.31
6.	B. Sheene	GB	Yamaha	42'37.26
7.	H. Kawasaki	J	Suzuki	42'40.09
8.	J. Middelburg	NL	Suzuki	42'44.46
9.	M. Fontan	F	Yamaha	42'55.64
10.	F. Uncini	I	Suzuki	42'57.93

Number of finishers: 30.
Fastest lap: K. Roberts (USA, Yamaha),
2'10.55 = 187.100 km/h.

3) May 10 : Italy - Monza

24 laps = 139.200 km
Pole position: M. Lucchinelli (I, Suzuki),
1'53.96 = 183.222 km/h.

1.	K. Roberts	USA	Yamaha	52'02.10
				= 160.507 km/h
2.	G. Crosby	NZ	Suzuki	52'06.75
3.	B. Sheene	GB	Yamaha	52'10.25
4.	B. Van Dulmen	NL	Yamaha	52'35.58
5.	M. Lucchinelli	I	Suzuki	52'38.27
6.	G. Paci	I	Yamaha	52'39.22
7.	J. Middelburg	NL	Suzuki	53'23.75
8.	F. Uncini	I	Suzuki	53'28.32
9.	C. Sarron	F	Yamaha	53'38.58
10.	S. Pellandini	CH	Suzuki	53'54.17

Number of finishers: 21.
Fastest lap: K. Roberts (USA, Yamaha),
2'07.27 = 163.960 km/h.

4) May 17 : France - Le Castellet

21 laps = 122.010 km
Pole position: M. Lucchinelli (I, Suzuki),
2'04.27 = 168.311 km/h.

1.	M. Lucchinelli	I	Suzuki	44'09.58
				= 165.775 km/h
2.	R. Mamola	USA	Suzuki	44'14.49
3.	G. Crosby	NZ	Suzuki	44'14.93
4.	B. Sheene	GB	Yamaha	44'15.21
5.	K. Roberts	USA	Yamaha	44'23.53
6.	H. Kawasaki	J	Suzuki	44'39.67
7.	K. Ballington	SA	Kawasaki	44'39.92
8.	B. Van Dulmen	NL	Yamaha	44'40.56
9.	J. Middelburg	NL	Suzuki	44'50.09
10.	M. Fontan	F	Yamaha	45'14.58

Number of finishers: 26.
Fastest lap: M. Lucchinelli (I, Suzuki),
2'04.51 = 167.870 km/h.

5) May 31 : Yugoslavia - Rijeka

32 laps = 133.376 km
Pole position: M. Lucchinelli (I, Suzuki),
1'34.10 = 159.456 km/h.

1.	R. Mamola	USA	Suzuki	51'07.3
				= 157.271 km/h
2.	M. Lucchinelli	I	Suzuki	51'08.2
3.	K. Roberts	USA	Yamaha	51'15.1
4.	G. Crosby	NZ	Suzuki	51'20.0
5.	B. Sheene	GB	Yamaha	51'29.8
6.	G. Pelletier	I	Suzuki	52'20.8
7.	B. Van Dulmen	NL	Yamaha	52'32.5
8.	S. Rossi	SF	Suzuki	1 lap
9.	G. Paci	I	Yamaha	1 lap
10.	K. Kopra	SF	Suzuki	1 lap

Number of finishers: 20.
Fastest lap: M. Lucchinelli (I, Suzuki),
1'34.5 = 158.810 km/h.

6) June 27 : The Netherlands - Assen

16 laps = 122.960 km
Pole position: M. Lucchinelli (I, Suzuki),
2'51.40 = 161.412 km/h.

1.	M. Lucchinelli	I	Suzuki	50'16.05
				= 146.766 km/h
2.	B. Van Dulmen	NL	Yamaha	50'48.94
3.	K. Ballington	SA	Kawasaki	50'54.00
4.	W. Zoet	NL	Suzuki	50'58.38
5.	J. Middelburg	NL	Suzuki	51'30.67
6.	D. Potter	GB	Yamaha	51'37.39
7.	B. Fau	F	Suzuki	51'54.33
8.	S. Pellandini	CH	Suzuki	51'57.67
9.	G. Paci	I	Yamaha	52'30.39
10.	S. Asami	J	Yamaha	52'44.67

Number of finishers: 20.
Fastest lap: K. Ballington (SA, Kawasaki),
3'04.37 = 150.050 km/h.

7) July 5 : Belgium - Spa-Francorchamps

20 laps = 139.440 km
Pole position: M. Lucchinelli (I, Suzuki),
2'38.68 = 158.175 km/h.

1.	M. Lucchinelli	I	Suzuki	54'29.37
				= 153.630 km/h
2.	K. Roberts	USA	Yamaha	54'29.90
3.	R. Mamola	USA	Suzuki	54'46.30
4.	B. Sheene	GB	Yamaha	54'47.54
5.	B. Van Dulmen	NL	Yamaha	55'10.86
6.	J. Middelburg	NL	Suzuki	Time not released
7.	G. Crosby	NZ	Suzuki	Time not released
8.	M. Fontan	F	Yamaha	Time not released
9.	W. Zoet	NL	Suzuki	Time not released
10.	B. Fau	F	Suzuki	Time not released

Number of finishers: 25.
Fastest lap: M. Lucchinelli (I, Suzuki),
2'38.04 = 158.810 km/h.

8) July 12 : San Marino - Imola

21 laps = 105.924 km
Pole position: M. Lucchinelli (I, Suzuki),
1'56.30 = 156.010 km/h.

1.	M. Lucchinelli	I	Suzuki	42'19.98
				= 150.010 km/h
2.	B. Sheene	GB	Yamaha	42'23.29
3.	G. Crosby	NZ	Suzuki	42'26.44
4.	R. Mamola	USA	Suzuki	41'04.76
5.	K. Ballington	SA	Kawasaki	43'32.17
6.	G. Paci	I	Yamaha	43'41.26
7.	J. Middelburg	NL	Suzuki	43'42.70
8.	M. Fontan	F	Yamaha	43'42.83
9.	G. Pelletier	I	Suzuki	43'47.36
10.	K. Huewen	GB	Suzuki	43'55.21

Number of finishers: 19.
Fastest lap: B. Sheene (GB, Yamaha),
1'57.64 = 154.230 km/h.

9) August 2 : Great Britain - Silverstone

28 laps = 131.880 km
Pole position: G. Crosby (NZ, Suzuki),
1'30.40 = 187.566 km/h.

1.	J. Middelburg	NL	Suzuki	43'24.34
				= 182.280 km/h
2.	K. Roberts	USA	Yamaha	43'24.64
3.	R. Mamola	USA	Suzuki	43'37.38
4.	B. Fau	F	Suzuki	44'00.56
5.	M. Fontan	F	Yamaha	44'00.90
6.	B. Van Dulmen	NL	Yamaha	44'02.13
7.	S. Avant	NZ	Suzuki	44'09.29
8.	I. Takai	J	Yamaha	44'09.75
9.	S. Parrish	GB	Yamaha	44'10.13
10.	C. Guy	GB	Suzuki	44'17.70

Number of finishers: 23.
Fastest lap: R. Mamola (USA, Suzuki) and
K. Ballington (SA, Kawasaki),
1'31.40 = 185.540 km/h.

10) August 9 : Finland - Imatra

25 laps = 123.750 km
Pole position: M. Lucchinelli (I, Suzuki),
1'53.80 = 156.590 km/h.

1.	M. Lucchinelli	I	Suzuki	48'05.7
				= 154.832 km/h
2.	R. Mamola	USA	Suzuki	48'25.2
3.	K. Ballington	SA	Kawasaki	48'25.5
4.	J. Middelburg	NL	Suzuki	48'25.7
5.	G. Crosby	NZ	Suzuki	48'39.4
6.	M. Fontan	F	Yamaha	48'41.0
7.	K. Roberts	USA	Yamaha	48'44.7
8.	S. Rossi	SF	Suzuki	48'55.9
9.	F. Gross	F	Suzuki	49'53.8
10.	S. Parrish	GB	Yamaha	50'00.9

Number of finishers: 15.
Fastest lap: M. Lucchinelli (I, Suzuki) and
J. Middelburg (NL, Suzuki),
1'54.0 = 156.300 km/h.

11) August 16 : Sweden - Anderstorp

30 laps = 120.930 km
Pole position: B. Sheene (GB, Yamaha),
1'39.54 = 145.787 km/h.

1.	B. Sheene	GB	Yamaha	55'24.04
				= 140.669 km/h
2.	B. Van Dulmen	NL	Yamaha	55'24.86
3.	J. Middelburg	NL	Suzuki	56'02.56
4.	K. Ballington	SA	Kawasaki	56'14.52
5.	G. Crosby	NZ	Suzuki	56'15.32
6.	M. Fontan	F	Yamaha	56'20.14
7.	F. Uncini	I	Suzuki	56'20.46
8.	S. Rossi	SF	Suzuki	56'21.06
9.	M. Lucchinelli	I	Suzuki	56'44.52
10.	B. Fau	F	Suzuki	56'46.96

Number of finishers: 22.
Fastest lap: B. Sheene (GB, Yamaha),
1'43.00 = 140.890 km/h.

WORLD CHAMPIONSHIP

1.	Marco Lucchinelli	I	Suzuki	105
2.	Randy Mamola	USA	Suzuki	94
3.	Kenny Roberts	USA	Yamaha	74
4.	Barry Sheene	GB	Yamaha	72
5.	Graeme Crosby	NZ	Suzuki	68
6.	Boët Van Dulmen	NL	Yamaha	64
7.	Jack Middelburg	NL	Suzuki	60
8.	Kork Ballington	SA	Kawasaki	43
9.	Marc Fontan	F	Yamaha	25
10.	Hiroyuki Kawasaki	J	Suzuki	19
11.	Bernard Fau	F	Suzuki	14
12.	Guido Paci	I	Yamaha	14
13.	Franco Uncini	I	Suzuki	12
14.	Willem Zoet	NL	Suzuki	10
15.	Seppo Rossi	SF	Suzuki	9
16.	Giovanni Pelletier	I	Suzuki	8
17.	Michel Frutschi	CH	Yamaha	6
18.	Dave Potter	GB	Yamaha	5
19.	Stuart Avant	NZ	Suzuki	4
20.	Sergio Pellandini	CH	Suzuki	4
21.	Ikujiro Takai	J	Yamaha	3
22.	Steve Parrish	GB	Yamaha	3
23.	Will Hartog	NL	Suzuki	2
24.	Christian Sarron	F	Yamaha	2
25.	Frank Gross	F	Suzuki	2
26.	Kimmo Kopra	SF	Suzuki	1
27.	Sadao Asami	J	Yamaha	1
28.	Keith Huewen	GB	Suzuki	1
29.	Christophe Guy	GB	Suzuki	1

Giuseppe Patoni, constructeur des Paton et son fils, Roberto.

Giuseppe Patoni, constructor of the Paton, with his son Roberto.

Guiseppe Patoni, der Konstrukteur der Paton und sein Sohn Roberto.

1981 — Side-Cars

Champion: Rolf Biland/Kurt Waltisperg (Switzerland, LCR-Yamaha), 127 points, 7 wins

1) April 26 : Austria - Salzburgring

30 laps = 127.200 km
Pole position: A. Michel/M. Burkhard (F/D, Seymaz Yamaha), 1'27.12 = 175.207 km/h.

1. J. Taylor/B. Johansson	GB/S	Fowler-Yamaha	44'26.68	
			= 171.910 km/h	
2. R. Biland/K. Waltisperg	CH	LCR-Yamaha	44'31.87	
3. A. Michel/M. Burkhard	F/D	Seymaz-Yamaha	45'06.88	
4. W. Schwñrzel/A. Huber	D	Seymaz-Yamaha	1 lap	
5. T. Ireson/C. Pollington	GB	Yamaha	1 lap	
6. M. Kumano/K. Takeshima	J	Yamaha	1 lap	
7. W. Stropek/K. Altrichter	A	Yamaha	2 laps	
8. S. Schauzu/W. Dietz	D	Yamaha	2 laps	
9. R. Steinhausen/G. Willmann	D	RSR-Yamaha	2 laps	
10. J. Van der Ven/T. Troeyen	NL	Yamaha	2 laps	

Number of finishers: 14.
Fastest lap: A. Michel/M. Burkhard (F/D, Seymaz Yamaha), 1'27.20 = 174.970 km/h.

2) May 3 : Germany - Hockenheim

14 laps = 95.032 km
Pole position: R. Biland/K. Waltisperg (CH, LCR-Yamaha), 2'21.70 = 172.454 km/h.

1. A. Michel/M. Burkhard	F/D	Seymaz-Yamaha	33'36.21	
			= 169.707 km/h	
2. J. Taylor/B. Johansson	GB/S	Fowler-Yamaha	33'36.24	
3. W. Schwärzel/A. Huber	D	Seymaz-Yamaha	34'19.74	
4. M. Boddice/C. Birks	GB	Yamaha	35'08.56	
5. D. Jones/B. Ayres	GB	Yamaha	35'25.33	
6. R. Steinhausen/G. Willmann	D	RSR-Yamaha	35'33.88	
7. A. Giesemann/W. Gabke	D	LCR-Yamaha	35'37.86	
8. J. Höckert/T. Riedel	D	Busch-Yamaha	36'01.58	
9. W. Talmon-Gross/E. Dürrich	D	Yamaha	36'03.99	
10. E. Schons/W. Kalauch	D	Yamaha	33'37.15	

Number of finishers: 20.
Fastest lap: J. Taylor/B. Johansson (GB/S, Fowler-Yamaha), 2'21.94 = 172.090 km/h.

3) May 17 : France - Le Castellet

17 laps = 98.770 km
Pole position: R. Biland/K. Waltisperg (CH, LCR-Yamaha), 2'11.21 = 159.409 km/h.

1. R. Biland/K. Waltisperg	CH	LCR-Yamaha	37'33.84	
			= 157.762 km/h	
2. J. Taylor/B. Johansson	GB/S	Fowler-Yamaha	37'43.27	
3. A. Michel/M. Burkhard	F/D	Seymaz-Yamaha	38'09.61	
4. E. Streuer/B. Schnieders	NL	LCR-Yamaha	39'26.68	
5. D. Jones/B. Ayres	GB	Yamaha	39'26.94	
6. P. Campbell/R. Goodwin	AUS	Yamaha	39'32.61	
7. T. Ireson/C. Pollington	GB	Yamaha	1 lap	
8. M. Kumano/K. Takeshima	J	Yamaha	1 lap	
9. J. Höckert/T. Riedel	D	Busch-Yamaha	1 lap	
10. J. Barker/J. Bruschwood	GB	Yamaha	1 lap	

Number of finishers: 20.
Fastest lap: R. Biland/K. Waltisperg (CH, LCR-Yamaha), 2'11.01 = 159.550 km/h.

4) May 24 : Spain - Jarama

28 laps = 95.312 km
Pole position: R. Biland/K. Waltisperg (CH, LCR-Yamaha), 1'32.74 = 128.566 km/h.

1. R. Biland/K. Waltisperg	CH	LCR-Yamaha	45'07.54	
			= 123.305 km/h	
2. A. Michel/M. Burkhard	F/D	Seymaz-Yamaha	46'02.21	
3. M. Kumano/K. Takeshima	J	LCR-Yamaha	46'09.96	
4. D. Jones/B. Ayres	GB	Yamaha	47'13.46	
5. M. Vanneste/S. Vanneste	B	Seymaz-Yamaha	1 lap	
6. P. Campbell/R. Goodwin	AUS	Yamaha	1 lap	
7. W. Stropek/K. Altrichter	A	Yamaha	3 laps	
8. T. Ireson/C. Pollington	GB	Yamaha	3 laps	
9. J. Taylor/B. Johansson	GB/S	Fowler-Yamaha	3 laps	

Number of finishers: 9.
Fastest lap: R. Biland/K. Waltisperg (CH, LCR-Yamaha), 1'34.35 = 126.370 km/h.

5) June 27 : The Netherlands - Assen

14 laps = 107.590 km
Pole position: J. Taylor/B. Johansson (GB/S, Fowler-Yamaha), 3'01.53 = 152.405 km/h.

1. A. Michel/M. Burkhard	F/D	Seymaz-Yamaha	42'48.52	
			= 150.796 km/h	
2. J. Taylor/B. Johansson	GB/S	Fowler-Yamaha	43'07.41	
3. R. Biland/K. Waltisperg	CH	LCR-Yamaha	44'00.95	
4. M. Kumano/K. Takeshima	J	Yamaha	44'52.24	
5. M. Boddice/C. Birks	GB	Yamaha	44'52.50	
6. T. Ireson/C. Pollington	GB	Yamaha	45'07.52	
7. J. Höckert/T. Riedel	D	Busch-Yamaha	1 lap	
8. G. Corbaz/Y. Hunziker	CH	Yamaha	1 lap	
9. P. Huybers/K.-H. Bucholz	NL	Yamaha	1 lap	
10. J. Van der Ven/T. Troeyen	NL	Yamaha	1 lap	

Number of finishers: 11.
Fastest lap: A. Michel/M. Burkhard (F/D, Seymaz-Yamaha), 3'00.1 = 153.610 km/h.

6) July 5 : Belgium - Spa-Francorchamps

18 laps = 125.496 km
Pole position: R. Biland/K. Waltisperg (CH, LCR-Yamaha), 2'43.25 = 154.785 km/h.

1. R. Biland/K. Waltisperg	CH	LCR-Yamaha	50'29.85	
			= 149.197 km/h	
2. J. Taylor/B. Johansson	GB/S	Fowler-Yamaha	50'58.86	
3. A. Michel/M. Burkhard	F/D	Seymaz-Yamaha	51'07.04	
4. M. Vanneste/S. Vanneste	B	Seymaz-Yamaha	51'24.57	
5. D. Jones/B. Ayres	GB	Yamaha	52'37.49	
6. W. Schwärzel/A. Huber	D	Seymaz-Yamaha	TNR	
7. P. Thomas/J.-M. Fresc	F	Seymaz-Yamaha	TNR	
8. E. Streuer/B. Schnieders	NL	LCR-Yamaha	TNR	
9. M. Boddice/C. Birks	GB	Yamaha	Time not released	
10. J. Höckert/T. Riedel	D	Busch-Yamaha	TNR	

Number of finishers: 21.
Fastest lap: A. Michel/M. Burkhard (F/D, Seymaz-Yamaha), 2'44.45 = 152.610 km/h.

7) August 9 : Finland - Imatra

22 laps = 108.900 km
Pole position: R. Biland/K. Waltisperg (CH, LCR-Yamaha),
1'59.70 = 148.872 km/h.

1.	R. Biland/K. Waltisperg	CH	LCR-Yamaha	45'48.9
				= 142.617 km/h
2.	J. Taylor/B. Johansson	GB/S	Fowler-Yamaha	45'59.1
3.	W. Schwärzel/A. Huber	D	Seymaz-Yamaha	47'28.1
4.	A. Giesemann/K. Paul	D	LCR-Yamaha	1 lap
5.	G. Brodin/B. Gälross	S	Yamaha	1 lap
6.	W. Ohrmann/H. Radomski	D	Yamaha	1 lap
7.	J. Höckert/T. Riedel	D	Busch-Yamaha	1 lap
8.	S. Schauzu/W. Dietz	D	Yamaha	1 lap
9.	W. Stropek/K. Altrichter	A	Yamaha	2 laps

Number of finishers: 9.
Fastest lap: W. Schwärzel/A. Huber (D, Seymaz-Yamaha),
2'02.4 = 145.600 km/h.

8) August 16 : Sweden - Anderstorp

23 laps = 92.713 km
Pole position: R. Biland/K. Waltisperg (CH, LCR-Yamaha),
1'42.67 = 141.342 km/h.

1.	R. Biland/K. Waltisperg	CH	LCR-Yamaha	40'16.45
				= 138.122 km/h
2.	A. Michel/M. Burkhard	F/D	Seymaz-Yamaha	40'24.25
3.	J. Taylor/B. Johansson	GB/S	Fowler-Yamaha	40'53.83
4.	M. Kumano/K. Takeshima	J	Yamaha	41'17.71
5.	W. Schwärzel/A. Huber	D	Seymaz-Yamaha	41'18.52
6.	D. Jones/B. Ayres	GB	Yamaha	41'33.13
7.	M. Vanneste/S. Vanneste	B	Seymaz-Yamaha	42'00.41
8.	P. Thomas/J.-M. Fresc	F	Seymaz-Yamaha	42'01.28
9.	E. Streuer/J. Leppänen	NL/SF	LCR-Yamaha	1 lap
10.	J. Höckert/T. Riedel	D	Busch-Yamaha	1 lap

Number of finishers: 13.
Fastest lap: R. Biland/K. Waltisperg (CH, LCR-Yamaha),
1'43.58 = 139.660 km/h.

9) August 30 : Czechoslovakia - Brno

10 laps = 109.250 km
Pole position: R. Biland/K. Waltisperg (CH, LCR-Yamaha),
3'50.84 = 170.300 km/h.

1.	R. Biland/K. Waltisperg	CH	LCR-Yamaha	39'11.33
				= 167.270 km/h
2.	A. Michel/M. Burkhard	F/D	Seymaz-Yamaha	39'12.05
3.	D. Jones/B. Ayres	GB	Yamaha	39'46.12
4.	W. Schwärzel/A. Huber	D	Seymaz-Yamaha	40'02.53
5.	M. Kumano/K. Takeshima	J	Yamaha	40'14.09
6.	E. Streuer/C. Vroegop	NL	LCR-Yamaha	40'21.86
7.	M. Boddice/C. Birks	GB	Yamaha	40'41.76
8.	J. Höckert/T. Riedel	D	Busch-Yamaha	41'13.45
9.	G. Corbaz/Y. Hunziker	CH	Yamaha	41'14.60
10.	P. Thomas/H. Hofmann	F/D	Seymaz-Yamaha	41'15.07

Number of finishers: 18.
Fastest lap: R. Biland/K. Waltisperg (CH, LCR-Yamaha),
3'50.99 = 170.189 km/h.

WORLD CHAMPIONSHIP

1.	Rolf Biland/Kurt Waltisperg	CH	LCR-Yamaha	127
2.	Alain Michel/Michael Burkhard	F/D	Seymaz-Yamaha	106
3.	Jock Taylor/Bengt Johansson	GB/S	Fowler-Yamaha	87
4.	Derek Jones/Brian Ayres	GB	Yamaha	53
5.	Werner Schwärzel/Andreas Huber	D	Seymaz-Yamaha	51
6.	Masato Kumano/Kunio Takeshima	J	Yamaha	40
7.	Michel Vanneste/Serge Vanneste	B	Seymaz-Yamaha	26
8.	Egbert Streuer/Bernd Schnieders/Kenny Leppänen/ Charles Vroegop	NL/NL/GB/SF/NL	Williams/Jopan LCR-Yamaha	24
9.	Mick Boddice/Chas Birks	GB	Yamaha	20
10.	Trevor Ireson/Clive Pollington	GB	Yamaha	18
11.	Jesco Höckert/Thomas Riedel	D	Busch-Yamaha	18
12.	Albert Giesemann/Wolfgang Gäbke/Karl Paul	D	LCR-Yamaha	12
13.	Peter Campbell/Richard Goordwin	AUS	Yamaha	10
14.	Wolfgang Stropek/Karl Altrichter	A	Yamaha	10
15.	Walter Ohrmann/Heinz Radomski	D	Yamaha	8
16.	Philippe Thomas/Jean-Marc Fresc/Harry Hofmann	F/F/D	Seymaz-Yamaha	8
17.	Rolf Steinhausen/Georg Willmann	D	RSR-Yamaha	7
18.	Göte Brodin/Billy Gälross	S	Yamaha	6
19.	Siegfried Schauzu/Winfried Dietz	D	Yamaha	6
20.	Derek Bayley/Bob Bryson	GB	Yamaha	5
21.	Gérald Corbaz/Yvan Hunziker	CH	Yamaha	5
22.	Piet Huybers/Karl-Heinz Bucholz	NL/D	Yamaha	2
23.	Walter Talmon-Gross/Ernest Dürrich	D	Yamaha	2
24.	Dick Greasley/Stuart Atkinson	GB	Yamaha	2
25.	Jo Van der Ven/Tonnie Troeyen	NL	Yamaha	1
26.	Egon Schons/Wolfgang Kalauch	D	Yamaha	1
27.	John Barker/John Brushwood	GB	Yamaha	1
28.	Bruce Ford-Dunn/Alistair Pirie	GB	Yamaha	1

Yamaha 500

Champion : **Stefan Dörflinger (Switzerland, Kreidler), 81 points, 3 wins**

1982 — 50 cc

1) May 23 : Spain - Jarama

19 laps = 62.928 km
Pole position: S. Dörflinger (CH, Kreidler),
1'47.53 = 110.883 km/h.

1.	S. Dörflinger	CH	Kreidler	34'54.77
				= 108.143 km/h
2.	E. Lazzarini	I	Garelli	35'06.21
3.	C. Lusuardi	I	Villa	35'36.17
4.	T. Timmer	NL	Bultaco	35'44.72
5.	G. Ascareggi	I	Minarelli	35'51.51
6.	J. Martinez	E	Bultaco	35'52.21
7.	G. Looyensteyn	NL	Kreidler	35'57.84
8.	H. Spaan	NL	Kreidler	35'58.67
9.	R. Blatter	CH	Kreidler	36'03.25
10.	H. Klein	D	Real-Masa	36'28.76

Number of finishers: 21.
Fastest lap: S. Dörflinger (CH, Kreidler),
1'47.56 = 110.850 km/h.

2) May 30 : Italy - Misano

23 laps = 80.224 km
Pole position: S. Dörflinger (CH, Kreidler),
1'37.61 = 128.643 km/h.

1.	S. Dörflinger	CH	Kreidler	38'39.41
				= 124.517 km/h
2.	R. Tormo	E	Bultaco	38'42.80
3.	C. Lusuardi	I	Villa	39'27.71
4.	G. Ascareggi	I	Minarelli	39'28.35
5.	M. De Lorenzi	I	Minarelli	40'13.75
6.	H. Hummel	A	H-Sachs	40'15.91
7.	I. Emmerich	D	Kreidler	40'15.93
8.	H. Klein	D	Real-Masa	40'23.31
9.	P. Priori	I	Paolucci	1 lap
10.	H. Van Kessel	NL	Kreidler	1 lap

Number of finishers: 15.
Fastest lap: S. Dörflinger (CH, Kreidler),
1'39.36 = 126.380 km/h.

3) June 26 : The Netherlands - Assen

9 laps = 69.165 km
Pole position: S. Dörflinger (CH, Kreidler),
3'30.72 = 131.293 km/h.

1.	S. Dörflinger	CH	Kreidler	32'00.30
				= 129.579 km/h
2.	E. Lazzarini	I	Garelli	32'08.11
3.	R. Tormo	E	Bultaco	32'28.21
4.	G. Ascareggi	I	Minarelli	33'04.04
5.	H. Hummel	A	H-Sachs	33'13.54
6.	C. Lusuardi	I	Villa	33'13.82
7.	T. Timmer	NL	Bultaco	33'00.00
8.	R. Scheidhauer	D	Kreidler	33'23.38
9.	H. Spaan	NL	Kreidler	33'35.89
10.	P. Rimmelzwaan	NL	Roton	33'47.99

Number of finishers: 24.
Fastest lap: S. Dörflinger (CH, Kreidler),
3'31.19 = 130.920 km/h.

4) July 18 : Yugoslavia - Rijeka

18 laps = 75.024 km
Pole position: S. Dörflinger (CH, Kreidler),
1'48.77 = 137.950 km/h.

1.	E. Lazzarini	I	Garelli	33'27.29
				= 134.577 km/h
2.	S. Dörflinger	CH	Kreidler	33'41.23
3.	R. Tormo	E	Bultaco	33'41.38
4.	C. Lusuardi	I	Villa	34'08.96
5.	G. Ascareggi	I	Minarelli	34'20.98
6.	J. Martinez	E	Bultaco	34'37.85
7.	H. Spaan	NL	Kreidler	35'02.94
8.	T. Timmer	NL	Bultaco	35'04.66
9.	H. Hummel	A	H-Sachs	35'08.21
10.	G. Looyensteyn	NL	Kreidler	35'10.49

Number of finishers: 24.
Fastest lap: E. Lazzarini (I, Garelli),
1'49.29 = 137.310 km/h.

5) September 5 : San Marino - Mugello

13 laps = 68.185 km
Pole position: E. Lazzarini (I, Garelli),
2'23.33 = 131.738 km/h.

1.	E. Lazzarini	I	Garelli	31'32.23
				= 129.846 km/h
2.	S. Dörflinger	CH	Kreidler	31'33.74
3.	G. Ascareggi	I	Minarelli	32'35.29
4.	M. De Lorenzi	I	Minarelli	33'22.43
5.	H. Hummel	A	H-Sachs	33'23.65
6.	O. Machinek	A	Kreidler	33'23.97
7.	R. Scheidhauer	D	Kreidler	33'30.10
8.	H. Spaan	NL	Kreidler	33'30.23
9.	G. Singer	D	Kreidler	33'33.23
10.	M. Mordenti	I	Rossi	33'33.94

Number of finishers: 23.
Fastest lap: E. Lazzarini (I, Garelli),
2'22.15 = 132.831 km/h.

6) September 26 : Germany - Hockenheim

10 laps = 67.880 km
Pole position: S. Dörflinger (CH, Kreidler),
2'46.81 = 146.495 km/h.

1.	E. Lazzarini	I	Garelli	28'40.57
				= 142.044 km/h
2.	S. Dörflinger	CH	Kreidler	28'42.29
3.	C. Lusuardi	I	Villa	28'50.32
4.	R. Tormo	E	Bultaco	29'06.29
5.	H. Klein	D	Kreidler	29'07.68
6.	G. Bauer	D	Kreidler	29'25.08
7.	G. Looyensteyn	NL	Kreidler	29'26.06
8.	R. Scheidhauer	D	Kreidler	29'28.23
9.	P. Verbic	Y	Kreidler	29'38.61
10.	I. Emmerich	D	Kreidler	29'39.46

Number of finishers: 23.
Fastest lap: S. Dörflinger (CH, Kreidler),
2'49.12 = 144.511 km/h.

WORLD CHAMPIONSHIP

1.	Stefan Dörflinger	CH	Kreidler	81
2.	Eugenio Lazzarini	I	Garelli	69
3.	Claudio Lusuardi	I	Villa	43
4.	Ricardo Tormo Blaya	E	Bultaco	40
5.	Giuseppe Ascareggi	I	Minarelli	38
6.	Hans Hummel	A	H-Sachs	19
7.	Theo Timmer	NL	Bultaco	15
8.	Massimo De Lorenzi	I	Minarelli	14
9.	Hans Spaan	NL	Kreidler	12
10.	Hagen Klein	D	Kreidler	10
11.	Jorge "Aspar" Martinez	E	Bultaco	10
12.	Reiner Scheidhauer	D	Kreidler	10
13.	George Looyensteyn	NL	Kreidler	9
14.	Otto Machinek	A	Kreidler	5
15.	Gerhard Bauer	D	Kreidler	5
16.	Ingo Emmerich	D	Kreidler	5
17.	Rolf Blatter	CH	Kreidler	2
18.	Paolo Priori	I	Paolucci	2
19.	Gerhard Singer	D	Kreidler	2
20.	Petar Verbic	Y	Kreidler	2
21.	Henk Van Kessel	NL	Kreidler	1
22.	Paul Rimmelzwaan	NL	Roton	1
23.	Mauro Mordenti	I	Rossi	1

Giuseppe Ascareggi

Giuseppe Ascareggi, Minarelli

1982 — 50 cc

1982 — 125 cc

Champion: **Angel Nieto (Spain, Garelli), 111 points, 6 wins**

1) March 28 : Argentina - Buenos Aires

26 laps = 103.584 km
Pole position: A. Nieto (E, Garelli),
1'43.83 = 138.134 km/h.

1. A. Nieto	E	Garelli	45'32.49
			= 136.470 km/h
2. R. Tormo	E	Sanvenero	45'34.81
3. W. Perez	ARG	MBA	46'01.26
4. A. Auinger	A	MBA-Bartol	46'01.49
5. I. Palazzese	VEN	MBA	46'01.70
6. P. Bianchi	I	Sanvenero	46'05.07
7. H.-J. Vignetti	ARG	Sanvenero	46'37.61
8. E. Lazzarini	I	Garelli	46'37.94
9. G. Waibel	D	Seel-MBA	46'56.33
10. P.-E. Carlsson	S	MBA	47'12.36

Number of finishers: 18.
Fastest lap: R. Tormo (E, Sanvenero),
1'43.19 = 139.010 km/h.

2) May 2 : Austria - Salzburgring

22 laps = 93.280 km
Pole position: H. Müller (CH, MBA),
1'36.01 = 158.983 km/h.

1. A. Nieto	E	Garelli	34'28.00
			= 162.410 km/h
2. A. Auinger	A	MBA-Bartol	34'29.89
3. P. Bianchi	I	Sanvenero	34'31.32
4. H. Müller	CH	MBA	34'49.26
5. P.-L. Aldrovandi	I	MBA	35'15.85
6. H. Hummel	A	MBA-Sachs	35'41.23
7. E. Klein	A	MBA	35'49.22
8. H. Lichtenberg	D	MBA	35'49.57
9. A. Waibel	D	MBA	35'49.91
10. M. Vitali	I	MBA	35'50.10

Number of finishers: 22.
Fastest lap: A. Auinger (A, MBA-Bartol),
1'32.45 = 165.130 km/h.

3) May 9 : France - Nogaro

30 laps = 93.600 km
Pole position: J.-C. Selini (F, MBA),
1'31.13 = 123.253 km/h.

1. J.-C. Selini	F	MBA	45'47.78
			= 122.649 km/h
2. J. Wickström	SF	MBA	46'18.00
3. H.-J. Vignetti	ARG	Sanvenero	46'25.26
4. W. Perez	ARG	MBA	46'28.23
5. M. Kinnunen	SF	MBA	46'36.26
6. A. Waibel	D	MBA	46'47.02
7. G. Waibel	D	Seel-MBA	46'47.38
8. O. Liegeois	B	MBA	46'51.71
9. A. Bedford	GB	MBA	1 lap
10. E. Kytölä	SF	MBA	1 lap

Number of finishers: 22.
Fastest lap: J.-C. Selini (F, MBA),
1'30.06 = 124.720 km/h.

4) May 23 : Spain - Jarama

28 laps = 92.736 km
Pole position: E. Lazzarini (I, Garelli),
1'38.92 = 120.534 km/h.

1. A. Nieto	E	Garelli	47'09.86
			= 117.975 km/h
2. E. Lazzarini	I	Garelli	47'10.07
3. P.-L. Aldrovandi	I	MBA	47'15.84
4. H. Müller	CH	MBA	47'16.65
5. J.-C. Selini	F	MBA	47'29.67
6. J. Wickström	SF	MBA	47'32.09
7. B. Kneubühler	CH	MBA	47'37.94
8. R. Tormo	E	Sanvenero	47'43.81
9. M. Vitali	I	MBA	47'51.96
10. G. Waibel	D	Seel-MBA	47'52.66

Number of finishers: 19.
Fastest lap: E. Lazzarini (I, Garelli),
1'37.59 = 122.180 km/h.

5) May 30 : Italy - Misano

30 laps = 104.640 km
Pole position: P. Bianchi (I, Sanvenero),
1'28.82 = 141.374 km/h.

1. A. Nieto	E	Garelli	45'14.8
			= 138.759 km/h
2. P. Bianchi	I	Sanvenero	45'40.54
3. I. Palazzese	VEN	MBA	45'43.11
4. P.-L. Aldrovandi	I	MBA	45'45.64
5. H.-J. Vignetti	ARG	Sanvenero	45'46.83
6. H. Müller	CH	MBA	45'49.18
7. B. Kneubühler	CH	MBA	46'12.98
8. J. Wickström	SF	MBA	46'15.74
9. D. Brigaglia	I	MBA	46'15.89
10. L. Piccirillo	I	MBA	46'18.99

Number of finishers: 19.
Fastest lap: P. Bianchi (I, Sanvenero),
1'28.38 = 142.070 km/h.

6) June 26 : The Netherlands - Assen

14 laps = 107.590 km
Pole position: E. Lazzarini (I, Garelli),
3'10.33 = 145.358 km/h.

1. A. Nieto	E	Garelli	44'29.45
			= 145.095 km/h
2. E. Lazzarini	I	Garelli	44'30.53
3. P.-L. Aldrovandi	I	MBA	44'47.27
4. H. Müller	CH	MBA	44'51.04
5. R. Tormo	E	Sanvenero	44'54.33
6. I. Palazzese	VEN	MBA	45'05.90
7. J.-C. Selini	F	MBA	45'15.85
8. H.-J. Vignetti	ARG	Sanvenero	45'17.19
9. G. Waibel	D	Seel-MBA	45'36.93
10. J. Wickström	SF	MBA	45'37.421

Number of finishers: 24.
Fastest lap: A. Nieto (E, Garelli),
3'05.94 = 148.800 km/h.

7) July 4 : Belgium - Spa-Francorchamps

12 laps = 83.664 km
Pole position: R. Tormo (E, Sanvenero),
2'56.62 = 142.108 km/h.

1.	R. Tormo	E	Sanvenero	35'16.67
				= 142.367 km/h
2.	E. Lazzarini	I	Garelli	35'18.41
3.	P. Bianchi	I	Sanvenero	35'23.75
4.	H. Müller	CH	MBA	35'31.21
5.	A. Nieto	E	Garelli	35'31.67
6.	A. Auinger	A	MBA-Bartol	35'32.08
7.	J.-C. Selini	F	MBA	35'43.61
8.	H.-J. Vignetti	ARG	Sanvenero	35'55.92
9.	G. Waibel	D	Seel-MBA	36'05.46
10.	W. Perez	ARG	MBA	36'06.02

Number of finishers: 24.
Fastest lap: E. Lazzarini (I, Garelli),
2'52.52 = 145.560 km/h.

8) July 18 : Yugoslavia - Rijeka

25 laps = 104.200 km
Pole position: E. Lazzarini (I, Garelli),
1'39.50 = 150.802 km/h.

1.	E. Lazzarini	I	Garelli	42'28.96
				= 147.192 km/h
2.	P. Bianchi	I	Sanvenero	42'42.56
3.	A. Nieto	E	Garelli	42'57.16
4.	M. Vitali	I	MBA	43'12.85
5.	I. Palazzese	VEN	MBA	43'59.97
6.	P.-L. Aldrovandi	I	MBA	44'00.77
7.	R. Ruosi	I	MBA	44'05.25
8.	S. Dörflinger	CH	Krauser-MBA	44'13.57
9.	G. Waibel	D	Seel-MBA	1 lap
10.	D. Brigaglia	I	MBA	1 lap

Number of finishers: 24.
Fastest lap: E. Lazzarini (I, Garelli),
1'40.50 = 149.330 km/h.

9) August 1 : Great Britain - Silverstone

20 laps = 94.200 km
Pole position: A. Nieto (E, Garelli),
1'39.04 = 171.204 km/h.

1.	A. Nieto	E	Garelli	33'30.90
				= 169.640 km/h
2.	R. Tormo	E	Sanvenero	33'30.91
3.	P. Bianchi	I	Sanvenero	33'41.13
4.	E. Lazzarini	I	Garelli	34'01.82
5.	I. Palazzese	VEN	MBA	34'10.23
6.	P.-L. Aldrovandi	I	MBA	34'10.31
7.	H. Müller	CH	MBA	34'11.21
8.	A. Auinger	A	MBA-Bartol	34'11.87
9.	B. Kneubühler	CH	MBA	34'33.58
10.	W. Perez	ARG	MBA	34'33.71

Number of finishers: 35.
Fastest lap: A. Nieto (E, Garelli),
1'38.65 = 171.890 km/h.

10) August 8 : Sweden - Anderstorp

23 laps = 92.713 km
Pole position: R. Tormo (E, Sanvenero),
1'47.97 = 134.404 km/h.

1.	I. Palazzese	VEN	MBA	42'01.41
				= 132.246 km/h
2.	E. Lazzarini	I	Garelli	42'01.59
3.	A. Auinger	A	MBA-Bartol	42'32.90
4.	M. Vitali	I	MBA	42'42.77
5.	J.-C. Selini	F	MBA	42'47.72
6.	A. Nieto	E	Garelli	43'06.58
7.	B. Kneubühler	CH	MBA	43'08.93
8.	D. Brigaglia	I	MBA	43'13.54
9.	J. Wickström	SF	MBA	43'23.39
10.	J. Jaakkola	SF	MBA	43'37.67

Number of finishers: 20.
Fastest lap: E. Lazzarini (I, Garelli),
1'47.90 = 134.491 km/h.

11) August 15 : Finland - Imatra

19 laps = 94.050 km
Pole position: H. Müller (CH, MBA),
2'04.0 = 143.710 km/h.

1.	I. Palazzese	VEN	MBA	46'30.5
				= 121.406 km/h
2.	A. Auinger	A	MBA-Bartol	47'35.0
3.	J. Wickström	SF	MBA	48'27.9
4.	P.-L. Aldrovandi	I	MBA	48'59.9
5.	E. Lazzarini	I	Garelli	49'09.8
6.	D. Brigaglia	I	MBA	49'30.8
7.	A. Straver	NL	MBA	1 lap
8.	J. Jaakkola	SF	MBA	1 lap
9.	J.-C. Selini	F	MBA	1 lap
10.	R. Ruosi	I	MBA	1 lap

Number of finishers: 19.
Fastest lap: I. Palazzese (VEN, MBA),
2'22.1 = 123.600 km/h.

12) August 29 : Czechoslovakia - Brno

11 laps = 120.175 km
Pole position: H. Müller (CH, MBA),
4'05.38 = 160.209 km/h.

1.	E. Lazzarini	I	Garelli	45'08.95
				= 159.706 km/h
2.	I. Palazzese	VEN	MBA	45'11.22
3.	R. Tormo	E	Sanvenero	45'18.55
4.	H. Müller	CH	MBA	45'36.56
5.	G. Waibel	D	Seel-MBA	46'06.66
6.	A. Auinger	A	MBA-Bartol	46'06.99
7.	B. Kneubühler	CH	MBA	46'07.75
8.	D. Brigaglia	I	MBA	46'08.52
9.	J.-C. Selini	F	MBA	46'33.93
10.	H. Van Kessel	NL	MBA	47'16.44

Number of finishers: 23.
Fastest lap: E. Lazzarini (I, Garelli),
3'59.46 = 164.150 km/h.

WORLD CHAMPIONSHIP

1.	Angel Nieto	E	Garelli	111
2.	Eugenio Lazzarini	I	Garelli	95
3.	Ivan Palazzese	VEN	MBA	75
4.	Pierpaolo Bianchi	I	Sanvenero	59
5.	Ricardo Tormo Blaya	E	Sanvenero	58
6.	August Auinger	A	MBA-Bartol	55
7.	Pier-Luigi Aldrovandi	I	MBA	52
8.	Hans Müller	CH	MBA	49
9.	Jean-Claude Selini	F	MBA	39
10.	Johnny Wickström	SF	MBA	33
11.	Hugo Jorge Vignetti	ARG	Sanvenero	26
12.	Willy Perez	ARG	MBA	20
13.	Maurizio Vitali	I	MBA	19
14.	Gerhard Waibel	D	Seel-MBA	19
15.	Bruno Kneubühler	CH	MBA	18
16.	Domenico Brigaglia	I	MBA	14
17.	Alfred Waibel	D	MBA	7
18.	Matti Kinnunen	SF	MBA	6
19.	Hans Hummel	A	Sachs-MBA	5
20.	Roberto Ruosi	I	MBA	5
21.	Erich Klein	A	MBA	4
22.	Anton Straver	NL	MBA	4
23.	Jikka Jaakkola	SF	MBA	4
24.	Helmut Lichtenberg	D	MBA	3
25.	Olivier Liegeois	B	MBA	3
26.	Stefan Dörflinger	CH	Krauser-MBA	3
27.	Alex Bedford	GB	MBA	2
28.	Per-Edward Carlsson	S	MBA	1
29.	Esa Kytölä	SF	MBA	1
30.	Libero Piccirillo	I	MBA	1
31.	Henk Van Kessel	NL	MBA	1

Ivan Palazzese

Champion : **Jean-Louis Tournadre (France, Yamaha), 118 points, 1 win**

1982 — 250 cc

1) May 9 : France - Nogaro

35 laps = 109.200 km
Pole position: P. Igoa (F, Yamaha),
         1'25.31 = 131.661 km/h.

1.	J.-L. Tournadre	F	Yamaha	51'09.35
				= 128.079 km/h
2.	J.-F. Baldé	F	Kawasaki	51'09.84
3.	J. Sayle	AUS	Armstrong	51'10.11
4.	R. Freymond	CH	MBA	51'27.24
5.	J. Cornu	CH	Yamaha	51'35.76
6.	J.-L. Guignabodet	F	Kawasaki	51'38.40
7.	G. Grabia	F	Yamaha	51'41.39
8.	T. Head	GB	Waddon-Rotax	51'42.60
9.	M. Wimmer	D	Yamaha	51'53.10
10.	M. Matteoni	I	Bimota-Yamaha	51'58.06

Number of finishers: 14.
Fastest lap: J.-F. Baldé (F, Kawasaki),
         1'25.00 = 132.140 km/h.

2) May 23 : Spain - Jarama

31 laps = 102.672 km
Pole position: J.-F. Baldé (F, Kawasaki),
         1'34.15 = 126.640 km/h.

1.	C. Lavado	VEN	Yamaha	49'58.19
				= 123.823 km/h
2.	J.-L. Tournadre	F	Yamaha	50'08.64
3.	A. Mang	D	Kawasaki	50'14.15
4.	J. Bolle	F	Yamaha	50'16.95
5.	D. Robinson	IRL	Yamaha	50'17.64
6.	J.-L. Guignabodet	F	Kawasaki	50'18.42
7.	A. Neto	BR	Yamaha	50'18.94
8.	J. Sayle	AUS	Armstrong	50'40.47
9.	C. Sarron	F	Yamaha	50'40.69
10.	M. Schouten	NL	Yamaha	50'52.65

Number of finishers: 18.
Fastest lap: J.-F. Baldé (F, Kawasaki),
         1'34.51 = 126.160 km/h.

3) May 30 : Italy - Misano

33 laps = 115.104 km
Pole position: M. Matteoni (I, Bimota-Yamaha),
         1'26.02 = 145.857 km/h).

1.	A. Mang	D	Kawasaki	47'59.67
				= 143.896 km/h
2.	R. Freymond	CH	MBA	48'00.62
3.	J.-L. Tournadre	F	Yamaha	48'07.90
4.	A. Neto	BR	Yamaha	48'08.60
5.	C. Estrosi	F	Pernod	48'08.76
6.	M. Broccoli	I	Yamaha	48'16.22
7.	M. Lucchi	I	Yamaha	48'33.49
8.	C. Sarron	F	Yamaha	48'33.87
9.	J. Cornu	CH	Yamaha	48'37.17
10.	P.-L. Conforti	I	Kawasaki	48'41.93

Number of finishers: 16.
Fastest lap: A. Mang (D, Kawasaki),
         1'25.47 = 146.580 km/h.

4) June 26 : The Netherlands - Assen

15 laps = 115.275 km
Pole position: D. De Radiguès (B, Chevallier-Yamaha),
         3'01.89 = 152.103 km/h.

1.	A. Mang	D	Kawasaki	47'00.31
				= 147.047 km/h
2.	J.-L. Tournadre	F	Yamaha	47'02.76
3.	J. Sayle	AUS	Armstrong	47'03.07
4.	J.-L. Guignabodet	F	Kawasaki	47'03.51
5.	P. Fernandez	F	Yamaha-Bartol	47'24.95
6.	G. McGregor	AUS	Waddon-Rotax	47'25.74
7.	M. Wimmer	D	Yamaha	47'27.50
8.	R. Freymond	CH	MBA	47'34.81
9.	T. Espié	F	Pernod	47'37.65
10.	G. Grabia	F	Yamaha	48'01.66

Number of finishers: 33.
Fastest lap: J. Sayle (AUS, Armstrong),
         3'02.05 = 151.870 km/h.

5) July 4 : Belgium - Spa-Francorchamps

16 laps = 111.552 km
Pole position: A. Mang (D, Kawasaki),
         2'48.63 = 148.833 km/h.

1.	A. Mang	D	Kawasaki	40'40.35
				= 149.912 km/h
2.	G. McGregor	AUS	Waddon-Rotax	44'54.94
3.	D. De Radiguès	B	Chevallier-Yamaha	45'00.09
4.	R. Freymond	CH	MBA	45'04.63
5.	P. Ferretti	I	MBA	45'08.22
6.	J.-L. Tournadre	F	Yamaha	45'08.40
7.	M. Wimmer	D	Yamaha	45'10.50
8.	D. Robinson	IRL	Yamaha	45'16.03
9.	J.-M. Mattioli	F	Yamaha	45'25.15
10.	A. Gouin	F	Yamaha	45'25.62

Number of finishers: 24.
Fastest lap: A. Mang (D, Kawasaki),
         2'45.81 = 151.460 km/h.

6) July 18 : Yugoslavia - Rijeka

30 laps = 125.040 km
Pole position: D. De Radiguès (B, Chevallier-Yamaha),
         1'38.32 = 152.612 km/h.

1.	D. De Radiguès	B	Chevallier-Yamaha	49'54.83
				= 150.334 km/h
2.	P. Ferretti	I	MBA	49'55.22
3.	J.-L. Tournadre	F	Yamaha	50'00.85
4.	M. Matteoni	I	Bimota-Yamaha	50'03.73
5.	C. Sarron	F	Yamaha	50'06.78
6.	J. Cornu	CH	Yamaha	50'15.80
7.	J. Sayle	AUS	Armstrong	50'37.80
8.	J. Bolle	F	Yamaha	50'45.84
9.	J.-L. Guignabodet	F	Kawasaki	50'54.78
10.	T. Espié	F	Pernod	51'00.16

Number of finishers: 17.
Fastest lap: J.-L. Tournadre (F, Yamaha),
         1'38.19 = 152.820 km/h.

7) August 1 : Great Britain - Silverstone

24 laps = 113.040 km
Pole position: M. Wimmer (D, Yamaha),
1'35.41 = 177.717 km/h.

1.	M. Wimmer	D	Yamaha	38'38.89
				= 176.120 km/h
2.	A. Mang	D	Kawasaki	38'39.98
3.	J.-L. Tournadre	F	Yamaha	38'42.27
4.	R. Freymond	CH	MBA	38'42.38
5.	J.-L. Guignabodet	F	Kawasaki	38'42.73
6.	T. Espié	F	Pernod	38'45.59
7.	P. Ferretti	I	MBA	38'52.14$
8.	C. Lavado	VEN	Yamaha	38'52.14
9.	C. Estrosi	F	Pernod	38'53.40
10.	D. De Radiguès	B	Chevallier-Yamaha	38'54.05

Number of finishers: 33.
Fastest lap: A. Mang (D, Kawasaki),
1'35.30 = 177.940 km/h.

8) August 7 : Sweden - Anderstorp

25 laps = 100.775 km
Pole position: C. Estrosi (F, Pernod),
1'44.54 = 138.814 km/h.

1.	R. Freymond	CH	MBA	43'25.72
				= 138.779 km/h
2.	A. Mang	D	Kawasaki	43'28.74
3.	J.-F. Baldé	F	Kawasaki	43'30.08
4.	J.-L. Tournadre	F	Yamaha	43'36.44
5.	C. Estrosi	F	Pernod	43'38.05
6.	M. Wimmer	D	Yamaha	43'45.03
7.	J. Cornu	CH	Yamaha	43'47.99
8.	R. Schlachter	USA	Yamaha	43'48.18
9.	T. Espié	F	Pernod	43'48.68
10.	D. Robinson	IRL	Yamaha	43'58.25

Number of finishers: 25.
Fastest lap: R. Freymond (CH, MBA),
1'44.58 = 138.210 km/h.

9) August 15 : Finland - Imatra

21 laps = 103.950 km
Pole position: D. De Radiguès (B, Chevallier-Yamaha),
2'02.40 = 145.588 km/h.

1.	C. Sarron	F	Yamaha	49'00.2
				= 127.354 km/h
2.	D. De Radiguès	B	Chevallier-Yamaha	49'01.9
3.	A. Pons	E	Kobas-Rotax	49'23.7
4.	J.-M. Mattioli	F	Yamaha	49'24.8
5.	C. Lavado	VEN	Yamaha	49'37.3
6.	A. Mang	D	Kawasaki	49'39.6
7.	J.-L. Tournadre	F	Yamaha	49'40.1
8.	J.-L. Guignabodet	F	Kawasaki	49'47.7
9.	B. Elgh	S	Yamaha	50'31.9
10.	T. Head	GB	Waddon-Rotax	50'38.5

Number of finishers: 20.
Fastest lap: C. Sarron (F, Yamaha),
2'15.0 = 132.000 km/h.

10) August 29 : Czechoslovakia - Brno

11 laps = 120.175 km
Pole position: D. De Radiguès (B, Chevallier-Yamaha),
3'51.24 = 170.005 km/h.

1.	C. Lavado	VEN	Yamaha	42'57.18
				167.870 km/h
2.	J.-L. Tournadre	F	Yamaha	43'06.89
3.	M. Wimmer	D	Yamaha	43'10.29
4.	A. Pons	E	Kobas-Rotax	43'11.00
5.	P. Fernandez	F	Yamaha-Bartol	43'12.05
6.	R. Freymond	CH	MBA	43'26.24
7.	C. Estrosi	F	Pernod	43'34.62
8.	A. Mang	D	Kawasaki	43'35.31
9.	M. Matteoni	I	Bimota-Yamaha	43'35.62
10.	J.-M. Toffolo	B	Rotax	43'35.97

Number of finishers: 27.
Fastest lap: J.-L. Tournadre (F, Yamaha),
3'51.45 = 169.830 km/h.

11) September 9 : San Marino - Mugello

21 laps = 110.145 km
Pole position: C. Lavado (VEN, Yamaha),
2'08.69 = 146.725 km/h.

1.	A. Mang	D	Kawasaki	45'59.26
				= 143.852 km/h
2.	J.-L. Tournadre	F	Yamaha	46'09.82
3.	R. Freymond	CH	MBA	46'11.45
4.	M. Wimmer	D	Yamaha	46'21.87
5.	M. Broccoli	I	Yamaha	46'32.50
6.	M. Lucchi	I	Yamaha	46'40.41
7.	R. Roth	D	Yamaha	46'42.87
8.	P. Fernandez	F	Yamaha-Bartol	46'52.54
9.	T. Espié	F	Pernod	46'55.99
10.	R. Schlachter	USA	Yamaha	47'02.83

Number of finishers: 19.
Fastest lap: C. Lavado (VEN, Yamaha),
2'09.41 = 145.908 km/h.

12) September 26 : Germany - Hockenheim

15 laps = 101.820 km
Pole position: A. Mang (D, Kawasaki),
2'20.24 = 174.250 km/h.

1.	A. Mang	D	Kawasaki	35'33.59
				= 171.821 km/h
2.	P. Ferretti	I	MBA	35'42.02
3.	T. Espié	F	Pernod	35'54.22
4.	J.-L. Tournadre	F	Yamaha	36'04.63
5.	P. Fernandez	F	Yamaha-Bartol	36'06.53
6.	C. Estrosi	F	Pernod	36'07.12
7.	M. Herweh	D	Yamaha	36'07.66
8.	R. Freymond	CH	MBA	36'23.27
9.	M. Schouten	NL	Yamaha	36'26.62
10.	J.-L. Guignabodet	F	Kawasaki	36'27.17

Number of finishers: 27.
Fastest lap: T. Espié (F, Pernod),
2'19.93 = 174.656 km/h.

WORLD CHAMPIONSHIP

1.	Jean-Louis Tournadre	F	Yamaha	118
2.	Anton Mang	D	Kawasaki	117
3.	Roland Freymond	CH	MBA	72
4.	Martin Wimmer	D	Yamaha	48
5.	Carlos Lavado	VEN	Yamaha	39
6.	Didier De Radiguès	B	Chevallier-Yamaha	38
7.	Paolo Ferretti	I	MBA	34
8.	Jean-Louis Guignabodet	F	Kawasaki	30
9.	Jeffrey Sayle	AUS	Armstrong	27
10.	Christian Sarron	F	Yamaha	26
11.	Christian Estrosi	F	Pernod	23
12.	Jean-François Baldé	F	Kawasaki	22
13.	Thierry Espié	F	Pernod	22
14.	Patrick Fernandez	F	Yamaha-Bartol	21
15.	Alfonso "Sito" Pons	E	Kobas-Rotax	18
16.	Graeme McGregor	AUS	Waddon-Rotax	17
17.	Jacques Cornu	CH	Yamaha	17
18.	Antonio Neto	BR	Yamaha	12
19.	Jacques Bolle	F	Yamaha	11
20.	Massimo Matteoni	I	Bimota-Yamaha	11
21.	Massimo Broccoli	I	Yamaha	11
22.	Jean-Michel Mattioli	F	Yamaha	10
23.	Donny Robinson	IRL	Yamaha	10
24.	Marcellino Lucchi	I	Yamaha	9
25.	Gabriel Grabia	F	Yamaha	5
26.	Reinhold Roth	D	Yamaha	4
27.	Manfred Herweh	D	Yamaha	4
28.	Tony Head	GB	Waddon-Rotax	4
29.	Richard Schlachter	USA	Yamaha	4
30.	Mar Schouten	NL	Yamaha	3
31.	Bengt Elgh	S	Yamaha	2
32.	Pier-Luigi Conforti	I	Kawasaki	1
33.	André Gouin	F	Yamaha	1
34.	Jean-Marc Toffolo	B	Rotax	1

Roland Freymond

1982 — 350 cc

Champion: **Anton Mang (Germany, Kawasaki), 81 points, 1 win**

1) March 28 : Argentina - Buenos Aires

30 laps = 119.520 km
Pole position: J.-F. Baldé (F, Kawasaki),
1'37.57 = 146.996 km/h.

1.	C. Lavado	VEN	Yamaha	48'59.68
				= 146.367 km/h
2.	J.-F. Baldé	F	Kawasaki	49'04.55
3.	D. De Radiguès	B	Chevallier-Yamaha	49'49.73
4.	E. Saul	F	Chevallier-Yamaha	49'51.04
5.	J. Cornu	CH	Yamaha	50'11.17
6.	G. Reiner	D	Bimota-Yamaha	1 lap
7.	E. Aleman	VEN	Yamaha	1 lap
8.	V. Minguzzi	ARG	Yamaha	1 lap
9.	F. Cerdera	ARG	Yamaha	1 lap
10.	H. Eckl	D	Yamaha	2 laps

Number of finishers: 14.
Fastest lap: J.-F. Baldé (F, Kawasaki),
1'36.17 = 149.150 km/h.

2) May 2 : Austria - Salzburgring

26 laps = 110.240 km
Pole position: D. De Radiguès (B, Chevallier-Yamaha),
1'30.77 = 168.161 km/h.

1.	E. Saul	F	Chevallier-Yamaha	37'26.57
				= 178.370 km/h
2.	A. Mang	D	Kawasaki	37'26.79
3.	P. Fernandez	F	Yamaha-Bartol	37'27.74
4.	S. Minich	A	Yamaha	37'27.84
5.	J. Cornu	CH	Yamaha	37'51.91
6.	A. North	SA	Yamaha	37'54.12
7.	W. Von Muralt	CH	Bimota-Yamaha	37'54.26
8.	T. Rogers	GB	Yamaha	37'55.11
9.	J. Sayle	AUS	Yamaha	37'55.50
10.	D. Robinson	IRL	Yamaha	38'17.51

Number of finishers: 21.
Fastest lap: A. Mang (D, Kawasaki),
1'24.23 = 181.218 km/h.

3) May 9 : France - Nogaro

36 laps = 112.320 km
Pole position: J.-F. Baldé (F, Kawasaki),
1'24.17 = 133.444 km/h.

1.	J.-F. Baldé	F	Kawasaki	51'57.96
				= 129.684 km/h
2.	D. De Radiguès	B	Chevallier-Yamaha	51'58.46
3.	J. Sayle	AUS	Yamaha	52'07.05
4.	A. North	SA	Yamaha	52'10.20
5.	M. Wimmer	D	Yamaha	52'13.04
6.	H. Hauf	D	Kawasaki	52'38.60
7.	W. Von Muralt	CH	Bimota-Yamaha	52'40.56
8.	J. Cornu	CH	Yamaha	52'54.12
9.	T. Head	GB	Yamaha	52'58.75
10.	M. Schouten	NL	Yamaha	53'17.05

Number of finishers: 15.
Fastest lap: D. De Radiguès (B, Chevallier-Yamaha),
1'24.33 = 133.190 km/h.

4) May 30 : Italy - Misano

36 laps = 125.568 km
Pole position: D. De Radiguès (B, Chevallier-Yamaha),
1'24.79 = 148.093 km/h.

1.	D. De Radiguès	B	Chevallier-Yamaha	51'22.11
				= 146.667 km/h
2.	C. Lavado	VEN	Yamaha	51'25.17
3.	M. Matteoni	I	Bimota-Yamaha	51'26.93
4.	A. Mang	D	Kawasaki	51'32.34
5.	M. Wimmer	D	Yamaha	52'05.12
6.	E. Saul	F	Chevallier-Yamaha	52'09.69
7.	G. Reiner	D	Bimota-Yamaha	52'09.81
8.	H. Hauf	D	Kawasaki	52'19.79
9.	J. Cornu	CH	Yamaha	52'35.31
10.	A. Riondato	I	Yamaha	1 lap

Number of finishers: 16.
Fastest lap: C. Lavado (VEN, Yamaha),
1'24.19 = 149.148 km/h.

5) June 26 : The Netherlands - Assen

16 laps = 122.960 km
Pole position: J.-F. Baldé (F, Kawasaki),
2'58.45 = 155.035 km/h.

1.	J.-F. Baldé	F	Kawasaki	48'12.11
				= 152.956 km/h
2.	A. Mang	D	Kawasaki	48'13.28
3.	A. North	SA	Yamaha	48'16.56
4.	P. Fernandez	F	Yamaha-Bartol	49'05.91
5.	C. Sarron	F	Yamaha	49'10.26
6.	G. Reiner	D	Bimota-Yamaha	49'10.50
7.	E. Saul	F	Chevallier-Yamaha	49'24.37
8.	T. Head	GB	Yamaha	49'30.78
9.	P. Bolle	F	Yamaha	49'31.13
10.	R. Eskelinen	SF	Yamaha	49'31.81

Number of finishers: 18.
Fastest lap: J.-F. Baldé (F, Kawasaki),
2'58.08 = 155.258 km/h.

6) August 1 : Great Britain - Silverstone

24 laps = 113.040 km
Pole position: M. Wimmer (D, Yamaha),
1'33.07 = 180.441 km/h.

1.	J.-F. Baldé	F	Kawasaki	38'25.75
				= 176.510 km/h
2.	D. De Radiguès	B	Chevallier-Yamaha	38'26.71
3.	A. Mang	D	Kawasaki	38'26.87
4.	C. Lavado	VEN	Yamaha	38'27.80
5.	C. Sarron	F	Yamaha	38'28.02
6.	A. Watts	GB	Yamaha	38'32.16
7.	D. Robinson	IRL	Yamaha	38'33.20
8.	T. Head	GB	Yamaha	38'45.34
9.	P. Nurmi	SF	Yamaha	38'45.69
10.	S. Tonkin	GB	Yamaha	38'45.78

Number of finishers: 32.
Fastest lap: J.-F. Baldé (F, Kawasaki),
1'34.03 = 180.650 km/h.

7) August 15 : Finland - Imatra

19 laps = 94.050 km
Pole position: D. De Radiguès (B, Chevallier-Yamaha),
1'58.30 = 150.634 km/h.

1.	A. Mang	D	Kawasaki	44'33.5
				= 126.719 km/h
2.	C. Sarron	F	Yamaha	44'44.0
3.	D. Robinson	IRL	Yamaha	45'12.9
4.	E. Hyvärinen	SF	Yamaha	45'50.0
5.	T. Head	GB	Yamaha	45'51.9
6.	P. Bolle	F	Yamaha	46'40.4
7.	E. Saul	F	Chevallier-Yamaha	46'40.8
8.	P. Fernandez	F	Yamaha-Bartol	46'41.3
9.	A. North	SA	Yamaha	1 lap
10.	R. Sibille	F	Yamaha	1 lap

Number of finishers: 17.
Fastest lap: A. Mang (D, Kawasaki),
2'14.9 = 132.098 km/h.

8) August 29 : Czechoslovakia - Brno

12 laps = 131.100 km
Pole position: D. De Radiguès (B, Chevallier-Yamaha),
3'43.69 = 175.743 km/h.

1.	D. De Radiguès	B	Chevallier-Yamaha	45'24.89
				= 173.205 km/h
2.	A. Mang	D	Kawasaki	45'37.94
3.	J. Cornu	CH	Yamaha	46'00.95
4.	T. Espié	F	Chevallier-Yamaha	46'02.35
5.	E. Saul	F	Chevallier-Yamaha	46'03.15
6.	G. Reiner	D	Bimota-Yamaha	46'11.30
7.	C. Sarron	F	Yamaha	46'22.58
8.	S. Minich	A	Yamaha	46'24.13
9.	T. Head	GB	Yamaha	46'24.15
10.	C. Lavado	VEN	Yamaha	46'28.10

Number of finishers: 26.
Fastest lap: D. De Radiguès (B, Chevallier-Yamaha),
3'44.57 = 175.137 km/h.

9) September 26 : Germany - Hockenheim

17 laps = 115.396 km
Pole position: A. Mang (D, Kawasaki),
2'17.49 = 177.735 km/h.

1.	M. Herweh	D	Yamaha	43'52.27
				= 157.839 km/h
2.	A. Mang	D	Kawasaki	43'52.64
3.	E. Saul	F	Chevallier-Yamaha	44'55.13
4.	W. Von Muralt	CH	Bimota-Yamaha	45'01.07
5.	A. North	SA	Yamaha	45'01.83
6.	P. Nurmi	SF	Yamaha	45'11.00
7.	J. Cornu	CH	Yamaha	45'17.66
8.	R. Sibille	F	Yamaha	45'21.69
9.	J.-F. Baldé	F	Kawasaki	45'45.15
10.	F. Kaserer	A	Yamaha	45'53.60

Number of finishers: 25.
Fastest lap: A. Mang (D, Kawasaki),
2'31.42 = 161.403 km/h.

WORLD CHAMPIONSHIP

1.	Anton Mang	D	Kawasaki	81
2.	Didier De Radiguès	B	Chevallier-Yamaha	64
3.	Jean-François Baldé	F	Kawasaki	59
4.	Eric Saul	F	Chevallier-Yamaha	52
5.	Carlos Lavado	VEN	Yamaha	36
6.	Alan North	SA	Yamaha	31
7.	Jacques Cornu	CH	Yamaha	31
8.	Christian Sarron	F	Yamaha	28
9.	Patrick Fernandez	F	Yamaha-Bartol	21
10.	Gustav Reiner	D	Bimota-Yamaha	19
11.	Wolfgang Von Muralt	CH	Bimota-Yamaha	16
12.	Tony Head	GB	Yamaha	16
13.	Manfred Herweh	D	Yamaha	15
14.	Donny Robinson	IRL	Yamaha	15
15.	Jeffrey Sayle	AUS	Yamaha	12
16.	Martin Wimmer	D	Yamaha	12
17.	Siegfried Minich	A	Yamaha	11
18.	Massimo Matteoni	I	Bimota-Yamaha	10
19.	Ero Hyvärinen	SF	Yamaha	8
20.	Thierry Espié	F	Chevallier-Yamaha	8
21.	Herbert Hauf	D	Kawasaki	8
22.	Pierre Bolle	F	Yamaha	7
23.	Pekka Nurmi	SF	Yamaha	7
24.	Andy Watts	GB	Yamaha	5
25.	Eduardo Aleman	VEN	Yamaha	4
26.	Roger Sibille	F	Yamaha	4
27.	Victorio Minguzzi	ARG	Yamaha	3
28.	Tony Rogers	GB	Yamaha	3
29.	Fernando Cerdera	ARG	Yamaha	2
30.	Harald Eckl	D	Yamaha	1
31.	Mar Schouten	NL	Yamaha	1
32.	Attilio Riondato	I	Yamaha	1
33.	Reino Eskelinen	SF	Yamaha	1
34.	Steve Tonkin	GB	Yamaha	1
35.	Franz Kaserer	A	Yamaha	1

Walter Hoffmann (52)
Norbert Peil, Yamaha

1982 — 350 cc

Champion : **Franco Uncini (Italy, Suzuki), 103 points, 5 wins**

1982 — 500 cc

1) March 28 : Argentina - Buenos Aires

32 laps = 127.488 km
Pole position: K. Roberts (USA, Yamaha),
1'34.05 = 152.498 km/h.

1.	K. Roberts	USA	Yamaha	50'44.82
				= 150.734 km/h
2.	B. Sheene	GB	Yamaha	50'45.49
3.	F. Spencer	USA	Honda	50'46.19
4.	F. Uncini	I	Suzuki	50'50.48
5.	M. Lucchinelli	I	Honda	50'57.45
6.	T. Katayama	J	Honda	51'30.38
7.	M. Fontan	F	Yamaha	51'33.41
8.	K. Ballington	SA	Kawasaki	51'40.62
9.	J. Middelburg	NL	Suzuki	52'05.88
10.	L. Reggiani	I	Suzuki	52'50.43

Number of finishers: 20.
Fastest lap: K. Roberts (USA, Yamaha),
1'33.14 = 154.010 km/h.

2) May 2 : Austria - Salzburgring

29 laps = 122.960 km
Pole position: G. Crosby (NZ, Yamaha),
1'25.49 = 178.547 km/h.

1.	F. Uncini	I	Suzuki	39'47.20
				= 185.428 km/h
2.	B. Sheene	GB	Yamaha	39'52.13
3.	K. Roberts	USA	Yamaha	40'05.82
4.	G. Crosby	NZ	Yamaha	40'08.41
5.	B. Van Dulmen	NL	Yamaha	40'27.42
6.	S. Rossi	SF	Suzuki	40'58.06
7.	R. Mamola	USA	Suzuki	41'17.76
8.	L. Becheroni	I	Suzuki	1 lap
9.	T. Katayama	J	Honda	1 lap
10.	A. Hofmann	CH	Suzuki	1 lap

Number of finishers: 19.
Fastest lap: M. Lucchinelli (I, Honda),
1'19.79 = 191.300 km/h.

3) May 9 : France - Nogaro

40 laps = 124.800 km
Pole position: J. Lafond (F, Fior-Yamaha),
1'24.83 = 132.406 km/h.

1.	M. Frutschi	CH	Sanvenero	57'22.41
				= 130.513 km/h
2.	F. Gross	F	Suzuki	57'31.54
3.	S. Parrish	GB	Yamaha	57'37.05
4.	S. Pellandini	CH	Suzuki	57'40.22
5.	S. Avant	NZ	Suzuki	57'40.53
6.	G. Paci	I	Yamaha	57'49.99
7.	P. Robinet	F	Suzuki	57'56.34
8.	C. Guy	GB	Suzuki	58'00.03
9.	A. Hofmann	CH	Suzuki	58'14.01
10.	P. Coulon	CH	Suzuki	58'16.14

Number of finishers: 18.
Fastest lap: M. Frutschi (CH, Sanvenero),
1'24.96 = 132.210 km/h.

La course a été boycottée par les pilotes officiels, qui estimaient que les infrastructures n'étaient pas suffisantes (piste bosselée et pas assez large, parc des coureurs trop petit, primes de départ trop modestes, manque d'installations de douches et de WC.)

Das Rennen wurde von den Werks-Piloten boykottiert, weil in ihren Augen die Streckenbedingungen und die Infrastruktur inakzeptabel waren (holprige und zu schmale Piste, zu kleines Fahrerlager, zu niedrige Startprämien, fehlende sanitäre Einrichtungen wie Duschen und WC.)

The race was boycotted by the factory riders who reckoned the circuit was not up to the required standard: bumpy narrow track, paddock too small, poor start money, no toilets or showers.

4) May 23 : Spain - Jarama

37 laps = 122.544 km
Pole position: F. Spencer (USA, Honda),
1'30.83 = 131.269 km/h.

1.	K. Roberts	USA	Yamaha	57'08.04
				= 128.693 km/h
2.	B. Sheene	GB	Yamaha	57'16.29
3.	F. Uncini	I	Suzuki	57'29.79
4.	G. Crosby	NZ	Yamaha	57'57.58
5.	M. Lucchinelli	I	Honda	58'01.66
6.	T. Katayama	J	Honda	58'25.92
7.	M. Fontan	F	Yamaha	1 lap
8.	V. Palomo	E	Suzuki	1 lap
9.	K. Ballington	SA	Kawasaki	1 lap
10.	G. Paci	I	Yamaha	1 lap

Number of finishers: 19.
Fastest lap: K. Roberts (USA, Yamaha),
1'31.07 = 130.920 km/h.

5) May 30 : Italy - Misano

40 laps = 139.520 km
Pole position: F. Uncini (I, Suzuki),
1'22.10 = 152.945 km/h.

1.	F. Uncini	I	Suzuki	55'29.62
				= 150.850 km/h
2.	F. Spencer	USA	Honda	55'42.34
3.	G. Crosby	NZ	Yamaha	55'58.49
4.	K. Roberts	USA	Yamaha	56'05.02
5.	M. Lucchinelli	I	Honda	56'18.18
6.	K. Ballington	SA	Kawasaki	56'36.66
7.	T. Katayama	J	Honda	56'41.94
8.	L. Becheroni	I	Suzuki	56'43.03
9.	M. Fontan	F	Yamaha	1 lap
10.	P. Sjöström	S	Suzuki	1 lap

Number of finishers: 20.
Fastest lap: F. Spencer (USA, Honda)
1'22.03 = 153.080 km/h.

6) June 26 : The Netherlands - Assen

16 laps = 122.960 km
Pole position: K. Roberts (USA, Yamaha),
2'49.87 = 162.866 km/h.

1.	F. Uncini	I	Suzuki	46'38.10
				= 158.970 km/h
2.	K. Roberts	USA	Yamaha	46'43.65
3.	B. Sheene	GB	Yamaha	46'51.67
4.	G. Crosby	NZ	Yamaha	46'56.04
5.	R. Mamola	USA	Suzuki	47'10.00
6.	B. Van Dulmen	NL	Yamaha	47'10.71
7.	K. Ballington	SA	Kawasaki	47'15.47
8.	T. Katayama	J	Honda	47'20.43
9.	M. Fontan	F	Yamaha	Time not released
10.	R. Roche	F	Suzuki	Time not released

Number of finishers: 29.
Fastest lap: F. Spencer (USA, Honda),
2'50.38 = 162.270 km/h.

(*): en raison de la pluie, la course s'est disputée en deux manches.

(*): Wegen Regens wurde das Rennen in zwei Teilen ausgetragen.

(*): The race was run over two legs after the rain came.

7) July 4 : Belgium - Spa-Francorchamps

20 laps = 139.440 km
Pole position: J. Middelburg (NL, Suzuki),
2'39.10 = 157.757 km/h.

1.	F. Spencer	USA	Honda	52'59.67
				= 157.964 km/h
2.	B. Sheene	GB	Yamaha	53'03.47
3.	F. Uncini	I	Suzuki	53'05.94
4.	K. Roberts	USA	Yamaha	53'22.75
5.	R. Mamola	USA	Suzuki	53'24.76
6.	M. Lucchinelli	I	Honda	53'36.14
7.	B. Van Dulmen	NL	Yamaha	53'39.21
8.	K. Ballington	SA	Kawasaki	53'39.78
9.	M. Frutschi	CH	Sanvenero	54'00.11
10.	M. Fontan	F	Yamaha	54'02.44

Number of finishers: 21.
Fastest lap: F. Spencer (USA, Honda),
2'36.94 = 160.020 km/h.

8) July 18 : Yugoslavia - Rijeka

32 laps = 133.376 km
Pole position: B. Sheene (GB, Yamaha),
1'33.08 = 161.203 km/h.

1.	F. Uncini	I	Suzuki	50'32.24
				= 158.377 km/h
2.	G. Crosby	NZ	Yamaha	50'42.01
3.	B. Sheene	GB	Yamaha	50'45.14
4.	F. Spencer	USA	Honda	50'51.51
5.	T. Katayama	J	Honda	51'04.92
6.	J. Middelburg	NL	Suzuki	51'26.65
7.	R. Mamola	USA	Suzuki	51'38.00
8.	M. Lucchinelli	I	Honda	51'44.30
9.	L. Reggiani	I	Suzuki	51'51.12
10.	K. Ballington	SA	Kawasaki	51'51.27

Number of finishers: 29.
Fastest lap: F. Uncini (I, Suzuki),
1'33.70 = 160.166 km/h.

9) August 1 : Great Britain - Silverstone

28 laps = 131.880 km
Pole position: K. Roberts (USA, Yamaha),
1'29.84 = 188.736 km/h.

1.	F. Uncini	I	Suzuki	42'49.64
				= 184.780 km/h
2.	F. Spencer	USA	Honda	42'56.07
3.	G. Crosby	NZ	Yamaha	43'03.38
4.	L. Reggiani	I	Suzuki	43'04.82
5.	R. Mamola	USA	Suzuki	43'05.04
6.	V. Ferrari	I	Suzuki	43'07.37
7.	K. Ballington	SA	Kawasaki	43'07.57
8.	M. Fontan	F	Yamaha	43'20.45
9.	L. Becheroni	I	Suzuki	43'46.37
10.	C. Guy	GB	Suzuki	43'53.83

Number of finishers: 28.
Fastest lap: G. Crosby (NZ, Yamaha),
1'30.50 = 187.359 km/h.

10) August 8 : Sweden - Anderstorp

30 laps = 120.930 km
Pole position: F. Spencer (USA, Honda),
1'37.72 = 148.502 km/h.

1.	T. Katayama	J	Honda	50'29.05
				= 143.260 km/h
2.	R. Mamola	USA	Suzuki	50'36.97
3.	G. Crosby	NZ	Yamaha	50'38.57
4.	M. Fontan	F	Yamaha	50'38.63
5.	M. Lucchinelli	I	Honda	50'58.72
6.	K. Ballington	SA	Kawasaki	51'21.70
7.	B. Van Dulmen	NL	Yamaha	51'22.29
8.	P. Coulon	CH	Suzuki	51'33.83
9.	S. Pellandini	CH	Suzuki	51'45.00
10.	S. Parrish	GB	Yamaha	51'56.83

Number of finishers: 21.
Fastest lap: R. Mamola (USA, Suzuki),
1'38.37 = 147.610 km/h.

11) September 5 : San Marino - Mugello

25 laps = 131.125 km
Pole position: F. Spencer (USA, Honda),
2'02.81 = 153.750 km/h.

1.	F. Spencer	USA	Honda	52'21.78
				= 150.249 km/h
2.	R. Mamola	USA	Suzuki	52'39.48
3.	G. Crosby	NZ	Yamaha	52'46.43
4.	V. Ferrari	I	Suzuki	52'58.62
5.	J. Middelburg	NL	Suzuki	53'01.37
6.	M. Lucchinelli	I	Honda	53'12.32
7.	K. Ballington	SA	Kawasaki	53'22.51
8.	L. Becheroni	I	Suzuki	53'28.58
9.	S. Pellandini	CH	Suzuki	53'56.19
10.	G. Paci	I	Yamaha	54'04.74

Number of finishers: 19.
Fastest lap: T. Katayama (J, Honda),
2'03.69 = 152.655 km/h.

12) September 26 : Germany - Hockenheim

18 laps = 122.184 km
Pole position: F. Spencer (USA, Honda),
2'09.91 = 188.106 km/h.

1.	R. Mamola	USA	Suzuki	39'15.60
				= 186.753 km/h
2.	V. Ferrari	I	Suzuki	39'36.56
3.	L. Reggiani	I	Suzuki	39'37.33
4.	T. Katayama	J	Honda	39'58.56
5.	M. Lucchinelli	I	Honda	40'01.24
6.	M. Fontan	F	Yamaha	40'13.91
7.	B. Van Dulmen	NL	Yamaha	40'14.23
8.	S. Pellandini	CH	Suzuki	40'30.11
9.	P. Coulon	CH	Suzuki	40'33.97
10.	J. Ekerold	SA	Cagiva	40'51.87

Number of finishers: 25.
Fastest lap: F. Spencer (USA, Honda),
2'09.16 = 189.230 km/h.

WORLD CHAMPIONSHIP

1.	Franco Uncini	I	Suzuki	103
2.	Graeme Crosby	NZ	Yamaha	76
3.	Freddie Spencer	USA	Honda	72
4.	Kenny Roberts	USA	Yamaha	68
5.	Barry Sheene	GB	Yamaha	68
6.	Randy Mamola	USA	Suzuki	65
7.	Takazumi Katayama	J	Honda	48
8.	Marco Lucchinelli	I	Honda	43
9.	Kork Ballington	SA	Kawasaki	31
10.	Marc Fontan	F	Yamaha	29
11.	Virginio Ferrari	I	Suzuki	25
12.	Boët Van Dulmen	NL	Yamaha	23
13.	Loris Reggiani	I	Suzuki	21
14.	Michel Frutschi	CH	Sanvenero	17
15.	Sergio Pellandini	CH	Suzuki	15
16.	Jack Middelburg	NL	Suzuki	13
17.	Frank Gross	F	Suzuki	12
18.	Steve Parrish	GB	Yamaha	11
19.	Leandro Becheroni	I	Suzuki	11
20.	Guido Paci	I	Yamaha	7
21.	Stuart Avant	NZ	Suzuki	6
22.	Philippe Coulon	CH	Suzuki	6
23.	Seppo Rossi	SF	Suzuki	5
24.	Philippe Robinet	F	Suzuki	4
25.	Christophe Guy	GB	Suzuki	4
26.	Victor Palomo	E	Suzuki	3
27.	Andreas Hofmann	CH	Suzuki	3
28.	Peter Sjöström	S	Suzuki	1
29.	Raymond Roche	F	Suzuki	1
30.	Jon Ekerold	SA	Cagiva	1

1982 — 500 cc

1982 — Side-Cars

Champions: **Werner Schwärzel/Andreas Huber (Germany, Seymaz-Yamaha), 86 points, 0 win**

1) May 2 : Austria - Salzburgring

22 laps = 93.280 km
Pole position: R. Biland/K. Waltisperg (CH, LCR-Yamaha), 1'28.59 = 172.299 km/h.

1.	R. Biland/K. Waltisperg	CH	LCR-Yamaha	31'53.49
				= 175.495 km/h
2.	A. Michel/M. Burkhard	F/D	Seymaz-Yamaha	32'48.69
3.	W. Schwärzel/A. Huber	D	Seymaz-Yamaha	33'06.04
4.	J. Taylor/B. Johansson	GB/S	Windle-Yamaha	33'06.43
5.	M. Kumano/K. Takeshima	J	LCR-Yamaha	1 lap
6.	M. Boddice/C. Birks	GB	Windle-Yamaha	1 lap
7.	H. Huber/H. Bäsler	D	Lutz-Yamaha	1 lap
8.	S. Berger/E. Berger	D	Yamaha	1 lap
9.	P. Thomas/J.-M. Fresc	F	Seymaz-Yamaha	1 lap
10.	D. Jones/B. Ayres	GB	LCR-Yamaha	1 lap

Number of finishers: 13.
Fastest lap: R. Biland/K. Waltisperg (CH, LCR-Yamaha), 1'25.88 = 177.736 km/h.

2) June 26 : The Netherlands - Assen

12 laps = 92.220 km
Pole position: R. Biland/K. Waltisperg (CH, LCR-Yamaha), 2'55.98 = 157.211 km/h.

1.	R. Biland/K. Waltisperg	CH	LCR-Yamaha	40'18.32
				= 137.193 km/h
2.	A. Michel/M. Burkhard	F/D	Seymaz-Yamaha	40'58.45
3.	W. Schwärzel/A. Huber	D	Seymaz-Yamaha	40'59.86
4.	P. Thomas/J.-M. Fresc	F	Seymaz-Yamaha	41'16.26
5.	E. Streuer/B. Schnieders	NL	LCR-Yamaha	41'17.05
6.	J. Taylor/B. Johansson	GB/S	Windle-Yamaha	41'34.08
7.	D. Bingham/J. Bingham	GB	Yamaha	41'45.82
8.	A. Giesemann/T. Riedel	D	LCR-Yamaha	41'54.11
9.	S. Berger/E. Berger	D	Yamaha	41'59.54
10.	J.-F. Monnin/W. Kalauch	CH/D	LCR-Yamaha	42'06.00

Number of finishers: 13.
Fastest lap: R. Biland/K. Waltisperg (CH, LCR-Yamaha), 3'15.05 = 141.841 km/h.

3) July 4 : Belgium - Spa-Francorchamps

17 laps = 118.524 km
Pole position: R. Biland/K. Waltisperg (CH, LCR-Yamaha), 2'45.50 = 151.657 km/h.

1.	R. Biland/K. Waltisperg	CH	LCR-Yamaha	47'33.98
				= 149.592 km/h
2.	E. Streuer/B. Schnieders	NL	LCR-Yamaha	47'51.91
3.	J. Taylor/B. Johansson	GB/S	Windle-Yamaha	47'58.40
4.	W. Schwärzel/A. Huber	D	Seymaz-Yamaha	48'36.76
5.	S. Abbott/S. Smith	GB	Yamaha	49'17.11
6.	R. Steinhausen/H. Hahn	D	Busch-Yamaha	49'58.65
7.	W. Stropek/H. Demling	A	LCR-Yamaha	50'09.54
8.	J.-F. Monnin/W. Kalauch	CH/D	LCR-Yamaha	50'15.67
9.	D. Bingham/J. Bingham	GB	Yamaha	50'21.41
10.	J. Barker/J. Brushwood	GB	Yamaha	50'27.04

Number of finishers: 15.
Fastest lap: R. Biland/K. Waltisperg (CH, LCR-Yamaha), 2'41.99 = 154.943 km/h.

4) August 1 : Great Britain - Silverstone

20 laps = 94.200 km
Pole position: R. Biland/K. Waltisperg (CH, LCR-Yamaha), 1'33.47 = 181.406 km/h.

1.	E. Streuer/B. Schnieders	NL	LCR-Yamaha	31'57.43
				= 176.880 km/h
2.	W. Schwärzel/A. Huber	D	Seymaz-Yamaha	32'38.17
3.	S. Abbott/S. Smith	GB	Yamaha	32'41.43
4.	M. Barton/N. Cutmore	GB	Yamaha	32'57.47
5.	G. Nottingham/S. Johnson	GB	Windle-Yamaha	33'07.02
6.	D. Bingham/J. Bingham	GB	Yamaha	33'07.67
7.	G. Corbaz/Y. Hunziker	CH	Seymaz-Yamaha	33'13.98
8.	D. Bayley/B. Bryson	GB	Yamaha	33'15.16
9.	M. Boddice/C. Birks	GB	Windle-Yamaha	33'16.61
10.	M. Kumano/K. Takeshima	J	LCR-Yamaha	33'17.06

Number of finishers: 19.
Fastest lap: E. Streuer/B. Schnieders (NL, LCR-Yamaha), 1'34.14 = 180.130 km/h.

5) August 8 : Sweden - Anderstorp

23 laps = 92.713 km
Pole position: R. Biland/K. Waltisperg (CH, LCR-Yamaha), 1'42.68 = 141.328 km/h.

1.	R. Biland/K. Waltisperg	CH	LCR-Yamaha	40'06.85
				= 138.682 km/h
2.	W. Schwärzel/A. Huber	D	Seymaz-Yamaha	40'39.64
3.	J. Taylor/B. Johansson	GB/S	Windle-Yamaha	41'21.56
4.	D. Jones/B. Ayres	GB	Yamaha	41'41.33
5.	G. Corbaz/Y. Hunziker	CH	Seymaz-Yamaha	41'52.09
6.	P. Thomas/H. Juhant	F/D	Seymaz-Yamaha	42'30.88
7.	T. Ireson/D. William	GB	Ireson-Yamaha	1 lap
8.	D. Bingham/J. Bingham	GB	Yamaha	1 lap
9.	K. Jelonek/G. Wagner	D	Yamaha	1 lap
10.	H. Van Drie/C. Sonaglia	NL/I	Yamaha	1 lap

Number of finishers: 11.
Fastest lap: R. Biland/K. Waltisperg (CH, LCR-Yamaha), 1'42.73 = 141.360 km/h.

6) August 15 : Finland - Imatra

7 laps = 34.650 km (*)
Pole position: R. Biland/K. Waltisperg (CH, LCR-Yamaha),
1'59.70 = 148.872 km/h.

1.	R. Biland/K. Waltisperg	CH	LCR-Yamaha	16'53.6
				= 122.700 km/h
2.	A. Michel/M. Burkhard	F/D	Seymaz-Yamaha	17'18.7
3.	W. Schwärzel/A. Huber	D	Seymaz-Yamaha	17'33.4
4.	P. Thomas/J.-M. Fresc	F	Seymaz-Yamaha	17'55.3
5.	J.-F. Monnin/P. Gerard	CH/B	LCR-Yamaha	17'55.7
6.	E. Streuer/B. Schnieders	NL	LCR-Yamaha	17'58.6
7.	T. Ireson/D. William	GB	Ireson-Yamaha	18'00.9
8.	D. Bingham/J. Bingham	GB	Yamaha	18'01.8
9.	R. Steinhausen/H. Hahn	D	Busch-Yamaha	18'49.3
10.	G. Corbaz/Y. Hunziker	CH	Seymaz-Yamaha	19'01.9

Number of finishers: 13.
Fastest lap: R. Biland/K. Waltisperg (CH, LCR-Yamaha), 2'19.8 = 127.510 km/h.

(*): La course a été interrompue après 7 des 19 tours prévus, suite au terrible accident survenu dans des conditions météorologiques épouvantables et dans lequel Jock Taylor a perdu la vie. Les points ont été attribués conformément à l'article 07.8.4 du règlement: "Lorsque plus de deux tours et moins de 75% de la distance de la course ont été accomplis, et qu'il est impossible de recommencer la course, la moitié des points seront attribués pour le championnat."

(*): Das Rennen bei misslichsten Witterungsbedingungen wurde nach 7 von 19 vorgesehenen Runden wegen eines schweren Unfalls, bei dem der Brite Jock Taylor sein Leben verlor, abgebrochen. Die Punkte wurden laut Reglements-Artikel 07.8.4 verteilt: "Wenn mehr als zwei Runden, aber weniger als 75% der Gesamtdistanz absolviert sind, und wenn es gleichzeitig unmöglich ist, das Rennen weiterzuführen, wird die Hälfte der Weltmeisterschaftspunkte verteilt."

(*) The race was stopped after 7 of the scheduled 19 laps, following the terrible accident which occurred in the awful weather conditions. Jock Taylor lost his life. Point were attributed according to article 07.8.4 of the regulations: "When more than two laps and less than 75% of the race distance has been covered and it is not possible to re-start the race, half points will be attributed towards the championship."

7) August 29 : Czechoslovakia - Brno

10 laps = 109.250 km
Pole position: R. Biland/K. Waltisperg (CH, LCR-Yamaha),
3'48.66 = 171.923 km/h.

1.	A. Michel/M. Burkhard	F/D	Seymaz-Yamaha	39'36.38
				= 165.503 km/h
2.	W. Schwärzel/A. Huber	D	Seymaz-Yamaha	39'36.84
3.	D. Jones/B. Ayres	GB	LCR-Yamaha	39'56.38
4.	R. Steinhausen/H. Hahn	D	Busch-Yamaha	40'05.82
5.	M. Kumano/K. Takeshima	J	LCR-Yamaha	40'19.09
6.	P. Thomas/H. Schilling	F/D	Seymaz-Yamaha	40'35.10
7.	T. Ireson/D. William	GB	Ireson-Yamaha	40'36.18
8.	M. Boddice/C. Birks	GB	Windle-Yamaha	40'41.71
9.	J.-F. Monnin/W. Kalauch	CH/D	LCR-Yamaha	40'49.96
10.	M. Barton/N. Cutmore	GB	Yamaha	40'52.69

Number of finishers: 15.
Fastest lap: A. Michel/M. Burkhard (F/D, Seymaz-Yamaha), 3'48.45 = 172.080 km/h.

8) September 5 : San Marino - Mugello

18 laps = 94.410 km
Pole position: E. Streuer/B. Schnieders (NL, LCR-Yamaha),
2'07.91 = 147.619 km/h.

1.	A. Michel/M. Burkhard	F/D	Seymaz-Yamaha	39'19.95
				= 144.155 km/h
2.	W. Schwärzel/A. Huber	D	Seymaz-Yamaha	39'46.28
3.	M. Kumano/K. Takeshima	J	LCR-Yamaha	40'06.09
4.	J.-F. Monnin/W. Kalauch	CH/D	LCR-Yamaha	40'13.01
5.	R. Steinhausen/H. Hahn	D	Busch-Yamaha	40'14.09
6.	G. Corbaz/Y. Hunziker	CH	Seymaz-Yamaha	40'30.01
7.	T. Ireson/D. William	GB	Ireson-Yamaha	40'31.03
8.	A. Zurbrügg/M. Zurbrügg	CH	Seymaz-Yamaha	40'39.17
9.	P. Thomas/P. Greffet	F	Seymaz-Yamaha	40'57.41
10.	M. Barton/N. Cutmore	GB	Yamaha	41'01.44

Number of finishers: 12.
Fastest lap: A. Michel/M. Burkhard (F/D, Seymaz-Yamaha), 2'08.89 = 146.497 km/h.

9) September 26 : Germany - Hockenheim

14 laps = 95.032 km
Pole position: R. Biland/K. Waltisperg (CH, LCR-Yamaha),
2'18.82 = 176.032 km/h.

1.	R. Biland/K. Waltisperg	CH	LCR-Yamaha	36'58.09
				= 154.257 km/h
2.	E. Streuer/B. Schnieders	NL	LCR-Yamaha	37'10.10
3.	D. Jones/B. Ayres	GB	LCR-Yamaha	37'37.28
4.	A. Michel/M. Burkhard	F/D	Seymaz-Yamaha	37'37.45
5.	T. Ireson/D. William	GB	Ireson-Yamaha	37'53.62
6.	W. Schwärzel/A. Huber	D	Seymaz-Yamaha	37'56.39
7.	H. Huber/H. Bäsler	D	Lutz-Yamaha	37'58.79
8.	H. Hügli/A. Schutz	CH	Seymaz-Yamaha	38'38.20
9.	P. Thomas/P. Greffet	F	Seymaz-Yamaha	38'47.61
10.	M. Boddice/C. Birks	GB	Windle-Yamaha	39'05.42

Number of finishers: 22.
Fastest lap: R. Biland/K. Waltisperg (CH, LCR-Yamaha), 2'35.73 = 156.936 km/h.

WORLD CHAMPIONSHIP

1.	Werner Schwärzel/Andreas Huber	D	Seymaz-Yamaha	86
2.	Rolf Biland/Kurt Waltisperg	CH	LCR-Yamaha	82.5
3.	Alain Michel/Michael Burkhard	D	Seymaz-Yamaha	68
4.	Egbert Streuer/Bernd Schnieders	NL	LCR-Yamaha	47.5
5.	Jock Taylor/Bengt Johansson	GB/S	Windle-Yamaha	33
6.	Derek Jones/Brian Ayres	GB	LCR-Yamaha	29
7.	Philippe Thomas/Jean-Marc Fresc/Horst Juhant/ Helmut Schilling/Philipp Greffet	F/F/D/D/F	Seymaz-Yamaha	28
8.	Masato Kumano/Kunio Takeshima	J	LCR-Yamaha	23
9.	Rolf Steinhausen/Hermann Hahn	D	Busch-Yamaha	20
10.	Trevor Ireson/Donald William	GB	Ireson-Yamaha	20
11.	Jean-François Monnin/Wolfgang Kalauch/Paul Gerard	CH/D/B	LCR-Yamaha	17
12.	Steve Abbott/Shaun Smith	GB	Yamaha	16
13.	Gérald Corbaz/Yvan Hunziker	CH	Seymaz-Yamaha	15.5
14.	Dennis Bingham/Julia Bingham	GB	Yamaha	15.5
15.	Mick Boddice/Chas Birks	GB	Windle-Yamaha	11
16.	Mick Barton/Nick Cutmore	GB	Yamaha	10
17.	Hermann Huber/Hermann Bäsler	D	Lutz-Yamaha	8
18.	Gordon Nottingham/Steve Johnson	GB	Windle-Yamaha	6
19.	Siegfried Berger/Edwin Berger	D	Yamaha	5
20.	Wolfgang Stropek/Peter Demling	A	LCR-Yamaha	4
21.	Albert Giesemann/Thomas Riedel	D	LCR-Yamaha	3
22.	Derek Bayley/Bob Bryson	GB	Yamaha	3
23.	Alfred Zurbrügg/Martin Zurbrügg	CH	Seymaz-Yamaha	3
24.	Hans Hügli/Andreas Schutz	CH	Seymaz-Yamaha	3
25.	Kurt Jelonek/Gerhard Wagner	D	Yamaha	2
26.	John Barker/John Brushwood	GB	Yamaha	1
27.	Hein Van Drie/Carlo Sonaglia	NL/I	Yamaha	1

Jock Taylor

Champion: Stefan Dörflinger (Switzerland, Krauser), 81 points, 3 wins

1983 — 50 cc

1) April 3 : France - Le Mans

15 laps = 63.600 km
Pole position: S. Dörflinger (CH, Krauser),
2'06.49 = 120.674 km/h.

1.	S. Dörflinger	CH	Krauser	36'35.20
				= 104.300 km/h
2.	E. Lazzarini	I	Garelli	37'22.41
3.	H. Klein	D	Kreidler-FKN	37'40.48
4.	I. Emmerich	D	Kreidler	38'12.56
5.	P. Rimmelzwaan	NL	Roton	38'30.43
6.	G. Looyensteyn	NL	Kreidler	1 lap
7.	P. Bordes	F	Moto 2L	1 lap
8.	T. Timmer	NL	Casal	1 lap
9.	H. Koopman	NL	Kreidler	1 lap
10.	M. De Lorenzi	I	Minarelli	1 lap

Number of finishers: 20.
Fastest lap: S. Dörflinger (CH, Krauser),
2'23.17 = 106.626 km/h.

2) April 24 : Italy - Monza

14 laps = 81.200 km
Pole position: E. Lazzarini (I, Garelli) and
S. Dörflinger (CH, Krauser),
2'24.56 = 144.438 km/h.

1.	E. Lazzarini	I	Garelli	35'23.14
				= 137.682 km/h
2.	C. Lusuardi	I	Villa	35'43.30
3.	G. Looyensteyn	NL	Kreidler	36'12.11
4.	R. Scheidhauer	D	Kreidler	36'16.43
5.	H. Spaan	NL	Kreidler	36'17.27
6.	H. Klein	D	Kreidler-FKN	36'17.28
7.	G. Singer	D	Kreidler	36'37.40
8.	I. Emmerich	D	Kreidler	36'45.16
9.	J. Van Dongen	NL	Kreidler	36'45.58
10.	P. Bordes	F	Moto 2L	37'00.42

Number of finishers: 19.
Fastest lap: E. Lazzarini (I, Garelli) and
S. Dörflinger (CH, Krauser),
2'27.76 = 141.310 km/h.

3) May 8 : Germany - Hockenheim

10 laps = 67.880 km
Pole position: S. Dörflinger (CH, Krauser),
2'47.73 = 145.691 km/h.

1.	S. Dörflinger	CH	Krauser	28'32.36
				= 142.679 km/h
2.	E. Lazzarini	I	Garelli	28'32.74
3.	G. Bauer	D	Ziegler	29'20.56
4.	G. Looyensteyn	NL	Kreidler	29'31.30
5.	R. Kunz	D	Kreidler-FKN	29'31.67
6.	H. Spann	NL	Kreidler	29'31.99
7.	H. Klein	D	Kreidler-FKN	29'32.53
8.	I. Emmerich	D	Kreidler	29'33.52
9.	G. Singer	D	Kreidler	29'33.73
10.	T. Timmer	NL	Casal	29'38.63

Number of finishers: 33.
Fastest lap: S. Dörflinger (CH, Krauser),
2'46.06 = 147.135 km/h.

4) May 22 : Spain - Jarama

19 laps = 62.928 km
Pole position: E. Lazzarini (I, Garelli),
1'46.79 = 111.684 km/h.

1.	E. Lazzarini	I	Garelli	34'51.30
				= 108.327 km/h
2.	S. Dörflinger	CH	Krauser	35'10.65
3.	J. Martinez	E	Bultaco	35'19.10
4.	C. Lusuardi	I	Villa	35'19.19
5.	G. Bauer	D	Ziegler	35'20.43
6.	G. Looyensteyn	NL	Kreidler	35'20.64
7.	H. Spaan	NL	Kreidler	35'29.28
8.	D. Mateos	E	Kreidler	35'59.29
9.	H. Klein	D	Kreidler-FKN	36'11.16
10.	R. Kunz	D	Kreidler-FKN	36'32.47

Number of finishers: 19.
Fastest lap: E. Lazzarini (I, Garelli),
1'47.07 = 111.356 km/h.

5) June 12 : Yugoslavia - Rijeka

18 laps = 75.024 km
Pole position: E. Lazzarini (I, Garelli),
1'49.86 = 136.581 km/h.

1.	S. Dörflinger	CH	Krauser	34'12.40
				= 131.619 km/h
2.	H. Spaan	NL	Kreidler	34'37.26
3.	R. Kunz	D	Kreidler-FKN	34'37.70
4.	Z. Matulja	Y	Tomos	34'54.59
5.	G. Looyensteyn	NL	Kreidler	35'10.04
6.	R. Scheidhauer	D	Kreidler	35'14.10
7.	G. Bauer	D	Ziegler	35'17.68
8.	O. Machinek	A	Kreidler	35'21.19
9.	M. Stocco	I	Kreidler	35'26.05
10.	J. Van Dongen	NL	Kreidler	35'28.14

Number of finishers: 20.
Fastest lap: R. Tormo (E, Garelli),
1'49.98 = 136.457 km/h.

6) June 25 : The Netherlands - Assen

9 laps = 69.165 km
Pole position: S. Dörflinger (CH, Krauser),
3'29.11 = 132.304 km/h.

1.	E. Lazzarini	I	Garelli	31'25.15
				= 132.080 km/h
2.	S. Dörflinger	CH	Krauser	31'25.45
3.	R. Tormo	E	Garelli	32'05.75
4.	C. Lusuardi	I	Villa	32'35.29
5.	H. Klein	D	Kreidler-FKN	32'48.17
6.	T. Timmer	NL	Casal	32'53.15
7.	R. Kunz	D	Kreidler-FKN	32'54.93
8.	R. Scheidhauer	D	Kreidler	32'55.69
9.	H. Spaan	NL	Kreidler	32'57.55
10.	J. Van Dongen	NL	Kreidler	33'18.83

Number of finishers: 21.
Fastest lap: E. Lazzarini (I, Garelli),
3'24.87 = 135.040 km/h.

7) September 4 : San Marino - Imola

13 laps = 65.572 km
Pole position: S. Dörflinger (CH, Krauser),
2'21.67 = 127.991 km/h.

1.	R. Tormo	E	Garelli	31'06.67
				= 126.347 km/h
2.	S. Dörflinger	CH	Krauser	31'50.90
3.	C. Lusuardi	I	Villa	32'05.55
4.	T. Timmer	NL	Casal	32'08.45
5.	H. Klein	D	Kreidler-FKN	32'17.85
6.	H. Spaan	NL	Kreidler	32'17.94
7.	G. Ascareggi	I	Minarelli	32'45.90
8.	O. Machinek	A	Kreidler	32'51.87
9.	P. Priori	I	Paolucci	33'05.56
10.	R. Scheidhauer	D	Kreidler	33'09.36

Number of finishers: 19.
Fastest lap: R. Tormo (E, Garelli),
2'21.42 = 128.298 km/h.

WORLD CHAMPIONSHIP

1.	Stefan Dörflinger	CH	Krauser	81
2.	Eugenio Lazzarini	I	Garelli	69
3.	Claudio Lusuardi	I	Villa	38
4.	Hans Spaan	NL	Kreidler	34
5.	George Looyensteyn	NL	Kreidler	34
6.	Hagen Klein	D	Kreidler-FKN	33
7.	Ricardo Tormo Blaya	E	Garelli	25
8.	Reiner Kunz	D	Kreidler-FKN	21
9.	Gerhard Bauer	D	Ziegler	20
10.	Reiner Scheidhauer	D	Kreidler	17
11.	Theo Timmer	NL	Casal	17
12.	Ingo Emmerich	D	Kreidler	14
13.	Jorge "Aspar" Martinez	E	Bultaco	10
14.	Zdravko Matulja	Y	Tomos	8
15.	Paul Rimmelzwaan	NL	Roton	6
16.	Gerhard Singer	D	Kreidler	6
17.	Otto Machinek	A	Kreidler	6
18.	Paul Bordes	F	Moto 2L	5
19.	Giuseppe Ascareggi	I	Minarelli	4
20.	Jos Van Dongen	NL	Kreidler	4
21.	Daniel Mateos	E	Kreidler	3
22.	Hans Koopman	NL	Kreidler	2
23.	Marco Stocco	I	Kreidler	2
24.	Paolo Priori	I	Paolucci	2
25.	Massimo De Lorenzi	I	Minarelli	1

Hans Spaan

Thomas Engl, Kreidler
Uli Merz, Kreidler

1983 — 50 cc

Champion: **Angel Nieto (Spain, Garelli), 102 points, 6 wins**

1983 — 125 cc

1) April 3 : France - Le Mans

22 laps = 93.280 km
Pole position: R. Tormo (E, MBA),
 1'51.24 = 137.217 km/h.

1.	R. Tormo	E	MBA	45'25.16
				= 123.225 km/h
2.	J.-C. Selini	F	MBA	46'00.67
3.	M. Vitali	I	MBA	46'06.39
4.	J. Wickström	SF	MBA	46'08.59
5.	T. Pedersen	DK	MBA	46'08.86
6.	J. Jaakkola	SF	MBA	46'14.15
7.	B. Kneubühler	CH	MBA	46'35.33
8.	G. Ascareggi	I	MBA	46'36.20
9.	P.-L. Aldrovandi	I	MBA	46'37.75
10.	P. Lagrive	F	MBA	46'47.65

Number of finishers: 19.
Fastest lap: P.-L. Aldrovandi (I, MBA),
 2'00.25 = 126.396 km/h.

2) April 24 : Italy - Monza

18 laps = 104.400 km
Pole position: A. Nieto (E, Garelli),
 2'07.57 = 163.675 km/h.

1.	A. Nieto	E	Garelli	39'01.89
				= 160.485 km/h
2.	E. Lazzarini	I	Garelli	39'05.98
3.	E. Gianola	I	MBA	39'23.21
4.	R. Tormo	E	MBA	39'24.76
5.	B. Kneubühler	CH	MBA	39'37.18
6.	L. Piccirillo	I	MBA	39'38.07
7.	F. Gresini	I	MBA	39'38.25
8.	S. Caracchi	I	MBA	39'38.62
9.	J.-C. Selini	F	MBA	39'38.76
10.	P.-L. Aldrovandi	I	MBA	39'48.44

Number of finishers: 26.
Fastest lap: A. Nieto (E, Garelli),
 2'06.74 = 164.746 km/h.

3) May 8 : Germany - Hockenheim

14 laps = 95.032 km
Pole position: E. Lazzarini (I, Garelli),
 2'27.76 = 165.382 km/h.

1.	A. Nieto	E	Garelli	34'52.57
				= 163.457 km/h
2.	E. Lazzarini	I	Garelli	34'56.20
3.	P. Bianchi	I	Sanvenero	35'00.15
4.	B. Kneubühler	CH	MBA	35'06.22
5.	M. Vitali	I	MBA	35'13.14
6.	F. Gresini	I	MBA	35'15.58
7.	H. Müller	CH	Seel-MBA	35'18.96
8.	G. Waibel	D	Seel-MBA	35'28.39
9.	L. Pietroniro	B	MBA	35'35.17
10.	S. Caracchi	I	MBA	35'36.29

Number of finishers: 29.
Fastest lap: A. Nieto (E, Garelli),
 2'26.00 = 167.375 km/h.

4) May 22 : Spain - Jarama

28 laps = 92.736 km
Pole position: M. Vitali (I, MBA),
 1'38.47 = 121.085 km/h.

1.	A. Nieto	E	Garelli	46'42.95
				= 119.108 km/h
2.	E. Lazzarini	I	Garelli	46'43.21
3.	P. Bianchi	I	Sanvenero	46'43.40
4.	M. Vitali	I	MBA	46'57.41
5.	B. Kneubühler	CH	MBA	47'08.17
6.	H. Müller	CH	Seel-MBA	47'11.93
7.	S. Caracchi	I	MBA	47'19.13
8.	W. Perez	ARG	MBA	47'23.26
9.	H. Van Kessel	NL	MBA	47'31.16
10.	R. Tormo	E	MBA	47'47.62

Number of finishers: 23.
Fastest lap: E. Lazzarini (I, Garelli),
 1'38.49 = 121.060 km/h.

5) May 29 : Austria - Salzburgring

27 laps = 114.480 km
Pole position: E. Lazzarini (I, Garelli),
 1'30.66 = 163.365 km/h.

1.	A. Nieto	E	Garelli	41'03.88
				= 167.292 km/h
2.	E. Lazzarini	I	Garelli	41'05.37
3.	P. Bianchi	I	Sanvenero	41'42.29
4.	F. Gresini	I	MBA	41'42.59
5.	A. Auinger	A	MBA	41'42.90
6.	M. Vitali	I	MBA	41'51.49
7.	J. Wickström	SF	MBA	41'51.69
8.	L. Pietroniro	B	MBA	41'51.89
9.	H. Müller	CH	Seel-MBA	41'53.61
10.	G. Waibel	D	Seel-MBA	41'54.56

Number of finishers: 26.
Fastest lap: A. Nieto (E, Garelli),
 1'29.91 = 169.770 km/h.

6) June 12 : Yugoslavia - Rijeka

25 laps = 104.200 km
Pole position: F. Gresini (I, MBA),
 1'41.54 = 147.772 km/h.

1.	B. Kneubühler	CH	MBA	43'02.80
				= 145.264 km/h
2.	M. Vitali	I	MBA	43'09.00
3.	S. Caracchi	I	MBA	43'18.54
4.	J. Wickström	SF	MBA	43'20.40
5.	P.-L. Aldrovandi	I	MBA	43'29.66
6.	L. Pietroniro	B	MBA	43'29.80
7.	E. Klein	A	MBA	43'40.01
8.	S. Dörflinger	CH	MBA	453'44.57
9.	H.-J. Vignetti	ARG	MBA	43'51.64
10.	J. Hutteau	F	MBA	44'00.21

Number of finishers: 19.
Fastest lap: B. Kneubühler (CH, MBA),
 1'41.68 = 148.445 km/h.

7) June 25 : The Netherlands - Assen

14 laps = 107.590 km
Pole position: E. Lazzarini (I, Garelli),
    3'06.67 = 148.208 km/h.

1.	A. Nieto	E	Garelli	44'05.54
				= 146.404 km/h
2.	R. Tormo	E	MBA	44'05.75
3.	B. Kneubühler	CH	MBA	44'06.15
4.	G. Waibel	D	Seel-MBA	44'19.24
5.	J. Wickström	SF	MBA	44'26.74
6.	H. Müller	CH	Seel-MBA	44'36.71
7.	E. Lazzarini	I	Garelli	44'54.71
8.	P.-L. Aldrovandi	I	MBA	45'02.59
9.	J.-C. Selini	F	MBA	45'06.74
10.	F. Gresini	I	MBA	45'14.48

Number of finishers: 28.
Fastest lap: A. Nieto (E, Garelli),
    3'05.62 = 149.046 km/h.

8) July 3 : Belgium - Spa-Francorchamps

13 laps = 90.636 km
Pole position: P. Bianchi (I, Sanvenero),
    2'45.67 = 151.501 km/h.

1.	E. Lazzarini	I	Garelli	36'59.75
				= 146.361 km/h
2.	A. Nieto	E	Garelli	37'08.80
3.	R. Tormo	E	MBA	37'09.58
4.	J. Wickström	SF	MBA	37'46.08
5.	L. Pietroniro	B	MBA	37'46.34
6.	G. Waibel	D	Seel-MBA	37'46.77
7.	P.-L. Aldrovandi	I	MBA	37'47.07
8.	H. Van Kessel	NL	MBA	37'51.42
9.	F. Gresini	I	MBA	38'02.78
10.	S. Caracchi	I	MBA	38'05.53

Number of finishers: 28.
Fastest lap: E. Lazzarini (I, Garelli),
    2'47.56 = 149.792 km/h.

9) July 31 : Great Britain - Silverstone

20 laps = 94.200 km
Pole position: R. Tormo (E, MBA),
    1'39.26 = 170.824 km/h.

1.	A. Nieto	E	Garelli	33'52.34
				= 166.880 km/h
2.	B. Kneubühler	CH	MBA	33'52.45
3.	H. Müller	CH	Seel-MBA	33'52.56
4.	W. Perez	ARG	MBA	33'53.59
5.	A. Auinger	A	MBA	34'04.72
6.	F. Gresini	I	Garelli	34'25.17
7.	J.-C. Selini	F	MBA	34'25.40
8.	H. Van Kessel	NL	MBA	34'26.69
9.	M. Vitali	I	MBA	34'26.87
10.	P.-L. Aldrovandi	I	MBA	34'38.98

Number of finishers: 24.
Fastest lap: A. Nieto (E, Garelli),
    1'39.67 = 170.121 km/h.

10) August 7 : Sweden - Anderstorp

23 laps = 92.713 km
Pole position: R. Tormo (E, MBA),
    1'48.87 = 133.293 km/h.

1.	B. Kneubühler	CH	MBA	41'55.73
				= 132.671 km/h
2.	F. Gresini	I	Garelli	41'56.58
3.	A. Auinger	A	MBA	41'56.87
4.	J. Wickström	SF	MBA	41'57.11
5.	R. Tormo	E	MBA	41'57.84
6.	H. Müller	CH	Seel-MBA	42'00.22
7.	P. Bianchi	I	Sanvenero	42'03.47
8.	P. Aldrovandi	I	MBA	42'03.51
9.	W. Perez	ARG	MBA	42'04.00
10.	M. Vitali	I	MBA	42'09.75

Number of finishers: 26.
Fastest lap: R. Tormo (E, MBA),
    1'46.94 = 135.699 km/h.

11) September 4 : San Marino - Imola

20 laps = 100.880 km
Pole position: R. Tormo (E, MBA),
    2'06.73 = 143.171 km/h.

1.	M. Vitali	I	MBA	43'13.08
				= 139.941 km/h
2.	H. Müller	CH	Seel-MBA	43'17.23
3.	P.-L. Aldrovandi	I	MBA	43'20.20
4.	A. Auinger	A	MBA	43'21.50
5.	P. Bianchi	I	Sanvenero	43'22.48
6.	G. Waibel	D	Seel-MBA	43'57.48
7.	H. Van Kessel	NL	MBA	44'06.35
8.	W. Perez	ARG	MBA	44'26.70
9.	E. Klein	A	MBA	44'40.90
10.	A. Straver	NL	MBA	44'41.40

Number of finishers: 18.
Fastest lap: A. Nieto (E, Garelli),
    2'06.03 = 143.966 km/h.

WORLD CHAMPIONSHIP

1.	Angel Nieto	E	Garelli	102
2.	Bruno Kneubühler	CH	MBA	76
3.	Eugenio Lazzarini	I	Garelli	67
4.	Maurizio Vitali	I	MBA	59
5.	Ricardo Tormo Blaya	E	MBA	52
6.	Hans Müller	CH	Seel-MBA	43
7.	Johnny Wickström	SF	MBA	42
8.	Pierpaolo Bianchi	I	Sanvenero	40
9.	Fausto Gresini	I	MBA/Garelli	37
10.	August Auinger	A	MBA	30
11.	Pier-Luigi Aldrovandi	I	MBA	30
12.	Gerhard Waibel	D	Seel-MBA	22
13.	Jean-Claude Selini	F	MBA	20
14.	Stefano Caracchi	I	MBA	19
15.	Willy Perez	ARG	MBA	16
16.	Lucio Pietroniro	B	MBA	16
17.	Henk Van Kessel	NL	MBA	12
18.	Ezio Gianola	I	MBA	10
19.	Thomas Pedersen	DK	MBA	6
20.	Erich Klein	A	MBA	6
21.	Jikka Jaakkola	SF	MBA	5
22.	Libero Piccirillo	I	MBA	5
23.	Giuseppe Ascareggi	I	MBA	3
24.	Stefan Dörflinger	CH	MBA	3
25.	Hugo Jorge Vignetti	ARG	MBA	2
26.	Patrick Lagrive	F	MBA	1
27.	Jacques Hutteau	F	MBA	1
28.	Anton Straver	NL	MBA	1

MBA 125cc 2 cylindres

125cc MBA twin

MBA 125ccm 2-Zylinder

1983 — 250 cc

Champion : Carlos Lavado (Venezuela, Yamaha), 100 points, 4 wins

1) March 19 : South Africa - Kyalami

28 laps = 114.912 km/h
Pole position: J.-F. Baldé (F, Chevallier),
1'31.70 = 161.117 km/h.

1.	J.-F. Baldé	F	Chevallier	43'27.20
				= 158.669 km/h
2.	D. De Radiguès	B	Chevallier	43'27.70
3.	H. Guilleux	F	Kawasaki	43'27.70
4.	P. Fernandez	F	Bartol	43'37.90
5.	J. Cornu	CH	Yamaha	43'39.40
6.	M. Herweh	D	Real-Rotax	43'39.40
7.	C. Lavado	VEN	Yamaha	43'47.20
8.	M. Wimmer	D	Yamaha	43'48.90
9.	T. Rapicault	F	Yamaha	43'49.00
10.	I. Palazzese	VEN	Yamaha	43'52.60

Number of finishers: 25.
Fastest lap: J.-F. Baldé (F, Chevallier),
1'31.45 = 161.557 km/h.

2) April 3 : France - Le Mans

24 laps = 101.760 km
Pole position: C. Sarron (F, Yamaha),
1'42.97 = 148.237 km/h.

1.	A. Carter	GB	Yamaha	42'29.91
				= 143.666 km/h
2.	J. Cornu	CH	Yamaha	42'32.34
3.	T. Rapicault	F	Yamaha	42'32.90
4.	D. De Radiguès	B	Chevallier	42'33.63
5.	T. Head	GB	Armstrong-Rotax	42'48.48
6.	P. Fernandez	F	Bartol	42'49.60
7.	J. Bolle	F	Yamaha	42'55.78
8.	H. Eckl	D	Yamaha	42'56.72
9.	T. Espié	F	Chevallier-Yamaha	42'57.12
10.	J.-M. Toffolo	B	Rotax	42'57.36

Number of finishers: 21.
Fastest lap: A. Carter (GB, Yamaha),
1'43.85 = 146.981 km/h.

3) April 24 : Italy - Monza

20 laps = 116.000 km
Pole position: P. Fernandez (F, Bartol),
2'01.21 = 172.263 km/h.

1.	C. Lavado	VEN	Yamaha	41'02.19
				= 169.605 km/h
2.	T. Espié	F	Chevallier-Yamaha	41'16.52
3.	M. Herweh	D	Real-Rotax	41'18.48
4.	M. Wimmer	D	Yamaha	41'19.36
5.	J. Cornu	CH	Yamaha	41'19.52
6.	H. Guilleux	F	Kawasaki	41'20.38
7.	T. Rapicault	F	Yamaha	41'22.77
8.	I. Palazzese	VEN	Yamaha	41'34.71
9.	D. De Radiguès	B	Chevallier	41'39.60
10.	J.-F. Baldé	F	Chevallier	41'40.08

Number of finishers: 18.
Fastest lap: I. Palazzese (VEN, Yamaha),
2'00.57 = 173.177 km/h.

4) May 8 : Germany - Hockenheim

15 laps = 101.820 km
Pole position: J. Cornu (CH, Yamaha),
2'20.10 = 174.424 km/h.

1.	C. Lavado	VEN	Yamaha	36'55.62
				= 165.406 km/h
2.	P. Fernandez	F	Bartol	37'15.84
3.	D. De Radiguès	B	Chevallier	37'19.64
4.	B. Lüscher	CH	Yamaha	37'23.00
5.	R. Roth	D	Yamaha-Fath	37'27.16
6.	R. Freymond	CH	Armstrong-Rotax	37'27.33
7.	C. Sarron	F	Yamaha	37'37.06
8.	J.-F. Baldé	F	Chevallier	37'37.26
9.	A. Pons	E	Kobas-Rotax	37'38.65
10.	B. Fau	F	Yamaha	38'06.38

Number of finishers: 30.
Fastest lap: C. Lavado (VEN, Yamaha),
2'23.61 = 170.161 km/h.

5) May 22 : Spain - Jarama

31 laps = 102.672 km
Pole position: J.-F. Baldé (F, Chevallier),
1'33.35 = 127.726 km/h.

1.	H. Guilleux	F	Kawasaki	48'58.97
				= 125.766 km/h
2.	C. Sarron	F	Yamaha	49'03.99
3.	M. Wimmer	D	Yamaha	49'04.56
4.	A. Pons	E	Kobas-Rotax	49'04.88
5.	T. Espié	F	Chevallier-Yamaha	49'10.50
6.	J.-F. Baldé	F	Chevallier	49'11.09
7.	C. Lavado	VEN	Yamaha	49'11.76
8.	D. Robinson	IRL	Yamaha	49'12.73
9.	C. Cardus	E	Kobas-Rotax	49'19.66
10.	I. Palazzese	VEN	Yamaha	49'19.74

Number of finishers: 24.
Fastest lap: J.-F. Baldé (F, Chevallier),
1'33.24 = 127.876 km/h.

6) May 29 : Austria - Salzburgring

31 laps = 131.440 km
Pole position: D. De Radiguès (B, Chevallier),
1'25.37 = 178.798 km/h.

1.	M. Herweh	D	Real-Rotax	46'00.02
				= 171.466 km/h
2.	D. De Radiguès	B	Chevallier	46'00.44
3.	T. Espié	F	Chevallier-Yamaha	46'01.06
4.	C. Sarron	F	Yamaha	46'01.29
5.	M. Wimmer	D	Yamaha	46'01.52
6.	H. Guilleux	F	Kawasaki	46'02.30
7.	C. Lavado	VEN	Yamaha	46'02.48
8.	R. Roth	D	Yamaha-Fath	46'03.67
9.	J. Cornu	CH	Yamaha	46'04.05
10.	G. Bertin	F	MBA	46'13.42

Number of finishers: 22.
Fastest lap: T. Espié (F, Chevallier-Yamaha),
1'25.27 = 179.008 km/h.

7) June 12 : Yugoslavia - Rijeka

30 laps = 125.040 km
Pole position: D. De Radiguès (B, Chevallier),
1'36.06 = 156.202 km/h.

1.	C. Lavado	VEN	Yamaha	49'09.17
				= 152.662 km/h
2.	C. Sarron	F	Yamaha	49'17.25
3.	M. Herweh	D	Real-Rotax	49'17.52
4.	J.-F. Baldé	F	Chevallier	49'17.80
5.	G. Bertin	F	MBA	49'23.10
6.	J. Bolle	F	Pernod	49'35.33
7.	J.-L. Guignabodet	F	Yamaha	49'47.27
8.	J.-M. Toffolo	B	Rotax	50'04.85
9.	M. Matteoni	I	Yamaha	50'05.06
10.	P. Fernandez	F	Bartol	50'13.84

Number of finishers: 21.
Fastest lap: C. Sarron (F, Yamaha),
1'36.60 = 155.329 km/h.

8) June 25 : The Netherlands - Assen

15 laps = 115.275 km
Pole position: C. Lavado (VEN, Yamaha),
2'56.94 = 156.538 km/h.

1.	C. Lavado	VEN	Yamaha	45'13.77
				= 152.918 km/h
2.	I. Palazzese	VEN	Yamaha	45'17.79
3.	H. Guilleux	F	Kawasaki	45'18.04
4.	J.-L. Guignabodet	F	Yamaha	45'24.59
5.	M. Wimmer	D	Yamaha	45'28.84
6.	T. Espié	F	Chevallier-Yamaha	45'29.27
7.	D. De Radiguès	B	Chevallier	45'29.60
8.	C. Estrosi	F	Pernod	45'31.55
9.	J. Cornu	CH	Yamaha	45'40.06
10.	D. McLeod	GB	Yamaha	45'52.02

Number of finishers: 22.
Fastest lap: C. Lavado (VEN, Yamaha),
2'57.79 = 155.611 km/h.

9) July 3 : Belgium - Spa-Francorchamps

16 laps = 111.552 km
Pole position: D. De Radiguès (B, Chevallier),
2'40.72 = 156.167 km/h.

1.	D. De Radiguès	B	Chevallier	43'23.29
				= 153.598 km/h
2.	C. Sarron	F	Yamaha	43'26.34
3.	C. Lavado	VEN	Yamaha	43'33.20
4.	T. Espié	F	Chevallier-Yamaha	43'41.78
5.	H. Guilleux	F	Kawasaki	43'42.87
6.	M. Wimmer	D	Yamaha	43'43.77
7.	J. Cornu	CH	Yamaha	43'48.83
8.	I. Palazzese	VEN	Yamaha	43'51.00
9.	J.-L. Guignabodet	F	Yamaha	43'53.66
10.	J.-M. Toffolo	B	Rotax	43'56.98

Number of finishers: 27.
Fastest lap: C. Sarron (F, Yamaha),
2'40.86 = 156.031 km/h.

10) July 31 : Great Britain - Silverstone

24 laps = 113.040 km
Pole position: P. Fernandez (F, Bartol),
1'34.18 = 180.038 km/h.

1.	J. Bolle	F	Pernod	38'22.29
				= 176.780 km/h
2.	T. Espié	F	Chevallier-Yamaha	38'22.46
3.	C. Sarron	F	Yamaha	38'22.58
4.	C. Lavado	VEN	Yamaha	38'22.60
5.	M. Wimmer	D	Yamaha	38'22.69
6.	R. Roth	D	Yamaha-Fath	38'23.91
7.	T. Fukuda	J	Yamaha	38'24.11
8.	T. Rapicault	F	Yamaha	38'24.39
9.	D. De Radiguès	B	Chevallier	38'24.95
10.	G. McGregor	AUS	EMC-Rotax	38'42.56

Number of finishers: 30.
Fastest lap: J. Bolle (F, Pernod),
1'34.06 = 180.268 km/h.

11) August 6 : Sweden - Anderstorp

25 laps = 100.775 km
Pole position: D. De Radiguès (B, Chevallier),
1'43.68 = 139.965 km/h.

1.	C. Sarron	F	Yamaha	48'10.44
				= 125.551 km/h
2.	H. Guilleux	F	Kawasaki	48'16.75
3.	C. Lavado	VEN	Yamaha	48'21.45
4.	T. Head	GB	Armstrong-Rotax	48'22.97
5.	A. Carter	GB	Yamaha	48'23.06
6.	J.-M. Mattioli	F	Yamaha	48'23.85
7.	J.-L. Guignabodet	F	Yamaha	48'31.23
8.	D. De Radiguès	B	Chevallier	48'40.40
9.	J. Bolle	F	Pernod	48'41.17
10.	M. Wimmer	D	Yamaha	48'46.14

Number of finishers: 24.
Fastest lap: I. Palazzese (VEN, Yamaha),
1'50.39 = 131.458 km/h.

WORLD CHAMPIONSHIP

1.	Carlos Lavado	VEN	Yamaha	100
2.	Christian Sarron	F	Yamaha	73
3.	Didier De Radiguès	B	Chevallier	68
4.	Hervé Guilleux	F	Kawasaki	63
5.	Thierry Espié	F	Chevallier-Yamaha	55
6.	Martin Wimmer	D	Yamaha	45
7.	Manfred Herweh	D	Real-Rotax	40
8.	Jean-François Baldé	F	Chevallier	32
9.	Jacques Cornu	CH	Yamaha	32
10.	Jacques Bolle	F	Yamaha/Pernod	26
11.	Patrick Fernandez	F	Bartol	26
12.	Alan Malcolm Carter	GB	Yamaha	21
13.	Ivan Palazzese	VEN	Yamaha	20
14.	Thierry Rapicault	F	Yamaha	19
15.	Jean-Louis Guignabodet	F	Yamaha	18
16.	Tony Head	GB	Armstrong-Rotax	14
17.	Reinhold Roth	D	Yamaha-Fath	14
18.	Alfonso "Sito" Pons	E	Kobas-Rotax	10
19.	Bruno Lüscher	CH	Yamaha	8
20.	Guy Bertin	F	MBA	7
21.	Roland Freymond	CH	Armstrong-Rotax	5
22.	Jean-Michel Mattioli	F	Yamaha	5
23.	Jean-Marc Toffolo	B	Rotax	5
24.	Teruo Fukuda	J	Yamaha	4
25.	Harald Eckl	D	Yamaha	3
26.	Donny Robinson	IRL	Yamaha	3
27.	Christian Estrosi	F	Pernod	3
28.	Carlos Cardus	E	Kobas-Rotax	2
29.	Massimo Matteoni	I	Yamaha	2
30.	Bernard Fau	F	Yamaha	1
31.	Donnie McLeod	GB	Yamaha	1
32.	Graeme McGregor	AUS	EMC-Rotax	1

Roland Freymond, Armstrong

Champion : **Freddie Spencer (United States, Honda), 144 points, 6 wins**

1983 — 500 cc

1) March 19 : South Africa - Kyalami

30 laps = 123.120 km
Pole position: F. Spencer (USA, Honda),
1'26.60 = 171.099 km/h.

1.	F. Spencer	USA	Honda	43'58.50
				= 167.986 km/h
2.	K. Roberts	USA	Yamaha	44'05.70
3.	R. Haslam	GB	Honda	44'11.80
4.	M. Fontan	F	Yamaha	44'12.00
5.	R. Mamola	USA	Suzuki	44'26.90
6.	F. Uncini	I	Suzuki	44'36.20
7.	R. Roche	F	Honda	44'40.00
8.	E. Lawson	USA	Yamaha	44'40.90
9.	M. Lucchinelli	I	Honda	44'43.90
10.	B. Sheene	GB	Suzuki	45'06.80

Number of finishers: 22.
Fastest lap: F. Spencer (USA, Honda),
1'26.43 = 170.941 km/h.

2) April 3 : France - Le Mans

29 laps = 122.960 km
Pole position: K. Roberts (USA, Yamaha),
1'36.80 = 157.686 km/h.

1.	F. Spencer	USA	Honda	47'47.90
				= 154.348 km/h
2.	M. Lucchinelli	I	Honda	48'02.89
3.	R. Haslam	GB	Honda	48'24.18
4.	K. Roberts	USA	Yamaha	48'32.01
5.	K. Huewen	GB	Suzuki	48'32.75
6.	M. Fontan	F	Yamaha	48'33.62
7.	B. Sheene	GB	Suzuki	48'33.99
8.	G. Paci	I	Honda	49'18.09
9.	S. Pellandini	CH	Suzuki	49'21.75
10.	J. Middelburg	NL	Honda	49'23.72

Number of finishers: 19.
Fastest lap: F. Spencer (USA, Honda),
1'37.50 = 156.554 km/h.

3) April 24 : Italy - Monza

24 laps = 139.200 km
Pole position: K. Roberts (USA, Yamaha),
1'52.69 = 185.287 km/h.

1.	F. Spencer	USA	Honda	45'46.57
				= 182.453 km/h
2.	R. Mamola	USA	Suzuki	45'54.23
3.	E. Lawson	USA	Yamaha	46'04.32
4.	F. Uncini	I	Suzuki	46'10.95
5.	T. Katayama	J	Honda	46'20.30
6.	R. Roche	F	Honda	46'29.38
7.	M. Fontan	F	Yamaha	47'02.87
8.	S. Pellandini	CH	Suzuki	47'08.43
9.	B. Sheene	GB	Suzuki	47'14.80
10.	M. Lucchinelli	I	Honda	47'19.75

Number of finishers: 26.
Fastest lap: K. Roberts (USA, Yamaha),
1'52.80 = 185.106 km/h.

4) May 8 : Germany - Hockenheim

15 laps = 101.820 km
Pole position: F. Spencer (USA, Honda),
2'08.66 = 189.933 km/h.

1.	K. Roberts	USA	Yamaha	32'54.40
				= 185.332 km/h
2.	T. Katayama	J	Honda	33'01.77
3.	M. Lucchinelli	I	Honda	33'02.71
4.	F. Spencer	USA	Honda	33'08.62
5.	R. Roche	F	Honda	33'18.26
6.	F. Uncini	I	Suzuki	33'19.20
7.	M. Fontan	F	Yamaha	33'21.04
8.	R. Mamola	USA	Suzuki	33'21.22
9.	E. Lawson	USA	Yamaha	33'32.27
10.	B. Van Dulmen	NL	Suzuki	33'32.85

Number of finishers: 35.
Fastest lap: T. Katayama (J, Honda),
2'10.48 = 187.284 km/h.

5) May 22 : Spain - Jarama

37 laps = 122.544 km/h
Pole position: F. Spencer (USA, Honda),
1'29.87 = 132.672 km/h.

1.	F. Spencer	USA	Honda	56'17.46
				= 130.620 km/h
2.	K. Roberts	USA	Yamaha	56'18.01
3.	T. Katayama	J	Honda	56'49.91
4.	R. Mamola	USA	Suzuki	57'22.66
5.	F. Uncini	I	Suzuki	57'33.08
6.	E. Lawson	USA	Yamaha	57'34.94
7.	M. Fontan	F	Yamaha	57'50.66
8.	J. Middelburg	NL	Honda	1 lap
9.	S. Pellandini	CH	Suzuki	1 lap
10.	K. Huewen	GB	Suzuki	1 lap

Number of finishers: 23.
Fastest lap: K. Roberts (USA, Yamaha),
1'29.57 = 133.116 km/h.

6) May 29 : Austria - Salzburgring

31 laps = 131.440 km
Pole position: K. Roberts (USA, Yamaha),
1'17.89 = 195.969 km/h.

1.	K. Roberts	USA	Yamaha	41'26.84
				= 190.302 km/h
2.	E. Lawson	USA	Yamaha	41'32.88
3.	R. Mamola	USA	Suzuki	41'44.00
4.	T. Katayama	J	Honda	41'47.75
5.	F. Uncini	I	Suzuki	42'05.79
6.	M. Fontan	F	Yamaha	42'07.65
7.	M. Lucchinelli	I	Honda	42'24.97
8.	J. Middelburg	NL	Honda	42'31.37
9.	S. Pellandini	CH	Suzuki	42'31.62
10.	B. Van Dulmen	NL	Suzuki	42'39.25

Number of finishers: 29.
Fastest lap: R. Mamola (USA, Suzuki),
1'18.11 = 195.417 km/h.

7) June 12 : Yugoslavia - Rijeka

32 laps = 133.376 km/h
Pole position: F. Spencer (USA, Honda),
1'32.27 = 162.618 km/h.

1.	F. Spencer	USA	Honda	50'19.82
				= 159.030 km/h
2.	R. Mamola	USA	Suzuki	50'27.23
3.	E. Lawson	USA	Yamaha	50'39.68
4.	K. Roberts	USA	Yamaha	50'46.14
5.	T. Katayama	J	Honda	51'06.98
6.	M. Fontan	F	Yamaha	51'17.49
7.	B. Van Dulmen	NL	Suzuki	51'28.96
8.	G. Pelletier	I	Honda	51'34.62
9.	M. Lucchinelli	I	Honda	51'34.96
10.	S. Pellandini	CH	Suzuki	51'56.86

Number of finishers: 25.
Fastest lap: F. Spencer (USA, Honda),
1'33.36 = 160.720 km/h.

8) June 25 : The Netherlands - Assen

16 laps = 122.960 km
Pole position: K. Roberts (USA, Yamaha),
2'48.52 = 164.170 km/h.

1.	K. Roberts	USA	Yamaha	45'29.12
				= 162.195 km/h
2.	T. Katayama	J	Honda	45'29.31
3.	F. Spencer	USA	Honda	45'36.06
4.	R. Mamola	USA	Suzuki	45'45.20
5.	E. Lawson	USA	Yamaha	46'09.65
6.	J. Middelburg	NL	Honda	46'20.41
7.	M. Fontan	F	Yamaha	46'25.60
8.	B. Van Dulmen	NL	Suzuki	46'49.05
9.	R. Roche	F	Honda	46'56.98
10.	M. Salle	GB	Suzuki	47'17.80

Number of finishers: 22.
Fastest lap: K. Roberts (USA, Yamaha),
2'47.47 = 165.200 km/h.

9) July 3 : Belgium - Spa-Francorchamps

20 laps = 139.440 km
Pole position: F. Spencer (USA, Honda),
2'32.70 = 164.369 km/h.

1.	K. Roberts	USA	Yamaha	51'20.88
				= 162.334 km/h
2.	F. Spencer	USA	Honda	51'34.78
3.	R. Mamola	USA	Suzuki	51'56.01
4.	T. Katayama	J	Honda	51'58.50
5.	E. Lawson	USA	Yamaha	52'06.38
6.	M. Fontan	F	Yamaha	52'28.61
7.	M. Lucchinelli	I	Honda	52'34.31
8.	R. Haslam	GB	Honda	52'50.37
9.	B. Van Dulmen	NL	Suzuki	53'01.43
10.	S. Pellandini	CH	Suzuki	53'07.78

Number of finishers: 23.
Fastest lap: K. Roberts (USA, Yamaha),
2'32.42 = 164.671 km/h.

10) July 31 : Great Britain - Silverstone

28 laps = 131.880 km
Pole position: K. Roberts (USA, Yamaha),
1'28.00 = 192.682 km/h.

1.	K. Roberts	USA	Yamaha	42'19.07
				= 187.010 km/h
2.	F. Spencer	USA	Honda	42'23.18
3.	R. Mamola	USA	Suzuki	42'23.27
4.	E. Lawson	USA	Yamaha	42'27.44
5.	M. Fontan	F	Yamaha	42'49.82
6.	T. Katayama	J	Honda	42'50.55
7.	R. Haslam	GB	Honda	43'00.32
8.	B. Van Dulmen	NL	Suzuki	43'32.98
9.	B. Sheene	GB	Suzuki	43'32.99
10.	P. Lewis	AUS	Suzuki	43'45.72

Number of finishers: 24.
Fastest lap: K. Roberts (USA, Yamaha),
1'28.20 = 192.245 km/h.

11) August 6 : Sweden - Anderstorp

30 laps = 120.930 km
Pole position: F. Spencer (USA, Honda),
1'37.00 = 149.604 km/h.

1.	F. Spencer	USA	Honda	49'17.53
				= 147.199 km/h
2.	K. Roberts	USA	Yamaha	49'17.69
3.	T. Katayama	J	Honda	49'52.23
4.	M. Fontan	F	Yamaha	49'55.75
5.	E. Lawson	USA	Yamaha	50'16.03
6.	M. Lucchinelli	I	Honda	50'16.36
7.	R. Mamola	USA	Suzuki	50'28.99
8.	R. Roche	F	Honda	50'29.24
9.	R. Haslam	GB	Honda	50'32.83
10.	A. Mang	D	Suzuki	50'32.99

Number of finishers: 31.
Fastest lap: K. Roberts (USA, Yamaha),
1'37.11 = 149.435 km/h.

12) September 4 : San Marino - Imola

25 laps = 126.100 km
Pole position: K. Roberts (USA, Yamaha),
1'53.49 = 159.873 km/h.

1.	K. Roberts	USA	Yamaha	48'16.63
				= 156.575 km/h
2.	F. Spencer	USA	Honda	48'17.86
3.	E. Lawson	USA	Yamaha	48'23.99
4.	M. Lucchinelli	I	Honda	48'36.02
5.	R. Mamola	USA	Suzuki	48'42.71
6.	M. Fontan	F	Yamaha	48'43.24
7.	R. Roche	F	Honda	48'43.82
8.	B. Van Dulmen	NL	Suzuki	49'50.72
9.	R. Haslam	GB	Honda	49'55.20
10.	A. Mang	D	Suzuki	50'05.43

Number of finishers: 27.
Fastest lap: K. Roberts (USA, Yamaha),
1'53.36 = 160.056 km/h.

WORLD CHAMPIONSHIP

1.	Freddie Spencer	USA	Honda	144
2.	Kenny Roberts	USA	Yamaha	142
3.	Randy Mamola	USA	Suzuki	89
4.	Eddie Lawson	USA	Yamaha	78
5.	Takazumi Katayama	J	Honda	77
6.	Marc Fontan	F	Yamaha	64
7.	Marco Lucchinelli	I	Honda	48
8.	Ronald "Ron" Haslam	GB	Honda	31
9.	Franco Uncini	I	Suzuki	31
10.	Raymond Roche	F	Honda	22
11.	Boët Van Dulmen	NL	Suzuki	17
12.	Jack Middelburg	NL	Honda	12
13.	Sergio Pellandini	CH	Suzuki	11
14.	Barry Sheene	GB	Suzuki	9
15.	Keith Huewen	GB	Suzuki	7
16.	Giovanni Pelletier	I	Honda	3
17.	Guido Paci	I	Honda	3
18.	Anton Mang	D	Suzuki	2
19.	Mark Salle	GB	Suzuki	1
20.	Paul Lewis	AUS	Suzuki	1

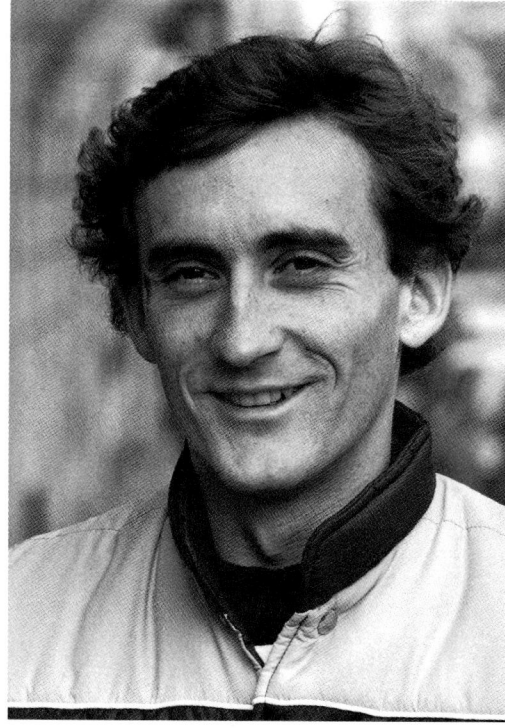

Marc Fontan

1983 — Side-Cars

Champion: Rolf Biland/Kurt Waltisperg (Switzerland, LCR-Yamaha), 98 points, 6 wins

1) April 3 : France - Le Mans

22 laps = 93.280 km
Pole position: R. Biland/K. Waltisperg (CH, LCR-Yamaha), 1'42.22 = 149.325 km/h.

1.	R. Biland/K. Waltisperg	CH	LCR-Yamaha	39'32.04
				= 141.569 km/h
2.	M. Barton/S. Birchall	GB	Yamaha	40'15.34
3.	W. Schwärzel/A. Huber	D	Seymaz-Yamaha	40'15.66
4.	M. Kumano/T. Takashima	J	LCR-Yamaha	41'11.08
5.	H. Huber/W. Möckel	D	LCR-Yamaha	41'13.92
6.	A. Zurbrügg/M. Zurbrügg	CH	Seymaz-Yamaha	1 lap
7.	E. Schons/E. Rösinger	D	Yamaha	1 lap
8.	T. Van Kempen/G. De Haas	NL	LCR-Yamaha	1 lap
9.	H. Hügli/P. Gonin	CH	Seymaz-Yamaha	1 lap
10.	J.-F. Monnin/K. Paul	CH/D	Seymaz-Yamaha	2 laps

Number of finishers: 25.
Fastest lap: R. Biland/K. Waltisperg (CH, LCR-Yamaha), 1'45.20 = 145.096 km/h.

2) May 8 : Germany - Hockenheim

14 laps = 95.032 km
Pole position: R. Biland/K. Waltisperg (CH, LCR-Yamaha), 2'16.55 = 178.920 km/h.

1.	E. Streuer/B. Schnieders	NL	LCR-Yamaha	45'56.34
				= 178.920 km/h.
2.	A. Michel/C. Monchaud	F	LCR-Yamaha	36'17.33
3.	D. Jones/B. Ayres	GB	LCR-Yamaha	36'53.86
4.	T. Ireson/A. Wooller	GB	Yamaha	37'04.75
5.	F. Wrathall/P. Spendlove	GB	Seymaz-Yamaha	37'15.15
6.	H. Huber/W. Möckel	D	LCR-Yamaha	37'22.17
7.	H. Van Drie/W. Van Dis	NL	LCR-Yamaha	37'55.47
8.	E. Schons/E. Rösinger	D	Yamaha	37'57.21
9.	M. Kumano/T. Takashima	J	LCR-Yamaha	38'06.24
10.	S. Abbott/S. Smith	GB	Yamaha	38'10.20

Number of finishers: 27.
Fastest lap: R. Biland/K. Waltisperg (CH, LCR-Yamaha), 2'31.00 = 161.833 km/h.

4) May 29 : Austria - Salzburgring

27 laps = 114.480 km
Pole position: R. Biland/K. Waltisperg (CH, LCR-Yamaha), 1'24.09 = 181.546 km/h.

1.	R. Biland/K. Waltisperg	CH	LCR-Yamaha	39'24.26
				= 174.341 km/h
2.	W. Schwärzel/A. Huber	D	Seymaz-Yamaha	39'54.42
3.	E. Streuer/B. Schnieders	NL	LCR-Yamaha	40'06.96
4.	F. Wrathall/P. Spendlove	GB	Seymaz-Yamaha	40'39.43
5.	A. Zurbrügg/M. Zurbrügg	CH	Seymaz-Yamaha	40'40.27
6.	A. Michel/C. Monchaud	F	LCR-Yamaha	40'40.70
7.	S. Berger/E. Berger	D	Yamaha	40'54.59
8.	T. Van Kempen/G. De Haas	NL	LCR-Yamaha	1 lap
9.	A. Zini/C. Sonaglia	I	LCR-Yamaha	1 lap
10.	P. Niinivaara/V. Bienek	SF	LCR-Yamaha	1 lap

Number of finishers: 14.
Fastest lap: A. Michel/C. Monchaud (F, LCR-Yamaha), 1'26.20 = 177.102 km/h.

4) June 25 : The Netherlands - Assen

14 laps = 107.590 km
Pole position: R. Biland/K. Waltisperg (CH, LCR-Yamaha), 2'56.11 = 157.095 km/h.

1.	R. Biland/K. Waltisperg	CH	LCR-Yamaha	42'56.29
				= 150.340 km/h
2.	W. Schwärzel/A. Huber	D	Seymaz-Yamaha	43'31.34
3.	M. Kumano/T. Takashima	J	LCR-Yamaha	43'49.00
4.	T. Ireson/D. William	GB	Yamaha	44'24.90
5.	P. Niinivaara/V. Bienek	SF	LCR-Yamaha	44'25.13
6.	T. Van Kempen/G. De Haas	NL	LCR-Yamaha	44'38.37
7.	M. Kooij/R. Van Den Groep	NL	Yamaha	45'07.84
8.	W. Stropek/P. Demling	A	LCR-Yamaha	45'46.51
9.	J. Modder/E. De Groot	NL	LCR-Yamaha	45'54.17
10.	A. Zini/G. Sala	I	LCR-Yamaha	1 lap

Number of finishers: 11.
Fastest lap: R. Biland/K. Waltisperg (CH, LCR-Yamaha), 3'02.78 = 151.360 km/h.

4) July 3 : Belgium - Spa-Francorchamps

15 laps = 104.580 km
Pole position: R. Biland/K. Waltisperg (CH, LCR-Yamaha), 2'39.10 = 157.879 km/h.

1.	R. Biland/K. Waltisperg	CH	LCR-Yamaha	41'03.21
				= 152.187 km/h
2.	E. Streuer/B. Schnieders	NL	LCR-Yamaha	41'21.23
3.	A. Michel/C. Monchaud	F	LCR-Yamaha	41'49.45
4.	W. Schwärzel/A. Huber	D	Seymaz-Yamaha	42'12.00
5.	M. Kumano/T. Takashima	J	LCR-Yamaha	42'41.91
6.	T. Van Kempen/G. De Haas	NL	LCR-Yamaha	42'49.54
7.	T. Ireson/D. William	GB	Yamaha	43'12.39
8.	D. Bingham/J. Bingham	GB	Yamaha	43'23.83
9.	A. Zurbrügg/M. Zurbrügg	CH	Seymaz-Yamaha	43'23.44
10.	M. Barton/S. Birchall	GB	Yamaha	43'31.44

Number of finishers: 21.
Fastest lap: R. Biland/K. Waltisperg (CH, LCR-Yamaha), 2'42.05 = 154.886 km/h.

6) July 31 : Great Britain - Silverstone

20 laps = 94.200 km
Pole position: E. Streuer/B. Schnieders (NL, LCR-Yamaha), 1'32.06 = 184.184 km/h.

1.	E. Streuer/B. Schnieders	NL	LCR-Yamaha	31'42.39
				= 178.245 km/h
2.	A. Michel/C. Monchaud	F	LCR-Yamaha	31'45.35
3.	D. Jones/B. Ayres	GB	LCR-Yamaha	31'50.09
4.	R. Biland/K. Waltisperg	CH	LCR-Yamaha	32'15.02
5.	S. Webster/T. Hewitt	GB	Yamaha	32'15.13
6.	W. Schwärzel/A. Huber	D	Seymaz-Yamaha	32'25.78
7.	M. Kumano/T. Takashima	J	LCR-Yamaha	32'43.62
8.	W. Stropek/P. Demling	A	LCR-Yamaha	32'43.94
9.	K. Cousins/P. Hookham	GB	Yamaha	32'49.16
10.	H. Hügli/K. Paul	CH/D	Seymaz-Yamaha	32'55.14

Number of finishers: 27.
Fastest lap: E. Streuer/B. Schnieders (NL, LCR-Yamaha), 1'32.39 = 183.580 km/h.

7) August 7 : Sweden - Anderstorp

27 laps = 108.837 km
Pole position: R. Biland/K. Waltisperg (CH, LCR-Yamaha), 1'40.83 = 143.921 km/h.

1.	R. Biland/K. Waltisperg	CH	LCR-Yamaha	39'40.50
				= 140.208 km/h
2.	E. Streuer/B. Schnieders	NL	LCR-Yamaha	40'02.56
3.	W. Schwärzel/A. Huber	D	Seymaz-Yamaha	40'27.16
4.	D. Jones/B. Ayres	GB	LCR-Yamaha	40'43.72
5.	A. Michel/C. Monchaud	F	LCR-Yamaha	41'03.54
6.	F. Wrathall/P. Spendlove	GB	Seymaz-Yamaha	41'16.41
7.	M. Kumano/T. Takashima	J	LCR-Yamaha	41'17.05
8.	H. Van Drie/W. Van Dis	NL	LCR-Yamaha	1 lap
9.	A. Zurbrügg/M. Zurbrügg	CH	Seymaz-Yamaha	1 lap
10.	H. Hügli/K. Paul	CH/D	Seymaz-Yamaha	1 lap

Number of finishers: 15.
Fastest lap: R. Biland/K. Waltisperg (CH, LCR-Yamaha), 1'41.48 = 143.012 km/h.

8) September 4 : San Marino - Imola

20 laps = 100.880 km
Pole position: A. Michel/C. Monchaud (F, LCR-Yamaha), 2'04.12 = 146.181 km/h.

1.	R. Biland/K. Waltisperg	CH	LCR-Yamaha	42'07.14
				= 143.593 km/h
2.	A. Michel/C. Monchaud	F	LCR-Yamaha	42'08.64
3.	W. Schwärzel/A. Huber	D	Seymaz-Yamaha	42'08.82
4.	E. Streuer/B. Schnieders	NL	LCR-Yamaha	42'53.25
5.	D. Jones/B. Ayres	GB	LCR-Yamaha	43'15.07
6.	M. Kumano/T. Takashima	J	LCR-Yamaha	43'29.63
7.	H. Van Drie/W. Van Dis	NL	LCR-Yamaha	43'32.92
8.	F. Wrathall/P. Spendlove	GB	Seymaz-Yamaha	43'58.05
9.	T. Van Kempen/G. De Haas	NL	LCR-Yamaha	44'17.05
10.	A. Zini/C. Sonaglia	I	LCR-Yamaha	1 lap

Number of finishers: 16.
Fastest lap: R. Biland/K. Waltisperg (CH, LCR-Yamaha), 2'04.22 = 146.063 km/h.

WORLD CHAMPIONSHIP

1.	Rolf Biland/Kurt Waltisperg	CH	LCR-Yamaha	98
2.	Egbert Streuer/Bernd Schnieders	NL	LCR-Yamaha	72
3.	Werner Schwärzel/Andreas Huber	D	Seymaz-Yamaha	67
4.	Alain Michel/Claude Monchaud	F	LCR-Yamaha	57
5.	Masato Kumano/Kunio Takashima	J	LCR-Yamaha	39
6.	Derek Jones/Brian Ayres	GB	LCR-Yamaha	34
7.	Frank Wrathall/Phil Spendlove	GB	Seymaz-Yamaha	22
8.	Trevor Ireson/Ashley Wooller/Don William	GB	Yamaha	20
9.	Theo Van Kempen/Geral De Haas	NL	LCR-Yamaha	18
10.	Alfred Zurbrügg/Martin Zurbrügg	CH	Seymaz-Yamaha	15
11.	Mick Barton/Simon Birchall	GB	Yamaha	13
12.	Hermann Huber/Wolfgang Möckel	D	LCR-Yamaha	11
13.	Hein Van Drie/Willem Van Dis	NL	LCR-Yamaha	11
14.	Pentti Niinivaara/Vesa Bienek	SF	LCR-Yamaha	7
15.	Egon Schons/Eckard Rösinger	D	Yamaha	7
16.	Steve Webster/Tony Hewitt	GB	Yamaha	6
17.	Wolfgang Stropek/Peter Demling	A	LCR-Yamaha	6
18.	Siegfried Berger/Edwin Berger	D	Yamaha	4
19.	Martin Kooij/Raimond Van den Groep	NL	Yamaha	4
20.	Hans Hügli/Pierre Gonin/Karl Paul	CH/CH/D	Seymaz-Yamaha	4
21.	Amedeo Zini/Carlo Sonaglia/Guido Sala	I	LCR-Yamaha	4
22.	Dennis Bingham/Julia Bingham	GB	Yamaha	3
23.	Jos Modder/Erik De Groot	NL	LCR-Yamaha	2
24.	Keith Cousins/Phil Hookham	GB	Yamaha	2
25.	Jean-François Monnin/Karl Paul	CH/D	Seymaz-Yamaha	1
26.	Steve Abbott/Shaun Smith	GB	Yamaha	1

Yamaha LCR

Champion : **Stefan Dörflinger (Switzerland, Zündapp), 82 points, 4 wins**

1984 — 80 cc

1) April 15 : Italy - Misano

23 laps = 80.224 km
Pole position: R. Tormo (E, Garelli),
1'35.11 = 132.024 km/h.

1.	P. Bianchi	I	Huvo-Casal	36'53.21
				= 130.492 km/h
2.	S. Dörflinger	CH	Zündapp	37'00.50
3.	H. Abold	D	Zündapp	37'21.04
4.	H. Spaan	NL	Huvo-Casal	37'52.50
5.	G. Waibel	D	Real-Seel	38'07.61
6.	W. Heykoop	NL	Casal	38'26.67
7.	J. Martinez	E	Derbi	1 lap
8.	M. Stocco	I	Lusuardi	1 lap
9.	R. Koberstein	D	Seel	1 lap
10.	C. Granata	I	Garelli	1 lap

Number of finishers: 24.
Fastest lap: P. Bianchi (I, Huvo-Casal),
1'34.21 = 133.285 km/h.

2) May 6 : Spain - Jarama

22 laps = 72.864 km
Pole position: J. Martinez (E, Derbi),
1'42.01 = 116.884 km/h.

1.	P. Bianchi	I	Huvo-Casal	40'00.76
				= 109.263 km/h
2.	H. Van Kessel	NL	Huvo-Casal	40'26.15
3.	H. Müller	CH	Sachs	40'27.63
4.	H. Abold	D	Zündapp	40'27.84
5.	H. Spaan	NL	Huvo-Casal	40'48.19
6.	R. Scheidhauer	D	Seel	41'37.66
7.	S. Dörflinger	CH	Zündapp	43'01.06
8.	J. Martinez	E	Derbi	1 lap
9.	G. Looyensteyn	NL	Huvo-Casal	1 lap
10.	R. Koberstein	D	Seel	1 lap

Number of finishers: 15.
Fastest lap: H. Abold (D, Zündapp),
1'46.19 = 112.287 km/h.

3) May 20 : Austria - Salzburgring

20 laps = 84.860 km
Pole position: S. Dörflinger (CH, Zündapp),
1'35.84 = 159.190 km/h.

1.	S. Dörflinger	CH	Zündapp	32'36.85
				= 155.932 km/h
2.	H. Abold	D	Zündapp	32'47.37
3.	G. Waibel	D	Real-Seel	33'03.03
4.	P. Bianchi	I	Huvo-Casal	33'17.00
5.	J. Martinez	E	Derbi	33'29.76
6.	H. Spaan	NL	Huvo-Casal	33'48.55
7.	W. Heykoop	NL	Casal	34'06.71
8.	H. Müller	CH	Sachs	1 lap
9.	Z. Matulja	YUG	Ziegler	1 lap
10.	T. Engl	D	Sachs	1 lap

Number of finishers: 18.
Fastest lap: S. Dörflinger (CH, Zündapp),
1'36.22 = 158.562 km/h.

4) May 27 : Germany - Nürburgring

18 laps = 81.756 km
Pole position: J. Martinez (E, Derbi),
2'00.55 = 135.638 km/h.

1.	S. Dörflinger	CH	Zündapp	37'12.77
				= 131.819 km/h
2.	P. Bianchi	I	Huvo-Casal	37'23.44
3.	G. Waibel	D	Real-Seel	37'28.90
4.	H. Abold	D	Zündapp	38'02.00
5.	W. Heykoop	NL	Casal	38'23.93
6.	G. Looyensteyn	NL	Huvo-Casal	39'15.09
7.	S. Julin	B	Casal	39'27.19
8.	Z. Matulja	YUG	Ziegler	1 lap
9.	R. Koberstein	D	Seel	1 lap
10.	B. Rossbach	D	Casal	1 lap

Number of finishers: 19.
Fastest lap: J. Martinez (E, Derbi),
2'01.83 = 134.213 km/h.

5) June 17 : Yugoslavia - Rijeka

18 laps = 75.024 km
Pole position: S. Dörflinger (CH, Zündapp),
1'43.87 = 144.457 km/h.

1.	S. Dörflinger	CH	Zündapp	31'46.16
				= 141.693 km/h
2.	H. Abold	D	Zündapp	31'55.19
3.	J. Martinez	E	Derbi	32'14.51
4.	G. Waibel	D	Real-Seel	32'27.26
5.	H. Spaan	NL	Huvo-Casal	32'35.34
6.	G. Looyensteyn	NL	Huvo-Casal	32'43.60
7.	Z. Matulja	YUG	Ziegler	32'56.57
8.	P. Rimmelzwaan	NL	Harmsen	33'29.94
9.	T. Timmer	NL	Huvo-Casal	1 lap
10.	O. Machinek	A	Kreidler	1 lap

Number of finishers: 25.
Fastest lap: S. Dörflinger (CH, Krauser),
2'44.84 = 133.962 km/h.

6) June 30 : The Netherlands - Assen

12 laps = 73.608 km
Pole position: S. Dörflinger (CH, Zündapp),
2'42.03 = 136.286 km/h.

1.	J. Martinez	E	Derbi	32'30.80
				= 135.836 km/h
2.	H. Spaan	NL	Huvo-Casal	32'30.96
3.	H. Abold	D	Zündapp	32'50.34
4.	G. Waibel	D	Real-Seel	33'03.37
5.	W. Heykoop	NL	Casal	33'05.66
6.	P. Bianchi	I	Huvo-Casal	33'09.19
7.	G. Looyensteyn	NL	Huvo-Casal	33'50.71
8.	H. Müller	CH	Sachs	33'50.72
9.	T. Timmer	NL	Huvo-Casal	33'51.14
10.	P. Rimmelzwaan	NL	Harmsen	34'14.96

Number of finishers: 25.
Fastest lap: J. Martinez (E, Derbi),
2'39.98 = 138.032 km/h.

7) July 8 : Belgium - Spa-Francorchamps

13 laps = 90.636 km
Pole position: S. Dörflinger (CH, Zündapp),
2'55.84 = 142.083 km/h.

1.	S. Dörflinger	CH	Zündapp	39'12.68
				= 138.768 km/h
2.	J. Martinez	E	Derbi	39'35.48
3.	H. Spaan	NL	Huvo-Casal	39'49.21
4.	P. Bianchi	I	Huvo-Casal	39'54.25
5.	W. Heykoop	NL	Casal	40'26.34
6.	H. Abold	D	Zündapp	40'26.60
7.	G. Waibel	D	Real-Seel	40'34.03
8.	S. Julin	B	Casal	40'34.29
9.	H. Müller	CH	Sachs	40'40.55
10.	T. Timmer	NL	Huvo-Casal	40'47.13

Number of finishers: 20.
Fastest lap: S. Dörflinger (CH, Zündapp),
2'58.24 = 140.816 km/h.

8) September 2 : San Marino - Mugello

14 laps = 73.430 km
Pole position: S. Dörflinger (CH, Zündapp),
2'17.51 = 137.313 km/h.

1.	G. Waibel	D	Real-Seel	32'32.79
				= 135.369 km/h
2.	J. Martinez	E	Derbi	32'48.61
3.	H. Abold	D	Zündapp	33'06.70
4.	T. Timmer	NL	Huvo-Casal	33'10.95
5.	S. Dörflinger	CH	Zündapp	33'16.60
6.	P. Bianchi	I	Huvo-Casal	33'25.82
7.	G. Kafka	A	Sachs	33'50.78
8.	P. Rimmelzwaan	NL	Harmsen	33'59.48
9.	W. Heykoop	NL	Casal	34'21.98
10.	O. Machinek	A	Kreidler	34'23.17

Number of finishers: 23.
Fastest lap: J. Martinez (E, Derbi),
2'17.39 = 137.434 km/h.

Stefan Dörflinger, Luigi Taveri

Theo Timmer, Huvo-Casal

WORLD CHAMPIONSHIP

1.	Stefan Dörflinger	CH	Zündapp	82
2.	Hubert Abold	D	Zündapp	75
3.	Pierpaolo Bianchi	I	Huvo-Casal	68
4.	Jorge "Aspar" Martinez	E	Derbi	62
5.	Gerhard Waibel	D	Real-Seel	61
6.	Hans Spaan	NL	Huvo-Casal	47
7.	Willem Heykoop	NL	Casal	29
8.	Hans Müller	CH	Sachs	18
9.	George Looyensteyn	NL	Huvo-Casal	16
10.	Theo Timmer	NL	Huvo-Casal	13
11.	Henk Van Kessel	NL	Huvo-Casal	12
12.	Zdravko Matulja	YUG	Ziegler	9
13.	Serge Julin	B	Casal	7
14.	Paul Rimmelzwaan	NL	Harmsen	7
15.	Reiner Scheidhauer	D	Seel	5
16.	Reinhard Koberstein	D	Seel	5
17.	Gerd Kafka	A	Sachs	4
18.	Marco Stocco	I	Lusuardi	3
19.	Otto Machinek	A	Kreidler	2
20.	Claudio Granata	I	Garelli	1
21.	Thomas Engl	D	Sachs	1
22.	Bernd Rossbach	D	Casal	1

Champion : **Angel Nieto (Spain, Garelli), 90 points, 6 wins**

1984 — 125 cc

1) April 14 : Italy - Misano

30 laps = 104.640 km
Pole position: M. Vitali (I, MBA),
    1'37.41 = 122.402 km/h.

1.	A. Nieto	E	Garelli	44'30.67
				= 141.052 km/h
2.	M. Vitali	I	MBA	44'31.74
3.	E. Lazzarini	I	Garelli	44'34.18
4.	S. Caracchi	I	MBA	44'57.67
5.	L. Cadalora	I	MBA	44'57.68
6.	B. Kneubühler	CH	MBA	45'10.35
7.	J. Wickström	SF	MBA	45'28.37
8.	J.-C. Selini	F	MBA	45'29.13
9.	H. Müller	CH	MBA	45'55.86
10.	G. Waibel	D	Real-MBA	1 lap

Number of finishers: 22.
Fastest lap: A. Nieto (E, Garelli),
    1'27.30 = 143.835 km/h.

2) May 6 : Spain - Jarama

28 laps = 92.736 km
Pole position: M. Vitali (I, MBA),
    1'37.41 = 122.402 km/h.

1.	A. Nieto	E	Garelli	48'21.97
				= 115.044 km/h
2.	E. Lazzarini	I	Garelli	48'22.15
3.	H. Müller	CH	MBA	48'36.63
4.	S. Caracchi	I	MBA	48'50.01
5.	M. Herreros	E	MBA	48'53.85
6.	J.-C. Selini	F	MBA	49'28.15
7.	G. Ascareggi	I	MBA	49'56.85
8.	H. Abold	D	MBA	50'01.36
9.	B. Kneubühler	CH	MBA	50'02.04
10.	E. Gianola	I	MBA	50'02.28

Number of finishers: 20.
Fastest lap: A. Nieto (E, Garelli),
    1'39.87 = 119.387 km/h.

3) May 27 : Germany - Nürburgring

23 laps = 104.466 km
Pole position: M. Vitali (I, MBA),
    1'55.42 = 141.667 km/h.

1.	A. Nieto	E	Garelli	44'44.96
				= 140.048 km/h
2.	L. Cadalora	I	MBA	44'45.69
3.	E. Lazzarini	I	Garelli	44'45.86
4.	F. Gresini	I	MBA	44'46.34
5.	A. Auinger	A	MBA-Bartol	44'47.71
6.	J.-C. Selini	F	MBA	45'35.83
7.	G. Ascareggi	I	MBA	45'36.68
8.	J. Wickström	SF	MBA	45'36.88
9.	B. Kneubühler	CH	MBA	45'44.91
10.	L. Pietroniro	B	MBA	45'45.48

Number of finishers: 21.
Fastest lap: E. Lazzarini (I, Garelli),
    1'53.48 = 144.089 km/h.

4) June 11 : France - Le Castellet

16 laps = 92.960 km
Pole position: E. Lazzarini (I, MBA),
    2'15.18 = 154.727 km/h.

1.	A. Nieto	E	Garelli	36'37.27
				= 152.305 km/h
2.	E. Lazzarini	I	Garelli	36'37.50
3.	A. Auinger	A	MBA-Bartol	36'37.90
4.	F. Gresini	I	Garelli	36'51.26
5.	B. Kneubühler	CH	MBA	37'00.26
6.	H. Müller	CH	MBA	37'00.88
7.	M. Vitali	I	MBA	37'06.00
8.	J. Wickström	SF	MBA	37'15.41
9.	L. Pietroniro	B	MBA	37'17.47
10.	H. Van Kessel	NL	MBA	37'25.67

Number of finishers: 24.
Fastest lap: A. Nieto (E, Garelli),
    2'14.27 = 155.776 km/h.

5) June 30 : The Netherlands - Assen

16 laps = 98.144 km
Pole position: A. Auinger (A, MBA-Bartol),
    2'29.89 = 147.324 km/h.

1.	A. Nieto	E	Garelli	40'42.89
				= 144.631 km/h
2.	E. Lazzarini	I	Garelli	40'42.99
3.	H. Müller	CH	MBA	40'50.97
4.	J.-C. Selini	F	MBA	41'00.88
5.	S. Caracchi	I	MBA	41'03.17
6.	A. Auinger	A	MBA-Bartol	41'07.89
7.	B. Kneubühler	CH	MBA	41'26.49
8.	H. Van Kessel	NL	MBA	41'27.71
9.	N. Robinson	IRL	MBA	41'42.28
10.	A. Straver	NL	MBA	41'43.76

Number of finishers: 23.
Fastest lap: A. Nieto (E, Garelli),
    2'29.63 = 147.580 km/h.

6) August 5 : Great Britain - Silverstone

20 laps = 94.200 km
Pole position: B. Kneubühler (CH, MBA),
    1'39.54 = 170.344 km/h.

1.	A. Nieto	E	Garelli	33'43.58
				= 167.584 km/h
2.	J.-C. Selini	F	MBA	33'49.21
3.	F. Gresini	I	Garelli	33'49.51
4.	B. Kneubühler	CH	MBA	33'49.69
5.	M. Vitali	I	MBA	34'07.13
6.	L. Cadalora	I	MBA	34'07.28
7.	O. Liegeois	B	MBA	34'07.43
8.	S. Caracchi	I	MBA	34'22.41
9.	J. Wickström	SF	MBA	34'23.52
10.	J. Hutteau	F	MBA	34'42.11

Number of finishers: 25.
Fastest lap: A. Nieto (E, Garelli),
    1'38.41 = 172.300 km/h.

7) August 12 : Sweden - Anderstorp

23 laps = 92.713 km
Pole position: J.-C. Selini (F, MBA),
1'47.66 = 134.791 km/h.

1.	F. Gresini	I	Garelli	41'34.20
				= 133.817 km/h
2.	A. Auinger	A	MBA-Bartol	41'37.92
3.	E. Lazzarini	I	Garelli	41'47.58
4.	M. Vitali	I	MBA	41'50.82
5.	J. Wickström	SF	MBA	41'50.86
6.	A. Bedford	GB	MBA	42'13.00
7.	S. Caracchi	I	MBA	42'13.16
8.	H. Olsson	S	MBA	42'28.12
9.	L. Pietroniro	B	MBA	42'28.47
10.	O. Liegeois	B	MBA	42'28.92

Number of finishers: 24.
Fastest lap: F. Gresini (I, Garelli),
1'47.11 = 135.483 km/h.

8) September 2 : San Marino - Mugello

18 laps = 94.410 km
Pole position: M. Vitali (I, MBA),
2'11.80 = 143.263 km/h.

1.	M. Vitali	I	MBA	39'38.55
				= 142.892 km/h
2.	E. Lazzarini	I	Garelli	39'56.36
3.	F. Gresini	I	Garelli	40'04.87
4.	A. Auinger	A	MBA-Bartol	40'12.70
5.	E. Gianola	I	MBA	40'22.78
6.	D. Brigaglia	I	MBA	40'40.14
7.	L. Cadalora	I	MBA	40'40.58
8.	O. Liegeois	B	MBA	41'00.00
9.	J. Wickström	SF	MBA	41'02.80
10.	L. Pietroniro	B	MBA	41'11.28

Number of finishers: 26.
Fastest lap: A. Nieto (E, Garelli),
2'09.66 = 145.627 km/h.

Maurizio Vitali, MBA (40)
Lorice Regianni, Minarelli (6)

WORLD CHAMPIONSHIP

1.	Angel Nieto	E	Garelli	90
2.	Eugenio Lazzarini	I	Garelli	78
3.	Fausto Gresini	I	MBA/Garelli	51
4.	Maurizio Vitali	I	MBA	45
5.	August Auinger	A	MBA-Bartol	41
6.	Jean-Claude Selini	F	MBA	33
7.	Stefano Caracchi	I	MBA	29
8.	Luca Cadalora	I	MBA	27
9.	Hans Müller	CH	MBA	27
10.	Bruno Kneubühler	CH	MBA	27
11.	Johnny Wickström	SF	MBA	20
12.	Giuseppe Ascareggi	I	MBA	8
13.	Olivier Liegeois	B	MBA	8
14.	Ezio Gianola	I	MBA	7
15.	Manuel Herreros	E	MBA	6
16.	Lucio Pietroniro	B	MBA	6
17.	Alex Bedford	GB	MBA	5
18.	Domenico Brigaglia	I	MBA	5
19.	Henk Van Kessel	NL	MBA	4
20.	Hubert Abold	D	MBA	3
21.	Häkan Olsson	S	MBA	3
22.	Neil Robinson	IRL	MBA	2
23.	Gerhard Waibel	D	Real-MBA	1
24.	Anton Straver	NL	MBA	1
25.	Jacques Hutteau	F	MBA	1

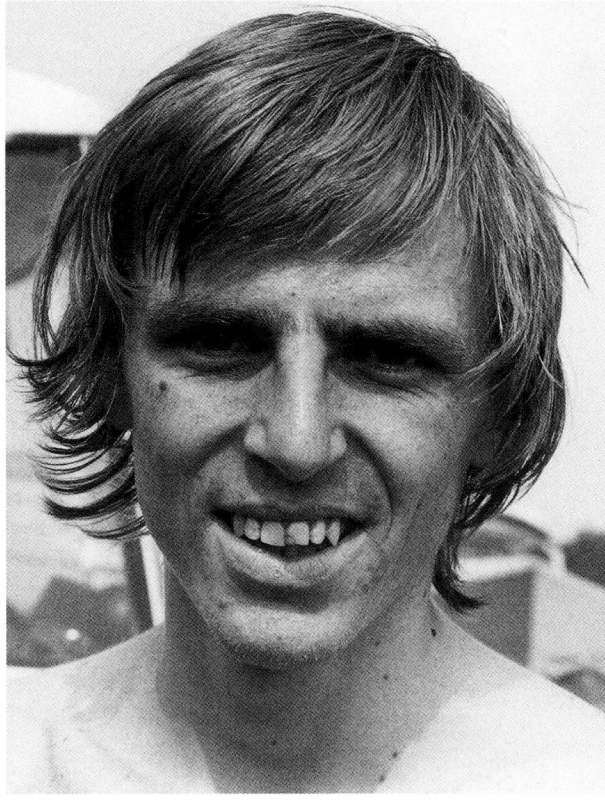

August Auinger

Champion: **Christian Sarron (France, Yamaha), 109 points, 3 wins**

1984 — 250 cc

1) March 23 : South Africa - Kyalami

28 laps = 114.912 km
Pole position: M. Rademeyer (SA, MBA),
1'31.13 = 162.124 km/h.

1.	P. Fernandez	F	Yamaha	47'10.10
				= 145.825 km/h
2.	C. Sarron	F	Yamaha	47'11.20
3.	A. Pons	E	Kobas-Rotax	47'13.50
4.	M. Herweh	D	Real-Rotax	47'39.50
5.	A. Mang	D	Yamaha	47'47.10
6.	K.-T. Grässel	D	Yamaha	47'49.00
7.	J.-F. Baldé	F	Pernod	48'04.60
8.	I. Palazzese	VEN	Yamaha	48'06.70
9.	C. Lavado	VEN	Yamaha	48'08.80
10.	A. Carter	GB	Yamaha	48'15.70

Number of finishers: 23.
Fastest lap: P. Fernandez (F, Yamaha), 1'36.52 = 153.071 km/h.

2) April 15 : Italy - Misano

33 laps = 115.104 km
Pole position: J.-M. Mattioli (F, Chevallier),
1'25.32 = 147.173 km/h.

1.	F. Ricci	I	Yamaha	47'05.59
				= 146.651 km/h
2.	M. Wimmer	D	Yamaha	47'14.54
3.	W. Rainey	USA	Yamaha	47'19.82
4.	J.-M. Mattioli	F	Chevallier	47'20.39
5.	D. McLeod	GB	Yamaha	47'20.57
6.	J. Cornu	CH	Yamaha	47'43.44
7.	J. Bolle	F	Pernod	47'47.93
8.	M. Rademeyer	SA	MBA	47'51.33
9.	M. Herweh	D	Real-Rotax	47'55.53
10.	A. Mang	D	Yamaha	47'55.93

Number of finishers: 21.
Fastest lap: W. Rainey (USA, Yamaha), 1'24.41 = 148.760 km/h.

3) May 6 : Spain - Jarama

31 laps = 102.672 km
Pole position: C. Cardus (Kobas-Rotax),
1'33.79 = 127.126 km/h.

1.	A. Pons	E	Kobas-Rotax	49'02.99
				= 125.595 km/h
2.	C. Sarron	F	Yamaha	49'05.76
3.	C. Lavado	VEN	Yamaha	49'06.14
4.	A. Carter	GB	Yamaha	49'06.30
5.	J.-F. Baldé	F	Pernod	49'06.86
6.	J. Cornu	CH	Yamaha	49'12.06
7.	A. Mang	D	Yamaha	49'13.29
8.	J. Bolle	F	Pernod	49'28.29
9.	J.-M. Mattioli	F	Chevallier	49'28.59
10.	W. Rainey	USA	Yamaha	49'29.74

Number of finishers: 25.
Fastest lap: J.-F. Baldé (F, Pernod), 1'33.12 = 128.041 km/h.

4) May 20 : Austria - Salzburgring

29 laps = 123.047 km
Pole position: C. Sarron (F, Yamaha),
1'24.78 = 180.042 km/h.

1.	C. Sarron	F	Yamaha	41'39.37
				= 177.023 km/h
2.	A. Mang	D	Yamaha	41'45.98
3.	A. Pons	E	Kobas-Rotax	41'46.26
4.	G. Bertin	F	MBA	41'53.33
5.	C. Lavado	VEN	Yamaha	41'56.89
6.	L. Reggiani	I	Kawasaki	41'57.26
7.	M. Wimmer	D	Yamaha	41'57.60
8.	J. Cornu	CH	Yamaha	41'57.91
9.	J.-F. Baldé	F	Pernod	41'58.28
10.	S. Minich	A	Rotax	41'58.68

Number of finishers: 20.
Fastest lap: C. Lavado (VEN, Yamaha), 1'24.95 = 179.682 km/h.

5) May 27 : Germany - Nürburgring

25 laps = 113.550 km
Pole position: C. Sarron (F, Yamaha),
1'49.29 = 149.613 km/h.

1.	C. Sarron	F	Yamaha	46'12.07
				= 147.463 km/h
2.	M. Wimmer	D	Yamaha	46'12.20
3.	M. Herweh	D	Real-Rotax	46'12.42
4.	A. Mang	D	Yamaha	46'28.12
5.	C. Lavado	VEN	Yamaha	46'28.35
6.	W. Rainey	USA	Yamaha	46'29.18
7.	A. Carter	GB	Yamaha	46'45.04
8.	J. Cornu	CH	Yamaha	46'45.16
9.	T. Espié	F	Chevallier	46'52.74
10.	J.-M. Mattioli	F	Yamaha	47'11.93

Number of finishers: 27.
Fastest lap: M. Herweh (D, Real-Rotax), 1'48.29 = 150.995 km/h.

6) June 11 : France - Le Castellet

18 laps = 104.580 km
Pole position: C. Sarron (F, Yamaha),
2'08.56 = 162.694 km/h.

1.	A. Mang	D	Yamaha	39'18.61
				= 159.623 km/h
2.	C. Lavado	VEN	Yamaha	39'18.96
3.	M. Herweh	D	Real-Rotax	39'19.24
4.	T. Espié	F	Chevallier	39'19.82
5.	C. Sarron	F	Yamaha	39'20.03
6.	W. Rainey	USA	Yamaha	39'23.67
7.	C. Cardus	E	Kobas-Rotax	39'25.09
8.	D. McLeod	GB	Yamaha	39'25.68
9.	M. Wimmer	D	Yamaha	39'39.76
10.	J.-M. Mattioli	F	Yamaha	39'43.46

Number of finishers: 25.
Fastest lap: A. Mang (D, Yamaha), 2'08.60 = 162.644 km/h.

7) June 17 : Yugoslavia - Rijeka

30 laps = 125.040 km
Pole position: W. Rainey (USA, Yamaha),
 1'35.86 = 156.528 km/h.

1.	M. Herweh	D	Real-Rotax	48'50.62
				= 153.600 km/h
2.	C. Sarron	F	Yamaha	49'00.39
3.	J. Cornu	CH	Yamaha	49'00.73
4.	W. Rainey	USA	Yamaha	49'00.97
5.	A. Pons	E	Kobas-Rotax	49'11.66
6.	I. Palazzese	VEN	Yamaha	49'12.09
7.	A. Carter	GB	Yamaha	49'13.78
8.	M. Wimmer	D	Yamaha	49'15.24
9.	T. Fukuda	J	Yamaha	49'24.38
10.	P. Fernandez	F	Yamaha	49'40.19

Number of finishers: 20.
Fastest lap: C. Lavado (VEN, Yamaha),
 1'36.12 = 156.105 km/h.

8) June 30 : The Netherlands - Assen

18 laps = 110.412 km
Pole position: C. Lavado (VEN, Yamaha),
 2'22.32 = 155.160 km/h.

1.	C. Lavado	VEN	Yamaha	45'23.27
				= 145.958 km/h
2.	J. Cornu	CH	Yamaha	45'26.17
3.	M. Herweh	D	Real-Rotax	45'27.48
4.	A. Mang	D	Yamaha	45'30.47
5.	G. Bertin	F	MBA	45'33.39
6.	T. Fukuda	J	Yamaha	45'37.73
7.	S. Minich	A	Yamaha	46'07.17
8.	S. Mertens	B	Yamaha	46'14.28
9.	A. Watts	GB	EMC-Rotax	46'25.95
10.	K.-T. Grässel	D	Yamaha	46'34.19

Number of finishers: 23.
Fastest lap: J. Cornu (CH, Yamaha),
 2'24.99 = 152.303 km/h.

9) July 8 : Belgium - Spa-Francorchamps

16 laps = 111.552 km
Pole position: M. Herweh (D, Real-Rotax),
 2'39.55 = 156.590 km/h.

1.	M. Herweh	D	Real-Rotax	43'16.45
				= 153.958 km/h
2.	A. Pons	E	Kobas-Rotax	43'16.93
3.	C. Sarron	F	Yamaha	43'18.63
4.	I. Palazzese	VEN	Yamaha	43'19.40
5.	G. Bertin	F	MBA	43'28.75
6.	T. Espié	F	Chevallier	43'32.51
7.	A. Mang	D	Yamaha	43'36.34
8.	J.-M. Mattioli	F	Yamaha	43'47.35
9.	J. Bolle	F	Pernod	43'49.58
10.	T. Rapicault	F	Yamaha	43'57.67

Number of finishers: 25.
Fastest lap: M. Herweh (D, Real-Rotax),
 2'39.99 = 156.160 km/h.

10) August 5 : Great Britain - Silverstone

24 laps = 113.040 km
Pole position: M. Herweh (D, Real-Rotax),
 1'33.26 = 181.814 km/h.

1.	C. Sarron	F	Yamaha	38'03.90
				= 178.180 km/h
2.	A. Watts	GB	EMC-Rotax	38'04.14
3.	C. Lavado	VEN	Yamaha	38'04.37
4.	J.-F. Baldé	F	Pernod	38'04.54
5.	M. Wimmer	D	Yamaha	38'04.64
6.	A. Pons	E	Kobas-Rotax	38'04.65
7.	H. Eckl	D	Yamaha	38'15.76
8.	J.-M. Mattioli	F	Yamaha	38'16.01
9.	J. Cornu	CH	Yamaha	38'28.67
10.	T. Fukuda	J	Yamaha	38'28.70

Number of finishers: 28.
Fastest lap: C. Sarron (F, Yamaha),
 1'33.40 = 181.542 km/h.

11) August 12 : Sweden - Anderstorp

25 laps = 100.775 km
Pole position: M. Herweh (D, Real-Rotax),
 1'42.17 = 142.034 km/h.

1.	M. Herweh	D	Real-Rotax	43'28.67
				= 139.070 km/h
2.	C. Sarron	F	Yamaha	43'23.91
3.	J. Cornu	CH	Honda	43'29.21
4.	A. Carter	GB	Yamaha	43'29.28
5.	H. Eckl	D	Yamaha	43'30.47
6.	J.-F. Baldé	F	Pernod	43'30.78
7.	C. Lavado	VEN	Yamaha	43'30.95
8.	G. Bertin	F	MBA	43'33.12
9.	A. Pons	E	Kobas-Rotax	43'35.79
10.	J.-M. Mattioli	F	Yamaha	43'41.24

Number of finishers: 25.
Fastest lap: A. Mang (D, Yamaha),
 1'42.68 = 141.328 km/h.

12) September 2 : San Marino - Mugello

20 laps = 104.900 km
Pole position: C. Lavado (VEN, Yamaha),
 2'06.46 = 149.312 km/h.

1.	M. Herweh	D	Real-Rotax	43'04.71
				= 146.105 km/h
2.	C. Lavado	VEN	Yamaha	43'04.89
3.	J. Cornu	CH	Yamaha	43'10.52
4.	M. Wimmer	D	Yamaha	43'12.10
5.	A. Pons	E	Kobas-Rotax	43'15.48
6.	T. Espié	F	Chevallier	43'32.99
7.	M. Vitali	I	MBA	43'37.03
8.	A. Mang	D	Yamaha	43'37.48
9.	D. McLeod	GB	Yamaha	43'37.75
10.	L. Reggiani	I	Kawasaki	43'49.99

Number of finishers: 20.
Fastest lap: M. Wimmer (D, Yamaha),
 2'07.22 = 148.420 km/h.

WORLD CHAMPIONSHIP

1.	Christian Sarron	F	Yamaha	109
2.	Manfred Herweh	D	Real-Rotax	100
3.	Carlos Lavado	VEN	Yamaha	77
4.	Alfonso "Sito" Pons	E	Kobas-Rotax	66
5.	Anton Mang	D	Yamaha	61
6.	Jacques Cornu	CH	Yamaha	60
7.	Martin Wimmer	D	Yamaha	47
8.	Wayne Rainey	USA	Yamaha	29
9.	Alan Malcolm Carter	GB	Yamaha	25
10.	Jean-François Baldé	F	Pernod	25
11.	Guy Bertin	F	MBA	23
12.	Thierry Espié	F	Chevallier	20
13.	Jean-Michel Mattioli	F	Chevallier/Yamaha	19
14.	Patrick Fernandez	F	Yamaha	16
15.	Ivan Palazzese	VEN	Yamaha	16
16.	Fausto Ricci	I	Yamaha	15
17.	Andy Watts	GB	EMC-Rotax	14
18.	Donnie McLeod	GB	Yamaha	11
19.	Harald Eckl	D	Yamaha	10
20.	Jacques Bolle	F	Pernod	9
21.	Teruo Fukuda	J	Yamaha	8
22.	Karl-Thomas Grässel	D	Yamaha	6
23.	Loris Reggiani	I	Kawasaki	6
24.	Siegfried Minich	A	Rotax/Yamaha	5
25.	Carlos Cardus	E	Kobas-Rotax	4
26.	Maurizio Vitali	I	MBA	4
27.	Mario Rademeyer	SA	MBA	3
28.	Stéphane Mertens	B	Yamaha	3
29.	Thierry Rapicault	F	Yamaha	1

Manfred Herweh

Champion : **Eddie Lawson (United States, Yamaha), 142 points, 4 wins**

1984 — 500 cc

1) March 24 : South Africa - Kyalami

30 laps = 123.120 km
Pole position: F. Spencer (USA, Honda),
1'26.57 = 170.664 km/h.

1.	E. Lawson	USA	Yamaha	53'22.40
				= 138.390 km/h
2.	R. Roche	F	Honda	53'35.00
3.	B. Sheene	GB	Suzuki	53'35.30
4.	D. De Radiguès	B	Chevallier-Honda	53'38.20
5.	S. Pellandini	CH	Suzuki	54'26.20
6.	M. Broccoli	I	Honda	54'52.00
7.	B. Van Dulmen	NL	Suzuki	1 lap
8.	C. Le Liard	F	Chevallier-Honda	1 lap
9.	C. Guy	GB	Honda	1 lap
10.	B. Hudson	SA	Suzuki	2 laps

Number of finishers: 13.
Fastest lap: B. Sheene (GB, Suzuki),
1'42.39 = 144.295 km/h.

2) April 15 : Italy - Misano

40 laps = 139.520 km
Pole position: F. Spencer (USA, Honda),
1'21.45 = 154.166 km/h.

1.	F. Spencer	USA	Honda	55'20.55
				= 151.262 km/h
2.	E. Lawson	USA	Yamaha	55'40.20
3.	R. Roche	F	Honda	56'07.33
4.	W. Gardner	AUS	Honda	56'12.32
5.	F. Uncini	I	Suzuki	56'24.25
6.	R. Haslam	GB	Honda	56'25.05
7.	B. Van Dulmen	NL	Suzuki	56'31.27
8.	V. Ferrari	I	Yamaha	56'31.95
9.	R. Roth	D	Honda-Fath	56'32.05
10.	M. Broccoli	I	Honda	56'43.40

Number of finishers: 25.
Fastest lap: F. Spencer (USA, Honda),
1'21.34 = 154.374 km/h.

3) May 6 : Spain - Jarama

37 laps = 122.544 km
Pole position: E. Lawson (USA, Yamaha),
1'30.25 = 132.113 km/h.

1.	E. Lawson	USA	Yamaha	57'05.35
				= 128.794 km/h
2.	R. Mamola	USA	Honda	57'22.98
3.	R. Roche	F	Honda	57'43.91
4.	R. Haslam	GB	Honda	57'55.54
5.	B. Van Dulmen	NL	Suzuki	57'59.93
6.	G. Reiner	D	Honda	58'00.84
7.	B. Sheene	GB	Suzuki	58'03.23
8.	R. Roth	D	Honda-Fath	58'04.16
9.	F. Biliotti	I	Honda	58'23.10
10.	K. Huewen	GB	Honda	1 lap

Number of finishers: 20.
Fastest lap: E. Lawson (USA, Yamaha),
1'30.84 = 131.255 km/h.

4) May 20 : Austria - Salzburgring

31 laps = 131.533 km
Pole position: R. Mamola (USA, Honda),
1'18.15 = 195.317 km/h.

1.	E. Lawson	USA	Yamaha	41'23.54
				= 190.439 km/h
2.	F. Spencer	USA	Honda	41'46.19
3.	R. Mamola	USA	Honda	41'47.53
4.	R. Haslam	GB	Honda	41'49.03
5.	R. McElnea	GB	Suzuki	42'03.29
6.	R. Roche	F	Honda	42'05.06
7.	R. Roth	D	Honda-Fath	42'05.51
8.	B. Van Dulmen	NL	Suzuki	42'37.78
9.	S. Pellandini	CH	Suzuki	42'37.96
10.	B. Sheene	GB	Suzuki	1 lap

Number of finishers: 23.
Fastest lap: R. Mamola (USA, Honda),
1'18.93 = 193.387 km/h.

5) May 27 : Germany - Nürburgring

30 laps = 136.260 km
Pole position: F. Spencer (USA, Honda),
1'42.75 = 159.136 km/h.

1.	F. Spencer	USA	Honda	52'37.98
				= 155.332 km/h
2.	E. Lawson	USA	Yamaha	52'53.93
3.	R. Mamola	USA	Honda	53'19.93
4.	R. Haslam	GB	Honda	53'29.75
5.	R. Roche	F	Honda	53'41.06
6.	F. Uncini	I	Suzuki	53'45.86
7.	V. Ferrari	I	Yamaha	53'57.07
8.	K. Huewen	GB	Honda	54'03.67
9.	B. Van Dulmen	NL	Suzuki	54'09.09
10.	B. Sheene	GB	Suzuki	54'16.78

Number of finishers: 29.
Fastest lap: F. Spencer (USA, Honda),
1'43.43 = 158.090 km/h.

6) June 16 : France - Le Castellet

21 laps = 122.010 km
Pole position: F. Spencer (USA, Honda),
2'01.41 = 172.276 km/h.

1.	F. Spencer	USA	Honda	43'31.92
				= 168.166 km/h
2.	E. Lawson	USA	Yamaha	43'37.71
3.	R. Mamola	USA	Honda	43'38.15
4.	R. Haslam	GB	Honda	44'21.42
5.	B. Sheene	GB	Suzuki	44'42.96
6.	D. De Radiguès	B	Chevallier-Honda	44'43.47
7.	M. Broccoli	I	Honda	44'45.16
8.	R. Roth	D	Honda-Fath	45'23.46
9.	S. Pellandini	CH	Suzuki	45'33.04
10.	W. Von Muralt	CH	Suzuki	45'41.86

Number of finishers: 23.
Fastest lap: F. Spencer (USA, Honda),
2'01.97 = 171.485 km/h.

7) June 17 : Yugoslavia - Rijeka

32 laps = 133.376 km/h
Pole position: F. Spencer (USA, Honda),
    1'31.70 = 163.629 km/h.

1.	F. Spencer	USA	Honda	50'00.62
				= 160.018 km/h
2.	R. Mamola	USA	Honda	50'18.20
3.	R. Roche	F	Honda	50'25.28
4.	E. Lawson	USA	Yamaha	50'27.92
5.	R. Haslam	GB	Honda	50'42.16
6.	D. De Radiguès	B	Chevallier-Honda	51'10.03
7.	B. Sheene	GB	Suzuki	51'18.48
8.	S. Pellandini	CH	Suzuki	51'18.73
9.	V. Ferrari	I	Yamaha	1 lap
10.	H. Moineau	F	Cagiva	1 lap

Number of finishers: 25.
Fastest lap: F. Spencer (USA, Honda),
    1'32.33 = 162.513 km/h.

8) June 30 : The Netherlands - Assen

20 laps = 122.680 km
Pole position: E. Lawson (USA, Yamaha),
    2'15.94 = 166.442 km/h.

1.	R. Mamola	USA	Honda	45'48.88
				= 160.665 km/h
2.	R. Roche	F	Honda	45'49.16
3.	E. Lawson	USA	Yamaha	45'50.86
4.	R. Haslam	GB	Honda	46'34.49
5.	W. Gardner	AUS	Honda	46'51.40
6.	T. Taira	J	Yamaha	47'01.44
7.	G. Reiner	D	Honda	47'14.57
8.	T. Katayama	J	Honda	47'21.45
9.	R. Roth	D	Honda-Fath	47'27.22
10.	E. Hyvärinen	SF	Suzuki	47'34.85

Number of finishers: 23.
Fastest lap: E. Lawson (USA, Yamaha),
    2'15.75 = 162.670 km/h.

9) July 8 : Belgium - Spa-Francorchamps

20 laps = 139.440 km
Pole position: F. Spencer (USA, Honda),
    2'31.66 = 164.737 km/h.

1.	F. Spencer	USA	Honda	51'33.17
				= 161.543 km/h
2.	R. Mamola	USA	Honda	51'38.88
3.	R. Roche	F	Honda	51'39.93
4.	E. Lawson	USA	Yamaha	51'53.42
5.	R. Haslam	GB	Honda	52'02.96
6.	T. Taira	J	Yamaha	52'31.78
7.	W. Gardner	AUS	Honda	52'53.55
8.	S. Pellandini	CH	Suzuki	52'55.54
9.	B. Sheene	GB	Suzuki	53'13.50
10.	G. Reiner	D	Honda	53'32.81

Number of finishers: 22.
Fastest lap: F. Spencer (USA, Honda),
    2'32.78 = 163.529 km/h.

10) August 5 : Great Britain - Silverstone

28 laps = 131.880 km
Pole position: R. Roche (F, Honda),
    1'28.80 = 190.946 km/h.

1.	R. Mamola	USA	Honda	42'18.64
				= 187.018 km/h
2.	E. Lawson	USA	Yamaha	42'21.09
3.	R. Haslam	GB	Honda	42'36.90
4.	V. Ferrari	I	Yamaha	42'54.55
5.	B. Sheene	GB	Suzuki	42'55.11
6.	W. Gardner	AUS	Honda	43'07.89
7.	R. McElnea	GB	Suzuki	43'28.42
8.	T. Katayama	J	Honda	43'28.45
9.	R. Marshall	GB	Honda	43'28.58
10.	C. Le Liard	F	Chevallier-Honda	43'32.96

Number of finishers: 30.
Fastest lap: R. Mamola (USA, Honda),
    1'29.57 = 189.304 km/h.

11) August 12 : Sweden - Anderstorp

30 laps = 120.930 km
Pole position: R. Haslam (GB, Honda),
    1'38.80 = 146.879 km/h.

1.	E. Lawson	USA	Yamaha	50'01.03
				= 145.066 km/h
2.	R. Roche	F	Honda	50'04.17
3.	W. Gardner	AUS	Honda	50'20.51
4.	T. Katayama	J	Honda	50'37.39
5.	R. McElnea	GB	Suzuki	50'54.56
6.	V. Ferrari	I	Yamaha	50'56.73
7.	B. Van Dulmen	NL	Suzuki	50'58.95
8.	W. Von Muralt	CH	Suzuki	51'18.75
9.	K. Huewen	GB	Honda	51'38.77
10.	E. Hyvärinen	SF	Suzuki	51'44.17

Number of finishers: 19.
Fastest lap: E. Lawson (USA, Yamaha),
    1'38.65 = 147.102 km/h.

12) September 2 : San Marino - Mugello

24 laps = 125.880 km
Pole position: R. Roche (F, Honda),
    2'03.18 = 153.288 km/h.

1.	R. Mamola	USA	Honda	49'56.63
				= 151.226 km/h
2.	R. Roche	F	Honda	49'57.82
3.	R. Haslam	GB	Honda	50'05.02
4.	E. Lawson	USA	Yamaha	50'21.09
5.	D. De Radiguès	B	Chevallier-Honda	50'37.90
6.	R. McElnea	GB	Suzuki	50'56.76
7.	L. Becheroni	I	Suzuki	50'57.32
8.	F. Uncini	I	Suzuki	51'02.38
9.	B. Van Dulmen	NL	Suzuki	51'26.14
10.	A. Errico	I	Suzuki	51'46.05

Number of finishers: 21.
Fastest lap: R. Mamola (USA, Honda),
    2'03.75 = 152.582 km/h.

WORLD CHAMPIONSHIP

1.	Eddie Lawson	USA	Yamaha	142
2.	Randy Mamola	USA	Honda	111
3.	Raymond Roche	F	Honda	99
4.	Freddie Spencer	USA	Honda	87
5.	Ronald "Ron" Haslam	GB	Honda	77
6.	Barry Sheene	GB	Suzuki	34
7.	Wayne Gardner	AUS	Honda	33
8.	Boët Van Dulmen	NL	Suzuki	25
9.	Didier De Radiguès	B	Chevallier-Honda	24
10.	Virginio Ferrari	I	Yamaha	22
11.	Rob McElnea	GB	Suzuki	21
12.	Sergio Pellandini	CH	Suzuki	16
13.	Takazumi Katayama	J	Honda	14
14.	Franco Uncini	I	Suzuki	14
15.	Reinhold Roth	D	Honda-Fath	14
16.	Tadahiko Taira	J	Yamaha	10
17.	Massimo Broccoli	I	Honda	10
18.	Gustav Reiner	D	Honda	10
19.	Keith Huewen	GB	Honda	6
20.	Leandro Becheroni	I	Suzuki	4
21.	Christian Le Liard	F	Chevallier-Honda	4
22.	Wolfgang Von Muralt	CH	Suzuki	4
23.	Christophe Guy	GB	Honda	2
24.	Fabio Biliotti	I	Honda	2
25.	Roger Marshall	GB	Honda	2
26.	Ero Hyvärinen	SF	Suzuki	2
27.	Brett Hudson	SA	Suzuki	1
28.	Hervé Moineau	F	Cagiva	1
29.	Armando Errico	I	Suzuki	1

Boët Van Dulmen

1984 — 500 cc

1984 — Side-Cars

Champions: Egbert Streuer/Bernd Schnieders (The Netherlands, LCR-Yamaha), 75 points, 3 wins

1) May 20 : Austria - Salzburgring

27 laps = 114.561 km
Pole position: E. Streuer/B. Schnieders (NL, LCR-Yamaha), 1'22.98 = 184.078 km/h.

1.	E. Streuer/B. Schnieders	NL	LCR-Yamaha	38'39.08
				= 177.628 km/h
2.	W. Schwärzel/A. Huber	D	LCR-Yamaha	38'49.20
3.	M. Kumano/H. Diehl	J/D	LCR-Yamaha	39'00.80
4.	A. Michel/J.-M. Fresc	F	LCR-Yamaha	39'01.15
5.	D. Jones/B. Ayres	GB	LCR-Yamaha	39'34.55
6.	H. Hügli/A. Schutz	CH	LCR-Yamaha	39'55.63
7.	T. Van Kempen/G. De Haas	NL	LCR-Yamaha	40'01.46
8.	H. Van Drie/W. Van Dis	NL	LCR-Yamaha	1 lap
9.	H. Christinat/M. Fahrni	CH	LCR-Yamaha	1 lap
10.	W. Stropek/P. Demling	A	LCR-Yamaha	1 lap

Number of finishers: 15.
Fastest lap: E. Streuer/B. Schnieders (NL, LCR-Yamaha), 1'23.55 = 182.822 km/h.

2) May 27 : Germany - Nürburgring

25 laps = 113.550 km
Pole position: R. Biland/K. Waltisperg (CH, LCR-Yamaha), 1'48.61 = 150.549 km/h.

1.	E. Streuer/B. Schnieders	NL	LCR-Yamaha	45'56.34
				= 148.306 km/h
2.	A. Michel/J.-M. Fresc	F	LCR-Yamaha	46'31.32
3.	S. Webster/T. Hewitt	GB	LCR-Yamaha	47'27.62
4.	W. Schwärzel/A. Huber	D	LCR-Yamaha	47'45.35
5.	S. Abbott/S. Smith	GB	Windle-Yamaha	1 lap
6.	M. Kumano/H. Diehl	J/D	LCR-Yamaha	1 lap
7.	A. Zurbrügg/M. Zurbrügg	CH	LCR-Yamaha	1 lap
8.	H. Van Drie/W. Van Dis	NL	LCR-Yamaha	1 lap
9.	T. Van Kempen/G. De Haas	NL	LCR-Yamaha	1 lap
10.	D. Bingham/J. Bingham	GB	LCR-Yamaha	1 lap

Number of finishers: 24.
Fastest lap: E. Streuer/B. Schnieders (NL, LCR-Yamaha), 1'48.21 = 151.106 km/h.

3) June 11 : France - Le Castellet

17 laps = 98.770 km
Pole position: R. Biland/K. Waltisperg (CH, LCR-Yamaha), 2'07.66 = 163.841 km/h.

1.	R. Biland/K. Waltisperg	CH	LCR-Yamaha	36'43.05
				= 161.400 km/h
2.	A. Michel/J.-M. Fresc	F	LCR-Yamaha	36'57.54
3.	E. Streuer/B. Schnieders	NL	LCR-Yamaha	36'58.68
4.	W. Schwärzel/A. Huber	D	LCR-Yamaha	37'00.14
5.	D. Jones/B. Ayres	GB	LCR-Yamaha	38'05.19
6.	D. Bayley/B. Nixon	GB	LCR-Yamaha	38'05.37
7.	T. Van Kempen/G. De Haas	NL	LCR-Yamaha	38'18.38
8.	R. Steinhausen/W. Kalauch	D	Busch-Yamaha	38'20.08
9.	M. Kumano/H. Diehl	J/D	LCR-Yamaha	38'20.28
10.	S. Abbott/S. Smith	GB	Windle-Yamaha	38'37.13

Number of finishers: 22.
Fastest lap: R. Biland/K. Waltisperg (CH, LCR-Yamaha), 2'08.19 = 163.278 km/h.

4) June 30 : The Netherlands - Assen

16 laps = 98.144 km
Pole position: R. Biland/K. Waltisperg (CH, LCR-Yamaha), 2'20.69 = 156.958 km/h.

1.	R. Biland/K. Waltisperg	CH	LCR-Yamaha	38'44.58
				= 151.992 km/h
2.	E. Streuer/B. Schnieders	NL	LCR-Yamaha	38'46.11
3.	W. Schwärzel/A. Huber	D	LCR-Yamaha	39'29.45
4.	S. Abbott/S. Smith	GB	Windle-Yamaha	39'39.22
5.	M. Egloff/U. Egloff	CH	LCR-Yamaha	40'37.35
6.	D. Bingham/J. Bingham	GB	LCR-Yamaha	40'50.46
7.	A. Zurbrügg/M. Zurbrügg	CH	LCR-Yamaha	41'08.61
8.	M. Kumano/H. Diehl	J/D	LCR-Yamaha	41'09.22
9.	H. Christinat/M. Fahrni	CH	LCR-Yamaha	1 lap
10.	G. Gleeson/K. Rothenbühler	NZ/CH	LCR-Suzuki	1 lap

Number of finishers: 11.
Fastest lap: R. Biland/K. Waltisperg (CH, LCR-Yamaha), 2'22.53 = 154.931 km/h.

5) July 8 : Belgium - Spa-Francorchamps

17 laps = 118.524 km
Pole position: R. Biland/K. Waltisperg (CH, LCR-Yamaha), 2'39.08 = 157.053 km/h.

1.	A. Michel/J.-M. Fresc	F	LCR-Yamaha	46'04.08
				= 153.659 km/h
2.	W. Schwärzel/A. Huber	D	LCR-Yamaha	46'24.28
3.	S. Abbott/S. Smith	GB	Windle-Yamaha	47'07.82
4.	D. Jones/B. Ayres	GB	LCR-Yamaha	47'12.55
5.	M. Egloff/U. Egloff	CH	LCR-Yamaha	48'16.40
6.	M. Kumano/H. Diehl	J/D	LCR-Yamaha	48'25.97
7.	H. Hügli/A. Schutz	CH	LCR-Yamaha	48'52.25
8.	W. Stropek/P. Demling	A	LCR-Yamaha	1 lap
9.	F. Wrathall/P. Spendlove	GB	Yamaha	1 lap
10.	S. Webster/T. Hewitt	GB	LCR-Yamaha	1 lap

Number of finishers: 11.
Fastest lap: R. Biland/K. Waltisperg (CH, LCR-Yamaha), 2'39.89 = 156.257 km/h.

6) August 5 : Great Britain - Silverstone

20 laps = 94.200 km
Pole position: R. Biland/K. Waltisperg (CH, LCR-Yamaha), 1'32.40 = 183.529 km/h.

1.	E. Streuer/B. Schnieders	NL	LCR-Yamaha	31'10.21
				= 181.340 km/h
2.	R. Biland/K. Waltisperg	CH	LCR-Yamaha	31'10.55
3.	W. Schwärzel/A. Huber	D	LCR-Yamaha	31'19.61
4.	A. Michel/J.-M. Fresc	F	LCR-Yamaha	31'57.26
5.	D. Jones/B. Ayres	GB	LCR-Yamaha	31'59.10
6.	M. Kumano/H. Diehl	J/D	LCR-Yamaha	32'10.77
7.	R. Steinhausen/W. Kalauch	D	Busch-Yamaha	32'12.95
8.	M. Boddice/C. Birks	GB	Yamaha	32'28.44
9.	T. Van Kempen/G. De Haas	NL	LCR-Yamaha	32'35.16
10.	R. Progin/Y. Hunziker	CH	Seymaz-Yamaha	33'19.37

Number of finishers: 15.
Fastest lap: R. Biland/K. Waltisperg (CH, LCR-Yamaha), 1'32.01 = 184.284 km/h.

7) August 12. Sweden - Anderstorp

23 laps = 92.713 km
Pole position: R. Biland/K. Waltisperg (CH, LCR-Yamaha), 1'40.35 = 144. 609 km/h.

1.	R. Biland/K. Waltisperg	CH	LCR-Yamaha	39'22.87
				= 141.200 km/h
2.	W. Schwärzel/A. Huber	D	LCR-Yamaha	39'27.69
3.	A. Michel/J.-M. Fresc	F	LCR-Yamaha	39'31.24
4.	E. Streuer/B. Schnieders	NL	LCR-Yamaha	39'58.10
5.	D. Jones/B. Ayres	GB	LCR-Yamaha	40'23.72
6.	D. Bayley/B. Nixon	GB	LCR-Yamaha	40'27.12
7.	S. Webster/T. Hewitt	GB	LCR-Yamaha	40'27.23
8.	M. Barton/S. Birchall	GB	LCR-Yamaha	40'49.20
9.	A. Zurbrügg/M. Zurbrügg	CH	LCR-Yamaha	40'58.46
10.	H. Hügli/A. Schutz	CH	LCR-Yamaha	1 lap

Number of finishers: 16.
Fastest lap: R. Biland/K. Waltisperg (CH, LCR-Yamaha), 1'40.79 = 143.978 km/h.

WORLD CHAMPIONSHIP

1.	Egbert Streuer/Bernd Schnieders	NL	LCR-Yamaha	75
2.	Werner Schwärzel/Andreas Huber	D	LCR-Yamaha	72
3.	Alain Michel/Jean-Marc Fresc	F	LCR-Yamaha	65
4.	Rolf Biland/Kurt Waltisperg	CH	LCR-Yamaha	57
5.	Derek Jones/Brian Ayres	GB	LCR-Yamaha	32
6.	Masato Kumano/Helmut Diehl	J/D	LCR-Yamaha	30
7.	Steve Abbott/Shaun Smith	GB	Windle-Yamaha	25
8.	Steve Webster/Tony Hewitt	GB	LCR-Yamaha	15
9.	Markus Egloff/Urs Egloff	CH	LCR-Yamaha	12
10.	Theo Van Kempen/Geral De Haas	NL	LCR-Yamaha	12
11.	Derek Bayley/Brian Nixon	GB	LCR-Yamaha	10
12.	Hans Hügli/Andreas Schutz	CH	LCR-Yamaha	10
13.	Alfred Zurbrügg/Martin Zurbrügg	CH	LCR-Yamaha	10
14.	Rolf Steinhausen/Wolfgang Kalauch	D	Busch-Yamaha	7
15.	Dennis Bingham/Julia Bingham	GB	LCR-Yamaha	6
16.	Hein Van Drie/Willem Van Dis	NL	LCR-Yamaha	6
17.	Wolfgang Stropek/Peter Demling	A	LCR-Yamaha	4
18.	Hansruedi Christinat/Markus Fahrni	CH	LCR-Yamaha	4
19.	Mick Boddice/Chas Birks	GB	Yamaha	3
20.	Mick Barton/Simon Birchall	GB	LCR-Yamaha	3
21.	Frank Wrathall/Phil Spendlove	GB	Yamaha	2
22.	Graham Gleeson/Kurt Rothenbühler	NZ/CH	LCR-Suzuki	1
23.	René Progin/Yvan Hunziker	CH	Seymaz-Yamaha	1

Markus Egloff/Urs Egloff, LCR-Yamaha

1985 — 80 cc

Champion : **Stefan Dörflinger (Switzerland, Krauser), 86 points, 2 wins**

1) May 5 : Spain - Jarama

22 laps = 72.864 km
Pole position: S. Dörflinger (CH, Krauser), 1'39.19 = 120.205 km/h.

1.	J. Martinez	E	Derbi	37'55.93
				= 115.256 km/h
2.	S. Dörflinger	CH	Krauser	38'00.83
3.	M. Herreros	E	Derbi	38'08.95
4.	G. Kafka	A	Seel	38'48.59
5.	T. Timmer	NL	Huvo-Casal	39'01.63
6.	G. Waibel	D	Real-Seel	39'10.55
7.	P. Rimmelzwaan	NL	Harmsen	39'34.89
8.	R. Bay	D	Rupp-Maïco	1 lap
9.	J. Velay	F	GMV	1 lap
10.	B. Rossbach	D	Huvo-Casal	1 lap

Number of finishers: 18.
Fastest lap: J. Martinez (E, Derbi), 1'40.00 = 119.232 km/h.

2) May 19 : Germany - Hockenheim

11 laps = 74.668 km
Pole position: S. Dörflinger (CH, Krauser), 2'42.71 = 150.186 km/h.

1.	S. Dörflinger	CH	Krauser	31'23.76
				= 142.695 km/h
2.	G. Waibel	D	Real-Seel	31'32.79
3.	G. Kafka	A	Seel	31'37.04
4.	I. McConnachie	GB	Krauser	31'40.60
5.	S. Prein	D	Huvo-Casal	32'26.47
6.	H. Spaan	NL	Huvo-Casal	32'28.62
7.	R. Koberstein	D	Seel	32'33.83
8.	T. Timmer	NL	Huvo-Casal	32'47.80
9.	S. Julin	B	Huvo-Casal	33'00.48
10.	R. Bay	D	Rupp-Maïco	33'01.97

Number of finishers: 24.
Fastest lap: S. Dörflinger (CH, Krauser), 2'48.53 = 144.978 km/h.

3) May 26 : Italy - Mugello

16 laps = 83.920 km
Pole position: S. Dörflinger (CH, Krauser), 2'14.98 = 139.887 km.

1.	J. Martinez	E	Derbi	36'46.81
				= 136.900 km/h
2.	M. Herreros	E	Derbi	37'13.70
3.	S. Dörflinger	CH	Krauser	37'20.23
4.	I. McConnachie	GB	Krauser	37'25.42
5.	P. Rimmelzwaan	NL	Harmsen	38'16.26
6.	J. Bolart	E	Autisa	38'55.89
7.	J. Velay	F	GMV	39'05.35
8.	G. Tabanelli	I	BBFT	39'05.36
9.	J. Lodge	GB	Krauser	1 lap
10.	G. Schirnhofer	D	Krauser	1 lap

Number of finishers: 27.
Fastest lap: J. Martinez (E, Derbi), 2'15.86 = 138.981 km/h.

4) June 16 : Yugoslavia - Rijeka

18 laps = 75.024 km
Pole position: S. Dörflinger (CH, Krauser), 1'41.52 = 147.801 km/h.

1.	S. Dörflinger	CH	Krauser	31'36.80
				= 142.391 km/h
2.	J. Martinez	E	Derbi	31'38.30
3.	M. Herreros	E	Derbi	32'09.64
4.	G. Waibel	D	Real-Seel	32'14.81
5.	G. Kafka	A	Seel	32'25.11
6.	R. Kunz	D	Ziegler	32'38.91
7.	T. Timmer	NL	Huvo-Casal	32'43.50
8.	I. McConnachie	GB	Krauser	32'49.29
9.	H. Van Kessel	NL	Huvo-Casal	32'53.01
10.	P. Rimmelzwaan	NL	Harmsen	32'59.28

Number of finishers: 16.
Fastest lap: S. Dörflinger (CH, Krauser), 1'42.04 = 147.048 km/h.

5) June 29 : The Netherlands - Assen

12 laps = 73.608 km
Pole position: S. Dörflinger (CH, Krauser), 2'35.26 = 142.228 km/h.

1.	G. Kafka	A	Seel	33'33.88
				= 131.581 km/h
2.	S. Dörflinger	CH	Krauser	34'06.94
3.	J. Martinez	E	Derbi	34'35.41
4.	M. Herreros	E	Derbi	34'48.47
5.	H. Van Kessel	NL	Huvo-Casal	34'54.25
6.	T. Timmer	NL	Huvo-Casal	34'56.51
7.	S. Julin	B	Huvo-Casal	35'02.61
8.	J. Bolart	E	Autisa	35'03.59
9.	K. Besseling	NL	CJB	35'28.44
10.	G. Waibel	D	Real-Seel	35'28.80

Number of finishers: 25.
Fastest lap: S. Dörflinger (CH, Krauser), 2'44.84 = 133.962 km/h.

6) July 21 : France - Le Mans

17 laps = 72.080 km
Pole position: J. Martinez (E, Derbi), 1'51.59 = 136.786 km/h.

1.	A. Nieto	E	Derbi	32'43.35
				= 132.165 km/h
2.	S. Dörflinger	CH	Krauser	32'56.46
3.	H. Van Kessel	NL	Huvo-Casal	33'06.63
4.	J. Velay	F	GMV	33'06.86
5.	G. Waibel	D	Real-Seel	33'07.50
6.	D. Gilblanco	E	Autisa	33'11.37
7.	P. Rimmelzwaan	NL	Harmsen	33'12.44
8.	G. Kafka	A	Seel	33'15.13
9.	I. McConnachie	GB	Krauser	33'27.38
10.	T. Timmer	NL	Huvo-Casal	33'27.58

Number of finishers: 25.
Fastest lap: J. Martinez (E, Derbi), 1'53.19 = 134.852 km/h.

7) September 1 : San Marino - Misano

22 laps = 76.736 km
Pole position: J. Martinez (E, Derbi),
1'31.39 = 137.398 km/h.

1.	J. Martinez	E	Derbi	33'59.94
				= 135.420 km/h
2.	I. McConnachie	GB	Krauser	34'02.88
3.	S. Dörflinger	CH	Krauser	34'31.54
4.	H. Spaan	NL	Huvo-Casal	34'51.98
5.	G. Kafka	A	Seel	34'52.65
6.	M. Herreros	E	Derbi	34'52.69
7.	V. Sblendorio	I	Mancini	34'53.01
8.	G. Waibel	D	Real-Seel	35'08.63
9.	T. Timmer	NL	Huvo-Casal	35'15.37
10.	J. Bolart	E	Autisa	35'26.98

Number of finishers: 20.
Fastest lap: I. McConnachie (GB, Krauser),
1'30.99 = 138.002 km/h.

WORLD CHAMPIONSHIP

1.	Stefan Dörflinger	CH	Krauser	86
2.	Jorge "Aspar" Martinez	E	Derbi	67
3.	Gerd Kafka	A	Seel	48
4.	Manuel Herreros	E	Derbi	45
5.	Gerhard Waibel	D	Real-Seel	35
6.	Ian McConnachie	GB	Krauser	33
7.	Theo Timmer	NL	Huvo-Casal	21
8.	Henk Van Kessel	NL	Huvo-Casal	18
9.	Angel Nieto	E	Derbi	15
10.	Paul Rimmelzwaan	NL	Harmsen	15
11.	Jean-Marie Velay	F	GMV	14
12.	Hans Spaan	NL	Huvo-Casal	13
13.	Juan Bolart	E	Autisa	9
14.	Stefan Prein	D	Huvo-Casal	6
15.	Serge Julin	B	Huvo-Casal	6
16.	Domingo Gilblanco	E	Autisa	5
17.	Reiner Kunz	D	Ziegler	5
18.	Vincenzo Sblendorio	I	Mancini	4
19.	Reinhard Koberstein	D	Seel	4
20.	Richard Bay	D	Rupp-Maïco	4
21.	Giuliano Tabanelli	I	BBFT	3
22.	Kees Besseling	NL	CJB	2
23.	Jamie Lodge	GB	Krauser	2
24.	Günther Schirnhofer	D	Krauser	1
25.	Bernd Rossbach	D	Huvo-Casal	1

Jacques Bernard, Fantic 80cc

Ian McConnachie

Champion : **Fausto Gresini (Italy, Garelli), 109 points, 3 wins**

1985 — 125 cc

1) May 5 : Spain - Jarama

28 laps = 92.736 km
Pole position: L. Cadalora (I, MBA),
  1'36.07 = 124.110 km/h.

1.	P. Bianchi	I	MBA	45'35.45
				= 122.047 km/h
2.	F. Gresini	I	Garelli	45'48.01
3.	D. Brigaglia	I	MBA	46'03.13
4.	E. Gianola	I	Garelli	46'22.21
5.	J.-C. Selini	F	MBA	46'29.29
6.	B. Kneubühler	CH	LCR-MBA	46'31.21
7.	J. Wickström	SF	Tunturi	46'32.73
8.	M. Leitner	A	MBA	46'40.31
9.	T. Feuz	CH	MBA	46'43.25
10.	A. Sanchez-Marin	E	MBA	46'51.10

Number of finishers: 26.
Fastest lap: P. Bianchi (I, MBA),
  1'35.55 = 124.785 km/h.

2) May 19 : Germany - Hockenheim

14 laps = 95.032 km
Pole position: P. Bianchi (I, MBA),
  2'24.98 = 168.553 km/h.

1.	A. Auinger	A	MBA-Bartol	38'00.74
				= 149.979 km/h
2.	F. Gresini	I	Garelli	38'13.63
3.	P. Bianchi	I	MBA	38'13.79
4.	D. Brigaglia	I	MBA	38'14.49
5.	A. Waibel	D	MBA	38'17.53
6.	O. Liegeois	B	MBA	38'26.84
7.	B. Kneubühler	CH	LCR-MBA	38'40.50
8.	E. Kytölä	SF	MBA	38'45.81
9.	W. Hupperich	D	MBA	38'51.28
10.	J. Wickström	SF	Tunturi	39'19.50

Number of finishers: 27.
Fastest lap: A. Auinger (A, MBA-Bartol),
  2'38.35 = 154.321 km/h.

3) May 25 : Italy - Mugello

20 laps = 104.900 km
Pole position: A. Auinger (A, MBA-Bartol),
  2'09.86 = 145.403 km/h.

1.	P. Bianchi	I	MBA	44'18.17
				= 142.068 km/h
2.	E. Gianola	I	Garelli	44'34.90
3.	L. Pietroniro	B	MBA	44'45.86
4.	B. Kneubühler	CH	LCR-MBA	45'07.57
5.	J.-C. Selini	F	MBA	45'07.65
6.	J. Wickström	SF	Tunturi	45'11.43
7.	J. Hautaniemi	SF	MBA	45'27.56
8.	A. Sanchez-Marin	E	MBA	45'33.47
9.	J. Hutteau	F	MBA	46'01.42
10.	M. Escudier	F	MBA	46'15.83

Number of finishers: 14.
Fastest lap: L. Cadalora (I, MBA),
  2'10.70 = 144.468 km/h.

4) June 2 : Austria - Salzburgring

23 laps = 97.520 km
Pole position: E. Gianola (I, Garelli),
  1'29.12 = 171.275 km/h.

1.	F. Gresini	I	Garelli	34'24.79
				= 169.792 km/h
2.	A. Auinger	A	MBA-Bartol	34'25.05
3.	E. Gianola	I	Garelli	34'25.74
4.	P. Bianchi	I	MBA	35'06.60
5.	B. Kneubühler	CH	LCR-MBA	35'16.63
6.	O. Liegeois	B	MBA	35'19.03
7.	L. Pietroniro	B	MBA	35'19.73
8.	H. Olsson	S	StaRol	35'19.93
9.	A. Waibel	D	MBA	35'20.20
10.	J.-C. Selini	F	MBA	35'20.59

Number of finishers: 30.
Fastest lap: F. Gresini (I, Garelli),
  1'28.13 = 173.199 km/h.

5) June 29 : The Netherlands - Assen

16 laps = 98.144 km
Pole position: F. Gresini (I, Garelli),
  2'28.15 = 149.054 km/h.

1.	P. Bianchi	I	MBA	43'49.24
				= 134.380 km/h
2.	E. Gianola	I	Garelli	43'58.87
3.	F. Gresini	I	Garelli	44'13.02
4.	J.-C. Selini	F	MBA	44'18.00
5.	J. Hautaniemi	SF	MBA	44'23.02
6.	B. Kneubühler	CH	LCR-MBA	44'41.80
7.	L. Cadalora	I	MBA	44'42.51
8.	A. Auinger	A	MBA-Bartol	44'46.97
9.	A. Waibel	D	MBA	45'38.97
10.	T. Feuz	CH	MBA	45'46.53

Number of finishers: 21.
Fastest lap: J. Hautaniemi (SF, MBA),
  2'40.72 = 137.397 km/h.

6) July 7 : Belgium - Spa-Francorchamps

14 laps = 97.160 km
Pole position: F. Gresini (I, Garelli),
  2'45.91 = 150.588 km/h.

1.	F. Gresini	I	Garelli	39'17.63
				= 148.359 km/h
2.	B. Kneubühler	CH	LCR-MBA	39'32.92
3.	L. Pietroniro	B	MBA	39'36.34
4.	A. Auinger	A	MBA-Bartol	39'37.76
5.	P. Bianchi	I	MBA	39'39.33
6.	W. Perez	ARG	Zanella	39'52.30
7.	D. Brigaglia	I	MBA	39'53.44
8.	O. Liegeois	B	MBA	39'55.70
9.	J. Wickström	SF	Tunturi	40'08.20
10.	J. Hautaniemi	SF	MBA	40'08.71

Number of finishers: 25.
Fastest lap: A. Auinger (A, MBA-Bartol),
  2'45.36 = 151.089 km/h.

7) July 21 : France - Le Mans

22 laps = 93.280 km
Pole position: F. Gresini (I, Garelli),
1'44.61 = 145.913 km/h.

1.	E. Gianola	I	Garelli	39'11.46
				= 142.808 km/h
2.	F. Gresini	I	Garelli	39'11.68
3.	B. Kneubühler	CH	LCR-MBA	39'23.87
4.	D. Brigaglia	I	MBA	39'26.52
5.	P. Bianchi	I	MBA	39'28.96
6.	J.-C. Selini	F	MBA	39'33.53
7.	A. Auinger	A	MBA-Bartol	39'51.49
8.	G. Ascareggi	I	MBA	39'55'35
9.	H. Olsson	S	StaRol	39'56.14
10.	O. Liegeois	B	MBA	39'58.98

Number of finishers: 29.
Fastest lap: E. Gianola (I, Garelli),
1'45.08 = 145.261 km/h.

8) August 4 : Great Britain - Silverstone

20 laps = 93.280 km
Pole position: E. Gianola (I, Garelli),
1'39.60 = 170.241 km/h.

1.	A. Auinger	A	MBA-Bartol	38'58.34
				= 145.026 km/h
2.	P. Bianchi	I	MBA	39'24.84
3.	J.-C. Selini	F	MBA	39'31.05
4.	F. Gresini	I	Garelli	39'31.08
5.	J. Hautaniemi	SF	MBA	39'41.23
6.	D. Brigaglia	I	MBA	39'47.40
7.	W. Perez	ARG	Zanella	39'48.04
8.	O. Liegeois	B	MBA	40'09.66
9.	W. Hupperich	D	MBA	40'17.14
10.	M. McGarrity	IRL	MBA	40'17.67

Number of finishers: 26.
Fastest lap: A. Auinger (A, MBA-Bartol),
1'53.95 = 148.802 km/h.

9) August 11 : Sweden - Anderstorp

23 laps = 92.713 km
Pole position: F. Gresini (I, Garelli),
1'44.19 = 139.280 km/h.

1.	A. Auinger	A	MBA-Bartol	44'54.00
				= 123.892 km/h
2.	P. Bianchi	I	MBA	45'01.07
3.	F. Gresini	I	Garelli	45'01.25
4.	E. Gianola	I	Garelli	45'06.85
5.	J. Hautaniemi	SF	MBA	45'07.02
6.	D. Brigaglia	I	MBA	45'38.59
7.	J. Wickström	SF	Tunturi	45'38.71
8.	G. Ascareggi	I	MBA	45'39.42
9.	O. Liegeois	B	MBA	45'48.76
10.	L. Pietroniro	B	MBA	45'51.37

Number of finishers: 21.
Fastest lap: E. Gianola (I, Garelli),
1'53.81 = 127.507 km/h.

10) September 1 : San Marino - Misano

28 laps = 97.664 km/h
Pole position: F. Gresini (I, Garelli),
1'25.78 = 146.384 km/h.

1.	F. Gresini	I	Garelli	40'48.04
				= 143.651 km/h
2.	E. Gianola	I	Garelli	41'09.44
3.	M. Vitali	I	Garelli	41'09.46
4.	B. Kneubühler	CH	LCR-MBA	41'28.75
5.	A. Auinger	A	MBA-Bartol	41'29.06
6.	D. Brigaglia	I	MBA	41'49.07
7.	O. Liegeois	B	MBA	41'51.95
8.	J. Hautaniemi	SF	MBA	41'54.49
9.	G. Grassetti	I	MBA	41'55.15
10.	J. Wickström	SF	Tunturi	41'55.16

Number of finishers: 26.
Fastest lap: B. Kneubühler (CH, LCR-MBA),
1'25.14 = 147.481 km/h.

WORLD CHAMPIONSHIP

1.	Fausto Gresini	I	Garelli	109
2.	Pierpaolo Bianchi	I	MBA	99
3.	August Auinger	A	MBA-Bartol	78
4.	Ezio Gianola	I	Garelli	77
5.	Bruno Kneubühler	CH	LCR-MBA	58
6.	Domenico Brigaglia	I	MBA	45
7.	Jean-Claude Selini	F	MBA	36
8.	Jussi Hautaniemi	SF	MBA	26
9.	Lucio Pietroniro	B	MBA	25
10.	Olivier Liegeois	B	MBA	23
11.	Johnny Wickström	SF	Tunturi	17
12.	Maurizio Vitali	I	Garelli	10
13.	Alfred Waibel	D	MBA	10
14.	Willy Perez	ARG	Zanella	9
15.	Giuseppe Ascareggi	I	MBA	6
16.	Häkan Olsson	S	StaRol	5
17.	Luca Cadalora	I	MBA	4
18.	Andres Sanchez-Marin	E	MBA	4
19.	Willi Hupperich	D	MBA	4
20.	Esa Kytölä	SF	MBA	3
21.	Mike Leitner	A	MBA	3
22.	Thierry Feuz	CH	MBA	3
23.	Gastone Grassetti	I	MBA	2
24.	Jacques Hutteau	F	MBA	2
25.	Michael McGarrity	IRL	MBA	1
26.	Michel Escudier	F	MBA	1

Ezio Gianola

Johnny Wickström

Champion : **Freddie Spencer (United States, Honda), 127 points, 7 wins**

1985 — 250 cc

1) March 23 : South Africa - Kyalami

28 laps = 114.912 km
Pole position: C. Lavado (VEN, Yamaha),
1'29.13 = 165.762 km/h.

1.	F. Spencer	USA	Honda	41'56.30
				= 164.401 km/h
2.	A. Mang	D	Honda	42'03.40
3.	M. Rademeyer	SA	Yamaha	42'03.80
4.	C. Lavado	VEN	Yamaha	42'10.90
5.	M. Wimmer	D	Yamaha	42'29.00
6.	C. Cardus	E	Kobas-Rotax	42'37.70
7.	J.-F. Baldé	F	Pernod	42'43.60
8.	S. Mertens	B	Yamaha	42'49.10
9.	F. Ricci	I	Honda	42'49.10
10.	J. Cornu	CH	Parisienne	42'56.60

Number of finishers: 28.
Fastest lap: M. Rademeyer (SA, Yamaha),
1'28.14 = 167.624 km/h.

2) May 5 : Spain - Jarama

31 laps = 102.672 km
Pole position: F. Spencer (USA, Honda),
1'30.62 = 131.574 km/h.

1.	C. Lavado	VEN	Yamaha	48'09.59
				= 127.916 km/h
2.	M. Wimmer	D	Yamaha	48'13.40
3.	A. Mang	D	Honda	48'24.95
4.	A. Carter	GB	Honda	48'35.57
5.	R. Roth	D	Yamaha-Fath	48'39.85
6.	M. Vitali	I	Garelli	48'40.12
7.	L.-M. Reyes	E	Kobas-Rotax	48'40.61
8.	A. Auinger	A	Yamaha-Bartol	48'48.98
9.	F. Spencer	USA	Honda	48'52.58
10.	J.-F. Baldé	F	Pernod	49'04.77

Number of finishers: 20.
Fastest lap: F. Spencer (USA, Honda),
1'32.05 = 129.530 km/h.

3) May 19 : Germany - Hockenheim

16 laps = 108.608 km
Pole position: F. Spencer (USA, Honda),
2'15.66 = 180.133 km/h.

1.	M. Wimmer	D	Yamaha	39'56.50
				= 163.150 km/h
2.	F. Spencer	USA	Honda	40'07.53
3.	A. Mang	D	Honda	40'15.90
4.	A. Carter	GB	Honda	40'37.78
5.	C. Cardus	E	Kobas-Rotax	40'47.62
6.	D. McLeod	GB	Armstrong	40'55.66
7.	L.-M. Reyes	E	Kobas-Rotax	40'56.25
8.	J. Foray	F	Chevallier	40'57.19
9.	L. Reggiani	I	Aprilia-Rotax	40'58.41
10.	T. Rapicault	F	Yamaha	41'14.64

Number of finishers: 30.
Fastest lap: M. Wimmer (D, Yamaha),
2'27.48 = 165.696 km/h.

4) May 26 : Italy - Mugello

22 laps = 115.390 km
Pole position: M. Wimmer (D, Yamaha),
2'04.60 = 151.541 km/h.

1.	F. Spencer	USA	Honda	46'29.96
				= 148.892 km/h
2.	C. Lavado	VEN	Yamaha	46'32.76
3.	F. Ricci	I	Honda	47'02.86
4.	L. Reggiani	I	Aprilia-Rotax	47'05.99
5.	A. Mang	D	Honda	47'06.25
6.	R. Freymond	CH	Yamaha	47'29.63
7.	J. Cornu	CH	Honda	47'29.87
8.	R. Roth	D	Yamaha-Fath	47'30.00
9.	A. Carter	GB	Honda	47'31.70
10.	P. Bolle	F	Parisienne	47'37.63

Number of finishers: 23.
Fastest lap: F. Spencer (USA, Honda),
2'05.57 = 150.370 km/h.

5) June 2 : Austria - Salzburgring

25 laps = 106.000 km
Pole position: F. Spencer (USA, Honda),
1'22.75 = 184.459 km/h.

1.	F. Spencer	USA	Honda	35'15.89
				= 180.350 km/h
2.	A. Mang	D	Honda	35'21.47
3.	F. Ricci	I	Honda	35'32.87
4.	M. Wimmer	D	Yamaha	35'33.99
5.	L. Reggiani	I	Aprilia-Rotax	35'34.99
6.	H. Lindner	A	Rotax	35'35.25
7.	J. Garriga	E	Kobas-Rotax	35'35.49
8.	P. Bolle	F	Parisienne	35'36'05
9.	C. Lavado	VEN	Yamaha	35'36.30
10.	S. Minich	A	Yamaha	35'37.37

Number of finishers: 26.
Fastest lap: F. Spencer (USA, Honda),
1'23.27 = 183.307 km/h.

6) June 16 : Yugoslavia - Rijeka

30 laps = 125.040 km
Pole position: F. Spencer (USA, Honda),
1'33.99 = 159.643 km/h.

1.	F. Spencer	USA	Honda	47'49.95
				= 156.847 km/h
2.	C. Lavado	VEN	Yamaha	47'54.71
3.	L. Reggiani	I	Aprilia-Rotax	48'34.72
4.	M. Wimmer	D	Yamaha	48'35.18
5.	S. Minich	A	Yamaha	48'38.71
6.	H. Eckl	D	Yamaha-Fath	48'58.80
7.	R. Roth	D	Yamaha-Fath	48'59.06
8.	P. Bolle	F	Parisienne	49'02.79
9.	J. Cornu	CH	Honda	49'07.82
10.	J.-L. Guignabodet	F	MIG-Rotax	49'12.22

Number of finishers: 24.
Fastest lap: F. Spencer (USA, Honda),
1'34.80 = 158.278 km/h.

7) June 29 : The Netherlands - Assen

18 laps = 110.412 km
Pole position: C. Lavado (VEN, Yamaha),
2'19.97 = 157.765 km/h.

1.	F. Spencer	USA	Honda	45'14.57
				= 146.425 km/h
2.	M. Wimmer	D	Yamaha	45'26.87
3.	A. Mang	D	Honda	45'31.06
4.	L. Reggiani	I	Aprilia-Rotax	45'49.42
5.	J. Cornu	CH	Honda	46'01.56
6.	D. McLeod	GB	Armstrong	46'08.04
7.	J.-M. Mattioli	F	Yamaha	46'16.15
8.	R. Roth	D	Yamaha-Fath	46'17.23
9.	S. Mertens	B	Yamaha	46'24.96
10.	J. Foray	F	Chevallier	46'25.21

Number of finishers: 26.
Fastest lap: M. Wimmer (D, Yamaha),
2'26.84 = 150.384 km/h.

8) July 7 : Belgium - Spa-Francorchamps

16 laps = 111.040 km
Pole position: F. Spencer (USA, Honda),
2'37.86 = 158.267 km/h.

1.	F. Spencer	USA	Honda	42'05.73
				= 158.268 km/h
2.	C. Lavado	VEN	Yamaha	42'18.43
3.	A. Mang	D	Honda	42'23.12
4.	M. Wimmer	D	Yamaha	42'45.69
5.	C. Cardus	E	Kobas-Rotax	42'51.51
6.	M. Herweh	D	Real-Rotax	43'05.18
7.	J. Garriga	E	Kobas-Rotax	43'05.65
8.	D. Sarron	F	Honda	43'06.51
9.	A. Carter	GB	Honda	43'06.73
10.	P. Igoa	F	Honda	43'21.29

Number of finishers: 22.
Fastest lap: F. Spencer (USA, Honda),
2'36.12 = 160.031 km/h.

9) July 21 : France - Le Mans

24 laps = 101.760 km
Pole position: F. Spencer (USA, Honda),
1'39.34 = 153.654 km/h.

1.	F. Spencer	USA	Honda	40'00.76
				= 152.591 km/h
2.	A. Mang	D	Honda	40'10.58
3.	F. Ricci	I	Honda	40'25.45
4.	M. Herweh	D	Real-Rotax	40'30.61
5.	C. Lavado	VEN	Yamaha	40'30.79
6.	P. Bolle	F	Parisienne	40'31.11
7.	J. Cornu	CH	Honda	40'32.44
8.	J.-F. Baldé	F	Yamaha	40'48.56
9.	D. Sarron	F	Honda	40'49.26
10.	L.-M. Reyes	E	Kobas-Rotax	40'49.59

Number of finishers: 21.
Fastest lap: F. Spencer (USA, Honda),
1'39.10 = 154.026 km/h.

10) August 4 : Great Britain - Silverstone

24 laps = 113.040 km
Pole position: C. Lavado (VEN, Yamaha),
1'32.78 = 182.755 km/h.

1.	A. Mang	D	Honda	43'33.62
				= 155.701 km/h
2.	R. Roth	D	Yamaha-Fath	43'51.59
3.	M. Herweh	D	Real-Rotax	43'59.57
4.	F. Spencer	USA	Honda	44'04.68
5.	J.-M. Mattioli	F	Yamaha	44'13.59
6.	P. Bolle	F	Parisienne	44'16.39
7.	A. Carter	GB	Honda	44'16.40
8.	F. Ricci	I	Honda	44'25.01
9.	J. Cornu	CH	Honda	45'05.04
10.	J. Dunlop	GB	Honda	45'07.23

Number of finishers: 22.
Fastest lap: M. Herweh (D, Real-Rotax),
1'46.78 = 158.794 km/h.

11) August 10 : Sweden - Anderstorp

25 laps = 100.775 km
Pole position: C. Lavado (VEN, Yamaha),
1'41.26 = 143.310 km/h.

1.	A. Mang	D	Honda	42'46.44
				= 141.359 km/h
2.	C. Lavado	VEN	Yamaha	42'55.28
3.	F. Ricci	I	Honda	43'02.03
4.	A. Carter	GB	Honda	43'21.58
5.	J. Cornu	CH	Honda	43'22.91
6.	P. Bolle	F	Parisienne	43'24.49
7.	D. McLeod	GB	Armstrong	43'24.66
8.	J.-M. Mattioli	F	Yamaha	43'24.79
9.	S. Minich	A	Yamaha	43'27.03
10.	N. MacKenzie	GB	Armstrong	47'27.93

Number of finishers: 28.
Fastest lap: A. Mang (D, Honda),
1'41.64 = 142.774 km/h.

12) September 1 : San Marino - Misano

30 laps = 104.640 km
Pole position: C. Lavado (VEN, Yamaha),
1'22.55 = 152.111 km/h.

1.	C. Lavado	VEN	Yamaha	41'57.99
				= 149.605 km/h
2.	A. Mang	D	Honda	42'04.47
3.	L. Reggiani	I	Aprilia-Rotax	42'11.35
4.	M. Herweh	D	Real-Rotax	42'15.23
5.	J.-M. Mattioli	F	Yamaha	42'17.85
6.	F. Ricci	I	Honda	42'26.30
7.	C. Cardus	E	Kobas-Rotax	42'35.44
8.	S. Mertens	B	Yamaha	42'36.73
9.	D. Sarron	F	Honda	42'37.22
10.	R. Roth	D	Yamaha-Fath	42'37.60

Number of finishers: 26.
Fastest lap: C. Lavado (VEN, Yamaha),
1'22.46 = 152.277 km/h.

WORLD CHAMPIONSHIP

1.	Freddie Spencer	USA	Honda	127
2.	Anton Mang	D	Honda	124
3.	Carlos Lavado	VEN	Yamaha	94
4.	Martin Wimmer	D	Yamaha	69
5.	Fausto Ricci	I	Honda	50
6.	Loris Reggiani	I	Aprilia-Rotax	44
7.	Alan Malcolm Carter	GB	Honda	32
8.	Manfred Herweh	D	Real-Rotax	31
9.	Reinhold Roth	D	Yamaha-Fath	29
10.	Jacques Cornu	CH	Parisienne/Honda	25
11.	Pierre Bolle	F	Parisienne	22
12.	Carlos Cardus	E	Kobas-Rotax	21
13.	Jean-Michel Mattioli	F	Yamaha	19
14.	Donnie McLeod	GB	Armstrong	14
15.	Mario Rademeyer	SA	Yamaha	10
16.	Siegfried Minich	A	Yamaha	9
17.	Luis Miguel Reyes	E	Kobas-Rotax	9
18.	Juan Garriga	E	Kobas-Rotax	8
19.	Jean-François Baldé	F	Pernod/Yamaha	8
20.	Stéphane Mertens	B	Yamaha	8
21.	Dominique Sarron	F	Honda	7
22.	Harald Eckl	D	Yamaha-Fath	5
23.	Hans Lindner	A	Rotax	5
24.	Roland Freymond	CH	Yamaha	5
25.	Maurizio Vitali	I	Garelli	5
26.	Jean Foray	F	Chevallier	4
27.	August Auinger	A	Yamaha-Barto	1
28.	Niall MacKenzie	GB	Armstrong	1
29.	Joey Dunlop	GB	Honda	1
30.	Patrick Igoa	F	Honda	1
31.	Jean-Louis Guignabodet	F	MIG-Rotax	1
32.	Thierry Rapicault	F	Yamaha	1

Dominique Sarron

Champion : **Freddie Spencer (United States, Honda), 141 points, 7 wins**

1985 — 500 cc

1) March 23 : South Africa - Kyalami

30 laps = 123.120 km
Pole position: F. Spencer (USA, Honda),
    1'24.20 = 175.468 km/h.

1.	E. Lawson	USA	Yamaha	42'58.00
				= 171.929 km/h
2.	F. Spencer	USA	Honda	43'02.90
3.	W. Gardner	AUS	Honda	43'20.80
4.	R. Haslam	GB	Honda	43'23.40
5.	R. Mamola	USA	Honda	43'41.80
6.	C. Sarron	F	Yamaha	43'49.60
7.	D. De Radiguès	B	Honda	44'23.60
8.	A. Pons	E	Suzuki	44'23.90
9.	M. Baldwin	USA	Honda	44'24.80
10.	T. Espié	F	Chevallier-Honda	44'25.20

Number of finishers: 21.
Fastest lap: F. Spencer (USA, Honda),
    1'24.91 = 174.001 km/h.

2) May 5 : Spain - Jarama

37 laps = 122.544 km
Pole position: E. Lawson (USA, Yamaha),
    1'28.60 = 134.573 km/h.

1.	F. Spencer	USA	Honda	56'04.78
				= 131.112 km/h
2.	E. Lawson	USA	Yamaha	56'18.09
3.	C. Sarron	F	Yamaha	56'33.36
4.	W. Gardner	AUS	Honda	56'34.36
5.	R. Roche	F	Yamaha	57'16.73
6.	D. De Radiguès	B	Honda	57'21.76
7.	M. Baldwin	USA	Honda	57'23.20
8.	R. Haslam	GB	Honda	1 lap
9.	A. Pons	E	Suzuki	1 lap
10.	F. Biliotti	I	Honda	1 lap

Number of finishers: 18.
Fastest lap: F. Spencer (USA, Honda),
    1'28.99 = 133.984 km/h.

3) May 19 : Germany - Hockenheim

19 laps = 128.972 km
Pole position: F. Spencer (USA, Honda),
    2'05.35 = 194.949 km/h.

1.	C. Sarron	F	Yamaha	45'05.24
				= 171.630 km/h
2.	F. Spencer	USA	Honda	45'16.83
3.	R. Haslam	GB	Honda	45'20.59
4.	E. Lawson	USA	Yamaha	45'45.34
5.	D. De Radiguès	B	Honda	46'03.82
6.	W. Gardner	AUS	Honda	46'04.73
7.	R. McElnea	GB	Suzuki	46'18.29
8.	R. Mamola	USA	Honda	46'29.90
9.	A. Pons	E	Suzuki	46'34.46
10.	B. Van Dulmen	NL	Honda	46'40.57

Number of finishers: 30.
Fastest lap: C. Sarron (F, Yamaha),
    2'19.68 = 174.948 km/h.

4) May 26 : Italy - Mugello

27 laps = 141.615 km
Pole position: F. Spencer (USA, Honda),
    2'01.49 = 155.420 km/h.

1.	F. Spencer	USA	Honda	55'42.72
				= 152.515 km/h
2.	E. Lawson	USA	Yamaha	55'51.97
3.	W. Gardner	AUS	Honda	56'30.66
4.	R. Mamola	USA	Honda	56'37.06
5.	C. Sarron	F	Yamaha	56'44.17
6.	R. Haslam	GB	Honda	56'56.14
7.	R. Roche	F	Yamaha	57'00.71
8.	F. Uncini	I	Suzuki	57'03.54
9.	R. McElnea	GB	Suzuki	57'33.38
10.	D. De Radiguès	B	Honda	57'55.36

Number of finishers: 23.
Fastest lap: F. Spencer (USA, Honda),
    2'02.22 = 154.492 km/h.

5) June 2 : Austria - Salzburgring

30 laps = 127.200 km
Pole position: F. Spencer (USA, Honda),
    1'18.13 = 195.367 km/h.

1.	F. Spencer	USA	Honda	40'40.48
				= 187.635 km/h
2.	E. Lawson	USA	Yamaha	40'40.51
3.	C. Sarron	F	Yamaha	41'14.84
4.	R. Mamola	USA	Honda	41'27.01
5.	R. McElnea	GB	Suzuki	42'02.32
6.	D. De Radiguès	B	Honda	42'05.76
7.	M. Baldwin	USA	Honda	42'21.14
8.	B. Van Dulmen	NL	Honda	42'21.23
9.	T. Taira	J	Yamaha	42'22.34
10.	R. Roche	F	Yamaha	42'34.42

Number of finishers: 28.
Fastest lap: F. Spencer (USA, Honda),
    1'18.18 = 195.242 km/h.

6) June 16 : Yugoslavia - Rijeka

32 laps = 133.376 km
Pole position: F. Spencer (USA, Honda),
    1'31.44 = 164.094 km/h.

1.	E. Lawson	USA	Yamaha	49'46.65
				= 160.767 km/h
2.	F. Spencer	USA	Honda	50'08.41
3.	W. Gardner	AUS	Honda	50'16.89
4.	R. Haslam	GB	Honda	50'24.60
5.	C. Sarron	F	Yamaha	50'57.42
6.	R. Roche	F	Yamaha	50'57.77
7.	D. De Radiguès	B	Honda	51'11.49
8.	R. McElnea	GB	Suzuki	51'11.96
9.	G. Reiner	D	Honda	51'12.26
10.	D. Petersen	SA	Honda	51'12.54

Number of finishers: 27.
Fastest lap: E. Lawson (USA, Yamaha),
    1'31.78 = 163.487 km/h.

7) June 29 : The Netherlands - Assen

20 laps = 122.680 km
Pole position: F. Spencer (USA, Honda),
2'13.91 = 164.905 km/h.

1.	R. Mamola	USA	Honda	50'47.22
				= 144.934 km/h
2.	R. Haslam	GB	Honda	51'00.18
3.	W. Gardner	AUS	Honda	51'22.98
4.	B. Van Dulmen	NL	Honda	51'36.63
5.	P.-E. Samin	F	Honda	51'42.33
6.	D. De Radiguès	B	Honda	51'13.93
7.	R. McElnea	GB	Suzuki	53'06.94
8.	M. Pajic	NL	Honda	1 lap
9.	H. Van der Mark	NL	Honda	1 lap
10.	R. Punt	NL	Suzuki	1 lap

Number of finishers: 19.
Fastest lap: W. Gardner (AUS, Honda),
2'28.66 = 148.543 km/h.

8) July 7 : Belgium - Spa-Francorchamps

20 laps = 138.800 km
Pole position: F. Spencer (USA, Honda),
2'28.57 = 168.163 km/h.

1.	F. Spencer	USA	Honda	49'51.80
				= 167.016 km/h
2.	E. Lawson	USA	Yamaha	49'57.07
3.	C. Sarron	F	Yamaha	50'28.09
4.	W. Gardner	AUS	Honda	50'42.31
5.	R. Roche	F	Yamaha	51'06.17
6.	R. Haslam	GB	Honda	51'17.75
7.	D. De Radiguès	B	Honda	51'27.88
8.	T. Katayama	J	Honda	51'30.14
9.	B. Van Dulmen	NL	Honda	51'51.36
10.	G. Reiner	D	Honda	51'52.46

Number of finishers: 28.
Fastest lap: E. Lawson (USA, Yamaha),
2'28.35 = 168.413 km/h.

9) July 21 : France - Le Mans

29 laps = 122.960 km
Pole position: F. Spencer (USA, Honda),
1'33.47 = 163.304 km/h.

1.	F. Spencer	USA	Honda	45'58.33
				= 160.479 km/h
2.	R. Roche	F	Yamaha	46'14.04
3.	R. Mamola	USA	Honda	46'18.13
4.	E. Lawson	USA	Yamaha	46'25.22
5.	R. Haslam	GB	Honda	46'32.18
6.	P.-E. Samin	F	Honda	47'21.08
7.	A. Pons	E	Suzuki	47'26.39
8.	G. Reiner	D	Honda	1 lap
9.	F. Biliotti	I	Honda	1 lap
10.	M. Baldwin	USA	Honda	1 lap

Number of finishers: 18.
Fastest lap: C. Sarron (F, Yamaha),
1'33.92 = 162.521 km/h.

10) August 4 : Great Britain - Silverstone

28 laps = 131.880 km
Pole position: F. Spencer (USA, Honda),
1'28.42 = 191.767 km/h.

1.	F. Spencer	USA	Honda	49'20.17
				= 160.385 km/h
2.	E. Lawson	USA	Yamaha	49'28.49
3.	C. Sarron	F	Yamaha	49'52.65
4.	D. De Radiguäs	B	Honda	50'27.38
5.	R. Mamola	USA	Honda	50'36.28
6.	R. Roche	F	Yamaha	50'38.89
7.	B. Van Dulmen	NL	Honda	1 lap
8.	R. Burnett	GB	Honda	1 lap
9.	N. Robinson	IRL	Suzuki	1 lap
10.	P. Lewis	AUS	Suzuki	1 lap

Number of finishers: 28.
Fastest lap: F. Spencer (USA, Honda),
1'43.53 = 163.779 km/h.

11) August 10 : Sweden - Anderstorp

30 laps = 120.930 km
Pole position: F. Spencer (USA, Honda),
1'36.46 = 150.442 km/h.

1.	F. Spencer	USA	Honda	49'26.73
				= 146.743 km/h
2.	E. Lawson	USA	Yamaha	49'49.53
3.	R. Haslam	GB	Honda	50'04.64
4.	C. Sarron	F	Yamaha	50'18.97
5.	R. Mamola	USA	Honda	50'33.21
6.	D. De Radiguès	B	Honda	50'35.27
7.	M. Baldwin	USA	Honda	50'36.10
8.	R. Roche	F	Yamaha	50'58.43
9.	T. Espié	F	Chevallier-Honda	1 lap
10.	M. Messere	I	Honda	1 lap

Number of finishers: 24.
Fastest lap: F. Spencer (USA, Honda),
1'37.30 = 149.143 km/h.

12) September 1 : San Marino - Misano

35 laps = 122.080 km
Pole position: E. Lawson (USA, Yamaha),
1'19.63 = 157.689 km/h.

1.	E. Lawson	USA	Yamaha	47'34.44
				= 153.966 km/h
2.	W. Gardner	AUS	Honda	47'51'96
3.	R. Mamola	USA	Honda	47'56.05
4.	R. Roche	F	Yamaha	48'02.53
5.	R. Haslam	GB	Honda	48'37.79
6.	F. Uncini	I	Suzuki	48'52.71
7.	G. Reiner	D	Honda	48'53.58
8.	M. Baldwin	USA	Honda	48'54.66
9.	F. Biliotti	I	Honda	1 lap
10.	R. McElnea	GB	Suzuki	1 lap

Number of finishers: 23.
Fastest lap: E. Lawson (USA, Yamaha),
1'20.46 = 156.063 km/h.

WORLD CHAMPIONSHIP

1.	Freddie Spencer	USA	Honda	141
2.	Eddie Lawson	USA	Yamaha	133
3.	Christian Sarron	F	Yamaha	80
4.	Wayne Gardner	AUS	Honda	73
5.	Ronald "Ron" Haslam	GB	Honda	73
6.	Randy Mamola	USA	Honda	72
7.	Raymond Roche	F	Yamaha	50
8.	Didier De Radiguès	B	Honda	47
9.	Rob McElnea	GB	Suzuki	20
10.	Boët Van Dulmen	NL	Honda	18
11.	Mike Baldwin	USA	Honda	18
12.	Pierre-Etienne Samin	F	Honda	11
13.	Alfonso "Sito" Pons	E	Suzuki	11
14.	Gustav Reiner	D	Honda	10
15.	Franco Uncini	I	Suzuki	8
16.	Fabio Biliotti	I	Honda	5
17.	Roger Burnett	GB	Honda	3
18.	Takazumi Katayama	J	Honda	3
19.	Mile Pajic	NL	Honda	3
20.	Thierry Espié	F	Chevallier	3
21.	Neil Robinson	IRL	Suzuki	2
22.	Henk Van der Mark	NL	Honda	2
23.	Tadahiko Taira	J	Yamaha	2
24.	Massimo Messere	I	Honda	1
25.	Paul Lewis	AUS	Suzuki	1
26.	Rob Punt	NL	Suzuki	1
27.	Dave Petersen	SA	Honda	1

Afrique du Sud / South Africa / Südafrica
Freddie Spencer

1985 — 500 cc

1985 — Side-Cars

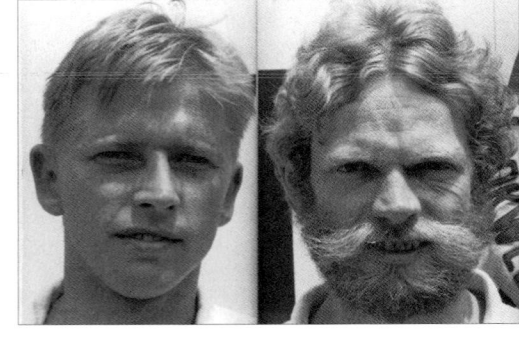

Champions : **Egbert Streuer/Bernd Schnieders (The Netherlands, LCR-Yamaha), 73 points, 3 wins**

1) May 19 : Germany - Hockenheim

14 laps = 95.032 km/h
Pole position: W. Schwärzel/F. Buck (D, LCR-Yamaha),
2'16.90 = 178.501 km/h.

1. W. Schwärzel/F. Buck	D	LCR-Yamaha	35'10.05	
			= 162.136 km/h	
2. S. Webster/T. Hewitt	GB	LCR-Yamaha	35'12.81	
3. E. Streuer/B. Schnieders	NL	LCR-Yamaha	35'14.79	
4. R. Biland/K. Waltisperg	CH	LCR-Yamaha	35'23.30	
5. A. Zurbrügg/M. Zurbrügg	CH	LCR-Yamaha	35'41.82	
6. A. Michel/J.-M. Fresc	F	LCR-Yamaha	35'49.71	
7. H. Hügli/A. Schütz	CH	LCR-Yamaha	35'55.35	
8. M. Egloff/U. Egloff	CH	LCR-Yamaha	36'21.60	
9. W. Stropek/P. Demling	A	LCR-Yamaha	36'56.85	
10. H. Christinat/M. Fahrni	CH	LCR-Yamaha	38'58.61	

Number of finishers: 22.
Fastest lap: S. Webster/T. Hewitt (GB, LCR-Yamaha),
2'28.76 = 164.265 km/h.

2) June 2 : Austria - Salzburgring

23 laps = 97.520 km
Pole position: E. Streuer/B. Schnieders (NL, LCR-Yamaha),
1'23.27 = 183.30 km/h.

1. R. Biland/K. Waltisperg	CH	LCR-Yamaha	35'53.64	
			= 162.959 km/h	
2. W. Schwärzel/F. Buck	D	LCR-Yamaha	35'59.61	
3. S. Webster/T. Hewitt	GB	LCR-Yamaha	36'10.27	
4. E. Streuer/B. Schnieders	NL	LCR-Yamaha	36'20.75	
5. A. Zurbrügg/M. Zurbrügg	CH	LCR-Yamaha	36'47.12	
6. M. Barton/S. Birchall	GB	LCR-Yamaha	36'58.30	
7. D. Bayley/B. Nixon	GB	LCR-Yamaha	37'05.72	
8. H. Hügli/A. Schütz	CH	LCR-Yamaha	37'11.00	
9. M. Kumano/H. Diehl	J/D	LCR-Yamaha	37'19.66	
10. R. Steinhausen/B. Hiller	D	Busch-Yamaha	37'25.86	

Number of finishers: 15.
Fastest lap: W. Schwärzel/F. Buck (D, LCR-Yamaha),
1'26.58 = 176.299 km/h.

3) June 29 : The Netherlands - Assen

16 laps = 98.114 km
Pole position: S. Webster/T. Hewitt (GB, LCR-Yamaha),
2'32.22 = 145.069 km/h.

1. R. Biland/K. Waltisperg	CH	LCR-Krauser	39'01.47	
			= 150.895 km/h	
2. W. Schwärzel/F. Buck	D	LCR-Yamaha	39'04.51	
3. E. Streuer/B. Schnieders	NL	LCR-Yamaha	39'07.79	
4. A. Zurbrügg/M. Zurbrügg	CH	LCR-Yamaha	39'59.65	
5. M. Barton/S. Birchall	GB	LCR-Yamaha	40'13.60	
6. S. Abbott/S. Smith	GB	Windle-Yamaha	40'35.73	
7. H. Van Drie/I. Colquhoun	NL/GB	LCR-Yamaha	40'37.76	
8. M. Kooij/R. Van der Groep	NL	Kowa-Yamaha	40'56.98	
9. T. Van Kempen/G. De Haas	NL	LCR-Yamaha	40'59.52	
10. D. Bingham/J. Bingham	GB	LCR-Yamaha	41'04.34	

Number of finishers: 13.
Fastest lap: R. Biland/K. Waltisperg (CH, LCR-Krauser),
2'20.27 = 157.428 km/h.

4) July 7 : Belgium - Spa-Francorchamps

16 laps = 111.040 km
Pole position: E. Streuer/B. Schnieders (NL, LCR-Yamaha),
2'36.17 = 159.979 km/h.

1. E. Streuer/B. Schnieders	NL	LCR-Yamaha	42'28.33	
			= 156.856 km/h	
2. R. Biland/K. Waltisperg	CH	LCR-Krauser	42'44.05	
3. W. Schwärzel/F. Buck	D	LCR-Yamaha	43'07.22	
4. S. Abbott/S. Smith	GB	Windle-Yamaha	44'02.26	
5. M. Kumano/H. Diehl	J/D	LCR-Yamaha	44'07.49	
6. H. Christinat/M. Fahrni	CH	LCR-Yamaha	44'08.70	
7. M. Egloff/U. Egloff	CH	LCR-Yamaha	44'11.18	
8. D. Bayley/B. Nixon	GB	LCR-Yamaha	44'11.72	
9. A. Zurbrügg/M. Zurbrügg	CH	LCR-Yamaha	44'12.05	
10. H. Hügli/A. Schütz	CH	LCR-Yamaha	44'32.59	

Number of finishers: 15.
Fastest lap: E. Streuer/B. Schnieders (NL, LCR-Yamaha),
2'36.05 = 160.102 km/h.

5) July 21 : France - Le Mans

22 laps = 93.280 km
Pole position: E. Streuer/B. Schnieders (NL, LCR-Yamaha),
1'39.45 = 153.484 km/h.

1. E. Streuer/B. Schnieders	NL	LCR-Yamaha	37'05.94	
			= 150.861 km/h	
2. W. Schwärzel/F. Buck	D	LCR-Yamaha	37'19.89	
3. M. Kumano/H. Diehl	J/D	LCR-Yamaha	38'02.46	
4. F. Wrathall/G. Rose	GB	Yamaha	38'02.80	
5. D. Jones/B. Ayres	GB	LCR-Yamaha	38'11.36	
6. M. Egloff/U. Egloff	CH	LCR-Yamaha	38'15.15	
7. A. Zurbrügg/M. Zurbrügg	CH	LCR-Yamaha	38'29.97	
8. L. Casagrande/R. Nydegger	CH	LCR-Yamaha	1 lap	
9. G. Gleeson/K. Chapman	NZ/GB	LCR-Yamaha	1 lap	
10. R. Steinhausen/B. Hiller	D	Busch-Yamaha	1 lap	

Number of finishers: 15.
Fastest lap: E. Streuer/B. Schnieders (NL, LCR-Yamaha),
1'39.50 = 153.407 km/h.

6) August 4 : Great Britain - Silverstone

20 laps = 94.200 km
Pole position: E. Streuer/B. Schnieders (NL, LCR-Yamaha),
1'31.34 = 185.636 km/h.

Course annulée en raison de trombes d'eau. Le risque d'aquaplanage, sur un circuit où les vitesses sont si élevées, était trop important, les pilotes préférant s'abstenir.

Wegen starken Regens wurde das Seitenwagen-Rennen annuliert. Das Aquaplaning-Risiko auf dem extrem schnellen Kurs war zu hoch; fast alle Teams waren mit der Absage einverstanden.

The race was cancelled because of a downpour. There was too high a risk of aquaplaning on this high speed track and the riders preferred to stay in the garage.

7) August 11 : Sweden - Anderstorp

23 laps = 92.713 km
Pole position: R. Biland/K. Waltisperg (CH, LCR-Krauser), 1'39.44 = 145.993 km/h.

1.	E. Streuer/B. Schnieders	NL	LCR-Yamaha	39'21.82
				= 141.317 km/h
2.	W. Schwärzel/F. Buck	D	LCR-Yamaha	39'30.53
3.	S. Webster/T. Hewitt	GB	LCR-Yamaha	39'37.71
4.	A. Michel/J.-M. Fresc	F	LCR-Yamaha	40'11.38
5.	R. Steinhausen/B. Hiller	D	Busch-Yamaha	40'36.13
6.	T. Van Kempen/G. De Haas	NL	LCR-Yamaha	40'52.93
7.	H. Van Drie/I. Colquhoun	NL/GB	LCR-Yamaha	1 lap
8.	H. Hügli/K. Paul	CH/D	LCR-Yamaha	1 lap
9.	H. Christinat/M. Fahrni	CH	LCR-Yamaha	1 lap
10.	M. Kumano/H. Diehl	J/D	LCR-Yamaha	1 lap

Number of finishers: 15.
Fastest lap: R. Biland/K. Waltisperg (CH, LCR-Krauser), 1'40.59 = 143.799 km/h.

WORLD CHAMPIONSHIP

1.	Egbert Streuer/Bernd Schnieders	NL	LCR-Yamaha	73 (3 wins)
2.	Werner Schwärzel/Fritz Buck	D	LCR-Yamaha	73 (1 win)
3.	Rolf Biland/Kurt Waltisperg	CH	LCR-Yamaha/LCR-Krauser	50
4.	Steve Webster/Tony Hewitt	GB	LCR-Yamaha	32
5.	Alfred Zurbrügg/Martin Zurbrügg	CH	LCR-Yamaha	26
6.	Masato Kumano/Helmut Diehl	J/D	LCR-Yamaha	19
7.	Alain Michel/Jean-Marc Fresc	F	LCR-Yamaha	13
8.	Steve Abbott/Shaun Smith	GB	Windle-Yamaha	13
9.	Markus Egloff/Urs Egloff	CH	LCR-Yamaha	12
10.	Mick Barton/Simon Birchall	GB	LCR-Yamaha	11
11.	Hans Hügli/Andreas Schütz/Karl Paul	CH/CH/D	LCR-Yamaha	11
12.	Frank Wrathall/Graham Rose	GB	Yamaha	8
13.	Rolf Steinhausen/Bruno Hiller	D	Busch-Yamaha	8
14.	Hansruedi Christinat/Markus Fahrni	CH	LCR-Yamaha	8
15.	Hein Van Drie/Ian Colquhoun	NL/GB	LCR-Yamaha	8
16.	Theo Van Kempen/Geral De Haas	NL	LCR-Yamaha	7
17.	Derek Bayley/Brian Nixon	GB	LCR-Yamaha	7
18.	Derek Jones/Brian Ayres	GB	LCR-Yamaha	6
19.	Luigi Casagrande/René Nydegger	CH	LCR-Yamaha	3
20.	Martin Kooij/Raimond Van der Groep	NL	Kowa-Yamaha	3
21.	Graham Gleeson/Kerry Chapman	NZ/GB	LCR-Yamaha	2
22.	Wolfgang Stropek/Peter Demling	A	LCR-Yamaha	2
23.	Dennis Bingham/Julia Bingham	GB	LCR-Yamaha	1

Yamaha 500

Champion: **Jorge "Aspar" Martinez (Spain, Derbi), 94 points, 4 wins**

1986 — 80 CC

1) May 4 : Spain - Jarama

22 laps = 72.864 km
Pole position: J. Martinez (E, Derbi),
1'38.45 = 121.109 km/h.

1.	J. Martinez	E	Derbi	37'01.75
				= 118.143 km/h
2.	A. Nieto	E	Derbi	37'09.45
3.	M. Herreros	E	Derbi	37'10.35
4.	P. Bianchi	I	Seel	37'41.12
5.	I. McConnachie	GB	Krauser	37'43.92
6.	J. Bolart	E	Autisa	38'22.19
7.	G. Waibel	D	Real-Krauser	38'22.37
8.	H. Abold	D	Seel	1 lap
9.	S. Dörflinger	CH	Krauser	1 lap
10.	D. Gilblanco	E	Autisa	1 lap

Number of finishers: 22.
Fastest lap: J. Martinez (E, Derbi),
1'38.50 = 121.128 km/h.

2) May 17 : Italy - Monza

13 laps = 75.400 km
Pole position: S. Dörflinger (CH, Krauser),
2'11.27 = 159.061 km/h.

1.	S. Dörflinger	CH	Krauser	28'56.58
				= 156.307 km/h
2.	J. Martinez	E	Derbi	28'56.75
3.	M. Herreros	E	Derbi	29'23.98
4.	G. Waibel	D	Real-Krauser	29'24.25
5.	P. Bianchi	I	Seel	29'42.15
6.	T. Timmer	NL	Casal	29'43.08
7.	H. Spaan	NL	Casal	29'44.11
8.	G. Kafka	A	Krauser	29'58.70
9.	R. Kunz	D	Ziegler	30'33.05
10.	S. Milano	I	Krauser	30'39.26

Number of finishers: 21.
Fastest lap: I. McConnachie (GB, Krauser),
2'10.90 = 159.511 km/h.

3) May 25 : Germany - Nürburgring

18 laps = 81.756 km
Pole position: S. Dörflinger (CH, Krauser),
1'57.96 = 138.616 km/h.

1.	M. Herreros	E	Derbi	36'06.81
				= 135.831 km/h
2.	S. Dörflinger	CH	Krauser	36'08.13
3.	I. McConnachie	GB	Krauser	36'08.72
4.	A. Nieto	E	Derbi	36'17.56
5.	G. Waibel	D	Real-Krauser	36'34.57
6.	H. Spaan	NL	Casal	36'35.53
7.	J. Fischer	A	Krauser	36'48.33
8.	H. Van Kessel	NL	Krauser	36'50.61
9.	F. Rodriguez	E	Autisa	37'04.23
10.	L.-M. Reyes	E	Autisa	37'04.60

Number of finishers: 26.
Fastest lap: I. McConnachie (GB, Krauser),
1'57.01 = 139.741 km/h.

4) June 8 : Austria - Salzburgring

18 laps = 76.374 km
Pole position: J. Martinez (E, Derbi),
1'39.84 = 152.992 km/h.

1.	J. Martinez	E	Derbi	30'01.98
				= 152.580 km/h
2.	M. Herreros	E	Derbi	30'09.08
3.	P. Bianchi	I	Seel	30'10.14
4.	H. Spaan	NL	Casal	30'10.67
5.	S. Dörflinger	CH	Krauser	30'10.90
6.	I. McConnachie	GB	Krauser	30'12.68
7.	G. Waibel	D	Real-Krauser	30'36.86
8.	A. Nieto	E	Derbi	30'37.07
9.	J. Fischer	A	Krauser	31'08.78
10.	J. Bolart	E	Autisa	31'11.47

Number of finishers: 28.
Fastest lap: I. McConnachie (GB, Krauser),
1'38.25 = 155.468 km/h.

5) June 15 : Yugoslavia - Rijeka

18 laps = 75.024 km
Pole position: J. Martinez (E, Derbi),
1'41.23 = 148.224 km/h.

1.	J. Martinez	E	Derbi	31'09.33
				= 144.483 km/h
2.	S. Dörflinger	CH	Krauser	31'20.53
3.	I. McConnachie	GB	Krauser	31'25.49
4.	A. Nieto	E	Derbi	31'25.86
5.	H. Spaan	NL	Casal	31'28.63
6.	P. Bianchi	I	Seel	31'48.05
7.	R. Kunz	D	Ziegler	31'56.64
8.	J. Fischer	A	Krauser	31'57.77
9.	G. Waibel	D	Real-Krauser	31'59.31
10.	L.-M. Reyes	E	Autisa	31'59.64

Number of finishers: 25.
Fastest lap: J. Martinez (E, Derbi),
1'40.16 = 149.808 km/h.

6) June 28 : The Netherlands - Assen

12 laps = 73.068 km
Pole position: J. Martinez (E, Derbi),
2'33.15 = 144.188 km/h.

1.	J. Martinez	E	Derbi	31'03.05
				= 142.234 km/h
2.	M. Herreros	E	Derbi	31'12.62
3.	H. Spaan	NL	Casal	31'14.73
4.	A. Nieto	E	Derbi	31'21.60
5.	S. Dörflinger	CH	Krauser	31'22.60
6.	G. Waibel	D	Real-Krauser	31'35.88
7.	J. Fischer	A	Krauser	31'53.11
8.	D. Gilblanco	E	Autisa	32'08.48
9.	G. Kafka	A	Krauser	32'28.15
10.	F. Rodriguez	E	Autisa	32'31.84

Number of finishers: 24.
Fastest lap: I. McConnachie (GB, Krauser),
2'30.79 = 146.444 km/h.

7) August 3 : Great Britain - Silverstone

15 laps = 70.650 km
Pole position: S. Dörflinger (CH, Krauser),
1'43.14 = 164.397 km/h.

1.	I. McConnachie	GB	Krauser	26'20.70
				= 160.903 km/h
2.	S. Dörflinger	CH	Krauser	26'21.09
3.	J. Martinez	E	Derbi	26'41.01
4.	M. Herreros	E	Derbi	26'41.17
5.	H. Spaan	NL	Casal	26'41.59
6.	G. Waibel	D	Real-Krauser	27'15.21
7.	G. Kafka	A	Krauser	27'17.36
8.	A. Barros	BR	Autisa	27'25.36
9.	W. Zeelenberg	NL	Casal	27'35.34
10.	D. Gilblanco	E	Autisa	27.35.49

Number of finishers: 25.
Fastest lap: S. Dörflinger (CH, Krauser),
1'43.13 = 164.413 km/h.

8) August 24 : San Marino - Misano

22 laps = 76.736 km
Pole position: J. Martinez (E, Derbi),
1'29.70 = 139.986 km/h.

1.	P. Bianchi	I	Seel	33'24.60
				= 137.807 km/h
2.	J. Martinez	E	Derbi	33'31.46
3.	M. Herreros	E	Derbi	33'33.45
4.	H. Spaan	NL	Casal	33'36.55
5.	A. Nieto	E	Derbi	33'54.59
6.	S. Dörflinger	CH	Krauser	33'57.81
7.	I. McConnachie	GB	Krauser	34'14.79
8.	A. Barros	BR	Autisa	34'15.13
9.	G. Waibel	D	Real-Krauser	34'20.02
10.	F. Torrontegui	E	Autisa	34'36.84

Number of finishers: 25.
Fastest lap: P. Bianchi (I, Seel),
1'29.65 = 140.064 km/h.

9) September 28 : Germany II - Hockenheim

11 laps = 74.668 km
Pole position: G. Waibel (D, Real-Krauser),
2'30.93 = 161.908 km/h.

1.	G. Waibel	D	Real-Krauser	27'58.50
				= 160.145 km/h
2.	S. Dörflinger	CH	Krauser	28'20.07
3.	H. Spaan	NL	Casal	28'23.52
4.	M. Herreros	E	Derbi	28'44.95
5.	W. Zeelenberg	NL	Casal	29'04.78
6.	H. Abold	D	Seel	29'05.12
7.	R. Scheidhauer	D	Seel	29'06.27
8.	A. Waibel	D	Real-Krauser	29'18.62
9.	H. Van Kessel	NL	Krauser	29'21.38
10.	T. Timmer	NL	Casal	29'23.58

Number of finishers: 28.
Fastest lap: S. Dörflinger (CH, Krauser),
2'30.72 = 162.133 km/h.

WORLD CHAMPIONSHIP

1.	Jorge "Aspar" Martinez	E	Derbi	94
2.	Manuel Herreros	E	Derbi	85
3.	Stefan Dörflinger	CH	Krauser	82
4.	Hans Spaan	NL	Casal	57
5.	Gerhard Waibel	D	Real-Krauser	51
6.	Ian McConnachie	GB	Krauser	50
7.	Angel Nieto	E	Derbi	45
8.	Pierpaolo Bianchi	I	Seel	44
9.	Josef "Mandy" Fischer	A	Krauser	13
10.	Gerd Kafka	A	Krauser	9
11.	Wilco Zeelenberg	NL	Casal	8
12.	Hubert Abold	D	Seel	8
13.	Theo Timmer	NL	Casal	6
14.	Juan Bolart	E	Autisa	6
15.	Reiner Kunz	D	Ziegler	6
16.	Alexandre Barros	BRA	Autisa	6
17.	Henk Van Kessel	NL	Krauser	5
18.	Domingo Gilblanco	E	Autisa	5
19.	Reiner Scheidhauer	D	Seel	4
20.	Alfred Waibel	D	Real-Krauser	3
21.	Federico Rodriguez	E	Autisa	3
22.	Luis Miguel Reyes	E	Autisa	2
23.	Francisco "Herri" Torrontegui	E	Autisa	1
24.	Salvatore Milani	I	Krauser	1

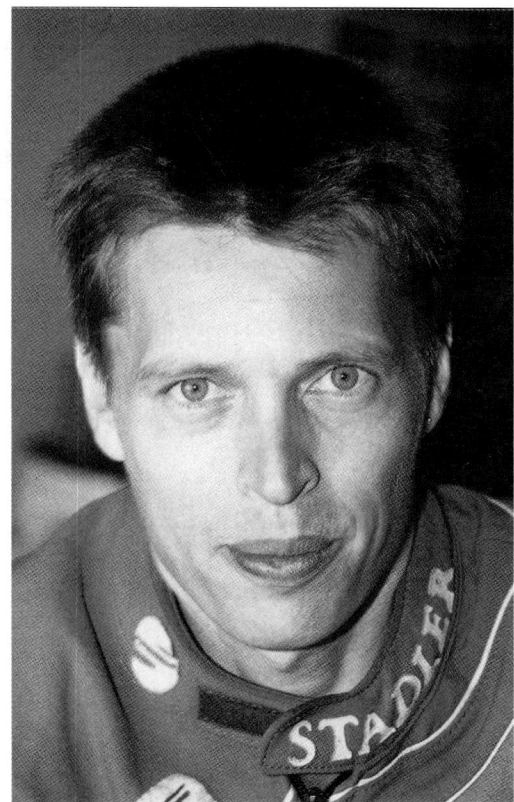

Hubert Abold

Reiner Kunz, Ziegler

Champion : **Luca Cadalora (Italy, Garelli), 122 points, 4 wins**

1986 — 125 cc

1) May 4 : Spain - Jarama

28 laps = 92.736 km
Pole position: F. Gresini (I, Garelli),
 1'34.50 = 126.171 km/h.

1. F. Gresini	I	Garelli	45'30.63	
				= 122.342 km/h
2. D. Brigaglia	I	MBA	45'35.38	
3. E. Gianola	I	MBA	45'53.16	
4. L. Cadalora	I	Garelli	46'00.62	
5. J. Wickström	SF	Tunturi	46'51.88	
6. W. Perez	ARG	Zanella	47'03.40	
7. P. Bianchi	I	MBA	47'09.45	
8. A. Sanchez-Marin	E	MBA	48'18.87	
9. J. Hautaniemi	SF	MBA	1 lap	
10. H. Olsson	S	MBA	1 lap	

Number of finishers: 20.
Fastest lap: F. Gresini (I, Garelli),
 1'35.47 = 124.890 km/h.

2) May 17 : Italy - Monza

18 laps = 104.400 km
Pole position: F. Gresini (I, Garelli),
 2'04.18 = 168.143 km/h.

1. F. Gresini	I	Garelli	37'51.45	
				= 165.462 km/h
2. A. Nieto	E	MBA	38'02.03	
3. A. Auinger	A	MBA-Bartol	38'02.22	
4. L. Cadalora	I	Garelli	38'05.10	
5. P. Bianchi	I	MBA	38'45.90	
6. L. Pietroniro	B	MBA	38'50.04	
7. T. Feuz	CH	MBA	39'00.88	
8. G. Grassetti	I	MBA	39'03.61	
9. J. Wickström	SF	Tunturi	39'03.79	
10. W. Perez	ARG	Zanella	39'04.89	

Number of finishers: 23.
Fastest lap: F. Gresini (I, Garelli),
 2'04.57 = 167.617 km/h.

3) May 25 : Germany - Nürburgring

23 laps = 104.466 km
Pole position: L. Cadalora (I, Garelli),
 1'51.62 = 146.490 km/h.

1. L. Cadalora	I	Garelli	43.34.77	
				= 143.828 km/h
2. F. Gresini	I	Garelli	43'47.14	
3. E. Gianola	I	MBA	44'01.60	
4. B. Kneubühler	CH	LCR-MBA	44'11.26	
5. T. Feuz	CH	MBA	44'29.07	
6. W. Perez	ARG	Zanella	44'32.59	
7. O. Liegeois	B	MBA	44'36.99	
8. P. Casoli	I	MBA	44'37.91	
9. J. Wickström	SF	Tunturi	44'38.92	
10. A. Waibel	D	MBA	44'45.56	

Number of finishers: 27.
Fastest lap: L. Cadalora (I, Garelli),
 1'51.73 = 146.346 km/h.

4) June 8 : Austria - Salzburgring

23 laps = 97.589 km
Pole position: L. Cadalora (I, Garelli),
 1'33.64 = 163.123 km/h.

1. L. Cadalora	I	Garelli	38'03.40	
				= 153.858 km/h
2. E. Gianola	I	MBA	38'08.74	
3. B. Kneubühler	CH	LCR-MBA	38'43.17	
4. P. Bianchi	I	MBA	38'45.93	
5. D. Brigaglia	I	MBA	38'55.14	
6. O. Liegeois	B	MBA	38'55.34	
7. A. Waibel	D	MBA	39'04.73	
8. L. Pietroniro	B	MBA	39'04.92	
9. E. Kytölä	SF	MBA	39'17.88	
10. A. Stadler	D	MBA	39'21.73	

Number of finishers: 24.
Fastest lap: E. Gianola (I, MBA),
 1'34.28 = 162.015 km/h.

5) June 28 : The Netherlands - Assen

16 laps = 98.144 km
Pole position: L. Cadalora (I, Garelli),
 2'26.55 = 150.682 km/h.

1. L. Cadalora	I	Garelli	39'30.04	
				= 149.077 km/h
2. F. Gresini	I	Garelli	39'30.30	
3. E. Gianola	I	MBA	39'57.29	
4. D. Brigaglia	I	MBA	40'02.98	
5. B. Kneubühler	CH	LCR-MBA	40'03.38	
6. J. Wickström	SF	Tunturi	40'16.72	
7. P. Casoli	I	MBA	40'32.88	
8. T. Feuz	CH	MBA	40'33.35	
9. G. Grassetti	I	MBA	40'52.82	
10. A. Nieto	E	MBA	41'01.89	

Number of finishers: 22.
Fastest lap: F. Gresini (I, Garelli),
 2'26.43 = 150.805 km/h.

6) July 6 : Belgium - Spa-Francorchamps

14 laps = 97.608 km
Pole position: L. Cadalora (I, Garelli),
 2'44.69 = 151.703 km/h.

1. D. Brigaglia	I	MBA	43'21.59	
				= 134.447 km/h
2. L. Pietroniro	B	MBA	43'39.79	
3. W. Perez	ARG	Zanella	43'47.94	
4. F. Gresini	I	Garelli	43'48.88	
5. O. Liegeois	B	MBA	43'52.42	
6. E. Gianola	I	MBA	43'53.67	
7. P. Bianchi	I	MBA	44'03.73	
8. P. Casoli	I	MBA	44'21.09	
9. J. Hautaniemi	SF	MBA	44'33.14	
10. T. Feuz	CH	MBA	44'39.01	

Number of finishers: 23.
Fastest lap: D. Brigaglia (I, MBA),
 3'02.05 = 137.237 km/h.

7) July 20 : France - Le Castellet

16 laps = 92.960 km
Pole position: L. Cadalora (I, Garelli),
2.14.67 = 155.313 km/h

1.	L. Cadalora	I	Garelli	36'08.81
				= 154.304 km/h
2.	F. Gresini	I	Garelli	36'09.81
3.	A. Auinger	A	MBA-Bartol	36'10.24
4.	B. Kneubühler	CH	LCR-MBA	36'10.84
5.	D. Brigaglia	I	MBA	36'38.69
6.	L. Pietroniro	B	MBA	36'42.52
7.	P. Bianchi	I	MBA	36'45.12
8.	J. Wickström	SF	Tunturi	36'57.50
9.	A. Nieto	E	MBA	36'58.70
10.	T. Feuz	CH	MBA	36'59.01

Number of finishers: 23.
Fastest lap: L. Cadalora (I, Garelli),
2'13.35 = 156.850 km/h.

8) August 3 : Great Britain - Silverstone

20 laps = 94.200 km
Pole position: B. Kneubühler (CH, LCR-MBA),
1'37.69 = 173.569 km/h.

1.	A. Auinger	A	MBA-Bartol	38'54.57
				= 145.260 km/h
2.	D. Brigaglia	I	MBA	39'03.55
3.	L. Cadalora	I	Garelli	39'06.28
4.	J. Wickström	SF	Tunturi	39'14.74
5.	L. Pietroniro	B	MBA	39'25.48
6.	W. Perez	ARG	Zanella	39'25.67
7.	J. Hautaniemi	SF	MBA	39'32.26
8.	O. Liegeois	B	MBA	39'44.33
9.	E. Gianola	I	MBA	39'46.21
10.	P. Bianchi	I	MBA	39'46.69

Number of finishers: 20.
Fastest lap: A. Auinger (A, MBA-Bartol),
1'52.17 = 151.163 km/h.

9) August 10 : Sweden - Anderstorp

23 laps = 92.713 km
Pole position: A. Auinger (A, MBA-Bartol),
1'45.19 = 137.956 km/h.

1.	F. Gresini	I	Garelli	40'40.50
				= 136.761 km/h
2.	L. Cadalora	I	Garelli	40'43.47
3.	D. Brigaglia	I	MBA	41'07.22
4.	B. Kneubühler	CH	LCR-MBA	41'12.09
5.	L. Pietroniro	B	MBA	41'12.41
6.	J. Wickström	SF	Tunturi	41'15.26
7.	T. Feuz	CH	MBA	41'39.96
8.	A. Stadler	D	MBA	41'53.42
9.	P. Bianchi	I	MBA	41'56.97
10.	H. Olsson	S	MBA	41'57.14

Number of finishers: 20.
Fastest lap: L. Cadalora (I, Garelli),
1'45.01 = 138.193 km/h.

10) August 24 : San Marino - Misano

28 laps = 97.664 km
Pole position: F. Gresini (I, Garelli),
1'24.71 = 148.233 km/h.

1.	A. Auinger	A	MBA-Bartol	40'08.63
				= 145.971 km/h
2.	L. Cadalora	I	Garelli	40'25.04
3.	F. Gresini	I	Garelli	40'40.43
4.	B. Kneubühler	CH	LCR-MBA	40'55.58
5.	D. Brigaglia	I	MBA	40'55.87
6.	P. Bianchi	I	MBA	41'25.39
7.	G. Grassetti	I	MBA	1 lap
8.	H. Olsson	S	MBA	1 lap
9.	M. Leitner	A	MBA	1 lap
10.	A. Stadler	D	MBA	1 lap

Number of finishers: 21.
Fastest lap: A. Auinger (A, MBA-Bartol),
1'24.73 = 148.198 km/h.

11) September 28 : Germany II - Hockenheim

14 laps = 95.032 km
Pole position: F. Gresini (I, Garelli),
2'22.94 = 170.958 km/h.

1.	F. Gresini	I	Garelli	33'46.46
				= 168.824 km/h
2.	L. Cadalora	I	Garelli	33'47.29
3.	A. Auinger	A	MBA-Bartol	33'47.52
4.	E. Gianola	I	MBA	33'47.72
5.	B. Kneubühler	CH	LCR-MBA	33'48.69
6.	D. Brigaglia	I	MBA	34'18.45
7.	P. Casoli	I	MBA	34'33.92
8.	O. Liegeois	B	MBA	34'39.31
9.	J. Wickström	SF	Tunturi	34'39.53
10.	A. Stadler	D	MBA	34'39.85

Number of finishers: 27.
Fastest lap: L. Cadalora (I, Garelli),
2'22.14 = 171.921 km/h.

WORLD CHAMPIONSHIP

1.	Luca Cadalora	I	Garelli	122
2.	Fausto Gresini	I	Garelli	114
3.	Domenico Brigaglia	I	MBA	80
4.	August Auinger	A	MBA-Bartol	60
5.	Ezio Gianola	I	MBA	57
6.	Bruno Kneubühler	CH	LCR-MBA	54
7.	Lucio Pietroniro	B	MBA	37
8.	Pierpaolo Bianchi	I	MBA	34
9.	Johnny Wickström	SF	Tunturi	33
10.	Willy Perez	ARG	Zanella	26
11.	Olivier Liegeois	B	MBA	21
12.	Thierry Feuz	CH	MBA	19
13.	Angel Nieto	E	MBA	15
14.	Paolo Casoli	I	MBA	14
15.	Gastone Grassetti	I	MBA	9
16.	Jussi Hautaniemi	SF	MBA	8
17.	Adolf "Adi" Stadler	D	MBA	6
18.	Alfred Waibel	D	MBA	5
19.	Häkan Olsson	S	MBA	5
20.	Andres Sanchez-Marin	E	MBA	3
21.	Mike Leitner	A	MBA	2
22.	Esa Kytölä	SF	MBA	2

Thierry Feuz

Willy Perez

Champion : **Carlos Lavado (Venezuela, Yamaha), 114 points, 6 wins**

1986 — 250 CC

1) May 5 : Spain - Jarama

31 laps = 102.672 km
Pole position: M. Wimmer (D, Yamaha),
  1'31.15 = 130.809 km/h.

1.	C. Lavado	VEN	Yamaha	47'50.43
				= 128.853 km/h
2.	A. Mang	D	Honda	47'52.61
3.	A. Pons	E	Honda	47'52.80
4.	M. Wimmer	D	Yamaha	47'52.95
5.	J. Cornu	CH	Honda	48'22.43
6.	P. Bolle	F	Parisienne	48'27.74
7.	D. McLeod	GB	Armstrong	48'31.34
8.	J.-F. Baldé	F	Honda	48'36.79
9.	F. Ricci	I	Honda	48'39.29
10.	A. Carter	GB	JJ Cobas-Rotax	48'41.98

Number of finishers: 21.
Fastest lap: M. Wimmer (D, Yamaha),
  1'31.05 = 130.952 km/h.

2) May 18 : Italy - Monza

18 laps = 104.400 km
Pole position: M. Wimmer (D, Yamaha),
  1'56.77 = 178.813 km/h.

1.	A. Mang	D	Honda	35'35.76
				= 175.975 km/h
2.	C. Lavado	VEN	Yamaha	35'35.89
3.	J.-F. Baldé	F	Honda	35'46.94
4.	M. Wimmer	D	Yamaha	35'47.13
5.	A. Pons	E	Honda	35'47.31
6.	J. Cornu	CH	Honda	35'56.48
7.	D. Sarron	F	Honda	35'57.03
8.	P. Bolle	F	Parisienne	36'03.16
9.	M. Matteoni	I	Honda	36'03.48
10.	J.-M. Mattioli	F	Yamaha	36'03.62

Number of finishers: 27.
Fastest lap: A. Pons (E, Honda),
  1'57.16 = 178.218 km/h.

3) May 25 : Germany - Nürburgring

25 laps = 113.550 km
Pole position: C. Lavado (VEN, Yamaha),
  1'47.69 = 151.836 km/h.

1.	C. Lavado	VEN	Yamaha	45'03.00
				= 151.231 km/h
2.	A. Mang	D	Honda	45'13.62
3.	M. Wimmer	D	Yamaha	45'13.94
4.	J.-F. Baldé	F	Honda	45'32.16
5.	F. Ricci	I	Honda	45'33.35
6.	P. Bolle	F	Parisienne	45'33.69
7.	J. Cornu	CH	Honda	45'38.89
8.	D. McLeod	GB	Armstrong	45'41.00
9.	T. Taira	J	Yamaha	45'53.52
10.	A. Carter	GB	JJ Cobas-Rotax	45'55.64

Number of finishers: 33.
Fastest lap: A. Mang (D, Honda),
  1'46.90 = 152.958 km/h.

4) June 8 : Austria - Salzburgring

25 laps = 106.075 km
Pole position: C. Lavado (VEN, Yamaha),
  1'27.88 = 173.814 km/h.

1.	C. Lavado	VEN	Yamaha	36'52.68
				= 172.583 km/h
2.	M. Wimmer	D	Yamaha	37'00.69
3.	J.-F. Baldé	F	Honda	37'03.62
4.	F. Ricci	I	Honda	37'08.47
5.	A. Pons	E	Honda	37'12.97
6.	D. Sarron	F	Honda	37'21.31
7.	M. Herweh	D	Aprilia-Rotax	37'21.56
8.	T. Taira	J	Yamaha	37'37.51
9.	S. Minich	A	Honda	37'37.78
10.	M. Vitali	I	Garelli	37'38.27

Number of finishers: 24.
Fastest lap: M. Wimmer (D, Yamaha),
  1'27.18 = 175.210 km/h.

5) June 15 : Yugoslavia - Rijeka

30 laps = 125.040 km
Pole position: C. Lavado (VEN, Yamaha),
  1'33.76 = 160.034 km/h

1.	A. Pons	E	Honda	48'34.73
				= 154.438 km/h
2.	J.-F. Baldé	F	Honda	48'37.65
3.	D. Sarron	F	Honda	48'37.85
4.	F. Ricci	I	Honda	48'38.99
5.	C. Cardus	E	Honda	48'41.26
6.	S. Mertens	B	Yamaha	48'54.03
7.	V. Ferrari	I	Honda	48'55.51
8.	M. Herweh	D	Aprilia-Rotax	48'56.18
9.	P. Bolle	F	Parisienne	48'56.54
10.	R. Roth	D	Honda	48'59.77

Number of finishers: 27.
Fastest lap: C. Lavado (VEN, Yamaha),
  1'33.43 = 160.599 km/h.

6) June 28 : The Netherlands - Assen

18 laps = 110.412 km
Pole position: C. Lavado (VEN, Yamaha),
  2'18.18 = 159.809 km/h.

1.	C. Lavado	VEN	Yamaha	42'13.19
				= 156.910 km/h
2.	A. Mang	D	Honda	42'17.78
3.	A. Pons	E	Honda	42'19.14
4.	D. McLeod	GB	Armstrong	42'21.06
5.	M. Wimmer	D	Yamaha	42'27.63
6.	T. Taira	J	Yamaha	42'28.96
7.	D. Sarron	F	Honda	42'32.06
8.	J. Cornu	CH	Honda	42'34.19
9.	J.-F. Baldé	F	Honda	42'34.46
10.	R. Roth	D	Honda	42'55.56

Number of finishers: 22.
Fastest lap: M. Wimmer (D, Yamaha),
  2'19.07 = 158.786 km/h.

7) July 6 : Belgium - Spa-Francorchamps

16 laps = 111.552 km
Pole position: C. Lavado (VEN, Yamaha),
2'34.34 = 161.876 km/h.

1. A. Pons	E	Honda	47'43.42
			= 139.604 km/h
2. D. McLeod	GB	Armstrong	47'54.39
3. J. Cornu	CH	Honda	48'19.39
4. D. Sarron	F	Honda	48'19.71
5. A. Carter	GB	JJ Cobas-Rotax	48'20.88
6. C. Cardus	E	Honda	48'34.21
7. J. Foray	F	Yamaha	48'35.67
8. N. MacKenzie	GB	Armstrong	48'35.99
9. T. Taira	J	Yamaha	48'38.76
10. H. Lindner	A	Rotax	48'39.03

Number of finishers: 23.
Fastest lap: D. Sarron (F, Honda),
2'55.79 = 141.979 km/h.

8) July 20 : France - Le Castellet

18 laps = 104.580 km
Pole position: M. Wimmer (D, Yamaha),
2'06.58 = 165.239 km/h.

1. C. Lavado	VEN	Yamaha	38'35.62
			= 162.586 km/h
2. A. Pons	E	Honda	38'37.45
3. D. Sarron	F	Honda	38'40.65
4. J.-F. Baldé	F	Honda	38'45.88
5. A. Mang	D	Honda	38'46.55
6. M. Wimmer	D	Yamaha	38'47.01
7. P. Bolle	F	Parisienne	38'47.56
8. M. Vitali	I	Garelli	39'06.06
9. V. Ferrari	I	Honda	39'06.30
10. T. Taira	J	Yamaha	39'11.34

Number of finishers: 28.
Fastest lap: C. Lavado (VEN, Yamaha),
2'06.95 = 164.758 km/h.

9) August 3 : Great Britain - Silverstone

24 laps = 113.040 km
Pole position: C. Lavado (VEN, Yamaha),
1'31.50 = 185.311 km/h.

1. D. Sarron	F	Honda	44'41.76
			= 151.745 km/h
2. C. Lavado	VEN	Yamaha	44'57.21
3. A. Pons	E	Honda	45'02.87
4. R. Roth	D	Honda	45'04.40
5. C. Cardus	E	Honda	45'12.51
6. V. Ferrari	I	Honda	45'15.28
7. J.-M. Mattioli	F	Yamaha	45'35.82
8. S. Mertens	B	Yamaha	45'47.28
9. M. Wimmer	D	Yamaha	45'57.12
10. N. MacKenzie	GB	Armstrong	46'18.74

Number of finishers: 22.
Fastest lap: A. Carter (GB, JJ Cobas-Rotax),
1'49.24 = 155.218 km/h.

10) August 9 : Sweden - Anderstorp

22 laps = 88.682 km
Pole position: M. Wimmer (D, Yamaha),
1'39.73 = 145.509 km/h.

1. C. Lavado	VEN	Yamaha	39'13.54
			= 135.648 km/h
2. A. Pons	E	Honda	39'17.44
3. J.-F. Baldé	F	Honda	39'18.74
4. M. Vitali	I	Garelli	39'30.35
5. D. Sarron	F	Honda	39'30.80
6. S. Mertens	B	Yamaha	39'34.62
7. J. Cornu	CH	Honda	39'38.82
8. J. Foray	F	Yamaha	39'40.62
9. S. Minich	A	Honda	39'54.83
10. A. Carter	GB	JJ Cobas-Rotax	39'57.99

Number of finishers: 20.
Fastest lap: A. Pons (E, Honda),
1'41.72 = 142.662 km/h.

11) August 24 : San Marino - Misano

30 laps = 104.640 km
Pole position: C. Lavado (VEN, Yamaha),
1'20.83 = 155.348 km/h.

1. T. Taira	J	Yamaha	41'52.63
			= 149.924 km/h
2. A. Pons	E	Honda	41'54.16
3. D. Sarron	F	Honda	41'54.41
4. A. Mang	D	Honda	41'54.81
5. F. Ricci	I	Honda	42'01.20
6. M. Wimmer	D	Yamaha	42'05.90
7. J.-M. Mattioli	F	Yamaha	42'06.19
8. V. Ferrari	I	Honda	42'18.64
9. P. Bolle	F	Parisienne	42'22.11
10. S. Mertens	B	Yamaha	42'27.72

Number of finishers: 23.
Fastest lap: C. Lavado (VEN, Yamaha),
1'22.20 = 152.759 km/h.

WORLD CHAMPIONSHIP

1.	Carlos Lavado	VEN	Yamaha	114
2.	Alfonso "Sito" Pons	E	Honda	108
3.	Dominique Sarron	F	Honda	72
4.	Anton Mang	D	Honda	65
5.	Jean-François Baldé	F	Honda	63
6.	Martin Wimmer	D	Yamaha	56
7.	Jacques Cornu	CH	Honda	32
8.	Fausto Ricci	I	Honda	30
9.	Tadahiko Taira	J	Yamaha	28
10.	Donnie McLeod	GB	Armstrong	27
11.	Pierre Bolle	F	Parisienne	21
12.	Carlos Cardus	E	Honda	17
13.	Stéphane Mertens	B	Yamaha	14
14.	Virginio Ferrari	I	Honda	14
15.	Maurizio Vitali	I	Garelli	12
16.	Reinhold Roth	D	Honda	10
17.	Alan Malcolm Carter	GB	JJ Cobas-Rotax	9
18.	Jean-Michel Mattioli	F	Yamaha	9
19.	Jean Foray	F	Chevallier	7
20.	Manfred Herweh	D	Aprilia-Rotax	7
21.	Niall MacKenzie	GB	Armstrong	4
22.	Siegfried Minich	A	Honda	4
23.	Massimo Matteoni	I	Honda	2
24.	Hans Lindner	A	Rotax	1

Parisienne 250cc

Champion : **Eddie Lawson (United States, Yamaha), 139 points, 7 wins**

1986 — 500 CC

1) May 4 : Spain - Jarama

37 laps = 122.544 km
Pole position: F. Spencer (USA, Honda),
1'28.48 = 134.756 km/h.

1.	W. Gardner	AUS	Honda	56'01.87
				= 131.311 km/h
2.	E. Lawson	USA	Yamaha	56'03.94
3.	M. Baldwin	USA	Yamaha	56'19.04
4.	R. Mamola	USA	Yamaha	56'30.03
5.	C. Sarron	F	Yamaha	56'31.84
6.	R. Roche	F	Honda	56'31.93
7.	R. McElnea	GB	Yamaha	56'32.34
8.	J. Garriga	E	Cagiva	57'15.86
9.	F. Biliotti	I	Honda	57'16.04
10.	R. Haslam	GB	Elf-Honda	1 lap

Number of finishers: 21.
Fastest lap: W. Gardner (AUS, Honda),
1'29.35 = 133.444 km/h.

2) May 18 : Italy - Monza

25 laps = 145.000 km
Pole position: E. Lawson (USA, Yamaha),
1'49.95 = 189.905 km/h.

1.	E. Lawson	USA	Yamaha	46'29.95
				= 187.100 km/h
2.	R. Mamola	USA	Yamaha	46'35.63
3.	M. Baldwin	USA	Yamaha	46'37.58
4.	C. Sarron	F	Yamaha	46'39.97
5.	D. De Radiguès	B	Honda	47'18.95
6.	B. Van Dulmen	NL	Honda	48'13.90
7.	P. Chili	I	Suzuki	48'23.33
8.	F. Biliotti	I	Honda	1 lap
9.	P. Lewis	AUS	Suzuki	1 lap
10.	M. Papa	I	Honda	1 lap

Number of finishers: 19.
Fastest lap: M. Baldwin (USA, Yamaha),
1'49.31 = 191.016 km/h.

3) May 25 : Germany - Nürburgring

30 laps = 136.260 km
Pole position: E. Lawson (USA, Yamaha),
1'42.56 = 159.430 km/h.

1.	E. Lawson	USA	Yamaha	52'11.45
				= 156.648 km/h
2.	W. Gardner	AUS	Honda	52'24.25
3.	M. Baldwin	USA	Yamaha	52'24.85
4.	R. McElnea	GB	Yamaha	52'40.46
5.	D. De Radiguès	B	Honda	52'47.23
6.	R. Mamola	USA	Yamaha	53'03.32
7.	R. Roche	F	Honda	53'34.10
8.	R. Haslam	GB	Elf-Honda	53'38.19
9.	G. Reiner	D	Honda	53'38.52
10.	D. Petersen	SA	Suzuki	53'38.94

Number of finishers: 29.
Fastest lap: E. Lawson (USA, Yamaha),
1'43.24 = 158.380 km/h.

4) June 6 : Austria - Salzburgring

30 laps = 127.290 km
Pole position: E. Lawson (USA, Yamaha),
1'22.06 = 186.142 km/h.

1.	E. Lawson	USA	Yamaha	41'43.79
				= 183.020 km/h
2.	W. Gardner	AUS	Honda	41'55.29
3.	R. Mamola	USA	Yamaha	42'05.92
4.	C. Sarron	F	Yamaha	42'09.52
5.	M. Baldwin	USA	Yamaha	42'10.15
6.	R. McElnea	GB	Yamaha	42'11.21
7.	S. Yatsushiro	J	Honda	42'34.17
8.	G. Reiner	D	Honda	43'08.62
9.	P. Chili	I	Suzuki	1 lap
10.	B. Van Dulmen	NL	Honda	1 lap

Number of finishers: 24.
Fastest lap: E. Lawson (USA, Yamaha),
1'22.40 = 185.374 km/h.

5) June 15 : Yugoslavia - Rijeka

32 laps = 133.376 km
Pole position: R. Mamola (USA, Yamaha),
1'31.55 = 163.897 km/h.

1.	E. Lawson	USA	Yamaha	49'55.81
				= 160.275 km/h
2.	R. Mamola	USA	Yamaha	50'06.55
3.	W. Gardner	AUS	Honda	50'07.17
4.	R. McElnea	GB	Yamaha	50'20.13
5.	M. Baldwin	USA	Yamaha	50'28.13
6.	C. Sarron	F	Yamaha	50'33.15
7.	R. Roche	F	Honda	50'45.72
8.	S. Yatsushiro	J	Honda	51'15.06
9.	D. Petersen	SA	Suzuki	1 lap
10.	P. Lewis	AUS	Suzuki	1 lap

Number of finishers: 24.
Fastest lap: E. Lawson (USA, Yamaha),
1'32.12 = 162.883 km/h.

6) June 28 : The Netherlands - Assen

20 laps = 122.680 km
Pole position: E. Lawson (USA, Yamaha),
2'12.70 = 166.408 km/h.

1.	W. Gardner	AUS	Honda	45'17.78
				= 162.503 km/h
2.	R. Mamola	USA	Yamaha	45'21.41
3.	M. Baldwin	USA	Yamaha	45'27.84
4.	R. McElnea	GB	Yamaha	45'27.92
5.	C. Sarron	F	Yamaha	45'38.21
6.	R. Roche	F	Honda	45'50.42
7.	R. Haslam	GB	Elf-Honda	45'57.74
8.	R. Burnett	GB	Honda	46'05.03
9.	D. De Radiguès	B	Honda	46'25.48
10.	J. Garriga	E	Cagiva	46'52.10

Number of finishers: 22.
Fastest lap: W. Gardner (AUS, Honda),
2'14.28 = 164.450 km/h.

7) July 6 : Belgium - Spa-Francorchamps

20 laps = 139.440 km
Pole position: E. Lawson (USA, Yamaha),
2'28.28 = 168.492 km/h.

1.	R. Mamola	USA	Yamaha	57'25.02
				= 145.044 km/h
2.	E. Lawson	USA	Yamaha	57'42.45
3.	C. Sarron	F	Yamaha	58'27.84
4.	W. Gardner	AUS	Honda	58'33.30
5.	R. McElnea	GB	Yamaha	58'38.65
6.	P. Chili	I	Suzuki	59'48.69
7.	D. De Radiguès	B	Honda	1 h.00'04.26
8.	M. Pajic	NL	Honda	1 lap
9.	B. Van Dulmen	NL	Honda	1 lap
10.	K. Schwantz	USA	Suzuki	1 lap

Number of finishers: 18.
Fastest lap: R. Mamola (USA, Yamaha),
2'48.99 = 147.843 km/h.

8) July 20 : France - Le Castellet

21 laps = 122.010 km
Pole position: E. Lawson (USA, Yamaha),
2'00.74 = 173.232 km/h.

1.	E. Lawson	USA	Yamaha	42'57.01
				= 170.444 km/h
2.	R. Mamola	USA	Yamaha	43'09.36
3.	C. Sarron	F	Yamaha	43'11.47
4.	M. Baldwin	USA	Yamaha	43'11.83
5.	W. Gardner	AUS	Honda	43'19.27
6.	R. McElnea	GB	Yamaha	43'23.18
7.	R. Haslam	GB	Elf-Honda	44'02.04
8.	D. De Radiguès	B	Honda	44'23.08
9.	D. Petersen	SA	Suzuki	44'38.19
10.	P. Lewis	AUS	Suzuki	44'49.96

Number of finishers: 20.
Fastest lap: E. Lawson (USA, Yamaha),
2'01.52 = 172.120 km/h.

9) August 3 : Great Britain - Silverstone

28 laps = 131.880 km
Pole position: W. Gardner (AUS, Honda),
1'28.16 = 192.332 km/h.

1.	W. Gardner	AUS	Honda	51'24.03
				= 131.880 km/h
2.	D. De Radiguès	B	Honda	51'33.39
3.	E. Lawson	USA	Yamaha	51'34.66
4.	R. McElnea	GB	Yamaha	51'46.38
5.	R. Mamola	USA	Yamaha	52'11.59
6.	R. Roche	F	Honda	52'30.36
7.	N. MacKenzie	GB	Suzuki	53'04.28
8.	K. Irons	GB	Suzuki	53'05.14
9.	R. Haslam	GB	Elf-Honda	53'08.27
10.	W. Von Muralt	CH	Suzuki	53'13.34

Number of finishers: 23.
Fastest lap: W. Gardner (AUS, Honda),
1'44.21 = 162.710 km/h.

10) August 10 : Sweden - Anderstorp

30 laps = 120.930 km
Pole position: W. Gardner (AUS, Honda),
1'36.35 = 150.613 km/h.

1.	E. Lawson	USA	Yamaha	48'59.33
				= 148.111 km/h
2.	W. Gardner	AUS	Honda	49'15.37
3.	M. Baldwin	USA	Yamaha	49'17.77
4.	R. McElnea	GB	Yamaha	49'18.89
5.	R. Roche	F	Honda	49'41.57
6.	D. De Radiguès	B	Honda	49'49.06
7.	N. MacKenzie	GB	Suzuki	49'57.79
8.	R. Mamola	USA	Yamaha	50'08.74
9.	R. Haslam	GB	Elf-Honda	1 lap
10.	W. Von Muralt	CH	Suzuki	1 lap

Number of finishers: 26.
Fastest lap: E. Lawson (USA, Yamaha),
1'36.59 = 150.239 km/h.

11) August 24 : San Marino - Misano

35 laps = 122.080 km
Pole position: E. Lawson (USA, Yamaha),
1'19.31 = 158.325 km/h.

1.	E. Lawson	USA	Yamaha	47'30.83
				= 154.161 km/h
2.	W. Gardner	AUS	Honda	47'40.70
3.	R. Mamola	USA	Yamaha	47'49.79
4.	M. Baldwin	USA	Yamaha	47'51.57
5.	R. Roche	F	Honda	48'08.49
6.	C. Sarron	F	Yamaha	48'12.12
7.	D. De Radiguès	B	Honda	48'13.67
8.	N. MacKenzie	GB	Suzuki	48'21.81
9.	R. Haslam	GB	Elf-Honda	48'35.11
10.	K. Schwantz	USA	Suzuki	1 lap

Number of finishers: 24.
Fastest lap: E. Lawson (USA, Yamaha),
1'20.20 = 156.568 km/h.

WORLD CHAMPIONSHIP

1.	Eddie Lawson	USA	Yamaha	139
2.	Wayne Gardner	AUS	Honda	117
3.	Randy Mamola	USA	Yamaha	105
4.	Mike Baldwin	USA	Yamaha	78
5.	Rob McElnea	GB	Yamaha	60
6.	Christian Sarron	F	Yamaha	58
7.	Didier De Radiguès	B	Honda	42
8.	Raymond Roche	F	Honda	35
9.	Ronald "Ron" Haslam	GB	Elf-Honda	18
10.	Pierfrancesco Chili	I	Suzuki	11
11.	Niall MacKenzie	GB	Suzuki	11
12.	Boët Van Dulmen	NL	Honda	8
13.	Shunji Yatsushiro	J	Honda	7
14.	Gustav Reiner	D	Honda	5
15.	Fabio Biliotti	I	Honda	5
16.	Dave Petersen	SA	Suzuki	5
17.	Juan Garriga	E	Cagiva	4
18.	Paul Lewis	AUS	Suzuki	4
19.	Kenny Irons	GB	Suzuki	3
20.	Mile Pajic	NL	Honda	3
21.	Roger Burnett	GB	Honda	3
22.	Kevin Schwantz	USA	Suzuki	2
23.	Wolfgang Von Muralt	CH	Suzuki	2
24.	Marco Papa	I	Honda	1

Honda 500 3 cylindres

500cc Honda triple

Honda 500 3-Zylinder

1986 — Side-Cars

Champions: Egbert Streuer/Bernd Schnieders (The Netherlands, LCR-Yamaha), 75 points, 5 wins

1) May 25 : Germany - Nürburgring

25 laps = 113.550 km
Pole position: R. Biland/K. Waltisperg (CH, LCR-Krauser), 1'47.78 = 151.709 km/h.

1.	E. Streuer/B. Schnieders	NL	LCR-Yamaha	45'49.88
				= 148.653 km/h
2.	R. Biland/K. Waltisperg	CH	LCR-Krauser	45'55.09
3.	S. Abbott/S. Smith	GB	Windle-Yamaha	46'32.22
4.	A. Zurbrügg/M. Zurbrügg	CH	LCR-Yamaha	46'50.33
5.	D. Jones/B. Ayres	GB	LCR-Yamaha	46'55.53
6.	A. Michel/J.-M. Fresc	F	LCR-Yamaha	47'03.86
7.	M. Egloff/U. Egloff	CH	LCR-Yamaha	47'04.50
8.	R. Progin/Y. Hunziker	CH	Seymaz-Yamaha	47'22.74
9.	T. Van Kempen/G. De Haas	NL	LCR-Yamaha	47'28.50
10.	M. Barton/F. Buck	GB/D	LCR-Yamaha	47'32.79

Number of finishers: 18.
Fastest lap: E. Streuer/B. Schnieders (NL, LCR-Yamaha), 1'47.60 = 151.947 km/h.

2) June 8 : Austria - Salzburgring

23 laps = 97.589 km
Pole position: E. Streuer/B. Schnieders (NL, LCR-Yamaha), 1'29.32 = 171.012 km/h.

1.	E. Streuer/B. Schnieders	NL	LCR-Yamaha	34'23.56
				= 170.332 km/h
2.	S. Webster/T. Hewitt	GB	LCR-Yamaha	34'32.37
3.	A. Michel/J.-M. Fresc	F	LCR-Yamaha	34'47.11
4.	S. Abbott/S. Smith	GB	Windle-Yamaha	34'47.88
5.	D. Jones/B. Ayres	GB	LCR-Yamaha	34'49.12
6.	M. Egloff/U. Egloff	CH	LCR-Yamaha	34'58.62
7.	A. Zurbrügg/M. Zurbrügg	CH	LCR-Yamaha	35'18.42
8.	T. Van Kempen/G. De Haas	NL	LCR-Yamaha	35'23.80
9.	M. Kumano/H. Diehl	J/D	LCR-Yamaha	35'50.79
10.	B. Brindley/C. Jones	GB	Windle-Yamaha	35'52.08

Number of finishers: 17.
Fastest lap: E. Streuer/B. Schnieders (NL, LCR-Yamaha), 1'28.39 = 172.811 km/h.

3) June 28 : The Netherlands - Assen

16 laps = 98.114 km
Pole position: E. Streuer/B. Schnieders (NL, LCR-Yamaha), 2'21.59 = 155.960 km/h.

1.	A. Michel/J.-M. Fresc	F	LCR-Yamaha	38'45.55
				= 151.994 km/h
2.	S. Webster/T. Hewitt	GB	LCR-Yamaha	38'54.65
3.	M. Kumano/H. Diehl	J/D	LCR-Yamaha	39'19.19
4.	M. Egloff/U. Egloff	CH	LCR-Yamaha	39'27.74
5.	S. Abbott/S. Smith	GB	Windle-Yamaha	39'30.54
6.	M. Barton/E. Rösinger	GB/D	LCR-Yamaha	40'25.22
7.	B. Brindley/C. Jones	GB	Windle-Yamaha	40'31.05
8.	B. Scherer/W. Gess	D	Yamaha	40'36.27
9.	A. Zurbrügg/M. Zurbrügg	CH	LCR-Yamaha	40'44.14
10.	G. Gleeson/D. Elliott	NZ/GB	LCR-Yamaha	40'44.99

Number of finishers: 16.
Fastest lap: R. Biland/K. Waltisperg (CH, LCR-Krauser), 2'20.27 = 157.428 km/h.

4) July 7 : Belgium - Spa-Francorchamps

15 laps = 104.100 km
Pole position: R. Biland/K. Waltisperg (CH, LCR-Krauser), 2'36.57 = 159.570 km/h.

1.	S. Webster/T. Hewitt	GB	LCR-Yamaha	45'05.42
				= 138.522 km/h
2.	A. Michel/J.-M. Fresc	F	LCR-Yamaha	45'13.48
3.	R. Steinhausen/B. Hiller	D	Busch-Yamaha	45'16.33
4.	R. Biland/K. Waltisperg	CH	LCR-Krauser	45'39.63
5.	D. Bayley/B. Nixon	GB	LCR-Yamaha	45'50.66
6.	M. Egloff/U. Egloff	CH	LCR-Yamaha	45'53.71
7.	S. Abbott/S. Smith	GB	Windle-Yamaha	45'54.67
8.	M. Kumano/H. Diehl	J/D	LCR-Yamaha	46'13.88
9.	R. Progin/Y. Hunziker	CH	Seymaz-Yamaha	46'33.44
10.	Y. Kumagaya/K. Makiuchi	J	LCR-Yamaha	46'46.43

Number of finishers: 24.
Fastest lap: R. Steinhausen/B. Hiller (D, Busch-Yamaha), 2'57.06 = 141.105 km/h.

5) July 20 : France - Le Mans

17 laps = 98.770 km
Pole position: A. Michel/J.-M. Fresc (F, LCR-Yamaha), 2'07.64 = 163.867 km/h.

1.	E. Streuer/B. Schnieders	NL	LCR-Yamaha	36'40.76
				= 161.568 km/h
2.	A. Michel/J.-M. Fresc	F	LCR-Yamaha	36'41.16
3.	S. Webster/T. Hewitt	GB	LCR-Yamaha	37'01.57
4.	A. Zurbrügg/M. Zurbrügg	CH	LCR-Yamaha	37'19.03
5.	M. Kumano/H. Diehl	J/D	LCR-Yamaha	37'24.37
6.	M. Egloff/U. Egloff	CH	LCR-Yamaha	37'33.89
7.	D. Jones/B. Ayres	GB	LCR-Yamaha	37'40.25
8.	D. Bayley/B. Nixon	GB	LCR-Yamaha	37'45.33
9.	S. Abbott/S. Smith	GB	Windle-Yamaha	37'47.21
10.	F. Wrathall/K. Chapman	GB	Yamaha	37'57.61

Number of finishers: 20.
Fastest lap: S. Webster/T. Hewitt (GB, LCR-Yamaha), 2'07.46 = 164.099 km/h.

6) August 3 : Great Britain - Silverstone

20 laps = 94.200 km
Pole position: R. Biland/K. Waltisperg (CH, LCR-Krauser), 1'30.35 = 187.670 km/h.

1.	E. Streuer/B. Schnieders	NL	LCR-Yamaha	31'14.83
				= 180.880 km/h
2.	S. Webster/T. Hewitt	GB	LCR-Yamaha	31'16.05
3.	M. Egloff/U. Egloff	CH	LCR-Yamaha	31'38.15
4.	A. Zurbrügg/M. Zurbrügg	CH	LCR-Yamaha	31'40.65
5.	M. Kumano/H. Diehl	J/D	LCR-Yamaha	31'51.15
6.	D. Jones/B. Ayres	GB	LCR-Yamaha	31'59.83
7.	F. Wrathall/K. Chapman	GB	Yamaha	32'00.17
8.	G. Gleeson/I. Colquhoun	NZ/GB	LCR-Yamaha	32'16.36
9.	R. Progin/Y. Hunziker	CH	Seymaz-Yamaha	32'27.44
10.	M. Barton/G. Rose	GB	LCR-Yamaha	32'31.41

Number of finishers: 19.
Fastest lap: E. Streuer/B. Schnieders (NL, LCR-Yamaha), 1'31.64 = 185.028 km/h.

7) August 10 : Sweden - Anderstorp

23 laps = 92.713 km
Pole position: R. Biland/K. Waltisperg (CH, LCR-Krauser),
1'39.35 = 145.594 km/h.

1.	A. Michel/J.-M. Fresc	F	LCR-Yamaha	39'19.73
				= 141.442 km/h
2.	M. Egloff/U. Egloff	CH	LCR-Yamaha	39'43.83
3.	D. Bayley/B. Nixon	GB	LCR-Yamaha	39'45.26
4.	D. Jones/B. Ayres	GB	LCR-Yamaha	39'45.60
5.	M. Kumano/H. Diehl	J/D	LCR-Yamaha	39'55.49
6.	F. Wrathall/K. Chapman	GB	Yamaha	40'05.35
7.	R. Progin/Y. Hunziker	CH	Seymaz-Yamaha	40'07.02
8.	T. Van Kempen/G. De Haas	NL	LCR-Yamaha	40'11.68
9.	S. Abbott/S. Smith	GB	Windle-Yamaha	40'33.22
10.	G. Gleeson/P. Linden	NZ/S	LCR-Yamaha	40'41.37

Number of finishers: 18.
Fastest lap: S. Webster/T. Hewitt (GB, LCR-Yamaha),
1'40.27 = 144.258 km/h.

8) September 28 : Germany II - Hockenheim

14 laps = 95.032 km
Pole position: E. Streuer/B. Schnieders (NL, LCR-Yamaha),
2'13.62 = 182.882 km/h.

1.	E. Streuer/B. Schnieders	NL	LCR-Yamaha	31'50.37
				= 179.083 km/h
2.	R. Biland/K. Waltisperg	CH	LCR-Krauser	31'50.57
3.	S. Webster/T. Hewitt	GB	LCR-Yamaha	31'54.62
4.	A. Zurbrügg/M. Zurbrügg	CH	LCR-Yamaha	32'12.94
5.	A. Michel/J.-M. Fresc	F	LCR-Yamaha	32'14.41
6.	M. Kumano/H. Diehl	J/D	LCR-Yamaha	32'17.43
7.	S. Abbott/S. Smith	GB	Windle-Yamaha	32'17.83
8.	F. Wrathall/K. Chapman	GB	Yamaha	32'20.34
9.	M. Egloff/U. Egloff	CH	LCR-Yamaha	32'55.01
10.	D. Bayley/B. Nixon	GB	LCR-Yamaha	32'56.23

Number of finishers: 18.
Fastest lap: R. Biland/K. Waltisperg (CH, LCR-Krauser),
2'14.61 = 181.537 km/h.

WORLD CHAMPIONSHIP

1.	Egbert Streuer/Bernd Schnieders	NL	LCR-Yamaha	75 (5 wins)
2.	Alain Michel/Jean-Marc Fresc	F	LCR-Yamaha	75 (2 wins)
3.	Steve Webster/Tony Hewitt	GB	LCR-Yamaha	71
4.	Markus Egloff/Urs Egloff	CH	LCR-Yamaha	51
5.	Masato Kumano/Helmut Diehl	J/D	LCR-Yamaha	38
6.	Alfred Zurbrügg/Martin Zurbrügg	CH	LCR-Yamaha	38
7.	Steve Abbott/Shaun Smith	GB	Windle-Yamaha	36
8.	Rolf Biland/Kurt Waltisperg	CH	LCR-Krauser	32
9.	Derek Jones/Brian Ayres	GB	LCR-Yamaha	29
10.	Derek Bayley/Brian Nixon	GB	LCR-Yamaha	20
11.	Frank Wrathall/Kerry Chapman	GB	Yamaha	13
12.	René Progin/Yvan Hunziker	CH	Seymaz-Yamaha	11
13.	Rolf Steinhausen/Bruno Hiller	D	Busch-Yamaha	10
14.	Theo Van Kempen/Geral De Haas	NL	LCR-Yamaha	8
15.	Mick Barton/Fritz Buck/Eckart Rösinger	GB/D/D	LCR-Yamaha	7
16.	Barry Brindley/Christopher Jones	GB	Windle-Yamaha	5
17.	Graham Gleeson/Dave Elliott/Ian Colquhoun/Peter Linden	NZ/GB/GB/S	LCR-Yamaha	5
18.	Bernd Scherer/Wolfgang Gess	D	Yamaha	3
19.	Yoshisada Kumagaya/Kazuhiko Makiuchi	J	LCR-Yamaha	1

Jean-Marc Fresc

Masato Kumano / Helmutt Diehl, LCR-Yamaha

1986 — Side-Cars

Champion : **Jorge Martinez (Spain, Derbi), 129 points, 7 wins**

1987 — 80 cc

1) April 26 : Spain - Jerez de la Frontera

18 laps = 75.924 km
Pole position: J. Martinez (E, Derbi),
2'02.79 = 123.664 km/h

1.	J. Martinez	E	Derbi	37'16.36
				= 122.219 km/h
2.	A. Crivillé	E	Derbi	37'17.28
3.	J. Miralles	E	Derbi	37'17.68
4.	G. Waibel	D	Krauser	37'17.89
5.	L.-M. Reyes	E	Autisa	37'21.38
6.	M. Herreros	E	Derbi	37'46.71
7.	I. McConnachie	GB	Krauser	38'17.61
8.	R. Bay	D	Casal	38'20.39
9.	J. Fischer	A	Krauser	38'36.31
10.	H. Abold	D	Krauser	38'41.40

Number of finishers: 23.
Fastest lap: A. Crivillé (E, Derbi),
2'01.68 = 124.793 km/h.

2) May 17 : Germany - Hockenheim

11 laps = 74.668 km
Pole position: G. Waibel (D, Krauser),
2'32.47 = 160.272 km/h.

1.	G. Waibel	D	Krauser	28'08.32
				= 159.228 km/h
2.	J. Martinez	E	Derbi	28'08.55
3.	S. Dörflinger	CH	Krauser	28'08.87
4.	I. McConnachie	GB	Krauser	28'51.70
5.	M. Herreros	E	Derbi	29'06.33
6.	J. Seel	D	Seel	29'06.48
7.	H. Paschen	D	Casal	29'06.96
8.	G. Schirnhofer	D	Krauser	29'07.22
9.	M. Gschwander	D	Seel	29'07.48
10.	R. Waldmann	D	Seel	29'12.93

Number of finishers: 22.
Fastest lap: J. Martinez (E, Derbi),
2'31.23 = 161.601 km/h.

3) May 23 : Italy - Monza

13 laps = 75.400 km
Pole position: J. Martinez (E, Derbi),
2'10.39 = 160.134 km/h.

1.	J. Martinez	E	Derbi	28'47.31
				= 157.146 km/h
2.	M. Herreros	E	Derbi	28'58.51
3.	S. Dörflinger	CH	Krauser	28'58.64
4.	H. Abold	D	Krauser	29'15.44
5.	J. Seel	D	Seel	29'17.55
6.	K. Juhasz	H	Krauser	29'18.39
7.	P. Priori	I	Krauser	29'35.34
8.	G. Schirnhofer	D	Krauser	29'48.31
9.	L.-M. Reyes	E	Autisa	29'53.34
10.	G. Waibel	D	Krauser	30'01.96

Number of finishers: 24.
Fastest lap: J. Martinez (E, Derbi),
2'10.05 = 160.554 km/h.

4) June 7 : Austria - Salzburgring

17 laps = 72.131 km
Pole position: J. Martinez (E, Derbi),
1'45.30 = 145.059 km/h.

1.	J. Martinez	E	Derbi	28'12.31
				= 153.442 km/h
2.	G. Waibel	D	Krauser	28'13.20
3.	M. Herreros	E	Derbi	28'44.22
4.	J. Fischer	A	Krauser	28'44.62
5.	I. McConnachie	GB	Krauser	28'44.83
6.	H. Spaan	NL	Casal	28'45.16
7.	H. Abold	D	Krauser	28'45.54
8.	A. Barros	BR	Arbizu	29'12.39
9.	L.-M. Reyes	E	Autisa	29'12.62
10.	J. Bolart	E	Krauser	29'14.02

Number of finishers: 26.
Fastest lap: G. Waibel (D, Krauser),
1'37.45 = 156.745 km/h.

5) June 14 : Yugoslavia - Rijeka

17 laps = 70.856 km
Pole position: J. Martinez (E, Derbi),
1'41.09 = 148.430 km/h.

1.	J. Martinez	E	Derbi	29'10.37
				= 145.730 km/h
2.	S. Dörflinger	CH	Krauser	29'17.27
3.	I. McConnachie	GB	Krauser	29'25.27
4.	G. Waibel	D	Krauser	29'31.98
5.	M. Herreros	E	Derbi	29'32.15
6.	H. Abold	D	Krauser	29'49.55
7.	J. Seel	D	Seel	29'50.19
8.	H. Spaan	NL	Casal	29'58.19
9.	J. Bolart	E	Krauser	30'18.91
10.	A. Barros	BR	Arbizu	30'19.10

Number of finishers: 22.
Fastest lap: J. Martinez (E, Derbi),
1'41.23 = 148.225 km/h.

6) June 27 : The Netherlands - Assen

12 laps = 73.068 km
Pole position: S. Dörflinger (CH, krauser),
2'32.83 = 144.489 km/h.

1.	J. Martinez	E	Derbi	31'02.52
				= 142.274 km/h
2.	M. Herreros	E	Derbi	31'24.93
3.	S. Dörflinger	CH	Krauser	31'25.90
4.	L.-M. Reyes	E	Autisa	31'39.72
5.	J. Miralles	E	Derbi	31'40.11
6.	K. Juhasz	H	Krauser	31'44.09
7.	H. Abold	D	Krauser	31'48.34
8.	I. McConnachie	GB	Krauser	32'10.82
9.	P. Oettl	D	Krauser	32'12.96
10.	G. Schirnhofer	D	Krauser	32'28.24

Number of finishers: 24.
Fastest lap: J. Martinez (E, Derbi),
2'33.89 = 143.495 km/h.

7) August 2 : Great Britain - Donington

18 laps = 72.414 km
Pole position: J. Martinez (E, Derbi),
 1'53.32 = 128.189 km/h.

1.	J. Martinez	E	Derbi	34'20.99
				= 126.480 km/h
2.	I. McConnachie	GB	Krauser	34'38.27
3.	G. Waibel	D	Krauser	34'41.40
4.	L.-M. Reyes	E	Autisa	35'01.47
5.	J. Seel	D	Seel	35'01.74
6.	J. Fischer	A	Krauser	35'22.92
7.	G. Schirnhofer	D	Krauser	35'25.27
8.	H. Abold	D	Krauser	35'30.65
9.	P. Priori	I	Krauser	35'35.52
10.	J. Bernard	B	Casal	35'35.98

Number of finishers: 24.
Fastest lap: J. Martinez (E, Derbi),
 1'52.44 = 128.780 km/h.

8) August 23 : Czechoslovakia - Brno

14 laps = 75.516 km
Pole position: I. McConnachie (GB, Krauser),
 2'23.86 = 134.981 km/h.

1.	S. Dörflinger	CH	Krauser	34'14.23
				= 132.340 km/h
2.	J. Martinez	E	Derbi	34'23.59
3.	G. Waibel	D	Krauser	34'38.83
4.	M. Herreros	E	Derbi	34'39.07
5.	J. Seel	D	Seel	34'40.91
6.	L.-M. Reyes	E	Autisa	35'10.37
7.	J. Fischer	A	Krauser	35'10.58
8.	J. Bolart	E	Krauser	35'11.20
9.	T. Timmer	NL	Casal	35'12.47
10.	G. Schirnhofer	D	Krauser	35'14.63

Number of finishers: 22.
Fastest lap: S. Dörflinger (CH, Krauser),
 2'24.02 = 134.831 km/h.

9) August 30 : San Marino - Misano

21 laps = 73.248 km
Pole position: J. Martinez (E, Derbi),
 1'29.58 = 140.174 km/h.

1.	M. Herreros	E	Derbi	32'05.36
				= 136.958 km/h
2.	S. Dörflinger	CH	Krauser	32'09.04
3.	I. McConnachie	GB	Krauser	32'16.97
4.	G. Waibel	D	Krauser	32'16.98
5.	J. Seel	D	Seel	32'30.77
6.	G. Ascareggi	I	BBFT	32'31.86
7.	A. Barros	BR	Arbizu	32'32.43
8.	H. Spaan	NL	Casal	32'35.23
9.	F. Torrontegui	E	JJ-Cobas	32'04.62
10.	P. Oettl	D	Krauser	33'04.93

Number of finishers: 25.
Fastest lap: M. Herreros (E, Derbi),
 1'30.00 = 139.520 km/h.

9) September 13 : Portugal - Jarama

22 laps = 72.864 km
Pole position: J. Martinez (E, Derbi),
 1'37.02 = 122.894 km/h.

1.	J. Martinez	E	Derbi	36'38.69
				= 119.304 km/h
2.	M. Herreros	E	Derbi	36'50.47
3.	G. Waibel	D	Krauser	36'51.09
4.	H. Abold	D	Krauser	37'01.59
5.	S. Dörflinger	CH	Krauser	37'04.18
6.	J. Seel	D	Seel	37'11.54
7.	J. Bolart	E	Krauser	37'30.61
8.	P. Priori	I	Krauser	37'35.46
9.	J. Miralles	E	Derbi	37'49.76
10.	F. Torrontegui	E	JJ-Cobas	37'56.06

Number of finishers: 23.
Fastest lap: J. Martinez (E, Derbi),
 1'37.528 = 122.256 km/h.

WORLD CHAMPIONSHIP

1.	Jorge "Aspar" Martinez	E	Derbi	129
2.	Manuel Herreros	E	Derbi	86
3.	Gerhard Waibel	D	Krauser	82
4.	Stefan Dörflinger	CH	Krauser	75
5.	Ian McConnachie	GB	Krauser	53
6.	Jörg Seel	D	Seel	38
7.	Hubert Abold	D	Krauser	33
8.	Luis Miguel Reyes	E	Autisa	31
9.	Josef "Mandy" Fischer	A	Krauser	19
10.	Julian Miralles	E	Derbi	18
11.	Alex Crivillé	E	Derbi	12
12.	Günther Schirnhofer	D	Krauser	12
13.	Hans Spaan	NL	Casal	11
14.	Karoly Juhasz	H	Krauser	10
15.	Juan Bolart	E	Krauser	10
16.	Paolo Priori	I	Krauser	9
17.	Alexandre Barros	BR	Arbizu	8
18.	Giuseppe Ascareggi	I	BBFT	5
19.	Heinz Paschen	D	Casal	4
20.	Richard Bay	D	Casal	3
21.	Peter Oettl	D	Krauser	3
22.	Francisco "Herri" Torrontegui	E	JJ-Cobas	3
23.	Michael Gschwander	D	Seel	2
24.	Theo Timmer	NL	Casal	1
25.	Jacques Bernard	B	Casal	1
26.	Ralf Waldmann	D	Seel	1

Hagen Klein, Ziegler - Bernd Völkel, Seel

1987 — 125 cc

Champion : **Fausto Gresini (Italy, Garelli), 150 points, 10 wins**

1) April 26 : Spain - Jerez de la Frontera

22 laps = 92.796 km
Pole position: D. Brigaglia (I, AGV),
1'57.59 = 129.133 km/h.

1.	F. Gresini	I	Garelli	43'25.97
				= 128.192 km/h
2.	D. Brigaglia	I	AGV	43'26.31
3.	P. Casoli	I	AGV	43'28.99
4.	B. Casanova	I	Garelli	44'01.34
5.	P. Bianchi	I	MBA	44'09.22
6.	E. Gianola	I	Honda	44'27.43
7.	A. Auinger	A	MBA-Bartol	44'27.84
8.	T. Feuz	CH	LCR-MBA	44'53.20
9.	C. Macciotta	I	MBA	44'57.60
10.	M. Leitner	A	MBA-Bartol	45'07.08

Number of finishers: 26.
Fastest lap: D. Brigaglia (I, AGV),
1'56.92 = 129.873 km/h.

2) May 17 : Germany - Hockenheim

14 laps = 95.032 km
Pole position: F. Gresini (I, Garelli),
2'24.75 = 168.821 km/h.

1.	F. Gresini	I	Garelli	33'40.31
				= 169.352 km/h
2.	A. Auinger	A	MBA-Bartol	33'44.21
3.	B. Casanova	I	Garelli	33'45.32
4.	P. Bianchi	I	MBA	33'58.48
5.	D. Brigaglia	I	AGV	34'13.10
6.	A. Sanchez Marin	E	Ducados	34'15.73
7.	T. Feuz	CH	LCR-MBA	33'39.24
8.	J. Hautaniemi	SF	LCR-MBA	34'40.18
9.	A. Stadler	D	MBA	34'43.98
10.	L. Pietroniro	B	MBA	34'44.31

Number of finishers: 26.
Fastest lap: F. Gresini (I, Garelli),
2'22.45 = 171.547 km/h.

3) May 23 : Italy - Monza

18 laps = 104.400 km
Pole position: B. Casanova (I, Garelli),
2'03.82 = 168.632 km/h.

1.	F. Gresini	I	Garelli	37'23.63
				= 167.514 km/h
2.	B. Casanova	I	Garelli	37'23.79
3.	A. Auinger	A	MBA-Bartol	37'24.12
4.	D. Brigaglia	I	AGV	37'50.84
5.	P. Bianchi	I	MBA	37'56.76
6.	A. Sanchez Marin	E	Ducados	37'57.50
7.	J. Hautaniemi	SF	LCR-MBA	38'03.90
8.	L. Pietroniro	B	MBA	38'10.31
9.	C. Catalano	I	MBA	38'36.04
10.	O. Liegeois	B	MBA	38'42.38

Number of finishers: 28.
Fastest lap: B. Casanova (I, Garelli),
2'03.15 = 169.549 km/h.

4) June 7 : Austria - Salzburgring

22 laps = 93.346 km
Pole position: P. Casoli (I, AGV),
1'32.14 = 165.778 km/h.

1.	F. Gresini	I	Garelli	33'57.20
				= 164.955 km/h
2.	B. Casanova	I	Garelli	33'58.82
3.	P. Casoli	I	AGV	34'14.67
4.	A. Auinger	A	MBA-Bartol	34'14.98
5.	D. Brigaglia	I	AGV	34'49.10
6.	A. Sanchez Marin	E	Ducados	34'54.65
7.	A. Stadler	D	MBA	35'08.20
8.	T. Feuz	CH	LCR-MBA	35'16.68
9.	J. Wickström	SF	Tunturi	35'16.89
10.	W. Perez	ARG	Zanella	35'17.10

Number of finishers: 26.
Fastest lap: F. Gresini (I, Garelli),
1'30.58 = 168.633 km/h.

5) June 27 : The Netherlands - Assen

16 laps = 98.144 km
Pole position: B. Casanova (I, Garelli),
2'25.34 = 151.936 km/h.

1.	F. Gresini	I	Garelli	39'00.97
				= 150.928 km/h
2.	B. Casanova	I	Garelli	39'01.26
3.	P. Casoli	I	AGV	39'34.67
4.	A. Auinger	A	MBA-Bartol	39'42.86
5.	P. Bianchi	I	MBA	39'57.15
6.	M. Leitner	A	MBA-Bartol	40'02.56
7.	C. Catalano	I	MBA	40'12.67
8.	A. Sanchez Marin	E	Ducados	40'17.01
9.	J.-C. Selini	F	MBA	40'19.25
10.	T. Feuz	CH	LCR-MBA	40'20.32

Number of finishers: 23.
Fastest lap: F. Gresini (I, Garelli),
2'24.02 = 153.329 km/h.

6) July 19 : France - Le Mans

22 laps = 93.874 km
Pole position: F. Gresini (I, Garelli),
1'52.48 = 135.704 km/h.

1.	F. Gresini	I	Garelli	47'37.84
				= 118.252 km/h
2.	E. Gianola	I	Honda	48'20.76
3.	B. Casanova	I	Garelli	48'33.34
4.	M. Leitner	A	MBA-Bartol	48'43.61
5.	P. Casoli	I	AGV	48'57.33
6.	J. Wickström	SF	Tunturi	49'15.80
7.	D. Brigaglia	I	AGV	49'22.50
8.	O. Liegeois	B	MBA	49'34.36
9.	G. Grassetti	I	MBA	49'48.98
10.	F. Kistrup	DK	MBA	49'57.19

Number of finishers: 19.
Fastest lap: F. Gresini (I, Garelli),
2'08.11 = 119.148 km/h

7) August 2 : Great Britain - Donington

24 laps = 96.552 km
Pole position: B. Casanova (I, Garelli),
1'47.01 = 135.341 km/h.

1. F. Gresini	I	Garelli	43'54.50
			= 131.938 km/h
2. P. Bianchi	I	MBA	44'14.11
3. J.-C. Selini	F	MBA	44'35.65
4. J. Wickström	SF	Tunturi	44'43.49
5. E. Gianola	I	Honda	44'49.15
6. G. Grassetti	I	MBA	45'00.25
7. L. Pietroniro	B	MBA	45'00.84
8. J. Hautaniemi	SF	LCR-MBA	45'00.94
9. R. Milton	GB	MBA	45'02.42
10. I. Troisi	VEN	MBA	45'06.60

Number of finishers: 26.
Fastest lap: F. Gresini (I, Garelli),
1'48.24 = 133.803 km/h.

8) August 9 : Sweden - Anderstorp

23 laps = 92.713 km
Pole position: F. Gresini (I, Garelli),
1'44.45 = 138.933 km/h.

1. F. Gresini	I	Garelli	40'25.58
			= 137.603 km/h
2. B. Casanova	I	Garelli	41'02.80
3. D. Brigaglia	I	AGV	41'07.68
4. A. Sanchez Marin	E	Ducados	41'09.94
5. J. Wickström	SF	Tunturi	41'17.06
6. P. Bianchi	I	MBA	41'22.59
7. M. Leitner	A	MBA-Bartol	41'29.75
8. L. Pietroniro	B	MBA	41'42.64
9. G. Grassetti	I	MBA	41'51.28
10. E. Kytölä	SF	MBA	41'52.30

Number of finishers: 23.
Fastest lap: F. Gresini (I, Garelli),
1'43.79 = 139.817 km/h.

9) August 23 : Czechoslovakia - Brno

18 laps = 97.092 km
Pole position: F. Gresini (I, Garelli),
2'16.59 = 142.166 km/h.

1. F. Gresini	I	Garelli	41'57.22
			= 138.856 km/h
2. B. Casanova	I	Garelli	42'09.28
3. A. Sanchez Marin	E	Ducados	42'43.04
4. E. Gianola	I	Honda	42'52.59
5. L. Pietroniro	B	MBA	42'52.93
6. I. Troisi	VEN	MBA	42'53.20
7. C. Macciotta	I	MBA	43'05.36
8. E. Kytölä	SF	MBA	43'06.77
9. B. Hassaine	ALG	MBA	43'17.78
10. T. Feuz	CH	LCR-MBA	43'25.96

Number of finishers: 21.
Fastest lap: B. Casanova (I, Garelli),
2'18.18 = 140.530 km/h.

10) August 30 : San Marino - Misano

27 laps = 94.176 km
Pole position: F. Gresini (I, Garelli),
1'25.04 = 147.658 km/h.

1. F. Gresini	I	Garelli	38'36.20
			= 146.375 km/h
2. A. Auinger	A	MBA-Bartol	39'09.34
3. P. Casoli	I	AGV	39'19.05
4. E. Gianola	I	Honda	39'42.26
5. M. Leitner	A	MBA-Bartol	39'48.35
6. L. Pietroniro	B	MBA	39'48.85
7. A. Sanchez Marin	E	Ducados	40'45.17
8. G. Grassetti	I	MBA	1 lap
9. H. Olsson	S	MBA	1 lap
10. N. Peschke	D	LCR-Seel	1 lap

Number of finishers: 26.
Fastest lap: F. Gresini (I, Garelli),
1'24.88 = 147.936 km/h.

11) September 13 : Portugal - Jarama

28 laps = 92.736 km
Pole position: F. Gresini (I, Garelli),
1'33.12 = 128.041 km/h.

1. P. Casoli	I	AGV	44'23.15
			= 125.360 km/h
2. D. Brigaglia	I	AGV	44'32.04
3. L. Pietroniro	B	MBA	44'55.68
4. M. Leitner	A	MBA-Bartol	45'23.95
5. E. Gianola	I	Honda	45'41.56
6. G. Grassetti	I	MBA	45'41.75
7. J.-C. Selini	F	MBA	45'51.07
8. A. Stadler	D	MBA	45'51.61
9. I. Troisi	VEN	MBA	45'52.09
10. T. Feuz	CH	LCR-MBA	45'59.25

Number of finishers: 22.
Fastest lap: A. Auinger (A, MBA-Bartol),
1'33.25 = 127.863 km/h.

WORLD CHAMPIONSHIP

1.	Fausto Gresini	I	Garelli	150
2.	Bruno Casanova	I	Garelli	88
3.	Paolo Casoli	I	AGV	61
4.	Domenico Brigaglia	I	AGV	58
5.	August Auinger	A	MBA-Bartol	54
6.	Ezio Gianola	I	Honda	45
7.	Pierpaolo Bianchi	I	MBA	43
8.	Andres Sanchez Marin	E	Ducados	40
9.	Lucio Pietroniro	B	MBA	32
10.	Mike Leitner	A	MBA-Bartol	32
11.	Johnny Wickström	SF	Tunturi	21
12.	Gastone Grassetti	I	MBA	17
13.	Jean-Claude Selini	F	MBA	16
14.	Thierry Feuz	CH	LCR-MBA	13
15.	Jussi Hautaniemi	SF	LCR-MBA	10
16.	Adolf "Adi" Stadler	D	MBA	9
17.	Ivan Troisi	VEN	MBA	8
18.	Claudio Macciotta	I	MBA	6
19.	Corrado Catalano	I	MBA	6
20.	Esa Kytölä	SF	MBA	4
21.	Olivier Liegeois	B	MBA	4
22.	Häkan Olsson	S	MBA	2
23.	Bady Hassaine	ALG	MBA	2
24.	Robin Milton	GB	MBA	2
25.	Norbert Peschke	D	LCR-Seel	1
26.	Flemming Kistrup	DK	MBA	1
27.	Willy Perez	ARG	Zanella	1

Domenico Brigaglia

Champion : **Anton Mang (Germany, Honda), 136 points, 8 wins**

1987 — 250 cc

1) March 29 : Japan - Suzuka

20 laps = 108.260 km
Pole position: M. Shimizu (J, Honda),
   2'18.72 = 153.426 km/h.

1.	M. Kobayashi	J	Honda	51'15.60
				= 138.399 km/h
2.	A. Pons	E	Honda	51'42.613
3.	R. Roth	D	Honda	51'43.151
4.	M. Shimizu	J	Honda	51'54.718
5.	M. Wimmer	D	Yamaha	52'06.115
6.	J. Garriga	E	Yamaha	52'17.021
7.	P. Igoa	F	Yamaha	52'23.273
8.	A. Mang	D	Honda	52'35.679
9.	M. Taguchi	J	Honda	52'46.490
10.	T. Yamamoto	J	Yamaha	53'41.662

Number of finishers: 20.
Fastest lap: M. Kobayashi (J, Honda),
   2'19.68 = 152.371 km/h.

2) April 26 : Spain - Jerez de la Frontera

25 laps = 105.450 km
Pole position: L. Cadalora (I, Yamaha),
   1'52.20 = 135.337 km/h.

1.	M. Wimmer	D	Yamaha	47'41.88
				= 132.688 km/h
2.	L. Cadalora	I	Yamaha	47'42.68
3.	J. Garriga	E	Yamaha	47'53.39
4.	D. Sarron	F	Honda	48'03.35
5.	P. Igoa	F	Yamaha	48'08.88
6.	J. Cornu	CH	Honda	48'17.65
7.	J.-P. Ruggia	F	Yamaha	48'19.65
8.	R. Roth	D	Honda	48'19.94
9.	A. Pons	E	Honda	48'22.93
10.	C. Lavado	VEN	Yamaha	48'49.20

Number of finishers: 25.
Fastest lap: M. Wimmer (D, Yamaha),
   1'53.08 = 134.284 km/h.

3) May 17 : Germany - Hockenheim

16 laps = 108.608 km
Pole position: R. Roth (D, Honda),
   2'13.33 = 183.281 km/h.

1.	A. Mang	D	Honda	36'05.60
				= 180.561 km/h
2.	J. Cornu	CH	Honda	36'14.09
3.	R. Roth	D	Honda	36'14.74
4.	C. Cardus	E	Honda	36'14.87
5.	L. Cadalora	I	Yamaha	36'15.21
6.	C. Lavado	VEN	Yamaha	36'15.35
7.	A. Pons	E	Honda	36'15.91
8.	J. Garriga	E	Yamaha	36'30.25
9.	P. Igoa	F	Yamaha	36'55.63
10.	M. Vitali	I	Garelli	37'11.16

Number of finishers: 25.
Fastest lap: C. Lavado (VEN, Yamaha),
   2'14.06 = 182.283 km/h.

4) May 24 : Italy - Monza

18 laps = 104.400 km
Pole position: L. Reggiani (I, Aprilia),
   1'55.69 = 180.482 km/h.

1.	A. Mang	D	Honda	35'10.63
				= 178.070 km/h
2.	R. Roth	D	Honda	35'10.83
3.	D. Sarron	F	Honda	35'11.19
4.	J. Cornu	CH	Honda	35'11.41
5.	A. Pons	E	Honda	35'16.15
6.	C. Lavado	VEN	Yamaha	35'16.33
7.	C. Cardus	E	Honda	35'26.23
8.	P. Igoa	F	Yamaha	35'33.08
9.	M. Vitali	I	Garelli	35'41.11
10.	G. Bertin	F	Honda	35'41.43

Number of finishers: 26.
Fastest lap: D. Sarron (F, Honda),
   1'55.75 = 180.389 km/h.

5) June 7 : Austria - Salzburgring

24 laps = 101.832 km
Pole position: A. Mang (D, Honda),
   1'26.36 = 176.874 km/h.

1.	A. Mang	D	Honda	35'01.18
				= 174.471 km/h
2.	L. Reggiani	I	Aprilia	35'06.64
3.	R. Roth	D	Honda	35'06.86
4.	A. Pons	E	Honda	35'07.15
5.	C. Cardus	E	Honda	35'07.37
6.	J. Cornu	CH	Honda	35'07.64
7.	D. Sarron	F	Honda	35'07.87
8.	C. Lavado	VEN	Yamaha	35'28.37
9.	S. Mertens	B	Honda	35'44.21
10.	M. Wimmer	D	Yamaha	35'44.43

Number of finishers: 31.
Fastest lap: C. Cardus (E, Honda),
   1'26.39 = 176.812 km/h.

6) June 14 : Yugoslavia - Rijeka

26 laps = 108.368 km
Pole position: C. Lavado (VEN, Yamaha),
   1'33.15 = 161.082 km/h.

1.	C. Lavado	VEN	Yamaha	41'24.76
				= 157.007 km/h
2.	L. Reggiani	I	Aprilia	41'29.71
3.	R. Roth	D	Honda	41'30.66
4.	J. Cornu	CH	Honda	41'30.92
5.	M. Wimmer	D	Yamaha	41'33.92
6.	D. Sarron	F	Honda	41'35.95
7.	A. Mang	D	Honda	41'36.62
8.	A. Pons	E	Honda	41'50.29
9.	J. Garriga	E	Yamaha	41'50.49
10.	I. Palazzese	VEN	Yamaha	41'50.85

Number of finishers: 27.
Fastest lap: C. Lavado (VEN, Yamaha),
   1'34.09 = 159.473 km/h.

7) June 27 : The Netherlands - Assen

18 laps = 110.412 km
Pole position: C. Lavado (VEN, Yamaha),
2'18.65 = 159.267 km/h.

1.	A. Mang	D	Honda	41'47.20
				= 158.537 km/h
2.	R. Roth	D	Honda	41'53.65
3.	A. Pons	E	Honda	42'00.34
4.	C. Cardus	E	Honda	42'14.34
5.	M. Wimmer	D	Yamaha	42'21.24
6.	I. Palazzese	VEN	Yamaha	42'21.56
7.	J. Cornu	CH	Honda	42'21.89
8.	J. Garriga	E	Yamaha	42'22.16
9.	P. Igoa	F	Yamaha	42'26.59
10.	C. Lavado	VEN	Yamaha	42'33.19

Number of finishers: 30.
Fastest lap: A. Mang (D, Honda),
2'17.75 = 160.308 km/h.

8) July 19 : France - Le Mans

24 laps = 102.408 km
Pole position: D. Sarron (F, Honda),
1'46.58 = 143.216 km/h.

1.	R. Roth	D	Honda	49'46.33
				= 123.672 km/h
2.	D. Sarron	F	Honda	50'01.88
3.	C. Cardus	E	Honda	50'08.27
4.	A. Pons	E	Honda	50'14.45
5.	M. Herweh	D	Honda	50'17.22
6.	H. Lindner	A	Honda	50'21.01
7.	L. Reggiani	I	Aprilia	50'28.88
8.	J.-P. Ruggia	F	Yamaha	50'33.04
9.	D. McLeod	GB	EMC-Rotax	50'33.40
10.	M. Wimmer	D	Yamaha	50'59.17

Number of finishers: 22.
Fastest lap: R. Roth (D, Honda),
2'02.81 = 124.290 km/h.

9) August 2 : Great Britain - Donington

26 laps = 104.598 km
Pole position: P. Igoa (F, Yamaha),
1'42.21 = 141.697 km/h.

1.	A. Mang	D	Honda	44'54.26
				= 139.760 km/h
2.	L. Reggiani	I	Aprilia	44'54.42
3.	M. Wimmer	D	Yamaha	44'55.69
4.	J. Cornu	CH	Honda	44'57.74
5.	R. Roth	D	Honda	44'58.67
6.	P. Igoa	F	Yamaha	44'59.17
7.	A. Pons	E	Honda	45'16.09
8.	C. Cardus	E	Honda	45'22.75
9.	D. Sarron	F	Honda	45'26.77
10.	M. Herweh	D	Honda	45'48.57

Number of finishers: 28.
Fastest lap: M. Wimmer (D, Yamaha),
1'42.28 = 141.600 km/h.

10) August 9 : Sweden - Anderstorp

25 laps = 100.775 km
Pole position: L. Cadalora (I, Yamaha),
1'39.02 = 146.552 km/h.

1.	A. Mang	D	Honda	42'09.70
				= 143.412 km/h
2.	L. Cadalora	I	Yamaha	42'09.99
3.	L. Reggiani	I	Aprilia	42'11.75
4.	C. Lavado	VEN	Yamaha	42'15.10
5.	D. Sarron	F	Honda	42'15.58
6.	C. Cardus	E	Honda	42'15.85
7.	P. Igoa	F	Yamaha	42'16.30
8.	M. Vitali	I	Garelli	42'24.82
9.	D. McLeod	GB	EMC-Rotax	42'25.95
10.	J.-F. Baldé	F	Défi-Rotax	42'32.53

Number of finishers: 25.
Fastest lap: C. Lavado (VEN, Yamaha),
1'39.49 = 145.860 km/h.

11) August 23 : Czechoslovakia - Brno

21 laps = 113.274 km
Pole position: D. Sarron (F, Honda),
2'11.62 = 147.534 km/h.

1.	A. Mang	D	Honda	47'09.56
				= 144.117 km/h
2.	D. Sarron	F	Honda	47'12.99
3.	C. Cardus	E	Honda	47'13.26
4.	A. Pons	E	Honda	47'13.54
5.	L. Cadalora	I	Yamaha	47'13.89
6.	U. Luzi	CH	Honda	47'19.24
7.	P. Igoa	F	Yamaha	47'27.32
8.	I. Palazzese	VEN	Yamaha	47'32.55
9.	J. Garriga	E	Yamaha	47'47.63
10.	R. Roth	D	Honda	47'50.20

Number of finishers: 26.
Fastest lap: C. Cardus (E, Honda),
2'12.25 = 146.831 km/h.

12) August 30 : San Marino - Misano

30 laps = 104.640 km
Pole position: L. Cadalora (I, Yamaha),
1'21.78 = 153.544 km/h.

1.	L. Reggiani	I	Aprilia	41'21.58
				= 151.800 km/h
2.	L. Cadalora	I	Yamaha	41'29.47
3.	A. Pons	E	Honda	41'32.64
4.	D. Sarron	F	Honda	41'33.00
5.	M. Wimmer	D	Yamaha	41'33.76
6.	A. Mang	D	Honda	41'33.90
7.	J. Garriga	E	Yamaha	41'34.11
8.	M. Herweh	D	Honda	41'35.05
9.	R. Roth	D	Honda	41'35.27
10.	P. Igoa	F	Yamaha	41'35.63

Number of finishers: 29.
Fastest lap: L. Cadalora (I, Yamaha),
1'21.82 = 153.469 km/h.

13) September 13 : Portugal - Jarama

31 laps = 102.672 km
Pole position: J. Garriga (E, Yamaha),
1'29.02 = 133.938 km/h.

1.	A. Mang	D	Honda	47'31.33
				= 129.632 km/h
2.	J. Garriga	E	Yamaha	47'32.12
3.	M. Wimmer	D	Yamaha	47'35.93
4.	P. Igoa	F	Yamaha	47'38.14
5.	A. Pons	E	Honda	47'40.26
6.	J.-F. Baldé	F	Défi-Rotax	47'46.04
7.	R. Roth	D	Honda	47'46.29
8.	D. Sarron	F	Honda	47'52.76
9.	L. Cadalora	I	Yamaha	47'56.97
10.	M. Herweh	D	Honda	48'11.17

Number of finishers: 23.
Fastest lap: J. Garriga (E, Yamaha),
1'30.41 = 131.879 km/h.

14) September 27 : Brazil - Goiania

27 laps = 103.545 km
Pole position: D. Sarron (F, Honda),
1'30.29 = 152.907 km/h.

1.	D. Sarron	F	Honda	41'22.22
				= 150.172 km/h
2.	JA. Pons	E	Honda	41'25.66
3.	C. Cardus	E	Honda	41'28.10
4.	R. Roth	D	Honda	41'34.92
5.	C. Lavado	VEN	Yamaha	41'35.01
6.	L. Cadalora	I	Yamaha	41'35.45
7.	A. Mang	D	Honda	41'36.60
8.	L. Reggiani	I	Aprilia	41'40.26
9.	M. Shimizu	J	Honda	41'43.17
10.	J. Garriga	F	Yamaha	41'50.35

Number of finishers: 25.
Fastest lap: A. Pons (E, Honda),
1'31.25 = 151.298 km/h.

15) October 4 : Argentina - Buenos Aires

30 laps = 103.050 km
Pole position: M. Wimmer (D, Yamaha),
1'24.23 = 146.812 km/h.

1.	A. Pons	E	Honda	42'56.52
				= 143.984 km/h
2.	D. Sarron	F	Honda	42'56.71
3.	M. Shimizu	J	Honda	42'56.99
4.	L. Cadalora	I	Yamaha	42'57.21
5.	C. Cardus	E	Honda	42'58.77
6.	R. Roth	D	Honda	43'00.17
7.	J. Garriga	E	Yamaha	43'00.52
8.	P. Igoa	F	Yamaha	43'00.82
9.	C. Lavado	VEN	Yamaha	43'21.82
10.	S. Caracchi	I	Honda	43'35.75

Number of finishers: 23.
Fastest lap: not released.

WORLD CHAMPIONSHIP

1.	Anton Mang	D	Honda	136
2.	Reinhold Roth	D	Honda	108
3.	Alfonso "Sito" Pons	E	Honda	108
4.	Dominique Sarron	F	Honda	97
5.	Carlos Cardus	E	Honda	70
6.	Loris Reggiani	I	Aprilia	68
7.	Luca Cadalora	I	Yamaha	63
8.	Martin Wimmer	D	Yamaha	61
9.	Jacques Cornu	CH	Honda	50
10.	Carlos Lavado	VEN	Yamaha	46
11.	Juan Garriga	E	Yamaha	46
12.	Patrick Igoa	F	Yamaha	42
13.	Masahiro Shimizu	J	Honda	20
14.	Masaru Kobayashi	J	Honda	15
15.	Manfred Herweh	D	Honda	11
16.	Ivan Palazzese	VEN	Yamaha	9
17.	Jean-Philippe Ruggia	F	Yamaha	7
18.	Jean-François Baldé	F	Défi-Rotax	6
19.	Maurizio Vitali	I	Garelli	6
20.	Urs Luzi	CH	Honda	5
21.	Hans Lindner	A	Honda	5
22.	Donnie McLeod	GB	EMC-Rotax	4
23.	Stéphane Mertens	B	Honda	2
24.	Masumitsu Taguchi	J	Honda	2
25.	Stefano Caracchi	I	Honda	1
26.	Guy Bertin	F	Honda	1
27.	Takayoshi Yamamoto	J	Yamaha	1

Reinhold Roth

1987 — 250 cc

1987 — 500 cc

Champion : **Wayne Gardner (Australia, Honda), 178 points, 7 wins**

1) March 29 : Japan - Suzuka

22 laps = 130.086 km
Pole position: N. MacKenzie (GB, Honda),
2'14.43 = 158.322 km/h.

1.	R. Mamola	USA	Yamaha	57'22.889
				= 135.998 km/h
2.	W. Gardner	AUS	Honda	58'05.278
3.	T. Ito	J	Suzuki	58'14.183
4.	P. Chili	I	Honda	58'43.242
5.	R. Haslam	GB	Elf-Honda	58'45.839
6.	T. Taira	J	Yamaha	59'01.569
7.	H. Kawasaki	J	Yamaha	59'02.955
8.	R. Burnett	GB	Honda	59'31.147
9.	S. Katayama	J	Yamaha	59'39.220
10.	R. Roche	F	Cagiva	59'51.069

Number of finishers: 16.
Fastest lap: R. Mamola (USA, Yamaha),
2'34.60 = 137.666 km/h.

2) April 26 : Spain - Jerez de la Frontera

30 laps = 126.540 km
Pole position: E. Lawson (USA, Yamaha),
1'50.69 = 137.184 km/h.

1.	W. Gardner	AUS	Honda	56'02.07
				= 135.493 km/h
2.	E. Lawson	USA	Yamaha	56'25.62
3.	R. Haslam	GB	Elf-Honda	56'51.16
4.	N. MacKenzie	GB	Honda	56'52.76
5.	K. Schwantz	USA	Suzuki	57'12.54
6.	R. Mamola	USA	Yamaha	57'14.88
7.	T. Taira	J	Yamaha	57'16.28
8.	S. Yatsushiro	J	Honda	57'20.33
9.	R. Burnett	GB	Honda	57'42.11
10.	R. Scott	NZ	Honda	57'47.11

Number of finishers: 21.
Fastest lap: W. Gardner (AUS, Honda),
1'51.08 = 136.701 km/h.

3) May 17 : Germany - Hockenheim

19 laps = 128.972 km
Pole position: W. Gardner (AUS, Honda),
2'04.77 = 195.855 km/h.

1.	E. Lawson	USA	Yamaha	40'21.64
				= 191.746 km/h
2.	R. Mamola	USA	Yamaha	40'34.99
3.	R. Haslam	GB	Elf-Honda	40'35.54
4.	T. Taira	J	Yamaha	40'42.23
5.	R. McElnea	GB	Yamaha	40'50.78
6.	P. Chili	I	Honda	41'07.43
7.	N. MacKenzie	GB	Honda	41'07.73
8.	R. Burnett	GB	Honda	41'16.40
9.	G. Reiner	D	Honda	41'16.86
10.	W. Gardner	AUS	Honda	41'37.36

Number of finishers: 25.
Fastest lap: W. Gardner (AUS, Honda),
2'05.50 = 194.715 km/h.

4) May 24 : Italy - Monza

24 laps = 139.200 km
Pole position: W. Gardner (AUS, Honda),
1'48.66 = 192.159 km/h.

1.	W. Gardner	AUS	Honda	44'04.81
				= 189.473 km/h
2.	E. Lawson	USA	Yamaha	44'20.47
3.	C. Sarron	F	Yamaha	44'37.27
4.	R. McElnea	GB	Yamaha	44'37.30
5.	R. Haslam	GB	Elf-Honda	44'37.36
6.	T. Taira	J	Yamaha	44'45.29
7.	P. Chili	I	Honda	45'06.70
8.	K. Schwantz	USA	Suzuki	45'07.00
9.	R. Roche	F	Cagiva	45'10.81
10.	N. MacKenzie	GB	Honda	45'11.07

Number of finishers: 22.
Fastest lap: W. Gardner (AUS, Honda),
1'49.00 = 191.560 km/h.

5) June 7 : Austria - Salzburgring

29 laps = 123.047 km
Pole position: W. Gardner (AUS, Honda),
1'21.46 = 187.513 km/h.

1.	W. Gardner	AUS	Honda	39'57.89
				= 184.733 km/h
2.	R. Mamola	USA	Yamaha	40'00.26
3.	N. MacKenzie	GB	Honda	40'11.10
4.	R. Haslam	GB	Elf-Honda	40'17.26
5.	R. McElnea	GB	Yamaha	40'22.26
6.	C. Sarron	F	Yamaha	40'32.10
7.	S. Yatsushiro	J	Honda	40'42.07
8.	R. Burnett	GB	Honda	40'54.52
9.	T. Taira	J	Yamaha	40'54.86
10.	P. Chili	I	Honda	40'55.09

Number of finishers: 25.
Fastest lap: D. De Radiguès (B, Cagiva),
1'20.46 = 189.843 km/h.

6) June 14 : Yugoslavia - Rijeka

30 laps = 125.040 km
Pole position: W. Gardner (AUS, Honda),
1'32.00 = 163.095 km/h.

1.	W. Gardner	AUS	Honda	46'30.64
				= 161.305 km/h
2.	R. Mamola	USA	Yamaha	46'33.07
3.	E. Lawson	USA	Yamaha	46'45.86
4.	R. Haslam	GB	Elf-Honda	47'00.96
5.	R. Roche	F	Cagiva	47'14.35
6.	P. Chili	I	Honda	47'15.08
7.	T. Taira	J	Yamaha	47'22.31
8.	S. Yatsushiro	J	Honda	47'30.14
9.	R. Scott	NZ	Honda	47'30.40
10.	K. Irons	GB	Suzuki	47'49.08

Number of finishers: 27.
Fastest lap: W. Gardner (AUS, Honda),
1'32.00 = 163.095 km/h.

7) June 27 : The Netherlands - Assen

20 laps = 122.680 km
Pole position: E. Lawson (USA, Yamaha),
2'16.05 = 162.311 km/h.

1.	E. Lawson	USA	Yamaha	50'12.91
				= 146.585 km/h
2.	W. Gardner	AUS	Honda	50'19.58
3.	R. Mamola	USA	Yamaha	50'25.90
4.	R. McElnea	GB	Yamaha	50'29.34
5.	R. Haslam	GB	Elf-Honda	50'51.22
6.	D. De Radiguès	B	Cagiva	50'56.25
7.	R. Burnett	GB	Honda	50'58.14
8.	K. Irons	GB	Suzuki	51'16.00
9.	P. Chili	I	Honda	51'54.33
10.	K. Magee	AUS	Yamaha	52'13.02

Number of finishers: 22.
Fastest lap: E. Lawson (USA, Yamaha), 2'16.05 = 162.311 km/h.

8) July 19 : France - Le Mans

29 laps = 123.743 km
Pole position: R. Mamola (USA, Yamaha),
1'59.29 = 127.957 km/h.

1.	R. Mamola	USA	Yamaha	58'43.50
				= 126.430 km/h
2.	P. Chili	I	Honda	59'17.68
3.	C. Sarron	F	Yamaha	59'24.14
4.	W. Gardner	AUS	Honda	59'27.69
5.	R. Haslam	GB	Elf-Honda	59'33.75
6.	K. Irons	GB	Suzuki	59'49.52
7.	N. MacKenzie	GB	Honda	1 h.00'17.03
8.	S. Yatsushiro	J	Honda	1 h.00'22.35
9.	K. Schwantz	USA	Suzuki	1 h.00'22.89
10.	R. Burnett	GB	Honda	1 h.00'41.37

Number of finishers: 22.
Fastest lap: R. Mamola (USA, Yamaha), 1'59.29 = 127.957 km/h.

9) August 2 : Great Britain - Donington

30 laps = 120.690 km
Pole position: W. Gardner (AUS, Honda),
1'38.29 = 147.348 km/h.

1.	E. Lawson	USA	Yamaha	50'09.77
				= 144.350 km/h
2.	W. Gardner	AUS	Honda	50'14.38
3.	R. Mamola	USA	Yamaha	50'24.69
4.	C. Sarron	F	Yamaha	50'31.21
5.	N. MacKenzie	GB	Honda	50'34.41
6.	D. De Radiguès	B	Cagiva	50'41.31
7.	R. Haslam	GB	Elf-Honda	50'41.70
8.	T. Taira	J	Yamaha	50'42.74
9.	R. Burnett	GB	Honda	50'45.73
10.	K. Irons	GB	Suzuki	51'01.91

Number of finishers: 26.
Fastest lap: T. Taira (J, Yamaha), 1'39.37 = 145.746 km/h.

10) August 9 : Sweden - Anderstorp

30 laps = 123.930 km
Pole position: W. Gardner (AUS, Honda),
1'35.72 = 151.605 km/h.

1.	W. Gardner	AUS	Honda	48'46.36
				= 148.768 km/h
2.	E. Lawson	USA	Yamaha	48'48.56
3.	R. Mamola	USA	Yamaha	49'06.29
4.	R. McElnea	GB	Yamaha	49'07.52
5.	N. MacKenzie	GB	Honda	49'16.02
6.	R. Haslam	GB	Elf-Honda	49'20.76
7.	F. Spencer	USA	Honda	49'22.12
8.	D. De Radiguès	B	Cagiva	49'29.00
9.	K. Irons	GB	Suzuki	49'33.09
10.	R. Burnett	GB	Honda	49'37.59

Number of finishers: 25.
Fastest lap: W. Gardner (AUS, Honda), 1'36.37 = 150.582 km/h.

11) August 23 : Czechoslovakia - Brno

24 laps = 129.456 km
Pole position: W. Gardner (AUS, Honda),
2'07.58 = 152.205 km/h.

1.	W. Gardner	AUS	Honda	51'52.17
				= 149.748 km/h
2.	E. Lawson	USA	Yamaha	51'54.04
3.	T. Taira	J	Yamaha	52'09.22
4.	R. Mamola	USA	Yamaha	52'11.23
5.	N. MacKenzie	GB	Honda	52'22.49
6.	S. Yatsushiro	J	Honda	52'33.06
7.	C. Sarron	F	Yamaha	52'33.33
8.	R. McElnea	GB	Yamaha	52'36.44
9.	P. Chili	I	Honda	52'36.69
10.	R. Burnett	GB	Honda	52'45.10

Number of finishers: 25.
Fastest lap: W. Gardner (AUS, Honda), 2'08.20 = 151.469 km/h.

12) August 30 : San Marino - Misano

35 laps = 122.080 km
Pole position: E. Lawson (USA, Yamaha),
1'18.99 = 158.967 km/h.

1.	R. Mamola	USA	Yamaha	46'35.85
				= 157.193 km/h
2.	E. Lawson	USA	Yamaha	46'39.81
3.	W. Gardner	AUS	Honda	47'10.68
4.	T. Taira	J	Yamaha	47'17.56
5.	S. Yatsushiro	J	Honda	47'37.60
6.	R. Burnett	GB	Honda	47'38.04
7.	N. MacKenzie	GB	Honda	47'38.22
8.	C. Sarron	F	Yamaha	47'38.54
9.	G. Reiner	D	Honda	1 lap
10.	M. Gentile	CH	Fior-Honda	1 lap

Number of finishers: 21.
Fastest lap: R. Mamola (USA, Yamaha), 1'18.98 = 156.987 km/h.

13) September 13 : Portugal - Jarama

37 laps = 122.544 km
Pole position: R. Mamola (USA, Yamaha),
1'27.64 = 136.047 km/h.

1.	E. Lawson	USA	Yamaha	55'20.65
				= 132.854 km/h
2.	R. Mamola	USA	Yamaha	55'29.96
3.	K. Magee	AUS	Yamaha	55'30.37
4.	W. Gardner	AUS	Honda	55'39.90
5.	C. Sarron	F	Yamaha	56'02.35
6.	N. MacKenzie	GB	Honda	56'23.04
7.	P. Chili	I	Honda	56'35.04
8.	S. Yatsushiro	J	Honda	56'47.59
9.	R. Haslam	GB	Elf-Honda	1 lap
10.	G. Reiner	D	Honda	1 lap

Number of finishers: 18.
Fastest lap: W. Gardner (AUS, Honda), 1'27.99 = 135.506 km/h.

13) September 27 : Brazil - Goiania

32 laps = 122.720 km
Pole position: W. Gardner (AUS, Honda),
1'27.36 = 158.036 km/h.

1.	W. Gardner	AUS	Honda	47'39.57
				= 154.504 km/h
2.	E. Lawson	USA	Yamaha	47'44.76
3.	R. Mamola	USA	Yamaha	47'52.18
4.	D. De Radiguès	B	Cagiva	48'03.99
5.	C. Sarron	F	Yamaha	48'05.16
6.	S. Yatsushiro	J	Honda	48'21.90
7.	T. Taira	J	Yamaha	48'31.28
8.	N. MacKenzie	GB	Honda	48'36.26
9.	P. Chili	I	Honda	48'40.69
10.	M. Baldwin	USA	Yamaha	48'43.29

Number of finishers: 15.
Fastest lap: W. Gardner (AUS, Honda), 1'28.79 = 155.490 km/h.

14) October 4 : Argentina - Buenos Aires

34 laps = 116.790 km
Pole position: W. Gardner (AUS, Honda),
1'21.56 = 151.618 km/h.

1.	E. Lawson	USA	Yamaha	46'38.22
				= 150.272 km/h
2.	R. Mamola	USA	Yamaha	46'49.64
3.	W. Gardner	AUS	Honda	46'52.28
4.	S. Yatsushiro	J	Honda	47'14.05
5.	R. Roche	F	Cagiva	47'28.32
6.	M. Baldwin	USA	Yamaha	47'28.59
7.	N. MacKenzie	GB	Honda	47'29.40
8.	T. Taira	J	Yamaha	47'52.65
9.	P. Chili	I	Honda	1 lap
10.	R. Haslam	GB	Elf-Honda	1 lap

Number of finishers: 13.
Fastest lap: not released.

WORLD CHAMPIONSHIP

1.	Wayne Gardner	AUS	Honda	178
2.	Randy Mamola	USA	Yamaha	158
3.	Eddie Lawson	USA	Yamaha	157
4.	Ronald "Ron" Haslam	GB	Elf-Honda	72
5.	Niall MacKenzie	GB	Honda	61
6.	Tadahiko Taira	J	Yamaha	56
7.	Christian Sarron	F	Yamaha	52
8.	Pierfrancesco Chili	I	Honda	47
9.	Shunji Yatsushiro	J	Honda	40
10.	Rob McElnea	GB	Yamaha	39
11.	Roger Burnett	GB	Honda	25
12.	Didier De Radiguès	B	Cagiva	21
13.	Raymond Roche	F	Cagiva	15
14.	Kenny Irons	GB	Suzuki	12
15.	Kevin Magee	AUS	Yamaha	11
16.	Kevin Schwantz	USA	Suzuki	11
17.	Takumi Ito	J	Suzuki	10
18.	Mike Baldwin	USA	Yamaha	6
19.	Gustav Reiner	D	Honda	5
20.	Freddie Spencer	USA	Honda	4
21.	Hiroyuki Kawasaki	J	Yamaha	4
22.	Richard Scott	NZ	Honda	3
23.	Shinji Katayama	J	Yamaha	2
24.	Marco Gentile	CH	Honda	1

Niall MacKenzie

1987 — 500 cc

Champions **: Steve Webster/Tony Hewitt (Great Britain, LCR-Krauser),
97 points, 3 wins**

1987 — Side-Cars

1) April 26 : Spain - Jerez de la Frontera

22 laps = 92.796 km
Pole position: R. Biland/K. Waltisperg (CH, LCR-Krauser),
1'52.08 = 135.481 km/h.

1.	S. Webster/T. Hewitt	GB	LCR-Krauser	42'29.09
				= 131.053 km/h
2.	A. Michel/J.-M. Fresc	F	LCR-Krauser	43'14.29
3.	A. Zurbrügg/M. Zurbrügg	CH	LCR-Yamaha	43'25.37
4.	D. Bayley/B. Nixon	GB	LCR-Yamaha	43'34.00
5.	S. Abbott/S. Smith	GB	Windle-Yamaha	43'37.63
6.	D. Jones/B. Ayres	GB	LCR-Yamaha	44'13.25
7.	M. Egloff/U. Egloff	CH	LCR-Krauser	44'23.88
8.	Y. Kumagaya/B. Barlow	J/GB	Windle-Yamaha	44'24.98
9.	R. Progin/Y. Hunziker	CH	Seymaz-Krauser	1 lap
10.	M. Kumano/M. Fahrni	J/CH	LCR-Yamaha	1 lap

Number of finishers: 11.
Fastest lap: R. Biland/K. Waltisperg (CH, LCR-Krauser),
1'53.58 = 133.693 km/h.

2) May 17 : Germany - Hockenheim

14 laps = 95.032 km
Pole position: S. Webster/T. Hewitt (GB, LCR-Krauser),
2'15.67 = 180.119 km/h.

1.	S. Webster/T. Hewitt	GB	LCR-Krauser	31'56.10
				= 178.563 km/h
2.	E. Streuer/B. Schnieders	NL	LCR-Yamaha	31'57.02
3.	A. Michel/J.-M. Fresc	F	LCR-Krauser	31'59.16
4.	T. Van Kempen/G. De Haas	NL	LCR-Yamaha	32'14.37
5.	S. Abbott/S. Smith	GB	Windle-Yamaha	32'14.77
6.	R. Progin/Y. Hunziker	CH	Seymaz-Krauser	33'24.68
7.	M. Kumano/M. Fahrni	J/CH	LCR-Yamaha	33'28.47
8.	P. Laratte/J. Corbier	F	LCR-Yamaha	33'38.12
9.	Y. Kumagaya/B. Barlow	J/GB	Windle-Yamaha	33'42.16
10.	F. Stölzle/H. Stölzle	D	LCR-Yamaha	1 lap

Number of finishers: 18.
Fastest lap: S. Webster/T. Hewitt (GB, LCR-Krauser),
2'15.57 = 180.268 km/h.

3) June 7 : Austria - Salzburgring

22 laps = 93.346 km
Pole position: E. Streuer/B. Schnieders (NL, LCR-Yamaha),
1'26.94 = 175.697 km/h.

1.	R. Biland/K. Waltisperg	CH	LCR-Krauser	32'15.43
				= 173.628 km/h
2.	E. Streuer/B. Schnieders	NL	LCR-Yamaha	32'18.90
3.	A. Michel/J.-M. Fresc	F	LCR-Krauser	32'19.89
4.	S. Webster/T. Hewitt	GB	LCR-Krauser	32'30.97
5.	W. Stropek/P. Demling	A	LCR-Krauser	33'19.80
6.	M. Kumano/M. Fahrni	J/CH	LCR-Yamaha	33'19.90
7.	A. Zurbrügg/S. Birchall	CH/GB	LCR-Krauser	33'27.48
8.	D. Jones/B. Ayres	GB	LCR-Yamaha	33'27.77
9.	P. Laratte/J. Corbier	F	LCR-Yamaha	33'34.02
10.	T. Van Kempen/G. De Haas	NL	LCR-Yamaha	33'35.04

Number of finishers: 17.
Fastest lap: A. Michel/J.-M. Fresc (F, LCR-Krauser),
1'26.56 = 176.465 km/h.

4) June 27 : The Netherlands - Assen

16 laps = 98.144 km
Pole position: R. Biland/K. Waltisperg (CH, LCR-Krauser),
2'18.11 = 159.889 km/h.

1.	E. Streuer/B. Schnieders	NL	LCR-Yamaha	41'13.86
				= 142.821 km/h
2.	S. Webster/T. Hewitt	GB	LCR-Krauser	41'37.61
3.	A. Michel/J.-M. Fresc	F	LCR-Krauser	41'45.79
4.	R. Biland/K. Waltisperg	CH	LCR-Krauser	41'54.32
5.	R. Steinhausen/B. Hiller	D	Busch-Yamaha	42'13.41
6.	A. Zurbrügg/S. Birchall	CH/GB	LCR-Krauser	42'23.34
7.	S. Abbott/S. Smith	GB	Windle-Yamaha	42'31.21
8.	B. Scherer/W. Gess	D	Yamaha	42'51.23
9.	B. Brindley/G. Rose	GB	Windle-Yamaha	43'04.35
10.	T. Van Kempen/G. De Haas	NL	LCR-Yamaha	43'21.15

Number of finishers: 15.
Fastest lap: E. Streuer/B. Schnieders (NL, LCR-Yamaha),
2'32.07 = 145.212 km/h.

5) July 19 : France - Le Mans

22 laps = 93.874 km
Pole position: R. Biland/K. Waltisperg (CH, LCR-Krauser),
1'47.72 = 141.700 km/h.

1.	R. Biland/K. Waltisperg	CH	LCR-Krauser	45'47.15
				= 123.017 km/h
2.	E. Streuer/B. Schnieders	NL	LCR-Yamaha	46'01.95
3.	S. Webster/T. Hewitt	GB	LCR-Krauser	46'03.22
4.	A. Michel/J.-M. Fresc	F	LCR-Krauser	46'15.39
5.	D. Jones/B. Ayres	GB	LCR-Yamaha	46'58.02
6.	Y. Kumagaya/B. Barlow	J/GB	Windle-Yamaha	47'19.20
7.	T. Van Kempen/G. De Haas	NL	LCR-Yamaha	47'23.36
8.	S. Abbott/S. Smith	GB	Windle-Yamaha	47'26.21
9.	A. Zurbrügg/S. Birchall	CH/GB	LCR-Krauser	47'36.44
10.	B. Scherer/W. Gess	D	Yamaha	47'51.12

Number of finishers: 18.
Fastest lap: S. Webster/T. Hewitt (GB, LCR-Krauser),
2'02.54 = 124.566 km/h.

6) August 2 : Great Britain - Donington

24 laps = 96.552 km
Pole position: R. Biland/K. Waltisperg (CH, LCR-Krauser),
1'40.23 = 144.495 km/h.

1.	S. Webster/T. Hewitt	GB	LCR-Krauser	41'14.69
				= 140.450 km/h
2.	E. Streuer/B. Schnieders	NL	LCR-Yamaha	41'37.96
3.	R. Steinhausen/B. Hiller	D	Busch-Yamaha	41'48.46
4.	A. Zurbrügg/S. Birchall	CH/GB	LCR-Krauser	42'25.52
5.	D. Jones/B. Ayres	GB	LCR-Yamaha	42'26.73
6.	S. Abbott/S. Smith	GB	Windle-Yamaha	42'26.87
7.	B. Brindley/G. Rose	GB	Windle-Yamaha	42'41.75
8.	Y. Kumagaya/B. Barlow	J/GB	Windle-Yamaha	1 lap
9.	M. Kumano/M. Fahrni	J/CH	LCR-Yamaha	1 lap
10.	I. Nigrowski/M. Charpentier	F	Seymaz-Yamaha	1 lap

Number of finishers: 12.
Fastest lap: S. Webster/T. Hewitt (GB, LCR-Krauser),
1'41.71 = 142.360 km/h.

7) August 9 : Sweden - Anderstorp

23 laps = 92.713 km
Pole position: S. Webster/T. Hewitt (GB, LCR-Krauser),
1'39.28 = 146.168 km/h.

1.	R. Biland/K. Waltisperg	CH	LCR-Krauser	38'52.02
				= 143.123 km/h
2.	S. Webster/T. Hewitt	GB	LCR-Krauser	38'53.52
3.	A. Michel/J.-M. Fresc	F	LCR-Krauser	39'00.60
4.	R. Steinhausen/B. Hiller	D	Busch-Yamaha	39'21.73
5.	A. Zurbrügg/S. Birchall	CH/GB	LCR-Yamaha	39'34.39
6.	P. Laratte/J. Corbier	F	LCR-Yamaha	39'56.39
7.	M. Kumano/M. Fahrni	J/CH	LCR-Yamaha	39'57.45
8.	W. Stropek/P. Demling	A	LCR-Krauser	40'10.00
9.	M. Egloff/U. Egloff	CH	LCR-Yamaha	40'23.74
10.	R. Progin/Y. Hunziker	CH	Seymaz-Krauser	40'24.12

Number of finishers: 14.
Fastest lap: R. Biland/K. Waltisperg (CH, LCR-Krauser),
1'39.59 = 145.713 km/h.

8) August 23 : Czechoslovakia - Brno

18 laps = 97.092 km
Pole position: R. Biland/K. Waltisperg (CH, LCR-Krauser),
2'10.05 = 149.314 km/h.

1.	R. Biland/K. Waltisperg	CH	LCR-Krauser	39'49.39
				= 146.285 km/h
2.	E. Streuer/B. Schnieders	NL	LCR-Yamaha	40'06.85
3.	S. Webster/T. Hewitt	GB	LCR-Krauser	40'11.43
4.	A. Michel/J.-M. Fresc	F	LCR-Krauser	40'22.79
5.	M. Egloff/U. Egloff	CH	LCR-Yamaha	40'47.49
6.	M. Kumano/M. Fahrni	J/CH	LCR-Yamaha	40'47.79
7.	A. Zurbrügg/S. Birchall	CH/GB	LCR-Yamaha	40'51.75
8.	D. Jones/B. Ayres	GB	LCR-Yamaha	40'58.01
9.	S. Abbott/S. Smith	GB	Windle-Yamaha	40'58.68
10.	P. Laratte/J. Corbier	F	LCR-Yamaha	41'05.77

Number of finishers: 23.
Fastest lap: S. Webster/T. Hewitt (GB, LCR-Krauser),
2'11.44 = 147.736 km/h.

René Progin

WORLD CHAMPIONSHIP

1.	Steve Webster/Tony Hewitt	GB	LCR-Krauser	97
2.	Egbert Streuer/Bernd Schnieders	NL	LCR-Yamaha	75
3.	Rolf Biland/Kurt Waltisperg	CH	LCR-Krauser	68
4.	Alain Michel/Jean-Marc Fresc	F	LCR-Krauser	68
5.	Alfred Zurbrügg/Martin Zurbrügg/Simon Birchall	CH/CH/GB	LCR-Yamaha	39
6.	Steve Abbott/Shaun Smith	GB	Windle-Yamaha	26
7.	Rolf Steinhausen/Bruno Hiller	D	Busch-Yamaha	24
8.	Derek Jones/Brian Ayres	GB	LCR-Yamaha	23
9.	Masato Kumano/Markus Fahrni	J/CH	LCR-Yamaha	21
10.	Theo Van Kempen/Geral De Haas	NL	LCR-Yamaha	14
11.	Yoshisada Kumagaya/Brian Barlow	GB	Windle-Yamaha	13
12.	Markus Egloff/Urs Egloff	CH	LCR-Yamaha	12
13.	Pascal Laratte/Jacques Corbier	F	LCR-Yamaha	11
14.	Wolfgang Stropek/Peter Demling	A	LCR-Krauser	9
15.	Derek Bayley/Brian Nixon	GB	LCR-Yamaha	8
16.	René Progin/Yvan Hunziker	CH	Seymaz-Krauser	8
17.	Barry Brindley/Graham Rose	GB	Windle-Yamaha	6
18.	Bernd Scherer/Wolfgang Gess	D	Yamaha	4
19.	Ivan Nigrowski/Martial Charpentier	F	Seymaz-Yamaha	1
20.	Fritz Stölzle/Hubert Stölzle	D	LCR-Yamaha	1

Cees Smit / Jan Smit, Honda

Champion: **Jorge Martinez (Spain, Derbi), 137 points, 6 wins**

1988 — 80 cc

1) April 24 : Spain - Jarama

22 laps = 72.864 km
Pole position: J. Martinez (E, Derbi),
    1'38.328 = 121.259 km/h.

1.	S. Dörflinger	CH	Krauser	36'58.811
				= 118.223 km/h
2.	J. Martinez	E	Derbi	37'03.937
3.	A. Crivillé	E	Derbi	37'05.851
4.	M. Herreros	E	Derbi	37'20.340
5.	P. Oettl	D	Krauser	37'44.012
6.	F. Torrontegui	E	Autisa	37'44.390
7.	K. Juhasz	H	Krauser	37'50.428
8.	B. Nikolov	BUL	Krauser	38'20.154
9.	S. Julin	B	Casal	38'33.258
10.	I. McConnachie	GB	Autisa	38'33.529
11.	J. Van Dongen	NL	Casal	1 lap
12.	G. Schirnhofer	D	Krauser	1 lap
13.	J. Bernard	B	Fantic	1 lap
14.	H. Abold	D	Krauser	1 lap
15.	J. Arumi	E	Krauser	1 lap

Number of finishers: 23.
Fastest lap: A. Crivillé (E, Derbi),
    1'38.668 = 120.843 km/h.

2) May 1 : Portugal - Jerez de la Frontera

18 laps = 75.924 km
Pole position: J. Martinez (E, Derbi),
    2'01.96 = 124.506 km/h.

1.	J. Martinez	E	Derbi	37'36.39
				= 121.134 km/h
2.	M. Herreros	E	Derbi	37'36.64
3.	A. Crivillé	E	Derbi	37'36.92
4.	S. Dörflinger	CH	Krauser	37'57.62
5.	P. Oettl	D	Krauser	38'10.99
6.	G. Ascareggi	I	BBFT	38'18.49
7.	G. Gnani	I	Gnani	38'22.70
8.	B. Nikolov	BUL	Krauser	38'23.07
9.	K. Juhasz	H	Krauser	38'43.70
10.	J. Van Dongen	NL	Casal	38'47.46
11.	R. Dünki	CH	Krauser	38'48.14
12.	J. Bernard	B	Fantic	38'50.63
13.	G. Schirnhofer	D	Krauser	38'50.98
14.	J. Arumi	E	Krauser	39'08.89
15.	J. Mariano	E	JJ-Cobas	39'09.12

Number of finishers: 24.
Fastest lap: S. Dörflinger (CH, Krauser),
    2'03.41 = 123.043 km/h.

3) May 22 : Italy - Monza

14 laps = 70.616 km
Pole position: J. Martinez (E, Derbi),
    2'12.00 = 137.890 km/h.

1.	J. Martinez	E	Derbi	31'49.85
				= 133.531 km/h
2.	S. Dörflinger	CH	Krauser	31'55.20
3.	M. Herreros	E	Derbi	31'58.29
4.	A. Crivillé	E	Derbi	31'59.65
5.	K. Juhasz	H	Krauser	32'35.77
6.	B. Nikolov	BUL	Krauser	32'35.87
7.	P. Oettl	D	Krauser	32'44.75
8.	G. Ascareggi	I	BBFT	32'59.61
9.	R. Koster	CH	Krauser	33'01.27
10.	R. Dünki	CH	Krauser	33'01.55
11.	J. Van Dongen	NL	Casal	33'02.07
12.	J. Seel	D	Seel	33'03.06
13.	G. Gnani	I	Gnani	33'07.49
14.	B. Smit	NL	Krauser	33'08.50
15.	S. Julin	B	Casal	33'13.32

Number of finishers: 28.
Fastest lap: J. Martinez (E, Derbi),
    2'12.75 = 137.220 km/h.

4) May 29 : Germany - Hockenheim

18 laps = 81.756 km
Pole position: J. Martinez (E, Derbi),
    1'57.72 = 138.899 km/h.

1.	J. Martinez	E	Derbi	41'44.45
				= 117.519 km/h
2.	A. Crivillé	E	Derbi	42'09.40
3.	M. Herreros	E	Derbi	42'16.43
4.	G. Gnani	I	Gnani	42'44.13
5.	G. Ascareggi	I	BBFT	43'08.00
6.	J. Van Dongen	NL	Casal	43'18.17
7.	A. Nijenhuis	NL	Casal	43'43.87
8.	H. Paschen	D	Kiefer	43'50.38
9.	H. Koopmann	NL	Ziegler	43'50.98
10.	P. Pileri	I	Krauser	44'02.95
11.	G. Schirnhofer	D	Krauser	44'04.42
12.	R. Dünki	CH	Krauser	44'08.08
13.	S. Brägger	CH	Casal	44'08.46
14.	H. Klein	D	Ziegler	1 lap
15.	K. Juhasz	H	Krauser	1 lap

Number of finishers: 22.
Fastest lap: J. Martinez (E, Derbi),
    2'16.43 = 119.850 km/h.

5) June 25 : The Netherlands - Assen

12 laps = 73.608 km
Pole position: J. Martinez (E, Derbi),
    2'32.16 = 145.126 km/h.

1.	J. Martinez	E	Derbi	31'22.38
				= 140.773 km/h
2.	P. Oettl	D	Krauser	31'30.77
3.	B. Smit	NL	Krauser	31'52.43
4.	J. Van Dongen	NL	Casal	31'58.44
5.	F. Torrontegui	E	Autisa	32'02.72
6.	J. Seel	NL	Seel	32'03.00
7.	A. Nijenhuis	NL	Casal	32'04.07
8.	B. Nikolov	BUL	Krauser	32'11.90
9.	K. Juhasz	H	Krauser	32'21.63
10.	G. Ascareggi	I	BBFT	32'26.07
11.	G. Schirnhofer	D	Krauser	32'27.34
12.	R. Koster	CH	Krauser	32'33.49
13.	H. Koopmann	NL	Ziegler	32'37.33
14.	G. Gnani	I	Gnani	32'40.70
15.	R. Dünki	CH	Krauser	32'40.82

Number of finishers: 26.
Fastest lap: P. Oettl (D, Krauser),
    2'33.98 = 143.411 km/h.

6) July 17 : Yugoslavia - Rijeka

17 laps = 70.856 km/h
Pole position: J. Martinez (E, Derbi),
    1'42.839 = 145.905 km/h.

1.	J. Martinez	E	Derbi	29'32.750
				= 143.890 km/h
2.	P. Oettl	D	Krauser	29'34.922
3.	A. Crivillé	E	Derbi	29'53.530
4.	J. Seel	D	Seel	29'54.887
5.	B. Nikolov	BUL	Krauser	29'54.887
6.	S. Dörflinger	CH	Krauser	30'03.069
7.	M. Herreros	E	Derbi	30'11.050
8.	J. Van Dongen	NL	Casal	30'11.206
9.	F. Torrontegui	E	Autisa	30'20.078
10.	K. Juhasz	H	Krauser	30'21.156
11.	R. Kunz	D	Ziegler	30'21.315
12.	A. Nijenhuis	NL	Casal	30'28.507
13.	G. Schirnhofer	D	Krauser	30'30.340
14.	J. Szabo	H	Krauser	30'32.530
15.	A. Pavlic	Y	Seel	30'38.350

Number of finishers: 31.
Fastest lap: J. Martinez (E, Derbi),
    1'42.561 = 146.304 km/h.

7) August 28 : Czechoslovakia - Brno

13 laps = 70.122 km
Pole position: J. Martinez (E, Derbi),
　　　2'24.38 = 134.495 km/h.

1.	J. Martinez	E	Derbi	31'45.82
				= 132.457 km/h
2.	S. Dörflinger	CH	Krauser	31'46.06
3.	A. Crivillé	E	Derbi	32'07.22
4.	K. Juhasz	H	Krauser	32'07.31
5.	G. Ascareggi	I	BBFT	32'07.78
6.	B. Nikolov	BUL	Krauser	32'21.36
7.	G. Gnani	I	Gnani	32'21.60
8.	B. Smit	NL	Krauser	32'30.22
9.	G. Schirnhofer	D	Krauser	32'30.51
10.	R. Dünki	CH	Krauser	32'44.21
11.	A. Nijenhuis	NL	Casal	32'44.33
12.	J. Pintar	Y	Eberhardt	32'44.58
13.	J. Szabo	H	Krauser	32'49.54
14.	H. Paschen	D	Kiefer	32'52.49
15.	J. Bernard	B	Fantic	33'08.13

Number of finishers: 28.
Fastest lap:　J. Martinez (E, Derbi),
　　　2'24.06 = 134.794 km/h.

Alex Crivillé, Derbi

WORLD CHAMPIONSHIP

1.	Jorge "Aspar" Martinez	E	Derbi	137
2.	Alex Crivillé	E	Derbi	90
3.	Stefan Dörflinger	CH	Krauser	77
4.	Manuel Herreros	E	Derbi	69
5.	Peter Oettl	D	Krauser	65
6.	Bogdan Nikolov	BUL	Krauser	55
7.	Karoly Juhasz	H	Krauser	54
8.	Jos Van Dongen	NL	Casal	47
9.	Giuseppe Ascareggi	I	BBFT	46
10.	Gabriele Gnani	I	Gnani	36
11.	Francisco "Herri" Torrontegui	E	Autisa	28
12.	Jörg Seel	D	Seel	27
13.	Adrie Nijenhuis	NL	Casal	27
14.	Günther Schirnhofer	D	Krauser	27
15.	Bert Smit	NL	Krauser	25
16.	René Dünki	CH	Krauser	22
17.	Reiner Koster	CH	Krauser	11
18.	Heinz Paschen	D	Kiefer	10
19.	Hans Koopmann	NL	Ziegler	10
20.	Serge Julin	B	Casal	8
21.	Jacques Bernard	B	Fantic	8
22.	Paolo Priori	I	Krauser	6
23.	Ian McConnachie	GB	Autisa	6
24.	Reiner Kunz	D	Ziegler	5
25.	Janos Szabo	H	Krauser	5
26.	Janez Pintar	Y	Eberhardt	4
27.	Stefan Brägger	CH	Casal	3
28.	Javier Arumi	E	Krauser	3
29.	Hagen Klein	D	Ziegler	2
30.	Hubert Abold	D	Krauser	2
31.	Alojz Pavlic	Y	Seel	1
32.	Jaime Mariano	E	JJ-Cobas	1

Jörg Seel

Champion : **Jorge Martinez (Spain, Derbi), 197 points, 9 wins**

1988 — 125 cc

1) April 24 : Spain - Jarama

28 laps = 92.736 km
Pole position: J. Martinez (E, Derbi),
    1'35.55 = 124.785 km/h.

1.	J. Martinez	E	Derbi	45'20.869
				= 122.701 km/h
2.	J. Miralles	E	Honda	45'38.260
3.	G. Grassetti	I	Honda	45'40.758
4.	F. Gresini	I	Garelli	45'40.989
5.	A. Stadler	D	Honda	45'42.909
6.	G. Waibel	D	Honda	45'56.660
7.	H. Unemoto	J	Honda	45'56.809
8.	L. Pietroniro	B	Honda	45'59.661
9.	K. Takada	J	Honda	45'59.845
10.	H. Spaan	NL	Honda	46'11.393
11.	H. Lüthi	CH	Honda	46'13.158
12.	M. Hernandez	E	Honda	46'15.785
13.	S. Prein	D	Honda	46'24.576
14.	S. Dörflinger	CH	LCR-Honda	46'35.380
15.	P. Bordes	F	Honda	46'52.842

Number of finishers: 25.
Fastest lap: J. Martinez (E, Derbi),
    1'35.670 = 124.628 km/h.

2) May 22 : Italy - Imola

18 laps = 91.080 km
Pole position: J. Martinez (E, Derbi),
    2'08.14 = 142.157 km/h.

1.	J. Martinez	E	Derbi	39'16.43
				= 139.146 km/h
2.	M. Herreros	E	Derbi	39'25.13
3.	E. Gianola	I	Honda	39'29.29
4.	P. Bianchi	I	Cagiva	39'30.10
5.	H. Spaan	NL	Honda	39'30.25
6.	L.-M. Reyes	E	Garelli	39'30.43
7.	G. Grassetti	I	Honda	39'30.66
8.	A. Stadler	D	Honda	39'31.57
9.	H. Unemoto	J	Honda	39'51.58
10.	J. Wickström	SF	Honda	39'52.47
11.	S. Prein	D	Honda	39'52.90
12.	H. Lüthi	CH	Honda	39'53.25
13.	A. Scott	GB	Honda	39'55.78
14.	J. Hautaniemi	SF	Honda	39'56.70
15.	J. Miralles	E	Honda	40'03.06

Number of finishers: 26.
Fastest lap: J. Martinez (E, Derbi),
    2'08.39 = 141.880 km/h.

3) May 29 : Germany - Nürburgring

23 laps = 105.466 km
Pole position: H. Spaan (NL, Honda),
    1'54.49 = 142.818 km/h.

1.	E. Gianola	I	Honda	51'18.77
				= 122.151 km/h
2.	J. Miralles	E	Honda	51'26.81
3.	H. Spaan	NL	Honda	51'27.70
4.	M. Herreros	E	Derbi	51'29.72
5.	A. Waibel	D	Honda	52'00.42
6.	H. Unemoto	J	Honda	52'04.20
7.	G. Grassetti	I	Honda	52'22.95
8.	D. Brigaglia	I	Gazzaniga-Rotax	52'23.54
9.	L.-M. Reyes	E	Garelli	52'28.35
10.	I. McConnachie	GB	Cagiva	52'32.02
11.	G. Waibel	D	Honda	52'32.85
12.	K. Galatowicz	GB	Honda	52'33.68
13.	R. Appleyard	GB	Honda	52'38.76
14.	B. Hassaine	ALG	Honda	53'12.64
15.	J. Fischer	A	Rotax	1 lap

Number of finishers: 18.
Fastest lap: A. Waibel (D, Honda),
    2'10.92 = 124.895 km/h.

4) June 12 : Austria - Salzburgring

22 laps = 93.346 km
Pole position: J. Martinez (E, Derbi),
    1'32.67 = 164.830 km/h.

1.	J. Martinez	E	Derbi	35'03.59
				= 159.749 km/h
2.	E. Gianola	I	Honda	35'07.91
3.	S. Prein	D	Honda	35'08.12
4.	J. Fischer	A	Rotax	35'08.86
5.	M. Leitner	A	LCR-Rotax	35'09.08
6.	H. Spaan	NL	Honda	35'09.46
7.	A. Waibel	D	Honda	35'09.67
8.	G. Waibel	D	Honda	35'09.93
9.	G. Grassetti	I	Honda	35'13.04
10.	H. Abold	D	Honda	35'13.51
11.	A. Stadler	D	Honda	35'16.24
12.	J. Miralles	E	Honda	35'16.54
13.	T. Feuz	CH	Rotax	35'18.29
14.	J. Wickström	SF	Honda	35'34.64
15.	R. Appleyard	GB	Honda	35'34.86

Number of finishers: 25.
Fastest lap: H. Spaan (NL, Honda),
    1'33.51 = 163.349 km/h.

5) June 25 : The Netherlands - Assen

16 laps = 98.144 km
Pole position: H. Spaan (NL, Honda),
    2'27.50 = 149.711 km/h.

1.	J. Martinez	E	Derbi	39'42.15
				= 148.319 km/h
2.	E. Gianola	I	Honda	39'45.75
3.	H. Spaan	NL	Honda	39'49.71
4.	D. Brigaglia	I	Gazzaniga-Rotax	40'00.41
5.	G. Waibel	D	Honda	40'01.57
6.	S. Prein	D	Honda	40'16.37
7.	H. Abold	D	Honda	40'24.81
8.	C. Catalano	I	Aprilia	40'29.49
9.	P. Bianchi	I	Cagiva	40'29.81
10.	A. Stadler	D	Honda	40'31.06
11.	H. Lüthi	CH	Honda	40'31.31
12.	J. Hautaniemi	SF	Honda	40'35.37
13.	T. Feuz	CH	Rotax	40'43.27
14.	R. Milton	GB	Rotax	40'51.01
15.	J. Fischer	A	Rotax	40'52.12

Number of finishers: 25.
Fastest lap: J. Martinez (E, Derbi),
    2'26.52 = 150.713 km/h.

6) July 3 : Belgium - Spa-Francorchamps

13 laps = 90.220 km
Pole position: J. Martinez (E, Derbi),
    2'46.28 = 150.253 km/h.

1.	J. Martinez	E	Derbi	38'36.01
				= 140.238 km/h
2.	E. Gianola	I	Honda	38'36.45
3.	J. Miralles	E	Honda	38'48.09
4.	H. Spaan	NL	Honda	38'53.24
5.	G. Grassetti	I	Honda	39'08.74
6.	A. Scott	GB	Honda	39'12.90
7.	L. Pietroniro	B	Honda	39'13.41
8.	K. Takada	J	Honda	39'15.20
9.	H. Unemoto	J	Honda	39'22.46
10.	G. Waibel	D	Honda	39'32.54
11.	D. Brigaglia	I	Gazzaniga-Rotax	39'34.20
12.	P. Bianchi	I	Cagiva	39'34.21
13.	A. Stadler	D	Honda	39'38.55
14.	R. Appleyard	GB	Honda	39'49.14
15.	J. Hautaniemi	SF	Honda	39'55.34

Number of finishers: 29.
Fastest lap: G. Grassetti (I, Honda),
    2'50.29 = 146.714 km/h.

7) July 17 : Yugoslavia - Rijeka

22 laps = 91.696 km
Pole position: J. Martinez (E, Derbi),
 1'38.82 = 151.840 km/h.

1.	J. Martinez	E	Derbi	37'01.641
				= 148.586 km/h
2.	E. Gianola	I	Honda	37'02.548
3.	L. Pietroniro	B	Honda	37'07.123
4.	D. Brigaglia	I	Gazzaniga-Rotax	37'07.264
5.	S. Prein	D	Honda	37'07.638
6.	K. Takada	J	Honda	37'07.767
7.	A. Stadler	D	Honda	37'16.757
8.	L.-M. Reyes	E	Garelli	37'26.280
9.	A. Scott	GB	Honda	37'27.103
10.	H. Lüthi	CH	Honda	37'27.620
11.	K. Galatowicz	GB	Honda	37'28.726
12.	J. Fischer	A	Rotax	37'29.886
13.	H. Unemoto	J	Honda	37'30.334
14.	H. Spaan	NL	Honda	37'30.476
15.	R. Milton	GB	Rotax	37'31.843

Number of finishers: 21.
Fastest lap: C. Catalano (I, Aprilia),
 1'39.221 = 151.228 km/h.

8) July 24 : France - Le Castellet

16 laps = 92.960 km
Pole position: E. Gianola (I, Honda),
 2'14.78 = 155.186 km/h.

1.	J. Martinez	E	Derbi	36'19.91
				= 153.518 km/h
2.	E. Gianola	I	Honda	36'21.67
3.	C. Catalano	I	Aprilia	36'32.52
4.	D. Brigaglia	I	Gazzaniga-Rotax	36'33.52
5.	G. Waibel	D	Honda	36'38.27
6.	G. Grassetti	I	Honda	36'38.46
7.	L.-M. Reyes	E	Garelli	36'38.78
8.	L. Pietroniro	B	Honda	36'39.15
9.	A. Stadler	D	Honda	36'39.33
10.	E. Kytölä	SF	Honda	36'40.18
11.	J. Miralles	E	Honda	36'43.17
12.	H. Spaan	NL	Honda	36'59.39
13.	H. Abold	D	Honda	37'03.47
14.	T. Rinne	SF	Honda	37'04.14
15.	E. Cuppini	I	Honda	37'04.30

Number of finishers: 25.
Fastest lap: J. Martinez (E, Derbi),
 2'14.70 = 155.278 km/h.

9) August 7 : Great Britain - Donington

24 laps = 96.552 km
Pole position: E. Gianola (I, Honda),
 1'45.60 = 137.148 km/h.

1.	E. Gianola	I	Honda	42'42.42
				= 135.648 km/h
2.	J. Martinez	E	Derbi	43'14.39
3.	D. Brigaglia	I	Gazzaniga-Rotax	43'20.58
4.	J. Miralles	E	Honda	43'23.07
5.	A. Scott	GB	Honda	43'23.20
6.	K. Galatowicz	GB	Honda	43'30.28
7.	F. Gresini	I	Garelli	43'38.38
8.	J. Wickström	SF	Honda	43'41.77
9.	A. Crivillé	E	Derbi	43'43.20
10.	H. Spaan	NL	Honda	43'43.71
11.	A. Waibel	D	Honda	43'56.35
12.	H. Unemoto	J	Honda	43'56.56
13.	H. Lüthi	CH	Honda	43'56.62
14.	B. Hassaine	ALG	Honda	43'59.54
15.	L. Pietroniro	B	Honda	44'00.44

Number of finishers: 25.
Fastest lap: E. Gianola (I, Honda),
 1'45.76 = 136.940 km/h.

10) August 14 : Sweden - Anderstorp

23 laps = 92.713 km
Pole position: J. Martinez (E, Derbi),
 1'45.83 = 137.122 km/h.

1.	J. Martinez	E	Derbi	40'56.47
				= 135.873 km/h
2.	E. Gianola	I	Honda	40'56.76
3.	J. Miralles	E	Honda	41'08.12
4.	H. Spaan	NL	Honda	41'08.34
5.	A. Stadler	D	Honda	41'15.47
6.	B. Hassaine	ALG	Honda	41'20.79
7.	J. Wickström	SF	Honda	41'21.35
8.	L. Pietroniro	B	Honda	41'21.91
9.	F. Kistrup	DK	Honda	41'24.19
10.	S. Prein	D	Honda	41'26.36
11.	H. Lüthi	CH	Honda	41'26.79
12.	K. Takada	J	Honda	41'30.11
13.	H. Unemoto	J	Honda	41'32.31
14.	D. Brigaglia	I	Gazzaniga-Rotax	41'40.62
15.	A. Scott	GB	Honda	41'44.81

Number of finishers: 27.
Fastest lap: J. Martinez (E, Derbi),
 1'45.36 = 137.734 km/h.

11) August 28 : Czechoslovakia - Brno

17 laps = 91.698 km
Pole position: H. Spaan (NL, Honda),
 2'19.15 = 139.550 km/h.

1.	J. Martinez	E	Derbi	39'50.94
				= 138.068 km/h
2.	J. Miralles	E	Honda	39'51.12
3.	H. Spaan	NL	Honda	39'51.29
4.	C. Catalano	I	Aprilia	39'56.52
5.	E. Gianola	I	Honda	39'57.07
6.	R. Milton	GB	Rotax	40'05.76
7.	S. Prein	D	Honda	40'07.14
8.	A. Bedford	GB	Honda	40'14.33
9.	L. Pietroniro	B	Honda	40'15.00
10.	A. Scott	GB	Honda	40'15.15
11.	G. Grassetti	I	Honda	40'15.28
12.	I. McConnachie	GB	Cagiva	40'15.43
13.	A. Stadler	D	Honda	40'15.73
14.	H. Lüthi	CH	Honda	40'15.97
15.	J. Hautaniemi	SF	Honda	40'16.22

Number of finishers: 28.
Fastest lap: J. Martinez (E, Derbi),
 2'19.04 = 139.661 km/h.

WORLD CHAMPIONSHIP

1.	Jorge "Aspar" Martinez	E	Derbi	197
2.	Ezio Gianola	I	Honda	168
3.	Hans Spaan	NL	Honda	110
4.	Julian Miralles	E	Honda	104
5.	Domenico Brigaglia	I	Gazzaniga-Rotax	69
6.	Gastone Grassetti	I	Honda	66
7.	Adolf "Adi" Stadler	D	Honda	63
8.	Stefan Prein	D	Honda	59
9.	Lucio Pietroniro	B	Honda	56
10.	Gerhard Waibel	D	Honda	52
11.	Hisashi Unemoto	J	Honda	43
12.	Allan Scott	GB	Honda	38
13.	Corrado Catalano	I	Aprilia	36
14.	Luis Miguel Reyes	E	Garelli	34
15.	Manuel Herreros	E	Derbi	30
16.	Heinz Lüthi	CH	Honda	30
17.	Kohji Takada	J	Honda	29
18.	Johnny Wickström	SF	Honda	25
19.	Pierpaolo Bianchi	I	Cagiva	24
20.	Alfred Waibel	D	Honda	24
21.	Fausto Gresini	I	Garelli	22
22.	Josef "Mandy" Fischer	A	Rotax	19
23.	Krzysztof Galatowicz	GB	Honda	19
24.	Hubert Abold	D	Honda	18
25.	Bady Hassaine	ALG	Honda	14
26.	Robin Milton	GB	Honda	13
27.	Mike Leitner	A	LCR-Rotax	11
28.	Ian McConnachie	GB	Cagiva	10
29.	Alex Bedford	GB	Honda	8
30.	Jussi Hautaniemi	SF	Honda	8
31.	Flemming Kistrup	DK	Honda	7
32.	Alex Crivillé	E	Derbi	7
33.	Esa Kytölä	SF	Honda	6
34.	Robin Appleyard	GB	Honda	6
35.	Thierry Feuz	CH	Rotax	6
36.	Manuel Hernandez	E	Honda	4
37.	Taru Rinne	SF	Honda	2
38.	Stefan Dörflinger	CH	LCR-Honda	2
39.	Emilio Cuppini	I	Honda	1
40.	Paul Bordes	F	Honda	1

Ezio Gianola, Honda

1988 — 250 cc

Champion: **Alfonso "Sito" Pons (Spain, Honda), 231 points, 4 wins**

1) March 27 : Japan - Suzuka

20 laps = 118.260 km
Pole position: T. Honma (J, Yamaha),
    2'19.798 = 150.886 km/h.

1.	A. Mang	D	Honda	47'14.264
				= 148.850 km/h
2.	A. Pons	E	Honda	47'14.880
3.	M. Kobayashi	J	Honda	47'15.438
4.	J. Cornu	CH	Honda	47'19.239
5.	J. Kocinski	USA	Yamaha	47'19.837
6.	J. Garriga	E	Yamaha	47'20.572
7.	J.-P. Ruggia	F	Yamaha	47'21.598
8.	T. Honma	J	Yamaha	47'23.828
9.	C. Cardus	E	Honda	47'29.694
10.	M. Taguchi	J	Honda	47'33.437
11.	S. Kikuchi	J	Honda	47'33.626
12.	K. Nanba	J	Yamaha	47'34.432
13.	C. Lavado	VEN	Yamaha	47'35.225
14.	Y. Yamamoto	J	Honda	47'43.030
15.	K. Tamoura	J	Yamaha	47'45.210

Number of finishers: 27.
Fastest lap: A. Pons (E, Honda),
    2'19.631 = 151.059 km/h.

2) April 10 : United States - Laguna Seca

31 laps = 109.554 km
Pole position: J. Kocinski (USA, Yamaha),
    1'32.956 = 136.874 km/h.

1.	J. Filice	USA	Honda	48'22.545
				= 137.027 km/h
2.	A. Pons	E	Honda	48'32.388
3.	D. Sarron	F	Honda	48'44.232
4.	J. Kocinski	USA	Yamaha	48'47.877
5.	B. Shobert	USA	Honda	48'53.110
6.	L. Cadalora	I	Yamaha	48'55.771
7.	J. Cornu	CH	Honda	49'00.260
8.	A. Mang	D	Honda	49'00.577
9.	R. Roth	D	Honda	49'14.390
10.	J. Garriga	E	Yamaha	49'17.552
11.	B. Casanova	I	Aprilia	49'19.553
12.	L. Reggiani	I	Aprilia	49'24.285
13.	J.-P. Ruggia	F	Yamaha	49'31.975
14.	A. Auinger	A	Aprilia	49'32.308
15.	A. Carter	GB	Yamaha	49'36.3772

Number of finishers: 27.
Fastest lap: B. Casanova (I, Aprilia),
    1'32.321 = 137.809 km/h.

3) April 24 : Spain - Jarama

31 laps = 102.672 km
Pole position: C. Cardus (E, Honda),
    1'29.507 = 133.220 km/h.

1.	A. Pons	E	Honda	46'59.807
				= 131.081 km/h
2.	J. Garriga	E	Yamaha	47'07.246
3.	J.-P. Ruggia	F	Yamaha	47'09.119
4.	J. Cornu	CH	Honda	47'18.651
5.	M. Shimizu	J	Honda	47'26.331
6.	R. Roth	D	Honda	47'28.944
7.	L. Cadalora	I	Yamaha	47'36.486
8.	D. McLeod	GB	EMC-Rotax	47'42.070
9.	M. Wimmer	D	Yamaha	47'42.592
10.	M. Herweh	D	Yamaha	47'43.379
11.	A. Auinger	A	Aprilia	47'44.398
12.	J.-M. Mattioli	F	Yamaha	47'52.994
13.	M. Vitali	I	Yamaha	47'57.092
14.	A. Puig	E	Honda	47'57.609
15.	H. Eckl	D	Aprilia-Rotax	47'59.774

Number of finishers: 23.
Fastest lap: A. Pons (E, Honda),
    1'30.128 = 132.293 km/h.

4) May 1 : Portugal - Jerez de la Frontera

25 laps = 105.450 km
Pole position: C. Lavado (VEN, Yamaha),
    1'51.57 = 136.101 km/h.

1.	J. Garriga	E	Yamaha	47'22.77
				= 133.634 km/h
2.	M. Shimizu	J	Honda	47'28.38
3.	J. Cornu	CH	Honda	47'31.51
4.	D. Sarron	F	Honda	47'31.96
5.	J.-P. Ruggia	F	Yamaha	47'33.17
6.	R. Roth	D	Honda	47'46.95
7.	A. Mang	D	Honda	47'48.49
8.	A. Puig	E	Honda	48'01.06
9.	J.-M. Mattioli	F	Yamaha	48'02.11
10.	M. Herweh	D	Yamaha	48'06.76
11.	S. Caracchi	I	Honda	48'09.90
12.	D. McLeod	GB	EMC-Rotax	48'11.19
13.	U. Luzi	CH	Honda	48'12.12
14.	H. Eckl	D	Aprilia-Rotax	48'16.80
15.	B. Casanova	I	Aprilia	48'27.72

Number of finishers: 25.
Fastest lap: J. Garriga (E, Yamaha),
    1'51.65 = 136.003 km/h.

5) May 22 : Italy - Imola

22 laps = 110.968 km/h
Pole position: D. Sarron (F, Honda),
    1'59.99 = 151.812 km/h.

1.	D. Sarron	F	Honda	43'57.53
				= 151.942 km/h
2.	A. Pons	E	Honda	44'06.17
3.	J. Garriga	E	Yamaha	44'13.41
4.	M. Shimizu	J	Honda	44'17.80
5.	L. Cadalora	I	Yamaha	44'25.57
6.	R. Roth	D	Honda	44'29.43
7.	C. Lavado	VEN	Yamaha	44'32.42
8.	J. Cornu	CH	Honda	44'35.57
9.	J.-P. Ruggia	F	Yamaha	44'37.66
10.	A. Mang	D	Honda	44'45.64
11.	D. McLeod	GB	EMC-Rotax	45'17.96
12.	M. Herweh	D	Yamaha	45'18.73
13.	H. Eckl	D	Aprilia-Rotax	45'19.16
14.	S. Caracchi	I	Honda	45'23.09
15.	A. Auinger	A	Aprilia	45'24.10

Number of finishers: 23.
Fastest lap: D. Sarron (F, Honda),
    1'58.69 = 153.475 km/h.

6) May 29 : Germany - Nürburgring

25 laps = 113.550 km
Pole position: T. Rapicault (F, Fior),
    2'02.35 = 133.643 km/h.

1.	L. Cadalora	I	Yamaha	51'12.96
				= 133.024 km/h
2.	A. Pons	E	Honda	51'27.29
3.	J. Garriga	E	Yamaha	51'31.52
4.	D. McLeod	GB	EMC-Rotax	51'33.42
5.	R. Roth	D	Honda	51'35.83
6.	M. Wimmer	D	Yamaha	51'42.81
7.	J. Foray	F	Yamaha	51'50.86
8.	A. Mang	D	Honda	51'54.44
9.	D. Sarron	F	Honda	51'59.31
10.	H. Bradl	D	Honda	52'00.15
11.	H. Becker	D	Honda	52'09.09
12.	H. Holder	D	Yamaha	52'11.66
13.	J.-P. Ruggia	F	Yamaha	52'13.58
14.	P. Casoli	I	Garelli	52'15.36
15.	S. Caracchi	I	Honda	52'25.38

Number of finishers: 33.
Fastest lap: J. Garriga (E, Yamaha),
    1'56.62 = 140.209 km/h.

7) June 12 : Austria - Salzburgring

24 laps = 101.832 km
Pole position: J. Cornu (CH, Honda),
         1'25.19 = 179.303 km/h.

1.	J. Cornu	CH	Honda	34'29.29
				= 177.165 km/h
2.	R. Roth	D	Honda	34'29.85
3.	J. Garriga	E	Yamaha	34'30.21
4.	D. Sarron	F	Honda	34'30.50
5.	A. Pons	E	Honda	34'39.29
6.	M. Shimizu	J	Honda	34'39.54
7.	L. Cadalora	I	Yamaha	34'57.89
8.	M. Herweh	D	Yamaha	34'58.17
9.	I. Palazzese	VEN	Yamaha	34'58.50
10.	A. Mang	D	Honda	35'04.25
11.	E. Neumair	A	Aprilia-Rotax	35'14.50
12.	M. Wimmer	D	Yamaha	35'14.92
13.	J.-P. Ruggia	F	Yamaha	35'15.11
14.	H. Eckl	D	Aprilia-Rotax	35'15.37
15.	M. Vitali	I	Gazzaniga	35'15.57

Number of finishers: 28.
Fastest lap: J. Cornu (CH, Honda),
         1'24.82 = 180.085 km/h.

8) June 25 : The Netherlands - Assen

17 laps = 104.278 km
Pole position: D. Sarron (F, Honda),
         2'16.46 = 161.823 km/h.

1.	J. Garriga	E	Yamaha	39'01.03
				= 160.357 km/h
2.	J. Cornu	CH	Honda	39'01.26
3.	A. Mang	D	Honda	39'11.01
4.	L. Cadalora	I	Yamaha	39'11.24
5.	L. Reggiani	I	Aprilia	39'11.56
6.	A. Pons	E	Honda	39'12.26
7.	R. Roth	D	Honda	39'19.84
8.	B. Casanova	I	Aprilia	39'38.22
9.	M. Wimmer	D	Yamaha	39'40.79
10.	M. Herweh	D	Yamaha	39'42.21
11.	J.-P. Ruggia	F	Yamaha	39'42.60
12.	C. Cardus	E	Honda	39'42.87
13.	I. Palazzese	VEN	Yamaha	39'43.24
14.	D. McLeod	GB	EMC-Rotax	39'50.78
15.	W. Zeelenberg	NL	Yamaha	40'04.19

Number of finishers: 26.
Fastest lap: A. Mang (D, Honda),
         2'16.00 = 162.371 km/h.

9) July 3 : Belgium - Spa-Francorchamps

15 laps = 104.100 km
Pole position: J. Cornu (CH, Honda),
         2'33.09 = 163.198 km/h.

1.	A. Pons	E	Honda	38'48.21
				= 160.965 km/h
2.	J. Cornu	CH	Honda	38'49.30
3.	A. Mang	D	Honda	38'49.94
4.	R. Roth	D	Honda	38'52.59
5,	C. Lavado	VEN	Yamaha	39'43.56
6.	J. Garriga	E	Yamaha	39'45.02
7.	C. Cardus	E	Honda	39'45.25
8.	L. Cadalora	I	Yamaha	39'46.93
9.	J.-P. Ruggia	F	Yamaha	39'48.39
10.	H. Becker	D	Yamaha	40'07.97
11.	G. Bertin	F	Yamaha	40'14.09
12.	D. McLeod	GB	EMC-Rotax	40'16.14
13.	A. Auinger	A	Aprilia	40'20.00
14.	H. Bradl	D	Honda	40'23.50
15.	P. Casoli	I	Garelli	40'29.82

Number of finishers: 26.
Fastest lap: A. Mang (D, Honda),
         2'32.06 = 164.304 km/h.

10) July 17 : Yugoslavia - Rijeka

26 laps = 108.368 km
Pole position: A. Pons (E, Honda),
         1'32.04 = 163.025 km/h.

1.	A. Pons	E	Honda	40'21.391
				= 161.115 km/h
2.	J. Garriga	E	Yamaha	40'26.399
3.	D. Sarron	F	Honda	40'27.454
4.	R. Roth	D	Honda	40'45.594
5.	L. Cadalora	I	Yamaha	40'45.770
6.	J. Cornu	CH	Honda	40'51.638
7.	L. Reggiani	I	Aprilia	41'22.456
8.	C. Cardus	E	Honda	41'32.958
9.	H. Eckl	D	Aprilia-Rotax	41'36.227
10.	M. Vitali	I	Gazzaniga	41'44.445
11.	S. Caracchi	I	Honda	41'44.612
12.	U. Jucker	CH	Yamaha	1 lap
13.	J.-F. Baldé	F	Défi-Rotax	1 lap
14.	A. Auinger	A	Aprilia	1 lap
15.	B. Casanova	I	Aprilia	1 lap

Number of finishers: 24.
Fastest lap: J. Garriga (E, Yamaha),
         1'32.184 = 162.777 km/h.

11) July 24 : France - Le Castellet

18 laps = 104.580 km
Pole position: D. Sarron (F, Honda),
         2'04.03 = 168.637 km/h.

1.	J. Cornu	CH	Honda	37'23.94
				= 167.780 km/h
2.	A. Pons	E	Honda	37'24.12
3.	D. Sarron	F	Honda	37'25.55
4.	J. Garriga	E	Yamaha	37'26.16
5.	R. Roth	D	Honda	37'26.36
6.	L. Cadalora	I	Yamaha	37'41.62
7.	J.-P. Ruggia	F	Yamaha	37'47.79
8.	C. Cardus	E	Honda	38'09.87
9.	L. Reggiani	I	Aprilia	38'23.47
10.	A. Auinger	A	Aprilia	38'35.00
11.	M. Wimmer	D	Yamaha	38'35.21
12.	D. McLeod	GB	EMC-Rotax	38'35.42
13.	G. Cowan	IRL	Yamaha	38'40.63
14.	M. Matteoni	I	Yamaha	38'46.45
15.	J. Foray	F	Yamaha	38'46.82

Number of finishers: 27.
Fastest lap: J. Garriga (E, Yamaha),
         2'03.37 = 169.539 km/h.

12) August 7 : Great Britain - Donington

26 laps = 104.598 km
Pole position: J. Garriga (E, Yamaha),
         1'38.22 = 147.453 km/h.

1.	L. Cadalora	I	Yamaha	43'16.38
				= 145.040 km/h
2.	D. Sarron	F	Honda	43'19.84
3.	J. Garriga	E	Yamaha	43'21.55
4.	A. Pons	E	Honda	43'21.68
5.	R. Roth	D	Honda	43'31.99
6.	J.-P. Ruggia	F	Yamaha	43'32.72
7.	J. Cornu	CH	Honda	43'40.52
8.	C. Lavado	VEN	Yamaha	43'50.04
9.	M. Shimizu	J	Honda	43'58.34
10.	D. McLeod	GB	EMC-Rotax	44'00.92
11.	I. Palazzese	VEN	Yamaha	44'01.35
12.	C. Cardus	E	Honda	44'07.34
13.	H. Eckl	D	Aprilia-Rotax	44'18.54
14.	S. Caracchi	I	Honda	44'20.37
15.	M. Wimmer	D	Yamaha	44'23.35

Number of finishers: 25.
Fastest lap: J. Garriga (E, Yamaha),
         1'38.87 = 146.483 km/h.

13) August 14 : Sweden - Anderstorp

25 laps = 100.775 km
Pole position: L. Cadalora (I, Yamaha),
         1'38.24 = 147.716 km/h.

1.	A. Pons	E	Honda	41'27.89
				= 145.822 km/h
2.	J. Garriga	E	Yamaha	41'28.19
3.	D. Sarron	F	Honda	41'28.56
4.	R. Roth	D	Honda	41'28.80
5.	C. Cardus	E	Honda	41'45.73
6.	I. Palazzese	VEN	Yamaha	41'56.39
7.	J.-P. Ruggia	F	Yamaha	41'58.17
8.	A. Auinger	A	Aprilia	42'01.11
9.	J.-F. Baldé	F	Défi-Rotax	42'01.35
10.	M. Wimmer	D	Yamaha	42'05.57
11.	H. Bradl	D	Honda	42'20.18
12.	W. Zeelenberg	NL	Yamaha	42'23.78
13.	S. Caracchi	I	Honda	42'24.06
14.	M. Vitali	I	Gazzaniga	42'24.43
15.	J.-M. Mattioli	F	Yamaha	42'24.87

Number of finishers: 20.
Fastest lap: R. Roth (D, Honda),
         1'38.39 = 147.491 km/h.

14) August 28 : Czechoslovakia - Brno

20 laps = 107.880 km
Pole position: D. Sarron (F, Honda),
         2'09.60 = 149.833 km/h.

1.	J. Garriga	E	Yamaha	43'54.72
				= 147.404 km/h
2.	A. Pons	E	Honda	43'58.41
3.	L. Cadalora	I	Yamaha	44'05.20
4.	L. Reggiani	I	Aprilia	44'05.81
5.	C. Cardus	E	Honda	44'06.12
6.	R. Roth	D	Honda	44'06.43
7.	J. Cornu	CH	Honda	44'10.03
8.	D. Sarron	F	Honda	44'24.81
9.	C. Lavado	VEN	Yamaha	44'24.91
10.	J. Schmid	D	Honda	44'25.77
11.	J.-P. Ruggia	F	Yamaha	44'30.15
12.	H. Bradl	D	Honda	44'32.75
13.	M. Shimizu	J	Honda	44'39.97
14.	B. Casanova	I	Aprilia	44'47.07
15.	H. Eckl	D	Aprilia-Rotax	44'47.39

Number of finishers: 32.
Fastest lap: J. Garriga (E, Yamaha),
         2'09.79 = 149.614 km/h.

15) September 17 : Brazil - Goiania

27 laps = 103.545 km
Pole position: D. Sarron (F, Honda),
         1'29.20 = 154.776 km/h.

1.	D. Sarron	F	Honda	41'04.39
				= 151.259 km/h
2.	C. Lavado	VEN	Yamaha	41'09.71
3.	A. Pons	E	Honda	41'15.77
4.	R. Roth	D	Honda	41'16.03
5.	J. Garriga	E	Yamaha	41'21.07
6.	H. Bradl	D	Honda	41'22.73
7.	C. Cardus	E	Honda	41'24.43
8.	J.-P. Ruggia	F	Yamaha	41'25.05
9.	M. Shimizu	J	Honda	41'34.85
10.	J. Cornu	CH	Honda	41'43.25
11.	M. Herweh	D	Yamaha	42'05.86
12.	A. Auinger	A	Aprilia	42'06.03
13.	H. Eckl	D	Aprilia-Rotax	42'06.18
14.	S. Caracchi	I	Honda	42'06.33
15.	D. McLeod	GB	EMC-Rotax	42'13.42

Number of finishers: 25.
Fastest lap: L. Cadalora (I, Yamaha),
         1'30.09 = 153.247 km/h.

WORLD CHAMPIONSHIP

1.	Alfonso "Sito" Pons	E	Honda	231
2.	Juan Garriga	E	Yamaha	221
3.	Jacques Cornu	CH	Honda	166
4.	Dominique Sarron	F	Honda	158
5.	Reinhold Roth	D	Honda	158
6.	Luca Cadalora	I	Yamaha	136
7.	Jean-Philippe Ruggia	F	Yamaha	104
8.	Anton Mang	D	Honda	87
9.	Carlos Cardus	E	Honda	71
10.	Masahiro Shimizu	J	Honda	68
11.	Carlos Lavado	VEN	Yamaha	55
12.	Donnie McLeod	GB	EMC-Rotax	47
13.	Loris Reggiani	I	Aprilia	44
14.	Martin Wimmer	D	Yamaha	40
15.	Manfred Herweh	D	Yamaha	35
16.	August Auinger	A	Aprilia	31
17.	Helmut Bradl	D	Honda	27
18.	Ivan Palazzese	VEN	Yamaha	25
19.	John Kocinski	USA	Honda	24
20.	Harald Eckl	D	Aprilia-Rotax	22
21.	Jim Filice	USA	Honda	20
22.	Stefano Caracchi	I	Honda	20
23.	Bruno Casanova	I	Aprilia	17
24.	Masaru Kobayashi	J	Honda	15
25.	Jean-Michel Mattioli	F	Yamaha	12
26.	Maurizio Vitali	I	Yamaha/Gazzaniga	12
27.	Bubba Shobert	USA	Honda	11
28.	Hans Becker	D	Yamaha	11
29.	Jean Foray	F	Yamaha	10
30.	Alberto Puig	E	Honda	10
31.	Jean-François Baldé	F	Défi-Rotax	10
32.	Toshihiko Honma	J	Yamaha	8
33.	Jochen Schmid	D	Honda	6
34.	Masumitsu Taguchi	J	Honda	6
35.	Guy Bertin	F	Yamaha	5
36.	Engelbert Neumair	A	Aprilia-Rotax	5
37.	Seigo Kikuchi	J	Honda	5
38.	Wilco Zeelenberg	NL	Yamaha	5
39.	Urs Jucker	CH	Yamaha	4
40.	Hermann Holder	D	Yamaha	4
41.	Kyoji Nanba	J	Yamaha	3
42.	Gary Cowan	IRL	Yamaha	3
43.	Urs Luzi	CH	Honda	3
44.	Paolo Casoli	I	Garelli	2
45.	Massimo Matteoni	I	Yamaha	2
46.	Youichi Yamamoto	J	Honda	2
47.	Alan Malcolm Carter	GB	Yamaha	1
48.	Keiji Tamoura	J	Yamaha	1

1988 — 500 cc

Champion : **Eddie Lawson (United States, Yamaha), 252 points, 7 wins**

1) March 23 : Japan - Suzuka

22 laps = 130.086 km
Pole position: T. Taira (J, Yamaha),
   2'32.00 = 138.776 km/h.

1.	K. Schwantz	USA	Suzuki	50'03.750
				= 154.496 km/h
2.	W. Gardner	AUS	Honda	50'12.134
3.	E. Lawson	USA	Yamaha	50'16.474
4.	N. MacKenzie	GB	Honda	50'19.535
5.	T. Taira	J	Yamaha	50'40.133
6.	W. Rainey	USA	Yamaha	50'45.820
7.	K. Magee	AUS	Yamaha	50'45.929
8.	C. Sarron	F	Yamaha	50'48.936
9.	D. De Radiguès	B	Yamaha	51'04.963
10.	S. Yatsushiro	J	Honda	51'14.038
11.	H. Miyagi	J	Honda	51'19.951
12.	R. Haslam	GB	Elf-Honda	51'23.796
13.	P. Igoa	F	Yamaha	51'33.285
14.	P. Chili	I	Honda	51'42.739
15.	O. Hiwatashi	J	Suzuki	51'46.295

Number of finishers: 19.
Fastest lap: K. Schwantz (USA, Suzuki),
   2'15.225 = 155.986 km/h.

2) April 10 : United States - Laguna Seca

40 laps = 141.360 km
Pole position: W. Rainey (USA, Yamaha),
   1'29.21 = 142.612 km/h.

1.	E. Lawson	USA	Yamaha	1 h.00'48.875
				= 138.961 km/h
2.	W. Gardner	AUS	Honda	1 h.00'55.641
3.	N. MacKenzie	GB	Honda	1 h.00'56.123
4.	W. Rainey	USA	Yamaha	1 h.01'02.713
5.	K. Schwantz	USA	Suzuki	1 h.01'15.534
6.	C. Sarron	F	Yamaha	1 h.02'07.282
7.	R. Haslam	GB	Elf-Honda	1 h.02'18.305
8.	D. De Radiguès	B	Yamaha	1 lap
9.	R. McElnea	GB	Suzuki	1 lap
10.	M. Baldwin	USA	Honda	1 lap
11.	A. Valesi	I	Honda	2 laps

Number of finishers: 11.
Fastest lap: E. Lawson (USA, Yamaha),
   1'29.969 = 141.423 km/h.

3) April 24 : Spain - Jarama

37 laps = 122.544 km
Pole position: K. Magee (AUS, Yamaha),
   1'27.14 = 136.828 km/h.

1.	K. Magee	AUS	Yamaha	54'52.476
				= 133.991 km/h
2.	E. Lawson	USA	Yamaha	54'53.002
3.	W. Gardner	AUS	Honda	55'04.101
4.	C. Sarron	F	Yamaha	55'09.928
5.	N. MacKenzie	GB	Honda	55'19.466
6.	W. Rainey	USA	Yamaha	55'32.219
7.	P. Chili	I	Honda	56'04.556
8.	D. De Radiguès	B	Yamaha	56'05.379
9.	S. Yatsushiro	J	Honda	1 lap
10.	R. Haslam	GB	Elf-Honda	1 lap
11.	R. Roche	F	Cagiva	1 lap
12.	R. McElnea	GB	Suzuki	1 lap
13.	A. Valesi	I	Honda	1 lap
14.	D. Amatrian	E	Honda	1 lap
15.	B. Kneubühler	CH	Honda	1 lap

Number of finishers: 22.
Fastest lap: K. Magee (AUS, Yamaha),
   1'28.092 = 135.352 km/h.

4) May 1 : Portugal - Jerez de la Frontera

29 laps = 122.322 km
Pole position: E. Lawson (USA, Yamaha),
   1'50.12 = 137.893 km/h.

1.	E. Lawson	USA	Yamaha	53'47.99
				136.419 km/h
2.	W. Rainey	USA	Yamaha	53'49.63
3.	K. Magee	AUS	Yamaha	53'55.66
4.	C. Sarron	F	Yamaha	53'55.78
5.	W. Gardner	AUS	Honda	54'16.62
6.	D. De Radiguès	B	Yamaha	54'18.51
7.	N. MacKenzie	GB	Honda	55'00.02
8.	R. McElnea	GB	Suzuki	55'25.41
9.	M. Papa	I	Honda	1 lap
10.	A. Valesi	I	Honda	1 lap
11.	D. Amatrian	E	Honda	1 lap
12.	S. Manley	GB	Suzuki	1 lap
13.	R. Nicotte	F	Honda	1 lap
14.	B. Kneubühler	CH	Honda	2 laps
15.	M. Duyzers	NL	Honda	2 laps

Number of finishers: 18.
Fastest lap: E. Lawson (USA, Yamaha),
   1'49.29 = 138.946 km/h.

5) May 22 : Italy - Imola

25 laps = 126.100 km
Pole position: W. Gardner (AUS, Honda),
   1'55.03 = 158.359 km/h.

1.	E. Lawson	USA	Yamaha	48'17.16
				= 157.188 km/h
2.	W. Gardner	AUS	Honda	48'32.67
3.	W. Rainey	USA	Yamaha	48'43.90
4.	K. Schwantz	USA	Suzuki	48'50.02
5.	K. Magee	AUS	Yamaha	49'05.65
6.	P. Chili	I	Honda	49'10.28
7.	R. Mamola	USA	Cagiva	49'32.27
8.	S. Yatsushiro	J	Honda	49'33.93
9.	R. Roche	F	Cagiva	49'34.37
10.	T. Taira	J	Yamaha	49'35.17
11.	M. MacKenzie	GB	Honda	49'44.72
12.	R. McElnea	GB	Suzuki	50'09.25
13.	A. Valesi	I	Honda	1 lap
14.	M. Gentile	CH	Fior-Honda	1 lap
15.	P. Igoa	F	Yamaha	1 lap

Number of finishers: 26.
Fastest lap: E. Lawson (USA, Yamaha),
   1'54.41 = 159.217 km/h.

6) May 29 : Germany - Nürburgring

30 laps = 136.260 km
Pole position: W. Gardner (AUS, Honda),
   1'41.31 = 161.398 km/h.

1.	K. Schwantz	USA	Suzuki	1 h.01'52.27
				= 132.139 km/h
2.	W. Rainey	USA	Yamaha	1 h.02'17.30
3.	C. Sarron	F	Yamaha	1 h.02'43.82
4.	E. Lawson	USA	Yamaha	1 h.03'01.01
5.	K. Magee	AUS	Yamaha	1 h.03'04.44
6.	P. Chili	I	Honda	1 h.03'04.82
7.	D. De Radiguès	B	Yamaha	1 h.03'12.55
8.	W. Gardner	AUS	Honda	1 h.03'36.15
9.	N. MacKenzie	GB	Honda	1 lap
10.	S. Yatsushiro	J	Honda	1 lap
11.	R. McElnea	GB	Suzuki	1 lap
12.	P. Igoa	F	Yamaha	1 lap
13.	P. Schleef	D	Honda	2 laps
14.	M. Papa	I	Honda	2 laps
15.	M. Rudroff	D	Honda	2 laps

Number of finishers: 25.
Fastest lap: K. Schwantz (USA, Suzuki),
   1'59.08 = 137.313 km/h.

7) June 12 : Austria - Salzburgring

29 laps = 123.047 km
Pole position: C. Sarron (F, Yamaha),
   1'20.18 = 190.506 km/h.

1.	E. Lawson	USA	Yamaha	39'40.63
				= 186.072 km/h
2.	D. De Radiguès	B	Yamaha	39'46.42
3.	W. Rainey	USA	Yamaha	39'53.18
4.	K. Schwantz	USA	Suzuki	39'54.22
5.	P. Chili	I	Honda	39'59.94
6.	K. Magee	AUS	Yamaha	40'02.70
7.	S. Yatsushiro	J	Honda	40'07.46
8.	R. Haslam	GB	Elf-Honda	40'40.08
9.	R. McElnea	GB	Suzuki	40'41.00
10.	P. Igoa	F	Yamaha	40'48.29
11.	G. Reiner	D	Honda	1 lap
12.	B. Kneubühler	CH	Honda	1 lap
13.	F. Biliotti	I	Honda	1 lap
14.	M. Broccoli	I	Cagiva	1 lap
15.	M. Fischer	D	Honda	1 lap

Number of finishers: 21.
Fastest lap: D. De Radiguès (B, Yamaha),
   1'20.61 = 189.490 km/h.

8) June 25 : The Netherlands - Assen

20 laps = 122.680 km
Pole position: C. Sarron (F, Yamaha),
   2'10.94 = 168.645 km/h.

1.	W. Gardner	AUS	Honda	44'15.49
				= 166.315 km/h
2.	E. Lawson	USA	Yamaha	44'26.80
3.	C. Sarron	F	Yamaha	44'35.22
4.	K. Magee	AUS	Yamaha	44'39.73
5.	N. MacKenzie	GB	Honda	44'44.92
6.	P. Chili	I	Honda	44'54.27
7.	W. Rainey	USA	Yamaha	44'57.13
8.	K. Schwantz	USA	Suzuki	44'57.80
9.	P. Igoa	F	Yamaha	45'04.48
10.	R. MacElnea	GB	Suzuki	45'08.77
11.	S. Yatsushiro	J	Honda	45'38.24
12.	D. De Radiguès	B	Yamaha	45'46.75
13.	R. Haslam	GB	Elf-Honda	46'08.90
14.	M. Papa	I	Honda	46'31.17
15.	M. Gentile	CH	Fior-Honda	1 lap

Number of finishers: 23.
Fastest lap: W. Gardner (AUS, Honda),
   2'11.28 = 168.208 km/h.

9) July 3 : Belgium - Spa-Francorchamps

17 laps = 117.980 km
Pole position: C. Sarron (F, Yamaha),
   2'27.62 = 169.245 km/h.

1.	W. Gardner	AUS	Honda	46'55.21
				= 150.869 km/h
2.	E. Lawson	USA	Yamaha	47'25.32
3.	R. Mamola	USA	Cagiva	47'35.99
4.	D. De Radiguès	B	Yamaha	47'36.62
5.	W. Rainey	USA	Yamaha	47'38.38
6.	R. McElnea	GB	Suzuki	48'12.54
7.	R. Haslam	GB	Elf-Honda	48'14.31
8.	P. Chili	I	Honda	48'39.44
9.	S. Yatsushiro	J	Honda	48'44.93
10.	P. Igoa	F	Yamaha	48'51.28
11.	N. MacKenzie	GB	Honda	48'55.22
12.	A. Valesi	I	Honda	49'07.27
13.	D. McLeod	GB	Honda	1 lap
14.	M. Papa	I	Honda	1 lap
15.	C. Doorakkers	NL	Honda	1 lap

Number of finishers: 31.
Fastest lap: C. Sarron (F, Yamaha),
   2'40.78 = 155.392 km/h.

10) July 17 : Yugoslavia - Rijeka

30 laps = 125.040 km
Pole position: C. Sarron (F, Yamaha),
   1'30.17 = 166.406 km/h.

1.	W. Gardner	AUS	Honda	45'44.146
				= 164.037 km/h
2.	C. Sarron	F	Yamaha	45'51.888
3.	W. Rainey	USA	Yamaha	46'05.484
4.	R. Mamola	USA	Cagiva	46'07.766
5.	K. Magee	AUS	Yamaha	46'07.994
6.	D. De Radiguès	B	Yamaha	46'42.436
7.	S. Yatsushiro	J	Honda	46'46.400
8.	R. McElnea	GB	Suzuki	46'46.575
9.	R. Haslam	GB	Elf-Honda	46'49.978
10.	E. Lawson	USA	Yamaha	47'03.896
11.	P. Chili	I	Honda	47'30.449
12.	P. Igoa	F	Yamaha	1 lap
13.	D. McLeod	GB	Honda	1 lap
14.	M. Baldwin	USA	Honda	1 lap
15.	B. Kneubühler	CH	Honda	1 lap

Number of finishers: 26.
Fastest lap: C. Sarron (F, Yamaha),
   1'30.570 = 165.671 km/h.

11) July 24 : France - Le Castellet

21 laps = 122.010 km
Pole position: C. Sarron (F, Yamaha),
   1'58.81 = 176.046 km/h.

1.	E. Lawson	USA	Yamaha	42'15.52
				= 173.233 km/h
2.	C. Sarron	F	Yamaha	42'15.74
3.	K. Schwantz	USA	Suzuki	42'15.98
4.	W. Gardner	AUS	Honda	42'21.24
5.	W. Rainey	USA	Yamaha	42'33.15
6.	R. Mamola	USA	Cagiva	42'43.33
7.	D. De Radiguès	B	Yamaha	42'46.14
8.	P. Chili	I	Honda	42'46.39
9.	K. Magee	AUS	Yamaha	42'50.63
10.	R. Haslam	GB	Elf-Honda	42'50.83
11.	R. McElnea	GB	Suzuki	43'15.39
12.	M. Campbell	AUS	Elf-Honda	43'34.56
13.	M. Baldwin	USA	Honda	43'58.16
14.	A. Valesi	I	Honda	44'01.66
15.	F. Barchitta	I	Honda	44'18.06

Number of finishers: 24.
Fastest lap: W. Gardner (AUS, Honda),
   1'59.27 = 175.367 km/h.

12) August 7 : Great Britain - Donington

30 laps = 120.690 km
Pole position: W. Gardner (AUS, Honda),
   1'35.09 = 152.306 km/h.

1.	W. Rainey	USA	Yamaha	48'33.67
				= 149.130 km/h
2.	W. Gardner	AUS	Honda	48'40.64
3.	C. Sarron	F	Yamaha	48'42.45
4.	N. MacKenzie	GB	Honda	48'45.51
5.	K. Magee	AUS	Yamaha	49'10.42
6.	E. Lawson	USA	Yamaha	49'14.64
7.	D. De Radiguès	B	Yamaha	49'25.03
8.	P. Chili	I	Honda	49'25.48
9.	R. Burnett	GB	Honda	49'26.06
10.	T. Taira	J	Yamaha	49'55.51
11.	R. Mamola	USA	Cagiva	50'06.12
12.	N. Fujiwara	J	Yamaha	50'09.57
13.	M. Baldwin	USA	Honda	1 lap
14.	R. Haslam	GB	Elf-Honda	1 lap
15.	F. Biliotti	I	Honda	1 lap

Number of finishers: 25.
Fastest lap: C. Sarron (F, Yamaha),
   1'36.21 = 150.533 km/h.

13) August 14 : Sweden - Anderstorp

30 laps = 120.930 km
Pole position: E. Lawson (USA, Yamaha),
   1'34.69 = 153.254 km/h.

1.	E. Lawson	USA	Yamaha	47'59.28
				= 151.200 km/h
2.	W. Gardner	AUS	Honda	48'12.32
3.	C. Sarron	F	Yamaha	48'18.62
4.	N. MacKenzie	GB	Honda	48'22.73
5.	W. Rainey	USA	Yamaha	48'29.36
6.	K. Magee	AUS	Yamaha	48'34.73
7.	D. De Radiguès	B	Yamaha	48'47.91
8.	R. Burnett	GB	Honda	48'50.44
9.	P. Chili	I	Honda	48'52.61
10.	R. Mamola	USA	Cagiva	48'58.80
11.	R. Haslam	GB	Elf-Honda	48'59.29
12.	K. Schwantz	USA	Suzuki	49'02.02
13.	R. McElnea	GB	Suzuki	49'10.88
14.	T. Taira	J	Yamaha	49'22.28
15.	R. Roche	F	Cagiva	1 lap

Number of finishers: 27.
Fastest lap: E. Lawson (USA, Yamaha),
   1'34.43 = 153.676 km/h.

14) August 28 : Czechoslovakia - Brno

23 laps = 124.062 km
Pole position: W. Gardner (AUS, Honda),
   2'05.55 = 154.667 km/h.

1.	W. Gardner	AUS	Honda	49'11.06
				= 151.343 km/h
2.	E. Lawson	USA	Yamaha	49'12.97
3.	W. Rainey	USA	Yamaha	49'13.54
4.	P. Chili	I	Honda	49'26.74
5.	T. Taira	J	Yamaha	49'30.97
6.	N. MacKenzie	GB	Honda	49'40.50
7.	R. Haslam	GB	Elf-Honda	50'08.50
8.	R. McElnea	GB	Suzuki	50'09.30
9.	P. Igoa	F	Yamaha	50'10.42
10.	F. Barchitta	I	Honda	50'57.02
11.	M. Gentile	CH	Fior-Honda	50'57.20
12.	M. Papa	I	Honda	51'11.50
13.	A. Valesi	I	Honda	51'11.70
14.	P. Linden	S	Honda	1 lap
15.	B. Kneubühler	CH	Honda	1 lap

Number of finishers: 24.
Fastest lap: W. Gardner (AUS, Honda),
   2'06.24 = 153.821 km/h.

15) September 17 : Brazil - Goiania

32 laps = 122.720 km
Pole position: W. Gardner (AUS, Honda),
   1'26.93 = 158.817 km/h.

1.	E. Lawson	USA	Yamaha	47'06.32
				= 156.313 km/h
2.	W. Gardner	AUS	Honda	47'19.68
3.	K. Schwantz	USA	Suzuki	47'27.67
4.	N. MacKenzie	GB	Honda	47'30.44
5.	C. Sarron	F	Yamaha	47'30.56
6.	K. Magee	AUS	Yamaha	47'30.60
7.	P. Chili	I	Honda	48'19.42
8.	R. McElnea	GB	Suzuki	48'21.17
9.	D. De Radiguäs	B	Yamaha	48'29.62
10.	P. Igoa	F	Yamaha	1 lap
11.	F. Barchitta	I	Honda	1 lap
12.	F. Gonzales De Nicolas	E	Honda	3 laps
13.	D. McLeod	GB	Honda	6 laps

Number of finishers: 13.
Fastest lap: E. Lawson (USA, Yamaha),
   1'27.81 = 157.226 km/h.

WORLD CHAMPIONSHIP

1.	Eddie Lawson	USA	Yamaha	252
2.	Wayne Gardner	AUS	Honda	229
3.	Wayne Rainey	USA	Yamaha	189
4.	Christian Sarron	F	Yamaha	149
5.	Kevin Magee	AUS	Yamaha	138
6.	Niall MacKenzie	GB	Honda	125
7.	Didier De Radiguès	B	Yamaha	120
8.	Kevin Schwantz	USA	Suzuki	119
9.	Pierfrancesco Chili	I	Honda	110
10.	Rob McElnea	GB	Suzuki	83
11.	Ronald "Ron" Haslam	GB	Elf-Honda	68
12.	Randy Mamola	USA	Cagiva	58
13.	Shunji Yatsushiro	J	Honda	57
14.	Patrick Igoa	F	Yamaha	44
15.	Tadahiko Taira	J	Yamaha	36
16.	Alessandro Valesi	I	Honda	26
17.	Marco Papa	I	Honda	17
18.	Roger Burnett	GB	Honda	15
19.	Mike Baldwin	USA	Honda	14
20.	Raymond Roche	F	Cagiva	13
21.	Fabio Barchitta	I	Honda	12
22.	Bruno Kneubühler	CH	Honda	9
23.	Donnie McLeod	GB	Honda	9
24.	Marco Gentile	CH	Fior-Honda	8
25.	Daniel Amatrian	E	Honda	7
26.	Gustav Reiner	D	Honda	5
27.	Hikaru Miyagi	J	Honda	5
28.	Norihiko Fujiwara	J	Yamaha	4
29.	Malcolm Campbell	AUS	Elf-Honda	4
30.	Steve Manley	GB	Suzuki	4
31.	Fernando Gonzales de Nicolas	E	Honda	4
32.	Fabio Biliotti	I	Honda	4
33.	Peter Schleef	D	Honda	3
34.	Rachel Nicotte	F	Honda	3
35.	Peter Linden	S	Honda	2
36.	Massimo Brocccoli	I	Cagiva	2
37.	Cees Doorakkers	NL	Honda	1
38.	Manfred Fischer	D	Honda	1
39.	Michael Rudroff	D	Honda	1
40.	Marten Duyters	NL	Honda	1
41.	Osamu Hiwatashi	J	Suzuki	1

1988 — Side-Cars

Champions: **Steve Webster/Tony Hewitt (Great Britain, LCR-Krauser), 156 points, 3 wins**

1) May 1 : Portugal - Jerez de la Frontera

22 laps = 92.796 km
Pole position: R. Biland/K. Waltisperg (CH, LCR-Krauser),
1'49.37 = 138.838 km/h (*)

1.	R. Biland/K. Waltisperg	CH	LCR-Krauser	49'05.45
				= 135.373 km/h
2.	E. Streuer/B. Schnieders	NL	LCR-Yamaha	49'07.38
3.	S. Webster/T. Hewitt	GB	LCR-Krauser	49'38.50
4.	B. Brindley/G. Rose	GB	LCR-Yamaha	50'27.06
5.	A. Michel/J.-M. Fresc	F	LCR-Krauser	50'33.14
6.	S. Abbott/S. Smith	GB	Windle-Yamaha	50'52.18
7.	T. Van Kempen/S. Birchall	NL/GB	LCR-Yamaha	51'14.20
8.	D. Jones/P. Brown	GB	LCR-Yamaha	51'18.52
9.	W. Stropek/P. Demling	A	LCR-Krauser	51'35.18
10.	A. Zurbrügg/M. Zurbrügg	CH	LCR-Krauser	1 lap
11.	M. Kumano/M. Fahrni	J/CH	LCR-Yamaha	1 lap
12.	B. Scherer/T. Schröder	D	BSR-Krauser	1 lap
13.	D. Bingham/G. Irlam	GB	LCR-Yamaha	1 lap
14.	I. Nigrowski/M. Charpentier	F	Seymaz-JPX	1 lap
15.	F. Stölzle/H. Stölzle	D	LCR-Krauser	1 lap

Number of finishers: 15.
Fastest lap: S. Webster/T. Hewitt (GB, LCR-Krauser),
1'56.87 = 129.929 km/h.

(*): pour la seule et unique fois de l'histoire, un équipage de la catégorie side-cars a signé la pole-position absolue lors d'un GP (pole 500: Eddie Lawson, 1'50.12 = 137.893 km/h), cela dans des conditions météorologiques normales.

(*): Zum ersten und einzigen Mal in der Geschichte des Grand Prix war ein Seitenwagen-Team in der Qualifikation schneller als alle Solo-Piloten (500 ccm: Eddie Lawson, 1'50.12 = 137.893 km/h); und das bei normalen Strecken- und Witterungsbedingungen.

(*) For the one and only time in the history of the sport, a side car outfit set the outright quickest pole position of a GP weekend. (500 pole time, Eddie Lawson, 1.50.12 = 137.893 km/h,) set on a dry track.

2) May 29 : Germany - Nürburgring

25 laps = 113.550 km
Pole position: R. Biland/K. Waltisperg (CH, LCR-Krauser),
1'45.73 = 154.650 km/h.

1.	R. Biland/K. Waltisperg	CH	LCR-Krauser	45'28.87
				= 149.798 km/h
2.	S. Webster/T. Hewitt	GB	LCR-Krauser	45'30.79
3.	A. Zurbrügg/M. Zurbrügg	CH	LCR-Yamaha	45'57.24
4.	F. Stölzle/H. Stölzle	D	LCR-Krauser	46'09.54
5.	B. Scherer/T. Schröder	D	BSR-Krauser	46'17.52
6.	W. Stropek/P. Demling	A	LCR-Krauser	46'26.36
7.	T. Van Kempen/S. Birchall	NL/GB	LCR-Yamaha	46'41.40
8.	P. Laratte/J. Corbier	F	LCR-Yamaha	46'52.97
9.	M. Egloff/U. Egloff	CH	LCR-ADM	46'58.71
10.	S. Abbott/S. Smith	GB	Windle-Yamaha	47'01.97
11.	B. Brindley/G. Rose	GB	LCR-Yamaha	47'10.69
12.	Y. Kumagaya/B. Barlow	J/GB	Windle-Yamaha	47'10.92
13.	D. Jones/P. Brown	GB	LCR-Yamaha	1 lap
14.	E. Streuer/B. Schnieders	NL	LCR-Yamaha	1 lap

Number of finishers: 14.
Fastest lap: R. Biland/K. Waltisperg (CH, LCR-Krauser),
1'45.55 = 154.914 km/h.

3) June 12 : Austria - Salzburgring

22 laps = 93.346 km
Pole position: R. Biland/K. Waltisperg (CH, LCR-Krauser),
1'23.82 = 182.233 km/h.

1.	R. Biland/K. Waltisperg	CH	LCR-Krauser	32'11.52
				= 173.980 km/h
2.	A. Michel/J.-M. Fresc	F	LCR-Krauser	32'13.42
3.	S. Webster/T. Hewitt	GB	LCR-Krauser	32'13.63
4.	A. Zurbrügg/M. Zurbrügg	CH	LCR-Yamaha	32'34.00
5.	E. Streuer/B. Schnieders	NL	LCR-Yamaha	32'47.41
6.	S. Abbott/S. Smith	GB	Windle-Yamaha	32'50.48
7.	P. Laratte/J. Corbier	F	LCR-Yamaha	32'53.56
8.	D. Jones/P. Brown	GB	LCR-Yamaha	32'54.50
9.	B. Scherer/T. Schröder	D	BSR-Krauser	33'10.06
10.	B. Brindley/G. Rose	GB	LCR-Yamaha	33'10.56
11.	A. Bosman/D. Kellett	AUS	LCR-Yamaha	33'10.82
12.	T. Van Kempen/S. Birchall	NL/GB	LCR-Yamaha	33'28.25
13.	W. Stropek/P. Demling	A	LCR-Krauser	33'28.50
14.	G. Thomas/G. De Haas	GB/NL	LCR-Krauser	1 lap
15.	D. Bingham/G. Irlam	GB	LCR-Yamaha	1 lap

Number of finishers: 16.
Fastest lap: R. Biland/K. Waltisperg (CH, LCR-Krauser),
1'25.87 = 177.883 km/h.

4) June 25 : The Netherlands - Assen

16 laps = 98.144 km
Pole position: R. Biland/K. Waltisperg (CH, LCR-Krauser),
2'15.29 = 163.222 km/h.

1.	R. Biland/K. Waltisperg	CH	LCR-Krauser	37'10.68
				= 158.390 km/h
2.	E. Streuer/B. Schnieders	NL	LCR-Yamaha	37'25.24
3.	S. Webster/T. Hewitt	GB	LCR-Krauser	37'45.77
4.	M. Egloff/U. Egloff	CH	LCR-ADM	37'56.71
5.	D. Jones/P. Brown	GB	LCR-Yamaha	38'06.62
6.	M. Kumano/M. Fahrni	J/CH	LCR-Yamaha	38'19.00
7.	B. Brindley/G. Simmons	GB	LCR-Yamaha	38'37.25
8.	S. Abbott/S. Smith	GB	Windle-Yamaha	38'48.62
9.	F. Stölzle/H. Stölzle	D	LCR-Krauser	38'53.94
10.	Y. Kumagaya/B. Barlow	J/GB	Windle-Yamaha	38'54.32
11.	P. Laratte/E. Rösinger	F/D	LCR-Yamaha	1 lap
12.	A. Zurbrügg/M. Zurbrügg	CH	LCR-Yamaha	1 lap
13.	J. Van Stekelenburg/R. Bettgens	NL	Windle-Yamaha	1 lap
14.	W. Stropek/P. Demling	A	LCR-Krauser	2 laps

Number of finishers: 14.
Fastest lap: R. Biland/K. Waltisperg (CH, LCR-Krauser),
2'17.35 = 160.775 km/h.

5) July 3 : Belgium - Spa-Francorchamps

13 laps = 90.220 km
Pole position: R. Biland/K. Waltisperg (CH, LCR-Krauser),
2'36.10 = 160.051 km/h.

1.	R. Biland/K. Waltisperg	CH	LCR-Krauser	36'15.68
				= 149.283 km/h
2.	S. Webster/T. Hewitt	GB	LCR-Krauser	36'29.63
3.	D. Jones/P. Brown	GB	LCR-Yamaha	37'24.40
4.	A. Michel/J.-M. Fresc	F	LCR-Krauser	37'25.12
5.	B. Brindley/G. Rose	GB	LCR-Yamaha	37'26.58
6.	Y. Kumagaya/B. Barlow	J/GB	Windle-Yamaha	37'49.71
7.	R. Steinhausen/B. Hiller	D	Busch-ADM	38'10.63
8.	W. Stropek/P. Demling	A	LCR-Krauser	38'11.88
9.	B. Scherer/T. Schröder	D	BSR-Krauser	38'12.60
10.	S. Abbott/S. Smith	GB	Windle-Yamaha	38'17.06
11.	M. Egloff/U. Egloff	CH	LCR-ADM	38'22.83
12.	T. Van Kempen/S. Birchall	NL/GB	LCR-Yamaha	38'27.42
13.	A. Bosman/D. Kellett	AUS	LCR-Yamaha	38'31.79
14.	M. Kumano/M. Fahrni	J/CH	LCR-Yamaha	38'35.08
15.	I. Nigrowski/M. Charpentier	F	Seymaz-JPX	38'41.71

Number of finishers: 21.
Fastest lap: R. Biland/K. Waltisperg (CH, LCR-Krauser),
2'38.51 = 157.618 km/h.

6) July 24 : France - Le Castellet

16 laps = 92.960 km
Pole position: R. Biland/K. Waltisperg (CH, LCR-Krauser), 2'04.07 = 168.582 km/h.

1.	R. Biland/K. Waltisperg	CH	LCR-Krauser	33'47.80
				= 165.034 km/h
2.	S. Webster/T. Hewitt	GB	LCR-Krauser	33'53.00
3.	M. Egloff/U. Egloff	CH	LCR-ADM	34'04.07
4.	A. Michel/J.-M. Fresc	F	LCR-Krauser	34'45.40
5.	M. Kumano/M. Fahrni	J/CH	LCR-Yamaha	34'53.77
6.	A. Zurbrügg/M. Zurbrügg	CH	LCR-Yamaha	34'57.31
7.	Y. Kumagaya/B. Barlow	J/GB	Windle-Yamaha	35'07.26
8.	S. Abbott/S. Smith	GB	Windle-Yamaha	35'13.90
9.	E. Streuer/B. Schnieders	NL	LCR-Yamaha	35'14.85
10.	T. Van Kempen/S. Birchall	NL/GB	LCR-Yamaha	35'21.51
11.	I. Nigrowski/M. Charpentier	F	Seymaz-JPX	35'37.82
12.	F. Stölzle/H. Stölzle	D	LCR-Krauser	35'39.52
13.	B. Scherer/T. Schröder	D	BSR-Krauser	35'47.34
14.	B. Brindley/G. Rose	GB	LCR-Yamaha	35'55.61
15.	R. Progin/Y. Hunziker	CH	Seymaz-Krauser	36'02.16

Number of finishers: 22.
Fastest lap: R. Biland/K. Waltisperg (CH, LCR-Krauser), 2'05.23 = 167.021 km/h.

7) August 7 : Great Britain - Donington

24 laps = 96.552 km
Pole position: R. Biland/K. Waltisperg (CH, LCR-Krauser), 1'37.18 = 149.030 km/h.

1.	S. Webster/T. Hewitt	GB	LCR-Krauser	40'39.56
				= 142.490 km/h
2.	R. Biland/K. Waltisperg	CH	LCR-Krauser	40'41.67
3.	A. Michel/J.-M. Fresc	F	LCR-Krauser	40'55.75
4.	M. Egloff/U. Egloff	CH	LCR-ADM	41'08.04
5.	E. Streuer/B. Schnieders	NL	LCR-Yamaha	41'09.81
6.	M. Kumano/M. Fahrni	J/CH	LCR-Yamaha	41'25.50
7.	D. Jones/P. Brown	GB	LCR-Yamaha	41'42.55
8.	F. Stölzle/H. Stölzle	D	LCR-Krauser	41'56.24
9.	A. Zurbrügg/M. Zurbrügg	CH	LCR-Yamaha	41'59.02
10.	B. Scherer/T. Schröder	D	BSR-Krauser	42'04.00
11.	Y. Kumagaya/B. Barlow	J/GB	Windle-Yamaha	42'23.11
12.	G. Thomas/E. Rösinger	GB/D	LCR-Krauser	1 lap
13.	J.-L. Millet/C. Debroux	F	LCR-Yamaha	1 lap
14.	A. Bosman/D. Kellett	AUS	LCR-Yamaha	1 lap
15.	C. Stirrat/S. Prior	GB	LCR-Yamaha	1 lap

Number of finishers: 17.
Fastest lap: R. Biland/K. Waltisperg (CH, LCR-Krauser), 1'40.05 = 144.760 km/h.

8) August 14 : Sweden - Anderstorp

23 laps = 92.713 km
Pole position: S. Webster/T. Hewitt (GB, LCR-Krauser), 1'39.68 = 145.581 km/h.

1.	S. Webster/T. Hewitt	GB	LCR-Krauser	38'32.47
				= 144.333 km/h
2.	R. Biland/K. Waltisperg	CH	LCR-Krauser	38'33.51
3.	E. Streuer/B. Schnieders	NL	LCR-Yamaha	38'36.30
4.	A. Michel/J.-M. Fresc	F	LCR-Krauser	38'52.65
5.	M. Egloff/U. Egloff	CH	LCR-ADM	39'20.32
6.	M. Kumano/M. Fahrni	J/CH	LCR-Yamaha	39'51.97
7.	A. Zurbrügg/M. Zurbrügg	CH	LCR-Yamaha	39'57.01
8.	Y. Kumagaya/P. Linden	J/S	Windle-Yamaha	40'09.50
9.	D. Jones/P. Brown	GB	LCR-Yamaha	40'24.00
10.	B. Scherer/T. Schröder	D	BSR-Krauser	1 lap
11.	S. Abbott/S. Smith	GB	Windle-Yamaha	1 lap
12.	P. Laratte/J. Corbier	F	LCR-Yamaha	1 lap
13.	F. Stölzle/H. Stölzle	D	LCR-Krauser	1 lap
14.	I. Nigrowski/M. Charpentier	F	Seymaz-JPX	1 lap
15.	D. Chivas/H. Olsson	NZ/S	LCR-Yamaha	1 lap

Number of finishers: 18.
Fastest lap: R. Biland/K. Waltisperg (CH, LCR-Krauser), 1'38.66 = 147.087 km/h.

9) August 29 : Czechoslovakia - Brno

17 laps = 91.698 km
Pole position: R. Biland/K. Waltisperg (CH, LCR-Krauser), 2'08.28 = 151.375 km/h.

1.	S. Webster/T. Hewitt	GB	LCR-Krauser	37'14.88
				= 147.552 km/h
2.	E. Streuer/B. Schnieders	NL	LCR-Yamaha	37'15.33
3.	M. Egloff/U. Egloff	CH	LCR-ADM	37'33.04
4.	M. Kumano/M. Fahrni	J/CH	LCR-Yamaha	37'43.05
5.	A. Michel/J.-M. Fresc	F	LCR-Krauser	37'44.51
6.	B. Scherer/T. Schröder	D	BSR-Krauser	38'19.01
7.	F. Stölzle/H. Stölzle	D	LCR-Krauser	38'38.16
8.	D. Jones/P. Brown	GB	LCR-Yamaha	38'40.64
9.	I. Nigrowski/M. Charpentier	F	Seymaz-JPX	38'55.58
10.	W. Kraus/O. Schuster	D	LCR-Busch	38'56.94
11.	W. Stropek/W. Bock	A/D	LCR-Krauser	39'00.63
12.	B. Brindley/G. Rose	GB	LCR-Yamaha	39'14.98
13.	C. Stirrat/S. Prior	GB	LCR-Yamaha	39'19.72
14.	T. Van Kempen/G. De Haas	NL	LCR-Yamaha	39'20.37
15.	J.-L. Millet/C. Debroux	F	LCR-Yamaha	39'27.45

Number of finishers: 22.
Fastest lap: E. Streuer/B. Schnieders (NL, LCR-Yamaha), 2'10.47 = 148.834 km/h.

WORLD CHAMPIONSHIP

1.	Steve Webster/Tony Hewitt	GB	LCR-Krauser	156
2.	Rolf Biland/Kurt Waltisperg	CH	LCR-Krauser	154
3.	Egbert Streuer/Bernd Schnieders	NL	LCR-Yamaha	97
4.	Alain Michel/Jean-Marc Fresc	F	LCR-Krauser	93
5.	Markus Egloff/Urs Egloff	CH	LCR-ADM	79
6.	Derek Jones/Peter Brown	GB	LCR-Yamaha	69
7.	Alfred Zurbrügg/Martin Zurbrügg	CH	LCR-Yamaha	64
8.	Masato Kumano/Markus Fahrni	J/CH	LCR-Yamaha	61
9.	Bernd Scherer/Thomas Schröder	D	BSR-Krauser	54
10.	Steve Abbott/Shaun Smith	GB	Windle-Yamaha	53
11.	Barry Brindley/Graham Rose	GB	LCR-Yamaha	50
12.	Fritz Stölzle/Hubert Stölzle	D	LCR-Krauser	45
13.	Yoshisada Kumagaya/Brian Barlow/Peter Linden	J/GB/S	Windle-Yamaha	42
14.	Wolfgang Stropek/Peter Demling/Wolfgang Bock	A/A/D	LCR-Krauser	35
15.	Theo Van Kempen/Simon Birchall/Geral De Haas	NL/GB/NL	LCR-Yamaha	34
16.	Pascal Laratte/Jacques Corbier/Eckart Rösinger	F/F/D	LCR-Yamaha	26
17.	Ivan Nigrowski/Martial Charpentier	F	Seymaz-JPX	17
18.	André Bossman/David Kellett	AUS	LCR-Yamaha	10
19.	Rolf Steinhausen/Bruno Hiller	D	Busch-ADM	9
20.	Werner Kraus/Olivier Schuster	D	LCR-Busch	6
21.	Gary Thomas/Geral De Haas/Eckart Rösinger	GB/NL/D	LCR-Krauser	6
22.	Clive Stirrat/Simon Prior	GB	LCR-Yamaha	4
23.	Jean-Louis Millet/Claude Debroux	F	LCR-Yamaha	4
24.	Dennis Bingham/Gary Irlam	GB	LCR-Yamaha	4
25.	Jos Van Stekelenburg/Rinie Bettgens	NL	Windle-Yamaha	3
26.	Doug Chivas/Håkan Olsson	NZ/S	LCR-Yamaha	1
27.	René Progin/Yvan Hunziker	CH	Seymaz-Krauser	1

Markus Egloff, Urs Egloff

Champion : **Manuel Herreros (Spain, Derbi), 92 points, 0 win**

1989 — 80 cc

1) April 30 : Spain - Jerez de la Frontera

18 laps = 75.924 km
Pole position: S. Dörflinger (CH, Krauser), 2'02.64 = 123.816 km/h.

1.	F. Torrontegui	E	Krauser	37'12.51
				= 122.430 km/h
2.	S. Dörflinger	CH	Krauser	37'15.36
3.	P. Oettl	D	Krauser	37'48.49
4.	B. Nikolov	BUL	Krauser	37'50.38
5.	M. Herreros	E	Derbi	37'53.05
6.	J. Saez	E	Krauser	37'53.46
7.	A. Sanchez	E	JJ-Cobas	37'54.20
8.	R. Waldmann	D	Seel	38'08.44
9.	J. Mariano	E	Casal	38'10.73
10.	G. Gnani	I	Gnani	38'43.22
11.	P. Priori	I	Krauser	38'44.53
12.	H. Koopman	NL	Ziegler	38'49.02
13.	R. Dünki	CH	LCR-Krauser	38'58.94
14.	J. Seel	D	Seel	39'02.59
15.	B. Smit	NL	Krauser	39'15.94

Number of finishers: 25.
Fastest lap: S. Dörflinger (CH, Krauser), 2'02.32 = 124.139 km/h.

2) May 14 : Italy - Misano

22 laps = 76.736 km
Pole position: S. Dörflinger (CH, Krauser), 1'29.616 = 140.117 km/h.

1.	J. Martinez	E	Derbi	33'31.930
				= 137.305 km/h
2.	G. Gnani	I	Gnani	33'36.192
3.	F. Torrontegui	E	Krauser	33'48.919
4.	M. Herreros	E	Derbi	33'49.835
5.	S. Dörflinger	CH	Krauser	34'00.366
6.	J. Saez	E	Krauser	34'07.749
7.	G. Ascareggi	I	BBFT	34'09.730
8.	A. Sanchez	E	JJ-Cobas	34'16.356
9.	R. Sassone	I	Unimoto	34'16.536
10.	P. Priori	I	Krauser	34'31.196
11.	J. Bernard	B	Fantic	34'40.302
12.	H. Koopman	NL	Ziegler	34'41.648
13.	S. Kurfiss	D	Krauser	34'42.089
14.	R. Waldmann	D	Seel	34'45.667
15.	J. Van Dongen	NL	Casal	1 lap

Number of finishers: 24.
Fastest lap: P. Oettl (D, Krauser), 1'30.136 = 139.309 km/h.

3) May 28 : Germany - Hockenheim

11 laps = 74.668 km
Pole position: S. Dörflinger (CH, Krauser), 2'32.42 = 160.325 km/h.

1.	P. Oettl	D	Krauser	28'18.84
				= 158.251 km/h
2.	M. Herreros	E	Derbi	28'18.37
3.	F. Torrontegui	E	Krauser	28'19.52
4.	A. Sanchez	E	JJ-Cobas	28'59.23
5.	S. Dörflinger	CH	Krauser	29'00.69
6.	J. Mariano	E	Casal	29'05.72
7.	R. Waldmann	D	Seel	29'05.92
8.	S. Kurfiss	D	Krauser	29'06.08
9.	J. Seel	D	Seel	29'06.39
10.	G. Gnani	I	Gnani	29'06.50
11.	P. Priori	I	Krauser	29'06.75
12.	J. Szabo	H	Krauser	29'15.32
13.	G. Schirnhofer	D	Krauser	29'25.65
14.	H. Koopman	NL	Ziegler	29'30.48
15.	S. Brägger	CH	Casal	29'35.24

Number of finishers: 27.
Fastest lap: P. Oettl (D, Krauser), 2'32.90 = 159.845 km/h.

4) June 11 : Yugoslavia - Rijeka

22 laps = 91.696 km
Pole position: S. Dörflinger (CH, Krauser), 1'41.893 = 147.260 km/h.

1.	P. Oettl	D	Krauser	37'43.794
				= 145.819 km/h
2.	M. Herreros	E	Derbi	37'57.238
3.	S. Dörflinger	CH	Krauser	38'11.484
4.	J. Miralles	E	Derbi	38'23.495
5.	B. Nikolov	BUL	Krauser	38'27.488
6.	J. Seel	D	Seel	38'34.633
7.	P. Priori	I	Krauser	38'37'506
8.	G. Gnani	I	Gnani	39"01'349
9.	H. Koopman	NL	Ziegler	39'12.183
10.	J. Van Dongen	NL	Casal	39'24.288
11.	Z. Matulja	Y	Casal	1 lap
12.	J. Pintar	Y	Eberhardt	1 lap
13.	T. Engl	D	Krauser	1 lap
14.	M. Ehinger	D	Krauser	1 lap
15.	J. Arumi	E	Krauser	1 lap

Number of finishers: 18.
Fastest lap: P. Oettl (D, Krauser), 1'41.373 = 148.015 km/h.

5) June 24 : The Netherlands - Assen

11 laps = 67.474 km
Pole position: S. Dörflinger (CH, Krauser), 2'33.35 = 144.000 km/h.

1.	P. Oettl	D	Krauser	28'30.78
				= 141.985 km/h
2.	M. Herreros	E	Derbi	28'31.12
3.	S. Dörflinger	CH	Krauser	28'31.35
4.	J. Miralles	E	Derbi	28'48.67
5.	J. Mariano	E	Casal	29'00.63
6.	B. Nikolov	BUL	Krauser	29'07.27
7.	H. Koopman	NL	Ziegler	29'07.48
8.	B. Smit	NL	Krauser	29'07.97
9.	P. Priori	I	Krauser	29'08.22
10.	B. Völkel	D	Seel	29'16.55
11.	F. Torrontegui	E	Krauser	29'17.94
12.	R. Waldmann	D	Seel	29'34.02
13.	S. Brägger	CH	Casal	29'44.08
14.	J. Van Dongen	NL	Casal	29'50.07
15.	S. Kurfiss	D	Krauser	29'52.38

Number of finishers: 26.
Fastest lap: S. Dörflinger (CH, Krauser), 2'32.84 = 144.480 km/h.

6) August 27 : Czechoslovakia - Brno

13 laps = 70.122 km
Pole position: S. Dörflinger (CH, Krauser), 2'24.605 = 134.285 km/h.

1.	F. Torrontegui	E	Krauser	31'30.370
				= 133.539 km/h
2.	M. Herreros	E	Derbi	31'49.151
3.	J. Martinez	E	Derbi	31'49.548
4.	J. Seel	D	Seel	31'51.860
5.	S. Dörflinger	CH	Krauser	31'51.860
6.	L.-I. Alvaro	E	Krauser	32'02.860
7.	P. Priori	I	Krauser	32'03.831
8.	G. Gnani	I	Gnani	32'05.804
9.	B. Völkel	D	Seel	32'08.312
10.	B. Nikolov	BUL	Krauser	32'15.523
11.	J. Mariano	E	Casal	32'15.558
12.	C. Van Dongen	NL	Casal	32'17.694
13.	B. Smit	NL	Krauser	32'17.803
14.	J. Szabo	H	Krauser	32'41.445
15.	H. Paschen	D	Casal	32'44.192

Number of finishers: 28.
Fastest lap: F. Torrontegui (E, Krauser), 2'24.435 = 134.443 km/h.

WORLD CHAMPIONSHIP

1.	Manuel Herreros	E	Derbi	92
2.	Stefan Dörflinger	CH	Krauser	80
3.	Peter Oettl	D	Krauser	75
4.	Francisco "Herri" Torrontegui	E	Krauser	75
5.	Gabriele Gnani	I	Gnani	45
6.	Paolo Priori	I	Krauser	41
7.	Bogdan Nikolov	BUL	Krauser	40
8.	Jorge "Aspar" Martinez	E	Derbi	35
9.	Jaime Mariano	E	Casal	33
10.	Jörg Seel	D	Seel	32
11.	Antonio Sanchez	E	JJ-Cobas	30
12.	Julian Miralles	E	Derbi	26
13.	Hans Koopman	NL	Ziegler	26
14.	Ralf Waldmann	D	Seel	23
15.	José Saez	E	Krauser	20
16.	Bernd Völkel	D	Seel	13
17.	Jos Van Dongen	NL	Casal	13
18.	Bert Smit	NL	Krauser	12
19.	Stefan Kurfiss	D	Krauser	12
20.	Luis Ignacio Alvaro	E	Krauser	10
21.	Giuseppe Ascareggi	I	BBFT	9
22.	Roberto Sassone	I	Unimoto	7
23.	Janos Szabo	H	Krauser	6
24.	Zdravko Matulja	Y	Casal	5
25.	Jacques Bernard	B	Fantic	5
26.	Janez Pintar	Y	Eberhardt	4
27.	Stefan Brägger	CH	Casal	4
28.	Thomas Engl	D	Krauser	3
29.	Günther Schirnhofer	D	Krauser	3
30.	René Dünki	CH	LCR-Krauser	3
31.	Matthias Ehinger	D	Krauser	2
32.	Heinz Paschen	D	Casal	1
33.	Javier Arumi	E	Krauser	1

Herri Torrontegui, Jerez

Peter Oettl, Krauser

Champion: **Alex Crivillé (Spain, JJ-Cobas), 166 points, 5 wins**

1989 — 125 cc

1) March 23 : Japan - Suzuka

16 laps = 93.824 km
Pole position: E. Gianola (I, Honda),
2'26.981 = 143.505 km/h.

1.	E. Gianola	I	Honda	39 20.647
				= 142.971 km/h
2.	H. Unemoto	J	Honda	39'41.776
3.	K. Takada	J	Honda	39'41.916
4.	M. Hirose	J	Honda	39'42.474
5.	K. Yoshida	J	Honda	39'49.601
6.	M. Shima	J	Honda	39'57.103
7.	Y. Fujiwara	J	Honda	40'10.236
8.	K. Yamashita	J	Honda	40'10.476
9.	S. Fujiyama	J	Honda	40'15.091
10.	K. Yamada	J	Honda	40'18.756
11.	F. Gresini	I	Aprilia	40'28.314
12.	R. Milton	GB	Honda	40'30.213
13.	A. Scott	GB	Honda	40'45.821
14.	L.-M. Reyes	E	Honda	40'45.917
15.	A. Stadler	D	Honda	40'46.183

Number of finishers: 24.
Fastest lap: E. Gianola (I, Honda),
2'26.498 = 143.985 km/h.

2) April 4 : Australia - Phillip Island

22 laps = 97.856 km
Pole position: J. Martinez (E, Derbi),
1'45.53 = 151.805 km/h.

1.	A. Crivillé	E	JJ-Cobas	39'40.04
				= 148.081 km/h
2.	R. Milton	GB	Honda	39'48.76
3.	A. Scott	GB	Honda	39'53.68
4.	S. Prein	D	Honda	39'57.59
5.	E. Gianola	I	Honda	39'58.93
6.	J. Miralles	E	Derbi	40'03.40
7.	F. Gresini	I	Aprilia	40'18.81
8.	H. Spaan	NL	Honda	40'21.94
9.	L.-M. Reyes	E	Honda	40'32.54
10.	A. Stadler	D	Honda	40'32.71
11.	R. Appleyard	GB	Honda	40'33.06
12.	L. Pietroniro	B	Honda	40'34.01
13.	I. Saunders	AUS	Honda	40'42.06
14.	J. Wickström	SF	Honda	40'43.68
15.	A. Bedford	GB	EMC	40'46.00

Number of finishers: 28.
Fastest lap: J. Martinez (E, Derbi),
1'46.53 = 150.380 km/h.

3) April 30 : Spain - Jerez de la Frontera

22 laps = 92.796 km
Pole position: A. Crivillé (E, JJ-Cobas),
1'56.33 = 130.532 km/h.

1.	A. Crivillé	E	JJ-Cobas	43'39.38
				= 127.536 km/h
2.	J. Martinez	E	Derbi	43'45.68
3.	K. Takada	J	Honda	43'48.55
4.	E. Gianola	I	Honda	44'03.72
5.	F. Gresini	I	Aprilia	44'09.19
6.	A. Scott	GB	Honda	44'13.77
7.	J. Miralles	E	Derbi	44'14.21
8.	H. Unemoto	J	Honda	44'14.39
9.	F. Torrontegui	E	Honda	44'15.61
10.	L.-M. Reyes	E	Honda	44'21.96
11.	S. Prein	D	Honda	44'36.58
12.	A. Stadler	D	Honda	44'36.94
13.	R. Milton	GB	Honda	44'37.12
14.	L. Pietroniro	B	Honda	44'38.82
15.	T. Rinne	SF	Honda	44'44.57

Number of finishers: 24.
Fastest lap: A. Crivillé (E, JJ-Cobas),
1'56.61 = 130.219 km/h.

4) May 13 : Italy - Misano

26 laps = 90.688 km
Pole position: H. Spaan (NL, Honda),
1'25.53 = 146.812 km/h.

1.	E. Gianola	I	Honda	37'28.518
				= 145.196 km/h
2.	H. Spaan	NL	Honda	37'28.649
3.	F. Gresini	I	Aprilia	37'59.463
4.	K. Takada	J	Honda	38'01.075
5.	J. Miralles	E	Derbi	38'02.289
6.	H. Unemoto	J	Honda	38'03.597
7.	R. Milton	GB	Honda	38'04.628
8.	A. Stadler	D	Honda	38'06.714
9.	B. Casanova	I	Aprilia	38'07.677
10.	D. Romboni	I	Honda	38'07.958
11.	L.-M. Reyes	E	Honda	38'08.075
12.	F. Torrontegui	E	Honda	38'23.861
13.	D. Brigaglia	I	Garelli	38'26.468
14.	R. Appleyard	GB	Honda	38'26.608
15.	L. Pietroniro	B	Honda	38'27.007

Number of finishers: 26.
Fastest lap: A. Crivillé (E, JJ-Cobas),
1'25.768 = 146.404 km/h.

5) May 28 : Germany - Hockenheim

14 laps = 95.032 km
Pole position: E. Gianola (I, Honda),
2'23.64 = 170.125 km/h.

1.	A. Crivillé	E	JJ-Cobas	33'57.50
				= 167.934 km/h
2.	E. Gianola	I	Honda	33'57.85
3.	J. Miralles	E	Derbi	33'57.96
4.	H. Spaan	NL	Honda	34'06.34
5.	H. Unemoto	J	Honda	34'07.02
6.	S. Prein	D	Honda	34'07.50
7.	T. Rinne	SF	Honda	34'07.81
8.	A. Stadler	D	Honda	34'07.92
9.	R. Milton	GB	Honda	34'21.73
10.	G. Waibel	D	Honda	34'40.02
11.	A. Waibel	D	Honda	34'40.46
12.	D. Raudies	D	Honda	34'41.07
13.	L.-M. Reyes	E	Honda	34'42.06
14.	J. Wickström	SF	Honda	34'42.43
15.	D. Romboni	I	Honda	34'42.54

Number of finishers: 27.
Fastest lap: J. Miralles (E, Derbi),
2'24.16 = 169.536 km/h.

6) June 4 : Austria - Salzburgring

22 laps = 93.346 km
Pole position: J. Martinez (E, Derbi),
1'32.58 = 164.990 km/h.

1.	H. Spaan	NL	Honda	37'10.29
				= 150.673 km/h
2.	J. Miralles	E	Derbi	37'36.41
3.	A. Crivillé	E	JJ-Cobas	37'46.50
4.	B. Casanova	I	Aprilia	37'52.44
5.	F. Gresini	I	Aprilia	37'52.69
6.	D. Raudies	D	Honda	37'53.31
7.	D. Brigaglia	I	Garelli	37'53.56
8.	C. Catalano	I	Gazzaniga	37'55.69
9.	A. Scott	GB	Honda	37'55.91
10.	R. Milton	GB	Honda	37'56.42
11.	J.-C. Selini	F	Honda	38'08.89
12.	T. Feuz	CH	Honda	38'09.10
13.	S. Prein	D	Honda	38'15.70
14.	J. Fischer	A	Honda	38'17.99
15.	A. Waibel	D	Honda	38'20.01

Number of finishers: 23.
Fastest lap: A. Crivillé (E, JJ-Cobas),
1'38.13 = 155.659 km/h.

7) June 24 : The Netherlands - Assen

16 laps = 98.144 km
Pole position: H. Spaan (NL, Honda),
2'25.20 = 152.083 km/h.

1.	H. Spaan	NL	Honda	38'57.68
				= 151.140 km/h
2.	A. Crivillé	E	JJ-Cobas	38'57.88
3.	J. Miralles	E	Derbi	39'17.33
4.	S. Prein	D	Honda	39'18.01
5.	H. Unemoto	J	Honda	39'40.65
6.	F. Gresini	I	Aprilia	39'40.66
7.	J. Martinez	E	Derbi	39'49.11
8.	T. Rinne	SF	Honda	39'55.30
9.	K. Takada	J	Honda	40'04.09
10.	A. Waibel	D	Honda	40'04.43
11.	T. Feuz	CH	Honda	40'05.12
12.	L. Pietroniro	B	Honda	40'05.46
13.	G. Debbia	I	Aprilia	40'06.46
14.	A. Scott	GB	Honda	40'08.66
15.	D. Raudies	D	Honda	40'16.00

Number of finishers: 24.
Fastest lap: E. Gianola (I, Honda),
2'24.84 = 152.461 km/h.

8) July 2 : Belgium - Spa-Francorchamps

13 laps = 90.220 km
Pole position: E. Gianola (I, Honda),
2'43.47 = 152.835 km/h.

1.	H. Spaan	NL	Honda	38'38.49
				= 140.088 km/h
2.	E. Gianola	I	Honda	38'50.89
3.	H. Unemoto	J	Honda	39'16.80
4.	J. Miralles	E	Derbi	39'27.69
5.	L. Pietroniro	B	Honda	39'36.41
6.	S. Prein	D	Honda	39'40.00
7.	F. Gresini	I	Aprilia	39'40.35
8.	A. Stadler	D	Honda	39'41.15
9.	K. Takada	J	Honda	39'41.51
10.	T. Feuz	CH	Honda	39'42.10
11.	D. Brigaglia	I	Garelli	39'47.59
12.	D. Romboni	I	Honda	39'48.26
13.	D. Raudies	D	Honda	39'53.41
14.	J.-C. Selini	F	Honda	39'53.82
15.	H. Abold	D	Krauser	39'54.65

Number of finishers: 25.
Fastest lap: H. Spaan (NL, Honda),
2'55.74 = 142.165 km/h.

9) July 16 : France - Le Mans

22 laps = 97.460 km
Pole position: J. Martinez (E, Derbi),
1'55.52 = 138.174 km/h.

1.	J. Martinez	E	Derbi	42'37.94
				= 137.163 km/h
2.	A. Crivillé	E	JJ-Cobas	42'38.83
3.	E. Gianola	I	Honda	42'54.50
4.	K. Takada	J	Honda	43'06.32
5.	F. Gresini	I	Aprilia	43'06.70
6.	H. Unemoto	J	Honda	43'13.54
7.	F. Kistrup	DK	Honda	43'24.74
8.	L.-M. Reyes	E	Honda	43'25.09
9.	D. Brigaglia	I	Garelli	43'32.63
10.	A. Waibel	D	Honda	43'33.04
11.	A. Stadler	D	Honda	43'35.77
12.	J.-C. Selini	F	Honda	43'37.30
13.	J.-P. Jeandat	F	Honda	43'40.41
14.	C. Catalano	I	Gazzaniga	43'56.43
15.	H. Duffard	F	Honda	43'59.91

Number of finishers: 24.
Fastest lap: J. Martinez (E, Derbi),
1'55.24 = 138.389 km/h.

10) August 6 : Great Britain - Donington

24 laps = 96.552 km
Pole position: H. Spaan (NL, Honda),
1'43.75 = 139.593 km/h.

1.	H. Spaan	NL	Honda	42'10.64
				= 137.357 km/h
2.	A. Crivillé	E	JJ-Cobas	42'19.43
3.	E. Gianola	I	Honda	42'23.31
4.	S. Prein	D	Honda	42'26.86
5.	H. Unemoto	J	Honda	42'57.99
6.	D. Brigaglia	I	Garelli	43'07.85
7.	D. Romboni	I	Honda	43'08.12
8.	F. Gresini	I	Garelli	43'08.56
9.	A. Stadler	D	Honda	43'09.66
10.	R. Appleyard	GB	Honda	43'10.27
11.	K. Takada	J	Honda	43'18.46
12.	L.-M. Reyes	E	Honda	43'25.89
13.	D. Raudies	D	Honda	43'27.50
14.	B. Hassaine	ALG	Honda	43'29.35
15.	F. Kistrup	DK	Honda	43'37.87

Number of finishers: 27.
Fastest lap: H. Spaan (NL, Honda),
1'44.67 = 138.371 km/h.

11) August 13 : Sweden - Anderstorp

23 laps = 92.713 km
Pole position: A. Crivillé (E, JJ-Cobas),
1'43.61 = 140.060 km/h.

1.	A. Crivillé	E	JJ-Cobas	39'56.09
				= 139.296 km/h
2.	H. Spaan	NL	Honda	39'58.86
3.	K. Takada	J	Honda	39'59.10
4.	J. Martinez	E	Derbi	39'59.34
5.	F. Gresini	I	Aprilia	40'27.03
6.	S. Prein	D	Honda	40'27.32
7.	A. Scott	GB	Honda	40'42.89
8.	F. Kistrup	DK	Honda	40'44.55
9.	H. Abold	D	Krauser	40'48.35
10.	J. Wickström	SF	Honda	40'50.25
11.	D. Raudies	D	Honda	40'50.75
12.	M. Leitner	A	Honda	40'52.00
13.	S. Edwards	GB	EMC	40'52.71
14.	F. Torrontegui	E	Honda	40'55.61
15.	T. Rinne	SF	Honda	40'59.58

Number of finishers: 25.
Fastest lap: A. Crivillé (E, JJ-Cobas),
1'42.77 = 141.204 km/h.

12) August 27 : Czechoslovakia - Brno

17 laps = 91.698 km
Pole position: A. Crivillé (E, JJ-Cobas),
2'16.37 = 142.395 km/h.

1.	A. Crivillé	E	JJ-Cobas	39'28.521
				= 139.375 km/h
2.	H. Spaan	NL	Honda	39'33.060
3.	S. Prein	D	Honda	39'34.732
4.	J. Martinez	E	Derbi	39'41.860
5.	H. Unemoto	J	Honda	39'41.861
6.	E. Gianola	I	Honda	39'42.147
7.	K. Takada	J	Honda	39'46.619
8.	A. Scott	GB	Honda	39'48.175
9.	A. Waibel	D	Honda	39'53.113
10.	A. Stadler	D	Honda	39'53.986
11.	R. Appleyard	GB	Honda	39'54.765
12.	T. Rinne	SF	Honda	39'55.794
13.	D. Raudies	D	Honda	39'55.906
14.	F. Gresini	I	Aprilia	40'03.876
15.	H. Lüthi	CH	Honda	40'03.965

Number of finishers: 26.
Fastest lap: K. Takada (J, Honda),
2'17.252 = 141.479 km/h

WORLD CHAMPIONSHIP

1.	Alex Crivillé	E	JJ-Cobas	166
2.	Hans Spaan	NL	Honda	152
3.	Ezio Gianola	I	Honda	138
4.	Hisashi Unemoto	J	Honda	104
5.	Fausto Gresini	I	Aprilia	102
6.	Kohji Takada	J	Honda	99
7.	Stefan Prein	D	Honda	92
8.	Julian Miralles	E	Derbi	90
9.	Jorge "Aspar" Martinez	E	Derbi	72
10.	Allan Scott	GB	Honda	54
11.	Adolf "Adi" Stadler	D	Honda	53
12.	Robin Milton	GB	Honda	46
13.	Luis Miguel Reyes	E	Honda	35
14.	Domenico Brigaglia	I	Garelli	34
15.	Dirk Raudies	D	Honda	29
16.	Alfred Waibel	D	Honda	25
17.	Taru Rinne	SF	Honda	23
18.	Lucio Pietroniro	B	Honda	22
19.	Bruno Casanova	I	Aprilia	20
20.	Doriano Romboni	I	Honda	20
21.	Flemming Kistrup	DK	Honda	18
22.	Robin Appleyard	GB	Honda	18
23.	Thierry Feuz	CH	Honda	15
24.	Masayuki Hirose	J	Honda	13
25.	Francisco "Herri" Torrontegui	E	Honda	13
26.	Kenichi Yoshida	J	Honda	11
27.	Jean-Claude Selini	F	Honda	11
28.	Masato Shima	J	Honda	10
29.	Corrado Catalano	I	Gazzaniga	10
30.	Johnny Wickström	SF	Honda	10
31.	Yutaka Fujiwara	J	Honda	9
32.	Kazuaki Yamashita	J	Honda	8
33.	Hubert Abold	D	Krauser	8
34.	Shinichi Fujiyama	J	Honda	7
35.	Gerhard Waibel	D	Honda	6
36.	Kazuya Yamada	J	Honda	6
37.	Mike Leitner	A	Honda	4
38.	Stuart Edwards	GB	EMC	3
39.	Jean-Pierre Jeandat	F	Honda	3
40.	Gabriele Debbia	I	Aprilia	3
41.	Ian Saunders	AUS	Honda	3
42.	Bady Hassaine	ALG	Honda	2
43.	Josef "Mandy" Fischer	A	Honda	2
44.	Heinz Lüthi	CH	Honda	1
45.	Hervé Duffard	F	Honda	1
46.	Alex Bedford	GB	EMC	1

1989 — 125 cc

1989 — 250 cc

Champion : **Alfonso "Sito" Pons (Spain, Honda), 262 points, 7 wins**

1) March 26 : Japan - Suzuka

20 laps = 117.280 km
Pole position: J. Kocinski (USA, Yamaha),
2'17.04 = 153.914 km/h.

1. J. Kocinski	USA	Yamaha	46'04.294
			= 152.617 km/h
2. A. Pons	E	Honda	46'05.316
3. L. Cadalora	I	Yamaha	46'11.067
4. T. Honma	J	Yamaha	46'11.068
5. J.-P. Ruggia	F	Yamaha	46'18.428
6. T. Okada	J	Honda	46'27.292
7. T. Shiomori	J	Yamaha	46'39.931
8. C. Cardus	E	Honda	46'39.990
9. J. Cornu	CH	Honda	46'43.983
10. J. Garriga	E	Yamaha	46'45.564
11. J. Filice	USA	Honda	46'48.176
12. H. Bradl	D	Honda	46'50.786
13. M. Shimizu	J	Honda	46'57.039
14. D. De Radiguès	B	Aprilia	46'57.294
15. J. Arai	J	Honda	47'07.463

Number of finishers: 31.
Fastest lap: J. Kocinski (USA, Yamaha),
2'16.720 = 154.274 km/h.

2) April 9 : Australia - Phillip Island

26 laps = 115.648 km
Pole position: J.-P. Ruggia (F, Yamaha),
1'38.83 = 162.097 km/h.

1. A. Pons	E	Honda	43'16.54
			= 160.413 km/h
2. J.-P. Ruggia	F	Yamaha	43'16.67
3. L. Cadalora	I	Yamaha	43'25.29
4. J. Garriga	E	Yamaha	43'28.13
5. R. Roth	D	Honda	43'34.67
6. J. Cornu	CH	Honda	43'46.05
7. C. Cardus	E	Honda	43'49.58
8. H. Bradl	D	Honda	43'49.71
9. D. De Radiguès	B	Aprilia	44'09.94
10. A. Barros	BR	Yamaha	44'11.33
11. L. Reggiani	I	Honda	44'11.46
12. D. Beattie	AUS	Honda	44'11.84
13. M. Wimmer	D	Aprilia	44'12.60
14. M. Shimizu	J	Honda	44'17.91
15. A. Auinger	A	Yamaha	44'20.72

Number of finishers: 33.
Fastest lap: L. Cadalora (I, Yamaha),
1'38.49 = 162.656 km/h.

3) April 16 : United States - Laguna Seca

32 laps = 113.088 km
Pole position: J. Kocinski (USA, Yamaha),
1'30.16 = 142.109 km/h.

1. J. Kocinski	USA	Yamaha	48'19.965
			= 139.576 km/h
2. J. Filice	USA	Honda	48'27.989
3. L. Cadalora	I	Yamaha	48'32.757
4. A. Pons	E	Honda	48'37.368
5. C. Cardus	E	Honda	48'42.191
6. J. Cornu	CH	Honda	48'42.631
7. J.-P. Ruggia	F	Yamaha	48'52.649
8. R. Roth	D	Honda	49'13.940
9. L. Reggiani	I	Honda	49'22.666
10. M. Shimizu	J	Honda	49'29.349
11. I. Palazzese	VEN	Aprilia	49'38.589
12. A. Puig	E	Yamaha	1 lap
13. J. Schmid	D	Honda	1 lap
14. D. De Radiguès	B	Aprilia	1 lap
15. G. Cowan	IRL	Yamaha	1 lap

Number of finishers: 25.
Fastest lap: J. Kocinski (USA, Yamaha),
1'29.191 = 142.644 km/h.

4) April 30 : Spain - Jerez de la Frontera

25 laps = 105.450 km
Pole position: L. Cadalora (I, Yamaha),
1'50.52 = 137.394 km/h.

1. L. Cadalora	I	Yamaha	46'46.30
			= 135.274 km/h
2. A. Pons	E	Honda	46'48.39
3. J.-P. Ruggia	F	Yamaha	46'57.33
4. J. Garriga	E	Yamaha	47'00.17
5. C. Cardus	E	Honda	47'02.40
6. R. Roth	D	Honda	47'29.06
7. M. Shimizu	J	Honda	47'36.39
8. M. Wimmer	D	Aprilia	47'41.95
9. G. Cowan	IRL	Yamaha	47'49.91
10. W. Zeelenberg	NL	Honda	47'55.77
11. I. Palazzese	VEN	Aprilia	47'59.56
12. D. Amatrian	E	Honda	48'02.80
13. J. Schmid	D	Honda	48'03.06
14. A. Rota	I	Aprilia	48'04.35
15. S. Caracchi	I	Honda	48'05.34

Number of finishers: 22.
Fastest lap: J. Garriga (E, Yamaha),
1'51.08 = 136.701 km/h.

5) May 13 : Italy - Misano

30 laps = 104.640 km
Pole position: L. Cadalora (I, Yamaha),
1'19.75 = 157.452 km/h.

1. A. Pons	E	Honda	40'34.485
			= 154.736 km/h
2. J.-P. Ruggia	F	Yamaha	40'34.62
3. J. Cornu	CH	Honda	40'40.60
4. C. Cardus	E	Honda	40'42.34
5. R. Roth	D	Honda	40'42.75
6. M. Lucchi	I	Aprilia	41'04.77
7. I. Palazzese	VEN	Aprilia	41'06.93
8. R. Colleoni	I	Aprilia	41'07.37
9. M. Wimmer	D	Aprilia	41'08.27
10. H. Bradl	D	Honda	41'13.82
11. M. Shimizu	J	Honda	41'19.50
12. H. Eckl	D	Aprilia	41'37.66
13. A. Rota	I	Aprilia	41'37.92
14. W. Zeelenberg	NL	Honda	41'38.12
15. A. Barros	BR	Yamaha	41'38.79

Number of finishers: 25.
Fastest lap: J. Garriga (E, Yamaha),
1'20.34 = 156.296 km/h.

6) May 28 : Germany - Hockenheim

16 laps = 108.608 km
Pole position: H. Bradl (D, Honda),
2'11.04 = 186.484 km/h.

1. A. Pons	E	Honda	35'29.34
			= 183.646 km/h
2. R. Roth	D	Honda	35'29.70
3. M. Shimizu	J	Honda	35'29.82
4. H. Bradl	D	Honda	35'30.17
5. J. Cornu	CH	Honda	35'30.51
6. C. Cardus	E	Honda	35'30.61
7. J.-P. Ruggia	F	Yamaha	35'43.76
8. J. Garriga	E	Yamaha	35'44.20
9. L. Reggiani	I	Honda	35'55.66
10. J. Schmid	D	Honda	35'56.20
11. L. Cadalora	I	Yamaha	35'56.55
12. A. Bronec	F	Aprilia	35'56.66
13. H. Eckl	D	Aprilia	35'57.04
14. W. Zeelenberg	NL	Honda	35'57.45
15. H. Becker	D	Yamaha	35'57.57

Number of finishers: 25.
Fastest lap: A. Pons (E, Honda),
2'10.99 = 186.582 km/h.

7) June 4 : Austria - Salzburgring

24 laps = 101.832 km
Pole position: A. Pons (E, Honda),
1'24.69 = 180.361 km/h.

1.	A. Pons	E	Honda	34'29.14
				= 177.172 km/h
2.	J. Cornu	CH	Honda	34'31.18
3.	M. Wimmer	D	Aprilia	34'31.40
4.	H. Bradl	D	Honda	34'33.57
5.	D. De Radiguès	B	Aprilia	34'39.68
6.	C. Cardus	E	Honda	34'45.25
7.	R. Roth	D	Honda	34'45.47
8.	J.-P. Ruggia	F	Yamaha	34'45.71
9.	L. Reggiani	I	Honda	34'46.03
10.	M. Shimizu	J	Honda	34'46.26
11.	J. Schmid	D	Honda	35'09.55
12.	H. Eckl	D	Aprilia	35'11.08
13.	R. Colleoni	I	Aprilia	35'23.51
14.	M. Vitali	I	Honda	35'23.82
15.	W. Zeelenberg	NL	Honda	35'24.36

Number of finishers: 29.
Fastest lap: A. Pons (E, Honda),
1'24.69 = 180.361 km/h.

8) June 11 : Yugoslavia - Rijeka

26 laps = 108.368 km
Pole position: A. Pons (E, Honda),
1'31.76 = 163.522 km/h.

1.	A. Pons	E	Honda	40'37.119
				= 160.076 km/h
2.	R. Roth	D	Honda	40'37.11
3.	J. Cornu	CH	Honda	40'38.63
4.	J.-P. Ruggia	F	Yamaha	40'59.89
5.	J. Garriga	E	Yamaha	41'13.19
6.	C. Cardus	E	Honda	41'16.73
7.	J. Schmid	D	Honda	41'17.00
8.	A. Morillas	F	Yamaha	41'23.50
9.	W. Zeelenberg	NL	Honda	41'23.96
10.	R. Colleoni	I	Aprilia	41'24.16
11.	G. Cowan	IRL	Yamaha	41'37.04
12.	K. Mitchell	GB	Yamaha	41'46.77
13.	P. Van den Goorbergh	NL	Yamaha	41'46.97
14.	A. Preining	A	Aprilia	41'47.09
15.	A. Barros	BR	Yamaha	41'48.63

Number of finishers: 19.
Fastest lap: L. Cadalora (I, Yamaha),
1'32.26 = 162.636 km/h.

9) June 24 : The Netherlands - Assen

18 laps = 110.412 km
Pole position: A. Pons (E, Honda),
2'15.10 = 163.452 km/h.

1.	R. Roth	D	Honda	41'03.89
				= 161.323 km/h
2.	A. Pons	E	Honda	41'04.28
3.	J. Cornu	CH	Honda	41'04.67
4.	C. Cardus	E	Honda	41'15.47
5.	M. Wimmer	D	Aprilia	41'17.48
6.	D. De Radiguès	B	Aprilia	41'19.35
7.	A. Puig	E	Yamaha	41'41.19
8.	W. Zeelenberg	NL	Honda	41'41.43
9.	M. Lucchi	I	Aprilia	41'47.33
10.	C. Lavado	VEN	Aprilia	41'52.14
11.	M. Shimizu	J	Honda	41'58.82
12.	S. Caracchi	I	Honda	41'59.99
13.	P. Van den Goorbergh	NL	Yamaha	42'00.34
14.	H. Eckl	D	Aprilia	42'04.87
15.	A. Rota	I	Aprilia	42'05.17

Number of finishers: 23.
Fastest lap: A. Pons (E, Honda),
2'15.09 = 163.464 km/h.

10) July 2 : Belgium - Spa-Francorchamps

14 laps = 97.160 km
Pole position: D. De Radiguès (B, Aprilia),
2'31.79 = 164.596 km/h.

1.	J. Cornu	CH	Honda	36'45.58
				= 158.587 km/h
2.	A. Pons	E	Honda	36'46.16
3.	C. Cardus	E	Honda	36'48.51
4.	R. Roth	D	Honda	36'55.26
5.	L. Cadalora	I	Yamaha	37'11.05
6.	H. Bradl	D	Honda	37'14.52
7.	J. Garriga	E	Yamaha	37'26.63
8.	F. Ricci	I	Aprilia	37'36.65
9.	M. Shimizu	J	Honda	37'41.95
10.	A. Bronec	F	Aprilia	37'43.46
11.	D. Amatrian	E	Honda	37'43.93
12.	R. Colleoni	I	Aprilia	37'44.61
13.	A. Puig	E	Yamaha	37'45.06
14.	H. Eckl	D	Aprilia	37'48.65
15.	C. Lavado	VEN	Aprilia	37'50.86

Number of finishers: 24.
Fastest lap: A. Pons (E, Honda),
2'33.53 = 162.730 km/h.

11) July 16 : France - Le Mans

24 laps = 106.320 km
Pole position: J.-P. Ruggia (F, Yamaha),
1'46.76 = 149.382 km/h.

1.	C. Cardus	E	Honda	43'21.12
				= 147.149 km/h
2.	J. Cornu	CH	Honda	43'21.47
3.	A. Pons	E	Honda	43'22.11
4.	T. Honma	J	Yamaha	43'23.51
5.	J.-P. Ruggia	F	Yamaha	43'23.79
6.	R. Roth	D	Honda	43'26.09
7.	M. Shimizu	J	Honda	43'28.61
8.	J. Garriga	E	Yamaha	43'42.15
9.	D. De Radiguès	B	Aprilia	43'43.61
10.	H. Bradl	D	Honda	43'44.42
11.	L. Cadalora	I	Yamaha	43'45.47
12.	M. Wimmer	D	Aprilia	43'53.88
13.	D. Amatrian	E	Honda	43'57.57
14.	A. Puig	E	Yamaha	43'57.95
15.	G. Cowan	IRL	Yamaha	44'11.63

Number of finishers: 29.
Fastest lap: A. Pons (E, Honda),
1'47.30 = 148.630 km/h.

12) August 6 : Great Britain - Donington

26 laps = 104.598 km
Pole position: L. Cadalora (I, Yamaha),
1'38.31 = 147.318 km/h.

1.	A. Pons	E	Honda	43'06.81
				= 145.566 km/h
2.	R. Roth	D	Honda	43'13.46
3.	M. Shimizu	J	Honda	43'14.19
4.	J. Cornu	CH	Honda	43'14.44
5.	L. Reggiani	I	Honda	43'19.87
6.	J. Garriga	E	Yamaha	43'21.08
7.	H. Bradl	D	Honda	43'26.36
8.	C. Lavado	VEN	Aprilia	43'44.65
9.	G. Cowan	IRL	Yamaha	43'45.69
10.	W. Zeelenberg	NL	Honda	43'47.88
11.	M. Wimmer	D	Aprilia	43'50.96
12.	S. Caracchi	I	Honda	43'54.13
13.	A. Barros	BR	Yamaha	43'57.04
14.	J. Schmid	D	Honda	43'57.67
15.	A. Morillas	F	Yamaha	43'57.88

Number of finishers: 27.
Fastest lap: A. Pons (E, Honda),
1'38.33 = 147.288 km/h.

13) August 13 : Sweden - Anderstorp

25 laps = 100.775 km
Pole position: C. Cardus (E, Honda),
1'36.74 = 150.006 km/h.

1.	A. Pons	E	Honda	40'37.68
				= 148.825 km/h
2.	R. Roth	D	Honda	40'39.33
3.	J. Cornu	CH	Honda	40'39.82
4.	C. Cardus	E	Honda	40'41.51
5.	L. Cadalora	I	Yamaha	40'47.25
6.	T. Honma	J	Yamaha	40'50.10
7.	D. De Radiguès	B	Aprilia	40'50.47
8.	M. Wimmer	D	Aprilia	41'02.39
9.	A. Barros	BR	Yamaha	41'11.33
10.	J. Garriga	E	Yamaha	41'11.62
11.	J. Schmid	D	Honda	41'12.13
12.	W. Zeelenberg	NL	Honda	41'17.92
13.	H. Eckl	D	Aprilia	41'18.19
14.	A. Preining	A	Aprilia	41'19.05
15.	A. Bronec	F	Aprilia	41'36.75

Number of finishers: 24.
Fastest lap: A. Pons (E, Honda),
1'36.36 = 150.597 km/h.

14) August 27 : Czechoslovakia - Brno

20 laps = 107.880 km
Pole position: R. Roth (D, Honda),
2'08.50 = 151.116 km/h.

1.	R. Roth	D	Honda	43'33.888
				= 148.578 km/h
2.	M. Shimizu	J	Honda	43'33.889
3.	J. Cornu	CH	Honda	43'34.145
4.	A. Pons	E	Honda	43'34.732
5.	H. Bradl	D	Honda	43'39.582
6.	L. Cadalora	I	Yamaha	43'39.649
7.	J. Garriga	E	Yamaha	43'44.077
8.	C. Cardus	E	Honda	43'50.505
9.	C. Lavado	VEN	Aprilia	44'01.699
10.	A. Barros	BR	Yamaha	44'07.229
11.	W. Zeelenberg	NL	Honda	44'14.384
12.	P. Casoli	I	Honda	44'14.473
13.	D. De Radiguès	B	Aprilia	44'14.891
14.	D. Amatrian	E	Honda	44'15.365
15.	M. Herweh	D	Yamaha	44'20.043

Number of finishers: 33.
Fastest lap: J. Garriga (E, Yamaha),
2'09.670 = 149.752 km/h.

15) September 17 : Brazil - Goiania

27 laps = 103.545 km
Pole position: L. Reggiani (I, Honda),
1'28.98 = 155.158 km/h.

1.	L. Cadalora	I	Yamaha	40'46.149
				= 152.387 km/h
2.	M. Shimizu	J	Honda	40'46.380
3.	L. Reggiani	I	Honda	40'46.945
4.	A. Pons	E	Honda	40'47.506
5.	C. Cardus	E	Honda	40'53.948
6.	R. Roth	D	Honda	40'59.104
7.	C. Lavado	VEN	Aprilia	41'06.753
8.	H. Bradl	D	Honda	41'07.146
9.	J. Cornu	CH	Honda	41'07.557
10.	A. Barros	BR	Yamaha	41'24.183
11.	J. Garriga	E	Yamaha	41'24.352
12.	G. Cowan	IRL	Yamaha	41'40.333
13.	J. Schmid	D	Honda	41'40.545
14.	L. Lavado	VEN	Yamaha	41'41.166
15.	M. Wimmer	D	Aprilia	41'43.115

Number of finishers: 23.
Fastest lap: L. Cadalora (I, Yamaha),
1'29.262 = 154.668 km/h.

WORLD CHAMPIONSHIP

1.	Alfonso "Sito" Pons	E	Honda	262
2.	Reinhold Roth	D	Honda	190
3.	Jacques Cornu	CH	Honda	187
4.	Carlos Cardus	E	Honda	162
5.	Luca Cadalora	I	Yamaha	127
6.	Masahiro Shimizu	J	Honda	116
7.	Jean-Philippe Ruggia	F	Yamaha	110
8.	Juan Garriga	E	Yamaha	98
9.	Helmut Bradl	D	Honda	88
10.	Martin Wimmer	D	Aprilia	62
11.	Loris Reggiani	I	Honda	52
12.	Didier De Radiguès	B	Aprilia	51
13.	Wilco Zeelenberg	NL	Honda	41
14.	John Kocinski	USA	Yamaha	40
15.	Toshihiko Honma	J	Yamaha	36
16.	Jochen Schmid	D	Honda	36
17.	Carlos Lavado	VEN	Aprilia	31
18.	Alexandre Barros	BR	Yamaha	30
19.	Gary Cowan	IRL	Yamaha	25
20.	Jim Filice	USA	Honda	22
21.	Renzo Colleoni	I	Aprilia	21
22.	Ivan Palazzese	VEN	Aprilia	19
23.	Alberto Puig	E	Yamaha	18
24.	Harald Eckl	D	Aprilia	18
25.	Marcellino Lucchi	I	Aprilia	17
26.	Daniel Amatrian	E	Honda	14
27.	Alain Bronec	F	Aprilia	11
28.	Tadayuki Okada	J	Honda	10
29.	Tohinobu Shiomori	J	Yamaha	9
30.	Adrien Morillas	F	Yamaha	9
31.	Stefano Caracchi	I	Honda	9
32.	Fausto Ricci	I	Aprilia	8
33.	Patrick Van den Goorbergh	NL	Yamaha	6
34.	Alberto Rota	I	Aprilia	6
35.	Paolo Casoli	I	Honda	4
36.	Kevin Mitchell	GB	Yamaha	4
37.	Daryl Beattie	AUS	Honda	4
38.	Andreas Preining	A	Aprilia	4
39.	Luis Lavado	VEN	Yamaha	2
40.	Maurizio Vitali	I	Honda	2
41.	Manfred Herweh	D	Yamaha	1
42.	Hans Becker	D	Honda	1
43.	August Auinger	A	Yamaha	1
44.	Junya Arai	J	Honda	1

1989 — 500 cc

Champion: Eddie Lawson (United States, Honda), 228 points, 4 wins

1) March 26 : Japan - Suzuka

22 laps = 129.008 km
Pole position: T. Taira (J, Yamaha),
2'11.869 = 159.961 km/h.

1.	K. Schwantz	USA	Suzuki	48'48.374
				= 158.473 km/h
2.	W. Rainey	USA	Yamaha	48'48.801
3.	E. Lawson	USA	Honda	49'19.050
4.	W. Gardner	AUS	Honda	49'23.567
5.	K. Magee	AUS	Yamaha	49'24.798
6.	N. MacKenzie	GB	Yamaha	49'27.919
7.	C. Sarron	F	Yamaha	49'36.852
8.	T. Taira	J	Yamaha	49'36.915
9.	N. Fujiwara	J	Yamaha	49'57.657
10.	S. Itoh	J	Honda	49'57.658
11.	B. Shobert	USA	Honda	50'07.366
12.	R. Haslam	GB	Suzuki	50'12.257
13.	S. Yatsushiro	J	Honda	50'14.052
14.	F. Spencer	USA	Yamaha	50'14.383
15.	K. Machii	J	Yamaha	50'17.857

Number of finishers: 23.
Fastest lap: K. Schwantz (USA, Suzuki),
2'11.807 = 160.161 km/h.

2) April 9 : Australia - Phillip Island

30 laps = 133.440 km
Pole position: K. Schwantz (USA, Suzuki),
1'34.99 = 168.649 km/h.

1.	W. Gardner	AUS	Honda	48'15.94
				= 165.956 km/h
2.	W. Rainey	USA	Yamaha	48'16.29
3.	C. Sarron	F	Yamaha	48'16.41
4.	K. Magee	AUS	Yamaha	48'17.45
5.	E. Lawson	USA	Honda	48'26.91
6.	T. Taira	J	Yamaha	48'28.51
7.	R. Haslam	GB	Suzuki	48'48.40
8.	M. Doohan	AUS	Honda	49'03.60
9.	M. Dowson	AUS	Yamaha	49'43.76
10.	D. Sarron	F	Honda	1 lap
11.	A. Valesi	I	Yamaha	1 lap
12.	S. Buckmaster	GB	Honda	1 lap
13.	M. Gentile	CH	Fior	1 lap
14.	N. Schmassman	CH	Honda	3 laps
15.	M. Rudroff	D	Honda	3 laps

Number of finishers: 15.
Fastest lap: P. Chili (I, Honda),
1'35.28 = 168.136 km/h.

3) April 16 : United States - Laguna Seca

40 laps = 141.360 km
Pole position: W. Rainey (USA, Yamaha),
1'27.121 = 146.033 km/h.

1.	W. Rainey	USA	Yamaha	58'56.179
				= 143.915 km/h
2.	K. Schwantz	USA	Suzuki	59'03.028
3.	E. Lawson	USA	Honda	59'16.091
4.	K. Magee	AUS	Yamaha	59'19.911
5.	N. MacKenzie	GB	Yamaha	59'24.402
6.	C. Sarron	F	Yamaha	59'26.774
7.	P. Chili	I	Honda	1 h.00'26.080
8.	M. Doohan	AUS	Honda	1 lap
9.	B. Shobert	USA	Honda	1 lap
10.	D. Sarron	F	Honda	1 lap
11.	A. Valesi	I	Yamaha	2 laps
12.	M. Gentile	CH	Fior	2 laps
13.	S. Buckmaster	GB	Honda	2 laps
14.	B. Kneubühler	CH	Honda	3 laps
15.	M. Rudroff	D	Honda	3 laps

Number of finishers: 20.
Fastest lap: W. Gardner (AUS, Honda),
1'28.007 = 144.573 km/h.

4) April 30 : Spain - Jerez de la Frontera

30 laps = 126.540 km
Pole position: W. Rainey (USA, Yamaha),
1'48.64 = 139.772 km/h.

1.	E. Lawson	USA	Honda	55'11.26
				= 137.574 km/h
2.	W. Rainey	USA	Yamaha	55'21.43
3.	N. MacKenzie	GB	Yamaha	55'28.74
4.	C. Sarron	F	Yamaha	55'49.65
5.	F. Spencer	USA	Yamaha	56'02.26
6.	P. Chili	I	Honda	56'31.20
7.	R. Haslam	GB	Suzuki	56'40.71
8.	T. Taira	J	Yamaha	56'54.70
9.	D. Sarron	F	Honda	56'58.13
10.	A. Valesi	I	Yamaha	57'05.12
11.	M. Broccoli	I	Cagiva	1 lap
12.	M. Gentile	CH	Fior	1 lap
13.	S. Buckmaster	GB	Honda	1 lap
14.	J.-M. Lopez Mella	E	Honda	2 laps
15.	E. Laycock	IRL	Honda	2 laps

Number of finishers: 22.
Fastest lap: K. Schwantz (USA, Suzuki),
1'48.79 = 139.579 km/h.

5) May 13 : Italy - Misano

33 laps = 115.104 km
Pole position: K. Schwantz (USA, Suzuki),
1'17.42 = 162.191 km.

1.	P. Chili	I	Honda	59'21.035
				= 116.363 km/h
2.	S. Buckmaster	GB	Honda	59'53.306
3.	M. Rudroff	D	Honda	59'53.634
4.	M. Gentile	CH	Fior	1 h.00'53.486
5.	J. Doppler	A	Honda	1 h.01'12.155
6.	A. Meyer	D	Honda	1 lap
7.	R. Balbi	I	Honda	1 lap
8.	F. Gonzales de Nicolas	E	Honda	1 lap
9.	A. Leuthe	D	Suzuki	2 laps
10.	N. Schmassman	CH	Honda	2 laps

Number of finishers: 10.
Fastest lap: E. Lawson (USA, Honda),
1'19.169 = 158.626 km/h.

Une pluie soudaine a obligé la direction de course à arrêter une première fois l'épreuve. Sur une piste très glissante, tous les pilotes d'usine sauf Pierfrancesco Chili - l'Italien craignait l'émeute des spectateurs s'il ne prenait pas le départ - ont refusé de reprendre la piste, seul 15 pilotes "privés" se présentant pour le second départ.

Plötzlich einsetzender Regen veranlasste die Rennleitung, den Lauf erstmals zu stoppen. Wegen der extrem rutschigen Piste weigerten sich danach alle Werks-Piloten, das Rennen wieder aufzunehmen. Ausnahme: Pierfrancesco Chili. Der Italiener befürchtete unkontrollierbare Reaktionen seitens seiner zuschauenden Landsleute und ging erneut an den Start-gemeinsam mit 15 Privatfahrern.

A sudden downpour forced the race organisers to stop the race. With the track still very slippery, all the factory riders, with the exception of Pierfrancesco Chili, who was scared of being lynched by the crowd, refused to take the restart. Only 15 privateers came onto the grid for the second start.

6) May 28 : Germany - Hockenheim

19 laps = 128.972 km
Pole position: K. Schwantz (USA, Suzuki),
2'02.62 = 199.289 km/h.

1.	W. Rainey	USA	Yamaha	39'14.75
				= 197.204 km/h
2.	E. Lawson	USA	Honda	39'15.02
3.	M. Doohan	AUS	Honda	39'35.46
4.	P. Chili	I	Honda	39'40.47
5.	C. Sarron	F	Yamaha	39'51.75
6.	N. Fujiwara	J	Yamaha	39'57.73
7.	K. Magee	AUS	Yamaha	39'58.29
8.	D. Sarron	F	Honda	39'59.73
9.	F. Spencer	USA	Yamaha	40'07.77
10.	R. McElnea	GB	Honda	40'23.28
11.	E. Gschwender	D	Suzuki	41'06.14
12.	R. Mamola	USA	Cagiva	41'10.64
13.	A. Valesi	I	Yamaha	1 lap
14.	S. Buckmaster	GB	Honda	1 lap
15.	B. Kneubühler	CH	Honda	1 lap

Number of finishers: 26.
Fastest lap: K. Schwantz (USA, Suzuki),
2'02.68 = 199.220 km/h.

7) June 4 : Austria - Salzburgring

29 laps = 123.047 km
Pole position: K. Schwantz (USA, Suzuki),
1'19.23 = 192.791 km/h.

1.	K. Schwantz	USA	Suzuki	38'39.05
				= 191.013 km/h
2.	E. Lawson	USA	Honda	38'41.18
3.	W. Rainey	USA	Yamaha	38'58.95
4.	C. Sarron	F	Yamaha	39'16.88
5.	K. Magee	AUS	Yamaha	39'17.19

6. P. Chili	I	Honda	39'17.55
7. R. Haslam	GB	Suzuki	39'17.96
8. M. Doohan	AUS	Honda	39'35.82
9. F. Spencer	USA	Yamaha	39'37.09
10. D. Sarron	F	Honda	39'42.64
11. R. McElnea	GB	Honda	39'54.22
12. A. Valesi	I	Yamaha	1 lap
13. S. Buckmaster	GB	Honda	1 lap
14. M. Gentile	CH	Fior	2 laps
15. B. Kneubühler	CH	Honda	2 laps

Number of finishers: 26.
Fastest lap: K. Schwantz (USA, Suzuki), 1'19.15 = 192.985 km/h.

8) June 11 : Yugoslavia - Rijeka

30 laps = 125.040 km
Pole position: K. Schwantz (USA, Suzuki), 1'29.16 = 168.291 km/h.

1. K. Schwantz	USA	Suzuki	45'10.967
			= 166.045 km/h
2. W. Rainey	USA	Yamaha	45'12.159
3. E. Lawson	USA	Honda	45'26.637
4. K. Magee	AUS	Yamaha	45'52.512
5. C. Sarron	F	Yamaha	45'52.640
6. M. Doohan	AUS	Honda	46'16.703
7. R. Mamola	USA	Cagiva	46'23.889
8. R. Haslam	GB	Suzuki	46'33.420
9. P. Chili	I	Honda	46'42.894
10. D. Sarron	F	Honda	1 lap
11. R. McElnea	GB	Honda	1 lap
12. N. MacKenzie	GB	Yamaha	1 lap
13. M. Broccoli	I	Cagiva	1 lap
14. S. Buckmaster	GB	Honda	1 lap
15. M. Rudroff	D	Honda	1 lap

Number of finishers: 21.
Fastest lap: W. Rainey (USA, Yamaha), 1'29.289 = 168.047 km/h.

9) June 24 : The Netherlands - Assen

20 laps = 122.680 km
Pole position: K. Schwantz (USA, Suzuki), 2'09.85 = 170.061 km/h.

1. W. Rainey	USA	Yamaha	43'42.08
			= 168.434 km/h
2. E. Lawson	USA	Honda	43'49.05
3. C. Sarron	F	Yamaha	43'51.92
4. K. Magee	AUS	Yamaha	44'04.19
5. P. Chili	I	Honda	44'12.16
6. W. Gardner	AUS	Honda	44'12.40
7. R. Haslam	GB	Suzuki	44'13.19
8. N. MacKenzie	GB	Yamaha	44'31.63
9. M. Doohan	AUS	Honda	44'37.92
10. R. McElnea	GB	Honda	45'07.51
11. R. Mamola	USA	Cagiva	45'47.04
12. A. Valesi	I	Yamaha	1 lap
13. F. Spencer	USA	Yamaha	1 lap
14. M. Gentile	CH	Fior	1 lap
15. C. Doorakkers	NL	Honda	1 lap

Number of finishers: 25.
Fastest lap: K. Schwantz (USA, Suzuki), 2'09.16 = 170.969 km/h.

10) July 2 : Belgium - Spa-Francorchamps

8 laps = 55.520 km (*)
Pole position: K. Schwantz (USA, Suzuki), 2'24.65 = 172.720 km/h.

1. E. Lawson	USA	Honda	19'46.26
			= 168.489 km/h
2. K. Schwantz	USA	Suzuki	19'47.18
3. W. Rainey	USA	Yamaha	19'47.78
4. C. Sarron	F	Yamaha	19'57.69
5. J. Kocinski	USA	Yamaha	20'01.48
6. P. Chili	I	Honda	20'05.13
7. K. Magee	AUS	Yamaha	20'06.98
8. M. Doohan	AUS	Honda	20'13.49
9. F. Spencer	USA	Yamaha	20'14.11
10. N. MacKenzie	GB	Yamaha	20'19.10
11. R. McElnea	GB	Honda	20'19.23
12. M. Gentile	CH	Fior	21'11.72
13. C. Doorakkers	NL	Honda	21'20.72
14. E. Laycock	IRL	Honda	21'23.32
15. S. Buckmaster	GB	Honda	21'23.85

Number of finishers: 23.
Fastest lap: K. Schwantz (USA, Suzuki), 2'26.11 = 170.994 km/h.

(*) Cette course, arrêtée deux fois en raison de la pluie, s'est en fait disputée en trois manches. Après délibération du Jury international, seules les deux premières furent retenues pour le classement final, par addition des points. 8 tours (sur 17 prévus) ont pu être pris en compte, d'où l'attribution, aux différents pilotes classés dans les 15 premiers, de la moitié des points.

(*) Dieses Rennen musste zweimal wegen Regens abgebrochen werden und fand deshalb in insgesamt drei Abschnitten statt. Laut Entscheid der internationalen Jury wurden aber nur die ersten beiden Teile für das Klassement gewertet, indem die jeweils verteilten Punkte zusammengezählt wurden. 8 von insgesamt 17 vorgesehen Runden wurden somit gewertet; wegen der kurzen gefahrenen Gesamtdistanz wurden aber nur halbe Punkte verteilt.

(*) This race was stopped twice because of rain and was effectively run in three legs. After deliberation, the International Jury decided to only count the results from the first two of these, by adding the points. 8 laps out of 17 were counted so that only half points were awarded to the first 15 finishers.

11) July 16 : France - Le Mans

29 laps = 128.470 km
Pole position: E. Lawson (USA, Honda), 1'42.33 = 155.849 km/h.

1. E. Lawson	USA	Honda	50'16.94
			= 128.470 km/h
2. K. Schwantz	USA	Suzuki	50'17.71
3. W. Rainey	USA	Yamaha	50'32.47
4. C. Sarron	F	Yamaha	50'40.53
5. K. Magee	AUS	Yamaha	50'41.15
6. P. Chili	I	Honda	50'53.94
7. N. MacKenzie	GB	Yamaha	51'10.48
8. M. Doohan	AUS	Honda	51'16.06
9. R. McElnea	GB	Honda	51'43.23
10. A. Morillas	F	Honda	51'48.40
11. R. Mamola	USA	Cagiva	1 lap
12. T. Crine	F	Suzuki	1 lap
13. A. Valesi	I	Yamaha	1 lap
14. S. Buckmaster	GB	Honda	1 lap
15. F. Biliotti	I	Honda	2 laps

Number of finishers: 25.
Fastest lap: K. Schwantz (USA, Suzuki), 1'42.97 = 154.880 km/h.

12) August 6 : Great Britain - Donington

30 laps = 120.690 km
Pole position: K. Schwantz (USA, Suzuki), 1'34.05 = 153.990 km/h.

1. K. Schwantz	USA	Suzuki	47'45.67
			= 151.616 km/h
2. E. Lawson	USA	Honda	47'46.64
3. W. Rainey	USA	Yamaha	47'54.27
4. N. MacKenzie	GB	Yamaha	47'56.61
5. C. Sarron	F	Yamaha	48'13.98
6. K. Magee	AUS	Yamaha	48'24.16
7. R. Haslam	GB	Suzuki	48'33.03
8. L. Cadalora	I	Yamaha	48'37.44
9. P. Chili	I	Honda	49'13.38
10. R. McElnea	GB	Honda	1 lap
11. F. Merkel	USA	Honda	1 lap
12. R. Burnett	GB	Honda	1 lap
13. M. Gentile	CH	Fior	1 lap
14. F. Biliotti	I	Honda	1 lap
15. S. Buckmaster	GB	Honda	2 laps

Number of finishers: 23.
Fastest lap: E. Lawson (USA, Honda), 1'34.51 = 153.241 km/h.

13) August 13 : Sweden - Anderstorp

30 laps = 120.930 km
Pole position: W. Rainey (USA, Yamaha), 1'32.49 = 156.899 km/h.

1. E. Lawson	USA	Honda	46'31.95
			= 155.929 km/h
2. C. Sarron	F	Yamaha	46'37.60
3. W. Gardner	AUS	Honda	46'56.98
4. N. MacKenzie	GB	Yamaha	47'03.58
5. K. Magee	AUS	Yamaha	47'23.50
6. R. Haslam	GB	Suzuki	47'27.40
7. P. Chili	I	Honda	47'27.61
8. A. Morillas	F	Honda	47'27.79
9. R. McElnea	GB	Honda	48'05.45
10. T. Taira	J	Yamaha	1 lap
11. A. Valesi	I	Yamaha	1 lap
12. S. Buckmaster	GB	Honda	1 lap
13. F. Biliotti	I	Honda	2 laps
14. B. Kneubühler	CH	Honda	2 laps
15. J.-M. Lopez Mella	E	Honda	2 laps

Number of finishers: 17.
Fastest lap: C. Sarron (F, Yamaha), 1'31.99 = 157.751 km/h.

14) August 27 : Czechoslovakia - Brno

23 laps = 124.062 km
Pole position: K. Schwantz (USA, Suzuki), 2'03.16 = 157.668 km/h.

1. K. Schwantz	USA	Suzuki	48'20.649
			= 153.973 km/h
2. E. Lawson	USA	Honda	48'25.926
3. W. Rainey	USA	Yamaha	48'46.700
4. C. Sarron	F	Yamaha	48'46.705
5. P. Chili	I	Honda	49'11.802
6. N. MacKenzie	GB	Yamaha	49'11.807
7. K. Magee	AUS	Yamaha	49'13.580
8. R. Haslam	GB	Suzuki	49'15.720
9. T. Taira	J	Yamaha	49'39.827
10. A. Morillas	F	Honda	49'46.434
11. R. Mamola	USA	Cagiva	49'48.722
12. R. McElnea	GB	Honda	50'11.426
13. A. Rota	I	Yamaha	1 lap
14. A. Valesi	I	Yamaha	1 lap
15. P. Linden	S	Honda	1 lap

Number of finishers: 31.
Fastest lap: K. Schwantz (USA, Suzuki), 2'04.408 = 156.086 km/h.

15) September 17 : Brazil - Goiania

32 laps = 122.720 km
Pole position: W. Rainey (USA, Yamaha), 1'25.44 = 161.587 km/h.

1. K. Schwantz	USA	Suzuki	46'44.390
			= 157.535 km/h
2. E. Lawson	USA	Honda	46'46.096
3. W. Rainey	USA	Yamaha	46'55.607
4. M. Doohan	AUS	Honda	47'03.518
5. R. Haslam	GB	Suzuki	47'08.643
6. K. Magee	AUS	Yamaha	47'17.810
7. W. Gardner	AUS	Honda	47'18.021
8. C. Sarron	F	Yamaha	47'23.000
9. N. MacKenzie	GB	Yamaha	47'51.032
10. A. Morillas	F	Honda	47'54.406
11. R. Mamola	USA	Cagiva	47'56.044
12. R. McElnea	GB	Honda	47'56.822
13. A. Valesi	I	Yamaha	1 lap
14. S. Buckmaster	GB	Honda	1 lap
15. J.-M. Lopez Mella	E	Honda	2 laps

Number of finishers: 17.
Fastest lap: E. Lawson (USA, Honda), 1'26.980 = 158.726 km/h.

WORLD CHAMPIONSHIP

1. Eddie Lawson	USA	Honda	228
2. Wayne Rainey	USA	Yamaha	210.5
3. Christian Sarron	F	Yamaha	165.5
4. Kevin Schwantz	USA	Suzuki	162.5
5. Kevin Magee	AUS	Yamaha	138.5
6. Pierfrancesco Chili	I	Honda	122
7. Niall MacKenzie	GB	Yamaha	103
8. Ronald "Ron" Haslam	GB	Suzuki	86
9. Michael Doohan	AUS	Honda	81
10. Wayne Gardner	AUS	Honda	67
11. Rob McElnea	GB	Honda	52.5
12. Simon Buckmaster	GB	Honda	43.5
13. Alessandro Valesi	I	Yamaha	40
14. Tadahiko Taira	J	Yamaha	39
15. Dominique Sarron	F	Honda	39
16. Freddie Spencer	USA	Yamaha	33.5
17. Marco Gentile	CH	Fior	33
18. Randy Mamola	USA	Cagiva	33
19. Adrien Morillas	F	Honda	26
20. Michael Rudroff	D	Honda	18
21. Norihiko Fujiwara	J	Yamaha	17
22. Bubba Shobert	USA	Honda	12
23. Josef "Sepp" Doppler	A	Honda	11
24. Aloïs Mayer	D	Honda	10
25. Romolo Balbi	I	Honda	9
26. Luca Cadalora	I	Yamaha	8
27. Fernando Gonzales De Nicolas	E	Honda	8
28. Nicolas "Niggi" Schmassman	CH	Honda	8
29. Massimo Broccoli	I	Cagiva	8
30. Andreas Leuthe	D	Suzuki	7
31. Michael Dowson	AUS	Yamaha	7
32. Shinichi Itoh	J	Honda	6
33. Fabio Biliotti	I	Honda	6
34. Bruno Kneubühler	CH	Honda	6
35. John Kocinski	USA	Yamaha	5.5
36. Fred Merkel	USA	Honda	5
37. Ernst Gschwender	D	Suzuki	5
38. Roger Burnett	GB	Honda	4
39. Thierry Crine	F	Suzuki	4
40. Juan Manuel Lopez Mella	E	Honda	4
41. Alberto Rota	I	Yamaha	3
42. Shunji Yatsushiro	J	Honda	3
43. Cees Doorakkers	NL	Honda	2.5
44. Eddie Laycock	IRL	Honda	2
45. Peter Linden	S	Honda	1
46. Kunio Machii	J	Yamaha	1

1989 — 500 cc

Champions : **Steve Webster/Tony Hewitt (Great Britain, LCR-Krauser), 145 points, 4 wins**

1989 — Side-Cars

1) April 16 : United States - Laguna Seca

30 laps = 106.020 km
Pole position: M. Egloff/U. Egloff (CH, SM-Yamaha),
1'31.931 = 138.390 km/h.

1.	S. Webster/T. Hewitt	GB	LCR-Krauser	46'48.240
				= 135.373 km/h
2.	A. Michel/J.-M. Fresc	F	LCR-Krauser	47'05.558
3.	M. Egloff/U. Egloff	CH	SM-Yamaha	47'12.630
4.	M. Kumano/M. Fahrni	J/CH	LCR-Yamaha	48'15.768
5.	B. Brindley/G. Rose	GB	Fowler-Yamaha	48'17.293
6.	Y. Kumagaya/B. Barlow	J/GB	Windle-Yamaha	1 lap
7.	F. Stölzle/H. Stölzle	D	LCR-Krauser	1 lap
8.	A. Zurbrügg/M. Zurbrügg	CH	LCR-Yamaha	1 lap
9.	B. Scherer/T. Schröder	D	BSR-Krauser	1 lap
10.	R. Progin/L. Magnenat	CH	LCR-Krauser	2 laps
11.	W. Stropek/S. Campbell	A/GB	LCR-Krauser	2 laps
12.	J. Drew/B. Houghton	GB	LCR-JPX	2 laps
13.	T. Baker/T. Hopkinson	GB	LCR-Krauser	2 laps
14.	G. Thomas/E. Rösinger	GB/D	LCR-Krauser	3 laps
15.	D. Jones/P. Brown	GB	LCR-Yamaha	3 laps

Number of finishers: 17.
Fastest lap: R. Biland/K. Waltisperg (CH, LCR-Krauser),
1'30.065 = 141.257 km/h.

2) May 28 : Germany - Hockenheim

14 laps = 95.032 km
Pole position: S. Webster/T. Hewitt (GB, LCR-Krauser),
2'12.90 = 183.873 km/h.

1.	S. Webster/T. Hewitt	GB	LCR-Krauser	31'23.93
				= 181.623 km/h
2.	E. Streuer/G. De Haas	NL	LCR-Yamaha	31'24.66
3.	M. Kumano/M. Fahrni	J/CH	LCR-Yamaha	32'13.33
4.	F. Stölzle/H. Stölzle	D	LCR-Krauser	32'20.98
5.	D. Jones/P. Brown	GB	LCR-Yamaha	32'21.79
6.	R. Steinhausen/B. Hiller	D	Busch	32'29.17
7.	T. Wyssen/K. Wyssen	CH	LCR-Krauser	32'33.95
8.	B. Smith/D. Smith	GB	Windle-ADM	33'04.89
9.	Y. Kumagaya/B. Barlow	GB	Windle-Yamaha	33'17.08
10.	T. Van Kempen/S. Birchall	NL/GB	Yamaha	33'18.61
11.	B. Gälross/H. Olsson	S	Yamaha	33'20.37
12.	R. Progin/Y. Hunziker	CH	LCR-Krauser	33'20.87
13.	C. Stirrat/S. Prior	GB	LCR-Krauser	33'21.62
14.	G. Hardwick/S. Parker	GB	LCR-Yamaha	33'23.66
15.	W. Stropek/S. Campbell	A/GB	LCR-Krauser	33'26.77

Number of finishers: 20.
Fastest lap: E. Streuer/G. De Haas (NL, LCR-Yamaha),
2'13.18 = 183.514 km/h.

3) June 4 : Austria - Salzburgring

22 laps = 93.346 km
Pole position: S. Webster/T. Hewitt (GB, LCR-Krauser),
1'25.79 = 178.048 km/h.

1.	R. Biland/K. Waltisperg	CH	LCR-Krauser	31'47.35
				= 176.184 km/h
2.	E. Streuer/G. De Haas	NL	LCR-Yamaha	31'48.88
3.	A. Michel/J.-M. Fresc	F	LCR-Krauser	32'07.57
4.	A. Zurbrügg/M. Zurbrügg	CH	LCR-Yamaha	32'08.19
5.	M. Kumano/M. Fahrni	J/CH	LCR-Yamaha	32'12.19
6.	M. Egloff/U. Egloff	CH	SM-Yamaha	32'15.19
7.	B. Brindley/G. Rose	GB	Fowler-Yamaha	32'26.11
8.	R. Steinhausen/B. Hiller	D	Busch	32'34.58
9.	F. Stölzle/H. Stölzle	D	LCR-Krauser	32'45.45
10.	T. Wyssen/K. Wyssen	CH	LCR-Krauser	32'45.66
11.	S. Abbott/S. Smith	GB	LCR-Yamaha	32'56.16
12.	T. Van Kempen/S. Birchall	NL/GB	LCR-Krauser	1 lap
13.	T. Baker/T. Hopkinson	GB	LCR-Krauser	1 lap
14.	I. Nigrowski/J. Corbier	F	LCR-JPX	1 lap
15.	S. Webster/T. Hewitt	GB	LCR-Krauser	1 lap

Number of finishers: 17.
Fastest lap: R. Biland/K. Waltisperg (CH, LCR-Krauser),
1'25.17 = 179.344 km/h.

4) June 24 : The Netherlands - Assen

16 laps = 98.144 km
Pole position: R. Biland/K. Waltisperg (CH, LCR-Krauser),
2'17.42 = 160.692 km/h.

1.	S. Webster/T. Hewitt	GB	LCR-Krauser	37'07.67
				= 158.604 km/h
2.	E. Streuer/G. De Haas	NL	LCR-Yamaha	37'08.11
3.	R. Biland/K. Waltisperg	CH	LCR-Krauser	37'38.76
4.	A. Michel/J.-M. Fresc	F	LCR-Krauser	37'42.69
5.	R. Steinhausen/B. Hiller	D	Busch	38'08.30
6.	S. Abbott/S. Smith	GB	LCR-Yamaha	38'11.68
7.	B. Scherer/T. Schröder	D	BSR-Krauser	38'28.48
8.	M. Kumano/M. Fahrni	J/CH	LCR-Yamaha	38'29.98
9.	T. Van Kempen/S. Birchall	NL/GB	LCR-Krauser	38'35.31
10.	I. Nigrowski/J. Corbier	F	LCR-JPX	38'39.91
11.	F. Stölzle/H. Stölzle	D	LCR-Krauser	38'43.76
12.	D. Jones/P. Brown	GB	LCR-Yamaha	38'44.11
13.	Y. Kumagaya/P. Linden	J/S	Windle-Yamaha	38'51.33
14.	R. Progin/Y. Hunziker	CH	LCR-Krauser	38'56.49
15.	T. Baker/T. Hopkinson	GB	LCR-Krauser	38'57.62

Number of finishers: 16.
Fastest lap: E. Streuer/G. De Haas (NL, LCR-Yamaha),
2'17.75 = 160.307 km/h.

5) July 2 : Belgium - Spa-Francorchamps

12 laps = 83.280 km
Pole position: S. Webster/T. Hewitt (GB, LCR-Krauser),
2'35.25 = 160.927 km/h.

1.	E. Streuer/G. De Haas	NL	LCR-Yamaha	34'52.03
				= 143.310 km/h
2.	S. Webster/T. Hewitt	GB	LCR-Krauser	35'10.48
3.	R. Biland/K. Waltisperg	CH	LCR-Krauser	35'11.47
4.	R. Steinhausen/B. Hiller	D	Busch	35'28.44
5.	D. Jones/P. Brown	GB	LCR-Yamaha	35'29.47
6.	B. Scherer/T. Schröder	D	BSR-Krauser	35'56.49
7.	B. Brindley/G. Rose	GB	Fowler-Yamaha	35'58.58
8.	A. Michel/J.-M. Fresc	F	LCR-Krauser	36'23.98
9.	M. Egloff/U. Egloff	CH	SM-Yamaha	36'25.60
10.	F. Stölzle/H. Stölzle	D	LCR-Krauser	36'26.55
11.	Y. Kumagaya/P. Coombes	GB	Windle-Yamaha	36'29.11
12.	I. Nigrowski/J. Corbier	F	LCR-JPX	36'29.96
13.	T. Van Kempen/S. Birchall	NL/GB	LCR-Krauser	37'20.43
14.	K. Howles/S. Pointer	GB	LCR-Krauser	37'27.75
15.	B. Gälross/H. Olsson	S	Yamaha	37'28.53

Number of finishers: 22.
Fastest lap: E. Streuer/G. De Haas (NL, LCR-Yamaha),
2'51.53 = 145.653 km/h.

6) July 16 : France - Le Mans

22 laps = 97.460 km
Pole position: R. Biland/K. Waltisperg (CH, LCR-Krauser),
1'49.44 = 145.724 km/h.

1.	R. Biland/K. Waltisperg	CH	LCR-Krauser	40'59.26
				= 142.667 km/h
2.	S. Webster/T. Hewitt	GB	LCR-Krauser	41'07.77
3.	E. Streuer/G. De Haas	NL	LCR-Yamaha	41'27.75
4.	A. Michel/J.-M. Fresc	F	LCR-Krauser	41'43.36
5.	M. Kumano/M. Fahrni	J/CH	LCR-Yamaha	41'49.37
6.	D. Jones/P. Brown	GB	LCR-Yamaha	41'56.63
7.	S. Abbott/S. Smith	GB	LCR-Yamaha	42'01.96
8.	B. Brindley/G. Rose	GB	Fowler-Yamaha	42'11.11
9.	F. Stölzle/H. Stölzle	D	LCR-Krauser	42'21.38
10.	T. Van Kempen/S. Birchall	NL/GB	LCR-Krauser	42'23.79
11.	T. Wyssen/K. Wyssen	CH	LCR-Krauser	42'26.90
12.	M. Egloff/U. Egloff	CH	SM-Yamaha	42'34.27
13.	R. Progin/Y. Hunziker	CH	LCR-Krauser	42'44.47
14.	B. Smith/D. Smith	GB	Windle-ADM	42'48.63
15.	B. Gälross/H. Olsson	S	Yamaha	1 lap

Number of finishers: 19.
Fastest lap: R. Biland/K. Waltisperg (CH, LCR-Krauser),
1'50.28 = 144.613 km/h.

7) August 6 : Great Britain - Donington

24 laps = 96.552 km
Pole position: R. Biland/K. Waltisperg (CH, LCR-Krauser), 1'38.87 = 146.483 km/h.

1.	S. Webster/T. Hewitt	GB	LCR-Krauser	40'20.90 = 143.570 km/h
2.	E. Streuer/G. De Haas	NL	LCR-Yamaha	40'31.42
3.	R. Biland/K. Waltisperg	CH	LCR-Krauser	40'34.67
4.	A. Michel/J.-M. Fresc	F	LCR-Krauser	40'36.84
5.	M. Egloff/G. Simmons	CH/GB	SM-Yamaha	41'24.65
6.	F. Stölzle/H. Stölzle	D	LCR-Krauser	41'28.22
7.	B. Brindley/G. Rose	GB	Fowler-Yamaha	41'54.42
8.	R. Progin/Y. Hunziker	CH	LCR-Krauser	41'58.32
9.	B. Gälross/J. Tailford	S/GB	Yamaha	1 lap
10.	T. Van Kempen/S. Birchall	NL/GB	LCR-Krauser	1 lap
11.	R. Gardner/A. Strevens	GB	LCR-Krauser	1 lap
12.	K. Howles/S. Pointer	GB	LCR-Krauser	1 lap
13.	I. Nigrowski/J. Corbier	F	LCR-JPX	1 lap
14.	W. Stropek/S. Campbell	A/GB	LCR-Krauser	1 lap
15.	T. Baker/T. Hopkinson	GB	LCR-Krauser	1 lap

Number of finishers: 20.
Fastest lap: S. Webster/T. Hewitt (GB, LCR-Krauser), 1'39.34 = 145.790 km/h.

8) August 13 : Sweden - Anderstorp

23 laps = 92.713 km
Pole position: S. Webster/T. Hewitt (GB, LCR-Krauser), 1'38.43 = 147.430 km/h.

1.	R. Biland/K. Waltisperg	CH	LCR-Krauser	37'52.90 = 146.846 km/h
2.	A. Michel/J.-M. Fresc	F	LCR-Krauser	37'53.48
3.	S. Webster/T. Hewitt	GB	LCR-Krauser	37'54.69
4.	E. Streuer/G. De Haas	NL	LCR-Yamaha	38'08.92
5.	S. Abbott/S. Smith	GB	LCR-Yamaha	38'47.77
6.	B. Brindley/G. Rose	GB	Fowler-Yamaha	38'53.50
7.	M. Egloff/U. Egloff	CH	SM-Yamaha	38'54.16
8.	R. Steinhausen/B. Hiller	D	Busch	39'04.97
9.	Y. Kumagaya/P. Coombes	J/GB	Windle-Yamaha	39'08.46
10.	F. Stölzle/H. Stölzle	D	LCR-Krauser	39'13.26
11.	B. Scherer/T. Schröder	D	BSR-Krauser	39'19.14
12.	R. Progin/Y. Hunziker	CH	LCR-Krauser	39'23.97
13.	I. Nigrowski/J. Corbier	F	LCR-JPX	39'25.32
14.	T. Wyssen/K. Wyssen	CH	LCR-Krauser	39'25.48
15.	W. Stropek/J. Tailford	A/GB	LCR-Krauser	1 lap

Number of finishers: 17.
Fastest lap: A. Michel/J.-M. Fresc (F, LCR-Krauser), 1'37.51 = 148.821 km/h.

9) August 27 : Czechoslovakia - Brno

17 laps = 91.698 km
Pole position: R. Biland/K. Waltisperg (CH, LCR-Krauser), 2'08.418 = 151.212 km/h.

1.	E. Streuer/G. De Haas	NL	LCR-Yamaha	37'33.835 = 146.467 km/h
2.	M. Egloff/U. Egloff	CH	SM-Yamaha	37'36.395
3.	S. Webster/T. Hewitt	GB	LCR-Krauser	37'42.088
4.	A. Michel/J.-M. Fresc	F	LCR-Krauser	37'43.371
5.	S. Abbott/S. Smith	GB	LCR-Yamaha	38'02.200
6.	A. Zurbrügg/M. Zurbrügg	CH	LCR-Krauser	38'09.277
7.	M. Kumano/G. Simmons	J/GB	LCR-Yamaha	38'25.365
8.	B. Scherer/T. Schröder	D	BSR-Krauser	38'27.349
9.	R. Steinhausen/B. Hiller	D	Busch	38'27.504
10.	F. Stölzle/H. Stölzle	D	LCR-Krauser	38'28.782
11.	Y. Kumagaya/P. Coombes	J/GB	Windle-Yamaha	38'30.614
12.	G. Thomas/E. Rösinger	GB/D	LCR-Krauser	38'31.005
13.	T. Wyssen/K. Wyssen	CH	LCR-Krauser	38'46.091
14.	T. Van Kempen/S. Birchall	NL/GB	LCR-Krauser	38'53.491
15.	T. Baker/T. Hopkinson	GB	LCR-Krauser	39'06.950

Number of finishers: 22.
Fastest lap: E. Streuer/G. De Haas (NL, LCR-Yamaha), 2'11.182 = 148.026 km/h.

WORLD CHAMPIONSHIP

1.	Steve Webster/Tony Hewitt	GB	LCR-Krauser	145
2.	Egbert Streuer/Geral De Haas	NL	LCR-Yamaha	136
3.	Alain Michel/Jean-Marc Fresc	F	LCR-Krauser	109
4.	Rolf Biland/Kurt Waltisperg	CH	LCR-Krauser	105
5.	Markus Egloff/Urs Egloff/Gavin Simmons	CH/CH/GB	SM-Yamaha	73
6.	Fritz Stölzle/Hubert Stölzle	D	LCR-Krauser	69
7.	Masato Kumano/Markus Fahrni/Gavin Simmons	J/CH/GB	LCR-Yamaha	67
8.	Rolf Steinhausen/Bruno Hiller	D	Busch	57
9.	Barry Brindley/Graham Rose	GB	Fowler-Yamaha	56
10.	Steve Abbott/Shaun Smith	GB	Windle-Yamaha/LCR-Yamaha	46
11.	Bernd Scherer/Thomas Schröder	D	BSR-Krauser	39
12.	Derek Jones/Peter Brown	GB	LCR-Yamaha	37
13.	Yoshisada Kumagaya/Brian Barlow/Peter Linden/Phillip Coombes	J/GB/S/GB	Windle-Yamaha	37
14.	Alfred Zurbrügg/Martin Zurbrügg	CH	LCR-Yamaha	31
15.	Theo Van Kempen/Simon Birchall	NL/GB	LCR-Krauser	29
16.	René Progin/Laurent Magnenat/Yvan Hunziker	CH	LCR-Krauser	28
17.	Tony Wyssen/Kilian Wyssen	CH	LCR-Krauser	25
18.	Ivan Nigrowski/Jacques Corbier	F	LCR-JPX	18
19.	Billy Gälross/Håkan Olsson	S	Yamaha	15
20.	Barry Smith/David Smith	GB	Windle-ADM	10
21.	Wolfgang Stropek/Steven Campbell/Julian Tailford	A/GB/GB	LCR-Krauser	10
22.	Tony Baker/Trevor Hopkinson	GB	LCR-Krauser	9
23.	Gary Thomas/Eckart Rösinger	GB/D	LCR-Krauser	6
24.	Kenny Howles/Steve Pointer	GB	LCR-Krauser	6
25.	Raymond Gardner/Antony Strevens	GB	LCR-Krauser	5
26.	Clive Stirrat/Simon Prior	GB	LCR-Krauser	4
27.	Judd Drew/Brian Houghton	GB	LCR-JPX	4
28.	George Hardwick/Steve Parker	GB	LCR-Yamaha	3

Simon Prior

Steve Abbott, Shaun Smith

1990 — 125 cc

Champion: **Loris Capirossi (Italy, Honda), 182 points, 3 wins**

1) March 25 : Japan - Suzuka

16 laps = 93.744 km
Pole position: K. Wada (J, Honda),
2'25.033 = 145.432 km/h.

1.	H. Spaan	NL	Honda	39'08.572
				= 143.695 km/h
2.	S. Prein	D	Honda	39'12.884
3.	K. Takada	J	Honda	39'13.698
4.	D. Raudies	D	Honda	39'23.343
5.	K. Wada	J	Honda	39'29.306
6.	L. Capirossi	I	Honda	39'31.861
7.	F. Gresini	I	Honda	39'31.933
8.	Y. Ichimaya	J	Honda	39'32.693
9.	A. Stadler	D	JJ-Cobas-Rotax	39'33.569
10.	Y. Hinokio	J	Honda	39'36.036
11.	F. Yamazaki	J	Honda	39'49.291
12.	H. Unemoto	J	Honda	39'50.462
13.	N. Wakai	J	Honda	39'53.416
14.	S. Satoh	J	Honda	40'01.864
15.	S. Patrickson	GB	Honda	40'06.782

Number of finishers: 26.
Fastest lap: S. Prein (D, Honda),
2'25.045 = 145.420 km/h.

2) May 6 : Spain - Jerez de la Frontera

22 laps = 92.796 km
Pole position: J. Martinez (E, JJ-Cobas-Rotax),
1'56.252 = 130.620 km/h.

1.	J. Martinez	E	JJ-Cobas-Rotax	43'06.406
				= 129.162 km/h
2.	S. Prein	D	Honda	43'06.416
3.	F. Gresini	I	Honda	43'07.991
4.	K. Takada	J	Honda	43'18.904
5.	S. Patrickson	GB	Honda	43'19.080
6.	J. Miralles	E	JJ-Cobas-Rotax	43'30.870
7.	L. Capirossi	I	Honda	43'37.306
8.	M. Hernandez	E	Honda	43'38.347
9.	A. Stadler	D	JJ-Cobas-Rotax	43'39.399
10.	D. Raudies	D	Honda	43'39.409
11.	M. Vitali	I	Gazzaniga	43'40.010
12.	A. Waibel	D	Honda	43'40.387
13.	H. Unemoto	J	Honda	43'40.849
14.	T. Feuz	CH	Honda	43'42.153
15.	R. Appleyard	GB	Honda	43'59.291

Number of finishers: 26.
Fastest lap: S. Prein (D, Honda),
1'56.223 = 130.652 km/h.

3) May 19 : Nations - Misano

26 laps = 90.688 km
Pole position: J. Martinez (E, JJ-Cobas-Rotax),
1'24.254 = 149.035 km/h.

1.	J. Martinez	E	JJ-Cobas-Rotax	37'05.542
				= 146.695 km/h
2.	D. Raudies	D	Honda	37'08.174
3.	L. Capirossi	I	Honda	37'10.071
4.	H. Spaan	NL	Honda	37'12.860
5.	K. Takada	J	Honda	37'19.267
6.	M. Hernandez	E	Honda	37'20.124
7.	R. Milton	GB	Honda	37'20.278
8.	H. Unemoto	J	Honda	37'20.796
9.	M. Vitali	I	Gazzaniga	37'25.029
10.	H. Lüthi	CH	Honda	37'25.128
11.	A. Waibel	D	Honda	37'25.730
12.	G. Debbia	I	Aprilia	37'26.860
13.	D. Brigaglia	I	Honda	37'28.777
14.	E. Cuppini	I	Honda	37'28.873
15.	J. Wickström	SF	JJ-Cobas	37'28.966

Number of finishers: 26.
Fastest lap: S. Prein (D, Honda),
1'24.213 = 149.108 km/h.

4) May 27 : Germany - Nürburgring

23 laps = 104.466 km
Pole position: D. Romboni (I, Honda),
1'51.766 = 146.299 km/h.

1.	D. Romboni	I	Honda	43'11.803
				= 145.103 km/h
2.	D. Raudies	D	Honda	43'15.077
3.	L. Capirossi	I	Honda	43'21.877
4.	H. Spaan	NL	Honda	43'23.150
5.	S. Prein	D	Honda	43'23.224
6.	H. Lüthi	CH	Honda	43'24.617
7.	A. Gramigni	I	Aprilia	43'30.629
8.	J. Wickström	SF	JJ-Cobas	43'34.909
9.	A. Stadler	D	JJ-Cobas-Rotax	43'35.436
10.	M. Hernandez	E	Honda	43'39.636
11.	R. Waldmann	D	JJ-Cobas-Rotax	43'47.242
12.	A. Waibel	D	Honda	43'47.484
13.	F. Torrontegui	E	Honda	43'47.892
14.	H. Unemoto	J	Honda	43'48.076
15.	G. Debbia	I	Aprilia	43'55.218

Number of finishers: 23.
Fastest lap: J. Martinez (E, JJ-Cobas-Rotax),
1'51.433 = 146.736 km/h.

5) June 10 : Austria - Salzburgring

22 laps = 93.346 km
Pole position: H. Spaan (NL, Honda),
1'31.821 = 166.354 km/h.

1.	J. Martinez	E	JJ-Cobas-Rotax	36'05.777
				= 155.162 km/h
2.	L. Capirossi	I	Honda	36'06.024
3.	S. Prein	D	Honda	36'11.110
4.	B. Casanova	I	Honda	36'11.228
5.	M. Hernandez	E	Honda	36'12.802
6.	D. Romboni	I	Honda	36'13.658
7.	A. Stadler	D	JJ-Cobas-Rotax	36'13.668
8.	A. Gramigni	I	Aprilia	36'13.916
9.	G. Debbia	I	Aprilia	36'15.291
10.	J. Miralles	E	JJ-Cobas	36'26.994
11.	F. Torrontegui	E	Honda	36'27.151
12.	H. Spaan	NL	Honda	36'34.538
13.	T. Feuz	CH	Honda	36'34.677
14.	A. Waibel	D	Honda	36'36.384
15.	A. Scott	GB	Honda	36'36.404

Number of finishers: 29.
Fastest lap: S. Prein (D, Honda),
1'34.979 = 160.828 km/h.

6) June 17 : Yugoslavia - Rijeka

19 laps = 79.192 km
Pole position: J. Martinez (E, JJ-Cobas-Rotax),
1'37.191 = 154.385 km/h.

1.	S. Prein	D	Honda	31'36.931
				= 150.291 km/h
2.	L. Capirossi	I	Honda	31'36.961
3.	B. Casanova	I	Honda	31'37.049
4.	R. Waldmann	D	JJ-Cobas-Rotax	31'37.204
5.	D. Romboni	I	Honda	31'37.392
6.	F. Gresini	I	Honda	31'37.503
7.	A. Stadler	D	JJ-Cobas-Rotax	31'37.600
8.	M. Vitali	I	Gazzaniga	31'37.783
9.	A. Gramigni	I	Aprilia	31'37.823
10.	R. Milton	GB	Honda	31'39.682
11.	H. Lüthi	CH	Honda	31'40.309
12.	H. Spaan	NL	Honda	31'47.140
13.	D. Raudies	D	Honda	31'52.932
14.	J. Wickström	SF	JJ-Cobas	31'59.864
15.	R. Appleyard	GB	Honda	32'08.658

Number of finishers: 21.
Fastest lap: D. Romboni (I, Honda),
1'38.076 = 152.992 km/h.

7) June 30 : The Netherlands - Assen

18 laps = 108.882 km
Pole position: H. Spaan (NL, Honda),
    2'19.726 = 155.851 km/h.

1.	D. Romboni	I	Honda	42'25.595
				= 153.982 km/h
2.	B. Casanova	I	Honda	42'36.728
3.	A. Stadler	D	JJ-Cobas-Rotax	42'36.986
4.	G. Debbia	I	Aprilia	42'37.206
5.	J. Martinez	E	JJ-Cobas-Rotax	42'37.215
6.	S. Prein	D	Honda	42'37.552
7.	H. Lüthi	CH	Honda	42'37.888
8.	F. Gresini	I	Honda	42'58.261
9.	S. Kurfiss	D	Honda	43'04.441
10.	A. Gramigni	I	Aprilia	43'18.098
11.	D. Raudies	D	Honda	43'24.710
12.	M. Vitali	I	Gazzaniga	43'25.193
13.	D. Brigaglia	I	Honda	43'25.555
14.	R. Appleyard	GB	Honda	43'33.669
15.	S. Edwards	GB	Honda	43'33.870

Number of finishers: 25.
Fastest lap: D. Romboni (I, Honda),
    2'20.214 = 155.308 km/h.

8) July 7 : Belgium - Spa-Francorchamps

13 laps = 90.220 km
Pole position: J. Martinez (E, JJ-Cobas-Rotax),
    2'41.811 = 154.402 km/h.

1.	H. Spaan	NL	Honda	39'11.610
				= 138.115 km/h
2.	F.L. Capirossi	I	Honda	39'11.785
3.	B. Casanova	I	Honda	39'50.377
4.	S. Prein	D	Honda	39'57.962
5.	J. Miralles	E	JJ-Cobas	40'07.266
6.	D. Raudies	D	Honda	40'09.202
7.	A. Stadler	D	JJ-Cobas-Rotax	40'09.851
8.	F. Gresini	I	Honda	40'15.888
9.	R. Appleyard	GB	Honda	40'17.841
10.	R. Milton	GB	Honda	40'25.295
11.	D. Romboni	I	Honda	40'26.870
12.	M. Vitali	I	Gazzaniga	40'30.593
13.	A. Waibel	D	Honda	40'31.885
14.	H. Koopman	NL	Honda	40'36.960
15.	G. Debbia	I	Aprilia	40'37.533

Number of finishers: 23.
Fastest lap: H. Spaan (NL, Honda),
    2'58.280 = 140.139 km/h.

9) July 22 : France - Le Mans

21 laps = 93.030 km
Pole position: H. Spaan (NL, Honda),
    1'53.820 = 140.116 km/h.

1.	H. Spaan	NL	Honda	40'15.397
				= 138.655 km/h
2.	D. Romboni	I	Honda	40'15.727
3.	S. Prein	D	Honda	40'33.565
4.	L. Capirossi	I	Honda	40'34.032
5.	H. Unemoto	J	Honda	40'34.159
6.	J. Martinez	E	JJ-Cobas-Rotax	40'34.382
7.	H. Lüthi	CH	Honda	40'35.823
8.	D. Raudies	D	Honda	40'40.252
9.	A. Gramigni	I	Aprilia	40'45.754
10.	M. Vitali	I	Gazzaniga	40'58.872
11.	G. Debbia	I	Aprilia	40'58.880
12.	M. Hernandez	E	Honda	41'02.133
13.	R. Appleyard	GB	Honda	41'02.278
14.	F. Kistrup	DK	Honda	41'02.516
15.	J. Mariano	E	Honda	41'04.730

Number of finishers: 23.
Fastest lap: D. Romboni (I, Honda),
    1'54.006 = 139.887 km/h.

10) August 5 : Great Britain - Donington

24 laps = 96.552 km
Pole position: S. Prein (D, Honda),
    1'44.100 = 139.124 km/h.

1.	L. Capirossi	I	Honda	42'13.640
				= 137.189 km/h
2.	D. Romboni	I	Honda	42'17.920
3.	H. Spaan	NL	Honda	42'20.003
4.	J. Martinez	E	JJ-Cobas-Rotax	42'27.551
5.	S. Prein	D	Honda	42'30.144
6.	M. Vitali	I	Gazzaniga	42'32.641
7.	S. Patrickson	GB	Honda	42'39.558
8.	F. Gresini	I	Honda	42'42.207
9.	J. Miralles	E	JJ-Cobas	42'46.055
10.	F. Torrontegui	E	Honda	42'49.810
11.	R. Milton	GB	Honda	42'50.463
12.	A. Stadler	D	JJ-Cobas-Rotax	42'50.576
13.	D. Raudies	D	Honda	42'50.729
14.	H. Unemoto	J	Honda	42'50.870
15.	R. Waldmann	D	JJ-Cobas-Rotax	42'56.327

Number of finishers: 26.
Fastest lap: H. Spaan (NL, Honda),
    1'44.379 = 138.752 km/h.

11) August 12 : Sweden - Anderstorp

23 laps = 92.575 km
Pole position: S. Prein (D, Honda),
    1'41.786 = 142.358 km/h.

1.	H. Spaan	NL	Honda	39'33.943
				= 140.387 km/h
2.	A. Gramigni	I	Aprilia	39'34.835
3.	D. Romboni	I	Honda	39'34.901
4.	S. Prein	D	Honda	39'35.096
5.	F. Gresini	I	Honda	39'35.193
6.	A. Stadler	D	JJ-Cobas-Rotax	39'35.527
7.	L. Capirossi	I	Honda	39'35.579
8.	D. Raudies	D	Honda	39'35.816
9.	J. Miralles	E	JJ-Cobas-Rotax	39'35.880
10.	A. Waibel	E	Honda	39'36.721
11.	H. Lüthi	CH	Honda	39'41.960
12.	G. Debbia	I	Aprilia	39'42.980
13.	S. Patrickson	GB	Honda	39'49.243
14.	J. Wickström	SF	JJ-Cobas	39'51.360
15.	R. Appleyard	GB	Honda	39'51.650

Number of finishers: 29.
Fastest lap: S. Prein (D, Honda),
    1'41.909 = 142.186 km/h.

12) August 26 : Czechoslovakia - Brno

17 laps = 91.698 km
Pole position: D. Romboni (I, Honda),
    2'16.489 = 142.271 km/h.

1.	H. Spaan	NL	Honda	39'07.242
				= 140.639 km/h
2.	S. Prein	D	Honda	39'07.465
3.	A. Gramigni	I	Aprilia	39'09.166
4.	G. Debbia	I	Aprilia	39'09.227
5.	H. Lüthi	CH	Honda	39'09.437
6.	D. Raudies	D	Honda	39'09.615
7.	F. Gresini	I	Honda	39'09.919
8.	J. Martinez	E	JJ-Cobas-Rotax	39'10.054
9.	A. Waibel	D	Honda	39'18.440
10.	S. Patrickson	GB	Honda	39'23.101
11.	B. Casanova	I	Honda	39'23.550
12.	E. Cuppini	I	Honda	39'26.128
13.	K. Wada	J	Honda	39'27.129
14.	R. Appelyard	GB	Honda	39'27.253
15	F. Kistrup	DK	Honda	39'27.587

Number of finishers: 22.
Fastest lap: D. Raudies (D, Honda),
    2'16.732 = 142.018 km/h.

13) September 2 : Hungary - Hungaroring

24 laps = 95.232 km
Pole position: B. Casanova (I, Honda),
    1'52.300 = 127.202 km/h

1.	L. Capirossi	I	Honda	45'49.954
				= 124.669 km/h
2.	H. Lüthi	CH	Honda	45'51.115
3.	B. Casanova	I	Honda	45'51.124
4.	F. Gresini	I	Honda	45'52.661
5.	H. Spaan	NL	Honda	45'52.716
6.	S. Prein	D	Honda	45'52.722
7.	E. Cuppini	I	Honda	45'58.815
8.	A. Gramigni	I	Aprilia	46'11.115
9.	G. Debbia	I	Aprilia	46'16.150
10.	R. Appleyard	GB	Honda	46'16.271
11.	H. Koopman	NL	Honda	46'17.491
12.	K. Wada	J	Honda	46'17.671
13.	D. Raudies	D	Honda	46'19.242
14.	S. Patrickson	GB	Honda	46'24.624
15.	A. Sanchez	E	JJ-Cobas	46'29.862

Number of finishers: 25.
Fastest lap: B. Casanova (I, Honda),
    1'52.866 = 126.564 km/h.

14) September 16 : Australia - Phillip Island

22 laps = 97.856 km
Pole position: H. Spaan (NL, Honda),
    1'44.528 = 153.192 km/h.

1.	L. Capirossi	I	Honda	38'39.614
				= 151.871 km/h
2.	B. Casanova	I	Honda	38'39.881
3.	D. Romboni	I	Honda	38'39.959
4.	H. Spaan	NL	Honda	38'40.252
5.	F. Gresini	I	Honda	38'40.261
6.	D. Raudies	D	Honda	38'49.042
7.	R. Appleyard	GB	Honda	39'01.056
8.	K. Wada	J	Honda	39'01.706
9.	A. Gramigni	I	Aprilia	39'01.713
10.	H. Lüthi	CH	Honda	39'03.384
11.	J. Miralles	E	JJ-Cobas	39'03.661
12.	S. Kurfiss	D	Honda	39'03.807
13.	J. Martinez	E	JJ-Cobas-Rotax	39'14.330
14.	R. Milton	GB	Honda	39'28.801
15.	M. Hernandez	E	Honda	39'28.907

Number of finishers: 29.
Fastest lap: D. Romboni (I, Honda),
    1'43.959 = 154.030 km/h.

WORLD CHAMPIONSHIP

1.	Loris Capirossi	I	Honda	182
2.	Hans Spaan	NL	Honda	173
3.	Stefan Prein	D	Honda	169
4.	Doriano Romboni	I	Honda	130
5.	Dirk Raudies	D	Honda	113
6.	Jorge Martinez	E	JJ-Cobas-Rotax	105
7.	Bruno Casanova	I	Honda	103
8.	Fausto Gresini	I	Honda	102
9.	Alessandro Gramigni	I	Aprilia	84
10.	Heinz Lüthi	CH	Honda	78
11.	Adolf Stadler	D	JJ-Cobas-Rotax	77
12.	Gabriele Debbia	I	Aprilia	55
13.	Julian Miralles	E	JJ-Cobas	46
14.	Maurizio Vitali	I	Gazzaniga	44
15.	Manuel Hernandez	E	Honda	40
16.	Kohji Takada	J	Honda	39
17.	Steve Patrickson	GB	Honda	32
18.	Robin Appleyard	GB	Honda	32
19.	Alfred Waibel	D	Honda	31
20.	Hisashi Unemoto	J	Honda	30
21.	Robin Milton	GB	Honda	28
22.	Kinya Wada	J	Honda	26
23.	Ralf Waldmann	D	JJ-Cobas-Rotax	19
24.	Emilio Cuppini	I	Honda	15
25.	Francisco "Herri" Torrontegui	E	Honda	14
26.	Johny Wickström	SF	JJ-Cobas	13
27.	Stefan Kurfiss	D	Honda	11
28.	Yoshifumi Ichiniya	J	Honda	8
29.	Hans Koopman	NL	Honda	7
30.	Yukiho Hinokio	J	Honda	6
31.	Domenico Brigaglia	I	Honda	6
32.	Fuyuki Yamazaki	J	Honda	5
33.	Thierry Feuz	CH	Honda	5
34.	Nobuyuki Wakai	J	Honda	3
35.	Flemming Kistrup	DK	Honda	3
36.	Souichiro Satoh	J	Honda	2
37.	Jaime Mariano	E	Honda	1
38.	Stuart Edwards	GB	Honda	1
39.	Alan Scott	GB	Honda	1

Champion: **John Kocinski (United States, Yamaha), 223 points, 7 wins**

1990 — 250 cc

1) March 25 : Japan - Suzuka

20 laps = 117.180 km
Pole position: J. Kocinski (USA, Yamaha),
2'14.273 = 157.086 km/h.

1.	L. Cadalora	I	Yamaha	45'55.994
				= 153,066 km/h
2.	C. Cardus	E	Honda	45'59.694
3.	W. Zeelenberg	NL	Honda	45'59.880
4.	D. Sarron	F	Honda	46'00.187
5.	J. Cornu	CH	Honda	46'00.254
6.	T. Honma	J	Yamaha	46'02.539
7.	T. Harada	J	Yamaha	46'21.451
8.	N. Aoki	J	Honda	46'26.671
9.	M. Taguchi	J	Honda	46'49.095
10.	T. Udagawa	J	Honda	46'49.306
11.	J. Schmid	D	Honda	46'49.825
12.	J. Suzuki	J	Honda	46'55.615
13.	N. MacKenzie	GB	Yamaha	47'07.530
14.	J. Kocinski	USA	Yamaha	47'10.353
15.	Y. Nukumi	J	Yamaha	47'11.018

Number of finishers: 24.
Fastest lap: J. Cornu (CH, Honda),
2'16.452 = 154.577 km/h.

2) April 8 : United States - Laguna Seca

30 laps = 106.020 km
Pole position: L. Cadalora (I, Yamaha),
1'28.866 = 143.164 km/h.

1.	J. Kocinski	USA	Yamaha	44'59.738
				= 141.349 km/h
2.	L. Cadalora	I	Yamaha	45'10.407
3.	W. Zeelenberg	NL	Honda	45'17.742
4.	R. Roth	D	Honda	45'24.716
5.	D. Sarron	F	Honda	45'33.286
6.	C. Cardus	E	Honda	45'35.929
7.	H. Bradl	D	Honda	45'37.934
8.	J. Schmid	D	Honda	45'53.536
9.	A. Preining	A	Aprilia	46'01.445
10.	M. Wimmer	D	Yamaha	46'02.547
11.	M. Shimizu	J	Honda	46'03.655
12.	L. Reggiani	I	Aprilia	46'11.997
13.	R. Oliver	USA	Yamaha	46'12.369
14.	N. MacKenzie	GB	Yamaha	46'12.700
15.	C. Lavado	VEN	Aprilia	46'25.851

Number of finishers: 23.
Fastest lap: J. Kocinski (USA, Yamaha),
1'29.178 = 142,637 km/h.

3) May 6 : Spain - Jerez de la Frontera

24 laps = 101.232 km
Pole position: H. Bradl (D, Honda),
1'49.420 = 138.775 km/h.

1.	J. Kocinski	USA	Yamaha	44'27.789
				= 136.606 km/h
2.	L. Cadalora	I	Yamaha	44'27.998
3.	H. Bradl	D	Honda	44'34.945
4.	C. Cardus	E	Honda	44'43.704
5.	M. Wimmer	D	Aprilia	45'04.295
6.	J. Schmid	D	Honda	45'09.375
7.	A. Crivillé	E	Yamaha	45'22.556
8.	A. Morillas	F	Aprilia	45'26.625
9.	D. De Radiguès	B	Aprilia	45'27.024
10.	R. Colleoni	I	Aprilia	45'33.940
11.	A. Rota	I	Aprilia	45'41.803
12.	A. Preining	A	Aprilia	45'44.521
13.	L. Reggiani	I	Aprilia	45'44.911
14.	P. Casoli	I	Yamaha	45'45.720
15.	B. Haenggeli	CH	Aprilia	45'57.485

Number of finishers: 22.
Fastest lap: L. Cadalora (I, Yamaha),
1'50.318 = 137.646 km/h.

4) May 20 : Nations - Misano

30 laps = 104.640 km
Pole position: J. Kocinski (USA, Yamaha),
1'17.807 = 161.384 km/h.

1.	J. Kocinski	USA	Yamaha	39'33.533
				= 158.710 km/h
2.	H. Bradl	D	Honda	39'47.943
3.	W. Zeelenberg	NL	Honda	39'56.158
4.	C. Cardus	E	Honda	40'01.238
5.	J. Schmid	D	Honda	40'03.589
6.	M. Wimmer	D	Aprilia	40'08.107
7.	R. Roth	D	Honda	40'13.752
8.	M. Shimizu	J	Honda	40'14.452
9.	M. Lucchi	I	Aprilia	40'20.013
10.	L. Reggiani	I	Aprilia	40'20.165
11.	C. Lavado	VEN	Aprilia	40'20.317
12.	J. Martinez	E	JJ-Cobas-Rotax	40'44.062
13.	C. Catalano	I	Aprilia	40'45.336
14.	P. Casoli	I	Yamaha	40'45.348
15.	R. Colleoni	I	Aprilia	40'46.886

Number of finishers: 21.
Fastest lap: J. Kocinski (USA, Yamaha),
1'18.023 = 160.937 km/h.

5) May 27 : Germany - Nürburgring

27 laps = 122.634 km
Pole position: L. Cadalora (I, Yamaha),
1'42.518 = 159.496 km/h.

1.	W. Zeelenberg	NL	Honda	46'53.199
				= 156.933 km/h
2.	C. Cardus	E	Honda	46'53.265
3.	J. Kocinski	USA	Yamaha	46'53.305
4.	H. Bradl	D	Honda	46'53.885
5.	J. Schmid	D	Honda	47'11.115
6.	M. Shimizu	J	Honda	47'24.843
7.	R. Roth	D	Honda	47'30.421
8.	L. Reggiani	I	Aprilia	47'31.840
9.	M. Wimmer	D	Aprilia	47'36.550
10.	L. Cadalora	I	Yamaha	47'39.242
11.	A. Crivillé	E	Yamaha	47'43.673
12.	C. Lavado	VEN	Aprilia	47'57.235
13.	H. Eckl	D	Aprilia	48'15.617
14.	A. Rota	I	Aprilia	48'15.859
15.	U. Jucker	CH	Yamaha	48'27.899

Number of finishers: 22.
Fastest lap: W. Zeelenberg (NL, Honda),
1'43.046 = 158.679 km/h.

6) June 10 : Austria - Salzburgring

24 laps = 101.832 km
Pole position: C. Cardus (E, Honda),
1'23.709 = 182.475 km/h.

1.	L. Cadalora	I	Yamaha	34'06.908
				= 179.097 km/h
2.	M. Wimmer	D	Aprilia	34'07.397
3.	J. Kocinski	USA	Yamaha	34'07.607
4.	W. Zeelenberg	NL	Honda	34'07.676
5.	R. Roth	D	Honda	34'07.889
6.	H. Bradl	D	Honda	34'08.256
7.	J. Cornu	CH	Honda	34'08.867
8.	D. Sarron	F	Honda	34'14.588
9.	D. De Radiguès	B	Aprilia	34'30.676
10.	L. Reggiani	I	Aprilia	34'30.879
11.	M. Lucchi	I	Aprilia	34'41.412
12.	J. Schmid	D	Honda	34'49.211
13.	P. Casoli	I	Yamaha	34'49.849
14.	J. Martinez	E	JJ-Cobas-Rotax	34'49.883
15.	A. Rota	I	Aprilia	34'50.040

Number of finishers: 27.
Fastest lap: L. Cadalora (I, Yamaha),
1'23.935 = 181.984 km/h.

7) June 17 : Yugoslavia - Rijeka

23 laps = 95.864 km
Pole position: J. Kocinski (USA, Yamaha),
1'31.313 = 164.323 km/h.

1.	C. Cardus	E	Honda	35'46.457
				= 160.781 km/h
2.	J. Kocinski	USA	Yamaha	35'46.518
3.	M. Wimmer	D	Honda	35'46.688
4.	L. Cadalora	I	Yamaha	35'46.750
5.	H. Bradl	D	Honda	35'46.933
6.	R. Roth	D	Honda	35'47.068
7.	A. Crivillé	E	Yamaha	35'47.551
8.	J. Cornu	CH	Honda	35'58.715
9.	C. Lavado	VEN	Aprilia	36'10.595
10.	J. Schmid	D	Honda	36'11.235
11.	A. Preining	A	Honda	36'11.236
12.	M. Shimizu	J	Honda	36'11.415
13.	C. Catalano	I	Aprilia	36'39.148
14.	M. Lucchi	I	Aprilia	36'39.289
15.	B. Kassner	D	Yamaha	36'39.620

Number of finishers: 23.
Fastest lap: R. Roth (D, Honda),
1'31.952 = 163.181 km/h.

8) June 30 : The Netherlands - Assen

20 laps = 120.980 km
Pole position: C. Cardus (E, Honda),
2'08.926 = 168.906 km/h.

1.	J. Kocinski	USA	Yamaha	43'35.983
				= 166.487 km/h
2.	C. Cardus	E	Honda	43'36.959
3.	W. Zeelenberg	NL	Honda	43'41.596
4.	M. Shimizu	J	Honda	43'47.235
5.	A. Preining	A	Honda	43'56.467
6.	J. Schmid	D	Honda	43'58.257
7.	D. De Radiguès	B	Aprilia	43'58.583
8.	M. Wimmer	D	Aprilia	43'59.347
9.	C. Lavado	VEN	Aprilia	44'13.287
10.	A. Puig	E	Yamaha	44'36.662
11.	M. Lucchi	I	Aprilia	44'46.092
12.	A. Borgonovo	I	Aprilia	44'47.529
13.	H. Eckl	D	Aprilia	44'48.025
14.	J. Martinez	E	JJ-Cobas-Rotax	44'48.202
15.	U. Jucker	CH	Yamaha	44'54.486

Number of finishers: 21.
Fastest lap: J. Kocinski (USA, Yamaha),
2'09.448 = 168.225 km/h.

9) July 7 : Belgium - Spa-Francorchamps

15 laps = 104.100 km
Pole position: J. Kocinski (USA, Yamaha),
2'31.106 = 165.341 km/h.

1.	J. Kocinski	USA	Yamaha	42'52.467
				= 145.681 km/h
2.	D. De Radiguès	B	Aprilia	43'03.508
3.	C. Cardus	E	Honda	43'05.023
4.	C. Lavado	VEN	Aprilia	43'10.346
5.	J. Cornu	CH	Honda	43'23.649
6.	L. Reggiani	I	Aprilia	43'28.649
7.	A. Puig	E	Yamaha	43'33.159
8.	P. Casoli	I	Yamaha	43'38.317
9.	M. Shimizu	J	Honda	43'42.992
10.	J. Schmid	D	Honda	43'56.306
11.	A. Morillas	F	Aprilia	44'05.053
12.	C. Catalano	I	Aprilia	44'40.186
13.	B. Kassner	D	Yamaha	44'40.680
14.	R. Colleoni	I	Aprilia	44'40.980
15.	J. Foray	F	Yamaha	44'41.662

Number of finishers: 21.
Fastest lap: J. Kocinski (USA, Yamaha),
2'47.579 = 149.088 km/h.

10) July 22 : France - Le Mans

23 laps = 101.890 km
Pole position: C. Cardus (E, Honda),
1'45.055 = 151.806 km/h.

1.	C. Cardus	E	Honda	41'09.803
				= 148.515 km/h
2.	L. Cadalora	I	Yamaha	41'24.063
3.	L. Reggiani	I	Aprilia	41'29.256
4.	M. Shimizu	J	Honda	41'41.936
5.	J. Cornu	CH	Honda	41'55.919
6.	M. Wimmer	D	Aprilia	41'59.602
7.	D. De Radiguès	B	Aprilia	42'02.907
8.	A. Crivillé	E	Yamaha	42'07.069
9.	A. Puig	E	Yamaha	42'09.532
10.	P. Casoli	I	Yamaha	42'13.414
11.	A. Borgonovo	I	Aprilia	42'14.560
12.	J.-P. Jeandat	F	Yamaha	42'15.350
13.	H. Eckl	D	Aprilia	42'18.538
14.	B. Haenggeli	CH	Aprilia	42'20.166
15.	A. Preining	A	Aprilia	42'20.336

Number of finishers: 24.
Fastest lap: J. Kocinski (USA, Yamaha),
1'46.030 = 150.410 km/h.

11) August 5 : Great Britain - Donington

26 laps = 104.598 km
Pole position: J. Kocinski (USA, Yamaha),
1'37.009 = 149.293 km/h.

1.	L. Cadalora	I	Yamaha	42'39.173
				= 147.138 km/h
2.	M. Shimizu	J	Honda	42'42.289
3.	H. Bradl	D	Honda	42'47.258
4.	D. Sarron	F	Honda	42'55.668
5.	C. Cardus	E	Honda	43'00.351
6.	J. Cornu	CH	Honda	43'04.367
7.	A. Morillas	F	Aprilia	43'05.142
8.	A. Crivillé	E	Yamaha	43'11.605
9.	M. Wimmer	D	Aprilia	43'20.468
10.	J. Schmid	D	Honda	43'20.618
11.	D. De Radiguès	B	Aprilia	43'21.189
12.	H. Eckl	D	Aprilia	43'32.489
13.	A. Carter	GB	Honda	43'40.801
14.	P. Casoli	I	Yamaha	43'48.701
15.	A. Puig	E	Yamaha	43'52.696

Number of finishers: 21.
Fastest lap: L. Cadalora (I, Yamaha),
1'37.326 = 148.807 km/h.

12) August 12 : Sweden - Anderstorp

25 laps = 100.625 km
Pole position: J. Kocinski (USA, Yamaha),
1'35.105 = 152.358 km/h.

1.	C. Cardus	E	Honda	40'03.639
				= 150.709 km/h
2.	J. Kocinski	USA	Yamaha	40'03.719
3.	M. Shimizu	J	Honda	40'03.938
4.	L. Cadalora	I	Yamaha	40'04.023
5.	H. Bradl	D	Honda	40'05.443
6.	J. Cornu	CH	Honda	40'07.828
7.	M. Wimmer	D	Aprilia	40'19.018
8.	W. Zeelenberg	NL	Honda	40'21.467
9.	A. Crivillé	E	Yamaha	40'21.566
10.	D. Sarron	F	Honda	40'21.572
11.	L. Reggiani	I	Aprilia	40'43.710
12.	A. Puig	E	Yamaha	40'53.439
13.	J. Barresi	VEN	Yamaha	41'07.242
14.	K. Mitchell	GB	Yamaha	41'07.398
15.	R. Colleoni	I	Aprilia	41'07.479

Number of finishers: 21.
Fastest lap: J. Kocinski (USA, Yamaha),
1'34.833 = 152.795 km/h.

13) August 26 : Czechoslovakia - Brno

20 laps = 107.880 km
Pole position: H. Bradl (D, Honda),
2'07.404 = 152.416 km/h.

1.	C. Cardus	E	Honda	42'48.579
				= 151.200 km/h
2.	J. Kocinski	USA	Yamaha	42'49.466
3.	H. Bradl	D	Honda	42'49.846
4.	L. Cadalora	I	Yamaha	43'10.606
5.	D. Sarron	F	Honda	43'10.754
6.	M. Wimmer	D	Aprilia	43'22.013
7.	A. Crivillé	E	Yamaha	43'25.531
8.	W. Zeelenberg	NL	Honda	43'29.048
9.	J. Cornu	CH	Honda	43'34.059
10.	J. Schmid	D	Honda	43'45.285
11.	A. Puig	E	Yamaha	43'59.846
12.	P. Casoli	I	Yamaha	44'03.759
13.	R. Colleoni	I	Aprilia	44'03.963
14.	A. Preining	A	Aprilia	44'04.448
15.	J. Barresi	VEN	Yamaha	44'04.553

Number of finishers: 21.
Fastest lap: C. Cardus (E, Honda),
2'07.341 = 152.491 km/h.

14) September 2 : Hungary - Hungaroring

28 laps = 111.104 km
Pole position: J. Kocinski (USA, Yamaha),
1'45.952 = 134.823 km/h.

1.	J. Kocinski	USA	Yamaha	50'02.170
				= 133.228 km/h
2.	H. Bradl	D	Honda	50'06.156
3.	C. Cardus	E	Honda	50'16.480
4.	L. Cadalora	I	Yamaha	50'22.099
5.	A. Crivillé	E	Yamaha	50'22.259
6.	D. Sarron	F	Honda	50'35.276
7.	J. Cornu	CH	Honda	50'39.794
8.	M. Wimmer	D	Aprilia	50'41.087
9.	W. Zeelenberg	NL	Honda	50'56.257
10.	L. Reggiani	I	Aprilia	51'09.684
11.	P. Casoli	I	Yamaha	51'09.974
12.	R. Colleoni	I	Aprilia	51'10.271
13.	D. De Radiguès	B	Aprilia	51'10.854
14.	J. Schmid	D	Honda	51'20.886
15.	B. Haenggeli	CH	Aprilia	51'23.195

Number of finishers: 22.
Fastest lap: J. Kocinski (USA, Yamaha),
1'46.266 = 134.425 km/h.

15) September 16 : Australia - Phillip Island

26 laps = 115.648 km
Pole position: J. Kocinski (USA, Yamaha),
1'37.531 = 164.182 km/h.

1.	J. Kocinski	USA	Yamaha	42'38.600
				= 162.719 km/h
2.	H. Bradl	D	Honda	42'40.497
3.	L. Cadalora	I	Yamaha	42'47.479
4.	D. Beattie	AUS	Honda	42'50.387
5.	W. Zeelenberg	NL	Honda	43'07.251
6.	A. Crivillé	E	Yamaha	43'12.338
7.	D. De Radiguès	B	Aprilia	43'12.347
8.	M. Shimizu	J	Honda	43'14.677
9.	J. Schmid	D	Honda	43'44.934
10.	D. Sarron	F	Honda	44'00.581
11.	J. Martinez	E	JJ-Cobas-Rotax	1 lap
12.	M. Lucchi	I	Aprilia	1 lap
13.	D. Horton	AUS	Yamaha	1 lap
14.	T. Manley	AUS	Yamaha	1 lap
15.	R. Rice	AUS	Yamaha	1 lap

Number of finishers: 19.
Fastest lap: J. Kocinski (USA, Yamaha),
1'36.681 = 165.625 km/h.

WORLD CHAMPIONSHIP

1.	John Kocinski	USA	Yamaha	223
2.	Carlos Cardus	E	Honda	208
3.	Luca Cadalora	I	Yamaha	184
4.	Helmut Bradl	D	Honda	150
5.	Wilco Zeelenberg	NL	Honda	127
6.	Martin Wimmer	D	Aprilia	118
7.	Masahiro Shimizu	J	Honda	100
8.	Jochen Schmid	D	Honda	92
9.	Jacques Cornu	CH	Honda	86
10.	Dominique Sarron	F	Honda	78
11.	Alex Crivillé	E	Yamaha	76
12.	Didier De Radiguès	B	Aprilia	66
13.	Loris Reggiani	I	Aprilia	63
14.	Reinhold Roth	D	Honda	52
15.	Carlos Lavado	VEN	Aprilia	37
16.	Paolo Casoli	I	Yamaha	32
17.	Alberto Puig	E	Yamaha	32
18.	Andreas Preining	A	Aprilia/Honda	30
19.	Marcellino Lucchi	I	Aprilia	23
20.	Adrien Morillas	F	Aprilia	22
21.	Renato Colleoni	I	Aprilia	17
22.	Daryl Beattie	AUS	Honda	13
23.	Jorge "Aspar" Martinez	E	JJ-Cobas-Rotax	13
24.	Harald Eckl	D	Aprilia	13
25.	Toshihiko Honma	J	Yamaha	10
26.	Corrado Catalano	I	Aprilia	10
27.	Andrea Borgonovo	I	Aprilia	9
28.	Tetsuya Harada	J	Yamaha	9
29.	Alberto Rota	I	Aprilia	8
30.	Nobuatsu Aoki	J	Honda	8
31.	Masumitsu Taguchi	J	Honda	7
32.	Tsumatu Udagawa	J	Honda	6
33.	Niall MacKenzie	GB	Yamaha	5
34.	Jean-Pierre Jeandat	F	Honda	4
35.	Bernd Kassner	D	Yamaha	4
36.	José Barresi	VEN	Yamaha	4
37.	Jun Suzuki	J	Honda	4
38.	Bernard Haenggeli	CH	Aprilia	4
39.	David Horton	AUS	Yamaha	3
40.	Richard Oliver	USA	Yamaha	3
41.	Alan Carter	GB	Honda	3
42.	Trevor Manley	AUS	Yamaha	2
43.	Kevin Mitchell	GB	Yamaha	2
44.	Urs Jucker	CH	Yamaha	2
45.	Ricky Rice	AUS	Yamaha	1
46.	Jean Foray	F	Yamaha	1
47.	Yukio Nukumi	J	Yamaha	1

Champion: **Wayne Rainey (United States, Yamaha), 255 points, 7 wins**

1990 — 500 cc

1) March 25 : Japan - Suzuka

22 laps = 128.898 km
Pole position: W. Rainey (USA, Yamaha),
  2'09.589 = 162.764 km/h.

1.	W. Rainey	USA	Yamaha	48'52.475
				= 158.239 km/h
2.	W. Gardner	AUS	Honda	48'55.712
3.	K. Schwantz	USA	Suzuki	49'08.031
4.	K. Magee	AUS	Suzuki	49'33.164
5.	A. Pons	E	Honda	49'33.483
6.	T. Taira	J	Yamaha	49'43.838
7.	P. Chili	I	Honda	49'44.011
8.	J.-P. Ruggia	F	Yamaha	49'46.214
9.	S. Itoh	J	Honda	49'54.990
10.	J. Garriga	E	Yamaha	50'18.001
11.	H. Miyagi	J	Honda	50'21.659
12.	S. Katayama	J	Yamaha	50'34.477
13.	O. Hiwatashi	J	Suzuki	50'35.188

Number of finishers: 13.
Fastest lap: W. Rainey (USA, Yamaha),
  2'11.354 = 160.577 km/h.

2) April 8 : United States - Laguna Seca

35 laps = 123.690 km
Pole position: W. Gardner (AUS, Honda),
  1'25.908 = 148.093 km/h.

1.	W. Rainey	USA	Yamaha	50'55.739
				= 145,711 km/h
2.	M. Doohan	AUS	Honda	51'25.765
3.	P. Chili	I	Honda	51'54.612
4.	C. Sarron	F	Yamaha	52'08.385
5.	J.-P. Ruggia	F	Yamaha	52'17.971
6.	J. Garriga	E	Yamaha	1 lap
7.	R. Mamola	USA	Cagiva	1 lap
8.	A. Barros	BR	Cagiva	1 lap
9.	P. Linden	S	Honda	3 laps
10.	N. Schmassmann	CH	Honda	3 laps

Number of finishers: 10.
Fastest lap: K. Schwantz (USA, Suzuki),
  1'25.838 = 148.187 km/h.

3) May 6 : Spain - Jerez de la Frontera

29 laps = 122.322 km
Pole position: M. Doohan (AUS, Honda),
  1'47.891 = 140.742 km/h.

1.	W. Gardner	AUS	Honda	52'58.021
				= 138.564 km/h
2.	W. Rainey	USA	Yamaha	53'05.328
3.	K. Schwantz	USA	Suzuki	53'20.109
4.	M. Doohan	AUS	Honda	53'26.750
5.	P. Chili	I	Honda	53'38.941
6.	A. Pons	E	Honda	54'05.178
7.	C. Sarron	F	Yamaha	54'10.226
8.	N. MacKenzie	GB	Suzuki	54'11.281
9.	J. Garriga	E	Yamaha	54'23.381
10.	J.-P. Ruggia	F	Yamaha	54'32.416
11.	E. Laycock	IRL	Honda	1 lap
12.	N. Schmassmann	CH	Honda	2 laps
13.	C. Doorakkers	NL	Honda	2 laps
14.	A. Leuthe	D	Honda	2 laps
15.	H. Bütz	D	Honda	3 laps

Number of finishers: 15.
Fastest lap: M. Doohan (AUS, Honda),
  1'48.290 = 140.223 km/h.

4) May 20 : Nations - Misano

36 laps = 125.568 km
Pole position: W. Rainey (USA, Yamaha),
  1'16.019 = 165.180 km/h.

1.	W. Rainey	USA	Yamaha	46'21.150
				= 162.539 km/h
2.	K. Schwantz	USA	Suzuki	46'23.271
3.	M. Doohan	AUS	Honda	46'29.020
4.	W. Gardner	AUS	Honda	46'30.885
5.	N. MacKenzie	GB	Suzuki	47'34.602
6.	A. Pons	E	Honda	47'41.515
7.	R. Mamola	USA	Cagiva	1 lap
8.	J. Garriga	E	Yamaha	1 lap
9.	M. Papa	I	Honda	1 lap
10.	R. Balbi	I	Honda	1 lap
11.	M. Valdo	I	Honda	2 laps
12.	P. Linden	S	Honda	3 laps
13.	N. Schmassmann	CH	Honda	3 laps
14.	C. Doorakkers	NL	Honda	5 laps
15.	V. Scatola	I	Paton	8 laps

Number of finishers: 15.
Fastest lap: W. Rainey (USA, Yamaha),
  1'15.912 = 165.413 km/h.

5) May 27 : Germany - Nürburgring

30 laps = 136.260 km
Pole position: K. Schwantz (USA, Suzuki),
  1'38.185 = 166.535 km/h.

1.	K. Schwantz	USA	Suzuki	50'18.517
				= 162.509 km/h
2.	W. Rainey	USA	Yamaha	50'30.385
3.	N. MacKenzie	GB	Suzuki	50'45.723
4.	C. Sarron	F	Yamaha	50'53.646
5.	A. Pons	E	Honda	51'02.532
6.	J.-P. Ruggia	F	Yamaha	51'20.705
7.	J. Garriga	E	Yamaha	51'40.163
8.	A. Barros	BR	Cagiva	1 lap
9.	R. Mamola	USA	Cagiva	1 lap
10.	C. Doorakkers	NL	Honda	1 lap
11.	M. Papa	I	Honda	1 lap
12.	A. Leuthe	D	Honda	2 laps
13.	N. Schmassmann	CH	Honda	2 laps
14.	H. Bütz	D	Honda	2 laps
15.	P. Linden	S	Honda	2 laps

Number of finishers: 16.
Fastest lap: K. Schwantz (USA, Suzuki),
  1'39.048 = 165.084 km/h.

6) June 10 : Austria - Salzburgring

29 laps = 123.947 km
Pole position: K. Schwantz (USA, Suzuki),
  1'18.411 = 194.804 km/h.

1.	K. Schwantz	USA	Suzuki	38'21.304
				= 192.489 km/h
2.	W. Rainey	USA	Yamaha	38'21.865
3.	M. Doohan	AUS	Honda	38'46.608
4.	P. Chili	I	Honda	38'58.608
5.	N. MacKenzie	GB	Suzuki	39'07.738
6.	A. Pons	E	Honda	39'08.175
7.	C. Sarron	F	Yamaha	39'27.377
8.	J.-P. Ruggia	F	Yamaha	39'40.879
9.	J. Garriga	E	Yamaha	1 lap
10.	R. Mamola	USA	Cagiva	1 lap
11.	A. Barros	BR	Cagiva	1 lap
12.	R. Haslam	GB	Cagiva	1 lap
13.	M. Papa	I	Honda	2 laps
14.	C. Doorakkers	NL	Honda	2 laps
15.	K. Truchsess	A	Honda	4 laps

Number of finishers: 15.
Fastest lap: K. Schwantz (USA, Suzuki),
  1'18.341 = 194.978 km/h.

7) June 17 : Yugoslavia - Rijeka

32 laps = 133.376 km
Pole position: W. Rainey (USA, Yamaha),
 1'28.433 = 169.674 km/h.

1.	W. Rainey	USA	Yamaha	48'10.806
				= 166.097 km/h
2.	K. Schwantz	USA	Suzuki	48'20.880
3.	N. MacKenzie	GB	Suzuki	48'44.491
4.	M. Doohan	AUS	Honda	48'54.336
5.	J.-P. Ruggia	F	Yamaha	49'22.253
6.	M. Papa	I	Honda	1 lap
7.	C. Doorakkers	NL	Honda	2 laps
8.	K. Truchsess	A	Honda	2 laps
9.	N. Schmassmann	CH	Honda	4 laps

Number of finishers: 9.
Fastest lap: W. Rainey (USA, Yamaha),
 1'29.220 = 168.178 km/h.

8) June 30 : The Netherlands - Assen

22 laps = 133.078 km
Pole position: K. Schwantz (USA, Suzuki),
 2'03.207 = 176.746 km/h.

1.	K. Schwantz	USA	Suzuki	45'39.074
				= 174.906 km/h
2.	W. Rainey	USA	Yamaha	45'39.710
3.	E. Lawson	USA	Yamaha	46'04.524
4.	M. Doohan	AUS	Honda	46'23.873
5.	N. MacKenzie	GB	Suzuki	46'35.604
6.	J. Garriga	E	Yamaha	46'43.638
7.	C. Sarron	F	Yamaha	46'45.226
8.	P. Chili	I	Honda	47'07.224
9.	R. Haslam	GB	Cagiva	47'22.967
10.	A. Barros	BR	Cagiva	48'43.221
11.	J.-P. Ruggia	F	Yamaha	1 lap
12.	E. Laycock	IRL	Honda	1 lap
13.	C. Doorakkers	NL	Honda	1 lap
14.	M. Papa	I	Honda	1 lap
15.	K. Truchsess	A	Honda	1 lap

Number of finishers: 18.
Fastest lap: K. Schwantz (USA, Suzuki),
 2'03.480 = 176.356 km/h.

9) July 7 : Belgium - Spa-Francorchamps

18 laps = 124.920 km
Pole position: K. Schwantz (USA, Suzuki),
 2'23.264 = 174.391 km/h.

1.	W. Rainey	USA	Yamaha	50'29.205
				= 148.459 km/h
2.	J.-P. Ruggia	F	Yamaha	50'33.757
3.	E. Lawson	USA	Yamaha	50'49.771
4.	C. Sarron	F	Yamaha	51'14.463
5.	A. Barros	BR	Cagiva	51'20.265
6.	M. Doohan	AUS	Honda	51'47.226
7.	K. Schwantz	USA	Suzuki	51'49.896
8.	R. Haslam	GB	Cagiva	51'52.801
9.	J. Garriga	E	Yamaha	51'53.278
10.	W. Gardner	AUS	Honda	52'19.725
11.	N. Fujiwara	J	Yamaha	52'31.140
12.	N. MacKenzie	GB	Suzuki	52'49.265
13.	E. Laycock	IRL	Honda	1 lap
14.	K. Truchsess	A	Honda	2 laps
15.	C. Doorakkers	NL	Honda	2 laps

Number of finishers: 15.
Fastest lap: W. Rainey (USA, Yamaha),
 2'45.784 = 150.702 km/h.

10) July 22 : France - Le Mans

28 laps = 124.040 km
Pole position: K. Schwantz (USA, Suzuki),
 1'40.755 = 158.285 km/h.

1.	K. Schwantz	USA	Suzuki	48'05.213
				= 154.770 km/h
2.	W. Gardner	AUS	Honda	48'07.633
3.	W. Rainey	USA	Yamaha	48'08.546
4.	M. Doohan	AUS	Honda	48'10.078
5.	E. Lawson	USA	Yamaha	48'15.370
6.	N. MacKenzie	GB	Suzuki	48'25.693
7.	R. Mamola	USA	Cagiva	49'21.111
8.	J. Garriga	E	Yamaha	49'35.984
9.	M. Papa	I	Honda	49'46.512
10.	R. Haslam	GB	Cagiva	1 lap
11.	E. Laycock	IRL	Honda	1 lap
12.	C. Doorakkers	NL	Honda	2 laps

Number of finishers: 12.
Fastest lap: K. Schwantz (USA, Suzuki),
 1'41.953 = 156.425 km/h.

11) August 5 : Great Britain - Donington

30 laps = 120.690 km
Pole position: W. Gardner (AUS, Honda),
 1'33.415 = 155.037 km/h.

1.	K. Schwantz	USA	Suzuki	47'15.770
				= 153.216 km/h
2.	W. Rainey	USA	Yamaha	47'17.908
3.	E. Lawson	USA	Yamaha	47'25.206
4.	M. Doohan	AUS	Honda	47'56.153
5.	N. MacKenzie	GB	Suzuki	48'15.378
6.	R. Mamola	USA	Cagiva	48'23.420
7.	J. Garriga	E	Yamaha	48'37.156
8.	C. Sarron	F	Yamaha	48'38.454
9.	J.-P. Ruggia	F	Yamaha	48'42.155
10.	R. Haslam	GB	Cagiva	48'51.319
11.	A. Barros	BR	Cagiva	48'51.811
12.	E. Laycock	IRL	Honda	2 laps
13.	M. Papa	I	Honda	2 laps
14.	A. Leuthe	D	Honda	2 laps
15.	C. Doorakkers	NL	Honda	4 laps

Number of finishers: 15.
Fastest lap: K. Schwantz (USA, Suzuki),
 1'33.762 = 154.463 km/h.

12) August 12 : Sweden - Anderstorp

30 laps = 120.750 km
Pole position: K. Schwantz (USA, Suzuki),
 1'30.785 = 159.608 km/h.

1.	W. Rainey	USA	Yamaha	46'01.689
				= 157.404 km/h
2.	E. Lawson	USA	Yamaha	46'02.838
3.	W. Gardner	AUS	Honda	46'05.253
4.	M. Doohan	AUS	Honda	46'24.024
5.	N. MacKenzie	GB	Suzuki	46'51.022
6.	C. Fogarty	GB	Honda	47'09.662
7.	J.-P. Ruggia	F	Yamaha	47'10.530
8.	J. Garriga	E	Yamaha	47'22.120
9.	A. Barros	BR	Cagiva	1 lap
10.	R. Haslam	GB	Cagiva	1 lap
11.	M. Papa	I	Honda	1 lap
12.	C. Doorakkers	NL	Honda	2 laps
13.	P. Linden	S	Honda	2 laps

Number of finishers: 13.
Fastest lap: W. Rainey (USA, Yamaha),
 1'31.107 = 159.044 km/h.

13) August 26 : Czechoslovakia - Brno

23 laps = 124.062 km
Pole position: K. Schwantz (USA, Suzuki),
 2'02.725 = 158.227 km/h.

1.	W. Rainey	USA	Yamaha	47'50.847
				= 155.572 km/h
2.	W. Gardner	AUS	Honda	47'52.850
3.	E. Lawson	USA	Yamaha	48'10.378
4.	N. MacKenzie	GB	Suzuki	48'26.021
5.	J. Garriga	E	Yamaha	48'33.464
6.	C. Sarron	F	Yamaha	48'37.097
7.	A. Pons	E	Honda	48'42.233
8.	J.-P. Ruggia	F	Yamaha	48'57.096
9.	M. Doohan	AUS	Honda	48'58.764
10.	C. Fogarty	GB	Honda	49'10.262
11.	R. Mamola	USA	Cagiva	49'29.779
12.	R. Haslam	GB	Cagiva	49'56.902
13.	M. Papa	I	Honda	1 lap
14.	E. Laycock	IRL	Honda	1 lap
15.	R. Nicotte	F	Chevallier	1 lap

Number of finishers: 17.
Fastest lap: W. Rainey (USA, Yamaha),
 2'03.718 = 156.957 km/h.

14) September 2 : Hungary - Hungaroring

28 laps = 111.104 km
Pole position: M. Doohan (AUS, Honda),
 1'43.971 = 137.392 km/h.

1.	M. Doohan	AUS	Honda	49'14.920
				= 135.359 km/h
2.	E. Lawson	USA	Yamaha	49'40.362
3.	K. Schwantz	USA	Suzuki	50'09.321
4.	W. Gardner	AUS	Honda	50'17.552
5.	J. Garriga	E	Yamaha	50'19.714
6.	J.-P. Ruggia	F	Yamaha	50'20.890
7.	N. MacKenzie	GB	Suzuki	50'21.168
8.	C. Fogarty	GB	Honda	50'30.509
9.	A. Barros	BR	Cagiva	50'48.920
10.	A. Pons	E	Honda	50'54.865
11.	R. Haslam	GB	Cagiva	51'00.946
12.	M. Papa	I	Honda	1 lap
13.	R. Nicotte	F	Chevallier	1 lap
14.	E. Laycock	IRL	Honda	1 lap
15.	M. Trösch	D	Honda	2 laps

Number of finishers: 16.
Fastest lap: M. Doohan (AUS, Honda),
 1'44.390 = 136.841 km/h.

15) September 16 : Australia - Phillip Island

30 laps = 133.440 km
Pole position: M. Doohan (AUS, Honda),
 1'34.788 = 168.933 km/h.

1.	W. Gardner	AUS	Honda	47'45.053
				= 167.670 km/h
2.	M. Doohan	AUS	Honda	47'45.909
3.	W. Rainey	USA	Yamaha	47'47.792
4.	E. Lawson	USA	Yamaha	48'27.585
5.	N. MacKenzie	GB	Suzuki	48'39.573
6.	J. Garriga	E	Yamaha	48'45.592
7.	A. Pons	E	Honda	48'50.284
8.	P. Goddard	AUS	Yamaha	49'15.274
9.	P. Chili	I	Honda	1 lap
10.	M. Papa	I	Honda	1 lap
11.	E. Laycock	IRL	Honda	1 lap
12.	C. Doorakkers	NL	Honda	3 laps

Number of finishers: 12.
Fastest lap: W. Gardner (AUS, Honda),
 1'34.560 = 169.340 km/h.

WORLD CHAMPIONSHIP

1.	Wayne Rainey	USA	Yamaha	255
2.	Kevin Schwantz	USA	Suzuki	188
3.	Michael Doohan	AUS	Honda	179
4.	Niall MacKenzie	GB	Suzuki	140
5.	Wayne Gardner	AUS	Honda	138
6.	Juan Garriga	E	Yamaha	121
7.	Eddie Lawson	USA	Yamaha	118
8.	Jean-Philippe Ruggia	F	Yamaha	110
9.	Christian Sarron	F	Yamaha	84
10.	Alfonso "Sito" Pons	E	Honda	76
11.	Pierfrancesco Chili	I	Honda	63
12.	Alexandre Barros	BR	Cagiva	57
13.	Marco Papa	I	Honda	55
14.	Randy Mamola	USA	Cagiva	55
15.	Ronald Haslam	GB	Cagiva	46
16.	Cees Doorakkers	NL	Honda	39
17.	Eddie Laycock	IRL	Honda	30
18.	Carl Fogarty	GB	Honda	24
19.	Nicolas Schmassmann	CH	Honda	23
20.	Peter Linden	S	Honda	15
21.	Kevin Magee	AUS	Suzuki	13
22.	Karl Truchsess	A	Honda	12
23.	Tadahiko Taira	J	Yamaha	10
24.	Peter Goddard	AUS	Yamaha	8
25.	Andy Leuthe	D	Honda	8
26.	Shinichi Itoh	J	Honda	7
27.	Romolo Balbi	I	Honda	6
28.	Michele Valdo	I	Honda	5
29.	Hikaru Miyahi	J	Honda	5
30.	Norihiko Fujiwara	J	Yamaha	5
31.	Rachel Nicotte	F	Chevallier	4
32.	Shinji Katayama	J	Yamaha	4
33.	Hansjörg Bütz	D	Honda	3
34.	Osamu Hiwatashi	J	Suzuki	3
35.	Martin Trösch	D	Honda	1
36.	Vittorio Scatola	I	Honda	1

1990 — Side-Cars

Champions: **Alain Michel/Simon Birchall (France/Great Britain, LCR-Krauser), 178 points, 4 wins**

April 8 : United States - Laguna Seca

30 laps = 106.020 km
Pole position: A. Michel/S. Birchall (F/GB, LCR-Krauser), 1'31.392 = 138.364 km/h.

1.	S. Webster/G. Simmons	GB	LCR-Krauser	47'37.682
				= 134.506 km/h
2.	S. Webster/G. Simons	GB	LCR-Krauser	47'37.682
3.	S. Abbott/S. Smith	GB	Windle-Yamaha	47'48.166
4.	M. Egloff/U. Egloff	CH	SMS2-Yamaha	47'59.927
5.	D. Jones/P. Brown	GB	LCR-ADM	48'05.984
6.	B. Scherer/B. Hiller	D	LCR	48'07.452
7.	M. Kumano/E. Rösinger	J/D	LCR-TEC	48'33.208
8.	R. Progin/G. Irlam	CH/GB	LCR-Krauser	48'44.115
9.	Y. Kumagaya/B. Houghton	J/GB	Windle-JPX	1 lap
10.	T. Van Kempen/J. Kuyt	NL	LCR-Krauser	1 lap
11.	A. Zurbrügg/M. Zurbrügg	CH	LCR-Yamaha	1 lap
12.	B. Gälross/P. Linden	S	Yamaha-Streuer	1 lap
13.	B. Smith/D. Smith	GB	Windle-ADM	1 lap
14.	G. Thomas/T. Strevens	GB	LCR-Krauser	2 laps
15.	W. Stropek/G. Paul	A/B	LCR-ADM	2 laps

Number of finishers: 16.
Fastest lap: R. Biland/K. Waltisperg (CH, LCR-Krauser), 1'32.256 = 137.878 km/h.

2) May 6 : Spain - Jerez de la Frontera

22 laps = 92.796 km
Pole position: S. Wesbter/G. Simmons (GB, LCR-Krauser), 1'51.030 = 136.763 km/h.

1.	S. Webster/G. Simmons	GB	LCR-Krauser	42'11.072
				= 131.986 km/h
2.	A. Michel/S. Birchall	F/GB	LCR-Krauser	42'15.378
3.	R. Biland/K. Waltisperg	CH	LCR-Krauser	42'25.575
4.	Y. Kumagaya/B. Houghton	J/GB	Windle-JPX	42'57.653
5.	E. Streuer/G. De Haas	NL	LCR-Yamaha	43'02.538
6.	P. Güdel/C. Güdel	CH	LCR-Yamaha	43'03.646
7.	M. Egloff/U. Egloff	CH	SMS2-Yamaha	43'04.266
8.	F. Stölzle/H. Stölzle	D	LCR-Krauser	43'18.451
9.	B. Brindley/J. Tailford	GB	LCR-Yamaha	43'23.866
10.	D. Jones/P. Brown	GB	LCR-ADM	43'26.316
11.	T. Van Kempen/J. Kuyt	NL	LCR-Krauser	43'33.698
12.	T. Wyssen/K. Wyssen	CH	LCR-Krauser	43'48.234
13.	T. Baker/T. Hopkinson	GB	LCR-Krauser	43'56.605
14.	M. Kumano/E. Rösinger	J/D	LCR-TEC	44'04.088
15.	B. Gälross/M. Melander	S	Yamaha-Streuer	1 lap

Number of finishers: 21.
Fastest lap: S. Webster/G. Simons (GB, LCR-Krauser), 1'52.994 = 134.386 km/h.

3) May 20 : Nations - Misano

26 laps = 90.688 km
Pole position: A. Michel/S. Birchall (F/GB, LCR-Krauser), 1'19.675 = 157.600 km/h.

1.	R. Biland/K. Waltisperg	CH	LCR-Krauser	35'27.847
				= 153.431 km/h
2.	S. Webster/G. Simmons	GB	LCR-Krauser	35'33.299
3.	E. Streuer/G. De Haas	NL	LCR-Yamaha	35'37.686
4.	P. Güdel/C. Güdel	CH	LCR-Yamaha	35'43.995
5.	D. Jones/P. Brown	GB	LCR-ADM	35'48.613
6.	S. Abbott/S. Smith	GB	Windle-Yamaha	36'16.487
7.	Y. Kumagaya/B. Houghton	J/GB	Windle-JPX	36'17.636
8.	B. Brindley/J. Tailford	GB	LCR-Yamaha	36'18.736
9.	T. Wyssen/K. Wyssen	CH	LCR-Krauser	36'22.048
10.	K. Klaffenböck/C. Parzer	A	LCR-Krauser	36'24.395
11.	B. Smith/D. Smith	GB	Windle-ADM	36'32.982
12.	R. Bohnhorst/T. Böttcher	D	LCR-Yamaha	36'36.387
13.	T. Van Kempen/J. Kuyt	NL	LCR-Krauser	36'36.550
14.	A. Michel/S. Birchall	F/GB	LCR-Krauser	36'41.148
15.	H. Hügli/A. Hänni	CH	LCR-Yamaha	2 laps

Number of finishers: 16.
Fastest lap: R. Biland/K. Waltisperg (CH, LCR-Krauser), 1'20.135 = 156.696 km/h.

4) May 27 : Germany - Nürburgring

27 laps = 122.634 km
Pole position: A. Michel/S. Birchall (F/GB, LCR-Krauser), 1'44.349 = 156.697 km/h.

1.	S. Webster/G. Simmons	GB	LCR-Krauser	41'11.809
				= 152.147 km/h
2.	P. Güdel/C. Güdel	CH	LCR-Yamaha	41'28.612
3.	S. Abbott/S. Smith	GB	Windle-Yamaha	41'33.403
4.	M. Egloff/U. Egloff	CH	SMS2-Yamaha	41'43.749
5.	T. Wyssen/K. Wyssen	CH	LCR-Krauser	41'55.081
6.	M. Kumano/E. Rösinger	J/D	LCR-TEC	41'55.119
7.	T. Van Kempen/J. Kuyt	NL	LCR-Krauser	42'23.144
8.	R. Bohnhorst/T. Böttcher	D	LCR-Yamaha	42'32.017
9.	R. Progin/G. Irlam	CH/GB	LCR-Krauser	42'45.481
10.	R. Biland/K. Waltisperg	CH	LCR-Krauser	42'55.215
11.	B. Gälross/P. Berglund	S	Yamaha-Streuer	1 lap
12.	Y. Kumagaya/K. Hock	J/D	Windle-JPX	1 lap
13.	B. Brindley/J. Tailford	GB	LCR-Yamaha	2 laps

Number of finishers: 13.
Fastest lap: E. Streuer/G. De Haas (NL, LCR-Yamaha), 1'45.457 = 155.051 km/h.

5) June 10 : Austria - Salzburgring

22 laps = 93.346 km
Pole position: A. Michel/S. Birchall (F/GB, LCR-Krauser), 1'25.038 = 179.623 km/h.

1.	E. Streuer/G. De Haas	NL	LCR-Yamaha	36'09.945
				= 154.864 km/h
2.	S. Webster/G. Simmons	GB	LCR-Krauser	36'26.900
3.	A. Michel/S. Birchall	F/GB	LCR-Krauser	36'51.648
4.	R. Biland/K. Waltisperg	CH	LCR-Krauser	37'02.626
5.	P. Güdel/C. Güdel	CH	LCR-Yamaha	37'08.539
6.	Y. Kumagaya/B. Houghton	J/GB	Windle-JPX	37'24.059
7.	S. Abbott/S. Smith	GB	Windle-Yamaha	37'35.724
8.	D. Jones/P. Brown	GB	LCR-ADM	1 lap
9.	B. Smith/S. Prior	GB	Windle-ADM	1 lap
10.	T. Baker/T. Crone	GB	LCR	1 lap
11.	W. Stropek/R. Aichlseder	A	LCR-ADM	1 lap
12.	F. Stölzle/H. Stölzle	D	LCR-Krauser	1 lap
13.	M. Egloff/U. Egloff	CH	SMS2-Yamaha	1 lap
14.	R. Bohnhorst/T. Böttcher	D	LCR-Yamaha	1 lap
15.	G. Thomas/T. Strevens	GB	LCR-Krauser	1 lap

Number of finishers: 19.
Fastest lap: E. Streuer/G. De Haas (NL, LCR-Yamaha), 1'37.260 = 157.051 km/h.

6) June 17 : Yugoslavia - Rijeka

24 laps = 100.032 km
Pole position: R. Biland/K. Waltisperg (CH, LCR-Krauser), 1'33.391 = 160.666 km/h.

1.	A. Michel/S. Birchall	F/GB	LCR-Krauser	38'08.059
				= 157.389 km/h
2.	E. Streuer/G. De Haas	NL	LCR-Yamaha	38'08.116
3.	S. Webster/G. Simmons	GB	LCR-Krauser	38'11.946
4.	R. Biland/K. Waltisperg	CH	LCR-Krauser	38'14.508
5.	Y. Kumagaya/B. Houghton	J/GB	Windle-JPX	38'54.643
6.	A. Zurbrügg/M. Zurbrügg	CH	LCR-Krauser	38'56.789
7.	R. Progin/G. Irlam	CH/GB	LCR-Krauser	38'58.063
8.	M. Kumano/E. Rösinger	J/D	LCR-TEC	38'59.475
9.	M. Egloff/U. Egloff	CH	SMS2-Yamaha	39'00.038
10.	B. Brindley/J. Tailford	GB	LCR-Yamaha	39'05.827
11.	K. Klaffenböck/C. Parzer	A	LCR	39'15.572
12.	D. Jones/P. Brown	GB	LCR-ADM	39'23.779
13.	R. Bohnhorst/T. Böttcher	D	LCR-Yamaha	39'24.275
14.	B. Smith/D. Smith	GB	Windle-ADM	1 lap
15.	F. Stölzle/H. Stölzle	D	LCR-Krauser	1 lap

Number of finishers: 15.
Fastest lap: A. Michel/S. Birchall (F/GB, LCR-Krauser), 1'34.512 = 158.761 km/h.

7) June 30 : The Netherlands - Assen

18 laps = 108.882 km
Pole position: A. Michel/S. Birchall (F/GB, LCR-Krauser),
2'11.766 = 165.266 km/h.

1.	A. Michel/S. Birchall	F/GB	LCR-Krauser	40'23.138
				= 161.763 km/h
2.	R. Biland/K. Waltisperg	CH	LCR-Krauser	40'23.671
3.	E. Streuer/G. De Haas	NL	LCR-Yamaha	40'29.165
4.	S. Abbott/S. Smith	GB	Windle-Yamaha	40'43.467
5.	M. Egloff/U. Egloff	CH	SMS2-Yamaha	40'59.868
6.	A. Zurbrügg/M. Zurbrügg	CH	LCR-Krauser	41'06.583
7.	Y. Kumagaya/B. Houghton	J/GB	Windle-JPX	41'16.257
8.	M. Kumano/E. Rösinger	J/D	LCR-TEC	41'16.567
9.	P. Güdel/C. Güdel	CH	LCR-Yamaha	41'18.528
10.	T. Van Kempen/J. Kuyt	NL	LCR-Krauser	41'19.393
11.	R. Bohnhorst/T. Böttcher	D	LCR-Yamaha	42'11.435
12.	D. Jones/P. Brown	GB	LCR-ADM	42'41.832
13.	T. Baker/P. Coombes	GB	LCR-Krauser	42'44.160
14.	B. Gälross/P. Berglund	S	Yamaha-Streuer	42'44.291
15.	H. Hügli/A. Hänni	CH	LCR-Yamaha	1 lap

Number of finishers: 15.
Fastest lap: R. Biland/K. Waltisperg (CH, LCR-Krauser),
2'12.398 = 164.477 km/h.

8) July 7 : Belgium - Spa-Francorchamps

13 laps = 90.220 km
Pole position: S. Webster/G. Simmons (GB, LCR-Krauser),
2'33.955 = 162.281 km/h.

1.	E. Streuer/G. De Haas	NL	LCR-Yamaha	38'36.193
				= 140.227 km/h
2.	A. Michel/S. Birchall	F/GB	LCR-Krauser	39'02.393
3.	Y. Kumagaya/B. Houghton	J/GB	Windle-JPX	39'13.391
4.	P. Güdel/C. Güdel	CH	LCR-Yamaha	39'14.678
5.	S. Abbott/S. Smith	GB	Windle-Yamaha	39'18.382
6.	S. Webster/G. Simmons	GB	LCR-Krauser	39'26.986
7.	A. Zurbrügg/M. Zurbrügg	CH	LCR-Krauser	39'27.594
8.	M. Egloff/U. Egloff	CH	SMS2-Yamaha	39'39.545
9.	D. Jones/P. Brown	GB	LCR-ADM	40'09.203
10.	B. Smith/D. Smith	GB	Windle-ADM	40'25.014
11.	K. Howles/S. Pointer	GB	LCR-Krauser	40'34.485
12.	K. Klaffenböck/C. Parzer	A	LCR-Yamaha	40'37.361
13.	F. Stölzle/H. Stölzle	D	LCR-Krauser	40'41.028
14.	R. Progin/G. Irlam	CH/GB	LCR-Krauser	40'41.198
15.	T. Van Kempen/J. Kuyt	NL	LCR-Krauser	40'45.052

Number of finishers: 22.
Fastest lap: E. Streuer/G. De Haas (NL, LCR-Yamaha),
2'55.970 = 141.979 km/h.

9) July 22 : France - Le Mans

21 laps = 93.030 km
Pole position: S. Webster/G. Simmons (GB, LCR-Krauser),
1'48.580 = 146.878 km/h.

1.	S. Webster/G. Simmons	GB	LCR-Krauser	38'57.430
				= 143.280 km/h
2.	E. Streuer/G. De Haas	NL	LCR-Yamaha	39'09.027
3.	S. Abbott/S. Smith	GB	LCR-JPX	39'22.168
4.	M. Kumano/E. Rösinger	J/D	LCR-TEC	39'22.295
5.	A. Zurbrügg/M. Zurbrügg	CH	LCR-Krauser	39'22.893
6.	P. Güdel/C. Güdel	CH	LCR-Yamaha	39'33.522
7.	M. Egloff/U. Egloff	CH	SMS2-Yamaha	39'47.654
8.	T. Van Kempen/J. Kuyt	NL	LCR-Krauser	40'00.852
9.	D. Jones/P. Brown	GB	LCR-ADM	40'01.466
10.	F. Stölzle/H. Stölzle	D	LCR-Krauser	40'03.365
11.	B. Brindley/J. Tailford	GB	LCR-Yamaha	40'09.357
12.	R. Bohnhorst/T. Böttcher	D	LCR-Yamaha	40'12.914
13.	Y. Kumagaya/B. Houghton	J/GB	LCR-JPX	40'19.680
14.	R. Biland/K. Waltisperg	CH	LCR-Krauser	40'20.513
15.	R. Progin/G. Irlam	CH/GB	LCR-Krauser	40'26.971

Number of finishers: 18.
Fastest lap: A. Michel/S. Birchall (F/GB, LCR-Krauser),
1'49.901 = 145.112 km/h.

10) August 5 : Great Britain - Donington

24 laps = 96.552 km
Pole position: S. Webster/G. Simmons (GB, LCR-Krauser),
1'38.918 = 146.412 km/h.

1.	E. Streuer/G. De Haas	NL	LCR-Yamaha	40'17.045
				= 143.807 km/h
2.	A. Michel/S. Birchall	F/GB	LCR-Krauser	40'19.037
3.	R. Biland/K. Waltisperg	CH	LCR-Krauser	40'19.388
4.	A. Zurbrügg/M. Zurbrügg	CH	LCR-Krauser	40'55.748
5.	M. Egloff/U. Egloff	CH	SMS2-Yamaha	41'01.039
6.	M. Kumano/E. Rösinger	J/D	LCR-TEC	41'05.807
7.	Y. Kumagaya/B. Houghton	J/GB	LCR-JPX	41'11.266
8.	F. Stölzle/H. Stölzle	D	LCR-Krauser	41'23.548
9.	P. Güdel/C. Güdel	CH	LCR-Yamaha	41'34.298
10.	R. Bohnhorst/T. Böttcher	D	LCR-Yamaha	41'34.594
11.	B. Gälross/P. Berglund	S	Yamaha-Streuer	41'57.774
12.	T. Baker/K. Morgan	GB	LCR-Krauser	41'58.325
13.	K. Howles/S. Pointer	GB	LCR-Krauser	1 lap
14.	K. Klaffenböck/C. Parzer	A	LCR-Yamaha	1 lap
15.	B. Smith/D. Smith	GB	Windle-ADM	1 lap

Number of finishers: 17.
Fastest lap: E. Streuer/G. De Haas (NL, LCR-Yamaha),
1'39.428 = 145.661 km/h.

11) August 12 : Sweden - Anderstorp

23 laps = 92.575 km
Pole position: A. Michell/S. Birchall (F/GB, LCR-Krauser),
1'36.415 = 150.288 km/h.

1.	A. Michel/S. Birchall	F/GB	LCR-Krauser	37'43.378
				= 147.245 km/h
2.	E. Streuer/G. De Haas	NL	LCR-Yamaha	37'46.349
3.	R. Biland/K. Waltisperg	CH	LCR-Krauser	37'51.943
4.	S. Webster/G. Simmons	GB	LCR-Krauser	37'52.818
5.	S. Abbott/S. Smith	GB	LCR-JPX	38'00.347
6.	M. Egloff/U. Egloff	CH	SMS2-Yamaha	38'05.406
7.	A. Zurbrügg/M. Zurbrügg	CH	LCR-Krauser	38'10.446
8.	Y. Kumagaya/B. Houghton	J/GB	LCR-JPX	38'20.004
9.	P. Güdel/C. Güdel	CH	LCR-Yamaha	38'24.117
10.	T. Van Kempen/J. Kuyt	NL	LCR-Krauser	38'25.619
11.	M. Kumano/E. Rösinger	J/D	LCR-TEC	38'25.700
12.	B. Brindley/G. Rose	GB	LCR-Yamaha	38'49.217
13.	R. Bohnhorst/T. Böttcher	D	LCR-Yamaha	38'55.563
14.	T. Wyssen/K. Wyssen	CH	LCR-Krauser	38'58.941
15.	K. Klaffenböck/C. Parzer	A	LCR-Yamaha	39'00.988

Number of finishers: 19.
Fastest lap: E. Streuer/G. De Haas (NL, LCR-Yamaha),
1'37.326 = 148.881 km/h.

12) August 26 : Czechoslovakia - Brno

17 laps = 91.698 km
Pole position: E. Streuer/G. De Haas (NL, LCR-Yamaha),
2'09.942 = 149.439 km/h.

1.	A. Michel/S. Birchall	F/GB	LCR-Krauser	37'24.111
				= 147.102 km/h
2.	S. Webster/G. Simmons	GB	LCR-Krauser	37'27.876
3.	A. Zurbrügg/M. Zurbrügg	CH	LCR-Krauser	37'31.69
4.	M. Kumano/E. Rösinger	J/D	LCR-TEC	37'37.283
5.	M. Egloff/U. Egloff	CH	SMS2-Yamaha	37'42.065
6.	P. Güdel/C. Güdel	CH	LCR-Yamaha	37'45.251
7.	D. Jones/P. Brown	GB	LCR-ADM	37'46.259
8.	Y. Kumagaya/B. Houghton	J/GB	LCR-JPX	37'57.873
9.	R. Bohnhorst/T. Böttcher	D	LCR-Yamaha	38'10.589
10.	K. Klaffenböck/C. Parzer	A	LCR-Yamaha	38'13.443
11.	S. Abbott/S. Smith	GB	LCR-JPX	38'13.584
12.	F. Stölzle/H. Stölzle	D	LCR-Krauser	38'14.048
13.	T. Van Kempen/J. Kuyt	NL	LCR-Krauser	38'17.654
14.	R. Progin/G. Irlam	CH/GB	LCR-Krauser	38'30.636
15.	B. Scherer/B. Hiller	D	LCR-Krauser	38'34.527

Number of finishers: 21.
Fastest lap: U. Egloff/M. Egloff (CH, SMS2-Yamaha),
2'10.309 = 149.018 km/h.

13) September 2 : Hungary - Hungaroring

24 laps = 95.232 km
Pole position: A. Michel/S. Birchall (F/GB, LCR-Krauser),
1'48.397 = 131.782 km/h.

1.	P. Güdel/C. Güdel	CH	LCR-Yamaha	44'06.154
				= 129.560 km/h
2.	R. Biland/K. Waltisperg	CH	LCR-Krauser	44'07.683
3.	E. Streuer/S. Whiteside	NL/GB	LCR-Yamaha	44'28.475
4.	S. Abbott/S. Smith	GB	LCR-JPX	44'38.069
5.	M. Kumano/E. Rösinger	J/D	LCR-TEC	44'50.554
6.	A. Michel/S. Birchall	F/GB	LCR-Krauser	44'50.767
7.	M. Egloff/U. Egloff	CH	SMS2-Yamaha	44'55.302
8.	Y. Kumagaya/B. Houghton	J/GB	LCR-JPX	44'57.878
9.	B. Brindley/R. Parker	GB	LCR-Yamaha	45'11.836
10.	K. Klaffenböck/C. Parzer	A	LCR-Yamaha	45'17.946
11.	R. Bohnhorst/T. Böttcher	D	LCR-Yamaha	45'18.197
12.	D. Jones/P. Brown	GB	LCR-ADM	45'20.329
13.	F. Stölzle/H. Stölzle	D	LCR-Krauser	45'30.098
14.	B. Smith/D. Smith	GB	Windle-ADM	45'37.654
15.	B. Gälross/P. Berglund	S	Yamaha-Streuer	1 lap

Number of finishers: 18.
Fastest lap: P. Güdel/C. Güdel (CH, LCR-Yamaha),
1'49.009 = 131.042 km/h.

WORLD CHAMPIONSHIP

1.	Alain Michel/Simon Birchall	F/GB	LCR-Krauser	178
2.	Egbert Streuer/Gerald De Haas/Scott Whiteside	NL/NL/GB	LCR-Yamaha	167
3.	Steve Webster/Gavin Simmons	GB	LCR-Krauser	166
4.	Rolf Biland/Kurt Waltisperg	CH	LCR-Krauser	134
5.	Paul Güdel/Charly Güdel	CH	LCR-Yamaha	125
6.	Steve Abbott/Shaun Smith	GB	Windle-Yamaha/LCR-JPX	117
7.	Yoshisada Kumagaya/Bryan Houghton	J/GB	LCR-JPX	115
8.	Markus Egloff/Urs Egloff	CH	SMS2-Yamaha	114
9.	Masato Kumano/Eckhart Rösinger	J/D	LCR-TEC	89
10.	Alfred Zurbrügg/Martin Zurbrügg	CH	LCR-Krauser	82
11.	Derek Jones/Peter Brown	GB	LCR-ADM	71
12.	Ralf Bohnhorst/Thomas Böttcher	D	LCR-Yamaha	48
13.	Theo Van Kempen/Jan Kuyt	NL	LCR-Krauser	47
14.	Fritz Stölzle/Hubert Stölzle	D	LCR-Krauser	37
15.	Barry Brindley/Julian Tailford/Graham Rose	GB	LCR-Yamaha	35
16.	Klaus Klaffenböck/Christian Parzer	A	LCR-Yamaha	30
17.	René Progin/Garry Irlam	CH/GB	LCR-Krauser	30
18.	Barry Smith/David Smith	GB	Windle-ADM	27
19	Tony Wyssen/Kilian Wyssen	CH	LCR-Krauser	24
20.	Billy Gälross/Peter Linden/Mikael Melander/Peter Berglund	S	Yamaha-Streuer	18
21.	Tony Baker/Phil Coombes/Kevin Morgan	GB	LCR-Krauser	16
22.	Bernd Scherer/Bruno Hiller	D	LCR-Krauser	11
23.	Kenny Howles/Steve Pointer	GB	LCR-Krauser	8
24.	Wolfgang Stropek/Gérard Paul/Robert Aichlseder	A/B/A	LCR-ADM	6
25.	Gary Thomas/Tony Strevens	GB	LCR-Krauser	3
26.	Hans Hügli/Adolf Hänni	CH	LCR-Yamaha	2

Champion : **Loris Capirossi (Italy, Honda), 200 points, 5 wins**

1991 — 125 cc

1) March 24 : Japan - Suzuka

18 laps = 105.552 km
Pole position: N. Ueda (J, Honda),
2'24.623 = 145.844 km/h.

1.	N. Ueda	J	Honda	38'26.905
				= 146.291 km/h
2.	F. Gresini	I	Honda	38'29.458
3.	L. Capirossi	I	Honda	38'35.581
4.	M. Shima	J	Honda	38'42.822
5.	J. Martinez	E	JJ-Cobas	39'00.642
6.	H. Lüthi	CH	Honda	39'04.294
7.	R. Waldmann	D	Honda	39'04.451
8.	A. Saitoh	J	Honda	39'05.835
9.	S. Sato	J	Honda	39'06.079
10.	A. Stadler	D	JJ-Cobas	39'06.232
11.	G. Debbia	I	Aprilia	39'06.285
12.	N. Wakai	J	Honda	39'06.330
13.	Y. Yamakawa	J	Honda	39'12.083
14.	G. Bosio	I	Honda	39'14.065
15.	K. Wada	J	Honda	39'14.411

Number of finishers: 33.
Fastest lap: N. Ueda (J, Honda),
2'22.264 = 148.262 km/h.

2) April 7 : Australia - Eastern Creek

24 laps = 94.320 km
Pole position: L. Capirossi (I, Honda),
1'40.057 = 141.399 km/h.

1.	L. Capirossi	I	Honda	40'15.516
				= 140.571 km/h
2.	F. Gresini	I	Honda	40'21.280
3.	N. Ueda	J	Honda	40'28.584
4.	E. Gianola	I	Derbi	40'32.133
5.	R. Waldmann	D	Honda	40'38.229
6.	K. Takada	J	Honda	40'49.802
7.	H. Lüthi	CH	Honda	40'50.241
8.	A. Gramigni	I	Aprilia	40'50.296
9.	H. Spaan	NL	Honda	40'57.810
10.	J. Martinez	E	JJ-Cobas	41'02.807
11.	D. Raudies	D	Honda	41 03.097
12.	M. Vitali	I	Gazzaniga	41 03.175
13.	S. Patrickson	GB	Honda	41 03.455
14.	P. Galvin	AUS	Honda	41 03.880
15.	H. Unemoto	J	Honda	41'13.420

Number of finishers: 33.
Fastest lap: L. Capirossi (I, Honda),
1'39.401 = 142.333 km/h.

3) May 12 : Spain - Jerez de la Frontera

22 laps = 92.796 km
Pole position: N. Ueda (J, Honda),
1'54.647 = 132.448 km/h.

1.	N. Ueda	J	Honda	42'23.780
				= 131.326 km/h
2.	F. Gresini	I	Honda	42'24.767
3.	L. Capirossi	I	Honda	42'38.979
4.	G. Debbia	I	Aprilia	42'39.220
5.	J. Martinez	E	JJ-Cobas	42'39.640
6.	B. Casanova	I	Honda	42'47.595
7.	R. Waldmann	D	Honda	42'51.183
8.	H. Spaan	NL	Honda	43'00.118
9.	D. Raudies	D	Honda	43'00.202
10.	M. Herreros	E	JJ-Cobas	43'12.382
11.	H. Unemoto	J	Honda	43'16.950
12.	F. Torrontegui	E	JJ-Cobas-Honda	43'17.301
13.	A. Stadler	D	JJ-Cobas-Rotax	43'17.625
14.	J. Miralles	E	JJ-Cobas-Rotax	43'17.801
15.	L.-I. Alvaro	E	Derbi	43'18.663

Number of finishers: 27.
Fastest lap: E. Gianola (I, Derbi),
1'54.038 = 133.156 km/h.

4) May 19 : Italy - Misano

26 laps = 90.688 km
Pole position: F. Gresini (I, Honda),
1'24.267 = 149.012 km/h.

1.	F. Gresini	I	Honda	36'29.927
				= 149.081 km/h
2.	L. Capirossi	I	Honda	36'48.420
3.	A. Gramigni	I	Aprilia	36'53.028
4.	E. Gianola	I	Derbi	36'59.015
5.	H. Spaan	NL	Honda	37'03.157
6.	N. Wakai	J	Honda	37'03.556
7.	H. Lüthi	CH	Honda	37'04.042
8.	G. Debbia	I	Aprilia	37'04.164
9.	R. Waldmann	D	Honda	37'04.387
10.	D. Raudies	D	Honda	37'05.157
11.	I. McConnachie	GB	Honda	37'12.832
12.	Adi Stadler	D	JJ-Cobas-Rotax	37'17.452
13.	H. Unemoto	J	Honda	37'24.358
14.	S. Patrickson	GB	Honda	37'30.266
15.	J. Wickström	SF	JJ-Cobas-Rotax	37'30.466

Number of finishers: 25.
Fastest lap: F. Gresini (I, Honda),
1'23.436 = 150.496 km/h.

5) May 26 : Germany - Hockenheim

14 laps = 95.088 km
Pole position: L. Capirossi (I, Honda),
2'20.304 = 174.273 km/h.

1.	R. Waldmann	D	Honda	33'12.041
				= 171.842 km/h
2.	L. Capirossi	I	Honda	33'12.329
3.	H. Lüthi	CH	Honda	33'13.384
4.	G. Debbia	I	Aprilia	33'13.590
5.	A. Gramigni	I	Aprilia	33'13.599
6.	J. Martinez	E	JJ-Cobas	33'15.934
7.	A. Waibel	D	Honda	33'16.436
8.	D. Raudies	D	Honda	33'16.544
9.	N. Wakai	J	Honda	33'34.720
10.	K. Sakata	J	Honda	33'34.723
11.	L.-I. Alvaro	E	Derbi	33'35.000
12.	H. Spaan	NL	Honda	33'46.967
13.	M. Vitali	I	Gazzaniga	33'50.510
14.	K. Wada	J	Honda	33'50.795
15.	J. Wickström	SF	JJ-Cobas-Rotax	33'50.898

Number of finishers: 27.
Fastest lap: L. Capirossi (I, Honda),
2'20.257 = 174.331 km/h.

6) June 9 : Austria - Salzburgring

22 laps = 93.346 km
Pole position: R. Waldmann (D, Honda),
1'31.417 = 167.089 km/h.

1.	F. Gresini	I	Honda	33'47.096
				=165.777 km/h
2.	R. Waldmann	D	Honda	33'47.144
3.	N. Ueda	J	Honda	33'47.548
4.	D. Raudies	D	Honda	33'48.523
5.	H. Spaan	NL	Honda	33'48.676
6.	L. Capirossi	I	Honda	33'50.510
7.	J. Martinez	E	Honda	33'50.896
8.	A. Stadler	D	JJ-Cobas-Rotax	33'50.930
9.	H. Lüthi	CH	Honda	33'51.383
10.	P. Oettl	D	Bakker-Rotax	33'54.113
11.	A. Gramigni	I	Aprilia	34'16.272
12.	N. Wakai	J	Honda	34'16.327
13.	O. Petrucciani	CH	Aprilia	34'16.384
14.	M. Vitali	I	Gazzaniga	34'16.634
15.	A. Bronec	F	Honda	34'16.716

Number of finishers: 31.
Fastest lap: J. Martinez (E, Honda),
1'30.874 = 168.088 km/h.

7) June 16 : Europe - Jarama

24 laps = 92.400 km
Pole position: E. Gianola (I, Derbi),
1'43.224 = 134.271 km/h.

1.	L. Capirossi	I	Honda	41'51.704
				= 132.436 km/h
2.	F. Gresini	I	Honda	41'57.238
3.	P. Oettl	D	Bakker-Rotax	42'00.300
4.	J. Martinez	E	Honda	42'01.235
5.	D. Raudies	D	Honda	42'01.642
6.	R. Waldmann	D	Honda	42'01.745
7.	A. Stadler	D	JJ-Cobas-Rotax	42'04.292
8.	F. Torrontegui	E	JJ-Cobas-Honda	42'04.314
9.	L.-I. Alvaro	E	Derbi	42'18.110
10.	J. Miralles	E	Honda	42'18.943
11.	G. Bosio	I	Honda	42'20.768
12.	K. Wada	J	Honda	42'28.166
13.	B. Casanova	I	Honda	42'28.968
14.	K. Sakata	J	Honda	42'28.982
15.	A. Bronec	F	Honda	42'29.108

Number of finishers: 28.
Fastest lap: L. Capirossi (I, Honda),
1'43.221 = 134.275 km/h.

8) June 29 : The Netherlands - Assen

15 laps = 90.375 km
Pole position: L. Capirossi (I, Honda),
2'19.646 = 155.940 km/h.

1.	R. Waldmann	D	Honda	35'29.159
				= 153.416 km/h
2.	L. Capirossi	I	Honda	35'29.692
3.	A. Gramigni	I	Aprilia	35'30.236
4.	F. Gresini	I	Honda	35'36.431
5.	P. Oettl	D	Bakker-Rotax	35'39.948
6.	G. Debbia	I	Aprilia	35'49.547
7.	H. Spaan	NL	Honda	35'55.729
8.	B. Casanova	I	Honda	35'57.433
9.	A. Stadler	D	JJ-Cobas-Rotax	35'57.968
10.	D. Raudies	D	Honda	35'58.639
11.	K. Sakata	J	Honda	36'00.815
12.	N. Ueda	J	Honda	36'04.053
13.	E. Gianola	I	Derbi	36'06.095
14.	J. Martinez	E	Honda	36'07.646
15.	N. Wakai	J	Honda	36'07.793

Number of finishers: 28.
Fastest lap: R. Waldmann (D, Honda),
2'19.094 = 156.559 km/h.

9) July 21 : France - Le Castellet

25 laps = 95.325 km
Pole position: N. Ueda (J, Honda),
1'32.538 = 148.337 km/h.

1.	L. Capirossi	I	Honda	38'47.207
				= 147.460 km/h
2.	R. Waldmann	D	Honda	38'53.754
3.	F. Gresini	I	Honda	38'56.064
4.	G. Debbia	I	Aprilia	39'06.534
5.	N. Ueda	J	Honda	39'10.811
6.	D. Raudies	D	Honda	39'12.158
7.	K. Sakata	J	Honda	39'21.318
8.	N. Wakai	J	Honda	39'21.641
9.	C. Giro Jr	I	JJ-Cobas	39'21.768
10.	A. Sanchez	E	JJ-Cobas	39'22.613
11.	J. Martinez	E	Honda	39'24.837
12.	A. Gramigni	I	Aprilia	39'24.901
13.	H. Unemoto	J	Honda	39'31.026
14.	K. Takada	J	Honda	39'31.104
15.	A. Stadler	D	JJ-Cobas-Rotax	39'31.625

Number of finishers: 30.
Fastest lap: R. Waldmann (D, Honda),
1'32.422 = 148.523 km/h.

10) August 4 : Great Britain - Donington

24 laps = 96.552 km
Pole position: L. Capirossi (I, Honda),
1'42.928 = 140.708 km/h.

1.	L. Capirossi	I	Honda	41'30.007
				= 139.593 km/h
2.	F. Gresini	I	Honda	41'43.256
3.	P. Oettl	D	Bakker-Rotax	41'49.467
4.	G. Debbia	I	Aprilia	42'01.091
5.	N. Ueda	J	Honda	42'07.076
6.	J. Martinez	E	Honda	42'07.275
7.	B. Casanova	I	Honda	42'09.039
8.	K. Sakata	J	Honda	42'09.117
9.	O. Petrucciani	CH	Aprilia	42'09.694
10.	A. Sanchez	E	JJ-Cobas	42'09.836
11.	A. Molenaar	NL	Honda	42'16.057
12.	K. Takada	J	Honda	42'19.181
13.	J. Wickström	SF	Honda	42'25.274
14.	J. Miralles	E	Honda	42'25.676
15.	A. Gramigni	I	Aprilia	42'33.449

Number of finishers: 20.
Fastest lap: L. Capirossi (I, Honda),
1'43.155 = 140.398 km/h.

11) August 18 : San Marino - Mugello

18 laps = 94.410 km
Pole position: N. Ueda (J, Honda),
2'06.019 = 149.835 km/h.

1.	P. Oettl	D	Bakker-Rotax	37'57.546
				= 149.229 km/h
2.	L. Capirossi	I	Honda	38'00.041
3.	F. Gresini	I	Honda	38'00.177
4.	R. Waldmann	D	Honda	38'00.219
5.	A. Gramigni	I	Aprilia	38'00.290
6.	G. Debbia	I	Aprilia	38'00.528
7.	J. Martinez	E	Honda	38'21.171
8.	K. Sakata	J	Honda	38'21.219
9.	D. Raudies	D	Honda	38'32.254
10.	M. Vitali	I	Gazzaniga	38'32.490
11.	K. Takada	J	Honda	38'32.538
12.	B. Casanova	I	Honda	38'32.558
13.	E. Gianola	I	Derbi	38'33.993
14.	H. Lüthi	CH	Honda	38'34.020
15.	A. Stadler	D	JJ-Cobas-Rotax	38'34.032

Number of finishers: 30.
Fastest lap: P. Oettl (D, Bakker-Rotax),
2'04.988 = 151.070 km/h.

12) August 25 : Czechoslovakia - Brno

20 laps = 107.880 km
Pole position: L. Capirossi (I, Honda),
2'15.278 = 143.544 km/h.

1.	A. Gramigni	I	Aprilia	45'29.850
				= 142.267 km/h
2.	L. Capirossi	I	Honda	45'31.344
3.	G. Debbia	I	Aprilia	45'31.992
4.	J. Martinez	E	Honda	45'46.738
5.	N. Wakai	J	Honda	45'48.255
6.	F. Gresini	I	Honda	45'50.482
7.	M. Vitali	I	Gazzaniga	45'50.573
8.	R. Waldmann	D	Honda	46'02.544
9.	A. Stadler	D	JJ-Cobas-Rotax	46'03.313
10.	B. Casanova	I	Honda	46'03.322
11.	G. Bosio	I	Honda	46'04.946
12.	H. Lüthi	CH	Honda	46'05.229
13.	H. Unemoto	J	Honda	46'06.088
14.	O. Petrucciani	CH	Aprilia	46'09.637
15.	K. Wada	J	Honda	46'09.726

Number of finishers: 27.
Fastest lap: K. Sakata (J, Honda),
2'14.977 = 143.865 km/h.

13) September 29 : Malaysia - Shah Alam

26 laps = 91.130 km
Pole position: K. Sakata (J, Honda),
1'33.597 = 134.812 km/h.

1.	L. Capirossi	I	Honda	41'00.464
				= 133.336 km/h
2.	K. Sakata	J	Honda	41'01.361
3.	N. Wakai	J	Honda	41'01.662
4.	F. Gresini	I	Honda	41'07.841
5.	G. Debbia	I	Aprilia	41'09.910
6.	A. Stadler	D	JJ-Cobas-Rotax	41'14.775
7.	N. Ueda	J	Honda	41'17.852
8.	D. Raudies	D	Honda	41'18.389
9.	K. Takada	J	Honda	41'27.187
10.	K. Wada	J	Honda	41'27.831
11.	B. Casanova	I	Honda	41'27.842
12.	H. Spaan	NL	Honda	41'27.852
13.	M. Vitali	I	Gazzaniga	41'28.980
14.	A. Molenaar	NL	Honda	41'45.204
15.	O. Petrucciani	CH	Aprilia	41'45.838

Number of finishers: 17.
Fastest lap: N. Wakai (J, Honda),
1'33.172 = 135.427 km/h.

WORLD CHAMPIONSHIP

1.	Loris Capirossi	I	Honda	200
2.	Fausto Gresini	I	Honda	181
3.	Ralf Waldmann	D	Honda	141
4.	Gabriele Debbia	I	Aprilia	111
5.	Noboru Ueda	J	Honda	105
6.	Jorge Martinez	E	JJ-Cobas/Honda	99
7.	Alessandro Gramigni	I	Aprilia	90
8.	Dirk Raudies	D	Honda	81
9.	Peter Oettl	D	Bakker-Rotax	67
10.	Noboyuki Wakai	J	Honda	60
11.	Heinz Lüthi	CH	Honda	56
12.	Adolf Stadler	D	JJ-Cobas-Rotax	56
13.	Kazuto Sakata	J	Honda	55
14.	Hans Spaan	NL	Honda	54
15.	Bruno Casanova	I	Honda	45
16.	Ezio Gianola	I	Derbi	32
17.	Kohji Takada	J	Honda	28
18.	Maurizio Vitali	I	Gazzaniga	27
19.	Hisashi Unemoto	J	Honda	15
20.	Kinya Wada	J	Honda	14
21.	Masato Shima	J	Honda	13
22.	Oliver Petrucciani	CH	Aprilia	13
23.	Luis-Ignacio Alvaro	E	Derbi	13
24.	Francisco "Herri"Torrontegui	E	JJ-Cobas	12
25.	Antonio Sanchez	E	JJ-Cobas	12
26.	Gimmi Bosio	I	Honda	12
27.	Julian Miralles	E	Honda	10
28.	Alfred Waibel	D	Honda	9
29.	Akira Saitoh	J	Honda	8
30.	Arie Molenaar	NL	Honda	7
31.	Soichiro Sato	J	Honda	7
32.	Carlos Giro Jr	E	JJ-Cobas	7
33.	Manuel Herreros	E	JJ-Cobas	6
34.	Ian McConnachie	GB	Honda	5
35.	Johny Wickström	SF	Honda	5
36.	Steve Patrickson	GB	Honda	5
37.	Yosuke Yamakawa	J	Honda	3
38.	Alain Bronec	F	Honda	2
39.	Peter Galvin	AUS	Honda	2

Champion : **Luca Cadalora (Italy, Honda), 237 points, 8 wins**

1991 — 250 cc

1) March 24 : Japan - Suzuka

20 laps = 117.180 km
Pole position: W. Zeelenberg (NL, Honda),
2'16.011 = 155.079 km/h.

1.	L. Cadalora	I	Honda	45'23.048
				= 154.918 km/h
2.	C. Cardus	E	Honda	45'23.303
3.	W. Zeelenberg	NL	Honda	45'40.924
4.	M. Taguchi	J	Honda	45'44.228
5.	N. Aoki	J	Honda	45'44.608
6.	T. Harada	J	Yamaha	45'44.618
7.	H. Bradl	D	Honda	45'45.108
8.	M. Shimizu	J	Honda	45'46.151
9.	L. Reggiani	I	Aprilia	45'54.968
10.	T. Udagawa	J	Honda	46'00.414
11.	K. Kozono	J	Honda	46'01.001
12.	K. Namba	J	Yamaha	46'03.617
13.	J. Schmid	D	Honda	46'19.732
14.	M. Wimmer	D	Suzuki	46'19.782
15.	T. Arakaki	J	Honda	46'20.188

Number of finishers: 32.
Fastest lap: L. Cadalora (I, Honda),
2'15.075 = 156.153 km/h.

2) April 7 : Australia - Eastern Creek

28 laps = 110.040 km
Pole position: L. Cadalora (I, Honda),
1'33.926 = 150.629 km/h.

1.	L. Cadalora	I	Honda	44'19.673
				= 148.945 km/h
2.	H. Bradl	D	Honda	44'19.942
3.	C. Cardus	E	Honda	44'31.506
4.	W. Zeelenberg	NL	Honda	44'35.067
5.	L. Reggiani	I	Aprilia	44'46.555
6.	P. Chili	I	Aprilia	45'16.512
7.	A. Preining	A	Aprilia	45'26.081
8.	J. Schmid	D	Honda	45'33.896
9.	P. Casoli	I	Yamaha	45'37.640
10.	C. Lavado	VEN	Yamaha	45'37.975
11.	J.-P. Jeandat	F	Honda	45'49.870
12.	B. Haenggeli	CH	Aprilia	45'55.533
13.	F. Protat	F	Aprilia	1 lap
14.	U. Jucker	CH	Yamaha	1 lap
15.	K. Mitchell	GB	Yamaha	1 lap

Number of finishers: 22.
Fastest lap: L. Cadalora (I, Honda),
1'34.180 = 150.223 km/h.

3) April 21 : United States - Laguna Seca

30 laps = 106.020 km
Pole position: L. Cadalora (I, Honda),
1'29.030 = 142.900 km/h.

1.	L. Cadalora	I	Honda	45'07.590
				= 140.964 km/h
2.	W. Zeelenberg	NL	Honda	45'13.664
3.	L. Reggiani	I	Aprilia	45'22.634
4.	C. Cardus	E	Honda	45'26.942
5.	M. Shimizu	J	Honda	45'33.523
6.	A. Preining	A	Aprilia	45'46.315
7.	M. Wimmer	D	Suzuki	45'57.743
8.	H. Bradl	D	Honda	46'00.853
9.	A. Crivillé	E	JJ-Cobas-Honda	46'07.394
10.	J. Schmid	D	Honda	46'11.102
11.	J.-P. Jeandat	F	Honda	46'25.728
12.	C. Lavado	VEN	Yamaha	46'32.637
13.	D. Romboni	I	Honda	46'36.739
14.	H. Eckl	D	Aprilia	46'37.346
15.	S. Prein	D	Honda	46'45.357

Number of finishers: 27.
Fastest lap: L. Cadalora (I, Honda),
1'28.912 = 143.090 km/h.

4) May 12 - Spain : Jerez de la Frontera

24 laps = 101.232 km
Pole position: H. Bradl (D, Honda),
1'49.108 = 139.172 km/h.

1.	H. Bradl	D	Honda	44'22.222
				= 136.891 km/h
2.	L. Cadalora	I	Honda	44'22.673
3.	L. Reggiani	I	Aprilia	44'26.378
4.	M. Shimizu	J	Honda	44'28.507
5.	P. Chili	I	Aprilia	44'29.015
6.	C. Cardus	E	Honda	44'30.408
7.	J. Schmid	D	Honda	44'59.860
8.	M. Wimmer	D	Suzuki	45'04.127
9.	D. Romboni	I	Honda	45'09.196
10.	A. Puig	E	Yamaha	45'11.869
11.	C. Lavado	VEN	Yamaha	45'26.675
12.	J.-P. Jeandat	F	Honda	45'34.202
13.	L. Van der Heyden	NL	Honda	45'36.931
14.	P. Van den Goorbergh	NL	Yamaha	45'39.346
15.	U. Jucker	CH	Yamaha	45'47.727

Number of finishers: 20.
Fastest lap: H. Bradl (D, Honda),
1'50.002 = 138.041 km/h.

5) May 19 : Italy - Misano

30 laps = 104.640 km
Pole position: H. Bradl (D, Honda),
1'18.679 = 159.595 km/h.

1.	L. Cadalora	I	Honda	39'29.951
				= 158.950 km/h
2.	H. Bradl	D	Honda	39'29.960
3.	P. Chili	I	Aprilia	39'38.130
4.	L. Reggiani	I	Aprilia	39'38.137
5.	W. Zeelenberg	NL	Honda	39'44.746
6.	C. Cardus	E	Honda	39'44.934
7.	M. Shimizu	J	Honda	40'03.860
8.	J. Schmid	D	Honda	40'22.609
9.	A. Preining	A	Aprilia	40'23.776
10.	P. Casoli	I	Yamaha	40'32.956
11.	J.-P. Jeandat	F	Honda	40'34.862
12.	E. Korpiaho	SF	Aprilia	40'39.330
13.	R. Colleoni	I	Aprilia	40'39.837
14.	C. Lavado	VEN	Yamaha	40'47.096
15.	S. Prein	D	Honda	1 lap

Number of finishers: 24.
Fastest lap: L. Cadalora (I, Honda),
1'17.965 = 161.057 km/h.

6) May 26 : Germany - Hockenheim

15 laps = 101.880 km
Pole position: H. Bradl (D, Honda),
2'06.934 = 192.629 km/h.

1.	H. Bradl	D	Honda	31'59.456
				= 191.079 km/h
2.	C. Cardus	E	Honda	32'12.973
3.	W. Zeelenberg	NL	Honda	32'13.490
4.	L. Cadalora	I	Honda	32'23.163
5.	M. Shimizu	J	Honda	32'43.025
6.	A. Preining	A	Aprilia	32'43.212
7.	A. Crivillé	E	JJ-Cobas-Honda	32'43.281
8.	J. Schmid	D	Honda	32'43.416
9.	M. Wimmer	D	Suzuki	32'43.675
10.	S. Prein	D	Honda	32'44.041
11.	P. Casoli	I	Yamaha	32'44.537
12.	H. Eckl	D	Aprilia	32'46.986
13.	D. Romboni	I	Honda	32'49.712
14.	J.-P. Jeandat	F	Honda	32'58.950
15.	C. Lavado	VEN	Yamaha	33'03.543

Number of finishers: 25.
Fastest lap: H. Bradl (D, Honda),
2'06.725 = 192.947 km/h.

7) June 9 : Austria - Salzburg

24 laps = 101.832 km
Pole position: H. Bradl (D, Honda),
1'22.948 = 184.149 km/h.

1.	H. Bradl	D	Honda	33'23.857
				= 182.945 km/h
2.	C. Cardus	E	Honda	33'31.675
3.	W. Zeelenberg	NL	Honda	33'32.014
4.	P. Chili	I	Aprilia	33'32.911
5.	L. Cadalora	I	Honda	33'42.735
6.	M. Shimizu	JP	Honda	33'56.054
7.	J. Schmid	D	Honda	34'00.564
8.	L. Reggiani	I	Aprilia	34'12.055
9.	A. Crivillé	E	JJ-Cobas-Honda	34'27.138
10.	S. Prein	D	Honda	34'27.244
11.	P. Casoli	I	Yamaha	34'31.947
12.	H. Eckl	D	Aprilia	34'44.731
13.	M. Wimmer	D	Suzuki	34'44.900
14.	E. Korpiaho	SF	Aprilia	34'45.091
15.	C. Catalano		Honda	34'46.658

Number of finishers: 28.
Fastest lap: C. Cardus (E, Honda),
1'22.631 = 184.856 km/h.

8) June 16 : Europe - Jarama

27 laps = 103.950 km
Pole position: L. Cadalora (I, Honda),
1'36.904 = 143.028 km/h.

1.	L. Cadalora	I	Honda	44'08.875
				= 141.275 km/h
2.	H. Bradl	D	Honda	44'13.465
3.	C. Cardus	E	Honda	44'19.615
4.	W. Zeelenberg	NL	Honda	44'26.832
5.	L. Reggiani	I	Aprilia	44'34.753
6.	M. Shimizu	J	Honda	44'40.689
7.	D. Romboni	I	Honda	44'49.515
8.	J. Schmid	D	Honda	44'50.940
9.	M. Wimmer	D	Suzuki	45'02.172
10.	P. Casoli	I	Yamaha	45'02.375
11.	K. Kozono	J	Honda	45'06.201
12.	D. Sarron	F	Yamaha	45'23.901
13.	A. Preining	A	Aprilia	45'24.651
14.	J.-P. Jeandat	F	Honda	45'25.122
15.	F. Protat	F	Aprilia	45'50.124

Number of finishers: 23.
Fastest lap: L. Cadalora (I, Honda),
1'37.082 = 142.766 km/h.

9) June 29 : The Netherlands - Assen

18 laps = 108.882 km
Pole position: P. Chili (I, Aprilia),
2'08.482 = 169.490 km/h.

1.	P. Chili	I	Aprilia	38'43.327
				= 168.713 km/h
2.	L. Cadalora	I	Honda	38'43.462
3.	W. Zeelenberg	NL	Honda	38'43.776
4.	H. Bradl	D	Honda	38'50.786
5.	C. Cardus	E	Honda	39'08.131
6.	M. Shimizu	J	Honda	39'08.406
7.	M. Wimmer	D	Suzuki	39'32.893
8.	P. Casoli	I	Yamaha	39'39.957
9.	C. Lavado	VEN	Yamaha	39'43.662
10.	J.-P. Jeandat	F	Honda	39'57.492
11.	H. Eckl	D	Aprilia	40'00.250
12.	K. Kozono	J	Honda	40'04.137
13.	B. Haenggeli	CH	Aprilia	40'08.096
14.	M. Lucchi	I	Aprilia	40'16.240
15.	P. Van den Goorbergh	NL	Yamaha	40'20.827

Number of finishers: 23.
Fastest lap: L. Cadalora (I, Yamaha),
2'08.178 = 169.892 km/h.

10) July 21 : France - Le Castellet

28 laps = 106.764 km
Pole position: H. Bradl (D, Honda),
1'25.955 = 159.698 km/h.

1.	L. Reggiani	I	Aprilia	40'25.925
				= 158.435 km/h
2.	H. Bradl	D	Honda	40'30.211
3.	C. Cardus	E	Honda	40'38.978
4.	P. Chili	I	Aprilia	40'39.097
5.	L. Cadalora	I	Honda	40'46.000
6.	M. Shimizu	J	Honda	40'49.870
7.	W. Zeelenberg	NL	Honda	40'56.726
8.	J. Schmid	D	Honda	41'16.180
9.	A. Crivillé	E	JJ-Cobas-Honda	41'16.395
10.	M. Wimmer	D	Suzuki	41'16.780
11.	P. Casoli	I	Yamaha	41'17.143
12.	A. Preining	A	Aprilia	41'18.661
13.	M. Biaggi	I	Aprilia	41'23.477
14.	J.-P. Jeandat	F	Honda	41'30.631
15.	H. Eckl	D	Aprilia	41'31.424

Number of finishers: 28.
Fastest lap: L. Reggiani (I, Aprilia),
1'25.965 = 159.679 km/h.

11) August 4 : Great Britain - Donington

26 laps = 104.520 km
Pole position: L. Reggiani (I, Aprilia),
1'36.356 = 150.305 km/h.

1.	L. Cadalora	I	Honda	42'09.061
				= 148.779 km/h
2.	C. Cardus	E	Honda	42'09.813
3.	H. Bradl	D	Honda	42'11.216
4.	M. Shimizu	J	Honda	42'30.086
5.	W. Zeelenberg	NL	Honda	42'37.014
6.	M. Wimmer	D	Suzuki	42'48.544
7.	P. Casoli	I	Yamaha	42'52.527
8.	R. Colleoni	I	Aprilia	43'16.149
9.	J.-P. Jeandat	F	Honda	43'26.249
10.	A. Puig	E	Yamaha	43'26.394
11.	H. Eckl	D	Aprilia	43'31.469
12.	J. Barresi	VEN	Yamaha	43'31.770
13.	H. Torrontegui	E	Aprilia	43'32.049
14.	S. Prein	D	Honda	43'33.509
15.	B. Haenggeli	CH	Aprilia	43'39.162

Number of finishers: 27.
Fastest lap: L. Reggiani (I, Aprilia),
1'36.200 = 150.437 km/h.

12) August 18 : San Marino - Mugello

20 laps = 104.900 km
Pole position: H. Bradl (D, Honda),
1'58.492 = 159.353 km/h.

1.	L. Cadalora	I	Honda	39'49.345
				= 158.052 km/h
2.	C. Cardus	E	Honda	40'00.918
3.	L. Reggiani	I	Aprilia	40'09.258
4.	M. Shimizu	J	Honda	40'09.393
5.	W. Zeelenberg	NL	Honda	40'09.397
6.	D. Romboni	I	Honda	40'12.301
7.	C. Lavado	VEN	Yamaha	40'21.966
8.	P. Chili	I	Aprilia	40'22.375
9.	M. Wimmer	D	Suzuki	40'23.972
10.	J. Schmid	D	Honda	40'30.988
11.	H. Torrontegui	E	Suzuki	40'32.378
12.	M. Biaggi	I	Aprilia	40'32.384
13.	A. Preining	A	Aprilia	40'45.258
14.	J. Van den Goorbergh	NL	Aprilia	40'45.324
15.	S. Prein	D	Honda	40'45.448

Number of finishers: 27.
Fastest lap: L. Cadalora (I, Honda),
1'57.865 = 160.200 km/h.

13) August 25 : Czechoslovakia - Brno

22 laps = 118.668 km
Pole position: H. Bradl (D, Honda),
2'07.160 = 152.708 km/h.

1.	H. Bradl	D	Honda	46'50.905
				= 151.981 km/h
2.	C. Cardus	E	Honda	47'03.018
3.	L. Cadalora	I	Honda	47'03.778
4.	M. Shimizu	J	Honda	47'19.551
5.	A. Crivillé	E	JJ-Cobas-Honda	47'19.722
6.	M. Wimmer	D	Suzuki	47'20.189
7.	J. Schmid	D	Honda	47'20.303
8.	P. Casoli	I	Yamaha	47'53.866
9.	A. Preining	A	Aprilia	47'57.790
10.	J.-P. Jeandat	F	Honda	48'00.708
11.	S. Prein	D	Honda	48'00.834
12.	B. Haenggeli	CH	Aprilia	48'00.965
13.	R. Colleoni	I	Aprilia	48'01.241
14.	A. Puig	E	Aprilia	48'08.671
15.	B. Kassner	D	Aprilia	48'10.946

Number of finishers: 24.
Fastest lap: H. Bradl (D, Honda),
2'07.052 = 152.838 km/h.

14) September 8 : GP de vitesse du Mans

23 laps = 101.890 km
Pole position: L. Cadalora (I, Honda),
1'44.963 = 151.939 km/h.

1.	H. Bradl	D	Honda	40'44.529
				= 150.051 km/h
2.	C. Cardus	E	Honda	40'50.851
3.	L. Cadalora	I	Honda	40'58.484
4.	W. Zeelenberg	NL	Honda	41'04.042
5.	M. Shimizu	J	Honda	41'07.106
6.	J. Schmid	D	Honda	41'14.848
7.	P. Chili	I	Aprilia	41'14.932
8.	J.-P. Jeandat	F	Honda	41'25.282
9.	A. Preining	A	Aprilia	41'26.881
10.	P. Casoli	I	Yamaha	41'33.676
11.	A. Puig	E	Yamaha	41'34.344
12.	S. Prein	D	Honda	41'39.441
13.	M. Lucchi	I	Aprilia	41'50.467
14.	E. Korpiaho	SF	Aprilia	42'15.700
15.	U. Jucker	CH	Yamaha	42'16.173

Number of finishers: 19.
Fastest lap: H. Bradl (D, Honda),
1'45.375 = 151.345 km/h.

15) September 29 : Malaysia - Shah Alam

29 laps = 101.645 km
Pole position: C. Cardus (E, Honda),
1'27.594 = 144.051 km/h.

1.	L. Cadalora	I	Honda	42'51.766
				= 142.284 km/h
2.	C. Cardus	E	Honda	42'51.840
3.	H. Bradl	D	Honda	43'07.979
4.	L. Reggiani	I	Aprilia	43'12.824
5.	M. Wimmer	D	Suzuki	43'13.363
6.	A. Crivillé	E	JJ-Cobas-Honda	43'13.538
7.	A. Puig	E	Yamaha	43'45.912
8.	P. Chili	I	Aprilia	43'46.336
9.	J.-P. Jeandat	F	Honda	43'53.063
10.	K. Kozono	J	Honda	43'53.367
11.	R. Colleoni	I	Aprilia	43'53.535
12.	J. Schmid	D	Honda	43'55.207
13.	B. Haenggeli	CH	Aprilia	43'58.738
14.	S. Prein	D	Honda	44'06.863
15.	H. Eckl	D	Aprilia	1 lap

Number of finishers: 17.
Fastest lap: L. Cadalora (I, Honda),
1'27.826 = 143.670 km/h.

WORLD CHAMPIONSHIP

1.	Luca Cadalora	I	Honda	237
2.	Helmut Bradl	D	Honda	220
3.	Carlos Cardus	E	Honda	205
4.	Wilco Zeelenberg	NL	Honda	158
5.	Masahiro Shimizu	J	Honda	142
6.	Loris Reggiani	I	Aprilia	128
7.	Pierfrancesco Chili	I	Aprilia	107
8.	Jochen Schmid	D	Honda	96
9.	Martin Wimmer	D	Suzuki	89
10.	Paolo Casoli	I	Yamaha	65
11.	Andreas Preining	A	Aprilia	60
12.	Jean-Pierre Jeandat	F	Honda	59
13.	Alex Crivillé	E	JJ-Cobas-Honda	51
14.	Carlos Lavado	VEN	Yamaha	34
15.	Doriano Romboni	I	Honda	32
16.	Alberto Puig	E	Yamaha	28
17.	Stefan Prein	D	Honda	28
18.	Harald Eckl	D	Aprilia	22
19.	Katsuyoshi Kozono	J	Honda	20
20.	Renzo Colleoni	I	Aprilia	19
21.	Bernard Haenggeli	CH	Aprilia	15
22.	Masumitsu Taguchi	J	Honda	13
23.	Nobuatsu Aoki	J	Honda	11
24.	Tetsuya Harada	J	Yamaha	10
25.	Francisco "Herri" Torrontegui	E	Aprilia/Suzuki	8
26.	Erkka Korpiaho	S	Aprilia	8
27.	Massimiliano Biaggi	I	Aprilia	7
28.	Tsutomu Udagawa	J	Honda	6
29.	Kyoji Nanba	J	Yamaha	4
30.	Frédéric Protat	F	Aprilia	4
31.	Urs Jucker	CH	Yamaha	4
32.	José Barresi	VEN	Yamaha	4
33.	Dominique Sarron	F	Yamaha	4
34.	Patrick Van den Goorbergh	NL	Yamaha	3
35.	Leon Van der Heyden	NL	Honda	3
36.	Jurgen Van den Goorbergh	NL	Aprilia	2
37.	Marcellino Lucchi	I	Aprilia	2
38.	Toshiaki Arakaki	J	Honda	1
39.	Corrado Catalano	I	Honda	1
40.	Bernd Kassner	D	Aprilia	1
41.	Kevin Mitchell	GB	Yamaha	1

Champion : **Wayne Rainey (United States, Yamaha), 233 points, 6 wins**

1991 — 500 cc

1) March 24 : Japan - Suzuka

22 laps = 128.898 km
Pole position: K. Schwantz (USA, Suzuki),
2'11.948 = 159.854 km/h.

1.	K. Schwantz	USA	Suzuki	48'35.747
				= 159.147 km/h
2.	M. Doohan	AUS	Honda	48'35.951
3.	W. Rainey	USA	Yamaha	48'36.100
4.	J. Kocinski	USA	Yamaha	48'36.303
5.	W. Gardner	AUS	Honda	49'11.058
6.	E. Lawson	USA	Cagiva	49'20.662
7.	J. Garriga	E	Yamaha	49'31.577
8.	A. Pons	E	Honda	49'44.063
9.	K. Iwahashi	J	Honda	49'44.120
10.	A. Barros	BR	Cagiva	49'51.049
11.	D. Chandler	USA	Yamaha	49'51.342
12.	A. Morillas	F	Yamaha	49'54.675
13.	K. Magee	AUS	Suzuki	49'56.646
14.	D. De Radiguès	B	Suzuki	49'58.219
15.	P. Goddard	AUS	Yamaha	49'58.443

Number of finishers: 22.
Fastest lap: J. Kocinski (USA, Yamaha),
2'11.149 = 160.828 km/h.

2) April 7 : Australia - Eastern Creek

32 laps = 125.760 km
Pole position: W. Rainey (USA, Yamaha),
1'30.948 = 155.561 km/h.

1.	W. Rainey	USA	Yamaha	49'14.411
				= 153.241 km/h
2.	M. Doohan	AUS	Honda	49'16.960
3.	J. Kocinski	USA	Yamaha	49'23.868
4.	W. Gardner	AUS	Honda	49'38.848
5.	K. Schwantz	USA	Suzuki	49'43.588
6.	E. Lawson	USA	Cagiva	49'45.566
7.	J.-P. Ruggia	F	Yamaha	49'52.260
8.	A. Barros	BR	Cagiva	50'14.057
9.	A. Morillas	F	Yamaha	50'14.113
10.	D. De Radiguès	B	Suzuki	50'16.063
11.	K. Magee	AUS	Suzuki	50'35.010
12.	D. Chandler	USA	Yamaha	50'43.009
13.	E. Laycock	IRL	Yamaha	1 lap
14.	C. Doorakkers	NL	Honda	2 laps
15.	S. Spray	GB	Roton	3 laps

Number of finishers: 16.
Fastest lap: W. Rainey (USA, Yamaha),
1'31.455 = 154.699 km/h.

3) April 21 : United States - Laguna Seca

35 laps = 123.690 km
Pole position: W. Rainey (USA, Yamaha),
1'26.464 = 147.141 km/h.

1.	W. Rainey	USA	Yamaha	51'19.361
				= 144.603 km/h
2.	M. Doohan	AUS	Honda	51'26.335
3.	K. Schwantz	USA	Suzuki	51'35.964
4.	J.-P. Ruggia	F	Yamaha	51'39.292
5.	E. Lawson	USA	Cagiva	51'41.212
6.	A. Barros	BR	Cagiva	51'44.452
7.	W. Gardner	AUS	Honda	51'54.430
8.	J. Garriga	E	Yamaha	52'02.549
9.	A. Morillas	F	Yamaha	52'12.974
10.	D. De Radiguès	B	Suzuki	52'22.420
11.	R. Oliver	USA	Yamaha	1 lap
12.	R. Petersen	USA	Yamaha	1 lap
13.	E. Laycock	IRL	Yamaha	1 lap
14.	C. Doorakkers	NL	Honda	3 laps
15.	N. Schmassmann	CH	Honda	4 laps

Number of finishers: 15.
Fastest lap: W. Rainey (USA, Yamaha),
1'27.040 = 146.167 km/h.

4) May 12 : Spain - Jerez de la Frontera

29 laps = 122.322 km
Pole position: W. Rainey (USA, Yamaha),
1'46.881 = 142.072 km/h.

1.	M. Doohan	AUS	Honda	52'42.650
				= 139.237 km/h
2.	J. Kocinski	USA	Yamaha	52'52.570
3.	W. Rainey	USA	Yamaha	52'56.113
4.	J. Garriga	E	Yamaha	53'17.605
5.	J.-P. Ruggia	F	Yamaha	53'21.926
6.	E. Lawson	USA	Cagiva	53'29.334
7.	W. Gardner	AUS	Honda	53'36.594
8.	D. De Radiguès	B	Suzuki	53'37.805
9.	A. Morillas	F	Yamaha	53'53.767
10.	D. Chandler	USA	Yamaha	54'14.278
11.	E. Laycock	IRL	Yamaha	1 lap
12.	M. Papa	I	Honda	1 lap
13.	C. Doorakkers	NL	Honda	1 lap
14.	H. Becker	D	Yamaha	2 laps
15.	M. Rudroff	D	Honda	2 laps

Number of finishers: 15.
Fastest lap: W. Rainey (USA, Yamaha),
1'47.615 = 141.103 km/h.

5) May 19 : Italy - Misano

36 laps = 125.568 km
Pole position: W. Rainey (USA, Yamaha),
1'16.191 = 164.807 km/h.

1.	M. Doohan	AUS	Honda	46'27.037
				= 162.195 km/h
2.	J. Kocinski	USA	Yamaha	46'35.714
3.	E. Lawson	USA	Cagiva	46'41.356
4.	A. Barros	BR	Cagiva	46'50.188
5.	J.-P. Ruggia	F	Yamaha	46'50"598
6.	D. Chandler	USA	Yamaha	46'55.172
7.	K. Schwantz	USA	Suzuki	46'55.517
8.	J. Garriga	E	Yamaha	47'15.110
9.	W. Rainey	USA	Yamaha	47'38.555
10.	E. Laycock	IRL	Yamaha	1 lap
11.	M. Papa	I	Honda	1 lap
12.	C. Doorakkers	NL	Honda	2 laps
13.	R. Balbi	I	Honda	2 laps
14.	S. Buckmaster	GB	Suzuki	3 laps
15.	M. Rudroff	D	Honda	3 laps

Number of finishers: 15.
Fastest lap: W. Rainey (USA, Yamaha),
1'15.892 = 165.456 km/h.

6) May 26 : Germany - Hockenheim

18 laps = 122.256 km
Pole position: M. Doohan (AUS, Honda),
2'00.362 = 203.147 km/h.

1.	K. Schwantz	USA	Suzuki	36'20.491
				= 201.845 km/h
2.	W. Rainey	USA	Yamaha	36'20.507
3.	M. Doohan	AUS	Honda	36'29.435
4.	E. Lawson	USA	Cagiva	36'32.059
5.	W. Gardner	AUS	Honda	36'45.991
6.	D. De Radiguès	B	Suzuki	37'20.755
7.	J. Garriga	E	Yamaha	37'31.666
8.	A. Morillas	F	Yamaha	37'45.202
9.	D. Chandler	USA	Yamaha	38'01.957
10.	E. Laycock	IRL	Yamaha	1 lap
11.	C. Doorakkers	NL	Honda	1 lap
12.	M. Rudroff	D	Honda	1 lap
13.	H. Becker	D	Yamaha	1 lap
14.	S. Buckmaster	GB	Suzuki	1 lap

Number of finishers: 14.
Fastest lap: K. Schwantz (USA, Suzuki),
1'59.846 = 204.022 km/h.

7) June 9 : Austria - Salzburg

29 laps = 123.047 km
Pole position: M. Doohan (AUS, Honda),
1'17.826 = 196.269 km/h.

1.	M. Doohan	AUS	Honda	38'03.841
				= 193.958 km/h
2.	W. Rainey	USA	Yamaha	38'04.026
3.	K. Schwantz	USA	Suzuki	38'19.466
4.	W. Gardner	AUS	Honda	38'19.668
5.	E. Lawson	USA	Cagiva	38'42.529
6.	J. Garriga	E	Yamaha	39'03.330
7.	D. Chandler	USA	Yamaha	39'17.449
8.	D. De Radiguès	B	Suzuki	1 lap
9.	J. Kocinski	USA	Yamaha	1 lap
10.	E. Laycock	IRL	Yamaha	1 lap
11.	M. Rudroff	D	Honda	2 laps
12.	M. Papa	I	Cagiva	2 laps

Number of finishers: 12.
Fastest lap: W. Rainey (USA, Yamaha),
1'18.085 = 195.618 km/h.

8) June 16 : Europe - Jarama

32 laps = 123.200 km
Pole position: K. Schwantz (USA, Suzuki),
1'33.940 = 147.541 km/h.

1.	W. Rainey	USA	Yamaha	51'01.408
				= 144.875 km/h
2.	M. Doohan	AUS	Honda	51'09.055
3.	W. Gardner	AUS	Honda	51'27.325
4.	K. Schwantz	USA	Suzuki	51'34.723
5.	J. Kocinski	USA	Yamaha	51'41.724
6.	J. Garriga	E	Yamaha	51'44.440
7.	J.-P. Ruggia	F	Yamaha	51'49.610
8.	A. Morillas	F	Yamaha	52'13.665
9.	D. Chandler	USA	Yamaha	52'18.673
10.	D. De Radiguès	B	Suzuki	52'19.158
11.	A. Pons	E	Honda	52'19.528
12.	E. Laycock	IRL	Yamaha	1 lap
13.	C. Doorakkers	NL	Honda	2 laps
14.	M. Rudroff	D	Honda	2 laps
15.	N. Schmassmann	CHI	Honda	2 laps

Number of finishers: 17.
Fastest lap: W. Rainey (USA, Yamaha),
1'34.815 = 146.179 km/h.

9) June 29 : The Netherlands - Assen

20 laps = 120.980 km
Pole position: K. Schwantz (USA, Suzuki),
2'03.437 = 176.417 km/h.

1.	K. Schwantz	USA	Suzuki	41'24.916
				= 175.269 km/h
2.	W. Rainey	USA	Yamaha	41'25.593
3.	W. Gardner	AUS	Honda	41'37.269
4.	E. Lawson	USA	Cagiva	41'41.476
5.	D. De Radiguès	B	Suzuki	41'55.594
6.	J. Kocinski	USA	Yamaha	41'56.597
7.	A. Barros	BR	Cagiva	41'58.979
8.	J.-P. Ruggia	F	Yamaha	42'13.728
9.	A. Morillas	F	Yamaha	42'42.558
10.	A. Pons	E	Honda	42'45.497
11.	D. Chandler	USA	Yamaha	42'48.862
12.	J. Garriga	E	Yamaha	43'58.663
13.	C. Doorakkers	NL	Honda	1 lap
14.	M. Rudroff	D	Honda	1 lap
15.	N. Schmassmann	CH	Honda	1 lap

Number of finishers: 15.
Fastest lap: K. Schwantz (USA, Suzuki),
2'02.443 = 177.849 km/h.

10) July 21 : France - Le Castellet

32 laps = 122.016 km
Pole position: W. Rainey (USA, Yamaha),
1'21.571 = 168.280 km/h.

1.	W. Rainey	USA	Yamaha	44'13.070
				= 165.566 km/h
2.	M. Doohan	AUS	Honda	44'17.070
3.	E. Lawson	USA	Cagiva	44'36.716
4.	K. Schwantz	USA	Suzuki	44'36.800
5.	J.-P. Ruggia	F	Yamaha	44'44.457
6.	D. Chandler	USA	Yamaha	45'02.730
7.	D. De Radiguès	B	Suzuki	45'08.167
8.	A. Morillas	F	Yamaha	45'25.654
9.	A. Pons	E	Honda	45'30.370
10.	W. Gardner	AUS	Honda	2 laps
11.	J. Garriga	E	Yamaha	2 laps
12.	C. Doorakkers	NL	Honda	2 laps
13.	M. Papa	I	Honda	2 laps
14.	M. Rudroff	D	Honda	2 laps
15.	J. Doppler	A	Yamaha	3 laps

Number of finishers: 16.
Fastest lap: W. Rainey (USA, Yamaha),
1'22.108 = 167.180 km/h.

11) August 4 : Great Britain - Donington

30 laps = 120.600 km
Pole position: K. Schwantz (USA, Suzuki),
1'32.974 = 155.773 km/h.

1.	K. Schwantz	USA	Suzuki	47'12.182
				= 153.295 km/h
2.	W. Rainey	USA	Yamaha	47'12.970
3.	M. Doohan	AUS	Honda	47'31.370
4.	J. Kocinski	USA	Yamaha	47'37.039
5.	W. Gardner	AUS	Honda	47'41.799
6.	E. Lawson	USA	Cagiva	47'43.361
7.	N. MacKenzie	GB	Yamaha	47'47.530
8.	D. De Radiguès	B	Suzuki	47'50.028
9.	J. Garriga	E	Yamaha	48'02.149
10.	M. Papa	I	Cagiva	1 lap
11.	E. Laycock	IRL	Yamaha	1 lap
12.	R. Haslam	GB	Norton	1 lap
13.	M. Rudroff	D	Honda	2 laps
14.	C. Doorakkers	NL	Honda	2 laps
15.	A. Leuthe	D	Suzuki	2 laps

Number of finishers: 17.
Fastest lap: K. Schwantz (USA, Suzuki),
1'33.569 = 154.667 km/h.

12) August 18 : San Marino - Mugello

24 laps = 125.880 km
Pole position: K. Schwantz (USA, Suzuki),
1'54.276 = 165.232 km/h.

1.	W. Rainey	USA	Yamaha	46'08.566
				= 163.683 km/h
2.	K. Schwantz	USA	Suzuki	46'11.512
3.	M. Doohan	AUS	Honda	46'14.632
4.	W. Gardner	AUS	Honda	46'31.784
5.	N. MacKenzie	GB	Yamaha	46'41.771
6.	J. Kocinski	USA	Yamaha	46'46.180
7.	J. Garriga	E	Yamaha	46'47.846
8.	D. De Radiguès	B	Suzuki	46'48.132
9.	D. Chandler	USA	Yamaha	47'00.687
10.	J.-P. Ruggia	F	Yamaha	47'24.175
11.	E. Laycock	IRL	Yamaha	1 lap
12.	M. Papa	I	Cagiva	1 lap
13.	C. Doorakkers	NL	Honda	1 lap
14.	M. Rudroff	D	Honda	1 lap
15.	H. Becker	D	Yamaha	1 lap

Number of finishers: 19.
Fastest lap: K. Schwantz (USA, Suzuki),
1'54.461 = 164.461 km/h.

13) August 25 : Czechoslovakia - Brno

23 laps = 124.062 km
Pole position: W. Rainey (USA, Yamaha),
2'03.358 = 157.415 km/h.

1.	W. Rainey	USA	Yamaha	47'32.169
				= 156.591 km/h
2.	M. Doohan	AUS	Honda	47'35.373
3.	J. Kocinski	USA	Yamaha	47'52.108
4.	W. Gardner	AUS	Honda	47'56.572
5.	K. Schwantz	USA	Suzuki	47'57.208
6.	J. Garriga	E	Yamaha	48'05.364
7.	D. De Radiguès	B	Suzuki	48'24.937
8.	E. Lawson	USA	Cagiva	48'25.525
9.	A. Pons	E	Honda	48'54.934
10.	D. Chandler	USA	Yamaha	48'56.924
11.	E. Laycock	IRL	Yamaha	1 lap
12.	M. Rudroff	D	Honda	1 lap
13.	C. Doorakkers	NL	Honda	1 lap
14.	H. Becker	D	Yamaha	1 lap
15.	S. Buckmaster	GB	Suzuki	1 lap

Number of finishers: 17.
Fastest lap: W. Rainey (USA, Yamaha),
2'03.266 = 157.533 km/h.

14) September 8 - GP de vitesse du Mans

28 laps = 124.040 km
Pole position: J. Kocinski (USA, Yamaha),
1'39.964 = 159.537 km/h.

1.	K. Schwantz	USA	Suzuki	47'37.764
				= 156.256 km/h
2.	M. Doohan	AUS	Honda	47'37.912
3.	W. Rainey	USA	Yamaha	47'41.232
4.	J. Kocinski	USA	Yamaha	47'41.464
5.	W. Gardner	AUS	Honda	47'41.730
6.	J. Garriga	E	Yamaha	48'15.616
7.	D. Chandler	USA	Yamaha	48'16.106
8.	D. De Radiguès	B	Suzuki	48'17.054
9.	A. Pons	E	Honda	49'08.318
10.	A. Morillas	F	Yamaha	49'22.804
11.	E. Laycock	IRL	Yamaha	1 lap
12.	N. MacKenzie	GB	Yamaha	1 lap
13.	M. Papa	I	Honda	2 laps
14.	A. Leuthe	D	Suzuki	2 laps
15.	S. Buckmaster	GB	Suzuki	5 laps

Number of finishers: 15.
Fastest lap: M. Doohan (AUS, Honda),
1'41.200 = 157.589 km/h.

15) September 29 : Malaysia - Shah Alam

35 laps = 122.675 km
Pole position: J. Kocinski (USA, Yamaha),
1'24.903 = 148.617 km/h.

1.	J. Kocinski	USA	Yamaha	50'05.945
				= 146.919 km/h
2.	W. Gardner	AUS	Honda	50'12.090
3.	M. Doohan	AUS	Honda	50'27.623
4.	J. Garriga	E	Yamaha	50'45.033
5.	K. Magee	AUS	Yamaha	50'47.465
6.	N. MacKenzie	GB	Yamaha	51'07.449
7.	A. Morillas	F	Yamaha	51'31.296
8.	D. De Radiguès	B	Suzuki	51'31.857
9.	M. Papa	I	Honda	2 laps
10.	C. Doorakkers	NL	Honda	2 laps
11.	H. Becker	D	Yamaha	2 laps
12.	E. Laycock	IRL	Yamaha	2 laps
13.	J. Doppler	A	Yamaha	3 laps
14.	N. Schmassmann	CH	Honda	4 laps

Number of finishers: 14.
Fastest lap: J. Kocinski (USA, Yamaha),
1'25.100 = 148.273 km/h.

WORLD CHAMPIONSHIP

1.	Wayne Rainey	USA	Yamaha	233
2.	Michael Doohan	AUS	Honda	224
3.	Kevin Schwantz	USA	Suzuki	204
4.	John Kocinski	USA	Yamaha	161
5.	Wayne Gardner	AUS	Honda	161
6.	Eddie Lawson	USA	Cagiva	126
7.	Juan Garriga	E	Yamaha	121
8.	Didier De Radiguès	B	Suzuki	105
9.	Douglas Chandler	USA	Yamaha	85
10.	Jean-Philippe Ruggia	F	Yamaha	78
11.	Adrien Morillas	F	Yamaha	71
12.	Eddie Laycock	IRL	Yamaha	57
13.	Alexandre Barros	BR	Cagiva	46
14.	Cees Doorakkers	NL	Honda	40
15.	Alfonso "Sito" Pons	E	Honda	40
16.	Marco Papa	I	Honda/Cagiva	36
17.	Niall MacKenzie	GB	Yamaha	34
18.	Michael Rudroff	D	Honda	26
19.	Kevin Magee	AUS	Suzuki/Yamaha	19
20.	Hans Becker	D	Yamaha	13
21.	Kenichiro Iwahashi	J	Honda	7
22.	Simon Buckmaster	GB	Suzuki	6
23.	Nicolas Schmassmann	CH	Honda	5
24.	Richard Oliver	USA	Yamaha	5
25.	Josef Doppler	A	Yamaha	4
26.	Ronald Haslam	GB	Norton	4
27.	Robbie Petersen	USA	Yamaha	4
28.	Romolo Balbi	I	Honda	3
29.	Andreas Leuthe	D	Suzuki	3
30.	Scott Spray	GB	Roton	1
31.	Peter Goddard	AUS	Yamaha	1

Champions : **Steve Webster/Gavin Simmons (Great Britain, LCR-Krauser), 181 points, 5 wins**

1991 — Side-Cars

1) April 21 : United States - Laguna Seca

30 laps = 106.020 km
Pole position: A. Michel/S. Birchall (F/GB, LCR-Krauser),
1'32.023 = 138.227 km/h.

1.	S. Webster/G. Simmons	GB	LCR-Krauser	47'03.220
				= 135.165 km/h
2.	A. Michel/S. Birchall	F/GB	LCR-Krauser	47'12.685
3.	D. Dixon/S. Dixon	GB	LCR-Krauser	47'32.320
4.	R. Biland/K. Waltisperg	CH	LCR-ADM	47'35.238
5.	M. Egloff/U. Egloff	CH	SM2-SH-Yamaha	47'43.485
6.	S. Abbott/S. Smith	GB	LCR-Krauser	47'46.979
7.	R. Bohnhorst/B. Hiller	D	LCR-Krauser	47'57.014
8.	P. Güdel/C. Güdel	CH	LCR-Krauser	48'20.454
9.	R. Progin/G. Irlam	CH/GB	LCR-Yamaha	48'29.731
10.	M. Kumano/E. Rösinger	J/D	LCR-Yamaha	48'30.001
11.	B. Brindley/G. Rose	GB	LCR-Yamaha	1 lap
12.	F. Voigt/H. Voigt	D	LCR-Krauser	2 laps
13.	A. Zurbrügg/M. Zurbrügg	CH	LCR-Yamaha	3 laps

Number of finishers: 13.
Fastest lap: A. Michel/S. Birchall (F/GB, LCR-Krauser),
1'32.212 = 137.973 km/h.

2) May 12 : Spain - Jerez de la Frontera

22 laps = 92.796 km
Pole position: A. Michel/S. Birchall (F/GB, LCR-Krauser),
1'50.817 = 137.026 km/h.

1.	S. Webster/G. Simmons	GB	LCR-Krauser	41'53.700
				= 132.898 km/h
2.	P. Güdel/C. Güdel	CH	LCR-Krauser	41'57.762
3.	S. Abbott/S. Smith	GB	LCR-Krauser	41'58.080
4.	R. Biland/K. Waltisperg	CH	LCR-ADM	41'58.294
5.	Y. Kumagaya/B. Houghton	J/GB	LCR-Krauser	42'28.854
6.	M. Egloff/U. Egloff	CH	SM2-SH-Yamaha	42'44.210
7.	B. Brindley/N. Roche	GB	LCR-Yamaha	42'46.798
8.	R. Bohnhorst/G. De Haas	D/NL	LCR-Krauser	43'12.354
9.	M. Kumano/E. Rösinger	J/D	LCR-Yamaha	43'13.020
10.	T. Wyssen/K. Wyssen	CH	LCR-Krauser	43'20.536
11.	T. Van Kempen/J. Kuyt	NL	LCR-Krauser	43'21.789
12.	K. Klaffenböck/C. Parzer	A	LCR-Yamaha	43'44.572
13.	W. Kraus/T. Schröder	D	Busch-ADM	43'52.458
14.	T. Baker/S. Prior	GB	LCR-Krauser	43'52.534
15.	R. Progin/G. Irlam	CH/GB	LCR-Yamaha	1 lap

Number of finishers: 21.
Fastest lap: S. Webster/G. Simmons (GB, LCR-Krauser),
1'52.237 = 135.292 km/h.

3) May 19 : Italy - Misano

26 laps = 90.688 km
Pole position: R. Biland/K. Waltisperg (CH, LCR-ADM),
1'19.125 = 158.692 km/h.

1.	S. Webster/G. Simmons	GB	LCR-Krauser	35'08.095
				= 154.868 km/h
2.	E. Streuer/P. Essaff	NL/USA	LCR-Krauser	35'22.525
3.	P. Güdel/C. Güdel	CH	LCR-Krauser	35'34.516
4.	D. Dixon/S. Dixon	GB	LCR-Krauser	35'38.385
5.	Y. Kumagaya/B. Houghton	J/GB	LCR-Krauser	35'53.273
6.	B. Brindley/G. Rose	GB	LCR-Yamaha	35'58.773
7.	M. Kumano/E. Rösinger	J/D	LCR-Yamaha	35'59.028
8.	R. Bohnhorst/B. Hiller	D	LCR-Krauser	36'05.088
9.	A. Zurbrügg/M. Zurbrügg	CH	LCR-Yamaha	36'16.895
10.	T. Van Kempen/J. Kuyt	NL	LCR-Krauser	1 lap
11.	R. Progin/G. Irlam	CH/GB	LCR-Yamaha	1 lap
12.	T. Wyssen/G. DeHaas	CH/NL	LCR-Krauser	1 lap
13.	T. Baker/S. Prior	GB	LCR-Krauser	1 lap
14.	M. Bösiger/P. Markwalder	CH	LCR-Krauser	1 lap
15.	K. Klaffenböck/C. Parzer	A	LCR-Yamaha	2 laps

Number of finishers: 16.
Fastest lap: S. Webster/G. Simmons (GB, LCR-Krauser),
1'20.039 = 156.884 km/h.

4) May 26 : Germany - Hockenheim

14 laps = 95.088 km
Pole position: S. Webster/G. Simmons (GB, LCR-Krauser),
2'10.006 = 188.077 km/h.

1.	R. Bohnhorst/B. Hiller	D	LCR-Krauser	0'56.749
				= 184.364 km/h
2.	A. Michel/S. Birchall	F/GB	LCR-Krauser	30'56.990
3.	R. Biland/K. Waltisperg	CH	LCR-ADM	30'59.176
4.	E. Streuer/P. Essaff	NL/USA	LCR-Krauser	31'07.112
5.	B. Brindley/T. Hopkinson	GB	LCR-Yamaha	31'07.738
6.	S. Abbott/S. Smith	GB	LCR-Krauser	31'07.963
7.	M. Egloff/U. Egloff	CH	SM2-SH-Yamaha	31'08.378
8.	D. Dixon/S. Dixon	GB	LCR-Krauser	31'08.471
9.	Y. Kumagaya/B. Houghton	J/GB	LCR-Krauser	31'16.599
10.	M. Kumano/E. Rösinger	J/D	LCR-Yamaha	31'24.808
11.	K. Klaffenböck/C. Parzer	A	LCR-Yamaha	31'25.292
12.	T. Van Kempen/J. Kuyt	NL	LCR-Krauser	31'51.770
13.	W. Kraus/T. Schröder	D	Busch-ADM	32'08.689
14.	B. Smith/D. Smith	GB	LCR-ADM	32'09.186
15.	I. Nigrowsky/A. Barillon	F	LCR-Krauser	32'09.918

Number of finishers: 18.
Fastest lap: E. Streuer/P. Essaff (NL/USA, LCR-Krauser),
2'10.444 = 187.446 km/h.

5) June 9 : Austria - Salzburgring

22 laps = 93.346 km
Pole position: S. Webster/G. Simmons (GB, LCR-Krauser),
1'24.823 = 180.079 km/h.

1.	S. Webster/G. Simmons	GB	LCR-Krauser	31'43.039
				= 176.584 km/h
2.	R. Biland/K. Waltisperg	CH	LCR-ADM	31'58.812
3.	M. Kumano/E. Rösinger	J/D	LCR-Yamaha	31'59.213
4.	K. Klaffenböck/C. Parzer	A	LCR-Yamaha	31'59.550
5.	P. Güdel/C. Güdel	CH	LCR-Krauser	31'59.774
6.	S. Abbott/S. Smith	GB	LCR-Krauser	32'00.180
7.	R. Bohnhorst/B. Hiller	D	LCR-Krauser	32'01.146
8.	E. Streuer/P. Essaff	NL/USA	LCR-Krauser	32'13.732
9.	D. Brindley/N. Roche	GB	LCR-Yamaha	32'33.195
10.	T. Van Kempen/J. Kuyt	NL	LCR-Krauser	32'34.504
11.	R. Progin/G. Irlam	CH/GB	LCR-Yamaha	32'34.633
12.	W. Kraus/T. Schröder	D	Busch-ADM	32'36.146
13.	M. Bösiger/P. Markwalder	CH	LCR-Krauser	32'40.876
14.	G. Thomas/M. Van Puyvelde	GB/NL	LCR	32'42.469
15.	D. Dixon/S. Dixon	GB	LCR-Krauser	33'10.855

Number of finishers: 17.
Fastest lap: R. Bohnhorst/B. Hiller (D, LCR-Krauser),
1'25.149 = 179.389 km.

6) June 16 : Europe - Jarama

20 laps = 77.000 km
Pole position: S. Webster/G. Simmons (GB, LCR-Krauser),
1'39.267 = 139.623 km/h.

1.	S. Webster/G. Simmons	GB	LCR-Krauser	33'53.056
				= 136.346 km/h)
2.	A. Michel/S. Birchall	F/GB	LCR-Krauser	33'59.221
3.	S. Abbott/S. Smith	GB	LCR-Krauser	34'02.346
4.	R. Biland/K. Waltisperg	CH	LCR-ADM	34'05.142
5.	P. Güdel/T. Böttcher	CH/D	LCR-Krauser	34'05.827
6.	R. Bohnhorst/B. Hiller	D	LCR-Krauser	34'06.612
7.	M. Kumano/E. Rösinger	J/D	LCR-Yamaha	34'11.082
8.	Y. Kumagaya/B. Houghton	J/GB	LCR-Krauser	34'14.357
9.	E. Streuer/P. Essaff	NL/USA	LCR-Krauser	34'20.413
10.	M. Egloff/U. Egloff	CH	SM2-SH-Yamaha	35'03.652
11.	T. Van Kempen/G. De Haas	NL	LCR-Krauser	35'08.368
12.	R. Progin/G. Irlam	CH/GB	LCR-Yamaha	35'16.459
13.	B. Brindley/S. Whiteside	GB	LCR-Yamaha	35'19.545
14.	G. Thomas/R. Bettgens	GB/NL	LCR-Krauser	35'24.871

Number of finishers: 14.
Fastest lap: R. Biland/K. Waltisperg (CH, LCR-ADM),
1'40.004 = 138.594 km/h.

7) June 29 : The Netherlands - Assen

15 laps = 90.735 km
Pole position: S. Webster/G. Simmons (GB, LCR-Krauser),
2'09.082 = 168.702 km/h.

1.	E. Streuer/P. Brown	NL/GB	LCR-Krauser	33'08.546
				= 164.264 km/h
2.	R. Biland/K. Waltisperg	CH	LCR-Krauser	33'09.203
3.	P. Güdel/C. Güdel	CH	LCR-Krauser	33'12.412
4.	A. Michel/S. Birchall	F/GB	LCR-Krauser	33'22.986
5.	R. Bohnhorst/B. Hiller	D	LCR-Krauser	33'37.829
6.	B. Brindley/S. Whiteside	GB	LCR-Yamaha	33'44.079
7.	D. Dixon/S. Dixon	GB	LCR-Krauser	33'44.672
8.	M. Kumano/E. Rösinger	J/D	LCR-Yamaha	33'44.752
9.	T. Van Kempen/G. De Haas	NL	LCR-Krauser	34'17.737
10.	T. Wyssen/K. Wyssen	CH	LCR-Krauser	34'19.409
11.	R. Progin/G. Irlam	CH/GB	LCR-Yamaha	34'23.077
12.	W. Kraus/T. Schröder	D	Busch-ADM	34'24.068
13.	Y. Kumagaya/B. Houghton	J/GB	LCR-Krauser	35'07.335
14.	K. Howles/A. Langton	GB	LCR-Krauser	35'16.874
15.	I. Nigrowsky/J. Corbier	F	LCR-Krauser	35'18.539

Number of finishers: 15.
Fastest lap: E. Streuer/P. Brown (NL/GB, LCR-Krauser),
2'10.178 = 167.282 km/h.

8) July 21 : France - Le Castellet

25 laps = 95.325 km
Pole position: S. Webster/G. Simmons (GB, LCR-Krauser),
1'26.828 = 158.092 km/h.

1.	R. Biland/K. Waltisperg	CH	LCR-ADM	36'37.009
				= 156.199 km/h
2.	S. Webster/G. Simmons	GB	LCR-Krauser	36'44.671
3.	A. Michel/S. Birchall	F/GB	LCR-Krauser	37'01.319
4.	E. Streuer/P. Brown	NL/GB	LCR-Krauser	37'16.540
5.	S. Abbott/S. Smith	GB	LCR-Krauser	37'18.901
6.	M. Kumano/E. Rösinger	J/D	LCR-Yamaha	37'23.292
7.	P. Güdel/C. Güdel	CH	LCR-Krauser	37'23.699
8.	R. Bohnhorst/B. Hiller	D	LCR-Krauser	37'24.057
9.	Y. Kumagaya/B. Houghton	J/GB	LCR-Krauser	37'38.256
10.	D. Dixon/S. Dixon	GB	LCR-Krauser	47'47.381
11.	T. Wyssen/K. Wyssen	CH	LCR-Krauser	38'04.444
12.	B. Brindley/S. Whiteside	GB	LCR-Yamaha	38'04.964
13.	D. Brindley/N. Roche	GB	LCR-Yamaha	1 lap
14.	R. Progin/G. Irlam	CH/GB	LCR-Yamaha	1 lap
15.	W. Kraus/T. Schröder	D	Busch-ADM	1 lap

Number of finishers: 21.
Fastest lap: R. Biland/K. Waltisperg (CH, LCR-ADM),
1'26.908 = 157.946 km/h.

9) August 4 : Great Britain - Donington

24 laps = 96.480 km
Pole position: R. Biland/K. Waltisperg (CH, LCR-ADM),
1'37.261 = 148.796 km/h.

1.	R. Biland/K. Waltisperg	CH	LCR-ADM	39'34.111
				= 146.298 km/h
2.	S. Webster/G. Simmons	GB	LCR-Krauser	39'36.933
3.	E. Streuer/P. Brown	NL/GB	LCR-Krauser	40'03.431
4.	A. Michel/S. Birchall	F/GB	LCR-Krauser	40'26.321
5.	M. Kumano/E. Rösinger	J/D	LCR-Yamaha	40'36.535
6.	Y. Kumagaya/B. Houghton	J/GB	LCR-Krauser	40'42.582
7.	B. Brindley/S. Whiteside	GB	LCR-Yamaha	40'43.255
8.	K. Klaffenböck/C. Parzer	A	LCR-Yamaha	40'52.542
9.	M. Egloff/U. Egloff	CH	SM2-SH-Yamaha	40'57.350
10.	T. Van Kempen/G. De Haas	NL	LCR-Krauser	41'02.190
11.	T. Wyssen/K. Wyssen	CH	LCR-Krauser	41'05.274
12.	M. Bösiger/P. Markwalder	CH	LCR-ADM	1 lap
13.	T. Baker/S. Prior	GB	LCR-Krauser	1 lap
14.	W. Kraus/T. Schröder	D	Busch-ADM	1 lap
15.	R. Fischer/T. Crone	GB	LCR	1 lap

Number of finishers: 18.
Fastest lap: S. Webster/D. Simmons (GB, LCR-Krauser),
1'37.954 = 147.743 km/h.

10) August 18 : San Marino - Mugello

18 laps = 94.410 km
Pole position: S. Webster/G. Simmons (GB, LCR-Krauser),
1'59.198 = 158.409 km/h.

1.	A. Michel/S. Birchall	F/GB	LCR-Krauser	36'42.610
				= 154.306 km/h
2.	S. Webster/G. Simmons	GB	LCR-Krauser	36'42.636
3.	M. Egloff/U. Egloff	CH	SM2-SH-Yamaha	37'02.691
4.	E. Streuer/P. Brown	NL/GB	LCR-Krauser	37'04.261
5.	T. Wyssen/K. Wyssen	CH	LCR-Krauser	37'10.305
6.	R. Bohnhorst/B. Hiller	D	LCR-Krauser	37'10.358
7.	M. Bösiger/P. Markwalder	CH	LCR-ADM	37'30.408
8.	T. Van Kempen/G. De Haas	NL	LCR-Krauser	37'34.127
9.	R. Progin/G. Irlam	CH/GB	LCR-Yamaha	37'34.238
10.	D. Dixon/S. Dixon	GB	LCR-Krauser	37'39.084
11.	D. Brindley/A. Langton	GB	LCR-Yamaha	37'49.108
12.	Y. Kumagaya/B. Houghton	J/GB	LCR-Krauser	7'55.413
13.	P. Güdel/C. Güdel	CH	LCR-Krauser	38'00.293
14.	W. Kraus/T. Schröder	D	Busch-ADM	38'30.734
15.	H. Hügli/A. Hänni	CH	LCR	38'49.080

Number of finishers: 15.
Fastest lap: R. Biland/K. Waltisperg (CH, LCR-ADM),
1'59.380 = 158.167 km/h.

11) August 25 : Czechoslovakia - Brno

20 laps = 107.880 km
Pole position: E. Streuer/P. Brown (NL/GB, LCR-Krauser),
2'07.454 = 152.356 km/h.

1.	R. Biland/K. Waltisperg	CH	LCR-ADM	43'13.000
				= 149.776 km/h
2.	E. Streuer/P. Brown	NL/GB	LCR-Krauser	43'13.418
3.	S. Webster/G. Simmons	GB	LCR-Krauser	43'23.473
4.	R. Bohnhorst/B. Hiller	D	LCR-Krauser	43'37.775
5.	S. Abbott/S. Smith	GB	LCR-Krauser	43'40.058
6.	M. Egloff/U. Egloff	CH	SM2-SH-Yamaha	43'41.600
7.	T. Wyssen/K. Wyssen	CH	LCR-Krauser	43'51.836
8.	M. Kumano/E. Rösinger	J/D	LCR-Yamaha	43'53.259
9.	B. Brindley/S. Whiteside	GB	LCR-Yamaha	43'53.814
10.	D. Dixon/S. Dixon	GB	LCR-Krauser	43'59.398
11.	P. Güdel/C. Güdel	CH	LCR-Krauser	44'20.342
12.	T. Van Kempen/G. De Haas	NL	LCR-Krauser	44'35.318
13.	W. Kraus/T. Schröder	D	Busch-ADM	44'35.559
14.	T. Baker/S. Prior	GB	LCR-Krauser	44'53.140
15.	B. Smith/T. Hopkinson	GB	LCR-ADM	44'54.924

Number of finishers: 21.
Fastest lap: E. Streuer/P. Brown (NL/GB, LCR-Krauser),
2'07.982 = 151.728 km/h.

12) September 8 : GP de vitesse du Mans

21 laps = 93.030 km
Pole position: R. Biland/K. Waltisperg (CH, LCR-ADM),
1'47.311 = 148.615 km/h.

1.	R. Biland/K. Waltisperg	CH	LCR-ADM	38'13.019
				= 146.055 km/h
2.	A. Michel/S. Birchall	F/GB	LCR-Krauser	38'15.551
3.	S. Webster/G. Simmons	GB	LCR-Krauser	38'32.938
4.	P. Güdel/C. Güdel	CH	LCR-Krauser	38'49.645
5.	E. Streuer/P. Brown	NL/GB	LCR-Krauser	38'49.728
6.	R. Bohnhorst/B. Hiller	D	LCR-Krauser	38'50.689
7.	M. Kumano/E. Rösinger	J/D	LCR-Yamaha	38'51.728
8.	K. Klaffenböck/C. Parzer	A	LCR-Krauser	38'55.286
9.	M. Bösiger/P. Höss	CH/D	LCR-ADM	39'1.852
10.	T. Wyssen/K. Wyssen	CH	LCR-Krauser	39'17.644
11.	Y. Kumagaya/B. Houghton	J/GB	LCR-Krauser	39'27.754
12.	T. Van Kempen/G. De Haas	NL	LCR-Krauser	39'37.799
13.	W. Kraus/T. Schröder	D	Busch-ADM	39'58.815
14.	B. Smith/T. Hopkinson	GB	LCR-ADM	40'01.156
15.	G. Thomas/M. Van Puyvelde	GB/NL	LCR-Krauser	1 lap

Number of finishers: 20.
Fastest lap: A. Michel/S. Birchall (F/GB, LCR-Krauser),
1'48.132 = 147.486 km.

LCR

WORLD CHAMPIONSHIP

1.	Steve Webster/Gavin Simmons	GB	LCR-Krauser	181
2.	Rolf Biland/Kurt Waltisperg	CH	LCR-ADM	168
3.	Eggbert Streuer/Pete Essaff/Paul Brown	NL/USA/GB	LCR-Krauser	134
4.	Alain Michel/Simon Birchall	F/GB	LCR-Krauser	129
5.	Ralf Bohnhorst/Bruno Hiller	D	LCR-Krauser	108
6.	Paul Güdel/Charly Güdel	CH	LCR-Krauser	107
7.	Masato Kumano/Eckhart Rösinger	J/D	LCR-Yamaha	92
8.	Steve Abbott/Shawn Smith	GB	LCR-Krauser	82
9.	Markus Egloff/Urs Egloff	CH	SM 2-SH-Yamaha	68
10.	Yoshisada Kumagaya/Bryan Houghton	J/GB	LCR-Krauser	66
11.	Darren Dixon/Sean Dixon	GB	LCR-Krauser	64
12.	Barry Brindley/Scott Whiteside	GB	LCR-Yamaha	59
13.	Theo Van Kempen/Gerald De Haas	NL	LCR-Krauser	55
14.	Tony Wyssen/Kilian Wyssen	CH	LCR-Krauser	52
15.	Klaus Klaffenböck/Christian Parzer	A	LCR-Yamaha	39
16.	René Progin/Gary Irlam	CH/GB	LCR-Yamaha	36
17.	Markus Bösiger/Peter Markwalder/Peter Höss	CH/CH/D	LCR-ADM	25
18.	Werner Kraus/Thomas Schröder	D	Busch-ADM	25
19.	Derek Brindley/Alan Langton	GB	LCR-Yamaha	24
20.	Tony Baker/Simon Prior	GB	LCR-Krauser	10
21.	Alfred Zurbrügg/Martin Zurbrügg	CH	LCR-Yamaha	10
22.	Barry Smith/Trevor Hopkinson	GB	LCR-Krauser	5
23.	Gary Thomas/Michel Van Puyvelde	GB/NL	LCR-Krauser	5
24.	Frank Voigt/Holger Voigt	D	LCR-Krauser	4
25.	Kenny Howles/Alan Langton	GB	LCR-Krauser	2
26.	Ivan Nigrowsky/Alain Barillon/Jacques Corbier	F	LCR-Krauser	2
27.	Robert Fischer/Trevor Crone	GB	LCR-Krauser	1
28.	Hans Hügli/Adolf Hänni	CH	LCR-Yamaha	1

Champion : **Alessandro Gramigni (Italy, Aprilia), 134 points, 2 wins**

1992 — 125 CC

1) March 29 : Japan - Suzuka

18 laps = 105.552 km
Pole position: B. Casanova (I, Aprilia),
2'23.630 = 146.978 km/h.

1.	R. Waldmann	D	Honda	48'49.661
				= 129.703 km/h
2.	B. Casanova	I	Aprilia	48'51.120
3.	N. Wakai	J	Honda	48'57.031
4.	E. Gianola	I	Honda	49'10.355
5.	A. Saito	J	Honda	49'16.362
6.	A. Gramigni	I	Aprilia	49'16.488
7.	Y. Fujiwara	J	Honda	49'16.569
8.	K. Wada	J	Honda	49'16.917
9.	D. Raudies	D	Honda	49'26.941
10.	O. Petrucciani	CH	Honda	50'01.019

Number of finishers: 22.
Fastest lap: R. Waldmann (D, Honda),
2'39.888 = 132.032 km/h.

2) April 12 : Australia - Eastern Creek

26 laps = 102.180 km
Pole position: K. Sakata (J, Honda),
1'39.834 = 141.715 km/h.

1.	R. Waldmann	D	Honda	43'50.562
				= 139.836 km/h
2.	A. Gramigni	I	Aprilia	43'50.573
3.	B. Casanova	I	Aprilia	43'50.790
4.	N. Wakai	J	Honda	43'53.750
5.	F. Gresini	I	Honda	43'54.797
6.	J. Martinez	E	Honda	43'58.383
7.	D. Raudies	D	Honda	44'13.613
8.	O. Koch	D	Honda	44'22.261
9.	E. Gianola	I	Honda	44'24.278
10.	G. Debbia	I	Honda	44'27.385

Number of finishers: 29.
Fastest lap: B. Casanova (I, Aprilia),
1'40.013 = 141.462 km/h.

3) April 19 : Malaysia - Shah Alam

29 laps = 101.645 km
Pole position: A. Gramigni (I, Aprilia),
1'33.155 = 135.452 km/h.

1.	A. Gramigni	I	Aprilia	45'45.290
				= 133.291 km/h
2.	B. Casanova	I	Aprilia	45'45.442
3.	R. Waldmann	D	Honda	45'45.523
4.	J. Martinez	E	Honda	45'47.704
5.	D. Raudies	D	Honda	45'51.536
6.	K. Sakata	J	Honda	45'56.950
7.	G. Debbia	I	Honda	46'00.301
8.	F. Gresini	I	Honda	46'09.058
9.	H. Spaan	NL	Aprilia	46'14.098
10.	H. Lüthi	CH	Honda	46'21.088

Number of finishers: 21.
Fastest lap: R. Waldmann (D, Honda),
1'33.587 = 134.826 km/h.

4) May 10 : Spain - Jerez de la Frontera

24 laps = 106.152 km
Pole position: K. Sakata (J, Honda),
1'53.790 = 139.931 km/h.

1.	R. Waldmann	D	Honda	45'57.309
				= 138.594 km/h
2.	F. Gresini	I	Honda	45'57.389
3.	C. Giro Jr	E	Aprilia	45'58.409
4.	K. Sakata	J	Honda	45'58.880
5.	N. Wakai	J	Honda	45'59.077
6.	G. Debbia	I	Honda	46'00.458
7.	D. Raudies	D	Honda	46'02.040
8.	O. Koch	D	Honda	46'02.929
9.	J. Martinez	E	Honda	46'04.551
10.	E. Gianola	I	Honda	46'18.941

Number of finishers: 27.
Fastest lap: G. Debbia (I, Honda),
1'53.509 = 140.278 km/h.

5) May 24 : Italy - Mugello

20 laps = 104.900 km
Pole position: E. Gianola (I, Honda),
2'06.230 = 149.584 km/h.

1.	E. Gianola	I	Honda	42'22.606
				= 148.525 km/h
2.	D. Raudies	D	Honda	42'25.413
3.	N. Ueda	J	Honda	42'25.592
4.	P. Oettl	D	Bakker-Rotax	42'27.634
5.	F. Gresini	I	Honda	42'29.007
6.	J. Martinez	E	Honda	42'29.073
7.	G. Debbia	I	Honda	42'30.368
8.	B. Casanova	I	Aprilia	42'36.436
9.	O. Koch	D	Honda	42'55.967
10.	N. Wakai	J	Honda	42'57.081

Number of finishers: 24.
Fastest lap: E. Gianola (I, Honda),
2'05.857 = 150.027 km/h.

6) May 31 : Europe - Catalunya

22 laps = 104.434 km
Pole position: E. Gianola (I, Honda),
1'58.091 = 144.712 km/h.

1.	E. Gianola	I	Honda	43'35.994
				= 143.717 km/h
2.	G. Debbia	I	Honda	43'36.068
3.	F. Gresini	I	Honda	43'42.622
4.	A. Gramigni	I	Aprilia	43'42.950
5.	D. Raudies	D	Honda	43'43.174
6.	C. Giro Jr	E	Aprilia	43'43.620
7.	B. Casanova	I	Aprilia	43'47.232
8.	N. Ueda	J	Honda	44'02.125
9.	N. Wakai	J	Honda	44'04.495
10.	J. Martinez	E	Honda	44'04.723

Number of finishers: 21.
Fastest lap: C. Giro Jr (E, Aprilia),
1'57.836 = 145.025 km/h.

7) June 14 : Germany - Hockenheim

15 laps = 101.880 km
Pole position: R. Waldmann (D, Honda),
    2'18.346 = 176.739 km/h.

1.	B. Casanova	I	Aprilia	35'10.817
				= 173.756 km/h
2.	F. Gresini	I	Honda	35'10.906
3.	R. Waldmann	D	Honda	35'11.125
4.	G. Debbia	I	Honda	35'11.247
5.	E. Gianola	I	Honda	35'11.460
6.	D. Raudies	D	Honda	35'11.700
7.	A. Gramigni	I	Aprilia	35'11.994
8.	S. Kurfiss	D	Honda	35'35.476
9.	N. Wakai	J	Honda	35'35.548
10.	C. Giro Jr	E	Aprilia	35'36.014

Number of finishers: 25.
Fastest lap: E. Gianola (I, Honda),
    2'19.065 = 175.826 km/h.

8) June 27 : The Netherlands - Assen

17 laps = 102.833 km
Pole position: E. Gianola (I, Honda),
    2'17.175 = 158.749 km/h.

1.	E. Gianola	I	Honda	39'14.559
				= 157.226 km/h
2.	F. Gresini	I	Honda	39'15.236
3.	A. Gramigni	I	Aprilia	39'15.304
4.	G. Debbia	I	Honda	39'15.548
5.	J. Martinez	E	Honda	39'40.854
6.	K. Sakata	J	Honda	39'41.616
7.	T. Shimizu	J	Honda	39'45.382
8.	C. Giro Jr	E	Aprilia	39'49.421
9.	R. Waldmann	D	Honda	39'56.624
10.	B. Casanova	I	Aprilia	39'57.748

Number of finishers: 26.
Fastest lap: G. Debbia (I, Honda),
    2'16.851 = 159.125 km/h.

9) July 12 : Hungary - Hungaroring

26 laps = 100.568 km
Pole position: A. Gramigni (I, Aprilia),
    1'50.034 = 126.550 km/h.

1.	A. Gramigni	I	Aprilia	48'15.620
				= 125.032 km/h
2.	R. Waldmann	D	Honda	48'15.739
3.	F. Gresini	I	Honda	48'15.766
4.	N. Wakai	J	Honda	48'15.952
5.	G. Debbia	I	Honda	48'22.796
6.	H. Spaan	NL	Aprilia	48'23.175
7.	K. Sakata	J	Honda	48'24.702
8.	N. Ueda	J	Honda	48'24.860
9.	B. Casanova	I	Aprilia	48'29.667
10.	T. Shimizu	J	Honda	48'34.011

Number of finishers: 28.
Fastest lap: F. Gresini (I, Honda),
    1'49.982 = 126.610 km/h.

10) July 19 : France - Magny-Cours

25 laps = 106.250 km
Pole position: E. Gianola (I, Honda),
    1'47.530 = 142.286 km/h.

1.	E. Gianola	I	Honda	45'37.526
				= 139.725 km/h
2.	N. Ueda	J	Honda	45'42.796
3.	J. Martinez	E	Honda	35'42.972
4.	K. Sakata	J	Honda	45'43.454
5.	A. Gramigni	I	Aprilia	45'44.379
6.	B. Casanova	I	Aprilia	45'46.128
7.	D. Raudies	D	Honda	45'46.635
8.	N. Wakai	J	Honda	45'54.057
9.	H. Spaan	NL	Aprilia	45'57.374
10.	R. Waldmann	D	Honda	45'58.765

Number of finishers: 26.
Fastest lap: F. Gresini (I, Honda),
    1'49.982 = 126.610 km/h.

11) August 2 : Great Britain - Donington

26 laps = 104.598 km
Pole position: B. Casanova (I, Aprilia),
    1'42.344 = 141.511 km/h.

1.	F. Gresini	I	Honda	44'46.145
				= 140.183 km/h
2.	A. Gramigni	I	Aprilia	44'49.424
3.	N. Ueda	J	Honda	44'53.542
4.	D. Raudies	D	Honda	44'53.856
5.	B. Casanova	I	Aprilia	44'56.976
6.	K. Sakata	J	Honda	45'00.319
7.	R. Waldmann	D	Honda	45'01.571
8.	J. Martinez	E	Honda	45'13.608
9.	K. Wada	J	Honda	45'20.468
10.	N. Wakai	J	Honda	45'20.769

Number of finishers: 28.
Fastest lap: N. Ueda (J, Honda),
    1'42.405 = 141.427 km/h.

12) August 23 : Brazil - Interlagos

24 laps = 103.752 km
Pole position: K. Sakata (J, Honda),
    1'55.715 = 134.493 km/h.

1.	D. Raudies	D	Honda	44'37.091
				= 139.520 km/h
2.	J. Martinez	E	Honda	44'48.400
3.	A. Gramigni	I	Aprilia	44'48.808
4.	B. Casanova	I	Aprilia	44'48.811
5.	O. Petrucciani	CH	Honda	45'05.449
6.	F. Gresini	I	Honda	45'09.066
7.	N. Ueda	J	Honda	45'09.339
8.	N. Wakai	J	Honda	45'09.798
9.	C. Giro Jr	E	Aprilia	45'13.814
10.	E. Gianola	I	Honda	45'13.936

Number of finishers: 24.
Fastest lap: D. Raudies (D, Honda),
    1'50.262 = 141.144 km/h.

13) September 6 : South Africa - Kyalami

24 laps = 102.240 km
Pole position: A. Gramigni (I, Aprilia),
    1'48.869 = 140.867 km/h.

1.	J. Martinez	E	Honda	44'02.803
				= 139.270 km/h
2.	C. Giro Jr	E	Aprilia	44'03.056
3.	A. Gramigni	I	Aprilia	44'03.241
4.	D. Raudies	D	Honda	44'03.604
5.	N. Ueda	J	Honda	44'08.949
6.	R. Waldmann	D	Honda	44'18.023
7.	F. Gresini	I	Honda	44'18.608
8.	E. Gianola	I	Honda	44'21.530
9.	H. Spaan	NL	Aprilia	44'27.767
10.	O. Koch	D	Honda	44'32.578

Number of finishers: 22.
Fastest lap: C. Giro Jr (E, Aprilia),
    1'48.687 = 141.102 km/h.

WORLD CHAMPIONSHIP

1.	Alessandro Gramigni	I	Aprilia	134
2.	Fausto Gresini	I	Honda	118
3.	Ralf Waldmann	D	Honda	112
4.	Ezio Gianola	I	Honda	105
5.	Bruno Casanova	I	Aprilia	96
6.	Dirk Raudies	D	Honda	91
7.	Jorge Martinez	E	Honda	83
8.	Gabriele Debbia	I	Honda	58
9.	Noboru Ueda	J	Honda	57
10.	Noboyuki Wakai	J	Honda	52
11.	Kazuto Sakata	J	Honda	42
12.	Carlos Giro Jr	E	Aprilia	39
13.	Hans Spaan	NL	Aprilia	12
14.	Peter Oettl	D	Bakker-Rotax	10
15.	Oliver Petrucciani	CH	Honda	9
16.	Oliver Koch	D	Honda	9
17.	Akira Saito	J	Honda	8
18.	Takao Shimizu	J	Honda	5
19.	Kinya Wada	J	Honda	5
20.	Yutaka Fujiwara	J	Honda	4
21.	Stefan Kurfiss	D	Honda	3
22.	Heinz Lüthi	CH	Honda	1

1992 — 125 cc

Champion : **Luca Cadalora (Italy, Honda), 203 points, 7 wins**

1992 — 250 cc

1) March 29 : Japan - Suzuka

20 laps = 117.280 km
Pole position: N. Aoki (J, Honda),
    2'18.696 = 152.206 km/h.

1.	L. Cadalora	I	Honda	52'50.357
				= 133.174 km/h
2.	T. Okada	J	Honda	53'00.326
3.	N. Aoki	J	Honda	53'14.000
4.	H. Bradl	D	Honda	53'41.626
5.	P. Chili	I	Aprilia	54'06.693
6.	A. Puig	E	Aprilia	54'14.602
7.	W. Zeelenberg	NL	Suzuki	54'21.934
8.	K. Namba	J	Yamaha	54'37.309
9.	L. Capirossi	I	Honda	54'44.510
10.	J.-P. Jeandat	F	Honda	54'44.911

Number of finishers: 24.
Fastest lap: L. Cadalora (I, Honda),
    2'35.862 = 135.443 km/h.

2) April 12 : Australia - Eastern Creek

28 laps = 110.040 km
Pole position: H. Bradl (D, Honda),
    1'33.980 = 150.543 km/h.

1.	L. Cadalora	I	Honda	44'36.707
				= 147.997 km/h
2.	C. Cardus	E	Honda	44'36.922
3.	H. Bradl	D	Honda	44'45.044
4.	W. Zeelenberg	NL	Suzuki	45'05.015
5.	L. Reggiani	I	Aprilia	45'05.106
6.	D. Romboni	I	Honda	45'07.026
7.	A. Preining	A	Aprilia	45'07.513
8.	M. Biaggi	I	Aprilia	45'09.837
9.	J.-P. Ruggia	F	Gilera	45'10.578
10.	P. Casoli	I	Yamaha	45'10.915

Number of finishers: 24.
Fastest lap: C. Cardus (E, Honda),
    1'34.797 = 149.245 km/h.

3) April 19 : Malaysia - Shah Alam

31 laps = 108.655 km
Pole position: P. Chili (I, Aprilia),
    1'27.838 = 143.651 km/h.

1.	L. Cadalora	I	Honda	47'49.876
				= 136.298 km/h
2.	A. Puig	E	Aprilia	47'54.582
3.	P. Chili	I	Aprilia	47'54.826
4.	C. Cardus	E	Honda	48'02.660
5.	J. Schmid	D	Yamaha	48'11.998
6.	D. Romboni	I	Honda	48'16.632
7.	W. Zeelenberg	NL	Suzuki	48'18.591
8.	M. Shimizu	J	Honda	48'19.086
9.	L. Capirossi	I	Honda	48'21.580
10.	P. Casoli	I	Yamaha	48'21.750

Number of finishers: 20.
Fastest lap: L. Cadalora (I, Honda),
    1'29.278 = 141.334 km/h.

4) May 10 : Spain - Jerez de la Frontera

26 laps = 114.998 km
Pole position: L. Cadalora (I, Honda),
    1'47.725 = 147.810 km/h.

1.	L. Reggiani	I	Aprilia	47'24.923
				= 145.520 km/h
2.	H. Bradl	D	Honda	47'30.006
3.	M. Shimizu	J	Honda	47'30.296
4.	L. Cadalora	I	Honda	47'30.419
5.	C. Cardus	E	Honda	47'36.375
6.	P. Chili	I	Aprilia	47'38.946
7.	A. Puig	E	Aprilia	47'49.541
8.	J. Schmid	D	Yamaha	47'50.964
9.	S. Prein	D	Honda	47'59.044
10.	M. Biaggi	I	Aprilia	48'00.628

Number of finishers: 27.
Fastest lap: L. Reggiani (I, Aprilia),
    1'48.283 = 147.048 km/h.

5) May 24 : Italy - Mugello

22 laps = 115.390 km
Pole position: P. Chili (I, Aprilia),
    1'57.880 = 160.180 km/h.

1.	L. Cadalora	I	Honda	43'52.313
				= 157.809 km/h
2.	L. Reggiani	I	Aprilia	43'52.481
3.	M. Biaggi	I	Aprilia	43'55.173
4.	H. Bradl	D	Honda	43'56.904
5.	W. Zeelenberg	NL	Suzuki	43'59.188
6.	A. Puig	E	Aprilia	44'06.821
7.	C. Cardus	E	Honda	44'07.209
8.	M. Shimizu	J	Honda	44'15.727
9.	L. Capirossi	I	Honda	44'19.616
10.	D. Romboni	I	Honda	44'22.514

Number of finishers: 26.
Fastest lap: L. Cadalora (I, Honda),
    1'58.062 = 159.933 km/h.

6) May 31 : Europe - Catalunya

24 laps = 113.928 km
Pole position: M. Biaggi (I, Aprilia),
    1'50.819 = 154.208 km/h.

1.	L. Cadalora	I	Honda	45'03.411
				= 151.712 km/h
2.	L. Reggiani	I	Aprilia	45'03.651
3.	M. Biaggi	I	Aprilia	45'03.834
4.	H. Bradl	D	Honda	45'04.314
5.	J. Schmid	D	Yamaha	45'13.863
6.	P. Chili	I	Aprilia	45'21.506
7.	D. Romboni	I	Honda	45'28.587
8.	A. Puig	E	Aprilia	45'35.639
9.	J.-P. Ruggia	F	Gilera	45'37.702
10.	P. Casoli	I	Yamaha	45'52.551

Number of finishers: 22.
Fastest lap: L. Reggiani (I, Aprilia),
    1'51.304 = 153.536 km/h.

7) June 14 : Germany - Hockenheim

16 laps = 108.672 km
Pole position: M. Biaggi (I, Aprilia),
   2'06.630 = 193.092 km/h.

1.	P. Chili	I	Aprilia	34'00.719
				= 191.707 km/h
2.	M. Biaggi	I	Aprilia	34'01.224
3.	L. Reggiani	I	Aprilia	34'01.736
4.	L. Cadalora	I	Honda	34'22.168
5.	M. Shimizu	J	Honda	34'27.166
6.	A. Puig	E	Aprilia	34'36.538
7.	N. Wakai	J	Suzuki	34'43.697
8.	F. Torrontegui	E	Suzuki	34'43.884
9.	L. Capirossi	I	Honda	34'47.074
10.	B. Kassner	D	Aprilia	34'47.466

Number of finishers: 28.
Fastest lap: L. Reggiani (I, Aprilia),
   2'06.499 = 193.292 km/h.

8) June 27 : The Netherlands - Assen

18 laps = 108.882 km
Pole position: M. Biaggi (I, Aprilia),
   2'06.736 = 171.825 km/h.

1.	P. Chili	I	Aprilia	38'52.184
				= 168.072 km/h
2.	L. Cadalora	I	Honda	38'58.858
3.	L. Reggiani	I	Aprilia	39'06.942
4.	A. Puig	E	Aprilia	39'09.736
5.	M. Shimizu	J	Honda	39'10.188
6.	J. Schmid	D	Yamaha	39'10.940
7.	H. Bradl	D	Honda	39'11.145
8.	L. Capirossi	I	Honda	39'11.345
9.	C. Lavado	VEN	Gilera	39'23.388
10.	J. Van den Goorbergh	NL	Aprilia	39'38.759

Number of finishers: 25.
Fastest lap: P. Chili (I, Aprilia),
   2'07.831 = 170.353 km/h.

9) July 12 : Hungary - Hungaroring

28 laps = 108.304 km
Pole position: L. Cadalora (I, Honda),
   1'44.069 = 133.804 km/h.

1.	L. Cadalora	I	Honda	49'29.109
				= 131.317 km/h
2.	L. Reggiani	I	Aprilia	49'40.847
3.	A. Puig	E	Aprilia	49'47.202
4.	M. Shimizu	J	Honda	49'52.483
5.	W. Zeelenberg	NL	Suzuki	49'52.607
6.	H. Bradl	D	Honda	49'52.820
7.	D. Romboni	I	Honda	49'55.771
8.	J. Schmid	D	Yamaha	50'00"401
9.	C. Lavado	VEN	Gilera	50'24.118
10.	F. Torrontegui	E	Suzuki	50'27.256

Number of finishers: 25.
Fastest lap: P. Chili (I, Aprilia),
   1'44.995 = 132.623 km/h.

10) July 19 : France - Magny-Cours

26 laps = 110.500 km
Pole position: P. Chili (I, Aprilia),
   1'41.215 = 151.163 km/h.

1.	L. Reggiani	I	Aprilia	44'37.434
				= 148.575 km/h
2.	P. Chili	I	Aprilia	44'37.691
3.	L. Cadalora	I	Honda	44'47.040
4.	J. Schmid	D	Yamaha	44'47.483
5.	C. Cardus	E	Honda	45'04.931
6.	A. Puig	E	Aprilia	45'13.318
7.	W. Zeelenberg	NL	Suzuki	45'13.688
8.	F. Torrontegui	E	Suzuki	45'15.694
9.	B. Haenggeli	CH	Aprilia	45'21.661
10.	J. Van den Goorbergh	NL	Aprilia	45'22.026

Number of finishers: 25.
Fastest lap: L. Reggiani (I, Aprilia),
   1'41.428 = 150.846 km/h.

11) August 2 : Great Britain - Donington

28 laps = 112.644 km
Pole position: P. Chili (I, Aprilia),
   1'36.259 = 150.457 km/h.

1.	P. Chili	I	Aprilia	45'17.158
				= 149.244 km/h
2.	L. Reggiani	I	Aprilia	45'19.039
3.	D. Romboni	I	Honda	45'31.996
4.	L. Cadalora	I	Honda	45'32.160
5.	J. Schmid	D	Yamaha	45'32.411
6.	H. Bradl	D	Honda	45'34.969
7.	L. Capirossi	I	Honda	45'45.751
8.	C. Cardus	E	Honda	46'07.303
9.	M. Shimizu	J	Honda	46'16.082
10.	F. Torrontegui	E	Suzuki	46'21.479

Number of finishers: 23.
Fastest lap: P. Chili (I, Aprilia),
   1'35.857 = 151.088 km/h.

12) August 23 : Brazil - Interlagos

26 laps = 112.398 km
Pole position: M. Biaggi (I, Aprilia),
   1'44.752 = 148.568 km/h.

1.	L. Cadalora	I	Honda	45'45.808
				= 147.364 km/h
2.	M. Biaggi	I	Aprilia	45'49.458
3.	L. Reggiani	I	Aprilia	45'49.730
4.	D. Romboni	I	Honda	45'53.368
5.	J. Schmid	D	Yamaha	46'02.029
6.	H. Bradl	D	Honda	46'07.242
7.	L. Capirossi	I	Honda	46'16.372
8.	A. Puig	E	Aprilia	46'21.887
9.	P. Van den Goorbergh	NL	Aprilia	46'24.087
10.	A. Preining	A	Aprilia	46'24.102

Number of finishers: 27.
Fastest lap: L. Reggiani (I, Aprilia),
   1'44.478 = 148.958 km/h.

13) September 6 : South Africa - Kyalami

26 laps = 110.760 km
Pole position: H. Bradl (D, Honda),
   1'42.056 (150.270 km/h).

1.	M. Biaggi	I	Aprilia	44'43.367
				= 148.595 km/h
2.	L. Reggiani	I	Aprilia	44'47.954
3.	P. Chili	I	Aprilia	44'53.116
4.	H. Bradl	D	Honda	44'55.758
5.	L. Capirossi	I	Honda	45'00.611
6.	L. Cadalora	I	Honda	45'06.255
7.	J. Schmid	D	Yamaha	45'13.758
8.	F. Torrontegui	E	Suzuki	45'18.033
9.	J.-P. Ruggia	F	Gilera	45'18.666
10.	A. Preining	A	Aprilia	45'38.645

Number of finishers: 26.
Fastest lap: M. Biaggi (I, Aprilia),
   1'42.094 = 150.215 km/h.

WORLD CHAMPIONSHIP

1.	Luca Cadalora	I	Honda	203
2.	Loris Reggiani	I	Aprilia	159
3.	Pierfrancesco Chili	I	Aprilia	119
4.	Helmut Bradl	D	Honda	89
5.	Massimiliano Biaggi	I	Aprilia	78
6.	Alberto Puig	E	Aprilia	71
7.	Jochen Schmid	D	Yamaha	58
8.	Carlos Cardus	E	Honda	48
9.	Masahiro Shimizu	J	Honda	46
10.	Doriano Romboni	I	Honda	43
11.	Wilco Zeelenberg	NL	Suzuki	39
12.	Loris Capirossi	I	Honda	27
13.	Tadayuki Okada	J	Honda	15
14.	Nobuatsu Aoki	J	Honda	12
15.	Francisco "Herri" Torrontegui	E	Suzuki	11
16.	Jean-Philippe Ruggia	F	Gilera	6
17.	Andreas Preining	A	Aprilia	5
18.	Noboyuki Wakai	J	Suzuki	4
19.	Carlos Lavado	VEN	Gilera	4
20.	Kyoji Nanba	J	Yamaha	3
21.	Paolo Casoli	I	Yamaha	3
22.	Patrick Van den Goorbergh	NL	Aprilia	2
23.	Bernard Haenggeli	CH	Aprilia	2
24.	Stefan Prein	D	Honda	2
25.	Jurgen Van den Goorbergh	NL	Aprilia	2
26.	Bernd Kassner	D	Aprilia	1
27.	Jean-Pierre Jeandat	F	Honda	1

Champion : **Wayne Rainey (United States, Yamaha), 140 points, 3 wins**

1992 — 500 cc

1) March 29 : Japan - Suzuka

22 laps = 129.008 km
Pole position: K. Schwantz (USA, Suzuki),
2'20.324 = 150.440 km/h.

1.	M. Doohan	AUS	Honda	56'21.831
				= 137.331 km/h
2.	D. Chandler	USA	Suzuki	56'50.129
3.	K. Schwantz	USA	Suzuki	57'17.623
4.	S. Itoh	J	Honda	58'09.633
5.	R. Mamola	USA	Yamaha	58'22.815
6.	K. Ohishi	J	Suzuki	58'35.539
7.	N. MacKenzie	GB	Yamaha	58'36.836
8.	T. Honma	J	Yamaha	58'37.322
9.	N. Fujiwara	J	Yamaha	58'38.422
10.	S. Tsujimoto	J	Honda	58'49.096

Number of finishers: 16.
Fastest lap: M. Doohan (AUS, Honda),
2'32.090 = 138.802 km/h.

2) April 12 : Australia - Eastern Creek

30 laps = 117.900 km
Pole position: M. Doohan (AUS, Honda),
1'30.756 = 155.891 km/h.

1.	M. Doohan	AUS	Honda	46'04.276
				= 153.545 km/h
2.	W. Rainey	USA	Yamaha	46'11.098
3.	D. Beattie	AUS	Honda	46'22.701
4.	K. Schwantz	USA	Suzuki	46'35.338
5.	D. Chandler	USA	Suzuki	46'40.295
6.	E. Lawson	USA	Cagiva	47'07.929
7.	A. Crivillé	E	Honda	47'56.115
8.	R. Mamola	USA	Yamaha	48'00.227
9.	J. Garriga	E	Yamaha	48'00.526
10.	M. Duhamel	CAN	Yamaha	1 lap

Number of finishers: 22.
Fastest lap: M. Doohan (AUS, Honda),
1'31.411 = 154.773 km/h.

3) April 19 : Malaysia - Shah Alam

30 laps = 105.150 km
Pole position: M. Doohan (AUS, Honda),
1'25.513 = 147.557 km/h.

1.	M. Doohan	AUS	Honda	45'45.608
				= 137.871 km/h
2.	W. Rainey	USA	Yamaha	45'56.041
3.	A. Crivillé	E	Honda	45'59.915
4.	J. Garriga	E	Yamaha	46'13.301
5.	D. Chandler	USA	Suzuki	46'17.037
6.	D. Beattie	AUS	Honda	46'17.887
7.	R. Mamola	USA	Yamaha	46'49.105
8.	P. Goddard	AUS	ROC Yamaha	47'48.232
9.	C. Catalano	I	ROC Yamaha	47'52.518
10.	E. Laycock	IRL	Yamaha	47'57.540

Number of finishers: 16.
Fastest lap: W. Rainey (USA, Yamaha),
1'26.074 = 146.595 km/h.

4) May 10 : Spain - Jerez de la Frontera

28 laps = 123.844 km
Pole position: M. Doohan (AUS, Honda),
1'45.480 = 150.956 km/h.

1.	M. Doohan	AUS	Honda	49'42.940
				= 149.463 km/h
2.	W. Rainey	USA	Yamaha	50'01.931
3.	N. MacKenzie	GB	Yamaha	50'11.313
4.	K. Schwantz	USA	Suzuki	50'11.421
5.	J. Kocinski	USA	Yamaha	50'22.297
6.	P. Goddard	AUS	ROC Yamaha	50'31.741
7.	J. Garriga	E	Yamaha	50'35.422
8.	R. Mamola	USA	Yamaha	50'36.628
9.	M. Duhamel	CAN	Yamaha	50'36.872
10.	D. Chandler	USA	Suzuki	50'41.732

Number of finishers: 24.
Fastest lap: M. Doohan (AUS, Honda),
1'45.356 = 151.33 km/h.

5) May 24 : Italy - Mugello

24 laps = 125.880 km
Pole position: M. Doohan (AUS, Honda),
1'54.048 = 165.562 km/h.

1.	K. Schwantz	USA	Suzuki	46'26.225
				= 162.646 km/h
2.	M. Doohan	AUS	Honda	46'31.293
3.	J. Kocinski	USA	Yamaha	46'58.767
4.	D. Chandler	USA	Suzuki	47'02.309
5.	A. Barros	BR	Cagiva	47'09.831
6.	J. Garriga	E	Yamaha	47'09.842
7.	M. Duhamel	CAN	Yamaha	47'09.936
8.	A. Crivillé	E	Honda	47'11.364
9.	N. MacKenzie	GB	Yamaha	47'17.119
10.	R. Mamola	USA	Yamaha	47'24.093

Number of finishers: 22.
Fastest lap: K. Schwantz (USA, Suzuki),
1'54.590 = 164.779 km/h.

6) May 31 : Europe - Catalunya

26 laps = 123.422 km
Pole position: M. Doohan (AUS, Honda),
1'48.549 = 157.433 km/h.

1.	W. Rainey	USA	Yamaha	47'31.348
				= 155.828 km/h
2.	M. Doohan	AUS	Honda	47'31.405
3.	D. Chandler	USA	Suzuki	47'46.110
4.	K. Schwantz	USA	Suzuki	47'47.681
5.	J. Kocinski	USA	Yamaha	47'59.495
6.	E. Lawson	USA	Cagiva	48'06.922
7.	N. MacKenzie	GB	Yamaha	48'14.161
8.	M. Duhamel	CAN	Yamaha	48'15.153
9.	R. Mamola	USA	Yamaha	48'15.500
10.	J. Garriga	E	Yamaha	48'20.736

Number of finishers: 24.
Fastest lap: M. Doohan (AUS, Honda),
1'48.583 = 157.384 km/h.

7) June 14 : Germany - Hockenheim

18 laps = 122.256 km
Pole position: M. Doohan (AUS, Honda),
1'58.325 = 206.644 km/h.

1.	M. Doohan	AUS	Honda	35'57.895
				= 203.959 km/h
2.	K. Schwantz	USA	Suzuki	36'22.521
3.	W. Gardner	AUS	Honda	36'33.660
4.	A. Crivillé	E	Honda	36'33.838
5.	J. Kocinski	USA	Yamaha	36'33.960
6.	E. Lawson	USA	Cagiva	36'34.541
7.	A. Barros	BR	Cagiva	36'35.815
8.	D. Chandler	USA	Suzuki	36'36.099
9.	J. Garriga	E	Yamaha	36'40.158
10.	P. Goddard	AUS	ROC Yamaha	37'08.080

Number of finishers: 22.
Fastest lap: M. Doohan (AUS, Honda),
1'58.956 = 205.548 km/h.

8) June 27 : The Netherlands - Assen

20 laps = 120.980 km
Pole position: E. Lawson (USA, Cagiva),
2'03.675 = 176.078 km/h.

1.	A. Crivillé	E	Honda	42'00.424
				= 172.799 km/h
2.	J. Kocinski	USA	Yamaha	42'01.186
3.	A. Barros	BR	Cagiva	42'01.217
4.	J. Garriga	E	Yamaha	42'02.678
5.	R. Mamola	USA	Yamaha	42'34.430
6.	M. Duhamel	CAN	Yamaha	42'40.368
7.	N. MacKenzie	GB	Yamaha	42'40.839
8.	C. Catalano	I	ROC Yamaha	42'44.013
9.	E. Laycock	IRL	Yamaha	42'44.472
10.	K. Mitchell	GB	Harris Yamaha	43'00.539

Number of finishers: 21.
Fastest lap: J. Garriga (E, Yamaha),
2'04.625 = 174.735 km/h.

9) July 12 : Hungary - Hungaroring

30 laps = 116.040 km
Pole position: D. Chandler (USA, Suzuki),
1'43.028 = 135.155 km/h.

1.	E. Lawson	USA	Cagiva	58'21.786
				= 119.295 km/h
2.	D. Chandler	USA	Suzuki	58'35.980
3.	R. Mamola	USA	Yamaha	58'59.516
4.	K. Schwantz	USA	Suzuki	59'25.394
5.	W. Rainey	USA	Yamaha	59'29.448
6.	W. Gardner	AUS	Honda	59'57.138
7.	J. Kocinski	USA	Yamaha	1:00'04.510
8.	J. Garriga	E	Yamaha	1:00'06.863
9.	A. Barros	B	Cagiva	1 lap
10.	E. Laycock	IRL	Yamaha	1 lap

Number of finishers: 21.
Fastest lap: A. Barros (BR, Cagiva),
1'46.862 = 130.306 km/h.

10) July 19 : France - Magny-Cours

27 laps = 114.750 km
Pole position: D. Chandler (USA, Suzuki),
1'38.524 = 155.292 km/h.

1.	W. Rainey	USA	Yamaha	45'05.182
				= 152.707 km/h
2.	W. Gardner	AUS	Honda	45'11.864
3.	J. Kocinski	USA	Yamaha	45'13.869
4.	J. Garriga	E	Yamaha	45'16.827
5.	E. Lawson	USA	Cagiva	45'39.083
6.	N. MacKenzie	GB	Yamaha	45'50.888
7.	M. Duhamel	CAN	Yamaha	45'56.631
8.	R. Mamola	USA	Yamaha	46'02.397
9.	J. Whitham	GB	ROC Yamaha	46'32.015
10.	T. Arakaki	J	ROC Yamaha	46'44.473

Number of finishers: 15.
Fastest lap: W. Gardner (AUS, Honda),
1'39.273 = 154.120 km/h.

11) August 2 : Great Britain - Donington

30 laps = 120.690 km
Pole position: E. Lawson (USA, Cagiva),
1'33.814 = 154.378 km/h.

1.	W. Gardner	AUS	Honda	47'38.373
				= 152.004 km/h
2.	W. Rainey	USA	Yamaha	47'39.228
3.	J. Garriga	E	Yamaha	47'44.228
4.	E. Lawson	USA	Cagiva	48'04.452
5.	P. Goddard	AUS	ROC Yamaha	48'42.464
6.	T. Rymer	GB	Harris Yamaha	49'00.703
7.	M. Duhamel	CAN	Yamaha	1 lap
8.	M. Rudroff	D	Harris Yamaha	1 lap
9.	D. Sarron	F	ROC Yamaha	1 lap
10.	T. Arakaki	J	ROC Yamaha	1 lap

Number of finishers: 16.
Fastest lap: W. Rainey (USA, Yamaha),
1'34.194 = 153.755 km/h.

12) August 23 : Brazil - Interlagos

28 laps = 121.044 km
Pole position: J. Kocinski (USA, Yamaha),
1'43.403 = 150.506 km/h.

1.	W. Rainey	USA	Yamaha	48'33.539
				= 149.563 km/h
2.	J. Kocinski	USA	Yamaha	48'46.549
3.	D. Chandler	USA	Suzuki	48'54.294
4.	W. Gardner	AUS	Honda	49'02.432
5.	M. Duhamel	CAN	Yamaha	49'04.773
6.	A. Crivillé	E	Honda	49'04.793
7.	K. Schwantz	USA	Suzuki	49'23.940
8.	A. Barros	BR	Cagiva	49'27.060
9.	N. MacKenzie	GB	Yamaha	49'35.826
10.	R. Mamola	USA	Yamaha	49'44.507

Number of finishers: 23.
Fastest lap: W. Rainey (USA, Yamaha),
1'42.872 = 151.283 km/h.

13) September 6 : South Africa - Kyalami

28 laps = 119.280 km
Pole position: J. Kocinski (USA, Yamaha),
1'39.548 = 154.056 km/h.

1.	J. Kocinski	USA	Yamaha	47'00.729
				= 152.233 km/h
2.	W. Gardner	AUS	Honda	47'03.664
3.	W. Rainey	USA	Yamaha	47'05.698
4.	D. Chandler	USA	Suzuki	47'13.306
5.	K. Schwantz	USA	Suzuki	47'22.779
6.	M. Doohan	AUS	Honda	47'31.042
7.	A. Crivillé	E	Honda	47'34.599
8.	N. MacKenzie	GB	Yamaha	47'35.248
9.	M. Duhamel	CAN	Yamaha	48'03.852
10.	J. Garriga	E	Yamaha	48'10.955

Number of finishers: 24.
Fastest lap: W. Gardner (AUS, Honda),
1'39.952 = 153.434 km/h.

WORLD CHAMPIONSHIP

1.	Wayne Rainey	USA	Yamaha	140
2.	Michael Doohan	AUS	Honda	136
3.	John Kocinski	USA	Yamaha	102
4.	Kevin Schwantz	USA	Suzuki	99
5.	Douglas Chandler	USA	Suzuki	94
6.	Wayne Gardner	AUS	Honda	78
7.	Juan Garriga	E	Yamaha	61
8.	Alex Crivillé	E	Honda	59
9.	Eddie Lawson	USA	Cagiva	56
10.	Randy Mamola	USA	Yamaha	45
11.	Niall MacKenzie	GB	Yamaha	37
12.	Miguel Duhamel	CAN	Yamaha	34
13.	Alexandre Barros	BR	Cagiva	29
14.	Daryl Beattie	AUS	Honda	18
15.	Peter Goddard	AUS	ROC Yamaha	18
16.	Shinichi Itoh	J	Honda	10
17.	Keiji Ohishi	J	Suzuki	6
18.	Terry Rymer	GB	Yamaha	6
19.	Corrado Catalano	I	ROC Yamaha	5
20.	Eddie Laycock	IRL	Yamaha	4
21.	Toshihiko Honma	J	Yamaha	3
22.	Michael Rudroff	D	Harris Yamaha	3
23.	James Whitham	GB	ROC Yamaha	2
24.	Norihiko Fujiwara	J	Yamaha	2
25.	Dominique Sarron	F	ROC Yamaha	2
26.	Toshiaki Arakaki	J	ROC Yamaha	2
27.	Satoshi Tsujimoto	J	Honda	1
28.	Kevin Mitchell	GB	Harris Yamaha	1

1992 — Side-Cars

Champions: Rolf Biland/Kurt Waltisperg (Switzerland, LCR-Krauser), 98 points, 4 wins

1) May 10 : Spain - Jerez de la Frontera

23 laps = 101.729 km
Pole position: D. Dixon/S. Dixon (GB, LCR-Krauser), 1'48.465 = 146.801 km/h.

1.	S. Webster/G. Simmons	GB	LCR-ADM	42'38.606
				= 143.134 km/h
2.	K. Klaffenböck/C. Parzer	A	LCR-ADM	42'55.849
3.	B. Brindley/S. Whiteside	GB	LCR-Yamaha	43'18.276
4.	Y. Kumagaya/B. Houghton	J/GB	LCR-Krauser	43'24.126
5.	P. Güdel/C. Güdel	CH	LCR-Yamaha	43'42.195
6.	M. Bösiger/B. Leibundgut	CH	LCR-ADM	43'49.039
7.	T. Wyssen/K. Wyssen	CH	LCR-Yamaha	44'04.854
8.	M. Egloff/U. Egloff	CH	LCR-Yamaha	44'21.487
9.	E. Streuer/P. Brown	NL/GB	LCR-Stredor	44'26.922
10.	T. Baker/S. Prior	GB	LCR-Krauser	44'31.150

Number of finishers: 13.
Fastest lap: S. Webster/G. Simmons (GB, LCR-ADM), 1'49.517 = 145.391 km/h.

2) June 14 : Germany - Hockenheim

16 laps = 108.672 km
Pole position: R. Biland/K. Waltisperg (CH, LCR-Krauser), 2'09.960 = 188.144 km/h.

1.	S. Webster/G. Simmons	GB	LCR-ADM	34'54.377
				= 186.795 km/h
2.	K. Klaffenböck/C. Parzer	A	LCR-ADM	34'54.658
3.	D. Dixon/A. Hetherington	G	LCR-Krauser	35'20.596
4.	Y. Kumagaya/B. Houghton	J/GB	LCR-Krauser	35'21.627
5.	R. Bohnhorst/B. Hiller	D	BRM 405	35'45.065
6.	P. Güdel/C. Güdel	CH	LCR-Yamaha	35'46.477
7.	M. Bösiger/B. Leibundgut	CH	LCR-ADM	35'46.990
8.	R. Biland/K. Waltisperg	CH	LCR-Krauser	35'47.187
9.	B. Brindley/S. Whiteside	GB	LCR-Yamaha	36'18.241
10.	D. Brindley/N. Roche	GB	LCR-Krauser	36'30.991

Number of finishers: 16.
Fastest lap: S. Webster/G. Simmons (GB, LCR-ADM), 2'09.785 = 188.398 Km/h.

3) June 27 : The Netherlands - Assen

17 laps = 102.833 km
Pole position: R. Biland/K. Waltisperg (CH, LCR-Krauser), 2'09.733 = 167.856 km/h

1.	R. Biland/K. Waltisperg	CH	LCR-Krauser	37'20.486
				= 165.231 km/h
2.	S. Webster/G. Simmons	GB	LCR-ADM	37'36.173
3.	K. Klaffenböck/C. Parzer	A	LCR-ADM	37'55.659
4.	E. Streuer/P. Brown	NL/GB	LCR-Stredor	38'01.287
5.	R. Bohnhorst/B. Hiller	D	BRM 405	38'22.569
6.	P. Güdel/C. Güdel	CH	LCR-Yamaha	38'24.081
7.	S. Abbott/S. Smith	GB	LCR-Krauser	38'28.768
8.	M. Egloff/U. Egloff	CH	LCR-Yamaha	38'41.138
9.	B. Brindley/S. Whiteside	GB	LCR-Yamaha	38'42.565
10.	Y. Kumagaya/B. Houghton	J/GB	LCR-Krauser	38'44.951

Number of finishers: 19.
Fastest lap: R. Biland/K. Waltisperg (CH, LCR-Krauser), 2'10.345 = 167.067 km/h.

4) July 12 : Hungary - Hungaroring

26 laps = 100.568 km
Pole position: R. Biland/K. Waltisperg (CH, LCR-Krauser), 1'44.838 = 132.822 km/h.

1.	R. Biland/K. Waltisperg	CH	LCR-Krauser	46'24.347
				= 130.029 km/h
2.	S. Webster/G. Simmons	GB	LCR-ADM	46'32.029
3.	K. Klaffenböck/C. Parzer	A	LCR-ADM	46'40.102
4.	R. Bohnhorst/B. Hiller	D	BRM 405	46'54.012
5.	E. Streuer/P. Brown	NL/GB	LCR-Stredor	46'57.029
6.	Y. Kumagaya/B. Houghton	J/GB	LCR-Krauser	47'00.066
7.	S. Abbott/S. Smith	GB	LCR-Krauser	47'02.171
8.	D. Dixon/A. Hetherington	GB	LCR-Krauser	47'10.420
9.	M. Egloff/U. Egloff	CH	LCR-Yamaha	48'07.470
10.	J. Lauslehto/J. Levinsen	SF/DK	LCR-ADM	1 lap

Number of finishers: 15.
Fastest lap: S. Webster/G. Simmons (GB, LCR-ADM), 1'45.900 = 131.490 km/h.

5) July 19 : France - Magny-Cours

26 laps = 106.250 km
Pole position: R. Biland/K. Waltisperg (CH, LCR-Krauser), 1'42.982 = 148.570 km/h.

1.	R. Biland/K. Waltisperg	CH	LCR-Krauser	45'58.883
				= 144.189 km/h
2.	E. Streuer/P. Brown	NL/GB	LCR-Stredor	46'02.284
3.	K. Klaffenböck/C. Parzer	A	LCR-ADM	46'04.701
4.	S. Webster/G. Simmons	GB	LCR-ADM	46'08.222
5.	Y. Kumagaya/B. Houghton	J/GB	LCR-Krauser	46'27.543
6.	S. Abbott/S. Smith	GB	LCR-Krauser	46'29.200
7.	P. Güdel/C. Güdel	CH	LCR-Yamaha	46'29.603
8.	B. Brindley/S. Whiteside	GB	LCR-Yamaha	47'04.650
9.	M. Egloff/U. Egloff	CH	LCR-Yamaha	47'07.330
10.	T. Van Kempen/G. De Haas	NL	LCR-Krauser	47'39.990

Number of finishers: 13.
Fastest lap: D. Dixon/A. Hetherington (GB, LCR-Krauser), 1'45.008 = 145.703 km/h.

6) August 2 : Great Britain - Donington

26 laps = 104.598 km
Pole position: R. Biland/K. Waltisperg (CH, LCR-Krauser), 1'37.358 = 148.758 km/h.

1.	R. Biland/K. Waltisperg	CH	LCR-Krauser	42'55.364
				= 146.213 km/h
2.	D. Dixon/A. Hetherington	GB	LCR-Krauser	43'15.890
3.	S. Webster/G. Simmons	GB	LCR-ADM	43'20.854
4.	R. Bohnhorst/B. Hiller	D	BRM 405	43'22.910
5.	M. Egloff/U. Egloff	CH	LCR-Yamaha	43'26.079
6.	P. Güdel/C. Güdel	CH	LCR-Yamaha	43'54.678
7.	Y. Kumagaya/B. Houghton	J/GB	LCR-Krauser	43'57.977
8.	D. Brindley/N. Roche	GB	LCR-Krauser	43'58.432
9.	E. Streuer/P. Brown	NL/GB	LCR-Stredor	44'10.558
10.	M. Bösiger/B. Leibundgut	CH	LCR-ADM	44'24.571

Number of finishers: 16.
Fastest lap: R. Biland/K. Waltisperg (CH, LCR-Krauser), 1'37.863 = 147.991 km/h.

7) September 13 : Assen II

26 laps = 101.738 km (*)
Pole position: R. Biland/K. Waltisperg (CH, LCR-Krauser), 1'25.83 = 164.124 km/h

1.	E. Streuer/P. Brown	NL/GB	LCR-Stredor	37'41.18
				= 161.975 km/h
2.	R. Biland/K. Waltisperg	CH	LCR-Krauser	37'41.64
3.	D. Dixon/A. Hetherington	GB	LCR-Krauser	38'06.04
4.	M. Bösiger/B. Leibundgut	CH	LCR-ADM	38'06.35
5.	P. Güdel/C. Güdel	CH	LCR-Yamaha	38'27.18
6.	D. Brindley/P. Hutchinson	GB	LCR-Krauser	38'39.40
7.	B. Gälross/P. Berglund	S	LCR-Streuer	38'57.54
8.	T. Van Kempen/G. De Haas	NL	LCR-Krauser	39'04.12
9.	R. Koster/J. Egli	CH	LCR-Yamaha	1 lap
10.	G. Knicht/G. Scott	GB	Windle-Krauser	1 lap

Number of finishers: 15.
Fastest lap: E. Streuer/P. Brown (NL/GB, LCR-Stredor), 1'25.67 = 164.430 km/h.

(*): course disputée sur le "petit" circuit d'Assen (3913 mètres) dans le cadre du championnat du monde superbike. Le "petit" circuit est raccordé au grand par une épingle à 180°, 200 mètres après le départ, et ne comprend que la partie sud.

(*): Das Rennen wurde auf dem kurzen Kurs von Assen (Länge 3913 Meter) und im Rahmen der Superbike-Weltmeisterschaft ausgetragen. Der "Kleine" Kurs wird durch eine 180 Grad-Spitzkehre, 200 Meter nach Start, verbunden und verzichtet auf den Südlichen Streckenteil.

(*): race run on the "little" circuit at Assen (3913 metres) at the world superbike championship meeting. The "little" circuit joined up with the big one through a 180 degree hairpin, 200 metres after the start and comprises the south part only.

WORLD CHAMPIONSHIP

1.	Rolf Biland/Kurt Waltisperg	CH	LCR-Krauser	98
2.	Steve Webster/Gavin Simmons	GB	LCR-ADM	92
3.	Klaus Klaffenböck/Christian Parzer	A	LCR-ADM	66
4.	Egbert Streuer/Peter Brown	NL/GB	LCR-Stredor	57
5.	Darren Dixon/Andy Hetherington	GB	LCR-Krauser	42
6.	Yoshisada Kumagaya/Bryan Houghton	J/GB	LCR-Krauser	39
7.	Paul Güdel/Charly Güdel	CH	LCR-Yamaha	38
8.	Ralph Bohnhorst/Bruno Hiller	D	BRM 405	36
9.	Markus Bösiger/Beat Leibundgut	CH	LCR-ADM	21
10.	Barry Brindley/Scott Whiteside	GB	LCR-Yamaha	19
11.	Markus Egloff/Urs Egloff	CH	LCR-Yamaha	18
12.	Steve Abbott/Shaun Smith	GB	LCR-Krauser	14
13.	Derek Brindley/Nick Roche/Paul Hutchinson	GB	LCR-Krauser	10
14.	Tony Wyssen/Kilian Wyssen	CH	LCR-Yamaha	4
15.	Billy Gälross/Peter Berglund	S	LCR-Streuer	4
16.	Theo Van Kempen/Geral De Haas	NL	LCR-Krauser	4
17.	Reiner Koster/Jürg Egli	CH	LCR-Yamaha	2
18.	Tony Baker/Simon Prior	GB	LCR-Krauser	1
19.	Jukka Lauslehto/Jörgen Levinsen	SF/DK	LCR-ADM	1
20.	Gary Knight/Guy Scott	GB	Windle-Krauser	1

Tony Baker / Simon Prior , LCR-Krauser (11) - Steve Abbot / Shaun Smith, LCR-Krauser (9)

1993 — 125 cc

Champion : **Dirk Raudies (Germany, Honda), 280 points, 9 wins**

1) March 28 : Australia - Eastern Creek

26 laps = 102.180 km
Pole position: C. Giro Jr (E, Aprilia),
1'37.858 = 144.577 km/h.

1.	D. Raudies	D	Honda	42'58.125
				= 142.680 km/h
2.	K. Sakata	J	Honda	43'11.120
3.	F. Torrontegui	E	Aprilia	43'24.106
4.	M. Ono	J	Honda	43'24.116
5.	F. Gresini	I	Honda	43'26.493
6.	K. Wada	J	Honda	43'31.789
7.	A. Saito	J	Honda	43'38.648
8.	N. Ueda	J	Honda	43'39.988
9.	T. Tsujimura	J	Honda	43'48.939
10.	G. McCoy	AUS	Aprilia	44'02.850
11.	S. Prein	D	Honda	44'02.914
12.	M. Stief	D	Honda	44'08.306
13.	L. Ancona	I	Honda	44'11.177
14.	H. Aoki	J	Honda	44'12.334
15.	J. Miralles	E	Honda	44'19.494

Number of finishers: 19.
Fastest lap: D. Raudies (D, Honda),
1'37.819 = 144.634 km/h.

2) April 4 : Malaysia - Shah Alam

29 laps = 101.645 km
Pole position: D. Raudies (D, Honda),
1'31.951 = 137.225 km/h.

1.	D. Raudies	D	Honda	45'16.181
				= 134.719 km/h
2.	K. Sakata	J	Honda	45'23.924
3.	T. Tsujimura	J	Honda	45'26.369
4.	N. Ueda	J	Honda	45'27.960
5.	R. Waldmann	D	Aprilia	45'31.369
6.	M. Ono	J	Honda	45'36.301
7.	O. Koch	D	Honda	45'40.126
8.	F. Gresini	I	Honda	45'44.260
9.	F. Torrontegui	E	Aprilia	45'44.440
10.	J. Martinez	E	Honda	45'57.359
11.	H. Aoki	J	Honda	46'02.578
12.	O. Petrucciani	CH	Aprilia	46'13.661
13.	S. Prein	D	Honda	46'24.904
14.	L. Ancona	I	Honda	46'36.687
15.	A. Molenaar	NL	Honda	47'44.065

Number of finishers: 17.
Fastest lap: D. Raudies (D, Honda),
1'32.821 = 135.939 km/h.

3) April 18 : Japan - Suzuka

18 laps = 105.552 km
Pole position: D. Raudies (D, Honda),
2'20.046 = 150.739 km/h.

1.	D. Raudies	D	Honda	42'32.095
				= 148.892 km/h
2.	K. Sakata	J	Honda	42'34.839
3.	T. Tsujimura	J	Honda	42'35.244
4.	A. Saito	J	Honda	42'35.815
5.	N. Ueda	J	Honda	42'36.451
6.	R. Waldmann	D	Aprilia	42'36.498
7.	H. Aoki	J	Honda	42'54.813
8.	H. Nakajyo	J	Honda	42'58.295
9.	J. Martinez	E	Honda	43'07.874
10.	O. Petrucciani	CH	Aprilia	43'09.929
11.	F. Torrontegui	E	Aprilia	43'10.139
12.	K. Miyasaka	J	Honda	43'16.742
13.	M. Ono	J	Honda	43'16.837
14.	L. Ancona	I	Honda	43'30.607
15.	S. Prein	D	Honda	43'46.075

Number of finishers: 21.
Fastest lap: K. Sakata (J, Honda),
2'20.231 = 150.540 km/h.

4) May 2 : Spain - Jerez de la Frontera

23 laps = 101.729 km
Pole position: D. Raudies (D, Honda),
1'51.574 = 142.711 km/h.

1.	K. Sakata	J	Honda	43'17.138
				= 141.011 km/h
2.	R. Waldmann	D	Aprilia	43'17.740
3.	T. Tsujimura	J	Honda	43'30.758
4.	F. Torrontegui	E	Aprilia	43'35.398
5.	N. Ueda	J	Honda	43'37.452
6.	O. Petrucciani	CH	Aprilia	43'39.328
7.	J. Martinez	E	Honda	43'41.996
8.	O. Koch	D	Honda	43'47.129
9.	L. Ancona	I	Honda	44'03.342
10.	P. Oettl	D	Aprilia	44'04.353
11.	S. Kurfiss	D	Aprilia	44'10.462
12.	N. Hodgson	GB	Honda	44'10.564
13.	J. Miralles	E	Honda	44'15.857
14.	K. Wada	J	Honda	44'19.495
15.	S. Prein	D	Honda	44'26.994

Number of finishers: 19.
Fastest lap: R. Waldmann (D, Aprilia),
1'51.989 = 142.182 km/h.

5) May 16 : Austria - Salzburgring

24 laps = 101.640 km
Pole position: K. Sakata (J, Honda),
1'29.623 = 170.113 km/h.

1.	T. Tsujimura	J	Honda	36'19.800
				= 167.861 km/h
2.	K. Sakata	J	Honda	36'19.812
3.	D. Raudies	D	Honda	36'19.958
4.	E. Gianola	I	Honda	36'20.309
5.	A. Saito	J	Honda	36'23.941
6.	M. Baumann	A	Honda	36'24.040
7.	B. Casanova	I	Aprilia	36'24.137
8.	F. Gresini	I	Honda	36'30.176
9.	R. Waldmann	D	Aprilia	36'30.236
10.	O. Petrucciani	CH	Aprilia	36'30.302
11.	F. Torrontegui	E	Aprilia	36'30.636
12.	M. Stief	D	Honda	36'31.233
13.	G. Debbia	I	Honda	36'31.332
14.	K. Wada	J	Honda	36'31.346
15.	O. Koch	D	Honda	36'48.752

Number of finishers: 31.
Fastest lap: T. Tsujimura (J, Honda),
1'29.241 = 170.841 km/h.

6) June 13 : Germany - Hockenheim

15 laps = 101.880 km
Pole position: D. Raudies (D, Honda),
2'16.885 = 178.626 km/h.

1.	D. Raudies	D	Honda	34'45.987
				= 175.825 km/h
2.	K. Sakata	J	Honda	34'54.794
3.	T. Tsujimura	J	Honda	34'54.930
4.	A. Saito	J	Honda	34'55.147
5.	R. Waldmann	D	Aprilia	34'55.156
6.	E. Gianola	I	Honda	34'55.821
7.	B. Casanova	I	Aprilia	34'55.876
8.	P. Oettl	D	Aprilia	34'57.085
9.	M. Baumann	A	Honda	35'05.077
10.	O. Koch	D	Honda	35'11.684
11.	N. Ueda	J	Honda	35'11.868
12.	L. Ancona	I	Honda	35'12.003
13.	J. Martinez	E	Honda	35'12.041
14.	O. Petrucciani	CH	Aprilia	35'12.057
15.	F. Torrontegui	E	Aprilia	35'12.194

Number of finishers: 29.
Fastest lap: K. Sakata (J, Honda),
2'17.301 = 178.085 km/h.

7) June 26 : The Netherlands - Assen

17 laps = 102.833 km
Pole position: D. Raudies (D, Honda),
2'16.308 = 159.759 km/h.

1.	D. Raudies	D	Honda	39'08.938
				= 157.603 km/h
2.	K. Sakata	J	Honda	39'18.728
3.	M. Baumann	A	Honda	39'19.312
4.	M. Stief	D	Honda	39'20.896
5.	H. Spaan	NL	Honda	39'21.042
6.	P. Oettl	D	Aprilia	39'21.111
7.	E. Gianola	I	Honda	39'27.553
8.	O. Petrucciani	CH	Aprilia	39'34.871
9.	A. Saito	J	Honda	39'35.016
10.	O. Koch	D	Honda	39'40.536
11.	S. Kurfiss	D	Aprilia	39'46.672
12.	K. Wada	J	Honda	39'58.006
13.	E. Cuppini	I	Aprilia	40'00.253
14.	F. Torrontegui	E	Aprilia	40'16.950
15.	N. Hodgson	GB	Honda	40'21.254

Number of finishers: 18.
Fastest lap: K. Sakata (J, Honda),
2'16.539 = 159.488 km/h.

8) July 4 : Europe - Catalunya

22 laps = 104.434 km
Pole position: T. Tsujimura (J, Honda),
1'56.699 = 146.438 km/h.

1.	N. Ueda	J	Honda	43'33.091
				= 143.876 km/h
2.	R. Waldmann	D	Aprilia	43'33.152
3.	A. Saito	J	Honda	43'33.176
4.	F. Torrontegui	E	Aprilia	43'33.315
5.	D. Raudies	D	Honda	43'34.662
6.	J. Martinez	E	Honda	43'55.604
7.	C. Checa	E	Honda	43'55.706
8.	E. Gianola	I	Honda	43'55.806
9.	T. Tsujimura	J	Honda	44'07.888
10.	H. Aoki	J	Honda	44'08.094
11.	H. Spaan	NL	Honda	44'08.124
12.	O. Petrucciani	CH	Aprilia	44'08.357
13.	M. Baumann	A	Honda	44'09.235
14.	S. Kurfiss	D	Aprilia	44'10.836
15.	O. Koch	D	Honda	44'16.294

Number of finishers: 21.
Fastest lap: R. Waldmann (D, Aprilia),
1'57.230 = 145.775 km/h.

9) July 18 : San Marino - Mugello

20 laps = 104.900 km
Pole position: K. Sakata (J, Honda),
2'02.584 = 154.033 km/h.

1.	D. Raudies	D	Honda	41'28.495
				= 151.754 km/h
2.	K. Sakata	J	Honda	41'39.444
3.	A. Saito	J	Honda	41'40.292
4.	R. Waldmann	D	Aprilia	41'40.370
5.	C. Giro Jr	E	Aprilia	41'40.428
6.	N. Ueda	J	Honda	41'42.648
7.	J. Martinez	E	Honda	41'49.742
8.	P. Oettl	D	Aprilia	41'51.262
9.	T. Tsujimura	J	Honda	42'00.760
10.	F. Gresini	I	Honda	42'00.787
11.	O. Petrucciani	CH	Aprilia	42'00.934
12.	L. Ancona	I	Honda	42'01.125
13.	K. Wada	J	Honda	42'01.482
14.	S. Prein	D	Honda	42'01.814
15.	O. Koch	D	Honda	42'17.362

Number of finishers: 28.
Fastest lap: C. Giro Jr (E, Aprilia),
2'03.309 = 153.128 km/h.

10) August 1 : Great Britain - Donington

26 laps = 104.598 km
Pole position: K. Sakata (J, Honda),
1'41.178 = 143.142 km/h.

1.	D. Raudies	D	Honda	44'21.938
				= 141.458 km/h
2.	K. Sakata	J	Honda	44'30.088
3.	R. Waldmann	D	Aprilia	44'32.698
4.	O. Petrucciani	CH	Aprilia	44'40.470
5.	A. Saito	J	Honda	44'40.994
6.	N. Ueda	J	Honda	44'41.481
7.	F. Gresini	I	Honda	44'42.396
8.	T. Tsujimura	J	Honda	44'48.195
9.	P. Oettl	D	Aprilia	44'51.129
10.	N. Hodgson	GB	Honda	44'56.066
11.	J. Martinez	E	Honda	44'59.790
12.	K. Wada	J	Honda	45'00.622
13.	O. Koch	D	Honda	45'16.634
14.	G. McCoy	AUS	Aprilia	45'19.974
15.	S. Prein	D	Honda	45'22.681

Number of finishers: 26.
Fastest lap: K. Sakata (J, Honda),
1'41.347 = 142.903 km/h.

11) August 22 : Czech Republic - Brno

19 laps = 102.486 km
Pole position: K. Sakata (J, Honda),
2'12.540 = 146.510 km/h.

1.	K. Sakata	J	Honda	42'31.679
				= 144.591 km/h
2.	D. Raudies	D	Honda	42'31.720
3.	T. Tsujimura	J	Honda	42'49.927
4.	N. Ueda	J	Honda	42'49.984
5.	A. Saito	J	Honda	43'02.832
6.	C. Giro Jr	E	Aprilia	43'04.575
7.	P. Oettl	D	Aprilia	43'04.770
8.	J. Martinez	E	Honda	43'09.798
9.	O. Petrucciani	CH	Aprilia	43'19.700
10.	S. Prein	D	Honda	43'22.186
11.	N. Hodgson	GB	Honda	43'22.805
12.	G. Debbia	I	Aprilia	43'24.802
13.	F. Torrontegui	E	Aprilia	43'24.965
14.	G. McCoy	AUS	Aprilia	43'29.730
15.	E. Gianola	I	Honda	43'30.750

Number of finishers: 26.
Fastest lap: K. Sakata (J, Honda),
2'13.164 = 145.823 km/h.

12) September 5 : Italy - Misano

25 laps = 101.500 km
Pole position: K. Sakata (J, Honda),
1'40.784 = 145.023 km/h.

1.	D. Raudies	D	Honda	42'30.722
				= 143.254 km/h
2.	K. Sakata	J	Honda	42'46.596
3.	P. Oettl	D	Aprilia	42'47.188
4.	T. Tsujimura	J	Honda	42'47.50
5.	R. Waldmann	D	Aprilia	42'48.160
6.	A. Saito	J	Honda	42'48.576
7.	E. Gianola	I	Honda	42'54.012
8.	S. Prein	D	Honda	43'00.874
9.	O. Koch	D	Honda	43'02.587
10.	F. Gresini	I	Honda	43'05.802
11.	K. Wada	J	Honda	43'12.788
12.	J. Martinez	E	Honda	43'12.970
13.	H. Aoki	J	Honda	43'12.986
14.	O. Petrucciani	CH	Aprilia	43'16.615
15.	N. Hodgson	GB	Honda	43'16.856

Number of finishers: 26.
Fastest lap: D. Raudies (D, Honda),
1'41.088 = 144.587 km/h.

13) September 12 : United States - Laguna Seca

29 laps = 102.486 km
Pole position: K. Sakata (J, Honda),
1'33.459 = 136.128 km/h.

1.	D. Raudies	D	Honda	45'40.444
				= 134.631 km/h
2.	K. Sakata	J	Honda	45'40.586
3.	R. Waldmann	D	Aprilia	45'43.971
4.	N. Ueda	J	Honda	45'50.926
5.	H. Aoki	J	Honda	45'51.006
6.	T. Tsujimura	J	Honda	45'51.496
7.	G. McCoy	AUS	Aprilia	46'03.640
8.	O. Petrucciani	CH	Aprilia	46'25.171
9.	E. Gianola	I	Honda	46'26.762
10.	M. Geissler	D	Aprilia	46'29.058
11.	O. Koch	D	Honda	46'29.071
12.	J. Martinez	E	Honda	46'35.530
13.	S. Satoh	J	Honda	46'38.708
14.	S. Kurfiss	D	Aprilia	47'07.314
15.	N. Hodgson	GB	Honda	47'07.881

Number of finishers: 24.
Fastest lap: K. Sakata (J, Honda),
1'32.971 = 136.843 km/h.

14) September 26 : FIM - Jarama

26 laps = 100.100 km
Pole position: D. Raudies (D, Honda),
1'40.770 = 137.541 km/h.

1.	R Waldmann	D	Aprilia	44'12.494
				= 135.857 km/h
2.	T. Tsujimura	J	Honda	44'15.136
3.	K. Sakata	J	Honda	44'17.318
4.	F. Gresini	I	Honda	44'17.420
5.	S. Prein	D	Honda	44'17.623
6.	N. Ueda	J	Honda	44'17.703
7.	J. Martinez	E	Honda	44'20.426
8.	D. Raudies	D	Honda	44'21.152
9.	O. Petrucciani	CH	Aprilia	44'35.240
10.	G. McCoy	AUS	Aprilia	44'36.810
11.	O. Koch	D	Honda	44'39.365
12.	B. Casanova	I	Aprilia	44'40.134
13.	H. Aoki	J	Honda	44'42.131
14.	E. Gianola	I	Honda	44'48.158
15.	C. Giro Jr	E	Aprilia	44'50.846

Number of finishers: 26.
Fastest lap: N. Ueda (J, Honda),
1'41.113 = 137.074 km/h.

WORLD CHAMPIONSHIP

1.	Dirk Raudies	D	Honda	280
2.	Kazuto Sakata	J	Honda	266
3.	Takeshi Tsujimura	J	Honda	177
4.	Ralf Waldmann	D	Aprilia	160
5.	Noboru Ueda	J	Honda	129
6.	Akira Saito	J	Honda	117
7.	Oliver Petrucciani	CH	Aprilia	82
8.	Jorge "Aspar" Martinez	E	Honda	74
9.	Francisco "Herri" Torrontegui	E	Aprilia	65
10.	Peter Oettl	D	Aprilia	64
11.	Fausto Gresini	I	Honda	61
12.	Ezio Gianola	I	Honda	59
13.	Oliver Koch	D	Honda	52
14.	Haruchika Aoki	J	Honda	39
15.	Stefan Prein	D	Honda	38
16.	Manfred Baumann	A	Honda	36
17.	Kinya Wada	J	Honda	30
18.	Masafumi Ono	J	Honda	26
19.	Garry McCoy	AUS	Aprilia	25
20.	Carlos Giro Jr	E	Aprilia	22
21.	Bruno Casanova	I	Aprilia	22
22.	Maik Stief	D	Honda	21
23.	Neil Hodgson	GB	Honda	18
24.	Hans Spaan	NL	Honda	16
25.	Stefan Kurfiss	D	Aprilia	14
26.	Carlos Checa	E	Honda	9
27.	Hideyuki Nakajyo	J	Honda	8
28.	Gabriele Debbia	I	Honda	7
29.	Manfred Geissler	D	Aprilia	6
30.	Ken Miyasaka	J	Honda	4
31.	Julian Miralles	E	Honda	4
32.	Emilio Cuppini	I	Aprilia	3
33.	Soichiro Satoh	J	Honda	3
34.	Arie Molenaar	NL	Honda	1

1993 — 250 cc

Champion: **Tetsuya Harada (Japan, Yamaha), 197 points, 4 wins**

1) March 28 : Australia - Eastern Creek

28 laps = 110.040 km
Pole position: L. Capirossi (I, Honda),
1'32.896 = 152.299 km/h.

1.	T. Harada	J	Yamaha	43'57.049
				= 150.222 km/h
2.	J. Kocinski	USA	Suzuki	43'57.079
3.	M. Biaggi	I	Honda	44'03.209
4.	T. Okada	J	Honda	44'06.646
5.	N. Aoki	J	Honda	44'06.648
6.	C. Cardus	E	Honda	44'06.995
7.	D. Romboni	I	Honda	44'07.618
8.	H. Bradl	D	Honda	44'10.620
9.	J.-P. Ruggia	F	Aprilia	44'16.556
10.	P. Chili	I	Yamaha	44'16.998
11.	W. Zeelenberg	NL	Aprilia	44'29.681
12.	J. Schmid	D	Yamaha	44'53.083
13.	A. Puig	E	Honda	44'54.630
14.	L. Reggiani	I	Aprilia	44'55.045
15.	A. Bosshard	CH	Honda	45'03.624

Number of finishers: 24.
Fastest lap: T. Harada (J, Yamaha),
1'32.894 = 152.303 km/h.

2) April 4 : Malaysia - Shah Alam

29 laps = 101.645 km
Pole position: L. Capirossi (I, Honda),
1'27.229 = 144.654 km/h.

1.	N. Aoki	J	Honda	42'36.014
				= 143.161 km/h
2.	T. Harada	J	Yamaha	42'36.341
3.	T. Okada	J	Honda	42'40.169
4.	D. Romboni	I	Honda	42'53.079
5.	J. Kocinski	USA	Suzuki	42'53.298
6.	H. Bradl	D	Honda	43'04.453
7.	L. Reggiani	I	Aprilia	43'10.506
8.	A. Puig	E	Honda	43'15.325
9.	P. Chili	I	Yamaha	43'22.191
10.	L. D'Antin	E	Honda	43'32.641
11.	A. Bosshard	CH	Honda	43'36.559
12.	L. Capirossi	I	Honda	43'39.977
13.	P. Van den Goorbergh	NL	Aprilia	43'41.496
14.	A. Preining	A	Aprilia	43'46.375
15.	E. Suter	CH	Aprilia	43'50.502

Number of finishers: 17.
Fastest lap: N. Aoki (J, Honda),
1'27.415 = 144.246 km/h.

3) April 18 : Japan - Suzuka

19 laps = 111.416 km
Pole position: T. Harada (J, Yamaha),
2'11.089 = 161.039 km/h.

1.	T. Harada	J	Yamaha	42'24.209
				= 157.651 km/h
2.	T. Okada	J	Honda	42'24.864
3.	D. Romboni	I	Honda	42'44.733
4.	N. Aoki	J	Honda	42'44.780
5.	J.-P. Ruggia	F	Aprilia	42'44.831
6.	H. Bradl	D	Honda	42'48.719
7.	P. Chili	I	Yamaha	42'58.045
8.	T. Aoki	J	Honda	43'01.600
9.	J. Kocinski	USA	Suzuki	43'07.226
10.	L. Capirossi	I	Honda	43'20.378
11.	A. Preining	A	Aprilia	43'23.676
12.	P. Van den Goorbergh	NL	Aprilia	43'23.775
13.	L. D'Antin	E	Honda	43'23.958
14.	J. Schmid	D	Yamaha	43'24.311
15.	A. Puig	E	Honda	43'24.742

Number of finishers: 28.
Fastest lap: L. Capirossi (I, Honda),
2'12.281 = 159.588 km/h.

4) May 2 : Spain - Jerez de la Frontera

26 laps = 114.998 km
Pole position: T. Harada (J, Yamaha),
1'45.762 = 150.553 km/h.

1.	T. Harada	J	Yamaha	46'22.519
				= 148.783 km/h
2.	M. Biaggi	I	Honda	46'27.236
3.	J.-P. Ruggia	F	Aprilia	46'27.427
4.	J. Kocinski	USA	Suzuki	46'36.462
5.	H. Bradl	D	Honda	46'47.264
6.	W. Zeelenberg	NL	Aprilia	46'54.803
7.	T. Okada	J	Honda	46'58.794
8.	D. Romboni	I	Honda	47'03.695
9.	J. Schmid	D	Yamaha	47'07.845
10.	L. Capirossi	I	Honda	47'07.941
11.	L. D'Antin	E	Honda	47'07.976
12.	P. Chili	I	Yamaha	47'17.727
13.	A. Bosshard	CH	Honda	47'21.002
14.	J.-M. Bayle	F	Aprilia	47'24.539
15.	A. Preining	A	Aprilia	47'40.449

Number of finishers: 24.
Fastest lap: T. Harada (J, Yamaha),
1'46.303 = 149.787 km/h.

5) May 16 : Austria - Salzburgring

26 laps = 110.110 km
Pole position: D. Romboni (I, Honda),
1'21.377 = 187.350 km/h.

1.	D. Romboni	I	Honda	35'48.648
				= 184.486 km/h
2.	L. Capirossi	I	Honda	35'48.698
3.	H. Bradl	D	Honda	35'49.055
4.	L. Reggiani	I	Aprilia	36'03.536
5.	M. Biaggi	I	Honda	36'03.699
6.	T. Harada	J	Yamaha	36'03.753
7.	J. Kocinski	USA	Suzuki	36'14.902
8.	P. Chili	I	Yamaha	36'14.968
9.	A. Puig	E	Honda	36'20.494
10.	A. Preining	A	Aprilia	36'20.936
11.	E. Suter	CH	Aprilia	36'36.076
12.	L. D'Antin	E	Honda	36'49.978
13.	A. Bosshard	CH	Honda	36'50.087
14.	J. Schmid	D	Yamaha	36'50.340
15.	P. Van den Goorbergh	NL	Aprilia	36'50.463

Number of finishers: 22.
Fastest lap: H. Bradl (D, Honda),
1'21.269 = 187.599 km/h.

6) June 13 : Germany - Hockenheim

16 laps = 108.672 km
Pole position: D. Romboni (I, Honda),
2'05.066 = 195.506 km/h.

1.	D. Romboni	I	Honda	33'53.776
				= 192.361 km/h
2.	L. Capirossi	I	Honda	33'53.866
3.	H. Bradl	D	Honda	33'54.160
4.	M. Biaggi	I	Honda	33'56.122
5.	L. Reggiani	I	Aprilia	33'56.187
6.	T. Harada	J	Yamaha	33'56.313
7.	P. Chili	I	Yamaha	33'57.621
8.	J.-P. Ruggia	F	Aprilia	33'57.761
9.	C. Cardus	E	Honda	33'58.669
10.	L. D'Antin	E	Honda	34'18.820
11.	A. Puig	E	Honda	34'18.912
12.	J. Kocinski	USA	Suzuki	34'19.239
13.	J. Schmid	D	Yamaha	34'40.841
14.	J.-M. Bayle	F	Aprilia	35'09.322
15.	J.-B. Borja	E	Honda	35'09.545

Number of finishers: 24.
Fastest lap: L. Capirossi (I, Honda),
2'04.889 = 195.783 km/h.

7) June 26 : The Netherlands - Assen

18 laps = 108.882 km
Pole position: L. Capirossi (I, Honda),
2'06.007 = 172.819 km/h.

1.	L. Capirossi	I	Honda	38'26.004
				= 169.980 km/h
2.	T. Harada	J	Yamaha	38'29.921
3.	J. Kocinski	USA	Suzuki	38'30.684
4.	J.-P. Ruggia	F	Aprilia	38'31.582
5.	H. Bradl	D	Honda	38'35.395
6.	L. Reggiani	I	Aprilia	38'40.452
7.	W. Zeelenberg	NL	Aprilia	38'40.516
8.	P. Chili	I	Yamaha	38'40.806
9.	A. Puig	E	Honda	38'50.694
10.	N. Aoki	J	Honda	38'58.774
11.	L. D'Antin	E	Honda	39'11.938
12.	A. Bosshard	CH	Honda	39'18.222
13.	A. Preining	A	Aprilia	39'18.421
14.	E. Suter	CH	Aprilia	39'18.594
15.	J. Van den Goorbergh	NL	Aprilia	39'29.452

Number of finishers: 21.
Fastest lap: J. Kocinski (USA, Suzuki),
2'06.951 = 171.534 km/h.

8) July 4 : Europe - Catalunya

23 laps = 109.181 km
Pole position: M. Biaggi (I, Honda),
1'50.701 = 154.373 km/h.

1.	M. Biaggi	I	Honda	43'09.388
				= 151.793 km/h
2.	T. Okada	J	Honda	43'11.989
3.	A. Puig	E	Honda	43'12.846
4.	N. Aoki	J	Honda	43'13.043
5.	J.-P. Ruggia	F	Aprilia	43'13.202
6.	C. Cardus	E	Honda	43'15.877
7.	L. D'Antin	E	Honda	43'24.122
8.	W. Zeelenberg	NL	Aprilia	43'40.281
9.	A. Preining	A	Aprilia	43'41.965
10.	S. Crafar	NZ	Suzuki	43'46.830
11.	H. Bradl	D	Honda	43'52.261
12.	J. Schmid	D	Yamaha	43'54.242
13.	P. Van den Goorbergh	NL	Aprilia	43'59.650
14.	B. Kassner	D	Aprilia	44'03.045
15.	J.-P. Jeandat	F	Aprilia	44'03.348

Number of finishers: 23.
Fastest lap: M. Biaggi (I, Honda),
1'51.661 = 153.045 km/h.

9) July 18 : San Marino - Mugello

21 laps = 110.145 km
Pole position: L. Reggiani (I, Aprilia),
1'56.283 = 162.380 km/h.

1.	L. Capirossi	I	Honda	41'05.271
				= 160.843 km/h
2.	L. Reggiani	I	Aprilia	41'05.389
3.	T. Harada	J	Yamaha	41'10.108
4.	J.-P. Ruggia	F	Aprilia	41'10.130
5.	M. Biaggi	I	Honda	41'19.635
6.	T. Okada	J	Honda	41'19.647
7.	H. Bradl	D	Honda	41'19.939
8.	P. Chili	I	Yamaha	41'27.666
9.	N. Aoki	J	Honda	41'28.202
10.	A. Puig	E	Honda	41'28.300
11.	M. Lucchi	I	Aprilia	41'43.737
12.	E. Suter	CH	Aprilia	41'53.524
13.	S. Crafar	NZ	Suzuki	41'53.762
14.	A. Gramigni	I	Gilera	41'54.093
15.	J. Schmid	D	Yamaha	41'58.032

Number of finishers: 25.
Fastest lap: J.-P. Ruggia (F, Aprilia),
1'56.224 = 162.462 km/h.

10) August 1 : Great Britain - Donington

27 laps = 108.621 km
Pole position: L. Capirossi (I, Honda),
1'35.191 = 152.145 km/h.

1.	J.-P. Ruggia	F	Aprilia	43'05.248
				= 151.257 km/h
2.	L. Capirossi	I	Honda	43'08.514
3.	L. Reggiani	I	Aprilia	43'24.758
4.	P. Chili	I	Yamaha	43'40.386
5.	T. Okada	J	Honda	43'54.862
6.	M. Biaggi	I	Honda	44'19.382
7.	J. Schmid	D	Yamaha	44'20.196
8.	J.-M. Bayle	F	Aprilia	44'21.095
9.	P. Van den Goorbergh	NL	Aprilia	44'21.320
10.	E. Suter	CH	Aprilia	44'21.576
11.	W. Zeelenberg	NL	Aprilia	44'26.388
12.	F. Protat	F	Aprilia	44'26.782
13.	P. Casoli	I	Gilera	44'33.014
14.	A. Bosshard	CH	Aprilia	44'38.222
15.	B. Haenggeli	CH	Aprilia	44'40.618

Number of finishers: 25.
Fastest lap: J.-P. Ruggia (F, Aprilia),
1'34.888 = 152.630 km/h.

11) August 22 : Czech Republic - Brno

20 laps = 107.880 km
Pole position: L. Capirossi (I, Honda),
2'05.008 = 155.337 km/h.

1.	L. Reggiani	I	Aprilia	42'28.194
				= 152.409 km/h
2.	M. Biaggi	I	Honda	42'29.173
3.	A. Puig	E	Honda	42'29.522
4.	D. Romboni	I	Honda	42'29.560
5.	L. Capirossi	I	Honda	42'37.968
6.	T. Harada	J	Yamaha	42'38.336
7.	H. Bradl	D	Honda	42'38.722
8.	P. Chili	I	Yamaha	42'38.986
9.	J. Schmid	D	Yamaha	42'40.760
10.	N. Aoki	J	Honda	42'54.868
11.	T. Okada	J	Honda	42'59.703
12.	W. Zeelenberg	NL	Aprilia	42'59.904
13.	S. Crafar	NZ	Suzuki	43'12.022
14.	P. Van den Goorbergh	NL	Aprilia	43'27.822
15.	F. Protat	F	Aprilia	43'28.265

Number of finishers: 26.
Fastest lap: L. Capirossi (I, Honda),
2'05.681 = 154.505 km/h.

12) September 5 : Italy - Misano

27 laps = 109.620 km
Pole position: M. Biaggi (I, Honda),
1'35.804 = 152.561 km/h.

1.	J.-P. Ruggia	F	Aprilia	43'39.138
				= 150.672 km/h
2.	L. Capirossi	I	Honda	43'49.563
3.	L. Reggiani	I	Aprilia	44'03.590
4.	H. Bradl	D	Honda	44'04.734
5.	A. Puig	E	Honda	44'04.776
6.	N. Aoki	J	Honda	44'04.877
7.	T. Okada	J	Honda	44'05.120
8.	P. Chili	I	Yamaha	44'06.658
9.	W. Zeelenberg	NL	Aprilia	44'12.638
10.	J. Schmid	D	Yamaha	44'18.051
11.	S. Crafar	NZ	Suzuki	44'22.688
12.	P. Casoli	I	Gilera	44'42.904
13.	A. Preining	A	Aprilia	44'47.645
14.	P. Van den Goorbergh	NL	Aprilia	44'47.987
15.	A. Bosshard	CH	Aprilia	44'48.602

Number of finishers: 23.
Fastest lap: T. Harada (J, Yamaha),
1'35.782 = 152.597 km/h.

13) September 12 : United States - Laguna Seca

31 laps = 109.554 km
Pole position: L. Capirossi (I, Honda),
1'27.756 = 144.975 km/h.

1.	L. Capirossi	I	Honda	46'04.505
				= 142.664 km/h
2.	D. Romboni	I	Honda	46'05.886
3.	L. Reggiani	I	Aprilia	46'08.308
4.	A. Puig	E	Honda	46'08.386
5.	T. Harada	J	Yamaha	46'09.124
6.	P. Chili	I	Yamaha	46'16.784
7.	N. Aoki	J	Honda	46'22.671
8.	H. Bradl	D	Honda	46'24.366
9.	T. Okada	J	Honda	46'32.549
10.	K. Roberts Jr	USA	Yamaha	46'49.256
11.	L. D'Antin	E	Honda	46'49.618
12.	J.-B. Borja	E	Honda	46'59.989
13.	F. Protat	F	Aprilia	47'01.034
14.	C. Checa	E	Honda	47'02.060
15.	A. Bosshard	CH	Honda	47'06.914

Number of finishers: 22.
Fastest lap: L. Capirossi (I, Honda),
1'27.959 = 144.640 km/h.

14) September 26 : FIM - Jarama

27 laps = 103.950 km
Pole position: L. Capirossi (I, Honda),
1'34.559 = 146.575 km/h.

1.	T. Harada	J	Yamaha	43'12.677
				= 144.337 km/h
2.	L. Reggiani	I	Aprilia	43'13.894
3.	M. Biaggi	I	Honda	43'19.468
4.	A. Puig	E	Honda	43'25.406
5.	L. Capirossi	I	Honda	43'26.124
6.	D. Romboni	I	Honda	43'26.308
7.	P. Van den Goorbergh	NL	Aprilia	43'58.787
8.	P. Chili	I	Yamaha	44'03.928
9.	C. Checa	E	Honda	44'08.034
10.	E. Suter	CH	Aprilia	44'10.714
11.	J. Schmid	D	Yamaha	44'10.984
12.	J.-M. Bayle	F	Aprilia	44'11.224
13.	A. Preining	A	Aprilia	44'11.898
14.	W. Zeelenberg	NL	Aprilia	44'13.224
15.	A. Bosshard	CH	Honda	44'15.980

Number of finishers: 22.
Fastest lap: L. Capirossi (I, Honda),
1'34.941 = 145.985 km/h.

WORLD CHAMPIONSHIP

1.	Tetsuya Harada	J	Yamaha	197
2.	Loris Capirossi	I	Honda	193
3.	Loris Reggiani	I	Aprilia	158
4.	Massimiliano Biaggi	I	Honda	142
5.	Doriano Romboni	I	Honda	139
6.	Jean-Philippe Ruggia	F	Aprilia	129
7.	Helmut Bradl	D	Honda	126
8.	Tadayuki Okada	J	Honda	120
9.	Alberto Puig	E	Honda	106
10.	Pierfrancesco Chili	I	Yamaha	106
11.	Nobuatsu Aoki	J	Honda	100
12.	John Kocinski	USA	Suzuki	80
13.	Wilco Zeelenberg	NL	Aprilia	50
14.	Jochen Schmid	D	Yamaha	50
15.	Luis D'Antin	E	Honda	43
16.	Patrick Van den Goorbergh	NL	Aprilia	31
17.	Andreas Preining	A	Aprilia	30
18.	Carlos Cardus	E	Honda	27
19.	Eskil Suter	CH	Aprilia	24
20.	Adrian Bosshard	CH	Honda	21
21.	Simon Crafar	NZ	Suzuki	17
22.	Jean-Michel Bayle	F	Aprilia	16
23.	Carlos Checa	E	Honda	9
24.	Takuma Aoki	J	Honda	8
25.	Frédéric Protat	F	Aprilia	8
26.	Paolo Casoli	I	Gilera	7
27.	Kenny Roberts Jr	USA	Yamaha	6
28.	Marcellino Lucchi	I	Aprilia	5
29.	Juan-Bautista Borja	E	Honda	5
30.	Alessandro Gramigni	I	Gilera	2
31.	Bernd Kassner	D	Aprilia	2
32.	Bernard Haenggeli	CH	Aprilia	1
33.	Jean-Pierre Jeandat	F	Aprilia	1
34.	Jurgen Van den Goorbergh	NL	Aprilia	1

1993 — 500 cc

Champion: Kevin Schwantz (United States, Suzuki), 248 points, 4 wins

1) March 28 : Australia - Eastern Creek

30 laps = 117.900 km
Pole position: K. Schwantz (USA, Suzuki),
1'31.188 = 155.152 km/h.

1.	K. Schwantz	USA	Suzuki	46'21.885
				= 152.573 km/h
2.	W. Rainey	USA	Yamaha	46'25.003
3.	D. Chandler	USA	Cagiva	46'27.996
4.	D. Beattie	AUS	Honda	46'34.315
5.	A. Barros	BR	Suzuki	46'58.320
6.	A. Crivillé	E	Honda	46'58.557
7.	S. Itoh	J	Honda	47'01.077
8.	L. Cadalora	I	Yamaha	47'14.847
9.	M. Mladin	AUS	Cagiva	47'38.183
10.	N. MacKenzie	GB	ROC Yamaha	47'42.729
11.	L. Naveau	B	ROC Yamaha	1 lap
12.	B. Garcia	F	Yamaha	1 lap
13.	J. Kuhn	F	ROC Yamaha	1 lap
14.	T. Udagawa	J	ROC Yamaha	1 lap
15.	S. David	CH	ROC Yamaha	1 lap

Number of finishers: 23.
Fastest lap: W. Rainey (USA, Yamaha),
1'31.807 = 154.106 km/h.

2) April 4 : Malaysia - Shah Alam

31 laps = 108.655 km
Pole position: K. Schwantz (USA, Suzuki),
1'25.533 = 147.522 km/h.

1.	W. Rainey	USA	Yamaha	44'54.102
				= 145.190 km/h
2.	D. Beattie	AUS	Honda	45'00.247
3.	K. Schwantz	USA	Suzuki	45'12.469
4.	M. Doohan	AUS	Honda	45'15.075
5.	A. Crivillé	E	Honda	45'15.817
6.	S. Itoh	J	Honda	45'23.872
7.	A. Barros	BR	Suzuki	45'26.704
8.	N. MacKenzie	GB	ROC Yamaha	45'58.616
9.	D. Chandler	USA	Cagiva	46'09.950
10.	M. Mladin	AUS	Cagiva	1 lap
11.	L. Naveau	B	ROC Yamaha	1 lap
12.	J. Reynolds	GB	Harris Yamaha	1 lap
13.	J. Lopez Mella	E	ROC Yamaha	1 lap
14.	S. Emmett	GB	Harris Yamaha	1 lap
15.	R. Colleoni	I	ROC Yamaha	1 lap

Number of finishers: 17.
Fastest lap: W. Rainey (USA, Yamaha),
1'26.206 = 146.370 km/h.

3) April 18 : Japan - Suzuka

21 laps = 123.144 km
Pole position: K. Schwantz (USA, Suzuki),
2'09.239 = 163.344 km/h.

1.	W. Rainey	USA	Yamaha	46'12.307
				= 159.910 km/h
2.	K. Schwantz	USA	Suzuki	46'12.393
3.	D. Beattie	AUS	Honda	46'12.594
4.	S. Itoh	J	Honda	46'14.089
5.	A. Crivillé	E	Honda	46'34.839
6.	A. Barros	BR	Suzuki	46'35.126
7.	M. Doohan	AUS	Honda	46'35.311
8.	T. Honma	J	Yamaha	46'37.866
9.	K. Magee	AUS	Yamaha	46'38.018
10.	N. Fujiwara	J	Yamaha	46'47.172
11.	D. Chandler	USA	Cagiva	47'17.033
12.	T. Arakaki	J	ROC Yamaha	47'30.037
13.	N. MacKenzie	GB	ROC Yamaha	47'30.351
14.	T. Udagawa	J	ROC Yamaha	47'54.706
15.	S. Emmett	GB	Harris Yamaha	47'59.134

Number of finishers: 24.
Fastest lap: K. Schwantz (USA, Suzuki),
2'09.891 = 162.524 km/h.

4) May 2 : Spain - Jerez de la Frontera

27 laps = 119.421 km
Pole position: K. Schwantz (USA, Suzuki),
1'44.459 = 152.431 km/h.

1.	K. Schwantz	USA	Suzuki	47'39.627
				= 150.340 km/h
2.	W. Rainey	USA	Yamaha	47'41.291
3.	A. Crivillé	E	Honda	47'51.907
4.	M. Doohan	AUS	Honda	48'05.810
5.	L. Cadalora	I	Yamaha	48'27.455
6.	D. Beattie	AUS	Honda	48'34.513
7.	N. MacKenzie	GB	ROC Yamaha	48'41.962
8.	J. Lopez Mella	E	ROC Yamaha	48'46.307
9.	S. Emmett	GB	Harris Yamaha	48'58.939
10.	T. Udagawa	J	ROC Yamaha	49'19.681
11.	C. Catalano	I	ROC Yamaha	1 lap
12.	L. Pedercini	I	ROC Yamaha	1 lap
13.	R. Colleoni	I	ROC Yamaha	1 lap
14.	J. Kuhn	F	ROC Yamaha	1 lap
15.	S. David	CH	ROC Yamaha	1 lap

Number of finishers: 20.
Fastest lap: A. Barros (BR, Suzuki),
1'44.659 = 152.140 km/h.

5) May 16 : Austria - Salzburgring

29 laps = 122.815 km
Pole position: K. Schwantz (USA, Suzuki),
1'17.900 = 195.712 km/h.

1.	K. Schwantz	USA	Suzuki	38'15.613
				= 192.600 km/h
2.	M. Doohan	AUS	Honda	38'16.106
3.	W. Rainey	USA	Yamaha	38'20.505
4.	A. Barros	BR	Suzuki	38'20.567
5.	L. Cadalora	I	Yamaha	38'32.163
6.	S. Itoh	J	Honda	38'38.208
7.	D. Beattie	AUS	Honda	38'43.723
8.	D. Chandler	USA	Cagiva	38'54.172
9.	J. Kuhn	F	ROC Yamaha	39'33.364
10.	M. Mladin	AUS	Cagiva	39'33.433
11.	N. MacKenzie	GB	ROC Yamaha	39'33.533
12.	L. Naveau	B	ROC Yamaha	1 lap
13.	J. Lopez Mella	E	ROC Yamaha	1 lap
14.	J. Reynolds	GB	Harris Yamaha	1 lap
15.	T. Udagawa	J	ROC Yamaha	1 lap

Number of finishers: 25.
Fastest lap: M. Doohan (AUS, Honda),
1'19.021 = 195.409 km/h.

6) June 13 : Germany - Hockenheim

18 laps = 122.256 km
Pole position: S. Itoh (J, Honda),
1'58.976 = 205.514 km/h.

1.	D. Beattie	AUS	Honda	36'05.475
				= 203.245 km/h
2.	K. Schwantz	USA	Suzuki	36'05.559
3.	S. Itoh	J	Honda	36'06.012
4.	A. Crivillé	E	Honda	36'11.412
5.	W. Rainey	USA	Yamaha	36'33.530
6.	D. Chandler	USA	Cagiva	36'53.825
7.	M. Mladin	AUS	Cagiva	36'58.272
8.	L. Cadalora	I	Yamaha	36'58.377
9.	N. MacKenzie	GB	ROC Yamaha	36'58.829
10.	B. Garcia	F	Yamaha	37'26.932
11.	T. Udagawa	J	ROC Yamaha	37'51.561
12.	L. Naveau	B	ROC Yamaha	37'51.894
13.	M. Rudroff	D	Harris Yamaha	37'52.154
14.	J. Lopez Mella	E	ROC Yamaha	37'52.396
15.	B. Bonhuil	F	ROC Yamaha	37'52.572

Number of finishers: 20.
Fastest lap: M. Doohan (AUS, Honda),
1'58.852 = 205.728 km/h.

7) June 26 : The Netherlands - Assen

20 laps = 120.980 km
Pole position: M. Doohan (AUS, Honda),
2'03.267 = 176.660 km/h.

1.	K. Schwantz	USA	Suzuki	41'35.943
				= 174.494 km/h
2.	M. Doohan	AUS	Honda	41'36.772
3.	A. Crivillé	E	Honda	41'49.461
4.	D. Chandler	USA	Cagiva	41'49.765
5.	W. Rainey	USA	Yamaha	41'54.006
6.	S. Itoh	J	Honda	42'10.348
7.	L. Cadalora	I	Yamaha	42'32.438
8.	N. MacKenzie	GB	ROC Yamaha	42'32.615
9.	S. Crafar	NZ	Harris Yamaha	42'47.184
10.	J. Reynolds	GB	Harris Yamaha	42'50.351
11.	B. Garcia	F	Yamaha	42'50.372
12.	M. Rudroff	D	Harris Yamaha	42'58.321
13.	J. Kuhn	F	ROC Yamaha	42'58.770
14.	T. Udagawa	J	ROC Yamaha	43'01.986
15.	L. Naveau	B	ROC Yamaha	43'22.511

Number of finishers: 21.
Fastest lap: A. Barros (BR, Suzuki),
2'03.829 = 175.859 km/h.

8) July 4 - Europe : Catalunya

25 laps = 118.675 km
Pole position: M. Doohan (AUS, Honda),
1'48.947 = 156.858 km/h.

1.	W. Rainey	USA	Yamaha	45'58.314
				= 154.888 km/h
2.	M. Doohan	AUS	Honda	46'02.212
3.	K. Schwantz	USA	Suzuki	46'17.306
4.	D. Beattie	AUS	Honda	46'44.939
5.	A. Barros	BR	Suzuki	46'54.113
6.	N. MacKenzie	GB	ROC Yamaha	46'54.120
7.	J. Lopez Mella	E	ROC Yamaha	47'04.194
8.	J. Kuhn	F	Yamaha	47'04.276
9.	J. Garriga	E	Cagiva	47'34.882
10.	R. Colleoni	I	ROC Yamaha	47'45.278
11.	J. McWilliams	GB	Yamaha	47'47.535
12.	S. Emmett	GB	Harris Yamaha	1 lap
13.	A. Meklau	A	ROC Yamaha	1 lap
14.	C. Doorakkers	NL	Harris Yamaha	1 lap
15.	L. Cadalora	I	Yamaha	1 lap

Number of finishers: 17.
Fastest lap: W. Rainey (USA, Yamaha),
1'49.340 = 156.294 km/h.

9) July 18 : San Marino - Mugello

23 laps = 120.635 km
Pole position: M. Doohan (AUS, Honda),
1'53.650 = 166.142 km/h.

1.	M. Doohan	AUS	Honda	44'02.712
				= 164.333 km/h
2.	K. Schwantz	USA	Suzuki	44'12.665
3.	W. Rainey	USA	Yamaha	44'34.413
4.	S. Itoh	J	Honda	44'38.605
5.	L. Cadalora	I	Yamaha	44'49.310
6.	D. Beattie	AUS	Honda	44'59.712
7.	A. Barros	BR	Suzuki	45'21.280
8.	N. MacKenzie	GB	ROC Yamaha	45'30.605
9.	M. Mladin	AUS	Cagiva	45'38.342
10.	J. Kuhn	F	Yamaha	45'46.640
11.	B. Garcia	F	Yamaha	45'47.840
12.	R. Colleoni	I	ROC Yamaha	46'03.850
13.	J. McWilliams	GB	Yamaha	1 lap
14.	S. David	CH	ROC Yamaha	1 lap
15.	L. Pedercini	I	ROC Yamaha	1 lap

Number of finishers: 17.
Fastest lap: M. Doohan (AUS, Honda),
1'53.829 = 165.880 km/h.

10) August 1 : Great Britain - Donington

30 laps = 120.690 km
Pole position: K. Schwantz (USA, Suzuki),
1'33.514 = 154.873 km/h.

1.	L. Cadalora	I	Yamaha	47'45.630
				= 151.619 km/h
2.	W. Rainey	USA	Yamaha	47'48.942
3.	N. MacKenzie	GB	ROC Yamaha	48'07.528
4.	C. Fogarty	GB	Cagiva	48'07.868
5.	S. Itoh	J	Honda	48'21.781
6.	D. Beattie	AUS	Honda	48'22.024
7.	J. Lopez Mella	E	ROC Yamaha	48'52.215
8.	R. Colleoni	I	ROC Yamaha	48'56.361
9.	J. Reynolds	GB	Harris Yamaha	49'01.640
10.	M. Rudroff	D	Harris Yamaha	49'06.782
11.	J. Haydon	GB	ROC Yamaha	49'10.345
12.	J. Kuhn	F	Yamaha	49'19.174
13.	B. Garcia	F	Yamaha	49'20.002
14.	R. Haslam	GB	Harris Yamaha	49'20.220
15.	L. Naveau	B	ROC Yamaha	1 lap

Number of finishers: 20.
Fastest lap: L. Cadalora (I, Yamaha),
1'34.716 = 152.908 km/h.

11) August 22 : Czech Republic - Brno

22 laps = 118.668 km
Pole position: W. Rainey (USA, Yamaha),
2'02.448 = 158.585 km/h.

1.	W. Rainey	USA	Yamaha	45'39.002
				= 155.971 km/h
2.	L. Cadalora	I	Yamaha	45'46.772
3.	M. Doohan	AUS	Honda	45'49.792
4.	J. Kocinski	USA	Cagiva	45'52.096
5.	K. Schwantz	USA	Suzuki	46'06.092
6.	D. Beattie	AUS	Honda	46'06.278
7.	S. Itoh	J	Honda	46'18.718
8.	A. Crivillé	E	Honda	46'23.820
9.	D. Chandler	USA	Cagiva	46'34.846
10.	A. Barros	BR	Suzuki	46'40.698
11.	B. Garcia	F	Yamaha	46'59.050
12.	J. Reynolds	GB	Harris Yamaha	47'00.728
13.	M. Rudroff	D	Harris Yamaha	47'00.906
14.	J. Lopez Mella	E	ROC Yamaha	47'08.599
15.	J. Kuhn	F	Yamaha	47'09.109

Number of finishers: 22.
Fastest lap: W. Rainey (USA, Yamaha),
2'03.154 = 157.676 km/h.

12) September 5 : Italy - Misano

29 laps = 117.740 km
Pole position: L. Cadalora (I, Yamaha),
1'33.661 = 156.052 km/h.

1.	L. Cadalora	I	Yamaha	45'59.165
				= 153.620 km/h
2.	M. Doohan	AUS	Honda	45'59.523
3.	K. Schwantz	USA	Suzuki	46'07.181
4.	J. Kocinski	USA	Cagiva	46'15.464
5.	A. Barros	BR	Suzuki	46'41.300
6.	A. Crivillé	E	Honda	46'41.587
7.	D. Beattie	AUS	Honda	46'41.665
8.	S. Itoh	J	Honda	46'49.147
9.	N. MacKenzie	GB	ROC Yamaha	46'49.892
10.	D. Chandler	USA	Cagiva	47'03.604
11.	J. Reynolds	GB	Harris Yamaha	47'14.652
12.	J. Lopez Mella	E	ROC Yamaha	47'21.624
13.	B. Garcia	F	Yamaha	47'21.873
14.	F. Spencer	USA	Yamaha	47'27.812
15.	M. Rudroff	D	Harris Yamaha	47'38.468

Number of finishers: 26.
Fastest lap: M. Doohan (AUS, Honda),
1'34.289 = 155.013 km/h.

13) September 12 : United States - Laguna Seca

33 laps = 116.622 km
Pole position: M. Doohan (AUS, Honda),
1'26.417 = 147.221 km/h.

1.	J. Kocinski	USA	Cagiva	48'17.165
				= 144.914 km/h
2.	A. Barros	BR	Suzuki	48'23.540
3.	L. Cadalora	I	Yamaha	48'27.654
4.	K. Schwantz	USA	Suzuki	48'35.430
5.	D. Beattie	AUS	Honda	48'36.658
6.	S. Itoh	J	Honda	48'54.457
7.	A. Crivillé	E	Honda	48'56.482
8.	N. MacKenzie	GB	ROC Yamaha	49'00.016
9.	J. Reynolds	GB	Harris Yamaha	49'33.342
10.	J. Lopez Mella	E	ROC Yamaha	1 lap
11.	J. Kuhn	F	Yamaha	1 lap
12.	J. McWilliams	GB	Yamaha	1 lap
13.	S. Emmett	GB	Harris Yamaha	1 lap
14.	S. David	CH	ROC Yamaha	1 lap
15.	L. Naveau	B	ROC Yamaha	1 lap

Number of finishers: 20.
Fastest lap: K. Schwantz (USA, Suzuki),
1'26.837 = 146.509 km/h.

14) September 26 : FIM - Jarama

28 laps = 107.800 km
Pole position: J. Kocinski (USA, Cagiva),
1'32.849 = 149.275 km/h.

1.	A. Barros	BR	Suzuki	44'22.944
				= 145.733 km/h
2.	D. Beattie	AUS	Honda	44'27.680
3.	K. Schwantz	USA	Suzuki	44'40.522
4.	A. Crivillé	E	Honda	44'45.760
5.	D. Chandler	USA	Cagiva	45'21.354
6.	M. Mladin	AUS	Cagiva	45'33.242
7.	B. Garcia	F	Yamaha	45'33.678
8.	N. MacKenzie	GB	ROC Yamaha	45'39.216
9.	J. Reynolds	GB	Harris Yamaha	45'43.222
10.	J. Kuhn	F	Yamaha	45'45.953
11.	J. McWilliams	GB	Yamaha	45'54.866
12.	A. Stroud	NZ	Harris Yamaha	45'55.388
13.	K. Mitchell	GB	Harris Yamaha	1 lap
14.	S. Emmett	GB	Harris Yamaha	1 lap
15.	L. Pedercini	I	ROC Yamaha	1 lap

Number of finishers: 21.
Fastest lap: J. Kocinski (USA, Cagiva),
1'34.090 = 147.306 km/h.

WORLD CHAMPIONSHIP

1.	Kevin Schwantz	USA	Suzuki	248
2.	Wayne Rainey	USA	Yamaha	214
3.	Daryl Beattie	AUS	Honda	176
4.	Michael Doohan	AUS	Honda	156
5.	Luca Cadalora	I	Yamaha	145
6.	Alexandre Barros	BR	Suzuki	125
7.	Shinichi Itoh	J	Honda	119
8.	Alex Crivillé	E	Honda	117
9.	Niall MacKenzie	GB	ROC Yamaha	103
10.	Douglas Chandler	USA	Cagiva	83
11.	John Kocinski	USA	Cagiva	51
12.	Juan Lopez Mella	E	ROC Yamaha	46
13.	Matthew Mladin	AUS	Cagiva	45
14.	José Kuhn	F	ROC Yamaha	45
15.	John Reynolds	GB	Harris Yamaha	42
16.	Bernard Garcia	F	Yamaha	40
17.	Renzo Colleoni	I	ROC Yamaha	22
18.	Laurent Naveau	B	ROC Yamaha	21
19.	Sean Emmett	GB	Harris Yamaha	19
20.	Tsutomu Udagawa	J	ROC Yamaha	18
21.	Michael Rudroff	D	Harris Yamaha	17
22.	Jeremy McWilliams	GB	Yamaha	17
23.	Carl Fogarty	GB	Cagiva	13
24.	Toshihiko Honma	J	Yamaha	8
25.	Simon Crafar	NZ	Harris Yamaha	7
26.	Juan Garriga	E	Cagiva	7
27.	Kevin Magee	AUS	Yamaha	7
28.	Norihiko Fujiwara	J	Yamaha	6
29.	Lucio Pedercini	I	ROC Yamaha	6
30.	Serge David	CH	ROC Yamaha	6
31.	Corrado Catalano	I	ROC Yamaha	5
32.	James Haydon	GB	ROC Yamaha	5
33.	Toshiyuki Arakaki	J	ROC Yamaha	4
34.	Andrew Stroud	NZ	Harris Yamaha	4
35.	Andreas Meklau	A	ROC Yamaha	3
36.	Kevin Mitchell	GB	Harris Yamaha	3
37.	Cees Doorakkers	NL	Harris Yamaha	2
38.	Ronald "Ron" Haslam	GB	Harris Yamaha	2
39.	Freddie Spencer	USA	Yamaha	2
40.	Bruno Bonhuil	F	ROC Yamaha	1

1993 — 500 cc

1993 — Side-Cars

Champions: Rolf Biland/Kurt Waltisperg (Switzerland, LCR-Krauser), 190 points, 5 wins

1) May 9 : Germany - Hockenheim

15 laps = 101.880 km
Pole position: S. Webster/G. Simmons (GB, LCR-ADM), 2'09.66 = 188.579 km/h.

1.	S. Webster/G. Simmons	GB	LCR-ADM	32'37.97 = 187.320 km/h
2.	R. Biland/K. Waltisperg	CH	LCR-Krauser	32'39.47
3.	K. Klaffenböck/C. Parzer	A	LCR-ADM	32'51.53
4.	D. Brindley/P. Hutchinson	GB	LCR-ADM	33'02.46
5.	J. Lauslehto/J. Levinsen	SF/DK	LCR-ADM	33'07.28
6.	S. Abbott/J. Tailford	GB	Windle-Krauser	33'08.59
7.	T. Wyssen/K. Wyssen	CH	LCR-Krauser	33'14.93
8.	D. Dixon/A. Hetherington	GB	LCR-Krauser	33'26.18
9.	Y. Kumagaya/B. Houghton	J/GB	LCR-Krauser	33'33.30
10.	M. Bösiger/B. Leibundgut	CH	LCR-ADM	33'33.64
11.	H. Hügli/A. Hänni	CH	LCR-Krauser	33'41.79
12.	R. Bohnhorst/S. Zillmann	D	LCR-ADM	33'53.80
13.	M. Reddington/T. Crone	GB	LCR-Krauser	34'36.37
14.	B. Gälross/P. Berglund	S	LCR-Yamaha	34'53.07
15.	R. Hollweg/B. Hillmer	D	LCR-ADM	35'46.20

Number of finishers: 15.
Fastest lap: R. Biland/K. Waltisperg (CH, LCR-Krauser), 2'08.52 = 190.252 km/h.

2) June 13 : Germany - Hockenheim

15 laps = 101.880 km
Pole position: R. Biland/K. Waltisperg (CH, LCR-Krauser), 2'07.186 = 192.248 km/h.

1.	R. Biland/K. Waltisperg	CH	LCR-Krauser	32'30.763 = 188.013 km/h
2.	S. Abbott/J. Tailford	GB	Windle-Krauser	32'55.247
3.	P. Güdel/C. Güdel	CH	LCR-Krauser	32'55.752
4.	D. Brindley/P. Hutchinson	GB	LCR-ADM	32'56.134
5.	Y. Kumagaya/B. Houghton	J/GB	LCR-Krauser	33'04.463
6.	D. Dixon/A. Hetherington	GB	LCR-Krauser	33'17.521
7.	B. Brindley/S. Whiteside	GB	LCR-Krauser	33'18.640
8.	H. Hügli/A. Hänni	CH	LCR-Krauser	33'29.692
9.	K. Klaffenböck/C. Parzer	A	LCR-ADM	33'42.288
10.	B. Gälross/P. Berglund	S	LCR-Yamaha	33'50.334
11.	T. Wyssen/K. Wyssen	CH	LCR-ADM	33'50.655
12.	M. Reddington/T. Crone	GB	LCR-Krauser	33'50.749
13.	M. Bösiger/B. Leibundgut	CH	LCR-ADM	34'05.466
14.	S. Webster/G. Simmons	GB	LCR-ADM	34'18.807
15.	T. Van Kempen/G. De Haas	NL	LCR-ADM	34'20.448

Number of finishers: 20.
Fastest lap: R. Biland/K. Waltisperg (CH, LCR-Krauser), 2'08.866 = 189.741 km/h.

3) June 26 : The Netherlands - Assen

17 laps = 102.833 km
Pole position: R. Biland/K. Waltisperg (CH, LCR-Krauser), 2'08.412 = 169.582 km/h.

1.	R. Biland/K. Waltisperg	CH	LCR-Krauser	37'03.424 = 166.499 km/h
2.	S. Webster/G. Simmons	GB	LCR-ADM	37'07.654
3.	D. Dixon/A. Hetherington	GB	LCR-Krauser	37'18.565
4.	D. Brindley/P. Hutchinson	GB	LCR-ADM	37'32.940
5.	K. Klaffenböck/C. Parzer	A	LCR-ADM	37'33.109
6.	R. Bohnhorst/P. Brown	D/GB	LCR-ADM	37'36.158
7.	S. Abbott/J. Tailford	GB	Windle-Krauser	37'47.186
8.	P. Güdel/C. Güdel	CH	LCR-Krauser	38'00.517
9.	M. Bösiger/B. Leibundgut	CH	LCR-ADM	38'14.458
10.	Y. Kumagaya/B. Houghton	J/GB	LCR-Krauser	38'26.750
11.	T. Wyssen/K. Wyssen	CH	LCR-ADM	38'42.903
12.	B. Gälross/P. Berglund	S	LCR-Yamaha	39'07.410
13.	M. Reddington/T. Crone	GB	LCR-Krauser	39'13.259
14.	R. Koster/O. Combi	CH/I	LCR-ADM	1 lap
15.	G. Knight/P. Höss	GB/D	Windle-Krauser	1 lap

Number of finishers: 17.
Fastest lap: R. Biland/K. Waltisperg (CH, LCR-Krauser), 2'08.999 = 168.811 km/h.

4) July 18 : Czech Republic - Brno

19 laps = 102.486 km
Pole position: P. Güdel/C. Güdel (CH, LCR-Krauser), 2'07.56 = 152.253 km/h.

1.	R. Biland/K. Waltisperg	CH	LCR-Krauser	40'21.51 = 136.325 km/h
2.	K. Klaffenböck/C. Parzer	A	LCR-ADM	40'24.08
3.	P. Güdel/C. Güdel	CH	LCR-Krauser	40'24.28
4.	D. Brindley/P. Hutchinson	GB	LCR-ADM	40'29.67
5.	S. Webster/G. Simmons	GB	LCR-ADM	40'45.60
6.	M. Bösiger/B. Leibundgut	CH	LCR-ADM	42'00.84
7.	R. Bohnhorst/P. Brown	D/GB	LCR-ADM	42'12.35
8.	T. Van Kempen/G. De Haas	NL	LCR-ADM	42'16.94
9.	J. Lauslehto/J. Levinsen	SF/DK	LCR-ADM	42'21.40
10.	Y. Kumagaya/B. Houghton	J/GB	LCR-Krauser	42'50.32
11.	S. Abbott/J. Tailford	GB	Windle-Krauser	1 lap
12.	B. Brindley/S. Whiteside	GB	LCR-Krauser	1 lap
13.	M. Reddington/T. Crone	GB	LCR-Krauser	1 lap
14.	R. Koster/O. Combi	CH/I	LCR-ADM	1 lap
15.	B. Janssen/F.- G. Van Kessel	NL	LCR-Krauser	1 lap

Number of finishers: 16.
Fastest lap: Brindley/P. Hutchinson (GB, LCR-ADM), 2'12.98 = 146.024 km/h.

5) August 1 : Great Britain - Donington

26 laps = 104.598 km
Pole position: R. Biland/K. Waltisperg (CH, LCR-Krauser), 1'37.304 = 148.841 km/h.

1.	R. Biland/K. Waltisperg	CH	LCR-Krauser	42'57.035 = 146.119 km/h
2.	D. Brindley/P. Hutchinson	GB	LCR-ADM	43'02.822
3.	K. Klaffenböck/C. Parzer	A	LCR-ADM	43'23.349
4.	P. Güdel/C. Güdel	CH	LCR-Krauser	43'35.028
5.	M. Egloff/U. Egloff	CH	LCR-Yamaha	43'44.099
6.	Y. Kumagaya/B. Houghton	J/GB	LCR-Krauser	44'03.180
7.	T. Wyssen/K. Wyssen	CH	LCR-Krauser	44'15.436
8.	T. Van Kempen/G. De Haas	NL	LCR-ADM	44'29.537
9.	M. Bösiger/B. Leibundgut	CH	LCR-ADM	44'34.144
10.	R. Bohnhorst/P. Brown	D/GB	LCR-ADM	1 lap
11.	M. Reddington/T. Crone	GB	LCR-ADM	1 lap
12.	B. Gälross/P. Berglund	S	LCR-Yamaha	1 lap
13.	T. Baker/S. Prior	GB	LCR-Krauser	1 lap
14.	K. Kavanagh/I. Stapleton	GB	LCR-Krauser	1 lap
15.	H. Hügli/A. Hänni	CH	LCR-Yamaha	2 laps

Number of finishers: 15.
Fastest lap: S. Webster/G. Simmons (GB, LCR-ADM), 1'37.662 = 148.295 km/h.

6) August 8 : Sweden - Anderstorp

25 laps = 100.625 km
Pole position: S. Webster/G. Simmons (GB, LCR-ADM), 1'36.15 = 150.702 km/h.

1.	S. Webster/G. Simmons	GB	LCR-ADM	40'44.46 = 148.190 km/h
2.	R. Biland/K. Waltisperg	CH	LCR-Krauser	40'44.84
3.	K. Klaffenböck/C. Parzer	A	LCR-ADM	40'47.53
4.	R. Bohnhorst/P. Brown	D/GB	LCR-ADM	40'48.03
5.	S. Abbott/J. Tailford	GB	Windle-Krauser	41'01.43
6.	P. Güdel/C. Güdel	CH	LCR-Krauser	41'01.76
7.	D. Brindley/P. Hutchinson	GB	LCR-ADM	41'08.90
8.	T. Wyssen/K. Wyssen	CH	LCR-Krauser	41'25.81
9.	Y. Kumagaya/B. Houghton	J/GB	LCR-Krauser	41'26.86
10.	M. Egloff/J. Egli	CH	LCR-Yamaha	41'39.49
11.	J. Lauslehto/J. Levinsen	SF/DK	LCR-ADM	41'58.66
12.	M. Reddington/T. Crone	GB	LCR-Krauser	42'20.03
13.	M. Bösiger/P. Linden	CH/S	LCR-ADM	42'20.36
14.	B. Gälross/P. Berglund	S	LCR-Yamaha	1 lap
15.	T. Baker/S. Prior	GB	LCR-Krauser	1 lap

Number of finishers: 20.
Fastest lap: S. Webster/G. Simmons (GB, LCR-ADM), 1'36.50 = 150.155 km/h.

7) August 22 : Czech Republic - Brno

19 laps = 102.486 km
Pole position: R. Biland/K. Waltisperg (CH, LCR-Krauser),
2'06.618 = 153.362 km/h.

1.	R. Biland/K. Waltisperg	CH	LCR-Krauser	41'14.717
				= 149.088 km/h
2.	Güdel/C. Güdel	CH	LCR-Krauser	41'20.239
3.	S. Webster/G. Simmons	GB	LCR-ADM	41'24.358
4.	S. Abbott/J. Tailford	GB	Windle-Yamaha	41'25.288
5.	D. Brindley/P. Hutchinson	GB	LCR-ADM	41'26.228
6.	K. Klaffenböck/C. Parzer	A	LCR-ADM	41'42.322
7.	M. Bösiger/J. Egli	CH	LCR-ADM	41'59.189
8.	R. Bohnhorst/P. Brown	D/GB	LCR-ADM	42'20.981
9.	B. Brindley/S. Whiteside	GB	LCR-Yamaha	42'32.278
10.	J. Lauslehto/J. Levinsen	SF/DK	LCR-ADM	42'38.296
11.	R. Koster/O. Combi	CH/I	LCR-ADM	42'42.508
12.	B. Gällross/P. Berglund	S	LCR-Yamaha	42'53.038
13.	T. Baker/S. Prior	GB	LCR-Krauser	43'08.836
14.	T. Van Kempen/G. De Haas	NL	LCR-ADM	43'10.113
15.	B. Janssen/F.-G. Van Kessel	NL	LCR-Krauser	43'19.229

Number of finishers: 18.
Fastest lap: R. Biland/K. Waltisperg (CH, LCR-Krauser),
2'08.682 = 150.902 km/h.

8) September 26 : FIM - Jarama

26 laps = 100.100 km
Pole position: R. Biland/K. Waltisperg (CH, LCR-Krauser),
1'35.679 = 144.859 km/h.

1.	R. Biland/K. Waltisperg	CH	LCR-Krauser	42'39.380
				= 140.800 km/h
2.	S. Webster/G. Simmons	GB	LCR-ADM	42'41.744
3.	P. Güdel/C. Güdel	CH	LCR-Krauser	42'50.386
4.	S. Abbott/J. Tailford	GB	Windle-Yamaha	43'06.217
5.	R. Bohnhorst/P. Brown	D/GB	LCR-ADM	43'12.505
6.	K. Klaffenböck/C. Parzer	A	LCR-ADM	43'12.624
7.	D. Dixon/A. Hetherington	GB	LCR-Krauser	43'19.649
8.	Y. Kumagaya/B. Houghton	J/GB	LCR-Krauser	43'19.659
9.	D. Brindley/P. Hutchinson	GB	LCR-ADM	43'25.034
10.	M. Bösiger/J. Egli	CH	LCR-ADM	43'42.404
11.	B. Brindley/S. Whiteside	GB	LCR-Yamaha	44'01.840
12.	T. Wyssen/K. Wyssen	CH	LCR-Krauser	44'05.156
13.	R. Koster/O. Combi	CH/I	LCR-ADM	1 lap
14.	B. Janssen/F.-G. Van Kessel	NL	LCR-Krauser	1 lap
15.	G. Knight/P. Höss	GB/D	Windle-Krauser	2 laps

Number of finishers: 17.
Fastest lap: R. Biland/K. Waltisperg (CH, LCR-Krauser),
1'36.566 = 143.529 km/h.

WORLD CHAMPIONSHIP (*)

1.	Rolf Biland/Kurt Waltisperg	CH	LCR-Krauser	190
2.	Steve Webster/Gavin Simmons	GB	LCR-ADM	119
3.	Klaus Klaffenböck/Christian Parzer	A	LCR-ADM	106
4.	Paul Güdel/Charly Güdel	CH	LCR-Krauser	99
5.	Derek Brindley/Paul Hutchinson	GB	LCR-ADM	99
6.	Steve Abbott/Julian Tailford	GB	Windle-Krauser	81
7.	Ralph Bohnhorst/Siegfried Zillmann/Peter Brown	D/D/GB	LCR-ADM	61
8.	Yoshisada Kumagaya/Bryan Houghton	J/GB	LCR-Krauser	55
9.	Markus Bösiger/Beat Leibundgut/Peter Linden/Jürg Egli	CH/CH/S/CH	LCR-ADM	51
10.	Darren Dixon/Andy Hetherington	GB	LCR-Krauser	43
11.	Tony Wyssen/Kilian Wyssen	CH	LCR-ADM	40
12.	Jukka Lauslehto/Jürgen Levisen	SF/DK	LCR-ADM	29
13.	Barry Brindley/Scott Whiteside	GB	LCR-Krauser/Yamaha	25
14.	Billy Gälross/Peter Berglund	S	LCR-Yamaha	22
15.	Mark Reddington/Trevor Crone	GB	LCR-Krauser	22
16.	Theo Van Kempen/Geral De Haas	NL	LCR-ADM	19
17.	Markus Egloff/Urs Egloff/Jürg Egli	CH	LCR-Yamaha	17
18.	Hans Hügli/Adolf Hänni	CH	LCR-Krauser	14
19.	Reiner Koster/Oscar Combi	CH/I	LCR-ADM	12
20.	Tony Baker/Simon Prior	GB	LCR-Krauser	7
21.	Benny Janssen/Frans Geurts Van Kessel	NL	LCR-Krauser	4
22.	Kieron Kavanagh/Ian Stapleton	GB	LCR-Krauser	2
23.	Gary Knight/Peter Höss	GB/D	Windle-Krauser	2
24.	Reinhold Hollweg/Barn Hillmer	D	LCR-ADM	1

(*): le championnat du monde side-cars 1993 s'est disputé de la façon suivante: cinq courses dans le cadre des GP, quatre courses dans le cadre du championnat du monde superbike.

(*): Die Seitenwagen-Weltmeisterschaft 1993 wurde folgendermassen abgehalten: fünf Rennen im Rahmen der Grand Prix, vier Läufe integriert in die Superbike-Weltmeisterschaft.

(*): The 1993 side car championship was run in the following way: five races run at GP meetings, four races run at the world superbike championship

Barry Brindley / Scott Whiteside, LCR-Krauser

Champion : **Kazuto Sakata (Japan, Aprilia), 224 points, 3 wins**

1994 — 125 cc

1) March 27 : Australia - Eastern Creek

26 laps = 102.180 km
Pole position: K. Sakata (J, Aprilia),
    1'37.528 = 145.066 km/h.

1. K. Sakata	J	Aprilia	43'05.474
			= 142.275 km/h
2. P. Oettl	D	Aprilia	43'10.673
3. G. McCoy	AUS	Aprilia	43'17.011
4. F. Gresini	I	Honda	43'21.014
5. O. Petrucciani	CH	Aprilia	43'30.067
6. A. Saito	J	Honda	43'32.946
7. N. Ueda	J	Honda	43'33.431
8. F. Torrontegui	E	Aprilia	43'33.467
9. M. Tokudome	J	Honda	43'33.937
10. D. Raudies	D	Honda	43'41.697
11. L. Bodelier	NL	Honda	43'41.818
12. G. Scalvini	I	Aprilia	43'41.822
13. G. Debbia	I	Aprilia	43'52.946
14. T. Igata	J	Honda	43'53.748
15. H. Nakajyo	J	Honda	43'53.970

Number of finishers: 28.
Fastest lap: K. Sakata (J, Aprilia)
    1'37.908 = 144.503 km/h.

2) April 10 : Malaysia - Shah Alam

29 laps = 101.645 km
Pole position: K. Sakata (J, Aprilia),
    1'31.685 = 137.623 km/h.

1. N. Ueda	J	Honda	45'09.031
			= 135.075 km/h
2. K. Sakata	J	Aprilia	45'10.388
3. J. Martinez	E	Yamaha	45'13.806
4. D. Raudies	D	Honda	45'15.756
5. T. Tsujimura	J	Honda	45'23.038
6. F. Gresini	I	Honda	45'33.256
7. O. Petrucciani	CH	Aprilia	45'36.836
8. A. Saito	J	Honda	45'41.564
9. F. Torrontegui	E	Aprilia	45'41.751
10. H. Aoki	J	Honda	45'41.918
11. H. Nakajyo	J	Honda	45'42.566
12. G. McCoy	AUS	Aprilia	45'58.081
13. O. Koch	D	Honda	45'58.244
14. M. Tokudome	J	Honda	45'58.409
15. B. Casanova	I	Honda	46'00.930

Number of finishers: 23.
Fastest lap: N. Ueda (J, Honda),
    1'32.583 = 136.289 km/h.

3) April 24 : Japan - Suzuka

18 laps = 105.552 km
Pole position: N. Ueda (J, Honda),
    2'19.133 = 151.728 km/h.

1. T. Tsujimura	J	Honda	42'13.168
			= 150.005 km/h
2. K. Sakata	J	Aprilia	42'13.838
3. H. Nakajyo	J	Honda	42'26.520
4. P. Oettl	D	Aprilia	42'29.091
5. A. Saito	J	Honda	42'31.402
6. M. Tokudome	J	Honda	42'31.484
7. J. Martinez	E	Yamaha	42'53.226
8. F. Torrontegui	E	Aprilia	42'53.399
9. G. McCoy	AUS	Aprilia	43'12.534
10. B. Casanova	I	Honda	43'12.892
11. L. Bodelier	NL	Honda	43'23.887
12. K. Amano	J	Honda	43'30.818
13. O. Koch	D	Honda	43'34.470
14. M. Geissler	D	Aprilia	43'36.800
15. S. Prein	D	Yamaha	43'37.424

Number of finishers: 24.
Fastest lap: K. Sakata (J, Aprilia),
    2'18.756 = 152.140 km/h.

4) May 8 : Spain - Jerez de la Frontera

23 laps = 101.729 km
Pole position: K. Sakata (J, Aprilia),
    1'50.210 = 144.477 km/h.

1. K. Sakata	J	Aprilia	43'05.188
			= 141.663 km/h
2. P. Oettl	D	Aprilia	43'11.990
3. F. Torrontegui	E	Aprilia	43'15.236
4. N. Ueda	J	Honda	43'16.838
5. D. Raudies	D	Honda	43'17.371
6. T. Tsujimura	J	Honda	43'31.546
7. O. Koch	D	Honda	43'32.169
8. L. Bodelier	NL	Honda	43'32.510
9. J. Martinez	E	Yamaha	43'33.075
10. M. Tokudome	J	Honda	43'34.651
11. G. McCoy	AUS	Aprilia	43'41.087
12. S. Perugini	I	Aprilia	43'41.336
13. O. Petrucciani	CH	Aprilia	44'06.721
14. H. Aoki	J	Honda	44'11.663
15. B. Casanova	I	Honda	44'11.746

Number of finishers: 24.
Fastest lap: P. Oettl (D, Aprilia),
    1'51.333 = 143.020 km/h.

5) May 22 : Austria - Salzburgring

24 laps = 101.640 km
Pole position: N. Ueda (J, Honda),
    1'29.076 = 171.157 km/h.

1. D. Raudies	D	Honda	35'33.273
			= 169.772 km/h
2. N. Ueda	J	Honda	35'59.274
3. G. McCoy	AUS	Aprilia	35'59.505
4. P. Oettl	D	Aprilia	36'11.280
5. K. Sakata	J	Aprilia	36'11.320
6. S. Perugini	I	Aprilia	36'11.960
7. A. Saito	J	Honda	36'12.178
8. F. Gresini	I	Honda	36'12.274
9. E. Cuppini	I	Aprilia	36'17.870
10. O. Koch	D	Honda	36'18.431
11. H. Nakajyo	J	Honda	36'19.114
12. Y. Katoh	J	Yamaha	36'19.206
13. B. Casanova	I	Honda	36'19.217
14. F. Torrontegui	E	Aprilia	36'19.338
15. O. Petrucciani	CH	Aprilia	36'19.576

Number of finishers: 32.
Fastest lap: D. Raudies (D, Honda),
    1'28.950 = 171.400 km/h.

6) June 12 : Germany - Hockenheim

15 laps = 101.880 km
Pole position: N. Ueda (J, Honda),
    2'19.260 = 175.579 km/h.

1. D. Raudies	D	Honda	34'44.974
			= 175.910 km/h
2. K. Sakata	J	Aprilia	35'0.999
3. T. Manako	J	Honda	35'02.293
4. P. Oettl	D	Aprilia	35'02.319
5. S. Perugini	I	Aprilia	35'02.920
6. N. Ueda	J	Honda	35'15.380
7. J. Martinez	E	Yamaha	35'15.478
8. A. Saito	J	Honda	35'15.882
9. M. Tokudome	J	Honda	35'16.030
10. O. Petrucciani	CH	Aprilia	35'16.444
11. O. Koch	D	Honda	35'16.532
12. B. Casanova	I	Honda	35'16.852
13. F. Gresini	I	Honda	35'16.886
14. L. Cecchinello	I	Honda	35'16.970
15. L. Bodelier	NL	Honda	35'39.494

Number of finishers: 19.
Fastest lap: D. Raudies (D, Honda),
    2'17.764 = 177.486 km/h.

7) June 25 : The Netherlands - Assen

17 laps = 102.833 km
Pole position: N. Ueda (J, Honda),
2'15.444 = 160.778 km/h.

1.	T. Tsujimura	J	Honda	39'07.728
				= 157.684 km/h
2.	J. Martinez	E	Yamaha	39'07.958
3.	L. Bodelier	NL	Honda	39'08.670
4.	K. Sakata	J	Aprilia	39'09.082
5.	M. Tokudome	J	Honda	39'24.977
6.	F. Torrontegui	E	Aprilia	39'24.982
7.	O. Petrucciani	CH	Aprilia	39'39.890
8.	G. McCoy	AUS	Aprilia	39'44.615
9.	H. Nakajyo	J	Honda	39'44.750
10.	G. Debbia	I	Aprilia	39'47.394
11.	E. Alzamora	E	Honda	39'52.866
12.	H. Aoki	J	Honda	39'53.017
13.	G. Scalvini	I	Aprilia	39'53.134
14.	F. Petit	F	Yamaha	39'53.472
15.	L. Cecchinello	I	Honda	39'53.733

Number of finishers: 22.
Fastest lap: T. Tsujimura (J, Honda),
2'16.586 = 159.434 km/h.

8) July 3 : Italy - Mugello

20 laps = 104.900 km
Pole position: R. Locatelli (I, Aprilia),
2'02.401 = 154.263 km/h.

1.	N. Ueda	J	Honda	41'25.510
				= 151.937 km/h
2.	K. Sakata	J	Aprilia	41'28.980
3.	T. Tsujimura	J	Honda	41'34.248
4.	P. Oettl	D	Aprilia	41'34.310
5.	D. Raudies	D	Honda	41'43.343
6.	M. Tokudome	J	Honda	41'50.922
7.	J. Martinez	E	Yamaha	41'50.980
8.	T. Manako	J	Honda	41'51.006
9.	H. Aoki	J	Honda	41'51.067
10.	R. Locatelli	I	Aprilia	41'51.356
11.	O. Petrucciani	CH	Aprilia	41'51.470
12.	L. Bodelier	NL	Honda	41'53.376
13.	F. Torrontegui	E	Aprilia	42'01.269
14.	A. Saito	J	Honda	42'08.486
15.	C. Giro Jr	E	Aprilia	42'08.508

Number of finishers: 18.
Fastest lap: K. Sakata (J, Aprilia),
2'02.541 = 154.087 km/h.

9) July 17 : France - Le Mans

23 laps = 101.890 km
Pole position: K. Sakata (J, Aprilia),
1'50.552 = 144.258 km/h.

1.	N. Ueda	J	Honda	42'59.000
				= 142.227 km/h
2.	T. Tsujimura	J	Honda	42'59.112
3.	K. Sakata	J	Aprilia	43'02.118
4.	P. Oettl	D	Aprilia	43'03.034
5.	D. Raudies	D	Honda	43'08.738
6.	J. Martinez	E	Yamaha	43'08.830
7.	S. Perugini	I	Aprilia	43'11.029
8.	F. Torrontegui	E	Aprilia	43'13.428
9.	M. Tokudome	J	Honda	43'13.721
10.	F. Gresini	I	Honda	43'20.779
11.	H. Nakajyo	J	Honda	43'26.086
12.	H. Aoki	J	Honda	43'28.174
13.	J.-E. Maturana	E	Yamaha	43'41.752
14.	A. Saito	J	Honda	43'41.919
15.	S. Prein	D	Yamaha	43'42.360

Number of finishers: 27.
Fastest lap: H. Nakajyo (J, Honda),
1'50.818 = 143.912 km/h.

10) July 24 : Great Britain - Donington

26 laps = 104.598 km
Pole position: K. Sakata (J, Aprilia),
1'41.027 = 143.356 km/h.

1.	T. Tsujimura	J	Honda	44'22.659
				= 141.420 km/h
2.	S. Perugini	I	Aprilia	44'22.926
3.	P. Oettl	D	Aprilia	44'24.118
4.	K. Sakata	J	Aprilia	44'24.290
5.	F. Torrontegui	E	Aprilia	44'24.512
6.	N. Ueda	J	Honda	44'39.349
7.	O. Petrucciani	CH	Aprilia	44'44.828
8.	D. Raudies	D	Honda	44'46.480
9.	C. Giro Jr	E	Aprilia	44'46.969
10.	J. Martinez	E	Yamaha	44'47.256
11.	H. Nakajyo	J	Honda	44'54.412
12.	M. Tokudome	J	Honda	44'56.305
13.	H. Aoki	J	Honda	44'58.976
14.	G. Debbia	I	Aprilia	44'59.096
15.	A. Saito	J	Honda	44'59.562

Number of finishers: 28.
Fastest lap: P. Oettl (D, Aprilia),
1'41.643 = 142.487 km/h.

11) August 21 : Czech Republic - Brno

19 laps = 102.486 km
Pole position: K. Sakata (J, Aprilia),
2'11.689 = 147.457 km/h.

1.	K. Sakata	J	Aprilia	42'34.015
				= 144.459 km/h
2.	N. Ueda	J	Honda	42'36.654
3.	S. Perugini	I	Aprilia	42'37.310
4.	J. Martinez	E	Yamaha	42'37.412
5.	T. Tsujimura	J	Honda	42'48.446
6.	M. Tokudome	J	Honda	42'48.584
7.	D. Raudies	D	Honda	42'50.603
8.	H. Nakajyo	J	Honda	42'50.696
9.	O. Petrucciani	CH	Aprilia	42'50.752
10.	M. Geissler	D	Aprilia	42'50.908
11.	S. Prein	D	Yamaha	42'51.002
12.	T. Igata	J	Honda	43'03.594
13.	C. Giro Jr	E	Aprilia	43'03.738
14.	L. Bodelier	NL	Honda	43'03.782
15.	G. Scalvini	I	Aprilia	43'08.346

Number of finishers: 25.
Fastest lap: K. Sakata (J, Aprilia),
2'12.500 = 146.554 km/h.

12) September 11 : United States - Laguna Seca

29 laps = 102.486 km
Pole position: K. Sakata (J, Aprilia),
1'33.170 = 136.550 km/h.

1.	T. Tsujimura	J	Honda	45'21.102
				= 135.588 km/h
2.	S. Perugini	I	Aprilia	45'22.076
3.	P. Oettl	D	Aprilia	45'22.654
4.	H. Aoki	J	Honda	45'35.817
5.	J. Martinez	E	Yamaha	45'38.954
6.	H. Nakajyo	J	Honda	45'39.172
7.	C. Giro Jr	E	Aprilia	45'39.846
8.	D. Raudies	D	Honda	45'44.518
9.	N. Ueda	J	Honda	45'54.172
10.	G. Scalvini	I	Aprilia	46'05.548
11.	S. Prein	D	Yamaha	46'09.690
12.	O. Koch	D	Honda	46'14.197
13.	O. Petrucciani	CH	Aprilia	46'17.260
14.	M. Tokudome	J	Honda	46'17.293
15.	M. Geissler	D	Aprilia	46'17.504

Number of finishers: 29.
Fastest lap: S. Perugini (I, Aprilia),
1'32.432 = 137.641 km/h.

13) September 25 : Argentina - Buenos Aires

23 laps = 100.050 km
Pole position: N. Ueda (J, Honda),
1'52.688 = 138.968 km/h.

1.	J. Martinez	E	Yamaha	43'37.568
				= 137.601 km/h
2.	N. Ueda	J	Honda	43'37.943
3.	S. Perugini	I	Aprilia	43'38.902
4.	G. Scalvini	I	Aprilia	43'40.682
5.	E. Alzamora	E	Honda	43'41.211
6.	D. Raudies	D	Honda	43'51.575
7.	T. Tsujimura	J	Honda	43'53.647
8.	M. Tokudome	J	Honda	44'04.011
9.	K. Sakata	J	Aprilia	44'04.278
10.	C. Giro Jr	E	Aprilia	44'04.426
11.	S. Prein	D	Yamaha	44'05.210
12.	H. Aoki	J	Honda	44'05.301
13.	P. Oettl	D	Aprilia	44'06.238
14.	A. Saito	J	Honda	44'32.350
15.	J.-E. Maturana	E	Yamaha	44'32.974

Number of finishers: 19.
Fastest lap: S. Perugini (I, Aprilia),
1'52.268 = 139.488 km/h.

14) October 9 : Europe - Catalunya

22 laps = 104.434 km
Pole position: D. Raudies (D, Honda),
1'56.673 = 146.471 km/h.

1.	D. Raudies	D	Honda	43'26.974
				= 144.214 km/h
2.	P. Oettl	D	Aprilia	43'29.111
3.	H. Aoki	J	Honda	43'31.930
4.	T. Tsujimura	J	Honda	43'31.975
5.	O. Petrucciani	CH	Aprilia	43'35.753
6.	N. Ueda	J	Honda	43'39.465
7.	K. Sakata	J	Aprilia	43'39.617
8.	H. Nakajyo	J	Honda	43'39.653
9.	L. Bodelier	NL	Honda	43'39.838
10.	F. Gresini	I	Honda	43'39.938
11.	G. Scalvini	I	Aprilia	43'40.088
12.	Y. Katoh	J	Yamaha	43'45.777
13.	M. Tokudome	J	Honda	44'07.615
14.	L. Cecchinello	I	Honda	44'10.090
15.	T. Igata	J	Honda	44'10.100

Number of finishers: 25.
Fastest lap: P. Oettl (D, Aprilia),
1'56.514 = 146.671 km/h.

WORLD CHAMPIONSHIP

1.	Kazuto Sakata	J	Aprilia	224
2.	Noboru Ueda	J	Honda	194
3.	Takeshi Tsujimura	J	Honda	190
4.	Dirk Raudies	D	Honda	162
5.	Peter Oettl	D	Aprilia	160
6.	Jorge "Aspar" Martinez	E	Yamaha	135
7.	Stefano Perugini	I	Aprilia	106
8.	Masaki Tokudome	J	Honda	87
9.	Oliver Petrucciani	CH	Aprilia	74
10.	Francisco "Herri" Torrontegui	E	Aprilia	73
11.	Hideyuki Nakajyo	J	Honda	70
12.	Haruchika Aoki	J	Honda	59
13.	Garry McCoy	AUS	Aprilia	56
14.	Akira Saito	J	Honda	53
15.	Löek Bodelier	NL	Honda	48
16.	Fausto Gresini	I	Honda	46
17.	Gianluigi Scalvini	I	Aprilia	32
18.	Oliver Koch	D	Honda	30
19.	Carlos Giro Jr.	E	Aprilia	26
20.	Tomomi Manako	J	Honda	24
21.	Stefan Prein	D	Yamaha	17
22.	Emilio Alzamora	E	Honda	16
23.	Bruno Casanova	I	Honda	15
24.	Gabriele Debbia	I	Aprilia	11
25.	Manfred Geissler	D	Aprilia	9
26.	Yoshiaki Katoh	J	Yamaha	8
27.	Emilio Cuppini	I	Aprilia	7
28.	Tomoko Igata	J	Honda	7
29.	Roberto Locatelli	I	Aprilia	6
30.	Lucio Cecchinello	I	Honda	5
31.	Kunihiro Amano	J	Honda	4
32.	Juan Enrique Maturana	E	Yamaha	4
33.	Frédéric Petit	F	Yamaha	2

Champion : **Massimiliano Biaggi (Italy, Aprilia), 234 points, 5 wins**

1994 — 250 cc

1) March 27 : Australia - Eastern Creek

28 laps = 110.040 km
Pole position: L. Capirossi (I, Honda),
  1'32.200 = 153.449 km/h.

1.	M. Biaggi	I	Aprilia	43'42.148
				= 151.076 km/h
2.	D. Romboni	I	Honda	43'42.806
3.	L. Capirossi	I	Honda	43'42.844
4.	J.-P. Ruggia	F	Aprilia	43'46.528
5.	T. Okada	J	Honda	44'04.738
6.	N. Aoki	J	Honda	44'04.784
7.	R. Waldmann	D	Honda	44'14.117
8.	L. D'Antin	E	Honda	44'28.092
9.	W. Zeelenberg	NL	Honda	44'28.124
10.	J.-M. Bayle	F	Aprilia	44'29.517
11.	C. Connell	AUS	Honda	44'39.069
12.	A. Preining	A	Aprilia	44'39.468
13.	A. Bosshard	CH	Honda	44'39.617
14.	C. Checa	E	Honda	44'54.242
15.	E. Suter	CH	Aprilia	44'54.384

Number of finishers: 25.
Fastest lap: M. Biaggi (I, Aprilia),
  1'32.658 = 152.691 km/h.

2) April 10 : Malaysia - Shah Alam

31 laps = 108.655 km
Pole position: M. Biaggi (I, Aprilia),
  1'26.618 = 145.674 km/h.

1.	M. Biaggi	I	Aprilia	45'26.300
				= 143.476 km/h
2.	T. Okada	J	Honda	45'32.108
3.	L. Capirossi	I	Honda	45'35.477
4.	J.-P. Ruggia	F	Aprilia	45'40.272
5.	D. Romboni	I	Honda	45'56.083
6.	R. Waldmann	D	Honda	45'57.337
7.	J.-M. Bayle	F	Aprilia	46'04.252
8.	L. D'Antin	E	Honda	46'16.418
9.	W. Zeelenberg	NL	Honda	46'19.684
10.	A. Gramigni	I	Aprilia	46'28.624
11.	C. Checa	E	Honda	46'36.742
12.	A. Bosshard	CH	Honda	46'37.148
13.	A. Preining	A	Aprilia	46'37.652
14.	B. Kassner	D	Aprilia	1 lap
15.	A. Stadler	D	Honda	1 lap

Number of finishers: 24.
Fastest lap: M. Biaggi (I, Aprilia),
  1'26.847 = 145.290 km/h.

3) April 24 : Japan - Suzuka

19 laps = 111.416 km
Pole position: M. Biaggi (I, Aprilia),
  2'10.876 = 161.301 km/h.

1.	T. Okada	J	Honda	42'28.242
				= 157.402 km/h
2.	L. Capirossi	I	Honda	42'28.370
3.	T. Ukawa	J	Honda	42'28.556
4.	M. Biaggi	I	Aprilia	42'30.351
5.	T. Aoki	J	Honda	42'32.083
6.	D. Romboni	I	Honda	42'38.538
7.	J.-P. Ruggia	F	Aprilia	42'43.901
8.	N. Aoki	J	Honda	43'07.349
9.	T. Harada	J	Yamaha	43'17.999
10.	L. D'Antin	E	Honda	43'19.002
11.	J.-M. Bayle	F	Aprilia	43'40.776
12.	J. Van den Goorbergh	NL	Aprilia	43'49.825
13.	P. Van den Goorbergh	NL	Aprilia	43'52.574
14.	A. Stadler	D	Honda	43'53.160
15.	E. Suter	CH	Aprilia	44'11.834

Number of finishers: 24.
Fastest lap: M. Biaggi (I, Aprilia),
  2'12.187 = 159.701 km/h.

4) May 8 : Spain - Jerez de la Frontera

26 laps = 114.998 km
Pole position: L. Capirossi (I, Aprilia),
  1'44.928 = 151.750 km/h.

1.	J.-P. Ruggia	F	Aprilia	46'16.824
				= 149.089 km/h
2.	D. Romboni	I	Honda	46'17.471
3.	T. Okada	J	Honda	46'17.679
4.	R. Waldmann	D	Honda	46'17.780
5.	N. Aoki	J	Honda	46'25.292
6.	L. D'Antin	E	Honda	46'48.406
7.	T. Harada	J	Yamaha	46'48.518
8.	J.-M. Bayle	F	Aprilia	46'48.636
9.	W. Zeelenberg	NL	Honda	46'49.092
10.	E. Suter	CH	Aprilia	46'54.132
11.	C. Checa	E	Honda	47'05.236
12.	J. Van den Goorbergh	NL	Aprilia	47'08.682
13.	M.-A. Castilla	E	Yamaha	47'25.858
14.	B. Kassner	D	Aprilia	47'26.000
15.	J.-L. Cardoso	E	Aprilia	47'30.905

Number of finishers: 24.
Fastest lap: M. Biaggi (I, Aprilia),
  1'45.628 = 150.744 km/h.

5) May 22 : Austria - Salzburgring

26 laps = 110.110 km
Pole position: M. Biaggi (I, Aprilia),
  1'21.312 = 187.500 km/h.

1.	L. Capirossi	I	Honda	35'29.052
				= 186.184 km/h
2.	M. Biaggi	I	Aprilia	35'29.552
3.	D. Romboni	I	Honda	35'48.486
4.	T. Okada	J	Honda	35'48.656
5.	R. Waldmann	D	Honda	35'48.715
6.	J.-P. Ruggia	F	Aprilia	36'08.195
7.	L. D'Antin	E	Honda	36'23.522
8.	P. Van den Goorbergh	NL	Aprilia	36'34.859
9.	J. Van den Goorbergh	NL	Aprilia	36'34.920
10.	E. Suter	CH	Aprilia	36'35.006
11.	J.-M. Bayle	F	Aprilia	36'35.036
12.	A. Preining	A	Aprilia	36'35.436
13.	A. Stadler	D	Honda	36'49.874
14.	B. Kassner	D	Aprilia	1 lap
15.	A. Gramigni	I	Aprilia	1 lap

Number of finishers: 24.
Fastest lap: L. Capirossi (I, Honda),
  1'20.916 = 188.418 km/h.

6) June 12 : Germany - Hockenheim

16 laps = 108.672 km
Pole position: L. Capirossi (I, Honda),
  2'04.853 = 195.840 km/h.

1.	L. Capirossi	I	Honda	33'43.516
				= 193.336 km/h
2.	M. Biaggi	I	Aprilia	33'43.800
3.	D. Romboni	I	Honda	33'43.941
4.	N. Aoki	J	Honda	33'44.808
5.	T. Okada	J	Honda	33'45.141
6.	R. Waldmann	D	Honda	33'57.082
7.	T. Harada	J	Yamaha	33'57.137
8.	J.-P. Ruggia	F	Aprilia	33'57.810
9.	L. D'Antin	E	Honda	34'23.020
10.	W. Zeelenberg	NL	Honda	34'23.074
11.	J.-M. Bayle	F	Aprilia	34'23.145
12.	P. Van den Goorbergh	NL	Aprilia	34'23.318
13.	A. Preining	A	Aprilia	34'23.808
14.	C. Checa	E	Honda	34'56.751
15.	A. Stadler	D	Honda	34'56.816

Number of finishers: 23.
Fastest lap: L. Capirossi (I, Honda),
  2'04.820 = 195.892 km/h.

7) June 25 : The Netherlands - Assen

18 laps = 108.882 km
Pole position: M. Biaggi (I, Aprilia),
2'05.997 = 172.833 km/h.

1.	M. Biaggi	I	Aprilia	38'19.086
				= 170.492 km/h
2.	T. Okada	J	Honda	38'47.788
3.	W. Zeelenberg	NL	Honda	38'48.052
4.	R. Waldmann	D	Honda	38'48.307
5.	N. Aoki	J	Honda	38'48.818
6.	J.-M. Bayle	F	Aprilia	38'49.025
7.	L. D'Antin	E	Honda	39'15.716
8.	E. Suter	CH	Aprilia	39'17.806
9.	J. Van den Goorbergh	NL	Aprilia	39'18.208
10.	P. Van den Goorbergh	NL	Aprilia	39'27.822
11.	C. Checa	E	Honda	39'27.909
12.	G. Fiorillo	I	Honda	39'27.967
13.	T. Honma	J	Yamaha	39'28.494
14.	B. Kassner	D	Aprilia	39'37.507
15.	A. Stadler	D	Honda	39'58.162

Number of finishers: 23.
Fastest lap: M. Biaggi (I, Aprilia),
2'06.357 = 172.340 km/h.

8) July 3 : Italy - Mugello

21 laps = 110.145 km
Pole position: M. Biaggi (I, Aprilia),
1'55.856 = 162.978 km/h.

1.	R. Waldmann	D	Honda	41'05.128
				= 160.852 km/h
2.	T. Harada	J	Yamaha	41'07.188
3.	L. Capirossi	I	Honda	41'10.332
4.	J.-P. Ruggia	F	Aprilia	41'13.585
5.	M. Lucchi	I	Aprilia	41'14.376
6.	L. D'Antin	E	Honda	41'46.234
7.	T. Okada	J	Honda	41'46.494
8.	J.-M. Bayle	F	Aprilia	41'46.579
9.	W. Zeelenberg	NL	Honda	41'46.804
10.	C. Checa	E	Honda	42'04.816
11.	A. Bosshard	CH	Honda	42'07.872
12.	A. Preining	A	Aprilia	42'18.358
13.	A. Gramigni	I	Aprilia	42'18.490
14.	P. Van den Goorbergh	NL	Aprilia	42'18.528
15.	B. Kassner	D	Aprilia	42'21.268

Number of finishers: 23.
Fastest lap: M. Biaggi (I, Aprilia),
1'56.102 = 162.633 km/h.

9) July 17 : France - Le Mans

25 laps = 110.750 km
Pole position: D. Romboni (I, Honda),
1'42.967 = 154.885 km/h.

1.	L. Capirossi	I	Honda	43'46.089
				= 151.823 km/h
2.	D. Romboni	I	Honda	43'46.778
3.	M. Biaggi	I	Aprilia	43'47.270
4.	R. Waldmann	D	Honda	43'51.212
5.	J.-M. Bayle	F	Aprilia	43'51.617
6.	N. Aoki	J	Honda	43'51.910
7.	J.-P. Ruggia	F	Aprilia	43'55.107
8.	T. Harada	J	Yamaha	44'10.148
9.	T. Okada	J	Honda	44'15.132
10.	W. Zeelenberg	NL	Honda	44'22.362
11.	T. Honma	J	Yamaha	44'27.876
12.	A. Bosshard	CH	Honda	44'38.578
13.	C. Checa	E	Honda	44'43.295
14.	E. Suter	CH	Aprilia	44'47.592
15.	L.-C. Maurel	E	Honda	44'49.442

Number of finishers: 25.
Fastest lap: L. Capirossi (I, Honda),
1'44.030 = 153.302 km/h.

10) July 24 : Great Britain - Donington

27 laps = 108.621 km
Pole position: L. Capirossi (I, Honda),
1'34.990 = 152.467 km/h.

1.	L. Capirossi	I	Honda	43'18.624
				= 150.478 km/h
2.	T. Okada	J	Honda	43'21.857
3.	D. Romboni	I	Honda	43'21.980
4.	T. Harada	J	Yamaha	43'22.500
5.	J.-M. Bayle	F	Aprilia	43'24.140
6.	J.-P. Ruggia	F	Aprilia	43'24.731
7.	R. Waldmann	D	Honda	43'25.110
8.	N. Aoki	J	Honda	43'45.957
9.	L. D'Antin	E	Honda	43'54.114
10.	E. Suter	CH	Aprilia	43'54.934
11.	W. Zeelenberg	NL	Honda	43'55.519
12.	C. Checa	E	Honda	43'55.744
13.	T. Honma	J	Yamaha	43'56.524
14.	A. Bosshard	CH	Honda	44'22.616
15.	L.-C. Maurel	E	Honda	44'28.290

Number of finishers: 24.
Fastest lap: L. Capirossi (I, Honda),
1'34.953 = 152.526 km/h.

11) August 21 : Czech Republic - Brno

20 laps = 107.880 km
Pole position: M. Biaggi (I, Aprilia),
2'04.894 = 155.479 km/h.

1.	M. Biaggi	I	Aprilia	42'09.445
				= 153.539 km/h
2.	R. Waldmann	D	Honda	42'15.870
3.	J.-P. Ruggia	F	Aprilia	42'19.028
4.	N. Aoki	J	Honda	42'42.010
5.	T. Okada	J	Honda	42'46.924
6.	J.-M. Bayle	F	Aprilia	42'46.968
7.	L. D'Antin	E	Honda	42'52.079
8.	E. Suter	CH	Aprilia	42'52.441
9.	W. Zeelenberg	NL	Honda	42'56.993
10.	A. Preining	A	Aprilia	43'06.888
11.	L.-C. Maurel	E	Honda	43'07.440
12.	P. Van den Goorbergh	NL	Aprilia	43'07.976
13.	A. Bosshard	CH	Honda	43'12.760
14.	G. Fiorillo	I	Honda	43'33.942
15.	J.-B. Borja	E	Honda	43'41.668

Number of finishers: 23.
Fastest lap: M. Biaggi (I, Aprilia),
2'05.340 = 154.926 km/h.

12) September 11 : United States - Laguna Seca

31 laps = 109.554 km
Pole position: D. Romboni (I, Honda),
1'27.499 = 145.401 km/h.

1.	D. Romboni	I	Honda	46'01.397
				= 142.824 km/h
2.	M. Biaggi	I	Aprilia	46'02.830
3.	T. Harada	J	Yamaha	46'03.028
4.	T. Okada	J	Honda	46'03.972
5.	N. Aoki	J	Honda	46'04.146
6.	L. D'Antin	E	Honda	46'25.938
7.	C. Checa	E	Honda	46'26.094
8.	K. Roberts Jr	USA	Yamaha	46'38.830
9.	W. Zeelenberg	NL	Honda	46'39.246
10.	R. Waldmann	D	Honda	46'42.324
11.	A. Preining	A	Aprilia	46'46.312
12.	E. Suter	CH	Aprilia	46'46.551
13.	A. Bosshard	CH	Honda	46'47.896
14.	J. Van den Goorbergh	NL	Aprilia	46'48.576
15.	J.-B. Borja	E	Honda	47'13.282

Number of finishers: 22.
Fastest lap: M. Biaggi (I, Aprilia),
1'28.046 = 144.497 km/h.

13) September 25 : Argentina - Buenos Aires

25 laps = 108.750 km
Pole position: L. Capirossi (I, Honda),
1'47.576 = 145.572 km/h.

1.	T. Okada	J	Honda	45'09.167
				= 144.509 km/h
2.	M. Biaggi	I	Aprilia	45'14.450
3.	T. Harada	J	Yamaha	45'14.770
4.	J.-P. Ruggia	F	Aprilia	45'15.680
5.	L. Capirossi	I	Honda	45'23.034
6.	K. Roberts Jr	USA	Yamaha	45'28.768
7.	J.-M. Bayle	F	Aprilia	45'28.949
8.	R. Waldmann	D	Honda	45'31.078
9.	L. D'Antin	E	Honda	45'37.925
10.	C. Checa	E	Honda	45'38.902
11.	W. Zeelenberg	NL	Honda	45'58.350
12.	A. Bosshard	CH	Honda	45'59.352
13.	J.-B. Borja	E	Honda	45'59.457
14.	G. Fiorillo	I	Honda	46'11.092
15.	J.-L. Cardoso	E	Aprilia	46'13.760

Number of finishers: 25.
Fastest lap: T. Harada (J, Yamaha),
1'47.336 = 145.897 km/h.

14) October 9 : Europe - Catalunya

23 laps = 109.181 km
Pole position: M. Biaggi (I, Aprilia),
1'49.942 = 155.438 km/h.

1.	M. Biaggi	I	Aprilia	42'44.818
				= 153.247 km/h
2.	L. Capirossi	I	Honda	42'46.758
3.	D. Romboni	I	Honda	42'47.426
4.	T. Okada	J	Honda	42'47.874
5.	T. Harada	J	Yamaha	42'49.047
6.	J.-P. Ruggia	F	Aprilia	43'03.311
7.	R. Waldmann	D	Honda	43'06.886
8.	J.-M. Bayle	F	Aprilia	43'06.968
9.	C. Checa	E	Honda	43'15.975
10.	A. Bosshard	CH	Honda	43'16.856
11.	K. Roberts Jr	USA	Yamaha	43'19.141
12.	W. Zeelenberg	NL	Honda	43'24.723
13.	L.-C. Maurel	E	Honda	43'41.416
14.	M.-A. Castilla	E	Yamaha	43'41.554
15.	A. Preining	A	Aprilia	43'44.328

Number of finishers: 25.
Fastest lap: L. Capirossi (I, Honda),
1'50.362 = 154.847 km/h.

WORLD CHAMPIONSHIP

1.	Massimiliano Biaggi	I	Aprilia	234
2.	Tadayuki Okada	J	Honda	214
3.	Loris Capirossi	I	Honda	199
4.	Doriano Romboni	I	Honda	170
5.	Ralf Waldmann	D	Honda	156
6.	Jean-Philippe Ruggia	F	Aprilia	149
7.	Tetsuya Harada	J	Yamaha	109
8.	Jean-Michel Bayle	F	Aprilia	105
9.	Luis D'Antin	E	Honda	100
10.	Nobuatsu Aoki	J	Honda	95
11.	Wilco Zeelenberg	NL	Honda	84
12.	Carlos Checa	E	Honda	54
13.	Eskil Suter	CH	Aprilia	42
14.	Adrian Bosshard	CH	Honda	34
15.	Andreas Preining	A	Aprilia	30
16.	Patrick Van den Goorbergh	NL	Aprilia	27
17.	Jurgen Van den Goorbergh	NL	Aprilia	24
18.	Kenny Roberts Jr	USA	Yamaha	23
19.	Tohru Ukawa	J	Honda	16
20.	Takuma Aoki	J	Honda	11
21.	Marcellino Lucchi	I	Aprilia	11
22.	Toshihiko Honma	J	Yamaha	11
23.	Alessandro Gramigni	I	Aprilia	10
24.	Luis Carlos Maurel	E	Honda	10
25.	Bernd Kassner	D	Aprilia	9
26.	Giuseppe Fiorillo	I	Honda	8
27.	Adolf Stadler	D	Honda	8
28.	Craig Connell	AUS	Honda	5
29.	Miguel Angel Castilla	E	Yamaha	5
30.	Juan Bautista Borja	E	Honda	5
31.	Jose Luis Cardoso	E	Aprilia	2

Champion : **Michael Doohan (Australia, Honda), 317 points, 9 wins**

1994 — 500 cc

1) March 27 : Australia - Eastern Creek

29 laps = 113.970 km
Pole position: J. Kocinski (USA, Cagiva),
1'30.394 = 156.515 km/h.

1.	J. Kocinski	USA	Cagiva	44'37.026
				= 153.264 km/h
2.	L. Cadalora	I	Yamaha	44'43.506
3.	M. Doohan	AUS	Honda	44'46.272
4.	K. Schwantz	USA	Suzuki	45'03.680
5.	S. Itoh	J	Honda	45'07.855
6.	A. Crivillé	E	Honda	45'10.345
7.	A. Puig	E	Honda	45'10.756
8.	A. Barros	BR	Suzuki	45'10.762
9.	D. Chandler	USA	Cagiva	45'22.630
10.	J. Reynolds	GB	Harris Yamaha	45'59.088
11.	B. Garcia	F	ROC Yamaha	46'04.771
12.	S. Doohan	AUS	Harris Yamaha	46'09.568
13.	J. Lopez Mella	E	ROC Yamaha	46'09.795
14.	S. Emmett	GB	Harris Yamaha	46'10.364
15.	C. Migliorati	I	ROC Yamaha	1 lap

Number of finishers: 25.
Fastest lap: L. Cadalora (I, Yamaha),
1'31.615 (154.429 km/h).

2) April 10 : Malaysia - Shah Alam

33 laps = 115.665 km
Pole position: J. Kocinski (USA, Cagiva),
1'25.180 = 148.133 km/h.

1.	M. Doohan	AUS	Honda	47'36.874
				= 145.752 km/h
2.	J. Kocinski	USA	Cagiva	47'42.099
3.	S. Itoh	J	Honda	47'44.852
4.	L. Cadalora	I	Yamaha	47'45.789
5.	A. Puig	E	Honda	47'56.688
6.	K. Schwantz	USA	Suzuki	48'00.219
7.	A. Barros	BR	Suzuki	48'01.928
8.	A. Crivillé	E	Honda	48'10.218
9.	D. Chandler	USA	Cagiva	48'17.105
10.	D. Beattie	AUS	Yamaha	48'45.473
11.	N. MacKenzie	GB	ROC Yamaha	48'52.029
12.	J. Reynolds	GB	Harris Yamaha	49'00.709
13.	S. Emmett	GB	Harris Yamaha	1 lap
14.	J. McWilliams	GB	Yamaha	1 lap
15.	L. Pedercini	I	ROC Yamaha	1 lap

Number of finishers: 21.
Fastest lap: M. Doohan (AUS, Honda),
1'25.925 = 146.849 km/h.

3) April 24 : Japan - Suzuka

21 laps = 123.144 km
Pole position: L. Cadalora (I, Yamaha),
2'08.336 = 164.493 km/h.

1.	K. Schwantz	USA	Suzuki	45'49.996
				= 161.207 km/h
2.	M. Doohan	AUS	Honda	45'53.470
3.	S. Itoh	J	Honda	45'57.985
4.	L. Cadalora	I	Yamaha	46'18.012
5.	A. Barros	BR	Suzuki	46'26.539
6.	T. Honma	J	Yamaha	46'27.321
7.	A. Crivillé	E	Honda	46'31.943
8.	A. Puig	E	Honda	46'44.761
9.	J. Kocinski	USA	Cagiva	46'49.376
10.	D. Chandler	USA	Cagiva	47'01.702
11.	B. Garcia	F	ROC Yamaha	47'19.834
12.	J. Reynolds	GB	Harris Yamaha	47'25.406
13.	J. McWilliams	GB	Yamaha	47'44.788
14.	L. Naveau	B	ROC Yamaha	47'48.493
15.	J. Lopez Mella	E	ROC Yamaha	47'57.612

Number of finishers: 28.
Fastest lap: K. Schwantz (USA, Suzuki),
2'09.439 = 163.091 km/h.

4) May 8 : Spain - Jerez de la Frontera

27 laps = 119.421 km
Pole position: K. Schwantz (USA, Suzuki),
1'43.944 = 153.186 km/h.

1.	M. Doohan	AUS	Honda	47'31.082
				= 150.790 km/h
2.	K. Schwantz	USA	Suzuki	47'31.571
3.	J. Kocinski	USA	Cagiva	47'40.347
4.	A. Barros	BR	Suzuki	47'44.340
5.	A. Crivillé	E	Honda	47'45.907
6.	A. Puig	E	Honda	47'52.204
7.	D. Chandler	USA	Cagiva	48'09.874
8.	N. MacKenzie	GB	ROC Yamaha	48'11.441
9.	L. Reggiani	I	Aprilia	48'16.748
10.	J. Reynolds	GB	Harris Yamaha	48'56.374
11.	J. McWilliams	GB	Yamaha	49'07.476
12.	C. Migliorati	I	ROC Yamaha	1 lap
13.	J. Lopez Mella	E	ROC Yamaha	1 lap
14.	J.-P. Jeandat	F	ROC Yamaha	1 lap
15.	J. Miralles	E	ROC Yamaha	1 lap

Number of finishers: 21.
Fastest lap: K. Schwantz (USA, Suzuki),
1'44.168 = 152.857 km/h.

5) May 22 : Austria - Salzburgring

29 laps = 122.815 km
Pole position: M. Doohan (AUS, Honda),
1'17.126 = 197.677 km/h.

1.	M. Doohan	AUS	Honda	37'54.120
				= 194.420 km/h
2.	K. Schwantz	USA	Suzuki	38'08.730
3.	A. Crivillé	E	Honda	38'09.552
4.	S. Itoh	J	Honda	38'15.350
5.	J. Kocinski	USA	Cagiva	38'18.426
6.	A. Puig	E	Honda	38'23.048
7.	A. Barros	BR	Suzuki	38'29.979
8.	D. Beattie	AUS	Yamaha	38'48.697
9.	N. MacKenzie	GB	ROC Yamaha	39'05.026
10.	J. Reynolds	GB	Harris Yamaha	1 lap
11.	H. Moineau	F	ROC Yamaha	1 lap
12.	S. Emmett	GB	Harris Yamaha	1 lap
13.	J.-P. Jeandat	F	ROC Yamaha	1 lap
14.	C. Migliorati	I	ROC Yamaha	1 lap
15.	L. Naveau	B	ROC Yamaha	1 lap

Number of finishers: 22.
Fastest lap: M. Doohan (AUS, Honda),
1'17.696 = 196.226 km/h.

6) June 12 : Germany - Hockenheim

18 laps = 122.256 km
Pole position: M. Doohan (AUS, Honda),
1'58.946 = 205.566 km/h.

1.	M. Doohan	AUS	Honda	35'58.994
				= 203.855 km/h
2.	K. Schwantz	USA	Suzuki	36'12.976
3.	A. Puig	E	Honda	36'14.758
4.	A. Crivillé	E	Honda	36'18.530
5.	A. Barros	BR	Suzuki	36'32.114
6.	S. Itoh	J	Honda	36'32.287
7.	D. Chandler	USA	Cagiva	36'46.196
8.	N. MacKenzie	GB	ROC Yamaha	37'05.284
9.	B. Garcia	F	ROC Yamaha	37'11.974
10.	J. Reynolds	GB	Harris Yamaha	37'35.637
11.	S. Emmett	GB	Harris Yamaha	37'36.056
12.	J. Lopez Mella	E	ROC Yamaha	37'53.302
13.	J. Miralles	E	ROC Yamaha	37'53.549
14.	L. Naveau	B	ROC Yamaha	37'53.720
15.	B. Bonhuil	F	ROC Yamaha	1 lap

Number of finishers: 19.
Fastest lap: M. Doohan (AUS, Honda),
1'58.586 = 206.190 km/h.

7) June 25 : The Netherlands - Assen

20 laps = 120.980 km
Pole position: M. Doohan (AUS, Honda),
2'03.035 = 176.994 km/h.

1.	M. Doohan	AUS	Honda	41'35.272
				= 174.541 km/h
2.	A. Barros	BR	Suzuki	41'37.172
3.	A. Crivillé	E	Honda	41'42.718
4.	A. Puig	E	Honda	41'53.228
5.	K. Schwantz	USA	Suzuki	41'59.131
6.	D. Chandler	USA	Cagiva	41'59.736
7.	D. Beattie	AUS	Yamaha	42'10.304
8.	J. Kocinski	USA	Cagiva	42'24.409
9.	L. Cadalora	I	Yamaha	42'31.978
10.	B. Garcia	F	ROC Yamaha	42'44.141
11.	J.-P. Jeandat	F	ROC Yamaha	43'08.553
12.	L. Naveau	B	ROC Yamaha	43'09.455
13.	J. Miralles	E	ROC Yamaha	43'31.748
14.	B. Bonhuil	F	ROC Yamaha	43'32.033
15.	J. Foray	F	ROC Yamaha	43'32.825

Number of finishers: 19.
Fastest lap: M. Doohan (AUS, Honda),
2'03.144 = 176.837 km/h.

8) July 3 - Italy : Mugello

23 laps = 120.635 km
Pole position: L. Cadalora (I, Yamaha),
1'53.730 = 166.025 km/h.

1.	M. Doohan	AUS	Honda	44'20.402
				= 163.241 km/h
2.	L. Cadalora	I	Yamaha	44'26.186
3.	K. Schwantz	USA	Suzuki	44'37.738
4.	A. Puig	E	Honda	44'44.506
5.	S. Itoh	J	Honda	44'44.584
6.	D. Beattie	AUS	Yamaha	44'49.138
7.	A. Barros	BR	Suzuki	44'54.962
8.	B. Garcia	F	ROC Yamaha	45'08.972
9.	N. MacKenzie	GB	ROC Yamaha	45'21.912
10.	J. Lopez Mella	E	ROC Yamaha	45'44.398
11.	J.-P. Jeandat	F	ROC Yamaha	45'46.518
12.	C. Migliorati	I	ROC Yamaha	45'47.376
13.	B. Haenggeli	CH	ROC Yamaha	45'48.567
14.	S. Emmett	GB	Harris Yamaha	45'54.240
15.	J. McWilliams	GB	Yamaha	45'54.974

Number of finishers: 21.
Fastest lap: L. Cadalora (I, Yamaha),
1'54.354 = 165.119 km/h.

9) July 17 : France - Le Mans

27 laps = 119.610 km
Pole position: M. Doohan (AUS, Honda),
1'40.759 = 158.279 km/h.

1.	M. Doohan	AUS	Honda	46'28.917
				= 154.395 km/h
2.	J. Kocinski	USA	Cagiva	46'35.018
3.	A. Crivillé	E	Honda	46'40.230
4.	A. Puig	E	Honda	46'41.244
5.	S. Itoh	J	Honda	46'49.004
6.	A. Barros	BR	Suzuki	46'54.986
7.	L. Cadalora	I	Yamaha	47'05.790
8.	J. McWilliams	GB	Yamaha	47'41.676
9.	M. Garcia	F	ROC Yamaha	48'12.425
10.	J. Lopez Mella	E	ROC Yamaha	1 lap
11.	J. Foray	F	ROC Yamaha	1 lap
12.	B. Haenggeli	CH	ROC Yamaha	1 lap
13.	B. Bonhuil	F	ROC Yamaha	1 lap
14.	U. Mark	D	ROC Yamaha	1 lap
15.	C. Migliorati	I	ROC Yamaha	1 lap

Number of finishers: 25.
Fastest lap: M. Doohan (AUS, Honda),
1'41.686 = 156.836 km/h.

10) July 24 : Great Britain - Donington

30 laps = 120.690 km
Pole position: M. Doohan (AUS, Honda),
1'33.611 = 154.713 km/h.

1.	K. Schwantz	USA	Suzuki	47'31.632
				= 152.363 km/h
2.	M. Doohan	AUS	Honda	47'33.998
3.	L. Cadalora	I	Yamaha	47'37.442
4.	J. Kocinski	USA	Cagiva	47'43.892
5.	D. Chandler	USA	Cagiva	47'48.096
6.	A. Crivillé	E	Honda	47'51.406
7.	A. Puig	E	Honda	48'11.288
8.	N. MacKenzie	GB	ROC Yamaha	48'24.696
9.	S. Itoh	J	Honda	48'32.415
10.	J. McWilliams	GB	Yamaha	48'44.010
11.	B. Garcia	F	ROC Yamaha	48'47.041
12.	S. Emmett	GB	Harris Yamaha	48'56.720
13.	L. Naveau	B	ROC Yamaha	48'56.988
14.	J. Reynolds	GB	Harris Yamaha	1 lap
15.	B. Bonhuil	F	ROC Yamaha	1 lap

Number of finishers: 21.
Fastest lap: K. Schwantz (USA, Suzuki),
1'34.161 = 153.809 km/h.

11) August 21 : Czech Republic - Brno

22 laps = 118.668 km
Pole position: L. Cadalora (I, Yamaha),
2'02.380 = 158.673 km/h.

1.	M. Doohan	AUS	Honda	45'39.974
				= 155.916 km/h
2.	S. Itoh	J	Honda	45'43.296
3.	L. Cadalora	I	Yamaha	45'48.796
4.	A. Crivillé	E	Honda	46'04.110
5.	A. Puig	E	Honda	46'10.478
6.	N. Abe	J	Yamaha	46'19.970
7.	K. Schwantz	USA	Suzuki	46'28.500
8.	A. Barros	BR	Suzuki	46'35.770
9.	N. MacKenzie	GB	ROC Yamaha	46'36.478
10.	J. McWilliams	GB	Yamaha	46'48.194
11.	B. Garcia	F	ROC Yamaha	46'49.136
12.	J. Reynolds	GB	Harris Yamaha	46'50.302
13.	S. Emmett	GB	Harris Yamaha	47'18.513
14.	J. Foray	F	ROC Yamaha	47'18.537
15.	M. Garcia	F	ROC Yamaha	47'18.601

Number of finishers: 20.
Fastest lap: S. Itoh (J, Honda),
2'03.544 = 157.178 km/h.

12) September 11 : United States - Laguna Seca

33 laps = 116.622 km
Pole position: M. Doohan (AUS, Honda),
1'26.068 = 147.818 km/h.

1.	L. Cadalora	I	Yamaha	48'00.370
				= 145.759 km/h
2.	J. Kocinski	USA	Cagiva	48'08.266
3.	M. Doohan	AUS	Honda	48'25.246
4.	S. Itoh	J	Honda	48'36.495
5.	D. Chandler	USA	Cagiva	48'36.500
6.	N. Abe	J	Yamaha	48'44.824
7.	A. Puig	E	Honda	48'59.486
8.	A. Barros	BR	Suzuki	49'11.396
9.	J. McWilliams	GB	Yamaha	49'16.258
10.	N. MacKenzie	GB	ROC Yamaha	49'23.286
11.	S. Emmett	GB	Harris Yamaha	49'27.417
12.	B. Garcia	F	ROC Yamaha	1 lap
13.	L. Naveau	B	ROC Yamaha	1 lap
14.	J.-P. Jeandat	F	ROC Yamaha	1 lap
15.	L. Pedercini	I	ROC Yamaha	1 lap

Number of finishers: 21.
Fastest lap: J. Kocinski (USA, Cagiva),
1'26.444 = 147.175 km/h.

13) September 25 : Argentina - Buenos Aires

27 laps = 117.450 km
Pole position: J. Kocinski (USA, Cagiva),
1'45.346 = 148.653 km/h.

1.	M. Doohan	AUS	Honda	48'12.812
				= 146.162 km/h
2.	D. Chandler	USA	Cagiva	48'21.554
3.	J. Kocinski	USA	Cagiva	48'29.781
4.	S. Itoh	J	Honda	48'41.093
5.	A. Puig	E	Honda	48'45.202
6.	L. Cadalora	I	Yamaha	48'52.881
7.	A. Crivillé	E	Honda	48'54.054
8.	A. Barros	BR	Suzuki	48'55.862
9.	J. McWilliams	GB	Yamaha	49'09.561
10.	S. Emmett	GB	Harris Yamaha	49'10.983
11.	N. MacKenzie	GB	ROC Yamaha	49'25.766
12.	B. Garcia	F	ROC Yamaha	49'33.017
13.	M. Garcia	F	ROC Yamaha	49'53.009
14.	L. Naveau	B	ROC Yamaha	49'54.446
15.	N. Hodgson	GB	Harris Yamaha	49'54.782

Number of finishers: 20.
Fastest lap: M. Doohan (AUS, Honda),
1'46.270 = 147.361 km/h.

14) October 9 : Europe - Catalunya

25 laps = 118.675 km
Pole position: L. Cadalora (I, Yamaha),
1'47.918 = 158.354 km/h.

1.	L. Cadalora	I	Yamaha	46'03.356
				= 154.605 km/h
2.	M. Doohan	AUS	Honda	46'06.844
3.	J. Kocinski	USA	Cagiva	46'09.922
4.	A. Crivillé	E	Honda	46'10.842
5.	D. Beattie	AUS	Yamaha	46'22.093
6.	A. Barros	BR	Suzuki	46'23.350
7.	A. Puig	E	Honda	46'27.884
8.	N. MacKenzie	GB	ROC Yamaha	46'38.334
9.	B. Garcia	F	ROC Yamaha	46'58.256
10.	D. Chandler	USA	Cagiva	46'59.284
11.	J. Reynolds	GB	Harris Yamaha	46'59.343
12.	J. McWilliams	GB	Yamaha	46'59.634
13.	J. Lopez Mella	E	Suzuki	47'14.196
14.	L. Naveau	B	ROC Yamaha	47'14.314
15.	A. Stroud	NZ	ROC Yamaha	47'14.415

Number of finishers: 20.
Fastest lap: M. Doohan (AUS, Honda),
1'49.452 = 156.134 km/h.

WORLD CHAMPIONSHIP

1.	Michael Doohan	AUS	Honda	317
2.	Luca Cadalora	I	Yamaha	174
3.	John Kocinski	USA	Cagiva	172
4.	Kevin Schwantz	USA	Suzuki	169
5.	Alberto Puig	E	Honda	152
6.	Alex Crivillé	E	Honda	144
7.	Shinichi Itoh	J	Honda	141
8.	Alexandre Barros	BR	Suzuki	134
9.	Douglas Chandler	USA	Cagiva	96
10.	Niall MacKenzie	GB	ROC Yamaha	69
11.	Bernard Garcia	F	ROC Yamaha	56
12.	Jeremy McWilliams	GB	Yamaha	49
13.	Daryl Beattie	AUS	Yamaha	44
14.	John Reynolds	GB	Harris Yamaha	43
15.	Sean Emmett	GB	Harris Yamaha	34
16.	Juan Lopez Mella	E	ROC Suzuki	26
17.	Norifumi Abe	J	Yamaha	20
18.	Laurent Naveau	B	ROC Yamaha	19
19.	Jean-Pierre Jeandat	F	ROC Yamaha	17
20.	Cristiano Migliorati	I	ROC Yamaha	12
21.	Marc Garcia	F	ROC Yamaha	11
22.	Toshihiko Honma	J	Yamaha	10
23.	Jean Foray	F	ROC Yamaha	8
24.	Loris Reggiani	I	Aprilia	7
25.	Bernard Haenggeli	CH	ROC Yamaha	7
26.	Julian Miralles	E	ROC Yamaha	7
27.	Bruno Bonhuil	F	ROC Yamaha	7
28.	Hervé Moineau	F	ROC Yamaha	5
29.	Scott Doohan	AUS	Harris Yamaha	4
30.	Udo Mark	D	ROC Yamaha	2
31.	Lucio Pedercini	I	ROC Yamaha	2
32.	Neil Hodgson	GB	Harris Yamaha	1
33.	Andrew Stroud	NZ	ROC Yamaha	1

1994 — Side-Cars

Champions: Rolf Biland/Kurt Waltisperg (Switzerland, LCR-Swissauto), 141 points, 5 wins

1) May 2 : Great Britain - Donington

25 laps = 100.575 km
Pole position: R. Biland/K. Waltisperg (CH, LCR-Swissauto),
1'36.88 = 149.491 km/h.

1.	D. Brindley/P. Hutchinson	GB	LCR-Honda	41'31.89
				= 145.290 km/h
2.	M. Bösiger/J. Egli	CH	LCR-ADM	41'41.60
3.	S. Webster/A. Hänni	GB/CH	LCR-Krauser	41'53.93
4.	B. Brindley/S. Whiteside	GB	LCR-Yamaha	41'54.64
5.	P. Güdel/C. Güdel	CH	LCR-ADM	41'57.27
6.	K. Klaffenböck/C. Parzer	A	LCR-Bartol	42'03.84
7.	J. Lauslehto/J. Joutsen	SF	LCR-ADM	42'04.25
8.	D. Dixon/A. Hetherington	GB	LCR-Yamaha	42'05.43
9.	T. Wyssen/K. Wyssen	CH	LCR-Krauser	42'21.47
10.	S. Abbott/J. Tailford	GB	Windle-Krauser	42'40.22
11.	R. Koster/O. Combi	CH/I	LCR-ADM	42'47.18
12.	M. Reddington/T. Crone	GB	LCR-ADM	43'07.58
13.	K. Webster/P. Coombes	GB	LCR-Krauser	1 lap
14.	B. Janssen/F.-G. Van Kessel	NL	LCR-Yamaha	1 lap
15.	B. Gälross/S. Smith	S/GB	LCR-Yamaha	1 lap

Number of finishers: 20.
Fastest lap: S. Abbott/J. Tailford (GB, Windle-Krauser),
1'37.59 = 148.404 km/h.

2) June 12 : Germany - Hockenheim

13 laps = 88.296 km
Pole position: R. Biland/K. Waltisperg (CH, LCR-Swissauto),
2'06.118 = 193.876 km/h.

1.	R. Biland/K. Waltisperg	CH	LCR-Swissauto	28'35.190
				= 185.324 km/h
2.	S. Webster/A. Hänni	GB/CH	LCR-Krauser	28'40.616
3.	S. Abbott/J. Tailford	GB	Windle-Krauser	28'40.970
4.	K. Klaffenböck/C. Parzer	A	LCR-Bartol	28'41.168
5.	B. Brindley/S. Whiteside	GB	LCR-Yamaha	28'41.627
6.	J. Lauslehto/J. Joutsen	SF	LCR-ADM	28'41.678
7.	P. Güdel/C. Güdel	CH	LCR-ADM	28'42.243
8.	T. Wyssen/K. Wyssen	CH	LCR-Krauser	28'42.604
9.	Y. Kumagaya/S. Pointer	J/GB	LCR-ADM	28'42.641
10.	R. Bohnhorst/P. Brown	D/GB	LCR-Steinhausen	28'49.394
11.	M. Bösiger/J. Egli	CH	LCR-ADM	29'22.343
12.	M. Reddington/T. Crone	GB	LCR-ADM	29'41.250
13.	G. Knight/T. Hopkinson	GB	Windle-Krauser	1 lap

Number of finishers: 13.
Fastest lap: P. Güdel/C. Güdel (CH, LCR-ADM),
2'09.838 = 188.321 km/h.

3) June 25 : The Netherlands - Assen

17 laps = 102.833 km
Pole position: R. Biland/K. Waltisperg (CH, LCR-Swissauto),
2'09.476 = 168.188 km/h.

1.	R. Biland/K. Waltisperg	CH	LCR-Swissauto	37'44.428
				= 163.484 km/h
2.	K. Klaffenböck/C. Parzer	A	LCR-Bartol	37'49.000
3.	D. Brindley/P. Hutchinson	GB	LCR-Honda	37'52.645
4.	R. Bohnhorst/P. Brown	D/GB	LCR-Steinhausen	37'55.239
5.	P. Güdel/C. Güdel	CH	LCR-ADM	37'58.128
6.	S. Abbott/J. Tailford	GB	Windle-Krauser	38'02.178
7.	M. Egloff/U. Egloff	CH	LCR-Yamaha	38'15.248
8.	J. Lauslehto/J. Joutsen	SF	LCR-ADM	38'22.759
9.	M. Bösiger/J. Egli	CH	LCR-ADM	38'26.601
10.	Y. Kumagaya/R. Betgens	J/NL	LCR-ADM	38'33.592
11.	K. Webster/H. Hofsteenge	GB/NL	LCR-Krauser	39'36.740
12.	G. Knight/T. Hopkinson	GB	Windle-Krauser	39'52.833
13.	M. Schlosser/G. Cavadini	CH	LCR-ADM	39'55.324
14.	B. Janssen/F. Kessel	NL	LCR-Yamaha	39'57.767
15.	R. Koster/O. Combi	CH/I	LCR-ADM	40'01.131

Number of finishers: 19.
Fastest lap: S. Webster/A. Hänni (GB/CH, LCR-Krauser),
2'11.423 = 165.697 km/h.

4) July 17 : Österreichring/Zeltweg - Austria

18 laps = 105.354 km
Pole position: D. Dixon/A. Hetherington (GB, LCR-ADM),
1'53.849 = 185.076 km/h.

1.	D. Dixon/A. Hetherington	GB	LCR-ADM	34'36.887
				= 182.609 km/h
2.	M. Bösiger/J. Egli	CH	LCR-ADM	34'46.144
3.	R. Biland/K. Waltisperg	CH	LCR-Swissauto	34'46.404
4.	P. Güdel/C. Güdel	CH	LCR-ADM	34'52.095
5.	S. Webster/A. Hänni	GB/CH	LCR-Krauser	35'02.432
6.	J. Lauslehto/J. Joutsen	SF	LCR-ADM	35'02.589
7.	R. Bohnhorst/P. Brown	D/GB	LCR-Steinhausen	35'08.640
8.	S. Abbott/J. Tailford	GB	Windle-Krauser	35'08.744
9.	Y. Kumagaya/M. Finnegan	J/IRL	LCR-ADM	35'10.909
10.	B. Brindley/S. Whiteside	GB	LCR-Yamaha	35'33.018
11.	M. Egloff/U. Egloff	CH	LCR-Yamaha	35'41.859
12.	K. Webster/H. Hofsteenge	GB/NL	LCR-Krauser	35'55.948
13.	B. Gälross/P. Berglund	S	LCR-Yamaha	35'57.829
14.	T. Wyssen/K. Wyssen	CH	LCR-Krauser	36'01.384
15.	R. Koster/O. Combi	CH/I	LCR-ADM	36'06.544

Number of finishers: 21.
Fastest lap: D. Dixon/A. Hetherington (GB, LCR-ADM),
1'53.810 = 185.139 km/h.

5) July 23 : Great Britain - Donington

26 laps = 104.598 km
Pole position: R. Biland/K. Waltisperg (CH, LCR-Swissauto),
1'36.346 = 150.321 km/h.

1.	R. Biland/K. Waltisperg	CH	LCR-Swissauto	42'54.342
				= 146.271 km/h
2.	D. Brindley/P. Hutchinson	GB	LCR-Honda	42'55.014
3.	S. Webster/A. Hänni	GB/CH	LCR-Krauser	43'16.962
4.	K. Klaffenböck/C. Parzer	A	LCR-Bartol	43'23.839
5.	P. Güdel/C. Güdel	CH	LCR-ADM	43'24.148
6.	Y. Kumagaya/M. Finnegan	J/IRL	LCR-ADM	43'27.716
7.	S. Abbott/J. Tailford	GB	Windle-Krauser	43'36.759
8.	B. Brindley/S. Whiteside	GB	LCR-Yamaha	44'11.701
9.	M. Reddington/T. Crone	GB	LCR-ADM	1 lap
10.	B. Janssen/F-G. Van Kessel	NL	LCR-Yamaha	1 lap
11.	K. Webster/H. Hofsteenge	GB/NL	LCR-Krauser	1 lap
12.	R. Bohnhorst/P. Brown	D/GB	LCR-Steinhausen	1 lap
13.	I. Wilford/G. Hallam	GB	LCR-ADM-Yamaha	1 lap
14.	D. Hoskin/D. James	GB	LCR-ADM-Yamaha	1 lap
15.	G. Knight/T. Hopkinson	GB	Windle-Krauser	2 laps

Number of finishers: 16.
Fastest lap: R. Biland/K. Waltisperg (CH, LCR-Swissauto),
1'37.486 = 148.563 km/h.

6) August 21 : Czech Republic - Brno

19 laps = 102.486 km
Pole position: R. Biland/K. Waltisperg (CH, LCR-Swissauto),
2'05.620 = 154.580 km/h.

1.	R. Biland/K. Waltisperg	CH	LCR-Swissauto	40'52.767
				= 150.422 km/h
2.	M. Bösiger/J. Egli	CH	LCR-ADM	40'56.880
3.	S. Webster/A. Hänni	GB/CH	LCR-Krauser	40'57.565
4.	D. Brindley/P. Hutchinson	GB	LCR-Honda	40'59.052
5.	R. Bohnhorst/P. Brown	D/GB	LCR-Steinhausen	41'12.576
6.	P. Güdel/C. Güdel	CH	LCR-ADM	41'18.869
7.	Y. Kumagaya/M. Finnegan	J/IRL	LCR-ADM	41'19.951
8.	M. Egloff/U. Egloff	CH	LCR-Yamaha	42'02.793
9.	B. Brindley/S. Whiteside	GB	LCR-Yamaha	42'22.060
10.	B. Janssen/F-G. Van Kessel	NL	LCR-Yamaha	42'47.384
11.	B. Gälross/P. Berglund	S	LCR-Yamaha	42'50.490
12.	K. Webster/H. Hofsteenge	GB/NL	LCR-Krauser	43'00.746
13.	A. Vögeli/H. Wickli	CH	LCR-Yamaha	1 lap
14.	D. Hoskin/D. James	GB	LCR-ADM	1 lap
15.	K. Kavanagh/M. Horn	GB	LCR-Krauser	1 lap

Number of finishers: 15.
Fastest lap: R. Biland/K. Waltisperg (CH, LCR-Swissauto),
2'07.963 = 151.750 km/h.

7) September 11 : Netherlands - Assen

17 laps = 102.833 km
Pole position: R. Biland/K. Waltisperg (CH, LCR-Swissauto),
2'08.310 = 169.717 km/h.

1.	R. Biland/K. Waltisperg	CH	LCR-Swissauto	36'56.51
				= 167.018 km/h
2.	D. Dixon/A. Hetherington	GB	LCR-ADM	37'02.23
3.	S. Webster/A. Hänni	GB/CH	LCR-Krauser	37'02.64
4.	K. Klaffenböck/C. Parzer	A	LCR-Bartol	37'03.16
5.	D. Brindley/P. Hutchinson	GB	LCR-Honda	37'03.51
6.	M. Bösiger/J. Egli	CH	LCR-ADM	37'16.54
7.	S. Abbott/J. Tailford	GB	Windle-Krauser	37'42.75
8.	Y. Kumagaya/S. Pointer	J/GB	LCR-ADM	37'46.60
9.	B. Brindley/S. Whiteside	GB	LCR-Yamaha	37'57.11
10.	T. Wyssen/K. Wyssen	CH	LCR-Krauser	38'00.57
11.	R. Bohnhorst/P. Brown	D/GB	LCR-Steinhausen	38'09.29
12.	M. Egloff/U. Egloff	CH	LCR-Yamaha	38'16.75
13.	J. Lauslehto/J. Joutsen	SF	LCR-ADM	38'01.10
14.	M. Reddington/T. Crone	GB	LCR-ADM	39'15.31
15.	P. Güdel/C. Güdel	CH	LCR-ADM	1 lap

Number of finishers: 17.
Fastest lap: D. Brindley/P. Hutchinson (GB, LCR-Honda),
2'09.23 = 168.508 km/h.

8) October 9 : Europe - Catalunya

22 laps = 104.434 km
Pole position: R. Biland/K. Waltisperg (CH, LCR-Swissauto),
1'50.566 = 154,561 km/h.

1.	D. Dixon/A. Hetherington	GB	LCR-ADM	50'02.148
				= 125.231 km/h
2.	P. Güdel/C. Güdel	CH	LCR-ADM	50'12.117
3.	S. Abbott/J. Tailford	GB	Windle-Krauser	50'58.258
4.	K. Klaffenböck/C. Parzer	A	LCR-Swissauto	51'13.575
5.	D. Brindley/P. Hutchinson	GB	LCR-Honda	51'21.155
6.	J. Lauslehto/H. Metsaranta	SF	LCR-ADM	51'29.833
7.	S. Webster/A. Hänni	GB/CH	LCR-Krauser	51'33.845
8.	B. Gälross/P. Berglund	S	LCR-Yamaha	51'39.429
9.	K. Kavanagh/M. Van Puyvelde	GB/NL	LCR-Krauser	52'04.792
10.	M. Bösiger/J. Egli	CH	LCR-ADM	52'05.344
11.	Y. Kumagaya/S. Pointer	J/GB	LCR-ADM	52'06.016
12.	M. Reddington/T. Crone	GB	LCR-ADM	1 lap
13.	G. Knight/T. Hopkinson	GB	Windle-Krauser	1 lap
14.	K. Webster/H. Hofsteenge	GB/NL	LCR-Krauser	1 lap
15.	R. Koster/P. Höss	CH/D	LCR-ADM	1 lap

Number of finishers: 17.
Fastest lap: R. Biland/K. Waltisperg (CH, LCR-Swissauto),
1'53.800 = 150.169 km/h.

WORLD CHAMPIONSHIP

1.	Rolf Biland/Kurt Waltisperg	CH	LCR-Swissauto	141
2.	Steve Webster/Adolf Hänni	GB/CH	LCR-Krauser	104
3.	Derek Brindley/Paul Hutchinson	GB	LCR-Honda	96
4.	Markus Bösiger/Jürg Egli	CH	LCR-ADM	88
5.	Paul Güdel/Charly Güdel	CH	LCR-ADM	86
6.	Klaus Klaffenböck/Christian Parzer	A	LCR-Bartol	82
7.	Darren Dixon/Andy Hetherington	GB	LCR-ADM	78
8.	Steve Abbott/Julian Tailford	GB	Windle-Krauser	74
9.	Barry Brindley/Scott Whiteside	GB	LCR-Yamaha	52
10.	Yoshisada Kumagaya/Steve Pointer/Rinie Bettgens Michael Finnegan	J/GB/NL/IRL	LCR-ADM	52
11.	Jukka Lauslehto/Juha Joutsen/Hannu Metsaranta	SF	LCR-ADM	50
12.	Ralph Bohnhorst/Peter Brown	D/GB	LCR-Steinhausen	48
13.	Markus Egloff/Urs Egloff	CH	LCR-Yamaha	26
14.	Tony Wyssen/Kilian Wyssen	CH	LCR-Krauser	23
15.	Kevin Webster/Phil Coombes/Harry Hofsteenge	GB/GB/NL	LCR-Krauser	23
16.	Mark Reddington/Trevor Crone	GB	LCR-ADM	21
17.	Billy Gälross/Shaun Smith/Peter Berglund	S/GB/S	LCR-Yamaha	17
18.	Benny Janssen/Frans Geurts Van Kessel	NL	LCR-Yamaha	16
19.	Garry Knight/Trevor Hopkinson	GB	Windle-Krauser	11
20.	Kieron Kavanagh/Michel Van Puyvelde	GB/NL	LCR-Krauser	8
21.	Reiner Koster/Oscar Combi/Peter Höss	CH/I/D	LCR-ADM	8
22.	David Hoskin/David James	GB	LCR-ADM-Yamaha	4
23.	Markus Schlosser/Giancarlo Cavadini	CH	LCR-ADM	3
24.	Ian Wilford/Mick Wynn	GB	LCR-ADM-Yamaha	3
25.	André Vögeli/Hansueli Wickli	CH	LCR-Yamaha	3

Swissauto

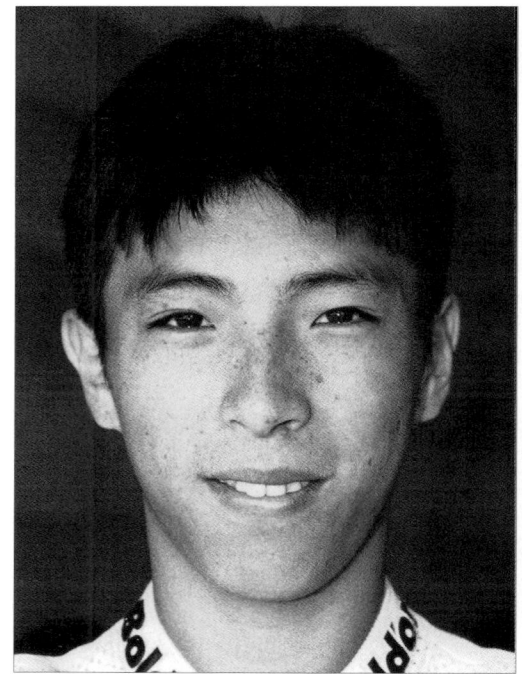

Champion : **Haruchika Aoki (Japan, Honda), 224 points, 7 wins**

1995 — 125 cc

1) March 26 : Australia - Eastern Creek

26 laps = 102.180 km
Pole position: D. Raudies (D, Honda),
1'37.380 = 145.286 km/h.

1.	H. Aoki	J	Honda	42'52.040
				= 143.018 km/h
2.	K. Sakata	J	Aprilia	43'07.681
3.	T. Manako	J	Honda	43'14.136
4.	E. Alzamora	E	Honda	43'14.204
5.	N. Ueda	J	Honda	43'16.968
6.	S. Perugini	I	Aprilia	43'17.474
7.	H. Nakajyo	J	Honda	43'17.540
8.	G. Scalvini	I	Aprilia	43'17.926
9.	L. Bodelier	NL	Aprilia	43'18.022
10.	Y. Katoh	J	Yamaha	43'23.281
11.	A. Saito	J	Honda	43'27.440
12.	M. Tokudome	J	Aprilia	43'28.126
13.	J. Martinez	E	Yamaha	43'37.453
14.	T. Igata	J	Honda	43'37.628
15.	O. Koch	D	Aprilia	43'39.099

Number of finishers: 21.
Fastest lap: H. Aoki (J, Honda),
1'37.323 = 145.372 km/h.

2) April 2 : Malaysia - Shah Alam*

12 laps = 42.060 km
Pole position: H. Aoki (J, Honda),
1'31.144 = 138.440 km/h.

1.	G. McCoy	AUS	Honda	21'18.350
				= 118.446 km/h
2.	S. Perugini	I	Aprilia	21'18.777
3.	A. Saito	J	Honda	21'24.684
4.	F. Torrontegui	E	Honda	21'28.160
5.	A. Ballerini	I	Aprilia	21'28.645
6.	T. Yamamoto	J	Honda	21'28.914
7.	D. Raudies	D	Honda	21'33.134
8.	T. Igata	J	Honda	21'33.534
9.	G. Debbia	I	Yamaha	21'40.787
10.	K. Sakata	J	Aprilia	21'47.749
11.	G. Scalvini	I	Aprilia	21'49.346
12.	H. Nakajyo	J	Honda	21'55.994
13.	K. Miyasaka	J	Honda	21'56.334
14.	S. Prein	D	Yamaha	22'14.036
15.	M. Tokudome	J	Aprilia	22'22.874

Number of finishers: 26.
Fastest lap: S. Perugini (I, Aprilia),
1'42.972 = 122.538 km/h.

3) April 23 : Japan - Suzuka

18 laps = 105.552 km
Pole position: K. Sakata (J, Aprilia),
2'17.442 = 153.595 km/h.

1.	H. Aoki	J	Honda	46'28.996
				= 136.245 km/h
2.	A. Saito	J	Honda	46'30.792
3.	K. Sakata	J	Aprilia	46'30.899
4.	H. Nakajyo	J	Honda	46'31.136
5.	S. Ibaraki	J	Yamaha	46'36.269
6.	Y. Katoh	J	Yamaha	46'36.690
7.	E. Alzamora	E	Honda	46'45.605
8.	K. Miyasaka	J	Honda	46'47.305
9.	F. Torrontegui	E	Honda	46'56.914
10.	T. Manako	J	Honda	47'13.512
11.	P. Oettl	D	Aprilia	47'16.580
12.	Y. Sugai	J	Honda	47'41.874
13.	M. Geissler	D	Aprilia	47'42.600
14.	N. Ueda	J	Honda	47'42.898
15.	Y. Ui	J	Yamaha	48'09.280

Number of finishers: 23.
Fastest lap: H. Nakajyo (J, Honda),
2'30.343 = 140.415 km/h.

4) May 7 : Spain - Jerez de la Frontera

23 laps = 101.729 km
Pole position: K. Sakata (J, Aprilia),
1'50.779 = 143.735 km/h.

1.	H. Aoki	J	Honda	43'01.696
				= 141.854 km/h
2.	S. Perugini	I	Aprilia	43'01.708
3.	D. Raudies	D	Honda	43'02.438
4.	P. Oettl	D	Aprilia	43'04.958
5.	N. Ueda	J	Honda	43'05.112
6.	K. Sakata	J	Aprilia	43'05.648
7.	E. Alzamora	E	Honda	43'06.994
8.	A. Saito	J	Honda	43'12.836
9.	T. Manako	J	Honda	43'12.969
10.	F. Torrontegui	E	Honda	43'15.007
11.	G. Scalvini	I	Aprilia	43'24.842
12.	G. McCoy	AUS	Honda	43'26.120
13.	J. Martinez	E	Yamaha	43'31.559
14.	O. Koch	D	Aprilia	43'31.732
15.	M. Tokudome	J	Aprilia	43'39.746

Number of finishers: 27.
Fastest lap: D. Raudies (D, Honda),
1'51.044 = 143.392 km/h.

5) May 21 : Germany - Nürburgring

23 laps = 104.788 km
Pole position: K. Sakata (J, Aprilia),
1'50.188 = 148.851 km/h.

1.	H. Aoki	J	Honda	42'40.574
				147.325 km/h
2.	N. Ueda	J	Honda	42'41.245
3.	E. Alzamora	E	Honda	42'42.631
4.	S. Perugini	I	Aprilia	42'52.262
5.	D. Raudies	D	Honda	42'56.047
6.	H. Nakajyo	J	Honda	43'06.316
7.	M. Geissler	D	Aprilia	43'12.526
8.	K. Miyasaka	J	Honda	43'12.579
9.	T. Manako	J	Honda	43'25.272
10.	G. Scalvini	I	Aprilia	43'27.304
11.	Y. Katoh	J	Yamaha	43'36.806
12.	L. Ancona	I	Aprilia	43'45.601
13.	T. Yamamoto	J	Honda	43'49.705
14.	Y. Sugai	J	Honda	43'55.756
15.	S. Kurfiss	D	Yamaha	1 lap

Number of finishers: 15.
Fastest lap: A. Saito (J, Honda),
1'49.737 = 149.463 km/h.

6) June 11 : Italy - Mugello

20 laps = 104.900 km
Pole position: K. Sakata (J, Aprilia),
2'02.213 = 154.501 km/h.

1.	H. Aoki	J	Honda	41'24.470
				= 152.000 km/h
2.	S. Perugini	I	Aprilia	41'24.474
3.	M. Tokudome	J	Aprilia	41'24.641
4.	P. Oettl	D	Aprilia	41'24.710
5.	K. Sakata	J	Aprilia	41'24.829
6.	T. Manako	J	Honda	41'31.815
7.	A. Saito	J	Honda	41'48.279
8.	Y. Katoh	J	Yamaha	41'48.530
9.	K. Miyasaka	J	Honda	41'48.540
10.	M. Geissler	D	Aprilia	41'49.655
11.	H. Nakajyo	J	Honda	41'50.336
12.	G. Scalvini	I	Aprilia	41'51.264
13.	A. Ballerini	I	Aprilia	41'51.874
14.	T. Yamamoto	J	Honda	42'04.550
15.	J. Sarda	E	Honda	42'15.628

Number of finishers: 24.
Fastest lap: M. Tokudome (J, Aprilia),
2'02.810 = 153.750 km/h.

7) June 24 : The Netherlands - Assen

17 laps = 102.833 km
Pole position: H. Nakajyo (J, Honda),
    2'15.237 = 161.024 km/h.

1.	D. Raudies	D	Honda	38'50.272
				= 158.865 km/h
2.	P. Oettl	D	Aprilia	38'55.150
3.	A. Saito	J	Honda	38'55.282
4.	K. Sakata	J	Aprilia	38'55.670
5.	H. Aoki	J	Honda	38'55.808
6.	F. Torrontegui	E	Honda	38'56.876
7.	S. Perugini	I	Aprilia	38'56.890
8.	H. Nakajyo	J	Honda	38'57.388
9.	T. Manako	J	Honda	38'58.370
10.	G. Scalvini	I	Aprilia	39'17.648
11.	T. Igata	J	Honda	39'20.242
12.	Y. Katoh	J	Yamaha	39'20.511
13.	M. Geissler	D	Aprilia	39'29.644
14.	L. Ancona	I	Honda	39'29.713
15.	J. Sarda	E	Honda	39'33.090

Number of finishers: 23.
Fastest lap: H. Nakajyo (J, Honda),
    2'15.629 = 160.559 km/h.

8) July 9 : France - Le Mans

23 laps = 101.890 km
Pole position: H. Aoki (J, Honda),
    1'49.605 = 145.504 km/h.

1.	H. Aoki	J	Honda	42'52.844
				= 142.568 km/h
2.	D. Raudies	D	Honda	42'53.889
3.	P. Oettl	D	Aprilia	42'54.496
4.	A. Saito	J	Honda	43'00.348
5.	T. Manako	J	Honda	43'00.846
6.	S. Perugini	I	Aprilia	43'02.403
7.	E. Alzamora	E	Honda	43'02.646
8.	M. Tokudome	J	Aprilia	43'02.851
9.	Y. Katoh	J	Yamaha	43'03.368
10.	F. Torrontegui	E	Honda	43'06.601
11.	H. Nakajyo	J	Honda	43'13.012
12.	K. Sakata	J	Aprilia	43'19.532
13.	T. Igata	J	Honda	43'22.037
14.	O. Koch	D	Aprilia	43'24.862
15.	G. Debbia	I	Yamaha	43'25.240

Number of finishers: 23.
Fastest lap: P. Oettl (D, Aprilia),
    1'50.477 = 144.356 km/h.

9) July 23 : Great Britain - Donington

26 laps = 104.598 km
Pole position: S. Perugini (I, Aprilia),
    1'40.640 = 143.907 km/h.

1.	K. Sakata	J	Aprilia	44'06.180
				= 142.301 km/h
2.	S. Perugini	I	Aprilia	44'09.331
3.	E. Alzamora	E	Honda	44'11.743
4.	D. Raudies	D	Honda	44'13.946
5.	H. Nakajyo	J	Honda	44'26.740
6.	M. Tokudome	J	Aprilia	44'33.114
7.	M. Geissler	D	Aprilia	44'33.412
8.	J. Martinez	E	Yamaha	44'33.784
9.	D. Barton	GB	Yamaha	44'34.498
10.	T. Yamamoto	J	Honda	44'34.637
11.	O. Koch	D	Aprilia	44'35.266
12.	F. Torrontegui	E	Honda	44'36.550
13.	G. Debbia	I	Yamaha	44'39.617
14.	K. Miyasaka	J	Honda	44'45.437
15.	L. Ancona	I	Honda	44'45.456

Number of finishers: 23.
Fastest lap: S. Perugini (I, Aprilia),
    1'40.647 = 143.897 km/h.

10) August 20 : Czech Republic - Brno

19 laps = 102.486 km
Pole position: K. Sakata (J, Aprilia),
    2'10.577 = 148.712 km/h.

1.	K. Sakata	J	Aprilia	42'08.715
				= 145.904 km/h
2.	H. Aoki	J	Honda	42'16.211
3.	A. Saito	J	Honda	42'16.682
4.	M. Tokudome	J	Aprilia	42'16.685
5.	H. Nakajyo	J	Honda	42'19.783
6.	G. Scalvini	I	Aprilia	42'29.374
7.	T. Igata	J	Honda	42'31.032
8.	T. Manako	J	Honda	42'31.214
9.	N. Ueda	J	Honda	42'31.877
10.	E. Alzamora	E	Honda	42'32.078
11.	M. Geissler	D	Aprilia	42'32.098
12.	F. Torrontegui	E	Honda	42'32.969
13.	K. Miyasaka	J	Honda	42'38.917
14.	O. Koch	D	Aprilia	42'48.612
15.	Y. Sugai	J	Honda	42'50.544

Number of finishers: 22.
Fastest lap: K. Sakata (J, Aprilia),
    2'11.305 = 147.888 km/h.

11) September 17 : Rio - Jacarepagua

20 laps = 101.760 km
Pole position: S. Perugini (I, Aprilia),
    2'02.704 = 149.276 km/h.

1.	M. Tokudome	J	Aprilia	41'29.854
				= 147.132 km/h
2.	G. Scalvini	I	Aprilia	41'30.058
3.	H. Aoki	J	Honda	41'30.276
4.	F. Torrontegui	E	Honda	41'30.402
5.	N. Ueda	J	Honda	41'38.688
6.	A. Saito	J	Honda	41'38.804
7.	D. Barton	GB	Yamaha	41'38.866
8.	D. Raudies	D	Honda	41'39.465
9.	T. Manako	J	Honda	41'44.028
10.	E. Alzamora	E	Honda	41'49.100
11.	J. Martinez	E	Yamaha	41'54.942
12.	H. Nakajyo	J	Honda	42'03.830
13.	T. Yamamoto	J	Honda	42'04.062
14.	S. Prein	D	Honda	42'04.290
15.	Y. Katoh	J	Yamaha	42'04.786

Number of finishers: 21.
Fastest lap: F. Torrontegui (E, Honda),
    2'02.946 = 148.982 km/h.

12) September 24 : Argentina - Buenos Aires

23 laps = 100.050 km
Pole position: E. Alzamora (E, Honda),
    1'51.157 = 140.882 km/h.

1.	E. Alzamora	E	Honda	43'03.230
				= 139.430 km/h
2.	M. Tokudome	J	Aprilia	43'15.750
3.	D. Raudies	D	Honda	43'15.944
4.	A. Saito	J	Honda	43'16.197
5.	O. Koch	D	Aprilia	43'16.746
6.	F. Torrontegui	E	Honda	43'17.042
7.	P. Oettl	D	Aprilia	43'19.758
8.	J. Martinez	E	Yamaha	43'21.490
9.	T. Manako	J	Honda	43'21.824
10.	H. Nakajyo	J	Honda	43'22.471
11.	T. Yamamoto	J	Honda	43'22.740
12.	Y. Katoh	J	Yamaha	43'23.528
13.	N. Ueda	J	Honda	43'35.034
14.	H. Aoki	J	Honda	43'39.236
15.	Y. Sugai	J	Honda	43'42.247

Number of finishers: 23.
Fastest lap: T. Yamamoto (J, Honda),
    1'51.217 = 140.806 km/h.

13) October 8 : Catalonia - Catalunya

22 laps = 103.994 km
Pole position: H. Aoki (J, Honda),
    1'54.272 = 148.918 km/h.

1.	H. Aoki	J	Honda	42'29.704
				= 146.832 km/h
2.	E. Alzamora	E	Honda	42'29.862
3.	T. Manako	J	Honda	42'30.422
4.	K. Sakata	J	Aprilia	42'30.678
5.	D. Raudies	D	Honda	42'39.065
6.	Y. Katoh	J	Yamaha	42'48.365
7.	A. Saito	J	Honda	42'48.670
8.	M. Tokudome	J	Aprilia	42'48.732
9.	D. Barton	GB	Yamaha	42'53.006
10.	S. Perugini	I	Aprilia	43'10.302
11.	O. Koch	D	Aprilia	43'11.028
12.	H. Nakajyo	J	Honda	43'17.783
13.	L. Ancona	I	Honda	43'17.904
14.	A. Ballerini	I	Aprilia	43'18.016
15.	S. Prein	D	Honda	43'43.264

Number of finishers: 22.
Fastest lap: H. Aoki (J, Honda),
    1'54.703 = 148.359 km/h.

(Course prévue en 29 tours, arrêtée à la suite d'un orage tropical. La moitié de la distance n'ayant pas été couverte, seule la moitié des points sera attribuée).

(Das auf 29 Runden angesetzte Rennen wurde wegen eines tropischen Regengusses gestoppt; da die Hälfte der Distanz noch nicht zurück-gelegt war, wurden nur halbe Punkte verteilt).

(The 29 lap race was cut short because of a tropical storm. Half points were attributed because less than half distance was completed).

WORLD CHAMPIONSHIP

1.	Haruchika Aoki	J	Honda	224
2.	Kazuto Sakata	J	Aprilia	140
3.	Emilio Alzamora	E	Honda	129
4.	Akira Saito	J	Honda	127
5.	Dirk Raudies	D	Honda	124.5
6.	Stefano Perugini	I	Aprilia	118
7.	Masaki Tokudome	J	Aprilia	105.5
8.	Tomomi Manako	J	Honda	102
9.	Hideyuki Nakajyo	J	Honda	88
10.	Peter Oettl	D	Aprilia	76
11.	Francisco "Herri" Torrontegui	E	Honda	66.5
12.	Noboru Ueda	J	Honda	65
13.	Gianluigi Scalvini	I	Aprilia	61.5
14.	Yoshiaki Katoh	J	Yamaha	55
15.	Manfred Geissler	D	Aprilia	35
16.	Ken Miyasaka	J	Honda	29.5
17.	Oliver Koch	D	Aprilia	28
18.	Jorge "Aspar" Martinez	E	Yamaha	27
19.	Takayoshi Yamamoto	J	Honda	24
20.	Tomoko Igata	J	Honda	23
21.	Darren Barton	GB	Yamaha	23
22.	Garry McCoy	AUS	Honda	16.5
23.	Shigeru Ibaraki	J	Yamaha	11
24.	Andrea Ballerini	I	Aprilia	10.5
25.	Luigi Ancona	I	Honda	10
26.	Yoshiyuki Sugai	J	Honda	8
27.	Gabriele Debbia	I	Yamaha	7.5
28.	Löek Bodelier	NL	Honda	7
29.	Stefan Prein	D	Yamaha	4
30.	Josep Sarda	E	Honda	2
31.	Youichi Ui	J	Yamaha	1
32.	Stefan Kurfiss	D	Yamaha	1

1995 — 125 cc

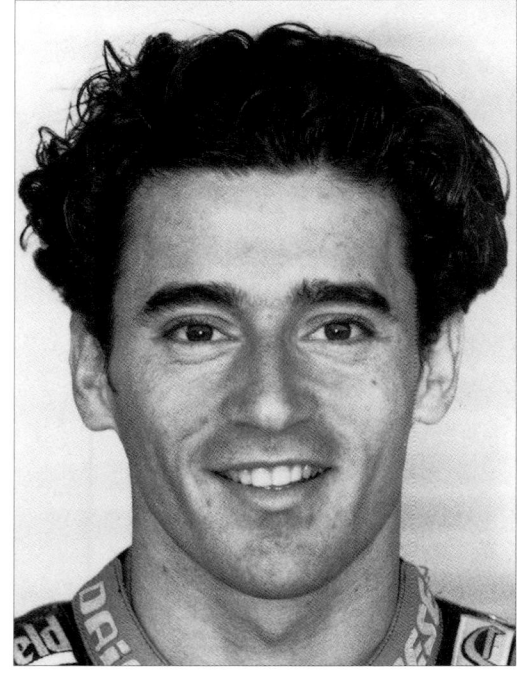

Champion : **Massimiliano Biaggi (Italy, Aprilia), 283 points, 8 wins**

1995 — 250 cc

1) March 26 : Australia - Eastern Creek

28 laps = 110.040 km
Pole position: M. Biaggi (I, Aprilia),
1'32.630 = 152.737 km/h

1.	R. Waldmann	D	Honda	43'52.872
				= 150.461 km/h
2.	T. Harada	J	Yamaha	43'52.985
3.	M. Biaggi	I	Aprilia	43'53.018
4.	C. Checa	E	Honda	44'30.846
5.	N. Aoki	J	Honda	44'30.963
6.	D. Romboni	I	Honda	44'33.628
7.	K. Roberts Jr	USA	Yamaha	44'45.278
8.	J.-L. Cardoso	E	Aprilia	44'48.365
9.	T. Tsujimura	J	Honda	44'48.834
10.	J. Fuchs	D	Honda	44'50.697
11.	J. Van den Goorbergh	NL	Honda	44'52.058
12.	A. Stadler	D	Aprilia	45'24.926
13.	E. Suter	CH	Aprilia	1 lap
14.	M.-B. Payten	AUS	Yamaha	1 lap
15.	G. Lavilla	E	Honda	1 lap

Number of finishers: 17.
Fastest lap: T. Harada (J, Yamaha),
1'33.065 = 152.023 km/h.

2) April 2 : Malaysia - Shah Alam

31 laps = 108.655 km
Pole position: M. Biaggi (I, Aprilia),
1'25.939 = 146.825 km/h

1.	M. Biaggi	I	Aprilia	45'27.292
				= 143.424 km/h
2.	T. Harada	J	Yamaha	45'32.376
3.	T. Okada	J	Honda	45'33.113
4.	R. Waldmann	D	Honda	45'36.480
5.	J.-P. Ruggia	F	Honda	45'36.666
6.	J.-M. Bayle	F	Aprilia	46'01.930
7.	N. Aoki	J	Honda	46'04.898
8.	L. D'Antin	E	Honda	46'07.642
9.	K. Roberts Jr	USA	Yamaha	46'07.904
10.	O. Jacque	F	Honda	46'11.285
11.	J. Van den Goorbergh	NL	Honda	46'22.689
12.	E. Suter	CH	Aprilia	46'29.713
13.	J.-L. Cardoso	E	Aprilia	46'32.325
14.	P. Van den Goorbergh	NL	Aprilia	46'35.776
15.	O. Petrucciani	CH	Aprilia	46'40.094

Number of finishers: 24.
Fastest lap: M. Biaggi (I, Aprilia),
1'26.679 = 145.572 km/h.

3) April 23 : Japan - Suzuka (*)

12 laps = 70.368 km
Pole position: T. Harada (J, Yamaha),
2'10.075 = 162.294 km/h.

1.	R. Waldmann	D	Honda	30'46.248
				= 137.211 km/h
2.	N. Aoki	J	Honda	31'17.838
3.	S. Hikita	J	Honda	31'39.480
4.	T. Harada	J	Yamaha	31'40.994
5.	J.-P. Ruggia	F	Honda	31'45.446
6.	O. Miyazaki	J	Aprilia	31'47.713
7.	J.-L. Cardoso	E	Aprilia	31'48.806
8.	E. Suter	CH	Aprilia	31'56.400
9.	M. Biaggi	I	Aprilia	31'56.629
10.	J. Van den Goorbergh	NL	Honda	32'17.120
11.	L.-C. Maurel	E	Honda	32'24.102
12.	J. Fuchs	D	Honda	32'25.708
13.	B. Kassner	D	Aprilia	32'25.994
14.	M. Morikane	J	Honda	32'42.336
15.	R. Laconi	F	Honda	32'53.452

Number of finishers: 19.
Fastest lap: T. Okada (J, Honda),
2'30.456 = 140.309 km/h.

4) May 7 : Spain - Jerez de la Frontera

26 laps = 114.998 km
Pole position: T. Harada (J, Yamaha),
1'45.458 = 150.987 km/h.

1.	T. Harada	J	Yamaha	46'25.162
				= 148.642 km/h
2.	M. Biaggi	I	Aprilia	46'34.908
3.	L. D'Antin	E	Honda	46'35.066
4.	D. Romboni	I	Honda	46'35.086
5.	R. Waldmann	D	Honda	46'35.358
6.	T. Okada	J	Honda	46'35.586
7.	J.-P. Ruggia	F	Honda	46'40.276
8.	N. Aoki	J	Honda	47'03.917
9.	J.-M. Bayle	F	Aprilia	47'06.609
10.	R. Locatelli	I	Aprilia	47'07.025
11.	N. MacKenzie	GB	Aprilia	47'15.982
12.	O. Jacque	F	Honda	47'16.465
13.	J. Fuchs	D	Honda	47'16.558
14.	A. Gramigni	I	Honda	47'18.378
15.	O. Petrucciani	CH	Aprilia	47'22.510

Number of finishers: 25.
Fastest lap: T. Harada (J, Yamaha),
1'45.820 = 150.471 km/h.

5) May 21 : Germany - Nürburgring

25 laps = 113.900 km
Pole position: M. Biaggi (I, Aprilia),
1'43.222 = 158.896 km/h.

1.	M. Biaggi	I	Aprilia	43'39.378
				= 156.541 km/h
2.	T. Harada	J	Yamaha	43'40.986
3.	T. Okada	J	Honda	43'48.998
4.	K. Roberts Jr	USA	Yamaha	43'49.248
5.	J.-P. Ruggia	F	Honda	43'49.786
6.	J.-M. Bayle	F	Aprilia	43'50.078
7.	C. Checa	E	Honda	44'02.360
8.	N. Aoki	J	Honda	44'02.493
9.	L. D'Antin	E	Honda	44'02.632
10.	M. Lucchi	I	Aprilia	44'04.530
11.	O. Jacque	F	Honda	44'12.002
12.	J. Van den Goorbergh	NL	Honda	44'12.119
13.	P. Van den Goorbergh	NL	Aprilia	44'27.094
14.	N. MacKenzie	GB	Aprilia	44'27.250
15.	S. Hikita	J	Honda	44'31.334

Number of finishers: 22.
Fastest lap: M. Biaggi (I, Aprilia),
1'43.322 = 158.743 km/h.

6) June 11 : Italy - Mugello

21 laps = 110.145 km
Pole position: M. Biaggi (I, Aprilia),
1'55.047 = 164.124 km/h.

1.	M. Biaggi	I	Aprilia	41'06.275
				= 160.778 km/h
2.	T. Harada	J	Yamaha	41'07.350
3.	M. Lucchi	I	Aprilia	41'10.766
4.	R. Waldmann	D	Honda	41'16.089
5.	T. Okada	J	Honda	41'16.138
6.	K. Roberts Jr	USA	Yamaha	41'38.632
7.	N. Aoki	J	Honda	41'38.931
8.	P. Van den Goorbergh	NL	Aprilia	41'39.010
9.	J.-P. Ruggia	F	Honda	41'39.160
10.	E. Suter	CH	Aprilia	41'44.566
11.	C. Checa	E	Honda	41'52.738
12.	J.-L. Cardoso	E	Aprilia	41'58.266
13.	R. Locatelli	I	Aprilia	41'58.351
14.	S. Hikita	J	Honda	42'01.414
15.	J. Fuchs	D	Honda	42'01.436

Number of finishers: 22.
Fastest lap: M. Biaggi (I, Aprilia),
1'56.188 = 162.512 km/h.

7) June 24 : The Netherlands - Assen

18 laps = 108.882 km
Pole position: M. Biaggi (I, Aprilia),
  2'05.180 = 173.961 km/h.

1.	M. Biaggi	I	Aprilia	38'24.532
				= 170.089 km/h
2.	R. Waldmann	D	Honda	38'29.154
3.	T. Okada	J	Honda	38'29.428
4.	J.-P. Ruggia	F	Honda	38'41.966
5.	K. Roberts Jr	USA	Yamaha	38'52.186
6.	J. Van den Goorbergh	NL	Honda	38'53.027
7.	N. Aoki	J	Honda	39'04.842
8.	A. Gramigni	I	Honda	39'15.308
9.	L. D'Antin	E	Honda	39'15.425
10.	J. Fuchs	D	Honda	39'15.431
11.	C. Checa	E	Honda	39'17.432
12.	N. MacKenzie	GB	Aprilia	39'25.264
13.	A. Stadler	D	Aprilia	39'32.604
14.	P. Van den Goorbergh	NL	Aprilia	39'36.352
15.	G. Lavilla	E	Honda	39'38.599

Number of finishers: 22.
Fastest lap: M. Biaggi (I, Aprilia),
  2'06.078 = 172.722 km/h.

8) July 9 : France - Le Mans

25 laps = 110.750 km
Pole position: M. Biaggi (I, Aprilia),
  1'43.517 = 154.062 km/h.

1.	R. Waldmann	D	Honda	43'39.063
				= 152.230 km/h
2.	M. Biaggi	I	Aprilia	43'39.614
3.	T. Okada	J	Honda	43'46.238
4.	C. Checa	E	Honda	43'51.970
5.	T. Harada	J	Yamaha	44'04.062
6.	K. Roberts Jr	USA	Yamaha	44'07.520
7.	L. D'Antin	E	Honda	44'08.280
8.	J.-P. Ruggia	F	Honda	44'09.171
9.	O. Jacque	F	Honda	44'19.516
10.	E. Suter	CH	Aprilia	44'25.724
11.	J.-M. Bayle	F	Aprilia	44'27.300
12.	J. Fuchs	D	Honda	44'27.563
13.	P. Van den Goorbergh	NL	Aprilia	44'29.856
14.	J. Van den Goorbergh	NL	Honda	44'39.294
15.	A. Gramigni	I	Honda	44'53.184

Number of finishers: 21.
Fastest lap: R. Waldmann (D, Honda),
  1'43.880 = 153.523 km/h.

9) July 23 : Great Britain - Donington

27 laps = 108.621 km
Pole position: M. Biaggi (I, Aprilia),
  1'35.122 = 152.255 km/h.

1.	M. Biaggi	I	Aprilia	43'14.102
				= 150.740 km/h
2.	T. Harada	J	Yamaha	43'16.950
3.	R. Waldmann	D	Honda	43'17.022
4.	O. Jacque	F	Honda	43'33.900
5.	J.-P. Ruggia	F	Honda	43'34.824
6.	N. MacKenzie	GB	Aprilia	43'41.156
7.	J. Van den Goorbergh	NL	Honda	43'41.972
8.	T. Okada	J	Honda	43'44.198
9.	E. Suter	CH	Aprilia	43'58.552
10.	N. Aoki	J	Honda	43'58.748
11.	L. D'Antin	E	Honda	43'59.274
12.	J. Fuchs	D	Honda	43'59.662
13.	T. Tsujimura	J	Honda	44'01.596
14.	R. Locatelli	I	Aprilia	44'01.690
15.	R. Laconi	F	Honda	44'13.756

Number of finishers: 24.
Fastest lap: M. Biaggi (I, Aprilia),
  1'35.437 = 151.752 km/h.

10) August 20 : Czech Republic - Brno

20 laps = 107.880 km
Pole position: M. Biaggi (I, Aprilia),
  2'04.682 = 155.743 km/h.

1.	M. Biaggi	I	Aprilia	41'56.604
				= 154.322 km/h
2.	T. Harada	J	Yamaha	41'56.760
3.	R. Waldmann	D	Honda	42'10.026
4.	L. D'Antin	E	Honda	42'37.236
5.	D. Romboni	I	Honda	42'37.256
6.	J.-P. Ruggia	F	Honda	42'37.378
7.	T. Okada	J	Honda	42'37.586
8.	K. Roberts Jr	USA	Yamaha	42'37.772
9.	N. Aoki	J	Honda	42'38.451
10.	J. Fuchs	D	Honda	42'38.517
11.	J.-M. Bayle	F	Aprilia	42'44.183
12.	P. Van den Goorbergh	NL	Aprilia	42'46.630
13.	J.-L. Cardoso	E	Aprilia	42'47.276
14.	O. Jacque	F	Honda	42'50.890
15.	R. Locatelli	I	Aprilia	42'51.518

Number of finishers: 27.
Fastest lap: T. Harada (J, Yamaha),
  2'04.684 = 155.741 km/h.

11) September 17 : Rio - Jacarepagua

22 laps = 111.936 km
Pole position: M. Biaggi (I, Aprilia),
  1'58.702 = 154.309 km/h.

1.	D. Romboni	I	Honda	43'45.464
				= 153.485 km/h
2.	M. Biaggi	I	Aprilia	43'46.809
3.	T. Okada	J	Honda	43'46.854
4.	R. Waldmann	D	Honda	43'47.166
5.	T. Harada	J	Yamaha	43'47.298
6.	J.-P. Ruggia	F	Honda	43'47.612
7.	O. Jacque	F	Honda	44'07.542
8.	N. Aoki	J	Honda	44'19.310
9.	R. Locatelli	I	Aprilia	44'20.912
10.	L. D'Antin	E	Honda	44'22.886
11.	J. Fuchs	D	Honda	44'32.123
12.	E. Suter	CH	Aprilia	44'42.172
13.	K. Roberts Jr	USA	Yamaha	44'42.370
14.	J.-L. Cardoso	E	Aprilia	44'42.487
15.	L.-C. Maurel	E	Honda	44'48.072

Number of finishers: 21.
Fastest lap: T. Harada (J, Yamaha),
  1'57.946 = 155.298 km/h.

12) September 24 : Argentina - Buenos Aires

25 laps = 108.750 km
Pole position: J.-M. Bayle (F, Aprilia),
  1'46.667 = 146.812 km/h.

1.	M. Biaggi	I	Aprilia	44'48.738
				= 145.607 km/h
2.	T. Harada	J	Yamaha	44'48.942
3.	D. Romboni	I	Honda	44'55.821
4.	O. Jacque	F	Honda	44'56.418
5.	J.-P. Ruggia	F	Honda	44'56.604
6.	R. Waldmann	D	Honda	45'04.892
7.	T. Okada	J	Honda	45'17.980
8.	J. Fuchs	D	Honda	45'19.947
9.	J. Van den Goorbergh	NL	Honda	45'23.731
10.	R. Locatelli	I	Aprilia	45'27.241
11.	N. MacKenzie	GB	Aprilia	45'32.674
12.	L. D'Antin	E	Honda	45'44.782
13.	S. Porco	ARG	Aprilia	45'45.166
14.	R. Laconi	F	Honda	45'53.226
15.	T. Tsujimura	J	Honda	46'06.071

Number of finishers: 20.
Fastest lap: M. Biaggi (I, Aprilia),
  1'46.214 = 147.438 km/h.

13) October 8 : Catalonia - Catalunya

23 laps = 108.721 km
Pole position: T. Harada (J, Yamaha),
  1'48.286 = 157.150 km/h.

1.	M. Biaggi	I	Aprilia	42'06.167
				= 154.937 km/h
2.	T. Harada	J	Yamaha	42'17.186
3.	R. Waldmann	D	Honda	42'17.237
4.	L. D'Antin	E	Honda	42'27.886
5.	K. Roberts Jr	USA	Yamaha	42'27.974
6.	N. Aoki	J	Honda	42'28.776
7.	T. Okada	J	Honda	42'32.297
8.	J. Fuchs	D	Honda	42'32.402
9.	O. Jacque	F	Honda	42'35.108
10.	R. Locatelli	I	Aprilia	42'41.026
11.	E. Suter	CH	Aprilia	42'48.138
12.	J.-L. Cardoso	E	Aprilia	42'48.232
13.	J.-P. Ruggia	F	Honda	42'49.104
14.	J. Van den Goorbergh	NL	Honda	42'52.732
15.	T. Tsujimura	J	Honda	43'00.648

Number of finishers: 23.
Fastest lap: M. Biaggi (I, Aprilia),
  1'48.882 = 156.290 km/h.

Japon (*) Course prévue sur 19 tours, arrêtée avant son terme en raison d'un déluge.

Japan (*) Das auf 19 Runden angesetzte Rennen wurde wegen eines Gewitters abgebrochen.

Japan (*) The 19 lap race was cut short by a storm.

WORLD CHAMPIONSHIP

1.	Massimiliano Biaggi	I	Aprilia	283
2.	Tetsuya Harada	J	Yamaha	220
3.	Ralf Waldmann	D	Honda	203
4.	Tadayuki Okada	J	Honda	136
5.	Jean-Philippe Ruggia	F	Honda	115
6.	Nobuatsu Aoki	J	Honda	105
7.	Luis D'Antin	E	Honda	88
8.	Kenny Roberts Jr	USA	Yamaha	82
9.	Doriano Romboni	I	Honda	75
10.	Olivier Jacque	F	Honda	66
11.	Jürgen Fuchs	D	Honda	55
12.	Jurgen Van den Goorbergh	NL	Honda	50
13.	Carlos Checa	E	Honda	45
14.	Eskil Suter	CH	Aprilia	43
15.	Jean-Michel Bayle	F	Aprilia	37
16.	José Luis Cardoso	E	Aprilia	33
17.	Roberto Locatelli	I	Aprilia	31
18.	Niall MacKenzie	GB	Aprilia	26
19.	Marcellino Lucchi	I	Aprilia	22
20.	Patrick Van den Goorbergh	NL	Aprilia	22
21.	Sadanori Hikita	J	Honda	19
22.	Takeshi Tsujimura	J	Honda	12
23.	Alessandro Gramigni	I	Honda	11
24.	Osamu Miyazaki	J	Aprilia	10
25.	Adolf Stadler	D	Aprilia	7
26.	Luis Carlos Maurel	E	Honda	6
27.	Régis Laconi	F	Honda	4
28.	Bernd Kassner	D	Aprilia	3
29.	Sebastian Porco	ARG	Aprilia	3
30.	Marcus Barry Payten	AUS	Yamaha	2
31.	Masaaki Morikane	J	Honda	2
32.	Gregorio Lavilla	E	Honda	2
33.	Oliver Petrucciani	CH	Aprilia	2

Champion : **Michael Doohan (Australia, Honda), 248 points, 7 wins**

1995 — 500 cc

1) March 26 : Australia - Eastern Creek

30 laps = 117.900 km
Pole position: M. Doohan (AUS, Honda),
1'30.580 = 156.193 km/h.

1.	M. Doohan	AUS	Honda	46'06.030
				= 153.447 km/h
2.	D. Beattie	AUS	Suzuki	46'19.476
3.	A. Crivillé	E	Honda	46'25.098
4.	L. Cadalora	I	Yamaha	46'39.783
5.	K. Schwantz	USA	Suzuki	46'40.402
6.	A. Barros	BR	Honda	46'42.030
7.	A. Puig	E	Honda	46'44.651
8.	L. Capirossi	I	Honda	46'50.884
9.	N. Abe	J	Yamaha	46'52.504
10.	S. Itoh	J	Honda	47'10.812
11.	L. Reggiani	I	Aprilia	47'11.524
12.	S. Emmett	GB	Harris Yamaha	47'33.320
13.	B. Garcia	F	ROC Yamaha	1 lap
14.	C. Migliorati	I	Harris Yamaha	1 lap
15.	A. Bosshard	CH	ROC Yamaha	1 lap

Number of finishers: 27.
Fastest lap: M. Doohan (AUS, Honda),
1'31.501 = 154.621 km/h.

2) April 2 : Malaysia - Shah Alam

33 laps = 115.665 km
Pole position: M. Doohan (AUS, Honda),
1'25.059 = 148.344 km/h.

1.	M. Doohan	AUS	Honda	47'54.380
				= 144.864 km/h
2.	D. Beattie	AUS	Suzuki	48'01.179
3.	A. Crivillé	E	Honda	48'04.487
4.	K. Schwantz	USA	Suzuki	48'08.524
5.	A. Puig	E	Honda	48'09.618
6.	A. Barros	BR	Honda	48'09.684
7.	S. Itoh	J	Honda	48'09.916
8.	L. Reggiani	I	Aprilia	48'12.356
9.	J.-B. Borja	E	ROC Yamaha	48'50.166
10.	B. Garcia	F	ROC Yamaha	48'50.524
11.	F. Protat	F	ROC Yamaha	49'16.580
12.	C. Migliorati	I	Harris Yamaha	49'21.284
13.	M. Garcia	F	ROC Yamaha	49'46.154
14.	J. McWilliams	GB	Yamaha	1 lap
15.	A. Stroud	NZ	ROC Yamaha	1 lap

Number of finishers: 19.
Fastest lap: M. Doohan (AUS, Honda),
1'26.090 = 146.568 km/h.

3) April 23 : Japan - Suzuka

18 laps = 105.552 km
Pole position: M. Doohan (AUS, Honda),
2'08.572 = 164.191 km/h.

1.	D. Beattie	AUS	Suzuki	44'02.298
				= 143.809 km/h
2.	M. Doohan	AUS	Honda	44'11.880
3.	T. Aoki	J	Honda	44'12.006
4.	L. Cadalora	I	Yamaha	44'21.922
5.	A. Puig	E	Honda	44'23.980
6.	K. Schwantz	USA	Suzuki	44'26.820
7.	J.-B. Borja	E	ROC Yamaha	45'15.044
8.	T. Arakaki	J	Harris Yamaha	45'24.759
9.	N. Abe	J	Yamaha	45'27.604
10.	L. Reggiani	I	Aprilia	45'31.198
11.	B. Garcia	F	ROC Yamaha	45'41.596
12.	A. Stroud	NZ	ROC Yamaha	45'51.980
13.	S. Emmett	GB	Harris Yamaha	45'55.732
14.	N. Hodgson	GB	ROC Yamaha	46'00.908
15.	A. Bosshard	CH	ROC Yamaha	46'06.724

Number of finishers: 23.
Fastest lap: M. Doohan (AUS, Honda),
2'24.021 = 146.579 km/h.

4) May 7 : Spain - Jerez de la Frontera

27 laps = 119.421 km
Pole position: M. Doohan (AUS, Honda),
1'44.086 = 152.977 km/h.

1.	A. Puig	E	Honda	47'45.728
				= 150.020 km/h
2.	L. Cadalora	I	Yamaha	47'50.821
3.	A. Crivillé	E	Honda	47'59.759
4.	N. Abe	J	Yamaha	47'59.992
5.	A. Barros	BR	Honda	48'07.869
6.	L. Capirossi	I	Honda	48'08.526
7.	D. Beattie	AUS	Suzuki	48'22.227
8.	S. Itoh	J	Honda	48'28.469
9.	J.-B. Borja	E	ROC Yamaha	48'32.220
10.	C. Migliorati	I	Harris Yamaha	49'04.372
11.	J. McWilliams	GB	Yamaha	49'04.410
12.	N. Hodgson	GB	ROC Yamaha	49'10.356
13.	L. Naveau	B	ROC Yamaha	49'16.987
14.	E. McManus	GB	Harris Yamaha	49'17.675
15.	B. Bonhuil	F	ROC Yamaha	1 lap

Number of finishers: 17.
Fastest lap: A. Puig (E, Honda),
1'44.995 = 151.653 km/h.

5) May 21 : Germany - Nürburgring

27 laps = 123.012 km
Pole position: M. Doohan (AUS, Honda),
1'40.437 = 163.302 km/h.

1.	D. Beattie	AUS	Suzuki	46'01.392
				= 160.370 km/h
2.	L. Cadalora	I	Yamaha	46'11.266
3.	S. Itoh	J	Honda	46'11.359
4.	A. Crivillé	E	Honda	46'13.098
5.	A. Puig	E	Honda	46'13.791
6.	L. Capirossi	I	Honda	46'27.172
7.	A. Barros	BR	Honda	46'34.734
8.	N. Abe	J	Yamaha	46'35.179
9.	L. Reggiani	I	Aprilia	46'54.245
10.	J.-B. Borja	E	ROC Yamaha	47'04.058
11.	C. Migliorati	I	Harris Yamaha	47'24.408
12.	A. Bosshard	CH	ROC Yamaha	47'33.494
13.	L. Naveau	B	ROC Yamaha	47'34.771
14.	N. Hodgson	GB	ROC Yamaha	47'36.448
15.	J.-P. Jeandat	F	Paton	47'38.294

Number of finishers: 21.
Fastest lap: M. Doohan (AUS, Honda),
1'41.084 = 162.257 km/h.

6) June 11 : Italy - Mugello

23 laps = 120.635 km
Pole position: M. Doohan (AUS, Honda),
1'53.524 = 166.326 km/h.

1.	M. Doohan	AUS	Honda	44'20.790
				= 163.217 km/h
2.	D. Beattie	AUS	Suzuki	44'24.518
3.	A. Puig	E	Honda	44'29.712
4.	S. Itoh	J	Honda	44'35.226
5.	A. Crivillé	E	Honda	44'37.100
6.	N. Abe	J	Yamaha	44'37.160
7.	A. Barros	BR	Honda	44'37.208
8.	L. Reggiani	I	Aprilia	44'55.537
9.	L. Capirossi	I	Honda	45'01.704
10.	P. Chili	I	Cagiva	45'15.522
11.	S. Russell	USA	Suzuki	45'21.042
12.	L. Cadalora	I	Yamaha	45'23.542
13.	B. Garcia	F	ROC Yamaha	45'24.134
14.	N. Hodgson	GB	ROC Yamaha	45'47.737
15.	M. Garcia	F	ROC Yamaha	45'55.340

Number of finishers: 23.
Fastest lap: M. Doohan (AUS, Honda),
1'54.381 = 165.080 km/h.

7) June 24 : The Netherlands - Assen

20 laps = 120.980 km
Pole position: A. Crivillé (SPA, Honda),
2'03.151 = 176.827 km/h.

1.	M. Doohan	AUS	Honda	41'27.422
				= 175.092 km/h
2.	A. Crivillé	E	Honda	41'27.536
3.	A. Puig	E	Honda	41'28.018
4.	L. Capirossi	I	Honda	41'33.040
5.	A. Barros	BR	Honda	41'39.877
6.	N. Abe	J	Yamaha	41'42.722
7.	L. Cadalora	I	Yamaha	41'58.162
8.	S. Itoh	J	Honda	42'05.892
9.	L. Reggiani	I	Aprilia	42'20.066
10.	J.-B. Borja	E	ROC Yamaha	42'20.077
11.	B. Garcia	F	ROC Yamaha	42'21.934
12.	S. Russell	USA	Suzuki	42'26.972
13.	N. Hodgson	GB	ROC Yamaha	42'45.234
14.	J. Haydon	GB	Harris Yamaha	42'45.818
15.	A. Bosshard	CH	ROC Yamaha	42'50.206

Number of finishers: 21.
Fastest lap: A. Crivillé (E, Honda),
2'03.475 = 176.363 km/h.

8) July 9 : France - Le Mans

27 laps = 119.610 km
Pole position: M. Doohan (AUS, Honda),
1'40.821 = 158.181 km/h.

1.	M. Doohan	AUS	Honda	46'10.991
				= 155.394 km/h
2.	L. Cadalora	I	Yamaha	46'32.529
3.	D. Beattie	AUS	Suzuki	46'34.598
4.	S. Itoh	J	Honda	46'50.614
5.	A. Barros	BR	Honda	47'02.691
6.	S. Russell	USA	Suzuki	47'30.267
7.	J. McWilliams	GB	Yamaha	47'31.524
8.	N. Hodgson	GB	ROC Yamaha	47'43.226
9.	T. Arakaki	J	Harris Yamaha	47'50.219
10.	L. Naveau	B	ROC Yamaha	47'50.412
11.	A. Bosshard	CH	ROC Yamaha	47'51.442
12.	F. Protat	F	ROC Yamaha	47'54.068
13.	M. Garcia	F	ROC Yamaha	47'58.758
14.	B. Haenggeli	CH	ROC Yamaha	1 lap
15.	Ph. Monneret	F	ROC Yamaha	1 lap

Number of finishers: 17.
Fastest lap: M. Doohan (AUS, Honda),
1'41.850 = 156.583 km/h.

9) July 23 : Great Britain - Donington

30 laps = 120.690 km
Pole position: M. Doohan (AUS, Honda),
1'33.701 = 154.564 km/h.

1.	M. Doohan	AUS	Honda	47'28.602
				= 152.525 km/h
2.	D. Beattie	AUS	Suzuki	47'32.888
3.	A. Crivillé	E	Honda	47'50.794
4.	L. Capirossi	I	Honda	48'05.898
5.	L. Cadalora	I	Yamaha	48'09.015
6.	S. Itoh	J	Honda	48'14.733
7.	N. Hodgson	GB	ROC Yamaha	48'27.111
8.	J.-B. Borja	E	ROC Yamaha	48'27.932
9.	B. Garcia	F	ROC Yamaha	48'30.034
10.	A. Bosshard	CH	ROC Yamaha	48'59.355
11.	T. Arakaki	J	Harris Yamaha	48'59.470
12.	B. Bonhuil	F	ROC Yamaha	49'05.210
13.	S. Emmett	GB	Harris Yamaha	49'05.734
14.	E. McManus	GB	Harris Yamaha	49'06.238
15.	C. Walker	GB	Harris Yamaha	1 lap

Number of finishers: 18.
Fastest lap: M. Doohan (AUS, Honda),
1'33.693 = 154.577 km/h.

10) August 20 : Czech Republic - Brno

22 laps = 118.668 km
Pole position: L. Cadalora (I, Yamaha),
2'02.180 = 158.933 km/h.

1.	L. Cadalora	I	Yamaha	45'28.726
				= 156.558 km/h
2.	M. Doohan	AUS	Honda	45'32.874
3.	D. Beattie	AUS	Suzuki	45'38.125
4.	L. Capirossi	I	Honda	45'44.372
5.	S. Itoh	J	Honda	45'47.557
6.	A. Crivillé	E	Honda	45'50.678
7.	L. Reggiani	I	Aprilia	45'51.268
8.	C. Checa	E	Honda	45'56.046
9.	A. Barros	BR	Honda	45'56.144
10.	N. Hodgson	GB	Yamaha	46'00.566
11.	S. Russell	USA	Suzuki	46'01.120
12.	J.-B. Borja	E	ROC Yamaha	46'31.932
13.	B. Garcia	F	ROC Yamaha	46'36.366
14.	L. Naveau	B	ROC Yamaha	46'39.020
15.	A. Bosshard	CH	ROC Yamaha	46'53.552

Number of finishers: 23.
Fastest lap: L. Cadalora (I, Yamaha),
2'02.812 = 158.115 km/h.

11) September 17 : Rio - Jacarepagua

24 laps = 122.112 km
Pole position: M. Doohan (AUS, Honda),
1'55.972 = 157.942 km/h.

1.	L. Cadalora	I	Yamaha	46'18.208
				= 158.233 km/h
2.	M. Doohan	AUS	Honda	46'23.777
3.	N. Abe	J	Yamaha	46'30.490
4.	D. Beattie	AUS	Suzuki	46'33.416
5.	S. Russell	USA	Suzuki	46'33.818
6.	A. Crivillé	E	Honda	46'42.244
7.	C. Checa	E	Honda	46'42.698
8.	A. Barros	BR	Honda	46'42.909
9.	L. Capirossi	I	Honda	46'55.460
10.	S. Itoh	J	Honda	47'11.865
11.	N. Hodgson	GB	Yamaha	47'17.468
12.	J. McWilliams	GB	Yamaha	47'28.096
13.	L. Naveau	B	ROC Yamaha	47'28.598
14.	S. Emmett	GB	Harris Yamaha	47'28.925
15.	A. Bosshard	CH	ROC Yamaha	47'29.136

Number of finishers: 21.
Fastest lap: L. Cadalora (I, Yamaha),
1'54.912 = 159.398 km/h.

12) September 24 : Argentina - Buenos Aires

27 laps = 117.450 km
Pole position: L. Cadalora (I, Yamaha),
1'44.384 = 150.023 km/h.

1.	M. Doohan	AUS	Honda	47'30.236
				= 148.346 km/h
2.	D. Beattie	AUS	Suzuki	47'32.529
3.	L. Cadalora	I	Yamaha	47'39.270
4.	A. Crivillé	E	Honda	47'40.911
5.	L. Capirossi	I	Honda	47'51.824
6.	N. Abe	J	Yamaha	47'52.242
7.	C. Checa	E	Honda	48'00.724
8.	A. Barros	BR	Honda	48'08.316
9.	S. Itoh	J	Honda	48'08.432
10.	N. Hodgson	GB	Yamaha	48'20.791
11.	J.-B. Borja	E	ROC Yamaha	48'21.413
12.	B. Garcia	F	ROC Yamaha	48'46.126
13.	J. Haydon	GB	Harris Yamaha	48'48.368
14.	S. Emmett	GB	Harris Yamaha	48'48.576
15.	A. Bosshard	CH	ROC Yamaha	48'51.649

Number of finishers: 21.
Fastest lap: D. Beattie (AUS, Suzuki),
1'44.654 = 149.636 km/h.

13) October 8 : Catalonia - Catalunya

25 laps = 118.175 km
Pole position: L. Cadalora (I, Yamaha),
1'46.335 = 160.034 km/h.

1.	A. Crivillé	E	Honda	45'16.932
				= 156.585 km/h
2.	S. Itoh	J	Honda	45'17.092
3.	L. Capirossi	I	Honda	45'17.555
4.	M. Doohan	AUS	Honda	45'21.797
5.	D. Beattie	AUS	Suzuki	45'22.132
6.	A. Barros	BR	Honda	45'32.012
7.	L. Reggiani	I	Aprilia	45'35.804
8.	S. Russell	USA	Suzuki	45'36.542
9.	N. Hodgson	GB	Yamaha	46'01.688
10.	J. Haydon	GB	Harris Yamaha	46'10.939
11.	B. Garcia	F	ROC Yamaha	46'15.203
12.	L. Naveau	B	ROC Yamaha	46'15.257
13.	S. Emmett	GB	Harris Yamaha	46'22.054
14.	M. Garcia	F	ROC Yamaha	46'24.590
15.	L. Pedercini	I	ROC Yamaha	46'24.861

Number of finishers: 21.
Fastest lap: C. Checa (E, Honda),
1'47.525 = 158.263 km/h.

WORLD CHAMPIONSHIP

1.	Michael Doohan	AUS	Honda	248
2.	Daryl Beattie	AUS	Suzuki	215
3.	Luca Cadalora	I	Yamaha	176
4.	Alex Crivillé	E	Honda	166
5.	Shinichi Itoh	J	Honda	127
6.	Loris Capirossi	I	Honda	108
7.	Alexandre Barros	BR	Honda	104
8.	Alberto Puig	E	Honda	99
9.	Norifumi Abe	J	Yamaha	81
10.	Loris Reggiani	I	Aprilia	59
11.	Neil Hodgson	GB	ROC Yamaha	54
12.	Juan Bautista Borja	E	ROC Yamaha	52
13.	Scott Russell	USA	Suzuki	43
14.	Bernard Garcia	F	ROC Yamaha	41
15.	Kevin Schwantz	USA	Suzuki	34
16.	Carlos Checa	E	Honda	26
17.	Adrian Bosshard	CH	ROC Yamaha	21
18.	Laurent Naveau	B	ROC Yamaha	21
19.	Jeremy McWilliams	GB	Yamaha	20
20.	Toshiyuki Arakaki	J	Harris Yamaha	20
21.	Cristiano Migliorati	I	Harris Yamaha	17
22.	Sean Emmett	GB	Harris Yamaha	17
23.	Takuma Aoki	J	Honda	16
24.	James Haydon	GB	Harris Yamaha	11
25.	Frédéric Protat	F	ROC Yamaha	9
26.	Marc Garcia	F	ROC Yamaha	9
27.	Pierfrancesco Chili	I	Cagiva	6
28.	Andrew Stroud	NZ	ROC Yamaha	5
29.	Bruno Bonhuil	F	ROC Yamaha	5
30.	Eugene McManus	GB	Harris Yamaha	4
31.	Bernard Haenggeli	CH	ROC Yamaha	2
32.	Jean-Pierre Jeandat	F	Paton	1
33.	Philippe Monneret	F	ROC Yamaha	1
34.	Chris Walker	GB	Harris Yamaha	1
35.	Lucio Pedercini	I	ROC Yamaha	1

1995 — Side-Cars

Champions: Darren Dixon/Andy Hetherington (Great Britain, Windle-ADM), 131 points, 2 wins

1) May 20 : Germany - Nürburgring

23 laps = 104.788 km
Pole position: P. Güdel/C. Güdel (CH, LCR-BRM),
    1'46.105 = 154.579 km/h.

1.	D. Dixon/A. Hetherington	GB	Windle-ADM	41'30.522
				= 151.469 km/h
2.	S. Abbott/J. Tailford	GB	Windle-ADM	41'30.867
3.	M. Bösiger/J. Egli	CH	LCR-ADM	42'05.244
4.	B. Brindley/S. Whiteside	GB	LCR-Yamaha	42'49.176
5.	M. Reddington/T. Crone	GB	LCR-Honda	43'03.513
6.	I. Wilford/M. Wynn	GB	LCR-Honda	43'07.777
7.	Y. Kumagaya/M. Finnegan	J/IRL	LCR-Honda	43'39.417
8.	B. Janssen/F.-G. Van Kessel	NL	LCR-Honda	1 lap
9.	B. Gälross/P. Berglund	S	LCR-NKG500S	1 lap
10.	M. Schlosser/A. Hänni	CH	LCR-ADM	1 lap
11.	A. Vögeli/H. Wickli	CH	LCR-Honda	1 lap
12.	R. Hollweg/O. Mädler	D	LCR-Krauser	1 lap
13.	M. Neumann/U. Müller	D	LCR-Yamaha	2 laps
14.	B. Kohlmann/E. Theuer	D	LCR-ADM	2 laps

Number of finishers: 14.
Fastest lap: P. Güdel/C. Güdel (CH, LCR-BRM),
    1'46.216 = 154.417 km/h.

2) June 10 : Italy - Mugello

20 laps = 104.900 km
Pole position: R. Biland/K. Waltisperg (CH, LCR-BRM),
    1'56.600 = 161.938 km/h.

1.	P. Güdel/C. Güdel	CH	LCR-BRM	45'43.874
				= 137.630 km/h
2.	D. Dixon/A. Hetherington	GB	Windle-ADM	45'44.080
3.	K. Klaffenböck/C. Parzer	A	Windle-BRM	45'53.490
4.	B. Brindley/P. Hutchinson	GB	LCR-Honda	45'56.150
5.	S. Abbott/J. Tailford	GB	Windle-ADM	45'56.154
6.	B. Brindley/S. Whiteside	GB	LCR-Yamaha	47'01.838
7.	B. Gälross/P. Berglund	S	LCR-NGK500S	47'08.477
8.	B. Janssen/F.-G. Van Kessel	NL	LCR-Honda	47'55.461
9.	M. Schlosser/A. Hänni	CH	LCR-ADM	1 lap
10.	J. Lauslehto/H. Metsaranta	SF	LCR-Honda	1 lap
11.	I. Wilford/M. Wynn	GB	LCR-Honda	1 lap
12.	M. Bösiger/J. Egli	CH	LCR-ADM	1 lap
13.	Y. Kumagaya/T. Hopkinson	J/GB	LCR-Honda	1 lap
14.	M. Reddington/T. Crone	GB	LCR-Honda	1 lap
15.	K. Webster/H. Hofsteenge	GB/NL	LCR-Honda	1 lap

Number of finishers: 18.
Fastest lap: P. Güdel/C. Güdel (CH, LCR-BRM),
    2'01.930 = 154.859 km/h.

3) June 24 : The Netherlands - Assen

17 laps = 102.833 km
Pole position: R. Biland/K. Waltisperg (CH, LCR-BRM),
    2'08.594 = 169.342 km/h.

1.	D. Dixon/A. Hetherington	GB	Windle-ADM	37'08.358
				= 166.131 km/h
2.	S. Abbott/J. Tailford	GB	Windle-ADM	37'13.580
3.	D. Brindley/P. Hutchinson	GB	LCR-Honda	37'33.314
4.	K. Klaffenböck/C. Parzer	A	Windle-BRM	37'47.367
5.	M. Bösiger/J. Egli	CH	LCR-ADM	37'59.241
6.	B. Brindley/S. Whiteside	GB	LCR-Yamaha	38'22.472
7.	Y. Kumagaya/T. Hopkinson	J/GB	LCR-Honda	38'25.444
8.	J. Lauslehto/H. Matsaranta	SF	LCR-Honda	38'37.676
9.	B. Gälross/P. Berglund	S	LCR-NGK500S	38'48.949
10.	B. Janssen/F.-G. Van Kessel	NL	LCR-Honda	38'54.875
11.	A. Vögeli/H. Wickli	CH	LCR-ADM	39'18.914
12.	M. Schlosser/A. Hänni	CH	LCR-ADM	1 lap
13.	K. Webster/H. Hofsteenge	GB/NL	LCR-Honda	1 lap
14.	M. Neumann/P. Höss	D	LCR-Yamaha	1 lap
15.	H. Smit/H. Den Hartog	NL	LCR-Krauser	1 lap

Number of finishers: 16.
Fastest lap: S. Abbott/J. Tailford (GB, Windle-ADM),
    2'09.828 = 167.733 km/h.

4) July 8 : France - Le Mans

23 laps = 101.890 km
Pole position: P. Güdel/C. Güdel (CH, LCR-BRM),
    1'47.093 = 148.917 km/h.

1.	R. Biland/K. Waltisperg	CH	LCR-BRM	42'15.432
				= 144.671 km/h
2.	D. Dixon/A. Hetherington	GB	Windle-ADM	42'26.738
3.	R. Bohnhorst/P. Brown	D/GB	LCR-BRM	42'40.177
4.	M. Bösiger/J. Egli	CH	LCR-ADM	42'40.525
5.	D. Brindley/P. Hutchinson	GB	LCR-Honda	42'44.460
6.	S. Abbott/J. Tailford	GB	Windle-ADM	42'47.479
7.	Y. Kumagaya/T. Hopkinson	J/GB	LCR-Endurance	42'57.106
8.	B. Brindley/S. Whiteside	GB	LCR-Yamaha	43'27.713
9.	J. Lauslehto/H. Matsaranta	SF	LCR-ADM	43'42.118
10.	B. Gälross/P. Berglund	S	LCR-NGK500S	43'45.300
11.	M. Reddington/T. Crone	GB	LCR-ADM	43'52.599
12.	B. Janssen/F.-G. Van Kessel	NL	LCR-Honda	43'58.127
13.	I. Wilford/D. Edwards	GB	LCR-Honda	1 lap
14.	M. Meier/D. Brühwiler	CH	LCR-Yamaha	1 lap
15.	M. Whittington/S. Birkett	GB	LCR-Krauser	1 lap

Number of finishers: 15.
Fastest lap: R. Biland/K. Waltisperg (CH, LCR-BRM),
    1'48.778 = 146.611 km/h.

5) July 22 : Great Britain - Donington

26 laps = 104.598 km
Pole position: R. Biland/K. Waltisperg (CH, LCR-BRM),
    1'36.061 = 150.767 km/h.

1.	R. Biland/K. Waltisperg	CH	LCR-BRM	42'51.654
				= 146.424 km/h
2.	M. Bösiger/J. Egli	CH	LCR-ADM	43'02.292
3.	R. Bohnhorst/P. Brown	D/GB	LCR-BRM	43'05.140
4.	K. Klaffenböck/C. Parzer	A	Windle-BRM	43'06.094
5.	S. Abbott/J. Tailford	GB	Windle-ADM	43'07.145
6.	D. Dixon/A. Hetherington	GB	Windle-ADM	43'40.730
7.	B. Brindley/S. Whiteside	GB	LCR-Yamaha	44'06.115
8.	T. Wyssen/K. Wyssen	CH	LCR-BRM	44'22.792
9.	Y. Kumagaya/T. Hopkinson	J/GB	LCR-Endurance	45'31.952
10.	B. Janssen/F.-G. Van Kessel	NL	LCR-Honda	1 lap
11.	M. Schlosser/A. Hänni	CH	LCR-ADM	1 lap
12.	M. Whittington/S. Birkett	GB	LCR-Krauser	1 lap
13.	R. Koster/J. Klaffenböck	CH/A	LCR-ADM	2 laps

Number of finishers: 13.
Fastest lap: K. Klaffenböck/C. Parzer (A, Windle-BRM),
    1'37.603 = 148.385 km/h.

6) August 19 : Czech Republic - Brno

19 laps = 102.486 km
Pole position: R. Biland/K. Waltisperg (CH, LCR-BRM),
    2'04.664 = 155.766 km/h.

1.	R. Biland/K. Waltisperg	CH	LCR-BRM	40'26.544
				= 152.047 km/h
2.	S. Abbott/J. Tailford	GB	Windle-ADM	40'29.144
3.	M. Bösiger/J. Egli	CH	LCR-ADM	41'07.629
4.	D. Brindley/P. Hutchinson	GB	LCR-Honda	41'09.134
5.	D. Dixon/A. Hetherington	GB	Windle-ADM	41'11.029
6.	B. Brindley/S. Whiteside	GB	LCR-Yamaha	41'41.582
7.	M. Reddington/T. Crone	GB	LCR-ADM	41'43.912
8.	J. Lauslehto/H. Matsaranta	SF	LCR-ADM	42'16.662
9.	I. Wilford/M. Wynn	GB	LCR-Honda	42'20.968
10.	K. Webster/H. Hofsteenge	GB/NL	LCR-Honda	42'29.101
11.	B. Janssen/F.-G. Van Kessel	NL	LCR-Honda	42'31.804
12.	M. Schlosser/A. Hänni	CH	LCR-ADM	1 lap
13.	T. Wyssen/K. Wyssen	CH	LCR-BRM	3 laps

Number of finishers: 17.
Fastest lap: D. Dixon/A. Hetherington (GB, Windle-ADM),
    2'06.340 = 153.700 km/h.

7) October 7 : Catalonia - Catalunya

22 laps = 103.994 km
Pole position: P. Güdel/C. Güdel (CH, LCR-BRM),
1'50.194 = 154.429 km/h.

1.	R. Biland/K. Waltisperg	CH	LCR-BRM	41'09.726
				= 151.587 km/h
2.	D. Dixon/A. Hetherington	GB	Windle-ADM	41'16.341
3.	M. Bösiger/J. Egli	CH	LCR-ADM	41'20.744
4.	K. Klaffenböck/C. Parzer	A	Windle-BRM	41'27.922
5.	S. Webster/D. James	GB	LCR-ADM	41'28.016
6.	D. Brindley/P. Hutchinson	GB	LCR-Honda	41'30.988
7.	T. Wyssen/K. Wyssen	CH	LCR-BRM	42'07.088
8.	B. Brindley/S. Whiteside	GB	LCR-Yamaha	42'18.822
9.	J. Lauslehto/H. Matsaranta	SF	LCR-ADM	42'29.806
10.	B. Gälross/P. Berglund	S	LCR-NGK500S	1 lap
11.	B. Janssen/F.-G. Van Kessel	NL	LCR-Honda	1 lap
12.	K. Webster/H. Hofsteenge	GB/NL	LCR-Honda	1 lap
13.	M. Schlosser/A. Hänni	CH	LCR-ADM	1 lap
14.	S. Soutar/D. Kellett	AUS	LCR-ADM	1 lap

Number of finishers: 14.
Fastest lap: D. Dixon/A. Hetherington (GB, Windle-ADM),
1'50.343 = 154.221 km/h..

WORLD CHAMPIONSHIP

1.	Darren Dixon/Andy Hetherington	GB	Windle-ADM	131
2.	Rolf Biland/Kurt Waltisperg	CH	LCR-BRM	100
3.	Markus Bösiger/Jürg Egli	CH	LCR-ADM	96
4.	Steve Abbott/Julian Tailford	GB	Windle-ADM	92
5.	Barry Brindley/Scott Whiteside	GB	LCR-Yamaha	68
6.	Derek Brindley/Paul Hutchinson	GB	LCR-Honda	63
7.	Klaus Klaffenböck/Christian Parzer	A	Windle-BRM	55
8.	Benny Janssen/Franz Geurt Van Kessel	NL	LCR-Honda	42
9.	Yoshisada Kumagaya/Michael Finnegan	J/IRL	LCR-Endurance	37
10.	Jukka Lauslehto/Hannu Metsaranta	SF	LCR-ADM	36
11.	Billy Gälross/Peter Berglund	S	LCR-NGK500S	35
12.	Ralph Bohnhorst/Peter Brown	D/GB	LCR-BRM	32
13.	Markus Schlosser/Adolf Hänni	CH	LCR-ADM	29
14.	Mark Reddington/Trevor Crone	GB	LCR-ADM	27
15.	Paul Güdel/Charly Güdel	CH	LCR-BRM	25
16.	Ian Wilford/Mick Wynn	GB	LCR-Honda	25
17.	Tony Wyssen/Kilian Wyssen	CH	LCR-BRM	20
18.	Kevin Webster/Harry Hofsteenge	GB/NL	LCR-Honda	14
19.	Steve Webster/David James	GB	LCR-ADM	11
20.	André Vögeli/Hansueli Wickli	CH	LCR-ADM	10
21.	Markus Neumann/Udo Müller/Peter Höss	D	LCR-Yamaha	5
22.	Martin Whittington/Simon Birkett	GB	LCR-Krauser	5
23.	Reinhold Hollweg/Oliver Mädler	D	LCR-Krauser	4
24.	Reiner Koster/Jochen Klaffenböck	CH/A	LCR-ADM	3
25.	Baptist Kohlmann/Ernest Theuer	D	LCR-ADM	2
26.	Marcel Meier/Dany Brühwilwer	CH	LCR-Yamaha	2
27.	Shane Soutar/David Kellett	AUS	LCR-ADM	2
28.	Harry Smit/Herman Den Hartog	NL	LCR-Krauser	1

Ray Gardner / Tony Strevens, LCR-Yamaha

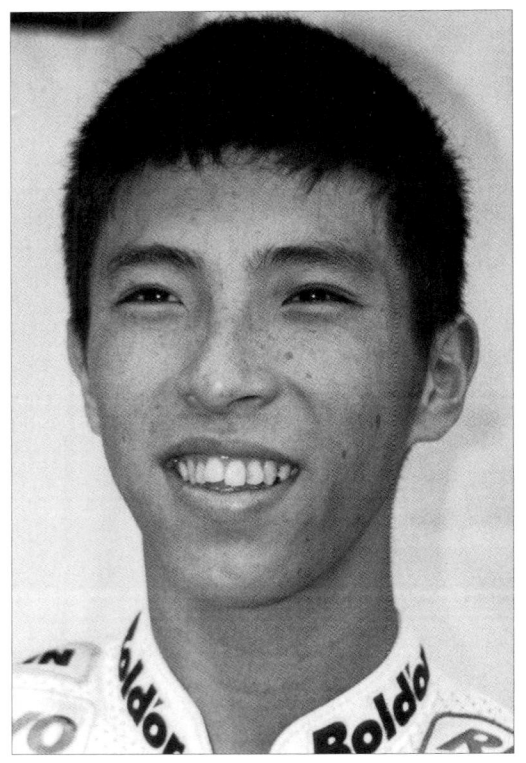

Champion : **Haruchika Aoki (Japan, Honda), 220 points, 2 wins**

1996 — 125 cc

1) March 31 : Malaysia - Shah Alam

29 laps = 101.645 km
Pole position: K. Sakata (J, Aprilia),
1'31.285 = 138.226 km/h.

1.	S. Perugini	I	Aprilia	44'46.542
				= 136.206 km/h
2.	H. Aoki	J	Honda	44'46.947
3.	P. Oettl	D	Aprilia	44'47.300
4.	M. Tokudome	J	Aprilia	44'47.327
5.	E. Alzamora	E	Honda	44'47.809
6.	V. Rossi	I	Aprilia	44'53.921
7.	T. Manako	J	Honda	44'53.948
8.	A. Saito	J	Honda	44'54.356
9.	N. Ueda	J	Honda	45'04.576
10.	K. Sakata	J	Aprilia	45'22.284
11.	F. Petit	F	Honda	45'26.280
12.	G. McCoy	AUS	Aprilia	45'26.354
13.	A. Ballerini	I	Aprilia	45'44.312
14.	J. Hules	CZ	Honda	45'56.779
15.	P. Tessari	I	Honda	45'57.414

Number of finishers: 20.
Fastest lap: E. Alzamora (E, Honda),
1'31.594 = 137.760 km/h.

2) April 7 : Indonesia - Sentul

26 laps = 103.090 km
Pole position: H. Aoki (J, Honda),
1'35.138 = 150.035 km/h.

1.	M. Tokudome	J	Aprilia	41'38.797
				= 148.521 km/h
2.	H. Aoki	J	Honda	41'38.896
3.	P. Oettl	D	Aprilia	41'46.156
4.	D. Raudies	D	Honda	41'58.288
5.	J. Martinez	E	Aprilia	42'01.118
6.	N. Ueda	J	Honda	42'02.994
7.	T. Manako	J	Honda	42'03.122
8.	S. Perugini	I	Aprilia	42'10.057
9.	A. Saito	J	Honda	42'12.154
10.	A. Ballerini	I	Aprilia	42'12.596
11.	V. Rossi	I	Aprilia	42'12.937
12.	L. Cecchinello	I	Honda	42'20.340
13.	I. Goi	I	Honda	42'20.503
14.	K. Sakata	J	Aprilia	42'29.966
15.	F. Petit	F	Honda	42'30.242

Number of finishers: 21.
Fastest lap: H. Aoki (J, Honda),
1'35.068 = 150.145 km/h.

3) April 21 : Japan - Suzuka

18 laps = 105.552 km
Pole position: N. Ueda (J, Honda),
2'17.788 = 153.209 km/h.

1.	M. Tokudome	J	Aprilia	41'44.002
				= 151.752 km/h
2.	H. Aoki	J	Honda	41'45.234
3.	N. Ueda	J	Honda	41'46.012
4.	T. Manako	J	Honda	41'52.128
5.	M. Geissler	D	Aprilia	41'59.422
6.	M. Azuma	J	Honda	42'00.220
7.	L. Cecchinello	I	Honda	42'00.746
8.	J. Martinez	E	Aprilia	42'08.451
9.	D. Barton	GB	Aprilia	42'09.356
10.	S. Ibaraki	J	Yamaha	42'12.021
11.	V. Rossi	I	Aprilia	42'21.465
12.	S. Perugini	I	Aprilia	42'26.359
13.	P. Tessari	I	Honda	42'30.902
14.	J. Hules	CZ	Honda	42'30.952
15.	S. Sugaya	J	Honda	42'52.336

Number of finishers: 21.
Fastest lap: K. Sakata (J, Aprilia),
2'17.055 = 154.029 km/h.

4) May 12 : Spain - Jerez de la Frontera

23 laps = 101.729 km
Pole position: J. Martinez (E, Aprilia),
1'49.945 = 144.825 km/h.

1.	H. Aoki	J	Honda	42'34.976
				= 143.338 km/h
2.	E. Alzamora	E	Honda	42'35.003
3.	N. Ueda	J	Honda	42'35.094
4.	V. Rossi	I	Aprilia	42'35.140
5.	K. Sakata	J	Aprilia	42'35.202
6.	M. Tokudome	J	Aprilia	42'38.074
7.	S. Perugini	I	Aprilia	42'38.304
8.	T. Manako	J	Honda	42'48.442
9.	Y. Katoh	J	Yamaha	42'48.524
10.	I. Goi	I	Honda	42'50.408
11.	P. Oettl	D	Aprilia	42'50.921
12.	M. Geissler	D	Aprilia	42'58.589
13.	D. Raudies	D	Honda	43'01.856
14.	D. Barton	GB	Aprilia	43'07.734
15.	J.-R. Ramirez	E	Yamaha	43'07.871

Number of finishers: 24.
Fastest lap: K. Sakata (J, Aprilia),
1'49.400 = 145.547 km/h.

5) May 26 : Italy - Mugello

20 laps = 104.900 km
Pole position: M. Tokudome (J, Aprilia),
2'01.292 = 155.674 km/h.

1.	P. Oettl	D	Aprilia	40'56.454
				= 153.734 km/h
2.	H. Aoki	J	Honda	40'57.974
3.	K. Sakata	J	Aprilia	40'58.011
4.	V. Rossi	I	Aprilia	40'58.089
5.	A. Saito	J	Honda	40'58.126
6.	L. Cecchinello	I	Honda	40'59.912
7.	E. Alzamora	I	Honda	40'59.994
8.	I. Goi	I	Honda	40'59.999
9.	T. Manako	J	Honda	41'00.054
10.	M. Geissler	D	Aprilia	41'00.196
11.	A. Ballerini	I	Aprilia	41'00.926
12.	N. Ueda	J	Honda	41'01.200
13.	J. Martinez	E	Aprilia	41'01.858
14.	M. Tokudome	J	Aprilia	41'10.970
15.	J. Hules	CZ	Honda	41'11.956

Number of finishers: 23.
Fastest lap: A. Saito (J, Honda),
2'01.139 = 155.871 km/h.

6) June 9 : France - Le Castellet

27 laps = 102.600 km
Pole position: M. Tokudome (J, Aprilia),
1'29.351 = 153.104 km/h.

1.	S. Perugini	I	Aprilia	40'44.539
				= 151.096 km/h
2.	T. Manako	J	Honda	40'44.912
3.	E. Alzamora	E	Honda	40'45.211
4.	N. Ueda	J	Honda	40'45.247
5.	Y. Katoh	J	Yamaha	40'45.468
6.	D. Raudies	D	Honda	40'47.465
7.	H. Aoki	J	Honda	40'47.800
8.	K. Sakata	J	Aprilia	40'49.137
9.	G. McCoy	AUS	Aprilia	40'58.782
10.	A. Saito	J	Honda	40'59.028
11.	M. Geissler	D	Aprilia	40'59.118
12.	I. Goi	I	Honda	41'03.437
13.	F. Petit	F	Honda	41'08.486
14.	F. Torrontegui	E	Honda	41'12.810
15.	Y. Ui	J	Yamaha	41'32.801

Number of finishers: 21.
Fastest lap: V. Rossi (I, Aprilia),
1'29.263 = 153.255 km/h.

7) June 29 : The Netherlands - Assen

17 laps = 102.833 km
Pole position: M. Tokudome (J, Aprilia),
2'14.557 = 161.838 km/h.

1. E. Alzamora	E	Honda	39'08.050
			= 157.662 km/h
2. I. Goi	I	Honda	39'08.778
3. H. Aoki	J	Honda	39'08.783
4. N. Ueda	J	Honda	39'08.840
5. T. Manako	J	Honda	39'08.896
6. D. Raudies	D	Honda	39'25.724
7. K. Sakata	J	Aprilia	39'36.132
8. M. Geissler	D	Aprilia	39'39.630
9. J. Martinez	E	Aprilia	39'40.616
10. F. Torrontegui	E	Honda	39'40.794
11. F. Petit	F	Honda	39'41.244
12. L. Bodelier	NL	Honda	39'42.862
13. S. Perugini	I	Aprilia	39'46.266
14. Y. Ui	J	Yamaha	39'54.088
15. G. Debbia	I	Yamaha	39'54.208

Number of finishers: 21.
Fastest lap: E. Alzamora (E, Honda),
2'15.857 = 160.289 km/h.

8) July 7 : Germany - Nürburgring

23 laps = 104.788 km
Pole position: J. Martinez (E, Aprilia),
1'49.894 = 149.249 km/h.

1. M. Tokudome	J	Aprilia	42'14.721
			= 148.828 km/h
2. S. Perugini	I	Aprilia	42'15.038
3. H. Aoki	J	Honda	42'15.654
4. E. Alzamora	E	Honda	42'16.412
5. V. Rossi	I	Aprilia	42'16.640
6. P. Oettl	D	Aprilia	42'16.788
7. J. Martinez	E	Aprilia	42'18.692
8. T. Manako	J	Honda	42'19.230
9. M. Geissler	D	Aprilia	42'28.460
10. I. Goi	I	Honda	42'29.040
11. K. Sakata	J	Aprilia	42'29.513
12. N. Ueda	J	Honda	42'29.615
13. J. Sarda	E	Honda	42'30.638
14. L. Cecchinello	I	Honda	42'31.494
15. F. Petit	F	Honda	42'32.770

Number of finishers: 23.
Fastest lap: P. Oettl (D, Aprilia),
1'48.383 = 151.330 km/h.

9) July 21 : Great Britain - Donington Park

26 laps = 104.598 km
Pole position: M. Tokudome (J, Aprilia),
1'39.935 = 144.922 km/h.

1. S. Perugini	I	Aprilia	43'41.678
			= 143.630 km/h
2. M. Tokudome	J	Aprilia	43'44.331
3. T. Manako	J	Honda	43'48.302
4. J. Martinez	E	Aprilia	43'57.288
5. K. Sakata	J	Aprilia	43'59.254
6. N. Ueda	J	Honda	44'00.470
7. Y. Katoh	J	Yamaha	44'00.793
8. H. Aoki	J	Honda	44'02.435
9. L. Cecchinello	I	Honda	44'05.424
10. Y. Ui	J	Yamaha	44'13.246
11. P. Oettl	D	Aprilia	44'13.888
12. I. Goi	I	Honda	44'15.102
13. D. Barton	GB	Aprilia	44'23.130
14. G. McCoy	AUS	Aprilia	44'24.769
15. F. Torrontegui	E	Honda	44'30.222

Number of finishers: 24.
Fastest lap: M. Tokudome (J, Aprilia),
1'39.704 = 145.258 km/h.

10) August 4 : Austria - A1-Ring

24 laps = 103.656 km
Pole position: M. Tokudome (J, Aprilia),
1'41.254 = 153.558 km/h.

1. I. Goi	I	Honda	41'50.829
			= 148.621 km/h
2. D. Raudies	D	Honda	41'51.596
3. V. Rossi	I	Aprilia	41'53.151
4. M. Tokudome	J	Aprilia	41'53.568
5. P. Oettl	D	Aprilia	41'55.170
6. J. Martinez	E	Aprilia	41'55.739
7. Y. Ui	J	Yamaha	42'08.214
8. T. Manako	J	Honda	42'10.293
9. K. Sakata	J	Aprilia	42'11.800
10. M. Geissler	D	Aprilia	42'17.298
11. N. Ueda	J	Honda	42'18.495
12. A. Saito	J	Honda	42'18.516
13. F. Torrontegui	E	Honda	42'29.762
14. J. Sarda	E	Honda	42'33.746
15. F. Petit	F	Honda	42'37.808

Number of finishers: 23.
Fastest lap: D. Raudies (D, Honda),
1'42.002 = 152.432 km/h.

11) August 18 : Czech Republic - Brno

19 laps = 102.657 km
Pole position: V. Rossi (I, Aprilia),
2'11.140 = 148.321 km/h.

1. V. Rossi	I	Aprilia	42'16.229
			= 145.714 km/h
2. J. Martinez	E	Aprilia	42'16.474
3. T. Manako	J	Honda	42'8.618
4. K. Sakata	J	Aprilia	42'18.652
5. E. Alzamora	E	Honda	42'18.675
6. H. Aoki	J	Honda	42'18.740
7. P. Oettl	D	Aprilia	42'20.304
8. L. Cecchinello	I	Honda	42'36.788
9. I. Goi	I	Honda	42'38.453
10. D. Raudies	D	Honda	42'38.676
11. G. McCoy	AUS	Aprilia	42'38.798
12. Y. Katoh	J	Yamaha	42'39.866
13. M. Tokudome	J	Aprilia	42'44.166
14. S. Perugini	I	Aprilia	42'44.326
15. A. Saito	J	Honda	42'51.568

Number of finishers: 24.
Fastest lap: J. Martinez (E, Aprilia),
2'11.816 = 147.560 km/h.

12) September 1 : City of Imola - Imola

21 laps = 102.732 km
Pole position: J. Martinez (E, Aprilia),
2'00.818 = 145.766 km/h.

1. M. Tokudome	J	Aprilia	42'47.711
			= 144.033 km/h
2. E. Alzamora	E	Honda	42'48.085
3. J. Martinez	E	Aprilia	42'48.931
4. G. McCoy	AUS	Aprilia	42'51.292
5. V. Rossi	I	Aprilia	42'56.636
6. T. Manako	J	Honda	43'02.907
7. I. Goi	I	Honda	43'05.186
8. Y. Katoh	J	Yamaha	43'12.286
9. M. Geissler	D	Aprilia	43'15.230
10. F. Petit	F	Honda	43'17.316
11. N. Ueda	J	Honda	43'18.732
12. K. Sakata	J	Aprilia	43'27.043
13. J. Hules	CZ	Honda	43'28.161
14. D. Raudies	D	Honda	43'35.200
15. F. Torrontegui	E	Honda	43'35.678

Number of finishers: 25.
Fastest lap: V. Rossi (I, Aprilia),
2'00.362 = 146.319 km/h.

13) September 15 : Catalonia - Catalunya

22 laps = 103.994 km
Pole position: Y. Ui (J, Yamaha),
1'54.536 = 148.575 km/h.

1. T. Manako	J	Honda	42'25.228
			= 147.090 km/h
2. G. McCoy	AUS	Aprilia	42'26.418
3. K. Sakata	J	Aprilia	42'31.834
4. E. Alzamora	E	Honda	42'31.982
5. H. Aoki	J	Honda	42'32.148
6. Y. Ui	J	Yamaha	42'32.190
7. Y. Katoh	J	Yamaha	42'32.226
8. J. Martinez	E	Aprilia	42'32.472
9. I. Goi	I	Honda	42'34.056
10. D. Raudies	D	Honda	42'38.531
11. N. Ueda	J	Honda	42'42.972
12. F. Torrontegui	E	Honda	42'44.262
13. J. Hules	CZ	Honda	43'04.243
14. M. Giansanti	I	Honda	43'05.370
15. G. Debbia	I	Yamaha	43'05.422

Number of finishers: 18.
Fastest lap: T. Manako (J, Honda),
1'54.307 = 148.873 km/h.

14) October 6 : Rio - Jacarepagua

21 laps = 103.593 km
Pole position: H. Aoki (J, Honda),
2'01.583 = 146.063 km/h.

1. H. Aoki	J	Honda	42'48.872
			= 145.175 km/h
2. E. Alzamora	E	Honda	42'57.312
3. M. Tokudome	J	Aprilia	43'07.948
4. J. Martinez	E	Aprilia	43'11.546
5. G. McCoy	AUS	Aprilia	43'12.208
6. N. Ueda	J	Honda	43'18.928
7. L. Cecchinello	I	Honda	43'19.078
8. Y. Ui	J	Yamaha	43'19.738
9. S. Perugini	I	Aprilia	43'21.158
10. D. Raudies	D	Honda	43'21.486
11. K. Sakata	J	Aprilia	43'29.041
12. Y. Katoh	J	Yamaha	43'30.218
13. J. Sarda	E	Honda	43'36.376
14. F. Petit	F	Honda	43'42.754
15. J. Hules	CZ	Honda	43'46.228

Number of finishers: 19.
Fastest lap: H. Aoki (J, Honda),
2'01.306 = 146.397 km/h.

15) October 20 : Australia - Eastern Creek

26 laps = 102.180 km
Pole position: H. Aoki (J, Honda),
1'36.080 = 147.252 km/h.

1. G. McCoy	AUS	Aprilia	42'12.903
			= 145.228 km/h
2. H. Aoki	J	Honda	42'12.952
3. M. Tokudome	J	Aprilia	42'13.150
4. J. Martinez	E	Aprilia	42'13.436
5. I. Goi	I	Honda	42'22.644
6. L. Cecchinello	I	Honda	42'22.940
7. Y. Katoh	J	Yamaha	42'24.890
8. N. Ueda	J	Honda	42'31.030
9. T. Manako	J	Honda	42'32.308
10. A. Saito	J	Honda	42'35.546
11. D. Raudies	D	Honda	42'35.683
12. F. Petit	F	Honda	42'40.162
13. L. Ancona	I	Aprilia	42'51.572
14. V. Rossi	I	Aprilia	43'04.675
15. F. Torrontegui	E	Honda	43'09.616

Number of finishers: 20.
Fastest lap: H. Aoki (J, Honda),
1'36.272 = 146.959 km/h.

WORLD CHAMPIONSHIP

1.	Haruchika Aoki	J	Honda	220
2.	Masaki Tokudome	J	Aprilia	193
3.	Tomomi Manako	J	Honda	167
4.	Emilio Alzamora	E	Honda	158
5.	Jorge "Aspar" Martinez	E	Aprilia	131
6.	Stefano Perugini	I	Aprilia	128
7.	Noboru Ueda	J	Honda	126
8.	Kazuto Sakata	J	Aprilia	113
9.	Valentino Rossi	I	Aprilia	111
10.	Ivan Goi	I	Honda	110
11.	Peter Oettl	D	Aprilia	97
12.	Garry McCoy	AUS	Aprilia	87
13.	Dirk Raudies	D	Honda	81
14.	Yoshiaki Katoh	J	Yamaha	61
15.	Lucio Cecchinello	I	Honda	59
16.	Manfred Geissler	D	Aprilia	54
17.	Akira Saito	J	Honda	43
18.	Youichi Ui	J	Yamaha	36
19.	Frédéric Petit	F	Honda	28
20.	Francisco "Herri" Torrontegui	E	Honda	18
21.	Andrea Ballerini	I	Aprilia	14
22.	Darren Barton	GB	Aprilia	12
23.	Jaroslav Hules	CZ	Honda	12
24.	Masao Azuma	J	Honda	10
25.	Josep Sarda	E	Honda	8
26.	Shigeru Ibaraki	J	Yamaha	6
27.	Loëk Bodelier	NL	Honda	4
28.	Paolo Tessari	I	Honda	4
29.	Luigi Ancona	I	Aprilia	3
30.	Mirko Giansanti	I	Honda	2
31.	Gabriele Debbia	I	Yamaha	2
32.	Shinichi Sugaya	J	Honda	1
33.	José Ramon Ramirez	E	Yamaha	1

Champion : **Massimiliano Biaggi (Italy, Aprilia), 274 points, 9 wins**

1996 — 250 cc

1) March 31 : Malaysia - Shah Alam

31 laps = 108.655 km
Pole position: M. Biaggi (I, Aprilia),
1'25.795 = 147.072 km/h.

1.	M. Biaggi	I	Aprilia	45'06.934
				= 144.502 km/h
2.	T. Harada	J	Yamaha	45'21.679
3.	L. D'Antin	E	Honda	45'39.992
4.	O. Jacque	F	Honda	45'44.055
5.	J.-P. Ruggia	F	Honda	45'46.412
6.	N. Aoki	J	Honda	45'56.922
7.	J. Fuchs	D	Honda	46'03.794
8.	J. Van den Goorbergh	NL	Honda	46'13.530
9.	L. Boscoscuro	I	Aprilia	46'22.650
10.	R. Locatelli	I	Aprilia	46'27.906
11.	J. Robinson	GB	Aprilia	46'30.688
12.	T. Tsujimura	J	Honda	46'36.342
13.	C. Migliorati	I	Honda	1 lap
14.	D. Bulega	I	Aprilia	1 lap
15.	O. Miyazaki	J	Aprilia	1 lap

Number of finishers: 17.
Fastest lap: M. Biaggi (I, Aprilia),
1'25.994 = 146.731 km/h.

2) April 7 : Indonesia - Sentul

28 laps = 111.020 km
Pole position: T. Harada (J, Yamaha),
1'29.257 = 159.920 km/h.

1.	T. Harada	J	Yamaha	42'13.486
				= 157.756 km/h
2.	M. Biaggi	I	Aprilia	42'15.295
3.	R. Waldmann	D	Honda	42'26.144
4.	L. D'Antin	E	Honda	42'36.214
5.	N. Aoki	J	Honda	42'36.258
6.	J. Fuchs	D	Honda	42'37.893
7.	T. Ukawa	J	Honda	42'37.896
8.	O. Jacque	F	Honda	42'45.421
9.	S. Porco	ARG	Aprilia	42'50.450
10.	J.-P. Ruggia	F	Honda	42'52.942
11.	E. Suter	CH	Aprilia	43'07.244
12.	J. Van den Goorbergh	NL	Honda	43'15.829
13.	L. Boscoscuro	I	Aprilia	43'18.844
14.	D. Bulega	I	Aprilia	43'19.140
15.	Y. Hatakeyama	J	Honda	43'29.500

Number of finishers: 20.
Fastest lap: T. Harada (J, Yamaha),
1'29.696 = 159.138 km/h.

3) April 21 : Japan - Suzuka

19 laps = 111.416 km
Pole position: T. Harada (J, Yamaha),
2'10.676 = 161.548 km/h.

1.	M. Biaggi	I	Aprilia	41'36.486
				= 160.665 km/h
2.	N. Numata	J	Suzuki	41'50.046
3.	D. Kato	J	Honda	41'56.325
4.	O. Jacque	F	Honda	41'56.766
5.	T. Ukawa	J	Honda	41'56.932
6.	N. Aoki	J	Honda	42'01.237
7.	K. Haga	J	Yamaha	42'10.142
8.	R. Waldmann	D	Honda	42'15.130
9.	L. D'Antin	E	Honda	42'20.902
10.	J.-P. Ruggia	F	Honda	42'21.028
11.	T. Tsujimura	J	Honda	42'38.437
12.	J. Fuchs	D	Honda	42'38.578
13.	O. Miyazaki	J	Aprilia	42'38.970
14.	R. Laconi	F	Honda	42'39.264
15.	Y. Hatakeyama	J	Honda	42'39.393

Number of finishers: 25.
Fastest lap: M. Biaggi (I, Aprilia),
2'10.492 = 161.775 km/h.

4) May 12 : Spain - Jerez de la Frontera

26 laps = 114.998 km
Pole position: M. Biaggi (I, Aprilia),
1'45.015 = 151.624 km/h.

1.	M. Biaggi	I	Aprilia	46'06.154
				= 149.664 km/h
2.	T. Harada	J	Yamaha	46'18.392
3.	R. Waldmann	D	Honda	46'21.630
4.	J. Fuchs	D	Honda	46'22.376
5.	T. Ukawa	J	Honda	46'35.483
6.	L. D'Antin	E	Honda	46'35.662
7.	O. Jacque	F	Honda	46'43.792
8.	J.-P. Ruggia	F	Honda	46'51.020
9.	J. Robinson	GB	Aprilia	46'57.053
10.	L. Boscoscuro	I	Aprilia	46'58.357
11.	M. Gibernau	E	Honda	47'13.018
12.	S. Porco	ARG	Aprilia	47'22.816
13.	C. Migliorati	I	Honda	47'25.615
14.	T. Tsujimura	J	Honda	47'27.350
15.	O. Miyazaki	J	Aprilia	47'27.739

Number of finishers: 19.
Fastest lap: M. Biaggi (I, Aprilia),
1'45.270 = 151.257 km/h.

5) May 26 : Italy - Mugello

21 laps = 110.145 km
Pole position: M. Biaggi (I, Aprilia),
1'54.456 = 164.972 km/h.

1.	M. Biaggi	I	Aprilia	40'36.299
				= 162.756 km/h
2.	M. Lucchi	I	Aprilia	40'43.213
3.	R. Waldmann	D	Honda	40'54.593
4.	O. Jacque	F	Honda	40'54.906
5.	J. Fuchs	D	Honda	41'07.916
6.	T. Harada	J	Yamaha	41'07.948
7.	J.-P. Ruggia	F	Honda	41'07.982
8.	N. Aoki	J	Honda	41'24.000
9.	L. D'Antin	E	Honda	41'27.485
10.	C. Migliorati	I	Honda	41'27.855
11.	M. Ottobre	I	Aprilia	41'27.862
12.	E. Suter	CH	Aprilia	41'27.912
13.	L. Boscoscuro	I	Aprilia	41'27.916
14.	R. Laconi	F	Honda	41'28.693
15.	J. Van den Goorbergh	NL	Honda	41'28.868

Number of finishers: 28.
Fastest lap: M. Biaggi (I, Aprilia),
1'54.925 = 164.298 km/h.

6) June 9 : France - Le Castellet

29 laps = 110.200 km
Pole position: M. Biaggi (I, Aprilia),
1'23.378 = 164.072 km/h.

1.	M. Biaggi	I	Aprilia	41'06.274
				= 160.858 km/h
2.	R. Waldmann	D	Honda	41'13.168
3.	T. Harada	J	Yamaha	41'33.434
4.	T. Ukawa	J	Honda	41'42.736
5.	N. Aoki	J	Honda	41'42.838
6.	L. Boscoscuro	I	Aprilia	41'42.924
7.	E. Suter	CH	Aprilia	41'44.558
8.	R. Locatelli	I	Aprilia	41'44.714
9.	C. Migliorati	I	Honda	41'45.447
10.	L. D'Antin	E	Honda	41'45.708
11.	R. Laconi	F	Aprilia	41'57.418
12.	J. Van den Goorbergh	NL	Honda	41'58.502
13.	T. Tsujimura	J	Honda	41'59.000
14.	Y. Hatakeyama	J	Honda	41'00.659
15.	O. Petrucciani	CH	Aprilia	42'00.780

Number of finishers: 16.
Fastest lap: M. Biaggi (I, Aprilia),
1'24.189 = 162.492 km/h.

7) June 29 : The Netherlands - Assen

18 laps = 108.882 km
Pole position: O. Jacque (F, Honda),
      2'06.498 = 172.148 km/h.

1.	R. Waldmann	D	Honda	38'30.306
				= 169.664 km/h
2.	J. Fuchs	D	Honda	38'46.904
3.	M. Biaggi	I	Aprilia	38'50.419
4.	J. Van den Goorbergh	NL	Honda	38'58.692
5.	E. Suter	CH	Aprilia	39'02.472
6.	L. D'Antin	E	Honda	39'02.723
7.	N. Aoki	J	Honda	39'04.552
8.	O. Miyazaki	J	Aprilia	39'21.475
9.	J. Robinson	GB	Honda	39'21.564
10.	T. Harada	J	Yamaha	39'23.130
11.	C. Migliorati	I	Honda	39'23.190
12.	L. Boscoscuro	I	Aprilia	39'30.798
13.	D. Bulega	I	Aprilia	39'38.645
14.	Y. Hatakeyama	J	Honda	39'41.662
15.	M. Ottobre	I	Aprilia	39'47.900

Number of finishers: 18.
Fastest lap: O. Jacque (F, Honda),
      2'07.390 = 170.943 km/h.

8) July 7 : Germany - Nürburgring

25 laps = 113.900 km
Pole position: R. Waldmann (D, Honda),
      1'43.902 = 157.856 km/h.

1.	R. Waldmann	D	Honda	43'16.908
				= 157.895 km/h
2.	O. Jacque	F	Honda	43'18.930
3.	J. Fuchs	D	Honda	43'20.342
4.	M. Biaggi	I	Aprilia	43'20.768
5.	L. D'Antin	E	Honda	43'44.286
6.	L. Boscoscuro	I	Aprilia	43'44.724
7.	J.-P. Ruggia	F	Honda	43'45.020
8.	R. Laconi	F	Honda	43'50.834
9.	C. Migliorati	I	Honda	43'51.229
10.	T. Ukawa	J	Honda	43'52.329
11.	N. Aoki	J	Honda	43'58.905
12.	O. Miyazaki	J	Aprilia	44'09.728
13.	E. Suter	CH	Aprilia	44'16.724
14.	O. Petrucciani	CH	Aprilia	44'25.622
15.	Y. Hatakeyama	J	Honda	44'28.146

Number of finishers: 20.
Fastest lap: R. Waldmann (D, Honda),
      1'42.991 = 159.253 km/h.

9) July 21 : Great Britain - Donington

27 laps = 108.621 km
Pole position: O. Jacque (F, Honda),
      1'34.397 = 153.424 km/h.

1.	M. Biaggi	I	Aprilia	43'04.272
				= 151.314 km/h
2.	R. Waldmann	D	Honda	43'08.909
3.	O. Jacque	F	Honda	43'19.326
4.	J. Fuchs	D	Honda	43'33.668
5.	T. Ukawa	J	Honda	43'42.996
6.	T. Tsujimura	J	Honda	43'45.322
7.	R. Laconi	F	Honda	43'50.746
8.	N. Aoki	J	Honda	43'53.346
9.	C. Migliorati	I	Honda	44'06.450
10.	E. Suter	CH	Aprilia	44'15.658
11.	M. Gibernau	E	Honda	44'22.006
12.	O. Miyazaki	J	Aprilia	44'22.682
13.	A. Antonello	I	Aprilia	44'22.770
14.	C. Cogan	F	Honda	44'23.750
15.	D. Bulega	I	Aprilia	44'23.932

Number of finishers: 19.
Fastest lap: M. Biaggi (I, Aprilia),
      1'34.968 = 152.502 km/h.

10) August 4 : Austria - A1-Ring

26 laps = 112.294 km
Pole position: O. Jacque (F, Honda),
      1'33.700 = 165.938 km/h.

1.	R. Waldmann	D	Honda	41'29.190
				= 162.406 km/h
2.	L. D'Antin	E	Honda	41'45.564
3.	J. Fuchs	D	Honda	41'50.330
4.	T. Ukawa	J	Honda	41'52.169
5.	J.-P. Ruggia	F	Honda	41'56.995
6.	N. Aoki	J	Honda	42'06.902
7.	L. Boscoscuro	I	Aprilia	42'06.946
8.	J. Van den Goorbergh	NL	Honda	42'22.103
9.	R. Laconi	F	Honda	42'23.422
10.	T. Tsujimura	J	Honda	42'30.798
11.	O. Petrucciani	CH	Aprilia	42'33.140
12.	A. Antonello	I	Aprilia	42'33.652
13.	S. Porco	ARG	Aprilia	42'46.525
14.	C. Boudinot	F	Aprilia	42'51.724
15.	Y. Hatakeyama	J	Honda	42'55.779

Number of finishers: 22.
Fastest lap: R. Waldmann (D, Honda),
      1'34.866 = 163.899 km/h.

11) August 18 : Czech Republic - Brno

20 laps = 108.060 km
Pole position: M. Biaggi (I, Aprilia),
      2'04.626 = 156.073 km/h.

1.	M. Biaggi	I	Aprilia	42'19.509
				= 153.186 km/h
2.	O. Jacque	F	Honda	42'25.410
3.	R. Waldmann	D	Honda	42'27.826
4.	T. Ukawa	J	Honda	42'28.026
5.	J. Fuchs	D	Honda	42'28.171
6.	J.-P. Ruggia	F	Honda	42'41.604
7.	E. Suter	CH	Aprilia	42'57.478
8.	L. D'Antin	E	Honda	42'57.818
9.	T. Harada	J	Yamaha	42'57.927
10.	R. Locatelli	I	Aprilia	42'58.011
11.	N. Aoki	J	Honda	42'58.686
12.	C. Migliorati	I	Honda	43'03.072
13.	O. Petrucciani	CH	Aprilia	43'03.404
14.	M. Gibernau	E	Honda	43'03.543
15.	L. Boscoscuro	I	Aprilia	43'10.885

Number of finishers: 22.
Fastest lap: M. Biaggi (I, Aprilia),
      2'06.067 = 154.289 km/h.

12) September 1 : City of Imola - Imola

23 laps = 112.516 km
Pole position: M. Biaggi (I, Aprilia),
      1'54.078 = 154.379 km/h.

1.	R. Waldmann	D	Honda	44'02.620
				= 153.279 km/h
2.	O. Jacque	F	Honda	44'07.390
3.	T. Ukawa	J	Honda	44'07.918
4.	J. Fuchs	D	Honda	44'26.752
5.	M. Lucchi	I	Aprilia	44'27.024
6.	L. D'Antin	E	Honda	44'40.264
7.	T. Tsujimura	J	Honda	44'45.474
8.	J. Van den Goorbergh	NL	Honda	44'50.446
9.	J. Robinson	GB	Aprilia	44'55.036
10.	D. Bulega	I	Aprilia	45'01.762
11.	G. Scalvini	I	Honda	45'04.230
12.	R. Locatelli	I	Aprilia	45'04.406
13.	J.-L. Cardoso	E	Aprilia	45'04.620
14.	L. Boscoscuro	I	Aprilia	45'06.844
15.	Y. Hatakeyama	J	Honda	45'10.342

Number of finishers: 23.
Fastest lap: R. Waldmann (D, Honda),
      1'53.594 = 155.036 km/h.

13) September 15 : Catalonia - Catalunya

23 laps = 108.721 km
Pole position: M. Biaggi (I, Aprilia),
      1'47.757 = 157.922 km/h.

1.	M. Biaggi	I	Aprilia	42'03.123
				= 155.123 km/h
2.	O. Jacque	F	Honda	42'13.311
3.	R. Waldmann	D	Honda	42'16.599
4.	T. Ukawa	J	Honda	42'17.414
5.	J. Fuchs	D	Honda	42'17.556
6.	M. Lucchi	I	Aprilia	42'21.392
7.	N. Aoki	J	Honda	42'28.723
8.	C. Migliorati	I	Honda	42'37.392
9.	E. Suter	CH	Aprilia	42'41.616
10.	R. Laconi	F	Honda	42'43.243
11.	T. Tsujimura	J	Honda	42'43.273
12.	S. Porco	ARG	Aprilia	42'49.678
13.	L. D'Antin	E	Honda	42'51.134
14.	J. Van den Goorbergh	NL	Honda	42'52.514
15.	O. Miyazaki	J	Aprilia	42'57.076

Number of finishers: 22.
Fastest lap: M. Biaggi (I, Aprilia),
      1'48.490 = 156.855 km/h.

14) October 6 : Rio - Jacarepagua

22 laps = 108.526 km
Pole position: O. Jacque (F, Honda),
      1'55.955 = 153.153 km/h.

1.	O. Jacque	F	Honda	43'04.546
				= 151.165 km/h
2.	R. Waldmann	D	Honda	43'09.124
3.	J. Fuchs	D	Honda	43'10.043
4.	T. Ukawa	J	Honda	43'29.022
5.	J.-P. Ruggia	F	Honda	43'29.411
6.	R. Locatelli	I	Aprilia	43'38.294
7.	L. D'Antin	E	Honda	43'40.135
8.	M. Gibernau	E	Yamaha	43'42.047
9.	L. Boscoscuro	I	Aprilia	43'46.060
10.	T. Tsujimura	J	Honda	43'51.336
11.	G. Scalvini	I	Honda	43'55.165
12.	S. Porco	ARG	Aprilia	44'00.525
13.	J. Van den Goorbergh	NL	Honda	44'07.830
14.	O. Petrucciani	CH	Aprilia	44'10.862
15.	E. Suter	CH	Aprilia	44'11.918

Number of finishers: 20.
Fastest lap: O. Jacque (F, Honda),
      1'56.004 = 153.088 km/h.

15) October 20 : Australia - Eastern Creek

28 laps = 110.040 km
Pole position: M. Biaggi (I, Aprilia),
      1'31.718 = 154.255 km/h.

1.	M. Biaggi	I	Aprilia	43'21.574
				= 152.271 km/h
2.	R. Waldmann	D	Honda	43'23.304
3.	O. Jacque	F	Honda	43'40.336
4.	T. Ukawa	J	Honda	43'46.800
5.	J. Fuchs	D	Honda	43'47.299
6.	J.-P. Ruggia	F	Honda	43'47.608
7.	N. Aoki	J	Honda	43'51.180
8.	L. D'Antin	E	Honda	44'07.973
9.	R. Locatelli	I	Aprilia	44'08.184
10.	T. Tsujimura	J	Honda	44'20.854
11.	J. Van den Goorbergh	NL	Honda	44'21.322
12.	R. Laconi	F	Honda	44'21.402
13.	S. Porco	ARG	Aprilia	44'37.832
14.	M.-B. Payten	AUS	Honda	44'48.118
15.	A. Antonello	I	Aprilia	44'51.294

Number of finishers: 16.
Fastest lap: M. Biaggi (I, Aprilia),
      1'32.084 = 153.642 km/h.

WORLD CHAMPIONSHIP

1.	Massimiliano Biaggi	I	Aprilia	274
2.	Ralf Waldmann	D	Honda	268
3.	Olivier Jacque	F	Honda	193
4.	Jürgen Fuchs	D	Honda	174
5.	Tohru Ukawa	J	Honda	142
6.	Luis D'Antin	E	Honda	138
7.	Nobuatsu Aoki	J	Honda	105
8.	Tetsuya Harada	J	Yamaha	104
9.	Jean-Philippe Ruggia	F	Honda	91
10.	Luca Boscoscuro	I	Aprilia	62
11.	Jurgen Van den Goorbergh	NL	Honda	56
12.	Takeshi Tsujimura	J	Honda	56
13.	Eskil Suter	CH	Aprilia	55
14.	Cristiano Migliorati	I	Honda	50
15.	Régis Laconi	F	Honda	43
16.	Marcellino Lucchi	I	Aprilia	41
17.	Roberto Locatelli	I	Aprilia	41
18.	Jamie Robinson	GB	Honda	26
19.	Sebastian Porco	ARG	Aprilia	25
20.	Osamu Miyazaki	J	Apriia	22
21.	Noriyasu Numata	J	Suzuki	20
22.	Manuel "Sete" Gibernau	E	Honda/Yamaha	20
23.	Daijiro Kato	J	Honda	16
24.	Davide Bulega	I	Aprilia	14
25.	Oliver Petrucciani	CH	Aprilia	13
26.	Gianluigi Scalvini	I	Honda	10
27.	Kensuke Haga	J	Yamaha	9
28.	Yasumasa Hatakeyama	J	Honda	9
29.	Alessandro Antonello	I	Aprilia	8
30.	Massimo Ottobre	I	Aprilia	6
31.	José Luis Cardoso	E	Aprilia	3
32.	Christophe Cogan	F	Honda	2
33.	Christian Boudinot	F	Aprilia	2
34.	Marcus Barry Payten	AUS	Honda	2

Champion: **Michael Doohan (Australia, Honda V4), 309 points, 8 wins**

1996 — 500 cc

1) March 31 : Malaysia - Shah Alam

33 laps = 115.665 km
Pole position: T. Okada (J, Honda V2),
  1'23.987 = 150.238 km/h.

1.	L. Cadalora	I	Honda V4	47'24.151
				= 146.381 km/h
2.	A. Barros	BR	Honda V4	47'29.872
3.	C. Checa	E	Honda V4	47'39.385
4.	S. Russell	USA	Suzuki	47'47.544
5.	M. Doohan	AUS	Honda V4	47'50.680
6.	J.-M. Bayle	F	Yamaha	47'51.384
7.	A. Puig	E	Honda V4	48'11.754
8.	N. Abe	J	Yamaha	48'12.706
9.	F. Protat	F	ROC Yamaha	48'50.734
10.	J.-B. Borja	E	Elf-Swissauto	48'51.666
11.	S. Emmett	GB	Harris Yamaha	49'09.452
12.	L. Pedercini	I	ROC Yamaha	49'22.728
13.	L. Naveau	B	ROC Yamaha	49'27.286
14.	J. McWilliams	GB	ROC Yamaha	49'37.669
15.	J. Haydon	GB	ROC Yamaha	1 lap

Number of finishers: 17.
Fastest lap: T. Okada (J, Honda V2),
  1'25.102 = 148.269 km/h.

2) April 7 : Indonesia - Sentul

30 laps = 118.950 km
Pole position: M. Doohan (AUS, Honda V4),
  1'26.883 = 164.290 km/h.

1.	M. Doohan	AUS	Honda V4	43'50.798
				= 162.772 km/h
2.	A. Barros	BR	Honda V4	43'54.025
3.	L. Capirossi	I	Yamaha	43'57.590
4.	A. Crivillé	E	Honda V4	43'58.226
5.	C. Checa	E	Honda V4	44'01.436
6.	L. Cadalora	I	Honda V4	44'14.566
7.	S. Russell	USA	Suzuki	44'21.552
8.	J.-M. Bayle	F	Yamaha	44'23.879
9.	N. Abe	J	Yamaha	44'27.892
10.	A. Puig	E	Honda V4	44'27.933
11.	D. Romboni	I	Aprilia	44'54.732
12.	J. McWilliams	GB	ROC Yamaha	44'57.937
13.	S. Itoh	J	Honda V4	44'58.886
14.	F. Protat	F	ROC Yamaha	1 lap
15.	S. Emmett	GB	Harris Yamaha	1 lap

Number of finishers: 18.
Fastest lap: M. Doohan (AUS, Honda),
  1'27.139 = 163.807 km/h.

3) April 21 : Japan - Suzuka

21 laps = 123.144 km
Pole position: A. Crivillé (E, Honda V4),
  2'08.652 = 164.089 km/h.

1.	N. Abe	J	Yamaha	45'34.590
				= 162.115 km/h
2.	A. Crivillé	E	Honda V4	45'41.086
3.	S. Russell	USA	Suzuki	45'41.730
4.	T. Okada	J	Honda V2	45'46.314
5.	D. Beattie	AUS	Suzuki	45'48.260
6.	M. Doohan	AUS	Honda V4	45'54.448
7.	D. Romboni	I	Aprilia	45'56.924
8.	J.-M. Bayle	F	Yamaha	46'09.046
9.	A. Puig	E	Honda V4	46'12.820
10.	C. Checa	E	Honda V4	46'16.078
11.	S. Itoh	J	Honda V4	46'17.736
12.	K. Roberts Jr	USA	Yamaha	46'36.040
13.	J. McWilliams	GB	ROC Yamaha	47'13.308
14.	T. Arakaki	J	Harris Yamaha	47'13.392
15.	J. Haydon	GB	ROC Yamaha	47'25.975

Number of finishers: 18.
Fastest lap: N. Abe (J, Yamaha),
  2'09.089 = 163.534 km/h.

4) May 12 : Spain - Jerez de la Frontera

27 laps = 119.421 km
Pole position: M. Doohan (AUS, Honda V4),
  1'43.866 = 153.301 km/h.

1.	M. Doohan	AUS	Honda V4	47'28.064
				= 150.950 km/h
2.	L. Cadalora	I	Honda V4	47'30.741
3.	T. Okada	J	Honda V2	47'42.708
4.	L. Capirossi	I	Yamaha	47'45.094
5.	A. Puig	E	Honda V4	47'49.598
6.	K. Roberts Jr	USA	Yamaha	47'49.878
7.	J.-M. Bayle	F	Yamaha	47'54.376
8.	A. Barros	BR	Honda V4	48'06.184
9.	S. Itoh	J	Honda V4	48'06.508
10.	C. Checa	E	Honda V4	48'17.542
11.	J.-B. Borja	E	Elf-Swissauto	48'27.400
12.	J. Haydon	GB	ROC Yamaha	48'36.601
13.	F. Protat	F	ROC Yamaha	48'37.146
14.	J. McWilliams	GB	ROC Yamaha	48'37.573
15.	S. Emmett	GB	Harris Yamaha	48'49.114

Number of finishers: 20.
Fastest lap: L. Cadalora (I, Honda V4),
  1'44.812 = 151.918 km/h.

5) May 26 : Italy - Mugello

23 laps = 120.635 km
Pole position: M. Doohan (AUS, Honda V4),
  1'53.260 = 166.714 km/h.

1.	M. Doohan	AUS	Honda V4	44'04.252
				= 164.238 km/h
2.	A. Crivillé	E	Honda V4	44'04.978
3.	L. Cadalora	I	Honda V4	44'12.016
4.	D. Beattie	AUS	Suzuki	44'12.454
5.	J.-M. Bayle	F	Yamaha	44'23.673
6.	A. Barros	BR	Honda V4	44'25.528
7.	T. Okada	J	Honda V2	44'25.798
8.	S. Itoh	J	Honda V4	44'26.006
9.	D. Romboni	I	Aprilia	44'32.985
10.	K. Roberts Jr	USA	Yamaha	44'33.142
11.	N. Abe	J	Yamaha	44'38.592
12.	A. Puig	E	Honda V4	44'38.775
13.	L. Pedercini	I	ROC Yamaha	45'11.157
14.	S. Emmett	GB	Harris Yamaha	45'14.590
15.	F. Protat	F	ROC Yamaha	45'14.664

Number of finishers: 19.
Fastest lap: A. Crivillé (E, Honda V4),
  1'54.041 = 165.572 km/h.

6) June 9 : France - Le Castellet

31 laps = 117.800 km
Pole position: A. Crivillé (E, Honda V4),
  1'21.448 = 167.960 km/h.

1.	M. Doohan	AUS	Honda V4	42'43.959
				= 165.400 km/h
2.	A. Crivillé	E	Honda V4	42'55.498
3.	A. Puig	E	Honda V4	43'10.214
4.	N. Abe	J	Yamaha	43'10.426
5.	S. Russell	USA	Suzuki	43'13.698
6.	L. Cadalora	I	Honda V4	43'24.338
7.	A. Barros	BR	Honda V4	43'42.394
8.	F. Protat	F	ROC Yamaha	43'58.921
9.	J. Haydon	GB	ROC Yamaha	44'03.001
10.	L. Pedercini	I	ROC Yamaha	1 lap
11.	J. McWilliams	GB	ROC Yamaha	1 lap
12.	E. McManus	GB	Yamaha	1 lap
13.	F. Ferracci	F	ROC Yamaha	1 lap
14.	J.-M. Délétang	F	ROC Yamaha	1 lap
15.	T. Arakaki	J	Harris Yamaha	1 lap

Number of finishers: 15.
Fastest lap: A. Crivillé (E, Honda V4),
  1'22.022 = 166.785 km/h.

7) June 29 : The Netherlands - Assen

20 laps = 120.980 km
Pole position: A. Crivillé (E, Honda V4),
2'02.262 = 178.113 km/h.

1.	M. Doohan	AUS	Honda V4	41'29.912
				= 174.917 km/h
2.	A. Crivillé	E	Honda V4	41'31.408
3.	A. Barros	BR	Honda V4	41'47.353
4.	S. Russell	USA	Suzuki	41'50.710
5.	K. Roberts Jr	USA	Yamaha	41'54.288
6.	N. Abe	J	Yamaha	41'59.002
7.	T. Rymer	GB	Suzuki	41'59.528
8.	J.-M. Bayle	F	Yamaha	42'02.516
9.	J.-B. Borja	E	Elf-Swissauto	42'08.004
10.	S. Itoh	J	Honda V4	42'10.448
11.	C. Checa	E	Honda V4	42'10.684
12.	A. Puig	E	Honda V4	42'16.012
13.	T. Okada	J	Honda V2	42'18.621
14.	J. McWilliams	GB	ROC Yamaha	42'50.810
15.	F. Protat	F	ROC Yamaha	43'51.448

Number of finishers: 15.
Fastest lap: M. Doohan (AUS, Honda V4),
2'02.779 = 177.363 km/h.

8) July 7 : Germany - Nürburgring

27 laps = 123.012 km
Pole position: A. Crivillé (E, Honda V4),
1'40.347 = 163.449 km/h.

1.	L. Cadalora	I	Honda V4	45'35.889
				= 161.864 km/h
2.	M. Doohan	AUS	Honda V4	45'36.099
3.	A. Crivillé	E	Honda V4	45'36.546
4.	S. Russell	USA	Suzuki	45'40.805
5.	K. Roberts Jr	USA	Yamaha	45'43.592
6.	N. Abe	J	Yamaha	45'49.337
7.	T. Okada	J	Honda V2	45'49.949
8.	A. Barros	BR	Honda V4	45'53.569
9.	S. Itoh	J	Honda V4	46'10.695
10.	J.-M. Bayle	F	Yamaha	46'19.200
11.	A. Puig	E	Honda V4	46'31.478
12.	L. Capirossi	I	Yamaha	46'35.596
13.	L. Pedercini	I	ROC Yamaha	47'07.688
14.	F. Protat	F	ROC Yamaha	47'13.546
15.	E. McManus	GB	Yamaha	1 lap

Number of finishers: 17.
Fastest lap: M. Doohan (AUS, Honda V4),
1'40.219 = 163.658 km/h.

9) July 21 : Great Britain - Donington

30 laps = 120.690 km
Pole position: M. Doohan (AUS, Honda V4),
1'32.426 = 156.696 km/h.

1.	M. Doohan	AUS	Honda V4	47'11.135
				= 153.466 km/h
2.	A. Crivillé	E	Honda V4	47'14.454
3.	N. Abe	J	Yamaha	47'20.770
4.	T. Okada	J	Honda V2	47'20.916
5.	S. Russell	USA	Suzuki	47'21.546
6.	L. Capirossi	I	Yamaha	47'35.960
7.	A. Barros	BR	Honda V4	47'43.317
8.	J.-B. Borja	E	Elf-Swissauto	47'43.834
9.	L. Cadalora	I	Honda V4	47'44.755
10.	S. Itoh	J	Honda V4	47'51.175
11.	A. Puig	E	Honda V4	47'56.967
12.	C. Checa	E	Honda V4	47'57.484
13.	J. Haydon	GB	ROC Yamaha	48'33.380
14.	F. Protat	F	ROC Yamaha	48'35.918
15.	L. Pedercini	I	ROC Yamaha	48'49.978

Number of finishers: 17.
Fastest lap: S. Russell (USA, Suzuki),
1'33.574 = 154.774 km/h.

10) August 4 : Austria - A1-Ring

28 laps = 120.932 km
Pole position: M. Doohan (AUS, Honda V4),
1'29.430 = 173.861 km/h.

1.	A. Crivillé	E	Honda V4	42'37.024
				= 170.259 km/h
2.	M. Doohan	AUS	Honda V4	42'37.524
3.	N. Abe	J	Yamaha	42'41.558
4.	L. Cadalora	I	Honda V4	42'56.494
5.	A. Barros	BR	Honda V4	42'57.960
6.	S. Russell	USA	Suzuki	42'58.082
7.	C. Checa	E	Honda V4	43'02.656
8.	L. Capirossi	I	Yamaha	43'02.725
9.	J.-M. Bayle	F	Yamaha	43'03.010
10.	J.-B. Borja	E	Elf-Swissauto	43'05.070
11.	T. Okada	J	Honda V2	43'09.470
12.	T. Rymer	GB	Suzuki	43'15.640
13.	A. Puig	E	Honda V4	43'16.055
14.	J. McWilliams	GB	ROC Yamaha	43'55.248
15.	C. Walker	GB	Elf-Swissauto	43'57.236

Number of finishers: 21.
Fastest lap: A. Crivillé (E, Honda V4),
1'30.112 = 172.545 km/h.

11) August 18 : Czech Republic - Brno

22 laps = 18.866 km
Pole position: J.-M. Bayle (F, Yamaha),
2'02.834 = 158.350 km/h.

1.	A. Crivillé	E	Honda V4	45'38.884
				= 156.238 km/h
2.	M. Doohan	AUS	Honda V4	45'38.886
3.	S. Russell	USA	Suzuki	45'41.754
4.	K. Roberts Jr	USA	Yamaha	45'43.303
5.	L. Capirossi	I	Yamaha	45'45.637
6.	J.-M. Bayle	F	Yamaha	45'45.742
7.	T. Okada	J	Honda V2	45'47.776
8.	C. Checa	E	Honda V4	45'48.032
9.	A. Barros	BR	Honda V4	45'52.218
10.	S. Itoh	J	Honda V4	45'52.660
11.	N. Abe	J	Yamaha	46'03.893
12.	A. Puig	E	Honda V4	46'05.366
13.	T. Rymer	GB	Suzuki	46'05.712
14.	J. McWilliams	GB	ROC Yamaha	46'28.126
15.	M. Lucchi	I	Aprilia	46'28.492

Number of finishers: 23.
Fastest lap: A. Crivillé (E, Honda V4),
2'02.791 = 158.406 km/h.

12) September 1 : City of Imola - Imola

16 laps = 78.172 km
Pole position: M. Doohan (AUS, Honda V4),
1'50.250 = 159.739 km/h.

1.	M. Doohan	AUS	Honda V4	29'40.732
				= 158.238 km/h
2.	A. Crivillé	E	Honda V4	29'40.836
3.	T. Okada	J	Honda V2	29'43.018
4.	J.-M. Bayle	F	Yamaha	29'50.773
5.	N. Abe	J	Yamaha	29'52.964
6.	L. Cadalora	I	Honda V4	29'53.098
7.	S. Russell	USA	Suzuki	29'56.205
8.	A. Barros	BR	Honda V4	29'57.060
9.	S. Itoh	J	Honda V4	29'59.231
10.	K. Roberts Jr	USA	Yamaha	29'59.542
11.	C. Checa	E	Honda V4	30'01.324
12.	A. Puig	E	Honda V4	30'17.926
13.	L. Pedercini	I	ROC Yamaha	30'32.279
14.	D. Romboni	I	Aprilia	30'40.840
15.	E. McManus	GB	Yamaha	30'42.524

Number of finishers: 18.
Fastest lap: A. Crivillé (E, Honda V4),
1'50.191 = 159.824 km/h.

13) September 15 : Catalonia - Catalunya

25 laps = 118.175 km
Pole position: M. Doohan (AUS, Honda V4),
1'46.201 = 160.236 km/h.

1.	C. Checa	E	Honda V4	44'56.885
				= 157.749 km/h
2.	M. Doohan	AUS	Honda V4	45'03.476
3.	A. Crivillé	E	Honda V4	45'03.525
4.	L. Cadalora	I	Honda V4	45'03.933
5.	T. Okada	J	Honda V2	45'04.014
6.	S. Itoh	J	Honda V4	45'18.752
7.	A. Puig	E	Honda V4	45'22.824
8.	A. Barros	BR	Honda V4	45'23.760
9.	L. Capirossi	I	Yamaha	45'23.990
10.	N. Abe	J	Yamaha	45'55.513
11.	S. Russell	USA	Suzuki	45'58.996
12.	J. McWilliams	GB	ROC Yamaha	46'21.904
13.	F. Protat	F	ROC Yamaha	46'35.964
14.	P. Young	AUS	Harris Yamaha	1 lap
15.	C. Walker	GB	Elf-Swissauto	1 lap

Number of finishers: 15.
Fastest lap: C. Checa (E, Honda V4),
1'47.183 = 158.768 km/h.

14) October 6 : Rio - Jacarepagua

24 laps = 118.392 km
Pole position: M. Doohan (AUS, Honda V4),
1'53.293 = 156.751 km/h.

1.	M. Doohan	AUS	Honda V4	45'56.850
				= 154.601 km/h
2.	A. Crivillé	E	Honda V4	45'57.315
3.	N. Abe	J	Yamaha	46'02.052
4.	C. Checa	E	Honda V4	46'09.870
5.	A. Barros	BR	Honda V4	46'10.512
6.	L. Cadalora	I	Honda V4	46'11.328
7.	J.-M. Bayle	F	Yamaha	46'13.025
8.	T. Okada	J	Honda V2	46'13.968
9.	S. Russell	USA	Suzuki	46'16.871
10.	A. Puig	E	Honda V4	46'35.760
11.	S. Itoh	J	Honda V4	46'38.172
12.	L. Capirossi	I	Yamaha	46'46.214
13.	K. Roberts Jr	USA	Yamaha	47'00.898
14.	J.-B. Borja	E	Elf-Swissauto	47'13.018
15.	L. Pedercini	I	ROC Yamaha	47'13.402

Number of finishers: 19.
Fastest lap: M. Doohan (AUS, Honda V4),
1'53.602 = 156.325 km/h.

15) October 20 : Australia - Eastern Creek

30 laps = 117.900 km
Pole position: A. Crivillé (E, Honda V4),
1'30.478 = 156.370 km/h.

1.	L. Capirossi	I	Yamaha	45'47.858
				= 154.462 km/h
2.	T. Okada	J	Honda V2	45'58.838
3.	C. Checa	E	Honda V4	45'59.255
4.	A. Barros	BR	Honda V4	45'59.296
5.	J.-M. Bayle	F	Yamaha	46'00.282
6.	A. Crivillé	E	Honda V4	46'08.252
7.	L. Cadalora	I	Honda V4	46'09.922
8.	M. Doohan	AUS	Honda V4	46'09.992
9.	S. Itoh	J	Honda V2	46'17.679
10.	P. Goddard	AUS	Suzuki	46'20.602
11.	K. Roberts Jr	USA	Yamaha	46'21.377
12.	L. Pedercini	I	ROC Yamaha	1 lap
13.	F. Protat	F	ROC Yamaha	1 lap
14.	A. Stroud	NZ	ROC Yamaha	1 lap
15.	T. Arakaki	J	Paton	1 lap

Number of finishers: 16.
Fastest lap: A. Crivillé (E, Honda V4),
1'30.359 = 156.575 km/h.

WORLD CHAMPIONSHIP

1.	Michael Doohan	AUS	Honda V4	309
2.	Alex Crivillé	E	Honda V4	245
3.	Luca Cadalora	I	Honda V4	168
4.	Alexandre Barros	BR	Honda V4	158
5.	Norifumi Abe	J	Yamaha	148
6.	Scott Russell	USA	Suzuki	133
7.	Tadayuki Okada	J	Honda V2	132
8.	Carlos Checa	E	Honda V4	124
9.	Jean-Michel Bayle	F	Yamaha	110
10.	Loris Capirossi	I	Yamaha	98
11.	Alberto Puig	E	Honda V4	93
12.	Shinichi Itoh	J	Honda V4	77
13.	Kenny Roberts Jr	USA	Yamaha	69
14.	Juan Bautista Borja	E	Elf-Swissauto	34
15.	Frédéric Protat	F	ROC Yamaha	32
16.	Jeremy McWilliams	GB	ROC Yamaha	26
17.	Lucio Pedercini	I	ROC Yamaha	25
18.	Daryl Beattie	AUS	Suzuki	24
19.	Doriano Romboni	I	Aprilia	23
20.	Terry Rymer	GB	Suzuki	16
21.	James Haydon	GB	ROC Yamaha	16
22.	Sean Emmett	GB	Harris Yamaha	9
23.	Peter Goddard	AUS	Suzuki	6
24.	Eugene McManus	GB	Yamaha	6
25.	Toshiaki Arakaki	J	Harris Yamaha	4
26.	Laurent Naveau	B	ROC Yamaha	3
27.	Florian Ferracci	F	ROC Yamaha	3
28.	Jean-Marc Délétang	F	ROC Yamaha	2
29.	Paul Young	AUS	Harris Yamaha	2
30.	Andrew Stroud	NZ	ROC Yamaha	2
31.	Chris Walker	GB	Elf-Swissauto	2
32.	Marcellino Lucchi	I	Aprilia	1

Champions: Darren Dixon/Andy Hetherington (Great Britain, Windle-ADM), 141 points, 3 wins

1996 — Side-Cars

1) May 25 : Italy - Mugello

20 laps = 104.900 km
Pole position: P. Güdel/C. Güdel (CH, LCR-BRM), 1'58.500 = 159.342 km/h.

1.	P. Güdel/C. Güdel	CH	LCR-BRM	39'56.498 = 157.580 km/h
2.	D. Dixon/A. Hetherington	GB	Windle-ADM	39'56.580
3.	S. Webster/D. James	GB	LCR-ADM	39'56.596
4.	R. Biland/K. Waltisperg	CH	LCR-BRM	39'57.193
5.	D. Brindley/P. Hutchinson	GB	LCR-BRM	39'57.271
6.	S. Abbott/J. Biggs	GB	Windle-ADM	40'17.070
7.	T. Wyssen/K. Wyssen	CH	LCR-BRM	40'35.600
8.	M. Bösiger/P. Höss	CH/D	LCR-ADM	40'45.503
9.	Y. Kumagaya/T. Hopkinson	J/GB	LCR-BRM	40'46.558
10.	M. Schlosser/T. Herzog	CH	LCR-BRM	41'08.736
11.	M. Reddington/T. Crone	GB	LCR-ADM	41'23.894
12.	B. Janssen/A. Bloemsma	NL	LCR-Stredor	1 lap
13.	B. Gray/S. Pointer	GB	LCR-ADM	1 lap
14.	K. Webster/R. McIntosh	GB	LCR-ADM	1 lap
15.	J. Remse/Z. Grebensek	SK	LCR-ADM	2 laps

Number of finishers: 15.
Fastest lap: R. Biland/K. Waltisperg (CH, LCR-BRM), 1'58.085 = 159.902 km/h.

2) June 29 : The Netherlands - Assen

17 laps = 102.833 km
Pole position: P. Güdel/C. Güdel (CH, LCR-BRM), 2'08.568 = 169.377 km/h.

1.	D. Dixon/A. Hetherington	GB	Windle-ADM	37'05.854 = 166.318 km/h
2.	S. Webster/D. James	GB	LCR-ADM	37'20.332
3.	P. Güdel/C. Güdel	CH	LCR-BRM	37'23.028
4.	K. Klaffenböck/C. Parzer	A	LCR-ADM	37'23.207
5.	S. Abbott/J. Biggs	GB	Windle-ADM	37'23.772
6.	R. Biland/K. Waltisperg	CH	LCR-BRM	37'39.781
7.	Y. Kumagaya/T. Hopkinson	GB	LCR-BRM	38'08.256
8.	M. Bösiger/J. Egli	CH	LCR-ADM	38'18.740
9.	T. Wyssen/K. Wyssen	CH	LCR-BRM	38'29.998
10.	R. Bohnhorst/E. Rösinger	D	LCR-ADM	38'39.046
11.	M. Reddington/T. Crone	GB	LCR-ADM	38'43.561
12.	B. Gälross/P. Berglund	S	LCR-NGK 500	39'17.955
13.	M. Schlosser/T. Herzog	CH	LCR-BRM	39'22.588
14.	J. Lauslehto/H. Hofsteenge	SF/NL	LCR-ADM	1 lap
15.	K. Webster/R. McIntosh	GB	LCR-ADM	1 lap

Number of finishers: 18.
Fastest lap: D. Dixon/A. Hetherington (GB, Windle-ADM), 2'07.802 = 170.392 km/h.

3) July 6 : Germany - Nürburgring

23 laps = 104.788 km
Pole position: S. Webster/D. James (GB, LCR-ADM), 2'04.318 = 131.933 km/h.

1.	D. Dixon/A. Hetherington	GB	Windle-ADM	42'51.071 = 146.724 km/h
2.	K. Klaffenböck/C. Parzer	A	LCR-ADM	42'55.178
3.	S. Webster/D. James	GB	LCR-ADM	43'03.514
4.	P. Güdel/C. Güdel	CH	LCR-BRM	43'03.810
5.	S. Abbott/J. Biggs	GB	Windle-ADM	43'18.572
6.	R. Biland/K. Waltisperg	CH	LCR-BRM	44'04.233
7.	M. Bösiger/J. Egli	CH	LCR-ADM	44'16.254
8.	Y. Kumagaya/T. Hopkinson	GB	LCR-BRM	44'20.440
9.	T. Wyssen/K. Wyssen	CH	LCR-BRM	44'20.958
10.	M. Reddington/T. Crone	GB	LCR-ADM	1 lap
11.	M. Schlosser/T. Herzog	CH	LCR-BRM	1 lap
12.	B. Janssen/A. Hänni	NL/CH	LCR-Stredor	1 lap
13.	K. Webster/R. McIntosh	GB	LCR-ADM	2 laps
14.	J. Remse/A. Kölsch	SK/D	LCR-ADM	2 laps
15.	R. Bohnhorst/E. Rösinger	D	LCR-ADM	2 laps

Number of finishers: 16.
Fastest lap: D. Dixon/A. Hetherington (GB, Windle-ADM), 1'45.451 = 155.538 km/h.

4) July 20 : Great Britain - Donington

26 laps = 104.598 km
Pole position: R. Biland/K. Waltisperg (CH, LCR-BRM), 1'35.502 = 151.649 km/h.

1.	D. Dixon/A. Hetherington	GB	Windle-ADM	42'24.323 = 147.997 km/h
2.	R. Biland/K. Waltisperg	CH	LCR-BRM	42'46.974
3.	S. Webster/D. James	GB	LCR-ADM	42'47.371
4.	Y. Kumagaya/T. Hopkinson	GB	LCR-BRM	43'18.506
5.	D. Brindley/P. Hutchinson	GB	LCR-BRM	43'27.506
6.	P. Güdel/C. Güdel	CH	LCR-BRM	43'29.236
7.	M. Bösiger/J. Egli	CH	LCR-ADM	1 lap
8.	M. Reddington/T. Crone	GB	LCR-ADM	1 lap
9.	M. Schlosser/T. Herzog	CH	LCR-BRM	1 lap
10.	B. Janssen/A. Hänni	NL/CH	LCR-Stredor	1 lap
11.	N. Neumann/A. Zillmann	D	LCR-ADM	1 lap
12.	K. Webster/R. McIntosh	GB	LCR-ADM	1 lap
13.	B. Gray/D. Jewell	GB	LCR-ADM	2 laps
14.	S. Muldoon/C. Gusman	GB	LCR-Yamaha	5 laps

Number of finishers: 14.
Fastest lap: S. Abbott/J. Biggs (GB, Windle-ADM), 1'36.489 = 150.098 km/h.

5) August 3 : Austria - A1-Ring

24 laps = 103.656 km
Pole position: R. Biland/K. Waltisperg (CH, LCR-BRM), 1'35.730 = 162.419 km/h.

1.	P. Güdel/C. Güdel	CH	LCR-BRM	45'49.803 = 135.705 km/h
2.	D. Dixon/A. Hetherington	GB	Windle-ADM	45'50.096
3.	R. Biland/K. Waltisperg	CH	LCR-BRM	45'58.019
4.	S. Abbott/J. Biggs	GB	Windle-ADM	45'58.128
5.	S. Webster/D. James	GB	LCR-ADM	46'40.764
6.	K. Klaffenböck/C. Parzer	A	LCR-ADM	46'44.047
7.	B. Brindley/S. Whiteside	GB	LCR-Yamaha	46'52.772
8.	Y. Kumagaya/T. Hopkinson	J/GB	LCR-BRM	47'14.062
9.	M. Bösiger/J. Egli	CH	LCR-ADM	47'43.348
10.	M. Schlosser/T. Herzog	CH	LCR-BRM	47'46.922
11.	I. Wilford/C. Hallam	GB	LCR-ADM	1 lap
12.	M. Neumann/S. Zillmann	D	LCR-ADM	1 lap
13.	B. Janssen/A. Hänni	NL/CH	LCR-Stredor	1 lap
14.	T. Wyssen/K. Wyssen	CH	LCR-BRM	1 lap
15.	M. Reddington/T. Crone	GB	LCR-ADM	1 lap

Number of finishers: 18.
Fastest lap: P. Güdel/C. Güdel (CH, LCR-BRM), 1'52.083 = 138.722 km/h.

6) August 17 : Czech Republic - Brno

17 laps = 91.851 km
Pole position: D. Dixon/A. Hetherington (GB, Windle-ADM), 2'04.955 = 155.662 km/h.

1.	R. Biland/K. Waltisperg	CH	LCR-BRM	42'09.534 = 130.721 km/h
2.	S. Webster/D. James	GB	LCR-ADM	42'55.206
3.	I. Wilford/C. Hallam	GB	LCR-ADM	43'07.350
4.	D. Dixon/A. Hetherington	GB	Windle-ADM	43'07.912
5.	S. Abbott/J. Biggs	GB	Windle-ADM	43'26.989
6.	D. Molyneux/P. Hill	GB	Windle-ADM	43'27.438
7.	P. Güdel/C. Güdel	CH	LCR-BRM	43'30.752
8.	B. Janssen/A. Hänni	NL/CH	LCR-Stredor	44'32.976
9.	M. Reddington/T. Crone	GB	LCR-ADM	44'35.651
10.	M. Neumann/S. Zillmann	D	LCR-ADM	1 lap
11.	D. Brindley/P. Hutchinson	GB	LCR-BRM	1 lap
12.	Y. Kumagaya/T. Hopkinson	J/GB	LCR-BRM	1 lap
13.	M. Bösiger/J. Egli	CH	LCR-ADM	1 lap
14.	B. Gälross/P. Berglund	S	LCR-NGK500	1 lap
15.	B. Brindley/S. Whiteside	GB	LCR-Yamaha	1 lap

Number of finishers: 17.
Fastest lap: R. Biland/K. Waltisperg (CH, LCR-BRM), 2'26.913 = 132.397 km/h.

7) September 14 : Catalonia - Catalunya

22 laps = 103.994 km
Pole position: S. Webster/D. James (GB, LCR-ADM), 1'48.378 = 157.017 km/h.

1.	R. Biland/K. Waltisperg	CH	LCR-BRM	40'42.623
				= 153.269 km/h
2.	K. Klaffenböck/C. Parzer	A	LCR-ADM	40'51.201
3.	S. Abbott/J. Biggs	GB	Windle-ADM	40'54.148
4.	D. Dixon/A. Hetherington	GB	Windle-ADM	41'00.474
5.	S. Webster/D. James	GB	LCR-ADM	41'02.340
6.	P. Güdel/C. Güdel	CH	LCR-BRM	41'08.876
7.	M. Bösiger/J. Egli	CH	LCR-ADM	41'26.648
8.	T. Wyssen/K. Wyssen	CH	LCR-BRM	41'28.779
9.	Y. Kumagaya/T. Hopkinson	J/GB	LCR-BRM	42'09.901
10.	M. Schlosser/T. Herzog	CH	LCR-BRM	42'10.191
11.	K. Webster/R. McIntosh	GB	LCR-ADM	42'39.702
12.	D. Molyneux/P. Hill	GB	Windle-ADM	1 lap
13.	M. Reddington/T. Crone	GB	LCR-ADM	1 lap
14.	J. Nikkanen/J. Nikkanen	SF	LCR-Honda	1 lap

Number of finishers: 14.
Fastest lap: R. Biland/K. Waltisperg (CH, LCR-BRM), 1'49.596 = 155.272 km/h.

WORLD CHAMPIONSHIP

1.	Darren Dixon/Andy Hetherington	GB	Windle-ADM	141
2.	Rolf Biland/Kurt Waltisperg	CH	LCR-BRM	119
3.	Steve Webster/David James	GB	LCR-ADM	110
4.	Paul Güdel/Charly Güdel	CH	LCR-BRM	108
5.	Steve Abbott/Jamie Biggs	GB	Windle-ADM	72
6.	Klaus Klaffenböck/Christian Parzer	A	LCR-ADM	63
7.	Yoshisada Kumagaya/Trevor Hopkinson	J/GB	LCR-BRM	56
8.	Markus Bösiger/Peter Höss/Jürg Egli	CH/D/CH	LCR-ADM	53
9.	Mark Reddington/Trevor Crone	GB	LCR-ADM	35
10.	Tony Wyssen/Kilian Wyssen	CH	LCR-BRM	33
11.	Markus Schlosser/Thomas Herzog	CH	LCR-BRM	33
12.	Derek Brindley/Paul Hutchinson	GB	LCR-BRM	27
13.	Benny Janssen/Alex Bloemsma/Adolf Hänni	NL/NL/CH	LCR-Stredor	25
14.	Ian Wilford/Craig Hallam	GB	LCR-ADM	21
15.	Markus Neumann/Siegfried Zillmann	D	LCR-ADM	15
16.	Kevin Webster/Robert McIntosh	GB	LCR-ADM	15
17.	Dave Molyneux/Peter Hill	GB	LCR-ADM	14
18.	Barry Brindley/Scott Whiteside	GB	LCR-Yamaha	10
19.	Ralph Bohnhorst/Eckart Rösinger	D	LCR-ADM	7
20.	Billy Gälross/Peter Berglund	S	LCR-NGK500	6
21.	Brian Gray/Steve Pointer/Doug Jewell	GB	LCR-ADM	6
22.	Janez Remse/Zlatko Grebensek/Alex Kölsch	SK/SK/D	LCR-ADM	3
23.	Jukka Lauslehto/Harry Hofsteenge	SF/NL	LCR-ADM	2
24.	Stuart Muldoon/Chris Gusman	GB	LCR-Yamaha	2
25.	Jari Nikkanen/Jarno Nikkanen	SF	LCR-Honda	2

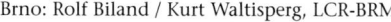

Brno: Rolf Biland / Kurt Waltisperg, LCR-BRM

Champion : **Valentino Rossi (Italy, Aprilia), 321 points, 11 wins**

1997 — 125 cc

1) April 13 : Malaysia - Shah Alam

29 laps = 101.645 km
Pole position: V. Rossi (I, Aprilia),
 1'30.720 = 139.087 km/h.

1.	V. Rossi	I	Aprilia	48'09.930
				= 126.619 km/h
2.	K. Sakata	J	Aprilia	48'10.924
3.	N. Ueda	J	Honda	48'42.128
4.	M. Giansanti	I	Honda	48'46.763
5.	M. Tokudome	J	Aprilia	48'47.432
6.	J. Martinez	E	Aprilia	48'55.852
7.	T. Manako	J	Honda	48'56.288
8.	Y. Katoh	J	Yamaha	48'56.836
9.	F. Petit	F	Honda	49'08.660
10.	L. Cecchinello	I	Honda	49'09.547
11.	J. Hules	CZ	Honda	49'14.796
12.	M. Azuma	J	Honda	49'27.468
13.	I. Goi	I	Aprilia	49'31.896
14.	D. Raudies	D	Honda	49'34.711
15.	J. Sarda	E	Honda	49'41.365

Number of finishers: 22.
Fastest lap: V. Rossi (I, Aprilia),
 1'37.824 = 128.986 km/h.

2) April 20 : Japan - Suzuka

18 laps = 105.552 km
Pole position: N. Ueda (J, Honda),
 2'16.879 = 154.226 km/h.

1.	N. Ueda	J	Honda	41'48.072
				= 151.505 km/h
2.	K. Sakata	J	Aprilia	41'48.437
3.	H. Nakajyo	J	Honda	41'48.578
4.	M. Azuma	J	Honda	41'50.226
5.	J. Martinez	E	Aprilia	41'50.236
6.	Y. Katoh	J	Yamaha	41'50.326
7.	G. McCoy	AUS	Aprilia	41'53.952
8.	K. Takao	J	Honda	41'57.303
9.	G. Scalvini	I	Honda	42'10.290
10.	F. Petit	F	Honda	42'10.356
11.	R. Locatelli	I	Honda	42'12.046
12.	T. Manako	J	Honda	42'12.607
13.	M. Tokudome	J	Aprilia	42'23.522
14.	I. Goi	I	Aprilia	42'23.775
15.	G. Borsoi	I	Yamaha	42'23.819

Number of finishers: 24.
Fastest lap: M. Tokudome (J, Aprilia),
 2'17.462 = 153.572 km/h.

3) May 4 : Spain - Jerez de la Frontera

23 laps = 101.729 km
Pole position: J. Martinez (E, Aprilia),
 1'49.582 = 145.304 km/h.

1.	V. Rossi	I	Aprilia	42'31.034
				= 143.579 km/h
2.	N. Ueda	J	Honda	42'31.034
3.	J. Martinez	E	Aprilia	42'31.176
4.	M. Tokudome	J	Aprilia	42'32.019
5.	T. Manako	J	Honda	42'32.184
6.	P. Oettl	D	Aprilia	42'38.750
7.	K. Sakata	J	Aprilia	42'41.307
8.	R. Locatelli	I	Honda	42'45.236
9.	M. Azuma	J	Honda	42'49.245
10.	Y. Katoh	J	Yamaha	42'50.767
11.	I. Goi	I	Aprilia	42'52.262
12.	M. Giansanti	I	Honda	42'55.143
13.	F. Petit	F	Honda	42'55.520
14.	J. Hules	CZ	Honda	42'55.586
15.	L. Cecchinello	I	Honda	42'57.790

Number of finishers: 26.
Fastest lap: V. Rossi (I, Aprilia),
 1'49.604 = 145.275 km/h.

4) May 18 : Italy - Mugello

20 laps = 104.900 km
Pole position: J. Martinez (E, Aprilia),
 2'00.863 = 156.226 km/h.

1.	V. Rossi	I	Aprilia	40'40.093
				= 154.764 km/h
2.	J. Martinez	E	Aprilia	40'43.404
3.	G. McCoy	AUS	Aprilia	40'43.406
4.	N. Ueda	J	Honda	40'43.473
5.	T. Manako	J	Honda	40'43.487
6.	K. Sakata	J	Aprilia	40'43.490
7.	M. Tokudome	J	Aprilia	40'43.980
8.	L. Cecchinello	I	Honda	40'47.688
9.	F. Petit	F	Honda	40'57.670
10.	Y. Ui	J	Yamaha	40'57.712
11.	M. Azuma	J	Honda	41'17.396
12.	G. Scalvini	I	Honda	41'17.496
13.	I. Goi	I	Aprilia	41'17.524
14.	R. Locatelli	I	Honda	41'17.572
15.	Y. Katoh	J	Yamaha	41'17.602

Number of finishers: 24.
Fastest lap: N. Ueda (J, Honda),
 2'00.555 = 156.625 km/h.

5) June 1 : Austria - A1-Ring

24 laps = 103.656 km
Pole position: N. Ueda (J, Honda),
 1'40.080 = 155.080 km/h.

1.	N. Ueda	J	Honda	40'19.719
				= 154.216 km/h
2.	V. Rossi	I	Aprilia	40'19.723
3.	T. Manako	J	Honda	40'26.005
4.	G. McCoy	AUS	Aprilia	40'26.140
5.	M. Tokudome	J	Aprilia	40'26.174
6.	K. Sakata	J	Aprilia	40'38.698
7.	Y. Ui	J	Yamaha	40'41.987
8.	R. Locatelli	I	Honda	40'42.703
9.	G. Scalvini	I	Honda	40'51.046
10.	F. Petit	F	Honda	40'51.106
11.	M. Azuma	J	Honda	41'13.967
12.	I. Goi	I	Aprilia	41'17.247
13.	M. Geissler	D	Aprilia	41'23.658
14.	J.-E. Maturana	E	Yamaha	41'25.103
15.	S. Jenkner	D	Aprilia	41'44.264

Number of finishers: 19.
Fastest lap: V. Rossi (I, Aprilia),
 1'39.596 = 156.114 km/h.

6) June 8 : France - Le Castellet

27 laps = 102.600 km
Pole position: G. McCoy (AUS, Aprilia),
 1'28.774 = 154.099 km/h.

1.	V. Rossi	I	Aprilia	40'20.214
				= 152.614 km/h
2.	T. Manako	J	Honda	40'23.175
3.	G. McCoy	AUS	Aprilia	40'32.676
4.	Y. Ui	J	Yamaha	40'37.895
5.	F. Petit	F	Honda	40'50.616
6.	Y. Katoh	J	Yamaha	40'58.378
7.	M. Giansanti	I	Honda	41'04.330
8.	G. Scalvini	I	Honda	41'04.763
9.	M. Azuma	J	Honda	41'04.959
10.	D. Raudies	D	Honda	41'09.948
11.	J.-E. Maturana	E	Yamaha	41'11.365
12.	G. Borsoi	I	Yamaha	41'22.362
13.	S. Jenkner	D	Aprilia	41'25.442
14.	J. Sarda	E	Aprilia	41'25.687
15.	A. Nieto Jr	E	Aprilia	41'26.169

Number of finishers: 21.
Fastest lap: T. Manako (J, Honda),
 1'28.383 = 154.780 km/h.

7) June 28 : The Netherlands - Assen

17 laps = 102.833 km
Pole position: V. Rossi (I, Aprilia),
2'15.085 = 161.205 km/h.

1.	V. Rossi	I	Aprilia	38'50.264
				= 158.865 km/h
2.	T. Manako	J	Honda	38'50.364
3.	K. Sakata	J	Aprilia	38'50.548
4.	N. Ueda	J	Honda	38'50.776
5.	Y. Ui	J	Yamaha	38'51.135
6.	J. Martinez	E	Aprilia	38'51.832
7.	M. Tokudome	J	Aprilia	38'51.860
8.	R. Locatelli	I	Honda	38'51.900
9.	F. Petit	F	Honda	39'16.612
10.	M. Azuma	J	Honda	39'20.979
11.	J. Hules	CZ	Honda	39'21.083
12.	M. Geissler	D	Honda	39'29.033
13.	G. Scalvini	I	Honda	39'29.306
14.	J.-E. Maturana	E	Yamaha	39'29.611
15.	I. Goi	I	Aprilia	39'36.728

Number of finishers: 19.
Fastest lap: T. Manako (J, Honda),
2'15.049 = 161.248 km/h.

8) July 6 : City of Imola - Imola

21 laps = 103.530 km
Pole position: V. Rossi (I, Aprilia),
1'58.886 = 149.285 km/h.

1.	V. Rossi	I	Aprilia	41'50.114
				= 148.482 km/h
2.	T. Manako	J	Honda	41'51.739
3.	K. Sakata	J	Aprilia	42'13.665
4.	G. McCoy	AUS	Aprilia	42'17.176
5.	N. Ueda	J	Honda	42'18.310
6.	J. Martinez	E	Aprilia	42'18.978
7.	R. Locatelli	I	Honda	42'19.854
8.	Y. Ui	J	Yamaha	42'25.250
9.	M. Azuma	J	Honda	42'44.560
10.	M. Giansanti	I	Honda	42'44.932
11.	G. Scalvini	I	Honda	42'46.295
12.	Y. Katoh	J	Yamaha	42'49.392
13.	J. Hules	CZ	Honda	42'50.477
14.	A. Nieto Jr	E	Aprilia	43'07.445
15.	P. Oettl	D	Aprilia	43'08.072

Number of finishers: 20.
Fastest lap: V. Rossi (I, Aprilia),
1'58.490 = 149.784 km/h.

9) July 20 : Germany - Nürburgring

23 laps = 104.650 km
Pole position: V. Rossi (I, Aprilia),
1'47.160 = 152.855 km/h.

1.	V. Rossi	I	Aprilia	48'05.749
				= 130.551 km/h
2.	Y. Katoh	J	Yamaha	48'06.318
3.	M. Geissler	D	Aprilia	48'19.272
4.	F. Petit	F	Honda	48'45.234
5.	L. Cecchinello	I	Honda	48'45.769
6.	J. Martinez	E	Aprilia	48'45.789
7.	M. Giansanti	I	Honda	49'05.164
8.	G. Borsoi	I	Yamaha	49'07.063
9.	M. Tokudome	J	Aprilia	49'09.254
10.	J.-E. Maturana	E	Yamaha	49'09.977
11.	A. Nieto Jr	E	Aprilia	49'13.417
12.	G. Scalvini	I	Honda	49'19.953
13.	I. Goi	I	Aprilia	50'03.592
14.	A. Hofmann	D	Yamaha	50'12.088
15.	B. Jerzenbeck	D	Honda	1 lap

Number of finishers: 16.
Fastest lap: Y. Katoh (J, Yamaha),
2'01.546 = 134.763 km/h.

10) August 3 : Rio - Jacarepagua

21 laps = 103.593 km
Pole position: N. Ueda (J, Honda),
2'00.287 = 147.636 km/h.

1.	V. Rossi	I	Aprilia	42'32.218
				= 146.121 km/h
2.	N. Ueda	J	Honda	42'33.597
3.	Y. Ui	J	Yamaha	42'40.699
4.	T. Manako	J	Honda	42'41.233
5.	K. Sakata	J	Aprilia	42'59.320
6.	M. Giansanti	I	Honda	42'59.458
7.	J. Martinez	E	Aprilia	42'59.609
8.	L. Cecchinello	I	Honda	42'59.672
9.	F. Petit	F	Honda	42'59.800
10.	M. Tokudome	J	Aprilia	42'59.949
11.	R. Locatelli	I	Honda	43'00.199
12.	S. Jenkner	D	Aprilia	43'09.220
13.	G. McCoy	AUS	Aprilia	43'09.446
14.	G. Borsoi	I	Yamaha	43'11.414
15.	J.-E. Maturana	E	Yamaha	43'11.732

Number of finishers: 25.
Fastest lap: V. Rossi (I, Aprilia),
2'00.074 = 147.898 km/h.

11) August 17 : Great Britain - Donington

26 laps = 104.598 km
Pole position: Y. Ui (J, Yamaha),
1'39.713 = 145.244 km/h.

1.	V. Rossi	I	Aprilia	43'43.254
				= 143.544 km/h
2.	M. Tokudome	J	Aprilia	43'45.034
3.	N. Ueda	J	Honda	43'51.753
4.	G. McCoy	AUS	Aprilia	43'52.128
5.	R. Locatelli	I	Honda	43'59.512
6.	Y. Katoh	J	Yamaha	44'00.251
7.	M. Giansanti	I	Honda	44'03.825
8.	T. Manako	J	Honda	44'08.964
9.	F. Petit	F	Honda	44'09.670
10.	L. Cecchinello	I	Honda	44'09.717
11.	G. Scalvini	I	Honda	44'11.721
12.	M. Geissler	D	Aprilia	44'18.167
13.	M. Azuma	J	Honda	44'27.217
14.	D. Barton	GB	Honda	44'35.556
15.	J.-E. Maturana	E	Yamaha	44'40.825

Number of finishers: 21.
Fastest lap: V. Rossi (I, Aprilia),
1'39.236 = 145.943 km/h.

12) August 31 : Czech Republic - Brno

19 laps = 102.657 km
Pole position: Y. Ui (J, Yamaha),
2'25.891 = 133.324 km/h.

1.	N. Ueda	J	Honda	42'13.666
				= 145.861 km/h
2.	T. Manako	J	Honda	42'13.836
3.	V. Rossi	I	Aprilia	42'13.994
4.	R. Locatelli	I	Honda	42'14.442
5.	L. Cecchinello	I	Honda	42'14.529
6.	G. Scalvini	I	Honda	42'14.626
7.	S. Jenkner	D	Aprilia	42'14.720
8.	M. Tokudome	J	Aprilia	42'14.828
9.	K. Sakata	J	Aprilia	42'17.108
10.	Y. Ui	J	Yamaha	42'19.728
11.	G. McCoy	AUS	Aprilia	42'25.245
12.	M. Giansanti	I	Honda	42'25.422
13.	M. Geissler	D	Aprilia	42'25.551
14.	J. Hules	CZ	Honda	42'26.467
15.	F. Petit	F	Honda	42'26.955

Number of finishers: 21.
Fastest lap: N. Ueda (J, Honda),
2'11.669 = 147.724 km/h.

13) September 14 : Catalonia - Catalunya

22 laps = 103.994 km
Pole position: K. Sakata (J, Aprilia),
1'53.476 = 149.962 km/h.

1.	V. Rossi	I	Aprilia	42'14.687
				= 147.702 km/h
2.	K. Sakata	J	Aprilia	42'20.689
3.	N. Ueda	J	Honda	42'24.214
4.	M. Giansanti	I	Honda	42'25.872
5.	T. Manako	J	Honda	42'25.883
6.	L. Cecchinello	I	Honda	42'25.956
7.	R. Locatelli	I	Honda	42'26.041
8.	G. Scalvini	I	Honda	42'33.013
9.	G. McCoy	AUS	Aprilia	42'33.053
10.	F. Petit	F	Honda	42'33.242
11.	M. Tokudome	J	Aprilia	42'33.290
12.	J. Martinez	E	Aprilia	42'33.474
13.	Y. Katoh	J	Yamaha	42'44.790
14.	S. Jenkner	D	Aprilia	43'13.504
15.	A. Molina	E	Yamaha	43'28.389

Number of finishers: 21.
Fastest lap: K. Sakata (J, Aprilia),
1'53.773 = 149.571 km/h.

14) September 28 : Indonesia - Sentul

26 laps = 103.090 km
Pole position: J. Martinez (E, Aprilia),
1'34.393 = 151.218 km/h.

1.	V. Rossi	I	Aprilia	41'14.511
				= 149.978 km/h
2.	K. Sakata	J	Aprilia	41'17.539
3.	J. Martinez	E	Aprilia	41'19.749
4.	N. Ueda	J	Honda	41'22.880
5.	T. Manako	J	Honda	41'23.440
6.	M. Tokudome	J	Aprilia	41'23.510
7.	G. Scalvini	I	Honda	41'23.824
8.	Y. Ui	J	Yamaha	41'23.987
9.	G. McCoy	AUS	Aprilia	41'39.091
10.	R. Locatelli	I	Honda	41'45.092
11.	M. Azuma	J	Honda	41'45.116
12.	G. Borsoi	I	Yamaha	41'45.540
13.	L. Cecchinello	I	Honda	41'45.607
14.	F. Petit	F	Honda	41'45.628
15.	S. Jenkner	D	Aprilia	41'46.978

Number of finishers: 21.
Fastest lap: V. Rossi (I, Aprilia),
1'34.044 = 151.780 km/h.

15) October 5 : Australia - Phillip Island

23 laps = 102.304 km
Pole position: K. Sakata (J, Aprilia),
1'40.680 = 159.046 km/h.

1.	N. Ueda	J	Honda	38'59.797
				= 157.404 km/h
2.	TK. Sakata	J	Aprilia	39'01.163
3.	T. Manako	J	Honda	39'01.663
4.	R. Locatelli	I	Honda	39'01.700
5.	G. Scalvini	I	Honda	39'05.384
6.	V. Rossi	I	Aprilia	39'18.750
7.	L. Cecchinello	I	Honda	39'27.041
8.	M. Tokudome	J	Aprilia	39'35.583
9.	G. McCoy	AUS	Aprilia	39'35.694
10.	M. Giansanti	I	Honda	39'36.189
11.	J.-E. Maturana	E	Yamaha	39'36.201
12.	M. Azuma	J	Honda	39'36.263
13.	J. Martinez	E	Aprilia	39'44.708
14.	Y. Katoh	J	Yamaha	39'56.139
15.	M. Geissler	D	Aprilia	39'56.326

Number of finishers: 22.
Fastest lap: K. Sakata (J, Aprilia),
1'40.348 = 159.572 km/h.

WORLD CHAMPIONSHIP

1.	Valentino Rossi	I	Aprilia	321
2.	Noboru Ueda	J	Honda	238
3.	Tomomi Manako	J	Honda	190
4.	Kazuto Sakata	J	Aprilia	179
5.	Masaki Tokudome	J	Aprilia	120
6.	Jorge "Aspar" Martinez	E	Aprilia	119
7.	Garry McCoy	AUS	Aprilia	109
8.	Roberto Locatelli	I	Honda	97
9.	Mirko Giansanti	I	Honda	83
10.	Frédéric Petit	F	Honda	83
11.	Gianluigi Scalvini	I	Honda	81
12.	Youichi Ui	J	Yamaha	77
13.	Yoshiaki Katoh	J	Yamaha	74
14.	Lucio Cecchinello	I	Honda	73
15.	Masao Azuma	J	Honda	66
16.	Manfred Geissler	D	Aprilia	31
17.	Juan Enrique Maturana	E	Yamaha	22
18.	Ivan Goi	I	Aprilia	21
19.	Steve Jenkner	D	Aprilia	20
20.	Gino Borsoi	I	Yamaha	19
21.	Jaroslav Hules	CZ	Honda	17
22.	Hideyuki Nakajyo	J	Honda	16
23.	Peter Oettl	D	Aprilia	11
24.	Kazuhiro Takao	J	Honda	8
25.	Dirk Raudies	D	Honda	8
26.	Angel Nieto Jr	E	Aprilia	8
27.	Josep Sarda	E	Honda	3
28.	Alexander Hofmann	D	Yamaha	2
29.	Darren Barton	GB	Honda	2
30.	Benny Jerzenbeck	D	Honda	1
31.	Alvaro Molina	E	Honda	1

1997 — 250 cc

Champion: **Massimiliano Biaggi (Italy, Honda), 250 points, 5 wins**

1) April 13 : Malaysia - Shah Alam

31 laps = 108.655 km
Pole position: M. Biaggi (I, Honda),
　　1'25.380 = 147.786 km/h.

1.	M. Biaggi	I	Honda	45'29.692
				= 143.297 km/h
2.	T. Harada	J	Aprilia	45'43.562
3.	O. Jacque	F	Honda	46'01.026
4.	R. Waldmann	D	Honda	46'04.291
5.	H. Aoki	J	Honda	46'04.449
6.	T. Ukawa	J	Honda	46'33.290
7.	E. Alzamora	E	Honda	1 lap
8.	C. Migliorati	I	Honda	1 lap
9.	J. McWilliams	GB	Honda	1 lap
10.	O. Petrucciani	CH	Aprilia	1 lap
11.	O. Miyazaki	J	Yamaha	1 lap
12.	E. Gavira	E	Aprilia	1 lap
13.	F. Battaini	I	Yamaha	1 lap
14.	N. Numata	J	Suzuki	1 lap
15.	L. Boscoscuro	I	Honda	1 lap

Number of finishers: 15.
Fastest lap: M. Biaggi (I, Honda),
　　1'26.835 = 145.310 km/h.

2) April 20 : Japan - Suzuka

19 laps = 111.416 km
Pole position: T. Harada (J, Aprilia),
　　2'09.541 = 162.963 km/h.

1.	D. Katoh	J	Honda	41'42.226
				= 160.296 km/h
2.	T. Ukawa	J	Honda	41'42.434
3.	T. Harada	J	Aprilia	41'42.544
4.	T. Tsujimura	J	TS Honda	41'43.234
5.	R. Waldmann	D	Honda	41'47.790
6.	Y. Kagayama	J	Suzuki	42'03.264
7.	M. Biaggi	I	Honda	42'10.107
8.	H. Aoki	J	Honda	42'10.147
9.	N. Numata	J	Suzuki	42'10.544
10.	N. Matsudo	J	Yamaha	42'12.400
11.	L. Capirossi	I	Aprilia	42'19.940
12.	S. Porto	ARG	Aprilia	42'24.058
13.	N. Ogura	J	Yamaha	42'32.124
14.	J. Robinson	GB	Suzuki	42'32.810
15.	C. Kameya	J	Suzuki	42'32.940

Number of finishers: 22.
Fastest lap: T. Harada (J, Aprilia),
　　2'10.253 = 162.072 km/h.

3) May 4: Spain - Jerez de la Frontera

26 laps = 114.998 km
Pole position: R. Waldmann (D, Honda),
　　1'44.770 = 151.978 km/h.

1.	R. Waldmann	D	Honda	46'03.640
				= 149.799 km/h
2.	T. Harada	J	Aprilia	46'16.364
3.	M. Biaggi	I	Honda	46'23.068
4.	T. Tsujimura	J	TS Honda	46'33.897
5.	H. Aoki	J	Honda	46'34.384
6.	S. Perugini	I	Aprilia	46'40.120
7.	O. Jacque	F	Honda	46'45.600
8.	N. Numata	J	Suzuki	46'50.040
9.	J. McWilliams	GB	Honda	47'01.299
10.	J.-L. Cardoso	E	Yamaha	47'01.467
11.	L. D'Antin	E	Yamaha	47'01.928
12.	O. Miyazaki	J	Yamaha	47'03.964
13.	O. Petrucciani	CH	Aprilia	47'06.871
14.	F. Battaini	I	Yamaha	47'07.224
15.	L. Boscoscuro	I	Honda	47'11.470

Number of finishers: 19.
Fastest lap: R. Waldmann (D, Honda),
　　1'45.483 = 150.951 km/h.

4) May 18: Italy - Mugello

21 laps = 110.145 km
Pole position: M. Lucchi (I, Aprilia),
　　1'54.474 = 164.945 km/h.

1.	M. Biaggi	I	Honda	40'47.548
				= 162.007 km/h
2.	M. Lucchi	I	Aprilia	40'47.598
3.	L. Capirossi	I	Aprilia	40'47.616
4.	R. Waldmann	D	Honda	40'51.722
5.	O. Jacque	F	Honda	41'06.733
6.	N. Numata	J	Suzuki	41'31.167
7.	S. Perugini	I	Aprilia	41'38.995
8.	J. Robinson	GB	Suzuki	41'39.100
9.	J. McWilliams	GB	Honda	41'41.819
10.	S. Porto	ARG	Aprilia	41'42.554
11.	L. D'Antin	E	Yamaha	41'42.654
12.	L. Boscoscuro	I	Honda	41'43.531
13.	F. Battaini	I	Yamaha	41'44.282
14.	H. Aoki	J	Honda	41'45.051
15.	O. Miyazaki	J	Yamaha	41'59.628

Number of finishers: 18.
Fastest lap: R. Waldmann (D, Honda),
　　1'55.416 = 163.599 km/h.

5) June 1 : Austria - A1-Ring

26 laps = 112.294 km
Pole position: R. Waldmann (D, Honda),
　　1'32.607 = 167.896 km/h.

1.	O. Jacque	F	Honda	40'29.266
				= 166.411 km/h
2.	R. Waldmann	D	Honda	40'29.888
3.	M. Biaggi	I	Honda	40'35.678
4.	L. Capirossi	I	Aprilia	40'35.681
5.	T. Ukawa	J	Honda	40'52.624
6.	S. Perugini	I	Aprilia	40'55.558
7.	T. Tsujimura	J	TS Honda	40'59.257
8.	H. Aoki	J	Honda	41'09.345
9.	S. Porto	ARG	Aprilia	41'18.917
10.	N. Numata	J	Suzuki	41'20.712
11.	L. D'Antin	E	Yamaha	41'20.819
12.	J. Robinson	GB	Suzuki	41'32.045
13.	W. Costes	F	Honda	41'33.754
14.	F. Battaini	I	Yamaha	41'34.047
15.	O. Petrucciani	CH	Aprilia	41'38.651

Number of finishers: 21.
Fastest lap: L. Capirossi (I, Aprilia),
　　1'32.392 = 168.287 km/h.

6) June 8 : France - Le Castellet

29 laps = 110.200 km
Pole position: O. Jacque (F, Honda),
　　1'23.059 = 164.702 km/h.

1.	T. Harada	J	Aprilia	40'58.961
				= 161.336 km/h
2.	M. Biaggi	I	Honda	40'59.004
3.	R. Waldmann	D	Honda	40'59.185
4.	L. Capirossi	I	Aprilia	41'07.348
5.	T. Ukawa	J	Honda	41'28.663
6.	H. Aoki	J	Honda	41'45.716
7.	S. Porto	ARG	Aprilia	41'52.283
8.	L. D'Antin	E	Yamaha	41'55.638
9.	W. Costes	F	Honda	41'56.988
10.	O. Miyazaki	J	Yamaha	41'57.216
11.	J. McWilliams	GB	Honda	41'57.375
12.	F. Battaini	I	Yamaha	41'58.580
13.	S. Gimbert	F	Honda	42'03.501
14.	I. Gavira	E	Aprilia	1 lap
15.	C. Vanzetta	CH	Aprilia	1 lap

Number of finishers: 16.
Fastest lap: L. Capirossi (I, Aprilia),
　　1'23.559 = 163.716 km/h.

7) June 28 : The Netherlands - Assen

18 laps = 108.882 km
Pole position: O. Jacque (F, Honda),
2'05.190 = 173.946 km/h.

1.	T. Harada	J	Aprilia	38'09.016
				= 171.241 km/h
2.	R. Waldmann	D	Honda	38'09.254
3.	L. Capirossi	I	Aprilia	38'21.522
4.	T. Ukawa	J	Honda	38'39.679
5.	S. Perugini	I	Aprilia	38'40.594
6.	T. Tsujimura	J	TS Honda	38'44.758
7.	W. Costes	F	Honda	39'05.819
8.	O. Miyazaki	J	Yamaha	39'05.978
9.	J. McWilliams	GB	Honda	39'06.376
10.	L. D'Antin	E	Yamaha	39'16.479
11.	F. Battaini	I	Yamaha	39'27.303
12.	O. Petrucciani	CH	Aprilia	39'29.452
13.	C. Migliorati	I	Honda	39'29.760
14.	M. Bolwerk	NL	Honda	40'22.351
15.	E. Gavira	E	Aprilia	40'32.981

Number of finishers: 19.
Fastest lap: O. Jacque (F, Honda),
2'06.047 = 172.764 km/h.

8) July 6 : City of Imola - Imola

23 laps = 113.390 km
Pole position: O. Jacque (F, Honda),
1'51.582 = 159.057 km/h.

1.	M. Biaggi	I	Honda	43'17.419
				= 157.157 km/h
2.	O. Jacque	F	Honda	43'18.075
3.	T. Ukawa	J	Honda	43'18.235
4.	R. Waldmann	D	Honda	43'23.919
5.	T. Harada	J	Aprilia	43'44.562
6.	M. Lucchi	I	Aprilia	44'11.576
7.	J. McWilliams	GB	Honda	44'15.370
8.	H. Aoki	J	Honda	44'17.999
9.	O. Miyazaki	J	Yamaha	44'30.232
10.	E. Alzamora	E	Honda	44'31.171
11.	F. Battaini	I	Yamaha	44'31.343
12.	W. Costes	F	Honda	44'34.345
13.	C. Migliorati	I	Honda	44'34.450
14.	J.-L. Cardoso	E	Yamaha	44'35.568
15.	J. Robinson	GB	Suzuki	44'44.708

Number of finishers: 17.
Fastest lap: T. Harada (J, Aprilia),
1'51.872 = 158.645 km/h.

9) July 20 : Germany - Nürburgring

25 laps = 113.750 km
Pole position: O. Jacque (F, Honda),
1'40.361 = 163.210 km/h.

1.	T. Harada	J	Aprilia	42'36.407
				= 160,185 km/h
2.	O. Jacque	F	Honda	42'36.500
3.	R. Waldmann	D	Honda	42'36.513
4.	M. Biaggi	I	Honda	42'36.542
5.	L. Capirossi	I	Aprilia	43'04.590
6.	T. Ukawa	J	Honda	43'10.732
7.	N. Numata	J	Suzuki	43'17.489
8.	J. McWilliams	GB	Honda	43'18.251
9.	H. Aoki	J	Honda	43'19.063
10.	E. Alzamora	E	Honda	43'29.577
11.	F. Battaini	I	Yamaha	43'35.909
12.	G. Fiorillo	I	Aprilia	43'49.094
13.	T. Tsujimura	J	TS Honda	43'50.888
14.	L. Boscoscuro	I	Honda	43'54.185
15.	C. Migliorati	I	Honda	43'54.420

Number of finishers: 25.
Fastest lap: T. Harada (J, Aprilia),
1'40.993 = 162.189 km/h.

10) August 3 : Rio - Jacarepagua

22 laps = 108.526 km
Pole position: O. Jacque (F, Honda),
1'53.870 = 155.956 km/h.

1.	O. Jacque	F	Honda	42'09.114
				= 154,478 km/h
2.	T. Harada	J	Aprilia	42'09.347
3.	T. Ukawa	J	Honda	42'15.202
4.	L. Capirossi	I	Aprilia	42'24.179
5.	M. Biaggi	I	Honda	42'31.491
6.	S. Perugini	I	Aprilia	42'41.002
7.	H. Aoki	J	Honda	42'56.405
8.	T. Tsujimura	J	TS Honda	42'59.846
9.	S. Porto	ARG	Aprilia	43'01.922
10.	J. McWilliams	GB	Honda	43'02.603
11.	C. Migliorati	I	Honda	43'09.634
12.	R. Waldmann	D	Honda	43'13.238
13.	L. Boscoscuro	I	Honda	43'14.456
14.	E. Alzamora	I	Honda	43'16.510
15.	J.-L. Cardoso	E	Yamaha	43'18.466

Number of finishers: 19.
Fastest lap: O. Jacque (F, Honda),
1'54.267 = 155.414 km/h.

11) August 17 : Great Britain - Donington

27 laps = 108.621 km
Pole position: L. Capirossi (I, Aprilia),
1'34.346 = 153.507 km/h.

1.	R. Waldmann	D	Honda	42'50.897
				= 152.100 km/h
2.	T. Harada	J	Aprilia	42'51.030
3.	L. Capirossi	I	Aprilia	43'02.393
4.	O. Jacque	F	Honda	43'06.035
5.	T. Ukawa	J	Honda	43'08.643
6.	T. Tsujimura	J	TS Honda	43'26.598
7.	S. Perugini	I	Aprilia	43'34.778
8.	H. Aoki	J	Honda	43'52.417
9.	S. Porto	ARG	Aprilia	43'59.787
10.	N. Numata	J	Suzuki	44'10.053
11.	F. Battaini	I	Yamaha	44'10.878
12.	S. Smart	GB	Honda	44'13.480
13.	J.-L. Cardoso	E	Yamaha	44'13.880
14.	J. McGuiness	GB	Aprilia	1 lap
15.	C. Ramsay	GB	Honda	1 lap

Number of finishers: 18.
Fastest lap: T. Harada (J, Aprilia),
1'34.137 = 153.848 km/h.

12) August 31 : Czech Republic - Brno

20 laps = 108.060 km
Pole position: R. Waldmann (D, Honda),
2'18.982 = 139.951 km/h.

1.	M. Biaggi	I	Honda	42'06.724
				= 153.960 km/h
2.	O. Jacque	F	Honda	42'07.238
3.	T. Harada	J	Aprilia	42'16.716
4.	R. Waldmann	D	Honda	42'19.877
5.	T. Ukawa	J	Honda	42'38.500
6.	T. Tsujimura	J	TS Honda	42'45.501
7.	S. Perugini	I	Aprilia	42'50.464
8.	G. Fiorillo	I	Aprilia	43'05.446
9.	C. Migliorati	I	Honda	43'06.293
10.	S. Porto	ARG	Aprilia	43'10.225
11.	J.-L. Cardoso	E	Yamaha	43'19.127
12.	E. Alzamora	E	Honda	43'24.283
13.	J. Robinson	GB	Suzuki	43'32.345
14.	O. Miyazaki	J	Yamaha	43'33.195
15.	F. Battaini	I	Yamaha	43'38.677

Number of finishers: 20.
Fastest lap: R. Waldmann (D, Honda),
2'05.393 = 155.118 km/h.

13) September 14 : Catalonia - Catalunya

23 laps = 108.721 km
Pole position: R. Waldmann (D, Honda),
1'47.621 = 158.121 km/h.

1.	R. Waldmann	D	Honda	42'05.928
				= 154.951 km/h
2.	M. Biaggi	I	Honda	42'06.478
3.	T. Ukawa	J	Honda	42'08.868
4.	T. Harada	J	Aprilia	42'08.888
5.	L. Capirossi	I	Aprilia	42'19.688
6.	O. Jacque	F	Honda	42'30.093
7.	T. Tsujimura	J	TS Honda	42'33.321
8.	H. Aoki	J	Honda	42'50.326
9.	N. Numata	J	Suzuki	42'54.968
10.	O. Miyazaki	J	Yamaha	42'55.045
11.	J. McWilliams	GB	Honda	42'55.470
12.	E. Alzamora	E	Honda	42'55.955
13.	L. D'Antin	E	Yamaha	43'01.096
14.	J.-L. Cardoso	E	Yamaha	43'01.194
15.	F. Battaini	I	Yamaha	43'01.485

Number of finishers: 20.
Fastest lap: R. Waldmann (D, Honda),
1'48.681 = 156.579 km/h.

14) September 28 : Indonesia - Sentul

28 laps = 111.020 km
Pole position: M. Biaggi (I, Honda),
1'27.438 = 163.247 km/h.

1.	M. Biaggi	I	Honda	41'35.549
				= 160.153 km/h
2.	T. Ukawa	J	Honda	41'42.141
3.	O. Jacque	F	Honda	41'43.528
4.	T. Harada	J	Aprilia	41'44.846
5.	T. Tsujimura	J	TS Honda	41'52.741
6.	H. Aoki	J	Honda	41'52.795
7.	R. Waldmann	D	Honda	41'53.230
8.	S. Perugini	I	Aprilia	42'21.399
9.	S. Porto	ARG	Aprilia	42'35.120
10.	J. McWilliams	GB	Honda	42'35.384
11.	C. Migliorati	I	Honda	42'37.482
12.	F. Battaini	I	Yamaha	42'39.266
13.	O. Miyazaki	J	Yamaha	42'41.340
14.	L. Capirossi	I	Aprilia	42'43.846
15.	L. Boscoscuro	I	Honda	42'57.161

Number of finishers: 17.
Fastest lap: M. Biaggi (I, Honda),
1'28.256 = 161.734 km/h.

15) October 5 : Australia - Phillip Island

25 laps = 111.200 km
Pole position: M. Biaggi (I, Honda),
1'34.789 = 168.789 km/h.

1.	R. Waldmann	D	Honda	40'09.735
				= 166.126 km/h
2.	M. Biaggi	I	Honda	40'15.564
3.	O. Jacque	F	Honda	40'36.986
4.	T. Tsujimura	J	TS Honda	40'37.374
5.	T. Harada	J	Aprilia	40'37.661
6.	T. Bayliss	AUS	Suzuki	40'37.853
7.	S. Perugini	I	Aprilia	40'38.773
8.	T. Ukawa	J	Honda	40'53.329
9.	S. Porto	ARG	Aprilia	41'08.157
10.	J. McWilliams	GB	Honda	41'15.211
11.	O. Miyazaki	J	Yamaha	41'15.298
12.	F. Battaini	I	Yamaha	41'22.114
13.	C. Migliorati	I	Honda	41'29.285
14.	H. Aoki	J	Honda	41'29.418
15.	L. Boscoscuro	I	Honda	41'29.475

Number of finishers: 21.
Fastest lap: R. Waldmann (D, Honda),
1'35.409 = 167.833 km/h.

WORLD CHAMPIONSHIP

1.	Massimiliano Biaggi	I	Honda	250
2.	Ralf Waldmann	D	Honda	248
3.	Tetsuya Harada	J	Aprilia	235
4.	Olivier Jacque	F	Honda	201
5.	Tohru Ukawa	J	Honda	173
6.	Loris Capirossi	I	Aprilia	116
7.	Takeshi Tsujimura	J	TS Honda	109
8.	Haruchika Aoki	J	Honda	102
9.	Stefano Perugini	I	Aprilia	85
10.	Jeremy McWilliams	GB	Honda	73
11.	Sebastian Porto	ARG	Aprilia	60
12.	Noriyasu Numata	J	Suzuki	55
13.	Osamu Miyazaki	J	Yamaha	47
14.	Franco Battaini	I	Yamaha	44
15.	Cristiano Migliorati	I	Honda	35
16.	Luis D'Antin	E	Yamaha	32
17.	Emilio Alzamora	E	Honda	31
18.	Marcellino Lucchi	I	Aprilia	30
19.	Daijiro Katoh	J	Honda	25
20.	William Costes	F	Honda	23
21.	José Luis Cardoso	E	Yamaha	19
22.	Jamie Robinson	GB	Suzuki	18
23.	Oliver Petrucciani	CH	Aprilia	14
24.	Luca Boscoscuro	I	Honda	13
25.	Giuseppe Fiorillo	I	Aprilia	12
26.	Yukio Kagayama	J	Suzuki	10
27.	Troy Bayliss	AUS	Suzuki	10
28.	Naoki Matsudo	J	Yamaha	6
29.	Eustaquio Gavira	E	Aprilia	5
30.	Scott Smart	GB	Honda	4
31.	Naoto Ogura	J	Yamaha	3
32.	Sébastien Gimbert	F	Honda	2
33.	Idalio Gavira	E	Aprilia	2
34.	Maurice Bolwerk	NL	Honda	2
35.	John McGuiness	GB	Aprilia	2
36.	Choujun Kameya	J	Suzuki	1
37.	Claudio Vanzetta	CH	Aprilia	1
38.	Callum Ramsay	GB	Honda	1

1997 — 500 cc

Champion: **Michael Doohan (Australia, Honda V4), 340 points, 12 wins**

1) April 13 : Malaysia - Shah Alam

33 laps = 115.665 km
Pole position: T. Okada (J, Honda V4),
　　1'23.485 = 151.140 km/h.

1.	M. Doohan	AUS	Honda V4	47'11.545
				= 147.055 km/h
2.	A. Crivillé	E	Honda V4	47'23.341
3.	N. Aoki	J	Honda V4	47'24.948
4.	L. Cadalora	I	Yamaha	47'33.776
5.	T. Aoki	J	Honda V2	47'34.154
6.	C. Checa	E	Honda V4	47'46.060
7.	A. Puig	E	Honda V4	47'46.413
8.	N. Abe	J	Yamaha	47'46.453
9.	M. Gibernau	E	Yamaha	47'54.678
10.	T. Okada	J	Honda V4	47'55.398
11.	A. Barros	BR	Honda V2	47'55.723
12.	R. Laconi	F	Honda V2	48'06.364
13.	T. Corser	AUS	Yamaha	48'06.978
14.	J.-B. Borja	E	Elf-Swissauto	48'07.708
15.	J. Van den Goorbergh	NL	Honda V2	48'23.536

Number of finishers: 17.
Fastest lap: M. Doohan (AUS, Honda V4),
　　1'24.840 = 148.727 km/h.

2) April 20 : Japan - Suzuka

21 laps = 123.144 km
Pole position: T. Okada (J, Honda V4),
　　2'07.952 = 164.986 km/h.

1.	M. Doohan	AUS	Honda V4	45'11.995
				= 163.465 km/h
2.	A. Crivillé	E	Honda V4	45'12.426
3.	T. Okada	J	Honda V4	45'18.042
4.	T. Aoki	J	Honda V2	45'35.614
5.	N. Aoki	J	Honda V4	45'35.890
6.	C. Checa	E	Honda V4	45'36.397
7.	N. Abe	J	Yamaha	45'36.710
8.	A. Puig	E	Honda V4	45'55.908
9.	N. Fujiwara	J	Yamaha	45'55.998
10.	A. Barros	BR	Honda V2	46'10.866
11.	L. Cadalora	I	Yamaha	46'11.600
12.	R. Laconi	F	Honda V2	46'11.874
13.	P. Goddard	AUS	Suzuki	46'12.629
14.	J.-M. Bayle	F	Modenas KR3	46'29.969
15.	J. Van den Goorbergh	NL	Honda V2	46'47.149

Number of finishers: 17.
Fastest lap: M. Doohan (AUS, Honda V4),
　　2'07.782 = 165.206 km/h.

3) May 4: Spain - Jerez de la Frontera

27 laps = 119.421 km
Pole position: T. Okada (J, Honda V4),
　　1'43.403 = 153.987 km/h.

1.	A. Crivillé	E	Honda V4	47'30.624
				= 150.814 km/h
2.	M. Doohan	AUS	Honda V4	47'36.260
3.	T. Okada	J	Honda V4	47'36.294
4.	T. Aoki	J	Honda V2	47'53.327
5.	N. Aoki	J	Honda V4	47'59.038
6.	D. Romboni	I	Aprilia	48'02.386
7.	N. Abe	J	Yamaha	48'03.110
8.	A. Barros	BR	Honda V2	48'03.930
9.	M. Gibernau	E	Yamaha	48'04.181
10.	R. Laconi	F	Honda V2	48'12.606
11.	L. Cadalora	I	Yamaha	48'15.626
12.	D. Beattie	AUS	Suzuki	48'20.393
13.	J.-M. Bayle	F	Modenas KR3	48'23.081
14.	J. Van den Goorbergh	NL	Honda V2	48'24.084
15.	K. McCarthy	AUS	ROC Yamaha	49'01.881

Number of finishers: 19.
Fastest lap: A. Crivillé (E, Honda V4),
　　1'44.564 = 152.278 km/h.

4) May 18: Italy - Mugello

23 laps = 120.635 km
Pole position: M. Doohan (AUS, Honda V4),
　　1'53.387 = 166.527 km/h.

1.	M. Doohan	AUS	Honda V4	44'06.442
				= 164.101 km/h
2.	L. Cadalora	I	Yamaha	44'16.498
3.	N. Aoki	J	Honda V4	44'23.791
4.	A. Crivillé	E	Honda V4	44'25.587
5.	D. Beattie	AUS	Suzuki	44'27.531
6.	A. Barros	BR	Honda V2	44'27.835
7.	N. Abe	J	Yamaha	44'35.632
8.	J.-M. Bayle	F	Modenas KR3	44'35.856
9.	M. Gibernau	E	Yamaha	44'37.146
10.	R. Laconi	F	Honda V2	44'43.454
11.	D. Romboni	I	Aprilia	44'57.664
12.	T. Corser	AUS	Yamaha	45'31.998
13.	A. Gobert	AUS	Suzuki	45'40.052
14.	K. McCarthy	AUS	ROC Yamaha	45'50.159
15.	L. Pedercini	I	ROC Yamaha	46'03.075

Number of finishers: 17.
Fastest lap: M. Doohan (AUS, Honda V4),
　　1'54.144 = 165.422 km/h.

5) June 1 : Austria - A1-Ring

28 laps = 120.932 km
Pole position: M. Doohan (AUS, Honda V4),
　　1'28.803 = 175.088 km/h.

1.	M. Doohan	AUS	Honda V4	41'48.665
				= 173.540 km/h
2.	T. Okada	J	Honda V4	42'10.742
3.	L. Cadalora	I	Yamaha	42'11.136
4.	N. Aoki	J	Honda V4	42'11.328
5.	A. Crivillé	E	Honda V4	42'14.127
6.	C. Checa	E	Honda V4	42'17.314
7.	A. Gobert	AUS	Suzuki	42'47.675
8.	A. Puig	E	Honda V4	42'48.682
9.	N. Abe	J	Yamaha	42'51.050
10.	D. Romboni	I	Aprilia	42'51.138
11.	D. Beattie	AUS	Suzuki	42'52.110
12.	J.-B. Borja	E	Elf-Swissauto	43'11.315
13.	A. Barros	BR	Honda V2	1 lap
14.	J.-M. Bayle	F	Modenas KR3	1 lap
15.	L. Naveau	B	ROC Yamaha	1 lap

Number of finishers: 17.
Fastest lap: M. Doohan (AUS, Honda V4),
　　1'28.666 = 175.359 km/h.

6) June 8 : France - Le Castellet

31 laps = 117.800 km
Pole position: M. Doohan (AUS, Honda V4),
　　1'21.082 = 168.718 km/h.

1.	M. Doohan	AUS	Honda V4	42'38.064
				= 165.781 km/h
2.	C. Checa	E	Honda V4	42'42.356
3.	T. Okada	J	Honda V4	42'43.779
4.	A. Crivillé	E	Honda V4	42'44.223
5.	T. Aoki	J	Honda V2	43'02.291
6.	A. Barros	BR	Honda V2	43'19.501
7.	N. Abe	J	Yamaha	43'19.798
8.	A. Puig	E	Honda V4	43'22.898
9.	J.-B. Borja	E	Elf-Swissauto	43'29.985
10.	A. Gobert	AUS	Suzuki	43'30.665
11.	D. Romboni	I	Aprilia	43'31.924
12.	D. Beattie	AUS	Suzuki	43'34.255
13.	M. Gibernau	E	Yamaha	43'39.198
14.	T. Corser	AUS	Yamaha	43'42.637
15.	J. Van den Goorbergh	NL	Honda V2	43'55.732

Number of finishers: 19.
Fastest lap: M. Doohan (AUS, Honda V4),
　　1'21.674 = 167.495 km/h.

7) June 28 : The Netherlands - Assen

20 laps = 120.980 km
Pole position: M. Doohan (AUS, Honda V4),
2'02.512 = 177.749 km/h.

1.	M. Doohan	AUS	Honda V4	43'37.954
				= 166.361 km/h
2.	C. Checa	E	Honda V4	43'48.514
3.	D. Romboni	I	Aprilia	43'56.236
4.	N. Aoki	J	Honda V4	44'02.002
5.	A. Puig	E	Honda V4	44'06.059
6.	A. Barros	BR	Honda V2	44'16.173
7.	D. Beattie	AUS	Suzuki	44'21.171
8.	K. Roberts Jr	USA	Modenas KR3	44'25.479
9.	J. Fuchs	D	Elf-Swissauto	44'26.678
10.	N. Abe	J	Yamaha	44'27.528
11.	B. Garcia	F	Honda V2	44'42.385
12.	T. Okada	J	Honda V4	44'43.761
13.	A. Gobert	AUS	Suzuki	44'46.807
14.	T. Corser	AUS	Yamaha	44'47.519
15.	J.-B. Borja	E	Elf-Swissauto	45'31.027

Number of finishers: 19.
Fastest lap: C. Checa (E, Honda V4),
2'03.363 = 176.522 km/h.

8) July 6 : City of Imola - Imola

25 laps = 123.250 km
Pole position: M. Doohan (AUS, Honda V4),
1'48.997 = 162.830 km/h.

1.	M. Doohan	AUS	Honda V4	45'58.995
				= 160.819 km/h
2.	N. Aoki	J	Honda V4	46'07.643
3.	T. Aoki	J	Honda V2	46'19.011
4.	C. Checa	E	Honda V4	46'23.565
5.	T. Okada	J	Honda V4	46'24.879
6.	L. Cadalora	I	Yamaha	46'25.075
7.	N. Abe	J	Yamaha	46'28.369
8.	J.-M. Bayle	F	Modenas KR3	46'39.876
9.	A. Barros	BR	Honda V2	46'42.531
10.	A. Gobert	AUS	Suzuki	47'00.378
11.	M. Gibernau	E	Yamaha	47'04.917
12.	A. Puig	E	Honda V4	47'05.770
13.	D. Beattie	AUS	Suzuki	47'12.069
14.	J. Fuchs	D	Elf-Swissauto	47'13.714
15.	K. McCarthy	AUS	ROC Yamaha	47'45.195

Number of finishers: 19.
Fastest lap: M. Doohan (AUS, Honda V4),
1'49.436 = 162.176 km/h.

9) July 20 : Germany - Nürburgring

27 laps = 122.850 km
Pole position: M. Doohan (AUS, Honda V4),
1'38.425 = 166.421 km/h.

1.	M. Doohan	AUS	Honda V4	44'55.117
				= 164.096 km/h
2.	T. Okada	J	Honda V4	45'00.807
3.	T. Aoki	J	Honda V2	45'19.990
4.	N. Aoki	J	Honda V4	45'20.274
5.	D. Romboni	I	Aprilia	45'31.001
6.	A. Barros	BR	Honda V2	45'34.024
7.	M. Gibernau	E	Yamaha	45'34.658
8.	J.-B. Borja	E	Elf-Swissauto	45'47.592
9.	A. Gobert	AUS	Suzuki	45'50.400
10.	A. Puig	E	Honda V4	45'50.553
11.	J. Van den Goorbergh	NL	Honda V2	45'50.911
12.	D. Beattie	AUS	Suzuki	45'57.889
13.	J. Fuchs	D	Elf-Swissauto	46'12.462
14.	B. Garcia	F	Honda V2	46'17.409
15.	K. McCarthy	AUS	ROC Yamaha	1 lap

Number of finishers: 16.
Fastest lap: M. Doohan (AUS, Honda V4),
1'39.051 = 165.369 km/h.

10) August 3 : Rio - Jacarepagua

24 laps = 118.392 km
Pole position: M. Doohan (AUS, Honda V4),
1'51.955 = 158.624 km/h.

1.	M. Doohan	AUS	Honda V4	45'05.793
				= 157.518 km/h
2.	T. Okada	J	Honda V4	45'06.499
3.	L. Cadalora	I	Yamaha	45'28.328
4.	N. Aoki	J	Honda V4	45'29.286
5.	N. Abe	J	Yamaha	45'29.562
6.	J. Fuchs	D	Elf-Swissauto	45'35.228
7.	D. Romboni	I	Aprilia	45'47.467
8.	J.-M. Bayle	F	Modenas KR3	45'49.906
9.	R. Laconi	F	Honda V2	46'08.515
10.	A. Gobert	AUS	Suzuki	46'12.144
11.	J. Van den Goorbergh	NL	Honda V2	46'14.954
12.	K. McCarthy	AUS	ROC Yamaha	46'31.186
13.	D. Beattie	AUS	Suzuki	46'33.008
14.	A. Puig	E	Honda V4	46'34.691
15.	L. Pedercini	I	ROC Yamaha	46'56.683

Number of finishers: 17.
Fastest lap: T. Okada (J, Honda V4),
1'51.928 = 158.662 km/h.

11) August 17 : Great Britain - Donington

30 laps = 120.690 km
Pole position: M. Doohan (AUS, Honda V4),
1'32.872 = 155.943 km/h.

1.	M. Doohan	AUS	Honda V4	46'55.378
				= 154.325 km/h
2.	T. Okada	J	Honda V4	46'55.609
3.	A. Barros	BR	Honda V2	47'19.781
4.	N. Aoki	J	Honda V4	47'23.669
5.	L. Cadalora	I	Yamaha	47'26.724
6.	D. Beattie	AUS	Suzuki	47'27.921
7.	D. Romboni	I	Aprilia	47'39.850
8.	J.-B. Borja	E	Elf-Swissauto	47'42.423
9.	N. Abe	J	Yamaha	47'43.535
10.	T. Aoki	J	Honda V2	47'58.907
11.	K. Roberts Jr	USA	Modenas KR3	48'09.568
12.	K. McCarthy	AUS	Yamaha	48'13.701
13.	J. Van den Goorbergh	NL	Honda V2	48'15.315
14.	J. Vincent	GB	Honda V2	48'16.763
15.	J. Fuchs	D	Elf-Swissauto	1 lap

Number of finishers: 18.
Fastest lap: M. Doohan (AUS, Honda V4),
1'32.856 = 155.970 km/h.

12) August 31 : Czech Republic - Brno

22 laps = 118.866 km
Pole position: M. Doohan (AUS, Honda V4),
2'14.105 = 145.041 km/h.

1.	M. Doohan	AUS	Honda V4	45'25.012
				= 157.033 km/h
2.	L. Cadalora	I	Yamaha	45'39.870
3.	N. Aoki	J	Honda V4	45'40.122
4.	A. Crivillé	E	Honda V4	45'40.335
5.	N. Abe	J	Yamaha	45'40.660
6.	T. Aoki	J	Honda V2	45'41.858
7.	R. Laconi	F	Honda V2	46'13.790
8.	A. Barros	BR	Honda V2	46'13.957
9.	K. Roberts Jr	USA	Modenas KR3	46'15.129
10.	D. Beattie	AUS	Suzuki	46'27.389
11.	J. Van den Goorbergh	NL	Honda V2	46'32.864
12.	A. Gobert	AUS	Suzuki	47'04.045
13.	A. Puig	E	Honda V4	47'10.609
14.	L. Naveau	B	ROC Yamaha	1 lap

Number of finishers: 14.
Fastest lap: M. Doohan (AUS, Honda V4),
2'02.560 = 158.704 km/h.

13) September 14 : Catalonia - Catalunya

25 laps = 118.175 km
Pole position: M. Doohan (AUS, Honda V4),
1'45.990 = 160.554 km/h.

1.	M. Doohan	AUS	Honda V4	44'56.149
				= 157.791 km/h
2.	C. Checa	E	Honda V4	44'56.581
3.	A. Crivillé	E	Honda V4	44'57.899
4.	L. Cadalora	I	Yamaha	44'58.941
5.	N. Aoki	J	Honda V4	45'04.308
6.	T. Okada	J	Honda V4	45'20.780
7.	T. Aoki	J	Honda V2	45'20.975
8.	K. Roberts Jr	USA	Modenas KR3	45'37.518
9.	J.-B. Borja	E	Elf-Swissauto	45'37.954
10.	D. Romboni	I	Aprilia	45'41.640
11.	R. Laconi	F	Honda V2	45'42.587
12.	N. Abe	J	Yamaha	45'43.677
13.	K. McCarthy	AUS	Yamaha	45'51.591
14.	J. Van den Goorbergh	NL	Honda V2	45'53.644
15.	A. Puig	E	Honda V4	45'57.959

Number of finishers: 20.
Fastest lap: M. Doohan (AUS, Honda V4),
1'46.861 = 159.246 km/h.

14) September 28 : Indonesia - Sentul

30 laps = 118.950 km
Pole position: M. Doohan (AUS, Honda V4),
1'25.474 = 166.998 km/h.

1.	T. Okada	J	Honda V4	43'22.010
				= 164.572 km/h
2.	M. Doohan	AUS	Honda V4	43'22.079
3.	A. Crivillé	E	Honda V4	43'33.001
4.	N. Aoki	J	Honda V4	43'33.793
5.	N. Abe	J	Yamaha	43'34.203
6.	C. Checa	E	Honda V4	43'37.960
7.	T. Aoki	J	Honda V2	43'52.897
8.	M. Gibernau	E	Yamaha	44'04.067
9.	K. Roberts Jr	USA	Modenas KR3	44'04.822
10.	D. Romboni	I	Aprilia	44'08.536
11.	J. Fuchs	D	Elf-Swissauto	44'12.826
12.	D. Beattie	AUS	Suzuki	44'12.876
13.	P. Goddard	AUS	Suzuki	44'22.060
14.	A. Puig	E	Honda V4	44'27.593
15.	K. McCarthy	AUS	Yamaha	44'27.958

Number of finishers: 18.
Fastest lap: T. Okada (J, Honda V4),
1'26.141 = 165.705 km/h.

15) October 5 : Australia - Phillip Island

27 laps = 120.096 km
Pole position: M. Doohan (AUS, Honda V4),
1'33.135 = 171.931 km/h.

1.	A. Crivillé	E	Honda V4	42'53.362
				= 168.008 km/h
2.	T. Aoki	J	Honda V2	42'55.630
3.	N. Abe	J	Yamaha	43'21.481
4.	T. Okada	J	Honda V4	43'28.592
5.	R. Laconi	F	Honda V2	43'28.902
6.	M. Gibernau	E	Yamaha	43'29.040
7.	Y. Kagayama	J	Suzuki	43'29.312
8.	A. Barros	BR	Honda V2	43'29.622
9.	P. Goddard	AUS	Suzuki	43'30.157
10.	C. Checa	E	Honda V4	43'30.908
11.	D. Romboni	I	Aprilia	43'31.123
12.	J. Van den Goorbergh	NL	Honda V2	43'50.351
13.	K. McCarthy	AUS	Yamaha	43'54.553
14.	K. Roberts Jr	USA	Modenas KR3	43'55.618
15.	A. Puig	E	Honda V4	43'55.862

Number of finishers: 19.
Fastest lap: M. Doohan (AUS, Honda V4),
1'34.113 = 170.144 km/h.

WORLD CHAMPIONSHIP

1.	Michael Doohan	AUS	Honda V4	340
2.	Tadayuki Okada	J	Honda V4	197
3.	Nobuatsu Aoki	J	Honda V4	179
4.	Alex Crivillé	E	Honda V4	172
5.	Takuma Aoki	J	Honda V2	134
6.	Luca Cadalora	I	Yamaha	129
7.	Norifumi Abe	J	Yamaha	126
8.	Carlos Checa	E	Honda V4	119
9.	Alexandre Barros	BR	Honda V2	101
10.	Doriano Romboni	I	Aprilia	88
11.	Daryl Beattie	AUS	Suzuki	63
12.	Alberto Puig	E	Honda V4	63
13.	Manuel "Sete" Gibernau	E	Yamaha	56
14.	Régis Laconi	F	Honda V2	52
15.	Anthony Gobert	AUS	Suzuki	44
16.	Kenny Roberts Jr	USA	Modenas	37
17.	Juan Bautista Borja	E	Elf-Swissauto	37
18.	Jean-Michel Bayle	F	Modenas KR3	31
19.	Jurgen Van den Goorbergh	NL	Honda V2	29
20.	Jürgen Fuchs	D	Elf-Swissauto	28
21.	Kirk McCarthy	AUS	ROC/Yamaha	20
22.	Peter Goddard	AUS	Suzuki	13
23.	Troy Corser	AUS	Yamaha	11
24.	Yukio Kagayama	J	Suzuki	9
25.	Norihiko Fujiwara	J	Yamaha	7
26.	Bernard Garcia	F	Honda V2	7
27.	Laurent Naveau	B	ROC Yamaha	3
28.	Jason Vincent	GB	Honda V2	2
29.	Lucio Pedercini	I	ROC Yamaha	2

1997 — 500 cc

Champion: **Kazuto Sakata (Japan, Aprilia), 229 points, 4 wins**

1998 — 125 cc

1) April 5 : Japan - Suzuka

18 laps = 105.552 km
Pole position: N. Ueda (J, Honda),
 2'15.162 = 156.185 km/h.

1.	K. Sakata	J	Aprilia	41'23.963
				= 152.976 km/h
2.	T. Manako	J	Honda	41'24.119
3.	M. Azuma	J	Honda	41'24.164
4.	L. Cecchinello	I	Honda	41'26.746
5.	N. Osaki	J	Yamaha	41'50.344
6.	G. Scalvini	I	Honda	41'50.431
7.	H. Kikuchi	J	Honda	41'57.161
8.	M. Tokudome	J	Aprilia	41'57.385
9.	T. Akita	J	Yamaha	41'57.515
10.	M. Melandri	I	Honda	41'57.797
11.	F. Petit	F	Honda	41'58.178
12.	Y. Katoh	J	Yamaha	42'10.115
13.	A. Nieto Jr	E	Aprilia	42'10.537
14.	K. Takao	J	Honda	42'12.244
15.	I. Goi	I	Aprilia	42'23.647

Number of finishers: 21.
Fastest lap: M. Azuma (J, Honda),
 2'16.128 = 155.077 km/h.

2) April 19 : Malaysia - Johor Baru

26 laps = 100.360 km
Pole position: N. Ueda (J, Honda),
 1'34.516 = 147.022 km/h.

1.	N. Ueda	J	Honda	41'34.332
				= 144.846 km/h
2.	M. Giansanti	I	Honda	41'34.609
3.	T. Manako	J	Honda	41'36.234
4.	M. Tokudome	J	Aprilia	41'47.323
5.	R. Locatelli	I	Honda	41'48.418
6.	K. Sakata	J	Aprilia	42'06.206
7.	F. Petit	F	Honda	42'11.287
8.	A. Nieto Jr	E	Aprilia	42'11.840
9.	M. Azuma	J	Honda	42'13.824
10.	A. Vincent	F	Aprilia	42'17.080
11.	S. Jenkner	D	Aprilia	42'19.075
12.	L. Cecchinello	I	Honda	42'19.282
13.	G. Scalvini	I	Honda	42'31.280
14.	J. Hules	CZ	Honda	42'32.778
15.	I. Goi	I	Aprilia	42'36.246

Number of finishers: 18.
Fastest lap: M. Azuma (J, Honda),
 1'34.782 = 146.610 km/h.

3) May 3 : Spain - Jerez de la Frontera

23 laps = 101.729 km
Pole position: R. Locatelli (I, Honda),
 1'49.281 = 145.705 km/h.

1.	K. Sakata	J	Aprilia	42'19.751
				= 144.196 km/h
2.	T. Manako	J	Honda	42'21.852
3.	M. Giansanti	I	Honda	42'21.980
4.	M. Azuma	J	Honda	42'22.482
5.	N. Ueda	J	Honda	42'28.267
6.	J. Hules	CZ	Honda	42'37.227
7.	Y. Ui	J	Yamaha	42'48.502
8.	G. Scalvini	I	Honda	42'48.701
9.	G. Borsoi	I	Aprilia	42'48.955
10.	M. Melandri	I	Honda	42'48.964
11.	F. Petit	F	Honda	42'55.430
12.	M. Tokudome	J	Aprilia	43'02.065
13.	A. Nieto Jr	E	Aprilia	43'02.623
14.	A. Vincent	F	Aprilia	43'09.703
15.	A. Gonzalez	E	Aprilia	43'12.573

Number of finishers: 19.
Fastest lap: T. Manako (J, Honda),
 1'49.360 = 145.599 km/h.

4) May 17 : Italy - Mugello

20 laps = 104.900 km
Pole position: N. Ueda (J, Honda),
 2'00.419 = 156.802 km/h.

1.	T. Manako	J	Honda	40'53"607
				= 153.912 km/h
2.	M. Melandri	I	Honda	40'53.661
3.	G. Scalvini	I	Honda	40'53.808
4.	K. Sakata	J	Aprilia	40'56.759
5.	Y. Ui	J	Yamaha	41'01.769
6.	G. Borsoi	I	Aprilia	41'01.802
7.	N. Ueda	J	Honda	41'03.704
8.	F. Petit	F	Honda	41'06.352
9.	M. Azuma	J	Honda	41'06.364
10.	M. Tokudome	J	Aprilia	41'17.891
11.	A. Vincent	F	Aprilia	41'17.995
12.	P. Tessari	I	Aprilia	41'18.022
13.	I. Goi	I	Aprilia	41'19.000
14.	S. Jenkner	D	Aprilia	41'24.673
15.	C. Cipriani	I	Aprilia	41'43.026

Number of finishers: 20.
Fastest lap: L. Cecchinello (I, Honda),
 2'00.966 = 156.093 km/h.

5) May 31 : France - Le Castellet

27 laps = 102.600 km
Pole position: N. Ueda (J, Honda),
 1'29.002 = 153.704 km/h.

1.	K. Sakata	J	Aprilia	40'57"583
				= 150.294 km/h
2.	M. Melandri	I	Honda	40'57.875
3.	M. Azuma	J	Honda	40'57.976
4.	R. Locatelli	I	Honda	41'00.897
5.	L. Cecchinello	I	Honda	41'01.640
6.	F. Petit	F	Honda	41'02.407
7.	S. Jenkner	D	Aprilia	41'07.624
8.	M. Tokudome	J	Aprilia	41'12.243
9.	I. Goi	I	Aprilia	41'25.956
10.	Y. Katoh	J	Yamaha	41'30.243
11.	Y. Ui	J	Yamaha	41'33.116
12.	A. Vincent	F	Aprilia	41'33.200
13.	J. Vidal	E	Aprilia	41'46.192
14.	J.-E. Maturana	E	Yamaha	41'48.745
15.	P. Tessari	I	Aprilia	41'54.632

Number of finishers: 18.
Fastest lap: M. Azuma (J, Honda),
 1'29.519 = 152.816 km/h.

6) June 14 : Madrid - Jarama

26 laps = 100.100 km
Pole position: K. Sakata (J, Aprilia),
 1'38.952 = 140.067 km/h.

1.	L. Cecchinello	I	Honda	43'28"423
				= 138.152 km/h
2.	M. Melandri	I	Honda	43'37.596
3.	H. Kikuchi	J	Honda	43'37.740
4.	K. Sakata	J	Aprilia	43'45.691
5.	G. Scalvini	I	Honda	43'47.840
6.	A. Nieto Jr	E	Aprilia	43'47.934
7.	Y. Ui	J	Yamaha	43'49.433
8.	F. Petit	F	Honda	43'51.457
9.	M. Tokudome	J	Aprilia	43'51.489
10.	S. Jenkner	D	Aprilia	43'51.975
11.	Y. Katoh	J	Yamaha	43'55.185
12.	J. Hules	CZ	Honda	43'59.907
13.	A. Molina	E	Honda	44'10.007
14.	A. Gonzalez	E	Aprilia	44'10.935
15.	J.-E. Maturana	E	Yamaha	44'18.944

Number of finishers: 19.
Fastest lap: K. Sakata (J, Aprilia),
 1'39.330 = 139.534 km/h.

7) June 27 : The Netherlands - Assen

17 laps = 102.833 km
Pole position: K. Sakata (J, Aprilia),
    2'13.411 = 163.227 km/h.

1.	M. Melandri	I	Honda	38'27.391
				= 160.440 km/h
2.	K. Sakata	J	Aprilia	38'27.419
3.	T. Manako	J	Honda	38'37.017
4.	L. Cecchinello	I	Honda	38'37.722
5.	M. Tokudome	J	Aprilia	38'37.801
6.	M. Giansanti	I	Honda	38'37.816
7.	R. Locatelli	I	Honda	38'38.091
8.	F. Petit	F	Honda	38'38.808
9.	S. Jenkner	D	Aprilia	38'42.069
10.	M. Azuma	J	Honda	38'51.549
11.	G. Borsoi	I	Aprilia	38'52.402
12.	Y. Ui	J	Yamaha	38'57.656
13.	H. Kikuchi	J	Honda	38'57.760
14.	I. Goi	I	Aprilia	39'00.736
15.	J. Hules	CZ	Honda	39'00.918

Number of finishers: 24.
Fastest lap: T. Manako (J, Honda),
    2'14.378 = 162.053 km/h.

8) July 5 : Great Britain - Donington

26 laps = 104.598 km
Pole position: K. Sakata (J, Aprilia),
    1'39.294 = 145.857 km/h.

1.	K. Sakata	J	Aprilia	43'48"777
				= 143.242 km/h
2.	M. Giansanti	I	Honda	43'49.208
3.	Y. Ui	J	Yamaha	43'53.377
4.	M. Melandri	I	Honda	43'53.974
5.	M. Tokudome	J	Aprilia	43'54.375
6.	L. Cecchinello	I	Honda	43'55.294
7.	G. Borsoi	I	Aprilia	44'08.930
8.	F. Petit	F	Honda	44'11.111
9.	G. Scalvini	I	Honda	44'20.748
10.	I. Goi	I	Aprilia	44'26.209
11.	A. Vincent	F	Aprilia	44'28.138
12.	A. Nieto Jr	E	Aprilia	44'28.336
13.	F. Cerroni	I	Aprilia	44'31.808
14.	E. Alzamora	E	Aprilia	44'32.491
15.	H. Kikuchi	J	Honda	44'33.147

Number of finishers: 18.
Fastest lap: K. Sakata (J, Aprilia),
    1'39.465 = 145.606 km/h.

9) July 19 : Germany - Sachsenring

29 laps = 101.732 km
Pole position: M. Melandri (I, Honda),
    1'30.793 = 139.094 km/h.

1.	T. Manako	J	Honda	44'37"947
				= 136.759 km/h
2.	A. Vincent	F	Aprilia	44'54.460
3.	R. Locatelli	I	Honda	45'02.701
4.	H. Kikuchi	J	Honda	45'02.718
5.	E. Alzamora	E	Aprilia	45'03.725
6.	Y. Katoh	J	Yamaha	45'06.809
7.	K. Sakata	J	Aprilia	45'15.650
8.	S. Jenkner	D	Aprilia	45'17.628
9.	M. Tokudome	J	Aprilia	45'19.094
10.	A. Nieto Jr	E	Aprilia	45'27.396
11.	I. Goi	I	Aprilia	45'32.730
12.	J.-E. Maturana	E	Yamaha	45'32.815
13.	M. Melandri	I	Honda	45'33.239
14.	A. Iommi	I	Honda	45'33.297
15.	C. Manna	I	Yamaha	45'36.266

Number of finishers: 20.
Fastest lap: T. Manako (J, Honda),
    1'30.838 = 139.025 km/h.

10) August 23 : Czech Republic - Brno

19 laps = 102.657 km
Pole position: K. Sakata (J, Aprilia),
    2'11.302 = 148.137 km/h.

1.	M. Melandri	I	Honda	42'05"161
				= 146.353 km/h
2.	K. Sakata	J	Aprilia	42.05.199
3.	L. Cecchinello	I	Honda	42'05.525
4.	M. Giansanti	I	Honda	42'08.906
5.	G. Scalvini	I	Honda	42'08.955
6.	A. Vincent	F	Aprilia	42'12.243
7.	H. Kikuchi	J	Honda	42'12.305
8.	R. Locatelli	I	Honda	42'12.421
9.	I. Goi	I	Aprilia	42'14.340
10.	F. Petit	F	Honda	42'17.331
11.	S. Jenkner	D	Aprilia	42'20.433
12.	A. Nieto Jr	E	Aprilia	42'39.070
13.	J.-E. Maturana	E	Yamaha	42'40.244
14.	G. Borsoi	I	Aprilia	42'40.494
15.	Y. Katoh	J	Yamaha	42'59.685

Number of finishers: 20.
Fastest lap: M. Azuma (J, Honda),
    2'10.899 = 148.593 km/h.

11) September 6 : San Marino - Imola

21 laps = 103.530 km
Pole position: M. Melandri (I, Honda),
    1'59.795 = 148.153 km/h.

1.	T. Manako	J	Honda	42'05"831
				= 147.558 km/h
2.	M. Melandri	I	Honda	42'05.918
3.	M. Azuma	J	Honda	42'16.225
4.	K. Sakata	J	Aprilia	42'16.297
5.	M. Tokudome	J	Aprilia	42'28.530
6.	Y. Ui	J	Yamaha	42'31.964
7.	R. Locatelli	I	Honda	42'32.377
8.	Y. Katoh	J	Yamaha	42'33.992
9.	A. Vincent	F	Aprilia	42'36.415
10.	I. Goi	I	Aprilia	42'54.347
11.	F. Petit	F	Honda	42'54.487
12.	G. Scalvini	I	Honda	43'07.841
13.	E. Alzamora	E	Aprilia	43'17.916
14.	S. Jenkner	D	Aprilia	43'18.168
15.	A. Zappa	I	Honda	43'18.239

Number of finishers: 19.
Fastest lap: T. Manako (J, Honda),
    1'58.880 = 149.293 km/h.

12) September 20: Catalonia - Catalunya

22 laps = 103.994 km
Pole position: R. Locatelli (I, Honda),
    1'52.641 = 151.074 km/h.

1.	T. Manako	J	Honda	42'10"704
				= 147.934 km/h
2.	M. Giansanti	I	Honda	42'10.783
3.	M. Azuma	J	Honda	42'10.800
4.	L. Cecchinello	I	Honda	42'10.876
5.	R. Locatelli	I	Honda	42'11.040
6.	N. Ueda	J	Honda	42'11.428
7.	Y. Katoh	J	Yamaha	42'11.646
8.	M. Melandri	I	Honda	42'11.731
9.	K. Sakata	J	Aprilia	42'11.766
10.	G. Scalvini	I	Honda	42'12.244
11.	I. Goi	I	Aprilia	42'12.441
12.	A. Vincent	F	Aprilia	42'12.767
13.	M. Tokudome	J	Aprilia	42'13.311
14.	E. Alzamora	E	Aprilia	42'13.750
15.	F. Petit	F	Honda	42'15.729

Number of finishers: 25.
Fastest lap: M. Giansanti (I, Honda),
    1'53.142 = 150.405 km/h.

13) October 4 : Australia - Phillip Island

23 laps = 102.304 km
Pole position: M. Melandri (I, Honda),
    1'40.490 = 159.347 km/h.

1.	M. Azuma	J	Honda	38'56.336
				= 157.637 km/h
2.	T. Manako	J	Honda	38'56.361
3.	M. Melandri	I	Honda	38'56.380
4.	K. Sakata	J	Aprilia	38'58.739
5.	Y. Ui	J	Yamaha	38'59.183
6.	R. Locatelli	I	Honda	39'01.019
7.	L. Cecchinello	I	Honda	39'01.540
8.	J. Hules	CZ	Honda	39'09.094
9.	G. Scalvini	I	Honda	39'12.047
10.	G. Borsoi	I	Aprilia	39'18.956
11.	I. Goi	I	Aprilia	39'20.717
12.	M. Giansanti	I	Honda	39'20.751
13.	A. Nieto Jr	E	Aprilia	39'21.131
14.	F. Petit	F	Honda	39'21.492
15.	S. Jenkner	D	Aprilia	39'21.590

Number of finishers: 23.
Fastest lap: M. Melandri (I, Honda),
    1'40.296 = 159.655 km/h.

14) October 25 : Argentina - Buenos Aires

23 laps = 100.050 km
Pole position: R. Locatelli (I, Honda),
    1'50.550 = 141.655 km/h.

1.	T. Manako	J	Honda	42'43.976
				= 140.477 km/h
2.	M. Melandri	I	Honda	42'44.542
3.	L. Cecchinello	I	Honda	42'45.113
4.	M. Azuma	J	Honda	42'45.167
5.	K. Sakata	J	Aprilia	43'00.087
6.	M. Giansanti	I	Honda	43'00.290
7.	A. Vincent	F	Aprilia	43'05.897
8.	M. Tokudome	J	Aprilia	43'06.809
9.	N. Ueda	J	Honda	43'07.573
10.	G. Scalvini	I	Honda	43'07.898
11.	I. Goi	I	Aprilia	43'07.934
12.	G. Borsoi	I	Aprilia	43'11.519
13.	F. Petit	F	Honda	43'11.696
14.	Y. Katoh	J	Yamaha	43'11.798
15.	Y. Ui	J	Yamaha	43'26.437

Number of finishers: 20.
Fastest lap: M. Azuma (J, Honda),
    1'49.917 = 142.471 km/h.

WORLD CHAMPIONSHIP

1.	Kazuto Sakata	J	Aprilia	229
2.	Tomomi Manako	J	Honda	217
3.	Marco Melandri	I	Honda	202
4.	Masao Azuma	J	Honda	135
5.	Lucio Cecchinello	I	Honda	130
6.	Mirko Giansanti	I	Honda	113
7.	Masaki Tokudome	J	Aprilia	97
8.	Gianluigi Scalvini	I	Honda	89
9.	Roberto Locatelli	I	Honda	87
10.	Frédéric Petit	F	Honda	78
11.	Youichi Ui	J	Yamaha	76
12.	Arnaud Vincent	F	Aprilia	72
13.	Noboru Ueda	J	Honda	62
14.	Ivan Goi	I	Aprilia	53
15.	Hiroyuki Kikuchi	J	Honda	51
16.	Yoshiaki Katoh	J	Yamaha	45
17.	Steve Jenkner	D	Aprilia	45
18.	Gino Borsoi	I	Aprilia	43
19.	Angel Nieto Jr	E	Aprilia	41
20.	Jaroslav Hules	CZ	Honda	25
21.	Emilio Alzamora	E	Aprilia	18
22.	Nobuyuki Osaki	J	Yamaha	11
23.	Juan Enrique Maturana	E	Yamaha	10
24.	Takashi Akita	J	Yamaha	7
25.	Paolo Tessari	I	Aprilia	5
26.	Jeronimo Vidal	E	Aprilia	3
27.	Alvaro Molina	E	Honda	3
28.	Federico Cerroni	I	Aprilia	3
29.	Alfonso Gonzalez	E	Aprilia	3
30.	Kazuhiro Takao	J	Honda	2
31.	Andrea Iommi	I	Honda	2
32.	Claudio Cipriani	I	Aprilia	1
33.	Christian Manna	I	Yamaha	1
34.	Andrea Zappa	I	Honda	1

Champion : **Loris Capirossi (Italy, Aprilia), 224 points, 2 wins**

1998 — 250 cc

1) April 5 : Japan - Suzuka

19 laps = 111.416 km
Pole position: D. Katoh (J, Honda),
2'08.430 = 164.372 km/h.

1.	D. Katoh	J	Honda	41'17"096
				= 161.922 km/h
2.	S. Nakano	J	Yamaha	41'17.992
3.	N. Matsudo	J	Yamaha	41'18.058
4.	T. Harada	J	Aprilia	41'18.190
5.	O. Jacque	F	Honda	41'51.397
6.	Y. Kagayama	J	Suzuki	41'54.131
7.	L. Capirossi	I	Aprilia	41'54.200
8.	J.-L. Cardoso	E	Yamaha	42'00.190
9.	N. Numata	J	Suzuki	42'00.201
10.	J. McWilliams	GB	TSR-Honda	42'01.005
11.	H. Aoki	J	Honda	42'01.096
12.	S. Perugini	I	Honda	42'01.163
13.	C. Kameya	J	Suzuki	42'01.264
14.	O. Miyazaki	J	Yamaha	42'01.733
15.	T. Tsujimura	J	Yamaha	42'01.823

Number of finishers: 20.
Fastest lap: N. Matsudo (J, Yamaha),
2'09.284 = 163.287 km/h.

2) April 19 : Malaysia - Johor Bahru

28 laps = 108.080 km
Pole position: J. Fuchs (D, Aprilia),
1'30.395 = 153.725 km/h.

1.	T. Harada	J	Aprilia	42'55.302
				= 151.084 km/h
2.	T. Ukawa	J	Honda	42'56.561
3.	O. Jacque	F	Honda	43'07.468
4.	H. Aoki	J	Honda	43'11.189
5.	L. Capirossi	I	Aprilia	43'14.236
6.	S. Perugini	I	Honda	43'14.464
7.	J. McWilliams	GB	TSR-Honda	43'17.123
8.	J. Fuchs	D	Aprilia	43'19.411
9.	S. Porto	ARG	Aprilia	43'21.518
10.	J.-L. Cardoso	E	Yamaha	43'29.843
11.	T. Tsujimura	J	Yamaha	43'35.812
12.	R. Rolfo	I	TSR-Honda	43'40.503
13.	N. Numata	J	Suzuki	43'40.699
14.	J. Vincent	GB	TSR-Honda	43'42.964
15.	O. Miyazaki	J	Yamaha	44'08.685

Number of finishers: 17.
Fastest lap: V. Rossi (I, Aprilia),
1'30.897 = 152.876 km/h.

3) May 3 : Spain - Jerez

26 laps = 114.998 km
Pole position: L. Capirossi (I, Aprilia),
1'44.431 = 152.471 km/h.

1.	L. Capirossi	I	Aprilia	46'00.131
				= 149.990 km/h
2.	V. Rossi	I	Aprilia	46'03.546
3.	O. Jacque	F	Honda	46'07.707
4.	T. Ukawa	J	Honda	46'08.317
5.	M. Lucchi	I	Aprilia	46'14.468
6.	H. Aoki	J	Honda	46'25.070
7.	S. Perugini	I	Honda	46'28.566
8.	T. Tsujimura	J	Yamaha	46'31.623
9.	L. D'Antin	E	Yamaha	46'45.134
10.	O. Miyazaki	J	Yamaha	46'45.689
11.	L. Boscoscuro	I	TSR-Honda	46'46.130
12.	F. Battaini	I	Yamaha	46'49.163
13.	R. Rolfo	I	TSR-Honda	47'04.174
14.	N. Numata	J	Suzuki	47'07.997
15.	W. Costes	F	Honda	47'37.507

Number of finishers: 18.
Fastest lap: L. Capirossi (I, Aprilia),
1'45.250 = 151.285 km/h.

4) May 17 : Italy - Mugello

21 laps = 110.145 km/h
Pole position: T. Harada (J, Aprilia),
1'54.683 = 164.645 km/h.

1.	M. Lucchi	I	Aprilia	40'59.049
				= 161.250 km/h
2.	V. Rossi	I	Aprilia	41'04.750
3.	T. Harada	J	Aprilia	41'06.674
4.	L. Capirossi	I	Aprilia	41'09.078
5.	S. Perugini	I	Honda	41'46.879
6.	H. Aoki	J	Honda	41'47.254
7.	T. Ukawa	J	Honda	41'48.425
8.	J.-L. Cardoso	E	Yamaha	41'49.129
9.	L. D'Antin	E	Yamaha	41'49.210
10.	L. Boscoscuro	I	TSR-Honda	41'51.787
11.	F. Battaini	I	Yamaha	41'53.290
12.	T. Tsujimura	J	Yamaha	41'53.355
13.	Y. Hatakeyama	J	ERP Honda	42'49.801
14.	D. Bulega	I	Aprilia	42'53.039
15.	F. Gartner	ARG	Aprilia	43'21.660

Number of finishers: 16.
Fastest lap: M. Lucchi (I, Aprilia),
1'55.467 = 163.527 km/h.

5) May 31 : France - Le Castellet

29 laps = 110.200 km
Pole position: T. Harada (J, Aprilia),
1'23.417 = 163.995 km/h.

1.	T. Harada	J	Aprilia	40'59.018
				= 161.332 km/h
2.	V. Rossi	I	Aprilia	40'59.649
3.	L. Capirossi	I	Aprilia	41'13.424
4.	O. Jacque	F	Honda	41'26.035
5.	S. Perugini	I	Honda	41'27.042
6.	H. Aoki	J	Honda	41'27.063
7.	J. McWilliams	GB	TSR-Honda	41'35.246
8.	L. D'Antin	E	Yamaha	41'48.867
9.	T. Tsujimura	J	Yamaha	41'49.234
10.	J. Vincent	GB	TSR-Honda	41'50.690
11.	F. Battaini	I	Yamaha	41'52.394
12.	J. Fuchs	D	Aprilia	42'00.707
13.	J.-L. Cardoso	E	Yamaha	42'13.187
14.	R. Rolfo	I	TSR-Honda	42'17.187
15.	J. Allemand	F	Honda	1 lap

Number of finishers: 18.
Fastest lap: T. Harada (J, Aprilia),
1'23.688 = 163.464 km/h.

6) June 14 : Madrid - Jarama

28 laps = 107.800 km/h
Pole position: L. Capirossi (I, Aprilia),
1'34.382 = 146.850 km/h.

1.	T. Harada	J	Aprilia	44'44.553
				= 144.560 km/h
2.	T. Ukawa	J	Honda	44'53.291
3.	L. Capirossi	I	Aprilia	45'00.531
4.	J. Fuchs	D	Aprilia	45'07.098
5.	J.-L. Cardoso	E	Yamaha	45'08.997
6.	L. D'Antin	E	Yamaha	45'18.269
7.	T. Tsujimura	J	Yamaha	45'18.344
8.	J. Vincent	GB	TSR-Honda	45'30.895
9.	J. McWilliams	GB	TSR-Honda	45'34.759
10.	R. Rolfo	I	TSR-Honda	45'35.569
11.	I. Clementi	I	Yamaha	45'49.027
12.	J. Stigefelt	S	Suzuki	45'56.522
13.	Y. Hatakeyama	J	ERP Honda	46'14.758
14.	D. Bulega	I	ERP Honda	1 lap
15.	I. Bonilla	E	Honda	1 lap

Number of finishers: 16.
Fastest lap: T. Harada (J, Aprilia),
1'35.012 = 145.876 km/h.

7) June 27 : The Netherlands - Assen

18 laps = 108.882 km
Pole position: L. Capirossi (I, Aprilia),
2'05.567 = 173.424 km/h.

1.	V. Rossi	I	Aprilia	38'31.905
				= 169.546 km/h
2.	J. Fuchs	D	Aprilia	38'51.089
3.	H. Aoki	J	Honda	38'51.421
4.	L. D'Antin	E	Yamaha	38'53.587
5.	T. Ukawa	J	Honda	38'53.626
6.	S. Porto	ARG	Aprilia	38'53.832
7.	T. Tsujimura	J	Yamaha	38'53.989
8.	J. Vincent	GB	TSR-Honda	38'59.195
9.	L. Boscoscuro	I	TSR-Honda	39'05.349
10.	R. Rolfo	I	TSR-Honda	39'09.372
11.	N. Numata	J	Suzuki	39'14.133
12.	J. McWilliams	GB	TSR-Honda	39'14.564
13.	W. Costes	F	Honda	39'22.746
14.	I. Clementi	I	Yamaha	39'23.934
15.	J. Stigefelt	S	Suzuki	39'25.664

Number of finishers: 21.
Fastest lap: T. Harada (J, Aprilia),
2'06.452 = 172.210 km/h.

8) July 5 : Great Britain - Donington

27 laps = 108.621 km
Pole position: L. Capirossi (I, Aprilia),
1'34.085 = 153.933 km/h.

1.	L. Capirossi	I	Aprilia	42'55.085
				= 151.853 km/h
2.	T. Harada	J	Aprilia	43'00.767
3.	S. Perugini	I	Honda	43'33.088
4.	T. Ukawa	J	Honda	43'33.434
5.	H. Aoki	J	Honda	43'33.546
6.	J. Vincent	GB	TSR-Honda	43'34.169
7.	J. McWilliams	GB	TSR-Honda	43'46.889
8.	T. Tsujimura	J	Yamaha	43'54.031
9.	L. D'Antin	E	Yamaha	44'13.572
10.	J.-L. Cardoso	E	Yamaha	44'14.617
11.	N. Numata	J	Suzuki	44'19.186
12.	R. Rolfo	I	TSR-Honda	44'21.041
13.	J. Stigefelt	S	Suzuki	44'21.972
14.	W. Costes	F	Honda	44'24.595
15.	Y. Hatakeyama	J	ERP Honda	44'30.572

Number of finishers: 18.
Fastest lap: L. Capirossi (I, Aprilia),
1'34.188 = 153.764 km/h.

9) July 19 : Germany - Sachsenring

30 laps = 105.240 km
Pole position: T. Harada (J, Aprilia),
1'28.684 = 142.402 km/h.

1.	T. Harada	J	Aprilia	44'43.421
				= 141.186 km/h
2.	J. McWilliams	GB	TSR-Honda	44'52.454
3.	V. Rossi	I	Aprilia	44'52.688
4.	L. Capirossi	I	Aprilia	44'54.032
5.	J. Vincent	GB	TSR-Honda	45'21.682
6.	T. Tsujimura	J	Yamaha	45'27.032
7.	J.-L. Cardoso	E	Yamaha	45'28.664
8.	L. Boscoscuro	I	TSR-Honda	45'29.123
9.	N. Numata	J	Suzuki	45'33.336
10.	A. Hofmann	D	Honda	45'34.944
11.	R. Rolfo	I	TSR-Honda	45'38.335
12.	L. D'Antin	E	Yamaha	46'03.920
13.	D. Bulega	I	ERP-Honda	46'06.839
14.	J. Robinson	GB	Yamaha	46'07.336
15.	M. Baldinger	D	Honda	1 lap

Number of finishers: 15.
Fastest lap: T. Harada (J, Aprilia),
1'28.625 = 142.497 km/h.

10) August 23 : Czech Republic - Brno

20 laps = 108.060 km
Pole position: L. Capirossi (I, Aprilia),
2'03.974 = 156.894 km/h.

1.	T. Harada	J	Aprilia	41'52.318
				= 154.843 km/h
2.	L. Capirossi	I	Aprilia	41'57.525
3.	M. Lucchi	I	Aprilia	42'20.572
4.	J. McWilliams	GB	TSR-Honda	42'22.750
5.	T. Ukawa	J	Honda	42'23.021
6.	H. Aoki	J	Honda	42'23.408
7.	J. Vincent	GB	TSR-Honda	42'41.481
8.	T. Tsujimura	J	Yamaha	42'41.602
9.	L. Boscoscuro	I	TSR-Honda	42'41.716
10.	J.-L. Cardoso	E	Yamaha	42'42.619
11.	S. Perugini	I	Honda	42'50.130
12.	L. D'Antin	E	Yamaha	42'50.314
13.	F. Battaini	I	Yamaha	42'53.615
14.	N. Numata	J	Suzuki	43'02.421
15.	R. Rolfo	I	TSR-Honda	43'07.951

Number of finishers: 22.
Fastest lap: L. Capirossi (I, Aprilia),
2'04.614 = 156.088 km/h.

11) September 6 : San Marino - Imola

23 laps = 113.390 km
Pole position: T. Harada (J, Aprilia),
1'53.560 = 156.287 km/h.

1.	V. Rossi	I	Aprilia	43'43.815
				= 155.576 km/h
2.	L. Capirossi	I	Aprilia	43'46.502
3.	S. Perugini	I	Honda	43'47.990
4.	T. Ukawa	J	Honda	43'50.339
5.	O. Jacque	F	Honda	44'12.995
6.	H. Aoki	J	Honda	44'15.430
7.	L. Boscoscuro	I	TSR-Honda	44'16.763
8.	R. Rolfo	I	TSR-Honda	44'17.429
9.	T. Tsujimura	J	Yamaha	44'19.707
10.	T. Harada	J	Aprilia	44'23.410
11.	L. D'Antin	E	Yamaha	44'37.405
12.	J.-L. Cardoso	E	Yamaha	44'37.803
13.	F. Battaini	I	Yamaha	44'38.501
14.	N. Numata	J	Suzuki	44'40.198
15.	J. Vincent	GB	TSR-Honda	44'44.739

Number of finishers: 24.
Fastest lap: T. Harada (J, Aprilia),
1'52.533 = 157.713 km/h.

12) September 20 : Catalonia - Catalunya

23 laps = 108.721 km
Pole position: L. Capirossi (I, Aprilia),
1'47.457 = 158.362 km/h.

1.	V. Rossi	I	Aprilia	41'48.737
				= 156.013 km/h
2.	T. Harada	J	Aprilia	41'52.659
3.	L. Capirossi	I	Aprilia	42'02.785
4.	O. Jacque	F	Honda	42'06.435
5.	T. Ukawa	J	Honda	42'18.592
6.	S. Perugini	I	Honda	42'27.405
7.	H. Aoki	J	Honda	42'27.438
8.	R. Rolfo	I	TSR-Honda	42'27.663
9.	F. Battaini	I	Yamaha	42'27.785
10.	T. Tsujimura	J	Yamaha	42'35.129
11.	J. Vincent	GB	TSR-Honda	42'35.168
12.	L. Boscoscuro	I	TSR-Honda	42'35.690
13.	N. Numata	J	Suzuki	42'38.582
14.	O. Miyazaki	J	Yamaha	42'39.879
15.	J. Stigefelt	S	Suzuki	42'58.236

Number of finishers: 22.
Fastest lap: V. Rossi (I, Aprilia),
1'47.585 = 158.174 km/h.

13) October 4 : Australia - Phillip Island

25 laps = 111.200 km
Pole position: L. Capirossi (I, Aprilia),
1'35.025 = 168.511 km/h.

1.	V. Rossi	I	Aprilia	40'06.135
				= 166.374 km/h
2.	L. Capirossi	I	Aprilia	40'07.474
3.	O. Jacque	F	Honda	40'07.556
4.	S. Nakano	J	Yamaha	40'14.596
5.	T. Ukawa	J	Honda	40'36.930
6.	S. Perugini	I	Honda	40'38.010
7.	L. D'Antin	E	Yamaha	40'48.439
8.	H. Aoki	J	Honda	40'48.875
9.	N. Numata	J	Suzuki	40'48.908
10.	L. Boscoscuro	I	TSR-Honda	40'51.831
11.	J. Stigefelt	S	Suzuki	40'53.985
12.	T. Tsujimura	J	Yamaha	40'54.256
13.	R. Rolfo	I	TSR-Honda	41'22.258
14.	Y. Hatakeyama	J	ERP Honda	41'22.573
15.	O. Miyazaki	J	Yamaha	41'22.659

Number of finishers: 20.
Fastest lap: T. Harada (J, Aprilia),
1'35.253 = 168.108 km/h.

14) October 25 : Argentina - Buenos Aires

25 laps = 108.750 km
Pole position: L. Capirossi (I, Aprilia),
1'45.568 = 148.340 km/h.

1.	V. Rossi	I	Aprilia	44'26.581
				= 146.817 km/h
2.	L. Capirossi	I	Aprilia	44'31.941
3.	O. Jacque	F	Honda	44'53.677
4.	T. Ukawa	J	Honda	44'54.032
5.	R. Rolfo	I	TSR-Honda	44'57.401
6.	J. McWilliams	GB	TSR-Honda	45'08.397
7.	N. Numata	J	Suzuki	45'09.136
8.	J. Stigefelt	S	Suzuki	45'09.289
9.	F. Battaini	I	Yamaha	45'09.729
10.	L. Boscoscuro	I	TSR-Honda	45'19.086
11.	T. Tsujimura	J	Yamaha	45'20.712
12.	D. Bulega	I	ERP Honda	45'34.090
13.	D. Giugovaz	I	Aprilia	45'39.087
14.	O. Miyazaki	J	Yamaha	46'01.609
15.	W. Coulter	GB	Honda	46'03.952

Number of finishers: 20.
Fastest lap: V. Rossi (I, Aprilia),
1'45.473 = 148.474 km/h.

WORLD CHAMPIONSHIP

1.	Loris Capirossi	I	Aprilia	224
2.	Valentino Rossi	I	Aprilia	201
3.	Tetsuya Harada	J	Aprilia	200
4.	Tohru Ukawa	J	Honda	145
5.	Olivier Jacque	F	Honda	112
6.	Haruchika Aoki	J	Honda	112
7.	Stefano Perugini	I	Honda	102
8.	Takeshi Tsujimura	J	Yamaha	91
9.	Jeremy McWilliams	GB	TSR-Honda	87
10.	Luis D'Antin	E	Yamaha	74
11.	José Luis Cardoso	E	Yamaha	61
12.	Roberto Rolfo	I	TSR-Honda	61
13.	Jason Vincent	GB	TSR-Honda	60
14.	Luca Boscoscuro	I	TSR-Honda	58
15.	Marcellino Lucchi	I	Aprilia	52
16.	Noriyasu Numata	J	Suzuki	52
17.	Jürgen Fuchs	D	Aprilia	45
18.	Franco Battaini	I	Yamaha	34
19.	Shinya Nakano	J	Yamaha	33
20.	Daijiro Katoh	J	Honda	25
21.	Johan Stigefelt	S	Suzuki	22
22.	Sebastian Porto	ARG	Aprilia	17
23.	Naoki Matsudo	J	Yamaha	16
24.	Osamu Miyazaki	J	Yamaha	14
25.	Davide Bulega	I	ERP Honda	11
26.	Yukio Kagayama	J	Suzuki	10
27.	Yasumasa Hatakeyama	J	ERP Honda	9
28.	Ivan Clementi	I	Yamaha	7
29.	Alexander Hofmann	D	Honda	6
30.	William Costes	F	Honda	6
31.	Choujun Kameya	J	Suzuki	3
32.	Diego Giugovaz	I	Aprilia	3
33.	Jamie Robinson	GB	Yamaha	2
34.	Federico Gartner	ARG	Aprilia	1
35.	Julien Allemand	F	Honda	1
36.	Ismael Bonilla	E	Honda	1
37.	Mike Baldinger	D	Honda	1
38.	Woolsey Coulter	GB	Honda	1

1998 — 250 cc

Champion : **Michael Doohan (Australia, Honda V4), 260 points, 8 wins**

1998 — 500 cc

1) April 5 : Japan - Suzuka

21 laps = 123.144 km
Pole position: M. Biaggi (I, Honda V4),
   2'05.772 = 167.846 km/h.

1.	M. Biaggi	I	Honda V4	44'59.478
				= 164.223 km/h
2.	T. Okada	J	Honda V4	45'04.894
3.	N. Haga	J	Yamaha	45'04.980
4.	A. Crivillé	E	Honda V4	45'10.010
5.	K. Nanba	J	Yamaha	45'10.357
6.	N. Aoki	J	Suzuki	45'12.957
7.	A. Barros	BR	Honda V4	45'19.744
8.	C. Checa	E	Honda V4	45'19.917
9.	S. Crafar	NZ	Yamaha	45'20.251
10.	M. Gibernau	E	Honda V2	45'46.579
11.	K. Roberts Jr	USA	Modenas KR3	46'13.036
12.	D. Romboni	I	MuZ-Swissauto	46'22.334
13.	J. Kocinski	USA	Honda V4	46'24.442
14.	N. Abe	J	Yamaha	46'24.771
15.	J.-B. Borja	E	Honda V2	46'59.470

Number of finishers: 16.
Fastest lap: M. Biaggi (I, Honda V4),
   2'06.746 = 166.556 km/h.

2) April 19 : Malaysia - Johor Bahru

30 laps = 115.800 km
Pole position: M. Doohan (AUS, Honda V4),
   1'28.225 = 157.506 km/h.

1.	M. Doohan	AUS	Honda V4	45'15.533
				= 153.516 km/h
2.	C. Checa	E	Honda V4	45'18.167
3.	M. Biaggi	I	Honda V4	45'19.943
4.	A. Crivillé	E	Honda V4	45'26.152
5.	J. Kocinski	USA	Honda V4	45'28.612
6.	Y. Kagayama	J	Suzuki	45'34.915
7.	N. Fujiwara	J	Yamaha	45'57.027
8.	J.Van den Goorbergh	NL	Honda V2	46'04.503
9.	R. Waldmann	D	Modenas KR3	46'07.664
10.	G. McCoy	AUS	Honda V2	46'15.827
11.	K. Roberts Jr	USA	Modenas KR3	46'35.778
12.	M. Wait	USA	Honda V2	46'39.132
13.	S. Gimbert	F	Honda V2	46'50.065

Number of finishers: 13.
Fastest lap: M. Doohan (AUS, Honda V4),
   1'29.636 = 155.026 km/h.

3) May 3 : Spain - Jerez de la Frontera

27 laps = 119.421 km
Pole position: C. Checa (E, Honda V4),
   1'43.467 = 153.892 km/h.

1.	A, Crivillé	E	Honda V4	47'21.522
				= 151.297 km/h
2.	M. Doohan	AUS	Honda V4	47'21.915
3.	M. Biaggi	I	Honda V4	47'22.392
4.	C. Checa	E	Honda V4	47'23.890
5.	A. Barros	BR	Honda V4	47'34.833
6.	N. Abe	J	Yamaha	47'35.455
7.	T. Okada	J	Honda V4	47'35.993
8.	N. Aoki	J	Suzuki	47'45.649
9.	K. Roberts Jr	USA	Modenas KR3	47'48.222
10.	R. Waldmann	D	Modenas KR3	47'51.119
11.	J. Kocinski	USA	Honda V4	47'53.083
12.	M. Gibernau	E	Honda V2	47'57.663
13.	S. Crafar	NZ	Yamaha	48'03.008
14.	R. Laconi	F	Yamaha	48'16.469
15.	G. McCoy	AUS	Honda V2	48'16.680

Number of finishers: 22.
Fastest lap: A. Crivillé (E, Honda V4),
   1'44.448 = 152.447 km/h.

4) May 17 : Italy - Mugello

23 laps = 120.635 km/h
Pole position: M. Doohan (AUS, Honda V4),
   1'53.282 = 166.681 km/h.

1.	.M. Doohan	AUS	Honda V4	43'55.307
				= 164.795 km/h
2.	M. Biaggi	I	Honda V4	44'00.702
3.	A. Crivillé	E	Honda V4	44'06.448
4.	C. Checa	E	Honda V4	44'14.954
5.	J. Kocinski	USA	Honda V4	44'15.133
6.	N. Abe	J	Yamaha	44'17.188
7.	S. Crafar	NZ	Yamaha	44'17.933
8.	N. Aoki	J	Suzuki	44'19.542
9.	A. Barros	BR	Honda V4	44'23.250
10.	R. Laconi	F	Yamaha	44'36.074
11.	R. Waldmann	D	Modenas KR3	44'42.638
12.	K. Nanba	J	Yamaha	44'54.930
13.	G. McCoy	AUS	Honda V2	44'59.311
14.	M. Gibernau	E	Honda V2	45'04.626
15.	S. Gimbert	F	Honda V2	45.09.601

Number of finishers: 20.
Fastest lap: M. Doohan (AUS, Honda V4),
   1'53.342 = 166.593 km/h.

5) May 31 : France - Le Castellet

31 laps = 117.800 km
Pole position: M. Doohan (AUS, Honda V4),
   1'21.188 = 168.497 km/h.

1.	A. Crivillé	E	Honda V4	42'41.128
				= 165.583 km/h
2.	M. Doohan	AUS	Honda V4	42'41.411
3.	C. Checa	E	Honda V4	42'41.626
4.	J. Kocinski	USA	Honda V4	42'48.016
5.	M. Biaggi	I	Honda V4	42'51.575
6.	L. Cadalora	I	Yamaha	42'57.433
7.	N. Abe	J	Yamaha	42'57.919
8.	N. Aoki	J	Suzuki	42'58.169
9.	S. Crafar	NZ	Yamaha	43'01.681
10.	M. Gibernau	E	Honda V2	43'04.882
11.	R. Laconi	F	Yamaha	43'18.681
12.	R. Waldmann	D	Modenas KR3	43'24.947
13.	K. Roberts Jr	USA	Modenas KR3	43'29.207
14.	J.-B. Borja	E	Honda V2	43'32.579
15.	J. Van den Goorbergh	NL	Honda V2	43'44.471

Number of finishers: 19.
Fastest lap: A. Crivillé (E, Honda V4),
   1'21.736 = 167.368 km/h.

6) June 14 : Madrid - Jarama

30 laps = 115.500 km/h
Pole position: M. Doohan (AUS, Honda V4),
   1'32.493 = 149.849 km/h.

1.	C. Checa	E	Honda V4	47'21.513
				= 146.330 km/h
2.	N. Abe	J	Yamaha	47'21.733
3.	M. Gibernau	E	Honda V2	47'23.399
4.	N. Aoki	J	Suzuki	47'26.719
5.	A. Crivillé	E	Honda V4	47'32.678
6.	M. Biaggi	I	Honda V4	47'33.092
7.	R. Laconi	F	Yamaha	47'33.224
8.	S. Crafar	NZ	Yamaha	47'54.171
9.	A. Barros	BR	Honda V4	47'57.739
10.	R. Waldmann	D	Modenas KR3	48'16.855
11.	G. McCoy	AUS	Honda V2	48'18.451
12.	S. Smart	GB	Honda V2	48'44.319
13.	M. Wait	USA	Honda V2	48'48.190
14.	E. Suter	CH	MuZ-Swissauto	1 lap
15.	F. Cristobal	E	Honda V2	1 lap

Number of finishers: 16.
Fastest lap: C. Checa (E, Honda V4),
   1'33.617 = 148.050 km/h.

7) June 27 : The Netherlands - Assen

20 laps = 120.980 km
Pole position: M. Doohan (AUS, Honda V4),
2'02.092 = 178.360 km/h.

1.	M. Doohan	AUS	Honda V4	41'17.788
				= 175.772 km/h
2.	M. Biaggi	I	Honda V4	41'18.348
3.	S. Crafar	NZ	Yamaha	41'18.939
4.	A. Barros	BR	Honda V4	41'22.939
5.	C. Checa	E	Honda V4	41'31.615
6.	A. Crivillé	E	Honda V4	41'39.044
7.	N. Aoki	J	Suzuki	41'46.665
8.	T. Okada	J	Honda V4	41'51.332
9.	R. Laconi	F	Yamaha	42'02.658
10.	J. Van den Goorbergh	NL	Honda V2	42'05.906
11.	G. McCoy	AUS	Honda V2	42'29.045
12.	K. Roberts Jr	USA	Modenas KR3	42'47.925
13.	M. Wait	USA	Honda V2	42'57.673
14.	S. Smart	GB	Honda V2	44'07.644
15.	B. Garcia	F	Honda V2	44'20.475

Number of finishers: 15.
Fastest lap: M. Doohan (AUS, Honda V4),
2'02.941 = 177.128 km/h.

8) July 5 : Great Britain - Donington

30 laps = 120.690 km
Pole position: S. Crafar (NZ, Yamaha),
1'32.128 = 157.203 km/h.

1.	S. Crafar	NZ	Yamaha	46'45.662
				= 154.859 km/h
2.	M. Doohan	AUS	Honda V4	46'57.192
3.	N. Abe	J	Yamaha	47'03.586
4.	A. Crivillé	E	Honda V4	47'08.595
5.	A. Barros	BR	Honda V4	47'09.092
6.	M. Biaggi	I	Honda V4	47'20.876
7.	N. Aoki	J	Suzuki	47'39.659
8.	R. Laconi	F	Yamaha	47'53.873
9.	J. Van den Goorbergh	NL	Honda V2	48'24.918
10.	S. Smart	GB	Honda V2	1 lap
11.	B. Garcia	F	Honda V2	1 lap
12.	J. McGuiness	GB	Honda V2	1 lap
13.	G. McCoy	AUS	Honda V2	1 lap
14.	F. Cristobal	E	Honda V2	1 lap
15.	F. Carpani	I	Honda V2	2 laps

Number of finishers: 15.
Fastest lap: S. Crafar (NZ, Yamaha),
1'32.661 = 156.298 km/h.

9) July 19 : Germany - Sachsenring

31 laps = 108.748 km
Pole position: M. Biaggi (I, Honda V4),
1'27.894 = 143.682 km/h.

1.	M. Doohan	AUS	Honda V4	46'00.876
				= 141.800 km/h
2.	M. Biaggi	I	Honda V4	46'03.749
3.	A. Crivillé	E	Honda V4	46'12.255
4.	A. Barros	BR	Honda V4	46'12.409
5.	R. Laconi	F	Yamaha	46'19.969
6.	K. Roberts Jr	USA	Modenas KR3	46'30.963
7.	R. Waldmann	D	Modenas KR3	46'35.757
8.	J. Van den Goorbergh	NL	Honda V2	46'35.909
9.	K. Nanba	J	Yamaha	46'46.954
10.	N. Aoki	J	Suzuki	46'49.560
11.	G. Lavilla	E	Honda V4	46'58.895
12.	B. Garcia	F	Honda V2	47'04.041
13.	E. Suter	CH	MuZ-Swissauto	47'11.703
14.	M. Wait	USA	Honda V2	47'11.817
15.	F. Cristobal	E	Honda V2	47'32.772

Number of finishers: 16.
Fastest lap: A. Barros (BR, Honda V4),
1'28.381 = 142.890 km/h.

10) August 23 : Czech Republic - Brno

22 laps = 118.866 km
Pole position: M. Doohan (AUS, Honda V4),
2'01.585 = 159.976 km/h.

1.	M. Biaggi	I	Honda V4	45'12.043
				= 157.784 km/h
2.	A. Crivillé	E	Honda V4	45'12.811
3.	A. Barros	BR	Honda V4	45'13.589
4.	T. Okada	J	Honda V4	45'14.278
5.	N. Abe	J	Yamaha	45'23.860
6.	M. Gibernau	E	Honda V2	45'23.989
7.	C. Checa	E	Honda V4	45'28.360
8.	J.-M. Bayle	F	Yamaha	45'30.569
9.	R. Laconi	F	Yamaha	45'36.200
10.	K. Roberts Jr	USA	Modenas KR3	45'42.592
11.	S. Crafar	NZ	Yamaha	45'46.606
12.	N. Aoki	J	Suzuki	45'50.156
13.	R. Waldmann	D	Modenas KR3	45'50.568
14.	E. Suter	CH	MuZ-Swissauto	45'58.188
15.	J. Kocinski	USA	Honda V4	46'05.172

Number of finishers: 21.
Fastest lap: A. Crivillé (E, Honda V4),
2'02.335 = 158.996 km/h.

11) September 6 : San Marino - Imola

25 laps = 123.250 km
Pole position: J.-M. Bayle (F, Yamaha),
1'49.345 = 162.311 km/h.

1.	M. Doohan	AUS	Honda V4	46'00.092
				= 160.755 km/h
2.	A. Crivillé	E	Honda V4	46'06.656
3.	M. Biaggi	I	Honda V4	46'08.813
4.	A. Barros	BR	Honda V4	46'11.336
5.	J.-M. Bayle	F	Yamaha	46'21.764
6.	N. Abe	J	Yamaha	46'28.499
7.	T. Okada	J	Honda V4	46'36.719
8.	M. Gibernau	E	Honda V2	46'36.968
9.	N. Aoki	J	Suzuki	46'37.424
10.	C. Checa	E	Honda V4	46'47.769
11.	S. Crafar	NZ	Yamaha	46'55.982
12.	R. Laconi	F	Yamaha	46'57.132
13.	J. Kocinski	USA	Honda V4	46'58.970
14.	K. Roberts Jr	USA	Modenas KR3	47'06.196
15.	R. Waldmann	D	Modenas KR3	47'18.400

Number of finishers: 19.
Fastest lap: M. Biaggi (I, Honda V4),
1'49.556 = 161.999 km/h.

12) September 20 : Catalonia - Catalunya

25 laps = 118.175 km
Pole position: A. Crivillé (E, Honda V4),
1'45.583 = 161.173 km/h.

1.	M. Doohan	AUS	Honda V4	44'53.264
				= 157.960 km/h
2.	T. Okada	J	Honda V4	44'55.238
3.	N. Abe	J	Yamaha	45'01.524
4.	M. Gibernau	E	Honda V2	45'14.129
5.	S. Crafar	NZ	Yamaha	45'16.231
6.	C. Checa	E	Honda V4	45'18.197
7.	A. Barros	BR	Honda V4	45'19.028
8.	R. Laconi	F	Yamaha	45'21.835
9.	J. Kocinski	USA	Honda V4	45'34.622
10.	K. Roberts Jr	USA	Modenas KR3	45'34.637
11.	N. Aoki	J	Suzuki	45'41.574
12.	R. Waldmann	D	Modenas KR3	45'44.206
13.	J. Van den Goorbergh	NL	Honda V2	46'03.809
14.	M. Wait	USA	Honda V2	46'07.985
15.	S. Smart	GB	Honda V2	46'08.043

Number of finishers: 16.
Fastest lap: A. Barros (BR, Honda V4),
1'46.810 = 159.322 km/h.

13) October 4 : Australia - Phillip Island

27 laps = 120.096 km
Pole position: M. Doohan (AUS, Honda V4),
1'33.162 = 171.881 km/h.

1.	M. Doohan	AUS	Honda V4	42'42.511
				= 168.719 km/h
2.	S. Crafar	NZ	Yamaha	42'43.329
3.	A. Crivillé	E	Honda V4	42'45.195
4.	A. Barros	BR	Honda V4	42'45.238
5.	N. Abe	J	Yamaha	42'51.571
6.	N. Aoki	J	Suzuki	42'55.472
7.	R. Laconi	F	Yamaha	42'55.567
8.	M. Biaggi	I	Honda V4	42'56.622
9.	T. Okada	J	Honda V4	43'18.969
10.	K. Roberts Jr	USA	Modenas KR3	43'25.865
11.	J. Van den Goorbergh	NL	Honda V2	43'43.062
12.	J. Kocinski	USA	Honda V4	43'48.266
13.	M. Wait	USA	Honda V2	43'50.170
14.	M. Willis	AUS	Suzuki	43'53.231
15.	S. Smart	GB	Honda V2	44'12.943

Number of finishers: 16.
Fastest lap: S. Crafar (NZ, Yamaha),
1'33.868 = 170.588 km/h.

14) October 25 : Argentina - Buenos Aires

27 laps = 117.450 km
Pole position: M. Doohan (AUS, Honda V4),
1'44.193 = 150.298 km/h.

1.	M. Doohan	AUS	Honda V4	47'07.332
				= 149.547 km/h
2.	T. Okada	J	Honda V4	47'12.094
3.	A. Barros	BR	Honda V4	47'12.922
4.	N. Abe	J	Yamaha	47'35.017
5.	M. Biaggi	I	Honda V4	47'37.586
6.	R. Laconi	F	Yamaha	47'37.773
7.	J.-M. Bayle	F	Yamaha	47'37.979
8.	C. Checa	E	Honda V4	47'38.276
9.	M. Gibernau	E	Honda V4	47'40.140
10.	J. Kocinski	USA	Honda V4	47'49.046
11.	K. Roberts Jr	USA	Modenas KR3	47'54.078
12.	N. Aoki	J	Suzuki	47'55.596
13.	S. Crafar	NZ	Yamaha	48'09.395
14.	J. Van den Goorbergh	NL	Honda V2	48'10.587
15.	R. Waldmann	D	Modenas KR3	48'13.603

Number of finishers: 21.
Fastest lap: T. Okada (J, Honda V4),
1'44.122 = 150.400 km/h.

WORLD CHAMPIONSHIP

1.	Michael Doohan	AUS	Honda V4	260
2.	Massimiliano Biaggi	I	Honda V4	208
3.	Alex Crivillé	E	Honda V4	198
4.	Carlos Checa	E	Honda V4	139
5.	Alexandre Barros	BR	Honda V4	138
6.	Norifumi Abe	J	Yamaha	128
7.	Simon Crafar	NZ	Yamaha	119
8.	Tadayuki Okada	J	Honda V4	106
9.	Nobuatsu Aoki	J	Suzuki	101
10.	Régis Laconi	F	Yamaha	86
11.	Manuel "Sete" Gibernau	E	Honda V2	72
12.	John Kocinski	USA	Honda V4	64
13.	Kenny Roberts Jr	USA	Modenas	59
14.	Ralf Waldmann	D	Modenas	46
15.	Jurgen Van den Goorbergh	NL	Honda V2	40
16.	Jean-Michel Bayle	F	Yamaha	28
17.	Garry McCoy	AUS	Honda V2	23
18.	Kyoji Nanba	J	Yamaha	22
19.	Matt Wait	USA	Honda V2	17
20.	Noriyuki Haga	J	Yamaha	16
21.	Scott Smart	GB	Honda V2	14
22.	Yukio Kagayama	J	Suzuki	10
23.	Luca Cadalora	I	Yamaha	10
24.	Bernard Garcia	F	Honda V2	10
25.	Norihiko Fujiwara	J	Yamaha	9
26.	Eskil Suter	CH	MuZ-Swissauto	7
27.	Gregorio Lavilla	E	Honda V4	5
28.	Doriano Romboni	I	MuZ-Swissauto	4
29.	John McGuiness	GB	Honda V2	4
30.	Sébastien Gimbert	F	Honda V2	4
31.	Fernando Cristobal	E	Honda V2	4
32.	Juan Bautista Borja	E	Honda V2	3
33.	Mark Willis	AUS	Suzuki	2
34.	Fabio Carpani	I	Honda V2	1

1998 — 500 cc

1999 — 125 cc

Champion : Emilio Alzamora (Spain, Honda), 227 points, 0 win

1) April 18 : Malaysia - Sepang

19 laps = 105.412 km
Pole position: A. Vincent (F, Aprilia),
  2'17.052 = 145.731 km/h.

1. M. Azuma	J	Honda	43'55.438
			= 143.992 km/h
2. E. Alzamora	E	Honda	43'55.544
3. G. Scalvini	I	Aprilia	44'05.947
4. A. Vincent	F	Aprilia	44'08.347
5. J. Vidal	E	Aprilia	44'16.133
6. S. Sanna	I	Honda	44'28.622
7. G. Borsoi	I	Aprilia	44'22.646
8. I. Goi	I	Honda	44'22.789
9. M. Giansanti	I	Aprilia	44'22.945
10. K. Sakata	J	Honda	44'22.952
11. M. Sabbatani	I	Honda	44'23.172
12. M. Poggiali	RSM	Aprilia	44'33.360
13. Y. Ui	J	Derbi	44'33.702
14. A. Nieto Jr	E	Honda	44'33.782
15. S. Jenkner	D	Aprilia	44'37.400

Number of finishers: 22.
Fastest lap: E. Alzamora (E, Honda),
  2'16.868 = 145.927 km/h.

2) April 25 : Japan - Motegi

21 laps = 100.821 km
Pole position: L. Cecchinello (I, Honda),
  2'00.785 = 143.093 km/h.

1. M. Azuma	J	Honda	46'17.752
			= 130.665 km/h
2. H. Nakajoh	J	Honda	46'39.655
3. E. Alzamora	E	Honda	46'50.275
4. Y. Ui	J	Derbi	46'53.452
5. K. Uezu	J	Yamaha	46'54.533
6. L. Cecchinello	I	Honda	46'54.655
7. M. Sabbatani	I	Honda	46'56.048
8. K. Sakata	J	Honda	46'57.921
9. K. Kubo	J	Yamaha	46'58.708
10. M. Nakamura	J	Honda	47'06.471
11. A. Nieto Jr	E	Honda	47'06.811
12. G. Scalvini	I	Aprilia	47'11.877
13. S. Jenkner	D	Aprilia	47'47.698
14. I. Goi	I	Honda	47'50.203
15. R. De Puniet	F	Aprilia	48'01.175

Number of finishers: 21.
Fastest lap: M. Sabbatani (I, Honda),
  2'10.519 = 132.422 km/h.

3) May 9 : Spain - Jerez de la Frontera

23 laps = 101.729 km
Pole position: M. Azuma (J, Honda),
  1'48.983 = 146.103 km/h.

1. M. Azuma	J	Honda	42'25.263
			= 143.884 km/h
2. L. Cecchinello	I	Honda	42'25.362
3. E. Alzamora	E	Honda	42'25.392
4. G. Scalvini	I	Aprilia	42'25.620
5. R. Locatelli	I	Aprilia	42'26.733
6. J. Vidal	E	Aprilia	42'27.213
7. S. Sanna	I	Honda	42'42.211
8. N. Ueda	J	Honda	42'46.337
9. M. Poggiali	RSM	Aprilia	42'52.876
10. A. Vincent	F	Aprilia	42'54.118
11. I. Goi	I	Honda	42'54.222
12. G. Borsoi	I	Aprilia	42'54.527
13. M. Giansanti	I	Aprilia	42'55.269
14. A. Brannetti	I	Aprilia	42'58.517
15. K. Sakata	J	Honda	42'59.545 (*)

Number of finishers: 21.
Fastest lap: M. Azuma (J, Honda),
  1'49.395 = 145.553 km/h.

4) May 23 : France - Le Castellet

27 laps = 102.600 km
Pole position: L. Cecchinello (I, Honda),
  1'28.864 = 153.943 km/h.

1. R. Locatelli	I	Aprilia	40'23.904
			= 152.382 km/h
2. A. Vincent	F	Aprilia	40'30.028
3. E. Alzamora	E	Honda	40'30.305
4. M. Azuma	J	Honda	40'30.471
5. N. Ueda	J	Honda	40'30.919
6. M. Melandri	I	Honda	40'30.994
7. G. Scalvini	I	Aprilia	40'33.067
8. S. Jenkner	D	Aprilia	40'38.144
9. K. Sakata	J	Honda	40'38.900
10. S. Sanna	I	Honda	40'39.391
11. R. De Puniet	F	Aprilia	40'39.394
12. A. Nieto Jr	E	Honda	40'39.769
13. M. Giansanti	I	Aprilia	40'42.947
14. J. Vidal	E	Aprilia	40'58.402
15. F. Petit	F	Aprilia	41'00.295

Number of finishers: 22.
Fastest lap: G. Scalvini (I, Aprilia),
  1'28.891 = 153.896 km/h.

5) June 6 : Italy - Mugello

20 laps = 104.900 km
Pole position: R. Locatelli (I, Aprilia),
  2'00.254 = 157.017 km/h.

1. R. Locatelli	I	Aprilia	40'52.672
			= 153.970 km/h
2. M. Melandri	I	Honda	40'52.943
3. N. Ueda	J	Honda	40'52.967
4. S. Sanna	I	Honda	40'53.015
5. A. Vincent	F	Aprilia	40'53.114
6. E. Alzamora	E	Honda	40'53.260
7. M. Azuma	J	Honda	40'53.860
8. K. Sakata	J	Honda	40'53.865
9. L. Cecchinello	I	Honda	40'53.932
10. G. Borsoi	I	Aprilia	40'54.010
11. M. Giansanti	I	Aprilia	40'54.101
12. J. Vidal	E	Aprilia	40'54.941
13. M. Poggiali	RSM	Aprilia	41'01.108
14. S. Jenkner	D	Aprilia	41'03.054
15. I. Goi	I	Honda	41'03.213

Number of finishers: 25.
Fastest lap: K. Sakata (J, Honda),
  2'00.648 = 156.504 km/h.

6) June 20 : Catalonia - Catalunya

22 laps = 103.994 km
Pole position: R. Locatelli (I, Aprilia),
  1'52.491 = 151.276 km/h.

1. A. Vincent	F	Aprilia	41'47.749
			= 149.288 km/h
2. E. Alzamora	E	Honda	41'47.760
3. M. Melandri	I	Honda	41'48.089
4. N. Ueda	J	Honda	41'48.296
5. L. Cecchinello	I	Honda	41'49.011
6. R. Locatelli	I	Aprilia	41'49.374
7. K. Sakata	J	Honda	41'49.846
8. S. Sanna	I	Honda	42'08.175
9. R. De Puniet	F	Aprilia	42'08.344
10. G. Scalvini	I	Aprilia	42'08.608
11. A. Brannetti	I	Aprilia	42'08.708
12. G. Borsoi	I	Aprilia	42'10.517
13. F. Petit	F	Aprilia	42'10.561
14. M. Giansanti	I	Aprilia	42'16.774
15. I. Goi	I	Honda	42'30.609

Number of finishers: 18.
Fastest lap: N. Ueda (J, Honda),
  1'52.813 = 150.844 km/h.

7) June 26 : The Netherlands - Assen

17 laps = 102.833 km
Pole position: L. Cecchinello (I, Honda),
  2'12.853 = 163.913 km/h.

1. M. Azuma	J	Honda	38'09.395
			= 161.701 km/h
2. N. Ueda	J	Honda	38'09.712
3. R. Locatelli	I	Aprilia	38'09.738
4. E. Alzamora	E	Honda	38'18.237
5. G. Scalvini	I	Aprilia	38'18.599
6. Y. Ui	J	Derbi	38'18.935
7. A. Vincent	F	Aprilia	38'19.136
8. M. Melandri	I	Honda	38'19.143
9. G. Borsoi	I	Aprilia	38'19.490
10. K. Sakata	J	Honda	38'21.233
11. I. Goi	I	Honda	38'35.078

12. M. Giansanti	I	Aprilia	38'35.276
13. M. Poggiali	RSM	Aprilia	38'46.698
14. S. Sanna	I	Honda	38'46.921
15. F. Petit	F	Aprilia	38'47.263

Number of finishers: 20.
Fastest lap: N. Ueda (J, Honda), 2'13.225 = 163.455 km/h.

8) July 4 : Great Britain - Donington Park

26 laps = 104.598 km
Pole position: G. Scalvini (I, Aprilia), 1'39.614 = 145.389 km/h.

1. M. Azuma	J	Honda	43'21.690
			= 144.733 km/h
2. N. Ueda	J	Honda	43'23.473
3. E. Alzamora	E	Honda	43'23.700
4. R. Locatelli	I	Aprilia	43'24.070
5. M. Melandri	I	Honda	43'32.206
6. G. Scalvini	I	Aprilia	43'32.305
7. Y. Ui	J	Derbi	43'32.885
8. G. Borsoi	I	Aprilia	43'42.659
9. A. Vincent	F	Aprilia	43'49.499
10. M. Giansanti	I	Aprilia	43'54.671
11. I. Goi	I	Honda	43'55.529
12. P. Nieto	E	Derbi	43'55.940
13. K. Sakata	J	Honda	44'04.884
14. R. Stolz	D	Honda	44'06.086
15. J. Vidal	E	Aprilia	44'08.219

Number of finishers: 20.
Fastest lap: R. Locatelli (I, Aprilia), 1'39.103 = 146.138 km/h.

9) July 18 : Germany - Sachsenring

29 laps = 101.732 km
Pole position: M. Melandri (I, Honda), 1'30.280 = 139.884 km/h.

1. M. Melandri	I	Honda	44'13.126
			= 138.039 km/h
2. E. Alzamora	E	Honda	44'13.308
3. L. Cecchinello	I	Honda	44'13.846
4. R. Locatelli	I	Aprilia	44'14.575
5. N. Ueda	J	Honda	44'32.264
6. M. Azuma	J	Honda	44'32.393
7. G. Scalvini	I	Aprilia	44'34.650
8. G. Borsoi	I	Aprilia	44'36.402
9. S. Sanna	I	Honda	44'36.778
10. A. Vincent	F	Aprilia	44'37.023
11. M. Poggiali	RSM	Aprilia	44'37.212
12. I. Goi	I	Honda	44'42.217
13. M. Giansanti	I	Aprilia	44'44.001
14. K. Nöhles	D	Honda	44'44.702
15. R. De Puniet	F	Aprilia	44'45.474

Number of finishers: 23.
Fastest lap: E. Alzamora (E, Honda), 1'30.159 = 140.072 km/h.

10) August 22 : Czech Republik - Brno

19 laps = 102.657 km
Pole position: R. Locatelli (I, Aprilia), 2'09.384 = 150.333 km/h.

1. M. Melandri	I	Honda	41'23.897
			= 148.784 km/h
2. N. Ueda	J	Honda	41'35.569
3. L. Cecchinello	I	Honda	41'35.614
4. G. Scalvini	I	Aprilia	41'35.682
5. Y. Ui	J	Derbi	41'44.909
6. E. Alzamora	E	Honda	41'48.495
7. S. Jenkner	D	Aprilia	41'48.636
8. S. Sanna	I	Honda	41'48.698
9. G. Borsoi	I	Aprilia	41'48.876
10. A. Vincent	F	Aprilia	42'04.410
11. I. Goi	I	Honda	42'05.496
12. M. Azuma	J	Honda	42'05.603
13. K. Nöhles	D	Honda	42'05.637
14. R. Stolz	D	Honda	42'05.668
15. M. Giansanti	I	Aprilia	42'06.186

Number of finishers: 23.
Fastest lap: M. Melandri (I, Honda), 2'09.617 = 150.063 km/h.

11) September 5 : San Marino - Imola

21 laps = 103.530 km
Pole position: M. Melandri (I, Honda), 1'58.141 = 150.227 km/h.

1. M. Melandri	I	Honda	42'26.648
			= 146.352 km/h
2. S. Sanna	I	Honda	42'27.892
3. A. Vincent	F	Aprilia	42'28.183
4. E. Alzamora	E	Honda	42'28.859
5. N. Ueda	J	Honda	42'28.924
6. I. Goi	I	Honda	42'39.234
7. S. Jenkner	D	Aprilia	42'39.349
8. M. Poggiali	RSM	Aprilia	42'39.760
9. Y. Ui	J	Derbi	42'40.834
10. M. Azuma	J	Honda	42'41.836
11. R. Locatelli	I	Aprilia	42'53.439
12. W. De Angelis	RSM	Aprilia	43'00.646
13. M. Giansanti	I	Aprilia	43'14.837
14. R. Stolz	D	Honda	43'15.406
15. A. Brannetti	I	Aprilia	43'15.467

Number of finishers: 20.
Fastest lap: R. Locatelli (I, Aprilia), 1'59.606 = 148.387 km/h.

12) September 19 : Valencia - Cheste

25 laps = 100.125 km
Pole position: A. Vincent (F, Aprilia), 1'42.237 = 141.025 km/h.

1. G. Scalvini	I	Aprilia	47'36.994
			= 126.164 km/h
2. E. Alzamora	E	Honda	47'44.951
3. N. Ueda	J	Honda	48'05.354
4. A. Vincent	F	Aprilia	48'09.449
5. S. Jenkner	D	Aprilia	48'16.032
6. G. Borsoi	I	Aprilia	48'46.261
7. S. Sanna	I	Honda	49'11.471
8. R. Locatelli	I	Aprilia	49'12.600
9. D. Mico	E	Aprilia	49'12.915
10. R. De Puniet	F	Aprilia	49'16.101
11. A. Brannetti	I	Aprilia	49'16.473
12. K. Sakata	J	Honda	49'27.839
13. R. Stolz	D	Honda	1 lap
14. A. Elias	E	Honda	1 lap
15. A. Nieto Jr	E	Honda	1 lap

Number of finishers: 17.
Fastest lap: E. Alzamora (E, Honda), 1'51.830 = 128.927 km/h.

13) October 3 : Australia - Phillip Island

23 laps = 102.304 km
Pole position: N. Ueda (J, Honda), 1'38.600 = 162.401 km/h.

1. M. Melandri	I	Honda	38'07.081
			= 161.032 km/h
2. L. Cecchinello	I	Honda	38'07.116
3. Y. Ui	J	Derbi	38'07.260
4. G. Scalvini	I	Aprilia	38'08.124
5. M. Azuma	J	Honda	38'08.340
6. R. Locatelli	I	Aprilia	38'08.979
7. J. Vidal	E	Aprilia	38'17.288
8. G. Borsoi	I	Aprilia	38'18.926
9. M. Poggiali	RSM	Aprilia	38'19.971
10. S. Jenkner	D	Aprilia	38'23.608
11. M. Giansanti	I	Aprilia	38'23.812
12. S. Sanna	I	Honda	38'23.918
13. K. Sakata	J	Honda	38'43.420
14. I. Goi	I	Honda	38'43.489
15. E. Alzamora	E	Honda	38'57.022

Number of finishers: 24.
Fastest lap: M. Melandri (I, Honda), 1'38.118 = 163.199 km/h.

14) October 10 : South Africa - Welkom

24 laps = 101.808 km
Pole position: G. Scalvini (I, Aprilia), 1'43.404 = 147.684 km/h.

1. G. Scalvini	I	Aprilia	41'41.665
			= 146.505 km/h
2. A. Vincent	F	Aprilia	41'42.325
3. M. Melandri	I	Honda	41'42.509
4. R. Locatelli	I	Aprilia	41'49.749
5. G. Borsoi	I	Aprilia	41'58.942
6. S. Sanna	I	Honda	41'59.332
7. Y. Ui	J	Derbi	42'04.434
8. L. Cecchinello	I	Honda	42'05.459
9. A. Brannetti	I	Aprilia	42'05.852
10. J. Vidal	E	Aprilia	42'17.450
11. S. Jenkner	D	Aprilia	42'20.230
12. P. Nieto	E	Derbi	42'20.929
13. A. Nieto Jr	E	Honda	42'31.893
14. M. Azuma	J	Honda	42'35.582
15. K. Sakata	J	Honda	42'36.123

Number of finishers: 19.
Fastest lap: G. Scalvini (I, Aprilia), 1'43.324 = 147.799 km/h.

15) October 24 : Rio de Janeiro - Jacarepagua

21 laps = 103.593 km
Pole position: M. Melandri (I, Honda), 1'59.490 = 148.621 km/h.

1. N. Ueda	J	Honda	42'14.647
			= 147.134 km/h
2. M. Melandri	I	Honda	42'14.778
3. E. Alzamora	E	Honda	42'15.624
4. M. Giansanti	I	Aprilia	42'15.702
5. G. Borsoi	I	Aprilia	42'15.944
6. M. Azuma	J	Honda	42'16.104
7. M. Poggiali	RSM	Aprilia	42'16.336
8. R. Locatelli	I	Aprilia	42'16.672
9. S. Sanna	I	Honda	42'16.927
10. Y. Ui	J	Derbi	42'35.387
11. I. Goi	I	Honda	42'38.797
12. J. Vidal	E	Aprilia	42'39.071
13. A. Vincent	F	Aprilia	42'44.176
14. M. Sabbatani	I	Honda	42'45.357
15. A. Nieto Jr	E	Honda	42'45.402

Number of finishers: 26.
Fastest lap: M. Melandri (I, Honda), 1'59.801 = 148.235 km/h.

16) October 31 : Argentina - Buenos Aires

23 laps = 100.050 km
Pole position: M. Azuma (J, Honda), 1'50.160 = 142.156 km/h.

1. M. Melandri	I	Honda	42'37.380
			= 140.839 km/h
2. E. Alzamora	E	Honda	42'37.599
3. R. Locatelli	I	Aprilia	42'38.484
4. G. Borsoi	I	Aprilia	42'44.817
5. M. Giansanti	I	Aprilia	43'04.086
6. S. Sanna	I	Honda	43'08.801
7. G. Scalvini	I	Aprilia	43'09.403
8. I. Goi	I	Honda	43'20.348
9. P. Nieto	E	Derbi	43'24.544
10. R. De Puniet	F	Aprilia	43'27.073
11. M. Sabbatani	I	Honda	43'30.498
12. F. Petit	F	Aprilia	43'30.709
13. R. Harms	DK	Aprilia	43'34.723

Number of finishers: 13.
Fastest lap: M. Melandri (I, Honda), 1'50.140 = 142.182 km/h.

(*): A. Nieto Jr (E, Honda), qui avait passé la ligne d'arrivée en 15e position, a été pénalisé de 30 secondes pour dépassement sous drapeau jaune.

(*): A. Nieto (E, Honda), der die Ziellinie als Fünfzehnter erreicht hatte, bekam eine Zeitstrafe von 30 Sekunden, weil er unter gelber Flagge überholt hatte.

(*): A. Nieto Jr. (E, Honda) who had crossed the line in 15th place, was given a 30 second penalty for overtaking under the yellow flag.

WORLD CHAMPIONSHIP

1. Emilio Alzamora	E	Honda	227
2. Marco Melandri	I	Honda	226
3. Masao Azuma	J	Honda	190
4. Roberto Locatelli	I	Aprilia	173
5. Noboru Ueda	J	Honda	171
6. Gianluigi Scalvini	I	Aprilia	163
7. Arnaud Vincent	F	Aprilia	155
8. Simone Sanna	I	Honda	123
9. Lucio Cecchinello	I	Honda	108
10. Gino Borsoi	I	Aprilia	106
11. Youichi Ui	J	Derbi	84
12. Mirko Giansanti	I	Aprilia	66
13. Ivan Goi	I	Honda	61
14. Kazuto Sakata	J	Honda	56
15. Steve Jenkner	D	Aprilia	54
16. Jeronimo Vidal	E	Aprilia	47
17. Manuel Poggiali	RSM	Aprilia	46
18. Randy De Puniet	F	Aprilia	26
19. Massimiliano Sabbatani	I	Honda	21
20. Hideyuki Nakajoh	J	Honda	20
21. Alessandro Brannetti	I	Aprilia	20
22. Angel Nieto Jr	E	Honda	16
23. Pablo Nieto	E	Derbi	15
24. Katsuji Uezu	J	Yamaha	11
25. Frédéric Petit	F	Aprilia	9
26. Reinhard Stolz	D	Honda	9
27. Kazuhiro Kubo	J	Yamaha	7
28. David Mico	E	Aprilia	7
29. Minoru Nakamura	J	Honda	6
30. Klaus Nöhles	D	Honda	5
31. William De Angelis	RSM	Honda	4
32. Robbin Harms	DK	Aprilia	2
33. Antonio Elias	E	Honda	2

1999 — 250 cc

Champion: Valentino Rossi (Italy, Aprilia), 309 points, 9 wins

1) April 18 : Malaysia - Sepang

20 laps = 110.960 km
Pole position: V. Rossi (I, Aprilia),
2'08.956 = 154.880 km/h.

1. L. Capirossi	I	Honda	43'29.305
			= 153.089 km/h
2. T. Ukawa	J	Honda	43'29.416
3. S. Nakano	J	Yamaha	43'30.092
4. O. Jacque	F	Yamaha	43'44.199
5. V. Rossi	I	Aprilia	43'53.874
6. M. Lucchi	I	Aprilia	44'00.079
7. J. McWilliams	GB	Aprilia	44'04.182
8. N. Matsudo	J	Yamaha	44'04.599
9. S. Perugini	I	Honda	44'22.261
10. R. Rolfo	I	Aprilia	44'27.961
11. L. Boscoscuro	I	TSR-Honda	44'34.688
12. J. Vincent	GB	Honda	44'34.690
13. M. Tokudome	J	Honda	44'50.854
14. A. West	AUS	Honda	44'51.623
15. S. Porto	ARG	Yamaha	44'52.046

Number of finishers: 23.
Fastest lap: L. Capirossi (I, Honda),
2'09.381 = 154.371 km/h.

2) April 25 : Japan - Motegi

23 laps = 110.423 km
Pole position: F. Battaini (I, Aprilia),
2'06.752 = 136.357 km/h.

1. S. Nakano	J	Yamaha	48'52"950
			= 135.536 km/h
2. T. Ukawa	J	Honda	48'55.647
3. L. Capirossi	I	Honda	49'02.210
4. F. Battaini	I	Aprilia	49'04.845
5. D. Katoh	J	Honda	49'06.743
6. T. Yamaguchi	J	Honda	49'07.214
7. V. Rossi	I	Aprilia	49'14.042
8. T. Manako	J	Yamaha	49'17.435
9. M. Lucchi	I	Aprilia	49'38.544
10. A. West	AUS	Honda	49'42.674
11. N. Matsudo	J	Yamaha	50'00.243
12. R. Rolfo	I	Aprilia	50'04.763
13. D. Garcia	E	Yamaha	50'08.801
14. A. Gonzalez-Nieto	E	Yamaha	50'10.756
15. T. Kayo	J	TSR-Honda	50'11.350

Number of finishers: 21.
Fastest lap: T. Ukawa (J, Honda),
2'05.726 = 137.470 km/h.

3) May 9 : Spain - Jerez de la Frontera

26 laps = 114.998 km
Pole position: S. Nakano (J, Yamaha),
1'44.738 = 152.025 km/h.

1. V. Rossi	I	Aprilia	46'04.289
			= 149.764 km/h
2. T. Ukawa	J	Honda	46'08.728
3. L. Capirossi	I	Honda	46'18.385
4. F. Battaini	I	Aprilia	46'28.510
5. M. Lucchi	I	Aprilia	46'32.903
6. R. Waldmann	D	Aprilia	46'39.662
7. J. McWilliams	GB	Aprilia	46'44.471
8. S. Perugini	I	Honda	46'49.385
9. R. Rolfo	I	Aprilia	46'49.772
10. L. Boscoscuro	I	TSR-Honda	46'50.051
11. J. Vincent	GB	Honda	46'50.436
12. S. Porto	ARG	Yamaha	46'56.371
13. M. Tokudome	J	TSR-Honda	47'04.765
14. T. Manako	J	Yamaha	47'09.278
15. A. Hofmann	D	TSR-Honda	47'13.611

Number of finishers: 26.
Fastest lap: S. Nakano (J, Yamaha),
1'44.875 = 151.826 km/h.

4) May 23 : France - Le Castellet

29 laps = 110.200 km
Pole position: V. Rossi (I, Aprilia),
1'23.366 = 164.095 km/h.

1. T. Ukawa	J	Honda	40'50"340
			= 161.904 km/h
2. S. Nakano	J	Yamaha	41'01.280
3. S. Perugini	I	Honda	41'11.036
4. R. Waldmann	D	Aprilia	41'11.559
5. J. Vincent	GB	Honda	41'11.761
6. F. Battaini(*)	I	Aprilia	41'16.361
7. S. Porto	ARG	Yamaha	41'19.512
8. A. Hofmann	D	TSR-Honda	41'25.351
9. A. West	AUS	TSR-Honda	41'26.256
10. T. Honma	J	Yamaha	41'28.462
11. J. McWilliams	GB	Aprilia	41'33.400
12. A. Gonzalez-Nieto	E	Yamaha	41'43.303
13. M. Tokudome	J	TSR-Honda	41'43.310
14. L. Boscoscuro	I	TSR-Honda	41'43.538
15. M. Lucchi	I	Aprilia	41'47.145

Number of finishers: 20.
Fastest lap: V. Rossi (I, Aprilia),
1'23.635 = 163.567 km/h.

(*): F. Battaini (I, Aprilia), qui avait passé la ligne d'arrivée en quatrième position, a été pénalisé de 5 secondes pour dépassement sous drapeau jaune.
(*): F. Battaini (I, Aprilia), der die Ziellinie als Vierter erreicht hatte, bekam eine Zeitstrafe von 5 Sekunden, weil er unter gelber Flagge überholt hatte.
(*): F. Battaini (I, Aprilia,) who had crossed the line in fourth place, was given a five second penalty for overtaking under the yellow flag.

5) June 6 : Italy - Mugello(*)

21 laps = 110.145 km
Pole position: M. Lucchi (I, Aprilia),
1'54.376 = 165.087 km/h.

1. V. Rossi	I	Aprilia	40'52.837
			= 161.658 km/h
2. R. Waldmann	D	Aprilia	40'55.480
3. T. Ukawa	J	Honda	40'55.521
4. J. McWilliams	GB	Aprilia	41'04.170
5. S. Nakano	J	Yamaha	41'04.521
6. F. Battaini	I	Aprilia	41'05.284
7. J. Vincent	GB	Honda	41'14.021
8. S. Perugini	I	Honda	41'14.558
9. S. Porto	ARG	Yamaha	41'33.748
10. L. Boscoscuro	I	TSR-Honda	41'38.652
11. M. Tokudome	J	TSR-Honda	41'46.728
12. J. Stigefelt	S	Yamaha	41'46.903
13. T. Manako	J	Yamaha	41'46.933
14. J. Allemand	F	TSR-Honda	42'11.167
15. D. Garcia	E	Yamaha	42'14.109

Number of finishers: 19.
Fastest lap: V. Rossi (I, Aprilia),
1'55.254 = 163.829 km/h.

(*): L. Capirossi (I, Honda), a été mis hors course pour non observation du drapeau noir.
(*): L. Capirossi (I, Honda) wurde disqualifiziert, weil er die schwarze Flagge nicht beachtet hatte.
(*): L. Capirossi (I, Honda,) was disqualified for failing to comply with a black flag.

6) June 20 : Catalonia - Catalunya

23 laps = 108.721 km
Pole position: T. Ukawa (J, Honda),
1'48.199 = 157.276 km/h.

1. V. Rossi	I	Aprilia	41'47.806
			= 156.070 km/h
2. T. Ukawa	J	Honda	41'48.064
3. F. Battaini	I	Aprilia	42'00.561
4. S. Nakano	J	Yamaha	42'00.891
5. R. Rolfo	I	Aprilia	42'13.235
6. J. McWilliams	GB	Aprilia	42'17.126
7. S. Perugini	I	Honda	42'33.149
8. N. Matsudo	J	Yamaha	42'33.369
9. S. Porto	ARG	Yamaha	42'38.753
10. L. Boscoscuro	I	TSR-Honda	42'39.288
11. A. Hofmann	D	TSR-Honda	42'39.479
12. T. Manako	J	Yamaha	42'39.548
13. M. Tokudome	J	TSR-Honda	42'59.279
14. L. Oliver-Bulto	E	Yamaha	43'13.899
15. J. Janssen	NL	TSR-Honda	43'24.877

Number of finishers: 18.
Fastest lap: V. Rossi (I, Aprilia),
1'48.278 = 157.162 km/h.

7) June 26 : The Netherlands - Assen

18 laps = 108.882 km
Pole position: V. Rossi (I, Aprilia),
2'05.018 = 174.186 km/h.

1. L. Capirossi	I	Honda	38'04"730
			= 171.563 km/h
2. V. Rossi	I	Aprilia	38'04.910
3. J. McWilliams	GB	Aprilia	38'05.264
4. T. Ukawa	J	Honda	38'05.267

5. S. Nakano	J	Yamaha	38'05.472
6. R. Waldmann	D	Aprilia	38'11.749
7. F. Battaini	I	Aprilia	38'25.619
8. S. Perugini	I	Honda	38'25.621
9. J. Vincent	GB	Honda	38'26.040
10. A. West	AUS	TSR-Honda	38'31.546
11. A. Hofmann	D	TSR-Honda	38'31.663
12. S. Porto	ARG	Yamaha	38'31.784
13. T. Manako	J	Yamaha	38'32.633
14. M. Tokudome	J	TSR-Honda	38'37.891
15. J. Janssen	NL	TSR-Honda	39'00.978

Number of finishers: 24.
Fastest lap: V. Rossi (I, Aprilia), 2'05.696 = 173.246 km/h.

8) July 4 : Great Britain - Donington Park

27 laps = 108.621 km
Pole position: L. Capirossi (I, Honda), 1'34.277 = 153.619 km/h.

1. V. Rossi	I	Aprilia	42'54.311 = 151.899 km/h
2. L. Capirossi	I	Honda	42'55.572
3. S. Nakano	J	Yamaha	43'02.473
4. T. Ukawa	J	Honda	43'03.311
5. S. Perugini	I	Honda	43'08.442
6. J. McWilliams	GB	Aprilia	43'11.679
7. M. Lucchi	I	Aprilia	43'18.031
8. R. Waldmann	D	Aprilia	43'19.947
9. M. Tokudome	J	TSR-Honda	43'41.136
10. L. Boscoscuro	I	TSR-Honda	43'43.023
11. A. West	AUS	TSR-Honda	43'47.101
12. J. Robinson	GB	Yamaha	43'48.165
13. A. Hofmann	D	TSR-Honda	43'55.833
14. T. Manako	J	Yamaha	43'57.971
15. J. Allemand	F	TSR-Honda	44'09.178

Number of finishers: 19.
Fastest lap: L. Capirossi (I, Honda), 1'34.448 = 153.341 km/h.

9) July 18 : Germany - Sachsenring

30 laps = 105.240 km
Pole position: V. Rossi (I, Aprilia), 1'27.913 = 143.651 km/h.

1. V. Rossi	I	Aprilia	44'49.622 = 140.861 km/h
2. L. Capirossi	I	Honda	44'49.770
3. R. Waldmann	D	Aprilia	44'58.652
4. S. Nakano	J	Yamaha	45'01.917
5. S. Perugini	I	Honda	45'08.013
6. A. West	AUS	TSR-Honda	45'08.175
7. S. Porto	ARG	Yamaha	45'08.823
8. O. Jacque	F	Yamaha	45'09.259
9. A. Hofmann	D	Honda	45'11.771
10. L. Boscoscuro	I	TSR-Honda	45'25.617
11. J. Allemand	F	TSR-Honda	45'33.719
12. R. Rolfo	I	Aprilia	45'34.633
13. M. Lucchi	I	Aprilia	45'34.876
14. T. Manako	J	Yamaha	45'37.074
15. M. Tokudome	J	TSR-Honda	45'37.181

Number of finishers: 24.
Fastest lap: L. Capirossi (I, Honda), 1'28.662 = 142.437 km/h.

10) August 22 : Czech Republic - Brno

20 laps = 108.060 km
Pole position: R. Waldmann (D, Aprilia), 2'04.158 = 156.661 km/h.

1. V. Rossi	I	Aprilia	41'48.114 = 155.102 km/h
2. R. Waldmann	D	Aprilia	41'48.814
3. T. Ukawa	J	Honda	41'50.947
4. S. Nakano	J	Yamaha	41'54.320
5. O. Jacque	F	Yamaha	41'59.890
6. S. Perugini	I	Honda	41'00.103
7. L. Capirossi	I	Honda	42'08.535
8. J. McWilliams	GB	Aprilia	42'09.956
9. J. Vincent	GB	Honda	42'19.070
10. F. Battaini	I	Aprilia	42'22.579
11. R. Rolfo	I	Aprilia	42'29.088
12. M. Tokudome	J	TSR-Honda	42'42.735
13. L. Boscoscuro	I	TSR-Honda	42'42.901
14. T. Manako	J	Yamaha	42'47.470
15. A. West	AUS	TSR-Honda	42'50.272

Number of finishers: 21.
Fastest lap: V. Rossi (I, Aprilia), 2'04.469 = 156.270 km/h.

11) September 5 : San Marino - Imola

23 laps = 113.390 km
Pole position: O. Jacque (F, Yamaha), 1'51.929 = 158.564 km/h.

1. L. Capirossi	I	Honda	43'23.269 = 156.804 km/h
2. V. Rossi	I	Aprilia	43'31.517
3. O. Jacque	F	Yamaha	43'33.240
4. S. Perugini	I	Honda	43'35.027
5. S. Nakano	J	Yamaha	43'40.757
6. F. Battaini	I	Aprilia	43'44.591
7. R. Waldmann	D	Aprilia	43'46.403
8. M. Lucchi	I	Aprilia	43'47.463
9. S. Porto	ARG	Yamaha	44'00.235
10. R. Rolfo	I	Aprilia	44'00.886
11. L. Boscoscuro	I	TSR-Honda	44'02.362
12. T. Ukawa	J	Honda	44'20.253
13. J. McWilliams	GB	Aprilia	44'28.531
14. T. Manako	J	Yamaha	44'29.722
15. A. West	AUS	TSR-Honda	44'34.508

Number of finishers: 21.
Fastest lap: S. Perugini (I, Honda), 1'52.138 = 158.269 km/h.

12) September 19 : Valencia - Cheste

27 laps = 108.135 km
Pole position: S. Nakano (J, Yamaha), 1'37.258 = 148.244 km/h.

1. T. Ukawa	J	Honda	49'50.449 = 130.176 km/h
2. F. Battaini	I	Aprilia	49'55.574
3. L. Capirossi	I	Honda	50'00.673
4. S. Nakano	J	Yamaha	50'05.297
5. S. Perugini	I	Honda	50'24.491
6. S. Porto	ARG	Yamaha	50'27.944
7. J. Vincent	GB	Honda	50'35.360
8. V. Rossi	I	Aprilia	50'51.460
9. A. West	AUS	TSR-Honda	51'00.801
10. A. Hofmann	D	TSR-Honda	51'09.132
11. L. Boscoscuro	I	TSR-Honda	51'11.296
12. L. Oliver-Bulto	E	Yamaha	51'13.500
13. R. Rolfo	I	Aprilia	51'14.778
14. M. Tokudome	J	TSR-Honda	51'17.286
15. A. Gonzalez-Nieto	E	Yamaha	51'36.118

Number of finishers: 19.
Fastest lap: F. Battaini (I, Aprilia), 1'47.987 = 133.516 km/h.

13) October 3 : Australia - Phillip Island

25 laps = 111.200 km
Pole position: J. McWilliams (GB, Aprilia), 1'33.919 = 170.495 km/h.

1. V. Rossi	I	Aprilia	39'28.278 = 169.034 km/h
2. O. Jacque	F	Yamaha	39'28.381
3. T. Ukawa	J	Honda	39'29.007
4. S. Nakano	J	Yamaha	39'29.074
5. R. Waldmann	D	Aprilia	39'41.375
6. L. Capirossi	I	Honda	39'41.411
7. S. Perugini	I	Honda	39'54.109
8. F. Battaini	I	Aprilia	39'54.272
9. S. Porto	ARG	Yamaha	40'03.402
10. A. West	AUS	TSR-Honda	40'04.724
11. T. Manako	J	Yamaha	40'18.003
12. J. Vincent	GB	Honda	40'19.227
13. A. Hofmann	D	TSR-Honda	40'27.635
14. L. Boscoscuro	I	TSR-Honda	40'27.651
15. M. Tokudome	J	TSR-Honda	40'34.441

Number of finishers: 21.
Fastest lap: V. Rossi (I, Aprilia), 1'33.556 = 171.157 km/h.

14) October 10 : South Africa - Welkom

26 laps = 110.292 km
Pole position: L. Capirossi (I, Honda), 1'38.287 = 155.373 km/h.

1. V. Rossi	I	Aprilia	42'57.870 = 154.022 km/h
2. S. Nakano	J	Yamaha	42'59.783
3. O. Jacque	F	Yamaha	43'01.732
4. T. Ukawa	J	Honda	43'02.001
5. L. Capirossi	I	Honda	43'17.609
6. S. Porto	ARG	Yamaha	43'21.094
7. S. Perugini	I	Honda	43'24.331
8. L. Boscoscuro	I	TSR-Honda	43'26.236
9. A. West	AUS	TSR-Honda	43'35.514
10. F. Battaini	I	Aprilia	43'40.707
11. J. Vincent	GB	Honda	43'43.428
12. T. Manako	J	Yamaha	43'49.359
13. A. Hofmann	D	TSR-Honda	43'55.179
14. M. Tokudome	J	TSR-Honda	43'55.414
15. A. Gonzalez-Nieto	E	Yamaha	44'33.443

Number of finishers: 20.
Fastest lap: V. Rossi (I, Aprilia), 1'37.624 = 156.428 km/h.

15) October 24 : Rio de Janeiro - Jacarepagua

22 laps = 108.526 km
Pole position: O. Jacque (F, Yamaha), 1'54.072 = 155.680 km/h.

1. V. Rossi	I	Aprilia	42'17.893 = 153.944 km/h
2. T. Ukawa	J	Honda	42'19.221
3. L. Capirossi	I	Honda	42'19.837
4. O. Jacque	F	Yamaha	42'20.235
5. S. Perugini	I	Honda	42'20.288
6. S. Porto	ARG	Yamaha	42'30.924
7. R. Waldmann	D	Aprilia	42'33.376
8. T. Manako	J	Yamaha	42'34.115
9. R. Rolfo	I	Aprilia	42'59.123
10. L. Boscoscuro	I	TSR-Honda	43'00.895
11. J. Vincent	GB	Honda	43'00.905
12. A. Hofmann	D	TSR-Honda	43'11.903
13. J. Allemand	F	TSR-Honda	43'30.534
14. S. Smart	GB	Aprilia	43'30.639
15. S. Nakano	J	Yamaha	43'30.684

Number of finishers: 19.
Fastest lap: V. Rossi (I, Aprilia), 1'54.230 = 155.465 km/h.

16) October 31 : Argentina - Buenos Aires

25 laps = 108.750 km
Pole position: V. Rossi (I, Aprilia), 1'45.844 = 147.953 km/h.

1. O. Jacque	F	Yamaha	44'34.817 = 146.365 km/h
2. T. Ukawa	J	Honda	44'44.053
3. V. Rossi	I	Aprilia	44'52.390
4. S. Porto	ARG	Yamaha	44'56.552
5. S. Nakano	J	Yamaha	45'01.608
6. S. Perugini	I	Honda	45'07.979
7. R. Rolfo	I	Aprilia	45'08.490
8. A. West	AUS	TSR-Honda	45'15.780
9. T. Manako	J	Yamaha	45'19.340
10. A. Hofmann	D	TSR-Honda	45'25.262
11. R. Waldmann	D	Aprilia	45'27.698
12. J. Vincent	GB	Honda	45'44.895
13. S. Smart	GB	Aprilia	45'45.085
14. A. Gonzalez-Nieto	E	Yamaha	45'45.298
15. M. Tokudome	J	TSR-Honda	45'45.973

Number of finishers: 20.
Fastest lap: O. Jacque (F, Yamaha), 1'45.734 = 148.107 km/h.

WORLD CHAMPIONSHIP

1.	Valentino Rossi	I	Aprilia	309
2.	Tohru Ukawa	J	Honda	261
3.	Loris Capirossi	I	Honda	209
4.	Shinya Nakano	J	Yamaha	207
5.	Stefano Perugini	I	Honda	151
6.	Ralf Waldmann	D	Aprilia	131
7.	Olivier Jacque	F	Yamaha	122
8.	Franco Battaini	I	Aprilia	121
9.	Sebastian Porto	ARG	Yamaha	98
10.	Jeremy McWilliams	GB	Aprilia	83
11.	Jason Vincent	GB	Honda	70
12.	Anthony West	AUS	TSR-Honda	66
13.	Luca Boscoscuro	I	TSR-Honda	66
14.	Roberto Rolfo	I	Aprilia	62
15.	Tomomi Manako	J	Yamaha	52
16.	Alexander Hofmann	D	TSR-Honda	51
17.	Marcellino Lucchi	I	Aprilia	49
18.	Masaki Tokudome	J	TSR-Honda	37
19.	Naoki Matsudo	J	Yamaha	21
20.	Daijiro Katoh	J	Honda	11
21.	Julien Allemand	F	TSR-Honda	11
22.	Tatsuya Yamaguchi	J	Honda	10
23.	Alfonso Gonzalez-Nieto	E	Yamaha	10
24.	Toshihiko Honma	J	Yamaha	6
25.	Lucas Oliver-Bulto	E	Yamaha	6
26.	Scott Smart	GB	Aprilia	5
27.	Johan Stigefelt	S	Yamaha	4
28.	Jamie Robinson	GB	Yamaha	4
29.	David Garcia	E	Yamaha	4
30.	Jarno Janssen	NL	TSR-Honda	2
31.	Tekkyu Kayo	J	TSR-Honda	1

1999 — 500 cc

Champion : Alex Crivillé (Spain, Honda V4), 267 points, 6 wins

1) April 18 : Malaysia - Sepang

21 laps = 116.508 km
Pole position: J. Kocinski (USA, Honda V4),
  2'06.848 = 157.454 km/h.

1.	K. Roberts Jr	USA	Suzuki	44'56.033
				= 155.572 km/h
2.	C. Checa	E	Yamaha	45'00.312
3.	A. Crivillé	E	Honda V4	45'00.813
4.	M. Doohan	AUS	Honda V4	45'00.935
5.	T. Okada	J	Honda V4	45'03.302
6.	A. Barros	BR	Honda V4	45'09.235
7.	R. Laconi	F	Yamaha	45'19.757
8.	J.-B. Borja	E	Honda V4	45'19.844
9.	N. Aoki	J	Suzuki	45'21.189
10.	M. Gibernau	E	Honda V2	45'27.581
11.	Y. Kagayama	J	Suzuki	45'31.238
12.	J.-M. Bayle	F	Modenas KR3	45'38.438
13.	T. Harada	J	Aprilia	45'42.782
14.	S. Crafar	NZ	Yamaha	45'46.765
15.	T. Aoki	J	TSR-Honda V2	45'47.700

Number of finishers: 18.
Fastest lap: M. Doohan (AUS, Honda V4),
  2'07.213 = 157.002 km/h.

2) April 25 : Japan - Motegi

25 laps = 120.025 km
Pole position: K. Roberts (USA, Suzuki),
  1'50.826 = 155.952 km/h.

1.	K. Roberts Jr	USA	Suzuki	51'54.386
				= 138.740 km/h
2.	M. Doohan	AUS	Honda V4	51'58.227
3.	N. Abe	J	Yamaha	52'16.144
4.	A. Crivillé	E	Honda V4	52'17.996
5.	M. Gibernau	E	Honda V2	52'18.370
6.	C. Checa	E	Yamaha	52'31.866
7.	S. Itoh	J	Honda V4	52'44.968
8.	A. Barros	BR	Honda V4	52'46.394
9.	M. Biaggi	I	Yamaha	52'47.910
10.	N. Aoki	J	Suzuki	52'59.454
11.	J.-B. Borja	E	Honda V4	53'02.700
12.	Y. Kagayama	J	Suzuki	53'07.685
13.	N. Numata	J	MuZ-Weber	53'13.631
14.	J.-L. Cardoso	E	TSR-Honda V2	53'21.384
15.	T. Okada	J	Honda V4	53'24.611

Number of finishers: 19.
Fastest lap: M. Doohan (AUS, Honda V4),
  2'02.889 = 140.643 km/h.

3) May 9 : Spain - Jerez de la Frontera

27 laps = 119.421 km
Pole position: A. Crivillé (E, Honda V4),
  1'44.674 = 153.585 km/h.

1.	A. Crivillé	E	Honda V4	47'38.667
				= 150.390 km/h
2.	M. Biaggi	I	Yamaha	47'38.824
3.	M. Gibernau	E	Honda V2	47'44.769
4.	T. Okada	J	Honda V4	47'45.176
5.	N. Abe	J	Yamaha	47'45.431
6.	J. Kocinski	USA	Honda V4	47'56.391
7.	R. Laconi	F	Yamaha	48'02.704
8.	L. Cadalora	I	MuZ-Weber	48'07.494
9.	J.-B. Borja	E	Honda V4	48'09.957
10.	C. Checa	E	Yamaha	48'09.975
11.	J. Van Den Goorbergh	NL	MuZ-Weber	48'32.900
12.	H. Aoki	J	TSR-Honda V2	48'37.748
13.	K. Roberts Jr	USA	Suzuki	48'49.124
14.	S. Crafar	NZ	Yamaha	48'52.459
15.	M. Ober	D	Honda V2	49'01.432

Number of finishers: 18.
Fastest lap: A. Crivillé (E, Honda V4),
  1'44.657 = 152.142 km/h.

4) May 23 : France - Le Castellet

31 laps = 117.800 km
Pole position: M. Biaggi (I, Yamaha),
  1'20.969 = 168.953 km/h.

1.	A. Crivillé	E	Honda V4	42'35.648
				= 165.938 km/h
2.	J. Kocinski	USA	Honda V4	42'47.046
3.	T. Harada	J	Aprilia	42'49.305
4.	M. Gibernau	E	Honda V2	42'50.018
5.	C. Checa	E	Yamaha	42'50.057
6.	N. Abe	J	Yamaha	42'52.287
7.	J.-B. Borja	E	Honda V4	42'56.872
8.	R. Laconi	F	Yamaha	42'56.893
9.	T. Okada	J	Honda V4	43'01.711
10.	A. Barros	BR	Honda V4	43'03.273
11.	S. Crafar	NZ	Yamaha	43'38.402
12.	S. Gimbert	F	Honda V2	43'47.858
13.	H. Aoki	J	TSR-Honda V2	43'51.346
14.	M. Ober	D	Honda V2	1 lap

Number of finishers: 14.
Fastest lap: K. Roberts Jr (USA, Suzuki),
  1'21.487 = 167.879 km/h.

5) June 6 : Italy - Mugello

23 laps = 120.635 km
Pole position: T. Harada (J, Aprilia),
  1'52.454 = 167.908 km/h.

1.	A. Crivillé	E	Honda V4	44'05.522
				= 164.158 km/h
2.	M. Biaggi	I	Yamaha	44'05.805
3.	T. Okada	J	Honda V4	44'11.574
4.	T. Harada	J	Aprilia	44'12.371
5.	K. Roberts Jr	USA	Suzuki	44'18.196
6.	M. Gibernau	E	Honda V2	44'18.236
7.	C. Checa	E	Yamaha	44'26.863
8.	J. Kocinski	USA	Honda V4	44'35.322
9.	J.-B. Borja	E	Honda V4	44'35.323
10.	L. Cadalora	I	MuZ-Weber	44'52.264
11.	H. Aoki	J	TSR-Honda V2	45'12.815
12.	S. Crafar	NZ	Yamaha	45'20.072
13.	S. Gimbert	F	Honda V2	45'25.875
14.	J. Whitham	GB	Modenas KR3	45'33.283
15.	M. Ober	D	Honda V2	45'51.440

Number of finishers: 15.
Fastest lap: K. Roberts Jr (USA, Suzuki),
  1'53.889 = 165.793 km/h.

6) June 20 : Catalonia - Catalunya

25 laps = 118.175 km
Pole position: J. Van Den Goorbergh (NL, MuZ-Weber),
  1'46.076 = 160.424 km/h.

1.	A. Crivillé	E	Honda V4	44'55.701
				= 157.817 km/h
2.	T. Okada	J	Honda V4	44'55.762
3.	M. Gibernau	E	Honda V2	45'00.168
4.	T. Harada	J	Aprilia	45'15.917
5.	J.-B. Borja	E	Honda V4	45'16.788
6.	K. Roberts Jr	USA	Suzuki	45'17.707
7.	C. Checa	E	Yamaha	45'19.338
8.	J. Van Den Goorbergh	NL	MuZ-Weber	45'19.412
9.	J. Kocinski	USA	Honda V4	45'19.600
10.	H. Aoki	J	TSR-Honda V2	45'25.546
11.	N. Aoki	J	Suzuki	45'33.088
12.	J.-L. Cardoso	E	TSR-Honda V2	46'04.240
13.	M. Ober	D	Honda V2	46'04.413
14.	S. Gimbert	F	Honda V2	46'04.541

Number of finishers: 14.
Fastest lap: M. Gibernau (E, Honda V4),
  1'46.858 = 159.250 km/h.

7) June 26 : The Netherlands - Assen

20 laps = 120.980 km
Pole position: T. Okada (J, Honda V4),
  2'01.564 = 179.135 km/h.

1.	T. Okada	J	Honda V4	41'12.732
				= 176.132 km/h
2.	K. Roberts Jr	USA	Suzuki	41'20.048
3.	M. Gibernau	E	Honda V4	41'20.136
4.	N. Aoki	J	Suzuki	41'23.673
5.	M. Biaggi	I	Yamaha	41'23.712
6.	N. Abe	J	Yamaha	41'29.003
7.	J. Kocinski	USA	Honda V4	41'30.080
8.	J.-B. Borja	E	Honda V4	41'38.682
9.	H. Aoki	J	TSR-Honda V2	41'38.846
10.	A. Barros	BR	Honda V4	41'43.863
11.	T. Harada	J	Aprilia	41'48.770
12.	R. Laconi	F	Yamaha	41'53.748
13.	J. Van Den Goorbergh	NL	MuZ-Weber	41'53.829

14. S. Gimbert	F	Honda V2	42'17.415
15. G. McCoy	AUS	Yamaha	42'23.213

Number of finishers: 17.
Fastest lap: T. Okada (J, Honda V4),
 2'02.471 = 177.808 km/h.

8) July 4 : Great Britain - Donington Park

30 laps = 120.690 km
Pole position: T. Okada (J, Honda V4),
 1'32.597 = 156.406 km/h.

1. A. Crivillé	E	Honda V4	47'06.290
			= 153.729 km/h
2. T. Okada	J	Honda V4	47'06.826
3. T. Harada	J	Aprilia	47'07.271
4. M. Biaggi	I	Yamaha	47'16.310
5. A. Barros	BR	Honda V4	47'27.606
6. N. Abe	J	Yamaha	47'27.781
7. J.-B. Borja	E	Honda V4	47'28.249
8. K. Roberts Jr	USA	Suzuki	47'28.520
9. J. Kocinski	USA	Honda V4	48'07.363
10. S. Crafar	NZ	MuZ-Weber	48'13.259
11. M. Rutter	GB	Honda V2	1 lap

Number of finishers: 11.
Fastest lap: A. Crivillé (E, Honda V4),
 1'33.348 = 155.148 km/h.

9) July 18 : Germany - Sachsenring

31 laps = 108.748 km
Pole position: K. Roberts Jr (USA, Suzuki),
 1'27.318 = 144.629 km/h.

1. K. Roberts Jr	USA	Suzuki	45'59.732
			= 141.858 km/h
2. A. Crivillé	E	Honda V4	46'00.070
3. N. Abe	J	Yamaha	46'05.401
4. C. Checa	E	Yamaha	46'05.469
5. J. Kocinski	USA	Honda	46'20.048
6. H. Aoki	J	TSR-Honda V2	46'27.580
7. T. Harada	J	Aprilia	46'30.748
8. A. Barros	BR	Honda V4	46'35.157
9. M. Gibernau	E	Honda V4	46'35.641
10. J.-B. Borja	E	Honda V4	46'36.856
11. G. McCoy	AUS	Yamaha	46'41.984
12. J. Van Den Goorbergh	NL	MuZ-Weber	46'44.010
13. R. Laconi	F	Yamaha	46'44.752
14. S. Gimbert	F	Honda V2	46'46.186
15. D. De Gea	E	TSR-Honda V2	47'05.722

Number of finishers: 17.
Fastest lap: A. Barros (BR, Honda V4),
 1'28.072 = 143.391 km/h.

10) August 22 : Czech Republic - Brno

22 laps = 118.866 km
Pole position: J. Van Den Goorbergh (NL, MuZ-Weber),
 2'01.572 = 159.994 km/h.

1. T. Okada	J	Honda V4	45'18.066
			= 157.434 km/h
2. A. Crivillé	E	Honda V4	45'18.306
3. K. Roberts Jr	USA	Suzuki	45'19.924
4. M. Biaggi	I	Yamaha	45'20.271
5. T. Harada	J	Aprilia	45'21.893
6. N. Aoki	J	Suzuki	45'22.098
7. A. Barros	BR	Honda V4	45'27.881
8. G. McCoy	AUS	Yamaha	45'35.247
9. R. Laconi	F	Yamaha	45'35.474
10. M. Gibernau	E	Honda V4	45'35.659
11. J. Van Den Goorbergh	NL	MuZ-Weber	45'50.287
12. J.-B. Borja	E	Honda V4	45'52.585
13. H. Aoki	J	TSR-Honda V2	45'55.632
14. J. Kocinski	USA	Honda V4	46'06.389
15. M. Hale	USA	Modenas KR3	46'28.562

Number of finishers: 16.
Fastest lap: T. Okada (J, Honda V4),
 2'02.661 = 158.573 km/h.

11) September 5 : San Marino - Imola

25 laps = 123.250 km
Pole position: A. Crivillé (E, Honda V4),
 1'48.750 = 163.200 km/h.

1. A. Crivillé	E	Honda V4	46'05.244
			= 160.456 km/h
2. A. Barros	BR	Honda V4	46'05.509
3. M. Biaggi	I	Yamaha	46'11.627
4. T. Okada	J	Honda V4	46'14.231
5. R. Laconi	F	Yamaha	46'15.693
6. K. Roberts Jr	USA	Suzuki	46'17.610
7. N. Aoki	J	Suzuki	46'20.192
8. J. Kocinski	USA	Honda V4	46'22.963
9. G. McCoy	AUS	Yamaha	46'34.154
10. M. Gibernau	E	Honda V4	46'34.259
11. N. Abe	J	Yamaha	46'40.054
12. H. Aoki	J	TSR-Honda V2	46'58.432
13. T. Harada	J	Aprilia	47'07.054
14. J. Van Den Goorbergh	NL	MuZ-Weber	47'12.344
15. M. Hale	USA	Modenas KR3	47'16.371

Number of finishers: 17.
Fastest lap: A. Barros (BR, Honda V4),
 1'49.339 = 162.320 km/h.

12) September 19 : Valencia - Cheste

30 laps = 120.150 km
Pole position: R. Laconi (F, Yamaha),
 1'36.132 = 149.981 km/h.

1. R. Laconi	F	Yamaha	53'23.825
			= 135.007 km/h
2. K. Roberts Jr	USA	Suzuki	53'27.373
3. G. McCoy	AUS	Yamaha	53'28.434
4. T. Okada	J	Honda V4	53'29.980
5. C. Checa	E	Yamaha	53'45.856
6. N. Abe	J	Yamaha	53'45.969
7. M. Biaggi	I	Yamaha	54'00.810
8. J. Kocinski	USA	Honda V4	54'01.023
9. M. Gibernau	E	Honda V4	54'07.201
10. A. Barros	BR	Honda V4	54'07.245
11. T. Harada	J	Aprilia	54'33.303
12. N. Aoki	J	Suzuki	54'36.566
13. S. Gimbert	F	Honda V2	54'50.658
14. D. De Gea	E	Modenas KR3	55'06.931
15. M. Hale	USA	Modenas KR3	1 lap

Number of finishers: 17.
Fastest lap: K. Roberts Jr (USA, Suzuki),
 1'42.473 = 140.700 km/h.

13) October 3 : Australia - Phillip Island

27 laps = 120.096 km
Pole position: K. Roberts Jr (USA, Suzuki),
 1'32.319 = 173.450 km/h.

1. T. Okada	J	Honda V4	42'09.271
			= 170.936 km/h
2. M. Biaggi	I	Yamaha	42'09.356
3. R. Laconi	F	Yamaha	42'09.395
4. C. Checa	E	Yamaha	42'18.768
5. A. Crivillé	E	Honda V4	42'19.082
6. M. Gibernau	E	Honda V4	42'19.962
7. G. McCoy	AUS	Yamaha	42'21.406
8. N. Aoki	J	Suzuki	42'34.299
9. J. Kocinski	USA	Honda V4	42'34.490
10. K. Roberts Jr	USA	Suzuki	42'50.923
11. H. Aoki	J	TSR-Honda V2	42'56.899
12. J. Van Den Goorbergh	NL	MuZ-Weber	42'56.941
13. D. De Gea	E	Modenas KR3	43'32.268
14. S. Martin	AUS	Modenas KR3	43'32.576
15. M. Willis	AUS	Modenas KR3	43'45.251

Number of finishers: 17.
Fastest lap: K. Roberts Jr (USA, Suzuki),
 1'32.743 = 172.657 km/h.

14) October 10 : South Africa - Welkom

28 laps = 118.776 km
Pole position: T. Okada (J, Honda V4),
 1'35.930 = 159.191 km/h.

1. M. Biaggi	I	Yamaha	45'24.602
			= 156.938 km/h
2. M. Gibernau	E	Honda V4	45'29.424
3. A. Crivillé	E	Honda V4	45'29.740
4. T. Okada	J	Honda V4	45'35.034
5. J.-B. Borja	E	Honda V4	45'38.789
6. C. Checa	E	Yamaha	45'38.884
7. N. Aoki	J	Suzuki	45'47.238
8. G. McCoy	AUS	Yamaha	45'57.826
9. N. Abe	J	Yamaha	46'05.959
10. J. Kocinski	USA	Honda V4	46'08.654
11. A. Barros	BR	Honda V4	46'20.685
12. H. Aoki	J	TSR-Honda V2	46'21.045
13. J. Van Den Goorbergh	NL	MuZ-Weber	46'21.719
14. R. Laconi	F	Yamaha	46'23.768
15. T. Harada	J	Aprilia	46'23.892

Number of finishers: 22.
Fastest lap: M. Gibernau (E, Honda V4),
 1'36.554 = 158.162 km/h.

15) October 24 : Rio de Janeiro - Jacarepagua

24 laps = 118.392 km
Pole position: K. Roberts Jr (USA, Suzuki),
 1'52.227 = 158.239 km/h.

1. N. Abe	J	Yamaha	45'24.308
			= 156.447 km/h
2. M. Biaggi	I	Yamaha	45'24.469
3. K. Roberts Jr	USA	Suzuki	45'24.565
4. A. Barros	BR	Honda V4	45'28.750
5. M. Gibernau	E	Honda V4	45'28.939
6. A. Crivillé	E	Honda V4	45'45.562
7. T. Okada	J	Honda V4	45'45.833
8. G. McCoy	AUS	Yamaha	45'46.702
9. N. Aoki	J	Suzuki	45'47.397
10. A. Gobert	AUS	MuZ-Weber	45'54.583
11. R. Laconi	F	Yamaha	46'05.622
12. T. Harada	J	Aprilia	46'05.956
13. J. Kocinski	USA	Honda V4	46'07.065
14. D. De Gea	E	Modenas KR3	46'07.688
15. H. Aoki	J	TSR-Honda V2	46'09.960

Number of finishers: 18.
Fastest lap: M. Biaggi (I, Yamaha),
 1'52.869 = 157.339 km/h.

16) October 31 : Argentina - Buenos Aires

27 laps = 117.450 km
Pole position: K. Roberts Jr (USA, Suzuki),
 1'44.354 = 150.066 km/h.

1. K. Roberts Jr	USA	Suzuki	47'23.710
			= 148.686 km/h
2. M. Biaggi	I	Yamaha	47'25.743
3. N. Abe	J	Yamaha	47'26.341
4. C. Checa	E	Yamaha	47'28.050
5. A. Crivillé	E	Honda V4	47'28.161
6. M. Gibernau	E	Honda V4	47'48.588
7. J. Kocinski	USA	Honda V4	47'49.048
8. A. Barros	BR	Honda V4	47'50.097
9. J.-B. Borja	E	Honda V4	47'55.578
10. J. Van Den Goorbergh	NL	MuZ-Weber	48'01.246
11. T. Harada	J	Aprilia	48'02.263
12. R. Laconi	F	Yamaha	48'11.663
13. G. McCoy	AUS	Yamaha	48'11.793
14. M. Willis	AUS	Modenas KR3	48'16.222
15. H. Aoki	J	TSR-Honda V2	48'16.947

Number of finishers: 20.
Fastest lap: K. Roberts Jr (USA, Suzuki),
 1'44.781 = 149.454 km/h.

WORLD CHAMPIONSHIP

1.	Alex Crivillé	E	Honda V4	267
2.	Kenny Roberts Jr	USA	Suzuki	220
3.	Tadayuki Okada	J	Honda V4	211
4.	Massimiliano Biaggi	I	Yamaha	194
5.	Manuel Gibernau	E	Honda V2/V4	165
6.	Norifumi Abe	J	Yamaha	136
7.	Carlos Checa	E	Yamaha	125
8.	John Kocinski	USA	Honda V4	115
9.	Alexandre Barros	BR	Honda V4	110
10.	Tetsuya Harada	J	Aprilia	104
11.	Régis Laconi	F	Yamaha	103
12.	Juan Bautista Borja	E	Honda V4	92
13.	Nobuatsu Aoki	J	Suzuki	78
14.	Garry McCoy	AUS	Yamaha	65
15.	Haruchika Aoki	J	TSR-Honda V2	54
16.	Jurgen Van Den Goorbergh	NL	MuZ-Weber	40
17.	Michael Doohan	AUS	Honda V4	33
18.	Simon Crafar	NZ	Yamaha	
			MuZ-Weber	19
19.	Sébastien Gimbert	F	Honda V2	16
20.	Luca Cadalora	I	MuZ-Weber	14
21.	Shinichi Itoh	J	Honda V4	9
22.	Yukio Kagayama	J	Suzuki	9
23.	David De Gea	E	TSR-Honda V2	
			Modenas KR3	8
24.	Markus Ober	D	Honda V2	7
25.	Anthony Gobert	AUS	MuZ-Weber	6
26.	Jose Luis Cardoso	E	TSR-Honda V2	6
27.	Michael Rutter	GB	Honda V2	5
28.	Jean-Michel Bayle	F	Modenas KR3	4
29.	Noriyasu Numata	J	MuZ-Weber	3
30.	Mark Willis	AUS	Modenas KR3	3
31.	Mike Hale	USA	Modenas KR3	3
32.	Jamie Whitham	GB	Modenas KR3	2
33.	Steve Martin	AUS	Honda V2	2

2000 — 125 cc

Champion : Roberto Locatelli (Italy, Aprilia), 230 points, 5 wins

1) March 19: South Africa - Welkom

24 laps = 101.808 km
Pole position: R. Locatelli (I, Aprilia),
1'43.464 = 147.599 km/h.

1.	A. Vincent	F	Aprilia	41'35.310
				= 146.879 km/h
2.	M. Giansanti	I	Honda	41'37.247
3.	E. Alzamora	E	Honda	41'37.367
4.	R. Locatelli	I	Aprilia	41'37.672
5.	N. Ueda	J	Honda	41'39.876
6.	S. Jenkner	D	Honda	41'46.383
7.	G. Scalvini	I	Aprilia	41'48.497
8.	I. Goi	I	Honda	41'46.814
9.	M. Azuma	J	Honda	42'13.033
10.	G. Borsoi	I	Aprilia	42'15.129
11.	L. Cecchinello	I	Honda	42'15.197
12.	S. Sanna	I	Aprilia	42'15.274
13.	A. Nieto Jr	E	Honda	42'15.784
14.	R. De Puniet	F	Aprilia	42'16.428
15.	P. Nieto	E	Derbi	42'27.721

Number of finishers: 23.
Fastest lap: A. Vincent (F, Aprilia),
1'42.782 = 148.578 km/h

2) April 2: Malaysia - Sepang

19 laps = 105.412 km
Pole position: N. Ueda (J, Honda),
2'15.886 = 146.982 km/h.

1.	R. Locatelli	I	Aprilia	43'30.945
				= 145.343 km/h
2.	Y. Ui	J	Derbi	43'31.106
3.	M. Giansanti	I	Honda	43'31.108
4.	E. Alzamora	E	Honda	43'32.244
5.	N. Ueda	J	Honda	43'37.191
6.	G. Borsoi	I	Aprilia	43'37.260
7.	G. Scalvini	I	Aprilia	43'42.043
8.	M. Azuma	J	Honda	43'42.274
9.	S. Jenkner	D	Honda	43'42.485
10.	I. Goi	I	Honda	43'46.862
11.	P. Nieto	E	Derbi	43'54.441
12.	A. Nieto Jr	E	Honda	43'57.171
13.	M. Sabbatani	I	Honda	44'01.071
14.	S. Sanna	I	Aprilia	44'05.509
15.	R. Stolz	D	Honda	44'27.936

Number of finishers: 20.
Fastest lap: M. Giansanti (I, Honda),
2'16.138 = 146.709 km/h

3) April 9: Japan - Suzuka

18 laps = 105.552 km
Pole position: Y. Ui (J, Derbi),
2'14.975 = 156.402 km/h.

1.	Y. Ui	J	Derbi	41'04.264
				= 154.199 km/h
2.	N. Ueda	J	Honda	41'12.112
3.	M. Azuma	J	Honda	41'12.931
4.	G. Borsoi	I	Aprilia	41'22.887
5.	E. Alzamora	E	Honda	41'25.145
6.	I. Goi	I	Honda	41'25.593
7.	H. Nakajoh	J	Honda	41'26.971
8.	A. Vincent	F	Aprilia	41'26.995
9.	Y. Fujioka	J	NER-Honda	41'27.222
10.	R. De Puniet	F	Aprilia	41'27.525
11.	P. Nieto	E	Derbi	41'45.380
12.	M. Petrini	I	Aprilia	41'45.421
13.	S. Jenkner	D	Honda	41'46.216
14.	H. Kikuchi	J	Honda	41'48.291
15.	K. Uezu	J	Yamaha	41'52.345

Number of finishers: 20.
Fastest lap: R. Locatelli (I, Aprilia),
2'15.406 = 155.904 km/h.

4) April 30: Spain - Jerez de la Frontera

23 laps = 101.729 km
Pole position: R. Locatelli (I, Aprilia),
1'48.260 = 147.079 km/h.

1.	E. Alzamora	E	Honda	42'19.740
				= 144.197 km/h
2.	M. Giansanti	I	Honda	42'20.787
3.	R. Locatelli	I	Aprilia	42'24.816
4.	M. Azuma	J	Honda	42'29.401
5.	N. Ueda	J	Honda	42'38.770
6.	L. Cecchinello	I	Honda	42'39.137
7.	I. Goi	E	Honda	42'44.727
8.	A. Vincent	F	Aprilia	42'50.721
9.	M. Poggiali	RSM	Derbi	42'55.978
10.	S. Jenkner	D	Honda	43'00.119
11.	A. Nieto Jr	E	Honda	43'00.712
12.	G. Borsoi	I	Aprilia	43'06.176
13.	R. De Puniet	F	Aprilia	43'06.317
14.	J. Hules	CZ	Italjet	43'20.144
15.	A. De Angelis	RSM	Honda	43'23.693

Number of finishers: 23.
Fastest lap: R. Locatelli (I, Aprilia),
1'49.372 = 145.583 km/h.

5) May 14: France - Le Mans

24 laps = 103.320 km
Pole position: Y. Ui (J, Derbi),
1'49.776 = 141.178 km/h.

1.	Y. Ui	J	Derbi	43'43.690
				= 141.766 km/h
2.	M. Giansanti	I	Honda	43'45.345
3.	E. Alzamora	E	Honda	43'45.547
4.	R. Locatelli	I	Aprilia	43'45.769
5.	A. Vincent	F	Aprilia	43'45.921
6.	I. Goi	I	Honda	43'49.589
7.	L. Cecchinello	I	Honda	43'53.822
8.	M. Poggiali	RSM	Derbi	43'57.613
9.	G. Borsoi	I	Aprilia	43'57.957
10.	S. Sanna	I	Aprilia	44'04.212
11.	G. Scalvini	I	Aprilia	44'06.825
12.	R. De Puniet	F	Aprilia	44'17.267
13.	R. Stolz	D	Honda	44'24.541
14.	A. Brannetti	I	Honda	44'25.552
15.	A. De Angelis	RSM	Honda	44'25.573

Number of finishers: 22.
Fastest lap: N. Ueda (J, Honda),
1'48.011 = 143.485 km/h.

6) May 28: Italy - Mugello

20 laps = 104.900 km
Pole position: R. Locatelli (I, Aprilia),
1'58.923 = 158.775 km/h.

1.	R. Locatelli	I	Aprilia	40'36.753
				= 154.976 km/h
2.	M. Giansanti	I	Honda	40'42.965
3.	M. Azuma	J	Honda	40'43.011
4.	S. Jenkner	D	Honda	40'43.246
5.	G. Borsoi	I	Aprilia	40'43.247
6.	N. Ueda	J	Honda	40'43.574
7.	E. Alzamora	E	Honda	40'43.685
8.	A. Vincent	F	Aprilia	40'43.791
9.	R. De Puniet	F	Aprilia	40'43.967
10.	G. Scalvini	I	Aprilia	40'57.397
11.	P. Nieto	E	Derbi	40'57.698
12.	A. De Angelis	RSM	Honda	41'15.703
13.	I. Goi	I	Honda	41'15.724
14.	J. Hules	CZ	Italjet	41'15.755
15.	A. Elias	E	Honda	41'17.037

Number of finishers: 24.
Fastest lap: R. Locatelli (I, Aprilia),
2'00.029 = 157.311 km/h.

7) June 11: Catalunya - Catalunya

22 laps = 103.994 km
Pole position: R. Locatelli (I, Aprilia),
1'52.588 = 151.145 km/h.

1.	S. Sanna	I	Aprilia	47'54.390
				= 130.246 km/h
2.	M. Azuma	J	Honda	48'05.160
3.	G. Borsoi	I	Aprilia	48'05.402
4.	A. Vincent	F	Aprilia	48'26.688
5.	R. Stolz	D	Honda	49'08.488
6.	P. Nieto	E	Derbi	49'17.643
7.	M. Sabbatani	I	Honda	49'21.439
8.	A. Elias	E	Honda	49'31.390
9.	A. Nieto Jr	E	Honda	49'34.589
10.	L. Haslam	GB	Italjet	49'41.341
11.	I. Goi	I	Honda	49'45.233
12.	E. Bataille	AND	Honda	50'03.701
13.	R. De Puniet	F	Aprilia	1 lap
14.	I. Martinez	E	Aprilia	1 lap

Number of finishers: 14.
Fastest lap: P. Nieto (E, Derbi),
2'07.820 = 133.134 km/h.

8) June 24: The Netherlands - Assen

17 laps = 102.833 km
Pole position: Y. Ui (J, Derbi),
2'18.942 = 156.730 km/h.

1.	Y. Ui	J	Derbi	42'04.508
				= 146.641 km/h
2.	N. Ueda	J	Honda	42'06.888
3.	M. Poggiali	RSM	Derbi	42'07.289
4.	L. Cecchinello	I	Honda	42'22.711
5.	S. Sanna	I	Aprilia	42'28.990
6.	R. Locatelli	I	Aprilia	42'29.957
7.	S. Jenkner	D	Honda	42'30.687
8.	I. Goi	I	Honda	42'39.015
9.	M. Azuma	J	Honda	42'45.354
10.	A. Nieto Jr	E	Honda	42'45.508
11.	G. Borsoi	I	Aprilia	43'02.136
12.	R. Stolz	D	Honda	43'12.713
13.	A. Vincent	F	Aprilia	43'28.848
14.	A. De Angelis	RSM	Honda	43'33.159
15.	M. Sabbatani	I	Honda	43'37.190

Number of finishers: 22.
Fastest lap: N. Ueda (J, Honda), 2'24.177 = 151.039 km/h.

9) July 9: Great Britain - Donington

26 laps (*) = 104.598 km
Pole position: Y. Ui (J, Derbi),
1'38.413 = 147.163 km/h.

1.	Y. Ui	J	Derbi	43'28.374
				= 144.363 km/h
2.	E. Alzamora	E	Honda	43'29.126
3.	N. Ueda	J	Honda	43'31.478
4.	R. Locatelli	I	Aprilia	43'32.555
5.	M. Azuma	J	Honda	43'32.732
6.	M. Giansanti	I	Honda	43'42.491
7.	L. Cecchinello	I	Honda	43'42.983
8.	J. Hules	CZ	Italjet	43'57.104
9.	A. Nieto Jr	E	Honda	44'03.674
10.	R. De Puniet	F	Aprilia	44'06.649
11.	G. Scalvini	I	Aprilia	44'07.331
12.	A. De Angelis	RSM	Honda	44'11.558
13.	A. Vincent	F	Aprilia	44'18.367
14.	A. Elias	E	Honda	44'28.841
15.	P. Nieto	E	Derbi	44'35.236

Number of finishers: 23.
Fastest lap: M. Azuma (J, Honda),
1'39.077 = 146.177 km/h.

(*): La course s'est déroulée en 2 manches, suite à l'arrivée de la pluie.
(*): Das Rennen wurde in zwei Abschnitten durchgeführt, weil es anfing zu regnen.
(*): The race was run over two legs after the rain came.

10) July 23: Germany - Sachsenring

29 laps = 101.732 km
Pole position: Y. Ui (J, Derbi),
1'25.460 = 147.774 km/h.

1.	Y. Ui	J	Derbi	42'02.197
				= 145.204 km/h
2.	R. Locatelli	I	Aprilia	42'09.727
3.	S. Sanna	I	Aprilia	42'19.503
4.	A. Vincent	F	Aprilia	42'20.852
5.	M. Giansanti	I	Honda	42'20.991
6.	I. Goi	I	Honda	42'30.093
7.	P. Nieto	E	Derbi	42'35.732
8.	G. Scalvini	I	Aprilia	42'35.964
9.	A. Nieto Jr	E	Honda	42'36.328
10.	S. Jenkner	D	Honda	42'42.518
11.	E. Bataille	AND	Honda	42'42.861
12.	M. Petrini	I	Aprilia	42'46.896
13.	N. Ueda	J	Honda	42'59.475
14.	J. M„ller	D	Honda	43'11.369
15.	R. Stolz	D	Honda	43'16.657

Number of finishers: 18.
Fastest lap: Y. Ui (J, Derbi), 1'26.150 = 146.590 km/h.

11) August 20: Czech Republic - Brno

19 laps = 102.657 km
Pole position: R. Locatelli (I, Aprilia),
2'10.003 = 149.618 km/h.

1.	R. Locatelli	I	Aprilia	41'19.190
				= 149.066 km/h
2.	Y. Ui	J	Derbi	41'20.723
3.	E. Alzamora	E	Honda	41'20.906
4.	L. Cecchinello	I	Honda	41'37.656
5.	N. Ueda	J	Honda	41'48.266
6.	A. Vincent	F	Aprilia	41'53.086
7.	M. Giansanti	I	Honda	41'54.100
8.	G. Borsoi	I	Aprilia	41'54.351
9.	J. Hules	CZ	Italjet	42'03.122
10.	I. Goi	I	Honda	42'10.957
11.	J. Smrz	CZ	Honda	42'14.191
12.	M. Poggiali	RSM	Derbi	42'17.714
13.	M. Petrini	I	Aprilia	42'21.904
14.	A. Elias	E	Honda	42'22.199
15.	R. Stolz	D	Honda	42'27.720

Number of finishers: 20.
Fastest lap: Y. Ui (J, Derbi), 2'09.416 = 150.296 km/h.

12) September 3: Portugal - Estoril

24 laps = 100.368 km
Pole position: Y. Ui (J, Derbi),
1'47.080 = 140.597 km/h.

1.	E. Alzamora	E	Honda	43'22.891
				= 138.816 km/h
2.	R. Locatelli	I	Aprilia	43'26.582
3.	A. Vincent	F	Aprilia	43'35.124
4.	L. Cecchinello	I	Honda	43'35.695
5.	S. Sanna	I	Aprilia	43'39.849
6.	I. Goi	I	Honda	43'42.520
7.	R. De Puniet	F	Aprilia	43'49.881
8.	G. Borsoi	I	Aprilia	43'53.676
9.	A. Nieto Jr	E	Honda	43'53.685
10.	J. Hules	CZ	Italjet	43'55.945
11.	S. Jenkner	D	Honda	43'56.357
12.	P. Nieto	E	Derbi	44'12.345
13.	M. Sabbatani	I	Honda	44'26.937
14.	A. Araujo	E	Honda	44'35.947
15.	W. De Angelis	RSM	Aprilia	44'35.951

Number of finishers: 18.
Fastest lap: R. Locatelli (I, Aprilia),
1'47.279 = 140.336 km/h.

13) September 17: Valencia - Cheste

25 laps = 100.125 km
Pole position: R. Locatelli (I, Aprilia),
1'40.918 = 142.868 km/h.

1.	R. Locatelli	I	Aprilia	42'27.505
				= 141.491 km/h
2.	M. Azuma	J	Honda	42'27.938
3.	Y. Ui	J	Derbi	42'35.430
4.	P. Nieto	E	Derbi	42'35.446
5.	E. Alzamora	E	Honda	42'42.591
6.	S. Sanna	I	Aprilia	42'47.968
7.	G. Scalvini	I	Aprilia	42'48.130
8.	L. Cecchinello	I	Honda	42'48.520
9.	G. Borsoi	I	Aprilia	42'48.961
10.	A. Vincent	F	Aprilia	42'49.193
11.	N. Ueda	J	Honda	42'49.353
12.	A. De Angelis	RSM	Honda	42'52.958
13.	M. Giansanti	I	Honda	42'54.607
14.	M. Poggiali	RSM	Derbi	42'59.658
15.	A. Elias	E	Honda	43'03.539

Number of finishers: 26.
Fastest lap: Y. Ui (J, Derbi), 1'40.631 = 143.275 km/h.

14) October 7: Rio - Jacarepagua

21 laps = 103.593 km
Pole position: R. Locatelli (I, Aprilia),
1'59.011 = 149.219 km/h.

1.	S. Sanna	I	Aprilia	42'14.265
				= 147.156 km/h
2.	M. Azuma	J	Honda	42'14.290
3.	Y. Ui	J	Derbi	42'19.945
4.	G. Scalvini	I	Aprilia	42'28.862
5.	L. Cecchinello	I	Honda	42'29.155
6.	N. Ueda	J	Honda	42'29.321
7.	G. Borsoi	I	Aprilia	42'30.942
8.	E. Alzamora	E	Honda	42'31.298
9.	R. De Puniet	F	Aprilia	42'31.831
10.	P. Nieto	E	Derbi	42'32.308
11.	A. De Angelis	RSM	Honda	42'34.791
12.	I. Goi	I	Honda	42'34.960
13.	S. Jenkner	D	Honda	42'40.574
14.	A. Elias	E	Honda	43'05.085
15.	E. Bataille	AND	Honda	43'19.263

Number of finishers: 18.
Fastest lap: M. Giansanti (I, Honda),
1'59.368 = 148.773 km/h.

15) October 15: Pacific - Motegi (*)

21 laps = 100.821 km
Pole position: R. Locatelli (I, Aprilia),
1'58.831 = 145.446 km/h.

1.	R. Locatelli	I	Aprilia	41'55.152
				= 144.307 km/h
2.	E. Alzamora	E	Honda	42'08.942
3.	S. Sanna	I	Aprilia	42'11.581
4.	M. Azuma	J	Honda	42'16.886
5.	I. Goi	I	Honda	42'23.212
6.	A. De Angelis	RSM	Honda	42'23.429
7.	N. Ueda	J	Honda	42'23.474
8.	A. Vincent	F	Aprilia	42'24.307
9.	P. Nieto	E	Derbi	42'24.673
10.	A. Nieto Jr	E	Honda	42'28.651
11.	M. Poggiali	RSM	Derbi	42'34.041
12.	A. Elias	E	Honda	42'34.980
13.	S. Jenkner	D	Honda	42'35.135
14.	G. Borsoi	I	Aprilia	42'35.303
15.	Y. Fujioka	J	NER-Honda	42'50.341

Number of finishers: 22.
Fastest lap: R. Locatelli (I, Aprilia),
1'58.816 = 145.465 km/h.

(*): L. Cecchinello (I, Honda), qui avait terminé la course en 4e position, a été exclu de l'épreuve après un contrôle de carburant.
(*) L. Cecchinello (I, Honda), der das Rennen als Vierter beendete, wurde nach einer Benzinanalyse disqualifiziert.
(*) L. Cecchinello (I, Honda,) who had finished fourth, was excluded after a fuel check.

16) October 29: Australia - Phillip Island

23 laps = 102.304 km
Pole position: R. Locatelli (I, Aprilia),
1'38.296 = 162.903 km/h.

1.	M. Azuma	J	Honda	38'15.366
				= 160.451 km/h
2.	Y. Ui	J	Derbi	38'15.988
3.	N. Ueda	J	Honda	38'19.454
4.	E. Alzamora	E	Honda	38'19.536
5.	M. Poggiali	RSM	Derbi	38'21.063
6.	A. De Angelis	RSM	Honda	38'30.962
7.	S. Jenkner	D	Honda	38'30.963
8.	I. Goi	I	Honda	38'38.768
9.	G. Borsoi	I	Aprilia	38'47.570
10.	S. Sanna	I	Aprilia	38'49.327
11.	A. Nieto Jr	E	Honda	38'57.642
12.	A. Elias	E	Honda	38'57.744
13.	R. De Puniet	F	Aprilia	38'58.066
14.	P. Nieto	E	Derbi	38'58.572
15.	J. Hules	CZ	Aprilia	39'22.727

Number of finishers: 20.
Fastest lap: M. Azuma (J, Honda),
1'38.877 = 161.946 km/h.

WORLD CHAMPIONSHIP

1.	Roberto Locatelli	I	Aprilia	230
2.	Youichi Ui	J	Derbi	217
3.	Emilio Alzamora	E	Honda	203
4.	Masao Azuma	J	Honda	176
5.	Noboru Ueda	J	Honda	153
6.	Simone Sanna	I	Aprilia	132
7.	Arnaud Vincent	F	Aprilia	132
8.	Mirko Giansanti	I	Honda	129
9.	Gino Borsoi	I	Aprilia	113
10.	Ivan Goi	I	Honda	108
11.	Lucio Cecchinello	I	Honda	91
12.	Steve Jenkner	D	Honda	74
13.	Pablo Nieto	E	Derbi	68
14.	Gianluigi Scalvini	I	Aprilia	64
15.	Angel NietoJr	E	Honda	57
16.	Manuel Poggiali	RSM	Derbi	53
17.	Randy De Puniet	F	Aprilia	50
18.	Alex De Angelis	RSM	Honda	41
19.	Jaroslav Hules	CZ	Italjet	26
20.	Antonio Elias	E	Honda	24
21.	Reinhard Stolz	D	Honda	21
22.	Max Sabbatani	I	Honda	16
23.	Marco Petrini	I	Aprilia	11
24.	Eric Bataille	AND	Honda	10
25.	Hodeyuki Nakajoh	J	Honda	9
26.	Yuzo Fujioka	J	NER-Honda	8
27.	Leon Haslam	GB	Italjet	6
28.	Jakub Smrz	CZ	Honda	5
29.	Hiroyuki Kikuchi	J	Honda	2
30.	Alessandro Brannetti	I	Honda	2
31.	Ivan Martinez	E	Aprilia	2
32.	Jarno M„ller	D	Honda	2
33.	Adrian Araujo	E	Honda	2
34.	Katsuji Uezu	J	Yamaha	1
35.	William De Angelis	RSM	Aprilia	1

2000 — 250 cc

Champion: Olivier Jacque (France, Yamaha), 279 points, 3 wins

1) March 19: South Africa - Welkom

26 laps = 110.292 km
Pole position: S. Nakano (J, Yamaha),
 1'37.705 = 156.299 km/h.

1.	S. Nakano	J	Yamaha	42'34.085
				= 155.457 km/h
2.	D. Katoh	J	Honda	42'34.960
3.	T. Ukawa	J	Honda	42'47.898
4.	O. Jacque	F	Yamaha	43'04.772
5.	A. West	AUS	Honda	43'21.706
6.	F. Battaini	I	Aprilia	43'21.790
7.	R. Waldmann	D	Aprilia	43'32.306
8.	S. Porto	ARG	Yamaha	43'36.275
9.	J. Vincent	GB	Aprilia	43'41.817
10.	N. Matsudo	J	Yamaha	43'43.354
11.	J. Robinson	GB	Aprilia	43'57.304
12.	A. Debon	E	Aprilia	43'59.623
13.	M. Melandri	I	Aprilia	44'03.848
14.	K. Nöhles	D	Aprilia	44'05.963
15.	R. Rolfo	I	TSR-Honda	1 lap

Number of finishers: 18.
Fastest lap: D. Katoh (J, Honda), 1'37.440 = 156.724 km/h.

2) April 2: Malaysia - Sepang

20 laps = 110.960 km
Pole position: T. Ukawa (J, Honda), 2'08.225 = 155.763 km/h.

1.	S. Nakano	J	Yamaha	43'20.928
				= 153.582 km/h
2.	O. Jacque	F	Yamaha	43'24.970
3.	D. Katoh	J	Honda	43'27.198
4.	R. Waldmann	D	Aprilia	43'38.100
5.	M. Melandri	I	Aprilia	44'02.607
6.	A. West	AUS	Honda	44'04.505
7.	L. Boscoscuro	I	Aprilia	44'07.571
8.	S. Porto	ARG	Yamaha	44'11.658
9.	A. Debon	E	Aprilia	44'18.883
10.	A. Hofmann	D	Aprilia	44'19.405
11.	N. Matsudo	J	Yamaha	44'19.587
12.	J. Vincent	GB	Aprilia	44'20.308
13.	F. Battaini	I	Aprilia	44'26.108
14.	R. Rolfo	I	TSR-Honda	44'36.549
15.	J. Stigefelt	S	TSR-Honda	44'40.922

Number of finishers: 19.
Fastest lap: S. Nakano (J, Yamaha),
 2'09.116 = 154.688 km/h.

3) April 9: Japan - Suzuka (*)

19 laps = 111.416 km
Pole position: D. Katoh (J, Honda), 2'07.987 = 164.941 km/h.

1.	D. Katoh	J	Honda	41'00.361
				= 163.023 km/h
2.	T. Ukawa	J	Honda	41'00.490
3.	S. Nakano	J	Yamaha	41'00.592
4.	O. Jacque	F	Yamaha	41'15.370
5.	M. Melandri	I	Aprilia	41'41.686
6.	A. West	AUS	Honda	41'53.622
7.	F. Battaini	I	Aprilia	41'53.988
8.	O. Miyazaki	J	Yamaha	41'54.107
9.	S. Nakatomi	J	Honda	42'00.098
10.	N. Ohsaki	J	Yamaha	42'00.610
11.	L. Boscoscuro	I	Aprilia	42'00.705
12.	S. Porto	ARG	Yamaha	42'04.699
13.	K. Nöhles	D	Aprilia	42'13.021
14.	T. Sekiguchi	J	Yamaha	42'13.260
15.	A. Hofmann	D	Aprilia	42'13.795

Number of finishers: 23.
Fastest lap: S. Nakano (J, Yamaha),
 2'08.581 = 164.179 km/h.

(*): N. Matsudo (J, Yamaha), qui avait terminé la course en 6ᵉ position, a été exclu de l'épreuve après un contrôle de carburant.

(*): N. Matsudo (J, Yamaha), der das Rennen als Sechster beendete, wurde nach einer Benzinanalyse disqualifiziert.

(*): N. Matsudo (J, Yamaha,) who had finished sixth, was excluded after a fuel check.

4) April 30: Spain - Jerez de la Frontera

26 laps = 114.998 km
Pole position: R. Waldmann (D, Aprilia),
 1'44.025 = 153.067 km/h.

1.	R. Waldmann	D	Aprilia	45'56.451
				= 150.190 km/h
2.	D. Katoh	J	Honda	46'01.639
3.	T. Ukawa	J	Honda	46'02.503
4.	O. Jacque	F	Yamaha	46'20.121
5.	A. West	AUS	Honda	46'26.136
6.	M. Melandri	I	Aprilia	46'33.000
7.	M. Lucchi	I	Aprilia	46'40.095
8.	K. Nöhles	D	Aprilia	46'43.717
9.	S. Porto	ARG	Yamaha	46'47.089
10.	F. Battaini	I	Aprilia	46'47.157
11.	L. Boscoscuro	I	Aprilia	46'48.754
12.	J. Vincent	GB	Aprilia	46'52.653
13.	J. Stigefelt	S	TSR-Honda	46'54.787
14.	A. Debon	E	Aprilia	46'56.974
15.	S. Nakano	J	Yamaha	47'00.420

Number of finishers: 25.
Fastest lap: R. Waldmann (D, Aprilia),
 1'44.991 = 151.658 km/h.

5) May 14: France - Le Mans

26 laps = 111.930 km
Pole position: D. Katoh (J, Honda), 1'41.635 = 152.486 km/h.

1.	T. Ukawa	J	Honda	44'42.954
				= 150.188 km/h
2.	S. Nakano	J	Yamaha	44'43.233
3.	O. Jacque	F	Yamaha	44'45.475
4.	M. Melandri	I	Aprilia	45'03.485
5.	A. West	AUS	Honda	45'08.428
6.	D. Katoh	J	Honda	45'19.635
7.	N. Matsudo	J	Yamaha	45'25.553
8.	R. Waldmann	D	Aprilia	45'29.037
9.	L. Boscoscuro	I	Aprilia	45'31.705
10.	S. Porto	ARG	Yamaha	45'32.082
11.	F. Battaini	I	Aprilia	45'38.540
12.	J. Stigefelt	S	TSR-Honda	45'46.927
13.	S. Yuzy	MAL	Yamaha	45'49.982
14.	K. Nöhles	D	Aprilia	45'52.414
15.	A. Debon	E	Aprilia	45'53.603

Number of finishers: 24.
Fastest lap: T. Ukawa (J, Honda),
 1'42.312 = 151.477 km/h.

6) May 28: Italy - Mugello

21 laps = 110.145 km
Pole position: M. Lucchi (I, Aprilia),
 1'53.928 = 165.928 km/h.

1.	S. Nakano	J	Yamaha	40'30.142
				= 163.168 km/h
2.	O. Jacque	F	Yamaha	40'30.928
3.	D. Katoh	J	Honda	40'45.375
4.	M. Melandri	I	Aprilia	40'45.476
5.	F. Battaini	I	Aprilia	41'04.895
6.	T. Ukawa	J	Honda	41'08.145
7.	A. West	AUS	Honda	41'31.739
8.	N. Matsudo	J	Yamaha	41'31.981
9.	A. Gonzales-Nieto	E	Yamaha	41'32.210
10.	I. Clementi	I	Aprilia	41'37.237
11.	S. Yuzy	MAL	Yamaha	41'47.147
12.	J. Allemand	F	Yamaha	41'51.791
13.	D. Checa	E	TSR-Honda	42'08.531
14.	A. Coates	GB	Aprilia	1 lap

Number of finishers: 14.
Fastest lap: S. Nakano (J, Yamaha),
 1'54.462 = 164.963 km/h.

7) June 11: Catalunya - Catalunya

23 laps = 108.721 km
Pole position: S. Nakano (J, Yamaha),
 1'48.183 = 157.300 km/h.

1.	O. Jacque	F	Yamaha	48'23.116
				= 134.819 km/h
2.	T. Ukawa	J	Honda	48'27.141
3.	S. Nakano	J	Yamaha	48'31.293
4.	D. Katoh	J	Honda	48'35.927
5.	F. Battaini	I	Aprilia	48'36.114
6.	M. Melandri	I	Aprilia	48'36.277
7.	R. Waldmann	D	Aprilia	49'09.253
8.	N. Matsudo	J	Yamaha	49'12.528
9.	A. West	AUS	Honda	49'12.560
10.	J. Robinson	GB	Aprilia	49'19.182
11.	J. Stigefelt	S	TSR-Honda	49'21.856
12.	J. Janssen	NL	TSR-Honda	49'32.022
13.	D. Checa	E	TSR-Honda	49'32.172
14.	J. Vidal	E	Aprilia	49'36.051
15.	K. Nöhles	D	Aprilia	49'39.351

Number of finishers: 22.
Fastest lap: J. Vincent (GB, Aprilia),
 2'03.100 = 138.238 km/h.

8) June 24: The Netherlands - Assen

18 laps = 108.882 km
Pole position: R. Waldmann (D, Aprilia),
    2'05.059 = 174.129 km/h.

1.	T. Ukawa	J	Honda	42'58.958
				= 151.989 km/h
2.	O. Jacque	F	Yamaha	43'04.912
3.	S. Nakano	J	Yamaha	43'06.944
4.	A. West	AUS	Honda	43'09.939
5.	N. Matsudo	J	Yamaha	43'40.941
6.	J. Robinson	GB	Aprilia	43'45.449
7.	S. Porto	ARG	Yamaha	43'46.428
8.	D. Katoh	J	Honda	43'59.901
9.	R. Rolfo	I	Aprilia	44'07.115
10.	V. Philippe	F	TSR-Honda	44'16.519
11.	J. Allemand	F	Yamaha	44'18.262
12.	S. Gimbert	F	TSR-Honda	44'21.886
13.	L. Oliver	E	Yamaha	44'27.425
14.	D. Tomas	E	Honda	44'28.453
15.	D. Checa	E	TSR-Honda	44'28.644

Number of finishers: 25.
Fastest lap: S. Nakano (J, Yamaha),
    2'18.667 = 157.040 km/h.

9) July 9: Great Britain - Donington

27 laps = 108.621 km
Pole position: O. Jacque (F, Yamaha),
    1'34.181 = 153.776 km/h.

1.	R. Waldmann	D	Aprilia	49'41.073
				= 131.172 km/h
2.	O. Jacque	F	Yamaha	49'41.417
3.	N. Matsudo	J	Yamaha	49'42.682
4.	T. Ukawa	J	Honda	49'47.982
5.	J. Vincent	GB	Aprilia	50'03.787
6.	A. Debon	E	Aprilia	50'24.736
7.	S. Nakano	J	Yamaha	50'28.418
8.	J. Stigefelt	S	TSR-Honda	50'53.482
9.	D. Checa	E	TSR-Honda	50'54.481
10.	D. Katoh	J	Honda	51'04.443
11.	S. Porto	ARG	Yamaha	51'18.254
12.	L. Oliver	E	Yamaha	51'35.436
13.	G. Haslam	GB	Honda	51'35.770
14.	V. Philippe	F	TSR-Honda	51'41.281
15.	J. Allemand	F	Yamaha	1 lap

Number of finishers: 19.
Fastest lap: J. Robinson (GB, Aprilia),
    1'39.886 = 144.993 km/h.

10) July 23: Germany - Sachsenring

30 laps = 105.240 km
Pole position: O. Jacque (F, Yamaha),
    1'23.396 = 151.431 km/h.

1.	O. Jacque	F	Yamaha	42'15.207
				= 149.441 km/h
2.	T. Ukawa	J	Honda	42'26.896
3.	S. Nakano	J	Yamaha	42'37.017
4.	D. Katoh	J	Honda	42'45.312
5.	K. Nöhles	D	Aprilia	42'46.988
6.	R. Rolfo	I	Aprilia	42'47.498
7.	F. Battaini	I	Aprilia	42'48.543
8.	R. Waldmann	D	Aprilia	43'04.957
9.	S. Porto	ARG	Yamaha	43'05.421
10.	A. West	AUS	Honda	43'09.803
11.	J. Stigefelt	S	TSR-Honda	43'10.560
12.	A. Gonzales-Nieto	E	Yamaha	43'14.799
13.	S. Gimbert	F	TSR-Honda	43'22.907
14.	N. Matsudo	J	Yamaha	43'30.653
15.	L. Boscoscuro	I	Aprilia	43'31.527

Number of finishers: 27.
Fastest lap: O. Jacque (F, Yamaha),
    1'23.575 = 151.107 km/h.

11) August 20: Czech Republic - Brno

20 laps = 108.060 km
Pole position: O. Jacque (F, Yamaha),
    2'03.673 = 157.276 km/h.

1.	S. Nakano	J	Yamaha	41'44.845
				= 155.305 km/h
2.	T. Ukawa	J	Honda	41'48.839
3.	O. Jacque	F	Yamaha	41'49.832
4.	M. Melandri	I	Aprilia	41'50.873
5.	R. Waldmann	D	Aprilia	41'58.211
6.	D. Katoh	J	Honda	42'06.104
7.	F. Battaini	I	Aprilia	42'11.334
8.	S. Porto	ARG	Yamaha	42'29.918
9.	K. Nöhles	D	Aprilia	42'31.980
10.	A. West	AUS	Honda	42'41.777
11.	N. Matsudo	J	Yamaha	42'41.919
12.	S. Yuzy	MAL	Yamaha	42'42.166
13.	D. Checa	E	TSR-Honda	42'56.131
14.	L. Boscoscuro	I	Aprilia	42'57.005
15.	J. Robinson	GB	Aprilia	42'59.913

Number of finishers: 25.
Fastest lap: S. Nakano (J, Yamaha),
    2'04.113 = 156.718 km/h.

12) September 3: Portugal - Estoril

26 laps = 108.732 km
Pole position: O. Jacque (F, Yamaha),
    1'42.506 = 146.871 km/h.

1.	D. Katoh	J	Honda	45'07.769
				= 144.560 km/h
2.	O. Jacque	F	Yamaha	45'18.723
3.	M. Melandri	I	Aprilia	45'36.086
4.	A. West	AUS	Honda	45'42.083
5.	K. Nöhles	D	Aprilia	45'43.752
6.	A. Gonzales-Nieto	E	Yamaha	45'47.860
7.	J. Vincent	GB	Aprilia	45'48.144
8.	I. Clementi	I	Aprilia	45'59.262
9.	S. Gimbert	F	TSR-Honda	46'02.091
10.	S. Yuzy	MAL	Yamaha	46'02.275
11.	A. Hofmann	D	Aprilia	46'06.609
12.	F. Battaini	I	Aprilia	46'07.106
13.	V. Philippe	F	TSR-Honda	46'07.901
14.	L. Boscoscuro	I	Aprilia	46'13.278
15.	J. Robinson	GB	Aprilia	46'31.902

Number of finishers: 19.
Fastest lap: O. Jacque (F, Yamaha),
    1'42.985 = 146.188 km/h.

13) September 17: Valencia - Cheste

27 laps = 108.135 km
Pole position: O. Jacque (F, Yamaha),
    1'36.680 = 149.131 km/h.

1.	S. Nakano	J	Yamaha	43'49.140
				= 148.065 km/h
2.	O. Jacque	F	Yamaha	43'53.425
3.	M. Melandri	I	Aprilia	44'03.988
4.	T. Ukawa	J	Honda	44'04.037
5.	D. Katoh	J	Honda	44'09.348
6.	F. Battaini	I	Aprilia	44'25.631
7.	A. West	AUS	Honda	44'28.950
8.	S. Porto	ARG	Yamaha	44'29.027
9.	J. Vincent	GB	Aprilia	44'29.411
10.	D. Checa	E	TSR-Honda	44'29.413
11.	A. Debon	E	Aprilia	44'42.649
12.	L. Boscoscuro	I	Aprilia	44'45.759
13.	R. Waldmann	D	Aprilia	44'45.849
14.	S. Yuzy	MAL	Yamaha	44'50.928
15.	N. Matsudo	J	Yamaha	44'53.207

Number of finishers: 24.
Fastest lap: S. Nakano (J, Yamaha),
    1'36.398 = 149.567 km/h.

14) October: Rio - Jacarepagua

22 laps = 108.526 km
Pole position: M. Melandri (I, Aprilia),
    1'53.464 = 156.514 km/h.

1.	D. Katoh	J	Honda	42'14.822
				= 154.130 Km/h
2.	T. Ukawa	J	Honda	42'14.886
3.	M. Melandri	I	Aprilia	42'15.012
4.	S. Nakano	J	Yamaha	42'28.610
5.	A. West	AUS	Honda	42'33.909
6.	R. Waldmann	D	Aprilia	42'34.058
7.	F. Battaini	I	Aprilia	42'39.608
8.	S. Porto	ARG	Yamaha	42'46.696
9.	J. Vincent	GB	Aprilia	42'56.368
10.	L. Boscoscuro	I	Aprilia	43'00.726
11.	A. Gonzales-Nieto	E	Yamaha	43'10.452
12.	N. Matsudo	J	Yamaha	43'10.492
13.	I. Clementi	I	Aprilia	43'10.802
14.	S. Gimbert	F	TSR-Honda	43'11.149
15.	J. Allemand	F	Yamaha	43'11.313

Number of finishers: 21.
Fastest lap: O. Jacque (F, Yamaha),
    1'54.394 = 155.242 km/h.

15) October 15: Pacific - Motegi (*)

23 laps = 110.423 km
Pole position: D. Katoh (J, Honda),
    1'52.574 = 153.531 km/h.

1.	D. Katoh	J	Honda	43'26.394
				= 152.518 km/h
2.	S. Nakano	J	Yamaha	43'27.101
3.	M. Melandri	I	Aprilia	43'46.071
4.	O. Jacque	F	Yamaha	43'50.654
5.	T. Ukawa	J	Honda	43'55.067
6.	A. West	AUS	Honda	44'15.711
7.	R. Waldmann	D	Aprilia	44'17.055
8.	H. Aoyama	J	Honda	44'33.094
9.	J. Vincent	GB	Aprilia	44'24.724
10.	Y. Hatakeyama	J	Honda	44'40.552
11.	S. Yuzy	MAL	Yamaha	44'47.232
12.	A. Debon	E	Aprilia	44'47.340
13.	L. Boscoscuro	I	Aprilia	44'48.792
14.	A. Gonzales-Nieto	E	Yamaha	44'49.211
15.	D. Checa	E	TSR-Honda	44'49.336

Number of finishers: 19.
Fastest lap: S. Nakano (J, Yamaha),
    1'52.253 = 153.970 km/h.

(*): O. Miyazaki (J, Yamaha), qui avait terminé la course en 10e position, a été exclu de l'épreuve après un contrôle de carburant.

(*): O. Miyazaki (J, Yamaha), der das Rennen als Zehnter beendete, wurde nach einer Benzinanalyse disqualifiziert.

(*): O. Miyazaki (J, Yamaha,) who had finished tenth, was excluded after a fuel check.

16) October 29: Australia - Phillip Island

25 laps = 111.200 km
Pole position: S. Nakano (J, Yamaha),
    1'33.713 = 170.870 km/h.

1.	O. Jacque	F	Yamaha	39'19.795
				= 169.641 km/h
2.	S. Nakano	J	Yamaha	39'19.809
3.	D. Katoh	J	Honda	39'34.320
4.	R. Waldmann	D	Aprilia	39'34.351
5.	M. Melandri	I	Aprilia	39'50.740
6.	T. Ukawa	J	Honda	40'09.737
7.	A. West	AUS	Honda	40'18.911
8.	J. Vincent	GB	Aprilia	40'18.965
9.	A. Gonzales-Nieto	E	Yamaha	40'19.358
10.	R. Rolfo	I	Aprilia	40'19.383
11.	S. Porto	ARG	Yamaha	40'19.472
12.	N. Matsudo	J	Yamaha	40'19.487
13.	V. Philippe	F	TSR-Honda	40'28.047
14.	J. Allemand	F	Yamaha	40'31.563
15.	L. Boscoscuro	I	Aprilia	40'40.683

Number of finishers: 22.
Fastest lap: O. Jacque (F, Yamaha),
    1'33.784 = 170.741 km/h.

WORLD CHAMPIONSHIP

1.	Olivier Jacque	F	Yamaha	279
2.	Shinya Nakano	J	Yamaha	272
3.	Daijiro Katoh	J	Honda	259
4.	Tohru Ukawa	J	Honda	239
5.	Marco Melandri	I	Aprilia	159
6.	Anthony West	AUS	Honda	146
7.	Ralf Waldmann	D	Aprilia	143
8.	Franco Battaini	I	Aprilia	96
9.	Sebastian Porto	ARG	Yamaha	83
10.	Naoki Matsudo	J	Yamaha	79
11.	Jason Vincent	GB	Aprilia	64
12.	Klaus Nöhles	D	Aprilia	45
13.	Luca Boscoscuro	I	Aprilia	44
14.	Alfonso Gonzales-Nieto	E	Yamaha	34
15.	Alex Debon	E	Aprilia	32
16.	Roberto Rolfo	I	TSR-Honda/Aprilia	26
17.	Johan Stigefelt	S	TSR-Honda	26
18.	Shahrol Yuzy	MAL	Yamaha	24
19.	Jamie Robinson	GB	Aprilia	23
20.	David Checa	E	TSR-Honda	23
21.	Ivan Clementi	I	Aprilia	17
22.	Sébastien Gimbert	F	TSR-Honda	16
23.	Vincent Philippe	F	TSR-Honda	14
24.	Julien Allemand	F	Yamaha	13
25.	Alexander Hofmann	D	Aprilia	12
26.	Marcellino Lucchi	I	Aprilia	9
27.	Osamu Miyazaki	J	Yamaha	8
28.	Hiroshi Aoyama	J	Honda	8
29.	Shinichi Nakatomi	J	Honda	7
30.	Lucas Oliver	E	Yamaha	7
31.	Nobuyuki Ohsaki	J	Yamaha	6
32.	Yasumasa Hatakeyama	J	Honda	5
33.	Jarno Janssen	NL	TSR-Honda	4
34.	Gary Haslam	GB	Honda	3
35.	Taro Sekiguchi	J	Yamaha	2
36.	Adrian Coates	GB	Aprilia	2
37.	Jeronimo Vidal	E	Aprilia	2
38.	David Tomas	E	Honda	2

2000 — 500 cc

Champion : Kenny Roberts Junior (United States, Suzuki), 258 points, 4 wins

1) March 19: South Africa - Welkom

28 laps = 118.776 km
Pole position: M. Gibernau (E, Honda V4),
1'36.273 = 158.623 km/h.

1.	G. McCoy	AUS	Yamaha	45'38.775
				= 156.125 km/h
2.	C. Checa	E	Yamaha	45'39.141
3.	L. Capirossi	I	Honda V4	45'40.365
4.	A. Barros	BR	Honda V4	45'48.520
5.	A. Crivillé	E	Honda V4	45'49.028
6.	K. Roberts Jr	USA	Suzuki	45'54.628
7.	N. Abe	J	Yamaha	46'03.003
8.	N. Aoki	J	Suzuki	46'05.494
9.	R. Laconi	F	Yamaha	46'15.006
10.	J. Van Den Goorbergh	NL	TSR-Honda V2	46'16.388
11.	J.-L. Cardoso	E	Honda V2	46'42.819
12.	S. Gimbert	F	Honda V2	46'53.687
13.	Y. Konishi	J	TSR-Honda V2	47'08.824
14.	S. Norval	SA	Honda V2	47'11.551
15.	D. De Gea	E	Modenas KR3	1 lap

Number of finishers: 15.
Fastest lap: V. Rossi (I, Honda V4),
1'36.933 = 157.543 km/h.

2) April 2: Malaysia - Sepang (*)

15 laps = 83.220 km
Pole position: K. Roberts Jr (USA, Suzuki),
2'06.053 = 158.447 km/h.

1.	K. Roberts Jr	USA	Suzuki	31'58.102
				= 156.191 km/h
2.	C. Checa	E	Yamaha	31'59.972
3.	G. McCoy	AUS	Yamaha	32'05.292
4.	M. Biaggi	I	Yamaha	32'11.304
5.	N. Aoki	J	Suzuki	32'20.316
6.	T. Okada	J	Honda V4	32'20.960
7.	M. Gibernau	E	Honda V4	32'23.183
8.	A. Barros	BR	Honda V4	32'23.331
9.	R. Laconi	F	Yamaha	32'23.624
10.	J. McWilliams	GB	Aprilia	32'33.976
11.	J. Van Den Goorbergh	NL	TSR-Honda V2	32'44.252
12.	T. Harada	J	Aprilia	32'44.717
13.	J.-L. Cardoso	E	Honda V2	33'01.357
14.	D. De Gea	E	Modenas KR3	33'03.718
15.	S. Gimbert	F	Honda V2	33'06.328

Number of finishers: 17.
Fastest lap: K. Roberts Jr (USA, Suzuki),
2'06.839 = 157.465 km/h.

(*): Course arrêtée au 16ᵉ des 21 tours, en raison de la pluie. Le classement pris en compte est celui du passage précédent.
(*): Das Rennen wurde wegen Regen in Runde 16 von 21 abgebrochen. Als Endwertung nahm man die Plazierungen der vorangegangenen Runde.
(*): Race stopped on lap 16 of 21, because of rain. The result was based on the order at the end of the preceding lap.

3) April 9: Japan - Suzuka

21 laps = 123.144 km
Pole position: K. Roberts Jr (USA, Suzuki),
2'06.679 = 166.644 km/h.

1.	N. Abe	J	Yamaha	45'16.657
				= 163.185 km/h
2.	K. Roberts Jr	USA	Suzuki	45'16.936
3.	T. Okada	J	Honda V4	45'18.569
4.	N. Aoki	J	Suzuki	45'18.659
5.	C. Checa	E	Yamaha	45'19.187
6.	A. Crivillé	E	Honda V4	45'19.335
7.	A. Barros	BR	Honda V4	45'20.870
8.	J. McWilliams	GB	Aprilia	45'21.559
9.	G. McCoy	AUS	Yamaha	45'32.128
10.	A. Ryo	J	Suzuki	45'32.319
11.	V. Rossi	I	Honda V4	45'46.442
12.	L. Capirossi	I	Honda V4	45'58.726
13.	J. Van Den Goorbergh	NL	TSR-Honda V2	46'05.431
14.	R. Laconi	F	Yamaha	46'14.679
15.	D. De Gea	E	Modenas KR3	46'38.798

Number of finishers: 18.
Fastest lap: K. Roberts Jr (USA, Suzuki),
2'08.304 = 164.534 km/h.

4) April 30: Spain - Jerez de la Frontera (*)

26 laps = 114.998 km
Pole position: M. Biaggi (I, Yamaha),
1'42.941 = 154.678 km/h.

1.	K. Roberts Jr	USA	Suzuki	45'52.311
				= 150.416 km/h
2.	C. Checa	E	Yamaha	45'53.170
3.	V. Rossi	I	Honda V4	45'55.836
4.	A. Crivillé	E	Honda V4	45'57.348
5.	A. Barros	BR	Honda V4	46'04.919
6.	L. Capirossi	I	Honda V4	46'09.747
7.	N. Aoki	J	Suzuki	46'11.795
8.	R. Laconi	F	Yamaha	46'19.900
9.	J. Van Den Goorbergh	NL	TSR-Honda V2	46'20.088
10.	T. Okada	J	Honda V4	46'28.231
11.	T. Harada	J	Aprilia	46'39.418
12.	D. De Gea	E	Modenas KR3	47'49.170
13.	Y. Konishi	J	TSR-Honda V2	48'01.408

Number of finishers: 13.
Fastest lap: K. Roberts Jr (USA, Suzuki),
1'44.127 = 152.917 km/h.

(*): Course prévue en 27 tours. Le départ a été retardé une première fois, les commissaires devant nettoyer la piste suite à la chute de M. Biaggi (I, Yamaha) dans le tour de chauffe. Une deuxième procédure de départ a été entamée, pour une course de 26 tours; celle-ci a été arrêtée au 17ᵉ passage, en raison de la pluie. Comme les deux tiers de la distance n'avaient pas été couverts, on est reparti pour une course déclarée "wet" de 10 tours, le classement étant établi à l'addition des temps.
(*): Das Rennen sollte über 27 Runden gehen. Der erste Start verzögerte sich, die Streckenposten die Strecke reinigen mußten, weil M. Biaggi (I, Yamaha) in der Aufwärmrunde gestürzt war. Der zweite Start sollte für ein Rennen über 26 Runden erfolgen. In Runde 17 wurde es unterbrochen, weil es anfing zu regnen. Da noch keine zwei Drittel der Renndistanz zurückgelegt waren, startete man nochmals für ein "nasses" Rennen. Für das Ergebnis wurde die Zeiten zusammengezählt.
(*): The race was scheduled to run for 27 laps. The start was delayed once while marshals cleaned the track after M. Biaggi (I, Yamaha) had fallen on the formation lap. A second start procedure began for 26 laps, but the race was stopped on lap 17, because of rain. As two thirds distance had not been covered, there was a further start for a ten lap race, declared "wet" and the result was decided by adding the times from both legs.

5) May 14: France - Le Mans

28 laps = 120.540 km
Pole position: M. Biaggi (I, Yamaha),
1'39.342 = 156.006 km/h.

1.	A. Crivillé	E	Honda V4	47'15.363
				= 153.047 km/h
2.	N. Abe	J	Yamaha	47'15.684
3.	V. Rossi	I	Honda V4	47'16.518
4.	G. McCoy	AUS	Yamaha	47'19.740
5.	A. Barros	BR	Honda V4	47'20.603
6.	K. Roberts Jr	USA	Suzuki	47'24.539
7.	C. Checa	E	Yamaha	47'26.963
8.	L. Capirossi	I	Honda V4	47'27.537
9.	R. Laconi	F	Yamaha	47'27.705
10.	T. Harada	J	Aprilia	47'45.181
11.	N. Aoki	J	Suzuki	47'53.840
12.	J. McWilliams	GB	Aprilia	47'57.448
13.	J. Van Den Goorbergh	NL	TSR-Honda V2	48'00.299
14.	T. Okada	J	Honda V4	48'01.220
15.	M. Gibernau	E	Honda V4	48'06.197

Number of finishers: 17.
Fastest lap: V. Rossi (I, Honda V4),
1'40.089 = 154.842 km/h.

6) May 28: Italy - Mugello

23 laps = 120.635 km
Pole position: A. Barros (BR, Honda V4),
1'52.811 = 167.377 km/h.

1.	L. Capirossi	I	Honda V4	44'04.220
				= 164.239 km/h
2.	C. Checa	E	Yamaha	44'07.096
3.	J. McWilliams	GB	Aprilia	44'12.261
4.	N. Aoki	J	Suzuki	44'13.851
5.	N. Abe	J	Yamaha	44'14.159
6.	K. Roberts Jr	USA	Suzuki	44'14.347
7.	R. Laconi	F	Yamaha	44'22.508
8.	T. Okada	J	Honda V4	44'22.621
9.	M. Biaggi	I	Yamaha	44'30.881
10.	M. Gibernau	E	Honda V4	44'31.888
11.	J. Van Den Goorbergh	NL	TSR-Honda V2	44'32.367
12.	V. Rossi	I	Honda V4	44'53.845
13.	J.-L. Cardoso	E	Honda V2	45'19.842
14.	S. Legrelle	B	Honda V2	1 lap
15.	Y. Konishi	J	TSR-Honda V2	1 lap

Number of finishers: 15.
Fastest lap: L. Capirossi (I, Honda V4),
1'53.885 = 165.798 km/h.

7) June 11: Catalunya - Catalunya

25 laps = 118.175 km
Pole position: A. Barros (BR, Honda V4),
1'45.914 = 160.568 km/h.

1.	K. Roberts Jr	USA	Suzuki	51'31.504
				= 137.612 km/h
2.	N. Abe	J	Yamaha	51'35.958
3.	V. Rossi	I	Honda V4	51'41.045
4.	N. Aoki	J	Suzuki	51'44.125
5.	M. Biaggi	I	Yamaha	51'48.728
6.	L. Capirossi	I	Honda V4	51'57.410
7.	J. Van Den Goorbergh	NL	TSR-Honda V2	52'17.192
8.	D. De Gea	E	Modenas KR3	52'34.449
9.	T. Harada	J	Aprilia	52'53.288
10.	Y. Konishi	J	TSR-Honda V2	53'05.174
11.	S. Legrelle	B	Honda V2	1 lap
12.	J. McWilliams	GB	Aprilia	1 lap
13.	R. Laconi	F	Yamaha	1 lap
14.	S. Norval	RSA	Honda V2	1 lap
15.	T. Okada	J	Honda V4	1 lap

Number of finishers: 15.
Fastest lap: A. Barros (BR, Honda V4),
2'02.098 = 139.373 km/h.

8) June 24: The Netherlands - Assen (*)

20 laps = 120.980 km
Pole position: L. Capirossi (I, Honda V4),
2'02.058 = 178.410 km/h.

1.	A. Barros	BR	Honda V4	42'46.142
				= 169.720 km/h
2.	A. Crivillé	E	Honda V4	42'48.219
3.	L. Capirossi	I	Honda V4	42'49.049
4.	M. Biaggi	I	Yamaha	42'51.022
5.	C. Checa	E	Yamaha	42'53.536
6.	V. Rossi	I	Honda	42'57.910
7.	M. Gibernau	E	Honda V4	42'58.374
8.	R. Laconi	F	Yamaha	43'01.539
9.	J. Van Den Goorbergh	NL	TSR-Honda V2	43'07.047
10.	N. Abe	J	Yamaha	43'08.298
11.	T. Okada	J	Honda V4	43'14.892
12.	T. Harada	J	Aprilia	43'20.663
13.	N. Aoki	J	Suzuki	43'33.855
14.	D. De Gea	E	Modenas KR3	44'08.213
15.	G. McCoy	AUS	Yamaha	44'40.501

Number of finishers: 15.
Fastest lap: M. Biaggi (I, Yamaha),
2'03.898 = 175.760 km/h.

(*): La course s'est déroulée en deux manches, suite à une interruption due à la pluie. Le classement s'est donc fait à l'addition des temps.
(*): Das Rennen wurde in zwei Teilen durchgeführt nachdem es wegen Regens unterbrochen wurde. Für das Ergebnis wurden die Zeiten addiert.
(*): The race was run over two legs, after rain interrupted proceedings. The final classification was calculated by adding the times from both legs.

9) July 9: Great Britain - Donington

30 laps = 120.690 km
Pole position: A. Barros (BR, Honda V4),
1'32.316 = 156.882 km/h.

1.	V. Rossi	I	Honda V4	52'37.246
				= 137.614 km/h
2.	K. Roberts Jr	USA	Suzuki	52'37.641
3.	J. McWilliams	GB	Aprilia	52'38.190
4.	L. Capirossi	I	Honda V4	53'00.283
5.	J. Van Den Goorbergh	NL	TSR-Honda V2	53'02.820
6.	N. Abe	J	Yamaha	53'04.298
7.	A. Crivillé	E	Honda V4	53'06.863
8.	M. Gibernau	E	Honda V4	53'07.412
9.	M. Biaggi	I	Yamaha	53'08.119
10.	T. Okada	J	Honda V4	53'08.830
11.	C. Checa	E	Yamaha	53'16.115
12.	R. Laconi	F	Yamaha	53'21.303
13.	M. McGuiness	GB	Honda V2	53'40.780
14.	A. Barros	BR	Honda V4	53'50.781
15.	A. Gobert	AUS	Modenas KR3	53'52.898

Number of finishers: 18.
Fastest lap: G.McCoy (AUS, Yamaha),
1'39.895 = 144.980 km/h.

10) July 23: Germany - Sachsenring

31 laps = 108.748 km
Pole position: K. Roberts Jr (USA, Suzuki),
1'23.168 = 151.846 km/h.

1.	A. Barros	BR	Honda V4	43'54.632
				= 148.594 km/h
2.	V. Rossi	I	Honda V4	43'54.710
3.	K. Roberts Jr	USA	Suzuki	43'55.496
4.	M. Biaggi	I	Yamaha	43'55.895
5.	T. Okada	J	Honda V4	43'56.306
6.	L. Capirossi	I	Honda V4	43'57.646
7.	R. Laconi	F	Yamaha	44'08.238
8.	M. Gibernau	E	Honda V4	44'08.549
9.	C. Checa	E	Yamaha	44'08.651
10.	G. McCoy	AUS	Yamaha	44'14.717
11.	N. Abe	J	Yamaha	44'21.222
12.	J.-L. Cardoso	E	Honda V2	44'24.196
13.	N. Aoki	J	Suzuki	44'43.820
14.	L. Cadalora	I	Modenas KR3	44'48.174
15.	P. Tessari		Paton	1 lap

Number of finishers: 15.
Fastest lap: T. Okada (J, Honda V4),
1'23.918 = 150.489 km/h.

11) August 20: Czech Republic - Brno

22 laps = 118.866 km
Pole position: M. Biaggi (I, Yamaha),
2'01.291 = 160.364 km/h.

1.	M. Biaggi	I	Yamaha	45'31.918
				= 156.636 km/h
2.	V. Rossi	I	Honda V4	45'38.559
3.	G. McCoy	AUS	Yamaha	45'40.545
4.	K. Roberts Jr	USA	Suzuki	45'44.024
5.	L. Capirossi	I	Honda V4	45'48.001
6.	M. Gibernau	E	Honda V4	45'54.306
7.	A. Crivillé	E	Honda V4	45'54.558
8.	N. Aoki	J	Suzuki	45'54.748
9.	J. McWilliams	GB	Aprilia	45'54.920
10.	T. Okada	J	Honda V4	45'56.443
11.	C. Checa	E	Yamaha	46'01.478
12.	J. Van Den Goorbergh	NL	TSR-Honda V2	46'01.762
13.	R. Laconi	F	Yamaha	46'02.311
14.	T. Harada	J	Aprilia	46'07.781
15.	L. Cadalora	I	Modenas KR3	46'37.323

Number of finishers: 20.
Fastest lap: M. Biaggi (I, Yamaha),
2'02.854 = 158.324 km/h.

12) September 3: Portugal - Estoril

28 laps = 117.096 km
Pole position: G. McCoy (AUS, Yamaha),
1'40.736 = 149.452 km/h.

1.	G. McCoy	AUS	Yamaha	48'07.663
				= 145.981 km/h
2.	K. Roberts Jr	USA	Suzuki	48'12.604
3.	V. Rossi	I	Honda V4	48'12.845
4.	M. Biaggi	I	Yamaha	48'13.387
5.	R. Laconi	F	Yamaha	48'21.422
6.	A. Crivillé	E	Honda V4	48'23.085
7.	T. Okada	J	Honda V4	48'23.088
8.	J. Van Den Goorbergh	NL	TSR-Honda V2	48'23.439
9.	N. Abe	J	Yamaha	48'27.286
10.	A. Barros	BR	Honda V4	48'27.506
11.	J. McWilliams	GB	Aprilia	48'40.084
12.	C. Checa	E	Yamaha	48'40.858
13.	L. Capirossi	I	Honda V4	49'02.579
14.	T. Harada	J	Aprilia	49'21.225
15.	M. Willis	AUS	Modenas KR3	49'25.974

Number of finishers: 19.
Fastest lap: V. Rossi (I, Honda V4),
1'42.200 = 147.311 km/h.

13) September 17: Valencia - Cheste

30 laps = 120.150 km
Pole position: K. Roberts Jr (USA, Suzuki),
1'35.133 = 151.556 km/h.

1.	G. McCoy	AUS	Yamaha	48'27.799
				= 148.781 km/h
2.	K. Roberts Jr	USA	Suzuki	48'32.804
3.	M. Biaggi	I	Yamaha	48'33.777
4.	N. Aoki	J	Suzuki	48'36.474
5.	A. Barros	BR	Honda V4	48'42.046
6.	R. Laconi	F	Yamaha	48'43.910
7.	C. Checa	E	Yamaha	48'47.766
8.	M. Gibernau	E	Honda V4	48'48.893
9.	T. Okada	J	Honda V4	48'49.145
10.	J. Van Den Goorbergh	NL	TSR-Honda V2	49'05.305
11.	D. De Gea	E	Modenas KR3	49'05.481
12.	J.-L. Cardoso	E	Honda V2	49'27.264
13.	D. Tomas	E	Honda V2	1 lap
14.	Y. Konishi	J	TSR-Honda V2	1 lap
15.	P. Giles	GB	Honda V2	1 lap

Number of finishers: 15.
Fastest lap: A. Crivillé (E, Honda V4),
1'36.085 = 150.054 km/h.

14) October 7: Rio - Jacarepagua

24 laps = 118.392 km
Pole position: M. Biaggi (I, Yamaha),
1'51.058 = 159.905 km/h.

1.	V. Rossi	I	Honda V4	45'22.624
				= 156.544 km/h
2.	A. Barros	BR	Honda V4	45'23.594
3.	G. McCoy	AUS	Yamaha	45'26.070
4.	N. Abe	J	Yamaha	45'26.192
5.	M. Biaggi	I	Yamaha	45'26.333
6.	K. Roberts Jr	USA	Suzuki	45'30.402
7.	M. Gibernau	E	Honda V4	45'30.884
8.	R. Laconi	F	Yamaha	45'31.142
9.	T. Okada	J	Honda	45'40.130
10.	J. Van Den Goorbergh	NL	TSR-Honda V2	45'45.878
11.	A. Crivillé	E	Honda V4	45'51.426
12.	N. Aoki	J	Suzuki	45'56.758
13.	T. Harada	J	Aprilia	46'16.983
14.	M. Willis	AUS	Modenas KR3	46'25.806
15.	C. Checa	E	Yamaha	46'26.130

Number of finishers: 18.
Fastest lap: V. Rossi (I, Honda V4),
1'52.667 = 157.622 km/h.

15) October 15: Pacific - Motegi

25 laps = 120.025 km
Pole position: M. Biaggi (I, Yamaha),
1'49.954 = 157.189 km/h.

1.	K. Roberts Jr	USA	Suzuki	46'23.327
				= 155.242 km/h
2.	V. Rossi	I	Honda V4	46'29.502
3.	M. Biaggi	I	Yamaha	46'29.687
4.	C. Checa	E	Yamaha	46'43.054
5.	N. Abe	J	Yamaha	46'45.321
6.	A. Crivillé	E	Honda V4	46'45.564
7.	A. Barros	BR	Honda V4	46'47.290
8.	L. Capirossi	I	Honda V4	46'49.378
9.	N. Aoki	J	Suzuki	46'49.715
10.	T. Okada	J	Honda V4	46'55.835
11.	R. Laconi	F	Yamaha	46'59.405
12.	M. Gibernau	E	Honda V4	47'01.087
13.	T. Harada	J	Aprilia	47'01.341
14.	J. McWilliams	GB	Aprilia	47'18.984
15.	J. Van Den Goorbergh	NL	TSR-Honda V2	47'29.991

Number of finishers: 18.
Fastest lap: V. Rossi (I, Honda V4), 1'50.591
= 156.283 km/h.

16) October 29: Australia - Phillip Island

27 laps = 120.096 km
Pole position: J. McWilliams (GB, Aprilia),
1'32.552 = 173.014 km/h.

1.	M. Biaggi	I	Yamaha	42'29.792
				= 169.561 km/h
2.	L. Capirossi	I	Honda V4	42'29.974
3.	V. Rossi	I	Honda V4	42'30.080
4.	A. Barros	BR	Honda V4	42'30.218
5.	G. McCoy	AUS	Yamaha	42'31.677
6.	N. Abe	J	Yamaha	42'33.610
7.	K. Roberts Jr	USA	Suzuki	42'33.638
8.	J. McWilliams	GB	Aprilia	42'33.670
9.	T. Okada	J	Honda V4	42'34.100
10.	N. Aoki	J	Suzuki	42'42.374
11.	R. Laconi	F	Yamaha	42'45.731
12.	J. Van Den Goorbergh	NL	TSR-Honda V2	43'10.212
13.	T. Kayoh	J	Honda V2	43'35.951
14.	T. Harada	J	Aprilia	43'45.059
15.	Y. Konishi	J	TSR-Honda V2	1 lap

Number of finishers: 15.
Fastest lap: M. Biaggi (I, Yamaha),
1'33.320 = 171.590 km/h.

WORLD CHAMPIONSHIP

1.	Kenny Roberts Jr	USA	Suzuki	258
2.	Valentino Rossi	I	Honda V4	209
3.	Massimiliano Biaggi	I	Yamaha	170
4.	Alexandre Barros	BR	Honda V4	163
5.	Garry McCoy	AUS	Yamaha	161
6.	Carlos Checa	E	Yamaha	155
7.	Loris Capirossi	I	Honda V4	154
8.	Norifumi Abe	J	Yamaha	147
9.	Alex Crivillé	E	Honda V4	122
10.	Nobuatsu Aoki	J	Suzuki	116
11.	Tadayuki Okada	J	Honda V4	107
12.	Régis Laconi	F	Yamaha	106
13.	Jurgen Van Den Goorbergh	NL	TSR-Honda V2	85
14.	Jeremy McWilliams	GB	Aprilia	76
15.	Manuel "Sete" Gibernau	E	Honda V4	72
16.	Tetsuya Harada	J	Aprilia	38
17.	David De Gea	E	Modenas KR3	23
18.	Jose Luis Cardoso	E	Honda V2	19
19.	Yoshiteru Konishi	J	TSR-Honda V2	16
20.	Sébastien Legrelle	B	Honda V2	7
21.	Akira Ryo	J	Suzuki	6
22.	Sébastien Gimbert	F	Honda V2	5
23.	Shane Norval	SA	Honda V2	4
24.	John McGuiness	GB	Honda V2	3
25.	David Tomas	E	Honda V2	3
26.	Tekkyu Kayoh	J	Honda V2	3
27.	Luca Cadalora	I	Modenas KR3	3
28.	Mark Willis	AUS	Modenas KR3	3
29.	Anthony Gobert	AUS	Modenas KR3	1
30.	Paolo Tessari	I	Paton	1
31.	Phil Giles	GB	Honda V2	1

STATISTIQUES
STATISTICS
STATISTIKEN

TITRES MONDIAUX PAR PAYS
WORLD TITLES BY COUNTRIES
LÄNDER-WELTMEISTERTITELN

		50 cc	80 cc	125 cc	250 cc	350 cc	500 cc	Side-Cars
Italy	65	2	--	21	20	8	14	--
Great-Britain	56	--	--	4	9	13	17	13
Germany	38	4	--	3	7	2	--	22
Spain	25	8	4	10	2	--	1	--
Switzerland	17	2	2	3	--	--	--	10
United States	16	--	--	--	2	--	14	--
Australia	9	--	--	1	1	1	6	--
Rhodesia	8	--	--	--	2	5	1	--
The Netherlands	6	3	--	--	--	--	--	3
Japan	6	--	--	4	1	1	--	--
South Africa	5	--	--	--	2	3	--	--
France	4	--	--	--	3	--	--	1
New Zealand	4	2	--	2	--	--	--	--
Venezuela	3	--	--	--	2	1	--	--
Sweden	2	--	--	2	--	--	--	--
Austria	1	--	--	1	--	--	--	--
Finland	1	--	--	--	1	--	--	--
Ireland	1	1	--	--	--	--	--	--

VICTOIRES EN GP PAR PAYS
COUNTRIES GP VICTORIES
LÄNDER-GP-SIEGE

		50 cc	80 cc	125 cc	250 cc	350 cc	500 cc	Side Cars	Number of riders
Italy	568	18	3	184	170	66	120	7	65
Great Britain	420	2	1	47	91	83	135	61	50
Germany	281	28	6	38	80	11	1	117	38
Spain	208	43	27	92	27	1	18	--	16
Switzerland	173	17	9	25	7	1	1	113	14
United States	169	--	--	--	19	--	150	--	10
Japan	130	6	--	65	42	8	9	--	27
Australia	124	4	--	7	15	14	84	--	14
The Netherlands	79	37	--	11	1	--	8	22	15
Rhodesia	70	--	--	4	23	33	10	--	3
France	69	--	--	10	29	9	3	18	19
South Africa	39	--	--	--	18	21	--	--	3
Venezuela	35	--	--	2	19	11	3	--	3
New Zeland	31	8	--	17	1	2	3	--	7
Ireland	26	7	--	2	7	3	7	--	7
Finland	25	--	--	--	10	11	3	1	4
Sweden	24	--	--	18	5	--	--	1	4
Austria	13	--	1	10	2	--	--	--	5
Belgium	7	3	--	--	2	2	--	--	2
East Germany	6	--	--	5	1	--	--	1	--
Canada	6	--	--	4	2	--	--	--	2
Brazil	4	--	--	--	--	1	3	--	2
Hungary	4	--	--	--	1	3	--	--	1
Czechoslovakia	4	--	--	--	--	3	1	--	1
Argentina	2	--	--	--	--	--	2	--	2

TITRES MONDIAUX PAR PILOTES
RIDERS WORLD TITLES
FAHRER-WELTMEISTERTITELN

Rider	Total	50cc	80cc	125cc	250cc	350cc	500cc	Side Cars
Giacomo Agostini-I	15	--	--	--	--	7	8	--
Angel Nieto-E	13	6	--	7	--	--	--	--
Mike Hailwood-GB	9	--	--	--	3	2	4	--
Carlo Ubbiali-I	9	--	--	6	3	--	--	--
Rolf Biland-CH	7	--	--	--	--	--	--	7
Phil Read-GB	7	--	--	1	4	--	2	--
John Surtees-GB	7	--	--	--	--	3	4	--
Geoffrey Duke-GB	6	--	--	--	--	2	4	--
Klaus Enders-D	6	--	--	--	--	--	--	6
Jim Redman-RHO	6	--	--	--	--	2	4	--
Michael Doohan-AUS	5	--	--	--	--	--	5	--
Anton Mang-D	5	--	--	--	3	2	--	--
Hugh Anderson-NZ	4	2	--	2	--	--	--	--
Kork Ballington-SA	4	--	--	--	2	2	--	--
Massimiliano Biaggi-I	4	--	--	--	4	--	--	--
Max Deubel-D	4	--	--	--	--	--	--	4
Stefan Dörflinger-CH	4	2	2	--	--	--	--	--
Eddie Lawson-USA	4	--	--	--	--	--	4	--
Jorge Martinez-E	4	--	3	1	--	--	--	--
Eric Oliver-GB	4	--	--	--	--	--	--	4
Walter Villa-I	4	--	--	--	3	1	--	--
Steve Webster-GB	4	--	--	--	--	--	--	4
Hans-Georg Anscheidt-D	3	3	--	--	--	--	--	--
Pier Paolo Bianchi-I	3	--	--	3	--	--	--	--
Luca Cadalora-I	3	--	--	1	2	--	--	--
Loris Capirossi-I	3	--	--	2	1	--	--	--
Werner Haas-D	3	--	--	1	2	--	--	--
Eugenio Lazzarini-I	3	2	--	1	--	--	--	--
Wayne Rainey-USA	3	--	--	--	--	--	3	--
Kenny Roberts-USA	3	--	--	--	--	--	3	--
Bruno Ruffo-I	3	--	--	1	2	--	--	--
Freddie Spencer-USA	3	--	--	--	1	--	2	--
Egbert Streuer-NL	3	--	--	--	--	--	--	3
Luigi Taveri-CH	3	--	--	3	--	--	--	--
Fergus Anderson-GB	2	--	--	--	--	2	--	--
Kent Andersson-S	2	--	--	2	--	--	--	--
Haruchika Aoki-J	2	--	--	2	--	--	--	--
Dieter Braun-D	2	--	--	1	1	--	--	--
Alex Crivillé-E	2	--	--	1	--	--	1	--
Darren Dixon-GB	2	--	--	--	--	--	--	2
Jan De Vries-NL	2	2	--	--	--	--	--	--
Helmut Fath-D	2	--	--	--	--	--	--	2
Fausto Gresini-I	2	--	--	2	--	--	--	--
Garry Hocking-RHO	2	--	--	--	--	1	1	--
Carlos Lavado-VEN	2	--	--	--	2	--	--	--
Bill Lomas-GB	2	--	--	--	--	2	--	--
Umberto Masetti-I	2	--	--	--	--	--	2	--
Wilhelm Noll-D	2	--	--	--	--	--	--	2
Alfonso "Sito" Pons-E	2	--	--	--	2	--	--	--
Tarquinio Provini-I	2	--	--	1	1	--	--	--
Valentino Rossi-I	2	--	--	1	1	--	--	--
Kazuto Sakata-J	2	--	--	2	--	--	--	--
Cecil Sandford-GB	2	--	--	1	1	--	--	--
Fritz Scheidegger-CH	2	--	--	--	--	--	--	2
Walter Schneider-D	2	--	--	--	--	--	--	2
Barry Sheene-GB	2	--	--	--	--	--	2	--
Rolf Steinhausen-D	2	--	--	--	--	--	--	2
Ricardo Tormo-E	2	2	--	--	--	--	--	--
Emilio Alzamora-E	1	--	--	1	--	--	--	--
Dario Ambrosini-I	1	--	--	--	1	--	--	--
Ralph Bryans-IRL	1	1	--	--	--	--	--	--
Keith Campbell-AUS	1	--	--	--	--	1	--	--
Kelvin Carruthers-AUS	1	--	--	--	1	--	--	--
Johnny Cecotto-VEN	1	--	--	--	--	1	--	--
Ernest Degner-D	1	1	--	--	--	--	--	--
Jon Ekerold-SA	1	--	--	--	--	1	--	--
Willy Faust-D	1	--	--	--	--	--	--	1
Bob Foster-GB	1	--	--	--	--	1	--	--
Freddy Frith-GB	1	--	--	--	--	1	--	--
Wayne Gardner-AUS	1	--	--	--	--	--	1	--
Leslie Graham-GB	1	--	--	--	--	--	1	--
Rodney Gould-GB	1	--	--	--	1	--	--	--
Alessandro Gramigni-I	1	--	--	1	--	--	--	--
Tetsuya Harada-J	1	--	--	--	1	--	--	--
Manuel Herreros-E	1	--	1	--	--	--	--	--
Fritz Hillebrand-D	1	--	--	--	--	--	--	1
Ruppert Hollaus-A	1	--	--	--	1	--	--	--
Bruno Holzer-CH	1	--	--	--	--	--	--	1
Bill Ivy-GB	1	--	--	1	--	--	--	--
Olivier Jacque-F	1	--	--	--	1	--	--	--
Takazumi Katayama-J	1	--	--	--	--	1	--	--
John Kocinski-USA	1	--	--	--	1	--	--	--
Mario Lega-I	1	--	--	--	1	--	--	--
Libero Liberati-I	1	--	--	--	--	--	1	--
Roberto Locatelli-I	1	--	--	1	--	--	--	--
Enrico Lorenzetti-I	1	--	--	--	1	--	--	--
Marco Lucchinelli-I	1	--	--	--	--	--	1	--
Alain Michel-F	1	--	--	--	--	--	--	1
Hermann-Paul Müller-D	1	--	--	--	1	--	--	--
George O'Dell-GB	1	--	--	--	--	--	--	1
Horst Owesle-D	1	--	--	--	--	--	--	1
Nello Pagani-I	1	--	--	1	--	--	--	--
Tom Phillis-AUS	1	--	--	1	--	--	--	--
Paolo Pileri-I	1	--	--	1	--	--	--	--
Dirk Raudies-D	1	--	--	1	--	--	--	--
Kenny Roberts Jr.-USA	1	--	--	--	--	--	1	--
Jarno Saarinen-SF	1	--	--	--	1	--	--	--
Christian Sarron-F	1	--	--	--	1	--	--	--
Werner Schwärzel-D	1	--	--	--	--	--	--	1
Kevin Schwantz-USA	1	--	--	--	--	--	1	--
Dave Simmonds-GB	1	--	--	1	--	--	--	--
Cyril Smith-GB	1	--	--	--	--	--	--	1
Jock Taylor-GB	1	--	--	--	--	--	--	1
Jean-Louis Tournadre-F	1	--	--	--	1	--	--	--
Franco Uncini-I	1	--	--	--	--	--	1	--
Henk Van Kessel-NL	1	1	--	--	--	--	--	--

VICTOIRES EN GP PAR PILOTES
RIDERS GP VICTORIES
FAHRER-GP-SIEGE

Rider	Total	50cc	80cc	125cc	250cc	350cc	500cc	Side Cars
Giacomo Agostini-I	122	--	--	--	--	54	68	--
Angel Nieto-E	90	27	1	62	--	--	--	--
Rolf Biland-CH	81	--	--	--	--	--	--	81
Mike Hailwood-GB	76	--	--	2	21	16	37	--
Michael Doohan-AUS	54	--	--	--	--	--	54	--
Phil Read-GB	52	--	--	10	27	4	11	--
Jim Redman-RHO	45	--	--	4	18	21	2	--
Anton Mang-D	42	--	--	1	33	8	--	--
Carlo Ubbiali-I	39	--	--	26	13	--	--	--
John Surtees-GB	38	--	--	--	1	15	22	--
Jorge Martinez-E	37	--	22	15	--	--	--	--
Massimiliano Biaggi-I	34	--	--	--	29	--	5	--
Luca Cadalora-I	34	--	--	4	22	--	8	--
Geoffrey Duke-GB	33	--	--	--	--	11	22	--
Kork Ballington-SA	31	--	--	--	17	14	--	--
Eddie Lawson-USA	31	--	--	--	--	--	31	--
Luigi Taveri-CH	30	6	--	22	2	--	--	--
Valentino Rossi-I	28	--	--	12	14	--	2	--
Pierpaolo Bianchi-I	27	--	3	24	--	--	--	--
Klaus Enders-D	27	--	--	--	--	--	--	27
Eugenio Lazzarini-I	27	18	--	9	--	--	--	--
Freddie Spencer-USA	27	--	--	--	7	--	20	--
Hugh Anderson-NZ	25	8	--	17	--	--	--	--
Kevin Schwantz-USA	25	--	--	--	--	--	25	--
Wayne Rainey-USA	24	--	--	--	--	--	24	--
Kenny Roberts-USA	24	--	--	--	2	--	22	--
Walter Villa-I	24	--	--	--	20	4	--	--
Barry Sheene-GB	23	1	--	3	--	--	19	--
Steve Webster-GB	23	--	--	--	--	--	--	23
Loris Capirossi-I	22	--	--	8	12	--	2	--
Egbert Streuer-NL	22	--	--	--	--	--	--	22
Fausto Gresini-I	21	--	--	21	--	--	--	--
Bill Ivy-GB	21	--	--	14	7	--	--	--
Alex Crivillé-E	20	--	--	5	--	--	15	--
Tarquinio Provini-I	20	--	--	6	14	--	--	--
Ralf Waldmann-D	20	--	--	6	14	--	--	--
Garry Hocking-RHO	19	--	--	--	5	8	6	--
Carlos Lavado-VEN	19	--	--	--	17	2	--	--
Ricardo Tormo Blaya-E	19	15	--	4	--	--	--	--
Kent Andersson-S	18	--	--	14	4	--	--	--
Stefan Dörflinger-CH	18	9	9	--	--	--	--	--
Wayne Gardner-AUS	18	--	--	--	--	--	18	--
Alain Michel-F	18	--	--	--	--	--	--	18
Eric Oliver-GB	17	--	--	--	--	--	--	17
Fritz Scheidegger-CH	16	--	--	--	--	--	--	16
Ernest Degner-DDR/5 + D/10		15	7	--	8	--	--	--
Alfonso "Sito" Pons-E	15	--	--	--	15	--	--	--
Jarno Saarinen-SF	15	--	--	--	8	5	2	--
Hans-Georg Anscheidt-D	14	14	--	--	--	--	--	--
Dieter Braun-D	14	--	--	6	7	1	--	--
Alberto "Johnny" Cecotto-VEN	14	--	--	--	2	9	3	--
Jan De Vries-NL	14	14	--	--	--	--	--	--
Tetsuya Harada-J	14	--	--	--	14	--	--	--
Dirk Raudies-D	14	--	--	14	--	--	--	--
John Kocinski-USA	13	--	--	--	9	--	4	--
Randy Mamola-USA	13	--	--	--	--	--	13	--
Fergus Anderson-GB	12	--	--	--	3	7	2	--
Max Deubel-D	12	--	--	--	--	--	--	12
Noboru Ueda-J	12	--	--	12	--	--	--	--
Helmut Fath-D	11	--	--	--	--	--	--	11
Werner Haas-D	11	--	--	--	4	7	--	--
Takazumi Katayama-J	11	--	--	--	3	7	1	--
Kazuto Sakata-J	11	--	--	11	--	--	--	--
Dave Simmonds-GB	11	--	--	10	--	--	1	--
Ralph Bryans-IRL	10	7	--	--	2	1	--	--
Rodney Gould-GB	10	--	--	--	10	--	--	--
Gregg Hansford-AUS	10	--	--	--	4	6	--	--
Werner Schwärzel-D	10	--	--	--	--	--	--	10
Rolf Steinhausen-D	10	--	--	--	--	--	--	10
Haruchika Aoki-J	9	--	--	9	--	--	--	--
Ezio Gianola-I	9	--	--	9	--	--	--	--
Bill Lomas-GB	9	--	--	--	1	7	1	--
Siegfried Schauzu-D	9	--	--	--	--	--	--	9
Hans Spaan-NL	9	--	--	9	--	--	--	--
Florian Camathias-CH	8	--	--	--	--	--	--	8
Leslie Graham-GB	8	--	--	1	--	2	5	--
Teuvo Länsivuori-SF	8	--	--	--	2	5	1	--
Wilhelm Noll-D	8	--	--	--	--	--	--	8
Paolo Pileri-I	8	--	--	7	1	--	--	--
Loris Reggiani-I	8	--	--	--	3	5	--	--
Kenny Roberts Jr.-USA	8	--	--	--	--	--	8	--
Reginald Armstrong-IRL	7	--	--	--	2	1	4	--
Masao Azuma-J	7	--	--	7	--	--	--	--
Kelvin Carruthers-AUS	7	--	--	--	7	--	--	--
Darren Dixon-GB	7	--	--	--	--	--	--	7
Jon Ekerold-SA	7	--	--	--	1	6	--	--
Olivier Jacque-F	7	--	--	--	7	--	--	--
Roberto Locatelli-I	7	--	--	7	--	--	--	--
Enrico Lorenzetti-I	7	--	--	--	5	2	--	--
Marco Melandri-I	7	--	--	--	7	--	--	--
Chas Mortimer-GB	7	--	--	3	2	1	1	--
Christian Sarron-F	7	--	--	--	6	--	1	--
Walter Schneider-D	7	--	--	--	--	--	--	7
Franco Uncini-I	7	--	--	--	2	--	5	--

Rider	50cc	80cc	125cc	250cc	350cc	500cc	Side Cars
Henk Van Kessel-NL	7	7	--	--	--	--	--
Ray Amm-RHO	6	--	--	--	--	4	2
Georg Auerbacher-D	6	--	--	--	--	--	6
Guy Bertin-F	6	--	--	6	--	--	--
Manfred Herweh-D	6	--	--	--	5	1	--
Daijiro Katoh-J	6	--	--	--	6	--	--
Libero Liberati-I	6	--	--	--	--	2	4	--
Marco Lucchinelli-I	6	--	--	--	--	--	6	--
Tomomi Manako-J	6	--	--	6	--	--	--
Umberto Masetti-I	6	--	--	--	--	6	--
Shinya Nakano-J	6	--	--	--	6	--	--
Tadayuki Okada-J	6	--	--	--	2	--	4	--
Renzo Pasolini-I	6	--	--	--	6	--	--
Tom Phillis-AUS	6	--	--	4	2	--	--
Doriano Romboni-I	6	--	--	2	4	--	--
Jock Taylor-GB	6	--	--	--	--	--	6
Aalt Toersen-NL	6	6	--	--	--	--	--
Dario Ambrosini-I	5	--	--	--	5	--	--
August Auinger-A	5	--	--	5	--	--	--
Jean-François Baldé-F	5	--	--	--	2	3	--	--
Helmut Bradl-D	5	--	--	--	5	--	--
Carlos Cardus-E	5	--	--	--	5	--	--
Pierfrancesco Chili-I	5	--	--	--	5	--	--
Freddy Frith-GB	5	--	--	--	--	5	--
John Hartle-GB	5	--	--	--	1	1	3	--
Will Hartog-NL	5	--	--	--	--	--	5	--
Fritz Hillebrand-D	5	--	--	--	--	--	5
Ruppert Hollaus-A	5	--	--	4	1	--	--
Ken Kavanagh-AUS	5	--	--	--	--	4	1	--
Bruno Kneubühler-CH	5	1	--	3	--	1	--
Garry McCoy-AUS	5	--	--	2	--	--	3	--
Bob McIntyre-GB	5	--	--	--	2	2	1	--
Peter Oettl-D	5	--	3	2	--	--	--
Cecil Sandford-GB	5	--	--	--	3	2	--	--
Masaki Tokudome-J	5	--	--	5	--	--	--
Takeshi Tsujimura-J	5	--	--	5	--	--	--
Youichi Ui-J	5	--	--	5	--	--	--
Emilio Alzamora-E	4	--	--	4	--	--	--
Didier De Radigués-B	4	--	--	--	2	2	--	--
John Dodds-AUS	4	--	--	--	1	2	1	--
Janos Drapal-H	4	--	--	--	1	3	--	--
Paul Güdel-CH	4	--	--	--	--	--	4
Santiago Herrero-E	4	--	--	--	4	--	--	--
Bîrge Jansson-S	4	--	--	3	1	--	--
Yoshimi Katayama-J	4	3	--	1	--	--	--
Paul Lödewijkx-NL	4	4	--	--	--	--	--
Albino Milani-I	4	--	--	--	--	--	4
Nello Pagani-I	4	--	--	--	2	--	2	--
Gilberto Parlotti-I	4	--	--	4	--	--	--
Herbert Rittberger-D	4	4	--	--	--	--	--
Bruno Ruffo-I	4	--	--	1	3	--	--
Dominique Sarron-F	4	--	--	--	4	--	--
Barry Smith-AUS	4	4	--	--	--	--	--
Frantisek Stastny-CZ	4	--	--	--	--	3	1	--
Kunimitsu Takahashi-J	4	--	--	3	1	--	--
Tohru Ukawa-J	4	--	--	--	4	--	--
Gerhard Waibel-D	4	1	3	--	--	--	--
Norifumi Abe-J	3	--	--	--	--	3	--
Alexandre Barros-BR	3	--	--	--	--	3	--
Daryl Beattie-AUS	3	--	--	--	--	3	--
Otello Buscherini-I	3	--	--	2	--	1	--
Keith Campbell-AUS	3	--	--	--	3	--	--
Maurice Cann-GB	3	--	--	3	--	--	--
Jacques Cornu-CH	3	--	--	3	--	--	--
Mike Duff-CAN	3	--	--	1	2	--	--
Willy Faust-D	3	--	--	--	--	--	3
Patrick Fernandez-F	3	--	--	--	1	2	--
Jack Findlay-AUS	3	--	--	--	--	3	--
Bob Foster-GB	3	--	--	--	3	--	--
Juan Garriga-E	3	--	--	--	3	--	--
Alessandro Gramigni-I	3	--	--	3	--	--	--
Mick Grant-GB	3	--	--	--	2	--	1	--
Silvio Grassetti-I	3	--	--	--	2	1	--	--
Pat Hennen-USA	3	--	--	--	--	3	--
Hideo Kanaya-J	3	--	--	1	1	1	--
Gianni Leoni-I	3	--	--	3	--	--	--
Emilio Mendogni-I	3	--	--	2	1	--	--
Alfredo Milani-I	3	--	--	--	--	3	--
Horst Owesle-D	3	--	--	--	--	--	3
Alberto Pagani-I	3	--	--	--	--	3	--
Frank Perris-CAN	3	--	--	3	--	--	--
Stefano Perugini-I	3	--	--	3	--	--	--
Tommy Robb-IRL	3	--	--	1	1	1	--
Graziano Rossi-I	3	--	--	--	3	--	--
Reinhold Roth-D	3	--	--	--	3	--	--
Michel Rougerie-F	3	--	--	--	2	1	--
Jean-Philippe Ruggia-F	3	--	--	--	3	--	--
Hermann Schmid-CH	3	--	--	--	--	--	3
Theo Timmer-NL	3	3	--	--	--	--	--
Julien Van Zeebroeck-B	3	3	--	--	--	--	--
Charlie Williams-GB	3	--	--	--	2	1	--
Martin Wimmer-D	3	--	--	--	3	--	--
Angelo Bergamonti-I	2	--	--	--	--	1	1	--
Gianfranco Bonera-I	2	--	--	--	1	--	1	--
Arsenius Butscher-D	2	--	--	--	--	--	2
Salvador Canellas-E	2	1	--	1	--	--	--
Carlos Checa-E	2	--	--	--	--	2	--
Dickie Dale-GB	2	--	--	--	--	1	1	--
Bill Doran-GB	2	--	--	--	--	1	1	--
Virginio Ferrari-I	2	--	--	--	--	2	--
Ercole Frigerio-I	2	--	--	--	--	--	2
Alberto Gandossi-I	2	--	--	2	--	--	--
Stuart Graham-GB	2	1	--	1	--	--	--
Manuel Herreros-E	2	--	2	--	--	--	--
Tom Herron-IRL	2	--	--	--	1	--	1	--
Jan Huberts-NL	2	2	--	--	--	--	--
Mitsuo Itoh-J	2	2	--	--	--	--	--
Helmut Kassner-D	2	--	--	--	1	1	--
Heinz Luthringshauser-D	2	--	--	--	--	--	2
Cromie McCandless-IRL	2	--	--	1	--	--	1	--

Name	50cc	80cc	125cc	250cc	350cc	500cc	Side Cars
Jack Middelburg-NL	2	--	--	--	--	2	--
Pierre Monneret-F	2	--	--	--	1	1	--
Ivan Palazzesse-VEN	2	--	2	--	--	--	--
Tony Rutter-GB	2	--	--	--	2	--	--
Simone Sanna-I	2	--	2	--	--	--	--
Eric Saul-F	2	--	--	1	1	--	--
Gianluigi Scalvini-I	2	--	2	--	--	--	--
Alan Shepherd-GB	2	--	--	1	--	1	--
Cyril Smith-GB	2	--	--	--	--	--	2
Francisco "Herri" Torrontegui-E	2	--	2	--	--	--	--
Arnaud Vincent-F	2	--	2	--	--	--	--
Chris Vincent-GB	2	--	--	--	--	--	2
Maurizio Vitali-I	2	--	2	--	--	--	--
Arthur Wheeler-GB	2	--	--	2	--	--	--
Tommy Wood-GB	2	--	--	1	1	--	--
Duilio Agostini-I	1	--	--	--	1	--	--
Jack Ahearn-AUS	1	--	--	--	--	1	--
Nobuatsu Aoki-J	1	--	--	1	--	--	--
Johan Attenberger-D	1	--	--	--	--	--	1
Jean Auréal-F	1	--	1	--	--	--	--
Manliff Barrington-GB	1	--	--	1	--	--	--
Artie Bell-GB	1	--	--	--	1	--	--
Jacques Bolle-F	1	--	--	1	--	--	--
Ralph Bohnhorst-D	1	--	--	--	--	--	1
Jack Brett-GB	1	--	--	--	--	1	--
Gîte Brodin-S	1	--	--	--	--	--	1
Domenico Brigaglia-I	1	--	1	--	--	--	--
Derek Brindley-GB	1	--	--	--	--	--	1
Jan Bruins-NL	1	1	--	--	--	--	--
Benedicto Caldarella-ARG	1	--	--	--	--	1	--
Phil Carpenter-GB	1	--	--	--	--	1	--
Alan Carter-GB	1	--	--	1	--	--	--
Paolo Casoli-I	1	--	1	--	--	--	--
Bruno Casanova-I	1	--	1	--	--	--	--
Lucio Cecchinello-I	1	--	1	--	--	--	--
Adu Celso-Santos-BR	1	--	--	--	--	1	--
Olivier Chevallier-F	1	--	--	--	--	1	--
Rodney Coleman-NZ	1	--	--	--	--	1	--
Giuseppe Colnago-I	1	--	--	--	--	1	--
Pierluigi Conforti-I	1	--	1	--	--	--	--
Angelo Copeta-I	1	--	1	--	--	--	--
Simon Crafar-NZ	1	--	--	--	--	1	--
Dick Creith-IRL	1	--	--	--	--	1	--
Edmund Czihak-D	1	--	--	--	--	1	--
Harold Daniell-GB	1	--	--	--	--	1	--
Ingo Emmerich-D	1	1	--	--	--	--	--
Rudi Felgenheier-D	1	--	--	1	--	--	--
Romolo Ferri-I	1	--	1	--	--	--	--
Jim Filice-USA	1	--	--	1	--	--	--
Roland Freymond-CH	1	--	--	--	1	--	--
Michel Frutschi-CH	1	--	--	--	--	1	--
Horst Fügner-DDR	1	--	--	--	1	--	--
Ivan Goi-I	1	--	1	--	--	--	--
Ulrich Graf-CH	1	1	--	--	--	--	--
Benjamin Grau-E	1	--	--	1	--	--	--
Hervé Guilleux-F	1	--	--	1	--	--	--
Leif Gustafsson-S	1	--	--	1	--	--	--
Pip Harris-GB	1	--	--	--	--	--	1
Hiroshi Hasegawa-J	1	--	--	1	--	--	--
Bruno Holzer-CH	1	--	--	--	--	--	1
Dennis Ireland-NZ	1	--	--	--	--	1	--
Fumio Ito-J	1	--	--	1	--	--	--
Tony Jefferies-GB	1	--	--	--	1	--	--
Derek Jones-GB	1	--	--	--	--	--	1
Gerd Kafka-A	1	--	1	--	--	--	--
Jorge Kissling-ARG	1	--	--	--	--	1	--
Masaru Kobayashi-J	1	--	--	1	--	--	--
Pentti Korhonen-SF	1	--	--	--	1	--	--
Régis Laconi-F	1	--	--	--	--	1	--
Mario Lega-I	1	--	--	1	--	--	--
Guido Leoni-I	1	--	1	--	--	--	--
Marcellino Lucchi-I	1	--	--	1	--	--	--
Kevin Magee-AUS	1	--	--	--	--	1	--
Gyula Marsovszki-CH	1	--	--	1	--	--	--
Ian McConnachie-GB	1	--	1	--	--	--	--
Ray McCullough-IRL	1	--	--	1	--	--	--
Ernesto Merlo-I	1	--	--	--	--	--	1
Derek Minter-GB	1	--	--	1	--	--	--
Isao Morishita-J	1	1	--	--	--	--	--
Ginger Molloy-NZ	1	--	--	1	--	--	--
Ken Mudford-NZ	1	--	--	--	1	--	--
Hermann-Paul Müller-D	1	--	--	1	--	--	--
Godfrey Nash-GB	1	--	--	--	--	1	--
John Newbold-GB	1	--	--	--	--	1	--
Kim Newcombe-NZ	1	--	--	--	--	1	--
Alan North-SA	1	--	--	--	1	--	--
Victor Palomo-E	1	--	--	--	1	--	--
Stefan Prein-D	1	--	1	--	--	--	--
Alberto Puig-E	1	--	--	--	--	1	--
Kalevi Rahko-SF	1	--	--	--	--	--	1
Fritz Reitmaier-D	1	--	--	1	--	--	--
Fausto Ricci-I	1	--	--	1	--	--	--
Guido Sala-I	1	--	--	1	--	--	--
Bert Schneider-A	1	--	--	1	--	--	--
Jos Schurgers-NL	1	--	--	1	--	--	--
Colin Seeley-GB	1	--	--	--	--	--	1
Jean-Claude Selini-F	1	--	--	1	--	--	--
Bruno Spaggiari-I	1	--	--	1	--	--	--
Eddy Stöllinger-A	1	--	--	--	1	--	--
Teisuke Tanaka-J	1	--	--	1	--	--	--
Tadahiko Taira-J	1	--	--	1	--	--	--
Gerhard Thurow-D	1	1	--	--	--	--	--
Jean-Louis Tournadre-F	1	--	--	1	--	--	--
Böet Van Dulmen-NL	1	--	--	--	--	1	--
Cees Van Dongen-NL	1	--	--	1	--	--	--
Remo Venturi-I	1	--	--	--	--	1	--
Peter Williams-GB	1	--	--	--	1	--	--
John Williams-GB	1	--	--	--	--	1	--
Wilco Zeelenberg-NL	1	--	--	1	--	--	--

TITRES MONDIAUX CONSTRUCTEURS
CONSTRUCTORS WORLD TITLES
MARKE-WELTMEISTERTITELN

	50 cc	80 cc	125 cc	250 cc	350 cc	500 cc	Side-Cars
1949	--	--	FB-Mondial	Moto Guzzi	Velocette	AJS (2)	Norton
1950	--	--	FB-Mondial	Benelli	Velocette	Norton	Norton
1951	--	--	FB-Mondial	Moto Guzzi	Norton	Norton	Norton
1952	--	--	MV-Agusta	Moto Guzzi	Norton	Gilera (4)	Norton
1953	--	--	MV-Agusta	NSU (2)	Moto Guzzi	Gilera (4)	Norton
1954	Titres constructeurs pas attribués - No constructors titles - Keine Marke-Weltmeistertiteln						
1955	--	--	MV-Agusta	MV-Agusta	Moto Guzzi	Gilera (4)	BMW (2)
1956	--	--	MV-Agusta	MV-Agusta	Moto Guzzi	MV-Agusta (4)	BMW (2)
1957	--	--	FB-Mondial	FB-Mondial (2)	Gilera (4)	Gilera (4)	BMW (2)
1958	--	--	MV-Agusta	MV-Agusta (2)	MV-Agusta (4)	MV-Agusta (4)	BMW (2)
1959	--	--	MV-Agusta	MV-Agusta (2)	MV-Agusta (4)	MV-Agusta (4)	BMW (2)
1960	--	--	MV-Agusta	MV-Agusta (2)	MV-Agusta (4)	MV-Agusta (4)	BMW (2)
1961	--	--	Honda (2)	Honda (4)	MV-Agusta (4)	MV-Agusta (4)	BMW (2)
1962	Suzuki	--	Honda (2)	Honda (4)	Honda (4)	MV-Agusta (4)	BMW (2)
1963	Suzuki	--	Suzuki (2)	Honda (4)	Honda (4)	MV-Agusta (4)	BMW (2)
1964	Suzuki	--	Honda (4)	Yamaha (2)	Honda (4)	MV-Agusta (4)	BMW (2)
1965	Honda (2)	--	Suzuki (2)	Yamaha (2)	Honda (4)	MV-Agusta (4)	BMW (2)
1966	Honda (2)	--	Honda (5)	Honda (6)	Honda (4)	Honda (4)	BMW (2)
1967	Suzuki (2)	--	Yamaha (4)	Honda (6)	Honda (6)	MV-Agusta (3)	BMW (2)
1968	Suzuki (2)	--	Yamaha (4)	Yamaha (4)	MV-Agusta (3)	MV-Agusta (3)	BMW (2)
1969	Derbi	--	Kawasaki (2)	Benelli (4)	MV-Agusta (3)	MV-Agusta (3)	BMW (2)
1970	Derbi	--	Suzuki (2)	Yamaha (2)	MV-Agusta (3)	MV-Agusta (3)	BMW (2)
1971	Kreidler	--	Derbi (2)	Yamaha (2)	MV-Agusta (3)	MV-Agusta (3)	BMW (2)
1972	Kreidler	--	Derbi (2)	Yamaha (2)	MV-Agusta (4)	MV-Agusta (3)	BMW (2)
1973	Kreidler	--	Yamaha (2)	Yamaha (2)	Yamaha (2)	MV-Agusta (3 & 4)	BMW (2)
1974	Kreidler	--	Yamaha (2)	Yamaha (2)	Yamaha (2)	Yamaha (4)	König (4)
1975	Kreidler	--	Morbidelli (2)	Harley-Dav. (2)	Yamaha (2)	Yamaha (4)	König (4)
1976	Bultaco	--	Morbidelli (2)	Harley-Dav. (2)	Yamaha (2)	Suzuki (4)	König-Busch (4)
1977	Bultaco	--	Morbidelli (2)	Yamaha (2)	Yamaha (2)	Suzuki (4)	Yamaha (4)
1978	Bultaco	---	Morbidelli (2)	Kawasaki (2)	Kawasaki (2)	Suzuki (4)	Yamaha (4)
1979	Kreidler	--	Minarelli (2)	Kawasaki (2)	Kawasaki (2)	Suzuki (4)	Yamaha (4/B2A + B2B)
1980	Kreidler	--	Minarelli (2)	Kawasaki (2)	Yamaha (2)	Suzuki (4)	Yamaha (4)
1981	Bultaco	--	Minarelli (2)	Kawasaki (2)	Kawasaki (2)	Suzuki (4)	LCR-Yamaha (4)
1982	Kreidler	--	Garelli (2)	Yamaha (2)	Kawasaki (2)	Suzuki (4)	LCR-Yamaha (4)
1983	Garelli	--	MBA (2)	Yamaha (2)	--	Honda (3)	LCR-Yamaha (4)
1984	--	Zündapp	Garelli (2)	Yamaha (2)	--	Honda (3 & 4)	LCR-Yamaha (4)
1985	--	Krauser	MBA (2)	Honda (2)	--	Honda (3 & 4)	LCR-Yamaha (4)
1986	--	Derbi	Garelli (2)	Honda (2)	--	Yamaha (4)	LCR-Yamaha (4)
1987	--	Derbi	Garelli (2)	Honda (2)	--	Yamaha (4)	LCR-Yamaha (4)
1988	--	Derbi	Derbi	Honda (2)	--	Yamaha (4)	LCR-Yamaha (4)
1989	--	Krauser	Honda	Honda (2)	--	Honda (4)	LCR-Krauser (4)
1990	--	--	Honda	Yamaha (2)	--	Yamaha (4)	LCR-Krauser (4)
1991	--	--	Honda	Honda (2)	--	Yamaha (4)	LCR-Krauser (4)
1992	--	--	Honda	Honda (2)	--	Honda (4)	LCR-Krauser (4)
1993	--	--	Honda	Honda (2)	--	Yamaha (4)	LCR-Krauser (4)
1994	--	--	Honda	Honda (2)	--	Honda (4)	LCR-Swissauto (4)
1995	--	--	Honda	Aprilia (2)	--	Honda (4)	Windle-ADM (4)
1996	--	--	Aprilia	Honda (2)	--	Honda (4)	LCR-Swissauto (4)
1997	--	--	Aprilia	Honda (2)	--	Honda (4)	--
1998	--	--	Honda	Aprilia (2)	--	Honda (4)	--
1999	--	--	Honda	Aprilia (2)	--	Honda (4)	--
2000	--	--	Honda	Yamaha (2)	--	Yamaha (4)	--

(le chiffre entre parenthèses indique le nombre de cylindres, quand celui-ci est supérieur à l'unité)
(The figure in brackets indicates the number of cylinders when more than one)
(die Zahl in Klammern gibt die Anzahl der Zylinder an, wenn sie größer ist als eins)

VICTOIRES EN GP PAR MARQUES
CONSTRUCTORS GP VICTORIES
MARKEN-GP-SIEGE

		50cc	80cc	125cc	250cc	350cc	500cc	Side Cars			50cc	80cc	125cc	250cc	350cc	500cc	Side Cars
Honda	500	13	--	147	158	35	146	1	Motobécane	5	--	--	5	--	--	--	--
Yamaha	386	--	--	42	160	71	111	2	Real-Rotax	5	--	--	--	5	--	--	--
MV-Agusta	275	--	--	34	26	76	139	--	Windle-ADM	5	--	--	--	--	--	--	5
Suzuki	151	30	--	35	--	--	86	--	Windle-Yamaha	5	--	--	--	--	--	--	5
Aprilia	111	--	--	49	62	--	--	--	Aermacchi	4	--	--	1	3	--	--	--
BMW	110	--	--	--	--	--	--	110	ARO-Fath	4	--	--	--	--	--	--	4
Kawasaki	85	--	--	10	42	31	2	--	Ducati	4	--	--	4	--	--	--	--
Derbi	75	17	25	32	1	--	--	--	Maãco	4	--	--	4	--	--	--	--
Kreidler	67	67	--	--	--	--	--	--	Ossa	4	--	--	--	4	--	--	--
Norton	62	--	--	--	--	20	23	19	Sanvenero	4	--	--	3	--	--	1	--
LCR-Krauser	57	--	--	--	--	--	--	57	URS-MÅnch	4	--	--	--	--	--	--	4
LCR-Yamaha	56	--	--	--	--	--	--	56	ZÅndapp	4	--	4	--	--	--	--	--
Garelli	52	8	--	44	--	--	--	--	Cagiva	3	--	--	--	--	--	3	--
Gilera	47	--	--	1	--	4	34	8	Matchless	3	--	--	--	--	--	3	--
Moto Guzzi	46	--	--	--	18	25	3	--	BEO-Yamaha	2	--	--	--	--	--	--	2
Morbidelli	36	--	--	31	5	--	--	--	Busch-BMW	2	--	--	--	--	--	--	2
Minarelli	32	--	--	32	--	--	--	--	Huvo-Casal	2	--	2	--	--	--	--	--
Bultaco	28	26	--	1	--	1	--	--	Iprem	2	2	--	--	--	--	--	--
Harley-Davidson	28	--	--	--	24	4	--	--	KSA-Yamaha	2	--	--	--	--	--	--	2
NSU	20	--	--	8	12	--	--	--	LCR-ADM	2	--	--	--	--	--	--	2
FB-Mondial	18	--	--	14	4	--	--	--	Malanca	2	--	--	2	--	--	--	--
Krauser	15	3	12	--	--	--	--	--	MBA-Ciemme	2	--	--	2	--	--	--	--
MBA	15	--	--	15	--	--	--	--	MBA-Ducados	2	--	--	2	--	--	--	--
Benelli	13	--	--	--	13	--	--	--	Piovaticci	2	1	--	1	--	--	--	--
MZ	13	--	--	5	7	1	--	--	Seel	2	--	2	--	--	--	--	--
Seymaz-Yamaha	10	--	--	--	--	--	--	10	Bakker-Rotax	1	--	--	1	--	--	--	--
AJS	9	--	--	--	--	4	5	--	Bridgestone	1	--	--	1	--	--	--	--
Jamathi	9	9	--	--	--	--	--	--	BSA	1	--	--	--	--	--	--	1
Kînig	9	--	--	--	--	--	1	8	Busch-Yamaha	1	--	--	--	--	--	--	1
LCR-Swissauto	9	--	--	--	--	--	--	9	DKW	1	--	--	--	1	--	--	--
Velocette	9	--	--	--	--	9	--	--	Fowler-Yamaha	1	--	--	--	--	--	--	1
JJ-Cobas	8	--	--	8	--	--	--	--	GEP-Yamaha	1	--	--	--	--	--	--	1
Schmid-Yamaha	8	--	--	--	--	--	--	8	Kobas-Rotax	1	--	--	--	1	--	--	--
Morini	7	--	--	2	5	--	--	--	Krauser-Yamaha	1	--	--	--	--	--	--	1
Bimota-Yamaha	6	--	--	--	--	6	--	--	LCR-Honda	1	--	--	--	--	--	--	1
Chevallier-Yamaha	6	--	--	--	6	--	--	--	LCR-Stredor	1	--	--	--	--	--	--	1
Krauser-Kawasaki	6	--	--	--	4	2	--	--	Linto	1	--	--	--	--	--	1	--
URS-Fath	6	--	--	--	--	--	--	6	Pernod	1	--	--	--	1	--	--	--
Busch-Kînig	5	--	--	--	--	--	--	5	Real-Krauser	1	--	--	1	--	--	--	--
Jawa	5	--	--	--	--	4	1	--	Real-Seel	1	--	--	1	--	--	--	--
LCR-BRM	5	--	--	--	--	--	--	5	Sparta	1	1	--	--	--	--	--	--
MBA-Bartol	5	--	--	5	--	--	--	--	TTM-Yamaha	1	--	--	--	--	--	--	1

LES POLYVALENTS
(Liste des pilotes qui ont évolué dans le plus de catégories, avec la première année d'activité)

THE POLYVALENT
(List of riders who rode in several categories, with their first year of competition)

DIE VIELSEITIGEN
(Liste der Fahrer, die in den meisten Kategorien teilgenommen haben, mit dem ersten Jahr der Teilnahme)

	50 cc	80 cc	125 cc	250 cc	350 cc	500 cc	Side-Cars
6 catégories / categories / Kategorien							
Taveri Luigi-CH	1962	--	1955	1954	1958	1954	1954 (Haldemann's passenger)
5 catégories / categories / Kategorien							
Anderson Hugh-NZ	1962	--	1962	1964	1960	1958	--
Bertarelli Silvano-I	1969	--	1969	1969	1969	1969	--
Bryans Ralph-IRL	1964	--	1964	1964	1967	1963	--
Graham Stuart-GB	1967	--	1967	1962	1966	1966	--
Kneubühler Bruno-CH	1973	--	1974	1973	1972	1972	--
Pagani Alberto-I	1963	--	1959	1960	1966	1961	--
Robb Tommy-IRL	1962	--	1970	1957	1961	1970	--
Simmonds Dave-GB	1966	--	1967	1967	1968	1970	--
4 catégories / categories / Kategorien							
Armstrong Reginald-IRL	--	--	1953	1953	1949	1950	--
Bergamonti Angelo-I	--	--	1970	1969	1970	1967	--
Braun Dieter-D	--	--	1968	1969	1970	1974	--
Carruthers Kelvin-AUS	--	--	1967	1969	1966	1968	--
Crivillé Alex-E	--	1987	1988	1990	--	1992	--
Dodds John-AUS	--	--	1969	1971	1972	1966	--
Duff Mike-CAN	--	--	1963	1964	1961	1961	--
Eickelberg Paul-D	--	--	1973	1968	1970	1969	--
Fernandez Patrick-F	--	--	1975	1976	1976	1980	--
Findlay Jack-AUS	1966	--	--	1963	1968	1961	--
Föll Roland-D	--	--	1964	1964	--	1961	1961 (Strub's and Camathias's passenger)
Gould Rodney-GB	--	--	1971	1968	1969	1967	--
Graham Leslie-GB	--	--	1951	1952	1949	1949	--
Guignabodet Jean-Louis-F	1977	--	1974	1974	1975	--	--
Hailwood Mike-GB	--	--	1959	1958	1958	1960	--
Hempleman John-NZ	--	--	1960	1960	1959	1959	--
Hocking Gary-RHO	--	--	1959	1959	1959	1958	--
Kavanagh Ken-AUS	--	--	1959	1953	1951	1951	--
Lancaster Jerry-GB	--	--	1969	1969	1969	1971	--
Länsivuori Teuvo-SF	--	--	1970	1969	1971	1974	--
Lomas Bill-GB	--	--	1952	1951	1950	1952	--
Mang Anton-D	--	--	1976	1978	1978	1977	--
Martinez Jorge-E	1982	1984	1988	1990	--	--	--
Masetti Umberto-I	--	--	1949	1949	1956	1950	--
McIntyre Bob-GB	--	--	1962	1961	1953	1954	--
Minter Derek-GB	--	--	1959	1959	1958	1957	--
Molloy Ginger-NZ	--	--	1965	1965	1968	1969	--
Mortimer Chas-GB	--	--	1969	1969	1970	1972	--
Nelson Billie-GB	--	--	--	1969	1968	1967	1965 (Freeman's and Auerbacher's passenger)
Perris Frank-GB	--	--	1962	1962	1960	1961	--
Phillis Tom-AUS	--	--	1961	1960	1959	1960	--
Provini Tarquinio-I	1964	--	1954	1957	1965	--	--
Read Phil-GB	--	--	1961	1963	1961	1961	--
Redman Jim-RHO	--	--	1960	1960	1959	1959	--
Reggiani Loris-I	--	--	1980	1981	1980	1982	--
Rougerie Michel-F	--	--	1972	1973	1972	1973	--
Saarinen Jarno-SF	1971	--	--	1970	1971	1973	--
Sandford Cecil-GB	--	--	1952	1951	1950	1953	--
Schneider Bert-A	--	--	1963	1964	1961	1961	--
Sheene Barry-GB	1971	--	1970	1971	--	1974	--
Shepherd Alan-GB	--	--	1961	1961	1961	1960	--
Shorey Dan-GB	1962	--	--	1961	1965	1965	--
Venturi Remo-I	--	--	1955	1956	1959	1958	--
Waldmann Ralf-D	--	1987	1990	1994	--	1998	--
Woodman Derek-GB	--	--	1965	1965	1964	1964	--

QUELLES FAMILLES!
WHAT FAMILIES!
WAS FÜR FAMILIEN!

1. PÈRE ET FILS DANS LES POINTS
(entre parenthèses, catégorie et première année dans les points)
1. FATHER AND SON IN THE POINTS
(in brackests, category and first year in the points)
1. VATER UND SOHN IN DEN PUNKTEN
(in Klammern die Kategorie und das erste Jahr in den Punkten)

Boddice Bill (Side-Cars/1955) and Mick (Side-Cars/1970)
Butscher Arsenius (Side-Cars/1961) and Egon (passenger/1961)
Duhamel Yvon-Marcel (250/1975) and Miguel (500/1992)
Giansanti Fausco (250/1972) and Mirko (125/1996)
Giro Carlos (50/1967) and Carlos Junior (125/1991)
Graham Leslie (500/1949) and Stuart (250/1962)
Haslam Ronald (500/1983) and Leon (125/2000)
Hiller Ernst (500/1956) and Reinhard (500/1973)
Hinton Harry (350/1950) and Eric (350/1965)
Janssen Ted (Side-Cars/1975) and Stefan (125/1979)
Kassner Horst (250/1956) and Bernd (250/1989)
Keen Dennis (Side-Cars/1975) and Roy (passenger/1975)
Kunz Rudolf (50/1964) and Reiner (50/1979)
Mandolini Adelmo (350/1957) and Giuseppe (500/1965)
Nieto Angel (50/1964), Angel Junior (125/1997) and Pablo (125/1999)
Pagani Nello (125/1949) and Alberto (125/1959)
Quincey Maurice (350/1955) and Ray (250/1978)
Roberts Kenny (250/1974) and Kenny Junior (250/1993)
Rossi Graziano (500/1978) and Valentino (125/1996)
Scheidhauer Willy (125/1954) and Reiner (50/1978)
Schmid Otto (Side-Cars/1952) and Rolf (Kölle's passenger, 1958)
Schons Egon (Side-Cars/1972) and Horst (passenger, 1972)
Seel Horst (125/1973) and Jörg (50/1987)
Smart Paul (250/1970) and Scott (250/1997)
Szabo Laszlo (250/1963) and Janos (50/1988)
Van Den Goorbergh Piet (125/1973), Patrick (250/1989) and Jurgen (250/1991)
Van Dongen Cees (50/1964) and Jos (50/1981)
Vincent Chris (Side-Cars/1961) and Jason (500/1997)

2. COUPLES DANS LES POINTS
2. COUPLES IN THE POINTS
2. PAARE IN DEN PUNKTEN

Bingham Dennis and Julia (Side-Cars/1983)
Hahn Peter and Gertrud (Side-Cars/1972)
Mühlemann Fritz and Marie (Side-Cars/1950)

3. FRÈRES DANS LES POINTS
3. BROTHERS IN THE POINTS
3. BRÜDER IN DEN PUNKTEN

Agostini Giacomo (250/1964) and Felice (250/1975)
Aoki Nobuatsu (250/1990), Haruchika (125/1992) and Takuma (250/1992)
Aleman Alejandro (125/1978) and Edoardo (250/1978)
Aubert Ferdinand and René (Side-Cars/1952)
Berger Siegfried and Edwin (Side-Cars/1982)
Birch Andrew and Phillip (Side-Cars/1963)
Bolle Jacques (250/1980) and Pierre (250/1981)
Boret Gerard and Norman (Side-Cars/1972)
Brindley Barry (Side-Cars/1986) and Derek (Side-Cars/1991)
Caldarella Benedicto (500/1962) and Aldo (125/1963)
Campbell Alex and Russell (Side-Cars/1976)
Castella Jean-Claude and Albert (Side-Cars/1968)
Chatterton Mike (250/1969) and Derek (250/1969)
De Angelis Williams (125/1999) and Alex (125/2000)
Dixon Darren and Sean (Side-Cars/1990)
Doohan Michael (500/1989) and Scott (500/1993)
Egloff Markus and Urs (Side-Cars/1984)
Emrich Willy and Rolf (Side-Cars/1970)
Gali Joaquim (125/1969) and Ramon (50/1975)
Garcia Bernard (500/1993) and Marc (500/1994)
Gavira Eustaquio (250/1997) and Idalio (250/1997)
Gedlich Wolfgang (50/1962) and Dittrich (50/1967)
Gschwender Michael (80/1987) and Ernst (500/1989)
Güdel Paul and Charly (Side-Cars/1990)
Haller Otto and Helmut (Side-Cars/1975)
Huber Andreas (Schwärzel's passenger/1975) and Hermann (Side-Cars/1976)
Huber Fred and Josef (Side-Cars/1965)
Kassner Horst (250/1956) and Helmut (250/1973)
Kissling Jorge (500/1961) and Raul (125/1962)
Klaffenböck Klaus (Side-Cars/1989) and Jochen (Koster's passenger/1995)
Looyensteyn Peter (50/1977) and George (50/1981)
Milani Albino and Rosano (Side-Cars/1956) and Alfredo (500/1950)
Nieto Angel Jr. (125/1997) and Pablo (125/1999)
Nikkanen Jarri and Jarno (Side-Cars/1996)
Petersen Dave (500/1985) and Robbie (500/1991)
Salatino Juan Carlos (500/1961) and Eduardo (500/1961)
Salonen Matti (50/1963) and Pentti (125/1972)
Sarron Christian (350/1976) and Dominique (250/1985)
Sayle Murray (250/1979) and Jeffery (250/1979)
Smit Cees and Jan (Side-Cars/1975)
Smith Barry and David (Side-Cars/1989)
Stölzle Fritz and Hubert (Side-Cars/1987)
Taylor Frank and Ray (Side-Cars/1955)
Tombs Mike and Trevor (Side-Cars/1968)
Van Den Goorbergh Patrick (250/1989) and Jurgen (250/1991)
Vanneste Michel and Serge (Side-Cars/1973)
Villa Francesco (125/1958) and Walter (125/1967)
Voigt Frank and Holger (Side-Cars/1991)
Waibel Alfred (125/1979) and Gerhard (50/1979)
Webster Steve (Side-Cars/1983) and Kevin (Side-Cars/1994)
Woodhouse Roy and Doug (Side-Cars/1973)
Wyssen Toni and Kilian (Side-Cars/1989)
Zurbrügg Alfred and Martin (Side-Cars/1983)

DRÔLES DE RECORDS
THE ODD-BEAT RECORDS
MERKWÜRDIGE REKORDE

C'est sur la première version du tracé de Hockenheim, en Allemagne, que la moyenne des 200 km/h a été passée pour la première fois en course: l'Italien Libero Liberati (Gilera 500 4 cylindres) l'avait en effet emporté à 200.012 km/h en 1957. Sur un tour, Bob MacIntyre (Gilera) avait établi le record à 208.506 km/h... sous la pluie!

It was on the first Hockenheim layout in Germany, that the 200 km/h average was passed for the first time in a race: the Italian Libero Liberati (4 cylinder Gilera 500) had won at 200.012 km/h in 1957. On one lap, Bob McIntyre (Gilera) had set a record of 208.506 km/h... in the rain!

Die Durchschnittsgeschwindigkeit von 200 Km/h wurde während eines Rennens zum ersten Mal auf der ursprünglichen Version der Strecke von Hockenheim (Deutschland) überschritten. Der Italiener Libero Liberati (Gilera 500 4 Zylinder) hatte es 1957 auf 200,012 km/h gebracht. Über eine Runde hatte Bob MacIntyre (Gilera) den Rekord von 208,506 km/h aufgestellt... und das im Regen!

Le premier pilote à avoir passé la moyenne de 220 km/h sur un tour est le Suisse Philippe Coulon (Suzuki 500 "privée"), lors des essais à Spa-Francorchamps en 1977.

The first rider to break the 220 km/h over one lap was Switzerland's Philippe Coulon (privateer Suzuki 500) during practice at Spa-Francorchamps in 1977.

Der erste Fahrer, der innerhalb einer Runde die Durchschnittsgeschwindigkeit von 220 km/h überschritten hat, war während des Trainings in Spa-Francorchamps 1977 der Schweizer Philippe Coulon (private Suzuki 500).

Les records les plus rapides de l'Histoire
The fastest records in history
Die schnellsten Rekorde der Geschichte

500 cc

    1. 220.720 km/h   Barry Sheene (Suzuki, Spa-Francorchamps 1977)
    2. 219.387 km/h   Michel Rougerie (Suzuki, Spa-Francorchamps 1978)
    3. 218.605 km/h   Barry Sheene (Suzuki, Spa-Francorchamps 1975)
    4. 218.228 km/h   John Williams (Suzuki, Spa-Francorchamps 1976)
    5. 214.720 km/h   Phil Read (MV-Agusta, Spa-Francorchamps 1974)
    6. 210.709 km/h   Giacomo Agostini (MV-Agusta, Spa-Francorchamps 1973)
    7. 210.534 km/h   Giacomo Agostini (MV-Agusta, Spa-Francorchamps 1969)
    8. 209.444 km/h   Giacomo Agostini (MV-Agusta, Monza 1966)
    9. 208.545 km/h   Giacomo Agostini (MV-Agusta, Spa-Francorchamps 1968)
  10. 208.506 km/h   Bob MacIntyre (Gilera, Hockenheim 1957)

>>: 12. 206.190 km/h   Michael Doohan (Honda, Hockenheim 1994)

350 cc

    1. 201.557 km/h   Renzo Pasolini (Aermacchi, Monza 1973)

250 cc

    1. 207.139 km/h   Walter Villa (Harley-Davidson, Spa-Francorchamps 1977)
    2. 205.589 km/h   Walter Villa (Harley-Davidson, Spa-Francorchamps 1976)
    3. 203.121 km/h   Alberto "Johnny" Cecotto (Yamaha, Spa-Francorchamps 1975)
    4. 202.473 km/h   Takazumi Katayama et John Dodds (Yamaha, Spa-Francorchamps 1974)
    5. 202.149 km/h   Phil Read (Yamaha, Spa-Francorchamps 1967)

Side-Cars

    1. 200.520 km/h   Rolf Steinhausen/Wolfgang Kallauch (Busch-Yamaha, Spa-Francorchamps 1977)

Les courses les plus rapides de l'Histoire
The fastest races in history
Die schnellsten Rennen der Geschichte

500 cc

1. 217.370 km/h — Barry Sheene (Suzuki, Spa-Francorchamps 1977)
2. 214.936 km/h — Phil Read (MV-Agusta, Spa-Francorchamps 1975)
3. 214.228 km/h — John Williams (Suzuki, Spa-Francorchamps 1976)
4. 212.651 km/h — Will Hartog (Suzuki, Spa-Francorchamps 1978)
5. 212.407 km/h — Phil Read (MV-Agusta, Spa-Francorchamps 1974)
6. 206.810 km/h — Giacomo Agostini (MV-Agusta, Spa-Francorchamps 1973)
7. 203.959 km/h — Michael Doohan (Honda, Hockenheim 1992)
8. 203.855 km/h — Michael Doohan (Honda, Hockenheim 1994)
9. 203.245 km/h — Daryl Beattie (Honda, Hockenheim 1993)
10. 202.533 km/h — Giacomo Agostini (MV-Agusta, Spa-Francorchamps 1969)

250 cc

1. 204.563 km/h — Walter Villa (Harley-Davidson, Spa-Francorchamps 1977)
2. 202.899 km/h — Walter Villa (Harley-Davidson, Spa-Francorchamps 1976)
3. 201.450 km/h — Alberto "Johnny" Cecotto (Yamaha, Spa-Francorchamps 1975)
4. 200.404 km/h — Kent Andersson (Yamaha, Spa-Francorchamps 1974)

125 cc

En 125cc, la moyenne la plus élevée de l'Histoire a été réalisée par Pierpaolo Bianchi (Morbidelli), à Spa-Francorchamps en 1977, avec 190.890 km/h (193.867 km/h sur un tour).

The highest average in the 125 cc class was set by Pierpaolo Bianchi (Morbidelli) at Spa-Francorchamps in 1977, at 190.890 km/h (193.867 km/h over one lap).

In der 125 ccm Klasse wurde die höchste Durchschnittsgeschwindigkeit der Geschichte von Pierpaolo Bianchi (Morbidelli) mit 190,890 km/h in Spa-Francorchamps erzielt (193,867 km/h während einer Runde).

80 cc

En 80 cc, c'est Ian MacConnachie (Krauser) qui détient ce record, à Silverstone en 1986, avec 160.903 km/h (164.413 km/h sur un tour pour le Suisse Stefan Dörflinger, la même année, lui aussi au guidon d'un Krauser).

In the 80cc, it was Ian MacConnachie (Krauser) who holds this record, at Silverstone in 1986, at 160.903 km/h (164.413 km/h over one lap for the Swiss Stefan Dorflinger, who that year was also riding a Krauser).

In der 80 ccm Klasse hält Ian MacConnachie (Krauser) diesen Rekord. Er kam 1986 in Silverstone auf 160,903 km/h (164,413 km/h während einer Runde gelang dem Schweizer Stefan Dörfllinger im gleichen Jahr, ebenfalls mit einer Krauser).

50 cc

En 50 cc, la moyenne la plus élevée de l'Histoire a été réalisée par Julien Van Zeebroeck (Kreidler), à Spa-Francorchamps en 1975, avec 163.804 km/h (165.342 km/h sur le tour). En vitesse de pointe, Jan De Vries a été le premier à passer la barrière des 200 km/h, en 1973 sur le circuit de Spa-Francorchamps.

In 50 cc, the highest average in history belongs to Julien Van Zeebroeck (Kreidler,) at Spa-Francorchamps in 1975, at 163.804 km/h (165.342 km/h over one lap.) In terms of highest speed, Jan De Vries was the first to pass the 200 km/h limit, also at Spa-Francorchamps in 1973.

In der 50 ccm Klasse wurde die höchste Durchschnittsgeschwindigkeit von Julien Van Zeebroeck (Kreidler) erzielt, 1975 in Spa-Francorchamps mit 163,804 km/h (165,342 km/h in einer Runde). Was die Spitzengeschwindigkeit angeht, so schaffte es Jan De Vries 1973 in Spa-Francorchamps als Erster, die Traummarke von 200 km/h zu durchbrechen.

LES AUTEURS
THE AUTHORS
DIE AUTOREN

MAURICE BÜLA

Maurice Büla est né le 10 janvier 1934, à Veytaux, près de Montreux, sur les rives du lac Léman (Suisse). On ne sait pas s'il est devenu mécanicien parce qu'il rêvait de la course, ou s'il se passionnait pour la course parce qu'il était mécanicien! Spectateur les premières années du championnat du monde, passager de Florian Camathias et pilote solo dans la seconde partie des années cinquante, Maurice Büla est ensuite devenu la mémoire vivante du Continental Circus, le photographe qui "croquait" les grands champions, mais aussi les pilotes anonymes. Si, pendant 30 ans, il a mené de front sa vie professionnelle et sa passion de la course, toujours en compagnie de Madame, il suit tous les GP du championnat du monde sur les cinq Continents sans discontinuer depuis qu'il a eu la douleur de perdre son épouse, Huguette, il y a plus de 10 ans.

Maurice Bula was born on 10th January 1934, at Veytaux, near Montreux on the shores of Lake Leman in Switzerland. We don't know if he became a mechanics because he dreamed of racing, or if he developed a passion for racing because he was a mechanic! He was a spectator in the early years of the world championship, then a passenger for Florian Camathias and a solo rider in the second half of the Fifties. Maurice Bula then became the living memory of the Continental Circus; the photographer who snapped the great champions and also the unknown riders. For 30 years, he carried out his professional life, always accompanied by his wife Huguette, who shared his passion for racing. He followed all the grands prix of the world championship on five continents, without giving up after suffering the pain of loss when his wife passed away ten years ago.

Maurice Büla wurde am 10. Januar 1934 in Veytaux, in der Nähe von Montreux am Ufer des Genfer Sees (Schweiz) geboren. Niemand weiß, ob er Mechaniker wurde, weil er von Rennen träumte, oder ob er sich für den Rennsport begeisterte weil er Mechaniker war. In den ersten Jahren der Weltmeisterschaft war er Zuschauer, dann Beifahrer bei Florian Camathias und in der zweiten Hälfte der 50er Jahre war er selbst Fahrer. Maurice Büla wurde anschließend das lebende Gedächtnis des Continental Circus: der Fotograf, der die großen Champions, aber auch die unbekannten Fahrer ablichtete. 30 Jahre lang hat er nur für seinen Beruf und für seine Leidenschaft gelebt, immer in Begleitung seiner Frau. Seit er vor mehr als 10 Jahren seine Frau Huguette verloren hat verfolgte er ohne Unterbrechung sämtliche Rennen der WM auf allen fünf Kontinenten.

LES AUTEURS
THE AUTHORS
DIE AUTOREN

JEAN-CLAUDE SCHERTENLEIB

Jean-Claude Schertenleib est né le 10 mars 1959, à Valangin, dans le canton de Neuchâtel (Suisse). Passionné de sport automobile depuis son plus jeune âge - il a pratiqué le rallye pendant dix ans, participant notamment à quatre reprises au fameux Rallye Monte-Carlo -, il est devenu journaliste professionnel au début de 1982. Après son stage à la "Feuille d'Avis de Neuchâtel" où il a eu ses premiers contacts avec la compétition motocycliste, dans le sillage du pilote suisse Jacques Cornu, il a ensuite dirigé pendant trois ans la rubrique sportive du "Journal du Jura". Devenu journaliste libre le 1er mars 1985, il collabore depuis cette date au grand quotidien suisse "Le Matin" et à différents magazines, en Suisse et à l'étranger. Depuis quinze ans, il a ainsi "couvert" plus de 200 Grands Prix.

Jean-Claude Schertenleib was born on 10th March 1959 at Valangin, in the canton of Neuchatel, Switzerland. A fan of motor sport from a very early age, he took part in rallies for ten years, most notably taking part in the Monte Carlo Rally on four occasions. He became a professional journalist at the start of 1982. After a period spent with the "Feuille d'Avis de Neuchatel," where he first came into contact with motorcycle sport, following Swiss rider Jacques Cornu, he then spent three years editing the sports section of the "Journal du Jura." He turned freelance on 1st March 1985, he has worked since then for the major Swiss daily newspaper, "Le Matin" as well as working for different magazines in Switzerland and other countries. In the past fifteen years he has covered over 200 grands prix.

Jean-Claude Schertenleib wurde am 10. März 1959 in Valangin im Kanton Neuchâtel (Schweiz) geboren. Schon von klein auf ist er vom Motorsport begeistert. Zehn Jahre hat er Rallyesport betrieben und hat auch viermal an der berühmten Rallye Monte-Carlo teilgenommen. Anfang 1982 ergriff er den Beruf des Journalisten. Nach einem Praktikum beim "Feuille d'Avis de Neuchâtel", wo er in den Fußstapfen des Schweizer Piloten Jacques Cornu seine ersten Kontakte mit dem Motorradsport hatte, leitete er anschließend drei Jahre den Sportteil des "Journal du Jura". Seit er am 1. März 1985 freier Journalist wurde, arbeitet er mit der großen Schweizer Tageszeitung "Le Matin" und mit verschiedenen Zeitschriften in der Schweiz und im Ausland zusammen. So hat er in den letzten 15 Jahren mehr als 200 Grand Prix Veranstaltungen

Déjà parus...
Other works...
Bereits erschienen...

- Maurice Büla, "Les As du Continental Circus" (épuisé) / (out of print) / (vergriffen)

- Maurice Büla, "Continental Circus" (épuisé) / (out of print) / (vergriffen)

- Jean-Claude Schertenleib, "Jacques Cornu, le défi suisse" (épuisé) / (out of print) / (vergriffen)

- Jean-Claude Schertenleib, "Jacques Cornu, de la galère à la victoire"

Des mêmes auteurs, aux Éditions Chronosports
By the same authors, in Editions Chronosports
Von den gleichen Autoren bei Editions Chronosports

- L'Année GP moto 1997-1998
- Das Motorrad-Rennsportjahr 1997-1998

- L'Année GP moto 1998-1999
- Das Motorrad-Rennsportjahr 1998-1999
- Motorcycle Yearbook 1998-1999

- L'Année GP moto 1999-2000
- Das Motorrad-Rennsportjahr 1999-2000
- Motorcycle Yearbook 1999-2000

- L'Année GP moto 2000-2001
- Das Motorrad-Rennsportjahr 2000-2001
- Motorcycle Yearbook 2000-2001